Der Standort der EU-Grundrechtecharta in der Grundrechtsarchitektur Europas

SCHRIFTEN ZUM STAATS- UND VÖLKERRECHT

Herausgegeben von Prof. Dr. Dieter Blumenwitz

Band 121

Peter Lang
Frankfurt am Main · Berlin · Bern · Bruxelles · New York · Oxford · Wien

Dorothee von Arnim

Der Standort der EU-Grundrechtecharta in der Grundrechtsarchitektur Europas

Peter Lang
Europäischer Verlag der Wissenschaften

Bibliografische Information Der Deutschen Bibliothek
Die Deutsche Bibliothek verzeichnet diese Publikation in der Deutschen Nationalbibliografie; detaillierte bibliografische Daten sind im Internet über <http://dnb.ddb.de> abrufbar.

Zugl.: Würzburg, Univ., Diss., 2005

D 20
ISSN 0172-7796
ISBN 3-631-54768-4

www.peterlang.de

Meinen Eltern

Vorwort

Die vorliegende Arbeit wurde im Sommersemester 2005 von der Juristischen Fakultät der Bayerischen Julius-Maximilians-Universität Würzburg als Dissertation angenommen. Die Arbeit wurde im November 2004 abgeschlossen. Neuere Rechtsprechung und Literatur sowie die Entwicklungen im Zusammenhang mit der Ratifizierung des Vertrags über eine Verfassung für Europa konnten in wesentlichen Zügen noch berücksichtigt werden.

Vielen, die in unterschiedlicher Weise zum Gelingen meiner Doktorarbeit beigetragen haben, gebührt Dank. Zuallererst denke ich dabei an meinen nach kurzer schwerer Krankheit viel zu früh verstorbenen Doktorvater, Herrn Prof. Dr. Dieter Blumenwitz. Er regte das Thema der Arbeit an und stand mir bei ihrem Verfassen stets hilfreich zur Seite. In meiner nicht nur lehrreichen, sondern auch schönen Zeit als wissenschaftliche Mitarbeiterin an seinem Lehrstuhl vermochte er mich für Völker- und Europarecht gerade auch in deren praktischer Dimension nachhaltig zu begeistern. Mein Dank gilt weiterhin Herrn Prof. Dr. Dieter Scheuing für die wohlwollende Zweitbegutachtung meiner Dissertation und den stets unkomplizierten Zugang zu seiner Institutsbibliothek.

Die Förderung meiner Arbeit durch ein Promotionsstipendium nach dem Bayerischen Gesetz zur Förderung des wissenschaftlichen und künstlerischen Nachwuchses waren mir Motivation und Ansporn.

Für vielfältige fachliche und persönliche Unterstützung danke ich den Mitarbeitern am Würzburger Lehrstuhl, allen voran Frau Ruth Rupp, den Hilfskräften und meinen Kollegen, in denen ich jederzeit kompetente und verständige Ansprechpartner fand.

Beim Korrekurlesen meiner Arbeit leisteten mir Frau Dr. Dagmar Dräger, Herr Dr. Tilman Engbers und Herr Dr. Tobias Irmscher wertvolle Hilfe. Für das Korrekturlesen meiner englischen Zusammenfassung danke ich außerdem Herrn Dr. Attila Teplán.

Von unschätzbarem Wert war für mich schließlich die stetige moralische Unterstützung besonders durch meine langjährigen Studienfreunde. Vor allen, aber auch stellvertretend für andere, sei hier Tilman Engbers erwähnt. Darüber hinaus waren mir die liebevolle Unterstützung und schier unendliche Geduld meines Partners Tobias Irmscher eine unersetzliche Hilfe. Zu guter Letzt danke ich von ganzem Herzen meinen Eltern, die mich auf meinem gesamten Ausbildungsweg vorbehaltslos gefördert haben, und auf die ich mich immer verlassen kann. Ihnen widme ich dieses Buch.

Straßburg, im Februar 2006 Dorothee von Arnim

Inhaltsübersicht

Inhaltsverzeichnis

Abkürzungsverzeichnis

a.A.	anderer Ansicht
a.a.O.	am angegebenen Ort
ABl. EG Nr. C	Amtsblatt der Europäischen Gemeinschaften, Teil C
ABl. EG Nr. L	Amtsblatt der Europäischen Gemeinschaften, Teil L
Abs.	Absatz
AdR	Ausschuss der Regionen
a.E.	am Ende
AEMR	Allgemeine Erklärung der Menschenrechte
a.F.	alte Fassung
Anm.	Anmerkung
AnwBl	Anwaltsblatt
AöR	Archiv des öffentlichen Rechts
APuZ	Aus Politik und Zeitgeschichte
arg.	Argument
Art.	Artikel
Bd.	Band
Beschl.	Beschluss
Beschw.	Beschwerde
BGB	Bürgerliches Gesetzbuch
BGBl.	Bundesgesetzblatt
Bull. BReg	Bulletin des Presse- und Informationsamtes der Bundesregierung
Bull. EG	Bulletin der Europäischen Gemeinschaften
Bull. EU	Bulletin der Europäischen Union
BVerfG	Bundesverfassungsgericht
BVerfGE	Entscheidungen des Bundesverfassungsgerichts
bzw.	beziehungsweise
ca.	circa
CDE	Cahiers de droit européen
CETS	Council of Europe Treaty Series
CML Rev.	Common Market Law Review
ders.	derselbe
d.h.	das heißt
dies.	dieselbe(n)
diesbzgl.	diesbezüglich
Doc.	Document

Dok.	Dokument
DÖV	Die Öffentliche Verwaltung
DR	Décisions et Rapports / Decisions and Reports (Sammlung der Entscheidungen der Europäischen Kommission für Menschenrechte)
DRiZ	Deutsche Richterzeitung
DVBl.	Deutsches Verwaltungsblatt
EAG(V)	Vertrag zur Gründung der Europäischen Atomgemeinschaft
ebd.	ebenda
EEA	Einheitliche Europäische Akte
EG	Europäische Gemeinschaft(en); (*in Verbindung mit einer Norm*) Vertrag zur Gründung der Europäischen Gemeinschaft
EGV	Vertrag zur Gründung der Europäischen Gemeinschaft
EGKS(V)	Vertrag über die Gründung der Europäischen Gemeinschaft für Kohle und Stahl
EGMR	Europäischer Gerichtshof für Menschenrechte
EGRC	Europäische Grundrechtecharta (Charta der Grundrechte der Europäischen Union)
EHRLR	European Human Rights Law Review
Einl.	Einleitung
EJIL	European Journal of International Law
EKMR	Europäische Kommission für Menschenrechte
ELJ	European Law Journal
E.L.Rev.	European Law Review
EMRK	Europäische Menschenrechtskonvention (Konvention zum Schutze der Menschenrechte und Grundfreiheiten)
engl.	englisch
Entsch.	Entscheidung
EP	Europäisches Parlament
EPG	Europäische Politische Gemeinschaft
EPIL	Encyclopedia of Public International Law
ER	Europäischer Rat
ESC	Europäische Sozialcharta
etc.	*et cetera*
ETS	European Treaty Series
EU	Europäische Union; (*in Verbindung mit einer Norm*) Vertrag zur Gründung der Europäischen Union
EuArch	Europa-Archiv
EuG	Gericht erster Instanz der Europäischen Gemeinschaften
EuGH	Gerichtshof der Europäischen Gemeinschaften

EuGRZ	Europäische Grundrechte Zeitschrift
EuR	Europarecht
EuZW	Europäische Zeitschrift für Wirtschaftsrecht
EVG	Europäische Verteidigungsgemeinschaft
EWG	Europäische Wirtschaftsgemeinschaft
EWGV	Vertrag zur Gründung der Europäischen Wirtschaftsgemeinschaft
EZB	Europäische Zentralbank
f.	folgende; für
ff.	fortfolgende
F.A.Z.	Frankfurter Allgemeine Zeitung
Fn.	Fußnote(n)
FP	Fakultativprotokoll
frz.	französisch
FS	Festschrift
GA	Generalanwalt / Generalanwältin
gem.	gemäß
GG	Grundgesetz
ggf.	gegebenenfalls
GLJ	German Law Journal
GPR	Zeitschrift für Gemeinschaftsprivatrecht
GS	Gedächtnisschrift
GUE/NGL	Vereinigte Europäische Linke / Nordische Grüne Linke
GYIL	German Yearbook of International Law
h.L.	herrschende Lehre
h.M.	herrschende Meinung
Hrsg.	Herausgeber
HS	Halbsatz
HStR	Handbuch des Staatsrechts
ICJ	International Court of Justice
i.d.F.	in der Fassung
i.d.R.	in der Regel
i.E.	im Ergebnis
i.e.S.	im engeren Sinne
ILM	International Legal Materials
insb.	insbesondere
IPBPR	Internationaler Pakt über bürgerliche und politische Rechte
IPWSKR	Internationaler Pakt über wirtschaftliche, soziale und kulturelle Rechte
i.S.	im Sinne

i.ü.	im übrigen
i.V.m.	in Verbindung mit
i.W.	im Wesentlichen
i.w.S.	im weiteren Sinne
JBl.	Juristische Blätter
JöR	Jahrbuch des öffentlichen Rechts der Gegenwart
JRP	Journal für Rechtspolitik
JZ	Juristenzeitung
Kap.	Kapitel
KG	Kommanditgesellschaft
KJ	Kritische Justiz
KOM	Dokumente der Kommission (der EG)
KritV	Kritische Vierteljahresschrift für Gesetzgebung und Rechtswissenschaft
lit.	*litera* (Buchstabe)
LS	Leitsatz
m.E.	meines Erachtens
MJ	Maastricht Journal of European and Comparative Law
m.w.N.	mit weiteren Nachweisen
NdsVBl.	Niedersächsische Verwaltungsblätter
n.F.	neue Fassung
NGO	Non-governmental Organization
NJW	Neue Juristische Wochenschrift
Nr.	Nummer(n)
NVwZ	Neue Zeitschrift für Verwaltungsrecht
o.g.	oben genannt(e / r / s)
PJZS	Polizeiliche und justizielle Zusammenarbeit in Strafsachen
Pkt.	Punkt
P.L.	Public Law
PPE-DE	Europäische Volkspartei und europäische Demokraten
Prot.	Protokoll
PSE	Sozialdemokratische Partei Europas
REDP / ERPL	Revue Européenne de Droit Public / European Review of Public Law
Rep.	Report
RL	Richtlinie
R.M.C.	Revue du Marché commun et de l'Union européenne
Rn.	Randnummer(n)
RQDI	Revue Québécoise de Droit International
Rs.	Rechtssache(n)

Rspr.	Rechtsprechung
RTDE	Revue du droit de l'Union européenne : revue trimestrielle de droit européen
RUDH	Revue universelle des droits de l'homme
S.	Satz, Seite
Sart.	Sartorius
Slg.	Sammlung (Sammlung der Rechtsprechung des Gerichtshofs und des Gerichts erster Instanz)
s.o.	siehe oben
sog.	sogenannte (r / s)
str.	strittig
st.Rspr.	ständige Rechtsprechung
s.u.	siehe unten
u.a.	und andere / unter anderem
UAbs.	Unterabsatz
UNTS	United Nations Treaty Series
Urt.	Urteil
u.U.	unter Umständen
v.	vom / von
v.a.	vor allem
verb.	verbunden(e)
VerfV	Vertrag über eine Verfassung für Europa (*i.d.F. Dok. CIG 87/2/04 REV 2 v. 29.10.2004*)
vgl.	vergleiche
VN	Vereinte Nationen
VO	Verordnung (der EG)
Vorb(em).	Vorbemerkung
VVDStRL	Veröffentlichungen der Vereinigung der Deutschen Staatsrechtslehrer
WSA	Wirtschafts- und Sozialausschuss
WVRK	Wiener Vertragsrechtskonvention (Wiener Übereinkommen über das Recht der Verträge)
ZaöRV	Zeitschrift für ausländisches öffentliches Recht und Völkerrecht
z.B.	zum Beispiel
ZEuS	Zeitschrift für Europarechtliche Studien
ZfP	Zeitschrift für Politik
ZGR	Zeitschrift für Gesellschaftsrecht
Ziff.	Ziffer

ZÖR	Zeitschrift für öffentliches Recht – Austrian Journal of Public and International Law
ZP	Zusatzprotokoll (zur EMRK)
ZRP	Zeitschrift für Rechtspolitik
ZUM	Zeitschrift für Urheber- und Medienrecht

Einleitung

A. Gegenstand der Untersuchung

Die Bürger Europas wurden in den letzten Jahren Zeugen eines dynamischen Konstitutionalisierungsprozesses in der Europäischen Union. Nach jahrzehntelangem erfolglosem Ringen verschiedener Gemeinschaftsorgane sowie zahlreicher Vertreter im Schrifttum und in der Zivilgesellschaft um die Verankerung der Gemeinschaftsgrundrechte in einem Grundrechtskatalog erschien dies vielen noch zu Beginn des Jahres 1999 auf absehbare Zeit als nicht realisierbar.[1]

Überraschend griff jedoch der Europäische Rat die Forderung nach einem unionseigenen Grundrechtskatalog auf. Er einigte sich auf Initiative der deutschen Ratspräsidentschaft am 3./4. Juni 1999 in Köln darauf, eine Charta der Grundrechte der Europäischen Union erstellen zu lassen. Dies hielt er beim gegenwärtigen Entwicklungsstand der Union für erforderlich, „*um die überragende Bedeutung der Grundrechte und ihre Tragweite für die Unionsbürger sichtbar zu verankern*".[2]

In weniger als zehn Monaten erarbeitete das vom Europäischen Rat zu diesem Zweck eingesetzte Gremium, das sich den Namen „Konvent" gab, unter dem Vorsitz des deutschen Alt-Bundespräsidenten und früheren Präsidenten des Bundesverfassungsgerichts *Roman Herzog* den Entwurf der EU-Grundrechtecharta (EGRC)[3]. Diese legt in sieben Kapiteln in insgesamt 54 Artikeln, eingerahmt von einer Präambel und allgemeinen Schlussbestimmungen, von der Würde des Menschen ausgehend Freiheits- und Gleichheitsrechte, wirtschaftliche, soziale und justizielle Grundrechte sowie besondere Rechte der Unionsbürger nieder. Das Europäische Parlament, der Rat und die

---

1 Vgl. statt vieler *Oppermann*, Europarecht, § 6 I 2, Rn. 495, der zur Frage eines unionseigenen Grundrechtskataloges noch im April 1999 resümierte: „*Vielleicht kommt hierfür künftig einmal der Zeitpunkt, wenn die richterrechtliche Entfaltung der Gemeinschaftsgrundrechte zum Abschluß gekommen ist*".

2 Europäischer Rat (Köln), Anhang IV zu den Schlussfolgerungen des Vorsitzes, Bull. EU 6-1999, S. 39 = EuGRZ 1999, S. 364 (siehe Dokumentenanhang B., S. 567).

3 Die Charta der Grundrechte der Europäischen Union (Europäische Grundrechte- bzw. Grundrechtscharta) wird in Folgendem in Anlehnung an die für die Konvention zum Schutze der Menschenrechte und Grundfreiheiten übliche Abkürzung „EMRK" mit „EGRC" abgekürzt.

Kommission haben die vom Konvent vorgelegte Charta der Grundrechte am 7. Dezember 2000 in Nizza feierlich proklamiert.

Die erfolgreiche Erstellung der Grundrechtecharta durch den Konvent verlieh dem Prozess der Konstitutionalisierung in der Europäischen Union zusätzlichen Schwung. Mit der „*Erklärung von Laeken zur Zukunft der Europäischen Union*" vom 14./15. Dezember 2001 berief der Europäische Rat einen neuen Konvent zur Zukunft Europas ein (sog. Verfassungskonvent).[4] Der Verfassungskonvent, der am 28. Februar 2002 unter dem Vorsitz des früheren französischen Staatspräsidenten *Valéry Giscard d'Estaing* seine Arbeit aufnahm, hat dem Präsidenten des Europäischen Rates am 18. Juli 2003 in Rom den Entwurf eines Vertrags über eine Verfassung für Europa vorgelegt. Die Grundrechtecharta hat mit wenigen redaktionellen Änderungen im Teil II dieses Verfassungsentwurfs Aufnahme gefunden.[5] Am 29. Oktober 2004 haben die Staats- und Regierungschefs auf ihrer Tagung in Rom den Vertrag über eine Verfassung für Europa (VerfV)[6] unterzeichnet, der die Charta entsprechend dem Vorschlag des Verfassungskonvents im Volltext in die Verfassung inkorporiert. Die Zukunft des Verfassungsvertrags, der von einer Mehrheit der EU-Mitgliedstaaten ratifiziert wurde, ist nach den ablehnenden Referenden über seine Annahme in Frankreich (29. Mai 2005) und in den Niederlanden (1. Juni 2005), zwei der Gründerstaaten der Gemeinschaften, offen.

Nun füllt die Charta der Grundrechte der Europäischen Union – die als Kern einer künftigen Europäischen Verfassung, aber auch als unabhängig davon bestehender Grundrechtskatalog existieren kann – in Europa kein grundrechtliches Vakuum. Vielmehr trifft sie auf eine Vielzahl von Grundrechtsgewährleistungen[7], die den Menschen in den Mitgliedstaaten der Union durch die nationalen Verfassungen, völkerrechtliche Menschenrechtsverträge und nicht zuletzt durch das Gemeinschaftsrecht selbst garantiert sind. Die Schaffung eines neuen Grundrechtskatalogs auf Unionsebene wirft deshalb notwendig die Frage auf, welche Rolle diesem im Verhältnis zum existierenden Grundrechtsschutz innerhalb Europas zukommen soll, und welche Auswir-

---

4 Europäischer Rat (Laeken), Anlage I zu den Schlussfolgerungen des Vorsitzes, Dok. SN 300/1/01 REV 1, S. 24-26 (Pkt. III).

5 Dok. CONV 820/03 v. 20.06.2003, S. 48-61.

6 Dok. CIG 87/2/04 REV 2 v. 29.10.2004, S. 1 ff.

7 Für die Zwecke dieser Abhandlung werden Grundrechte mit Menschenrechten gleichgestellt.

kungen er auf die künftige Bedeutung anderer grundrechtlicher Schutzmechanismen haben wird.

Insbesondere das komplexe Zusammenwirken mit den in den Verfassungen der Mitgliedstaaten garantierten Grundrechten sowie den Rechten der Europäischen Menschenrechtskonvention hat schon die Entwicklung der ungeschriebenen Gemeinschaftsgrundrechte durch den Gerichtshof der Europäischen Gemeinschaften stetig begleitet. Dabei haben gerade in jüngerer Zeit die Entscheidungen verschiedener Gerichte das Verhältnis der unterschiedlichen Grundrechtsgewährleistungen zu den Gemeinschaftsgrundrechten neu austariert. Der Beschluss des Bundesverfassungsgerichts zur Bananenmarktordnung vom 7. Juni 2000[8] gibt hier für das deutsche Verfassungsrecht den aktuellen Rahmen vor. Der Europäische Gerichtshof für Menschenrechte hat die Stellung der Europäischen Menschenrechtskonvention im Verhältnis zum Gemeinschaftsrecht in seinen Urteilen in den Rechtssachen *Matthews* vom 18. Februar 1999[9] und *Bosphorus* vom 30. Juni 2005[10] grundlegend neu bestimmt.

In dieser bestehenden Grundrechtsarchitektur in Europa muss die Charta ihren Standort finden. Für ein reibungsfreies Zusammenspiel der auf den verschiedenen Ebenen gewährleisteten Grundrechte ist es angesichts der möglichen Überschneidungen ihrer Anwendungsbereiche entscheidend, dass sich die Charta unter Rücksichtnahme auf die verschiedenen Grundrechtskodifikationen harmonisch in diese Architektur einfügt.

Die Stellung der EU-Grundrechtecharta im europäischen Grundrechtsverbund hängt wesentlich von mehreren „Standortfaktoren“ ab. Bereits aus ihrem Entstehungsprozess, insbesondere aus den mit ihrer Schaffung verfolgten Zielen und dem besonderen Verfahren ihrer Erarbeitung durch einen Konvent, lassen sich wichtige Elemente der ihr zugedachten Bedeutung ablesen. Der Anwendungsbereich der Charta *ratione personae* legt für ihren Standort im System des europäischen Grundrechtsschutzes das Fundament. Durch die Bestimmung, wen ihre Rechte berechtigen und wen sie verpflichten, steckt die Charta ihre Reichweite im Verhältnis zu derjenigen der nationalen, euro-

---

8 BVerfG, 2 BvL 1/97, Beschl. v. 07.06.2000, EuGRZ 2000, S. 328 ff.

9 EGMR, Beschw. Nr. 24833/94, Denise Matthews ./. Vereinigtes Königreich, Urt. v. 18.02.1999, EuGRZ 1999, S. 200 ff.

10 EGMR, Beschw. Nr. 45036/98, Bosphorus Hava Yollari Turizm ve Ticaret AS ./. Irland, Urt. v. 30.06.2005.

päischen und internationalen Grundrechtstexte und damit die Bereiche möglicher Überschneidungen der verschiedenen Grundrechtsordnungen ab.

Von der Tragweite der Charta *ratione materiae* hängt maßgeblich ab, inwieweit es zu Diskrepanzen im Schutzniveau der verschiedenen in Europa gewährleisteten Grundrechte kommt. Unterschiedliche Schutzstandards der in den einzelnen Grundrechtskatalogen niedergelegten Garantien bergen ein nicht unerhebliches Konfliktpotential, insbesondere wenn sich ihre Anwendungsbereiche überlappen. Die Bestimmung des sachlichen Geltungsbereichs der Charta ist für ihre Beziehungen zu den existierenden Gemeinschaftsgrundrechten, den mitgliedstaatlichen Grundrechten sowie dem Menschenrechtsschutz durch internationale Übereinkommen, besonders der EMRK, deshalb von zentraler Bedeutung. Den Allgemeinen Bestimmungen des Kapitels VII der Charta, welche u.a. die Tragweite der Charta-Rechte *ratione materiae* gerade auch im Verhältnis zu den übrigen in Europa geschützen Grundrechten definieren, kommt damit für die Ermittlung des Standortes der Charta in der europäischen Grundrechtsarchitektur die Hauptrolle zu.

Schließlich bestimmt sich die Bedeutung der Grundrechtecharta wesentlich nach der Durchsetzbarkeit der in ihr niedergelegten Rechte durch die Grundrechtsträger. Hierfür ist der materiell-rechtliche Status der Charta ebenso maßgeblich wie die Wege der prozessualen Geltendmachung einer Verletzung der Charta-Grundrechte.

Es steht zu erwarten, dass die Charta der Grundrechte der Europäischen Union entweder als Teil einer verbindlichen Europäischen Verfassung oder als unabhängig davon geltender Grundrechtskatalog den Menschenrechtsschutz in Europa künftig entscheidend prägen wird. Die vorliegende Arbeit möchte vor diesem Hintergrund mit einer Analyse der für die Rolle der Charta im europäischen Grundrechtsverbund wesentlichen Faktoren einen Beitrag zur Bestimmung ihres Standorts in der Grundrechtsarchitektur Europas leisten.

B. Gang der Untersuchung

Die Untersuchung der Stellung der Grundrechtecharta im System der verschiedenen Menschenrechtsordnungen setzt die Kenntnis der bisherigen Konzeption des Grundrechtsschutzes in Europa voraus, in die sich die Charta einordnen muss. Das 1. Kapitel der Arbeit soll hierüber vornehmlich aus dem Blickwinkel des Gemeinschaftsrechts einen Überblick geben. Zu erörtern sind neben der Entwicklung des Grundrechtsschutzes im Gemeinschaftsrecht der Status der Grundrechte der mitgliedstaatlichen Verfassungen und der völkerrechtlichen Menschenrechtsverträge im Verhältnis zum Gemeinschaftsrecht.

Der Entstehungsgeschichte und Konzeption der Grundrechtecharta widmet sich das 2. Kapitel. Es beschreibt die Stationen der Entwicklung der Charta als geschriebenem unionseigenen Grundrechtskatalog und die mit ihrer Schaffung verfolgten Ziele. Im Vordergrund der Betrachtung steht hier das die Rolle der Charta entscheidend prägende Verfahren ihrer Ausarbeitung durch einen Konvent. Einem kurzen Überblick über den Inhalt der Charta folgt die Bestimmung allgemeiner Charakteristika ihrer inhaltlichen Gestaltung einschließlich der Bedeutung der vom Konventspräsidium zur Charta gegebenen Erläuterungen.

Das 3. Kapitel befasst sich mit dem Anwendungsbereich der Grundrechtecharta *ratione personae*. Eine Gegenüberstellung der betreffenden Charta Normen und der Regelung der Grundrechtsberechtigten und –verpflichteten im Rahmen des herkömmlichen gemeinschaftsrechtlichen Grundrechtsschutzes soll eine Einordnung der Charta-Bestimmungen in das europäische Grundrechtsschutzsystem ermöglichen. Die Bestimmung der Grundrechtsverpflichteten in der Charta wirft außerdem die Frage nach ihren Auswirkungen auf die bestehende Kompetenzverteilung zwischen der EG / EU und den Mitgliedstaaten auf.

Die für die Standortbestimmung der Charta zentrale Analyse ihrer Tragweite *ratione materiae* erfolgt im 4. Kapitel. Die Untersuchung des sachlichen Geltungsbereichs der Charta setzt hier nicht bei den einzelnen materiellen Charta-Rechten an. Vielmehr befasst sie sich mit den spezifischen Tragweiteregelungen der Charta. Dabei sind zunächst die allgemeinen Normen zur Tragweite in der Charta, die ihre Reichweite grundsätzlich für alle Rechte der Charta bestimmen, Gegenstand der Betrachtung. Die horizontale Schrankenregel der Charta, der wiederum die Schrankensystematik im Rahmen des herkömmlichen gemeinschaftsrechtlichen Grundrechtsschutzes gegenübergestellt wird, ist hiervon ebenso wie die Bestimmungen der Charta zum Schutzniveau und zum Verbot des Rechtsmissbrauchs erfasst.

Sodann werden die speziellen Bestimmungen zur Tragweite der Charta, die nur auf bestimmte Charta-Garantien oder Gruppen von Garantien Anwendung finden, analysiert und in ihrer Wirkungsweise ebenso wie die allgemeinen Bestimmungen grundrechtsdogmatisch eingeordnet. Hier stehen die Regelungen der Charta, in denen diese die Beziehungen ihrer Rechte zu den

Rechten in den Verträgen sowie in der Europäischen Menschenrechtskonvention festlegt, im Vordergrund. Schließlich bedarf das Verhältnis der verschiedenen spezifischen Bestimmungen der Charta zu ihrer Tragweite *ratione materiae* zueinander der Klärung.

Die Frage der Durchsetzbarkeit der in der Charta gewährleisteten Rechte durch die Grundrechtsträger ist Gegenstand des 5. Kapitels. Es thematisiert den materiell-rechtlichen Status der Charta nach ihrer feierlichen Proklamation ebenso wie die den Grundrechtsträgern offen stehenden Wege, Verletzungen der Charta-Rechte gerichtlich geltend zu machen. Im Rahmen der Schritte der Charta zu ihrer rechtlichen Verbindlichkeit werden auch die vom Verfassungskonvent vorgeschlagenen und in den am 29.10.2004 unterzeichneten Vertrag über eine Verfassung für Europa aufgenommenen redaktionellen Änderungen an einzelnen Charta-Bestimmungen behandelt. Für einzelne offen gebliebene prozessuale Fragen, die sich im Zusammenhang mit der Rechtsverbindlichkeit der Charta stellen, werden Lösungsvorschläge unterbreitet.

Grundlage der Untersuchung ist – nicht zuletzt vor dem Hintergrund der derzeit offenen Frage, ob die Charta im Rahmen einer künftigen Europäischen Verfassung oder unabhängig davon bestehen wird – die EU-Grundrechtecharta in der Fassung, in der sie am 7. Dezember 2000 in Nizza feierlich proklamiert wurde. Auf die im Vertrag über eine Verfassung für Europa erfolgte Neunummerierung sowie die vereinzelten Wortlautänderungen wird an entsprechender Stelle eingegangen.

1. Kapitel. Überblick über die Konzeption des Grundrechtsschutzes in Europa

A. Einführung

Gegenwärtig werden Grundrechte in den EU-Mitgliedstaaten auf drei Ebenen gewährleistet.[11] Auf der Ebene der Mitgliedstaaten kann der Einzelne erstens die zumeist in den nationalen Verfassungen kodifizierten Grundrechte gegenüber der Staatsgewalt der Mitgliedstaaten in Anspruch nehmen, und diese – wenn auch in unterschiedlichem Ausmaß – vor den nationalen Gerichten einschließlich der Verfassungsgerichte durchsetzen. Mit Ausnahme von Grossbritannien und Österreich verfügen alle Mitgliedstaaten über Verfassungen, die einen Menschenrechtskatalog beinhalten.[12]

Auf völkerrechtlicher Ebene existieren zweitens zahlreiche Menschenrechteinstrumente, die inhaltlich teils umfassend, teils sehr speziell Grundrechte niederlegen.[13] Besondere Bedeutung kommt in diesem Bereich der am 04.11.1950 unterzeichneten (Europäischen) Konvention zum Schutze der Menschenrechte und Grundfreiheiten (EMRK)[14] zu. Die Konvention beansprucht inzwischen ebenso wie das sie materiell-rechtlich ergänzende erste und sechste Zusatzprotokoll in allen Mitgliedstaaten der Union Geltung,[15] wenn auch mit unterschiedlichem Rang.[16] Ihren Erfolg[17] schuldet sie insbe-

---

11 Einen kurzen Überblick über den Grundrechtsschutz in Europa bieten z.B. *Starck*, EuGRZ 1981, S. 545-548; *Kugelmann*, Grundrechte in Europa, S. 9-27; *Engels*, Eurokolleg 45 (2001), S. 2-6.

12 Vgl. zur verfassungsrechtlichen Lage in diesen Mitgliedstaaten z.B. *Kingreen*, in: *Calliess / Ruffert* (Hrsg.), EUV/EGV, Art. 6 EUV, Rn. 92 a (dort Fn. 262) m.w.N.

13 Einen Überblick über die wichtigsten Menschenrechtsverträge auf völkerrechtlicher Ebene geben z.B. *Tomuschat*, in: *Bieber / de Gucht u.a.* (Hrsg.), Au nom des peuples européens, S. 29-38; *Ipsen*, in: *Ipsen*, Völkerrecht, § 48 f.

14 In Kraft getreten am 03.09.1953; vgl. BGBl. 1954 II, S. 14; abgedruckt in: Sart. II, Nr. 130.

15 Vgl. die Ratifikationstabelle auf der Internetseite des Europarates, http://www.echr.coe.int/Eng/EDocs/DatesOfRatifications.html (Stand: 20.02.2006).

16 So gilt die EMRK in der Bundesrepublik Deutschland im Rang eines einfachen Bundesgesetzes, während ihr z.B. in Österreich Verfassungsrang zukommt; vgl. dazu *Frowein*, in: *Frowein / Peukert*, EMRK, Einführung, Rn. 6 m.w.N.; *Bernhardt*, in: *Bieber / de Gucht u.a.* (Hrsg.), Au nom des peuples européens, S. 132 f.; *Kugelmann*, Grundrechte

sondere der Tatsache, dass sie den in ihr niedergelegten Menschenrechten ein gerichtliches Sicherungsverfahren zur Seite stellt. Sie garantiert dem Einzelnen vor dem Europäischen Gerichtshof für Menschenrechte (EGMR) in Straßburg gegenüber der Hoheitsgewalt der Vertragsstaaten durchsetzbare Grundrechte.[18]

Daneben existiert eine Vielzahl völkerrechtlicher Menschenrechtsinstrumente, die in Gegensatz zur EMRK jedoch über kein eigenes gerichtliches Verfahren der Sicherung der in ihnen garantierten Rechte durch den Einzelnen verfügen. So kommt der von der Generalversammlung der Vereinten Nationen am 10.12.1948 angenommenen Allgemeinen Erklärung der Menschenrechte,[19] die der EMRK sichtbar als Vorbild diente,[20] zwar heute völkergewohnheitsrechtlich verbindliche Geltung zu.[21] Sie enthält aber keinen

---

in Europa, S. 20 f.; *Ehlers*, in: *Ehlers* (Hrsg.), Europäische Grundrechte und Grundfreiheiten, § 2 I, Rn. 3.

17 Dieser zeigt sich nicht zuletzt in der stetig steigenden Anzahl der jährlich zum Europäischen Gerichtshof für Menschenrechte erhobenen Beschwerden. So stieg die Zahl der registrierten Beschwerden allein von 5.979 im Jahr 1998 auf 13.858 im Jahr 2001, und in den Folgejahren war ein weiterer erheblicher Anstieg der entscheidungsreifen Beschwerden zu verzeichnen; siehe zu dieser Entwicklung die Darstellung auf der Internetseite des EGMR, http://www.echr.coe.int/Eng/EDocs/HistoricalBackground.htm (Stand: 07.11.2004).

18 Als Komplement der fast ausschließlich Freiheits- und Verfahrensrechte umfassenden EMRK wurde später unter der Ägide des Europarates die wirtschaftliche und soziale Grundrechte enthaltende Europäische Sozialcharta (unterzeichnet am 18.10.1961, in Kraft getreten am 26.02.1965; vgl. BGBl. 1964 II, S. 1262 ff.; abgedruckt in: Sart. II, Nr. 115) geschaffen; ein dem Verfahren nach der EMRK vergleichbares Verfahren zur Sicherung der Beachtung der Sozialcharta durch den Einzelnen existiert nicht (vgl. dazu *Ipsen*, in: *Ipsen*, Völkerrecht, § 49, Rn. 13-15). Die Sozialcharta liegt inzwischen in einer überarbeiteten Fassung vor (Revidierte Europäische Sozialcharta vom 03.05.1996, in Kraft getreten am 01.07.1999, ETS Nr. 163), die bislang weniger als die Hälfte der Mitgliedstaaten des Europarates ratifiziert hat.

19 Resolution 217 A (III), in: United Nations, General Assembly, Official Records, third Session (part I) Resolutions (Doc. A/810), S. 71; abgedruckt in: Sart. II, Nr. 19.

20 Vgl. den ersten Erwägungsgrund der Präambel der EMRK; dazu auch *Tomuschat*, in: *Bieber / de Gucht u.a.* (Hrsg.), Au nom des peuples européens, S. 30 f.; *Frowein*, in: *Frowein / Peukert*, EMRK, Einführung, Rn. 1, sowie Präambel, Rn. 1.

21 Vgl. dazu und zur umstrittenen Verbindlichkeit als Völkergewohnheitsrecht *Carrillo Salcedo*, in: *Bernhardt* (Hrsg.), EPIL, Bd. II, S. 922 ff. (insb. 923, 925 f.); *Tomuschat*, in: *Bieber / de Gucht u.a.* (Hrsg.), Au nom des peuples européens, S. 29/30 m.w.N.

eigenen gerichtlichen Durchsetzungsmechanismus. Der gleichermaßen von der Generalversammlung der Vereinten Nationen am 16.12.1966 angenommene Internationale Pakt über wirtschaftliche, soziale und kulturelle Rechte (IPWSKR)[22] räumt dem Einzelnen verhältnismäßig unbestimmt ausgestaltete Rechte ein, und stellt ihm selbst ebenfalls kein Verfahren zu deren Sicherung zur Verfügung.[23] Sein Gegenstück, der von der Generalversammlung am selben Tag verabschiedete Internationale Pakt über bürgerliche und politische Rechte (IPBPR)[24] enthält mit der in seinem Fakultativprotokoll[25] eröffneten Möglichkeit einer Individualbeschwerde zum Menschenrechtsausschuss gleichermaßen kein Instrument der gerichtlichen Durchsetzung der in ihm gewährten Rechte.[26]

Schließlich existieren drittens auf der Ebene der supranationalen Gemeinschaft bzw. der Union überwiegend ungeschriebene, vom Gerichtshof der Europäischen Gemeinschaften (EuGH) in Luxemburg entwickelte und vom Einzelnen in erster Linie gegenüber Hoheitsakten der Gemeinschaftsorgane gerichtlich durchsetzbare Gemeinschaftsgrundrechte. Der EuGH ermittelt die Gemeinschaftsgrundrechte insbesondere durch eine Anknüpfung an die gemeinsamen Verfassungsüberlieferungen der Mitgliedstaaten und an die völkerrechtlichen Verträge über den Schutz der Menschenrechte, an deren Abschluss die Mitgliedstaaten beteiligt oder denen sie beigetreten sind, d.h.

---

22 In Kraft getreten am 03.01.1976; abgedruckt in BGBl. 1973 II, S. 1570 ff.; Sart. II, Nr. 21.

23 Vgl. dazu z.B. *Cohen Jonathan*, in: *Bernhardt* (Hrsg.), EPIL, Bd. II, S. 916, 918 f., 920 f.; *Ipsen*, in: *Ipsen*, Völkerrecht, § 48 IV 6, Rn. 44-47.

24 In Kraft getreten am 23.03.1976; abgedruckt in BGBl. 1973 II, S. 1534 ff.; Sart. II, Nr. 20.

25 Von der Generalversammlung der VN verabschiedet am 16.12.1966, in Kraft getreten am 23.03.1976; UNTS Bd. 999, S. 302 ff.; abgedruckt in: Sart. II, Nr. 20 a.

26 Vgl. dazu z.B. *Nowak*, CCPR-Kommentar, Art. 5 FP, Rn. 33 f.; *Cohen Jonathan*, in: *Bernhardt* (Hrsg.), EPIL, Bd. II, S. 920; *Kugelmann*, Grundrechte in Europa, S. 10/11. Weitere, zumindest in einem Teil der EU-Mitgliedstaaten anwendbare völkerrechtliche Menschenrechtsverträge ohne eigene gerichtliche Durchsetzungsmechanismen für den Einzelnen sind beispielsweise das von der Generalversammlung der Vereinten Nationen am 18.12.1979 angenommene Übereinkommen zur Beseitigung jeder Form von Diskriminierung der Frau (in Kraft getreten am 03.09.1981; abgedruckt in BGBl. 1985 II, S. 648 ff.; Sart. II, Nr. 23), oder das von der Generalversammlung der Vereinten Nationen am 20.11.1989 angenommene Übereinkommen über die Rechte des Kindes (in Kraft getreten am 02.09.1990; abgedruckt in BGBl. 1992 II, S. 122 ff.; Sartorius II, Nr. 29).

insbesondere die EMRK.[27] Durch diese Methode der Rechtsfindung sind die Grundrechte auf Gemeinschaftsebene seit jeher besonders eng mit den Grundrechten auf nationaler und internationaler Ebene verflochten.[28]

Innerhalb dieses „*Grundrechtsverbundes verschiedener Ebenen*“[29] muss die Grundrechtecharta der Europäischen Union, die, sobald sie rechtsverbindlich ist, an die Stelle der bislang zumeist ungeschriebenen Gemeinschaftsgrundrechte treten soll,[30] unter Rücksichtnahme auf die Grundrechtsordnungen der anderen Ebenen ihren Standort finden.

Der folgende Überblick über die Konzeption des Grundrechtsschutzes in Europa widmet sich aus dem Blickwinkel des Gemeinschaftsrechts (und damit der Charta) zunächst der Entwicklung des Grundrechtsschutzes auf Gemeinschaftsebene (B.). Sodann soll der bisherige Status der Grundrechte aus den mitgliedstaatlichen Verfassungen (C.I.) und den völkerrechtlichen Menschenrechtsverträgen, insbesondere der EMRK, (C.II.) im Verhältnis zum Gemeinschaftsrecht aus gemeinschaftsrechtlicher, aber auch aus mitgliedstaatlicher bzw. konventionsrechtlicher Sicht bestimmt werden.

B. Die Entwicklung des Grundrechtsschutzes im Gemeinschaftsrecht

I. Die Entwicklung von Grundrechten durch den EuGH

Die Gründungsverträge der drei Europäischen Gemeinschaften (EGKSV, EWGV, EAGV) trafen, im Gegensatz zu den Vertragsentwürfen der zuvor gescheiterten Europäischen Verteidigungsgemeinschaft[31] und der Europäischen Politischen Gemeinschaft[32], keine umfassenden Regelungen

---

27 Siehe dazu im Einzelnen unten 1. Kapitel.B.I.

28 Vgl. auch BVerfG, 2 BvR 197/83, Beschl. v. 22.10.1986, BVerfGE 73, 339 (383 f.) („Solange II“), das von einer „normative[n] Verklammerung“ der in den Verfassungen der Mitgliedstaaten und in der EMRK enthaltenen Grundrechtsverbürgungen mit den Gemeinschaftsgrundrechten spricht.

29 *Weber*, in: *Weber* (Hrsg.), Charta der Grundrechte, S. 15.

30 Siehe dazu noch unten 5. Kapitel.D.II, insb. bei Fn. 2288 f.

31 Vgl. Art. 3 § 1 des Entwurfs des Vertrages über die Gründung der Europäischen Verteidigungsgemeinschaft, BGBl. 1954 II, S. 343 ff. (346).

32 Vgl. Art. 2, 3 des Entwurfs eines Vertrags über die Satzung der Europäischen Gemeinschaft v. 10.03.1953, abgedruckt in: *Schulze / Hoeren* (Hrsg.), Dokumente zum Europäischen Recht, Bd. 1, S. 609 ff. (610).

zum Grundrechtsschutz. Insbesondere enthielt der EWG-Vertrag, abgesehen von einzelnen grundrechtlichen Bestimmungen wie dem Verbot der Diskriminierung aus Gründen der Staatsangehörigkeit (Art. 12 EG n.F.), dem Gebot der Entgeltgleichheit für Männer und Frauen (Art. 141 EG n.F.) sowie den grundrechtsähnlichen Warenverkehrs-, Personenverkehrs-, und Dienstleistungsfreiheiten[33], keinen Grundrechtskatalog. Grund hierfür war u.a., dass die Schöpfer der nunmehr eine bloße wirtschaftliche Integration bezweckenden, ihrem Herkommen nach völkerrechtlichen Gemeinschaftsverträge davon ausgingen, dass die Handlungen der von den Verträgen geschaffenen Organe nicht in die individuellen Freiheitsräume der einzelnen „Marktbürger" eindringen können.[34]

Diese Annahme erwies sich mit den grundlegenden Entscheidungen des EuGH zur Wirkung des Gemeinschaftsrechts im Recht der Mitgliedstaaten und zum Verhältnis zwischen Gemeinschaftsrecht und mitgliedstaatlichem Recht schon bald als unzutreffend. Die unmittelbare Anwendbarkeit von „rechtlich vollkommenen" Bestimmungen des EG-Vertrages[35] ebenso wie bestimmter Normen des Sekundärrechts[36] im mitgliedstaatlichen Recht führte und führt dazu, dass gemeinschaftsrechtliche Normen unmittelbar Rechte und (teils) Pflichten des Individuums begründen und damit direkt auf die Rechtsstellung des Einzelnen Einfluss nehmen.[37] Zudem schrieb der EuGH

---

33 Siehe zu diesen näher unten 1. Kapitel.B.II.3.

34 Vgl. zu diesen Hintergründen z.B. *Hummer*, in: *Hummer* (Hrsg.), Die EU nach dem Vertrag von Amsterdam, S. 73; *Pieper*, in: *Bleckmann*, Europarecht, § 2, Rn. 99; *Albers*, in: *Albers u.a.* (Hrsg.), Beobachten – Entscheiden – Gestalten, S. 131; *Fredman / McCrudden / Freedland*, P.L. 2000, S. 178 f.; *Ehlers*, in: *Ehlers* (Hrsg.), Europäische Grundrechte und Grundfreiheiten, § 13 I 2, Rn. 3.

35 Grundlegend EuGH, Rs. 26/62, van Gend & Loos ./. Niederländische Finanzverwaltung, Urt. v. 05.02.1963, Slg. 1963, S. 1 ff. (24 ff.); EuGH, Rs. 57/65, Firma A. Lütticke GmbH ./. Hauptzollamt Saarlouis, Urt. v. 16.06.1966, Slg. 1966, S. 257 ff. (265/266).

36 Vgl. z.B. EuGH, Rs. 43/71, Politi s.a.s. ./. Finanzministerium der Italienischen Republik, Urt. v. 14.12.1971, Slg. 1971, S. 1039 ff. (1049 / Rn. 9) (unmittelbare Geltung von Verordnungen); EuGH, Rs. 8/81, Ursula Becker ./. Finanzamt Münster-Innenstadt, Urt. v. 19.01.1982, Slg. 1982, S. 53 ff. (71 / Rn. 25) (vertikale unmittelbare Wirkung von Richtlinien); EuGH, Rs. 152/84, M.H. Marshall ./. Southampton and South-West Hampshire Area Health Authority („Marshall I"), Urt. v. 26.02.1986, Slg. 1986, S. 723 ff. (749 / Rn. 48) (keine horizontale unmittelbare Wirkung von Richtlinien).

37 Zur Bedeutung dieser Rechtsprechung *Limbach*, in: *Gustav-Heinemann-Initiative* (Hrsg.), Wo bleiben die Grundrechte in Europa?, S. 76.

dem Gemeinschaftsrecht einen uneingeschränkten Anwendungsvorrang vor jedwedem mitgliedstaatlichen Recht einschließlich des nationalen Verfassungsrechts zu.[38] Hierdurch waren die in den Mitgliedstaaten unmittelbar wirksamen Gemeinschaftsrechtsakte nicht auf eine Verletzung von Grundrechten hin kontrollierbar, da die mitgliedstaatlichen Grundrechte nicht zur Anwendung kamen, ein Grundrechtsschutz auf Gemeinschaftsebene aber nicht existierte. Nicht zuletzt deshalb stieß die Rechtsprechung des EuGH zum Anwendungsvorrang des Gemeinschaftsrechts auf den Widerstand mehrerer nationaler Verfassungsgerichte. So wollten die italienische *Corte costituzionale*[39] und das deutsche Bundesverfassungsgericht[40] einen Grundrechtsschutz gegenüber Gemeinschaftsrechtsakten nach Maßgabe der jeweiligen mitgliedstaatlichen Grundrechte gewährleisten, solange auf Gemeinschaftsebene kein adäquater Grundrechtsschutz besteht.[41]

Vor diesem Hintergrund begann der EuGH nach anfänglichem Zögern[42], die Gemeinschaftsorgane bindende Grundrechte richterrechtlich zu entwickeln. Dies sollte den Schutz der Bürger und die Rechtsstaatlichkeit der Gemeinschaft insgesamt gewährleisten. Die Einführung gemeinschaftseigener Grundrechte diente aber gerade auch dem Zweck, die Akzeptanz des vom

---

38 Grundlegend EuGH, Rs. 6/64, Costa ./. E.N.E.L., Urt. v. 15.07.1964, Slg. 1964, S. 1251 ff. (1269-1271); siehe auch EuGH, Rs. 11/70, Internationale Handelsgesellschaft mbH ./. Einfuhr- und Vorratsstelle für Getreide und Futtermittel, Urt. v. 17.12.1970, Slg. 1970, S. 1125 ff. (1135 / Rn. 3).

39 Vgl. *Corte costituzionale*, Frontini Franco u.a. ./. Finanzminister u.a., Urt. v. 18.12.1973, abgedruckt in dt. Übersetzung in: EuR 1974, S. 255 ff. (261 f.).

40 BVerfG, 2 BvL 52/71, Beschl. v. 29.05.1974, BVerfGE 37, 271 (285) („Solange I"). Zum Ganzen noch eingehend unten 1. Kapitel.C.I.2, insb. Fn. 149.

41 Vgl. zur Rolle der mitgliedstaatlichen Verfassungsgerichte bei der Entwicklung der Gemeinschaftsgrundrechte z.B. *Starck*, EuGRZ 1981, S. 547; *Scheuing*, EuR 1997, Beiheft 1, S. 13/14; *Bausback*, ZRP 1999, S. 9; *Limbach*, EuGRZ 2000, S. 417, 419; *Albers*, in: *Albers u.a.* (Hrsg.), Beobachten – Entscheiden – Gestalten, S. 136; *Lenaerts / de Smijter*, CML Rev. 38 (2001), S. 276; *Ress*, in: *Duschanek / Griller* (Hrsg.), Grundrechte für Europa, S. 186 f.; *Zimmermann*, EU-Grundrechtecharta, S. 9/10; *Ehlers*, in: *Ehlers* (Hrsg.), Europäische Grundrechte und Grundfreiheiten, § 13 I 2, Rn. 4; *Wildhaber / Callewaert*, in: *Colneric u.a.* (Hrsg.), Une communauté de droit, FS f. Rodríguez Iglesias, S. 67.

42 Vgl. noch EuGH, Rs. 1/58, Stork & Co. ./. Hohe Behörde der EGKS, Urt. v. 04.02.1959, Slg. 1958/1959, S. 43 ff. (63 f. / Nr. 4); EuGH, Rs. 40/64, Sgarlata u.a. ./. Kommission, Urt. v. 01.04.1965, Slg. 1965, S. 295 ff. (312), in denen der Gerichtshof eine Grundrechtsprüfung mangels Anwendbarkeit der nationalen Grundrechte ablehnte.

Gerichtshof angenommenen uneingeschränkten Anwendungsvorrangs des Gemeinschaftsrechts, der dessen Eigenständigkeit und einheitliche Geltung garantiert und damit die europäische Integration fördert, zu sichern.[43]

Erstmals erkannte der Gerichtshof im Jahre 1969 in der Rechtssache *Stauder*[44] die Existenz ungeschriebener Gemeinschaftsgrundrechte als Teil des Gemeinschaftsrechts an. Mit dem Hinweis darauf, dass die Grundrechte zu den allgemeinen Grundsätzen der Gemeinschaftsrechtsordnung gehören, „*deren Wahrung der Gerichtshof zu sichern hat*"[45], knüpfte er hierzu implizit an seine Zuständigkeit zur Sicherung der Wahrung des (Gemeinschafts-) Rechts aus Art. 220 EG an.[46]

Als Rechtserkenntnisquellen für den Inhalt und die Reichweite der im Rang dem Vertrags- bzw. Primärrecht gleichstehenden[47] Grundrechte dienen dem Gerichtshof, wie er erstmals in der Rechtssache *Internationale Handelsgesellschaft*[48] feststellte, zunächst die gemeinsamen Verfassungsüberlieferungen der

---

[43] Letzteren Aspekt betonen z.B. *Coppel / O'Neill*, CML Rev. (29) 1992, S. 669-672; *Rengeling*, Grundrechtsschutz in der Europäischen Gemeinschaft, S. 2; *Weiler*, in: *Bieber / de Gucht u.a.* (Hrsg.), Au nom des peuples européens, S. 351 ff.; *Winkler*, Beitritt der Europäischen Gemeinschaften zur EMRK, S. 26 f.; *Bering Bering Liisberg*, CML Rev. 38 (2001), S. 1193; *v. Bogdandy*, JZ 2001, S. 165. Vgl. zu den Hintergründen der Entwicklung von Gemeinschaftsgrundrechten insgesamt z.B. *Hummer*, in: *Hummer* (Hrsg.), Die EU nach dem Vertrag von Amsterdam, S. 72-74; *Albers*, in: *Albers u.a.* (Hrsg.), Beobachten – Entscheiden – Gestalten, S. 131, 136; *Magiera*, DÖV 2000, S. 1018; *Lenaerts / de Smijter*, CML Rev. 38 (2001), S. 275/276; *Ehlers*, in: *Ehlers* (Hrsg.), Europäische Grundrechte und Grundfreiheiten, § 13 I 2, Rn. 3 f.

[44] EuGH, Rs. 29/69, Erich Stauder ./. Stadt Ulm, Sozialamt, Urt. v. 12.11.1969, Slg. 1969, S. 419 ff. (425 / Rn. 7).

[45] EuGH, Rs. 29/69, Stauder (Fn. 44), S. 425 / Rn. 7.

[46] So die praktisch einhellige Meinung in der Lehre, eingehend *Pernice / Mayer*, in: *Grabitz / Hilf* (Hrsg.), EUV/EGV, Bd. I, nach Art. 6 EUV, Rn. 2, 5 m.w.N.; ebenso *Hummer*, in: *Hummer* (Hrsg.), Die EU nach dem Vertrag von Amsterdam, S. 77; *Albers*, in: *Albers u.a.* (Hrsg.), Beobachten – Entscheiden – Gestalten, S. 136; *Ehlers*, in: *Ehlers* (Hrsg.), Europäische Grundrechte und Grundfreiheiten, § 13 I 2, Rn. 4.

[47] So auch statt vieler *Hilf*, in: *Frowein / Hilf u.a.*, Die Grundrechte in der Europäischen Gemeinschaft, S. 29; *Borchardt*, in: Der Europäische Gerichtshof, aktualisierter Auszug aus *Lenz* (Hrsg.), EGV, Art. 220, Rn. 38; a.A. *Rengeling / Szczekalla*, Grundrechte in der EU, § 3 E, Rn. 253 (Rang zwischen Primär-und Sekundärrecht).

[48] EuGH, Rs. 11/70, Internationale Handelsgesellschaft mbH ./. Einfuhr- und Vorratsstelle für Getreide und Futtermittel, Urt. v. 17.12.1970, Slg. 1970, S. 1125 ff. (1135 / Rn. 4).

Mitgliedstaaten. Diese bestimmt er weder nach dem „kleinsten gemeinsamen Nenner“ aller mitgliedstaatlichen Grundrechte (sog. Minimalstandard), noch nach dem jeweils höchsten Schutzniveau des jeweiligen Grundrechts in den Mitgliedstaaten (sog. Maximalstandard). Vielmehr ermittelt der Gerichtshof im Wege einer wertenden Rechtsvergleichung[49] der grundrechtlichen Garantien in den nationalen Verfassungen diejenige Lösung, die ihm im Hinblick auf die Vertragsziele und Gemeinschaftsinteressen als die beste erscheint.[50]

Als zweite, zusätzliche Rechtserkenntnisquelle der Gemeinschaftsgrundrechte greift der EuGH – erstmals in der Rechtssache *Nold*[51] – auf die internationalen Verträge über den Schutz der Menschenrechte, an deren Abschluss die Mitgliedstaaten beteiligt waren oder denen sie beigetreten sind, zurück. Eine besondere Bedeutung kommt dabei der Europäischen Menschenrechtskonvention (EMRK) zu.[52] Andere völkerrechtliche Verträge, wie z.B. die Europäische Sozialcharta[53] oder den IPBPR[54], zieht der Gerichtshof hingegen nur vereinzelt zur Rechtsfindung heran.[55]

---

49 Näher hierzu *Rengeling*, Grundrechtsschutz in der Europäischen Gemeinschaft, S. 224 f.; *Streinz*, Europarecht, § 5 I 2, Rn. 362 f.; eingehend *Pernice / Mayer*, in: *Grabitz / Hilf* (Hrsg.), EUV/EGV, Bd. I, nach Art. 6 EUV, Rn. 13-16.

50 Instruktiv EuGH, Rs. 44/79, Hauer ./. Land Rheinland-Pfalz, Urt. v. 13.12.1979, Slg. 1979, S. 3727 ff. (3746 f. / Rn. 20-23). Zustimmend z.B. *Weiler*, in: *Bieber / de Gucht u.a.* (Hrsg.), Au nom des peuples européens, S. 352-359; *Pauly*, EuR 1998, S. 253/254. Für einen Maximalstandard hingegen z.B. die Schlussanträge des Generalanwalts Warner vom 22.06.1976 in EuGH, Rs. 7/76, Firma IRCA (Industria Romana Carni e Affini S.p.A.) gegen Staatliche Finanzverwaltung), Urt. v. 07.07.1976, Slg. 1976, S. 1213 ff. (1236); *Rengeling*, Grundrechtsschutz in der Europäischen Gemeinschaft, S. 224; aus der jüngeren Literatur *Besselink*, CML Rev. 35 (1998), S. 670 ff.

51 EuGH, Rs. 4/73, Nold, Kohlen- und Baustoffgroßhandlung ./. Kommission, Urt. v. 14.05.1974, Slg. 1974, S. 491 ff. (507 / Rn. 13); ebenso EuGH, Rs. 44/79, Hauer (Fn. 50), S. 3744 f. / Rn. 15.

52 So ausdrücklich EuGH, Verb. Rs. 46/87 u. 227/88, Hoechst AG ./. Kommission, Urt. v. 21.09.1989, Slg. 1989, S. 2859 ff. (2923 / Rn. 13); EuGH, Gutachten 2/94 v. 28.03.1996, Slg. 1996, S. I-1759 ff. (1789 / Rn. 33) = EuGRZ 1996, S. 197 ff. (206).

53 EuGH, Rs. 149/77, Gabrielle Defrenne ./. Société anonyme belge de navigation aérienne Sabena („Defrenne III“), Urt. v. 15.06.1978, Slg. 1978, S. 1365 ff. (1379 / Rn. 26/29).

54 EuGH, Rs. 374/87, Orkem ./. Kommission, Urt. v. 18.10.1989, Slg. 1989, S. 3283 ff. (3351 / Rn. 31).

55 Vgl. zu den beiden Rechtserkenntnisquellen der Gemeinschaftsgrundrechte statt

Neben diesen beiden Erkenntnisquellen haben andere Normkomplexe, insbesondere die grundrechtlichen Regelungen in den Gemeinschaftsverträgen selbst, keine nennenswerte Bedeutung bei der Entwicklung der Gemeinschaftsgrundrechte als allgemeine Rechtsgrundsätze erlangt.[56]

Der EuGH und später auch das EuG[57] haben seit der erstmaligen Anerkennung der Existenz ungeschriebener Gemeinschaftsgrundrechte im Wege richterlicher Rechtsfortbildung eine Vielzahl verschiedener Grundrechte als Teil der allgemeinen Rechtsgrundsätze angesehen. Sie haben im Laufe der Jahre insbesondere in den Bereichen der Freiheits-, Gleichheits- und Verfahrensrechte einen umfassenden Grundrechtsschutz entwickelt.[58] Wegen der ursprünglich wirtschaftsbezogenen Ausrichtung der Gemeinschaften stehen dabei die wirtschaftlichen Grundrechte, d.h. insbesondere die Berufsfreiheit[59] und der Eigentumsschutz[60], und der allgemeine Gleichheits-

---

vieler *Albers*, in: *Albers u.a.* (Hrsg.), Beobachten – Entscheiden – Gestalten, S. 137 f.; *Kingreen*, in: *Calliess / Ruffert* (Hrsg.), EUV/EGV, Art. 6 EUV, Rn. 33-43; *Pernice / Mayer*, in: *Grabitz / Hilf* (Hrsg.), EUV/EGV, Bd. I, nach Art. 6 EUV, Rn. 13-18; *Walter*, in: *Ehlers* (Hrsg.), Europäische Grundrechte und Grundfreiheiten, § 1 III 2, Rn. 21-25; *Ehlers*, in: *Ehlers* (Hrsg.), Europäische Grundrechte und Grundfreiheiten, § 13 I 3, Rn. 7 f.

56 Eines der wenigen Beispiele für einen Rückgriff auf den EG-Vertrag betrifft die Entwicklung des allgemeinen Gleichheitssatzes: Grundlegend EuGH, Verb. Rs. 117/76 u. 16/77, Ruckdeschel & Co. u.a. ./. Hauptzollamt Hamburg-St. Annen u.a., Urt. v. 19.10.1977, Slg. 1977, S. 1753 ff. (1769 f. / Rn. 7) (Art. 34 Abs. 2 EG n.F.). Vgl. zum Ganzen eingehend *Pernice / Mayer*, in: *Grabitz / Hilf* (Hrsg.), EUV/EGV, Bd. I, nach Art. 6 EUV, Rn. 6-12; siehe auch *Kingreen*, in: *Calliess / Ruffert* (Hrsg.), EUV/EGV, Art. 6 EUV, Rn. 36, 40; *Hummer*, in: *Hummer* (Hrsg.), Die EU nach dem Vertrag von Amsterdam, S. 77.

57 Gericht erster Instanz der Europäischen Gemeinschaften, geschaffen durch den Beschluß 88/591/EGKS, EWG, Euratom des Rates v. 24.10.1988, vgl. ABl. EG 1988, Nr. L 319, S. 1-8.

58 Einen umfassenden, an der Gliederung der EGRC orientierten Überblick über die von den Gerichten der Gemeinschaft geschützten Grundrechte geben z.B. *Kingreen*, in: *Calliess / Ruffert* (Hrsg.), EUV/EGV, Art. 6 EUV, Rn. 93-204; *Pernice / Mayer*, in: *Grabitz / Hilf* (Hrsg.), EUV/EGV, Bd. I, nach Art. 6 EUV, Rn. 52-288.

59 So bereits EuGH, Rs. 4/73, Nold (Fn. 51), S. 507 f. / Rn. 12-14; EuG, Rs. T-113/96, Dubois et Fils ./. Rat und Kommission, Urt. v. 29.01.1998, Slg. 1998, S. II-125 ff. (150 / Rn. 74).

60 So bereits EuGH, Rs. 4/73, Nold (Fn. 51), S. 507 f. / Rn. 12-14; ebenso z.B. EuGH, Verb. Rs. C-143/88 u. C-92/89, Zuckerfabrik Süderdithmarschen AG u.a. ./. Hauptzollamt Itzehoe u.a., Urt. v. 21.02.1991, Slg. 1991, S. I-415 ff. (552 / Rn. 73).

satz[61] im Vordergrund. Gleichermaßen gewährleisten EuGH und EuG so grundlegende Rechte wie die Meinungsfreiheit[62], die Versammlungs-[63] und Vereinigungsfreiheit[64], die Religionsfreiheit[65] und als Auffanggrundrecht die allgemeine Handlungsfreiheit[66], ebenso wie die wesentlichen Verfahrensgrundrechte[67].[68]

Die Methode der Gewährleistung der Grundrechte als allgemeine Rechtsgrundsätze des Gemeinschaftsrechts belässt dem Gerichtshof trotz einer engen Anknüpfung besonders an die nationalen Grundrechte und die EMRK ein hohes Maß an Flexibilität, um die inhaltliche Ausgestaltung und Fortentwicklung der Grundrechte an die Struktur und die Ziele der Gemeinschaft[69] anzupassen. Kehrseite dieser eigenständigen, originär gemeinschafts-

---

61 EuGH, Verb. Rs. 117/76 u. 16/77, Ruckdeschel (Fn. 56), S. 1769 f. / Rn. 7; EuGH, Verb. Rs. 103 u. 145/77, Royal Scholten-Honig (Holdings) Limited ./. Intervention Board for Agricultural Produce u.a. ("Isoglukose"), Urt. v. 25.10.1978, Slg. 1978, S. 2037 ff. (2074 f. / Rn. 25/27).

62 Z.B. EuGH, Rs. C-219/91, Ter Voort, Urt. v. 28.10.1992, Slg. 1992, S. I-5485 ff. (5513 f. / Rn. 35, 38).

63 EuGH, Rs. C-235/92 P, Montecatini SpA ./. Kommission, Urt. v. 08.07.1999, Slg. 1999, S. I-4539 ff. (4619 / Rn. 137).

64 EuGH, Rs. C-415/93, Union royale belge des sociétés de football association ASBL u.a. ./. Bosman u.a., Urt. v. 15.12.1995, Slg. 1995, S. I-4921 ff. (5065 / Rn. 79 f.); EuGH, Rs. C-235/92 P, Montecatini (Fn. 63), S. 4619 / Rn. 137.

65 EuGH, Rs. 130/75, Vivien Prais ./. Rat, Urt. v. 27.10.1976, Slg. 1976, S. 1589 ff. (1598 f. / Rn. 12/19).

66 EuGH, Verb. Rs. 133-136/85, Rau Lebensmittelwerke u.a. ./. Bundesanstalt für landwirtschaftliche Marktordnung, Urt. v. 21.05.1987, Slg. 1987, S. 2289 ff. (2338 / Rn. 15); i.E. auch EuGH, Verb. Rs. 46/87 u. 227/88, Hoechst AG ./. Kommission, Urt. v. 21.09.1989, Slg. 1989, S. 2859 ff. (2924 / Rn. 19).

67 Für zahlreiche Nachweise zu den verschiedenen Verfahrensrechten siehe unten 3. Kapitel. B.II.1.a(2), Fn. 812-817.

68 Konkrete Ausführungen zu den Berechtigten und Verpflichteten sowie Schutzbereich und Schranken der Gemeinschaftsgrundrechte erfolgen im jeweiligen Zusammenhang unten im 3. Kapitel und 4. Kapitel.

69 So ausdrücklich EuGH, Rs. 11/70, Internationale Handelsgesellschaft mbH ./. Einfuhr- und Vorratsstelle für Getreide und Futtermittel, Urt. v. 17.12.1970, Slg. 1970, S. 1125 ff. (1135 / Rn. 4).

rechtlichen und einzelfallbezogenen Entwicklung des Grundrechtsschutzes ist jedoch eine häufig unscharfe inhaltliche und dogmatische Konturierung der Gemeinschaftsgrundrechte und demzufolge ein gewisser Mangel an Transparenz und Rechtssicherheit.[70]

II. Die Fortentwicklung des Grundrechtsschutzes auf Gemeinschaftsebene

1. Bestätigung des richterrechtlichen Grundrechtsschutzes

Die Entwicklung gemeinschaftseigener Grundrechte durch den EuGH wurde von den anderen Gemeinschaftsorganen und dem Europäischen Rat alsbald bekräftigt. In dem Bestreben, die demokratische Legitimation der im Wege richterlicher Rechtsfortbildung geschaffenen Grundrechte zu untermauern,[71] bestätigte insbesondere die Gemeinsame Erklärung des Europäischen Parlaments, des Rates und der Kommission vom 5. April 1977[72] zum Grundrechtsschutz in der EG die Zuständigkeit sowie die Methode der Grundrechtsentwicklung des Gerichtshofs. Sie enthält eine Selbstverpflichtung[73] der erklärenden Organe zur Achtung dieser Grundrechte.[74] Gleichermaßen unterstreicht die Erklärung des Europäischen Rates zur Demokratie

---

70 Vgl. zur Problematik z.B. *Albers*, in: *Albers u.a.* (Hrsg.), Beobachten – Entscheiden – Gestalten, S. 137-142; *Calliess*, EuZW 2001, S. 262; *Ehlers*, in: *Ehlers* (Hrsg.), Europäische Grundrechte und Grundfreiheiten, § 13 I 3, Rn. 8.

71 *Hilf*, EuGRZ 1977, S. 158, 159; *Rengeling*, in: *Ipsen / Schmidt-Jortzig* (Hrsg.), Recht – Staat – Gemeinwohl, FS f. *Rauschning*, S. 225/226.

72 ABl. EG 1977, Nr. C 103, S. 1; abgedruckt in: EuGRZ 1977, S. 157.

73 So auch *Rengeling*, in: *Ipsen / Schmidt-Jortzig* (Hrsg.), Recht – Staat – Gemeinwohl, FS f. *Rauschning*, S. 226.

74 Vgl. zur Gemeinsamen Erklärung *Hilf*, EuGRZ 1977, S. 158-161; *Albers*, in: *Albers u.a.* (Hrsg.), Beobachten – Entscheiden – Gestalten, S. 131 f.; *Kingreen*, in: *Calliess / Ruffert* (Hrsg.), EUV/EGV, Art. 6 EUV, Rn. 24 f.; siehe auch *Streinz*, Europarecht, § 5 I 2, Rn. 357, der die Anerkennung der Zuständigkeit des EuGH zur Grundrechtsrechtsprechung durch die Gemeinsame Erklärung überzeugend als für die (EG-) Vertragsauslegung erhebliche spätere Übung i.S. von Art. 31 Abs. 3 lit. b WVRK wertet. Da die Erklärung lediglich die Rechtsfortbildung durch den EuGH im Nachhinein legitimiert, ist sie nicht als weitere Rechtserkenntnisquelle der Gemeinschaftsgrundrechte anzusehen, so auch *Kingreen*, in: *Calliess / Ruffert* (Hrsg.), EUV/EGV, Art. 6 EUV, Rn. 37, 40; a.A. *Hummer*, in: *Hummer* (Hrsg.), Die EU nach dem Vertrag von Amsterdam, S. 77 f.

vom 8. April 1978[75] die besondere Bedeutung der Wahrung der Grundrechte in der Gemeinschaft in der Absicht, den gemeinschaftsrechtlichen Grundrechtsschutz zu stärken.[76]

Der vom Gerichtshof entwickelte und von den anderen Organen unterstützte gemeinschaftsrechtliche Grundrechtsschutz hat in der Folgezeit außerdem in den Verträgen einen Niederschlag gefunden. Erstmals enthielt die Präambel der Einheitlichen Europäischen Akte (EEA) vom 28.02.1986[77] ein Bekenntnis der Vertragsparteien zu einem auf die Grundrechte der Verfassungen der Mitgliedstaaten, der EMRK und der Europäischen Sozialcharta gestützten Eintreten für die Demokratie.[78]

Der (Maastrichter) Unionsvertrag vom 07.02.1992[79] erkennt – neben der Bekräftigung der Achtung der Menschenrechte durch die Vertragsparteien in seiner Präambel – erstmals im Text der Verträge selbst den Status quo des gemeinschaftsrechtlichen Grundrechtsschutzes an.[80] Nach Art. F Abs. 2 EU-Vertrag (a.F.) achtet die Union die Grundrechte, wie sie in der EMRK gewährleistet sind und wie sie sich aus den gemeinsamen Verfassungsüberlieferungen der Mitgliedstaaten als allgemeine Grundsätze des Gemeinschaftsrechts ergeben. Damit greift Art. F Abs. 2 EU (a.F.) weitgehend wörtlich die ständige Rechtsprechung des Gerichtshofs zu den Rechtserkenntnisquellen und der Methode der Ableitung der Gemeinschaftsgrundrechte daraus auf. Er bestätigt diese Rechtsprechung und legt den Grundrechtsschutz für die Union[81] insgesamt primärrechtlich verbindlich fest.[82] Der Vertrag von Amster-

---

75 Bull. EG 3-1978, S. 5 f.

76 Siehe dazu *Beutler*, in: *von der Groeben / Schwarze* (Hrsg.), EU- / EGV, Bd. 1, Art. 6 EU, Rn. 43; *Pernice / Mayer*, in: *Grabitz / Hilf* (Hrsg.), EUV/EGV, Bd. I, nach Art. 6 EUV, Rn. 4.

77 In Kraft getreten am 01.07.1987; ABl. EG 1987, Nr. L 169, S. 1 ff. (2) (3. Erwägungsgrund).

78 Vgl. dazu z.B. *Beutler*, in: *von der Groeben / Schwarze* (Hrsg.), EU- / EGV, Bd. 1, Art. 6 EU, Rn. 43; *Albers*, in: *Albers u.a.* (Hrsg.), Beobachten – Entscheiden – Gestalten, S. 133; *Zimmermann*, EU-Grundrechtecharta, S. 9.

79 In Kraft getreten am 01.11.1993; ABl. EG 1992, Nr. C 191, S. 1 ff.

80 Vgl. zur Entwicklung und Bedeutung des Art. F Abs. 2 EU-Vertrag *Hilf / Schorkopf*, in: *Grabitz / Hilf* (Hrsg.), EUV/EGV, Bd. I, Art. 6 EUV, Rn. 11-13; *Kugelmann*, Grundrechte in Europa, S. 25-27; *Hummer*, in: *Hummer* (Hrsg.), Die EU nach dem Vertrag von Amsterdam, S. 82 f.

81 Der an die „Union" gerichtete Art. F Abs. 2 EU-Vertrag bindet mangels Rechtspersönlichkeit der EU neben dem Europäischen Rat als EU-Organ insbesondere deren

dam vom 02.10.1997[83] hat diese generalklauselartige Verankerung der Grundrechte im lediglich umnummerierten Art. 6 Abs. 2 EU beibehalten.[84]

2. Aufnahme grundrechtlicher Bestimmungen in die Verträge

Infolge der Grundrechtsrechtsprechung des EuGH und des mit der fortschreitenden Integration zunehmenden Verständnisses der Gemeinschaft bzw. Union als Wertegemeinschaft, nicht als bloße Wirtschaftsgemeinschaft, wurden in die Verträge – wenn auch nur punktuell – neue materielle Grundrechtsnormen aufgenommen.[85] Der ursprüngliche EWG-Vertrag enthielt neben dem Gebot der Entgeltgleichheit für Männer und Frauen (Art. 141 EG n.F.) lediglich ein allgemeines Diskriminierungsverbot (Art. 12 EG n.F.), das in den grundrechtsähnlichen Freiheiten des Warenverkehrs (Art. 23 ff., 28 ff. EG n.F.), des Personenverkehrs (Art. 39 ff., 43 ff. EG n.F.) und der Dienstleistungen (Art. 49 ff. EG n.F.) konkretisiert und erweitert wird.[86] Sämtliche dieser unmittelbar anwendbaren Bestimmungen richten sich – im

---

„Elemente" (vgl. Art. 1 Abs. 3 EU n.F.), d.h. in der „Ersten Säule" die drei Europäischen Gemeinschaften EGKS, E(W)G und EAG, in der „Zweiten Säule" (GASP) und in der „Dritten Säule" (ZBJI) die gemeinsam handelnden Mitgliedstaaten, so auch *Hummer*, in: *Hummer* (Hrsg.), Die EU nach dem Vertrag von Amsterdam, S. 83; *Albers*, in: *Albers u.a.* (Hrsg.), Beobachten – Entscheiden – Gestalten, S. 133 m.w.N.; *Streinz*, Europarecht, § 5 I 2, Rn. 358 (zu Art. 6 Abs. 2 EU); *Ehlers*, in: *Ehlers* (Hrsg.), Europäische Grundrechte und Grundfreiheiten, § 13 I 3, Rn. 9. Vgl. zur weitgehend ausgeschlossenen Zuständigkeit des EuGH zur Überprüfung von Rechtsakten der „Zweiten" und „Dritten Säule" (Art. L EU a.F.) aber statt vieler *Hummer*, in: *Hummer* (Hrsg.), Die EU nach dem Vertrag von Amsterdam, S. 83 f.

82 Ebenso *Kokott*, AöR 121 (1996), S. 602; *Albers*, in: *Albers u.a.* (Hrsg.), Beobachten – Entscheiden – Gestalten, S. 133; *Rengeling*, in: *Ipsen / Schmidt-Jortzig* (Hrsg.), Recht – Staat – Gemeinwohl, FS f. *Rauschning*, S. 227.

83 In Kraft getreten am 01.05.1999; ABl. EG 1997, Nr. C 340, S. 1 ff.

84 Vgl. dazu *Albers*, in: *Albers u.a.* (Hrsg.), Beobachten – Entscheiden – Gestalten, S. 133/134; *Ehlers*, in: *Ehlers* (Hrsg.), Europäische Grundrechte und Grundfreiheiten, § 13 I 3, Rn. 9.

85 Einen Überblick über die vertraglich verbürgten Grundrechte im EG-Vertrag geben *Kingreen / Störmer*, EuR 1998, S. 263 ff. (insb. 265-271); *Schweitzer / Hummer*, Europarecht, § 8 A, Rn. 787 f.

86 Siehe dazu bereits oben 1. Kapitel.B.I.

Gegensatz zu den ungeschriebenen Gemeinschaftsgrundrechten – in erster Linie an die Mitgliedstaaten, nicht an die Gemeinschaft.[87]

Nachdem in der Zwischenzeit allein das aktive und passive (Direkt-) Wahlrecht zum Europäischen Parlament eingeführt worden war,[88] brachte vor allem der Vertrag von Maastricht mit der Schaffung der Unionsbürgerschaft (Art. 17 ff. EG n.F.) weitere subjektive Rechte. Der EG-Vertrag garantierte fortan die Rechte auf Freizügigkeit und Aufenthaltsfreiheit[89] sowie auf Inländergleichbehandlung bei Kommunalwahlen[90], bei Wahlen zum Europäischen Parlament[91] und beim diplomatischen und konsularischen Schutz[92]. Daneben schrieb der Vertrag das an die Gemeinschaft adressierte Petitionsrecht zum Europäischen Parlament[93] und das Recht auf Befassung des Bürgerbeauftragten[94] fest. Zudem machte eine mit dem Vertrag von Maastricht eingeführte Änderung die grundrechtsähnlichen Freiheiten des Kapital- und Zahlungsverkehrs (Art. 56 ff. EG n.F.) zu unmittelbar anwendbaren subjektiven Rechten.[95]

---

87 Vgl. *Beutler*, in: *von der Groeben / Schwarze* (Hrsg.), EU- / EGV, Bd. 1, Art. 6 EU, Rn. 42; *Schweitzer / Hummer*, Europarecht, § 8 A, Rn. 787 f.

88 Vgl. den Beschluss und Akt des Rates zur Einführung allgemeiner unmittelbarer Wahlen der Abgeordneten der Versammlung v. 20.09.1976, ABl. EG 1976, Nr. L 278, S. 1 ff.; siehe Art. 190 Abs. 1 EG n.F. Zum Ganzen z.B. *Hölscheidt*, in: *Grabitz / Hilf* (Hrsg.), EUV/EGV, Bd. II, Art. 190 EGV, Rn. 1, 7.

89 Vgl. Art. 18 EG. Zum – teils bestrittenen – Charakter des Art. 18 EG als unmittelbar anwendbares subjektives Recht *Hilf*, in: *Grabitz / Hilf* (Hrsg.), EUV/EGV, Bd. I, Art. 18 EGV, Rn. 1 m.w.N.; *Kluth*, in: *Calliess / Ruffert* (Hrsg.), EUV/EGV, Art. 18 EGV, Rn. 9 m.w.N.

90 Art. 19 Abs. 1 EG. Vgl. zu dessen beschränkten Gewährleistungsgehalt *Hilf*, in: *Grabitz / Hilf* (Hrsg.), EUV/EGV, Bd. I, Art. 19 EGV, Rn. 2, 7, 12 (*lex specialis* zu Art. 12 EG); *Kluth*, in: *Calliess / Ruffert* (Hrsg.), EUV/EGV, Art. 19 EGV, Rn. 5.

91 Art. 19 Abs. 2 EG. Vgl. zum Gewährleistungsgehalt *Hilf*, in: *Grabitz / Hilf* (Hrsg.), EUV/EGV, Bd. I, Art. 19 EGV, Rn. 2, 7, 24 (*lex specialis* zu Art. 12 EG); *Kluth*, in: *Calliess / Ruffert* (Hrsg.), EUV/EGV, Art. 19 EGV, Rn. 18.

92 Art. 20 EG. Siehe dazu *Kluth*, in: *Calliess / Ruffert* (Hrsg.), EUV/EGV, Art. 20 EGV, Rn. 2 m.w.N.

93 Art. 21 S. 1 i.V.m. Art. 194 EG.

94 Art. 21 S. 2 i.V.m. Art. 195 EG.

95 Vgl. zu dieser Entwicklung *Bröhmer*, in: *Calliess / Ruffert* (Hrsg.), EUV/EGV, Art. 56 EGV, Rn. 1-3.

Der Vertrag von Amsterdam fügte diesen Rechten zwei die Gemeinschaft verpflichtende Rechte, ein Recht auf Auskunft und Verständigung mit den Organen und Einrichtungen der Gemeinschaft in einer der Vertragssprachen[96] sowie ein Recht auf Zugang zu Dokumenten der Gemeinschaftsorgane[97], hinzu.

Neben der Aufnahme dieser einzelnen grundrechtlichen Bestimmungen in die Verträge dokumentiert insbesondere der durch den Amsterdamer Vertrag in das Unionsrecht integrierte, die Verfassungsprinzipien der Union kodifizierende Art. 6 Abs. 1 EU die wachsende Anerkennung der Bedeutung der Grundrechte als Grundlage der Union.[98] Art. 6 Abs. 1 EU schreibt neben den Grundsätzen der Freiheit, der Demokratie und der Rechtsstaatlichkeit ausdrücklich die Achtung der Menschenrechte und Grundfreiheiten[99] als Strukturprinzipien der EU[100] ebenso wie der gegenwärtigen Mitgliedstaaten fest.[101] Durch den Verweis auf Art. 6 Abs. 1 EU in Art. 49 Abs. 1 S. 1 EU gilt die Einhaltung dieser Strukturelemente außerdem ausdrücklich als rechtliche Voraussetzung für den Beitritt von Staaten zur EU.[102]

Art. 6 Abs. 1 EU streicht die Achtung der Grundrechte, die auf Gemeinschaftsebene wie gezeigt wesentlich durch die Rechtsprechung des EuGH geprägt sind (vgl. Art. 6 Abs. 2 EU), als tragende Säule des Union und Mitgliedstaaten umfassenden europäischen Verfassungsverbundes heraus. Die

---

96 Art. 21 S. 3 EG. Vgl. zu diesem Gewährleistungsgehalt *Hilf*, in: *Grabitz / Hilf* (Hrsg.), EUV/EGV, Bd. I, Art. 21 EGV, Rn. 1; *Kluth*, in: *Calliess / Ruffert* (Hrsg.), EUV/EGV, Art. 21 EGV, Rn. 2.

97 Art. 255 EG.

98 Siehe dazu z.B. *Beutler*, in: *Beutler / Bieber u.a.*, EU, Kap. 10.1.1, Rn. 639, Kap. 10.1.3, Rn. 654 f.; *Kingreen*, in: *Calliess / Ruffert* (Hrsg.), EUV/EGV, Art. 6 EUV, Rn. 1.

99 Eine systematische Interpretation des Begriffs der Grundfreiheiten ergibt, dass hiermit an dieser Stelle nicht die vier Grundfreiheiten des EG-Vertrags gemeint sind, sondern vielmehr, wie der Zusammenhang mit Art. 6 Abs. 2 EU ergibt, der Titel der – nur Grundrechte i.e.S. umfassenden – Konvention zum Schutze der Menschenrechte und Grundfreiheiten aufgegeriffen wird; so auch *Kingreen*, in: *Calliess / Ruffert* (Hrsg.), EUV/EGV, Art. 6 EUV, Rn. 5.

100 Vgl. zu den Hintergründen der unklaren Formulierung in Art. 6 Abs. 1 EU hinsichtlich der EU als Normadressaten *Kingreen*, in: *Calliess / Ruffert* (Hrsg.), EUV/EGV, Art. 6 EUV, Rn. 2 f.

101 Vgl. *Vedder*, in: *Grabitz / Hilf* (Hrsg.), EUV/EGV, Bd. I, Art. 49 EUV, Rn. 4.

102 Dazu näher *Vedder*, in: *Grabitz / Hilf* (Hrsg.), EUV/EGV, Bd. I, Art. 49 EUV, Rn. 1, 13.

Bedeutung dieses Strukturprinzips wird durch die zugleich eingeführten Kontroll- und Sanktionsmechanismen untermauert, die seine Einhaltung gewährleisten sollen. So unterliegen die Mitgliedstaaten im Anwendungsbereich des Gemeinschaftsrechts nicht nur der Grundrechtskontrolle durch den EuGH. Die Bindungswirkung der Grundrechte wird darüber hinaus durch die Möglichkeit der Suspendierung vertraglicher Rechte des betreffenden Mitgliedstaates bei anhaltenden schwerwiegenden Grundrechtsverletzungen verstärkt (vgl. Art. 7 i.V.m. 6 Abs. 1 EU, Art. 309 EG).[103] Hinsichtlich der Beitrittskandidatenstaaten stellen der Verweis in Art. 49 Abs. 1 S. 1 EU auf Art. 6 Abs. 1 EU sowie die die Beitrittsvoraussetzungen des Art. 49 EU (n.F.) konkretisierenden Beschlüsse des Europäischen Rates, darunter insbesondere die vom Europäischen Rat in Kopenhagen 1993 aufgestellten sog. Kopenhagener Kriterien[104], klar, dass die Beitrittskandidatenstaaten im Beitrittsverfahren auf ihren ausreichenden, dem gemeineuropäischen Grundrechtsbestand entsprechenden Grundrechtsschutz hin überprüft werden.[105] Die Union selbst, die bei ihrem Tätigwerden vom EuGH im Rahmen seiner Zuständigkeiten auf die Beachtung der Grundrechte hin kontrolliert wird,[106] verfolgt schließlich auch im Bereich ihrer Gemeinsamen Außen- und Sicherheitspolitik (GASP) u.a. das Ziel der Achtung der Menschenrechte und Grundfreiheiten (Art. 11 Abs. 1 5. Spiegelstrich EU). Ebenso strebt die EG dieses Ziel im Rahmen ihrer Politik auf dem Gebiet der Entwicklungszusammenarbeit gegenüber Drittstaaten an (Art. 177 Abs. 2 EG).

---

[103] Siehe dazu und zur Ergänzung des Art. 7 EU durch ein förmliches „Frühwarnverfahren" durch den Vertrag von Nizza nach den Erfahrungen der konzertierten Aktion von 14 Mitgliedstaaten gegen Österreich außerhalb des Art. 7 EU wegen der Regierungsbeteiligung der FPÖ im Jahr 2000 z.B. *Vedder*, in: *Grabitz / Hilf* (Hrsg.), EUV/EGV, Bd. I, Art. 49 EUV, Rn. 1, 14; *Beutler*, in: *Beutler / Bieber u.a.*, EU, Kap. 2.6.2.3, Rn. 87 f., Kap. 3.2.4.5, Rn. 144, Kap. 10.1.1, Rn. 639, Kap. 10.1.3.1, Rn. 654; *Kluth*, in: *Calliess / Ruffert* (Hrsg.), EUV/EGV, Art. 7 EUV, Rn. 1 f.

[104] Europäischer Rat, Schlussfolgerungen des Vorsitzes v. 22.06.1993, Bull. EG 6-1993, S. 13 f.; siehe dazu *Vedder*, in: *Grabitz / Hilf* (Hrsg.), EUV/EGV, Bd. I, Art. 49 EUV, Rn. 1, 21; *Beutler*, in: *Beutler / Bieber u.a.*, EU, Kap. 2.6.2.2, Rn. 85; *Blumenwitz*, Minderheitenschutzbestimmung in der Charta, S. 52-55.

[105] Siehe dazu *Vedder*, in: *Grabitz / Hilf* (Hrsg.), EUV/EGV, Bd. I, Art. 49 EUV, Rn. 1, 14; *Beutler*, in: *Beutler / Bieber u.a.*, EU, Kap. 2.6.2.3, Rn. 87, Kap. 10.1.6.3, Rn. 669.

[106] Eine Kontrolle der Einhaltung der Strukturprinzipien durch die Union erfolgt außerdem auf der Ebene der Mitgliedstaaten, z.B. vermittelt über die Kontrolle der Verfassungsmäßigkeit der innerstaatlichen Zustimmungsgesetze zu den Verträgen, vgl. dazu z.B. *Beutler*, in: *Beutler / Bieber u.a.*, EU, Kap. 2.6.2.3, Rn. 88.

Die gerade in jüngerer Zeit verstärkte Aufnahme grundrechtlicher Bestimmungen in die Verträge entspricht der Entwicklung der Union hin zu einer Wertegemeinschaft. Sie kann jedoch nicht darüber hinwegtäuschen, dass der Grundrechtsschutz auf Gemeinschafts- bzw. Unionsebene dadurch bislang nur fragmentarisch kodifiziert wurde. Der Forderung nach der Verankerung eines umfassenden Grundrechtskatalogs in den Verträgen[107] konnten diese durch Vertragsrevisionen herbeigeführten Änderungen nicht entsprechen.

3. *Exkurs*: Das Verhältnis der Grundrechte zu den Grundfreiheiten

In der Literatur werden die Freiheiten des gemeinsamen bzw. Binnenmarktes zum Teil als echte Grundrechte angesehen.[108] Grundrechten und den unmittelbar anwendbaren[109] Grundfreiheiten ist gemeinsam, dass sie normenhierarchisch dem Primärrecht angehören[110] und subjektiv-öffentliche Rechte begründen[111]. Auch hat der EuGH die Grundfreiheiten zunehmend zu grund-

---

107 Siehe hierzu eingehend unten 2. Kapitel.A.I.

108 So mit ausführlicher Begründung *Bleckmann*, in: *Bleckmann*, Europarecht, § 8 XI, Rn. 755-782 (insb. Rn. 782); *Oppermann*, Europarecht, § 6 I 2, Rn. 490 m.w.N.; *Crones*, Grundrechtlicher Schutz von juristischen Personen im Gemeinschaftsrecht, S. 22.

109 Ständige Rechtsprechung des EuGH, grundlegend Rs. 26/62, van Gend & Loos ./. Niederländische Finanzverwaltung, Urt. v. 05.02.1963, Slg. 1963, S. 1 ff. (24 ff.). Vgl. i.ü. z.B. Rs. 74/76, Iannelli & Volpi ./. Meroni, Urt. v. 22.03.1977, Slg. 1977, S. 557 ff., Rn. 13 zur Warenverkehrsfreiheit; Rs. 48/75, Royer, Urt. v. 08.04.1976, Slg. 1976, S. 497 ff., Rn. 19-23, 31-33 zur Arbeitnehmerfreizügigkeit, Niederlassungs- und Dienstleistungsfreiheit; Rs. 2/74, Reyners ./. Belgischen Staat, Urt. v. 21.06.1974, Slg. 1974, S. 631, Rn. 29-31 zur Niederlassungsfreiheit; Rs. 33/74, van Binsbergen ./. Bestuur van de Bedrijfsvereniging voor de Metaalnijverheid, Urt. v. 03.12.1974, Slg. 1974, S. 1299 ff. (1311 / Rn. 24/26) zur Dienstleistungsfreiheit. Die Kapital- und Zahlungsverkehrsfreiheit sind seit der Einführung des Art. 56 (ex-Art. 73 b) EGV am 01.01.1994 unmittelbar anwendbar, vgl. EuGH, Verb. Rs. C-163/94, 165/94 u. 250/94, Sanz de Lera u.a., Urt. v. 14.12.1995, Slg. 1995, S. I-4821 ff. (4841 ff. / Rn. 40-48).

110 *Kingreen*, in: *Calliess / Ruffert* (Hrsg.), EUV/EGV, Art. 6 EUV, Rn. 61.

111 EuGH, Rs. 48/75, Royer (Fn. 109), Rn. 19-23 zur Arbeitnehmerfreizügigkeit, Niederlassungs- und Dienstleistungsfreiheit; EuGH, Rs. 74/76, Iannelli (Fn. 109), Rn. 13 zur Warenverkehrsfreiheit; grundlegend Rs. 26/62, van Gend & Loos (Fn. 109), S. 24 ff.; *Bleckmann*, in: *Bleckmann*, Europarecht, § 8 XI, Rn. 755; *Streinz*, Europarecht, § 12 II 4, Rn. 705; *Kingreen*, in: *Calliess / Ruffert* (Hrsg.), EUV/EGV, Art. 6 EUV, Rn. 77/78. Zum Begriff des subjektiv-öffentlichen Rechts, auf dessen Einhaltung der

rechtsähnlichen Positionen ausgebaut, indem er sie nicht lediglich als Diskriminierungsverbote (Gleichheitsrechte) interpretierte, sondern schrittweise zu umfassenden Beschränkungsverboten (Freiheitsrechten) fortentwickelte.[112] Gleichermaßen ähneln die vom EuGH für die Rechtfertigung eines Eingriffs in die Grundfreiheiten durch nichtdiskriminierende Maßnahmen entwickelten Voraussetzungen[113] denjenigen, die für die Rechtfertigung eines Eingriffs in die Gemeinschaftsgrundrechte aufgestellt wurden[114]: Sowohl Grundfreiheiten als auch Grundrechte können aus Gründen des Gemeinwohls beschränkt

---

Einzelne gegenüber den Hoheitsträgern (hier) der Mitgliedstaaten und der Gemeinschaft einen eigenen Anspruch hat, vgl. *Kingreen / Störmer*, EuR 1998, S. 263 f. m.w.N.

112 Grundlegend zur Warenverkehrsfreiheit EuGH, Rs. 120/78, Rewe-Zentral-AG ./. Bundesmonopolverwaltung für Branntwein, Urt. v. 20.02.1979, Slg. 1979, S. 649 ff. (662 / Rn. 8) („*Cassis de Dijon*"); zur Dienstleistungsfreiheit EuGH, Rs. 33/74, van Binsbergen ./. Bestuur van de Bedrijfsvereniging voor de Metaalnijverheid, Urt. v. 03.12.1974, Slg. 1974, S. 1299 ff. (1309 / Rn. 10/12); zur Arbeitnehmerfreizügigkeit EuGH, Rs. C-415/93, Union Royale Belge des Sociétés de Football Association ./. Bosman, Urt. v. 15.12.1995, Slg. 1995, S. I-4921 ff. (5069 / Rn. 96); zur Niederlassungsfreiheit in Ansätzen EuGH, Rs. 107/83, Ordre des avocats au barreau de Paris ./. Klopp, Urt. v. 12.07.1984, Slg. 1984, S. 2971 ff. (2990 / Rn. 20). Vgl. zum Ganzen *Peters*, Elemente einer Theorie der Verfassung Europas, S. 406/407.

113 Grundlegend bereits EuGH, Rs. 120/78, Rewe-Zentral-AG ./. Bundesmonopolverwaltung für Branntwein, Urt. v. 20.02.1979, Slg. 1979, S. 649 ff. (662 / Rn. 8) („*Cassis de Dijon*") zur Warenverkehrsfreiheit. Für alle durch den Vertrag garantierten grundlegenden Freiheiten fasst der Gerichtshof die Voraussetzungen, die diese Freiheiten beschränkende nationale Maßnahmen erfüllen müssen, wie folgt zusammen: Die Maßnahmen „müssen in nichtdiskriminierender Weise angewandt werden, sie müssen aus zwingenden Gründen des Allgemeininteresses gerechtfertigt sein, sie müssen geeignet sein, die Verwirklichung des mit ihnen verfolgten Zieles zu gewährleisten, und sie dürfen nicht über das hinausgehen, was zur Erreichung dieses Zieles erforderlich ist" (Rs. C-55/94, Gebhard ./. Consiglio dell'ordine degli avvocati e procuratori di Milano, Urt. v. 30.11.1995, Slg. 1995, S. I-4165, Rn. 37). Vgl. hierzu auch *Peters*, Elemente einer Theorie der Verfassung Europas, S. 407.

114 Die Gemeinschaftsgrundrechte stehen nach der Rechtsprechung des EuGH unter dem Vorbehalt von Begrenzungen, „die durch die dem allgemeinen Wohl dienenden Ziele der Gemeinschaft gerechtfertigt sind" (so schon EuGH, Rs. 4/73, Nold, Kohlen- und Baustoffgroßhandlung ./. Kommission, Urt. v. 14.05.1974, Slg. 1974, S. 491 ff. (507 f. / Rn. 14); Rs. 44/79, Hauer ./. Land Rheinland-Pfalz, Urt. v. 13.12.1979, Slg. 1979, S. 3727 ff. (3747 / Rn. 23)). Diese Beschränkungen dürfen nicht „einen im Hinblick auf den verfolgten Zweck unverhältnismäßigen, nicht tragbaren Eingriff darstellen" (Rs. 265/87, Schräder ./. Hauptzollamt Gronau, Urt. v. 11.07.1989, Slg. 1989, S. 2237 ff., Leitsatz 3; Rs. 44/79, Hauer, a.a.O., Rn. 23).

werden; Grenze dieser Beschränkung (nach deutscher Grundrechtsdogmatik „Schranken-Schranke“) ist im Kern der Grundsatz der Verhältnismäßigkeit.[115]

Dennoch bestehen zwischen den Grundfreiheiten und den – vom EuGH gerade nicht aus diesen abgeleiteten[116] – Grundrechten einige gewichtige Unterschiede. So berechtigen zumindest die Personenverkehrsfreiheiten (Freizügigkeit der Arbeitnehmer, Art. 39 ff. EG, sowie Niederlassungsfreiheit, Art. 43 ff. EG) und die Dienstleistungsfreiheit (Art. 49 ff. EG) ausdrücklich nur die Staatsangehörigen der Mitgliedstaaten.[117] Die Gemeinschaftsgrundrechte hingegen gewähren Personen aus Drittstaaten gleichen Schutz wie den Gemeinschafts- bzw. Unionsbürgern, wenn sie in gleicher Weise wie diese durch das Gemeinschaftsrecht betroffen sind.[118] Während die Grundfreiheiten in erster Linie die Mitgliedstaaten verpflichten,[119] ist Adressat der Gemeinschaftsgrundrechte unmittelbar nur die Gemeinschaft; die Mitgliedstaaten sind an die Gemeinschaftsgrundrechte nur ausnahmsweise über die Vermittlung des Gemeinschaftsrechts gebunden, wenn sie in dessen Anwendungsbereich handeln.[120] Insbesondere ist der sachliche (bzw. räumliche) Anwendungsbereich der Grundfreiheiten gegenüber demjenigen der Grundrechte beschränkt: Erstere greifen – mit der möglichen Folge einer

---

115 Zu weiteren Gemeinsamkeiten von Grundfreiheiten und –rechten, insbesondere in den Bereichen der Bindungswirkung für Private und der hoheitlichen Pflichten zum Schutz vor Beeinträchtigungen durch Dritte, vgl. *Peters*, Elemente einer Theorie der Verfassung Europas, S. 405, 407.

116 S.o. 1. Kapitel.B.I, insbesondere S. 41.

117 Vgl. den jeweiligen Wortlaut von Art. 39 Abs. 2, 43 S. 1, 49 Abs. 1 EG; zu Problematik *Kingreen / Störmer*, EuR 1998, S. 274 f.

118 So die ganz h.M.; siehe hierzu ausführlich 3. Kapitel.B.I.1.a, insb. Fn. 660; andererseits sind die Grundfreiheiten auf juristische Personen des öffentlichen Rechts weitergehend persönlich anwendbar als die Gemeinschaftsgrundrechte, vgl. hierzu ausführlich unten 3. Kapitel.B.II.1.b.

119 Die Grundfreiheiten binden jedoch auch die Gemeinschaft, insbesondere bei deren Rechtsetzung durch Richtlinien, vgl. z.B. EuGH, Rs. 37/83, Rewe-Zentrale AG ./. Direktor der Landwirtschaftskammer Rheinland, Urt. v. 29.02.1984, Slg. 1984, S. 1229 ff. (1248 f. / Rn. 18) sowie *Kingreen / Störmer*, EuR 1998, S. 277 f.; *Streinz*, Europarecht, § 12 II 5, Rn. 706 m.w.N. Vgl. zum ganzen *Beutler*, in: *von der Groeben / Schwarze* (Hrsg.), EU- / EGV, Bd. 1, Art. 6 EU, Rn. 42 m.w.N.; *Schweitzer / Hummer*, Europarecht, § 8 A., Rn. 787.

120 Letzteres ist nach ständiger Rechtsprechung des EuGH bei der mitgliedstaatlichen Durchführung von Gemeinschaftsrecht sowie bei mitgliedstaatlichen Maßnahmen, die unter Berufung auf eine vertragliche Schutzklausel die Ausübung einer Grundfreiheit beschränken, der Fall; siehe hierzu ausführlich unten 3. Kapitel.C.II.1.

Inländerdiskriminierung – tatbestandlich nur bei grenzüberschreitenden Sachverhalten ein,[121] während Gemeinschaftsgrundrechte (in ihrem Anwendungsbereich) auch bei reinen Inlandssachverhalten und damit für alle vom Gemeinschaftsrecht Betroffenen gleichermaßen gelten.[122]

Nicht nur diese Unterschiede, sondern vor allem das vielschichtige Verhältnis zwischen Grundfreiheiten und Gemeinschaftsgrundrechten spricht jedoch gegen eine vorbehaltlose Gleichstellung dieser Freiheiten mit den Grundrechten. Die Verschränkungen von Grundfreiheiten und Grundrechten werden bei der Kontrolle der Gemeinschaftsrechtskonformität mitgliedstaatlicher Vorschriften, die unter Berufung auf die Rechtfertigungsgründe der Art. 30, 39 Abs. 3, 46 Abs. 1 (i.V.m. 55), 58 Abs. 1 EG bzw. unter Berufung auf die immanenten Schranken der Grundfreiheiten diese Freiheiten beschränken, besonders deutlich. Nach ständiger Rechtsprechung des EuGH ist in diesen Fällen die im Gemeinschaftsrecht vorgesehene Rechtfertigung im Lichte der Grundrechte auszulegen.[123] Die Gemeinschaftsgrundrechte fungieren so als Schranken-Schranken der Grundfreiheiten.[124]

---

121 Vgl. die Wortlaute der Art. 28 EG („zwischen den Mitgliedstaaten"), Art. 43 Abs. 1 S. 1 EG („im Hoheitsgebiet eines anderen Mitgliedstaates"), Art. 49 Abs. 1 EG („in einem anderen Staat der Gemeinschaft"), Art. 56 Abs. 1 EG („zwischen den Mitgliedstaaten"); für Art. 39 EG folgt das Erfordernis eines grenzüberschreitenden Bezugs aus dem Sinn und Zweck der Vorschrift sowie aus dem Vergleich mit den übrigen Grundfreiheiten; stRspr. des EuGH, vgl. Verb. Rs. 35 u. 36/82, Morson ./. Niederländischen Staat u.a., Jhanjan ./. Niederländischen Staat, Urt. v. 27.10.1982, Slg. 1982, S. 3723, Rn. 13-17; Rs. 115/78, Knoors ./. Staatssekretär für Wirtschaft, Urt. v. 07.02.1979, Slg. 1979, S. 399, Rn. 24, 26. Vgl. hierzu und zur Problematik der Inländerdiskriminierung (*discrimination à rebours*) *Streinz*, Europarecht, § 12 II 2, Rn. 682-685 m.w.N.

122 Vgl. hierzu *Everling*, EuR 1989, S. 344/345; *Peters*, Elemente einer Theorie der Verfassung Europas, S. 407/408; *Streinz*, Europarecht, § 12 II 2, Rn. 684; *Zuleeg*, EuGRZ 2000, S. 513.

123 Vgl. zu den kodifizierten Rechtfertigungsgründen Rs. C-260/89, Elliniki Radiophonia Tileorassi AE ./. Dimotiki Etairia Pliroforisis u.a. (ERT), Urt. v. 18.06.1991, Slg. 1991, S. I-2925 ff. (2964 / Rn. 43); zu den immanenten Schranken der Grundfreiheiten Rs. C-368/95, Vereinigte Familiapress Zeitungsverlags- und vertriebs GmbH ./. Heinrich Bauer Verlag, Urt. v. 26.06.1997, Slg. 1997, I-S. 3689 ff. (3715, 3717 / Rn. 18, 24 f.); siehe hierzu ausführlich unten 3. Kapitel.C.II.1.b.

124 Vgl. hierzu sowie zu weiteren Ausprägungen des vielschichtigen Verhältnisses zwischen Grundfreiheiten und Grundrechten (insbesondere Kollisionen und Konkurrenzen) *Kingreen*, in: *Calliess / Ruffert* (Hrsg.), EUV/EGV, Art. 6 EUV, Rn. 60, 78-81.

Die Grundfreiheiten können folglich trotz ihres individualschützenden Charakters und trotz o.g. Gemeinsamkeiten mit Grundrechten in dogmatischer Hinsicht nur als grundrechts*ähnliche* Bestimmungen angesehen werden. Sie ergänzen den Grundrechtsschutz im Gemeinschaftsrecht insbesondere im Bereich der Berufsfreiheit und der Freizügigkeit.[125] Wegen der Unterschiede zwischen Grundfreiheiten und Gemeinschaftsgrundrechten, die nicht zuletzt im Ineinandergreifen ihrer Funktionen deutlich wird, sind diese, der Rechtsprechung des EuGH entsprechend,[126] jedoch terminologisch und sachlich zu trennen.

C. Der Status der Grundrechte der mitgliedstaatlichen Verfassungen und der völkerrechtlichen Menschenrechtsverträge im Verhältnis zum Gemeinschaftsrecht

Die mitgliedstaatlichen Grundrechte und die durch völkerrechtliche Menschenrechtsverträge geschützten Rechte auf der einen Seite und die Gemeinschaftsgrundrechte auf der anderen Seite haben grundsätzlich einen voneinander getrennten Anwendungsbereich. Während nationale und völkerrechtlich garantierte Grundrechte schon ihrer Entstehungsgeschichte nach darauf gerichtet sind, gegen Maßnahmen der (Mitglied-) Staaten Schutz zu gewähren, sind die Gemeinschaftsgrundrechte ursprünglich mit dem Ziel

---

125 So i.E. auch die h.M. im Schrifttum, z.B. *Beutler*, in: *von der Groeben / Schwarze* (Hrsg.), EU- / EGV, Bd. 1, Art. 6 EU, Rn. 42; *Peters*, Elemente einer Theorie der Verfassung Europas, S. 407/408 m.w.N.; *Zuleeg*, EuGRZ 2000, S. 513; *Busse*, EuGRZ 2002, S. 574.

126 Der EuGH bezeichnet die Grundfreiheiten regelmäßig als fundamentale Grundsätze (vgl. z.B. EuGH, Rs. 427/85, Kommission ./. Bundesrepublik Deutschland, Urt. v. 25.02.1988, Slg. 1988, S. 1123 ff., Rn. 12 (zur Dienstleistungsfreiheit); EuGH, Rs. 67/74, Bonsignore ./. Oberstadtdirektor der Stadt Köln, Urt. v. 26.02.1975, Slg. 1975, S. 297 ff., Leitsatz 1), oder als grundlegende Vorschriften der Gemeinschaft o.ä., vgl. z.B. EuGH, Rs. C-101/94, Kommission ./. Italienische Republik, Urt. v. 06.06.1996, Slg. 1996, S. 2691 ff., Rn. 12. Nur vereinzelt hat er Grundfreiheiten „Grundrechte" genannt, vgl. z.B. Rs. 222/86, Union nationale des entraîneurs et cadres techniques professionnels du football (Unectef) ./. Heylens u.a., Urt. v. 15.10.1987, Slg. 1987, S. 4097 ff., (4117 / Rn. 14, 15); Rs. C-415/93, Union royale belge des sociétés de football association ASBL u.a. ./. Bosman u.a., Urt. v. 15.12.1995, Slg. 1995, S. I-4921 ff., (5076 / Rn. 129); kritisch zu dieser terminologischen Gleichstellung *Coppel / O'Neill*, CML Rev. (29) 1992, S. 689-691.

konzipiert, den Grundrechtsschutz gegenüber Maßnahmen der Gemeinschaftsorgane sicherzustellen.[127]

Abhängig von der Definition des Geltungsbereichs der Grundrechte durch die jeweiligen Grundrechtsordnungen sind jedoch Konstellationen möglich, in denen sich die Anwendungsbereiche dieser Grundrechtsordnungen überschneiden und Grundrechte aus mehreren Rechtsquellen nebeneinander ihre Beachtung verlangen. Demnach können in bestimmten Fällen sowohl nationale Maßnahmen im Anwendungsbereich des Gemeinschaftsrechts als auch Maßnahmen der Gemeinschaftsorgane gleichzeitig an den mitgliedstaatlichen Grundrechten, den Rechten der EMRK und den Gemeinschaftsgrundrechten zu messen sein.[128]

Die Anwendbarkeit nationaler Grundrechte neben Grundrechten aus völkerrechtlichen Menschenrechtsverträgen mit jeweils unterschiedlicher Reichweite wirft regelmäßig keine rechtlichen Probleme auf. Die Grundrechte aus beiden Quellen stellen jeweils nur Mindeststandards auf; die fragliche Maßnahme muss den jeweiligen grundrechtlichen Anforderungen deshalb kumulativ entsprechen.[129] Wo grundrechtliche Verbotsnormen oder Schutzpflichten aus einer Ordnung ausnahmsweise ein Einschreiten gegen den Bürger verlangen, wird dieser Grundrechtseingriff in der anderen Grundrechtsordnung regelmäßig im Rahmen der dortigen Grundrechtsschranken zu rechtfertigen sein.[130]

Demgegenüber bergen Fälle, in denen die Gemeinschaftsgrundrechte neben nationalen oder völkerrechtlich (insbesondere in der EMRK) verbürgten Grundrechten prinzipiell Anwendung finden, wegen der Supranationalität der Gemeinschaftsrechtsordnung ein nicht unerhebliches Konfliktpotential. Besonders mit den Gemeinschaftsgrundrechten konforme Maßnahmen, die mit nationalen Grundrechten oder Rechten der EMRK nicht im Einklang stehen, werfen Fragen der Geltung und Reichweite des Anwendungsvorrangs des Gemeinschaftsrechts auf.[131] Je nachdem inwieweit die jeweils zum Schutz

---

[127] Zur Problematik z.B. *Kingreen*, in: *Calliess / Ruffert* (Hrsg.), EUV/EGV, Art. 6 EUV, Rn. 84; *Walter*, in: *Ehlers* (Hrsg.), Europäische Grundrechte und Grundfreiheiten, § 1 I, Rn. 2 f.

[128] Zur Problematik etwa *Kugelmann*, Grundrechte in Europa, S. 9; *Kingreen*, in: *Calliess / Ruffert* (Hrsg.), EUV/EGV, Art. 6 EUV, Rn. 84.

[129] Grds. dazu *Bausback*, ZRP 1999, S. 8; *Schmitz*, JZ 2001, S. 836.

[130] *Schmitz*, JZ 2001, S. 836.

[131] Dazu z.B. *Kingreen*, in: *Calliess / Ruffert* (Hrsg.), EUV/EGV, Art. 6 EUV, Rn. 85.

der Grundrechte aus den verschiedenen Quellen berufenen Gerichte den Status der mitgliedstaatlichen und der völkerrechtlich garantierten Grundrechte im Verhältnis zum Gemeinschaftsrecht gleich beurteilen, können mehr oder weniger große Spannungen zwischen den Grundrechtsordnungen, oder genauer, zwischen den mitgliedstaatlichen und konventionsrechtlichen Grundrechten und der Gemeinschaftsrechtsordnung insgesamt entstehen.

I. Die mitgliedstaatlichen Grundrechte

1. Status aus Sicht des EuGH

Unmittelbar wirkendes Gemeinschaftsrecht, seien es Vertragsbestimmungen oder Rechtsakte der Gemeinschaftsorgane, kann den Bürgern in den Mitgliedstaaten unmittelbar Rechte verleihen und Pflichten auferlegen.[132] Kollidiert dieses Gemeinschaftsrecht in seinem Anwendungsbereich mit innerstaatlichem Recht, kommt dem Gemeinschaftsrecht nach der, beginnend mit dem grundlegenden Urteil in der Rechtssache *Costa ./. E.N.E.L.* (1964)[133] ständigen Rechtsprechung des EuGH uneingeschränkt Anwendungsvorrang zu.[134] Der Geltung einer primärrechtlichen Bestimmung oder eines Gemeinschaftsrechtsaktes können keine wie immer gearteten innerstaatlichen Rechtsvorschriften, und demzufolge auch nicht die in den mitgliedstaatlichen Verfassungen garantierten Grundrechte entgegenstehen.[135] Dasselbe gilt für mitgliedstaatliche Maßnahmen, wenn sie in den Anwendungsbereich des Gemeinschaftsrechts fallen, d.h. wenn sie Gemeinschaftsrecht auf nationaler

---

132 Siehe dazu bereits oben 1. Kapitel.B.I, insb. die Nachweise in Fn. 35, 36.

133 EuGH, Rs. 6/64, Costa ./. E.N.E.L., Urt. v. 15.07.1964, Slg. 1964, S. 1251 ff. (1269-1271).

134 Trotz der diesbzgl. nicht ganz klaren Rspr. des EuGH (vgl. nur Rs. 106/77, Staatliche Finanzverwaltung ./. S.p.A. Simmenthal („Simmenthal II"), Urt. v. 09.03.1978, Slg. 1978, S. 629 ff. (644 f. / Rn. 17/18, 21/23) geht die überwiegende Ansicht systematisch überzeugend von einem bloßen Anwendungsvorrang des Gemeinschaftsrechts in dem Sinne aus, dass dieses entgegenstehendes nationales Recht nur im Kollisionsfall in der Anwendung verdrängt, nicht hingegen im Sinne eines Geltungsvorrangs (insgesamt) nichtig macht; vgl. hierzu *Streinz*, Europarecht, § 3 VII 2, Rn. 194-198.

135 EuGH, Rs. 6/64, Costa ./. E.N.E.L. (Fn. 133), S. 1270; EuGH, Rs. 11/70, Internationale Handelsgesellschaft mbH ./. Einfuhr- und Vorratsstelle für Getreide und Futtermittel, Urt. v. 17.12.1970, Slg. 1970, S. 1125 ff. (1135 / Rn. 3); EuGH, Rs. 106/77, „Simmenthal II" (Fn. 134), S. 644 f. / Rn. 21/23. Dazu *Jaeger / Broß*, EuGRZ 2004, S. 14.

Ebene umsetzen oder vollziehen, oder in Ausfüllung der vertraglich normierten Rechtfertigungsgründe die Grundfreiheiten beschränken. In den Fällen, in denen den nationalen Stellen bei der Anwendung des Gemeinschaftsrechts kein Spielraum verbleibt, sind die mitgliedstaatlichen Maßnahmen (ausnahmsweise) an den Gemeinschaftsgrundrechten, nicht an den mitgliedstaatlichen Grundrechten zu messen.[136]

Den uneingeschränkten Vorrang des Gemeinschaftsrechts u.a. vor den nationalen Grundrechten gründet der Gerichtshof auf die Eigenständigkeit des vom E(W)G-Vertrag geschaffenen, aus einer autonomen Rechtsquelle fließenden Gemeinschaftsrechts.[137] Die Gültigkeit des so von seiner völkerrechtlichen Grundlage losgelösten Primär- und Sekundärrechts kann nur am Maßstab des Gemeinschaftsrechts selbst beurteilt werden, um dessen einheitliche Geltung und Anwendung in den Mitgliedstaaten entsprechend den Zielen des Vertrages (vgl. Art. 10 EG n.F.) nicht zu beeinträchtigen.[138]

Dies bedeutet jedoch nicht, dass den mitgliedstaatlichen Grundrechten im Gemeinschaftsrecht keinerlei Bedeutung zukommt. Wie gezeigt, zieht der Gerichtshof u.a. die gemeinsamen Verfassungsüberlieferungen der Mitgliedstaaten als Rechtserkenntnisquelle heran, um unter Berücksichtigung der Gemeinschaftsinteressen die Gemeinschaftsgrundrechte als alleinigen Prüfungsmaßstab für Handlungen der Gemeinschaftsorgane rechtsvergleichend und rechtsfortbildend zu entwickeln.[139] Auf diese Weise stellt der Gerichtshof, auch wenn nach der von ihm vertretenen Ansicht Grundrechtskonkurrenzen zwischen Gemeinschaftsgrundrechten und nationalen Grundrechten

---

136 Vgl. für einen Überblick *Kokott*, AöR 121 (1996), S. 604-606; *Lindner*, DÖV 2000, S. 546, 547; *Kingreen*, in: *Calliess / Ruffert* (Hrsg.), EUV/EGV, Art. 6 EUV, Rn. 86, 56-62; *Ehlers*, in: *Ehlers* (Hrsg.), Europäische Grundrechte und Grundfreiheiten, § 13 I 4, Rn. 15, § 13 IV 2, Rn. 29 f.; eingehend hierzu unten 3. Kapitel.C.II.1.

137 EuGH, Rs. 6/64, Costa ./. E.N.E.L. (Fn. 133), S. 1270.

138 EuGH, Rs. 6/64, Costa ./. E.N.E.L. (Fn. 133), S. 1269/1270; EuGH, Rs. 11/70, Internationale Handelsgesellschaft (Fn. 135), S. 1135 / Rn. 3; vgl. zu dieser Rechtsprechung zusammenfassend auch *Bleckmann*, in: *Bleckmann*, Europarecht, § 11 IV, Rn. 1086-1094; *Streinz*, Europarecht, § 3 VII 1, Rn. 172, § 3 VII 2, Rn. 194-198; *Kingreen*, in: *Calliess / Ruffert* (Hrsg.), EUV/EGV, Art. 6 EUV, Rn. 86; *Ehlers*, in: *Ehlers* (Hrsg.), Europäische Grundrechte und Grundfreiheiten, § 13 I 2, Rn. 4, § 13 I 4, Rn. 14.

139 Siehe hierzu bereits oben 1. Kapitel.B.I, insb. Fn. 48, 50.

nicht entstehen können,[140] bis zu einem gewissen Grad eine Homogenität zwischen der gemeinschaftsrechtlichen und den mitgliedstaatlichen Grundrechtsordnungen sicher, was für die Akzeptanz seiner Vorrang-Rechtsprechung von großer Bedeutung ist.

2. Status aus Sicht der mitgliedstaatlichen Höchstgerichte (am Beispiel des deutschen Bundesverfassungsgerichts)

Sämtliche mitgliedstaatliche Höchstgerichte schreiben dem Gemeinschaftsrecht heute – insoweit in Übereinstimmung mit dem EuGH – grundsätzlich Vorrang vor ihrem jeweiligen nationalen Recht, einschließlich der Grundrechte, zu.[141] Während der Gerichtshof diesen Vorrang jedoch autonom gemeinschaftsrechtlich herleitet, setzt er aus der Sicht mehrerer mitgliedstaatlicher Verfassungsgerichte, nach deren überzeugender Ansicht sich das gemeinschaftliche Primär- und Sekundärrecht (bislang) nicht von seiner völkerrechtlichen Grundlage gelöst hat,[142] eine entsprechende Ermächtigung in der jeweiligen mitgliedstaatlichen Verfassung voraus.[143] Konsequent besteht ein Anwendungsvorrang des Gemeinschaftsrechts vor mitgliedstaatlichem Recht aus der Perspektive dieser Gerichte – entgegen der Ansicht des EuGH – nicht unbeschränkt, sondern nur im Rahmen der verfassungsrechtlichen Ermächtigung, deren Schranken das Gemeinschaftsrecht einzuhalten hat.[144]

Für das deutsche Verfassungsrecht macht das BVerfG deutlich, dass die unmittelbare Geltung des Gemeinschaftsrechts und sein Anwendungsvorrang vor dem innerstaatlichen Recht auf dem Rechtsanwendungsbefehl des Zustimmungsgesetzes zum EG-Vertrag nach Art. 24 Abs. 1 GG (jetzt Art. 23

---

140 Dies betont auch *Kingreen*, in: *Calliess / Ruffert* (Hrsg.), EUV/EGV, Art. 6 EUV, Rn. 86.

141 Vgl. zur schrittweisen Anerkennung der Vorrangrechtsprechung in den einzelnen Mitgliedstaaten *Bleckmann*, in: *Bleckmann*, Europarecht, § 11 V, Rn. 1095 ff. m.w.N.; anders hinsichtlich des deutschen Grundgesetzes *Jaeger / Broß*, EuGRZ 2004, S. 15.

142 Vgl. nur die Voraussetzungen für eine Vertragsänderung nach Art. 48 EU, insb. dessen Abs. 3. Zur Problematik auch *Streinz*, Europarecht, § 3 VII 3, Rn. 203 m.w.N.

143 Vgl. die Nachweise bei *Bleckmann*, in: *Bleckmann*, Europarecht, § 11 V, Rn. 1095 ff.; zur Rechtslage in zahlreichen anderen Mitgliedstaaten eingehend *Mayer*, Kompetenzüberschreitung und Letztentscheidung, S. 140 ff.

144 Einen Überblick über diese Rechtslage geben z.B. *Streinz*, Europarecht, § 3 VII 2, Rn. 179 ff.; *Kingreen*, in: *Calliess / Ruffert* (Hrsg.), EUV/EGV, Art. 6 EUV, Rn. 87. Umfassend zu den in der Lehre vertretenen Ansichten zur Begründung des Vorrangs des Gemeinschaftsrechts *Streinz*, Europarecht, § 3 VII 2, Rn. 180-193.

Abs. 1 S. 2 GG) beruhen.[145] Die in dieser Verfassungsbestimmung vollzogene Öffnung der deutschen Rechtsordnung für eine Übertragung von Hoheitsrechten auf zwischenstaatliche Einrichtungen mit der Folge des Vorrangs eines Rechts aus anderer Quelle innerhalb Deutschlands gilt jedoch nicht grenzenlos. In Anlehnung an die Rechtsprechung des BVerfG[146] bestimmt nunmehr die Struktursicherungsklausel des Art. 23 Abs. 1 S. 1 GG als Voraussetzung bzw. Schranke der Integrationsermächtigung unter anderem, dass die Union einen dem Grundgesetz im Wesentlichen vergleichbaren Grundrechtsschutz gewährleistet.[147]

Infolge solcher oder ähnlicher verfassungsrechtlicher Anforderungen nehmen einige Verfassungsgerichte der Mitgliedstaaten nach wie vor prinzipiell für sich die Kompetenz in Anspruch, mitgliedstaatliche Maßnahmen, die Gemeinschaftsrecht vollziehen, und teils auch Gemeinschaftsrechtsakte selbst unter bestimmten Voraussetzungen auf die Verletzung mitgliedstaatlicher Grundrechte hin kontrollieren zu können.

So hat beispielsweise das BVerfG zwar seine grundrechtliche Prüfungskompetenz seit dem Solange II-Beschluss (1986)[148] nicht mehr aktiviert. Es hatte in seinem Solange I-Beschluss (1974) mangels eines den Grenzen der Integrationsermächtigung des Art. 24 GG entsprechenden adäquaten Grundrechtsschutzes auf Gemeinschaftsebene zum damaligen Zeitpunkt noch eine konkrete Überprüfung von sekundärem Gemeinschaftsrecht am Maßstab der Grundrechte des Grundgesetzes vorgenommen.[149]

---

145 BVerfG, 2 BvR 197/83, Beschl. v. 22.10.1986, BVerfGE 73, 339 (376 f.) („Solange II").

146 BVerfG, 2 BvL 52/71, Beschl. v. 29.05.1974, BVerfGE 37, 271 (279-281) („Solange I"); BVerfG, 2 BvR 197/83, Beschl. v. 22.10.1986, BVerfGE 73, 339 (376 f.) („Solange II"); bestätigend BVerfG, 2 BvL 1/97, Beschl. v. 07.06.2000, EuGRZ 2000, S. 328 (333) („Bananenmarktordnung"); siehe hierzu auch *Rengeling*, Grundrechtsschutz in der Europäischen Gemeinschaft, S. 2 f.; *Streinz*, Europarecht, § 3 VII 3, Rn. 208-210a.

147 Siehe hierzu zusammenfassend nur *Hirsch*, in: *Vertretung der Europäischen Kommission in der Bundesrepublik Deutschland* (Hrsg.), Eine europäische Charta der Grundrechte, Europäische Gespräche 2/1999, S. 45 f.; *Albers*, in: *Albers u.a.* (Hrsg.), Beobachten – Entscheiden – Gestalten, S. 143; *Streinz*, Europarecht, § 3 VII 3, Rn. 202-210c; *Ehlers*, in: *Ehlers* (Hrsg.), Europäische Grundrechte und Grundfreiheiten, § 13 I 4, Rn. 14.

148 BVerfG, 2 BvR 197/83, Beschl. v. 22.10.1986, BVerfGE 73, 339 ff. („Solange II").

149 BVerfG, 2 BvL 52/71, Beschl. v. 29.05.1974, BVerfGE 37, 271 (280-285) („Solange I").

In seinem Solange II-Beschluss erkennt das BVerfG an, dass im Hoheitsbereich der Gemeinschaften inzwischen ein Maß an Grundrechtsschutz erwachsen ist, *„das nach Konzeption, Inhalt und Wirkungsweise dem Grundrechtsstandard des Grundgesetzes im wesentlichen gleichzuachten ist“*[150], und damit den verfassungsrechtlichen Grenzen des Art. 24 Abs. 1 GG gerecht wird. Solange die Gemeinschaften, insbesondere der EuGH, einen derartigen wirksamen Grundrechtsschutz gegenüber gemeinschaftlichen Hoheitsakten generell gewährleisten, will das BVerfG seine – fortbestehende – Gerichtsbarkeit über die Anwendbarkeit von abgeleitetem Gemeinschaftsrecht als Rechtsgrundlage für ein Verhalten deutscher Gerichte und Behörden nicht mehr ausüben.[151] Solange der EuGH demnach einen Grundrechtsschutz garantiert, der dem vom Grundgesetz als unabdingbar gebotenen Grundrechtsschutz im Wesentlichen gleichzuachen ist und den Wesensgehalt der Grundrechte generell verbürgt, will das BVerfG das Gemeinschaftsrecht nicht mehr am Maßstab der Grundrechte des GG überprüfen.[152]

Hieran hat das BVerfG seither festgehalten, und zwar auch, wie nun sein Beschluss zur Bananenmarktordnung (2000) ausdrücklich klarstellt,[153] in seinem Maastricht-Urteil (1993),[154] das häufig als Wiederausübung seiner Prüfungs- und Verwerfungskompetenz interpretiert worden war.[155] Das BVerfG übt seine Gerichtsbarkeit über die Anwendbarkeit von abgeleitetem Gemeinschaftsrecht in Deutschland in einem „Kooperationsverhältnis“ zum EuGH in dem Sinne aus, dass der EuGH den Grundrechtsschutz in jedem Einzelfall für das gesamte Gemeinschaftsgebiet garantiert, und das BVerfG sich dem-

---

150 BVerfG, 2 BvR 197/83, Beschl. v. 22.10.1986, BVerfGE 73, 339 (378) („Solange II“).

151 BVerfG, 2 BvR 197/83, Beschl. v. 22.10.1986, BVerfGE 73, 339 (340 / LS 2, 387) („Solange II“); siehe dazu *Wildhaber / Callewaert*, in: *Colneric u.a.* (Hrsg.), Une communauté de droit, FS f. Rodríguez Iglesias, S. 67 m.w.N.

152 Siehe Fn. 151.

153 BVerfG, 2 BvL 1/97, Beschl. v. 07.06.2000, EuGRZ 2000, S. 328 (332, 333) („Bananenmarktordnung“).

154 BVerfG, 2 BvR 2134, 2159/92, Urt. v. 12.10.1993, BVerfGE 89, 155.

155 Vgl. nur VG Frankfurt, zitiert in: BVerfG, 2 BvL 1/97, Beschl. v. 07.06.2000, EuGRZ 2000, S. 328 (330) („Bananenmarktordnung“); a.A. schon *Hirsch*, in: *Vertretung der Europäischen Kommission in der Bundesrepublik Deutschland* (Hrsg.), Eine europäische Charta der Grundrechte, Europäische Gespräche 2/1999, S. 47; dagegen auch *Limbach*, EuGRZ 2000, S. 419/420; *dies.*, in: *Gustav-Heinemann-Initiative* (Hrsg.), Wo bleiben die Grundrechte in Europa?, S. 77 f. Vgl. dazu *Hummer*, in: *Hummer* (Hrsg.), Die EU nach dem Vertrag von Amsterdam, S. 81 mit zahlreichen Nachweisen.

entsprechend auf eine generelle Gewährleistung der unabdingbaren Grundrechtsstandards beschränken kann.[156]

Die Hürde für eine Reaktivierung der Prüfung deutscher, Gemeinschaftsrecht umsetzender oder vollziehender Akte ebenso wie sekundären Gemeinschaftsrechts selbst[157] an den Grundrechten des GG setzt das BVerfG allerdings sehr hoch an. Die jeweilige Verfassungsbeschwerde oder Richtervorlage muss durch eine Gegenüberstellung des Grundrechtsschutzes auf nationaler und Gemeinschaftsebene im Einzelnen darlegen, dass der von Art. 23 Abs. 1 S. 1 GG jeweils als unabdingbar geforderte, d.h. nicht notwendig mit dem Schutz des GG deckungsgleiche,[158] Grundrechtsschutz auf Gemeinschaftsebene generell nicht mehr gewährleistet ist.[159]

Die strengen Bedingungen, die das BVerfG im Bananenmarktordnungs-Beschluss (2000) an die Vornahme einer konkreten Kontrolle gemeinschaftsrechtlich determinierter Akte an den Grundrechten des Grundgesetzes stellt,

---

156 BVerfG, 2 BvR 2134, 2159/92, Urt. v. 12.10.1993, BVerfGE 89, 155 (174 f.) („Maastricht").

157 Dazu, dass auch das sekundäre Gemeinschaftsrecht als solches Prüfungsgegenstand in Verfahren vor dem BVerfG sein kann, vgl. BVerfG, 2 BvR 2134, 2159/92, Urt. v. 12.10.1993, BVerfGE 89, 155 (174 f.) („Maastricht"); ebenso *Kokott*, AöR 121 (1996), S. 602, 605 (dort Fn. 22); *Kingreen*, in: *Calliess / Ruffert* (Hrsg.), EUV/EGV, Art. 6 EUV, Rn. 88 m.w.N.; zu Recht zweifelnd *Kugelmann*, Grundrechte in Europa, S. 15-17; *Albers*, in: *Albers u.a.* (Hrsg.), Beobachten – Entscheiden – Gestalten, S. 143/144; *Streinz*, Europarecht, § 3 VII 3, Rn. 213-214a.

158 Zustimmend *Hirsch*, in: *Vertretung der Europäischen Kommission in der Bundesrepublik Deutschland* (Hrsg.), Eine europäische Charta der Grundrechte, Europäische Gespräche 2/1999, S. 47, der klarstellt, dass nach der Methode der Herleitung der Gemeinschaftsgrundrechte durch den EuGH abweichende Maßstäbe im Hinblick auf das konkrete Schutzniveau im Verhältnis zu den Mitgliedstaaten systemimmanent sind.

159 BVerfG, 2 BvL 1/97, Beschl. v. 07.06.2000, EuGRZ 2000, S. 328 (328, 332, 333) („Bananenmarktordnung"). Für einen Überblick über die Entwicklung dieser Rspr. des BVerfG siehe z.B. *Bleckmann*, in: *Bleckmann*, Europarecht, § 11 V 3, Rn. 1107-1133; *Hummer*, in: *Hummer* (Hrsg.), Die EU nach dem Vertrag von Amsterdam, S. 79-82; *Borchardt*, in: Der Europäische Gerichtshof, aktualisierter Auszug aus *Lenz* (Hrsg.), EGV, Art. 220, Rn. 68-72; *Hirsch*, in: *Vertretung der Europäischen Kommission in der Bundesrepublik Deutschland* (Hrsg.), Eine europäische Charta der Grundrechte, Europäische Gespräche 2/1999, S. 46-48; *Zuleeg*, EuGRZ 2000, S. 512 f.; *Streinz*, Europarecht, § 3 VII 3, Rn. 202, 217; *Kingreen*, in: *Calliess / Ruffert* (Hrsg.), EUV/EGV, Art. 6 EUV, Rn. 88; *Ehlers*, in: *Ehlers* (Hrsg.), Europäische Grundrechte und Grundfreiheiten, § 13 I 4, Rn. 14; *Limbach*, in: *Gustav-Heinemann-Initiative* (Hrsg.), Wo bleiben die Grundrechte in Europa?, S. 75-79.

machen einander widersprechende Urteile des BVerfG und des EuGH, in denen jeweils unterschiedliche Anforderungen von den mitgliedstaatlichen Grundrechten bzw. den Gemeinschaftsgrundrechten an eine Maßnahme gestellt werden, weniger wahrscheinlich denn je.[160] Loyalitätskonflikte für die Mitgliedstaaten, die insbesondere auftreten, wenn ihnen eine nach dem EuGH gemeinschaftsgrundrechtskonforme Maßnahme keinen Spielraum lässt, sie im Einklang mit höheren Anforderungen nationaler Grundrechte durchzuführen, sind deshalb weitgehend ausgeschlossen.

Dennoch zeigt die Rechtsprechung des BVerfG beispielhaft, dass aus mitgliedstaatlicher Perspektive keine völlige Trennung der Anwendungsbereiche von Gemeinschaftsgrundrechten und mitgliedstaatlichen Grundrechten möglich ist, und infolgedessen – entgegen der Ansicht des EuGH – Grundrechtskonkurrenzen zwischen diesen auftreten können.[161] Für ein künftiges harmonisches Zusammenspiel der Grundrechte auf mitgliedstaatlicher und Gemeinschaftsebene und der zu ihrem Schutz berufenen Gerichte ist es deshalb wichtig, dass die Charta, die an die Stelle der Gemeinschaftsgrundrechte treten soll, sich weiterhin möglichst nah an die mitgliedstaatlichen grundrechtlichen Schutzstandards anlehnt.

II. Die Grundrechte der völkerrechtlichen Menschenrechtsverträge, insbesondere der EMRK

1. Status aus Sicht des EuGH

Die Europäischen Gemeinschaften und die EU sind selbst nicht Vertragsparteien der von ihren Mitgliedstaaten ratifizierten völkerrechtlichen Menschenrechtsschutzverträge. Anders als die Mitgliedstaaten sind sie insbe-

---

160 Diese Einschätzung teilen z.B. *Kingreen*, in: *Calliess / Ruffert* (Hrsg.), EUV/EGV, Art. 6 EUV, Rn. 89; i.E. auch *Limbach*, EuGRZ 2000, S. 420; *Albers*, in: *Albers u.a.* (Hrsg.), Beobachten – Entscheiden – Gestalten, S. 144/145; *Ehlers*, in: *Ehlers* (Hrsg.), Europäische Grundrechte und Grundfreiheiten, § 13 I 4, Rn. 14. Anschaulich *Steiner*, in: *Geis / Lorenz* (Hrsg.), Staat · Kirche · Verwaltung, FS f Maurer, S. 1013 (dort Fn. 43), der dem BVerfG die „Rolle des ‚Edelreservisten' ohne ernsthafte Aussicht auf Spieleintritt" zuschreibt.

161 Näher zu möglichen Konfliktkonstellationen z.B. *Engel*, ZUM 2000, S. 1003; *Schmitz*, JZ 2001, S. 836 f. Vgl. zum jahrelangen Justizkonflikt zwischen deutschen Gerichten und dem EuGH um die Bananenmarktordnung, der mit dem Beschluss des BVerfG v. 07.06.2000 (siehe Fn. 159) wohl seinen Abschluss gefunden hat, zusammenfassend *Huber*, EuZW 1997, S. 517 f.

sondere nicht Partei der EMRK. Weder ist bislang ein Beitritt zur Konvention erfolgt,[162] noch ist die Gemeinschaft durch Sukzession anstelle der Mitgliedstaaten im Rahmen der ihr übertragenen Kompetenzen Vertragspartei der EMRK geworden.[163] Die Gemeinschaften und die Union sind infolgedessen nicht unmittelbar an die in der Konvention niedergelegten Rechte gebunden.[164]

Die völkerrechtlichen Menschenrechtsschutzverträge spielen im Gemeinschaftsrecht dennoch eine wichtige Rolle. Der EuGH (und das EuG) bindet sie insoweit in die gemeinschaftsrechtliche Ordnung ein, als er sich zur Entwicklung der ungeschriebenen Gemeinschaftsgrundrechte auf die in diesen Verträgen enthaltenen Rechte zwar nicht als Rechtsquelle, aber als eine neben den gemeinsamen Verfassungsüberlieferungen der Mitgliedstaaten gleichberechtigte Rechtserkenntisquelle stützt.[165]

Im Verlauf der Konkretisierung dieser Rechtsprechung haben die in der EMRK und ihren Zusatzprotokollen[166] enthaltenen grundrechtlichen Gewährleistungen gegenüber den in den übrigen von allen Mitgliedstaaten ratifizierten Menschenrechtsschutzverträgen enthaltenen Rechten als Erkenntnis-

---

162 Zur Beitrittsdiskussion siehe eingehend unten 1. Kapitel.C.II.3.

163 Letzteres entspricht der ganz h.M., vgl. statt vieler *Winkler*, Beitritt der Europäischen Gemeinschaften zur EMRK, S. 29-32 m.w.N.; *Rengeling*, in: *Ipsen / Schmidt-Jortzig* (Hrsg.), Recht – Staat – Gemeinwohl, FS f. *Rauschning*, S. 232/233; a.A. noch *EG-Kommission*, Memorandum betreffend den Beitritt der Europäischen Gemeinschaften zur EMRK, abgedruckt in: EuGRZ 1979, S. 333; *Tomuschat*, EuR 1990, S. 357; *Griller*, in: *Duschanek / Griller* (Hrsg.), Grundrechte für Europa, S. 157.

164 Dies ist weitgehend unstreitig, vgl. statt vieler *Rengeling*, in: *Ipsen / Schmidt-Jortzig* (Hrsg.), Recht – Staat – Gemeinwohl, FS f. *Rauschning*, S. 232 m.w.N.; *Krüger / Polakiewicz*, EuGRZ 2001, S. 94; a.A. *Kugelmann*, Grundrechte in Europa, S. 51.

165 Siehe dazu bereits oben 1. Kapitel.B.I.

166 In der Praxis beschränkt sich der Gerichtshof bei den Rechtserkenntisquellen der Gemeinschaftsgrundrechte – wohl entgegen seiner in stRspr geäußerten Erklärung, nur die internationalen Verträge über den Schutz der Menschenrechte, an deren Abschluss die Mitgliedstaaten beteiligt waren oder denen sie beigetreten sind, heranzuziehen (siehe dazu oben 1. Kapitel.B.I, insb. die Nachweise in Fn. 51) – nicht stets auf die von allen EU-Mitgliedstaaten ratifizierten Zusatzprotokolle zur EMRK, vgl. nur EuGH, Rs. 36/75, Rutili ./. Minister des Innern, Urt. v. 28.10.1975, Slg. 1975, S. 1219 ff. (1232 / Rn. 32) (hinsichtlich des 4. ZP zur EMRK). Vgl. dazu auch *Ehlers*, in: *Ehlers* (Hrsg.), Europäische Grundrechte und Grundfreiheiten, § 13 I 3, Rn. 7.

quellen der Gemeinschaftsgrundrechte zunehmend Bedeutung erlangt.[167] So zieht der Gerichtshof bereits in der Rechtssache *Hauer* (1979) Art. 1 des (ersten) Zusatzprotokolls zur EMRK ausdrücklich zur Bestimmung der Reichweite des gemeinschaftsrechtlichen Eigentumsschutzes heran.[168] Er orientiert sich zur Ausgestaltung des Inhalts der Gemeinschaftsgrundrechte in der Folgezeit zunehmend an einzelnen Rechten der Konvention,[169] und berücksichtigt schließlich – beispielsweise in den Rechtssachen *Hoechst* (1989)[170] und *Orkem* (1989)[171] – ausdrücklich auch die ggf. dazu ergangene Rechtsprechung des EGMR.[172] Während der EuGH der Konvention inzwischen explizit eine Sonderrolle zuschreibt,[173] ist er dem aus einzelnen seiner Urteile entstandenen Eindruck, er wende die EMRK nunmehr direkt als Rechtsquelle des Gemeinschaftsrechts an,[174] jedoch deutlich entgegengetreten. So stellt er besonders in

---

167 Siehe dazu z.B. *Kokott*, AöR 121 (1996), S. 602 f.; *Hummer*, in: *Hummer* (Hrsg.), Die EU nach dem Vertrag von Amsterdam, S. 75; *Philippi*, ZEuS 2000, S. 101; *Pernice / Mayer*, in: *Grabitz / Hilf* (Hrsg.), EUV/EGV, Bd. I, nach Art. 6 EUV, Rn. 17 mit zahlreichen Nachweisen; *Walter*, in: *Ehlers* (Hrsg.), Europäische Grundrechte und Grundfreiheiten, § 1 III 2, Rn. 25.

168 EuGH, Rs. 44/79, Hauer ./. Land Rheinland-Pfalz, Urt. v. 13.12.1979, Slg. 1979, S. 3727 ff. (3745 f. / Rn. 17-19).

169 Vgl. z.B. EuGH, Rs. 222/84, Johnston ./. Chief Constable of the Royal Ulster Constabulary, Urt. v. 15.05.1986, Slg. 1986, S. 1651 ff. (1682 / Rn. 18) (bzgl. Art. 6, 13 EMRK); EuGH, Rs. C-415/93, Union royale belge des sociétés de football association ASBL u.a. ./. Bosman u.a., Urt. v. 15.12.1995, Slg. 1995, S. I-4921 ff. (5065 / Rn. 79) (bzgl. Art. 11 EMRK).

170 EuGH, Verb. Rs. 46/87 u. 227/88, Hoechst AG ./. Kommission, Urt. v. 21.09.1989, Slg. 1989, S. 2859 ff. (2924 / Rn. 18) (bzgl. Art. 8 EMRK).

171 EuGH, Rs. 374/87, Orkem ./. Kommission, Urt. v. 18.10.1989, Slg. 1989, S. 3283 ff. (3350 / Rn. 30) (bzgl. Art. 6 EMRK). Deutlich auch EuGH, Rs. C-368/95, Vereinigte Familiapress Zeitungsverlags- und vertriebs GmbH ./. Heinrich Bauer Verlag, Urt. v. 26.06.1997, Slg. 1997, S. I-3689 ff. (3717 / Rn. 26), dazu *Alber / Widmaier*, EuGRZ 2000, S. 505.

172 Anerkennend *Krüger / Polakiewicz*, EuGRZ 2001, S. 97.

173 Vgl. statt vieler EuGH, Rs. C-260/89, Elliniki Radiophonia Tileorassi AE (ERT) ./. Dimotiki Etairia Pliroforisis u.a., Urt. v. 18.06.1991, Slg. 1991, S. I-2925 ff. (2963 / Rn. 41), wonach die EMRK im Rahmen der als Rechtserkenntisquellen dienenden völkerrechtlichen Verträge über den Schutz der Menschenrechte eine „besondere Bedeutung" hat.

174 Vgl. insb. EuGH, Rs. C-404/92 P, X ./. Kommission („Aids-Test"), Urt. v. 05.10.1994, Slg. 1994, S. I-4737 ff. (4789 / Rn. 17), wonach „das in Art. 8 EMRK verankerte Recht (...) ein von der Gemeinschaftsrechtsordnung geschütztes Grundrecht dar[stellt]".

seinem Gutachten 2/94 zum Beitritt der Gemeinschaft zur EMRK im Einklang mit seiner ständigen Rechtsprechung klar, dass der Konvention nur im Rahmen der Hinweise, die er den völkerrechtlichen Verträgen über den Schutz der Menschenrechte für die Gemeinschaftsgrundrechte entnimmt, eine „*besondere Bedeutung*" zukommt.[175]

An dieser Stellung der EMRK als bloße Rechtserkenntnisquelle der Gemeinschaftsgrundrechte hat auch die Schaffung von Art. 6 Abs. 2 EU n.F. (= Art. F Abs. 2 EU a.F.) durch den Vertrag von Maastricht nichts geändert. Artikel 6 Abs. 2 EU, der lediglich die Grundrechtsrechtsprechung des EuGH vertraglich bestätigt und legitimiert,[176] hat insbesondere keine einseitige Bindung der Union an die Konvention herbeigeführt.[177]

Die Heranziehung der EMRK als Erkenntnisquelle der Gemeinschaftsgrundrechte durch den EuGH führt dazu, dass die Rechte der Konvention von zwei verschiedenen Gerichten, dem Gerichtshof der Europäischen Gemeinschaften und dem nach Art. 19 EMRK zur Wachung über die Einhaltung der Konventionsrechte berufenen EGMR ausgelegt werden. Obwohl der EuGH sich bei seiner Interpretation der Konventionsrechte, wie gezeigt, an der Auslegung des EGMR orientiert, ließen und lassen sich materielle Divergenzen in der Interpretation des Gewährleistungsgehalts einzelner Bestimmungen der EMRK nicht völlig vermeiden.[178]

---

175 EuGH, Gutachten 2/94 v. 28.03.1996, Slg. 1996, S. I-1759 ff. (1789 / Rn. 33) = EuGRZ 1996, S. 197 ff. (206); vgl. zur Problematik auch *Kokott*, AöR 121 (1996), S. 603 f.; *Hummer*, in: *Hummer* (Hrsg.), Die EU nach dem Vertrag von Amsterdam, S. 75; *Winkler*, Beitritt der Europäischen Gemeinschaften zur EMRK, S. 32-34; *Busse*, NJW 2000, S. 1074/1075; *Albers*, in: *Albers u.a.* (Hrsg.), Beobachten – Entscheiden – Gestalten, S. 138; *Walter*, in: *Ehlers* (Hrsg.), Europäische Grundrechte und Grundfreiheiten, § 1 III 2, Rn. 25.

176 Siehe dazu bereits oben 1. Kapitel.B.II.1.

177 So auch *Rengeling*, in: *Ipsen / Schmidt-Jortzig* (Hrsg.), Recht – Staat – Gemeinwohl, FS f. *Rauschning*, S. 232; *Streinz*, Europarecht, § 5 I 2, Rn. 358; *Ehlers*, in: *Ehlers* (Hrsg.), Europäische Grundrechte und Grundfreiheiten, § 2 I, Rn. 4, § 13 I 3, Rn. 10; a.A. *Kugelmann*, Grundrechte in Europa, S. 51. Dasselbe gilt für die Gemeinsame Erklärung des Europäischen Parlamentes, des Rates und der Kommission vom 5. April 1977 (s.o. Fn. 72), vgl. *Starck*, EuGRZ 1981, S. 547.

178 Zum Begriff der materiellen Rechtsprechungsdivergenz i.d.S., dass dieselbe Rechtsnorm der EMRK eine unterschiedliche Auslegung erfährt, ohne dass notwendig derselbe Sachverhalt zu prüfen ist, *Klein*, in: *Mosler / Bernhardt / Hilf* (Hrsg.), Grundrechtsschutz in Europa, S. 161.

Besonders deutlich traten bislang Unterschiede bei der Bestimmung der Reichweite von Art. 8 und 6 EMRK durch den EuGH bzw. den EGMR zutage. So entschied der EuGH in der Rechtssache *Hoechst* (1989), dass der Schutzbereich des Rechts auf Achtung der Wohnung des Art. 8 Abs. 1 EMRK – auch mangels diesbezüglicher Rechtsprechung des EGMR – nicht die Geschäftsräume von Unternehmen erfasse.[179] Er schützt Unternehmen vor diesbezüglichen hoheitlichen Eingriffen immerhin aber durch ein – der allgemeinen Handlungsfreiheit des Art. 2 Abs. 1 GG ähnelndes – Gemeinschaftsgrundrecht auf Schutz gegen willkürliche und unverhältnismäßige Eingriffe.[180] Der EGMR sah demgegenüber in seinem Urteil in der Rechtssache *Niemietz* (1992) die Geschäftsräume einer Anwaltskanzlei unter Hinweis auf sein bereits in diese Richtung weisendes Urteil in der Rechtssache *Chappell* (1989)[181] als vom Grundrecht auf Achtung der Wohnung des Art. 8 EMRK umfasst an.[182] Das EuG hatte die restriktivere Rechtsprechung des EuGH anschließend bestätigt.[183] Demgegenüber hat der EuGH in der Rechtssache *Roquette Frères SA* (2002) ausdrücklich klargestellt, dass die nach seinem Urteil in der Rechtssache *Hoechst* ergangene Rechtsprechung des EGMR zum Schutzbereich des Art. 8 EMRK bei der Interpretation des entsprechenden Gemeinschaftsgrundrechts zu berücksichtigen sei.[184]

---

179 EuGH, Verb. Rs. 46/87 u. 227/88, Hoechst AG ./. Kommission, Urt. v. 21.09.1989, Slg. 1989, S. 2859 ff. (2924 / Rn. 18).

180 EuGH, Verb. Rs. 46/87 u. 227/88, Hoechst (Fn. 179), S. 2924 / Rn. 19.

181 EGMR, Beschw. Nr. 10461/83, Chappell ./. Vereinigtes Königreich, Urt. v. 30.03.1989, Ser. A, Bd. 152-A, S. 12-13 / Ziff. 26, S. 21-22 / Ziff. 51, vgl. EGMR, Beschw. Nr. 13710/88, Niemietz ./. Deutschland, Urt. v. 16.12.1992, Ser. A, Nr. 251-B, S. 34 / Ziff. 29.

182 EGMR, Niemietz (Fn. 181), S. 33-35 / Ziff. 29-33.

183 EuG, Verb. Rs. T-305/94 u.a., Limburgse Vinyl Maatschappij NV u.a. ./. Kommission, Urt. v. 20.04.1999, Slg. 1999, S. II-931 ff. (1056 / Rn. 419 f.). Vgl. zu dieser Rechtsprechungsdivergenz näher *Kokott*, AöR 121 (1996), S. 612-615; *Winkler*, Beitritt der Europäischen Gemeinschaften zur EMRK, S. 34 f.; *Philippi*, ZEuS 2000, S. 107-111; *Alber / Widmaier*, EuGRZ 2000, S. 503; *Krüger / Polakiewicz*, EuGRZ 2001, S. 97; *Busse*, ThürVBl. 2001, S. 75 f.; *Ovey / White*, European Convention, S. 444/445.

184 EuGH, Rs. C-94/00, Roquette Frères SA ./. Directeur général de la concurrence, de la consommation et de la répression des fraudes, Urt. v. 22.10.2002, Slg. 2002, S. I-9011 ff. (9054 / Rn. 29); offengelassen noch in EuGH, Verb. Rs. C-238/99 P u.a., Limburgse Vinyl Maatschappij NV (LVM) u.a. ./. Kommission, Urt. v. 15.10.2002, Slg. 2002, S. I-8375 ff. (8702 f. / Rn. 249-251).

In der Rechtssache *Orkem* (1989) urteilte der EuGH, dass sich weder nach dem Wortlaut noch nach der Rechtsprechung des EGMR aus Art. 6 EMRK ein Recht ergebe, nicht gegen sich selbst aussagen zu müssen.[185] Er sprach dem von wettbewerbsrechtlichen Untersuchungen der Kommission betroffenen Unternehmen jedoch nach dem (nicht aus Art. 6 EMRK abgeleiteten) Gemeinschaftsgrundrecht auf Wahrung der Rechte der Verteidigung das Recht zu, solche Auskünfte, durch die es gezwungen wäre, eine Zuwiderhandlung gegen Art. 81 EG direkt einzugestehen, zu verweigern.[186] Der EGMR stellte hingegen in der Rechtssache *Funke* (1993) fest, dass Art. 6 Abs. 1 EMRK durchaus ein Recht auf Verweigerung der Aussage gegen sich selbst, das einer Verpflichtung zur Vorlage belastender Dokumente ersichtlich uneingeschränkt entgegensteht, umfasst.[187]

In seinem kurz darauf folgenden Urteil in der Rechtssache *Otto BV* (1993) hatte der EuGH noch ohne Berücksichtigung der abweichenden Entscheidung des EGMR an seiner Rechtsprechung in der Rechtssache *Orkem* ausdrücklich festgehalten.[188] Inzwischen hat er in der Rechtssache *LVM* (2002) zwar festgestellt, dass nach seinem Urteil in der Rechtssache *Orkem* in der Rechtsprechung des EGMR unter anderem mit dessen Urteil in der Rechtssache *Funke* neue Entwicklungen eingetreten sind.[189] Die Gemeinschaftsgerichte hätten bei ihrer Auslegung von Grundrechten dieser Rechtsprechung des EGMR Rechnung zu tragen.[190] Im konkreten Fall ergab sich

---

185 EuGH, Rs. 374/87, Orkem ./. Kommission, Urt. v. 18.10.1989, Slg. 1989, S. 3283 ff. (3350 / Rn. 30).

186 EuGH, Rs. 374/87, Orkem (Fn. 185), S. 3351-3353 / Rn. 32-41.

187 EGMR, Funke ./. Frankreich, Beschw. Nr. 10828/84, Urt. v. 25.02.1993, Ser. A, Bd. 256-A, S. 22 / Ziff. 44. Zu den Ursprüngen des *nemo-tenetur*-Grundsatzes und seinen notwendigen Auswirkungen anschaulich *Zupančič*, The privilege against self-incrimination, S. 1 ff. (insb. 25 ff.).

188 EuGH, Rs. C-60/92, Otto BV ./. Postbank NV, Urt. v. 10.11.1993, Slg. 1993, S. I-5683 ff. (5711 / Rn. 11 f.). Vgl. zu dieser Rechtsprechungsdivergenz näher *Philippi*, ZEuS 2000, S. 111-113; *Rengeling*, in: *Ipsen / Schmidt-Jortzig* (Hrsg.), Recht – Staat – Gemeinwohl, FS f. *Rauschning*, S. 233. Weitere Beispiele für Rechtsprechungsdivergenzen führen z.B. *Philippi*, ZEuS 2000, S. 114-121 sowie *Krüger / Polakiewicz*, EuGRZ 2001, S. 97 f. an; diesen ist jedoch gemeinsam, dass der EuGH die Frage eines Grundrechtsverstoßes jeweils offenlässt und infolgedessen keine Divergenz im eigentlichen Sinne besteht.

189 EuGH, Verb. Rs. C-238/99 P u.a., Limburgse Vinyl Maatschappij NV (LVM) u.a. ./. Kommission, Urt. v. 15.10.2002, Slg. 2002, S. I-8375 ff. (8709 f. / Rn. 274).

190 EuGH, Verb. Rs. C-238/99 P u.a., LVM (Fn. 189), S. 8709 f. / Rn. 274.

daraus nach Ansicht des EuGH jedoch kein weitergehender Schutzumfang des entsprechenden Gemeinschaftsgrundrechts.[191]

Trotz dieser unterschiedlichen Auslegung einzelner Konventionsrechte, denen der EGMR jeweils einen weitergehenden Schutzbereich zuschrieb als der EuGH,[192] lassen sich gravierende Rechtsprechungsdivergenzen zwischen den beiden Gerichtshöfen bislang nicht ausmachen. Die weitgehende Berücksichtigung der Rechtsprechung des EGMR durch den EuGH lässt darauf schließen, dass dieser jedenfalls nicht den ersten Schritt hin zu einer von vorhandener Rechtsprechung des EGMR abweichenden Interpretation der Konventionsrechte tun wird.[193] Eine ernsthafte Gefahr für die Einheitlichkeit der Menschenrechtsschutzes ergibt sich wegen der bestehenden Kooperation[194] der Gerichtshöfe nicht.[195]

2. Status aus Sicht des EGMR

Da weder die Gemeinschaften noch die Union Vertragsparteien der EMRK sind, können ihre Maßnahmen verfahrensrechtlich vom EGMR nicht

---

191 EuGH, Verb. Rs. C-238/99 P u.a., LVM (Fn. 189), S. 8710 / Rn. 275 f. Ähnlich bereits EuG, Rs. T-112/98, Mannesmannröhrenwerke AG ./. Kommission, Urt. v. 20.02.2001, EuZW 2001, S. 345 ff. (349 f. / Rn. 63-67, 77); ebenso EuG, Verb. Rs. T-236/01 u.a., Tokai Carbon Co. Ltd. ./. Kommission, Urt. v. 29.04.2004, Slg. 2004, S. II-(...) (... / Rn. 404-406).

192 Kritisch gegenüber der EuGH-Rspr. deshalb *Ress*, in: *Haller u.a.* (Hrsg.), Staat und Recht, FS f. *Winkler*, S. 917.

193 Vgl. allerdings EuGH, Rs. C-17/98, Emesa Sugar (Free Zone) NV ./. Aruba, Beschl. v. 04.02.2000, Slg. 2000, S. I-665 ff. (670 ff. / Rn. 8 ff.), dazu *Krüger / Polakiewicz*, EuGRZ 2001, S. 98.

194 Der EGMR berücksichtigt als das von der EMRK zu ihrer Auslegung berufene Organ zwar nur selten ausdrücklich die Rechtsprechung des EuGH zu einzelnen Konventionsrechten, handelt aber zumindest in Kenntnis der vom EuGH vorgenommenen Interpretation, vgl. nur EGMR, Niemietz (Fn. 181), S. 31 / Ziff. 22, wo die EuGH-Rspr. in der Rs. Hoechst im Urteilstatbestand wiedergegeben, in den Urteilsgründen aber nicht aufgegriffen wird. Vgl. dazu auch *Rengeling*, in: *Ipsen / Schmidt-Jortzig* (Hrsg.), Recht – Staat – Gemeinwohl, FS f. *Rauschning*, S. 233/234; *Ress*, in: *Walter Hallstein-Institut für Europäisches Verfassungsrecht* (Hrsg.), Europäische Verfassung im globalen Kontext, S. 15, 28 m.w.N.

195 Ähnlich *Limbach*, Grundrechtsschutz in der Europäischen Union, S. 19; *Philippi*, ZEuS 2000, S. 121-123; *Alber / Widmaier*, EuGRZ 2000, S. 504 f.; kritischer *Ress*, in: *Haller u.a.* (Hrsg.), Staat und Recht, FS f. *Winkler*, S. 917-924; *Krüger / Polakiewicz*, EuGRZ 2001, S. 97 f.

unmittelbar auf die Einhaltung der in der Konvention garantierten Rechte hin überprüft werden. Eine gegen die EG oder EU gerichtete Beschwerde (Art. 33, 34 EMRK) ist mangels Zuständigkeit des EGMR *ratione personae* unzulässig.[196] Hingegen bleiben die EU-Mitgliedstaaten völkervertragsrechtlich trotz ihrer späteren Mitgliedschaft in EG und EU und der damit verbundenen Übertragung der Ausübung von Hoheitsrechten auf diese an die Gewährleistungen der EMRK gebunden. Eine Beschwerde, die verfahrensrechtlich gegen einen oder alle EU-Mitgliedstaaten als aus der Konvention Verpflichtete gerichtet ist, kann materiell-rechtlich jedoch das von den Mitgliedstaaten verantwortete primäre Gemeinschaftsrecht oder die mitgliedstaatliche Umsetzung oder Vollziehung von sekundärem Gemeinschaftsrecht betreffen. Inwieweit derartige Beschwerden zulässig und EG und EU, vermittelt über die Bindung der Mitgliedstaaten, auf diese Weise mittelbar an die Konvention gebunden sind, ist Gegenstand einer sich fortentwickelnden, noch nicht endgültig verfestigten Spruchpraxis der Konventionsorgane.

Die – inzwischen aufgelöste[197] – Europäische Kommission für Menschenrechte (EKMR) hatte solche Beschwerden regelmäßig für unzulässig erklärt. In der Rechtssache *C.F.D.T.* (1978), die eine Individualbeschwerde gegen eine Entscheidung des Rates der EG betraf, erklärte die EKMR z.B. die Beschwerde gegen die Gesamtheit der EG-Mitgliedstaaten als außerhalb der Zuständigkeit der EKMR *ratione personae* für unzulässig, da sie in Wahrheit den Rat der Gemeinschaften betreffe.[198] Gleichermaßen verwarf die EKMR die Beschwerde gegen die einzelnen EG-Mitgliedstaaten, die das Individualbeschwerderecht anerkannt hatten, als unzulässig *ratione personae*, da die Staa-

---

196 Letzteres ist in der Spruchpraxis der Konventionsorgane unstreitig, vgl. nur EKMR, Beschw. Nr. 8030/77, C.F.D.T. ./. Europäische Gemeinschaften, hilfsweise gegen die Gesamtheit der Mitgliedstaaten und gegen die einzelnen Mitgliedstaaten, Entsch. v. 10.07.1978, EuGRZ 1979, S. 431 f. (431 / Ziff. 3); EGMR, Beschw. Nr. 24833/94, Denise Matthews ./. Vereinigtes Königreich, Urt. v. 18.02.1999, EuGRZ 1999, S. 200 ff. (201 / Ziff. 32). Ebenso statt vieler *Peukert*, in: *Mahoney u.a.* (Hrsg.), Protection des droits de l'homme: la perspective européenne, GS f. *Ryssdal*, S. 1111; *Griller*, in: *Duschanek / Griller* (Hrsg.), Grundrechte für Europa, S. 159.

197 Vgl. zur Reform des Systems des Menschenrechtsschutzes der Konvention durch das am 01.11.1998 in Kraft getretene 11. Zusatzprotokoll zur EMRK z.B. *Ehlers*, in: *Ehlers* (Hrsg.), Europäische Grundrechte und Grundfreiheiten, § 2 VIII, Rn. 41 m.w.N.

198 EKMR, Beschw. Nr. 8030/77, C.F.D.T. (Fn. 196), S. 431 / Ziff. 4.

ten durch ihre Mitwirkung an den Entscheidungen des Rates der Gemeinschaften keine Hoheitsgewalt i.S. von Art. 1 EMRK ausübten.[199]

In der Beschwerde in der Rechtssache *Melchers* (1990), die den mitgliedstaatlichen Vollzug von Gemeinschaftsrecht zum Gegenstand hatte (Vollstreckung eines EuGH-Urteils durch nationale Behörden), bejahte die EKMR hingegen im Ergebnis ihre Zuständigkeit *ratione personae*. Sie stellte fest, dass die Mitgliedstaaten für die Handlungen ihrer Organe auch dann verantwortlich i.S. von Art. 1 EMRK blieben, wenn diese auf der Ausführung internationaler Verpflichtungen beruhen.[200] Ähnlich wie das deutsche Bundesverfassungsgericht in seinem *Solange II*-Urteil[201] erklärte die EKMR Beschwerden gegen gemeinschaftsrechtlich determinierte Akte der Mitgliedstaaten jedoch *ratione materiae* für unzulässig, soweit auf Gemeinschaftsebene ein der Konvention gleichwertiger Grundrechtsschutz existiert. Dies nahm die EKMR für den Schutz der Grundrechte insbesondere durch den EuGH an.[202]

Der Europäische Gerichtshof für Menschenrechte (EGMR) ist dieser restriktiven Spruchpraxis der EKMR nicht gefolgt. So hat er zunächst im Rahmen einer gegen einen EU-Mitgliedstaat gerichteten Beschwerde hinsichtlich einer mitgliedstaatlichen Bestimmung, die nahezu wortgleich einer Richtlinie der Gemeinschaft entsprach, betont, dass dieser Umstand die nationale Bestimmung nicht dem Anwendungsbereich der Konvention entziehe (Rechts-

---

199 EKMR, Beschw. Nr. 8030/77, C.F.D.T. (Fn. 196), S. 431/432 / Ziff. 5-7. Vgl. zu dieser Rechtsprechung auch *Peukert*, in: *Mahoney u.a.* (Hrsg.), Protection des droits de l'homme: la perspective européenne, GS f. *Ryssdal*, S. 1111 f.; *Philippi*, ZEuS 2000, S. 101/102; *Busse*, NJW 2000, S. 1076; *ders.*, ThürVBl. 2001, S. 76.

200 EKMR, Beschw. Nr. 13258/87, M & Co. ./. Deutschland, Entsch. v. 09.02.1990, abgedruckt in: ZaöRV 50 (1990), S. 865 ff. (866) (betreffend die Vollstreckung eines Bußgeldbescheides der EG-Kommission durch mitgliedstaatliche Behörden).

201 Siehe dazu oben 1. Kapitel.C.I.2, insb. Fn. 150.

202 EKMR, Beschw. Nr. 13258/87, M & Co. (Fn. 200), S. 867 f. Zu dieser Rechtsrechung näher *Peukert*, in: *Mahoney u.a.* (Hrsg.), Protection des droits de l'homme: la perspective européenne, GS f. *Ryssdal*, S. 1113 f.; *Philippi*, ZEuS 2000, S. 102-104; *Busse*, NJW 2000, S. 1076; *ders.*, ThürVBl. 2001, S. 77; *Krüger / Polakiewicz*, EuGRZ 2001, S. 96; *Streinz*, Europarecht, § 3 VII 3, Rn. 222; *Griller*, in: *Duschanek / Griller* (Hrsg.), Grundrechte für Europa, S. 159 f.; *Ehlers*, in: *Ehlers* (Hrsg.), Europäische Grundrechte und Grundfreiheiten, § 2 IV 2, Rn. 23; *Pernice / Mayer*, in: *Grabitz / Hilf* (Hrsg.), EUV/EGV, Bd. I, nach Art. 6 EUV, Rn. 17; *Ress*, in: *Walter Hallstein-Institut für Europäisches Verfassungsrecht* (Hrsg.), Europäische Verfassung im globalen Kontext, S. 22 f.

sache *Cantoni* (1996)).[203] In Abkehr von der Entscheidung der EKMR in der Rechtssache *Melchers* sieht der EGMR derartige Beschwerden als zulässig an und überprüft in der Sache, ob die betreffende mitgliedstaatliche Bestimmung die Rechte der Konvention verletzt.[204]

Der EGMR kontrolliert jedoch nicht allein nationale Rechtsakte, die gemeinschaftliches Sekundärrecht umsetzen oder vollziehen.[205] In seinem grundlegenden Urteil in der Rechtssache *Matthews* (1999) hat er erstmals einen einzelnen Mitgliedstaat für die Verletzung eines Konventionsrechts zur Verantwortung gezogen, die durch dem Primärrecht zugehörige Verträge verursacht worden war.[206]

Ähnlich wie die EKMR in der Rechtssache *Melchers* stellte der EGMR fest, dass die Konvention die Übertragung von Hoheitsgewalt an internationale Organisationen nicht ausschließe, solange gewährleistet sei, dass der Schutz der Konventionsrechte weiterhin sichergestellt werde.[207] Die hier ggf. die Konvention verletzenden, von den EU-Mitgliedstaaten im Rahmen der Gemeinschaftsrechtsordnung abgeschlossenen völkerrechtlichen Verträge könnten vor dem EuGH nicht angegriffen werden.[208] Anders als die EKMR hielt der EGMR deshalb den beklagten EU-Mitgliedstaat *ratione materiae* im

---

203 EGMR, Beschw. Nr. 24833/94, Michel Cantoni ./. Frankreich, Urt. v. 15.11.1996, EuGRZ 1999, S. 193 ff. (197 / Ziff. 30).

204 Näher zu dieser Rechtsprechung *Lenz*, EuZW 1999, S. 312; *Peukert*, in: *Mahoney u.a.* (Hrsg.), Protection des droits de l'homme: la perspective européenne, GS f. *Ryssdal*, S. 1117; *Busse*, NJW 2000, S. 1076; *Philippi*, ZEuS 2000, S. 104 f.; *Winkler*, EuGRZ 2001, S. 23; *Ehlers*, in: *Ehlers* (Hrsg.), Europäische Grundrechte und Grundfreiheiten, § 2 IV 2, Rn. 24; *Ress*, in: *Walter Hallstein-Institut für Europäisches Verfassungsrecht* (Hrsg.), Europäische Verfassung im globalen Kontext, S. 11.

205 Nach überzeugender Ansicht mehrerer Vertreter der Lehre sind die Grundsätze des Urteils in der Rs. Cantoni nicht nur auf die Umsetzung von Richtlinien, sondern auf die mitgliedstaatliche Umsetzung und den Vollzug von Gemeinschaftsrecht insgesamt anzuwenden, so z.B. *Winkler*, EuGRZ 2001, S. 23; *Krüger / Polakiewicz*, EuGRZ 2001, S. 96; *Kingreen*, in: *Calliess / Ruffert* (Hrsg.), EUV/EGV, Art. 6 EUV, Rn. 91.

206 EGMR, Beschw. Nr. 24833/94, Denise Matthews ./. Vereinigtes Königreich, Urt. v. 18.02.1999, EuGRZ 1999, S. 200 ff. (betreffend die Vorenthaltung des Wahlrechts zum EP für die Einwohner Gibraltars durch den primärrechtlichen Direktwahlakt vom 20.09.1976 i.V.m. dem Vertrag von Maastricht (und den damit verbundenen sekundärrechtlichen Ratsbeschluss 76/787)).

207 EGMR, Beschw. Nr. 24833/94, Matthews (Fn. 206), S. 201 / Ziff. 32.

208 EGMR, Beschw. Nr. 24833/94, Matthews (Fn. 206), S. 201/202 / Ziff. 33.

Hinblick auf Art. 1 EMRK für die Konsequenzen der fraglichen Verträge für verantwortlich.[209] Der EGMR stellte neben der so begründeten Zulässigkeit der Beschwerde auch eine Verletzung eines Konventionsrechts (Art. 3 des (1.) Zusatzprotokolls zur EMRK) in der Sache fest.[210]

Schließlich hat der EGMR in der Rechtssache *Bosphorus* (2005) nunmehr klargestellt, inwieweit Handlungen nationaler Behörden, die in Umsetzung einer EG-Verordnung ergehen, welche den Mitgliedstaaten keinen Entscheidungsspielraum belässt, an den Maßstäben der Konvention überprüfbar sind.[211] Er hat hierbei unter Heranziehung von Artikel 1 EMRK im Einklang mit seiner bisherigen Rechtsprechung klargestellt, dass die Beschwerde *ratione personae* und *materiae* in den Anwendungsbereich der Konvention fällt und damit zulässig ist.[212] Die Reichweite der Verantwortlichkeit des betroffenen Mitgliedstaats sei eine Frage der Begründetheit.[213]

Im Rahmen der Untersuchung, ob materiell-rechtlich ein Konventionsrecht (hier Artikel 1 ZP 1 EMRK) verletzt wurde, sucht der EGMR ausdrücklich einen Ausgleich herzustellen zwischen dem öffentlichen Interesse von erheblichem Gewicht eines Staates, seine aus der EU-Mitgliedschaft herrührenden rechtlichen Verpflichtungen zu erfüllen einerseits und der fortbestehenden Verantwortung der Staaten nach Artikel 1 EMRK für die Einhaltung der Konventionsrechte andererseits.[214] Hierzu arbeitet der EGMR nunmehr

---

209 Vgl. zu dieser Problematik auch EGMR, Beschw. Nr. 26083/94, Richard Waite und Terry Kennedy ./. Deutschland, Urt. v. 18.02.1999, EuGRZ 1999, S. 207 ff. (212 / Ziff. 67); dazu *Philippi*, ZEuS 2000, S. 105 f.

210 EGMR, Beschw. Nr. 24833/94, Matthews (Fn. 206), S. 201/202 / Ziff. 33, S. 202 / Ziff. 35, S. 205 / Ziff. 65. Zu dieser Rechtsprechung näher *Lenz*, EuZW 1999, S. 311-313; kritisch *Reich*, ZRP 2000, S. 376; *Philippi*, ZEuS 2000, S. 106 f.; *Busse*, NJW 2000, S. 1076 f.; *ders.*, ThürVBl. 2001, S. 77; *Rengeling*, in: *Ipsen / Schmidt-Jortzig* (Hrsg.), Recht – Staat – Gemeinwohl, FS f. *Rauschning*, S. 234 f.; *Winkler*, EuGRZ 2001, S. 18 ff. (insb. 22 ff.); *Krüger / Polakiewicz*, EuGRZ 2001, S. 96; *Griller*, in: *Duschanek / Griller* (Hrsg.), Grundrechte für Europa, S. 160-164; *Kingreen*, in: *Calliess / Ruffert* (Hrsg.), EUV/EGV, Art. 6 EUV, Rn. 91; *Ehlers*, in: *Ehlers* (Hrsg.), Europäische Grundrechte und Grundfreiheiten, § 2 IV 2, Rn. 24; *Ress*, in: *Walter Hallstein-Institut für Europäisches Verfassungsrecht* (Hrsg.), Europäische Verfassung im globalen Kontext, S. 18-22; *ders.*, in: *Duschanek / Griller* (Hrsg.), Grundrechte für Europa, S. 197-199.

211 EGMR, Beschw. Nr. 45036/98, Bosphorus Hava Yollari Turizm ve Ticaret AS ./. Irland, Urt. v. 30.06.2005; vgl. dazu *Schorkopf*, GLJ 2005, S. 1255 ff.

212 EGMR, Beschw. Nr. 45036/98, Bosphorus (Fn. 211), Ziff. 135-137.

213 EGMR, Beschw. Nr. 45036/98, Bosphorus (Fn. 211), Ziff. 138.

214 EGMR, Beschw. Nr. 45036/98, Bosphorus (Fn. 211), Ziff. 149-154.

mit einer Vermutung. Dieser zufolge ist anzunehmen, dass ein Staat bei einer Handlung, die in bloßer Umsetzung einer zwingenden (d.h. ihm keinerlei eigenen Entscheidungsspielraum belassenden), sich aus der Mitgliedschaft in einer internationalen Organisation ergebenden Verpflichtung erfolgt, dann keine Konventionsrechte verletzt hat, wenn die jeweilige Organisation einen der EMRK zumindest vergleichbaren Grundrechtsschutz gewährleistet.[215] Die Vergleichbarkeit muss sowohl auf materiell-rechtlicher Ebene als auch in Bezug auf die verfahrensrechtlichen Kontrollmechanismen gegeben sein.[216] Diese Vermutung kann jedoch widerlegt werden, wenn der Schutz der Konventionsrechte nach den Umständen des jeweiligen Einzelfalls offensichtlich unzureichend war. In diesen Fällen muss das Interesse an internationaler Zusammenarbeit hinter der Rolle der Konvention als „Verfassungsurkunde des europäischen *ordre public*" im Bereich der Menschenrechte zurücktreten.[217] Im konkreten Fall hat der EGMR der Gemeinschaft trotz gewisser Defizite im Rahmen des Zugangs des Einzelnen zur Gemeinschaftsgerichtsbarkeit generell einen der Konvention vergleichbaren Grundrechtsschutz bescheinigt.[218] Die daraus erwachsende Vermutung, dass Irland deshalb bei der Umsetzung von Gemeinschaftsrecht ohne eigenes Ermessen die Konventionsrechte beachtet hat, wurde im Fall der beschwerdeführenden Gesellschaft nicht als widerlegt angesehen.[219]

Der EGMR hält damit einerseits an seiner Prüfungskompetenz in der Sache für mitgliedstaatliches Handeln, das durch EG-Recht determiniert ist, fest. Anders als noch die EKMR in der Rechtssache *Melchers* unterzieht er das in Frage stehende mitgliedstaatliche Handeln einer materiell-rechtlichen Prüfung anhand der jeweiligen Konventionsgarantie.[220] Die Aufstellung einer Vermutung konventionsgemäßen Handelns des Mitgliedstaates, die eingreift, wenn die EG einen der EMRK vergleichbaren Grundrechtsschutz gewährt, erinnert hingegen an den zurückgenommenen Prüfungsmaßstab der EKMR im Fall *Melchers* sowie an denjenigen des deutschen BVerfG.[221] Allerdings geht

---

215 EGMR, Beschw. Nr. 45036/98, Bosphorus (Fn. 211), Ziff. 155-156.

216 EGMR, Beschw. Nr. 45036/98, Bosphorus (Fn. 211), Ziff. 155.

217 EGMR, Beschw. Nr. 45036/98, Bosphorus (Fn. 211), Ziff. 156.

218 EGMR, Beschw. Nr. 45036/98, Bosphorus (Fn. 211), Ziff. 159-165.

219 EGMR, Beschw. Nr. 45036/98, Bosphorus (Fn. 211), Ziff. 166.

220 Dies betont auch *Ress* in seinem zustimmenden Sondervotum zum Urteil in der Rs. Bosphorus (Fn. 211); zur Problematik *Heer-Reißmann*, NJW 2006, S. 193, 194.

221 So auch *Szczekalla*, GPR 2005, S. 177 f.; *Heer-Reißmann*, NJW 2006, S. 193, sowie in Bezug auf die Rechtsprechung des deutschen BVerfG *Schorkopf*, GLJ 2005, S. 1264.

die Prüfungsdichte des EGMR nach wie vor über diejenige der EKMR und des BVerfG hinaus. Ein Beschwerdeführer kann vor dem EGMR nämlich die genannte Vermutung dadurch widerlegen, dass er einen offensichtlich unzureichenden Grundrechtsschutz nicht generell (wie nach der Rechtsprechung des BVerfG), sondern schon in seinem konkreten Fall nachweist.[222] Der EGMR ist dem EuGH damit bei dem Versuch, Loyalitätskonflikte für die Mitgliedstaaten durch divergierende Urteile zu vermeiden, einen großen Schritt entgegengegangen, ohne seine Letztentscheidungsbefugnis in dem von ihm abgesteckten Anwendungsbereich der EMRK aufzugeben.[223]

Der genaue Umfang, in dem der EGMR die EU-Mitgliedstaaten für Konventionsverletzungen durch gemeinschaftsrechtlich determiniertes mitgliedstaatliches Recht und durch Gemeinschaftsrecht selbst darüber hinaus zur Verantwortung zieht, ist noch nicht abschließend geklärt. Insbesondere ist noch offen, unter welchen Voraussetzungen von der Gemeinschaft erlassene (meist Sekundärrechts-) Akte unmittelbar (d.h. nicht lediglich die diese ggf. durchführenden mitgliedstaatlichen Rechtsakte) einer konventionsrechtlichen Nachprüfung unterworfen sind.[224] Die dargelegten Grundsätze des *Matthews*-Urteils, insbesondere die Betonung der fortbestehenden Verantwortlichkeit der Vertragsparteien der EMRK für die Achtung der Konventionsrechte, lassen es als nicht unwahrscheinlich erscheinen, dass der EGMR die Mitgliedstaaten auch für dieses Handeln der Gemeinschaftsorgane für verantwortlich erklärt.[225]

---

222 So hinsichtlich der Rechtsprechung des deutschen BVerfG auch *Schorkopf*, GLJ 2005, S. 1264; *Szczekalla*, GPR 2005, S. 178; *Schohe*, EuZW 2006, S. 33. Allerdings ist die Einzelfallprüfung im Bosphorus-Urteil selbst (Fn. 211, Ziff. 166) überraschend knapp ausgefallen; kritisch dazu *Schohe*, EuZW 2006, S. 33. Kritisch zum eingeschränkten Prüfungsmaßstab sowie zur mangelnden Definition des Kriteriums der „offensichtlichen Mangelhaftigkeit" des Grundrechtsschutzes *Heer-Reißmann*, NJW 2006, S. 193 f.

223 Ähnlich *Schohe*, EuZW 2006, S. 33; *Heer-Reißmann*, NJW 2006, S. 194. Zur dadurch entstehenden Gefahr der Schaffung zweierlei Standards für Mitgliedstaaten des Europarates, die gleichzeitig EU-Mitgliedstaaten sind und solchen, die nicht der EU angehören, aber *Ress* sowie *Rozakis / Tulkens / Traja / Botoucharova / Zagrebelsky / Garlicki* in ihren jeweils zustimmenden Sondervoten zum Urteil in der Rs. Bosphorus (Fn. 211); *Schorkopf*, GLJ 2005, S. 1263.

224 Dazu näher *Winkler*, EuGRZ 2001, S. 24; *Ress*, in: *Walter Hallstein-Institut für Europäisches Verfassungsrecht* (Hrsg.), Europäische Verfassung im globalen Kontext, S. 11.

225 So auch *Lenz*, EuZW 1999, S. 313; *Philippi*, ZEuS 2000, S. 106 f.; *Rengeling*, in: *Ipsen / Schmidt-Jortzig* (Hrsg.), Recht – Staat – Gemeinwohl, FS f. *Rauschning*, S. 235/236.

Weiterhin ist klärungsbedürftig, inwieweit die Verantwortung der Mitgliedstaaten für die Beachtung der Konvention von der Frage abhängt, ob der EuGH den Grundrechtsträgern im betreffenden Fall Grundrechtsschutz gewährt.[226] Hinsichtlich sekundären Gemeinschaftsrechts ist ein solcher regelmäßig gewährleistet. Für Konventionsverletzungen durch Unionsrecht dürften die Mitgliedstaaten hingegen entsprechend den Grundsätzen des *Matthews*-Urteils wegen dessen fehlender Überprüfbarkeit vor dem EuGH zur Verantwortung zu ziehen sein.[227]

Verfahrensrechtlich ist schließlich offengeblieben, inwieweit sich eine Beschwerde, gerade wenn sie einen unmittelbar wirksamen Gemeinschaftsrechtsakt und nicht einen mitgliedstaatlichen Umsetzungsakt betrifft, gegen alle Mitgliedstaaten richten kann oder wegen der gemeinschaftlichen Verantwortung aller Mitgliedstaaten sogar muss.[228]

Die erhoffte teilweise Klärung dieser Fragen ist von der Entscheidung des EGMR in der Rechtssache *Senator Lines* nicht herbeigeführt worden.[229]

---

226 Dies hält z.B. *Lenaerts*, E.L.Rev. 25 (2000), S. 584 f. für den entscheidenden Aspekt bei der Frage der Zulässigkeit einer gegen einen EU-Mitgliedstaat gerichteten Beschwerde; siehe dazu auch *Lenaerts / de Smijter*, CML Rev. 38 (2001), S. 291; anders z.B. *Lenz*, EuZW 1999, S. 312; *Winkler*, EuGRZ 2001, S. 23; offengelassen bei *Griller*, in: *Duschanek / Griller* (Hrsg.), Grundrechte für Europa, S. 160-162. Tatsächlich spielte dieser Aspekt in den Rs. *Melchers* und *Matthews* eine Rolle, in der Rs. Cantoni, wo eine Kontrolle des nationalen Umsetzungsaktes der EG-Richtlinie an den Gemeinschaftsgrundrechten durch den EuGH ersichtlich möglich gewesen wäre, hingegen nicht.

227 So auch *Rengeling*, in: *Ipsen / Schmidt-Jortzig* (Hrsg.), Recht – Staat – Gemeinwohl, FS f. *Rauschning*, S. 235; i.E. ebenso *Lenaerts*, E.L.Rev. 25 (2000), S. 584 f.

228 In diese Richtung geht das Urteil des EGMR in der Rs. Matthews, s.o. Fn. 206, S. 202 / Ziff. 33: „*Das Vereinigte Königreich ist, gemeinsam mit allen übrigen Parteien des Vertrags von Maastricht, (...) verantwortlich*". Ablehnend hingegen noch die EKMR (Rs. C.F.D.T., s.o. Fn. 198). Näher zum Ganzen *Peukert*, in: *Mahoney u.a.* (Hrsg.), Protection des droits de l'homme: la perspective européenne, GS f. *Ryssdal*, S. 1112; *Winkler*, EuGRZ 2001, S. 24 f.; *Szczekalla*, GPR 2005, S. 177.

229 EGMR, Beschw. Nr. 56672/00, Senator Lines GmbH ./. Österreich, Belgien, Dänemark, Finnland, Frankreich, Deutschland, Griechenland, Irland, Italien, Luxemburg, Niederlande, Portugal, Spanien, Schweden und das Vereinigte Königreich, Urt. v. 10.03.2004. Zur Problematik vgl. *Winkler*, EuGRZ 2001, S. 26; *Krüger / Polakiewicz*, EuGRZ 2001, S. 97; *Pache*, EuR 2001, S. 492; *Ress*, in: *Walter Hallstein-Institut für Europäisches Verfassungsrecht* (Hrsg.), Europäische Verfassung im globalen Kontext, S. 25.

Die gegen die 15 EU-Mitgliedstaaten gerichtete Beschwerde betraf die Versagung vorläufigen Rechtsschutzes durch EuG und EuGH im Rahmen einer Klage gegen eine Entscheidung der Kommission. Der EGMR hat die Anwendbarkeit der Konvention *ratione materiae* offengelassen und die Beschwerde aus einem anderen Grund für unzulässig erklärt.[230]

Bislang kann deshalb nur konstatiert werden, dass der EGMR im Falle der Anwendbarkeit der Konvention eine Prüfungskompetenz hinsichtlich gemeinschaftsrechtlicher oder gemeinschaftsrechtlich determinierter mitgliedstaatlicher Akte weitergehend als beispielsweise das deutsche BVerfG in Anspruch nimmt. Aus der Perspektive des EGMR beeinflusst die Konvention das Gemeinschaftsrecht damit weit über ihre Eigenschaft als Rechtserkenntnisquelle der Gemeinschaftsgrundrechte hinaus. Der EGMR überprüft, vermittelt über die fortbestehende Verantwortlichkeit der EU-Mitgliedstaaten für die Wahrung der Konventionsrechte, in noch nicht letztgültig geklärtem Umfang auch Akte im Anwendungsbereich des Gemeinschaftsrechts. Er nimmt insoweit im Ergebnis ein Letztentscheidungsrecht über die Vereinbarkeit jeglicher Ausübung von Hoheitsgewalt in Europa mit den Grundrechten (der EMRK) für sich in Anspruch.[231]

Ebenso wie aus dem Blickwinkel der Mitgliedstaaten bezüglich ihrer nationalen Grundrechte existiert damit aus der Sicht des EGMR keine strikte Trennung der Anwendungsbereiche der Gemeinschaftsgrundrechte und der Konventionsrechte.[232] Die dadurch möglichen Grundrechtskonkurrenzen können zu formellen Rechtsprechungsdivergenzen[233] zwischen EuGH und EGMR in dem Sinne führen, dass die Gerichte in einem jeweils vor sie ge-

---

230 Siehe Fn. 229. Zu weiteren Verfahren, in denen die Kontrolle von Gemeinschaftsrecht am Maßstab der EMRK in Frage steht bzw. stand, vgl. *Ress*, in: *Walter Hallstein-Institut für Europäisches Verfassungsrecht* (Hrsg.), Europäische Verfassung im globalen Kontext, S. 25-28.

231 So i.E. auch *Lenz*, EuZW 1999, S. 312/313; *Rengeling*, in: *Ipsen / Schmidt-Jortzig* (Hrsg.), Recht – Staat – Gemeinwohl, FS f. *Rauschning*, S. 236; *Kingreen*, in: *Calliess / Ruffert* (Hrsg.), EUV/EGV, Art. 6 EUV, Rn. 91; *Ehlers*, in: *Ehlers* (Hrsg.), Europäische Grundrechte und Grundfreiheiten, § 2 IV 2, Rn. 24, § 13 I 4, Rn. 13. Dazu auch *Pache*, EuR 2001, S. 492.

232 Anschaulich zur Problematik *Callewaert*, ERA-Forum 4/2004, S. 488 f.; *Wildhaber / Callewaert*, in: *Colneric u.a.* (Hrsg.), Une communauté de droit, FS f. Rodríguez Iglesias, S. 68-71.

233 Zum Begriff vgl. *Klein*, in: *Mosler / Bernhardt / Hilf* (Hrsg.), Grundrechtsschutz in Europa, S. 161; *Philippi*, ZEuS 2000, S. 98 m.w.N.

brachten (selben) Fall die Frage einer Grundrechtsverletzung durch einen Rechtsakt im Anwendungsbereich des Gemeinschaftsrechts unterschiedlich beurteilen. In Fällen, in denen der EuGH einen Gemeinschaftsrechtsakt für mit den Gemeinschaftsgrundrechten vereinbar hält, während der EGMR den Akt als konventionswidrig beurteilt, entsteht für die EU-Mitgliedstaaten eine Pflichtenkollision. Vollziehen sie den Gemeinschaftsrechtsakt, verletzen sie ihre völkerrechtlichen Verpflichtungen aus der EMRK. Wenden sie hingegen das Gemeinschaftsrecht nicht an, missachten sie dessen unmittelbare Wirkung im innerstaatlichen Recht bzw. ihre Pflicht zur Umsetzung des Gemeinschaftsrechts.[234]

Derartige formelle Rechtsprechungsdivergenzen dürften zwar angesichts der Tatsache, dass die EMRK eine der Haupterkenntnisquellen bei der Gewinnung der Gemeinschaftsgrundrechte darstellt, nur selten auftreten.[235] Ohne einen förmlichen Beitritt der EG bzw. EU zur EMRK können sie jedoch nicht völlig ausgeschlossen werden. Vor diesem Hintergrund ist es für die Einheitlichkeit des Grundrechtsschutzes in Europa und die Rechtssicherheit von zentraler Bedeutung, dass die an die Stelle der Gemeinschaftsgrundrechte tretende Grundrechtecharta der EU ein Unterschreiten des durch die EMRK in ihrer Auslegung durch den EGMR garantierten Grundrechtsstandards bestmöglich verhindert.[236]

---

234 Vgl. zur Problematik *Klein*, in: *Bremische Bürgerschaft* (Hrsg.), Charta der Grundrechte, S. 84; *Busse*, ThürVBl. 2001, S. 76; *Streinz*, Europarecht, § 3 VII 3, Rn. 221; *Griller*, in: *Duschanek / Griller* (Hrsg.), Grundrechte für Europa, S. 165; *Kingreen*, in: *Calliess / Ruffert* (Hrsg.), EUV/EGV, Art. 6 EUV, Rn. 92; *Ehlers*, in: *Ehlers* (Hrsg.), Europäische Grundrechte und Grundfreiheiten, § 2 IV 2, Rn. 23, 24. Nach *Busse*, NJW 2000, S. 1079, besteht in diesem Fall eine „Wahlmöglichkeit", welches völkerrechtliche Delikt begangen wird.

235 So auch *Kingreen*, in: *Calliess / Ruffert* (Hrsg.), EUV/EGV, Art. 6 EUV, Rn. 92 a. Eine formelle Rechtsprechungsdivergenz i.d.S. ist bislang ersichtlich nicht aufgetreten. Insbesondere haben sowohl EuGH als auch EGMR im Fall Bosphorus Hava Yollari Turizm ve Ticaret AS ./. Irland eine Verletzung des Rechts auf Eigentum im Ergebnis verneint (vgl. EGMR, Beschw. Nr. 45036/98, Urt. v. 30.06.2005, Ziff. 54 bzw. 139-167, zur Problematik auch *Ress*, in: *Walter Hallstein-Institut für Europäisches Verfassungsrecht* (Hrsg.), Europäische Verfassung im globalen Kontext, S. 27). Die oben (1. Kapitel.C.II.1) dargestellten, in unterschiedlichen Fällen bereits aufgetretenen materiellen Divergenzen bei der Auslegung einzelner Konventionsrechte lassen das Aufkommen auch formeller Divergenzen aber als nicht ausgeschlossen erscheinen.

236 Ähnlich *Pernice*, DVBl. 2000, S. 854; die Bedeutung des harmonischen Zusammenspiels von Charta und EMRK heben auch *Fischbach / Krüger*, Dok.

3. Die Diskussion um den Beitritt der EG / EU zur EMRK

Seitdem sich die Erkenntnis durchgesetzt hat, dass ein Grundrechtsschutz der Bürger auch gegenüber dem Handeln der Gemeinschaftsorgane erforderlich ist, wird die Diskussion über die Rolle der EMRK im Verhältnis zum Gemeinschaftsrecht stetig von Forderungen eines Beitritts der Gemeinschaften bzw. der Union zur EMRK begleitet. Meist, keineswegs jedoch immer, haben die Befürworter eines solchen förmlichen Beitritts diesen als Alternative zur Schaffung eines eigenen Grundrechtskatalogs für die EG bzw. EU gesehen.

Von den Organen der Gemeinschaft forderte erstmals die Kommission in einem Memorandum vom 4. April 1979 einen formellen Beitritt der Gemeinschaften zur EMRK.[237] Sie sah diesen bereits ausdrücklich aber nur als ersten Schritt zum kurzfristig nicht erreichbaren Ziel, die Verträge durch einen gemeinschaftsspezifischen Grundrechtskatalog zu ergänzen.[238] Sie bekräftigte ihre Beitrittsforderung 1990 und 1993.[239] Das Europäische Parlament unterstützte diese Bestrebungen, indem es sich erstmals in seiner Entschließung vom 27. April 1979 ebenfalls für den Beitritt der EG zur Konvention, verbunden mit der Errichtung eines Sachverständigenausschusses zur Ausarbeitung einer Europäischen Charta der Bürgerrechte, aussprach.[240] Es befürwortete einen Beitritt in regelmäßigen Abständen erneut.[241]

CHARTE 4136/00 CONTRIB 29 v. 21.02.2000, S. 2 f. und *Tulkens*, in: *De Kerchove / De Schutter / Tulkens*, Annales D'Études Européennes de l'Université catholique de Louvain 2000, S. 40 f. hervor; eine umfassende Klärung des Verhältnisses von EuGH und EGMR fordert *Rengeling*, in: *Ipsen / Schmidt-Jortzig* (Hrsg.), Recht – Staat – Gemeinwohl, FS f. *Rauschning*, S. 236 f.

237 *EG-Kommission*, Memorandum betreffend den Beitritt der Europäischen Gemeinschaften zur EMRK, abgedruckt in: EuGRZ 1979, S. 330 ff. (330).

238 *EG-Kommission*, Memorandum betreffend den Beitritt der Europäischen Gemeinschaften zur EMRK, abgedruckt in: EuGRZ 1979, S. 330 ff. (330).

239 Näher Dok. CONV 116/02 WG II 1 v. 18.06.2002, S. 5 m.w.N.

240 *Europäisches Parlament*, Dok. 80/79, Entschließung v. 27.04.1979 zum Beitritt der EG zur EMRK, abgedruckt in: EuGRZ 1979, S. 257.

241 Vgl. insbesondere Art. 4 des sog. Spinelli-(Verfassungs-) Entwurfs, der einen Beitritt zur EMRK neben der Verabschiedung einer eigenen Grundrechtserklärung vorsah (Entschließung des Europäischen Parlaments v. 14.02.1984, ABl. EG 1984, Nr. C 77, S. 33 ff., insb. S. 36), sowie die Entschließung des EP v. 18.01.1994 zum Beitritt der Gemeinschaft zur EMRK, ABl. EG 1994, Nr. C 44, S. 32-34; siehe dazu auch *Hum-*

Auch die Parlamentarische Versammlung des Europarates hielt und hält einen Beitritt der Gemeinschaften bzw. der Union zur EMRK für wünschenswert.[242] Schließlich haben sich nicht wenige Vertreter der Lehre den Forderungen nach einem Beitritt, der regelmäßig anstelle der Schaffung eines EU-eigenen Grundrechtskatalogs erfolgen soll, angeschlossen.[243]

Für einen Beitritt wird regelmäßig vorgebracht, dass allein dieser die Einheitlichkeit europäischer Grundrechtsschutzstandards sichern und zunehmend wahrscheinliche Divergenzen in der Rechtsprechung von EuGH und EGMR einfach und sicher ausschließen könne.[244] Er würde ein kohärentes System des Menschenrechtsschutzes in Europa schaffen und den Grundrechtsschutz in erster Linie durch das spezifisch dafür eingerichtete Organ gewährleisten, was der Rechtssicherheit dienlich wäre.[245] Lücken im Rechtsschutz der Grundrechtsträger, die u.a. durch begrenzte Zugangsmöglichkeiten natürlicher und juristischer Personen zum EuGH und die fehlende Überprüfbarkeit primären Gemeinschaftsrechts durch den EuGH entstehen, könnten so geschlossen werden.[246] Außerdem erhielten die EU-Institutionen die Möglichkeit, sich an den Gemeinschaftsrecht betreffenden Verfahren vor dem EGMR zu beteiligen – anders als bislang, wo allein die Mitgliedstaaten Verfahrensparteien sind.[247] Schließlich würden die Gemeinschaften bzw. Union

---

mer, in: *Hummer* (Hrsg.), Die EU nach dem Vertrag von Amsterdam, S. 85 m.w.N.; *Bieber*, in: *Bieber / Boillat u.a.*, Grundrechtsschutz in Europa, S. 10/11.

242 Vgl. z.B. Parlamentarische Versammlung des Europarates, Resolution Nr. 745 v. 29.01.1981, abgedruckt in: EuGRZ 1981, S. 479 f.; den „*Report on the Accession of the European Community to the European Convention on Human Rights*", Dok. 7383 (14.09.1995); Parlamentarische Versammlung, Resolution 1210 (2000) v. 25.01.2000, abgedruckt in: Dok. CHARTE 4115/00 CONTRIB 11 v. 28.01.2000, S. 3 ff. (5); dazu auch *Krüger / Polakiewicz*, EuGRZ 2001, S. 95 (dort Fn. 14) m.w.N.

243 So z.B. *Kokott*, AöR 121 (1996), S. 635-637; *Peukert*, in: *Mahoney u.a.* (Hrsg.), Protection des droits de l'homme: la perspective européenne, GS f. *Ryssdal*, S. 1120-1122; (ausschließlich) für einen eigenen EG-Grundrechtskatalog hingegen statt vieler *Starck*, EuGRZ 1981, S. 547-549; *Pernice*, in: *Dreier* (Hrsg.), GG, Bd. 2, Art. 23, Rn. 78.

244 So z.B. *Kokott*, AöR 121 (1996), S. 636; *Fischbach / Krüger*, Dok. CHARTE 4136/00 CONTRIB 29 v. 21.02.2000, S. 3; *Krüger / Polakiewicz*, EuGRZ 2001, S. 94/95, 97; *Lenaerts / de Smijter*, CML Rev. 38 (2001), S. 297 f.; *Grabenwarter*, in: *Cremer / Giegerich u.a.* (Hrsg.), Tradition und Weltoffenheit des Rechts, FS f. *Steinberger*, S. 1145 f., 1151.

245 So z.B. *Krüger / Polakiewicz*, EuGRZ 2001, S. 95.

246 Näher dazu *Krüger / Polakiewicz*, EuGRZ 2001, S. 95 f.

247 Dazu *Fischbach / Krüger*, Dok. CHARTE 4136/00 CONTRIB 29 v. 21.02.2000, S. 4; eingehend *Krüger / Polakiewicz*, EuGRZ 2001, S. 97.

durch ihre Unterwerfung unter eine externe Grundrechtskontrolle durch den EGMR ihre Bereitschaft unterstreichen, den Menschenrechtsschutz in der Gemeinschaft wirksam zu verbessern. Angesichts der Tatsache, dass die Ratifikation der EMRK nicht nur unerlässliche Voraussetzung für die Zugehörigkeit eines Staates zur Union ist, sondern die Union auch Drittstaaten zunehmend die Einhaltung der Menschenrechte abverlangt, wäre es der Glaubwürdigkeit ihrer Menschenrechtspolitik sehr zuträglich, wenn sie sich selbst dem durch die Konvention errichteten Kontrollmechanismus stellt.[248]

Stets wurden jedoch auch Bedenken gegen einen Beitritt der Gemeinschaften bzw. der Union zur EMRK geäußert. So sei die EMRK nicht auf die spezifischen Bedürfnisse der Gemeinschaft zugeschnitten, weswegen diese einen eigenen Grundrechtskatalog benötige.[249] Ein Beitritt stelle die Autonomie der Gemeinschaftsrechtsordnung in Frage.[250] Zudem sei mit dem Beitritt eine Subordination des EuGH unter den EGMR sowie eine Einbindung der Gemeinschaftsrechtsordnung in eine andere Rechtsordnung, die des Europarates, verbunden, was der politischen Bedeutung der Union nicht gerecht werde.[251] Die Schaffung einer zusätzlichen Instanz beim EGMR führe außerdem zu einer weiteren Verlängerung der Verfahrensdauer, und könne durch das Ansteigen der Zahl der Beschwerden zu einer Beeinträchtigung der Funktionsfähigkeit des EGMR insgesamt führen.[252]

---

248 So z.B. *Kokott*, AöR 121 (1996), S. 636; *Krüger / Polakiewicz*, EuGRZ 2001, S. 95. Eine Zusammenfassung der Argumente für einen Beitritt findet sich in *EG-Kommission*, Memorandum betreffend den Beitritt der Europäischen Gemeinschaften zur EMRK, abgedruckt in: EuGRZ 1979, S. 333 f.

249 So z.B. *Kingreen*, in: *Calliess / Ruffert* (Hrsg.), EUV/EGV, Art. 6 EUV, Rn. 208.

250 Zur Problematik *Beutler*, in: *von der Groeben / Schwarze* (Hrsg.), EU- / EGV, Bd. 1, Art. 6 EU, Rn. 191 ff.

251 So z.B. *Klein*, in: *Mosler / Bernhardt / Hilf* (Hrsg.), Grundrechtsschutz in Europa, S. 166 f.; *Kingreen*, in: *Calliess / Ruffert* (Hrsg.), EUV/EGV, Art. 6 EUV, Rn. 207.

252 *Peukert*, NJW 2000, S. 49 sieht bereits gegenwärtig einen Reformbedarf des Systems des Menschenrechtsschutzes durch den EGMR auch nach dem Inkrafttreten des 11. Zusatzprotokolls zur EMRK, da der EGMR wegen der drastischen Erhöhung der Zahl der Menschenrechtsbeschwerden nach der Aufnahme ehemaliger Ostblockstaaten zunehmend überlastet sei. Zur Reformdiskussion im Zusammenhang mit der Verabschiedung des 14. Zusatzprotokolls zur EMRK auch *Breuer*, EuGRZ 2004, S. 262, 263. Vgl. zur parallelen Diskussion um die Wege zur Entlastung des BVerfG *Bausback*, ZRP 1999, S. 6-9; *Jaeger*, EuGRZ 2003, S. 149 ff. Einen Überblick über die gegen einen Beitritt vorgebrachten Argumente geben z.B. *EG-Kommission*, Memoran-

De lege lata stehen einem Beitritt rechtlich mehrere Hindernisse entgegen. Auf der einen Seite steht die EMRK nach ihrem Art. 59 Abs. 1 S. 1 nur Mitgliedern des Europarates, d.h. Staaten (vgl. Art. 4 S. 1 der Satzung des Europarates)[253], zur Unterzeichnung offen.[254] Zahlreiche Konventionsbestimmungen nehmen außerdem ausdrücklich auf staatliches Handeln Bezug.[255] Ein Beitritt der Gemeinschaften bzw. Union als supranationale Organisation zur EMRK setzt demzufolge eine vorherige, von den Vertragsparteien der Konvention zu vereinbarende und zu ratifizierende Öffnung der EMRK für die Mitgliedschaft der EG und ggf. der EU voraus.[256]

Auf der anderen Seite scheidet aus unionsrechtlicher Perspektive ein Beitritt der Europäischen Union zur EMRK schon deshalb aus, weil die EU (anders als die EG, vgl. Art. 281 EG) mangels einer eigenständigen Rechtspersönlichkeit[257] nicht selbst Partei eines völkerrechtlichen Vertrages sein kann.[258] Der Europäischen Gemeinschaft fehlt es nach den Feststellungen des EuGH in seinem auf Antrag des Rates erstatteten Gutachten 2/94 vom 28. März

---

dum betreffend den Beitritt der Europäischen Gemeinschaften zur EMRK, abgedruckt in: EuGRZ 1979, S. 334-336; *Alber / Widmaier*, EuGRZ 2000, S. 506/507.

253 Satzung des Europarates v. 05.05.1949, abgedruckt in BGBl. 1950 I, S. 263 ff. (264), Sart. II, Nr. 110.

254 Dazu z.B. *Walter*, DVBl. 2000, S. 4; *Grabenwarter*, in: *Cremer / Giegerich u.a.* (Hrsg.), Tradition und Weltoffenheit des Rechts, FS f. *Steinberger*, S. 1149; *Walter*, in: *Ehlers* (Hrsg.), Europäische Grundrechte und Grundfreiheiten, § 1 III 3, Rn. 29; *Ehlers*, in: *Ehlers* (Hrsg.), Europäische Grundrechte und Grundfreiheiten, § 2 IV 2, Rn. 22, § 13 I 3, Rn. 10.

255 Vgl. z.B. Art. 10 Abs. 1 S. 3, 11 Abs. 2 S. 2, 13, 17 EMRK sowie indirekt z.B. Art. 6 Abs. 2 S. 2, 8 Abs. 2, 10 Abs. 2 EMRK („nationale Sicherheit"). Vgl. dazu schon *EG-Kommission*, Memorandum betreffend den Beitritt der Europäischen Gemeinschaften zur EMRK, abgedruckt in: EuGRZ 1979, S. 334/335; *Grabenwarter*, in: *Cremer / Giegerich u.a.* (Hrsg.), Tradition und Weltoffenheit des Rechts, FS f. *Steinberger*, S. 1149.

256 Dazu bereits *EG-Kommission*, Memorandum betreffend den Beitritt der Europäischen Gemeinschaften zur EMRK, abgedruckt in: EuGRZ 1979, S. 337, 338; eingehend *Winkler*, Beitritt der Europäischen Gemeinschaften zur EMRK, S. 46-50; *Alber / Widmaier*, EuGRZ 2000, S. 506; *Krüger / Polakiewicz*, EuGRZ 2001, S. 102. Zu der im 14. Zusatzprotokoll zur EMRK vorgesehenen Öffnung der EMRK für einen Beitritt der EU siehe unten 5. Kapitel.E.II.2, insb. bei Fn. 2454-2456.

257 So auch die bislang h.M., vgl. dazu z.B. *Wichard*, in: *Calliess / Ruffert* (Hrsg.), EUV/EGV, Art. 1 EGV, Rn. 5-14 mit zahlreichen Nachweisen.

258 So auch *Busse*, NJW 2000, S. 1074; *Rengeling*, in: *Ipsen / Schmidt-Jortzig* (Hrsg.), Recht – Staat – Gemeinwohl, FS f. *Rauschning*, S. 227 (dort Fn. 18); *Krüger / Polakiewicz*, EuGRZ 2001, S. 102.

1996 beim gegenwärtigen Stand des Gemeinschaftsrechts an der Zuständigkeit, der Konvention beizutreten.[259] Keine spezielle Bestimmung des EG-Vertrages verleiht der Gemeinschaft die Befugnis, Vorschriften auf dem Gebiet der Menschenrechte zu erlassen oder völkerrechtliche Verträge in diesem Bereich zu schließen.[260] Auch Art. 308 EG n.F. kann nach Ansicht des Gerichtshofs nicht als Rechtsgrundlage für den Beitritt herangezogen werden. Diese Lückenschließungsklausel oder Abrundungskompetenz kann wegen des Grundsatzes der begrenzten Einzelermächtigung (Art. 5 EG) jedenfalls nicht für den Erlass von Bestimmungen herangezogen werden, die der Sache nach auf eine Vertragsänderung hinausliefen.[261] Der Beitritt der Gemeinschaft zur EMRK wäre von einer solchen verfassungsrechtlichen Dimension, da er durch die Einbindung der Gemeinschaft in ein völkerrechtliches, andersartiges institutionelles System und die Übernahme der Konventionsbestimmungen in die Gemeinschaftsrechtsordnung eine wesentliche Änderung des Systems des Menschenrechtsschutzes in der Gemeinschaft zur Folge hätte.[262] Ein Beitritt der Gemeinschaft zur EMRK setzt infolgedessen das Einfügen einer entsprechenden Zuständigkeitsbestimmung in den EG-Vertrag im Wege der Vertragsänderung (vgl. Art. 300 Abs. 6 S. 2 EG i.V.m. Art. 48 EU) voraus.[263] Ein Beitritt der Union erfordert darüber hinaus, dass dieser mittels einer Än-

---

[259] EuGH, Gutachten 2/94 v. 28.03.1996, Slg. 1996, S. I-1759 ff. (1762 / LS 6, 1789 / Rn. 36) = EuGRZ 1996, S. 197 ff. (207) (Gutachten nach Art. 300 Abs. 6 EG n.F. zum Beitritt der Gemeinschaft zur Konvention zum Schutze der Menschenrechte und Grundfreiheiten). Hierzu näher *Kokott*, AöR 121 (1996), S. 634 f.; *Ruffert*, JZ 1996, S. 624-627; *Hummer*, in: *Hummer* (Hrsg.), Die EU nach dem Vertrag von Amsterdam, S. 85/86; *Alber / Widmaier*, EuGRZ 2000, S. 505 f.; *Grabenwarter*, in: *Cremer / Giegerich u.a.* (Hrsg.), Tradition und Weltoffenheit des Rechts, FS f. *Steinberger*, S. 1149; *Walter*, in: *Ehlers* (Hrsg.), Europäische Grundrechte und Grundfreiheiten, § 1 III 3, Rn. 29. Erst recht ist deshalb der EAG ein Beitritt zur EMRK verwehrt, vgl. *Busse*, NJW 2000, S. 1074.

[260] EuGH, Gutachten 2/94 (Fn. 259), S. I-1787 / Rn. 27.

[261] EuGH, Gutachten 2/94 (Fn. 259), S. I-1788 / Rn. 30.

[262] EuGH, Gutachten 2/94 (Fn. 259), S. I-1789 / Rn. 34 f. Kritisch zu dieser Begründung *Ress*, in: *Haller u.a.* (Hrsg.), Staat und Recht, FS f. *Winkler*, S. 917-919; *Peukert*, in: *Mahoney u.a.* (Hrsg.), Protection des droits de l'homme: la perspective européenne, GS f. *Ryssdal*, S. 1108 f.

[263] Dies betont schon EuGH, Gutachten 2/94 (Fn. 259), S. I-1789 / Rn. 35; dazu *Alber / Widmaier*, EuGRZ 2000, S. 505/506.

derung des EU-Vertrages ausdrücklich Rechtspersönlichkeit bzw. eine entsprechende Vertragsschlusskompetenz zugeschrieben wird.[264]

Die EU-Mitgliedstaaten haben sich in der Folgezeit, besonders auf der zeitlich kurz auf das Gutachten folgenden[265] Regierungskonferenz von Amsterdam, nicht entschlossen, die für einen Beitritt nötigen Änderungen des primären Gemeinschaftsrechts vorzunehmen.[266] Stattdessen entschieden sie, mit der Charta der Grundrechte der EU einen unionseigenen Grundrechtskatalog erarbeiten zu lassen.[267]

D. Ergebnis

Schon ein Überblick über die verschiedenen Grundrechtsordnungen in Europa auf nationaler, internationaler und supranationaler Ebene zeigt, dass diese nicht isoliert voneinander operieren. Sie sind materiell-rechtlich ineinander „verzahnt"[268], indem insbesondere mitgliedstaatliche und Konventionsgrundrechte Inhalt und Reichweite der Gemeinschaftsgrundrechte mitbestimmen. Ihre Anwendungsbereiche überschneiden sich teilweise, was die Gefahr sich widersprechender Urteile der zur Kontrolle der Wahrung der Grundrechte der verschiedenen Rechtsquellen jeweils berufenen Gerichte in sich birgt.

Bis einschließlich der 90er Jahre des 20. Jahrhunderts warf in erster Linie das Verhältnis zwischen der Gemeinschaftsrechtsordnung und den nationalen Grundrechten Konfliktpotential insbesondere zwischen dem deutschen BVerfG und dem EuGH auf. Ihr Verhältnis kann mit dem Beschluss des

---

264 Dazu *Hummer*, in: *Hummer* (Hrsg.), Die EU nach dem Vertrag von Amsterdam, S. 87.

265 Diesen Zusammenhang betont *Rodríguez Iglesias*, EuGRZ 2002, S. 206; dazu auch *Callewaert*, EuGRZ 2003, S. 202.

266 Siehe dazu *Hummer*, in: *Hummer* (Hrsg.), Die EU nach dem Vertrag von Amsterdam, S. 87-89; *Lenaerts / de Smijter*, CML Rev. 38 (2001), S. 277; *Bieber*, in: *Bieber / Boillat u.a.*, Grundrechtsschutz in Europa, S. 11.

267 Die Tatsache, dass die Regierungskonferenz von Nizza (2000) den finnischen Vorschlag, Art. 303 EG dahingehend zu ergänzen, dass zumindest der Gemeinschaft die Kompetenz für einen Beitritt zur EMRK verliehen wird, nicht aufgegriffen hat (vgl. dazu *Krüger / Polakiewicz*, EuGRZ 2001, S. 102, insb. dort Fn. 79), deutet darauf hin, dass sie die EU-eigene Charta der Grundrechte als Alternative zum Beitritt zur EMRK betrachtete.

268 Zur zunehmenden „Verzahnung" von Gemeinschaftsrecht und nationalem Recht näher *Streinz*, Europarecht, § 3 VII 1, Rn. 171, 175-178.

BVerfG zur Bananenmarktordnung[269] nunmehr als im Wesentlichen geklärt angesehen werden. Demgegenüber zeichnen sich in jüngerer Zeit mit dem Urteil des EGMR in der Rechtssache *Matthews*[270] zunehmend mögliche Spannungen zwischen der Gemeinschaftsrechtsordnung und der EMRK, und damit zwischen dem EuGH und dem EGMR ab.[271]

Bislang ließen sich Divergenzen in der Grundrechtsrechtsprechung mitgliedstaatlicher Höchstgerichte, des EGMR und des EuGH durch eine weitgehende inhaltliche Anlehnung der Gemeinschaftsgrundrechte an die nationalen und die Konventionsgrundrechte und eine (informelle) Kooperation der Gerichte weitgehend vermeiden. Die Grundrechtecharta der EU, welche an die Stelle der Gemeinschaftsgrundrechte treten soll, ist vor diesem Hintergrund in besonderem Maße gefordert, durch eine fortwährende Berücksichtigung der mitgliedstaatlichen Grundrechte und der Rechte der EMRK und die Gewährleistung eines hohen grundrechtlichen Schutzstandards Konflikte durch sich widersprechende Urteile weiterhin zu verhindern. Dies ist nicht zuletzt für das Gemeinschaftsrecht insgesamt, dessen einheitliche Geltung nur durch die Respektierung seines Anwendungsvorrangs vor mitgliedschaftlichem Recht sichergestellt werden kann, von zentraler Bedeutung.

---

269 Siehe dazu oben Fn. 153.

270 Siehe dazu oben Fn. 206.

271 Zu dieser Verlagerung des Diskurses auch *Kingreen*, in: *Calliess / Ruffert* (Hrsg.), EUV/EGV, Art. 6 EUV, Rn. 206.

2. Kapitel. Die Entstehungsgeschichte und Konzeption der Charta der Grundrechte der Europäischen Union

A. Die Entstehungsgeschichte der Grundrechtecharta

I. Die Versuche der Schaffung eines geschriebenen Grundrechtskatalogs für die EG / EU

Der Ruf nach einer normativen Verankerung der Grundrechte auf Gemeinschaftsebene ist nicht neu. Er begleitet die europäische Integration bereits seit den siebziger Jahren, seitdem sich mit der stetigen Ausweitung der Kompetenzen der Gemeinschaft sowie der Union immer deutlicher die Gefahr von Grundrechtsverletzungen durch diese abzeichnet.[272]

Das deutsche Bundesverfassungsgericht hatte bereits 1974 in seinem Solange I-Beschluss *„einen von einem Parlament beschlossenen und in Geltung stehenden formulierten Katalog von Grundrechten“* für das Gemeinschaftsrecht gefordert.[273] Neben dem (Europäischen) Rat, der mehrere Erklärungen politisch-programmatischen Charakters abgab,[274] war es von den Gemeinschaftsorganen vor allem das Europäische Parlament, das sich – meist verknüpft mit Vorschlägen zu institutionellen Reformen im Rahmen einer Verfassung für

---

272 Einen Überblick über vergangene Versuche, einen geschriebenen Grundrechtskatalog für die EG / EU zu schaffen, geben z.B. *Rossetto*, in: *Epping u.a.* (Hrsg.), Brücken bauen und begehen, FS f. *Ipsen*, S. 292-295; *Stock*, Medienfreiheit in der EU-Grundrechtscharta, S. 15-18; *Weber*, NJW 2000, S. 537; *Lindner*, DÖV 2000, S. 543 f.; *Albers*, in: *Albers u.a.* (Hrsg.), Beobachten – Entscheiden – Gestalten, S. 129-135; *Rengeling*, in: *Ipsen / Schmidt-Jortzig* (Hrsg.), Recht – Staat – Gemeinwohl, FS f. *Rauschning*, S. 225-228.

273 BVerfG, 2 BvL 52/71, Beschl. v. 29.05.1974, BVerfGE 37, 271 (285) („Solange I“).

274 Vgl. z.B. die Erklärung des Europäischen Rates zur Demokratie vom 08.04.1978, Bull. EG 3-1978, S. 5 f.; die Deklaration des Rates zur Europäischen Union vom 20.06.1983, Bull. EG 6-1983, S. 26 ff.; die Gemeinschaftscharta der Sozialen Grundrechte der Arbeitnehmer vom 09.12.1989 (abgedruckt in: Sartorius II, Nr. 190); sowie die Erklärung über die Menschenrechte des Europäischen Rates vom 28./29.06.1991, Bull. EG 6-1991, S. 17 f. Siehe zu diesen Erklärungen *Beutler*, in: *von der Groeben / Schwarze* (Hrsg.), EU- / EGV, Bd. 1, Art. 6 EU, Rn. 43.

Europa – kontinuierlich um die Kodifizierung von Grundrechten auf Gemeinschaftsebene bemühte.[275]

So verabschiedete das Europäische Parlament bereits 1975 eine Entschließung für die Ausarbeitung einer Charta der Bürgerrechte der Europäischen Gemeinschaft.[276] Im Jahre 1984 folgte ein als Verfassung bezeichneter Entwurf eines Vertrages zur Gründung der Europäischen Union (sog. *Spinelli*-Entwurf),[277] der in seinem Artikel 4 eine generelle Regelung zum Grundrechtsschutz vorsah und um eine eigene Grundrechtserklärung ergänzt werden sollte.[278] Mit seiner Entschließung zur Erklärung der Grundrechte und Grundfreiheiten vom 12.04.1989 legte das Parlament einen umfassenden Grundrechtskatalog vor, der neben klassischen Freiheitsrechten auch soziale Rechte enthielt.[279] Auch der vom Institutionellen Ausschuss des Europäischen Parlaments 1994 erarbeitete und angenommene, vom Parlament selbst allerdings nicht verabschiedete Entwurf einer Verfassung der Europäischen Union umfasst in seinem Titel VIII einen Freiheits- und soziale Rechte niederlegenden Grundrechtskatalog.[280] Daneben treten weitere Entwürfe für einen Grundrechtskatalog, die verschiedene im Europäischen Parlament vertre-

---

275 Umfassend dazu *Alber*, Entwürfe des Europäischen Parlaments für eine europäische Verfassung, S. 5 ff.

276 Entschließung vom 10.07.1975 zur Europäischen Union, ABl. EG 1975, Nr. C 179, S. 28 ff. (30); vgl. auch Entschließung vom 16.11.1977 zur Zuerkennung besonderer Rechte an die Bürger der Europäischen Gemeinschaft, ABl.EG 1977, Nr. C 299, S. 26 f. (= EuGRZ 1978, S. 202 f.).

277 Benannt nach dem Hauptberichterstatter des Institutionellen Ausschusses des Europäischen Parlaments, MdEP *Altiero Spinelli*.

278 Vgl. zu Letzterem die Entschließung des Europäischen Parlaments vom 14.02.1984, ABl.EG 1984, Nr. C 77, S. 33 ff. (insb. S. 36). Siehe dazu i.ü. *Alber*, Entwürfe des Europäischen Parlaments für eine europäische Verfassung, S. 13-16.

279 ABl. EG 1989, Nr. C 120, S. 51-57 (= EuGRZ 1989, S. 204 ff.); vgl. dazu *Beutler*, EuGRZ 1989, S. 185-189; *Alber*, Entwürfe des Europäischen Parlaments für eine europäische Verfassung, S. 22 f.

280 Vgl. die Entschließung des Europäischen Parlamentes zur Verfassung der Europäischen Union vom 10.02.1994, ABl. EG 1994, Nr. C 61, S. 155 ff., insb. Anlage, Titel VIII (S. 166 ff.). Zum Inhalt dieses sog. *Herman*-Entwurfs und den Hintergründen seiner Nicht-Verabschiedung durch das Europäische Parlament siehe *Alber*, Entwürfe des Europäischen Parlaments für eine europäische Verfassung, S. 40-46.

tene Parteien – regelmäßig als Teil einer Europäischen Verfassung – vorlegten.[281]

Weiterhin schlug das von der Kommission eingesetzte Komitee der Weisen unter dem Vorsitz von *Maria de Lourdes Pintasilgo* 1996 in seinem Bericht „Für ein Europa der politischen und sozialen Grundrechte" die Aufnahme eines politische, bürgerliche und soziale Rechte beinhaltenden Katalogs in die Verträge vor.[282] Eine derart politische und soziale Rechte umfassende Kodifikation von Grundrechten für die Gemeinschaft bzw. Union forderte außerdem die von der Kommission eingesetzte Expertengruppe „Grundrechte" unter dem Vorsitz von *Spiros Simitis* in ihrem im Februar 1999 vorgelegten Bericht.[283] Nicht zuletzt unterstützen seit langem zahlreiche Vertreter der Lehre die Schaffung eines Grundrechtskataloges für die Gemeinschaft bzw. die Union.[284]

---

281 Vgl. z.B. den Entschließungsentwurf der Europäischen Volkspartei über die Ausarbeitung einer Europäischen Verfassung von 1983 (sog. *Luster*-Entwurf) (abgedruckt in: *Schwarze* (Hrsg.), Eine Verfassung für Europa, S. 571 ff.), vgl. dazu *Alber*, Entwürfe des Europäischen Parlaments für eine europäische Verfassung, S. 16; sowie den im Auftrag einiger Mitglieder der „Grünen" im Europäischen Parlament 1997 von *Preuß* erstellten Entwurf einer Erklärung der Grundrechte in der Europäischen Union, vgl. dazu einschließlich des Erklärungstextes *Preuß*, KJ 31 (1998), S. 1-29.

282 Vgl. dazu *Rossetto*, in: *Epping u.a.* (Hrsg.), Brücken bauen und begehen, FS f. *Ipsen*, S. 293 f.; *Falke*, in: *Bremische Bürgerschaft* (Hrsg.), Charta der Grundrechte, S. 34 f.

283 *Europäische Kommission* (Hrsg.), Die Grundrechte in der Europäischen Union verbürgen – Zeit zum Handeln, Bericht der Expertengruppe „Grundrechte", S. 1 ff. (insb. S. 23 f.). Vgl. dazu *Simitis*, in: *Walter Hallstein-Institut für Europäisches Verfassungsrecht* (Hrsg.), Verfassungsrechtliche Reformen zur Erweiterung der EU, S. 116; *Rossetto*, in: *Epping u.a.* (Hrsg.), Brücken bauen und begehen, FS f. *Ipsen*, S. 291-304; *Falke*, in: *Bremische Bürgerschaft* (Hrsg.), Charta der Grundrechte, S. 35-37; *Lindner*, DÖV 2000, S. 544. Siehe außerdem den 1998 vorgelegten Schlussbericht des „Komitees der Weisen" der Europäischen Kommission zum Thema „Mit gutem Beispiel vorangehen: Eine Menschenrechtsagenda für die Europäische Union für das Jahr 2000", dem die Ergebnisse eines von *Philip Alston* und *Joseph Weiler* geleiteten Projekts am Europäischen Hochschulinstitut Florenz zugrundelagen, dazu *Tretter*, Jahrbuch Menschenrechte 2000, S. 272. Siehe dazu auch *de Búrca*, E.L.Rev. 26 (2001), S. 128 f.

284 Vgl. z.B. *Klein*, in: *Mosler / Bernhardt / Hilf* (Hrsg.), Grundrechtsschutz in Europa, S. 161; *Starck*, EuGRZ 1981, S. 550; *Rengeling*, DVBl. 1982, S. 144; *Zuleeg*, DÖV 1992, S. 944; *Pernice*, AöR 120 (1995), S. 118 f.; *Preuß*, KJ 31 (1998), S. 1-4; *Borchardt*, in: Der Europäische Gerichtshof, aktualisierter Auszug aus *Lenz* (Hrsg.), EGV, Art. 220, Rn. 33; dagegen *Frowein*, EuR 1995, S. 327; *Kokott*, AöR 121 (1996), S. 636/637. Zu den mit einer Grundrechtskodifikation möglicherweise verbundenen Nachteilen und

Sämtlichen dieser zahlreichen Initiativen und Entschließungen ist gemeinsam, dass sie nicht zu einer rechtsverbindlichen Verankerung eines Grundrechtskatalogs im Gemeinschafts- / Unionsrecht geführt haben.[285] Soweit es im Rahmen von Vertragsänderungen zu Reformen kam, blieben diese weit hinter den dort geäußerten Vorstellungen zurück.[286] Sie ermöglichten auch nicht durch Zuweisung einer entsprechenden Kompetenz an die Gemeinschaft zumindest den von Kommission und Parlament ebenfalls geforderten Beitritt der Gemeinschaft zur EMRK.[287]

II. Von Köln bis Nizza: Stationen der Entstehung der Grundrechtecharta

1. Der EU-Gipfel in Köln

Die Forderung, einen Grundrechtskatalog in das Gemeinschafts- oder Unionsrecht aufzunehmen, ist demnach nicht neu. Die Regierung der Bundesrepublik Deutschland, die in der ersten Hälfte des Jahres 1999 den Vorsitz im Europäischen Rat innehatte, brachte das Vorhaben, einen verbindlichen Katalog geschriebener Grundrechte für die EU zu schaffen, erneut auf den Weg.[288] Um die demokratische Legitimation der Union zu vergrößern und die Rechte der Bürger zu stärken, erklärte die deutsche Ratspräsidentschaft es zu ihrem Ziel, eine Mandatierung zur Schaffung einer europäischen Charta der

---

Gefahren (insb. die einer Einigung auf den kleinsten gemeinsamen Nenner oder die einer Verminderung der Dynamik der Grundrechtsentwicklung) vgl. *Albers*, in: *Albers u.a.* (Hrsg.), Beobachten – Entscheiden – Gestalten, S. 148.

285 *Albers*, in: *Albers u.a.* (Hrsg.), Beobachten – Entscheiden – Gestalten, S. 133; *Rengeling*, in: *Ipsen / Schmidt-Jortzig* (Hrsg.), Recht – Staat – Gemeinwohl, FS f. *Rauschning*, S. 227.

286 Siehe zu den grundrechtsrelevanten Vertragsrevisionen bereits oben 1. Kapitel.B.II.2.

287 Siehe hierzu bereits oben 1. Kapitel.C.II.3, insb. Fn. 237-241.

288 Dies entsprach der Koalitionsvereinbarung zwischen SPD und Bündnis 90/Die Grünen vom 20. Oktober 1998, in der sich die Koalition in Kapitel IX. zur Stärkung der Inneren Sicherheit und zur Gewährleistung der Bürgerrechte unter der Überschrift „EU-Initiativen" u.a. die Schaffung einer EU-Charta der Grundrechte zum Ziel setzte; vgl. den Auszug aus der Koalitionsvereinbarung in *Ausschuss für die Angelegenheiten der Europäischen Union* (Hrsg.), Der Konvent der Europäischen Grundrechte-Charta, S. 3; *Engels*, Eurokolleg 45 (2001), S. 6.

Grundrechte zu erreichen,[289] und setzte das Projekt auf die Tagesordnung des Europäischen Rates.[290]

Die deutsche Ratspräsidentschaft konnte sich im Laufe der Verhandlungen mit ihrer Grundrechtsinitiative durchsetzen. Der Europäische Rat beschloss am 4. Juni 1999 auf seiner Tagung in Köln (3./4. Juni 1999), eine Charta der Grundrechte der Europäischen Union erarbeiten zu lassen.[291] Das Gremium, das mit der Ausarbeitung des Entwurfs der Charta beauftragt wurde, sollte diesen dem Beschluss zufolge rechtzeitig vor dem Europäischen Rat im Dezember 2000 vorlegen.[292]

2. Der EU-Gipfel in Tampere

Seinem Beschluss von Köln entsprechend[293] konkretisierte der Europäische Rat auf dem Sondergipfel zum Thema Justiz und innere Angelegenheiten in Tampere (Finnland) am 15./16. Oktober 1999 die Vorgaben für die Erarbeitung der Charta in verfahrensrechtlicher Hinsicht. Auf der Grundlage

---

289 Vgl. *Däubler-Gmelin*, ZRP 1999, S. 81 (84), die als Bundesministerin der Justiz hierin einen der Schwerpunkte der Rechtspolitik in der neuen Legislaturperiode unter dem Gesichtpunkt der Schaffung eines gemeinsamen Rechtsraums in Europa sieht, sowie die Rede des Bundesministers des Auswärtigen, *Joschka Fischer*, vom 12.01.1999 vor dem Europäischen Parlament zu den Schwerpunkten der deutschen Ratspräsidentschaft, Bulletin der Bundesregierung, Nr. 2 / 1999, S. 9 (11 f.) sowie auszugsweise *Ausschuss für die Angelegenheiten der Europäischen Union* (Hrsg.), Der Konvent der Europäischen Grundrechte-Charta, S. 4; des Weiteren *Däubler-Gmelin*, in: *Vertretung der Europäischen Kommission in der Bundesrepublik Deutschland* (Hrsg.), Eine europäische Charta der Grundrechte, Europäische Gespräche 2/1999, S. 9.

290 Zur Vorbereitung der Verhandlungen auf dem Kölner EU-Gipfel veranstaltete das Bundesministerium der Justiz gemeinsam mit der Vertretung der Europäischen Kommission in Deutschland am 27.04.1999 in Köln eine Expertenkonferenz zum Thema, vgl. hierzu *Cole*, NJW 1999, S. 2798, *Knecht*, Charta der Grundrechte, S. 69/70, sowie ausführlicher *Eickmeier*, DVBl. 1999, S. 1026-1029. Eine Dokumentation der Tagung wird von der *Vertretung der Europäischen Kommission in der Bundesrepublik Deutschland* unter dem Titel „Eine europäische Charta der Grundrechte – Beitrag zur gemeinsamen Identität", Europäische Gespräche 2/1999, herausgegeben.

291 Schlussfolgerungen des Vorsitzes des Europäischen Rats in Köln, Bull. EU 6-1999, S. 14, 39 f. = Bull. BReg 49/1999, S. 514, 535 = EuGRZ 1999, S. 364 f.

292 Bull. EU 6-1999, S. 40 = EuGRZ 1999, S. 365.

293 Europäischer Rat (Köln), Anhang IV a.E. zu den Schlussfolgerungen des Vorsitzes, Bull. EU 6-1999, S. 40 = EuGRZ 1999, S. 365.

einer Einigung des Allgemeinen Rates vom 11. Oktober 1999[294] regelte er die genaue Zusammensetzung und das Arbeitsverfahren des Gremiums zur Ausarbeitung des Charta-Entwurfs sowie praktische Vorkehrungen.[295] Eingedenk der knappen zeitlichen Vorgaben im Beschluss des Europäischen Rates von Köln für die Schaffung des Grundrechtskatalogs ersuchte der Europäische Rat alle Beteiligten, dafür Sorge zu tragen, dass mit der Ausarbeitung der Charta durch die 62 Mitglieder des Gremiums sehr bald begonnen werden kann.[296]

3. Die Ausarbeitung des Entwurfs der Grundrechtecharta

Bereits am 17. Dezember 1999, nur zwei Monate nach dem Gipfel von Tampere, trat das Gremium in Brüssel[297] zu seiner konstituierenden Sitzung zusammen.[298] Es bestimmte den Beauftragten des deutschen Bundeskanzlers, den ehemaligen Bundespräsidenten und ehemaligen Präsidenten des Bundesverfassungsgerichts Prof. Dr. *Roman Herzog* zum Vorsitzenden.[299] Auf Vorschlag Herzogs gab sich das Gremium in seiner zweiten Sitzung am 1. Februar 2000 den Namen „Konvent".[300] Ende Februar 2000 begannen

---

294 Bull. EU 10-1999, Ziff. 1.11.7 (S. 126).

295 Schlussfolgerungen des Vorsitzes des Europäischen Rates sowie deren Anlage, Bull. EU 10-1999, Ziff. 1.I.2 (S. 8, 15 f.) = EuGRZ 1999, S. 615.

296 Schlussfolgerungen des Vorsitzes des Europäischen Rates von Tampere, Bull. EU 10-1999, Ziff. 1.I.2 (S. 8).

297 Im Rahmen der praktischen Vorkehrungen regelte der Europäische Rat von Tampere, dass das Gremium seine Sitzungen in Brüssel, abwechselnd im Ratsgebäude und im Gebäude des Europäischen Parlaments, abhält, vgl. Anlage zu den Schlussfolgerungen des Vorsitzes des Europäischen Rates von Tampere, Bull. EU 10-1999, S. 16.

298 Dok. CHARTE 4105/00; die Sitzungsprotokolle des Konvents und des Präsidiums sowie die Arbeitsunterlagen des Konvents und an diesen gerichtete Stellungnahmen tragen die Bezeichnung „CHARTE". Sie sind unter der Adresse http://db.consilium.eu.int/df größtenteils im Internet abrufbar. Vgl. auch Bull. EU 12-1999, Ziff. 1.1.3 (S. 43); eine Dokumentation dieser Sitzung findet sich ebenfalls in *Ausschuss für die Angelegenheiten der Europäischen Union* (Hrsg.), Der Konvent der Europäischen Grundrechte-Charta, S. 23-29.

299 Dok. CHARTE 4105/00; Bull. EU 12-1999, Ziff. 1.1.3 (S. 43); Sitzungsniederschrift in *Ausschuss für die Angelegenheiten der Europäischen Union* (Hrsg.), Der Konvent der Europäischen Grundrechte-Charta, S. 24.

300 Bull. EU 1/2-2000, Ziff. 1.2.1 (S. 11); vgl. dazu auch *Braibant*, RUDH 2000, S. 67; *de Búrca*, E.L.Rev. 26 (2001), S. 132 f; *Engels*, Eurokolleg 45 (2001), S. 7; *Voggenhuber*, in: *Kaufmann* (Hrsg.), Grundrechtecharta der EU, S. 112; *Zimmermann*, EU-

nach den Generaldebatten der ersten Sitzungen die Diskussionen über die vom Präsidium vorgeschlagenen konkreten Textentwürfe.[301] Eine erste Phase der Erörterungen im Konvent wurde durch die Vorlage eines vom Präsidium unter Berücksichtigung der Diskussionsergebnisse erstellten Textes der Charta abgeschlossen.[302] Im Juli 2000, nur etwa sieben Monate nach seiner konstituierenden Sitzung, konnte der Konvent bereits einen vollständigen Textvorschlag der Charta vorlegen.[303] Dieser Vorentwurf wurde nach weiteren Beratungen im Konvent in einzelnen Punkten verändert und am 2. Oktober 2000, nach 18 Sitzungen, als endgültiger Textentwurf einvernehmlich angenommen.[304] Entsprechend den Zeitvorgaben des Europäischen Rates[305] konnte der Konvent den Staats- und Regierungschefs zum Sondergipfel des Europäischen Rates in Biarritz (13./14. Oktober 2000) den Entwurf der Grundrechtecharta übergeben.[306] Der Europäische Rat stimmte diesem Entwurf einmütig zu und übermittelte ihn dem Europäischen Parlament und der Kommission.[307] Das Europäische Parlament billigte den Entwurf am 14. November 2000[308], die Kommission am 6. Dezember 2000[309].

Grundrechtecharta, S. 13. Zum verfassungsrechtlichen Unterton dieser Namensgebung *Eriksen / Fossum / Menéndez*, in: *dies.* (Hrsg.), The Chartering of Europe, S. 19.

301 *Neisser*, JRP 2000, S. 270.

302 *Neisser*, JRP 2000, S. 271.

303 Dok. CHARTE 4422/00, CONVENT 45 vom 28.07.2000; dazu *Tomuschat*, F.A.Z. Nr. 181 v. 07.08.00, S. 13; *Tettinger*, F.A.Z. Nr. 198 v. 26.08.00, S. 6; *Schachtschneider*, F.A.Z. Nr. 206 v. 05.09.00, S. 9.

304 Dok. CHARTE 4487/00, CONVENT 50 vom 28.09.2000, vorgelegt am 02.10.2000; Bull. EU 10-2000, Ziff. 1.2.1 (S. 8).

305 Ursprünglich sollte der Entwurf der Charta nach dem Beschluss des Europäischen Rates von Köln lediglich rechtzeitig vor der Tagung des Europäischen Rates im Dezember 2000 fertiggestellt werden, vgl. Europäischer Rat (Köln), Anhang IV zu den Schlussfolgerungen des Vorsitzes, Bull. EU 6-1999, S. 39 = EuGRZ 1999, S. 365. Nachdem der Europäische Rat auf seiner Tagung in Santa Maria da Feira am 19./20. Juni 2000 den Wunsch äußerte, bereits auf dem Gipfel in Biarritz eine Vorberatung über den Entwurf der Charta durchzuführen, revidierte der Konvent seinen Arbeitsplan, um rechtzeitig zum Gipfel den endgültigen Entwurf vorlegen zu können, vgl. Bull. EU 6-2000, Ziff. 1.I.5, 1.2.1 (S. 10, 48) sowie *Neisser*, JRP 2000, S. 268.

306 Dazu *Engels*, Eurokolleg 45 (2001), S. 7.

307 Bull. EU 10-2000, Ziff. 1.2.1 (S. 8).

308 Bull. EU 11-2000, Ziff. 1.2.1 (S. 9).

309 Vgl. *Amt für amtliche Veröffentlichungen der Europäischen Gemeinschaften* (Hrsg.), Charta der Grundrechte der Europäischen Union, S. 2.

4. Der EU-Gipfel in Nizza

Bereits im Beschluss des Europäischen Rates von Köln war vorgesehen, dass der Europäische Rat dem Europäischen Parlament und der Kommission lediglich vorschlagen würde, die Charta gemeinsam mit dem Ministerrat auf der Grundlage des vom Gremium vorgelegten Entwurfs feierlich zu proklamieren.[310] Dementsprechend haben die Präsidentin des Europäischen Parlaments sowie die Präsidenten des Rates und der Kommission mit Billigung des Europäischen Rates[311] die Charta der Grundrechte der Europäischen Union am 7. Dezember 2000 auf der Tagung des Europäischen Rates im französischen Nizza im Namen ihrer jeweiligen Institutionen unterzeichnet und feierlich verkündet.[312] Der vom Konvent vorgelegte endgültige Textentwurf vom 2. Oktober 2000 wurde dabei unverändert übernommen.[313]

III. Der Zweck und die Ziele des Entwerfens der Grundrechtecharta

Der Europäische Rat äußerte sich auf seiner Tagung in Köln in seinem Beschluss vom 4. Juni 1999 zu den mit der Erarbeitung einer Charta der Grundrechte verfolgten Zwecke und Ziele wie folgt:

> „*Die Wahrung der Grundrechte ist ein Gründungsprinzip der Europäischen Union und unerlässliche Voraussetzung für ihre Legitimität. Die Verpflichtung der Union zur Achtung der Grundrechte hat der Europäische Gerichtshof in seiner Rechtsprechung bestätigt und ausgeformt. Im gegenwärtigen Entwicklungsstand der Union ist es erforderlich, eine Charta dieser Rechte zu erstellen, um die überragende Bedeutung der Grundrechte und ihre Tragweite für die Unionsbürger sichtbar zu verankern.*“[314]

---

310 Europäischer Rat (Köln), Anhang IV zu den Schlussfolgerungen des Vorsitzes, Bull. EU 6-1999, S. 39 = EuGRZ 1999, S. 364 f.; der Beschluss ist ebenfalls abgedruckt in: *Ausschuss für die Angelegenheiten der Europäischen Union* (Hrsg.), Der Konvent der Europäischen Grundrechte-Charta, S. 5.

311 Vgl. die Schlussfolgerungen des Vorsitzes des Europäischen Rates von Nizza, Bull. EU 12-2000, Ziff. 1.I.3 (S. 8) = http://europa.eu.int/council/off/conclu/dec2000/dec2000_de.htm, sowie Bull. EU 12-2000, Ziff. 1.2.1 (S. 37).

312 Bull. EU 12-2000, Ziff. 1.2.1, 1.2.2 (S. 37); der Text der Charta ist u.a. veröffentlicht in ABl. EG 2000, Nr. C 364, S. 1-22; siehe auch *Amt für amtliche Veröffentlichungen der Europäischen Gemeinschaften* (Hrsg.), Charta der Grundrechte der Europäischen Union, S. 8-32.

313 Vgl. *Schmitz*, JZ 2001, S. 834; *Engels*, Eurokolleg 45 (2001), S. 7.

314 Europäischer Rat (Köln), Anhang IV zu den Schlussfolgerungen des Vorsitzes, Bull. EU 6-1999, S. 39 = EuGRZ 1999, S. 364.

1. Rechtssicherheit und –klarheit

Eines der Ziele der Charta bestand demzufolge in der Zusammenfassung der vom EuGH bislang fallweise (prätorisch) entwickelten Gemeinschaftsgrundrechte in einem Dokument und deren Systematisierung. Durch die Schaffung eines sichtbaren Handlungsmaßstabs für die Gemeinschaftsorgane sollten ein höheres Maß an Transparenz und damit *Rechtssicherheit und –klarheit* entstehen.[315]

Die Verfasser der Charta sollten nach dem ihnen erteilten Mandat keine neuen Rechte schaffen, sondern die auf Gemeinschaftsebene bestehende Rechte zusammentragen.[316] Dennoch sollte das Mandat eine Schließung ggf. bestehender Lücken in der durch den Gerichtshof einzelfallbezogen ausgeformten Grundrechtsrechtsprechung einschließlich einer behutsamen Kon-

---

315 Vgl. dazu *Borchardt*, in: Der Europäische Gerichtshof, aktualisierter Auszug aus *Lenz* (Hrsg.), EGV, Art. 220, Rn. 33; *Limbach*, EuGRZ 2000, S. 417; *Magiera*, DÖV 2000, S. 1020; *Ritgen*, ZRP 2000, S. 373; *De Kerchove*, in: *De Kerchove / De Schutter / Tulkens*, Annales D'Études Européennes de l'Université catholique de Louvain 2000, S. 22; *Albers*, in: *Albers u.a.* (Hrsg.), Beobachten – Entscheiden – Gestalten, S. 147; *Mombaur*, DÖV 2001, S. 595; *Pache*, EuR 2001, S. 477/478; *Rengeling*, in: *Ipsen / Schmidt-Jortzig* (Hrsg.), Recht – Staat – Gemeinwohl, FS f. *Rauschning*, S. 225, 228; *Calliess*, in: *Ehlers* (Hrsg.), Europäische Grundrechte und Grundfreiheiten, § 19 I, Rn. 2; *Kingreen*, in: *Calliess / Ruffert* (Hrsg.), EUV/EGV, Art. 6 EUV, Rn. 18; *Große Wentrup*, Europäische Grundrechtecharta im Spannungsfeld der Kompetenzverteilung, S. 16; *Knecht*, Charta der Grundrechte, S. 101.

Wenig überzeugend erscheint hingegen die Auffassung, der deutschen Ratspräsidentschaft sei es mit ihrer Initiative zur Schaffung einer Charta der Grundrechte i.w. darum gegangen, das BVerfG vor einer weiteren Integration hinsichtlich des Grundrechtsschutzes auf europäischer Ebene zu „beruhigen" (vgl. dazu *De Schutter*, in: *De Kerchove / De Schutter / Tulkens*, Annales D'Études Européennes de l'Université catholique de Louvain 2000, S. 15-17). Trotz des *Maastricht*-Urteils (BVerfG, 2 BvR 2134, 2159/92, Urt. v. 12.10.1993, BVerfGE 89, 155 (174 f.)) bestehen seit längerem keine Anhaltspunkte dafür, dass das BVerfG den auf Gemeinschaftsebene entwickelten Grundrechtsschutz nicht aus ausreichend betrachtet (klarstellend, wenn auch zeitlich erst nach dem Beschluss zur Ausarbeitung der Charta BVerfG, 2 BvL 1/97, Beschl. v. 07.06.2000, EuGRZ 2000, S. 328 (332 f.) („Bananenmarktordnung")); ebenso *De Kerchove*, in: *De Kerchove / De Schutter / Tulkens*, Annales D'Études Européennes de l'Université catholique de Louvain 2000, S. 21.

316 Dies ist, soweit ersichtlich, unstreitig, vgl. z.B. *Magiera*, DÖV 2000, S. 1020, 1021; *de Búrca*, E.L.Rev. 26 (2001), S. 130; *Mombaur*, DÖV 2001, S. 595; *Grabenwarter*, DVBl. 2001, S. 10; *Rengeling / Szczekalla*, Grundrechte in der EU, § 3 C, Rn. 204 f.; kritisch zu dieser Vorgabe *Knecht*, Charta der Grundrechte, S. 72.

kretisierung bzw. Weiterentwicklung dieser Rechte im Hinblick auf neuartige Grundrechtsgefährdungen nicht ausschließen.[317] Im Schrifttum war mit einer systematischen Kodifikation der Gemeinschaftsgrundrechte schließlich seit längerem die Hoffnung verbunden, dass der EuGH eine klarere Grundrechtsdogmatik entwickelt.[318] Teils erhoffte man sich zudem eine Anhebung des als unzureichend empfundenen grundrechtlichen Schutzniveaus.[319]

2. Begrenzungs- und Legitimitätsfunktion

Zweitens diente die Erstellung der Charta dem Zweck, die Gemeinschafts- bzw. Unionsgewalt weitergehend rechtlich einzubinden und demokratisch zu legitimieren (sog. *Begrenzungs- und Legitimitätsfunktion*).[320] Die umfassende und rechtlich bestimmtere Einbindung der europäischen Hoheitsgewalt war angesichts der vertieften Integration der Gemeinschaft bzw. Union von wachsender Bedeutung. Dies galt insbesondere als gerade die mit dem Vertrag von Amsterdam erfolgten Kompetenzzuwächse z.B. im Bereich der polizeilichen und justitiellen Zusammenarbeit (sog. dritte Säule) zunehmend zu Grundrechtsgefährdungen führten.[321]

---

317 So i.E. auch *Magiera*, DÖV 2000, S. 1020; *Stock*, Medienfreiheit in der EU-Grundrechtscharta, S. 16/17; *de Búrca*, E.L.Rev. 26 (2001), S. 130/131. Zur Problematik auch *Blumenwitz*, Kirche und Gesellschaft Nr. 307 (2004), S. 13/14.

318 *Losch* / *Radau*, ZRP 2000, S. 86; *Albers*, in: *Albers u.a.* (Hrsg.), Beobachten – Entscheiden – Gestalten, S. 147/148.

319 Vgl. z.B. *Ritgen*, ZRP 2000, S. 372/373; zu den Gefahren einer Grundrechtskodifikation, insb. der einer Einigung auf den kleinsten gemeinsamen Nenner und der eines möglichen Flexibilitätsverlustes, *Albers*, in: *Albers u.a.* (Hrsg.), Beobachten – Entscheiden – Gestalten, S. 148; diesbzgl. Bedenken ausräumend *Rengeling*, in: *Ipsen* / *Schmidt-Jortzig* (Hrsg.), Recht – Staat – Gemeinwohl, FS f. *Rauschning*, S. 227/228.

320 Zu den verschiedenen Funktionen einer Grundrechtskodifikation vgl. z.B. *Kingreen*, in: *Calliess* / *Ruffert* (Hrsg.), EUV/EGV, Art. 6 EUV, Rn. 18; *Nettesheim*, INTEGRATION 2002, S. 35-45.

321 Dies betonte bereits die Expertengruppe „Grundrechte", vgl. *Europäische Kommission* (Hrsg.), Die Grundrechte in der Europäischen Union verbürgen – Zeit zum Handeln, Bericht der Expertengruppe „Grundrechte", S. 9 f.; siehe auch *Preuß*, KJ 31 (1998), S. 3. Siehe dazu i.ü. *De Schutter*, in: *De Kerchove* / *De Schutter* / *Tulkens*, Annales D'Études Européennes de l'Université catholique de Louvain 2000, S. 17; *Braibant*, RUDH 2000, S. 66; *Simitis*, in: *Walter Hallstein-Institut für Europäisches Verfassungsrecht* (Hrsg.), Verfassungsrechtliche Reformen zur Erweiterung der EU, S. 116/117; *Albers*, in: *Albers u.a.* (Hrsg.), Beobachten – Entscheiden – Gestalten, S. 147; *Nettesheim*, INTEGRATION 2002, S. 36.

Die Kodifikation von Grundrechten sollte zum einen die Gewährleistung subjektiver, der jeweiligen Mehrheit unverfügbarer Rechte gegenüber den Trägern von Hoheitsgewalt verdeutlichen. Zum anderen sollte sie wesentliche gemeinsame Werte als Herrschaftsfundament verankeren und so zu einem Legitimationszuwachs der öffentlichen Gewalt führen.[322]

3. Integrationsfunktion

Ein drittes mit der Erarbeitung der Charta verfolgtes und vielfach als ihr wichtigstes angesehene Ziel[323] war weniger rechtlicher, sondern vielmehr politischer Natur. Durch diese Initiative von großer Symbolkraft sollte insbesondere den Unionsbürgern vor Augen geführt werden, dass die Union nicht (mehr) lediglich eine Wirtschaftsgemeinschaft, sondern auch eine Wertegemeinschaft ist.[324] Der europäischen Idee sollte auf diese Weise neuer Schwung verliehen und die Herausbildung einer die nationale Identität ergänzenden europäischen Identität befördert werden (sog. *Integrationsfunktion*).[325] Neben diesem Signal „nach innen", d.h. an die Bewohner der EU-Mitgliedstaaten, erklärte die Union durch die Schaffung eines eigenen Grundrechtskatalogs außerdem „nach außen", gegenüber den damaligen Beitrittskandidatenstaaten

---

322 Vgl. dazu *Stern*, in: *Stern*, Staatsrecht, Bd. III/1, § 62 I 4, S. 222 ff.; *Magiera*, DÖV 2000, S. 1020; *Losch / Radau*, ZRP 2000, S. 86; *Röper*, Deutschland Archiv 2001, S. 123; *Rengeling*, in: *Ipsen / Schmidt-Jortzig* (Hrsg.), Recht – Staat – Gemeinwohl, FS f. *Rauschning*, S. 228; *Nettesheim*, INTEGRATION 2002, S. 44.

323 Vgl z.B. *de Búrca*, E.L.Rev. 26 (2001), S. 130, 131; *Lenaerts / de Smijter*, CML Rev. 38 (2001), S. 279.

324 Dies betont *Herzog*, in: Anlage I zu Dok. CHARTE 4105/00 BODY 1 v. 13.01.2000, S. 9; siehe auch *Tomuschat*, in: F.A.Z. Nr. 181 v. 07.08.2000, S. 13; *De Schutter*, in: *De Kerchove / De Schutter / Tulkens*, Annales D'Études Européennes de l'Université catholique de Louvain 2000, S. 17 f., 19; *Braibant*, RUDH 2000, S. 66; *Ritgen*, ZRP 2000, S. 372/373; *Mombaur*, DÖV 2001, S. 595; *Limbach*, in: *Gustav-Heinemann-Initiative* (Hrsg.), Wo bleiben die Grundrechte in Europa?, S. 83; *Knecht*, Charta der Grundrechte, S. 101. Zur Problematik allgemein *Habermas*, in: *Eriksen / Fossum / Menéndez* (Hrsg.), The Chartering of Europe, S. 258 f.

325 Siehe dazu bereits *Preuß*, KJ 31 (1998), S. 2 f.; *Magiera*, DÖV 2000, S. 1021; *Braibant*, RUDH 2000, S. 66; *Nettesheim*, INTEGRATION 2002, S. 42/43; *Habermas*, in: *Eriksen / Fossum / Menéndez* (Hrsg.), The Chartering of Europe, S. 269 f.; *Fischbach*, in *Heusel* (Hrsg.), Grundrechtecharta und Verfassungsentwicklung in der EU, S. 125. Zur Bedeutung des Verfassungsrechts insgesamt für die Herausbildung einer europäischen Identität *Pache*, DVBl. 2002, S. 1160 ff. (insb. 1162).

sowie alle übrigen Staaten, auf welches Fundament gemeinsamer Werte sich ihr Zusammenschluss, ihr Recht und ihre Politik gründen.[326]

4. Konstitutionalisierungsfunktion

Demgegenüber sollte die Charta nicht die Kompetenzverteilung zwischen EG bzw. EU und den Mitgliedstaaten verändern, insbesondere nicht weitere Kompetenzen der Gemeinschaft oder der Union begründen.[327] Auch stellte der Beschluss des Europäischen Rates von Köln die Charta nicht in den übergreifenden Zusammenhang einer Europäischen Verfassung.[328] Vor dem Hintergrund, dass in Politik[329] und Wissenschaft[330] häufig die bedeutende Rolle der Grundrechtecharta als Teil und Schritt auf dem Weg zu einer Europäischen Verfassungsgebung hervorgehoben wurde (sog. *Konstitutionalisierungsfunktion*), erklärt sich dies in erster Linie mit politisch-praktischen Erwägungen. Hätte man die ohnehin seit langem zwischen den Mitgliedstaaten umstrittene Schaffung eines EU-eigenen, verbindlichen Grundrechtskatalogs zu eng mit Plänen einer umfassenden Konstitutionalisierung der Union verbunden, hätte man die Grundrechtsdiskussion zu sehr belastet und bereits das Charta-Projekt gefährdet.[331] Dieses „Herunterspielen" des von der Charta

---

326 Vgl. dazu *De Kerchove*, in: *De Kerchove / De Schutter / Tulkens*, Annales D'Études Européennes de l'Université catholique de Louvain 2000, S. 22 f.; *Braibant*, RUDH 2000, S. 66; *Mombaur*, DÖV 2001, S. 595; *Pache*, EuR 2001, S. 478; *Nettesheim*, INTEGRATION 2002, S. 43.

327 Dies stellt die Charta selbst in ihrem Art. 51 Abs. 2 nochmals ausdrücklich klar. Ebenso *Mombaur*, DÖV 2001, S. 595.

328 So auch *Mombaur*, DÖV 2001, S. 595.

329 Vgl. nur *Fischer*, Bull. BReg. v. 14.01.1999, S. 11 f.; *Däubler-Gmelin*, in: *Vertretung der Europäischen Kommission in der Bundesrepublik Deutschland* (Hrsg.), Eine europäische Charta der Grundrechte, Europäische Gespräche 2/1999, S. 11, 16; *Leutheusser-Schnarrenberger*, in: *Vertretung der Europäischen Kommission in der Bundesrepublik Deutschland* (Hrsg.), Eine europäische Charta der Grundrechte, Europäische Gespräche 2/1999, S. 64 ff.

330 *Schmuck*, INTEGRATION 1/2000, S. 48 ff.; *Häberle*, DVBl. 2000, S. 846; *Nettesheim*, INTEGRATION 2002, S. 45 f.

331 Vgl. nur die Ansprache *Herzogs* in der konstituierenden Sitzung des Konvents am 17.12.1999, (abgedruckt in der Anlage I zu Dok. CHARTE 4105/00 BODY 1 v. 13.01.2000, S. 8/9), der deutlich machte, dass es seines Erachtens im Konvent lediglich um die Erstellung eines Grundrechtskataloges, nicht hingegen um weitergehende Ziele wie eine Europäische Verfassung gehe. Wie hier auch *Simitis*, in: *Walter Hallstein-Institut für Europäisches Verfassungsrecht* (Hrsg.), Verfassungsrechtliche Reformen zur Erweiterung der EU, S. 116; *Albers*, in: *Albers u.a.* (Hrsg.), Beobachten – Ent-

ausgehenden Impulses für die Konstitutionalisierung der EU änderte jedoch nichts an dem tatsächlichen Potential, das von der Charta in diese Richtung ausging.[332]

Schon im Beschluss des Europäischen Rates von Köln manifestierte sich eindrücklich die Schwierigkeit, sich auf höchster politischer Ebene auf die Kodifizierung der Gemeinschaftsgrundrechte zu verständigen. Ob die Charta, die im Wesentlichen nur die auf Gemeinschaftsebene ohnehin verbindlich geltenden, meist nicht kodifizierten Grundrechte zusammenfassen sollte, durch ihre Aufnahme in die Verträge rechtsverbindlich werden soll, ließ der Beschluss ausdrücklich offen.[333] Er reihte sich damit in die zahlreichen Beispiele für eine Kompromissfindung auf europäischer Ebene ein, die diametral entgegengesetzte Vorstellungen über die Finalität der europäischen Einigung miteinander vereinbaren musste.[334] Der oft ambivalente Charakter europäischer Verfassungsentwicklung[335] zeigte sich hier in den erklärten Zielen einer verstärkten Rechtssicherheit, Legitimierung der Unionsgewalt und Integration der Unionsbürger durch die Charta, die mit einem nicht rechtsverbindlichen Grundrechtskatalog jedoch nicht erreichbar sind; ja ein solcher steht geradezu im Widerspruch zu diesen Zielen.

5. Verhältnis zum Beitritt zur EMRK

Der Beschluss des Europäischen Rates, der Union einen geschriebenen Grundrechtskatalog zu geben, drängt nicht zuletzt die Frage auf, ob die damit verfolgten Ziele nicht ebenso gut oder gar leichter durch einen Beitritt der Gemeinschaft bzw. Union zur EMRK hätten erreicht werden können. Bereits aus dem Beschluss selbst wird jedoch deutlich, dass der Europäische Rat die in der Konvention enthaltenen Rechte als nicht umfassend genug ansieht. Neben den in dieser niedergelegten Freiheits-, Gleichheits- und Verfahrens-

---

scheiden – Gestalten, S. 152; *Calliess*, in: *Ehlers* (Hrsg.), Europäische Grundrechte und Grundfreiheiten, § 19 I, Rn. 3. Zur vergleichbaren Problematik beim Umgang mit dem Begriff des „Bundesstaates“ bzw. der „Föderation“ im Zusammenhang mit der EU *Habermas*, in: *Eriksen / Fossum / Menéndez* (Hrsg.), The Chartering of Europe, S. 256.

332 Zum Verfassungskonvent und der Integration der Charta in den Entwurf des Vertrages über die Verfassung Europas siehe noch unten 5. Kapitel.D.I.2.

333 Zum Umgang des Konvents mit der offengelassenen Rechtsverbindlichkeit, dem Verfahren nach dem sog. „als-ob“-Ansatz, siehe noch unten 2. Kapitel.B.III.2.e.

334 Siehe dazu *de Búrca*, E.L.Rev. 26 (2001), S. 126 f.

335 Anschaulich hierzu *de Búrca*, E.L.Rev. 26 (2001), S. 126 f.

grundrechten sollte die Charta auch Unionsbürgerrechte, sowie wirtschaftliche und soziale Rechte gewährleisten.[336] Besonders der mit der Charta verfolgte Hauptzweck einer verstärkten Integration der Unionsbürger war mit einer unter Einbeziehung der Zivilgesellschaft geschaffenen, auf die spezifischen Bedürfnisse der Union zugeschnittenen eigenen und modernen[337] Grundrechtskodifikation eher zu verwirklichen.[338] Auch hätte die Frage der Rechtsverbindlichkeit auf diese Weise nicht offen bleiben können, was eine Einigung auf einen Grundrechtskatalog für die EG / EU zumindest fragwürdig erscheinen lässt.

Demgegenüber dürften Erwägungen, dass der Europäische Rat auf seiner Tagung in Köln (03./04.06.1999) angesichts des nur wenige Monate zuvor verkündeten *Matthews*-Urteils[339] des EGMR die Schaffung eines unionseigenen Grundrechtskatalogs anstelle eines Beitritts der EG bzw. EU zur EMRK festschreiben und damit einen „Wettlauf" zwischen Union bzw. EuGH und EGMR um die Grundrechtskontrolle gemeinschaftsrechtlich determinierter Akte zugunsten des Ersteren entscheiden wollte,[340] keine entscheidende Rolle gespielt haben.[341] Wie das Beispiel zahlreicher Mitgliedstaa-

---

336 Europäischer Rat (Köln), Anhang IV zu den Schlussfolgerungen des Vorsitzes, Bull. EU 6-1999, S. 39 = EuGRZ 1999, S. 364. Vgl. dazu auch *Engels*, Eurokolleg 45 (2001), S. 6/7; *Jacqué*, in: *Bieber / Boillat u.a.*, Grundrechtsschutz in Europa, S. 81; *Stock*, Medienfreiheit in der EU-Grundrechtscharta, S. 17.

337 Vgl. zur häufig geäußerten Ansicht, die EMRK sei sprachlich und inhaltlich auf die heutigen Bedürfnisse nicht ausreichend zugeschnitten, z.B. *Limbach*, Grundrechtsschutz in der Europäischen Union, S. 20; *Mombaur*, DÖV 2001, S. 596; dagegen mit Hinweis auf die evolutive Auslegung der Standards der EMRK durch den EGMR sowie deren Zusatzprotokolle *Krüger / Polakiewicz*, EuGRZ 2001, S. 94.

338 Vgl. *Häberle*, DVBl. 2000, S. 846; *Magiera*, DÖV 2000, S. 1019; *Fredman / McCrudden / Freedland*, P.L. 2000, S. 183; in diese Richtung auch *Limbach*, Grundrechtsschutz in der Europäischen Union, S. 20/21.

339 EGMR, Beschw. Nr. 24833/94, Matthews ./. Vereinigtes Königreich, Urt. v. 18.02.1999, EuGRZ 1999, S. 200-207. Siehe dazu bereits oben 1. Kapitel.C.II.2, insb. Fn. 206-210.

340 So *Braibant*, RUDH 2000, S. 66; *De Schutter*, in: *De Kerchove / De Schutter / Tulkens*, Annales D'Études Européennes de l'Université catholique de Louvain 2000, S. 13-15.

341 So auch *De Kerchove* und *Tulkens*, in: *De Kerchove / De Schutter / Tulkens*, Annales D'Études Européennes de l'Université catholique de Louvain 2000, S. 21 bzw. 28; *Lenaerts / de Smijter*, CML Rev. 38 (2001), S. 292. Interessant ist in diesem Zusammenhang auch die Ansicht des Leiters des Generalsekretariats des Rates, *Jean Paul Jacqués*, die Staats- und Regierungschefs hätten dem Vorschlag gerade der österreichischen Regierung, einen Beitritt der Gemeinschaft zu EMRK zu ermöglichen, nicht

ten zeigt, steht selbst ein rechtsverbindlicher eigener Grundrechtskatalog der zusätzlichen verbindlichen Anerkennung internationaler Grundrechtsstandards nicht entgegen.[342] Ebenso wenig verändert ein solcher den vom EGMR u.a. im *Matthews*-Urteil abgesteckten Anwendungsbereich der EMRK hinsichtlich gemeinschaftsrechtlich determinierter Akte.[343] Nicht zuletzt liegt es in der Logik der fortschreitenden Integration, in deren Verlauf Gemeinschaft und Union zunehmend vormalige Aufgaben der Mitgliedstaaten wahrnehmen, dass jene – wie ihre Mitgliedstaaten – einen eigenen Grundrechtskatalog erhalten.[344]

IV. Das Konventsverfahren

1. Gründe für die Ausarbeitung der Charta durch einen Konvent

Das Gremium, das eigens für die Erarbeitung einer Grundrechtecharta konstituiert wurde und sich selbst zur Unterstreichung der Bedeutung seines Auftrags und dessen verfassungsrechtlichen Implikationen den Namen „Konvent" gab,[345] war rechtlich und politisch ein Novum in der Geschichte der europäischen Integration.

Rechtlich ist ein Gremium, das vom Europäischen Rat mit der Ausarbeitung eines Textentwurfes beauftragt wird, der feierlich proklamiert und ggf. in den EG- bzw. EU-Vertrag aufgenommen werden soll, in diesen Verträgen nicht vorgesehen. Der Konvent ist angesichts seiner repräsentativen Zusammensetzung insbesondere aus Abgeordneten der mitgliedstaatlichen Parlamente und des Europäischen Parlaments sowie Beauftragten der Staats- und Regierungschefs[346] keine bloße Expertengruppe,[347] aber mangels direkter Wahl durch die Unionsbürger auch keine (teilweise) verfassungsgebende Ver-

---

annehmen wollen, vgl. *ders.*, in: *Bieber / Boillat u.a.*, Grundrechtsschutz in Europa, S. 77.

342 Dies betonen auch *Vitorino*, in: Anlage IV zu Dok. CHARTE 4105/00 BODY 1 v. 13.01.2000, S. 18; *Lenaerts / de Smijter*, CML Rev. 38 (2001), S. 292.

343 So auch *De Kerchove*, in: *De Kerchove / De Schutter / Tulkens*, Annales D'Études Européennes de l'Université catholique de Louvain 2000, S. 21.

344 *Tulkens*, in: *De Kerchove / De Schutter / Tulkens*, Annales D'Études Européennes de l'Université catholique de Louvain 2000, S. 24.

345 Siehe dazu oben 2. Kapitel.A.II.3, insb. Fn. 300.

346 Siehe zur Zusammensetzung näher unten 2. Kapitel.A.IV.2.

347 Dazu *Dix*, INTEGRATION 1/2001, S. 38.

sammlung.[348] Ebenso wenig ersetzt das Konventsverfahren die Vereinbarung einer Vertragsänderung durch eine Regierungskonferenz im Vertragsrevisionsverfahren nach Art. 48 EU-Vertrag. Das Konventsverfahren ergänzt das konventionelle Vertragsänderungsverfahren lediglich in dem Sinne, dass das vom Europäischen Rat legitimierte Gremium einen Textentwurfes vorbereitet, der später ggf. – im Verfahren des Art. 48 EU-Vertrag – in die Verträge aufgenommen werden kann. Der vom Gremium vorgelegte Textvorschlag kann der Regierungskonferenz im Vertragsänderungsverfahren als Beratungsgrundlage dienen und eine Einigung erleichtern.[349]

Politischer Hintergrund der Entscheidung des Europäischen Rates, mit der Erarbeitung eines Grundrechtskatalogs für die EU ein solches Gremium zu betrauen, waren die auf den Regierungskonferenzen von Maastricht und Amsterdam zutage getretenen Unzulänglichkeiten des herkömmlichen Vertragsrevisionsverfahrens. Dieses war sowohl durch seinen Ablauf[350] als auch durch die in seinem Rahmen erzielten, als unzureichend betrachteten Ergebnisse[351] in die Kritik geraten. Mit der Einsetzung des Konvents wollte der Europäische Rat gezielt ein Gremium schaffen, das durch seine Zusammensetzung und seine Arbeitsweise der Hauptkritik am herkömmlichen Vertragsänderungsverfahren entgegentritt.

---

348 Vgl. hierzu *Müller*, in: *Vertretung der Europäischen Kommission in der Bundesrepublik Deutschland* (Hrsg.), Eine europäische Charta der Grundrechte, Europäische Gespräche 2/1999, S. 29; *Weber*, GYIL 43 (2000), S. 103.

349 Vgl. hierzu *Pernice*, INTEGRATION 2/2001, S. 194, 196; *Stock*, Medienfreiheit in der EU-Grundrechtscharta, S. 14; *Mombaur*, DÖV 2001, S. 595.

350 Ähnlich wie schon in Maastricht mussten die Staats- und Regierungschefs und die Außenminister in Amsterdam unter hohem Zeitdruck in stundenlangen, oft nächtlichen Verhandlungen eine Einigung zu zahlreichen, dringend reformbedürftigen Themenkomplexen herbeiführen, zu denen in mehrjähriger Vorbereitung kein Konsens erzielt werden konnte; vgl. hierzu *Griller*, in: *Hummer* (Hrsg.), Die Europäische Union nach dem Vertrag von Amsterdam, S. 319; *Vedder / Folz*, in: *Grabitz / Hilf* (Hrsg.), EUV/EGV, Bd. I, Art. 48 EUV, Rn. 41, 43; *Dutheil de la Rochère*, RMC 2000, S. 224. Anschaulich zum Verhandlungsverlauf auf Regierungskonferenzen auch *Bergdoll*, SZ Nr. 282 v. 07.12.2000, S. 9 („*Die Nacht der langen Messer*"). Auf dem bisher längsten EU-Gipfeltreffen vom 07.-10.12.2000 in Nizza wiederholte sich die zähe Kompromissfindung in einem großen Verhandlungsmarathon, vgl. z.B. *Bolesch*, SZ Nr. 286 v. 12.12.2000, S. 1.

351 Vgl. zum Vertrag von Maastricht *Vedder / Folz*, in: *Grabitz / Hilf* (Hrsg.), EUV/EGV, Bd. I, Art. 48 EUV, Rn. 41; zum Vertrag von Amsterdam *Griller*, in: *Hummer* (Hrsg.), Die Europäische Union nach dem Vertrag von Amsterdam, S. 313-330, insb. S. 328; *Vedder / Folz*, in: *Grabitz / Hilf* (Hrsg.), EUV/EGV, Bd. I, Art. 48 EUV, Rn. 44.

Im Rahmen der *Zusammensetzung* des Gremiums war insbesondere die gleichberechtigte Teilnahme von Abgeordneten der mitgliedstaatlichen Parlamente und des Europäischen Parlaments schon bei der Ausarbeitung eines Rechtstextes eine grundlegende Neuerung.[352] Im Vertragsänderungsverfahren hat das Europäische Parlament formal lediglich ein Recht auf Anhörung zum Vorentwurf der Vertragsänderung (Art. 48 Abs. 1 S. 1 EU-Vertrag).[353] Die mitgliedstaatlichen Parlamente haben auf den Regierungskonferenzen selbst gar keine Mitwirkungsrechte. Sie können den dort ausgehandelten Vertrag nur insgesamt durch Ratifikation annehmen oder das Verhandlungsergebnis ablehnen, was die Vereinbarung einschneidender Veränderungen stets erschwert hat.[354]

Die mehrheitliche Beteiligung von Vertretern des Europäischen Parlaments und der nationalen Parlamente im Konvent sollte dem Grundrechtstext verstärkt demokratische Legitimation vermitteln. Sie wird der Tatsache gerecht, dass sich die Europäische Union von einer Union der Staaten auch zu einer Union der Völker entwickelt hat. Die Gestaltung der Grundlagen der Europäischen Union im Rahmen von Vertragsänderungen ist infolgedessen der doppelten Legitimationsbasis der Union entsprechend durch die Staaten und die Völker demokratisch zu legitimieren.[355] Durch die Mitgliedschaft der – von den Völkern der Mitgliedstaaten gewählten – Abgeordneten im Kon-

---

352 Näher *Dix*, INTEGRATION 1/2001, S. 38; *Braibant*, RUDH 2000, S. 66; *Knecht*, Charta der Grundrechte, S. 75.

353 Zur in der Praxis namentlich bei den Verhandlungen zum Vertrag von Amsterdam erfolgten fakultativen Einbeziehung des EP als Dialogpartner näher *Herrnfeld*, in: *Schwarze* (Hrsg.), EU-Kommentar, Art. 48 EUV, Rn. 5 m.w.N.; *Tsatsos / Schiffauer*, in: *Kloepfer / Pernice* (Hrsg.), Entwicklungsperspektiven der europäischen Verfassung im Lichte des Vertrags von Amsterdam, S. 80; *Geiger*, EUV/EGV, Art. 48 EUV, Rn. 9 m.w.N.; *Peters*, Elemente einer Theorie der Verfassung Europas, S. 438. Das Ausmaß dieser Beteiligung wird jedoch ebenfalls als unbedeutend gewertet, vgl. *Schmuck*, INTEGRATION 1/2000, S. 54 sowie MdEP *Edith Müller*, die es anschaulich als nicht hinreichend bezeichnet, wenn die Regierungskonferenz in Amsterdam „*zwei Parlamentarier und den Präsidenten des Europäischen Parlaments an den Katzentisch holt*", vgl. *dies.*, in: *Vertretung der Europäischen Kommission in der Bundesrepublik Deutschland* (Hrsg.), Eine europäische Charta der Grundrechte, Europäische Gespräche 2/1999, S. 29.

354 Näher *Dix*, INTEGRATION 1/2001, S. 37; *Schmuck*, INTEGRATION 1/2000, S. 54; *Peters*, Elemente einer Theorie der Verfassung Europas, S. 439.

355 Vgl. hierzu *Tsatsos / Schiffauer*, in: *Kloepfer / Pernice* (Hrsg.), Entwicklungsperspektiven der europäischen Verfassung im Lichte des Vertrags von Amsterdam, S. 85; *Müller*, in: *Vertretung der Europäischen Kommission in der Bundesrepublik Deutschland* (Hrsg.), Eine europäische Charta der Grundrechte, Europäische Gespräche 2/1999, S. 29, 30.

vent werden die Legitimationsträger auf der Ebene der Völker verstärkt in die Fortentwicklung der Verträge eingezogen.[356] Die Mitwirkung mitgliedstaatlicher Volksvertreter an der Abfassung des Textes sollte überdies dem Widerstand der nationalen Parlamente bei der Erteilung der nötigen Zustimmung zur Charta in einem eventuellen späteren Vertragsänderungsverfahren nach Art. 48 EU-Vertrag vorbeugen.[357]

Andererseits reflektierte die Mitgliedschaft von Beauftragten der Staats- und Regierungschefs als Legitimationsträger auf der Ebene der Staaten im Gremium die Tatsache, dass die mitgliedstaatlichen Regierungen dem Grundrechtstext im Vertragsänderungsverfahren ebenfalls zustimmen müssen.[358] Insgesamt spiegelte die Zusammensetzung des Konvents durch Beteiligung sowohl des Europäischen Parlaments als auch der nationalen Parlamente und Regierungen die doppelte Legitimationsbasis in der Europäischen Union durch ihre Staaten und ihre Völker wider.[359] Die Zivilgesellschaft als solche war zwar nicht mit eigenen Repräsentanten im Konvent vertreten,[360] dieser konnte jedoch – allerdings fakultativ – die Öffentlichkeit durch Anhörung gesellschaftlicher Gruppen in den Prozess der Charta-Erarbeitung einbeziehen.[361]

Das *Arbeitsverfahren* des Konvents sollte nach dem Willen des Europäischen Rates möglichst transparent und offen für Anregungen der Bürger sein.[362] Es sollte sich so gezielt von den von Regierungsvertretern in nichtöf-

---

356 Vgl. hierzu *Weber*, GYIL 43 (2000), S. 103; *Pernice*, INTEGRATION 2/2001, S. 194/195; *Dix*, INTEGRATION 1/2001, S. 38.

357 *Goldsmith*, CML Rev. 38 (2001), S. 1208; *Pernice*, INTEGRATION 2/2001, S. 195; *Weber*, GYIL 43 (2000), S. 103.

358 *Pernice*, INTEGRATION 2/2001, S. 195. Vor diesem Hintergrund hält *Braibant* die Gruppe der Beauftragten der Staats- und Regierungschefs trotz der formalen Gleichheit aller Konventsmitglieder für einflussreicher als die übrigen Repräsentanten, vgl. *ders.*, RUDH 2000, S. 67.

359 *Pernice*, INTEGRATION 2/2001, S. 195; *Weber*, GYIL 43 (2000), S. 103.

360 Insoweit war der Prozess der Charta-Erarbeitung nicht, wie vereinzelt gefordert, wirklich partizipatorisch, vgl. *de Búrca*, E.L.Rev. 26 (2001), S. 131, 132 m.w.N.

361 Anlage zu den Schlussfolgerungen des Vorsitzes des Europäischen Rates von Tampere, Punkt A. vi), Bull. EU 10-1999, nach Ziff. 1.I.16 (S. 15).

362 Vgl. insb. Europäischer Rat (Köln), Anhang IV zu den Schlussfolgerungen des Vorsitzes, Bull. EU 6-1999, S. 40 = EuGRZ 1999, S. 365; Anlage zu den Schlussfolgerungen des Vorsitzes des Europäischen Rates von Tampere, Punkt B. ii), Bull. EU 10-1999, nach Ziff. 1.I.16 (S. 16); vgl. auch *Däubler-Gmelin*, in: *Vertretung der*

fentlichen Sitzungen geführten Verhandlungen im Vertragsrevisionsverfahren absetzen.[363]

Auf diese Weise sollte, nach Möglichkeit über die Grenzen der Mitgliedstaaten hinweg, eine breite öffentliche Debatte zur Erarbeitung des Grundrechtskatalogs der Europäischen Union als gemeinsames Wertefundament aller Unionsbürger angeregt und einer zunehmenden Europamüdigkeit entgegengewirkt werden. In der Bevölkerung sollte sich dadurch verstärkt ein gesamteuropäisches Bewusstsein herausbilden, und sich eine europäische Öffentlichkeit entwickeln.[364] Wegen des mit der Erarbeitung der Grundrechtecharta verfolgten Ziels, die Union ihren Bürgern wieder näher zu bringen und eine größere Akzeptanz für Aktivitäten auf europäischer Ebene zu erreichen, muss im Rahmen der Initiative zur Erarbeitung der Charta der Prozess ihrer Ausarbeitung als ebenso wichtig angesehen werden wie ihr letztendlicher Inhalt.[365]

Europäischen Kommission in der Bundesrepublik Deutschland (Hrsg.), Eine europäische Charta der Grundrechte, Europäische Gespräche 2/1999, S. 9; *Gradin*, in: *Vertretung der Europäischen Kommission in der Bundesrepublik Deutschland* (Hrsg.), Eine europäische Charta der Grundrechte, Europäische Gespräche 2/1999, S. 24; *Meyer*, in: *Vertretung der Europäischen Kommission in der Bundesrepublik Deutschland* (Hrsg.), Eine europäische Charta der Grundrechte, Europäische Gespräche 2/1999, S. 38; *Streinz*, in: *Streinz* (Hrsg.), EUV / EGV, Vorbem GR-Charta, Rn. 2; *Müller*, in: *Vertretung der Europäischen Kommission in der Bundesrepublik Deutschland* (Hrsg.), Eine europäische Charta der Grundrechte, Europäische Gespräche 2/1999, S. 30/31, die betont, dass gerade bei der Schaffung eines Katalogs von Grundrechten, die die rechtliche Garantie der Bürger gegenüber unangemessener Behandlung v.a. durch die Exekutive darstellen, der Exekutive bei Erarbeitung und Beschlussfassung über den Grundrechtstext nicht das Monopol überlassen werden darf.

363 Vgl. hierzu *Schmuck*, INTEGRATION 1/2000, S. 54.

364 Vgl. *Däubler-Gmelin*, in: *Vertretung der Europäischen Kommission in der Bundesrepublik Deutschland* (Hrsg.), Eine europäische Charta der Grundrechte, Europäische Gespräche 2/1999, S. 9; *Dix*, INTEGRATION 1/2001, S. 37/38.

365 So schon *Jürgen Meyer* in der Plenardebatte des Deutschen Bundestages zur Reform des Vertrages von Maastricht und zur Europapolitik am 22. Juni 1995, BT-Plenarprotokoll 13/44; S. 3563, auch abgedruckt in: *Deutscher Bundestag, Referat Öffentlichkeitsarbeit* (Hrsg.), Die Charta der Grundrechte der Europäischen Union, S. 94; *de Búrca*, E.L.Rev. 26 (2001), S. 131; dahingehend auch *Müller*, in: *Vertretung der Europäischen Kommission in der Bundesrepublik Deutschland* (Hrsg.), Eine europäische Charta der Grundrechte, Europäische Gespräche 2/1999, S. 30/31.

2. Die Zusammensetzung des Konvents

a. Mitglieder

Der Unterschied der auf dem Europäischen Rat von Köln ergriffenen Initiative zu früheren Versuchen, einen Grundrechtskatalog für die Europäische Union zu schaffen, zeigt sich insbesondere in der Zusammensetzung des Gremiums, das mit der Ausarbeitung des Charta-Entwurfs beauftragt wurde. Anstatt eine kleine Expertengruppe einzusetzen, entschied man sich für die Schaffung einer Versammlung, deren 62 Mitglieder verschiedene nationale und europäische Institutionen vertraten.

Der Europäische Rat setzte auf seiner Tagung im finnischen Tampere (15./16. Oktober 1999) die Mitglieder des Gremiums[366] zahlenmäßig wie folgt fest:[367]

> Dreißig Mitglieder, jeweils zwei aus jedem Mitgliedstaat, waren von den nationalen Parlamenten aus dem Kreis ihrer Abgeordneten zu benennen. Die Vertreter der nationalen Gesetzgebungsorgane stellten die größte Gruppe der Mitglieder im Gremium. Durch die Festlegung der Anzahl von Delegierten auf jeweils zwei pro Mitgliedstaat sollte es den Staaten, deren Parlamente aus zwei Kammern bestehen, ermöglicht werden, einen Vertreter pro Kammer in das Gremium zu entsenden.[368]

---

366 Eine Liste aller Mitglieder des Gremiums und ihrer Stellvertreter findet sich in *Ausschuss für die Angelegenheiten der Europäischen Union* (Hrsg.), Der Konvent der Europäischen Grundrechte-Charta, S. 30-35, sowie in *Deutscher Bundestag, Referat Öffentlichkeitsarbeit* (Hrsg.), Die Charta der Grundrechte der Europäischen Union, S. 63-65.

367 Anlage zu den Schlussfolgerungen des Vorsitzes des Europäischen Rates von Tampere, Bull. EU 10-1999, nach Ziff. 1.I.16 (S. 15).

368 Bericht des Vorsitzes des Rates (Allgemeine Angelegenheiten) an den Ausschuss der Ständigen Vertreter vom 30.07.1999, Nr. 4. a), abgedruckt in: *Ausschuss für die Angelegenheiten der Europäischen Union* (Hrsg.), Der Konvent der Europäischen Grundrechte-Charta, S. 11; einige Mitgliedstaaten hatten im Vorfeld geäußert, dass die Entsendung von mindestens zwei Vertretern der nationalen Parlamente aufgrund ihrer verfassungsrechtlichen Erfordernisse notwendig wäre, vgl. a.a.O., S. 11; als deutsche Vertreter im Konvent wurden vom Bundestag Prof. Dr. *Jürgen Meyer* (SPD), vom Bundesrat der Chef der Thüringer Staatskanzlei und Thüringer Europaminister *Jürgen Gnauck* benannt. Dazu auch *Barriga*, Entstehung der Charta der Grundrechte, S. 23.

Sechzehn Mitglieder entstammten dem Europäischen Parlament und waren von diesem zu bestimmen.[369]

Fünfzehn Mitglieder des Gremiums waren Beauftragte der Staats- und Regierungschefs der Mitgliedstaaten.[370]

Ein Mitglied schließlich wurde als Beauftragter vom Präsidenten der Europäischen Kommission in das Gremium entsandt.[371]

Im Verhinderungsfall konnten sich die 62 Gremiumsmitglieder durch Stellvertreter vertreten lassen.[372]

Das Gremium war damit zu knapp drei Vierteln mit Parlamentariern besetzt. Durch diese repräsentative Zusammensetzung und das bewusste Überwiegen von Persönlichkeiten, denen Transparenz und öffentliche Diskussion selbstverständlich sind, begegnete der Europäische Rat der Hauptkritik an den üblichen Verhandlungen im Rahmen von Regierungskonferenzen.[373] Gleichermaßen entstammten knapp drei Viertel der Mitglieder des Gremi-

---

369 Seitens des Europaparlaments wurden *Ingo Friedrich* (PPE-DE), *Sylvia-Yvonne Kaufmann* (GUE/NGL) sowie *Martin Schulz* (PSE) bzw. ab der 9. Sitzung des Konvents für diesen *Jo Leinen* (PSE) als deutsche Vertreter in das Gremium entsandt. Eine wesentlich weitergehende, zentrale Rolle des Europäischen Parlaments bei der Ausarbeitung der Charta sah der Vorschlag von *Edith Müller*, MdEP vor; vgl. *dies.*, in: *Vertretung der Europäischen Kommission in der Bundesrepublik Deutschland* (Hrsg.), Eine europäische Charta der Grundrechte, Europäische Gespräche 2/1999, S. 31-34.

370 Als Beauftragter des Bundeskanzlers fungierte Prof. Dr. *Roman Herzog*, s.o. 2. Kapitel.A.II.3, insb. Fn. 299.

371 Vertreter der Kommission war der Kommissar für Justiz und Inneres *António Vitorino*. Vgl. auch die Zusammensetzung des späteren Verfassungskonvents, dem bei i.ü. gleicher Mitgliedschaft zwei Vertreter der Kommission angehörten, siehe Europäischer Rat (Laeken), Anlage I zu den Schlussfolgerungen des Vorsitzes, Dok. SN 300/1/01 REV 1, S. 19 ff. (24 / Pkt. III).

372 Anlage zu den Schlussfolgerungen des Vorsitzes des Europäischen Rates von Tampere, Bull. EU 10-1999, nach Ziff. 1.I.16 (S. 15); von deutscher Seite wurden als Stellvertreter seitens des Bundestages *Peter Altmaier* (CDU), seitens des Bundesrates der niedersächsische Justizminister *Wolf Weber* benannt; das Europaparlament entsandte *Peter M. Mombaur* (PPE-DE) als stellvertretendes Mitglied ins Gremium.

373 *Mombaur*, DÖV 2001, S. 595/596; *de Búrca*, E.L.Rev. 26 (2001), S. 131/132; *Hilf*, Sonderbeilage zu NJW 2000, S. 5; *Eriksen / Fossum / Menéndez*, in: *dies.* (Hrsg.), The Chartering of Europe, S. 19.

ums, die 30 Abgeordneten der nationalen Parlamente sowie die 15 Beauftragten der Staats- und Regierungschefs, dem Rechtskreis der Mitgliedstaaten.[374]

Hinsichtlich des Vorsitzes im Gremium bestimmte der Europäische Rat auf seiner Tagung in Tampere, dass dieser von einem ständigen Vorsitzenden geführt werden soll, der vom Gremium selbst aus dem Kreis seiner Mitglieder zu wählen ist, und beließ diesem damit größtmögliche Entscheidungsfreiheit.[375] Das Gremium wählte in seiner ersten Sitzung am 17. Dezember 1999 den ehemaligen Bundespräsidenten und ehemaligen Präsidenten des Bundesverfassungsgerichts Prof. Dr. *Roman Herzog*, der als Beauftragter des deutschen Bundeskanzlers in das Gremium entsandt worden war, zum Vorsitzenden.[376]

Der Beauftragte des jeweiligen Präsidenten des Europäischen Rates[377] sowie ein Mitglied des Europäischen Parlaments[378] und ein Mitglied eines na-

---

374 *Hilf*, Sonderbeilage zu NJW 2000, S. 5; *Schmitz*, JZ 2001, S. 833.

375 Anlage zu den Schlussfolgerungen des Vorsitzes des Europäischen Rates von Tampere, Bull. EU 10-1999, nach Ziff. 1.I.16 (S. 15). Diese Option konnte sich gegen die im Vorfeld vorgebrachten anderen Optionen, den Vorsitz durch den jeweiligen Vertreter des Vorsitzes im Rat oder durch einen vom Europäischen Rat aus dem Kreis der Beauftragten der Staats- und Regierungschefs ausgewählten ständigen Vorsitzenden durchsetzen, vgl. dazu den Bericht des Vorsitzes des Rates (Allgemeine Angelegenheiten) an den Ausschuss der Ständigen Vertreter vom 30.07.1999, Nr. 4. b), abgedruckt in: *Ausschuss für die Angelegenheiten der Europäischen Union* (Hrsg.), Der Konvent der Europäischen Grundrechte-Charta, S. 11 f., sowie *Knecht*, Charta der Grundrechte, S. 74 f.

376 CHARTE 4105/00; Bull. EU 12-1999, Ziff. 1.1.3 (S. 43); Sitzungsniederschrift in: *Ausschuss für die Angelegenheiten der Europäischen Union* (Hrsg.), Der Konvent der Europäischen Grundrechte-Charta, S. 24; s.o. 2. Kapitel.A.II.3, insb. Fn. 299.

377 Dies waren entsprechend des turnusmäßig alle sechs Monate wechselnden Vorsitzes im Rat für Finnland *Paavo Nikula*, für Portugal *Pedro Bacelar de Vasconcelos* und für Frankreich *Guy Braibant*, vgl. Niederschrift über die erste Tagung des Gremiums in *Ausschuss für die Angelegenheiten der Europäischen Union* (Hrsg.), Der Konvent der Europäischen Grundrechte-Charta, S. 24.

378 Die Gruppe der Vertreter des Europäischen Parlaments wählten aus ihrer Mitte den spanischen Europaabgeordneten *Inigo Méndez de Vigo*, vgl. Niederschrift über die erste Tagung des Gremiums in: *Ausschuss für die Angelegenheiten der Europäischen Union* (Hrsg.), Der Konvent der Europäischen Grundrechte-Charta, S. 24.

tionalen Parlaments[379] fungierten gemäß dem Beschluss des Europäischen Rates von Tampere als stellvertretende Vorsitzende.[380] Der Vorsitzende und seine Stellvertreter bildeten zusammen mit dem Vertreter des Präsidenten der Kommission das – vom Konvent so bezeichnete – „Präsidium".[381]

Betrachtet man die Zusammensetzung des Gremiums und dessen Besetzung, wird die Bedeutung der jüngsten Initiative zur Schaffung eines Grundrechtskatalogs für die EU deutlich. Der Europäische Rat hat sich entschlossen, ein verhältnismäßig großes Gremium mit einer breiten parlamentarischen Legitimation mit der Ausarbeitung des Katalogs zu beauftragen. Der Konvent wurde seitens der nominierungsberechtigten Institutionen mit zahlreichen angesehenen, in Grundrechtsfragen profilierten Vertretern besetzt.[382] Dies zeigt, dass den zahlreichen, nie rechtswirksam gewordenen Expertenberichten nicht bloß ein weiterer hinzugefügt werden sollte.[383]

b. Beobachter und anzuhörende Institutionen

Nach dem Willen des Europäischen Rates sollte es verschiedenen „Institutionen" außerhalb einer förmlichen Mitgliedschaft im Gremium in unterschiedlichem Maße ermöglicht werden, auf die Ausarbeitung der Charta Einfluss zu nehmen. Dementsprechend sah der Europäische Rat einen Beobachterstatus im Gremium als stärkste Form der Beteiligung außerhalb

---

379 Die Gruppe der Vertreter der nationalen Parlamente wählte das finnische Parlamentsmitglied *Gunnar Jansson* zu ihrem stellvertretenden Vorsitzenden, vgl. a.a.O. (Fn. 378), S. 24.

380 Anlage zu den Schlussfolgerungen des Vorsitzes des Europäischen Rates von Tampere, Bull. EU 10-1999, nach Ziff. 1.I.16 (S. 15).

381 Dazu *Meyer / Engels*, in: *Deutscher Bundestag, Referat Öffentlichkeitsarbeit* (Hrsg.), Die Charta der Grundrechte der Europäischen Union, S. 13; *Amt für amtliche Veröffentlichungen der Europäischen Gemeinschaften* (Hrsg.), Charta der Grundrechte der Europäischen Union, S. 34, 39; *Engels*, Eurokolleg 45 (2001), S. 8; *Knecht*, Charta der Grundrechte, S. 77. *Barriga* weist allerdings darauf hin, dass als „Präsidium" ursprünglich nur der Vorsitzende und die stellvertretenden Vorsitzenden bezeichnet wurden, während diese und der Vertreter der Kommission zusammen den sog. Redaktionsausschuss bildeten, dass diese Unterscheidung aber in der Praxis alsbald verwischt wurde, vgl. *ders.*, Entstehung der Charta der Grundrechte, S. 23.

382 Vgl. hierzu *Goldsmith*, CML Rev. 38 (2001), S. 1208 mit Beispielen.

383 In diesem Sinne *de Búrca*, E.L.Rev. 26 (2001), S. 132.

der Mitgliedschaft sowie die zwingende oder fakultative Anhörung weiterer Einrichtungen vor.[384]

Als Beobachter mit Rederecht nahmen zwei Vertreter des EuGH sowie angesichts der besonderen Erfahrung des Europarats im Bereich der Grundrechte zwei Vertreter dieser Organisation, darunter einer des Europäischen Gerichtshofs für Menschenrechte (EGMR), an den Sitzungen des Gremiums teil.[385]

Den zwingenden Vorgaben des Europäischen Rats entsprechend hörte der Konvent in seiner zweiten Sitzung am 2. Februar 2000 weiterhin einen Vertreter des Wirtschafts- und Sozialausschusses und des Ausschusses der Regionen sowie den Europäischen Bürgerbeauftragten *Jacob Södermann* an.[386]

Sonstige Gremien, gesellschaftliche Gruppen oder Sachverständige konnten schließlich fakultativ angehört werden.[387] So führte der Konvent insbesondere am 27. April 2000 eine Anhörung von zahlreichen Nichtregierungsorganisationen durch.[388] Dem angemessenen Gedankenaustausch mit den Vertretern der Beitrittskandidatenländer trug der Konvent in einer vierstündigen Aussprache während seiner Tagung am 19. Juni 2000 Rechnung.[389]

---

384 Anlage zu den Schlussfolgerungen des Vorsitzes des Europäischen Rates von Tampere, Bull. EU 10-1999, nach Ziff. 1.I.16 (S. 15).

385 Anlage zu den Schlussfolgerungen des Vorsitzes des Europäischen Rates von Tampere, Bull. EU 10-1999, nach Ziff. 1.I.16 (S. 15). Vom EuGH wurden Generalanwalt *Siegbert Alber* sowie Richter Prof. *Vassilios Skouris* als Beobachter entsandt; den Europarat vertraten der Stellvertretende Generalsekretär *Hans Christian Krüger* sowie Richter am EGMR *Marc Fischbach*, vgl. *Deutscher Bundestag, Referat Öffentlichkeitsarbeit* (Hrsg.), Die Charta der Grundrechte der Europäischen Union, S. 64. Zur Anhörung der Beobachter in der siebten Konventssitzung vgl. Dok. CHARTE 4305/00 CONVENT 31, S. 1-2. Zur Rolle dieser Beobachter in den Beratungen näher *Barriga*, Entstehung der Charta der Grundrechte, S. 23/24.

386 Dok. CHARTE 4134/00 CONVENT 6, S. 3; dazu *Barriga*, Entstehung der Charta der Grundrechte, S. 24.

387 Anlage zu den Schlussfolgerungen des Vorsitzes des Europäischen Rates von Tampere, Bull. EU 10-1999, nach Ziff. 1.I.16 (S. 15).

388 Siehe dazu näher unten 2. Kapitel.A.IV.3.c, insb. Fn. 441.

389 Dok. SN 3160/00, S. 1; vgl. auch *Neisser*, JRP 2000, S. 268; *Barriga*, Entstehung der Charta der Grundrechte, S. 24/25. Im Gegensatz dazu waren die Bewerberländer im Verfassungskonvent mit der Vorgabe, einen Konsens zwischen den Mitgliedstaaten nicht verhindern zu können, ebenso wie diese vertreten, vgl. Europäischer Rat (Lae-

3. Das Arbeitsverfahren des Konvents

a. Das Verfahren der Willensbildung im Konvent

Der Europäische Rat von Tampere gab dem Gremium zur Art und Weise der Ausarbeitung der Charta nur wenige Rahmenregelungen vor.

Der Konvent versammelte sich zu seinen Sitzungen in Brüssel, und zwar abwechselnd im Ratsgebäude und im Gebäude des Europäischen Parlaments.[390] Er tagte als Plenum zwischen dem 17. Dezember 1999 und dem 2. Oktober 2000 insgesamt achtzehn Mal in ein- bis dreitägigen sog. *formellen* oder – anstelle von Arbeitsgruppen im strengen Sinne[391] – *informellen* Sitzungen.[392]

---

ken), Anlage I zu den Schlussfolgerungen des Vorsitzes, Dok. SN 300/1/01 REV 1, S. 19 ff. (24 / Pkt. III).

390 Anlage zu den Schlussfolgerungen des Vorsitzes des Europäischen Rates von Tampere, Punkt C., Bull. EU 10-1999, nach Ziff. 1.I.16 (S. 16).

391 Zwar wollte der Konvent ursprünglich von der im Beschluss des Europäischen Rates von Tampere vorgesehenen Möglichkeit, zu bestimmten Themenkomplexen Ad-hoc-Arbeitsgruppen einzusetzen, Gebrauch machen, vgl. Protokoll der konstituierenden Sitzung des Konvents am 17. Dezember 1999, Dok. CHARTE 4105/00 BODY 1, S. 5, sowie Sitzungsprotokoll des Sekretariats des Ausschusses für die Angelegenheiten der EU des Deutschen Bundestages, abgedruckt in: *Deutscher Bundestag, Referat Öffentlichkeitsarbeit* (Hrsg.), Die Charta der Grundrechte der Europäischen Union, S. 214 (218). Hiervon nahm er in seiner zweiten Sitzung jedoch wieder Abstand, da er sich von den in informellen Sitzungen gefassten Beschlüssen durch das Plenum als Ganzes eine größere Autorität versprach, vgl. Protokoll der zweiten Konventssitzung vom 01.02.2000, Dok. CHARTE 4134/00 CONVENT 6, S. 2. Zwar sollten die Adhoc-Gruppen nach dem Beschluss des Europäischen Rates von Tampere ebenfalls allen Mitgliedern des Gremiums offen stehen, umstritten war jedoch, inwieweit ein Rede- und Stimmrecht aller in den Arbeitsgruppen bestand. Zudem ließen sich zahlreiche, bei der Bildung von Arbeitsgruppen auftretende praktische Probleme, z.B. Schwierigkeiten bei der Abgrenzung der grundrechtlichen Themenbereiche voneinander sowie Unstimmigkeiten hinsichtlich der Anzahl und der Befugnisse der Arbeitsgruppen, umgehen, vgl. Anlage zu den Schlussfolgerungen des Vorsitzes des Europäischen Rates von Tampere, Punkt B. iii), Bull. EU 10-1999, nach Ziff. 1.I.16 (S. 16); Protokoll der Sitzung vom 17.12.1999, Dok. CHARTE 4105/00 BODY 1, S. 5, sowie Niederschrift der ersten Sitzung des Präsidiums am 17.01.2000, Dok. CHARTE 4107/00, S. 3/4. Hierzu auch *Barriga*, Entstehung der Charta der Grundrechte, S. 29; *Knecht*, Charta der Grundrechte, S. 78-86.

392 Der Zeitplan für die Beratungen findet sich auf der Internet-Seite des Rates unter http://ue.eu.int/DF/intro.asp?lang=de (Stand: 20.11.2001).

Als Ausgangspunkt der Beratungen diente dem Gremium eine vom Präsidium vorgelegte Grundrechtsliste.[393] Entlang dieser Liste übermittelte das Präsidium dem Konvent Textvorschläge für einzelne Artikel der jeweils behandelten Gruppe von Rechten.[394] Die Ausarbeitung dieser Beratungsvorlagen oblag nach dem Beschluss des Europäischen Rates (Tampere) einem *Redaktionsausschuss*[395], der in seiner Zusammensetzung dem Präsidium entsprach[396] und bei der Ausarbeitung der Charta eine zentrale Rolle einnahm. Der Konvent erörterte in seinen Sitzungen, ob die in den Textvorschlägen genannten Rechte in die Charta aufgenommen werden sollten, prüfte die vorgeschlagenen Artikelformulierungen, und erarbeitete im Verlauf der Aussprache erste Änderungsvorschläge. Ausgehend von den Ergebnissen der Diskussion im Konvent überarbeitete der Redaktionsausschuss die Textvorschläge, zu denen die Mitglieder des Gremiums binnen einer vom Vorsitzenden festgelegten Frist weitere schriftliche Änderungsanträge einbringen konnten.[397] In

---

393 Dok. CHARTE 4112/2/00 REV 2 BODY 4 v. 27.01.2000; zu den Beratungen vgl. Dok. CHARTE 4134/00 CONVENT 6, S. 2-3 sowie Dok. CHARTE 4147/00 CONVENT 11, S. 2.

394 Vgl. z.B. die Textvorschläge für Rechte aus der Gruppe der bürgerlichen und politischen Rechte in Dok. CHARTE 4123/1/00 REV 1 CONVENT 5, die in der ersten informellen Tagung des Konvents behandelt wurden, Dok. CHARTE 4147/00 CONVENT 11, S. 1/2.

395 Anlage zu den Schlussfolgerungen des Vorsitzes des Europäischen Rates von Tampere, Punkt B. iv), Bull. EU 10-1999, nach Ziff. 1.I.16 (S. 16). Damit entschied man sich gegen die im Vorfeld des Europäischen Rates in Tampere diskutierte Variante, dem Gremium selbst die Einsetzung eines Redaktionsausschusses anheimzustellen, v.a. aber gegen einen sog. großen Redaktionsausschuss, in dem alle Beauftragten der Staats- und Regierungschefs vertreten sind, was den Einfluss der Regierungen auf die Ausarbeitung des Charta-Entwurfs maßgeblich gestärkt hätte, vgl. Stellungnahme des Ausschusses für die Angelegenheiten der Europäischen Union gegenüber der Bundesregierung vom 05.10.1999, abgedruckt in: *Ausschuss für die Angelegenheiten der Europäischen Union* (Hrsg.), Der Konvent der Europäischen Grundrechte-Charta, S. 8-9, sowie Bericht des Vorsitzes des Rates (Allgemeine Angelegenheiten) an den Ausschuss der Ständigen Vertreter vom 30.07.1999, Nr. 4. d), abgedruckt in: *Ausschuss für die Angelegenheiten der Europäischen Union* (Hrsg.), Der Konvent der Europäischen Grundrechte-Charta, S. 12/13.

396 Siehe dazu bereits oben 2. Kapitel.A.IV.2.a, insb. Fn. 381.

397 Vgl. zu dieser Vorgehensweise das Ergebnis der Beratungen der dritten Sitzung des Präsidiums, Dok. CHARTE 4148/00 CONVENT 12, S. 5, sowie den Bericht über die zweite Arbeitsgruppensitzung des Konvents, Dok. CHARTE 4154/00 CONVENT 14, S. 2. Insbesondere die Vertreter der Zivilgesellschaft konnten aller-

einer weiteren Lesung prüften die Konventsmitglieder sodann die überarbeitete Textfassung sowie die rechtzeitig eingegangenen schriftlichen Änderungsvorschläge; der Redaktionsausschuss bezog die Diskussionsergebnisse in seine Neufassung der Artikelentwürfe ein. Auf diese Weise wurden die einzelnen Bestimmungen der Charta auf der Basis von allein weit über 1000 schriftlichen Änderungsanträgen der Delegierten[398] laufend überarbeitet, bis Ende September 2000 ein endgültiger Textentwurf vorlag, den die Konventsmitglieder auf der förmlichen Tagung am 2. Oktober 2000 annahmen.[399]

In dem engen zeitlichen Rahmen, den der Europäische Rat (Köln) dem Gremium zur Ausarbeitung des Charta-Entwurfs vorgegeben hat, hat das effiziente Verfahren der Willensbildung im Konvent maßgeblich dazu beigetragen, dass dieser die ihm übertragene Aufgabe fristgerecht erfüllen konnte.[400] Der Europäische Rat (Tampere) hatte diesbezüglich lediglich bestimmt, dass ihm der (endgültige) Charta-Entwurf zuzuleiten ist, wenn der Vorsitzende des Gremiums in engem Benehmen mit den stellvertretenden Vorsitzenden zu der Auffassung gelangt, dass der ausgearbeitete Entwurf für alle Seiten zustimmungsfähig ist.[401] Der Konvent kam auf Anraten des Vorsitzenden überein, dieses sog. *Konsens- oder Ratsverfahren* auch auf die Ausarbeitung der einzelnen Bestimmungen des Charta-Entwurfs anzuwenden.[402]

---

dings keine Beratungsvorlagen unterbreiten bzw. förmliche Änderungsanträge stellen, vgl. Dok. CHARTE 4148/00 CONVENT 12, Punkt 4, S. 3/4.

398 Laut *Hilf*, Sonderbeilage zu NJW 2000, S. 5 wurden bis zum ersten vollständigen Charta-Entwurf im Juni 2000 589 formelle Änderungsanträge, und bis zur endgültigen Textfassung nochmals über 1000 Anträge eingearbeitet; vgl. auch *Mombaur*, DÖV 2001, S. 596; *Leinen / Schönlau*, INTEGRATION 1/2001, S. 30.

399 Zur Arbeitsweise des Konvents eingehend *Engels*, Eurokolleg 45 (2001), S. 8; *Meyer / Engels*, in: *Deutscher Bundestag, Referat Öffentlichkeitsarbeit* (Hrsg.), Die Charta der Grundrechte der Europäischen Union, S. 13.

400 So auch *Pache*, EuR 2001, S. 484/485; *Hilf*, zitiert bei: *Szczekalla*, DVBl. 2001, S. 346.

401 Anlage zu den Schlussfolgerungen des Vorsitzes des Europäischen Rates von Tampere, Punkt B. v), Bull. EU 10-1999, nach Ziff. 1.I.16 (S. 16).

402 Bericht über die erste informelle Sitzung des Konvents am 24./25.02.00, Dok. CHARTE 4147/00 CONVENT 11, Nr. 4 (S. 2); *Méndez de Vigo*, in: *Kaufmann* (Hrsg.), Grundrechtecharta der EU, S. 99/100; *Leinen / Schönlau*, INTEGRATION 1/2001, S. 28; *Mombaur*, in: *Bremische Bürgerschaft* (Hrsg.), Charta der Grundrechte der Europäischen Union (26.06.2000), S. 12; *Stock*, EuR 2002, S. 568/569; *Barriga*, Entstehung der Charta der Grundrechte, S. 30-32.

Anders als bei Anwendung des parlamentarischen Verfahrens mussten die Konventsmitglieder insbesondere die zahlreichen, aus ihrer Mitte im Laufe der Beratungen eingebrachten Änderungsanträge nicht gesondert behandeln und über diese einzeln numerisch abstimmen.[403] Die Delegierten bemühten sich vielmehr, auf der Grundlage aller zu den einzelnen Bestimmungen vorgelegten Textvorschläge einen Konsens über die Formulierung der Normen der Charta zu erzielen.[404]

b. Meinungsbildende Faktoren innerhalb des Konvents

(1) Präsidium bzw. Redaktionsausschuss

Die Anwendung des Konsensverfahrens, mit dem die Charta-Rechte einvernehmlich und ohne die Durchführung selbst nur indikativer Abstimmungen abgefasst wurden, führte zu einer starken Stellung des Präsidiums bzw. Redaktionsausschusses. Ihm kam bei der Einschätzung, ob einzelne im Konvent diskutierte Vorschläge zur Formulierung der Grundrechte konsensfähig sind, ein sehr weiter Beurteilungsspielraum zu.[405] Welche dieser Vorschläge das Präsidium auf welche Weise in die neuen Artikelentwürfe auf-

---

403 Zahlenmäßige Abstimmungen wurden im Konvent grundsätzlich weder zu Verfahrens- noch zu Sachaspekten durchgeführt; Ausnahmen bildeten z.B. der Beschluss, dem Gremium den Namen „Konvent" zu geben, sowie die Bestimmung der Modalitäten der Teilnahme der stellvertretenden Mitglieder an den Konventssitzungen, vgl. Bericht über die zweite Tagung des Konvents vom 01./02.02.00, Dok. CHARTE 4134/00 CONVENT 6, Nr. 3, 4 (S. 1, 2); *Dix*, INTEGRATION 1/2001, S. 38.

404 Die Diskussion in den Sitzungen wurde dadurch gestrafft, dass der Konvent auf Vorschlag des Präsidiums die Redezeit jedes Mitglieds auf drei Minuten beschränkte und nur einen Redebeitrag pro Mitglied und pro Artikel zuließ, wobei der Beitrag sich auf einen dem Präsidium vorliegenden Artikelvorschlag beziehen musste, vgl. Niederschrift über die dritte Sitzung des Präsidiums am 02.03.00, Dok. CHARTE 4148/00 CONVENT 12, Nr. 4 (S. 4); Bericht über die zweite Arbeitsgruppensitzung des Konvents am 02./03.03.00, Dok. CHARTE 4154/00 CONVENT 14, Nr. 2 (S. 1); zur Kritik vgl. *Goldsmith*, CML Rev. 38 (2001), S. 1208. Vgl. zum Verfahren der Willensbildung im Konvent insgesamt *Neisser*, JRP 2000, S. 269; *Pache*, EuR 2001, S. 484/485; *Hilf*, Sonderbeilage zu NJW 2000, S. 5; *de Búrca*, E.L.Rev. 26 (2001), S. 133; *Engels*, Eurokolleg 45 (2001), S. 8/9.

405 Vgl. hierzu *de Búrca*, E.L.Rev. 26 (2001), S. 138; *Goldsmith*, CML Rev. 38 (2001), S. 1208; *Stock*, EuR 2002, S. 568/569; *Bering Liisberg*, CML Rev. 38 (2001), S. 1178, 1182; *Barriga*, Entstehung der Charta der Grundrechte, S. 29; *Knecht*, Charta der Grundrechte, S. 87 f.

nahm, wurde im Konvent teilweise als zu wenig transparent kritisiert.[406] Insbesondere in Bezug auf die sozialen Rechte beklagten verschiedene Konventsmitglieder, dass das Präsidium trotz einer breiten Mehrheit im Konvent bestimmte Rechte bzw. konkrete Änderungen an vorgeschlagenen Grundrechtstexten nicht in die überarbeiteten Textfassungen aufgenommen habe.[407]

(2) Institutionelle und politische Gruppierungen

Beobachtern zufolge spielten die drei nach institutioneller Zugehörigkeit gebildeten Mitgliedergruppen – die Vertreter der nationalen Parlamente, die Abgeordneten des Europäischen Parlaments sowie die Gruppe der Beauftragten der Staats- und Regierungschefs – eine wichtige Rolle bei der Meinungsbildung im Konvent.[408] Sie traten i.d.R. vor jeder formellen Konventssitzung zur Sondierung des Meinungsbildes und der Mehrheitsfindung in der Gruppe zusammen.[409]

Das Bemühen, institutionell geprägte Positionen zu koordinieren und im Konvent geschlossen zu vertreten, gelang den einzelnen Delegationen in unterschiedlichem Maße. In der größten und vielschichtigsten Gruppe der nationalen Parlamentsabgeordneten konnten verhältnismäßig wenige Übereinstimmungen gefunden werden.

---

406 Vgl. hierzu *Leinen / Schönlau*, INTEGRATION 1/2001, S. 28; *Voggenhuber*, in: *Kaufmann* (Hrsg.), Grundrechtecharta der EU, S. 113; *Barriga*, Entstehung der Charta der Grundrechte, S. 33.

407 Vgl. z.B. die formelle Sitzung des Konvents am 25. und 26.09.2000, in der eine Vielzahl von Delegierten vergeblich für die Aufnahme eines Bezuges auf die Europäische Sozialcharta in Art. 52 der Charta plädierte, siehe den ausführlichen Sitzungsbericht des Sekretariats des Ausschusses für die Angelegenheiten der EU des Deutschen Bundestages, abgedruckt in: *Deutscher Bundestag, Referat Öffentlichkeitsarbeit* (Hrsg.), Die Charta der Grundrechte der Europäischen Union, S. 382-388; kritisch auch *Voggenhuber*, in: *Kaufmann* (Hrsg.), Grundrechtecharta der EU, S. 113; eingehend *van den Burg*, in: *Kaufmann* (Hrsg.), Grundrechtecharta der EU, S. 44-47 (insb. S. 46).

408 Dies zeigt sich auch an der Tatsache, dass es in der letzten Phase der Ausarbeitung der Charta besonders viele Koordinierungssitzungen der drei Delegationen im Konvent gab, vgl. z.B. Dok. SN 3995/00, S. 1, Dok. SN 4236/1/00 REV 1, S. 1, sowie *van den Burg*, in: *Kaufmann* (Hrsg.), Grundrechtecharta der EU, S. 45.

409 Vgl. hierzu eingehend *Engels*, Eurokolleg 45 (2001), S. 8, sowie *Meyer / Engels*, in: *Deutscher Bundestag, Referat Öffentlichkeitsarbeit* (Hrsg.), Die Charta der Grundrechte der Europäischen Union, S. 14.

Die Gruppe der Beauftragten der Staats- und Regierungschefs vertrat zwar z.B. bei Fragen des institutionellen Gleichgewichts zwischen nationaler und europäischer Ebene gemeinsame Positionen. Sie war aber insgesamt gespalten in die Gruppe der Vertreter, die dem Charta-Projekt eher kritisch gegenüberstand,[410] und den Fürsprechern eines möglichst umfassenden, verbindlichen Grundrechtskatalogs.[411] Sie gewann allerdings durch die Notwendigkeit, einen Konsens über die in der Charta normierten Rechte unter den Konventsmitgliedern zu erzielen, zunehmend an Einfluss. Durch die Ablehnung einzelner Formulierungsvorschläge oder der Aufnahme bestimmter Rechte als solcher verhinderten zumindest einige dieser Vertreter besonders im Bereich der sozialen Grundrechte einen umfassenderen Schutzbereich mehrerer Charta-Rechte.[412] Die Mehrheit der Konventsmitglieder, und insbesondere die zur Stärkung der demokratischen Legitimation mehrheitlich vertretenen Abgeordneten, konnten sich hiergegen mangels Mehrheitsentscheidungen durch Abstimmungen nicht durchsetzen.[413]

Nicht zuletzt aufgrund des ihr vom Europäischen Parlament erteilten Mandats[414] trat die Delegation der Europaparlamentarier im Konvent am geschlossensten auf.[415]

---

410 Dies waren insbesondere die Vertreter Großbritanniens, Dänemarks, Irlands und Schwedens.

411 Zu Letzteren zählten neben Deutschland insbesondere Frankreich, Italien und die Benelux-Länder.

412 V.a. Großbritannien suchte, vertreten durch den persönlichen Beauftragten *Lord Goldsmith*, in diesem Bereich restriktive Lösungen durchzusetzen, vgl. *van den Burg*, in: *Kaufmann* (Hrsg.), Grundrechtecharta der EU, S. 44, 46; *Leinen / Schönlau*, ebd., S. 86; *Voggenhuber*, ebd., S. 112/113.

413 Siehe hierzu auch die Einschätzung des persönlichen Beauftragten des Präsidenten und des Premierministers Frankreichs, *Guy Braibant*, dass die Gruppe der Regierungsvertreter im Konvent trotz der formalen Gleichheit aller Mitglieder die einflussreichste Stellung innehaben, vgl. *ders.*, RUDH 2000, S. 67.

414 Entschließung zur Erarbeitung einer Charta der Grundrechte der Europäischen Union vom 16. März 2000 (sog. *Duff / Voggenhuber*-Bericht), Dok. C5-0058/1999 – 1999/2064 (COS) = Dok. CHARTE 4199/00, S. 2-7; siehe dazu noch sogleich bei Fn. 425.

415 Zu den Treffen und der Koordination zwischen den Abgeordneten des Europäischen Parlaments vgl. *van den Burg*, in: *Kaufmann* (Hrsg.), Grundrechtecharta der EU, S. 44. Eingehend zur Koordination von Positionen innerhalb der drei Delegationen *Leinen / Schönlau*, INTEGRATION 1/2001, S. 29/30; *Engels*, Eurokolleg 45 (2001), S. 8; *Braibant*, RUDH 2000, S. 67; *Knecht*, Charta der Grundrechte, S. 88 ff.

Außerdem versammelten sich die Konventsmitglieder vor nahezu jeder Gremiumssitzung entsprechend ihrer politischen Zugehörigkeit getrennt nach Parteien.[416] Infolge der Diskussion inhaltlicher und strategischer Fragen wurden teilweise Änderungsanträge mehrerer Mitglieder als Gruppenanträge im Konvent gestellt.[417]

Interessant ist in diesem Zusammenhang auch die Stellung der stellvertretenden Konventsmitglieder. Sie durften in allen Sitzungen neben den ordentlichen Mitgliedern anwesend sein.[418] In den (in der Mehrzahl) informellen Sitzungen[419] wurde den Stellvertretern überdies volles Rederecht eingeräumt.[420] Sie übernahmen infolgedessen teils eine überaus aktive Rolle im Konvent und nahmen auf die Ausarbeitung der Charta – begünstigt auch durch die Tatsache, dass im Konvent grundsätzlich keine Abstimmungen stattfanden – in wesentlich bedeutenderer Weise Einfluss als ihre Stellung als Stellvertreter vermuten lässt.[421]

Inwieweit die Konventsmitglieder bei der Willensbildung im Gremium zur Vertretung des Standpunktes der sie entsendenden Einrichtung verpflichtet waren, war vom Europäischen Rat nicht geregelt worden. Die Delegierten konnten trotz der Tatsache, dass sie als Vertreter einer Institution in den Konvent entsandt wurden, wie Experten jedenfalls auch ihre eigenen Ansichten vertreten.[422] Andererseits stand es den jeweiligen Institutionen frei, ein

---

416 Zu den Treffen aller sozialistischen Mitglieder im Konvent vgl. *van den Burg*, in: *Kaufmann* (Hrsg.), Grundrechtecharta der EU, S. 43.

417 Vgl. *Meyer / Engels*, in: *Deutscher Bundestag, Referat Öffentlichkeitsarbeit* (Hrsg.), Die Charta der Grundrechte der Europäischen Union, S. 14 mit Nachweisen; *Leinen / Schönlau*, INTEGRATION 1/2001, S. 30; *Schmuck*, INTEGRATION 1/2000, S. 54.

418 Anders die Regelung für den späteren sog. Verfassungskonvent, in dem ein Ersatz durch Stellvertreter nur dann zulässig war, wenn das jeweilige Mitglied nicht anwesend war, vgl. Europäischer Rat (Laeken), Anlage I zu den Schlussfolgerungen des Vorsitzes, Dok. SN 300/1/01 REV 1, S. 19 ff. (24 / Pkt. III).

419 Der Konvent tagte in 11 seiner 18 Sitzungen informell.

420 Zweite Sitzung des Konvents vom 01.02.2000, Dok. CHARTE 4134/00 CONVENT 6, S. 2.

421 Vgl. hierzu mit Nachweis *Meyer / Engels*, in: *Deutscher Bundestag, Referat Öffentlichkeitsarbeit* (Hrsg.), Die Charta der Grundrechte der Europäischen Union, S. 11; *Mombaur*, DÖV 2001, S. 596; *Barriga*, Entstehung der Charta der Grundrechte, S. 23.

422 *Neisser*, JRP 2000, S. 269; *Meyer / Engels*, in: *Deutscher Bundestag, Referat Öffentlichkeitsarbeit* (Hrsg.), Die Charta der Grundrechte der Europäischen Union, S. 14; *Dix*, INTEGRATION 1/2001, S. 38.

Mitglied aus dem Konvent jederzeit wieder abzuberufen,[423] wenn es sein *Mandat* nicht im Sinne des Auftraggebers wahrnahm.[424] Dabei legte insbesondere das Europäische Parlament in der Entschließung zur Erarbeitung einer Charta der Grundrechte der Europäischen Union vom 16. März 2000 seine Ziele in Bezug auf grundlegende inhaltliche Aspekte der Charta dar und gab seinen Vertretern im Konvent auf, die Forderungen der Entschließung nachdrücklich zu vertreten.[425]

Eine spätere Befragung von etwa einem Drittel der Mitglieder des Gremiums ergab, dass nach ihrer überwiegenden Einschätzung die Trennlinien im Konvent flexibel und von Artikel zu Artikel wechselnd verliefen, d.h. weder nach der von ihnen repräsentierten Institution noch nach Parteizugehörigkeit oder Nationalität im voraus eindeutig festgelegt waren.[426] Ähnlich den im Rahmen der Debatten des Europäischen Parlaments gemachten Beobachtungen scheint damit bei den Verhandlungen des Konvents die europäische Arena eine flexible Meinungs- und Gruppenbildung und einen verhältnismäßig offenen Dialog begünstigt zu haben.[427]

(3) Konventssekretariat

Bei der Vorbereitung der Sitzungen und der Abfassung der Textentwürfe wurden das Präsidium bzw. der Redaktionsausschuss administrativ vom *Generalsekretariat des Rates* unterstützt, das nach dem Beschluss des Europäischen

---

423 Vgl. hierzu *Meyer / Engels*, in: *Deutscher Bundestag, Referat Öffentlichkeitsarbeit* (Hrsg.), Die Charta der Grundrechte der Europäischen Union, S. 37.

424 Die Notwendigkeit, trotz fehlender Weisungen die politische Ausrichtung der eigenen Regierung zu berücksichtigen, betont für die Gruppe der persönlichen Beauftragten der Staats- und Regierungschefs *Braibant*, RUDH 2000, S. 67.

425 Dok. C5-0058/1999 – 1999/2064 (COS) = Dok. CHARTE 4199/00, S. 2-7; abgedruckt in: *Deutscher Bundestag, Referat Öffentlichkeitsarbeit* (Hrsg.), Die Charta der Grundrechte der Europäischen Union, S. 79-84.

426 Vgl. Nachweis bei *Leinen / Schönlau*, INTEGRATION 1/2001, S. 28. Vgl. auch zum gemeinsamen Antrag der weiblichen Mitglieder des Konvents, die Grundrechtecharta in einer geschlechtsneutralen Sprache abzufassen, *Kaufmann*, in: *Kaufmann* (Hrsg.), Grundrechtecharta der EU, S. 70. Vgl. zur Unabhängigkeit der Vertreter der nationalen Parlamente *Voggenhuber*, in: *Kaufmann* (Hrsg.), Grundrechtecharta der EU, S. 111.

427 Vgl. *Leinen / Schönlau*, INTEGRATION 1/2001, S. 28 mit weiteren Nachweisen; *dies.*, in: *Kaufmann* (Hrsg.), Grundrechtecharta der EU, S. 86.

Rates (Tampere) die Sekretariatsgeschäfte wahrzunehmen hatte.[428] Diese umfassten neben der Anfertigung der Artikelvorentwürfe auch die fachliche Beratung des Konvents zu grundlegenden Aspekten der Charta wie z.B. der Regelung der sog. Querschnittsfragen.[429] Das Sekretariat hatte auf diese Weise neben dem Redaktionsausschuss einen bedeutsamen, wenn auch weniger sichtbaren Einfluss auf die Erarbeitung der Charta.[430] Die Regierungen der Mitgliedstaaten sicherten sich durch die de facto ausschließliche Zuweisung der vorbereitenden und beratenden Aufgaben an das Sekretariat des Rates[431] die Möglichkeit, sich außerhalb der Mitgliederstruktur des Konvents und dessen öffentlichen Sitzungen Gehör zu verschaffen und auf den Inhalt des Charta-Entwurfs einzuwirken.[432]

c. Die Beteiligung der Zivilgesellschaft

Ein wichtiges Ziel des Konventsverfahrens war, wie oben gezeigt,[433] eine möglichst breite Beteiligung der Zivilgesellschaft an der Ausarbeitung der Charta, die den Anstoß für einen europaweiten öffentlichen Diskurs über die Grundrechte in der EU als gemeinsame Wertebasis der Unionsbürger geben sollte.

Der Europäische Rat (Tampere) ermöglichte die Öffnung des Verfahrens für Anregungen seitens der Zivilgesellschaft zunächst durch die Öffentlichkeit sämtlicher Sitzungen des Konvents (nicht allerdings des –

---

428 Anlage zu den Schlussfolgerungen des Vorsitzes des Europäischen Rates von Tampere, Bull. EU 10-1999, nach Ziff. 1.I.16, Punkt A. vii) (S. 15); Leiter des Generalsekretariats des Rates und Sekretariats des Konvents war *J.P. Jacqué*.

429 Dok. CHARTE 4111/00 BODY 3 v. 20.01.2000, S. 1-7.

430 Vgl. auch *de Búrca*, E.L.Rev. 26 (2001), S. 134-137, die anhand des genannten Gutachtens zu den Querschnittsfragen (Dok. CHARTE 4111/00 BODY 3, S. 1-7) eingehend das Hinwirken des Sekretariats auf eine beschränkte Reichweite der Grundrechtecharta belegt; *Bering Liisberg*, CML Rev. 38 (2001), S. 1178; *Barriga*, Entstehung der Charta der Grundrechte, S. 27/28; *de Schutter*, in: *Eriksen / Fossum / Menéndez* (Hrsg.), The Chartering of Europe, S. 147.

431 Nach dem Beschluss von Tampere (Fn. 428) sollten zum Generalsekretariat des Europäischen Parlaments, zur Kommission und zu den Sekretariaten der nationalen Parlamente lediglich enge Kontakte hergestellt werden, um für eine reibungslose Koordinierung zu sorgen.

432 Kritisch hierzu *de Búrca*, E.L.Rev. 26 (2001), S. 138; *Neisser*, JRP 2000, S. 269.

433 Siehe oben 2. Kapitel.A.IV.1, insb. Fn. 364.

einflussreichen – Präsidiums).[434] Tatsächlich verfolgten während der gut neunmonatigen Arbeitsdauer eine stetig wachsende Anzahl von interessierten Bürgern und Vertretern von Nichtregierungsorganisationen die Beratungen.[435]

Weiterhin konnten sich die Bürger auf der eigenen Internet-Seite[436] des Konvents über Zeitplan und Inhalt der Konventssitzungen informieren und sämtliche Beratungsdokumente des Konvents, die nach dem Beschluss des Europäischen Rates (Tampere) der Öffentlichkeit zugänglich sein sollten,[437] in allen elf Amtssprachen der EU abrufen. Sie konnten außerdem via E-Mail[438] eigene Standpunkte zur Grundrechtecharta an den Konvent übermitteln, die auf dessen Internet-Seite veröffentlicht wurden.[439] Beobachtern zufolge fanden diese Eingaben durchaus Berücksichtigung in der Konventsarbeit. So verwiesen immer wieder Delegierte in ihren Änderungsanträgen und Diskussionsbeiträgen auf die dort gemachten über 300 Stellungnahmen.[440]

---

434 Anlage zu den Schlussfolgerungen des Vorsitzes des Europäischen Rates von Tampere, Punkt B. ii), Bull. EU 10-1999, nach Ziff. 1.I.16 (S. 16). Kritisch zu den nichtöffentlichen, teils undurchsichtigen Entscheidungsprozessen im Präsidium *Neisser*, zitiert bei *Szczekalla*, DVBl. 2001, S. 346; *Schmitz*, JZ 2001, S. 834; *Bering Liisberg*, CML Rev. 38 (2001), S. 1181/1182.

435 Vgl. z.B. *Braibant*, RUDH 2000, S. 67. Selbstredend nutzten diese Zuhörer teils die Gelegenheit, im Umfeld der Sitzungen in persönlichen Gesprächen mit den Delegierten für ihre Positionen zu werben; vgl. *Leinen / Schönlau*, INTEGRATION 1/2001, S. 27; *Engels*, Eurokolleg 45 (2001), S. 9.

436 Die Adresse lautete http://db.consilium.eu.int/df.

437 Anlage zu den Schlussfolgerungen des Vorsitzes des Europäischen Rates von Tampere, Punkt B. ii), Bull. EU 10-1999, nach Ziff. 1.I.16 (S. 16).

438 Die Adresse lautete fundamental.rights@consilium.eu.int.

439 Soweit ersichtlich, wurden diese Beiträge (Dokumentenbeiname: „CONTRIB") jedoch nur in der Sprache veröffentlicht, in der sie dem Gremium zugeleitet wurden. Zum Internet-Auftritt des Konvents auch *Stock*, Medienfreiheit in der EU-Grundrechtscharta, S. 14/15; *Meyer / Engels*, in: *Deutscher Bundestag, Referat Öffentlichkeitsarbeit* (Hrsg.), Die Charta der Grundrechte der Europäischen Union, S. 12; *Engels*, Eurokolleg 45 (2001), S. 9; *de Schutter*, in: *Eriksen / Fossum / Menéndez* (Hrsg.), The Chartering of Europe, S. 133/134. Zur Beteiligung nationaler und internationaler Organisationen und Verbände an der Ausarbeitung der Charta näher *Knecht*, Charta der Grundrechte, S. 94-98.

440 *Engels*, Eurokolleg 45 (2001), S. 9; *Braibant*, RUDH 2000, S. 67; kritischer *Hohmann*, APuZ, B 52-53/2000, S. 7 m.w.N.; *de Schutter*, in: *Eriksen / Fossum / Menéndez* (Hrsg.), The Chartering of Europe, S. 147.

Schließlich erhielten 66 Nichtregierungsorganisationen am 27. April 2000 in einer ganztägigen öffentlichen Anhörung in jeweils fünf Minuten Redezeit Gelegenheit, vor dem Konvent ihre Anregungen zur Abfassung des Charta-Entwurfs darzulegen und mit den Konventsmitgliedern zu diskutieren.[441]

Im Vergleich zum Verfahren auf Regierungskonferenzen stellten die mit dem Konventsverfahren für die Bürgergesellschaft auf diese Weise geschaffenen Möglichkeiten, sich über den Gang der Beratungen eines grundlegenden Rechtstextes der Europäischen Union zu informieren und eigene Vorschläge dazu abzugeben, eine bis dahin nicht gekannte Transparenz her.[442]

Allerdings trug der vom Europäischen Rat sehr eng gesteckte Zeitrahmen für die Ausarbeitung der Charta wesentlich dazu bei, dass die tatsächliche Einbeziehung einer breiteren Öffentlichkeit letztlich nur in Ansätzen erfolgen konnte. Beim raschen Verhandlungsgang im Konvent war es für Einzelpersonen und Nichtregierungsorganisationen nicht einfach, der Weiterentwicklung der einzelnen Artikelentwürfe zu folgen und rechtzeitig vor dem Abschluss der Beratungen eigene Vorschläge abzugeben.[443] Die Zahl von gut 300 schriftlichen Stellungnahmen aus dem Kreis von 375 Millionen EU-Bürgern erscheint als zu gering für eine umfassende Mitwirkung der Zivilgesellschaft.

Eine öffentliche, und insbesondere eine grenzüberschreitende Debatte über die europäischen Grundrechte als gemeinsame Wertebasis der Unionsbürger konnte sich in diesem Rahmen nur rudimentär entfalten.[444] Entschei-

---

441 Niederschrift über die Konventstagung vom 27./28.04.2000, Dok. CHARTE 4306/00 CONVENT 32, S. 1. Kritisch zum knappen Zeitrahmen der Anhörung *Häfner / Strawe / Zuegg*, ZRP 2000, S. 365; *Barriga*, Entstehung der Charta der Grundrechte, S. 25.

442 Dahingehend auch *Hilf*, Sonderbeilage zu NJW 2000, S. 5; *Hohmann*, APuZ B 52-53/2000, S. 7; *Pache*, EuR 2001, S. 484; *Engels*, Eurokolleg 45 (2001), S. 10; *Meyer / Engels*, in: *Deutscher Bundestag, Referat Öffentlichkeitsarbeit* (Hrsg.), Die Charta der Grundrechte der Europäischen Union, S. 13; *de Schutter*, in: *Eriksen / Fossum / Menéndez* (Hrsg.), The Chartering of Europe, S. 134, 147. Zur Problematik der Undurchsichtigkeit der Entscheidungsprozesse auf europäischer Ebene *Habermas*, in: *Eriksen / Fossum / Menéndez* (Hrsg.), The Chartering of Europe, S. 264.

443 So auch *Dix*, INTEGRATION 1/2001, S. 39; vgl. hierzu außerdem *Engels*, Eurokolleg 45 (2001), S. 13; *Leinen / Schönlau*, INTEGRATION 1/2001, S. 32.

444 Diese Einschätzung teilen *Pernice*, INTEGRATION 2/2001, S. 195; *Bères*, in: *Kaufmann* (Hrsg.), Grundrechtecharta der EU, S. 18/19; *Ronge*, in: *ders.* (Hrsg.), In welcher Verfassung ist Europa – Welche Verfassung für Europa?, S. 335; *Eriksen / Fossum /*

dend ist jedoch, dass mit dem Konventsverfahren erstmals überhaupt versucht wurde, die europäische Bürgergesellschaft in größerem Umfang gezielt in den Prozess der europäischen Integration einzubinden.[445] Dem Konvent selbst ist zu bescheinigen, dass er im Rahmen des ihm zeitlich Möglichen eine bestmögliche Transparenz und Öffentlichkeitsbeteiligung erreicht hat.[446]

4. Bewertung und Ausblick

Die Schaffung des Konvents zur Erarbeitung einer EU-Charta der Grundrechte war ein historisches Ereignis in der Geschichte der europäischen Integration. Erstmals wurde ein Text, der einmal zu den Rechtsgrundlagen der Union gehören und ihr Wertefundament bilden soll, nicht von Regierungsvertretern in nichtöffentlichen Verhandlungen formuliert.[447]

Gleichermaßen war die Einsetzung des Konvents aber ein Beispiel für die komplexe und teils widersprüchliche Art der Fortentwicklung der Integration. Im Gesamtzusammenhang der Änderung der Verträge, auf denen die Union beruht, stellte sich die Überantwortung der Erstellung eines Grundrechtskatalogs an den Konvent in mehrfacher Hinsicht als Kompromiss dar,

---

Menéndez, in: *dies.* (Hrsg.), The Chartering of Europe, S. 19/20; *Barriga*, Entstehung der Charta der Grundrechte, S. 32 f. Anders *Engels*, Eurokolleg 45 (2001), S. 9, nach dem man während der Arbeiten an der Charta das Entstehen einer europäische Öffentlichkeit verfolgen konnte; ähnlich *Leinen / Schönlau*, in: *Kaufmann* (Hrsg.), Grundrechtecharta der EU, S. 88; *de Schutter*, in: *Eriksen / Fossum / Menéndez* (Hrsg.), The Chartering of Europe, S. 134. Vgl. allgemein zur Problematik der relativen Schwäche einer europäischen Öffentlichkeit und deren Verfestigung seit dem Ratifizierungsprozess der Maastrichter Verträge *Peters*, Elemente einer Theorie der Verfassung Europas, S. 714-718.

445 Vgl. auch *Pernice*, INTEGRATION 2/2001, S. 195; *Eriksen / Fossum / Menéndez*, in: *dies.* (Hrsg.), The Chartering of Europe, S. 19/20.

446 Dies wird dem Konvent selbst vom europakritischen House of Lords bescheinigt, vgl. *Mombaur*, DÖV 2001, S. 596; *ders.*, in: *Bremische Bürgerschaft* (Hrsg.), Charta der Grundrechte der Europäischen Union (26.06.2000), S. 12/13; *Goldsmith*, CML Rev. 38 (2001), S. 1208; siehe auch *Dix*, INTEGRATION 1/2001, S. 39.

447 Dahingehend auch *Mombaur*, in: *Bremische Bürgerschaft* (Hrsg.), Charta der Grundrechte der Europäischen Union (26.06.2000), S. 12; *Pache*, EuR 2001, S. 484; *Voggenhuber*, in: *Kaufmann* (Hrsg.), Grundrechtecharta der EU, S. 111.

der grundlegend verschiedene Ansichten über das Wesen, die Rolle und die Zukunft der Europäischen Union miteinander in Einklang bringen musste.[448]

So entsprach der Konvent einerseits durch seine Zusammensetzung und sein Verfahren den vielfach geäußerten Forderungen nach einer stärkeren Beteiligung der Parlamente und der Zivilgesellschaft am Vertragsänderungsverfahren. Andererseits sicherten sich die Regierungen der Mitgliedstaaten bedeutenden Einfluss auf die Willensbildung des Gremiums. Dem Bestreben nach einer breiteren demokratischen Legitimation bei der Fortentwicklung der Verträge stand darüber hinaus insbesondere gegenüber, dass der Europäische Rat offengelassen hatte, ob die vom Konvent zu erarbeitende Charta überhaupt in die Verträge aufgenommen und damit rechtsverbindlich werden sollte.[449] Diese unklare „Finalität des Konventsverfahrens" erleichterte zwar die Konsensfindung im Konvent[450], unterstrich aber gleichzeitig den Willen zumindest von Teilen der Exekutive, den eigenen Handlungsspielraum bei Vertragsrevisionen letztlich nicht einzuengen[451].

Im Einzelnen stellt sich die *Zusammensetzung* des Konvents hinsichtlich seiner Mitgliederzahl und der zahlenmäßigen Verteilung der „Sitze" im Gremium auf die in ihm vertretenen Institutionen als gelungen dar. Die Versammlung von Vertretern nationaler und europäischer Institutionen im Konvent ermöglichte die Berücksichtigung mitgliedstaatlicher Verfassungstraditionen ebenso wie der Besonderheiten eines Grundrechtsschutzes auf europäischer Ebene.[452] Die bewusst mehrheitliche Beteiligung gewählter Volksvertreter dokumentierte den Willen zu einer verstärkten demokratischen Legitimierung der zu erarbeitenden Charta. Gleichzeitig wirkte das Überwiegen von Vertretern derjenigen Institutionen, die ggf. in einem späteren Vertragsänderungsverfahren dem Chartatext zustimmen müssen,[453]

---

448 Vgl. *de Búrca*, E.L.Rev. 26 (2001), S. 126-127; Schreiben der stellvertretenden Vorsitzenden an die Mitglieder des Konvents vom 19.10.2000, Dok. CHARTE 4957/00 CONVENT 52, S. 2.

449 Zur Ambivalenz des Charta-Erarbeitungsprozesses wegen der fehlenden Klärung ihres zukünftigen rechtlichen Status vgl. *de Búrca*, E.L.Rev. 26 (2001), S. 128; *Voggenhuber*, in: *Kaufmann* (Hrsg.), Grundrechtecharta der EU, S. 109.

450 So auch *Hilf*, Sonderbeilage zu NJW 2000, S. 5, 6.

451 Dahingehend auch *Voggenhuber*, in: *Kaufmann* (Hrsg.), Grundrechtecharta der EU, S. 111.

452 Vgl. hierzu *Pernice*, INTEGRATION 2/2001, S. 195.

453 Dies sind nach Art. 48 EU-Vertrag die Regierungen und Parlamente der Mitgliedstaaten.

umsichtig auf die Ausarbeitung eines ausgewogenen, für diese Institutionen annehmbaren Grundrechtskatalogs hin.[454]

Durch die Beauftragung dieses breit legitimierten Gremiums sicherte der Europäische Rat der Charta-Initiative – bewusst oder unbewusst[455] – einen beträchtlichen Impuls. Die politische Entscheidung der im Konvent vertretenen Institutionen, diesen mit angesehenen Repräsentanten zu besetzen, verlieh der Initiative zusätzliches Gewicht.[456] In diesem Zusammenhang erwies sich insbesondere die Entsendung des Beauftragten des deutschen Bundeskanzlers, *Roman Herzog*, den als ehemaligen Bundespräsidenten und früheren Präsidenten des Bundesverfassungsgerichts ein Höchstmaß an parteiübergreifender Integrationsfähigkeit und Kompetenz in Grundrechtsfragen auszeichnete, als wegweisend. Seine Verhandlungsführung als Konventsvorsitzender mit souveräner Liberalität und zugleich Autorität hat nach Ansicht vieler, insbesondere einer Vielzahl der Konventsmitglieder selbst, entscheidend dazu beigetragen, dass die Charta trotz erheblicher Meinungsunterschiede im Konvent in nur neuneinhalb Monaten erfolgreich ausgearbeitet werden konnte.[457]

Im Ergebnis garantierte daher allein die Zusammensetzung des Konvents dem durch ihn erarbeiteten Grundrechtskatalog eine Bedeutung, die dessen spätere Nichtbeachtung erschwert.[458]

Das vom Konvent praktizierte *Arbeitsverfahren* hat sich gleichermaßen als sehr erfolgreich erwiesen.

---

454 Vgl. hierzu auch *Pache*, EuR 2001, S. 484; kritisch zur Legitimation des Konvents gerade wegen der Beteiligung von Parlamentsvertretern mit Blick auf Art. 23 GG *Zimmermann*, EU-Grundrechtecharta, S. 14 f.

455 Laut *Voggenhuber* wurde es als offenes Geheimnis gehandelt, dass die Mehrheit der Staats- und Regierungschefs mit der Einsetzung des Gremiums lediglich so etwas wie die Schaffung einer erweiterten Arbeitsgruppe des Rates bezweckten, vgl. *ders.*, in: *Kaufmann* (Hrsg.), Grundrechtecharta der EU, S. 112.

456 Vgl. hierzu *de Búrca*, E.L.Rev. 26 (2001), S. 132; *Hilf*, Sonderbeilage zu NJW 2000, S. 6.

457 Vgl. statt vieler Konventsmitglieder *Kaufmann*, in: *Kaufmann* (Hrsg.), Grundrechtecharta der EU, S. 9; *Leinen*, in: *Leinen / Schönlau*, a.a.O., S. 85; *Méndez de Vigo*, a.a.O., S. 100; *Voggenhuber*, a.a.O., S. 112; vgl. statt vieler anderer aber auch *Pache*, EuR 2001, S. 484; *Hilf*, Sonderbeilage zu NJW 2000, S. 5; *Ulrich*, SZ Nr. 233 v. 10.10.2001, S. 11.

458 Dahingehend auch der Vertreter des Kommissionspräsidenten im Konvent, Kommissar *António Vitorino*, in der feierlichen Abschlusssitzung des Konvents am 02.10.2000, vgl. *Bernsdorff / Borowsky* (Hrsg.), Charta der Grundrechte der EU, S. 404/405, sowie *de Búrca*, E.L.Rev. 26 (2001), S. 132.

Als das Verfahren prägende Komponente hat das Konsensprinzip es ermöglicht, dass sich der Konvent trotz anfänglich größter Meinungsunterschiede im Rahmen eines verhältnismäßig offenen Dialogs nahezu einstimmig auf einen Textvorschlag einigen konnte.[459] Zwar war die Fortentwicklung der Artikelentwürfe durch das Präsidium für die Konventsmitglieder mangels jeglicher Abstimmungen zur Feststellung des genauen Meinungsbildes im Gremium nicht immer transparent. Dies brachte dem Präsidium den Vorwurf ein, sich bei der Abfassung der Artikelentwürfe teilweise dem direkt oder über das Generalsekretariat des Rates ausgeübten Druck einzelner Regierungen gebeugt zu haben.[460]

Dennoch hat sich die konsensuelle Methode als außerordentlich leistungsfähig zur Findung eines gerade auch für die Repräsentanten der nationalen Regierungschefs, und damit in einem späteren Vertragsänderungsverfahren annehmbaren Kompromisses bewährt.[461] Ein gewisser Beurteilungsspielraum des Präsidiums hinsichtlich der Konsensfähigkeit einzelner Vorschläge musste unter diesen Umständen wohl ebenso hingenommen werden wie die Möglichkeit einzelner Mitgliedergruppen, entgegen einer Mehrheit im Konvent einzelne Textfassungen abzulehnen.

Schließlich hat das Konventsverfahren im Bereich Bürgernähe und -beteiligung neue Maßstäbe gesetzt.[462] Der sehr eng gesteckten Zeitrahmen zur Abfassung der Charta ermöglichte die avisierte europaweite Grundrechtsdebatte allerdings nur in Ansätzen. Er entsprach jedoch einer im Prozess der europäischen Integration wiederholt zu bemerkenden Tendenz, Richtungsentscheidungen in extrem engem zeitlichen Rahmen zu treffen und so Fakten zu schaffen,[463] und sicherte dem Konventsprozess seine große Dynamik.[464]

---

459 Dies heben auch *Leinen / Schönlau*, INTEGRATION 1/2001, S. 33 sowie *Méndez de Vigo*, in: *Kaufmann* (Hrsg.), Grundrechtecharta der EU, S. 100, hervor.

460 Vgl. *de Búrca*, E.L.Rev. 26 (2001), S. 138; *Voggenhuber*, in: *Kaufmann* (Hrsg.), Grundrechtecharta der EU, S. 113.

461 Dahingehend auch *Méndez de Vigo*, in: *Kaufmann* (Hrsg.), Grundrechtecharta der EU, S. 100, 103; *Leinen / Schönlau*, a.a.O., S. 85.

462 So auch statt vieler *Leinen / Schönlau*, in: *Kaufmann* (Hrsg.), Grundrechtecharta der EU, S. 88; *Pernice*, INTEGRATION 2/2001, S. 195; *van den Burg*, in: *Kaufmann* (Hrsg.), Grundrechtecharta der EU, S. 38; *de Búrca*, E.L.Rev. 26 (2001), S. 132.

463 *Häfner / Strawe / Zuegg*, ZRP 2000, S. 365; *Hesse*, zitiert bei *Nowak*, DVBl. 2000, S. 328.

464 So auch *Leinen / Schönlau*, INTEGRATION 1/2001, S. 32.

Insgesamt hat der Konvent mit der zügigen Erstellung des nahezu einstimmig angenommenen Charta-Entwurfs bewiesen, dass ein Mehr an Transparenz und Demokratie in der Europäischen Union nicht notwendig ein Weniger an Effizienz und Handlungsfähigkeit mit sich bringen muss.[465]

Aus heutiger Perspektive hat sich in Bezug auf die Schaffung der Grundrechtecharta gerade die Methode ihrer Erarbeitung als wesentliche Neuerung herausgestellt. Das Konventsverfahren ist inzwischen vom Konvent zur Zukunft Europas (sog. Verfassungskonvent) ein weiteres Mal erfolgreich angewandt worden.[466] Das erhebliche Potential dieses Verfahrens für die Entwicklung einer Eigendynamik manifestierte sich nicht zuletzt in der Tatsache, dass sich die Regierungen insbesondere durch die Bestimmung des Vorsitzenden des Verfassungskonvents und seiner Stellvertreter nunmehr einen größeren Einfluss auf den zu fertigenden Textentwurf sichern wollten.[467]

Am 29. Oktober 2004 haben die Staats- und Regierungschefs im Rom den Vertrag über eine Verfassung für Europa (VerfV) unterzeichnet.[468] Artikel IV-443 Abs. 2 VerfV bestimmt, dass dem Vertragsänderungsverfahren künftig in der Regel ein Konvent vorgeschaltet sein soll, der im Konsensverfahren Empfehlungen für die sich anschließende Regierungskonferenz erarbeiten soll.

B. Die Konzeption der Grundrechtecharta

I. Vorgaben

Der Konvent war in der inhaltlichen Gestaltung der von ihm zu erarbeitenden Charta der Grundrechte nicht frei. Vielmehr hat ihm der Europäische Rat von Köln relativ genaue Vorgaben hinsichtlich der in die Charta aufzunehmenden grundrechtlichen Gewährleistungen und deren Rechtsquellen gemacht:

> *„Nach Auffassung des Europäischen Rates soll diese Charta die Freiheits- und Gleichheitsrechte sowie die Verfahrensgrundrechte umfassen, wie sie in der Europäi-*

---

465 So auch *Leinen / Schönlau*, in: *Kaufmann* (Hrsg.), Grundrechtecharta der EU, S. 80; *dies.*, INTEGRATION 1/2001, S. 26.

466 Siehe dazu näher unten 5. Kapitel.D.I.2.

467 Europäischer Rat (Laeken), Anlage I zu den Schlussfolgerungen des Vorsitzes, Dok. SN 300/1/01 REV 1, S. 19 ff. (24 / Pkt. III).

468 Vgl. zur Textfassung Dok. CIG 87/2/04 REV 2 v. 29.10.2004, S. 1 ff.

schen Konvention zum Schutz der Menschenrechte und Grundfreiheiten gewährleistet sind und wie sie sich aus den gemeinsamen Verfassungsüberlieferungen der Mitgliedstaaten als allgemeine Grundsätze des Gemeinschaftsrechts ergeben. Die Charta soll weiterhin die Grundrechte enthalten, die nur den Unionsbürgern zustehen. Bei der Ausarbeitung der Charta sind ferner wirtschaftliche und soziale Rechte zu berücksichtigen, wie sie in der Europäischen Sozialcharta und in der Gemeinschaftscharta der sozialen Grundrechte der Arbeitnehmer enthalten sind (Art. 136 EGV), soweit sie nicht nur Ziele für das Handeln der Union begründen."[469]

Weiterhin sollte die Erstellung einer Charta der von der Union geachteten Grundrechte nach dem Willen des Europäischen Rates dem Zweck dienen, „*die überragende Bedeutung der Grundrechte und ihre Tragweite für die Unionsbürger sichtbar zu verankern*".[470] Aufgabe des Konvents war es damit nicht, neue Rechte niederzulegen und eine vollkommen neue Grundrechtsordnung zu schaffen, er sollte vielmehr lediglich die auf Gemeinschaftsebene bereits bestehenden Rechte in einem Dokument zusammenfassen und systematisieren.[471]

II. Aufbau

Die Grundrechtecharta gliedert sich in eine Präambel und sieben Kapitel mit insgesamt 54 Artikeln. Mittels dieser vom Präsidium des Konvents vorgeschlagenen Kapiteleinteilung ordnet die Charta ihre grundrechtlichen Gewährleistungen verschiedenen Themenbereichen zu, und wird so für die Bürger leichter überschaubar und verständlich.[472]

Materiell-rechtliche Garantien finden sich in den ersten sechs Kapiteln, von denen Kapitel I (Art. 1-5) mit „Würde des Menschen" überschrieben ist, während Kapitel II (Art. 6-19) „Freiheiten", Kapitel III (Art. 20-26) die

---

469 Beschluss des Europäischen Rates (Köln) zur Erarbeitung einer Charta der Grundrechte der Europäischen Union, Anhang IV zu den Schlussfolgerungen des Vorsitzes, Bull. EU 6-1999, S. 39 = EuGRZ 1999, S. 364.

470 Siehe den Nachweis in Fn. 469.

471 Siehe zu diesem – soweit ersichtlich unstreitigen – Verständnis des Mandats des Konvents z.B. *Meyer / Engels*, ZRP 2000, S. 368; *Pernice*, DVBl. 2000, S. 849; *Magiera*, DÖV 2000, S. 1019, 1020; *Mombaur*, DÖV 2001, S. 595; *Vitorino*, RTDE 2001, S. 45/46; *Fischer*, Vertrag von Nizza, S. 268; *Stock*, EuR 2002, S. 566; *Lais*, ZEuS 2002, S. 448.

472 Vgl. dazu *Lalumière*, RQDI 13 (2000), S. 171; *Weber*, in: *Weber* (Hrsg.), Charta der Grundrechte, S. 6.

„Gleichheit" und Kapitel IV (Art. 27-38) die „Solidarität" regeln. Die Kapitelüberschriften des zweiten bis vierten Kapitels und ihre Reihenfolge knüpfen dabei sprachlich sichtbar an die durch die Französische Revolution geprägten Postulate „Freiheit, Gleichheit, Brüderlichkeit" an.[473] Des Weiteren legt Kapitel V (Art. 39-46) der Charta „Bürgerrechte", und Kapitel VI (Art. 47-50) „Justizielle Rechte" nieder. In Kapitel VII (Art. 51-54) der Charta sind schließlich „Allgemeine Bestimmungen" enthalten, d.h. Querschnittsregelungen, die grundsätzlich auf alle grundrechtlichen Gewährleistungen der Charta anwendbar sind. In dieser Struktur der Charta spiegeln sich sämtliche der nach dem Mandat von Köln[474] zu erfassenden Gruppen von Rechten wider.

Die vom Konventspräsidium in eigener Verantwortung verfassten Erläuterungen zu jedem einzelnen Chartaartikel sind nicht Bestandteil der Charta.[475]

III. Inhalt

1. Überblick

a. Die Präambel

Die den sieben Kapiteln der Charta[476] vorangestellte Präambel betont in ihren sieben Absätzen die gemeinsamen Werte der Völker Europas. Ihr zufolge bekräftigt die Charta unter Achtung der Zuständigkeitsverteilung zwischen der EG bzw. EU und den Mitgliedstaaten die auf Gemeinschaftsebene

---

[473] Siehe dazu *Weber*, in: *Weber* (Hrsg.), Charta der Grundrechte, S. 9; *Scholz*, in: *Geis / Lorenz* (Hrsg.), Staat · Kirche · Verwaltung, FS f. *Maurer*, S. 1002/1003; *Kingreen*, in: *Calliess / Ruffert* (Hrsg.), EUV/EGV, Art. 6 EUV, Rn. 26c.

[474] Siehe soeben 2. Kapitel.B.I, sowie Fn. 469.

[475] Dok. CHARTE 4473/00 CONVENT 49 v. 11.10.2000, S. 1 ff.; siehe dazu noch eingehend unten 2. Kapitel.B.III.3.

[476] Einen umfassenden Überblick über den Inhalt der Charta geben z.B. *Mahlmann*, ZEuS 2000, S. 426-435; *Vitorino*, RTDE 2001, S. 49-59; *Dutheil de la Rochère*, Regards sur l'actualité 2001, S. 4-9; *Pache*, EuR 2001, S. 478-483; *Scholz*, in: *Geis / Lorenz* (Hrsg.), Staat · Kirche · Verwaltung, FS f. *Maurer*, S. 998-1004.

anerkannten Rechte und will den Grundrechtsschutz stärken, indem diese Rechte in der Charta sichtbarer gemacht werden.[477]

Im Inhalt der Präambel manifestiert sich in eindrücklicher Weise bereits der Kompromisscharakter des Charta-Textes. So war man sich im Konvent zwar weitgehend einig, dass die Charta als grundlegendes, bedeutendes Rechtsdokument und möglicher Teil einer Verfassung der Europäischen Union überhaupt eine Präambel erhalten soll.[478] Eine größere Kontroverse entfaltete sich jedoch um die Konkretisierung der gemeinsamen europäischen Wertebasis durch eine Bezugnahme auf Gott bzw. das gemeinsame religiöse Erbe.[479]

Die Einigung des Konvents in diesem Punkt beruht nicht zuletzt darauf, dass die in Bezug auf die Religion neutraleren Formulierungen aller anderen Sprachfassungen, wie z.B. „*patrimoine spirituel et moral*" der französischen oder „*spiritual and moral heritage*" der englischen Fassung, in der deutschen Version der Charta-Präambel mit „*geistig-religiöse[m] und sittliche[m] Erbe*" wiedergegeben

---

477 Umfassend zu Inhalt und Entstehung der Charta-Präambel *Busse*, EuGRZ 2002, S. 559-576; vgl. außerdem *Lalumière*, RQDI 13 (2000), S. 175-176; *Tettinger*, NJW 2001, S. 1011; *Bossi*, in: *Weidenfeld* (Hrsg.), Nizza in der Analyse, S. 226 f.; *Weber*, in: *Weber* (Hrsg.), Charta der Grundrechte, S. 5-6; *Knecht*, Charta der Grundrechte, S. 133-152.

478 Vgl. dazu *Lalumière*, RQDI 13 (2000), S. 175; allgemein zur Bedeutung von Präambeln in Rechtstexten *Busse*, EuGRZ 2002, S. 563-564.

479 Insbesondere Frankreich widersetzte sich einer religiösen Bezugnahme in der Charta-Präambel, da dies wegen des französischen Laizismus u.a. verfassungsrechtliche Probleme aufwerfe. Dem gegenüber setzten sich besonders die Abgeordneten der Europäischen Volkspartei des Europäischen Parlaments im Konvent und ihr Wortführer, Vizepräsident des Europäischen Parlaments *Ingo Friedrich*, für einen ausdrücklichen Gottesbezug ein. Eingehend dazu *Engels*, Eurokolleg 45 (2001), S. 13; *Busse*, EuGRZ 2002, S. 566-567; *Häberle*, Europäische Verfassungslehre, S. 522-523; *Bossi*, in: *Weidenfeld* (Hrsg.), Nizza in der Analyse, S. 226; zum Ganzen auch *Lalumière*, RQDI 13 (2000), S. 175; *Röper*, Deutschland Archiv 2001, S. 125; *Tettinger*, NJW 2001, S. 1011 mit Hinweis auf die in diesem Punkt unterschiedlichen Verfassungstraditionen der Mitgliedstaaten; *Friedrich*, Politische Studien, Sonderheft 1/2003, S. 18; *Schönlau*, in: *Eriksen / Fossum / Menéndez* (Hrsg.), The Chartering of Europe, S. 118 ff. Siehe zur parallelen Debatte zum Religionsbezug in der künftigen EU-Verfassung F.A.Z. Nr. 51 v. 01.03.2003, S. 5; *Hanimann*, in: F.A.Z. Nr. 64 v. 17.03.2003, S. 37; *Wissmann*, in: F.A.Z. Nr. 86 v. 11.04.2003, S. 12; *Friedrich*, Politische Studien, Sonderheft 1/2003, S. 22-24, *Blumenwitz*, ZfP 2004, S. 122 f., sowie *Châtelot*, in: Le Monde Nr. 18451 v. 22.05.2004, S. 6.

sind.[480] Angesichts der Tatsache, dass entsprechend dem gleichlautenden gemeinschaftsrechtlichen Grundsatz[481] auch alle Sprachfassungen der Charta dieselbe Gültigkeit besitzen, lässt sich eine kohärente Auslegung der Charta in diesem Punkt am ehesten gewährleisten, indem man – trotz dieses „Übersetzungstricks“[482] – von einer noch vertretbaren Übersetzung der jeweiligen Begriffe und damit von einer gleichen Bedeutung sämtlicher Sprachversionen ausgeht.[483]

b. Würde des Menschen

Die Grundrechtecharta[484] stellt, vergleichbar dem deutschen Grundgesetz[485] und im Einklang mit dem europäischen Menschenrechtsverständnis[486], in ihrem ersten Kapitel die Unantastbarkeit der Würde des Menschen (Art. 1 EGRC) als Leitnorm und Fundament aller Menschenrechte an ihre Spitze. Sie ist zu achten und zu schützen (Art. 1 S. 2 EGRC), was die abwehrrechtliche Dimension dieses Grundrechts, die auf ein Unterlassen hoheitlicher

---

480 *Engels*, Eurokolleg 45 (2001), S. 13; *Tettinger*, NJW 2001, S. 1011; *Busse*, EuGRZ 2002, S. 567 m.w.N.; *Bossi*, in: *Weidenfeld* (Hrsg.), Nizza in der Analyse, S. 226/227.

481 Vgl. dazu Art. 314 EG, Art. 53 EU hinsichtlich des Wortlauts des EG- bzw. EU-Vertrages; vgl. zu den vom EuGH entwickelten Grundsätzen zur Auslegung mehrsprachiger Rechtsakte *Cremer*, in: *Calliess / Ruffert* (Hrsg.), EUV/EGV, Art. 53 EUV, Rn. 4 f. m.w.N.

482 So *Engels*, Eurokolleg 45 (2001), S. 13.

483 So überzeugend *Mombaur*, DÖV 2001, S. 596; *Busse*, EuGRZ 2002, S. 567; in diese Richtung auch *Tettinger*, NJW 2001, S. 1011.

Der Verfassungskonvent hat, abgesehen von der Aufnahme eines Hinweises auf die Erläuterungen zur Charta (siehe dazu noch unten 2. Kapitel.B.III.3), lediglich redaktionelle Änderungen an der Präambel vorgeschlagen, vgl. *Amt für amtliche Veröffentlichungen der Europäischen Gemeinschaften* (Hrsg.), Entwurf – Vertrag über eine Verfassung für Europa, S. 61 f.

484 Einen umfassenden Überblick über den Gewährleistungsgehalt sämtlicher Garantien der Charta unter Berücksichtigung ihres Wortlauts und der bisher ergangenen EuGH-Rechtsprechung bieten *Pernice / Mayer*, in: *Grabitz / Hilf* (Hrsg.), EUV/EGV, Bd. I, nach Art. 6 EUV, Rn. 52-288.

485 Den Vorbildcharakter des Art. 1 Abs. 1 GG für Stellung und Formulierung des Art. 1 EGRC betonen z.B. auch *Grabenwarter*, DVBl. 2001, S. 3; *Calliess*, EuZW 2001, S. 263; *Calliess*, in: *Ehlers* (Hrsg.), Europäische Grundrechte und Grundfreiheiten, § 19 II 1, Rn. 6; *Schmitz*, JZ 2001, S. 834; *Weber*, in: *Weber* (Hrsg.), Charta der Grundrechte, S. 7; *Schmidt*, ZEuS 2002, S. 636.

486 Vgl. hierzu die Nachweise aus zahlreichen mitgliedstaatlichen Verfassungen bei *Schmitz*, JZ 2001, S. 834 (dort Fn. 16).

Eingriffe gerichtet ist, und die Schutzdimension, die auf einen Schutz vor Grundrechtsbeeinträchtigungen Dritter durch den Hoheitsträger zielt, verdeutlicht.[487]

Als spezifische Ausgestaltungen der Menschenwürde sind dem ersten Kapitel zudem das Recht auf Leben einschließlich des Verbots der Todesstrafe (Art. 2 EGRC),[488] das Recht auf körperliche und geistige Unversehrtheit (Art. 3 EGRC),[489] die Verbote der Folter und unmenschlicher oder erniedrigender Strafe oder Behandlung (Art. 4 EGRC), sowie die Verbote von Sklaverei, Zwangsarbeit und Menschenhandel (Art. 5 EGRC) zugeordnet.

Hervorzuheben sind aus der Gruppe dieser Rechte neben dem ausdrücklichen Verbot des Menschenhandels (Art. 5 Abs. 3 EGRC) das Recht auf Unversehrtheit (Art. 3 EGRC). Beide Bestimmungen beruhen, anders als die übrigen Garantien der Art. 2-5 EGRC, nicht auf ausdrücklich in der EMRK niedergelegten Menschenrechten.[490] Sie tragen Gefährdungen durch neuere Entwicklungen in den Bereichen der organisierten Kriminalität bzw. der Biomedizin Rechnung.[491]

---

487 Vgl. dazu *Calliess*, EuZW 2001, S. 263; *Calliess*, in: *Ehlers* (Hrsg.), Europäische Grundrechte und Grundfreiheiten, § 19 II 1, Rn. 6; *Schmidt*, ZEuS 2002, S. 642 f. Näher zum Schutz der Menschenwürde nach Art. 1 EGRC *Schmidt*, ZEuS 2002, S. 636-643; *Knecht*, Charta der Grundrechte, S. 153-165.

488 Eingehend zum Schutzgehalt des Art. 2 EGRC *Schmidt*, ZEuS 2002, S. 644-649; siehe auch *Grabenwarter*, DVBl. 2001, S. 3.

489 Näher zu Art. 3 EGRC *Schmidt*, ZEuS 2002, S. 649-660; *Grabenwarter*, DVBl. 2001, S. 3.

490 Dies bestätigen z.B. die Erläuterungen des Konventspräsidiums zu Art. 2-5 EGRC, Dok. CHARTE 4473/00 CONVENT 49 v. 11.10.2000, S. 3-8 = EuGRZ 2000, S. 559-560; ebenso *Grabenwarter*, DVBl. 2001, S. 3-4. Siehe i.ü. zur Entsprechung von Charta-Rechten und Konventionsrechten eingehend unten 4. Kapitel.C.V.2.

491 Siehe speziell zu Art. 3 Abs. 2 EGRC *Calliess*, EuZW 2001, S. 263; *Calliess*, in: *Ehlers* (Hrsg.), Europäische Grundrechte und Grundfreiheiten, § 19 II 1, Rn. 6; *Schmitz*, JZ 2001, S. 834; *Bossi*, in: *Weidenfeld* (Hrsg.), Nizza in der Analyse, S. 229; kritisch dazu *Mahlmann*, ZEuS 2000, S. 433-434; *Grabenwarter*, DVBl. 2001, S. 3; *Scholz*, in: *Geis* / *Lorenz* (Hrsg.), Staat · Kirche · Verwaltung, FS f. *Maurer*, S. 1001; *Philippi*, Charta der Grundrechte, S. 26-27.

Der Verfassungskonvent hat an den Bestimmungen des Kapitels I keine Änderungen vorgeschlagen, vgl. *Amt für amtliche Veröffentlichungen der Europäischen Gemeinschaften* (Hrsg.), Entwurf – Vertrag über eine Verfassung für Europa, S. 63 f.

c. Freiheiten

Das zweite Kapitel der Charta umfasst die grundlegenden Freiheitsrechte,[492] die sich vielfach auf ausdrücklich im Text der EMRK niedergelegte Rechte stützen, teils aber darüber hinausgehende Gewährleistungen enthalten.[493] Im Einzelnen finden sich dort das Recht auf Freiheit und Sicherheit (Art. 6 EGRC)[494], das Recht auf Achtung des Privat- und Familienlebens einschließlich der Wohnung und der Kommunikation (Art. 7 EGRC), das Recht auf Schutz personenbezogener Daten (Art. 8 EGRC) und das Recht, eine Ehe einzugehen und eine Familie zu gründen (Art. 9 EGRC). Weiterhin sind dort die Gedanken-, Gewissens- und Religionsfreiheit (Art. 10 EGRC)[495], die Freiheit der Meinungsäußerung und Informationsfreiheit (Art. 11 EGRC)[496] und die Versammlungs- und Vereinigungsfreiheit (Art. 12 EGRC)[497] niedergelegt. Neben der Freiheit von Kunst und Wissenschaft (Art. 13 EGRC) ist auch das Recht auf Bildung (Art. 14 EGRC) im Kapitel zu den Freiheiten kodifiziert.

Ferner sind die zentralen wirtschaftsverfassungsrechtlichen Garantien der Berufsfreiheit, einschließlich des Rechts zu arbeiten (im Gegensatz zu einem Recht auf Arbeit) (Art. 15 Abs. 1 EGRC), der unternehmerischen Freiheit (Art. 16 EGRC) sowie des Eigentumsrechts (Art. 17 EGRC), in der Charta verankert. Diese greift überdies die Personenverkehrsfreiheiten (Arbeitnehmerfreizügigkeit, Niederlassungsfreiheit und Dienstleistungsfreiheit) als grundrechtsähnliche Rechte auf (Art. 15 Abs. 2 EGRC).[498] Schließlich

---

492 Die Kapitelüberschrift „Freiheiten" lehnt sich an die klassische französische Terminologie der „*libertés publiques*" an, vgl. *Schmitz*, JZ 2001, S. 834.

493 Vgl. dazu *Grabenwarter*, DVBl. 2001, S. 4; *Pache*, EuR 2001, S. 480; *Calliess*, EuZW 2001, S. 263; *Calliess*, in: *Ehlers* (Hrsg.), Europäische Grundrechte und Grundfreiheiten, § 19 II 1, Rn. 7; *Weber*, in: *Weber* (Hrsg.), Charta der Grundrechte, S. 7; *Knecht*, Charta der Grundrechte, S. 165-173. Siehe zur Frage, inwieweit die einzelnen Freiheitsrechte der Charta Rechten der EMRK entsprechen, noch eingehend unten 4. Kapitel.C.V.2.

494 Siehe dazu insbesondere *Mahlmann*, ZEuS 2000, S. 427.

495 Zur Religionsfreiheit z.B. *Häberle*, Europäische Verfassungslehre, S. 523.

496 Eingehend hierzu *Sporn*, ZUM 2000, S. 537-544; *Engel*, ZUM 2000, S. 975-1006; vgl. zur Medienfreiheit z.B. *Grabenwarter*, DVBl. 2001, S. 4/5.

497 Vgl. zur Regelung der Charta zu politischen Parteien in Art. 12 EGRC *Grabenwarter*, DVBl. 2001, S. 7.

498 Siehe zu diesen Garantien *Grabenwarter*, DVBl. 2001, S. 5; *Schwarze*, EuZW 2001, S. 518/519; *Schwarze*, in: *Schwarze* (Hrsg.), Wirtschaftsverfassungsrechtliche Garantien

nimmt die Charta Regelungen zum Asylrecht (Art. 18 EGRC) sowie zum Schutz bei Abschiebung, Ausweisung und Auslieferung (Art. 19 EGRC) auf.

Aus der Gruppe der Freiheitsrechte ist das Recht auf Datenschutz (Art. 8 EGRC) hervorzuheben, das im Gegensatz zum Text der EMRK in der Charta ausdrücklich niedergelegt ist und damit auf neu aufgetretene Grundrechtsgefährdungen in diesem Bereich reagiert.[499] Sich ändernde gesellschaftliche Vorstellungen greift auch Art. 9 EGRC auf, der – anders als Art. 12 EMRK – das Recht, eine Ehe einzugehen, neben das weitere Recht, eine Familie zu gründen, stellt, und keinen ausdrücklichen Bezug auf „Männer und Frauen" enthält. Er gewährleistet diese Rechte nach den einzelstaatlichen Gesetzen, und ermöglicht dem nationalen Gesetzgeber, zwingt ihn aber nicht, andere Formen als die Ehe einschließlich gleichgeschlechtlicher Partnerschaften als Rahmen für eine Familiengründung vorzusehen.[500]

Gegenüber den Freiheitsrechten der EMRK neu ist auch das Recht auf Wehrdienstverweigerung aus Gewissensgründen (Art. 10 Abs. 2 EGRC),[501] der ausdrückliche Schutz der Kunst- und Wissenschaftsfreiheit (Art. 13 EGRC),[502] sowie die Berufs- und unternehmerische Freiheit (Art. 15

---

im Binnenmarkt, S. 104 f.; *Tettinger*, NJW 2001, S. 1014; *Calliess*, in: *Ehlers* (Hrsg.), Europäische Grundrechte und Grundfreiheiten, § 19 II 1, Rn. 8 f.

499 Vgl. dazu *Grabenwarter*, DVBl. 2001, S. 4; *Pache*, EuR 2001, S. 480; *Calliess*, EuZW 2001, S. 263; *Calliess*, in: *Ehlers* (Hrsg.), Europäische Grundrechte und Grundfreiheiten, § 19 II 1, Rn. 7; *Weber*, in: *Weber* (Hrsg.), Charta der Grundrechte, S. 7; *Nettesheim*, INTEGRATION 2002, S. 39. Keine Veränderung zum *Status quo* sehen in Art. 8 EGRC *Mahlmann*, ZEuS 2000, S. 435; *Philippi*, Charta der Grundrechte, S. 27. Siehe zum Datenschutz im Rahmen der EMRK in ihrer Auslegung durch den EGMR noch eingehend unten 4. Kapitel.C.V.2.

500 So schon die Erläuterungen des Konventspräsidiums zu Art. 9 EGRC, Dok. CHARTE 4473/00 CONVENT 49 v. 11.10.2000, S. 11/12 = EuGRZ 2000, S. 561; ebenso *Mahlmann*, ZEuS 2000, S. 427/428; *Grabenwarter*, DVBl. 2001, S. 4; *Calliess*, EuZW 2001, S. 263; *Zimmermann*, EU-Grundrechtecharta, S. 39; *Calliess*, in: *Ehlers* (Hrsg.), Europäische Grundrechte und Grundfreiheiten, § 19 II 1, Rn. 7; vgl. auch *Pache*, EuR 2001, S. 480. Sehr kritisch hierzu *Tettinger*, NJW 2001, S. 1012 f. Zur Reichweite des Art. 12 EMRK nach der Rechtsprechung des EGMR näher *Caflisch*, in: *Drnas de Clément* (Hrsg.), Estudios de derecho internacional, S. 926-929.

501 So auch *Grabenwarter*, DVBl. 2001, S. 4; *Pache*, EuR 2001, S. 480; *Calliess*, EuZW 2001, S. 263; *Calliess*, in: *Ehlers* (Hrsg.), Europäische Grundrechte und Grundfreiheiten, § 19 II 1, Rn. 7.

502 So auch *Grabenwarter*, DVBl. 2001, S. 5; *Pache*, EuR 2001, S. 480; *Calliess*, EuZW 2001, S. 263; *Calliess*, in: *Ehlers* (Hrsg.), Europäische Grundrechte und Grundfreiheiten,

Abs. 1, 16 EGRC).[503] Auch das – systematisch den sozialen Leistungs- bzw. Teilhaberechten zugehörige – Recht auf Bildung geht in seinen Ausprägungen des Zugangs zur beruflichen Aus- und Weiterbildung und der Möglichkeit der Teilnahme an unentgeltlichem Pflichtschulunterricht (Art. 14 Abs. 1, 2 EGRC) textlich über die EMRK[504] hinaus.[505] Das Asylrecht (Art. 18 EGRC) ist lediglich als gemeinsames Institut der Mitgliedstaaten in Übereinstimmung mit der Genfer Flüchtlingskonvention, nicht als subjektives Recht in der Charta anerkannt.[506]

d. Gleichheit

Im dritten Kapitel der Charta findet sich zum einen eine umfassende Regelung des allgemeinen Gleichheitssatzes und seiner speziellen Ausprägungen, die über die EMRK und in ihrer Konkretheit auch über die entsprechenden Bestimmungen in den mitgliedstaatlichen Verfassungen hinausgeht.[507] Der allgemeine Gleichheitssatz (Art. 20 EGRC)[508] wird einerseits durch das spe-

---

§ 19 II 1, Rn. 7; *Weber*, in: *Weber* (Hrsg.), Charta der Grundrechte, S. 7. Vgl. zur Wissenschaftsfreiheit des Art. 13 EGRC auch *Tettinger*, NJW 2001, S. 1013/1014. Siehe zum Schutz der Kunst- und Wissenschaftsfreiheit im Rahmen des Art. 10 EMRK in seiner Interpretation durch den EGMR noch eingehend unten 4. Kapitel.C.V.2.

503 So auch *Grabenwarter*, DVBl. 2001, S. 5; *Calliess*, EuZW 2001, S. 263; *Calliess*, in: *Ehlers* (Hrsg.), Europäische Grundrechte und Grundfreiheiten, § 19 II 1, Rn. 8 f.; *Weber*, in: *Weber* (Hrsg.), Charta der Grundrechte, S. 7; *Bossi*, in: *Weidenfeld* (Hrsg.), Nizza in der Analyse, S. 229.

504 Vgl. Art. 2 des (ersten) Zusatzprotokolls zur EMRK.

505 Siehe dazu *Grabenwarter*, DVBl. 2001, S. 5, 10; *Weber*, in: *Bremische Bürgerschaft* (Hrsg.), Charta der Grundrechte, S. 17; sowie im Einzelnen unten 4. Kapitel.C.V.2.

506 Eingehend dazu *Mahlmann*, ZEuS 2000, S. 428-430; ebenso *Weber*, in: *Weber* (Hrsg.), Charta der Grundrechte, S. 8; siehe auch *Grabenwarter*, DVBl. 2001, S. 5; *Calliess*, EuZW 2001, S. 263; *Calliess*, in: *Ehlers* (Hrsg.), Europäische Grundrechte und Grundfreiheiten, § 19 II 1, Rn. 7.

Der Verfassungskonvent hat an den Bestimmungen des Kapitels II lediglich redaktionelle Änderungen vorgeschlagen, so insbesondere die Ersetzung des Begriffs „Person" durch „Mensch", vgl. *Amt für amtliche Veröffentlichungen der Europäischen Gemeinschaften* (Hrsg.), Entwurf – Vertrag über eine Verfassung für Europa, S. 65-68.

507 Vgl. *Weber*, in: *Weber* (Hrsg.), Charta der Grundrechte, S. 8; ähnlich *Mahlmann*, ZEuS 2000, S. 430; enger *Calliess*, EuZW 2001, S. 263; *Calliess*, in: *Ehlers* (Hrsg.), Europäische Grundrechte und Grundfreiheiten, § 19 II 1, Rn. 10; *Knecht*, Charta der Grundrechte, S. 173-177.

508 Vgl. zu diesem z.B. *Grabenwarter*, DVBl. 2001, S. 6; *Pache*, EuR 2001, S. 481.

zielle Diskriminierungsverbot des Art. 21 EGRC konkretisiert, dessen Absatz 1 u.a. mit den Verboten der Diskriminierung wegen genetischer Merkmale, des Alters oder der sexuellen Ausrichtung einen modernen Grundrechtsschutz gewährleistet.[509] Andererseits wird der allgemeine Gleichheitssatz in dem besonderen Gebot der Gleichbehandlung von Männern und Frauen (Art. 23 EGRC) fortgeführt, das eine bevorzugte Behandlung zugunsten des unterrepräsentierten Geschlechts für mit dem allgemeinen Gleichheitssatz vereinbar erklärt.[510]

Zum anderen sind im dritten Kapitel der Charta in vier weiteren Artikeln Rechte niedergelegt, deren Zuordnung zu den Gleichheitsrechten nicht zwingend erscheint.[511] Dies betrifft zunächst die Garantie der Achtung der Vielfalt der Kulturen, Religionen und Sprachen (Art. 22 EGRC), die der Konvent erst zu einem späten Zeitpunkt der Beratungen als bescheidenes Ergebnis des Ringens um die Verankerung eines spezifischen Schutzes für nationale Minderheiten in die Charta aufgenommen hat.[512] Der Artikel vermittelt neben dem in Art. 21 Abs. 1 EGRC niedergelegten Verbot von Diskriminierungen

---

509 Vgl. dazu *Mahlmann*, ZEuS 2000, S. 430; *Grabenwarter*, DVBl. 2001, S. 6; *Weber*, in: *Weber* (Hrsg.), Charta der Grundrechte, S. 8. Vgl. zu Art. 21 Abs. 1 EGRC auch *McInerney*, E.L.Rev. 27 (2002), S. 483-491; *Caracciolo di Torella / Reid*, E.L.Rev. 27 (2002), S. 80 ff. (insb. 88 f.).

510 Vgl. hierzu *Grabenwarter*, DVBl. 2001, S. 6; *Weber*, in: *Weber* (Hrsg.), Charta der Grundrechte, S. 8; kritisch *Scholz*, in: *Geis / Lorenz* (Hrsg.), Staat · Kirche · Verwaltung, FS f. *Maurer*, S. 1002.

511 So auch *Grabenwarter*, DVBl. 2001, S. 6; *Philippi*, Charta der Grundrechte, S. 24; siehe auch *Calliess*, EuZW 2001, S. 263; *Schmitz*, JZ 2001, S. 834; *Scholz*, in: *Geis / Lorenz* (Hrsg.), Staat · Kirche · Verwaltung, FS f. *Maurer*, S. 1002.

512 Siehe erstmals Dok. CHARTE 4470/00 CONVENT 47 v. 14.09.2000, S. 9 (Art. 22); vgl. dazu *Grabenwarter*, DVBl. 2001, S. 6; *Calliess*, EuZW 2001, S. 263; *Zimmermann*, EU-Grundrechtecharta, S. 40 f.; *Calliess*, in: *Ehlers* (Hrsg.), Europäische Grundrechte und Grundfreiheiten, § 19 II 1, Rn. 10; *Weber*, in: *Weber* (Hrsg.), Charta der Grundrechte, S. 8/9; *Kaiser*, Minderheitenschutz in der EU, S. 113-123; *Bossi*, in: *Weidenfeld* (Hrsg.), Nizza in der Analyse, S. 229, die darauf hinweist, dass eine weitergehende Aufnahme von Rechten nationaler Minderheiten auf Druck Frankreichs und Spaniens nicht erreicht wurde. Eingehend zur Notwendigkeit einer weitergehenden Bestimmung zum Minderheitenschutz *Blumenwitz*, Minderheitenschutzbestimmung in der Charta, S. 12 ff., 56 ff.

wegen der Zugehörigkeit zu einer nationalen Minderheit keine weitergehenden subjektiven Rechte für Angehörige von nationalen Minderheiten.[513]

Des Weiteren zielen die Rechte des Kindes (Art. 24 EGRC), die Rechte älterer Menschen (Art. 25 EGRC), sowie die Rechte von Menschen mit Behinderung (Art. 26 EGRC) nicht in erster Linie auf eine – schon im Verbot der Diskriminierung wegen des Alters oder einer Behinderung (Art. 21 Abs. 1 EGRC) angeordnete – Gleichbehandlung, sondern auf bevorzugende, den natürlichen Nachteil ausgleichende Schutz- und Fördermaßnahmen.[514] So sind die Rechte des Kindes als Anspruch auf Schutz und Fürsorge ausgestaltet,[515] während die Rechte älterer Menschen und Menschen mit Behinderung das Recht auf ein (menschen-) würdiges Leben hervorheben und im übrigen soziale Leistungs- oder Teilhaberechte anerkennen und achten.[516]

e. Solidarität

Im vierten Kapitel der Charta sind eine Vielzahl verschiedener wirtschaftlicher und sozialer Gewährleistungen niedergelegt.[517] Neben den Allgemeinen Bestimmungen gehörte die Aufnahme und Ausgestaltung der sozialen Grundrechte nicht zuletzt wegen der in diesem Bereich höchst unterschiedli-

---

513 Hierüber besteht, soweit ersichtlich, Einigkeit, vgl. z.B. *Grabenwarter*, DVBl. 2001, S. 6; *Weber*, in: *Weber* (Hrsg.), Charta der Grundrechte, S. 8/9; *Philippi*, Charta der Grundrechte, S. 24; *Kaiser*, Minderheitenschutz in der EU, S. 114 f.; kritisch auch *Nettesheim*, INTEGRATION 2002, S. 39; offen bei *Mahlmann*, ZEuS 2000, S. 430.

514 *Schmitz*, JZ 2001, S. 834; *Weber*, in: *Weber* (Hrsg.), Charta der Grundrechte, S. 8.

515 So auch *Grabenwarter*, DVBl. 2001, S. 6; *Calliess*, EuZW 2001, S. 263; *Calliess*, in: *Ehlers* (Hrsg.), Europäische Grundrechte und Grundfreiheiten, § 19 II 1, Rn. 10; *Weber*, in: *Weber* (Hrsg.), Charta der Grundrechte, S. 8; vgl. zu Art. 24 EGRC auch *Tettinger*, NJW 2001, S. 1013.

516 So zu letzteren Rechten auch *Grabenwarter*, DVBl. 2001, S. 6, der betont, dass ein Leistungsanspruch hier lediglich in Bezug genommen, hingegen nicht selbst garantiert wird; *Weber*, in: *Weber* (Hrsg.), Charta der Grundrechte, S. 8; *Philippi*, Charta der Grundrechte, S. 31.

Der Verfassungskonvent hat an den Bestimmungen des Kapitels III lediglich redaktionelle Änderungen vorgeschlagen, vgl. *Amt für amtliche Veröffentlichungen der Europäischen Gemeinschaften* (Hrsg.), Entwurf – Vertrag über eine Verfassung für Europa, S. 69 f.

517 Eingehend zum Schutz sozialer Grundrechte in der Charta *Grewe*, RUDH 2000, S. 85-92; *Knecht*, Charta der Grundrechte, S. 177-198.

chen Verfassungstraditionen der Mitgliedstaaten[518] zu den größten Streitfragen im Konvent.[519] Der Europäische Rat von Köln hatte den Konvent beauftragt, bei der Ausarbeitung der Charta wirtschaftliche und soziale Rechte lediglich *„zu berücksichtigen, soweit sie nicht nur Ziele für das Handeln der Union begründen"* – im Gegensatz zu den Freiheits-, Gleichheits-, Verfahrens- und Bürgerrechten, die die Charta definitiv *„umfassen"* bzw. *„enthalten"* sollte.[520] Die Gegner einer (weitgehenden) Aufnahme von sozialen Rechten fürchteten, dass die Charta durch die Aufnahme sozialer Leistungsansprüche, für deren Erfüllung die Union weder über die notwendigen Kompetenzen noch Ressourcen verfügt, nicht realisierbare Versprechen gibt, welche die Grundrechte insgesamt in Misskredit bringen könnten. Die Befürworter hingegen hoben die Unteilbarkeit und gegenseitige Bedingtheit aller Grundrechte ebenso wie die Bedeutung sozialer Rechte in der „marktorientierten" Union hervor und wollten die sozialen Rechte deshalb zumindest im Rahmen des rechtlich Möglichen absichern.[521] Der im Kapitel zur „Solidarität"[522] gefundene Kompro-

---

518 Während England und Österreich keine Verfassungstexte mit sozialen Garantien kennen (siehe zur fehlenden Verankerung von Grundrechten in einer Verfassung in diesen Mitgliedstaaten auch *Kingreen*, in: *Calliess / Ruffert* (Hrsg.), EUV/EGV, Art. 6 EUV, Rn. 92 a (dort Fn. 262) m.w.N.), beinhalten die Verfassungen zahlreicher südeuropäischer Mitgliedstaaten (z.B. Italien, Spanien, Portugal, Griechenland) viele solche, in der Regel beschränkt justiziable soziale Grundrechte. Nur vereinzelte sozialrechtliche Verfassungsgarantien enthalten schließlich z.B. die Niederlande, Belgien und Luxemburg, Deutschland und die skandinavischen Mitgliedstaaten. Rückschlüsse auf die soziale Wirklichkeit lässt der Grad der verfassungsmäßigen Verankerung sozialer Grundrechte nicht zu. Vgl. dazu eingehend *Falke*, in: *Bremische Bürgerschaft* (Hrsg.), Charta der Grundrechte, S. 37-45; *Grewe*, RUDH 2000, S. 87-89; siehe auch *Magiera*, DÖV 2000, S. 1023; *Meyer / Engels*, ZRP 2000, S. 369; *Weber*, in: *Bremische Bürgerschaft* (Hrsg.), Charta der Grundrechte, S. 18.

519 Siehe dazu *Lalumière*, RQDI 13 (2000), S. 176 f.; *Leinen / Schönlau*, INTEGRATION 1/2001, S. 31 f.; *Philippi*, Charta der Grundrechte, S. 29 f.; *Bossi*, in: *Weidenfeld* (Hrsg.), Nizza in der Analyse, S. 221-223.

520 Siehe dazu bereits oben 2. Kapitel.B.I, insb. Fn. 469. Diese Unterscheidung betonen auch *Magiera*, DÖV 2000, S. 1022; *Grabenwarter*, DVBl. 2001, S. 9; *Falke*, in: *Bremische Bürgerschaft* (Hrsg.), Charta der Grundrechte, S. 28.

521 Vgl. zu diesen Positionen z.B. *Meyer / Engels*, ZRP 2000, S. 369 ff., die zutreffend hervorheben, dass Unterlassungs-, Schutz- bzw. Bereitstellungs- / Förderungspflichten aus wirtschaftlichen und sozialen ebenso wie aus bürgerlichen und politischen Rechten herrühren können; *Braibant*, RUDH 2000, S. 67 f.; *Falke*, in: *Bremische Bürgerschaft* (Hrsg.), Charta der Grundrechte, S. 27 f.; *Pernice*, DVBl. 2000, S. 853; *Leinen / Schönlau*, INTEGRATION 1/2001, S. 31 f.; *Schmitz*, JZ 2001, S. 840; *Tettinger*,

miss[523] ist dementsprechend von zurückhaltenden Formulierungen und zahlreichen Verweisen auf das Gemeinschaftsrecht und einzelstaatliche Rechtsvorschriften und Gepflogenheiten geprägt.[524] Die Bestimmungen sind im Wesentlichen von der Europäischen Sozialcharta[525], der revidierten Europäischen Sozialcharta[526] sowie der Gemeinschaftscharta der sozialen Grundrechte der Arbeitnehmer[527] inspiriert.[528]

NJW 2001, S. 1014. Zur Problematik bereits *Starck*, EuGRZ 1981, S. 549 f.; *Limbach*, Grundrechtsschutz in der Europäischen Union, S. 22 f.; *Di Fabio*, JZ 2000, S. 740.

522 Der Begriff der Solidarität greift wohl den von der Französischen Revolution geprägten Begriff der Brüderlichkeit („*fraternité*") auf, vgl. *Weber*, in: *Bremische Bürgerschaft* (Hrsg.), Charta der Grundrechte, S. 15; *Falke*, in: *Bremische Bürgerschaft* (Hrsg.), Charta der Grundrechte, S. 46; *Scholz*, in: *Geis / Lorenz* (Hrsg.), Staat · Kirche · Verwaltung, FS f. *Maurer*, S. 1002/1003. *Grabenwarter* sieht in der Verwendung dieses Begriffs hingegen eine gewisse Distanz zum Begriff der sozialen Grundrechte, vgl. *ders.*, DVBl. 2001, S. 9.

523 Einen wichtigen Durchbruch zu einer Einigung erreichte der Konvent mit einem von dem Vertreter des Deutschen Bundestages im Konvent, *Jürgen Meyer*, zusammen mit dem französichen Regierungsvertreter *Guy Braibant* vorgeschlagenen Modell (sog. *Braibant-Meyer*-Papier). Dieses fußte auf dem von *Meyer* entwickelten sog. 3-Säulen-Modell, das auf einer Berücksichtigung sozialer Rechte in der Präambel, im Rahmen der materiellen Grundrechtsbestimmungen und der horizontalen Bestimmungen beruht, siehe dazu eingehend *Meyer / Engels*, ZRP 2000, S. 370 f.; *Engels*, Eurokolleg 45 (2001), S. 12-13; *Falke*, in: *Bremische Bürgerschaft* (Hrsg.), Charta der Grundrechte, S. 46.

524 Ähnlich *Mahlmann*, ZEuS 2000, S. 432; *Tomuschat*, in: F.A.Z. Nr. 181 v. 07.08.2000, S. 13; *Grabenwarter*, DVBl. 2001, S. 9; *Pache*, EuR 2001, S. 481/482; *Schmitz*, JZ 2001, S. 841; *Goldsmith*, CML Rev. 38 (2001), S. 1209, 1212 f.; *Nettesheim*, INTEGRATION 2002, S. 39; *Philippi*, Charta der Grundrechte, S. 30; *Bossi*, in: *Weidenfeld* (Hrsg.), Nizza in der Analyse, S. 230.

525 Europäische Sozialcharta vom 18.10.1961, BGBl. II 1964, S. 1262 ff., abgedruckt in: Sartorius II, Nr. 115.

526 Revidierte Europäische Sozialcharta vom 03.05.1996, in Kraft getreten am 01.07.1999, CETS Nr. 163.

527 Gemeinschaftscharta der sozialen Grundrechte der Arbeitnehmer vom 09.12.1989, abgedruckt in: Sartorius II, Nr. 190.

528 Vgl. im Einzelnen die Erläuterungen des Konventspräsidiums zu Art. 27-38 EGRC (Dok. CHARTE 4473/00 CONVENT 49 v. 11.10.2000, S. 26-34 = EuGRZ 2000, S. 564-566; sowie die eingehende Darstellung bei *Falke*, in: *Bremische Bürgerschaft* (Hrsg.), Charta der Grundrechte, S. 48-51; ebenso *Pache*, EuR 2001, S. 481; *Weber*, in: *Weber* (Hrsg.), Charta der Grundrechte, S. 9. Zum fehlenden Schutz sozialer Grundrechte in der bisherigen Rechtsprechung des EuGH vgl. *Falke*, in: *Bremische Bürgerschaft* (Hrsg.), Charta der Grundrechte, S. 28/29.

Insgesamt lassen sich unter diesen Gewährleistungen vier verschiedene Kategorien von Regelungen ausmachen.[529] Erstens enthält das vierte Kapitel Freiheitsrechte mit sozialrechtlichem Bezug. Zu diesen sind die Rechte auf Kollektivverhandlungen und –maßnahmen (Art. 28 EGRC) zu rechnen.[530]

Zweitens sind in ihm wirtschaftliche und soziale Grundrechte, die Schutzansprüche vermitteln, enthalten. Hierunter fallen der Schutz vor ungerechtfertigter Entlassung (Art. 30 EGRC), das Recht auf gerechte und angemessene Arbeitsbedingungen (Art. 31 EGRC), das Verbot der Kinderarbeit und der Schutz Jugendlicher am Arbeitsplatz (Art. 32 EGRC). Ferner gehören hierzu der Schutz der Familie einschließlich des Mutterschutzes (Art. 33 EGRC),[531] und das Recht auf Unterrichtung und Anhörung der Arbeitnehmer (Art. 27 EGRC).[532]

Drittens beinhaltet Kapitel IV Garantien, die als Teilhaberechte zu qualifizieren sind. Zu diesen zählen das Recht auf Zugang zu einem unentgeltlichen Arbeitsvermittlungsdienst (Art. 29 EGRC), und die Rechte auf Zugang zu Leistungen der sozialen Sicherheit und den sozialen Diensten einschließlich der Achtung des Rechts auf eine soziale Unterstützung und eine Unterstützung für die Wohnung (Art. 34 EGRC). Weiterhin fallen hierunter die Rechte auf Zugang zur Gesundheitsvorsorge und ärztliche Versorgung (Art. 35 S. 1 EGRC),[533] sowie auf Zugang zu Dienstleistungen von allgemeinem wirtschaftlichen Interesse (Art. 36 EGRC).[534]

Viertens schließlich nimmt dieses Kapitel – insoweit außerhalb des Mandats des Europäischen Rates von Köln[535] – sozialrechtliche Prinzipien auf, die

---

529 Siehe z.B. *Grabenwarter*, DVBl. 2001, S. 9 f. m.w.N.; kritisch zu dieser heterogenen Struktur *Weber*, in: *Weber* (Hrsg.), Charta der Grundrechte, S. 9.

530 So auch *Grabenwarter*, DVBl. 2001, S. 10; *Weber*, in: *Weber* (Hrsg.), Charta der Grundrechte, S. 9.

531 So auch *Grabenwarter*, DVBl. 2001, S. 10; *Calliess*, EuZW 2001, S. 264; *Calliess*, in: *Ehlers* (Hrsg.), Europäische Grundrechte und Grundfreiheiten, § 19 II 1, Rn. 13; *Weber*, in: *Weber* (Hrsg.), Charta der Grundrechte, S. 9.

532 *Philippi*, Charta der Grundrechte, S. 30.

533 Ebenso *Grabenwarter*, DVBl. 2001, S. 10; *Calliess*, EuZW 2001, S. 264; *Calliess*, in: *Ehlers* (Hrsg.), Europäische Grundrechte und Grundfreiheiten, § 19 II 1, Rn. 13; *Weber*, in: *Weber* (Hrsg.), Charta der Grundrechte, S. 9.

534 Zu Art. 36 EGRC kritisch *Calliess*, in: *Ehlers* (Hrsg.), Europäische Grundrechte und Grundfreiheiten, § 19 II 1, Rn. 13; *Nettesheim*, INTEGRATION 2002, S. 39/40.

535 So auch *Schmitz*, JZ 2001, S. 841.

keine subjektiven Rechte beinhalten. Dies gilt für die staatszielähnlichen Grundsätze eines hohen Gesundheitsschutzniveaus (Art. 35 S. 2 EGRC), eines hohen Umweltschutz- (Art. 37 EGRC), sowie eines hohen Verbraucherschutzniveaus (Art. 38 EGRC).[536]

Hingegen sind weitgehende soziale Gewährleistungen, wie beispielsweise Rechte *auf* Arbeit oder *auf* Wohnung, die in einer freiheitlich-demokratischen Gesellschaft nicht als einklagbare subjektive Rechte formuliert werden können, in der Charta vernünftigerweise nicht enthalten.[537]

f. Bürgerrechte

Im fünften Kapitel der Charta finden sich größtenteils Rechte, die bereits im EG-Vertrag begründet sind; lediglich das Recht auf eine gute Verwaltung (Art. 41 EGRC) kodifiziert zum Teil Rechtsprechung des EuGH.[538] Art. 39

---

536 So auch *Grabenwarter*, DVBl. 2001, S. 10; *Weber*, in: *Weber* (Hrsg.), Charta der Grundrechte, S. 9; zu letzteren beiden Bestimmungen auch *Scholz*, in: *Geis / Lorenz* (Hrsg.), Staat · Kirche · Verwaltung, FS f. *Maurer*, S. 1003. Kritisch *Falke*, in: *Bremische Bürgerschaft* (Hrsg.), Charta der Grundrechte, S. 57 f.; *Mahlmann*, ZEuS 2000, S. 435; *Calliess*, der insbesondere die Formulierung eines prozeduralen Grundrechts auf Umweltschutz vorgezogen hätte, vgl. *ders.*, EuZW 2001, S. 265/266; *ders.*, in: *Ehlers* (Hrsg.), Europäische Grundrechte und Grundfreiheiten, § 19 II 3, Rn. 22; *Nettesheim*, INTEGRATION 2002, S. 39/40. A.A. *Schmitz*, der in der Aufnahme dieser Normen in die Charta eine konstitutive Anerkennung dieser Grundsatznormen objektivrechtlicher Natur als Grundrechte sieht, vgl. *ders.*, JZ 2001, S. 841.

537 So auch *Limbach*, Grundrechtsschutz in der Europäischen Union, S. 22/23; *Tomuschat*, in: F.A.Z. Nr. 181 v. 07.08.2000, S. 13; *Falke*, in: *Bremische Bürgerschaft* (Hrsg.), Charta der Grundrechte, S. 58 f.; *Calliess*, in: *Ehlers* (Hrsg.), Europäische Grundrechte und Grundfreiheiten, § 19 II 1, Rn. 8; *Nettesheim*, INTEGRATION 2002, S. 39; kritisch *Schachtschneider*, APuZ B 52-53/2000, S. 19. Zur Problematik der Einbeziehung sozialer Grundrechte in Verfassungen auch *Simon*, in: *Friedrich-Ebert-Stiftung* (Hrsg.), Soziale Grundrechte für eine Europäische Verfassung, S. 22-29 (insb. 24 f.).

Der Verfassungskonvent hat an den Bestimmungen des Kapitels IV lediglich redaktionelle Änderungen vorgeschlagen, vgl. *Amt für amtliche Veröffentlichungen der Europäischen Gemeinschaften* (Hrsg.), Entwurf – Vertrag über eine Verfassung für Europa, S. 71-74.

538 Vgl. dazu die Erläuterungen des Präsidiums zu den Art. 39-46 EGRC, Dok. CHARTE 4473/00 CONVENT 49 v. 11.10.2000, S. 34-40 = EuGRZ 2000, S. 566 f.; ebenso *Grabenwarter*, DVBl. 2001, S. 6 f.; *Calliess*, EuZW 2001, S. 263; *Calliess*, in: *Ehlers* (Hrsg.), Europäische Grundrechte und Grundfreiheiten, § 19 II 1, Rn. 11; *Weber*, in: *Weber* (Hrsg.), Charta der Grundrechte, S. 10. Zur Rechtsprechung des EuGH im

Abs. 1 EGRC verankert das Recht auf Gleichbehandlung der Unionsbürger bei den Wahlen zum Europäischen Parlament, während Art. 39 Abs. 2 EGRC die Wahlrechtsgrundsätze für die Wahlen zum Europaparlament niederlegt. Letzterer enthält damit das aktive und passive Wahlrecht der Unionsbürger zum Europäischen Parlament, wobei der Grundsatz der Gleichheit der Wahl, wie schon im EG-Vertrag, nicht garantiert ist.[539] Artikel 40 der Charta gewährt den Unionsbürgern das Recht auf Inländergleichbehandlung, wenn in einem Mitgliedstaat Kommunalwahlen stattfinden, nicht aber – wie die Artikelüberschrift suggerieren könnte – ein gemeinschaftsrechtliches Kommunalwahlrecht.[540]

Das in Artikel 41 EGRC kodifizierte, jeder Person garantierte Recht auf eine gute Verwaltung fasst in seinem Grundsatz ebenso wie in seinen besonderen Ausprägungen in der Rechtsprechung des Gerichtshofs entwickelte Rechtspositionen und im EG-Vertrag verstreute Rechte[541] zusammen,[542] kann also nur in seiner Zusammenstellung samt einer Generalklausel (Abs. 1) als „neues" Recht betrachtet werden.[543]

Bereich des Rechts auf eine gute Verwaltung eingehend *Bauer*, Das Recht auf eine gute Verwaltung im Europäischen Gemeinschaftsrecht, S. 21-132.

539 Vgl. Art. 190 Abs. 1 EG. Siehe dazu kritisch *Magiera*, DÖV 2000, S. 1025; *Grabenwarter*, DVBl. 2001, S. 7; *Philippi*, Charta der Grundrechte, S. 28.

540 Siehe dazu noch unten 3. Kapitel.B.I.2.b, insb. bei Fn. 699 f.

541 Art. 21 Abs. 3, 253 und 288 Abs. 2 EG.

542 Siehe dazu die Nachweise in den Erläuterungen des Präsidiums zu Art. 41 EGRC, Dok. CHARTE 4473/00 CONVENT 49 v. 11.10.2000, S. 36-37 = EuGRZ 2000, S. 566; sowie *Grabenwarter*, DVBl. 2001, S. 8; eingehend *Lais*, ZEuS 2002, S. 450 f., 469 ff. m.w.N.

543 So auch *Lais*, ZEuS 2002, S. 448/449. Dem Konvent war die Verbürgung dieses Rechts als gegenüber den bestehenden Rechten zusätzliche Garantie besonders wichtig, vgl. die Sitzungsniederschrift in: *Bernsdorff / Borowsky* (Hrsg.), Charta der Grundrechte der EU, S. 203 (Sitzung v. 27./28.03.2000); siehe dazu auch *Grabenwarter*, DVBl. 2001, S. 8; *Calliess*, EuZW 2001, S. 263; *Calliess*, in: *Ehlers* (Hrsg.), Europäische Grundrechte und Grundfreiheiten, § 19 II 1, Rn. 11; *Weber*, in: *Weber* (Hrsg.), Charta der Grundrechte, S. 10; *Knecht*, Charta der Grundrechte, S. 199.

Umfassend zum Recht auf eine gute Verwaltung *Bauer*, Das Recht auf eine gute Verwaltung im Europäischen Gemeinschaftsrecht, S. 137-143; *Lais*, ZEuS 2002, S. 447-482; kritisch zur Detailtreue und Zuordnung zu den Grundrechten des in Art. 41 EGRC geregelten Verwaltungsverfahrensrechts *Scholz*, in: *Geis / Lorenz* (Hrsg.), Staat · Kirche · Verwaltung, FS f. *Maurer*, S. 1003/1004; zweifelnd zur Zuordnung zu den Grundrechten auch *Weber*, in: *Weber* (Hrsg.), Charta der Grundrechte,

Im fünften Kapitel der Charta sind ferner als Teilhaberechte[544] für Unionsbürger und natürliche und juristische Personen mit (Wohn-) Sitz in einem Mitgliedstaat ein Recht auf Zugang zu Dokumenten des Europäischen Parlaments, des Rates und der Kommission (Art. 42 EGRC),[545] ein Recht auf Befassung des Bürgerbeauftragten (Art. 43 EGRC) sowie ein Petitionsrecht gegenüber dem Europäischen Parlament (Art. 44 EGRC) niedergelegt. Neben dem Recht der Unionsbürger auf Freizügigkeit und Aufenthaltsfreiheit im Unionsgebiet (Art. 45 Abs. 1 EGRC)[546] findet sich dort schließlich das Recht der Unionsbürger auf diplomatischen und konsularischen Schutz durch die im Drittstaat vertretenen Stellen anderer Mitgliedstaaten (Art. 46 EGRC).

Der Überblick über die Rechte des fünften Kapitels zeigt, dass dieses entgegen seines Titels „Bürgerrechte" nicht nur reine Unionsbürgerrechte enthält.[547]

g. Justizielle Rechte

Die im sechsten Kapitel in den Artikeln 47 bis 50 der Charta niedergelegten sog. justiziellen Rechte stützen sich im Wesentlichen auf entsprechende Garantien der EMRK.[548] Die Rechte auf einen wirksamen Rechtsbehelf bei

---

S. 10. Erheblichen Konturierungsbedarf für Art. 41 EGRC sieht hingegen *Tettinger*, NJW 2001, S. 1014.

544 So *Grabenwarter*, DVBl. 2001, S. 7/8.

545 Kritisch zur Zuordnung dieser Garantie zu den Grundrechten *Scholz*, in: *Geis / Lorenz* (Hrsg.), Staat · Kirche · Verwaltung, FS f. *Maurer*, S. 1004.

546 Art. 45 Abs. 2 EGRC knüpft hinsichtlich der Freizügigkeit und Aufenthaltsfreiheit von Drittstaatsangehörigen hingegen nur an die der Gemeinschaft nach Art. 62 S. 1 Nr. 1, 3, 63 S. 1 Nr. 4 EG erteilte Zuständigkeit an, gewährt hingegen selbst kein Recht, vgl. dazu die Erläuterungen des Präsidiums zu Art. 45 EGRC, Dok. CHARTE 4473/00 CONVENT 49 v. 11.10.2000, S. 39 = EuGRZ 2000, S. 566/567; sowie *Grabenwarter*, DVBl. 2001, S. 7 (dort Fn. 47).

547 Dies betonen auch *Grabenwarter*, DVBl. 2001, S. 6 f.; *Weber*, in: *Weber* (Hrsg.), Charta der Grundrechte, S. 9/10.

Der Verfassungskonvent hat an den Bestimmungen des Kapitels V im Wesentlichen redaktionelle Änderungen, im Hinblick auf Art. 41-43 EGRC durch die Einbeziehung weiterer Institutionen in den grundrechtlichen Schutzbereich aber auch einzelne Erweiterungen vorgeschlagen, vgl. *Amt für amtliche Veröffentlichungen der Europäischen Gemeinschaften* (Hrsg.), Entwurf – Vertrag über eine Verfassung für Europa, S. 75-77.

548 Siehe im Einzelnen die Erläuterungen des Präsidiums zu Art. 47-50 EGRC, Dok. CHARTE 4473/00 CONVENT 49 v. 11.10.2000, S. 40-45 = EuGRZ 2000, S. 567 f.; sowie unten 4. Kapitel.C.V.2.

einem Gericht, auf ein faires Gerichtsverfahren sowie ggf. auf Bewilligung von Prozesskostenhilfe (Art. 47 EGRC) gehen über den Schutzbereich der entsprechenden Art. 13 bzw. 6 Abs. 1 EMRK sogar hinaus.[549] Daneben greift die Charta grundlegende strafrechtliche und strafprozessrechtliche Garantien auf, so die Unschuldsvermutung (Art. 48 Abs. 1 EGRC) und die Gewährleistung der Achtung der Verteidigungsrechte (Art. 48 Abs. 2 EGRC), die Grundsätze der Gesetzmäßigkeit (Art. 49 Abs. 1, 2 EGRC) und der Verhältnismäßigkeit der Strafe (Art. 49 Abs. 3 EGRC), sowie ein unionsweites Verbot der Doppelbestrafung (Art. 50 EGRC).[550]

h. Allgemeine Bestimmungen

Die Artikel 51 bis 54 im siebten Kapitel der Charta enthalten schließlich sog. Querschnittsbestimmungen, die grundsätzlich auf alle in den Art. 1-50 EGRC niedergelegten materiell-rechtlichen Grundrechtsgarantien Anwendung finden.[551] Der mit „Anwendungsbereich" überschriebene Artikel 51 der Charta bestimmt die Adressaten bzw. Verpflichteten der Charta-Grundrechte (Abs. 1), und stellt klar, dass die Charta die Zuständigkeitsverteilung zwischen Gemeinschaft bzw. Union und Mitgliedstaaten nicht ändert, insbesondere keine neuen Zuständigkeiten oder Aufgaben für die Gemeinschaft bzw. Union begründet (Abs. 2).[552]

Artikel 52 der Charta enthält zur „Tragweite der garantierten Rechte" eine allgemeine Schrankenbestimmung für die Charta-Rechte (Abs. 1).[553] In

---

549 Die Charta gewährt einen wirksamen Rechtsbehelf bei einem Gericht und beschränkt das Recht auf ein faires Gerichtsverfahren nicht auf zivilrechtliche Ansprüche und strafrechtliche Anklagen; siehe dazu die Erläuterungen des Präsidiums zu Art. 47 EGRC (Fn. 548), sowie eingehend unten 4. Kapitel.C.V.3.b; dazu auch *Grabenwarter*, DVBl. 2001, S. 8 f.; *Pache*, EuR 2001, S. 482; *Calliess*, EuZW 2001, S. 263/264; *Zimmermann*, EU-Grundrechtecharta, S. 42/43; *Calliess*, in: *Ehlers* (Hrsg.), Europäische Grundrechte und Grundfreiheiten, § 19 II 1, Rn. 12.

550 Vgl. zu diesen Garantien z.B. *Mahlmann*, ZEuS 2000, S. 431/432; *Grabenwarter*, DVBl. 2001, S. 9.

Der Verfassungskonvent hat an den Bestimmungen des Kapitels VI nur redaktionelle Änderungen vorgeschlagen, vgl. *Amt für amtliche Veröffentlichungen der Europäischen Gemeinschaften* (Hrsg.), Entwurf – Vertrag über eine Verfassung für Europa, S. 79 f.

551 Vgl. zu ähnlichen Querschnittsbestimmungen in neuen Grundrechtskatalogen *Weber*, in: *Weber* (Hrsg.), Charta der Grundrechte, S. 11 m.w.N.

552 Eingehend hierzu unten 3. Kapitel.C.IV.

553 Eingehend zu dieser unten 4. Kapitel.B.II, III.

Absatz 2 regelt die Vorschrift überdies das Verhältnis der Charta-Rechte zu entsprechenden Rechten in den Gemeinschaftsverträgen bzw. dem EU-Vertrag,[554] sowie in Absatz 3 zu entsprechenden Rechten in der EMRK.[555] Artikel 53 der Charta bestimmt das Verhältnis der Charta-Garantien zu den Menschenrechten u.a. in internationalen Übereinkommen und den Verfassungen der Mitgliedstaaten.[556] Der Schlussartikel 54 der Charta schließlich legt ein Verbot des Missbrauchs der in der Charta anerkannten Rechte nieder.[557]

Diese horizontalen Bestimmungen, die zu den umstrittensten Vorschriften der Charta zu zählen sind[558] und deren Formulierung dem Konvent die meisten Schwierigkeiten bereitet hat,[559] sind für den Standort der Grundrechtecharta in der europäischen Grundrechtsarchitektur von zentraler Bedeutung. Sie treffen alle wesentlichen Regelungen zur Reichweite der Charta und ihres Verhältnisses zu den existierenden Grundrechtskatalogen. Sie belegen auf diese Weise, dass der Konvent die Charta so konzipiert hat, dass sie ggf. ohne Änderungen in die Verträge bzw. die künftige Europäische Verfassung übernommen werden kann.[560]

2. Allgemeine Charakteristika der inhaltlichen Gestaltung der Charta

Der genaue Schutzumfang der einzelnen materiell-rechtlichen Gewährleistungen der Charta hängt zum einen von der Reichweite der jeweiligen, in der Charta sichtbar gemachten Rechtsquellen ab, wobei die zu diesen ergangene, insbesondere aber die künftige Rechtsprechung von EuGH und EuG eine entscheidende Rolle spielt bzw. spielen wird.[561] Zum anderen determinie-

---

554 Dazu im Einzelnen unten 4. Kapitel.C.IV.

555 Siehe hierzu ausführlich unten 4. Kapitel.C.V.

556 Eingehend dazu 4. Kapitel.B.IV.

557 Hierzu näher unten 4. Kapitel.B.V.

558 So z.B. auch *Weber*, in: *Weber* (Hrsg.), Charta der Grundrechte, S. 11.

559 Vgl. nur *Vitorino*, in: *Bernsdorff / Borowsky* (Hrsg.), Charta der Grundrechte der EU, S. 404/405 (Sitzung v. 02.10.2000); dazu *Schmitz*, JZ 2001, S. 836 m.w.N.

560 Zu diesem sog. „als-ob"-Ansatz noch unten 2. Kapitel.B.III.2.e. Zu den – im Ergebnis ebenfalls nur redaktionellen – Änderungen, die der Verfassungskonvent an diesen Bestimmungen vorgeschlagen hat (zum Text vgl. *Amt für amtliche Veröffentlichungen der Europäischen Gemeinschaften* (Hrsg.), Entwurf – Vertrag über eine Verfassung für Europa, S. 81 f.) siehe noch eingehend unten 5. Kapitel.D.III.1.

561 Vgl. dazu *Pernice / Mayer*, in: *Grabitz / Hilf* (Hrsg.), EUV/EGV, Bd. I, nach Art. 6 EUV, Rn. 52.

ren die horizontalen Bestimmungen der Charta, insbesondere Artikel 52, den Schutzumfang zahlreicher Charta-Rechte.

Der Inhalt der Garantien der Charta soll insoweit, als er mit dem Schutzgehalt bestehender Rechte übereinstimmt bzw. von der künftigen Rechtsprechung der Gemeinschaftsgerichte abhängt, hier nicht näher untersucht werden. Neben den für die Reichweite der Charta und ihre Stellung im Verhältnis zu den existierenden Menschenrechtskatalogen zentralen allgemeinen Bestimmungen, mit denen sich die folgenden beiden Kapitel dieser Arbeit befassen, sollen in diesem Rahmen nur einige allgemeine Charakteristika der inhaltlichen Gestaltung der Charta hervorgehoben werden, die diesen Grundrechtskatalog entscheidend prägen.

a. Einteilung in Kapitel

Die thematische Einteilung der materiell-rechtlichen Gewährleistungen und der horizontalen Bestimmungen der Charta in Kapitel ist im Vergleich zu multilateralen Grundrechtskatalogen wie z.B. der EMRK, des IPBPR oder des IPWSKR eine Neuerung.[562] Bereits obiger Überblick über die den Kapiteln jeweils zugeordneten einzelnen Garantien der Charta zeigt jedoch den mutmaßlichen Grund, warum eine thematische Gruppierung der Bestimmungen regelmäßig unterbleibt. Eine klare Trennung und Kategorisierung sämtlicher Gewährleistungen bei gleichzeitiger Wahrung des inhaltlichen Zusammenhangs mit verwandten Garantien scheint praktisch unmöglich.[563]

Während das erste Kapitel (Würde des Menschen), das sechste Kapitel (Justizielle Rechte), und das siebte Kapitel (Allgemeine Bestimmungen) im Wesentlichen abschließend die ihrem jeweiligen Titel zuzuordnenden Bestimmungen enthalten, weist bereits das zweite, die „Freiheiten“ betreffende Kapitel neben zahlreichen Freiheitsrechten auch Teilhaberechte, insbesondere das Recht auf Bildung (Art. 14 Abs. 1, 2 EGRC), auf.[564] Im dritten Kapitel der Charta (Gleichheit) finden sich neben den allgemeinen und speziellen Gleich-

---

562 Dies betonen auch *Lalumière*, RQDI 13 (2000), S. 171; *Vitorino*, RTDE 2001, S. 45; *Schmitz*, JZ 2001, S. 834 (insb. dort Fn. 14 f.), der nachweist, dass sich eine Gliederung der Grundrechte in Kapitel jedoch in einzelnen mitgliedstaatlichen Verfassungen findet.

563 Ähnlich *Schmitz*, JZ 2001, S. 834.

564 Siehe auch oben 2. Kapitel.B.III.1.c; wie hier *Grabenwarter*, DVBl. 2001, S. 5, 12; *Schmitz*, JZ 2001, S. 834; *Scholz*, in: *Geis* / *Lorenz* (Hrsg.), Staat · Kirche · Verwaltung, FS f. *Maurer*, S. 1002.

heitssätzen mit den Rechten des Kindes, älterer Menschen und Menschen mit Behinderung (Art. 24-26 EGRC) Rechte, die weniger auf Gleichbehandlung abzielen als Schutzansprüche niederlegen bzw. neben einer Hervorhebung des Menschenwürdegehaltes dieser Rechte eher den sozialen Rechten zugehörige Leistungs- bzw. Teilhaberechte kodifizieren.[565] Im vierten Kapitel (Solidarität) sind ebenfalls unterschiedliche Kategorien wirtschaftlicher und sozialer Rechte zusammengefasst, die u.a. auch Freiheitsrechte mit sozialrechtlichem Bezug (z.B. Art. 28 EGRC) beinhalten.[566] Im fünften Kapitel (Bürgerrechte) sind nur Art. 39, 40, 45 Abs. 1 und 46 EGRC als reine (Unions-) Bürgerrechte ausgestaltet.[567] Überdies sind thematisch zusammengehörige Gewährleistungen in der Charta teils auseinandergerissen und in verschiedene Kapitel verstreut. So finden sich z.B. Rechte, welche die Ehe und Familie betreffen, im zweiten Kapitel (Art. 7, 9, 14 Abs. 3 EGRC), im dritten Kapitel (Art. 24 EGRC), und im vierten Kapitel (Art. 33 EGRC).[568]

Trotz der damit nicht immer schlüssigen Zuordnung der einzelnen Bestimmungen der Charta zu den sieben Kapiteln überwiegen aber die Vorteile der insgesamt gelungenen Strukturierung der Charta. Die Überschaubarkeit der dort niedergelegten Gewährleistungen und die für die Verfasser der Charta entsprechend dem Mandat von Köln wichtige Lesbarkeit und Verständlichkeit des Grundrechtskatalogs für den Bürger[569] wird durch die vorgenommene Kapiteleinteilung wesentlich verbessert.[570]

b. Gemeinsame Kodifizierung von bürgerlichen und politischen mit wirtschaftlichen und sozialen Rechten

Der Überblick über den Inhalt der Charta zeigt, dass diese die klassischen bürgerlichen und politischen Rechte mit wirtschaftlichen und sozialen

565 Siehe hierzu bereits oben 2. Kapitel.B.III.1.d; kritisch zur Zusammenstellung der Bestimmungen im dritten Kapitel auch *Grabenwarter*, DVBl. 2001, S. 12; *Schmitz*, JZ 2001, S. 834.

566 Siehe im Einzelnen bereits oben 2. Kapitel.B.III.1.e; kritisch auch *Grabenwarter*, DVBl. 2001, S. 12.

567 Vgl. oben 2. Kapitel.B.III.1.f; ebenso *Schmitz*, JZ 2001, S. 834; *Davis*, E.L.Rev. 27 (2002), S. 128-134 (insb. S. 133).

568 Kritisch hierzu auch *Schmitz*, JZ 2001, S. 834; *Philippi*, Charta der Grundrechte, S. 22.

569 Siehe dazu bereits oben 2. Kapitel.B.II.

570 Ähnlich *Lalumière*, RQDI 13 (2000), S. 171; *Weber*, in: *Bremische Bürgerschaft* (Hrsg.), Charta der Grundrechte, S. 15; kritisch hingegen *Grabenwarter*, DVBl. 2001, S. 12.

Rechten in einem Dokument zusammenführt. Sie bekennt sich dadurch zur Unteilbarkeit der Grundrechte.[571]

Demgegenüber enthalten die meisten europäischen oder internationalen Menschenrechtskataloge nicht beide Kategorien von Rechten. So gewährt z.B. die EMRK nur bürgerliche und politische Rechte, während der IPBRP bzw. der IPWSKR bürgerliche und politische bzw. wirtschaftliche, soziale und kulturelle Rechte in getrennten Texten niederlegen. Dennoch ist die gemeinsame Kodifizierung bürgerlicher und politischer mit wirtschaftlichen und sozialen Grundrechten nicht neu.[572] Die Charta knüpft hier vielmehr an die Allgemeine Erklärung der Menschenrechte der Vereinten Nationen vom 10.12.1948[573] an, die bereits die traditionellen Freiheits-, Gleichheits- Bürger- und Verfahrensgrundrechte neben wirtschaftliche, soziale und kulturelle Rechte stellte.[574]

c. Fehlende Parallelität von Kompetenzen der EG / EU und Grundrechtsgarantien

Das Mandat des Konvents, demzufolge er die bestehenden Grundrechte auf Gemeinschaftsebene sichtbar machen sollte,[575] hätte die Formulierung eines Grundrechtskataloges, der sich ausschließlich an den spezifischen Kompetenzen der Gemeinschaft bzw. Union orientiert, nahe gelegt.[576] Dennoch entschied sich der Konvent, einen vollständigen Katalog von Grundrechten zu erstellen, in dem einzelne Gewährleistungen Bereiche betreffen, in denen die EG / EU zumindest auf den ersten Blick keine Regelungskompetenzen hat.[577] Beispiele hierfür sind die Verbote der Todesstrafe oder der

---

571 So auch *Vitorino*, RTDE 2001, S. 45; *Bossi*, in: *Weidenfeld* (Hrsg.), Nizza in der Analyse, S. 228; *Rengeling / Szczekalla*, Grundrechte in der EU, § 3 C, Rn. 236-240.

572 Dies wird häufig übersehen, vgl. nur *Lalumière*, RQDI 13 (2000), S. 176; *Leinen / Schönlau*, INTEGRATION 1/2001, S. 31.

573 Abgedruckt in: Sartorius II, Nr. 19.

574 Vgl. beispielhaft nur Art. 3 (Recht auf Leben), Art. 7 (Gleichheit vor dem Gesetz), Art. 21 (Wahlrecht), Art. 8 (Anspruch auf Rechtsschutz) einerseits, und Art. 23 (Recht auf Arbeit und gleichen Lohn), Art. 25 (Soziale Betreuung) und Art. 26 (Kulturelle Betreuung) der Allgemeinen Erklärung der Menschenrechte andererseits.

575 Siehe dazu oben 2. Kapitel.B.I, insb. Fn. 470, 469.

576 Differenzierend *Engels*, Eurokolleg 45 (2001), S. 10.

577 Vgl. zur Diskussion im Konvent *Engels*, Eurokolleg 45 (2001), S. 10 f.

Zwangsarbeit oder die Rechte, eine Ehe einzugehen und eine Familie zu gründen.[578]

Dem hielten nicht wenige Vertreter des Schrifttums bereits im Verlauf der Erarbeitung der Charta entgegen, dass die Grundrechte in ihrer abwehrrechtlichen Funktion negative Kompetenznormen seien, und dementsprechend die Achtung der Parallelität von Kompetenz und Grundrechtsschutz angestrebt werden sollte.[579] Die Charta sollte deshalb keine Grundrechte auflisten, in die die Gemeinschaft bzw. Union mangels Kompetenzen nicht eingreifen kann. Ebensowenig solle sie Schutz-, Leistungs- oder Teilhabeansprüche beinhalten, welche EG bzw. EU mangels Kompetenzen nicht einlösen kann.[580]

Die Ermittlung derjenigen Grundrechte, die derzeit keinerlei Gefährdung durch die Gemeinschaft oder Union ausgesetzt sind, bereitet allerdings nicht nur wegen der Schwierigkeit einer genauen Abgrenzung der Kompetenzen der EG / EU und der Mitgliedstaaten Probleme.[581] Bei zahlreichen Grundrechten ist in einzelnen Konstellationen eine Grundrechtsgefährdung durch die Gemeinschaft denkbar.[582] So kann beispielsweise trotz der Tatsache, dass der Union keine Kompetenzen zur Regelung der Religionsausübung zukommen, die Religionsfreiheit durch landwirtschaftliche bzw. veterinär-

---

578 Vgl. Art. 2 Abs. 2, 5 Abs. 2, 9 EGRC; weitere solche Rechte finden sich z.B. in den Artikeln 4, 5, 10 Abs. 2, 14, 24, 27, 29-35 S. 1, 48-50 EGRC, vgl. dazu z.B. *Scholz*, in: *Geis / Lorenz* (Hrsg.), Staat · Kirche · Verwaltung, FS f. *Maurer*, S. 999, 1003, 1004; *Calliess*, EuZW 2001, S. 264; *Calliess*, in: *Ehlers* (Hrsg.), Europäische Grundrechte und Grundfreiheiten, § 19 II 2, Rn. 10, 13, § 19 II 3, Rn. 18; *Bossi*, in: *Weidenfeld* (Hrsg.), Nizza in der Analyse, S. 227, 230; *Nettesheim*, INTEGRATION 2002, S. 38.

579 So insbesondere *Pernice*, DVBl. 2000, S. 852; in diese Richtung auch *Lindner*, DÖV 2000, S. 549; zustimmend *Calliess*, EuZW 2001, S. 264 f.; *Calliess*, in: *Ehlers* (Hrsg.), Europäische Grundrechte und Grundfreiheiten, § 19 II 3, Rn. 18-20; *Hummer*, Status der EU-Grundrechtecharta, S. 86/87; zur Problematik auch *Magiera*, DÖV 2000, S. 1020.

580 Vgl. dazu *Pernice*, DVBl. 2000, S. 852; ähnlich *Lindner*, DÖV 2000, S. 549; *Calliess*, EuZW 2001, S. 264/265; *Calliess*, in: *Ehlers* (Hrsg.), Europäische Grundrechte und Grundfreiheiten, § 19 II 3, Rn. 18-20; „Kompetenzübergriffe" durch die Charta-Rechte, denen keine gemeinschaftsrechtlichen Regelungskompetenzen entsprechen, sieht *Scholz*, in: *Geis / Lorenz* (Hrsg.), Staat · Kirche · Verwaltung, FS f. *Maurer*, S. 999.

581 Zu Letzterem z.B. *Magiera*, DÖV 2000, S. 1020; *Engels*, Eurokolleg 45 (2001), S. 10/11; *Barriga*, Entstehung der Charta der Grundrechte, S. 53 f.

582 So auch *Busse*, EuGRZ 2002, S. 575 (insb. dort Fn. 128).

rechtliche Regelungen zur zulässigen Art und Weise des Schlachtens von Tieren berührt werden.[583]

Ein umfassender Grundrechtskatalog, der einzelne Grundrechte ggf. „auf Vorrat“ aufnimmt, muss außerdem bei einem künftigen Anwachsen der Kompetenzen der Gemeinschaft nicht stets durch spätere schwierige und für einen Grundrechtskatalog untypische Vertragsänderungen angepasst werden.[584] Die Aufnahme fundamentaler Garantien wie beispielsweise des Verbots der Todesstrafe (Art. 2 Abs. 2 EGRC) dient überdies insgesamt einer Dokumentation der gemeinsamen Wertebasis der Union, und ist für die identitätsstiftende Wirkung der Charta innerhalb Europas und die Signalwirkung des unionseigenen Grundrechtskatalogs außerhalb der Union von großer Bedeutung.[585] Zudem können die in der Charta umfassend kodifizierten Grundrechte als Maßstab des Sanktionsmechanismus des Art. 7 EU i.V.m. Art. 6 Abs. 1 EU dienen.[586]

Nicht zuletzt stellt Artikel 51 Absatz 2 der Charta nach dem Willen des Konvents nochmals ausdrücklich klar, dass die Normierung von Grundrechten, in deren Regelungsbereich die EG / EU über keine Kompetenzen ver-

---

583 Vgl. dazu mit weiteren Beispielen *Jacqué*, in: *Bieber / Boillat u.a.*, Grundrechtsschutz in Europa, S. 85; *Goldsmith*, CML Rev. 38 (2001), S. 1207; *Philippi*, Charta der Grundrechte, S. 34; zu Konstellationen, in denen ein Eingriff der Union in die Verbote der Zwangsarbeit oder der Todesstrafe möglich erscheint, *Pernice*, DVBl. 2000, S. 852; i.ü. *Borowsky*, in: *Meyer* (Hrsg.), Charta-Kommentar, Art. 51 EGRC, Rn. 41.

584 Vgl. schon *Tomuschat*, in: F.A.Z. Nr. 181 v. 07.08.2000, S. 13; *Engels*, Eurokolleg 45 (2001), S. 11; *Busse*, EuGRZ 2002, S. 575 (insb. dort Fn. 128); in diese Richtung auch *Schmitz*, JZ 2001, S. 834; *Lenaerts / de Smijter*, CML Rev. 38 (2001), S. 288 f.; *Philippi*, Charta der Grundrechte, S. 33; *Schaller*, EU-Mitgliedstaaten als Verpflichtungsadressaten der Gemeinschaftsgrundrechte, S. 207/208; *Borowsky*, in: *Meyer* (Hrsg.), Charta-Kommentar, Art. 51 EGRC, Rn. 42; *Barriga*, Entstehung der Charta der Grundrechte, S. 54; *Große Wentrup*, Europäische Grundrechtecharta im Spannungsfeld der Kompetenzverteilung, S. 177. Für ein ständiges Mitwachsen des gemeinschaftseigenen Grundrechtskatalogs schritthaltend zum Kompetenzzuwachs der EU hingegen *Pernice*, DVBl. 2000, S. 852/853; *Calliess*, EuZW 2001, S. 265; *Calliess*, in: *Ehlers* (Hrsg.), Europäische Grundrechte und Grundfreiheiten, § 19 II 3, Rn. 20.

585 Vgl. dazu auch *Engels*, Eurokolleg 45 (2001), S. 10; *Schmitz*, JZ 2001, S. 834; *Lenaerts / de Smijter*, CML Rev. 38 (2001), S. 289; *v. Bogdandy*, JZ 2001, S. 158; *Philippi*, Charta der Grundrechte, S. 33 f.; *Schaller*, EU-Mitgliedstaaten als Verpflichtungsadressaten der Gemeinschaftsgrundrechte, S. 207; *Borowsky*, in: *Meyer* (Hrsg.), Charta-Kommentar, Art. 51 EGRC, Rn. 43.

586 Vgl. *v. Bogdandy*, JZ 2001, S. 158.

fügt, rechtlich nicht zu einem Kompetenzzuwachs der EG bzw. EU führt.[587] Er vermindert damit auch die Gefahr „[g]rundrechtsinduzierte[r] Kompetenzgewinne“[588] der Union.[589] Ein Blick beispielsweise in das deutsche Grundgesetz, das ebenfalls einen umfassenden Grundrechtskatalog enthält, ohne dass dieser die Kompetenzverteilung zwischen Bund und Ländern berührt, zeigt außerdem, dass eine Parallelität von Kompetenzen und Grundrechten nicht zwingend ist.[590]

Es sprechen daher keine entscheidenden Gesichtspunkte gegen die – besonders von den an der Erarbeitung der Charta beteiligten Vertretern der Zivilgesellschaft geforderte[591] – umfassende Kodifikation der Grundrechte in der Charta.[592] Die von den Charta-Verfassern ebenfalls angestrebte Transparenz der Reichweite der Charta-Garantien leidet allerdings in den Bereichen, in denen die Charta Leistungs- oder Teilhaberechte regelt, die die Gemeinschaft bzw. Union mangels Regelungszuständigkeiten nicht umsetzen kann.[593]

---

587 Siehe dazu *Engels*, Eurokolleg 45 (2001), S. 11; *Jacqué*, in: *Bieber / Boillat u.a.*, Grundrechtsschutz in Europa, S. 85; *Philippi*, Charta der Grundrechte, S. 32, 33; *Schaller*, EU-Mitgliedstaaten als Verpflichtungsadressaten der Gemeinschaftsgrundrechte, S. 208.

588 *Nettesheim*, INTEGRATION 2002, S. 37.

589 Vgl. dazu *Lindner*, DÖV 2000, S. 549; *Lenaerts / de Smijter*, CML Rev. 38 (2001), S. 288 f.; *Nettesheim*, INTEGRATION 2002, S. 37/38. Zur Problematik der Ausweitung der Unionskompetenzen durch die Charta siehe noch eingehend unten 3. Kapitel.C.IV.

590 Vgl. dazu auch *Busse*, EuGRZ 2002, S. 575.

591 Diesen Hintergrund für einen vollständigen Grundrechtskatalog betonen auch *Tomuschat*, in: F.A.Z. Nr. 181 v. 07.08.2000, S. 13; *Calliess*, EuZW 2001, S. 265; *Calliess*, in: *Ehlers* (Hrsg.), Europäische Grundrechte und Grundfreiheiten, § 19 II 3, Rn. 19.

592 So i.E. auch *Schmitz*, JZ 2001, S. 834; *Schwarze*, EuZW 2001, S. 523; *Schwarze*, in: *Schwarze* (Hrsg.), Wirtschaftsverfassungsrechtliche Garantien im Binnenmarkt, S. 117; *Busse*, EuGRZ 2002, S. 575 (dort Fn. 128); differenziert *Philippi*, Charta der Grundrechte, S. 34; sehr kritisch hingegen *Scholz*, in: *Geis / Lorenz* (Hrsg.), Staat · Kirche · Verwaltung, FS f. *Maurer*, S. 999/1000.

593 Dies betont auch *Philippi*, Charta der Grundrechte, S. 32; zu den deshalb zahlreichen Verweisen u.a. auf die einzelstaatlichen Gesetze siehe noch unten 3. Kapitel.B.I.2.e.

d. Kodifizierung von Grundrechten neben Grundfreiheiten und Prinzipien

Der obige Inhaltsüberblick über die Garantien der Charta offenbart, dass in der Charta nicht nur Grundrechte im engeren Sinne kodifiziert sind. Die Charta greift zum einen in ihrem Artikel 15 Absatz 2 auch die Personenverkehrsfreiheiten des EG-Vertrages auf.[594] Zum anderen enthält sie in ihrem vierten Kapitel objektiv-rechtliche Prinzipien bzw. Unionszielbestimmungen, die keine subjektiven (Grund-) Rechte gewähren (vgl. Art. 35 S. 2, 37, 38 EGRC).[595]

Während die Aufnahme von Grundfreiheiten in die Charta wegen deren grundrechtsähnlichen Charakter trotz der fehlenden ausdrücklichen Erwähnung im Mandat des Konvents noch vertretbar erscheint,[596] war die Aufnahme objektiv-rechtlicher Zielbestimmungen nicht vom Mandat des Konvents gedeckt.[597] Ähnlich wie im Fall zahlreicher Grundrechte, in deren Regelungsbereich die Gemeinschaft bzw. Union über keine Kompetenzen verfügt, ist die Integration von Prinzipien in die Charta dem entsprechenden Wunsch zahlreicher Vertreter der Zivilgesellschaft geschuldet.[598]

e. „Als-ob-Ansatz" der Charta

Bereits das Mandat des Europäischen Rates von Köln sah vor, dass die vom Konvent zu erarbeitende Charta der Grundrechte zunächst nur feierlich proklamiert und sodann geprüft wird, ob sie durch eine Aufnahme in die Verträge rechtsverbindlich werden soll.[599] Dennoch hielt sich der Konvent bei der Erarbeitung der Charta von Anfang an an den von seinem Vorsitzenden *Roman Herzog* in der ersten Konventssitzung unterbreiteten Vorschlag, die

---

594 Siehe dazu oben 2. Kapitel.B.III.1.c.

595 Siehe im Einzelnen oben 2. Kapitel.B.III.1.e.

596 Kritisch *Busse*, EuGRZ 2002, S. 574.

597 So hinsichtlich der Prinzipien auch *Schmitz*, JZ 2001, S. 841; *Calliess*, EuZW 2001, S. 265; *Calliess*, in: *Ehlers* (Hrsg.), Europäische Grundrechte und Grundfreiheiten, § 19 II 3, Rn. 21 f., § 19 V, Rn. 34; a.A. *Vitorino*, RTDE 2001, S. 45, dem zufolge diese Prinzipien von den nach dem Mandat von Köln nicht aufzunehmenden Zielbestimmungen für das Handeln der Union unterscheidbar sind.

598 Vgl. dazu *Schmitz*, JZ 2001, S. 841.

599 Vgl. den Beschluss des Europäischen Rates (Köln) zur Erarbeitung einer Charta der Grundrechte der Europäischen Union, Anhang IV zu den Schlussfolgerungen des Vorsitzes, Bull. EU 6-1999, S. 40 = EuGRZ 1999, S. 365.

Charta so zu formulieren, als ob der Konvent einen rechtsverbindlichen Katalog vorzulegen hätte (sog. „als-ob"-Ansatz).[600] Durch die Schaffung eines Grundrechtskatalogs, der vor seiner Aufnahme in die Verträge nicht mehr gekürzt oder revidiert werden muss, wollte der Konvent dem Ziel näherkommen, dass die Charta in nicht allzu ferner Zukunft rechtliche Verbindlichkeit erlangt.[601]

Der Wille des Konvents, einen Grundrechtskatalog zu entwerfen, der ohne Änderungen rechtsverbindlich gemacht werden kann, manifestiert sich neben der Aufnahme einer Präambel, der Knappheit und Lesbarkeit des Charta-Textes und der zurückhaltenden Formulierung der wirtschaftlichen und sozialen Rechte besonders in den im siebten Kapitel der Charta niedergelegten „Allgemeinen Bestimmungen". Insbesondere das Verhältnis zu den übrigen bindenen Grundrechtskatalogen in Europa wäre sonst nicht klärungsbedürftig gewesen.[602]

Insgesamt trug diese Erarbeitung eines Grundrechtskatalogs, der für eine Übernahme in die Verträge ohne weitere Änderungen konzipiert ist, wesentlich zur heute weitgehenden Akzeptanz der Charta bei, und beförderte maßgeblich ihre vorbehaltlose Übernahme in die Verträge bzw. die künftige Europäische Verfassung.

f. Schutzumfang und Ausgewogenheit der Rechte der Charta im Verhältnis zu ihren Rechtsquellen

Das durch die Grundrechtecharta auf Gemeinschaftsebene gewährleistete Schutzniveau, das von den horizontalen Bestimmungen maßgeblich mitbe-

---

600 Vgl. die Ansprache *Herzogs* in der konstituierenden Sitzung des Konvents am 17.12.1999, abgedruckt in der Anlage I zu Dok. CHARTE 4105/00 BODY 1 v. 13.01.2000, S. 9; vgl. auch die Sitzungsniederschrift in: *Bernsdorff / Borowsky* (Hrsg.), Charta der Grundrechte der EU, S. 111. Siehe dazu auch *Magiera*, DÖV 2000, S. 1019/1020; *Mombaur*, DÖV 2001, S. 595; *Dutheil de la Rochère*, Regards sur l'actualité 2001, S. 4, 9; *Lenaerts / de Smijter*, CML Rev. 38 (2001), S. 298.

601 So *Herzog* in der konstituierenden Konventssitzung, a.a.O. (Fn. 600); zustimmend die Entschließung des Europäischen Parlaments zur Erarbeitung einer Charta der Grundrechte der Europäischen Union vom 16.03.2000, Pkt. 13, abgedruckt in: *Stock*, Medienfreiheit in der EU-Grundrechtscharta, S. 108 ff. (112); siehe zum Ganzen auch *Stock*, Medienfreiheit in der EU-Grundrechtscharta, S. 65.

602 So auch *Vitorino*, in: *Bernsdorff / Borowsky* (Hrsg.), Charta der Grundrechte der EU, S. 404/405 (Abschlusssitzung vom 02.10.2000); *Dutheil de la Rochère*, Regards sur l'actualité 2001, S. 4, 9.

stimmt ist, wird entscheidend von der Interpretation ihrer Gewährleistungen durch EuGH und EuG abhängen.[603] Obiger Inhaltsüberblick über die Garantien der Charta zeigt jedoch, dass die Charta nicht nur sämtliche in der Rechtsprechung der Gemeinschaftsgerichte aus den gemeinsamen Verfassungsüberlieferungen der Mitgliedstaaten und der EMRK entwickelten ungeschriebenen Gemeinschaftsgrundrechte kodifiziert hat.[604] Neben Grundrechten und grundrechtsähnlichen Grundfreiheiten aus dem EG-Vertrag leitet die Charta einzelne ihrer Garantien auch aus dem sekundären Gemeinschaftsrecht[605] oder aus primärrechtlichen Vorschriften, die Ziel- oder Kompetenzbestimmungen, nicht aber subjektive Rechte[606] enthalten, ab.

Des Weiteren hat die Charta sämtliche in der EMRK und teilweise auch die in den Zusatzprotokollen zur EMRK garantierten Grundrechte unter Berücksichtigung der dazu ergangenen Rechtsprechung des EGMR in ihren Katalog aufgenommen und teils weiterentwickelt.[607] Neu im Vergleich zur Grundrechtsrechtsprechung des EuGH ist außerdem die Gewährleistung wirtschaftlicher und sozialer Rechte, die der Konvent entsprechend dem Mandat von Köln im Wesentlichen der Europäischen Sozialcharta und der Gemeinschaftscharta der sozialen Grundrechte der Arbeitnehmer entnommen hat. Schließlich hat sich der Konvent besonders zur Kodifizierung der an neuere Grundrechtsgefährdungen angepassten Rechte an weiteren, im Mandat von Köln nicht aufgeführten Quellen verschiedener rechtlicher Qualität orientiert, so z.B. am Übereinkommen über Menschenrechte und Biomedizin des Europarates,[608] dem UN-Übereinkommen über die Rechte des Kindes,[609]

---

603 *Pernice / Mayer*, in: *Grabitz / Hilf* (Hrsg.), EUV/EGV, Bd. I, nach Art. 6 EUV, Rn. 52.

604 So auch *Lenaerts / de Smijter*, CML Rev. 38 (2001), S. 289. Strittig ist dies ersichtlich nur hinsichtlich der vom EuGH anerkannten allgemeinen Handlungsfreiheit, siehe dazu unten 4. Kapitel.C.V.3.c, insb. Fn. 1949, 1950.

605 So z.B. die Datenschutz-Richtlinie 95/46/EG des Europäischen Parlamentes und des Rates (ABl. EG 1995, Nr. L 281, S. 31 ff.), vgl. die Erläuterungen zu Art. 8 EGRC, Dok. CHARTE 4473/00 CONVENT 49 v. 11.10.2000, S. 11 = EuGRZ 2000, S. 561.

606 Zu zahlreichen Beispielen siehe unten 4. Kapitel.C.IV.2.b, insb. Fn. 1724, 1725; dazu *Grabenwarter*, DVBl. 2001, S. 12; *Schmitz*, JZ 2001, S. 834 (dort Fn. 18).

607 Siehe dazu im Einzelnen unten 4. Kapitel.C.V.

608 Übereinkommen über Menschenrechte und Biomedizin v. 04.07.1997, ILM 36 (1997), S. 817 ff.; vgl. die Erläuterungen des Präsidiums zu Art. 3, 21 EGRC, Dok. CHARTE 4473/00 CONVENT 49 v. 11.10.2000, S. 5 f., 23 = EuGRZ 2000, S. 559, 563.

dem Statut des Internationalen Strafgerichtshofs[610] oder dem Europol-Übereinkommen.[611]

Der Rückgriff auf verschiedenste mitgliedstaatliche, europarechtliche und völkerrechtliche Rechtsquellen führt an einigen Stellen zur Festschreibung von Garantien in der Charta, deren grundrechtlicher Charakter – zumindest aus dem Blickwinkel des deutschen Verfassungsrechts – fragwürdig ist. Dies gilt neben vereinzelten objektiv-rechtlichen Unionszielbestimmungen (Art. 35 S. 2, 37, 38 EGRC) beispielsweise für wirtschaftliche Grundrechte wie das Recht auf Zugang zu einem unentgeltlichen Arbeitsvermittlungsdienst (Art. 29 EGRC) oder den Anspruch auf Schutz vor ungerechtfertigter Entlassung (Art. 30 EGRC), aber auch für die verwaltungsverfahrensrechtlichen Garantien des Art. 41 EGRC.[612]

Der Kompromissfindung im Konvent ist überdies eine gewisse Unausgewogenheit der Gesamtheit der Gewährleistungen der Charta geschuldet. So enthält die Charta vergleichsweise marginale Gewährleistungen wie den Zugang zu Arbeitsvermittlungsdiensten (Art. 29 EGRC) oder Dienstleistungen von allgemeinem wirtschaftlichen Interesse (Art. 36 EGRC), während bei-

---

609 Übereinkommen über die Rechte des Kindes der Vereinten Nationen v. 20.11.1989 (BGBl. 1992 II, S. 122 ff., abgedruckt in: Sartorius II, Nr. 29), vgl. die Erläuterungen zu Art. 24 EGRC, Dok. CHARTE 4473/00 CONVENT 49 v. 11.10.2000, S. 25 = EuGRZ 2000, S. 564.

610 Statut des Internationalen Strafgerichtshofs (IntStGH) zur Ahndung von Völkermord, Verbrechen gegen die Menschlichkeit und Kriegsverbrechen v. 17.07.1998, abgedruckt in: EuGRZ 1998, S. 618 ff.; vgl. die Erläuterungen des Präsidiums zu Art. 3 EGRC, Dok. CHARTE 4473/00 CONVENT 49 v. 11.10.2000, S. 5 = EuGRZ 2000, S. 559/560.

611 Übereinkommen über die Errichtung eines Europäischen Polizeiamts (Europol-Übereinkommen) v. 26.07.1995 (abgedruckt in BGBl. 1997 II, S. 2153 ff., Sartorius II, Nr. 300), vgl. die Erläuterungen des Präsidiums zu Art. 5 EGRC, Dok. CHARTE 4473/00 CONVENT 49 v. 11.10.2000, S. 7 f. = EuGRZ 2000, S. 560.

Umfassend zu den vom Konvent berücksichtigten Rechtsquellen die Erläuterungen des Präsidiums zu den Charta-Artikeln, Dok. CHARTE 4473/00 CONVENT 49 v. 11.10.2000, S. 1 ff. = EuGRZ 2000, S. 559 ff.; siehe auch *Grabenwarter*, DVBl. 2001, S. 12; *Vitorino*, RTDE 2001, S. 46; *Mombaur*, DÖV 2001, S. 595.

612 Kritisch dazu auch *Scholz*, in: *Geis / Lorenz* (Hrsg.), Staat · Kirche · Verwaltung, FS f. *Maurer*, S. 1003/1004; *Weber*, in: *Weber* (Hrsg.), Charta der Grundrechte, S. 10; *Streinz*, Europarecht, § 5 I 2, Rn. 358a.

spielsweise der Minderheitenschutz nur sehr schwach verankert ist (Art. 22 EGRC).[613]

Insgesamt findet die Charta jedoch eine annehmbare Balance zwischen den von ihr gewährleisteten Gruppen von Rechten. Sie bleibt trotz der Vielzahl der berücksichtigten Rechtsquellen knapp und gut verständlich[614] abgefasst.[615] Durch die Zusammenführung von Freiheits-, Gleichheits-, Bürger- und Verfahrensrechten mit wirtschaftlichen und sozialen Rechten unter dem Dach der Achtung der Menschenwürde, und durch die Reaktion auf moderne Grundrechtsgefährdungen gelingt mit der Charta die Schaffung eines modernen, integrationsstiftenden Grundrechtskatalogs.[616] Dieser geht in seinem Schutzumfang über das bisher gewährleistete Schutzniveau auf Gemeinschaftsebene hinaus, ohne jedoch durch Neuerungen im eigentlichen Sinne den in Europa allgemein anerkannten, in den verschiedenen Rechtsquellen der Charta kodizifierten Grundrechtsbestand zu überschreiten.[617]

---

613 So auch *Grabenwarter*, DVBl. 2001, S. 12; *Nettesheim*, INTEGRATION 2002, S. 38-40.

614 Kritisiert wird in diesem Zusammenhang nicht selten die Vielzahl unterschiedlicher Formulierungen, um die Garantie eines Grundrechts zu beschreiben, so z.B. „hat das Recht", „wird geschützt", „wird gewährleistet", „wird geachtet", „wird anerkannt", „wird berücksichtigt", „muss sichergestellt werden" etc., so *Grabenwarter*, DVBl. 2001, S. 12 (insb. dort Fn. 96); *Calliess*, EuZW 2001, S. 265; *Calliess*, in: *Ehlers* (Hrsg.), Europäische Grundrechte und Grundfreiheiten, § 19 II 3, Rn. 20; vgl. dazu auch *Schwarze*, EuZW 2001, S. 519; *Stock*, EuR 2002, S. 576-579. Dass diese Formulierungsunterschiede als solche systematisch Auswirkungen auf den Gewährleistungsgehalt der einzelnen Charta-Garantien haben, scheint m.E. jedoch schon wegen der Mitbestimmung dieses Gehalts durch die horizontalen Bestimmungen (dazu im Einzelnen unten 4. Kapitel) zweifelhaft.

615 So i.E. auch *v. Danwitz*, Internationale Politik 2/2001, S. 39; *Pache*, EuR 2001, S. 478; *Bossi*, in: *Weidenfeld* (Hrsg.), Nizza in der Analyse, S. 228.

616 So auch *Engels*, Eurokolleg 45 (2001), S. 11; *Pache*, EuR 2001, S. 478 f.; *Mombaur*, DÖV 2001, S. 595; differenzierend *v. Danwitz*, Internationale Politik 2/2001, S. 40/41; sehr kritisch u.a. wegen der seines Erachtens unzureichenden sozialen Grundrechte *Schachtschneider*, APuZ B 52-53/2000, S. 19 f.

617 So i.E. auch *Lalumière*, RQDI 13 (2000), S. 177; *Mahlmann*, ZEuS 2000, S. 426/427; *Hohmann*, APuZ B 52-53/2000, S. 8-11; *Falke*, in: *Bremische Bürgerschaft* (Hrsg.), Charta der Grundrechte, S. 47; *Goldsmith*, CML Rev. 38 (2001), S. 1209; *Lenaerts / de Smijter*, CML Rev. 38 (2001), S. 280/281, 289; *Mombaur*, DÖV 2001, S. 596; kritisch wegen des Hinausgehens der Charta über die gemeinsamen Verfassungsüberlieferungen der Mitgliedstaaten *Besselink*, 8 MJ 1 (2001), S. 80.

3. Exkurs: Die Erläuterungen zum Entwurf der Grundrechtecharta

a. Inhalt und Entstehung

Das Präsidium des Konvents legte zum endgültigen Text-Entwurf der Charta[618] in eigener Verantwortung formulierte[619] Erläuterungen[620] vor. Diese Erläuterungen sind nicht Teil der Charta.[621] Sie geben in der Art einer Kommentierung zu jedem Charta-Artikel die Rechtstexte bzw. die Rechtsprechung an, die als Grundlagen für die Abfassung der Artikel dienten, und stellen die Bedeutung einzelner Formulierungen und die Tragweite der jeweiligen Regelung klar.[622]

Die Konventsmitglieder erhielten erstmals am 31.07.2000 einen sog. erläuternden Bericht zu allen Bestimmungen der Charta,[623] den das Konventssekretariat auf Gesuch des Präsidiums und nach dessen Weisungen erstellt hatte.[624] Den Anstoß für das Verfassen von Erläuterungen zum Charta-Text

---

618 Dok. CHARTE 4487/00 CONVENT 50 v. 28.09.2000, S. 1-23 (= EuGRZ 2000, S. 554-558).

619 Dok. CHARTE 4473/00 CONVENT 49 v. 11.10.2000, S. 1.

620 Dok. CHARTE 4473/00 CONVENT 49 v. 11.10.2000, S. 1-51 (= EuGRZ 2000, S. 559-570).

621 Dies wird bereits durch die getrennte Abfassung von Charta und Erläuterungen in zwei Dokumenten deutlich (siehe Fn. 618, 620); vgl. auch *Editorial comments*, CML Rev. 38 (2001), S. 5 (dort Fn. 5).

622 Vgl. hierzu *Carrasco Macía*, Eipascope 2000, S. 23, 24; *Editorial comments*, CML Rev. 38 (2001), S. 5 (dort Fn. 5).

623 Dok. CHARTE 4423/00 CONVENT 46 v. 31.07.2000, S. 1-37 (= Text der Erläuterungen zum vollständigen Charta-Text in der Fassung des Dok. CHARTE 4422/00 CONVENT 45).

624 Dok. CHARTE 4423/00 (siehe Fn. 623), S. 1; vgl. hierzu auch *Carrasco Macía*, Eipascope 2000, S. 23; *Lenaerts*, E.L.Rev. 25 (2000), S. 576. Allerdings hatte das Präsidium von Anfang an intern für die Konventsmitglieder Formulierungsvorschläge zu einzelnen Rechten mit Kommentar (vgl. z.B. Dok. CHARTE 4123/1/00 REV 1 CONVENT 5 v. 15.02.2000, S. 1-11) sowie tabellarische Übersichten erstellen lassen, in denen die Entwürfe der Charta-Artikel ggf. entsprechenden Bestimmungen der EMRK gegenübergestellt waren (vgl. z.B. Dok. CHARTE 4140/00 CONVENT 9 v. 28.02.2000, S. 1-7). Dem Auftrag des Präsidiums, dass die Erläuterungen sich so weit wie möglich auf die Angabe der Quellen für die Formulierung der Charta-Rechte stützen, d.h. die Entstehungsgeschichte dokumentieren, und von jeglichem Versuch einer Auslegung der Charta absehen sollten (Dok. CHARTE 4423/00 CONVENT 46 v. 31.07.00, S. 1), ist das Sekretariat m.E. durch zahlreiche Klarstel-

hatte nach Ansicht vieler ein vieldiskutierter Vorschlag des persönlichen Beauftragten des britischen Regierungschefs, *Lord Goldsmith*, gegeben.[625] Dieser hatte dafür plädiert, die Charta selbst in zwei Teilen zu entwerfen, wobei Teil A eine knappe, rechtlich allerdings unverbindliche Auflistung der gewährleisteten Rechte, Teil B eine ausführlichere, ggf. einmal rechtsverbindliche Kommentierung dieser Rechte mit Verweis auf deren Rechtsquellen enthalten sollte.[626] Diese Zweiteilung sollte eine möglichst einfache Formulierung der gewährleisteten Rechte erleichtern, ohne Abstriche bei deren rechtlicher Bestimmtheit machen zu müssen.[627] Dies dürfte auch Sinn und Zweck der Erstellung der Erläuterungen sein. Über die Erläuterungen wurde – wohl auch wegen der Kritik einiger Konventsmitglieder, die fürchteten, diese könnten nach Art des abgelehnten Teils B die Tragweite der Charta-Rechte beschränken[628] – im Konvent kein Konsens angestrebt und hergestellt. Vielmehr

---

lungen zur Fassung der Charta-Normen (vgl. z.B. Erläuterungen zu Art. 3, 14, 17, 52 etc. der Charta) nicht vollständig gefolgt.

625 So z.B. *Carrasco Macía*, Eipascope 2000, S. 23; und nicht zuletzt *Lord Goldsmith* selbst, vgl. *ders.*, CML Rev. 38 (2001), S. 1211.

626 Vgl. die schriftliche Stellungnahme *Lord Goldsmiths* an den Konvent, Dok. CHARTE 4344/00 CONTRIB 208 v. 31.05.2000, S. 1-8; *ders.*, CML Rev. 38 (2001), S. 1211; sowie *Carrasco Macía*, Eipascope 2000, S. 23. Vgl. zur Diskussion des Vorschlags im Konvent insb. Dok. CHARTE 4134/00 CONVENT 6 v. 21.02.2000, S. 4; Dok. CHARTE 4147/00 CONVENT 11 v. 01.03.2000, S. 3. Maßgeblicher Unterschied zwischen dem Vorschlag *Goldsmiths* und dem vom Konvent letztlich gewählten Ansatz ist, dass Ersterer gerade die Aufzählung der Grundrechte unverbindlich belassen wollte, während allenfalls die Kommentierung einmal rechtsverbindlich werden sollte, vgl. deutlich (einschließlich der Reaktionen anderer Konventsmitglieder) Bericht des Sekretariats des Europaausschusses des Deutschen Bundestages über die Konventssitzung vom 24./25.02.2000 in: *Deutscher Bundestag, Referat Öffentlichkeitsarbeit* (Hrsg.), Die Charta der Grundrechte der Europäischen Union, S. 5-9. Nicht zuletzt deshalb wurde der *Goldsmith*-Plan vielfach als subtiler Versuch, das Charta-Projekt insgesamt zum Scheitern zu bringen, gewertet, vgl. *Mahlmann*, ZEuS 2000, S. 426 (dort Fn. 27), sowie die Darstellung bei *Tappert*, DRiZ 2000, S. 207; *Knecht*, Charta der Grundrechte, S. 122-124.

627 *Goldsmith*, CML Rev. 38 (2001), S. 1211; vgl. auch Dok. CHARTE 4147/00, CONVENT 11 v. 01.03.2000, S. 3.

628 Vgl. hierzu *Carrasco Macía*, Eipascope 2000, S. 23, Bulletin Quotidien Europe Nr. 7795 v. 09.09.00, S. 4, und den Bericht des Sekretariats des Europaausschusses des Deutschen Bundestages über die Konventssitzung vom 25./26.09.2000 in: *Deutscher Bundestag, Referat Öffentlichkeitsarbeit* (Hrsg.), Die Charta der Grundrechte der Europäischen Union, S. 385, 387, sowie den Bericht desselben über die vorangegange-

verblieb ihre Abfassung und Aktualisierung stets ausschließlich in der Verantwortung des Präsidiums.[629]

b. Rechtliche Bedeutung

Die Erläuterungen sind in ihren Rechtswirkungen vom Entwurf der Charta selbst zu trennen: Weder wurden sie wie der Charta-Text feierlich proklamiert,[630] noch sollten sie eventuell später dem Primärrecht hinzugefügt werden.[631] Den damit nicht amtlichen, nicht rechtsverbindlichen Erläuterungen wird jedoch fast einhellig Bedeutung bei der Auslegung der Charta beigemessen.[632]

Um zu bestimmen, welche Rolle die Erläuterungen bei der Interpretation der in der Charta normierten Rechte spielen können, ist zunächst zu klären, welche Auslegungsregeln bei der Interpretation der Charta anwendbar sind. Die Charta kann nach ihrer feierlichen Proklamation zumindest als Entwurf einer primärrechtlichen Regelung des Europarechts qualifiziert werden.[633] Als solchem können ihm – ebenso wie einer künftig ggf. in dieses Recht integrierten Charta – allein die für das Primärrecht entwickelten Auslegungsmethoden gerecht werden.[634]

---

nen Koordinierungssitzungen der Vertreter der nationalen Parlamente, a.a.O., S. 361-363 und 377-378.

629 Vgl. Dok. CHARTE 4473/00 CONVENT 49 v. 11.10.2000, S. 1, und den Bericht des Sekretariats des Europaausschusses des Deutschen Bundestages über die Koordinierungssitzung der Vertreter der nationalen Parlamente vom 25./26.09.2000 (siehe Fn. 628), S. 377-378; *Carrasco Macía*, Eipascope 2000, S. 23.

630 Vgl. Amtsblatt der Europäischen Gemeinschaften C 364 v. 18.12.2000, S. 1-22.

631 Vgl. zum rechtlichen Status der Charta ausführlich das 5. Kapitel.B und D.

632 Nach dem Vermerk des Präsidiums zu den von ihm vorgelegten Erläuterungen haben diese „keine Rechtswirkung, sondern dienen lediglich dazu, die Bestimmungen der Charta zu verdeutlichen", vgl. Dok. CHARTE 4473/00 CONVENT 49 v. 11.10.2000, S. 1. Nach *Pache* spiegeln die Erläuterungen die Entstehungsgeschichte der Charta und die maßgeblichen Vorstellungen des Konvents wider, vgl. *ders.*, EuR 2001, S. 475 (dort Fn. 1); ähnlich *Grabenwarter*, DVBl. 2001, S. 2 (dort Fn. 13). Vgl. i.ü. *Carrasco Macía*, Eipascope 2000, S. 23; *Schmitz*, JZ 2001, S. 834; *Alber / Widmaier*, EuGRZ 2000, S. 499.

633 Siehe hierzu eingehend das 5. Kapitel.B.

634 So auch *Große Wentrup*, Europäische Grundrechtecharta im Spannungsfeld der Kompetenzverteilung, S. 65 f.

Das (primäre) Gemeinschaftsrecht ist als eine vom Völkerrecht und vom nationalen Recht zu unterscheidende „eigene Rechtsordnung“[635] nicht nach den allgemeinen völkerrechtlichen Regeln zur Auslegung von Verträgen (insbesondere Art. 31-33 des Wiener Übereinkommens über das Recht der Verträge[636]) zu interpretieren.[637] Vielmehr existiert eine eigenständige Auslegungsmethode, die der EuGH in Wahrnehmung der ihm übertragenen Aufgabe der Auslegung der Gemeinschaftsverträge (Art. 220 EG, Art. 136 EAG) in ständiger Rechtsprechung entwickelt hat.[638] Der Gerichtshof misst der teleologischen, auf die Verwirklichung der Ziele der Gemein-

---

635 So EuGH, Rs. 6/64, Costa ./. E.N.E.L., Urt. v. 15.07.1964, Slg. 1964, S. 1251 ff. (1269); wegbereitend EuGH, Rs. 26/62, van Gend & Loos ./. Niederländische Finanzverwaltung, Urt. v. 05.02.1963, Slg. 1963, S. 1 ff. (25) (Gemeinschaft als „neue Rechtsordnung des Völkerrechts“).

636 Wiener Vertragsrechtskonvention (WVRK) vom 23.05.1969, in Kraft getreten am 27.01.1980, Sartorius II, Nr. 320. Die Art. 31 f. WVRK sind i.w. kodifiziertes Völkergewohnheitsrecht, vgl. IGH, Guinea-Bissau ./. Senegal, Urt. v. 12.11.1991, ICJ Reports 1991, S. 53 (69 f.); *Bernhardt*, in: *Bernhardt* (Hrsg.), EPIL, Bd. II, S. 1419. Hingegen stützt *Manzini* die Heranziehung der Erläuterungen zur Charta-Interpretation auf Artikel 32, 31 WVRK, vgl. *ders.*, in: *Rossi, Lucia* (Hrsg.), Carta dei diritti fondamentali e Costituzione dell'Unione Europea, S. 128.

637 Dies entspricht der h.M. im Schrifttum (sog. rein integrationsrechtliche Auffassung). Hiernach ist die Anwendung allgemeiner Grundsätze des Völkerrechts neben dem Gemeinschaftsrecht in den hier in Frage stehenden innergemeinschaftlichen Rechtsbeziehungen prinzipiell ausgeschlossen, da die Gemeinschaftsgründung Verfassungsgebung sei und die Gemeinschaftsverträge sich als Integrationsverträge deutlich von gewöhnlichen völkerrechtlichen Verträgen unterschieden, so z.B. *Schwarze*, EuR 1983, S. 33-39; *H. P. Ipsen*, Europäisches Gemeinschaftsrecht, § 4, Rn. 25-26 (= S. 100-101); *Kutscher*, in: *Deutsche Sektion der Internationalen Juristenkommission* (Hrsg.), Der Grundrechtsschutz im Europäischen Gemeinschaftsrecht, S. 36. Nach a.A. ist das allgemeine Völkerrecht im Verhältnis der Mitgliedstaaten untereinander und in ihrem Verhältnis zur Gemeinschaft anwendbar, soweit nicht spezielle gemeinschaftsrechtliche Regelungen eingreifen, was im Bereich der Auslegung des Gemeinschaftsrechts i.w. nicht der Fall sein soll. Begründet wird dies damit, dass die Gemeinschaften sich von ihrer völkerrechtlichen Grundlage bislang nicht gelöst hätten, so insb. *Bleckmann*, NJW 1982, S. 1181; *ders.*, in: *Bleckmann*, Europarecht, § 8, Rn. 537, 556. Ein umfassender Überblick zum Meinungsstand findet sich bei *Schwarze*, EuR 1983, S. 5-9 m.w.N.

638 Vgl. grundlegend Van Gend & Loos (Fn. 635), S. 25. Siehe auch *Schwarze*, EuR 1983, S. 31-33; *Schweitzer / Hummer*, Europarecht, § 4 I 3, Rn. 454. A.A. *Bleckmann*, der nach seiner Analyse der EuGH-Rspr. zu dem Ergebnis kommt, dass der EuGH weitgehend den „herkömmlichen“ Auslegungsregeln des Völkerrechts folge, vgl. *ders.*, NJW 1982, S. 1181.

schaft gerichteten Interpretation maßgebliche Bedeutung bei. Andere Arten der Auslegung, wie die für die Interpretation von Rechtstexten insgesamt anerkannte grammatikalische, historische oder systematische Auslegung, treten dagegen deutlich in den Hintergrund.[639]

Nach diesen gemeinschaftsrechtlichen Auslegungsmethoden bieten sich die Erläuterungen zum Charta-Text in erster Linie im Rahmen einer historischen, den Willen des Normgebers ermittelnden Auslegung der Charta als Hilfsmittel (in Form von vorbereitenden Materialien, sog. *travaux préparatoires*) an. Die subjektiv-historische Methode spielte bislang bei der Auslegung des Gemeinschaftsrechts nur eine geringe Rolle.[640] Zwar ist dies für das Primärrecht zum einen darauf zurückzuführen, dass die Materialien zu den Gemeinschaftsverträgen – im Gegensatz zu den Erläuterungen zur Charta[641] – nicht veröffentlicht wurden und damit für die Ermittlung der Entstehungsgeschich-

---

639 So auch die ganz überwiegende Einschätzung im Schrifttum, vgl. statt vieler *Schwarze*, in: *Schwarze* (Hrsg.), EU-Kommentar, Art. 220 EGV, Rn. 27 f.; *ders.*, EuR 1983, S. 31; *Hintersteininger*, ZÖR 53 (1998), S. 253-258, 260; *Wegener*, in: *Calliess / Ruffert* (Hrsg.), EUV/EGV, Art. 220 EGV, Rn. 7-10. Die große Bedeutung der teleologischen Auslegung wird auch von Vertretern der These, der EuGH folge i.w. völkerrechtlichen Auslegungsregeln, nicht bestritten (vgl. *Bleckmann*, in: *Bleckmann*, Europarecht, § 8 II 3, Rn. 547), weswegen die eigenständige Methode des EuGH wohl i.w. in der besonderen, den Eigentümlichkeiten des Gemeinschaftsrechts Rechnung tragenden Gewichtung der einzelnen Auslegungsmittel zu sehen ist. Allerdings sind nicht alle der in Art. 31-33 WVRK niedergelegten völkervertragsrechtlichen Auslegungsregeln im Gemeinschaftsrecht anwendbar, vgl. die Nachweise bei *Schwarze*, EuR 1983, S. 15, 33 m.w.N.

640 Vereinzelt hat der EuGH auf die Entstehungsgeschichte einer Norm (vgl. z.B. Rs. 158/80, Rewe-Handelsgesellschaft u.a. ./. Hauptzollamt Kiel, Urt. v. 07.07.1981, Slg. 1981, S. 1805 ff., Rn. 13; Rs. 246/80, Broekmeulen ./. Huisarts Registratie Commissie, Urt. v. 06.10.1981, Slg. 1981, S. 2311 ff., Rn. 23), die Präambeln zu den Gemeinschaftsverträgen (z.B. Rs. 32/65, Regierung der Italienischen Republik ./. Kommission, Urt. v. 13.07.1966, Slg. 1966, S. 457 ff. (483)) und Vorarbeiten (Rs. 81/72, Kommission ./. Rat, Urt. v. 05.06.1973, Slg. 1973, S. 575 (583 f.)) als Auslegungshilfen zurückgegriffen. Vgl. i.ü. *Gaitanides*, in: *von der Groeben / Schwarze* (Hrsg.), EU- / EGV, Bd. 4, Art. 220, Rn. 57 m.w.N.; *Wegener*, in: *Calliess / Ruffert* (Hrsg.), EUV/EGV, Art. 220 EGV, Rn. 8.

641 Vgl. z.B. *Rat der Europäischen Union* (Hrsg.), Charta der Grundrechte der Europäischen Union – Erläuterungen zum vollständigen Wortlaut der Charta, S. 9-77; EuGRZ 2000, S. 559-570; Beilage zu NJW etc. 2000, S. 7-15.

te nicht zur Verfügung standen.[642] Jedoch belegt dies zum anderen, dass im Gemeinschaftsrecht – ebenso wie im allgemeinen Völkerrecht[643] – den objektiven Auslegungsmethoden, die den (objektiven) Sinngehalt einer Norm aus der natürlichen Wortbedeutung, dem Regelungszusammenhang und -zweck feststellen, ein weit höherer Stellenwert eingeräumt wird als den subjektiven, den historischen Willen des Normgebers bei Vertragsschluss erforschenden Methoden.[644] Besonders das Primärrecht, das die Grundlagen der eigenen Rechtsordnung der EU langfristig festlegt, muss sich neu auftretenden Entwicklungen und Interessenlagen der Organe und der Mitgliedstaaten anpassen können, und kann zur Erhaltung der notwendigen Flexibilität daher nicht nur an den historischen Willen der Normgeber geknüpft bleiben.[645] Schon aus diesem Grund werden auch die Erläuterungen zu den Charta-Artikeln bei deren Auslegung zumindest langfristig keine maßgebliche Rolle spielen können.

Ferner ist bei der Heranziehung der Erläuterungen als Hilfsmittel zur Bestimmung des historischen Willens des Normgebers zu berücksichtigen, inwieweit diese vom jeweiligen Normgeber stammen bzw. diesem zurechenbar sind. Bislang ist die Charta lediglich vom Europäischen Parlament, dem Rat und der Kommission feierlich proklamiert worden. Derzeit sind folglich allein diese Organe als Normgeber anzusehen. Zwar waren sie sämtlich im Präsidium als Verfasser der Erläuterungen repräsentiert.[646] Angesichts des re-

---

642 Vgl. hierzu *Seidl-Hohenveldern / Stein*, Völkerrecht, § 20 B.I., Rn. 359; *Bleckmann*, NJW 1982, S. 1178; *Gaitanides*, in: *von der Groeben / Schwarze* (Hrsg.), EU- / EGV, Bd. 4, Art. 220, Rn. 57 m.w.N.

643 Nach Art. 32 WVRK sind insbesondere die vorbereitenden Arbeiten zur Vertragsauslegung nur subsidiär heranzuziehen, wenn die i.w. objektiven Auslegungsmethoden des Art. 31 WVRK nicht zu einem klaren und vernünftigen Ergebnis geführt haben oder um das nach Art. 31 WVRK ermittelte Ergebnis lediglich zu bestätigen. Vgl. hierzu *Bernhardt*, in: *Bernhardt* (Hrsg.), EPIL, Bd. II, S. 1419-1421; *Bleckmann*, Völkerrecht, § 6 IV, Rn. 343, 368.

644 *Bleckmann*, in: *Bleckmann*, Europarecht, § 8 II, Rn. 538.

645 Vgl. hierzu *Bleckmann*, in: *Bleckmann*, Europarecht, § 8 II, Rn. 556; *Schwarze*, in: *Schwarze* (Hrsg.), EU-Kommentar, Art. 220 EGV, Rn. 28.

646 Das Europäische Parlament war durch ein Mitglied, die Kommission durch den Beauftragten des Kommissionspräsidenten im Präsidium vertreten. Der Beauftragte des Präsidenten des Europäischen Rates, d.h. des Staats- oder Regierungschefs desjenigen Mitgliedstaates, der im Rat den Vorsitz innehat (Art. 4 Abs. 2 S. 3 EUV), im Präsidium, kann faktisch dem Rat als Gremium aus Regierungsvertretern (Art. 203 Abs. 1 EGV) zugeordnet werden. Vgl. zur Besetzung des Präsidiums oben 2. Kapitel.A.IV.2.a, insb. Fn. 381.

lativ freien Mandats der Präsidiumsmitglieder kann jedoch nicht davon ausgegangen werden, dass diese die sie entsendenden Organe im engeren Sinne vertraten. Daher konnten sie die Erläuterungen nicht bindend für diese verfassen. Da die Erläuterungen nicht vom Konvent insgesamt gebilligt wurden, geben sie überdies nicht notwendig einen einheitlichen historischen Willen des Normverfassers wider. Die Organe haben sich schließlich die Erläuterungen im Rahmen der Proklamation der Charta soweit ersichtlich nicht zu eigen gemacht, weswegen deren Inhalt den Normgebern nicht ohne weiteres zurechenbar ist.[647]

Dieselben Erwägungen gelten bei der Heranziehung der Erläuterungen zur Bestimmung des vom Normgeber mit einer Charta-Regelung verfolgten Zwecks im Rahmen einer teleologischen Auslegung.

Dies bedeutet jedoch nicht, dass die Erläuterungen bei der Auslegung der Charta-Artikel keine wichtige Hilfestellung geben können. Bei dem Teil der Erläuterungen, der lediglich die Quellen für die Formulierung der einzelnen Rechte angibt, ohne diese im eigentlichen Sinne zu kommentieren, kann davon ausgegangen werden, dass er tatsächlich die Entstehungsgeschichte der Charta-Norm widerspiegelt. Im übrigen sind die Erläuterungen als Auslegungsvorschläge anzusehen, denen aufgrund ihrer bewussten Anfertigung und Veröffentlichung zu diesem Zweck durch das mit der Ausarbeitung der Textfassung der Charta besonders betraute Präsidium[648] als erste Kommentierung der Charta eine besondere Autorität zukommt.

Die Rolle der Erläuterungen als *ein* wichtiges Interpretationswerkzeug will schließlich auch die auf Vorschlag des Verfassungskonvents[649] im fünften Absatz der Charta-Präambel vorgenommene Ergänzung der Charta-Präambel betonen. Hiernach *„erfolgt die Auslegung der Charta durch die Gerichte der Union und der Mitgliedstaaten unter gebührender Berücksichtigung der Erläuterungen, die unter der*

647 So i.E. auch *Schmitz*, JZ 2001, S. 834, nach dem die nichtamtlichen Erläuterungen bei der Auslegung der Charta nicht binden.

648 Vgl. hierzu oben 2. Kapitel.A.IV.3.a, insb. Fn. 395 f.

649 Vgl. *Amt für amtliche Veröffentlichungen der Europäischen Gemeinschaften* (Hrsg.), Entwurf – Vertrag über eine Verfassung für Europa, S. 61; vgl. auch den Schlussbericht der Arbeitsgruppe „Charta“ des Verfassungskonvents, Dok. CONV 354/02 WG II 16 v. 22.10.2002, S. 10.

Leitung des Präsidiums des Konvents zur Ausarbeitung der Charta formuliert und unter der Verantwortung des Präsidiums des Europäischen Konvents aktualisiert wurden.“[650]

Zudem sieht Artikel II-112 Abs. 7 des Vertrags über eine Verfassung für Europa in der am 29. Oktober 2004 unterzeichneten Fassung nunmehr vor, dass die Erläuterungen, „*die als Anleitung für die Auslegung der Charta der Grundrechte verfasst wurden, (...) von den Gerichten der Union und der Mitgliedstaaten gebührend zu berücksichtigen*“ sind.[651] Danach kommt den Erläuterungen die Funktion einer verbindlichen Auslegungshilfe zu.[652]

650 Vgl. Dok. CIG 87/2/04 REV 2 v. 29.10.2004, Teil II.

651 Vgl. Dok. CIG 87/2/04 REV 2 v. 29.10.2004.

652 So auch *Streinz*, in: *Streinz* (Hrsg.), EUV / EGV, Vorbem GR-Charta, Rn. 18.

3. Kapitel. Der Anwendungsbereich der Grundrechtecharta *ratione personae*

A. Einführung

Die Regelungen zum Anwendungsbereich der Grundrechtecharta *ratione personae* stecken – neben den im 4. Kapitel thematisierten Bestimmungen zur Tragweite der Charta *ratione materiae* – maßgeblich den Geltungsbereich dieses Grundrechtskatalogs ab. Sie determinieren das Ausmaß der Überschneidungen des Anwendungsbereichs der Charta mit den Geltungsbereichen anderer Grundrechtskataloge auf europäischer Ebene. Solche Überschneidungen treten dann auf, wenn Rechte aus verschiedenen Grundrechtskatalogen dieselben Grundrechtsträger berechtigen und vor allem dieselben Grundrechtsadressaten verpflichten.[653]

Eine Gegenüberstellung des persönlichen Schutzbereichs sämtlicher Charta-Artikel mit ihrem jeweiligen Pendant in der EMRK bzw. allen mitgliedstaatlichen Verfassungen würde den Rahmen dieser Arbeit sprengen. Um die Reichweite des Geltungsbereichs der Charta *ratione personae* im europäischen Grundrechtsschutzsystem einordnen und bewerten zu können, soll deshalb der persönliche Anwendungsbereich der Charta-Rechte zunächst demjenigen der bestehenden geschriebenen und ungeschriebenen gemeinschaftsgrundrechtlichen Regelungen – welche die Charta sichtbar verankern sollte[654] – gegenübergestellt werden. Sodann soll die Reichweite des persönlichen Schutzbereichs der Charta-Rechte im Verhältnis zu entsprechenden Rechten in der EMRK und dem deutschen Grundgesetz skizziert werden. Dies soll im Ergebnis die Feststellung möglicher Veränderungen in den Schnittmengen der Anwendungsbereiche der Grundrechtskataloge auf europäischer Ebene ermöglichen.

Die Darstellung widmet sich in diesem Rahmen zunächst den Grundrechtsberechtigten bzw. –trägern (B.), sodann den Grundrechtsverpflichteten bzw. –adressaten (C.).

---

[653] Zur Problematik *Lenaerts / de Smijter*, CML Rev. 38 (2001), S. 274; *Kühling*, in: *v. Bogdandy* (Hrsg.), Europäisches Verfassungsrecht, S. 606.

[654] Dazu eingehend oben 2. Kapitel.A.III.1.

B. Grundrechtsberechtigte / -träger

Grundrechtsberechtigte sind diejenigen, denen die Grundrechte als subjektive Rechte die Rechtsmacht einräumen, von demjenigen, der durch sie verpflichtet ist, ein Unterlassen, möglicherweise auch ein Tun oder Dulden, zu verlangen. Die Grundrechtsberechtigung wird synonym auch als Grundrechtsfähigkeit oder Grundrechtsträgerschaft bezeichnet.[655]

Im Folgenden wird zwischen der Grundrechtsberechtigung natürlicher Personen (I.) und derjenigen juristischer Personen (II.) differenziert.

I. Natürliche Personen

Im Rahmen der Grundrechtsberechtigung natürlicher Personen ist zunächst zwischen sog. Jedermann- oder Menschenrechten und sog. (Unions-) Bürgerrechten zu unterscheiden. Während die Jedermann- oder Menschenrechte allen Personen unabhängig von ihrer Staatsangehörigkeit zukommen, sind die (Unions-) Bürgerrechte den Unionsbürgern vorbehalten. Unionsbürger ist, wer die Staatsangehörigkeit eines Mitgliedstaats der Europäischen Union besitzt (Art. 17 Abs. 1 S. 2 EG).

Daneben existieren Rechte, die neben den Unionsbürgern auch Personen mit rechtmäßigem Wohnsitz in einem Mitgliedstaat zukommen, sowie solche, die lediglich Nicht-Unionsbürger berechtigen.

1. Grundrechtsträgerschaft im Rahmen des herkömmlichen gemeinschaftsrechtlichen Grundrechtsschutzes

Der EuGH hat, soweit ersichtlich, zur Frage der Grundrechtsträgerschaft natürlicher Personen bislang nicht explizit in allgemeiner Form Stellung genommen. Der Kreis der Grundrechtsberechtigten muß deshalb für jedes geschriebene und ungeschriebene Gemeinschaftsgrundrecht separat festgestellt werden.

---

655 *Pieroth / Schlink*, Grundrechte, § 5, Rn. 105.

a. Jedermann- / Menschenrechte

Von den im EG-Vertrag niedergelegten Grundrechten und grundrechtsähnlichen Rechten ist lediglich der Grundsatz der Entgeltgleichheit des Art. 141 EG als Jedermann-Recht ausgestaltet.[656]

Im Rahmen des vom EuGH entwickelten gemeinschaftsrechtlichen Grundrechtsschutzes sind Berechtigte der Gemeinschaftsgrundrechte nicht nur alle natürlichen Personen, die Träger der Unionsbürgerschaft sind.[657] Zwar hat der Gerichtshof sich erkennbar nie ausdrücklich zur Grundrechtsberechtigung von Personen, die nicht Unionsbürger sind, geäußert. Diese sind in der Regel Staatsangehörige von Drittstaaten, können aber auch staatenlos[658] sein (vereinfachend wird diese Gruppe in Folgendem als Drittstaatsangehörige oder Drittstaater bezeichnet). Der EuGH hat jedoch bereits mehrfach Drittstaater als Berechtigte von Gemeinschaftsgrundrechten angesehen, ohne die Frage ihrer Grundrechtsträgerschaft überhaupt zu problematisieren.[659] Hieraus muss geschlossen werden, dass er diese zumindest grundsätzlich als grundrechtsfähig ansieht.

Das Schrifttum geht überwiegend davon aus, dass Personen aus Drittstaaten gleicher Grundrechtsschutz wie den Gemeinschafts- bzw. Unionsbürgern zu gewähren ist, wenn sie in gleicher Weise wie diese durch das Gemeinschaftsrecht betroffen sind.[660] Der Sache nach hat das zur Folge, dass

---

656 Dazu *Kingreen / Störmer*, EuR 1998, S. 275.

657 Die Grundrechtsfähigkeit dieser versteht sich von selbst, vgl. nur *Borchardt*, in: Der Europäische Gerichtshof, aktualisierter Auszug aus *Lenz* (Hrsg.), EGV, Art. 220, Rn. 34; *Kingreen*, in: *Calliess / Ruffert* (Hrsg.), EUV/EGV, Art. 6 EUV, Rn. 51; *Rengeling*, Grundrechtsschutz in der Europäischen Gemeinschaft, S. 15, 201 m.w.N.; *Pieper*, in: *Bleckmann*, Europarecht, § 2, Rn. 118.

658 Vgl. hierzu *Epping / Gloria*, in: *Ipsen*, Völkerrecht, § 24 V, Rn. 26-30.

659 Im Fall Al-Jubail Fertilizer Company u.a. ./. Rat, Rs. C-49/88, Urt. v. 27.06.1991, Slg. 1991, S. I-3187 ff. (3238, 3241 / Rn. 1, 15) hat der EuGH beispielsweise den Grundsatz der Wahrung der Verteidigungsrechte, d.h. einen grundrechtlichen Anspruch auf rechtliches Gehör auch – im Fall juristischen – Personen, die nach dem Recht eines Drittstaates gegründet und ihren Sitz in einem Drittstaat haben, zugesprochen. Für einen Ausbau des Schutzes von Drittstaatsangehörigen durch die Gemeinschaftsgrundrechte in der Rechtsprechung des EuGH plädiert *Weiler*, EJIL 3 (1992), S. 65 (insb. 65, 70, 77 ff., 87 f.).

660 *Beutler*, in: *von der Groeben / Schwarze*, EU- / EGV, Bd. 1, Art. 6 EU, Rn. 71 m.w.N.; *Borchardt*, in: Der Europäische Gerichtshof, aktualisierter Auszug aus *Lenz* (Hrsg.), EGV, Art. 220, Rn. 34; *Beutler*, in: *Beutler / Bieber u.a.*, EU, Kap. 10.1.4.3., Rn. 662; da-

Drittstaatsangehörige auch hiernach grundsätzlich Träger aller Gemeinschaftsgrundrechte sind, diese folglich in der Regel Jedermann- oder Menschenrechte sind.[661] Dies gebietet die Respektierung des universellen Geltungsanspruchs der Grundrechte.[662] Insbesondere darf die Etablierung einer neuen, zwischenstaatlichen Hoheitsgewalt auch für Drittstaatsangehörige, die sich im Hoheitsgebiet dieses Staatenverbundes aufhalten, nicht zu einer grundrechtsfreien Zone führen.[663]

Gleichwohl wird im Schrifttum nicht selten eine Differenzierung zwischen Menschenrechten, die jedermann zukommen, und Bürgerrechten, deren Träger ausschließlich die Unionsbürger sind, und damit eine Einschränkung des o.g. Grundsatzes befürwortet.[664] Zwar kennt die EMRK als Rechtserkenntnisquelle der Gemeinschaftsgrundrechte die Unterscheidung zwischen Menschen- und Bürgerrechten grundsätzlich nicht.[665] Die gemein-

---

hingehend auch *Hilf*, in: *Frowein / Hilf u.a.*, Die Grundrechte in der Europäischen Gemeinschaft, S. 23 (31) m.w.N.; *Rengeling / Szczekalla*, Grundrechte in der EU, § 4 C, Rn. 364; vgl. weitere Nachweise bei *Rengeling*, Grundrechtsschutz in der Europäischen Gemeinschaft, S. 202; *Kingreen*, in: *Calliess / Ruffert* (Hrsg.), EUV/EGV, Art. 6 EUV, Rn. 51; *Pieper*, in: *Bleckmann*, Europarecht, § 2, Rn. 120; zustimmend insb. für die Berufsfreiheit auch *Wunderlich*, Berufsfreiheit im Gemeinschaftsrecht, S. 123-125.

661 So interpretieren dies auch *Kingreen / Störmer*, EuR 1998, S. 276, sowie *Kingreen*, in: *Calliess / Ruffert* (Hrsg.), EUV/EGV, Art. 6 EUV, Rn. 51 m.w.N.

662 *Borchardt* sieht die Universalität der Geltung der Gemeinschaftsgrundrechte im EU-Vertrag dadurch zum Ausdruck gebracht, dass dieser die Verpflichtung zur Achtung der Grundrechte in Art. 6 Abs. 2 EUV, d.h. in seinen einleitenden „Gemeinsamen Bestimmungen", niederlegt, vgl. *ders.*, in: Der Europäische Gerichtshof, aktualisierter Auszug aus *Lenz* (Hrsg.), EGV, Art. 220, Rn. 34.

663 *Kingreen / Störmer*, EuR 1998, S. 276; *Kingreen*, in: *Calliess / Ruffert* (Hrsg.), EUV/EGV, Art. 6 EUV, Rn. 52. Wegen der Verschiedenheit von Grundrechten und Grundfreiheiten (1. Kapitel.B.II.3) steht der grundsätzlichen Anerkennung einer Grundrechtsträgerschaft von Drittstaatsangehörigen nicht entgegen, dass die Grundfreiheiten ihrem ausdrücklichen Wortlaut nach nur für Unionsbürger gelten, vgl. hierzu *Pieper*, in: *Bleckmann*, Europarecht, § 2, Rn. 120; *Rengeling*, Grundrechtsschutz in der Europäischen Gemeinschaft, S. 202.

664 So *Preuß*, KJ 31 (1998), S. 7; *Kingreen*, in: *Calliess / Ruffert* (Hrsg.), EUV/EGV, Art. 6 EUV, Rn. 52 m.w.N.; *Kingreen / Störmer*, EuR 1998, S. 276/277 m.w.N.

665 Dies betont *Pieper*, in: *Bleckmann*, Europarecht, § 2, Rn. 120. Allerdings sieht auch die EMRK i.E. eine geringere Intensität des Grundrechtsschutzes von Drittstaatsangehörigen vor, indem sie den Vertragsstaaten ausdrücklich eine *Einschränkung* der (auf Schutzbereichsebene jedermann gewährten) Grundrechte der Meinungsäußerungs-, Versammlungs- und Vereinigungsfreiheit sowie eine Ungleichbehandlung zur Be-

samen Verfassungsüberlieferungen der Mitgliedstaaten der EU als weitere, gleichermaßen zu berücksichtigende Rechtserkenntnisquelle der Gemeinschaftsgrundrechte behalten jedoch – bei erheblichen Unterschieden im Einzelnen[666] – vielfach bestimmte Grundrechte ihren Staatsangehörigen vor. Dies begründet sich regelmäßig entweder mit der Nähe zu staatsbürgerlichen Rechten und der damit verbundenen Teilnahme an der politischen Willensbildung oder aber mit einer staatlichen Lenkung und Kontrolle des Wirtschaftslebens.[667]

Hieraus schließt ein Teil der Lehre, dass Grundrechte, die in der überwiegenden Zahl der Mitgliedstaaten nur die eigenen (Staats-) Bürger berechtigen, jedenfalls dann auch auf Unionsebene nur den (Unions-) Bürgern zukommen, wenn die EMRK die betroffenen Rechte nicht oder nur eingeschränkt schützt.[668] Als Rechte, deren Träger hiernach nur Unionsbürger sind, werden die politischen Mitwirkungsrechte i.e.S., wie das Wahlrecht,[669] aber auch die Grundrechte der Freizügigkeit[670] sowie der Berufsfreiheit[671] genannt.

Allerdings ist diese Differenzierung zumindest heute durch die Rechtsfortentwicklung weitgehend obsolet geworden. So sind das Wahlrecht zum Europäischen Parlament (Art. 19 Abs. 2, 190 Abs. 1 EG) sowie das Recht auf Gleichbehandlung bei Kommunalwahlen (Art. 19 Abs.1 EG) schon aus-

---

schränkung der politischen Tätigkeit ausländischer Personen gestattet (Art. 16 EMRK).

666 *Kingreen / Störmer*, EuR 1998, S. 276 m.w.N.

667 *Rüfner*, in: HStR V, § 116, Rn. 4 f.

668 *Kingreen*, in: *Calliess / Ruffert* (Hrsg.), EUV/EGV, Art. 6 EUV, Rn. 52; *Preuß*, KJ 31 (1998), S. 7; *Kingreen / Störmer*, EuR 1998, S. 276/277.

669 *Preuß*, KJ 31 (1998), S. 7; *Kingreen*, in: *Calliess / Ruffert* (Hrsg.), EUV/EGV, Art. 6 EUV, Rn. 52; *Kingreen / Störmer*, EuR 1998, S. 277. Auch Art. 3 des (ersten) Zusatzprotokolls zur EMRK gewährt das Recht auf freie Wahlen nur dem „Volk", welches nach der Verfassungstradition der Konventionsstaaten nur die Gemeinschaft der Staatsangehörigen umfasst, vgl. *Grabenwarter*, EMRK, § 23 IV 2, Rn. 93 m.w.N.

670 So *Kingreen*, in: *Calliess / Ruffert* (Hrsg.), EUV/EGV, Art. 6 EUV, Rn. 52; *Kingreen / Störmer*, EuR 1998, S. 277 m.w.N. Art. 2 Abs. 1 des Protokolls Nr. 4 zur EMRK gewährt das Recht auf Freizügigkeit eingeschränkt nur Personen, die sich rechtmäßig im Hoheitsgebiet eines Staates aufhalten, dazu *Grabenwarter*, EMRK, § 21 II 2, Rn. 38.

671 So *Kingreen*, in: *Calliess / Ruffert* (Hrsg.), EUV/EGV, Art. 6 EUV, Rn. 52; *Kingreen / Störmer*, EuR 1998, S. 277 m.w.N.; a.A. *Wunderlich*, Berufsfreiheit im Gemeinschaftsrecht, S. 123-125. Das Grundrecht der Berufsfreiheit ist in der EMRK und ihren Zusatzprotokollen nicht ausdrücklich geschützt, siehe bereits oben 3. Kapitel.B.I.2.a.

drücklich als reine Unionsbürgerrechte ausgestaltet. Dasselbe gilt für das Recht auf Freizügigkeit (Art. 18 EG).

Für das Grundrecht auf Berufsfreiheit kann hingegen der o.g. Ansicht, es handele sich um ein reines Unionsbürgerrecht, nicht gefolgt werden. Eine Beschränkung schon des Schutzbereichs dieses Rechts auf Unionsbürger erscheint zur Verwirklichung hoheitlicher Interessen an der Lenkung des Wirtschaftslebens nicht erforderlich. Dementsprechend sieht der EuGH auch Drittstaatsangehörige als durch die Berufsfreiheit berechtigt an.[672]

Insgesamt wird deutlich, dass in der Frage der Grundrechtsfähigkeit im Bereich der ungeschriebenen Gemeinschaftsgrundrechte noch nicht in sämtlichen Bereichen Einigkeit herrscht. Insoweit verbleibt dem Charta-Verfasser Raum für Klarstelllung und Entwicklung.

b. Reine (Unions-) Bürgerrechte

Im Gegensatz zu den vom EuGH entwickelten ungeschriebenen Gemeinschaftsgrundrechten, die nach hier vertretener Ansicht sämtlich Jedermann-Rechte sind, berechtigen fast alle der im EG-Vertrag kodifizierten Grundrechte und grundrechtsähnlichen Rechte ausschließlich Unionsbürger.

Dies gilt zunächst für die meisten der unter dem Titel „Unionsbürgerschaft" (Art. 17 ff. EG) aufgeführten Rechte, die ausdrücklich nur Staatsangehörigen eines EU-Mitgliedstaates zukommen. Diese umfassen das Recht auf Freizügigkeit (Art. 18 EG) und die Rechte auf Inländergleichbehandlung bei Kommunalwahlen (Art. 19 Abs. 1 EG), bei den Wahlen zum Europäischen Parlament (Art. 19 Abs. 2 EG) und bei der Gewährung diplomatischen Schutzes (Art. 20 EG).[673] Gleichermaßen ist das Recht auf Kommunikation in

---

672 Vgl. nur EuGH, Rs. C-84/95, Bosphorus Hava Yollari Turizm ve Ticaret AS / Minister for Transport, Energy and Communications u.a., Urt. v. 30.07.1996, Slg. 1996, S. I-3953 ff. (3980, 3985 f. / Rn. 2, 19, 21), wo der Gerichtshof, ohne die Frage der Grundrechtsträgerschaft überhaupt zu problematisieren, von der Anwendbarkeit des Grundrechts der Berufsfreiheit auf eine türkische Gesellschaft ausgeht; dies muss erst recht für natürliche Personen aus Drittstaaten gelten.

673 Zum Charakter der genannten Normen als Gleichbehandlungsrechte vgl. *Kluth*, in: *Calliess / Ruffert* (Hrsg.), EUV/EGV, Art. 19 EGV, Rn. 5, 8, Art. 20 EGV, Rn. 16 f.; *Hilf*, in: *Grabitz / Hilf* (Hrsg.), EUV/EGV, Bd. I, Art. 19 EGV, Rn. 1, 2, 7, 10-12; Art. 20 EGV, Rn. 1, 36; *Schoo*, in: *Schwarze* (Hrsg.), EU-Kommentar, Art. 190 EGV, Rn. 6.

einer Amtssprache (Art. 21 Abs. 3 EG) schon seinem Wortlaut nach als reines Unionsbürgerrecht ausgestaltet.[674]

Des Weiteren kommt, wie soeben festgestellt, nur Unionsbürgern das Wahlrecht zum Europäischen Parlament zu (Art. 190 Abs. 1 EG).[675] Auch die grundrechtsähnlichen Personenverkehrsfreiheiten (Art. 39 ff., 43 ff. EG) sowie die Dienstleistungsfreiheit (Art. 49 ff. EG) berechtigen nur Staatsangehörige von EU-Mitgliedstaaten.[676] Ebenso gilt das allgemeine Verbot der Diskriminierung aus Gründen der Staatsangehörigkeit (Art. 12 EG) nur für die Unionsbürger.[677]

Schließlich legt der EG-Vertrag mehrere spezielle Gleichheitsrechte der Unionsbürger nieder (z.B. Art. 31 Abs. 1, 40 Abs. 2, 72, 90 Abs. 1, 2 EG).[678]

c. Rechte der Unionsbürger und Personen mit Wohnsitz in einem Mitgliedstaat

Drei Rechte gewährt der EG-Vertrag schließlich neben Unionsbürgern ausdrücklich auch Personen mit Wohnort in einem Mitgliedstaat. Dies sind das Petitionsrecht gegenüber dem Europäischen Parlament (Art. 21 Abs. 1 i.V.m. Art. 194 EG), das Recht auf Anrufung des Europäischen Bürgerbeauftragten (Art. 21 Abs. 2 i.V.m. Art. 195 EG) sowie das Recht auf Zugang zu Dokumenten des Europäischen Parlamentes, des Rates und der Kommission (Art. 255 EG).

Im Rahmen von Art. 21 Abs. 1, 2 i.V.m. Art. 194, 195 EG wird teils unter Wohnort in o.g. Sinne nur der rechtmäßige Aufenthalt in einem Mitgliedstaat verstanden.[679]

---

674 So z.B. *Kluth*, in: *Calliess / Ruffert* (Hrsg.), EUV/EGV, Art. 21 EGV, Rn. 2.

675 Vgl. dazu *Kingreen / Störmer*, EuR 1998, S. 275.

676 Vgl. hierzu bereits oben 1. Kapitel.B.II.3, insb. bei Fn. 117; *Davis*, E.L.Rev. 27 (2002), S. 131.

677 So z.B. EuGH, Rs. C-122/96, Saldanha und MTS Securities Corporation ./. Hiross Holding AG, Urt. v. 02.10.1997, Slg. 1997, S. I-5325 ff. (5342 / Rn. 15); *Epiney*, in: *Calliess / Ruffert* (Hrsg.), EUV/EGV, Art. 12 EGV, Rn. 43.

678 Hierzu näher *Kingreen / Störmer*, EuR 1998, S. 269 f., 275.

679 In der Praxis zu Art. 194 f. EGV hat das Europäische Parlament das Wohnorterfordernis um das ungeschriebene Kriterium des rechtmäßigen Aufenthalts ergänzt, vgl. Entschließung vom 12.07.1995, ABl. EG 1995, Nr. C 249, S. 71 ff. (S. 72, Punkt B.); *Kluth*, in: *Calliess / Ruffert* (Hrsg.), EUV/EGV, Art. 194 EGV, Rn. 3 m.w.N.,

2. Grundrechtsträgerschaft in der Grundrechtecharta

Im Verlauf der Ausarbeitung der Grundrechtecharta gehörte die Bestimmung der Träger der Gemeinschaftsgrundrechte zu den schwierigeren Problemstellungen.[680] Der Konvent wählte für die Regelung der Grundrechtsberechtigung einen differenzierten, pragmatischen Ansatz: Die einzelnen Grundrechte der Charta bestimmen jeweils selbst, welcher Personenkreis durch sie berechtigt ist.[681]

Überdies entschied sich der Konvent, den Text der Charta durchgehend geschlechtsneutral abzufassen,[682] was sie von älteren Grundrechtskatalogen abhebt.[683] In der deutschen Rechtslehre hat die neutrale Bezeichnung „jede Person" für die Träger der Jedermann-Rechte in der Charta allerdings vereinzelt Kritik hervorgerufen. Sie könnte danach eine Unterscheidung von Personen und (allen) Menschen und damit erhöhte oder willkürlich festlegbare weitere Anforderungen an die Grundrechtsträgerschaft implizieren.[684] Diese Befürchtung kann jedoch unter anderem damit ausgeräumt werden, dass in der EMRK als Rechtserkenntnisquelle der Gemeinschaftsgrundrechte die nebeneinander verwendeten Formulierungen „jeder Mensch", „jemand" und „jede Person" stets als synonym verstanden worden sind.[685] Im Vertrag über eine Verfassung für Europa in der auf der Regierungskonferenz von Rom am

Art. 195 EGV, Rn. 8. Dies gilt allerdings nicht in der Praxis des Art. 255 EGV, vgl. z.B. Mitteilung der Kommission über die Verbesserung des Zugangs zu den Dokumenten (94/ C 67/03), ABl. EG 1994, Nr. C 67, S. 5 f. (5).

680 Vgl. hierzu *Vitorino*, RTDE 2001, S. 43.

681 Vgl. hierzu *Curtin / van Ooik*, 8 MJ 1 (2001), S. 103; *Jacqué*, in: *Bieber / Boillat u.a.*, Grundrechtsschutz in Europa, S. 84.

682 Dies erfolgte nach längeren Diskussionen im Konvent erst im Rahmen der Schlussredaktion der Charta, vgl. Dok. SN 4236/1/00 REV 1 v. 18.09.2000, S. 2; *Lalumière*, RQDI 13 (2000), S. 176.

683 Dies betonen *Vitorino*, RTDE 2001, S. 43; *Engels*, Eurokolleg 45 (2001), S. 2, 11; *Davis*, E.L.Rev. 27 (2002), S. 126 m.w.N. Die Unterschiede sind allerdings weniger gravierend als sie auf den ersten Blick erscheinen könnten. So ist z.B. die EMRK, die Grundrechte regelmäßig „jeder Person" zuschreibt, bereits weitgehend geschlechtsneutral abgefasst (vgl. hierzu auch *Lalumière*, RQDI 13 (2000), S. 176).

684 Vgl. hierzu *Engels*, Eurokolleg 45 (2001), S. 11; *Schmidt*, ZEuS 2002, S. 644 f. m.w.N.

685 Zu Problematik *Peters*, EMRK, § 2 II 2, S. 13 f. In letzter Konsequenz stünde derartigen höheren Anforderungen an die Grundrechtsberechtigung in der Charta auch Art. 52 Abs. 3 EGRC entgegen, siehe hierzu *Tettinger*, NJW 2001, S. 1012, sowie unten 4. Kapitel.C.V.

29. Oktober 2004 vereinbarten Fassung[686] ist die Bezeichnung „jede Person" im Charta-Text nunmehr teilweise, jedoch nicht durchgehend durch „jeder Mensch" ersetzt worden.[687]

Bei einer Analyse der materiellen Grundrechtsnormen der Charta lassen sich im Wesentlichen fünf Kategorien von Rechten mit einer jeweils unterschiedlichen Regelung der Grundrechtsträgerschaft ausmachen: Die Jedermann-Grundrechte oder Menschenrechte (a.), die reinen (Unions-) Bürgerrechte (b.), die Rechte, die neben den Unionsbürgern auch Personen mit Wohnsitz in einem Mitgliedstaat zukommen (c.), die Rechte, die ausschließlich Nicht-Unionsbürger berechtigen (d.), sowie eine letzte Kategorie von Rechten, bei denen die Grundrechtsträgerschaft nicht autonom in der Charta, sondern durch Verweis auf andere Vorschriften geregelt ist (e.).

a. Jedermann- / Menschenrechte

Der überwiegende Teil der in der Charta niedergelegten Rechte ist als Jedermann- oder Menschenrecht ausgestaltet.[688] Im Regelfall berechtigt die Charta folglich jede Person, unabhängig von ihrer Staatsangehörigkeit und ihrem Wohnsitz, und damit auch alle Drittstaatsangehörigen. Insbesondere sind diejenigen Grundrechte der Charta, die den materiellen Grundrechts-

---

686 Abgedruckt in Dok. CIG 87/2/04 REV 2 v. 29.10.2004, S. 1 ff.

687 So ist "jede Person" z.B. in Art. II-62, 63, 66, 94, 95 des Verfassungsvertrags (= Art. 2, 3, 6, 34, 35 EGRC) durch „jeder Mensch" ersetzt worden, nicht hingegen z.B. in Art. II-67, 68, 70, 71, 72, 74, 80, 101 des Verfassungsvertrags (= Art. 7, 8, 10, 11, 12, 14, 20, 41 EGRC).

688 Jedermann- oder Menschenrechte i.d.S. sind zunächst alle in Kapitel I (Würde des Menschen) niedergelegten Rechte (Art. 1-5 EGRC), sowie in Kapitel II (Freiheiten) die Rechte aus Art. 6-8, 10 I, 11, 12 (wobei dessen Abs. 2 nicht den persönlichen Schutzbereich des Grundrechts auf Unionsbürger beschränkt), 13, 14 Abs. 1, 2, 3 HS 2, 15 Abs. 1, 17, 19 EGRC. In Kapitel III (Gleichheit) sind sämtliche dort niedergelegten Rechte (Art. 20-26 EGRC) Jedermann-Rechte. In Kapitel IV (Solidarität) gilt dies für Art. 27-33, 34 Abs. 1 und 3, 35 S. 1 EGRC (Art. 35 S. 2, 37 und 38 EGRC legen nach herrschender Ansicht bloße Programmsätze oder Unionszielbestimmungen nieder, vgl. *Schmitz*, JZ 2001, S. 841 m.w.N.). In Kapitel V (Bürgerrechte) berechtigt Art. 41 EGRC jedermann, in Kapitel VI (Justizielle Rechte) gelten sämtliche dort normierten Rechte (Art. 47-50 EGRC) für jeden Menschen.

normen der nur Jedermann-Rechte niederlegenden EMRK entsprechen (Artikel 1-14 EMRK), sämtlich uneingeschränkt auf jede Person anwendbar.[689]

Die Chartageber entschieden sich somit für eine relativ weitgehende Öffnung des gemeinschaftsrechtlichen Grundrechtsschutzes für Drittstaatsangehörige.[690] Sie entsprachen damit insbesondere zahlreichen Forderungen von zivilgesellschaftlichen Akteuren und Institutionen. Diese hatten sich während der Erarbeitung der Charta für eine möglichst weitgehende Gleichbehandlung von Personen aus Drittstaaten mit Unionsbürgern eingesetzt.[691] Anfängliche Vorschläge, in der Charta lediglich Rechte für Unionsbürger niederzulegen, wurden daraufhin alsbald verworfen.[692]

Auch unter die Jedermann- oder Menschenrechte werden hier diejenigen Grundrechte gefasst, die einschränkend nur Personen zustehen, denen eine bestimmte, in ihrer Person liegende, willensunabhängige Eigenschaft zukommt. Hierunter fallen insbesondere die Rechte der Kinder (Art. 24 EGRC) und Jugendlichen (Art. 32 Abs. 2 EGRC), die Rechte älterer Menschen (Art. 25 EGRC) sowie die Rechte von Menschen mit Behinderung

---

689 Vgl. hierzu *Vitorino*, RTDE 2001, S. 43; vertiefend zur Grundrechtsberechtigung insbesondere in den Grenzbereichen des Lebens *Rengeling / Szczekalla*, Grundrechte in der EU, § 5 B, Rn. 370-388.

690 Diese Einschätzung teilen *Weber*, GYIL 43 (2000), S. 113, *Mahlmann*, ZEuS 2000, S. 435, *Vitorino*, RTDE 2001, S. 43, *Lalumière*, RQDI 13 (2000), S. 171; *Bossi*, in: *Weidenfeld* (Hrsg.), Nizza in der Analyse, S. 228.

691 So z.B. die in der dritten Sitzung des Konventspräsidiums am 02.03.2000 angehörten vier Nichtregierungsorganisationen, vgl. Dok. CHARTE 4148/00 CONVENT 12 v. 02.03.2000, S. 2. Auch in Deutschland äußerten sich im Rahmen der öffentlichen Anhörung der Europaausschüsse von Bundestag und Bundesrat zur Grundrechtecharta am 05.04.2000 mehrere zivilgesellschaftliche Akteure und Experten im Sinne eines höchstmöglichen Menschenrechtsschutzstandards auch für Drittstaatsangehörige und einer Formulierung der Charta-Rechte grundsätzlich als Menschenrechte, so z.B. die Vertreterin von *amnesty international* (*Deutscher Bundestag, Ausschuss für die Angelegenheiten der Europäischen Union* (Hrsg.), Öffentliche Anhörung zu der Charta der Grundrechte der Europäischen Union, S. 32/33), *Klein* (a.a.O., S. 78), der Vertreter des DGB (a.a.O., S. 135); differenzierend der Vertreter des DAV (a.a.O., S. 35); a.A. *Altmaier* (a.a.O., S. 160); zusammenfassend zum Ergebnis dieser Anhörung vom 05.04.2000 *Tappert*, DRiZ 2000, S. 206. Vgl. zum Ganzen *Vitorino*, RTDE 2001, S. 43; *Mahlmann*, ZEuS 2000, S. 435 m.w.N.; *Jacqué*, in: *Bieber / Boillat u.a.*, Grundrechtsschutz in Europa, S. 84; *Lais*, ZEuS 2002, S. 459.

692 Vgl. hierzu *Lalumière*, RQDI 13 (2000), S. 171; *Grabenwarter*, DVBl. 2001, S. 6 (dort Fn. 45); *Grigolli*, European Legal Forum 2000/01, S. 4.

(Art. 26 EGRC).[693] Diese Rechte sehen eine Einschränkung der Grundrechtsträgerschaft nach Kategorien der Staatsangehörigkeit oder des Aufenthaltsortes, nach denen in Folgendem differenziert und zu den Jedermann-Rechten abgegrenzt wird, nicht vor.

b. Reine (Unions-) Bürgerrechte

Eine verhältnismäßig geringe Anzahl von Grundrechten in der Charta berechtigt ausschließlich Unionsbürger (sog. reine (Unions-) Bürgerrechte).

Dies betrifft zunächst politische Rechte i.e.S., wie das im fünften Kapitel der Charta über Bürgerrechte niedergelegte Wahlrecht bei den Wahlen zum Europäischen Parlament (Art. 39 Abs. 2 EGRC). Art. 39 Abs. 2 EGRC entspricht Art. 190 Abs. 1 EG.[694] Der in beiden Artikeln übereinstimmend kodifizierte Grundsatz der allgemeinen Wahl gewährt allen Unionsbürgern das aktive Wahlrecht (= Wahlberechtigung) und das passive Wahlrecht (= Wählbarkeit) bei den Europawahlen.[695] Die Eigenschaft des Art. 39 Abs. 2 EGRC als reines Unionsbürgerrecht ergibt sich zwar nicht ausdrücklich aus dem Wortlaut des Charta-Artikels. Dies muss jedoch aus dem systematischen Zusammenhang des Art. 39 Abs. 2 EGRC mit dessen, ebenfalls das Wahlrecht zum Europaparlament betreffenden Abs. 1, der ausdrücklich nur für Unionsbürger gilt, geschlossen werden.[696]

---

[693] Nicht hierunter fallen diejenigen Grundrechte, die zwar eine Eingrenzung der Berechtigung in persönlicher Hinsicht vorsehen, jedoch auf solche persönlichen Umstände abstellen, die grds. beeinflussbar sind, z.B. Rechte der Arbeitnehmerinnen und Arbeitnehmer (Art. 27, 28, 30, 31 EGRC) oder Rechte für Personen, die nicht über ausreichende Mittel verfügen (Art. 34 Abs. 3, 47 Abs. 3 EGRC). Vgl. hierzu auch *Vitorino*, RTDE 2001, S. 44; *Rengeling / Szczekalla*, Grundrechte in der EU, § 4 C, Rn. 347.

[694] So überzeugend auch die Erläuterungen des Konventspräsidiums zu Art. 39 EGRC, Dok. CHARTE 4473/00 CONVENT 49 v. 11.10.2000, S. 35 = EuGRZ 2000, S. 566; *Magiera*, in: *Meyer* (Hrsg.), Charta-Kommentar, Art. 39 EGRC, Rn. 2.

[695] Allgemeine Auffassung, vgl. statt vieler *Schoo*, in: *Schwarze* (Hrsg.), EU-Kommentar, Art. 190 EGV, Rn. 6; *Hölscheidt*, in: *Grabitz / Hilf* (Hrsg.), EUV/EGV, Bd. II, Art. 190 EGV, Rn. 7; *Geiger*, EUV/EGV, Art. 190 EGV, Rn. 4.

[696] So i.E. auch *Magiera*, in: *Meyer* (Hrsg.), Charta-Kommentar, Art. 39 EGRC, Rn. 1.

Artikel 39 Abs. 1 EGRC findet sein Pendant in Art. 19 Abs. 2 EG.[697] Er legt wie letzterer ausdrücklich nur für Unionsbürger ein Recht auf Gleichbehandlung bei Wahlen zum Europäischen Parlament nieder und erweitert damit den persönlichen Anwendungsbereich des in Art. 39 Abs. 2 EGRC normierten Wahlrechts zum Europaparlament.[698]

Ausdrücklich als reines Unionsbürgerrecht ausgestaltet ist auch das im fünften Kapitel der Charta (Bürgerrechte) in Art. 40 EGRC niedergelegte Wahlrecht bei Kommunalwahlen. Es gewährt das aktive und passive Wahlrecht auf kommunaler Ebene ebenso wie sein Pendant Art. 19 Abs. 1 EG[699] denjenigen Unionsbürgern, die ihren Wohnsitz in einem Mitgliedstaat haben, dessen Staatsangehörigkeit sie nicht besitzen. Er legt also ebenso wie Art. 39 Abs. 1 EGRC ein Recht auf Inländergleichbehandlung nieder.[700]

Weiterhin normiert Art. 46 EGRC als letzte der in Kapitel V der Charta niedergelegten Gewährleistungen ein reines Unionsbürgerrecht. Er schreibt, wie der ihm entsprechende Art. 20 EG,[701] den Schutz durch die diplomatischen und konsularischen Stellen jedes Mitgliedstaates im Hoheitsgebiet eines Drittstaates ausdrücklich nur Unionsbürgerinnen und Unionsbürgern zu, deren Heimatstaat im Drittland nicht vertreten ist. Ähnlich wie Art. 39 Abs. 1

---

697 So überzeugend auch die Erläuterungen des Konventspräsidiums zu Art. 39 EGRC, Dok. CHARTE 4473/00 CONVENT 49 v. 11.10.2000, S. 35 = EuGRZ 2000, S. 566; *Magiera*, in: *Meyer* (Hrsg.), Charta-Kommentar, Art. 39 EGRC, Rn. 2.

698 Zu dem auf ein Gleichbehandlungsrecht beschränkten Anwendungsbereich des entsprechenden Art. 19 Abs. 2 EG siehe bereits oben 3. Kapitel.B.I.1.b, insb. die Nachweise in Fn. 673. Dieser beschränkte Anwendungsbereich wird in Art. 39 Abs. 1 EGRC durch dessen letzten Halbsatz („*wobei für sie dieselben Bedingungen gelten wie für die Angehörigen des betreffenden Mitgliedstaates*") verdeutlicht, der andernfalls sinnentleert wäre.

699 Ebenso die Erläuterungen des Konventspräsidiums zu Art. 40 EGRC, Dok. CHARTE 4473/00 CONVENT 49 v. 11.10.2000, S. 35 = EuGRZ 2000, S. 566; *Magiera*, in: *Meyer* (Hrsg.), Charta-Kommentar, Art. 40 EGRC, Rn. 2.

700 So i.E. auch *Magiera*, in: *Meyer* (Hrsg.), Charta-Kommentar, Art. 40 EGRC, Rn. 9 f. Zum beschränkten Anwendungsbereich des entsprechenden Art. 19 Abs. 1 EG siehe bereits oben 3. Kapitel.B.I.1.b, insb. die Nachweise in Fn. 673; dieser Anwendungsbereich ergibt sich wie bei Art. 39 Abs. 1 EGRC (siehe soeben Fn. 698) aus dem letzten Halbsatz des Art. 40 EGRC.

701 Ebenso die Erläuterungen des Konventspräsidiums zu Art. 46 EGRC, Dok. CHARTE 4473/00 CONVENT 49 v. 11.10.2000, S. 40 = EuGRZ 2000, S. 567; *Magiera*, in: *Meyer* (Hrsg.), Charta-Kommentar, Art. 46 EGRC, Rn. 1.

und Art. 40 EGRC legt er damit ein Recht auf Inländergleichbehandlung nieder.[702]

Schließlich enthält das fünfte Kapitel der Charta das – ebenso wie im entsprechenden Art. 18 EG[703] – ausdrücklich nur Unionsbürgern[704] zugeschriebene Grundrecht, sich im Hoheitsgebiet aller Mitgliedstaaten unabhängig von einer wirtschaftlichen Betätigung frei zu bewegen und aufzuhalten (Art. 45 Abs. 1 EGRC).

Aber auch außerhalb des fünften Kapitels sind in der Charta Rechte nur für Unionsbürger niedergelegt. So schreibt der im zweiten Kapitel der Charta kodifizierte Art. 15 Abs. 2 EGRC nur ihnen die Freiheit, Arbeit zu suchen und zu arbeiten, sich niederzulassen oder Dienstleistungen zu erbringen, zu. Er greift damit die – ebenfalls nur Unionsbürgern zukommenden – drei personenbezogenen Grundfreiheiten, d.h. grundrechtsähnliche Rechte,[705] auf: Arbeitnehmerfreizügigkeit (Art. 39 EG), Niederlassungsfreiheit (Art. 43 EG) und Dienstleistungsfreiheit (Art. 49 EG).[706]

---

702 So i.E. auch *Magiera*, in: *Meyer* (Hrsg.), Charta-Kommentar, Art. 46 EGRC, Rn. 11. Zum beschränkten Anwendungsbereich des entsprechenden Art. 20 EG siehe bereits oben 3. Kapitel.B.I.1.b, insb. die Nachweise in Fn. 673. Zur Beschränkung des persönlichen Schutzbereichs für Unionsbürger, die gleichzeitig die Staatsangehörigkeit eines weiteren Staates besitzen (sog. Doppelstaater), entsprechend den im Völkerrecht zum diplomatischen Schutz entwickelten Grundsätzen siehe eingehend *Epping / Gloria*, in: *Ipsen*, Völkerrecht, § 24 VI, Rn. 31-43 (insb. Rn. 33), bzw. zum entsprechenden Art. 20 EG *Kluth*, in: *Calliess / Ruffert* (Hrsg.), EUV/EGV, Art. 20 EGV, Rn. 19 m.w.N.

703 So auch die Erläuterungen des Konventspräsidiums zu Art. 45 EGRC, Dok. CHARTE 4473/00 CONVENT 49 v. 11.10.2000, S. 39 = EuGRZ 2000, S. 566/567; sowie *Hilf*, in: *Grabitz / Hilf* (Hrsg.), EUV/EGV, Bd. I, Art. 18 EGV, Rn. 1; *Mahlmann*, ZEuS 2000, S. 436.

704 Der Charakter als reines Unionsbürgerrecht wird auch durch Art. 45 Abs. 2 EGRC, der die Gewährung von Freizügigkeit an Drittstaatsangehörige ermöglicht, nicht in Frage gestellt, da dieser Artikel bislang kein Recht garantiert, sondern lediglich die zukünftige Einräumung eines solchen offen hält; so i.E. auch *Davis*, E.L.Rev. 27 (2002), S. 131.

705 Siehe zum Verhältnis von Grundrechten zu Grundfreiheiten bereits eingehend oben 1. Kapitel.B.II.3.

706 So auch die Erläuterungen des Präsidiums zu Art. 15 EGRC, Dok. CHARTE 4473/00 CONVENT 49 v. 11.10.2000, S. 17/18 = EuGRZ 2000, S. 562; *Mahlmann*, ZEuS 2000, S. 436; *Busse*, EuGRZ 2002, S. 574; *Rengeling / Szczekalla*, Grundrechte in der EU, § 4 C, Rn. 348; a.A. *v. Bogdandy*, JZ 2001, S. 166 (dort Fn. 95),

Schließlich legt die Charta mit dem im dritten Kapitel normierten, Art. 12 EG entsprechenden[707] allgemeinen Verbot der Diskriminierung aus Gründen der Staatsangehörigkeit in Art. 21 Abs. 2 EGRC ein reines Unionsbürgerrecht nieder. Dies ergibt sich zwar nicht ausdrücklich aus dem Wortlaut des Art. 21 Abs. 2 EGRC. Es ist aber aus seinem Verweis auf den Anwendungsbereich des EG- und EU-Vertrags sowie auf deren besondere Bestimmungen, d.h. insbesondere die nur Unionsbürger berechtigenden Grundfreiheiten, abzuleiten.[708]

c. Rechte der Unionsbürger und Personen mit Wohnsitz in einem Mitgliedstaat

Neben den reinen Unionsbürgerrechten finden sich in Kapitel V (Bürgerrechte) der Charta in den Artikeln 42-44 drei – den polititschen Mitwirkungsrechten vorgelagerte[709] – Rechte, die neben den Unionsbürgerinnen und Unionsbürgern auch jeder natürlichen Person mit Wohnsitz in einem Mitgliedstaat zuerkannt werden. Ebenso wie bei den reinen Unionsbürgerrechten handelt es sich bei diesen Gewährleistungen ausschließlich um solche, deren Pendants seit den Verträgen von Maastricht und Amsterdam Bestandteil des EG-Vertrages sind. Der Kreis der Grundrechtsberechtigten umfasst hier auch Drittstaatsangehörige und Staatenlose, die sich in der Union aufhalten, und erkennt diese Rechte so (fast) all denjenigen zu, die von den Entscheidungen der Gemeinschaftsorgane betroffen sind.[710]

Im Einzelnen gewährt Art. 42 EGRC den genannten Grundrechtsträgern ein Recht auf Zugang zu den Dokumenten des Europäischen Parlaments, des Rates und der Kommission.[711] Er entspricht dem mit dem Ams-

---

der mit Ausnahme der Arbeitnehmerfreizügigkeit in Art. 45 EGRC (*sic*!) in die Charta keine Grundfreiheiten aufgenommen sieht; dagegen überzeugend *Busse*, EuGRZ 2002, S. 574 (insb. dort Fn. 123).

707 So auch die Erläuterungen des Konventspräsidiums zu Art. 21 EGRC, Dok. CHARTE 4473/00 CONVENT 49 v. 11.10.2000, S. 23 = EuGRZ 2000, S. 563; *Hölscheidt*, in: *Meyer* (Hrsg.), Charta-Kommentar, Art. 21 EGRC, Rn. 16, 42.

708 So im Ergebnis auch *Hölscheidt*, in: *Meyer* (Hrsg.), Charta-Kommentar, Art. 21 EGRC, Rn. 43.

709 *Bernsdorff*, NdsVBl. 2001, S. 181.

710 *Grabenwarter*, DVBl. 2001, S. 7/8.

711 Zur kontroversen Diskussion des Rechts auf Dokumentenzugang im Konvent, die sich in der Textfassung der Charta jedoch nicht niedergeschlagen hat, vgl. *Rack*, in:

terdamer Vertrag neu in den EG-Vertrag aufgenommenen Art. 255 EG,[712] der dieses Recht gleichermaßen auf Unionsbürger und Personen mit Wohnsitz in einem Mitgliedstaat beschränkt.

Unklar bleibt allerdings das Verhältnis zwischen diesem nur einem beschränkten Kreis von Grundrechtsträgern verliehenen Recht auf Dokumentenzugang und dem jeder Person in Art. 41 Abs. 2 EGRC im Rahmen des – in der Rechtsprechung von EuGH und EuG entwickelten[713] – Rechts auf gute Verwaltung garantierten Recht auf Aktenzugang. Zwar gewährt Art. 41 Abs. 2 EGRC das Zugangsrecht insbesondere nur für Akten, die Angelegenheiten des Einsichtsbegehrenden betreffen. Das Zugangsrecht in Art. 42 EGRC besteht hingegen allgemein, d.h. ohne eine persönliche Betroffenheit,[714] und gewährt damit einem engeren Kreis von Grundrechtsträgern in dieser Hinsicht weitergehende Rechte. Dennoch ergeben sich zwischen diesen Regelungen zahlreiche Überschneidungen.[715]

Weiterhin berechtigt das in Artikel 43 EGRC niedergelegte Recht, den Bürgerbeauftragten der Union zu befassen, ausdrücklich nur Unionsbürger und Personen mit Wohnsitz in einem Mitgliedstaat. In seinem Wortlaut[716]

Duschanek / Griller (Hrsg.), Grundrechte für Europa, S. 217/218; *Magiera*, in: *Meyer* (Hrsg.), Charta-Kommentar, Art. 42 EGRC, Rn. 4 f.

712 So auch die Erläuterungen des Präsidiums zu Art. 42 EGRC, Dok. CHARTE 4473/00 CONVENT 49 v. 11.10.2000, S. 37 = EuGRZ 2000, S. 566; *Calliess*, EuZW 2001, S. 263; *Grabenwarter*, DVBl. 2001, S. 8 (dort Fn. 61); *Rack*, in: *Duschanek / Griller* (Hrsg.), Grundrechte für Europa, S. 221.

713 Vgl. z.B. EuGH, Rs. 222/86, Union nationale des entraîneurs et cadres techniques professionnels du football (Unectef) ./. Heylens u.a., Urt. v. 15.10.1987, Slg. 1987, S. 4097 ff. (4117 / Rn. 15), sowie die weiteren Nachweise in den Erläuterungen des Präsidiums zu Art. 41 EGRC, Dok. CHARTE 4473/00 CONVENT 49 v. 11.10.2000, S. 36-37 = EuGRZ 2000, S. 566, und bei *Rack*, in: *Duschanek / Griller* (Hrsg.), Grundrechte für Europa, S. 219/220.

714 So zu Art. 255 EGV auch *Hetmeier*, in: *Lenz / Borchardt* (Hrsg.), EUV-/ EGV, Art. 255, Rn. 10; *Wegener*, in: *Calliess / Ruffert* (Hrsg.), EUV/EGV, Art. 255 EGV, Rn. 6 m.w.N.

715 *Calliess* betrachtet diese Regelungen als widersprüchlich (*ders.*, EuZW 2001, S. 263); *Mahlmann* sieht in Art. 41 Abs. 2 EGRC eine zu Art. 42 EGRC spezielle Regelung, vgl. *ders.*, ZEuS 2000, S. 431.

716 Der „Wohn*ort*" in Art. 195 Abs. 1 EGV, verstanden als faktischer Wohnsitz, unterscheidet sich nicht vom „Wohn*sitz*" des Art. 43 EGRC, vgl. *Kluth*, in: *Calliess / Ruffert* (Hrsg.), EUV/EGV, Art. 195, Rn. 8, Art. 194 EGV, Rn. 3 m.w.N.; anders wohl *Haag*, in: *von der Groeben / Schwarze* (Hrsg.), EU- / EGV, Bd. 4, Art. 195, Rn. 29, Art. 194,

entspricht der Kreis der Grundrechtsberechtigten damit demjenigen seines Pendants, des durch den Vertrag von Maastricht eingeführten Art. 21 Abs. 2 i.V.m. 195 EG.[717]

Artikel 44 EGRC schließlich legt das Petitionsrecht zum Europäischen Parlament ebenfalls nur für den genannten begrenzten Kreis von Grundrechtsberechtigten nieder.[718] Er entspricht hierin seinem Pendant, dem durch den Vertrag von Maastricht eingeführten Art. 21 Abs. 1 i.V.m. 194 EG.[719] Zwar fehlt in Art. 44 EGRC der in Art. 194 EG enthaltene ausdrückliche Hinweis auf die Zulässigkeit von Sammel- bzw. Massenpetitionen. Da auch diese aber nur von Unionsbürgern und in der Union wohnhaften Drittstaatsangehörigen eingereicht werden können, schließt Art. 44 EGRC sie nicht aus.[720] Das Petitionsrecht zum Europäischen Parlament ist allerdings weiterhin – anders als mitgliedstaatliche Regelungen wie z.B. Art. 17 GG oder Artikel 23 der im Jahr 1989 vom Europäischen Parlament verabschiedeten „Erklärung der Grundrechte und Grundfreiheiten"[721] nicht als Jedermann-Grundrecht ausgestaltet.[722]

Rn. 9. Vgl. aber zur teils engeren Auslegung des Kreises der Grundrechtsberechtigten im Rahmen des Art. 195 EG oben 3. Kapitel.B.I.1.c, insb. die Nachweise in Fn. 679.

717 So auch die Erläuterungen des Präsidiums zu Art. 43 EGRC, Dok. CHARTE 4473/00 CONVENT 49 v. 11.10.2000, S. 38 = EuGRZ 2000, S. 566; *Grabenwarter*, DVBl. 2001, S. 7/8 (dort Fn. 61); *Hölscheidt*, EuR 2002, S. 447. Missverständlich *Simon*, RUDH 2000, S. 24, 26, der – wohl bei fehlender Berücksichtigung des Art. 195 EGV – von einem weiteren Anwendungsbereich *ratione personae* des Charta-Rechts im Vergleich zur Regelung im EG-Vertrag ausgeht.

718 Zur Ausgestaltung des Petitionsrechts in der Grundrechtecharta vgl. ausführlich *Hölscheidt*, EuR 2002, S. 440-448.

719 Ebenso die Erläuterungen des Präsidiums zu Art. 44 EGRC, Dok. CHARTE 4473/00 CONVENT 49 v. 11.10.2000, S. 38 = EuGRZ 2000, S. 566; *Grabenwarter*, DVBl. 2001, S. 7/8 (dort Fn. 61); *Hölscheidt*, EuR 2002, S. 440. Zum bloßen Formulierungsunterschied „Wohnort" (Art. 194 EGV) bzw. „Wohnsitz" (Art. 44 EGRC) vgl. soeben Fn. 716.

720 So auch *Hölscheidt*, EuR 2002, S. 441.

721 Abgedruckt in: EuGRZ 1989, S. 204-207.

722 Der Petitionsausschuss des Deutschen Bundestages hat den engeren persönlichen Anwendungsbereich des Art. 44 EGRC allerdings befürwortet, vgl. BT-Drs. 14/3800 v. 05.07.2000, S. 4. Vgl. hierzu und zu weiteren Formulierungsvorschlägen für das Petitionsrecht außerdem *Hölscheidt*, EuR 2002, S. 440, 444-445. Für die Ausgestaltung des Petitionsrechts, ebenso wie des Rechts, den Bürgerbeauftragten anzurufen, als Jedermann-Grundrecht plädiert *Magiera*, DÖV 2000, S. 1021/1022.

Nach dem Wortlaut der Art. 42-44 EGRC muss der Wohnsitz – entgegen der teils engeren Auslegung des Kreises der Grundrechtsberechtigten im Rahmen der entsprechenden Regelungen im EG-Vertrag[723] – nicht notwendig rechtmäßig sein, was sich auch im Vergleich zur Fassung des Art. 34 Abs. 2 EGRC ergibt.

Letztgenanntes, in Kapitel IV (Solidarität) der Charta niedergelegtes Recht steht schließlich allen Personen mit – im Gegensatz zu Art. 42-44 EGRC ausdrücklich erforderlichen rechtmäßigem – Wohnsitz in der Union zu. Er schreibt den Kreis der Grundrechtsberechtigten im Ergebnis ebenso weitgehend wie die Gesamtheit seiner Rechtsquellen (Art. 13 Abs. 4 ESC, Nr. 2 der Gemeinschaftscharta der sozialen Grundrechte der Arbeitnehmer, VO 1408/71 und VO 1612/68)[724] fest.[725]

d. Rechte, die ausschließlich Nicht-Unionsbürger berechtigen

Die Charta enthält schließlich ein einzelnes Recht, das nur Staatsangehörigen dritter Länder (hierzu sind nach Sinn und Zweck der Regelung auch die Staatenlosen zu zählen)[726] zusteht. Diesen wird in Art. 15 Abs. 3 EGRC ein Anspruch auf Gleichbehandlung mit Unionsbürgern bei den Arbeitsbedingungen eingeräumt, soweit sie im Hoheitsgebiet der Mitgliedstaaten arbeiten dürfen. Die Charta-Regelung hat einen breiteren persönlichen Anwendungsbereich als ihre Rechtsquelle, Art. 19 Abs. 4 lit. a der Europäischen Sozial-

---

723 Siehe dazu bereits oben 3. Kapitel.B.I.1.c, insb. die Nachweise in Fn. 679.

724 Vgl. die Erläuterungen des Konventspräsidiums zu Art. 34 EGRC, Dok. CHARTE 4473/00 CONVENT 49 v. 11.10.2000, S. 31 f. = EuGRZ 2000, S. 565; *Riedel*, in: *Meyer* (Hrsg.), Charta-Kommentar, Art. 34 EGRC, Rn. 3.

725 Vgl. dazu *Riedel*, in: *Meyer* (Hrsg.), Charta-Kommentar, Art. 34 EGRC, Rn. 18 f.

726 Vgl. hierzu schon oben 3. Kapitel.B.I.1.a, bei Fn. 658.

charta,[727] der eine derartige Gleichbehandlung nur Wanderarbeitnehmern, die Staatsangehörige einer Vertragspartei der Sozialcharta sind, gewährt.[728]

Hingegen ist insbesondere die Gewährleistung des Asyls in Art. 18 der Charta,[729] anders als noch in Vorentwürfen vorgesehen,[730] nicht auf Nicht-Unionsbürger beschränkt.[731] Zwar mag politische Verfolgung von Unionsbürgern innerhalb der EU derzeit als wenig wahrscheinlich erscheinen. Im Hinblick auf nie auszuschließende politische Veränderungen gerade in einer erweiterten Union ist der erweiterte persönliche Anwendungsbereich des Art. 18 EGRC jedoch zu begrüßen.[732] Der Artikel umfasst dementsprechend, ebenso wie der Einzige Artikel des Protokolls (Nr. 29) zum EG-Vertrag über die Gewährung von Asyl für Staatsangehörige von Mitgliedstaaten der Europäischen Union (1997),[733] auch Staatsangehörige eines anderen Mitgliedstaates.

727 So auch die Erläuterungen des Präsidiums zu Art. 15 EGRC, Dok. CHARTE 4473/00 CONVENT 49 v. 11.10.2000, S. 17/18 = EuGRZ 2000, S. 562; *Grabenwarter*, DVBl. 2001, S. 5. Hingegen ist Art. 137 Abs. 3 vierter Spiegelstrich EGV entgegen der genannten Erläuterungen nicht als Rechtsquelle des Art. 15 Abs. 3 EGRC anzusehen, da ersterer Artikel kein Recht begründet, sondern lediglich eine Ermächtigungsgrundlage zum Erlass von Richtlinien darstellt, so auch *Grabenwarter*, a.a.O.; vgl. auch *Krebber*, in: *Calliess* / *Ruffert* (Hrsg.), EUV/EGV, Art. 137 EGV, Rn. 1, 15. Zur Europäischen Sozialcharta vgl. den Nachweis in Fn. 18.

728 Letzteres ergibt sich aus Teil I, Nr. 19, sowie Abs. 1 der Regelung zum persönlichen Geltungsbereich der Sozialcharta in deren Anhang.

729 Vgl. hierzu ausführlich *Mahlmann*, ZEuS 2000, S. 428-430.

730 Vgl. z.B. Art. 21 Abs. 1 des Entwurfs Dok. CHARTE 4284/00 CONVENT 28 v. 05.05.2000, S. 21 (abgedruckt in: JöR 49 (2001), S. 31-41), nach dem nur Staatsangehörige von Drittländern berechtigt sein sollten. Einen erweiterten persönlichen Anwendungsbereich des Asylrechts forderte insb. der Hohe Kommissar der Vereinten Nationen für Flüchtlinge, vgl. Dok. CHARTE 4339/00 Contrib. 203 v. 31.05.2000, S. 3.

731 So auch *Mahlmann*, ZEuS 2000, S. 429; a.A. offenbar *Grabenwarter*, DVBl. 2001, S. 5. Dasselbe gilt für das Verbot von Kollektivausweisungen, das in Art. 19 Abs. 1 EGRC im Gegensatz zu Vorentwürfen (z.B. Art. 21 Abs. 2 in Dok. CHARTE 4284/00 CONVENT 28 v. 05.05.2000, S. 21) nicht auf Ausländer beschränkt ist.

732 Vgl. hierzu eingehend *Mahlmann*, ZEuS 2000, S. 429.

733 Abgedruckt in: Sart. II, Nr. 151. Das Protokoll wurde dem EG-Vertrag mit dem Vertrag von Amsterdam beigefügt.

e. Rechte, bei denen die Grundrechtsträgerschaft nicht autonom in der Charta geregelt ist

Eine letzte Kategorie von Charta-Rechten trifft selbst keine Regelung über die jeweiligen Rechtsträger, sondern verweist hierfür auf Vorschriften außerhalb der Charta. Wer Träger dieser Grundrechte ist, ist gemäß den betreffenden Charta-Artikeln teils den einzelstaatlichen Gesetzen zu entnehmen, welche die Ausübung der jeweiligen Rechte regeln. Dies gilt z.B. für das Recht, eine Ehe einzugehen und das Recht, eine Familie zu gründen (Art. 9 EGRC), das Recht auf Wehrdienstverweigerung (Art. 10 Abs. 2 EGRC), sowie für die Freiheit zur Gründung von Lehranstalten (Art. 14 Abs. 3 HS 1 EGRC).[734]

In anderen Fällen verweisen einzelne Charta-Artikel (unter anderem) zur Bestimmung der Grundrechtsberechtigten sowohl auf das Gemeinschaftsrecht als auch auf die einzelstaatlichen Rechtsvorschriften und Gepflogenheiten. Dies ist dann der Fall, wenn sie ein Recht nur nach Maßgabe dieser Vorschriften anerkennen. Dies gilt z.B. für die Anerkennung der unternehmerischen Freiheit (Art. 16 EGRC), das Recht auf Zugang zu den Leistungen der sozialen Sicherheit und zu den sozialen Diensten (Art. 34 Abs. 1 EGRC), und den Zugang zu den Dienstleistungen von allgemeinem wirtschaftlichen Interesse (Art. 36 EGRC).[735] Im Fall der Gewährleistung des Asyls (Art. 18 EGRC)[736] schließlich richtet sich die Grundrechtsträgerschaft nach zwei völkerrechtlichen Übereinkommen und dem EG-Vertrag.

Durch die fehlende Bestimmung der Träger dieser Grundrechte verzichtet die Charta auf die Festlegung einer wesentlichen Komponente des

---

[734] Nicht hierunter fallen die Rechte der Art. 14 Abs. 3 HS 2 EGRC hinsichtlich des Elternrechts auf Sicherstellung einer Erziehung und Unterrichtung ihrer Kinder entsprechend ihren eigenen Überzeugungen, sowie Art. 35 S. 1 und 46 EGRC. In diesen wird zwar zur Konkretisierung des Schutzbereichs auf einzelstaatliche Rechtsvorschriften verwiesen. Der Kreis der Grundrechtsberechtigten wird jedoch im Charta-Artikel selbst bestimmt (Eltern in Art. 14, jede Person in Art. 35 und Unionsbürger in Art. 46 EGRC).

[735] Wie im Fall von Art. 14 Abs. 3 HS 2, 35 S. 1 und 46 EGRC (siehe soeben Fn. 734) legen auch Art. 27, 28, 30, 34 Abs. 2 und 3 EGRC trotz ihres Verweises auf Gemeinschaftsrecht und einzelstaatliche Rechtsvorschriften und Gepflogenheiten die Grundrechtsträger selbst fest. Gleichermaßen bestimmt der nur auf den EG-Vertrag verweisende Art. 45 Abs. 2 EGRC die durch ihn Berechtigten selbst.

[736] Siehe hierzu bereits soeben 3. Kapitel.B.I.2.d, bei Fn. 729 ff.

Schutzbereichs eines Grundrechts. Eine Verweisung auf Vorschriften außerhalb des Grundrechtskatalogs zur Regelung wesentlicher Elemente des Schutzbereichs einzelner Grundrechte ist modernen Grundrechtstexten wie der EMRK oder nationalen Verfassungen wie dem Grundgesetz fremd.[737]

Grundrechte sind einer verfassten Ordnung vorausliegende und diese verpflichtende subjektive Rechte. Ihnen kommt die ranghöchste Stellung im Normgefüge zu, weswegen sie (regelmäßig) erschwert abänderbar sind. Es widerspricht deshalb dem Wesen von Grundrechten, wenn die Entscheidung über den Kreis der Grundrechtsträger teils einfachen einzelstaatlichen Gesetzen, teils sekundärem Gemeinschaftsrecht überlassen wird.

Die auf diese Weise mögliche unterschiedliche Ausgestaltung von Gemeinschaftsgrundrechten verhindert einen vom EuGH[738] stets als grundlegend für die Rechtsordnung der Gemeinschaft angesehenen einheitlichen Grundrechtsschutz auf Gemeinschaftsebene. Nicht zuletzt deswegen haben gerade die Verweisungen der Charta auf Recht und Praxis der Mitgliedstaaten in der Lehre teils deutliche Kritik erfahren.[739]

Die fehlende Regelung der Grundrechtsträgerschaft in den genannten Charta-Artikeln muss jedoch vor dem Hintergrund eines anderen Charakteristikums der Grundrechtecharta gesehen werden: Der fehlenden Parallelität von den Kompetenzen der EU und den Charta-Grundrechten als negativen Kompetenznormen.[740] Für die Rechtsmaterien, in denen die Charta die Bestimmung der Grundrechtsberechtigten allein einzelstaatlichen Gesetzen überlässt, liegen die Kompetenzen zum Erlass von Rechtsnormen bislang praktisch ausschließlich bei den Mitgliedstaaten. So sind das materielle Familienrecht (betroffen von Art. 9 EGRC), die Organisation der nationalen Streit-

---

737 In älteren Grundrechtskatalogen wie beispielsweise dem Rechtekatalog in Titel II der Verfassungsurkunde für den Preußischen Staat vom 31.01.1850 (abgedruckt z.B. in: *Huber* (Hrsg.), Dokumente zur deutschen Verfassungsgeschichte, Bd. 1, S. 401-414, insb. 402-405) waren Gewährleistungen hingegen häufig als für die nähere gesetzliche Bestimmung oder Ausgestaltung offen erklärt; vgl. hierzu *Pieroth / Schlink*, Grundrechte, § 2 III, Rn. 31.

738 Grundlegend EuGH, Rs. 11/70, Internationale Handelsgesellschaft mbH / Einfuhr- und Vorratsstelle für Getreide und Futtermittel, Urt. v. 17.12.1970, Slg. 1970, S. 1125 ff. (1135 / Rn. 3 f.).

739 Vgl. z.B. *Magiera*, DÖV 2000, S. 1026; *Tettinger*, NJW 2001, S. 1012 f.

740 Vgl. hierzu bereits oben 2. Kapitel.B.III.2.c, sowie unten 3. Kapitel.C.IV.1.a, insb. bei Fn. 1179.

kräfte (betroffen von Art. 10 Abs. 2 EGRC) und das Schul- bzw. Bildungswesen (betroffen von Art. 14 Abs. 3 HS 1 EGRC) im Wesentlichen nur von den Mitgliedstaaten zu regeln.[741]

Parallel dazu können diejenigen Rechtsmaterien, bei denen die Charta zur Bestimmung der Grundrechtsberechtigten sowohl auf das Gemeinschaftsrecht als auch auf die einzelstaatlichen Rechtsvorschriften und Gepflogenheiten verweist, im Wesentlichen den konkurrierenden Gemeinschaftszuständigkeiten[742] zugeordnet werden. Dies ergibt sich für die von Art. 34 Abs. 1 EGRC betroffenen Bereiche der Sozialpolitik insbesondere aus

---

741 Die Gemeinschaftsverträge und der EU-Vertrag enthalten keine systematischen Bestimmungen zur Kompetenzverteilung zwischen Gemeinschaft und Mitgliedstaaten wie z.B. das Grundgesetz in Art. 73 ff. zur Abgrenzung der Gesetzgebungszuständigkeit zwischen Bund und Ländern (im Vertrag über eine Verfassung für Europa in der von der Regierungskonferenz am 29. Oktober 2004 unterzeichneten Fassung findet sich hingegen in Teil I, Titel III (Art. I-11 bis I-18) nunmehr eine Abgrenzung der Zuständigkeiten von EU und Mitgliedstaaten, vgl. Dok. CIG 87/2/04 REV 2 v. 29.10.2004, S. 16-22). Wegen des geltenden Prinzips der begrenzten Einzelermächtigung der Gemeinschaft sind die den Mitgliedstaaten verbliebenen Rechtsetzungskompetenzen aus ihrer fehlenden Zuweisung an die Gemeinschaft in den Gemeinschaftsverträgen zu schließen.

Vgl. zur Kompetenz der Mitgliedstaaten im materiellen Familienrecht, für das der EG-Vertrag ausdrücklich keine Regelungskompetenz der Gemeinschaft vorsieht, *de Groot / Schneider*, in: *Bleckmann*, Europarecht, § 15, Rn. 1361-1364 m.w.N., *Pernice*, DVBl. 2000, S. 852. Zur Kompetenz zur Organisation der Streitkräfte, einem Kernbereich staatlicher Souveränität, findet sich im EG-Vertrag keine Regelung; die sie tangierende Gemeinsame Außen- und Sicherheitspolitik nach Art. 11-28 EUV hat intergouvernementalen Charakter, vgl. hierzu *Oppermann*, Europarecht, § 30, Rn. 2064-2066 m.w.N., aber auch EuGH, Rs. C-285/98, Tanja Kreil ./. Bundesrepublik Deutschland, Urt. v. 11.01.2000, Slg. 2000, S. I-69 ff., (102 f. / Rn. 12-15 m.w.N.). Zur Kompetenz im Schul- und Bildungswesen vgl. Art. 149 Abs. 1, 150 Abs. 1 EGV, die der Gemeinschaft lediglich in engen Grenzen eine Unterstützung der Mitgliedstaaten im bildungspolitischen Bereich (i.S.e. Parallelzuständigkeit) ermöglichen; vgl. hierzu *Krebber*, in: *Calliess / Ruffert* (Hrsg.), EUV/EGV, Art. 149 EGV, Rn. 2. Zur Problematik auch *Pernice*, EuZW 2001, S. 673.

742 Konkurrierende Gemeinschaftszuständigkeiten sind dadurch gekennzeichnet, dass der Gemeinschaft eine Kompetenz zugewiesen ist, die Mitgliedstaaten zur Rechtsetzung jedoch weiterhin befugt sind, solange die Gemeinschaft von ihrer Kompetenz keinen (erschöpfenden) Gebrauch gemacht hat. Vgl. hierzu und zur Abgrenzung zu sog. parallelen Kompetenzen *Calliess*, in: *Calliess / Ruffert* (Hrsg.), EUV/EGV, Art. 5 EGV, Rn. 32 f. m.w.N.; *Fischer / Köck / Karollus*, Europarecht, S. 365 ff., 463 f; zur Problematik auch *Pernice*, EuZW 2001, S. 673.

Art. 137 Abs. 1 EG,[743] für die von Art. 36 EGRC betroffenen Dienste von allgemeinem wirtschaftlichen Interesse aus Art. 16 EG.[744] Die unternehmerische Freiheit des Art. 16 EGRC tangiert mit der Freiheit, eine Wirtschafts- oder Geschäftstätigkeit aufzunehmen, der Vertragsfreiheit und dem Wettbewerbsrecht Bereiche, in denen Gemeinschaft und Mitgliedstaaten in jeweils unterschiedlichem Maße gemeinsame Regelungskompetenzen zukommen.[745] Im Bereich des Asylrechts schließlich kommen teils der Gemeinschaft Kompetenzen zu (vgl. Art. 63 EG), während die Mitgliedstaaten sämtlich an die völkerrechtlichen Übereinkommen, auf die Art. 18 EGRC verweist, gebunden sind.[746]

Berücksichtigt man diesen Hintergrund auch mitgliedstaatlicher Rechtsetzungszuständigkeiten, hat die fehlende Bestimmung der Grundrechtsberechtigten in o.g. Charta-Artikeln als negativen Kompetenznormen als grundsätzlich begrüßenswerte Respektierung nationaler Zuständigkeiten zumindest auch einen positiven Aspekt.

Die Verfasser der Grundrechtecharta haben teils ganz bewusst die Festlegung der Grundrechtsträger den nationalen Gesetzgebern überlassen, wie das Beispiel des Art. 9 EGRC zeigt. Im Gegensatz zu Art. 12 EMRK,[747] der das Recht, eine Ehe einzugehen und eine Familie zu gründen, ausdrücklich

---

743 Zur konkurrierenden Zuständigkeit der Gemeinschaft im Bereich der Sozialpolitik vgl. *Krebber*, in: *Calliess / Ruffert* (Hrsg.), EUV/EGV, Art. 137 EGV, Rn. 1 f.; *Fischer / Köck / Karollus*, Europarecht, S. 359.

744 *Jung*, in: *Calliess / Ruffert* (Hrsg.), EUV/EGV, Art. 16 EGV, Rn. 10 m.w.N.; eingehend *Storr*, DÖV 2002, S. 360-362.

745 In die freie Ausübung einer Wirtschafts- und Geschäftstätigkeit können u.a. in den Bereich der konkurrierenden Zuständigkeiten (vgl. zur Zuordnung *Fischer / Köck / Karollus*, Europarecht, S. 359) fallende Maßnahmen betreffend die Freizügigkeit von Personen und Kapital, Beihilfen oder Umweltschutz eingreifen. Zu konkurrierenden Kompetenzen, durch deren Ausübung in die Vertragsfreiheit eingegriffen werden kann, vgl. z.B. EuGH, Rs. 151/78, Sukkerfabriken Nykobing Limiteret ./. Landwirtschaftsministerium, Urt. v. 16.01.1979, Slg. 1979, S. 1 ff., Rn. 17-20; zur parallelen Kompetenzordnung im Bereich des Wettbewerbsrechts vgl. *Zuleeg*, in: *von der Groeben / Schwarze* (Hrsg.), EU- / EGV, Bd. 1, Art. 5 EG, Rn. 12; EuGH, Rs. 14/68, Walt Wilhelm u.a. ./. Bundeskartellamt, Urt. v. 13.02.1969, Slg. 1969, S. 1 ff., Rn. 4.

746 Vgl. hierzu *Brechmann*, in: *Calliess / Ruffert* (Hrsg.), EUV/EGV, Art. 63 EGV, Rn. 1, 4.

747 Art. 12 EMRK ist Rechtsquelle des Art. 9 EGRC, vgl. auch die Erläuterungen des Präsidiums zu Art. 9 EGRC, Dok. CHARTE 4473/00 CONVENT 49 v. 11.10.2000, S. 12 = EuGRZ 2000, S. 561.

Männern und Frauen im heiratsfähigen Alter zuschreibt,[748] lässt Art. 9 EGRC den Kreis der Rechtsträger offen. Das Recht, eine Ehe einzugehen und das Recht, eine Familie zu gründen, werden in Art. 9 EGRC, anders als in Art. 12 EMRK, überdies nicht als zwei Aspekte eines Rechtes formuliert, das dann nur auf die Ehe im herkömmlichen Wortsinn als Verbindung von Mann und Frau anwendbar wäre.[749] Vielmehr normiert Art. 9 EGRC die Rechte auf Eheschließung und Familiengründung als zwei eigenständige Rechte.[750] Dies eröffnet den nationalen Gesetzgebern vor dem Hintergrund des sich wandelnden gesellschaftlichen Wertverständnisses[751] die Möglichkeit (nicht aber die Pflicht), andere Verbindungen als die Ehe, bis hin zu gleichgeschlechtlichen Partnerschaften, als Rahmen für die Gründung einer Familie anzuerkennen.[752]

Gerade dieser, der Charta im Gegensatz zu einigen nationalen Verfassungen[753] und der EMRK fehlende besondere Schutz der Ehe und der Einheit von Ehe und Familie ist in der Lehre mehrfach kritisiert worden.[754] Jedoch scheint es nicht verfehlt zu sein, mit Rücksicht auf die Kompetenzverteilung zwischen Union und Mitgliedstaaten die Entscheidung über eine derartige Grundfrage den Mitgliedstaaten zu überlassen, wenn diese wie hier für die Rechtsetzung zuständig sind.[755]

---

748 Dazu näher *Caflisch*, in: *Drnas de Clément* (Hrsg.), Estudios de derecho internacional, S. 926 f.

749 In diesem Sinne EGMR, Beschw. Nr. 9532/81, Rees ./ Vereinigtes Königreich, Urt. v. 17.10.1986, Serie A, Bd. 106, S. 19 / Ziff. 49; *Lemmens*, 8 MJ 1 (2001), S. 58.

750 *Lemmens*, 8 MJ 1 (2001), S. 58; *Calliess*, EuZW 2001, S. 263; *Grabenwarter*, DVBl. 2001, S. 4.

751 Beispielhaft sei nur auf die Ausführungen des BVerfG zur Ablehnung des Erlasses einer einstweiligen Anordnung gegen das Inkrafttreten des Gesetzes zur Beendigung der Diskriminierung gleichgeschlechtlicher Gemeinschaften und dessen Vereinbarkeit mit Art. 6 GG hingewiesen, vgl. BVerfG, 1 BvQ 23, 26/01, Urt. v. 18.07.2001, BVerfGE 104, 51 (56).

752 So die Erläuterungen des Präsidiums zu Art. 9 EGRC, Dok. CHARTE 4473/00 CONVENT 49 v. 11.10.2000, S. 12 = EuGRZ 2000, S. 561; *Lemmens*, 8 MJ 1 (2001), S. 58; *Calliess*, EuZW 2001, S. 263; *Grabenwarter*, DVBl. 2001, S. 4.

753 Vgl. Art. 6 Abs. 1 GG sowie die Nachweise bei *Tettinger*, NJW 2001, S. 1012 f. zu den Garantien anderer mitgliedstaatlicher Verfassungen.

754 Deutlich *Tettinger*, NJW 2001, S. 1012 f.; *Grabenwarter*, DVBl. 2001, S. 4.

755 Dahingehend auch *Tillich*, F.A.Z. Nr. 223 v. 25.09.2000, S. 9.

Insgesamt ist die Aufnahme auch von Grundrechten, in deren Anwendungsbereich der Gemeinschaft bzw. Union keine ausschließliche Rechtsetzungszuständigkeit zukommt, in die Charta, trotz der aufgezeigten Nachteile, zu begrüßen. Die damit erfolgte Kodifikation eines vollständigen Grundrechtskatalogs ist, wie gezeigt, der Schaffung eines solchen, in dem Grundrechte nur spiegelbildlich zu bestehenden Kompetenzen der EG und EU festgeschrieben sind, vorzuziehen.[756]

3. Vergleich der Regelung der Grundrechtsberechtigung in der Charta mit den zuvor bestehenden Regelungen im Gemeinschaftsrecht (unter Berücksichtigung von Art. 52 Abs. 2 EGRC)

Die Gegenüberstellung der Chartabestimmungen über die Grundrechtsträgerschaft natürlicher Personen und der im Gemeinschaftsrecht bereits bestehenden Regelungen zeigt, dass die Charta die vorhandene komplexe und einzelfallbezogene Regelungstechnik fortgeführt hat.

Das Regelungssystem der Charta lässt die folgenden Grundlinien erkennen: Die Grundrechte der Charta sind weitgehend als Jedermann- oder Menschenrechte festgeschrieben worden. Dies bringt Rechtsklarheit besonders für solche, zuvor ungeschriebenen Rechte, bei denen der Charakter als Menschenrecht im Gemeinschaftsrecht aufgrund einer fehlenden gefestigten EuGH-Rechtsprechung und unterschiedlichen Ansichten in der Rechtslehre ungeklärt war.[757]

Eine Beschränkung von Rechten allein auf Unionsbürger bzw. diese und Personen mit Wohnsitz in einem EU-Mitgliedstaat findet sich in der Charta ausschließlich in Fällen, in denen dies im EG-Vertrag bereits ausdrücklich so normiert war.

In einzelnen Fällen schließlich legt die Charta vor dem Hintergrund fehlender Regelungskompetenzen der EG / EU im Anwendungsbereich des jeweiligen Grundrechts dessen Träger nicht selbst fest, sondern verweist hierfür auf nationales oder Gemeinschaftsrecht. Dies betrifft jedoch lediglich Grundrechte, die wegen dieser fehlenden Zuständigkeiten noch nicht als ungeschriebene Gemeinschaftsgrundrechte entwickelt worden waren.

---

756 Siehe dazu bereits oben 2. Kapitel.B.III.2.c.

757 Siehe hierzu oben 3. Kapitel.B.I.1.a, insb. bei Fn. 671.

Insgesamt findet sich in der Charta – von den genannten Klarstellungen im Bereich der Grundrechtsberechtigung durch die ungeschriebenen Gemeinschaftsgrundrechte einmal abgesehen – lediglich ein einziges Grundrecht, das den Kreis der Grundrechtsträger gegenüber der entsprechenden Regelung im Gemeinschaftsrecht erweitert. So berechtigt das Recht auf Verständigung[758] des Art. 41 Abs. 4 EGRC jede Person, während sein Pendant in Art. 21 Abs. 3 EG ausdrücklich nur für Unionsbürger gilt.

Da es sich bei Art. 41 Abs. 4 EGRC jedoch um ein Recht handelt, das im EG-Vertrag (Art. 21 Abs. 3) begründet ist, kommt die Konformitätsklausel des Art. 52 Abs. 2 EGRC zur Anwendung.[759] Danach ist der Schutzbereich des Charta-Rechts ebenso wie derjenige des entsprechenden EG-vertraglich garantierten Rechts zu lesen. Folglich kommt die Erweiterung des Kreises der Grundrechtsberechtigten in Art. 41 Abs. 4 EGRC nicht zum Tragen – jedenfalls solange Art. 21 Abs. 3 EG bei Verbindlichkeit der Charta nicht aus dem EG-Vertrag bzw. dem künftigen Vertrag über eine Verfassung für Europa gestrichen wird.

4. Vergleich der Grundrechtsberechtigung in der Charta mit der Regelung der Grundrechtsträgerschaft in der EMRK (unter Berücksichtigung von Art. 52 Abs. 3 EGRC)

Im Vergleich zur Charta führt die EMRK eine Differenzierung zwischen Jedermann-Rechten und Bürgerrechten praktisch nie durch. Sie schreibt die in ihren Art. 1-14 sowie in ihren Zusatzprotokollen niedergelegten Gewährleistungen vielmehr grundsätzlich jedermann zu.[760] Lediglich in Fragen des Aufenthaltsrechts differenziert sie wie die Charta ausdrücklich zwischen Staatsangehörigen des betreffenden Staates (Art. 3 des 4. ZP zur EMRK bzw. Art. 45 Abs. 1 EGRC) und Nicht-Staatsangehörigen (Art. 4 des 4. ZP, Art. 1 des 7. ZP zur EMRK bzw. Art. 19 Abs. 1 EGRC).

---

758 So zu Art. 21 Abs. 3 EG *Kluth*, in: *Calliess / Ruffert* (Hrsg.), EUV/EGV, Art. 21 EGV, Rn. 3.

759 Zu Anwendungsbereich und Wirkungsweise der Konformitätsklausel des Art. 52 Abs. 2 EGRC siehe noch eingehend unten 4. Kapitel.C.IV; speziell zum Fall des Art. 41 Abs. 4 EGRC siehe insbesondere 4. Kapitel.C.IV.2.c, bei Fn. 1737, sowie 4. Kapitel.C.IV.3.b, bei Fn. 1749.

760 Zur Problematik *Peters*, EMRK, § 2 II 2, S. 13 f.

Eine Gegenüberstellung der in der Charta nur einem beschränkten Personenkreis zukommenden Rechten mit den Konventionsrechten legt dennoch keine nennenswerten Rückschritte der Charta gegenüber der EMRK in der Frage der Grundrechtsträgerschaft offen.

So sind die nur einem beschränkten Personenkreis zukommenden Charta-Gewährleistungen von der Konvention teils schon nicht erfasst. Dies gilt z.B. für die in Art. 34 Abs. 2, 43, 44, 46 EGRC kodifizierten Rechte sowie die grundrechtsähnlichen Grundfreiheiten. Beim Wahlrecht steht Art. 3 des (1.) ZP zur EMRK einem Ausschluss von Nicht-Staatsangehörigen, wie ihn auch Art. 39, 40 EGRC vornehmen, nicht entgegen.[761]

Lediglich in der Frage der Gewährleistung der Freizügigkeit von Personen, die sich rechtmäßig im Hoheitsgebiet eines Mitgliedstaates aufhalten, ist die Grundrechtsträgerschaft in Art. 2 des – allerdings nicht von allen EU-Mitgliedstaaten ratifizierten[762] – 4. Zusatzprotokolls zur EMRK weiter gefasst als in Art. 45 Abs. 1, 2 der Charta. Ersterer schreibt das Freizügigkeitsrecht neben Staatsangehörigen auch Personen zu, die sich rechtmäßig im Hoheitsgebiet eines Staates aufhalten. Demgegenüber erinnert Art. 45 Abs. 2 EGRC für diesen Personenkreis lediglich an die Zuständigkeit der Gemeinschaft in Art. 62 Abs. 1, 3, 63 Abs. 4 EG, ihm im Wege der Rechtsetzung Freizügigkeit und Aufenthaltsfreiheit zu gewähren, verleiht aber selbst kein solches Recht.[763]

Die Konformitätsklausel des Art. 52 Abs. 3 EGRC führt hier zu keinem anderen Ergebnis. Sie ist auf Charta-Rechte, die wie Art. 45 EGRC ihr Pendant in einem nicht von allen Mitgliedstaaten ratifizierten Zusatzprotokoll zur EMRK finden, nicht anwendbar.[764]

Insgesamt tendiert die Charta jedoch, ebenso wie die EMRK, dazu, die Unterscheidung zwischen Bürgern und Nicht-Bürgern zu verwerfen.[765]

---

761 Vgl. zur Problematik *Frowein*, in: *Frowein / Peukert*, EMRK, Art. 3 des 1. ZP, Rn. 8 m.w.N.

762 Siehe dazu die Nachweise in Fn. 1807.

763 So auch die Erläuterungen des Präsidiums zu Art. 45 EGRC, Dok. CHARTE 4473/00 CONVENT 49 v. 11.10.2000, S. 39 = EuGRZ 2000, S. 567, sowie *Vitorino*, RTDE 2001, S. 44.

764 Siehe dazu noch eingehend unten 4. Kapitel.C.V.2.a(1), insb. bei Fn. 1806 ff.

765 So auch *Lalumière*, RQDI 13 (2000), S. 172.

5. Vergleich der Grundrechtsberechtigung in der Charta mit der Regelung der Grundrechtsträgerschaft im deutschen Grundgesetz

Eine Gegenüberstellung der Charta-Rechte mit entsprechenden, im deutschen Grundgesetz garantierten Rechten zeigt einige Fälle, in denen die Charta-Rechte einen größeren Personenkreis berechtigen.[766] Dies gilt insbesondere für die Versammlungs- und Vereinigungsfreiheit, welche die Charta in Art. 12 Abs. 1 EGRC jedermann zuschreibt, während Art. 8 Abs. 1 und 9 Abs. 1 GG[767] diese Freiheiten jeweils nur Deutschen gewähren. Ebenso kann sich nach Art. 15 Abs. 1 EGRC jeder auf die Berufsfreiheit berufen, was nach Art. 12 Abs. 1 GG nur Deutschen offensteht.

Das Recht auf Freizügigkeit genießen nach Art. 45 Abs. 1 EGRC und Art. 11 Abs. 1 GG gleichermaßen nur die eigenen Staatsangehörigen. Hingegen gewährt das Grundgesetz in Art. 17 das Petitionsrecht unter anderem zur Volksvertretung jedermann, während die Charta das entsprechende Recht in Art. 44 EGRC Unionsbürgern und Personen mit Wohnsitz in einem Mitgliedstaat vorbehält.

Insgesamt erweist sich die Charta gegenüber dem Grundgesetz als der eine weitergehende Grundrechtsberechtigung gewährleistende, modernere Grundrechtskatalog.

6. Ergebnis

Bei einer Gesamtschau schreibt die Charta die Grundrechtsberechtigung verhältnismäßig weitgehend auch Nicht-Unionsbürgern zu. Sie verfolgt damit einen vergleichsweise offenen Grundansatz.[768]

Die Berechtigung der in der Charta vorgenommenen Differenzierung zwischen Menschen- und Bürgerrechten, die bereits im Beschluss des Euro-

---

766 Zu Hintergrund und Wirkungsweise der Jedermann- und Bürgerrechte im deutschen Grundgesetz näher *Rüfner*, in: HStR V, § 116, Rn. 3-16.

767 Siehe aber Art. 9 Abs. 3 GG, der die Koalitionsfreiheit wiederum jedermann zuschreibt.

768 Diese Einschätzung teilen u.a. *Weber*, in: *Weber* (Hrsg.), Charta der Grundrechte, S. 11; *ders.*, GYIL 43 (2000), S. 109, 113; *Vitorino*, RTDE 2001, S. 44; *Lalumière*, RQDI 13 (2000), S. 172.

päischen Rates von Köln vorgesehen war,[769] wird im Grundsatz regelmäßig nicht in Frage gestellt.[770] Der Vorbehalt bestimmter Rechte (insbesondere der politischen Mitwirkungsrechte) in einer verfassten Gemeinschaft für Personen, die dieser Gemeinschaft vermittelt durch ihre Staats- bzw. Unionsbürgerschaft besonders zugehörig sind, entspricht im europäischen Verfassungsraum einer lange bestehenden, wenn auch nicht unwandelbaren Überzeugung.[771]

In der Diskussion um die Charta war jedoch nicht selten für eine in bestimmten Bereichen weitergehende Ausdehnung der Grundrechtsträgerschaft plädiert worden. So wurden z.B. die Zuerkennung politischer Mitwirkungsrechte an alle dauerhaft in der Union Ansässigen[772] oder die Konzeption der Freizügigkeit als Menschenrecht mit der Möglichkeit deren Einschränkung erst im Rahmen der Schrankensystematik[773] befürwortet. Die Charta hat sich allerdings auch in diesen Bereichen auf die Festschreibung des persönlichen Anwendungsbereichs dieser Rechte entsprechend dem EG-Vertrag beschränkt.

Zusammenfassend regelt die Charta die Grundrechtsträgerschaft natürlicher Personen wenig innovativ. Sie enthält einige begrüßenswerte Klarstellungen, nicht zuletzt durch ihre geschlechtsneutrale Abfassung, und beschränkt sich im übrigen auf eine Kodifizierung bzw. Bestätigung des Status quo. Dennoch sind die Regelungen insgesamt günstig für Drittstaatsangehöri-

---

769 Europäischer Rat (Köln), Anhang IV zu den Schlussfolgerungen des Vorsitzes, Bull. EU 6-1999, S. 39 = EuGRZ 1999, S. 364.

770 Vgl. statt vieler *Curtin / van Ooik*, 8 MJ 1 (2001), S. 104; *Magiera*, DÖV 2000, S. 1021 f. m.w.N.; *Pernice*, DVBl. 2000, S. 856 m.w.N.; *Weber*, GYIL 43 (2000), S. 113; *Bernsdorff*, NdsVBl. 2001, S. 181.

771 Vgl. z.B. zum Wahlrecht *Mahlmann*, ZEuS 2000, S. 436 m.w.N.; *Weber*, in: *Weber* (Hrsg.), Charta der Grundrechte, S. 10; *Preuß*, KJ 31 (1998), S. 7; *Rüfner*, in: HStR V, § 116, Rn. 4. Besonders das Kommunalwahlrecht für EG-Ausländer relativiert jedoch bereits die ausschließliche (Legitimation der) Ausübung öffentlicher Gewalt durch eigene Staatsangehörige; kritisch hierzu *Hilf*, in: *Grabitz / Hilf* (Hrsg.), EUV/EGV, Bd. I, Art. 19 EGV, Rn. 27. Vgl. andererseits zum Vorbehalt der Freizügigkeit i.d.R. an eigene Staatsangehörige im mitgliedstaatlichen Recht, dem auch soziale und finanzielle Erwägungen zugrunde liegen, Art. 11 Abs. 1 GG sowie zu den Regelungen in anderen Mitgliedstaaten *Kluth*, in: *Calliess / Ruffert* (Hrsg.), EUV/EGV, Art. 18 EGV, Rn. 2 (dort Fn. 14).

772 So *Pernice*, DVBl. 2000, S. 856; *Mahlmann*, ZEuS 2000, S. 436.

773 *Mahlmann*, ZEuS 2000, S. 436/437 m.w.N.; in diese Richtung auch Art. 2 Abs. 1, 3 des 4. ZP zur EMRK, siehe dazu soeben 3. Kapitel.B.I.4.

ge. Substantielle Veränderungen der Grundrechtsträgerschaft hätten außerdem wohl ein Überdenken des Konzepts der Unionsbürgerschaft selbst erfordert,[774] was dem Kodifikationsauftrag des Europäischen Rates an den Konvent[775] nicht entsprochen hätte,[776] und im engen Zeitrahmen für die Charta-Erstellung kaum realisierbar gewesen wäre.

Die verhältnismäßig weitgesteckte Grundrechtsträgerschaft in der Charta und ihr weitgehender Gleichklang mit derjenigen in entsprechenden Rechten in anderen Grundrechtskatalogen auf europäischer Ebene ermöglicht weiterhin große Überschneidungen des Anwendungsbereichs der Charta mit demjenigen dieser Kataloge.

II. Juristische Personen

Neben natürlichen Personen kommen juristische Personen als Träger von Grundrechten auf Gemeinschaftsebene in Betracht. Der Begriff der juristischen Person ist im primären Gemeinschaftsrecht nicht definiert.[777] Der EuGH hat lediglich klargestellt, dass der Begriff „juristische Person" im EG-Vertrag ein gemeinschaftsrechtlicher ist, der nicht notwendig mit den Definitionen in den verschiedenen Rechtsordnungen der Mitgliedstaaten identisch ist.[778] Er hat die Gemeinschaftsgrundrechte jedoch unter anderem auf teilrechtsfähige Gebilde angewandt.[779]

In Folgendem sollen deshalb unter juristischen Personen nicht nur – dem Verständnis des deutschen einfachen Rechts entsprechend[780] – voll rechtsfähige Gebilde verstanden werden. Vielmehr soll der Begriff der juristischen Person in einem weiteren Sinne, ähnlich dem Verständis im deutschen

---

774 Vgl. dazu *Davis*, E.L.Rev. 27 (2002), S. 124, 135 f.

775 Europäischer Rat (Köln), Anhang IV zu den Schlussfolgerungen des Vorsitzes, Bull. EU 6-1999, S. 39 = EuGRZ 1999, S. 364; siehe dazu oben 2. Kapitel.A.III.1.

776 So auch *Vitorino*, RTDE 2001, S. 44.

777 In Art. 48 Abs. 2 EG wird der Begriff der juristischen Personen des öffentlichen und privaten Rechts lediglich zur Definition des Begriffs der Gesellschaft herangezogen.

778 EuGH, Rs. 135/81, Groupement des Agences de Voyages a.s.b.l. ./. Kommission, Urt. v. 28.10.1982, Slg. 1982, S. 3799 ff. (3808 / Rn. 10) m.w.N. zu Art. 230 EGV.

779 Vgl. z.B. EuGH, Rs. 4/73, Nold, Kohlen- und Baustoffgroßhandlung ./. Kommission, Urt. v. 14.05.1974, Slg. 1974, S. 491 ff. (hinsichtlich einer deutschen Kommanditgesellschaft).

780 Vgl. *Dürig*, in: *Maunz / Dürig*, GG, Bd. III, Art. 19 Abs. III, Rn. 8; *Heinrichs*, in: *Palandt*, BGB, Einf v § 21, Rn. 1 f.

Verfassungsrecht, sämtliche Zusammenschlüsse von Personen oder Sachen zu einer Organisationseinheit, die zumindest teilrechtsfähig sind, umfassen.[781]

Bei der Grundrechtsberechtigung juristischer Personen ist zwischen in- und ausländischen juristischen Personen, sowie zwischen juristischen Personen des Privatrechts und solchen des öffentlichen Rechts zu differenzieren.

1. Grundrechtsträgerschaft im Rahmen des herkömmlichen gemeinschaftsrechtlichen Grundrechtsschutzes

Um die Reichweite der Grundrechtsträgerschaft juristischer Personen im Gemeinschaftsrecht zu ermitteln, soll in Folgendem zunächst für die gemeinschaftszugehörigen juristischen Personen des Privatrechts (a.) untersucht werden, inwieweit sie nach dem EG-Vertrag bzw. den ungeschriebenen Gemeinschaftsgrundrechten als Träger von Grundrechten anzusehen sind. Sodann soll dies für die gemeinschaftszugehörigen juristischen Personen des öffentlichen Rechts (b.), und schließlich für juristische Personen, die nicht der Gemeinschaft zugehörig sind (c.), analysiert werden.

a. Gemeinschaftszugehörige juristische Personen des Privatrechts

(1) Schutz durch grundrechtliche und grundrechtsähnliche Garantien im EG-Vertrag

Von den grundrechtlichen Garantien im EG-Vertrag berechtigen einzelne ausdrücklich neben natürlichen auch juristische Personen, und damit jedenfalls juristische Personen des Privatrechts. Sie sind Träger des Petitionsrechts beim Europäischen Parlament (Art. 194 EG), des Rechts auf Anrufung des Europäischen Bürgerbeauftragten (Art. 195 Abs. 1 EG) sowie des Rechts auf Zugang zu den Dokumenten des Europäischen Parlamentes, des Rates und der Kommission (Art. 255 Abs. 1 EG).

---

781 Zum entsprechenden herrschenden Begriffsverständnis im deutschen Verfassungsrecht vgl. BVerfG, 1 BvR 183/54, Urt. v. 03.06.1954, BVerfGE 3, S. 383 (391); BVerfG, 1 BvR 459 u.a. / 52 u.a., Urt. v. 20.07.1954, BVerfGE 4, S. 7 (12); *Dürig*, in: *Maunz / Dürig*, GG, Bd. III, Art. 19 Abs. III, Rn. 8, 29 m.w.N.; *Pieroth / Schlink*, Grundrechte, § 5 I 5 a, Rn. 147 m.w.N. Noch weitergehender wohl *Crones*, die den Begriff der juristischen Person auf Gemeinschaftsebene als „*Sammelbezeichnung für eine Vielzahl unterschiedlicher überindividueller Organisationseinheiten*" sieht, vgl. *dies.*, Grundrechtlicher Schutz von juristischen Personen im Gemeinschaftsrecht, S. 189/190, 175 (enger hingegen *dies.*, a.a.O., S. 164).

Einige vertragliche Garantien berechtigen nur „Unionsbürger". Dies sind insbesondere Art. 18 Abs. 1 (Freizügigkeit), Art. 19 Abs. 1 und 2 sowie Art. 190 Abs. 1 (Wahlrecht zu Kommunalwahlen am Wohnsitz sowie zum Europäischen Parlament), Art. 20 (diplomatischer und konsularischer Schutz durch andere Mitgliedstaaten) und Art. 21 Abs. 3 (Kommunikationsrecht in einer Amtssprache) des EG-Vertrags.[782] Sie gelten in direkter Anwendung nicht für juristische Personen, denn der Begriff „Unionsbürger" umfasst nur natürliche Personen.[783] Anhaltspunkte hierfür können dem Vertragswortlaut entnommen werden, demzufolge die Unionsbürgerschaft die nationale Staats*bürgerschaft* ergänzt (Art. 17 Abs. 1 S. 3 EG)[784]. Insbesondere ergibt sich die Beschränkung auf natürliche Personen aus dem mit der Einführung der Unionsbürgerschaft verfolgten Ziel, die persönliche Verbundenheit der Bürger der Mitgliedstaaten mit der EU zu vertiefen.[785] Die mit der Unionsbürgerschaft verbundenen politischen Rechte (besonders das Wahlrecht) kommen außerdem juristischen Personen nie zu.[786]

Für die Garantie des diplomatischen und konsularischen Schutzes durch andere Mitgliedstaaten (Art. 20 EG) befürworten Teile der Lehre allerdings eine entsprechende Anwendung auf juristische Personen. Dies sei nach dem Schutzgehalt des Art. 20 EG möglich, zumal nach völkerrechtlichen

782 Siehe dazu bereits oben 3. Kapitel.B.I.1.b.

783 Dies ist i.w. unstreitig, vgl. statt vieler *Hilf*, in: *Grabitz / Hilf* (Hrsg.), EUV/EGV, Bd. I, Art. 17 EGV, Rn. 49; *Hatje*, in: *Schwarze* (Hrsg.), EU-Kommentar, Art. 17 EGV, Rn. 10 m.w.N.; *Bleckmann*, in: *Cremer / Giegerich u.a.* (Hrsg.), Tradition und Weltoffenheit des Rechts, FS f. *Steinberger*, S. 1095, 1100/1101, der allerdings Art. 48 EG – trotz dessen Gleichstellung von Gesellschaften und natürlichen Personen ausdrücklich nur für die Anwendung des Kapitels über das Niederlassungsrecht (Art. 48 Abs. 1 EG) – auch auf Art. 17 Abs. 1 EG bezieht.

784 Zum Begriff der Staatsbürgerschaft, die ein Bindungsverhältnis, das auf Rechten und politischer Partizipation der Bürger – d.h. natürlicher Personen – in ihrem Staatswesen beruht, bezeichnet, vgl. *Hilf*, in: *Grabitz / Hilf* (Hrsg.), EUV/EGV, Bd. I, Art. 17 EGV, Rn. 7. Keine Beschränkung des Begriffs „Unionsbürger" auf natürliche Personen kann hingegen Art. 17 Abs. 1 S. 2 EGV entnommen werden, der diese als Staats*angehörige* eines Mitgliedstaats definiert, da der Ausdruck „Staatsangehörigkeit" im EGV auch juristische Personen umfassen kann, siehe hierzu sogleich bei Fn. 792.

785 So auch *Hatje*, in: *Schwarze* (Hrsg.), EU-Kommentar, Art. 17 EGV, Rn. 1, 10; *Hilf*, in: *Grabitz / Hilf* (Hrsg.), EUV/EGV, Bd. I, Art. 17 EGV, Rn. 5 m.w.N.

786 *Hilf*, in: *Grabitz / Hilf* (Hrsg.), EUV/EGV, Bd. I, Art. 17 EGV, Rn. 49; *Hatje*, in: *Schwarze* (Hrsg.), EU-Kommentar, Art. 17 EGV, Rn. 10.

Grundsätzen diplomatischer und konsularischer Schutz auch juristischen Personen zukommen könne.[787]

Zwar besteht angesichts der ähnlichen Schutzbedürftigkeit von juristischen Personen des Privatrechts und den durch Art. 20 EG ausdrücklich berechtigten natürlichen Personen eine für die analoge Anwendung des Art. 20 EG erforderliche vergleichbare Interessenlage. Jedoch spricht die Regelungssystematik der Art. 18-21 EG gegen eine Ausdehnung des Schutzes des Art. 20 EG auf juristische Personen. Art. 21 Abs. 1 und 2 EG ordnen durch den Verweis auf Art. 194 bzw. 195 EG eine Erweiterung ihres persönlichen Schutzbereichs auf juristische Personen ausdrücklich an. Eine derartige Regelung fehlt hingegen in den übrigen in Art. 18-20 und 21 Abs. 3 EG niedergelegten Unionsbürgerrechten.[788] Für eine analoge Anwendung des Art. 20 EG auf juristische Personen fehlt es folglich an einer unbeabsichtigten Regelungslücke.

Das grundrechtsähnliche allgemeine Diskriminierungsverbot des Art. 12 Abs. 1 EG, das den Kreis seiner Rechtsträger nicht ausdrücklich festlegt, schützt auch juristische Personen.[789] Dies ergibt insbesondere eine teleologische Auslegung des Art. 12 EG. Der dort normierte Grundsatz der Nichtdiskriminierung muss als „Leitmotiv“ des EG-Vertrags angesichts der starken wirtschaftspolitischen Ausrichtung der Gemeinschaft gerade auch juristische Personen, die besonders häufig gemeinschaftsweit wirtschaftlich tätig sind, erfassen.[790] Dem steht auch nicht die Anknüpfung des Art. 12 EG an die Staats*an*gehörigkeit entgegen. Dieser Begriff umfasst im EG-Vertrag – entge-

---

787 So *Crones*, Grundrechtlicher Schutz von juristischen Personen im Gemeinschaftsrecht, S. 57 m.w.N.; *Kluth*, in: *Calliess / Ruffert* (Hrsg.), EUV/EGV, Art. 20 EGV, Rn. 20 m.w.N.

788 So i.E. auch *Hilf*, in: *Grabitz / Hilf* (Hrsg.), EUV/EGV, Bd. I, Art. 17 EGV, Rn. 49, Art. 20, Rn. 8; *Hatje*, in: *Schwarze* (Hrsg.), EU-Kommentar, Art. 20 EGV, Rn. 4.

789 So EuGH, Verb. Rs. C-92/92 u. 326/92, Phil Collins ./. Imtrat Handelsgesellschaft mbH, u.a., Urt. v. 20.10.1993, Slg. 1993, S. I-5145 ff. (5181 / Rn. 30); EuGH, Rs. C-398/92, Firma Mund & Fester ./. Firma Hatrex Internationaal Transport, Urt. v. 10.02.1994, Slg. 1994, S. I-474 ff. (479 / Rn. 14, 16) und i.w. einhellig die Lehre, z.B. *Rossi*, EuR 2000, S. 200 f.; *Holoubek*, in: *Schwarze* (Hrsg.), EU-Kommentar, Art. 12 EGV, Rn. 17; *Epiney*, in: *Calliess / Ruffert* (Hrsg.), EUV/EGV, Art. 12 EGV, Rn. 43; *Kotzur*, DÖV 2001, S. 194.

790 So auch *Rossi*, EuR 2000, S. 200/201 m.w.N.; *Kotzur*, DÖV 2001, S. 194.

gen dem engeren Verständnis des deutschen Rechts[791] – sowohl natürliche als auch juristische Personen (vgl. z.B. Art. 183 Nr. 4 EG).[792]

Im Rahmen der Regelungen zu den Grundfreiheiten[793] als spezielle Ausprägungen dieses allgemeinen Diskriminierungsverbots nimmt allein Art. 48 Abs. 2 EG ausdrücklich auf juristische Personen (des öffentlichen und privaten Rechts) Bezug. Diese werden als Unterfall der Gesellschaften den natürlichen Personen gleichgestellt (Art. 48 Abs. 1 EG). Sie werden damit in den persönlichen Anwendungsbereich der Niederlassungsfreiheit (Art. 43 EG) und – über den Verweis in Art. 55 EG auf Art. 48 EG – der Dienstleistungsfreiheit einbezogen. Unabhängig von der umstrittenen, aber wohl zu bejahenden Frage, ob der Begriff der juristischen Person in Art. 48 Abs. 2 EG in dem hier verwendeten weiteren Sinne verstanden werden kann, sind nach dessen Wortlaut jedenfalls auch teilrechtsfähige Organisationseinheiten vom Anwendungsbereich der Niederlassungs- und Dienstleistungsfreiheit umfasst.[794] Juristische Personen des Privatrechts können sich jedoch nicht auf Niederlassungs- und Dienstleistungsfreiheit berufen, wenn sie – z.B. als Beliehene – hoheitlich tätig werden, Art. 45 (i.V.m. 55) EG.[795]

---

791 Staats*an*gehörige i.S.d. Art. 116 GG und der §§ 1 ff. StAG sind ersichtlich nur natürliche Personen. Die Zuordnung einer juristischen Person zu einem Staat wird in der deutschen Rechtsterminologie regelmäßig als Staats*zu*gehörigkeit bezeichnet, vgl. *Rossi*, EuR 2000, S. 200; *Epping / Gloria*, in: *Ipsen*, Völkerrecht, § 24 IV, Rn. 21.

792 So auch *Rossi*, EuR 2000, S. 200; *Kotzur*, DÖV 2001, S. 194.

793 Eine ausführliche Untersuchung der Berechtigung juristischer Personen durch die Grundfreiheiten gibt *Crones*, Grundrechtlicher Schutz von juristischen Personen im Gemeinschaftsrecht, S. 24-57.

794 Dies wird durch die Bezugnahme auf Gesellschaften des bürgerlichen und des Handelsrechts, worunter nach mitgliedstaatlichem Recht auch nicht voll rechtsfähige Zusammenschlüsse fallen, in der Definition der Gesellschaften in Art. 48 Abs. 2 EG deutlich. So statt vieler *Müller-Huschke*, in: *Schwarze* (Hrsg.), EU-Kommentar, Art. 48 EGV, Rn. 3 m.w.N.; *Kingreen*, Struktur der Grundfreiheiten, S. 80; *Crones*, Grundrechtlicher Schutz von juristischen Personen im Gemeinschaftsrecht, S. 25 f. m.w.N.; a.A. *Bröhmer*, der mit Hinweis auf die frz. und engl. Fassung des Art. 48 Abs. 2 EG nur (voll) rechtsfähige Gebilde von diesen Begriffen umfasst sieht, vgl. *ders.*, in: *Calliess / Ruffert* (Hrsg.), EUV/EGV, Art. 48 EGV, Rn. 4. Einschränkende Voraussetzung für die Einbeziehung in den persönlichen Anwendungsbereich ist allerdings, dass die Gesellschaften einen Erwerbszweck verfolgen, Art. 48 Abs. 2 a.E. EG.

795 Vgl. hierzu *Crones*, Grundrechtlicher Schutz von juristischen Personen im Gemeinschaftsrecht, S. 28, sowie unten 3. Kapitel.B.II.1.b(1).

Die Warenverkehrsfreiheit (Art. 28 ff. EG), die lediglich an die Überschreitung einer Binnengrenze durch eine Ware innerhalb der Gemeinschaft anknüpft, findet auf sämtliche Wirtschaftsteilnehmer und damit auch auf juristische Personen des Privatrechts Anwendung.[796] Dasselbe gilt für die Freiheiten des Kapital- und Zahlungsverkehrs (Art. 56 ff. EG), die in ähnlicher Weise lediglich auf grenzüberschreitende Kapitalbewegungen bzw. Zahlungsverkehr Bezug nehmen.[797]

Selbst auf die Freizügigkeit der Arbeitnehmer (Art. 39 ff. EG), die als solche primär unselbständig beschäftigte natürliche Personen berechtigt, können sich juristische Personen als Arbeitgeber gegenüber ihrem Aufenthaltsstaat berufen, wenn dieser ihnen die Beschäftigung von Arbeitnehmern aus anderen Mitgliedstaaten in nach Art. 39 EG unzulässiger Weise untersagt.[798]

Juristische Personen des Privatrechts sind damit umfassend in den persönlichen Anwendungsbereich der Grundfreiheiten einbezogen.

Insgesamt sind juristische Personen des Privatrechts folglich Träger sämtlicher grundrechtlicher und grundrechtsähnlicher Garantien im EG-Vertrag mit Ausnahme derjenigen, die ausdrücklich nur Unionsbürger berechtigen.

(2) Grundrechtsberechtigung durch die ungeschriebenen Gemeinschaftsgrundrechte

Ebenso wenig wie die Frage der prinzipiellen Geltung von Grundrechten für juristische Personen werfen EuGH und EuG in der Regel bei der Prüfung einzelner Gemeinschaftsgrundrechte die Problematik der Grundrechtsträgerschaft juristischer Personen auf. Die Gerichte beschränken ihre Ausführungen zum Schutzbereich der grundrechtlichen Gewährleistungen meist auf die Feststellung, dass das jeweilige Recht als allgemeiner Rechtsgrundsatz des

---

796 Ständige Rspr. des EuGH, z.B. Rs. 120/78, Rewe-Zentral-AG ./. Bundesmonopolverwaltung für Branntwein, Urt. v. 20.02.1979, Slg. 1979, S. 649 ff. (661, 664 / Rn. 4, 14); *Becker*, in: *Schwarze* (Hrsg.), EU-Kommentar, Art. 28 EGV, Rn. 7.

797 *Glaesner*, in: *Schwarze* (Hrsg.), EU-Kommentar, Art. 56 EGV, Rn. 18.

798 EuGH, Rs. C-350/96, Clean Car Autoservice GmbH ./. Landeshauptmann von Wien, Urt. v. 07.05.1998, Slg. 1998, S. I-2521 ff. (2545 f. / Rn. 19-25); *Brechmann*, in: *Calliess / Ruffert* (Hrsg.), EUV/EGV, Art. 39 EGV, Rn. 8; *Streinz*, Europarecht, § 12 II 1, Rn. 662a.

Gemeinschaftsrechts zu wahren ist.[799] Eine genauere Bestimmung des persönlichen und sachlichen Schutzbereichs der Grundrechte erfolgt nur in Ausnahmefällen.[800] EuGH und EuG haben jedoch in zahlreichen Entscheidungen über Klagen juristischer Personen des Privatrechts eine Verletzung von Grundrechten geprüft und diese so implizit und ohne nähere Begründung als generell grundrechtsberechtigt anerkannt.[801]

Eine Analyse dieser Rechtsprechung zeigt, dass die ungeschriebenen Gemeinschaftsgrundrechte juristische Personen des Privatrechts in fast allen Fällen ebenso wie natürliche Personen schützen.[802] Im Einzelnen kommen ihnen unter anderem die für die unternehmerische Betätigung zentralen wirtschaftsgrundrechtlichen Garantien der Berufsfreiheit[803] – auch in der speziellen Ausprägung der unternehmerischen Freiheit[804] – sowie des Eigentumsrechts[805] zu. Sie sind Berechtigte der sog. Kommunikationsgrundrechte wie

---

799 Beispielhaft EuGH, Rs. 4/73, Nold, Kohlen- und Baustoffgroßhandlung ./. Kommission, Urt. v. 14.05.1974, Slg. 1974, S. 491 ff. (507 f. / Rn. 13-15); Rs. 265/87, Schräder HS Kraftfutter GmbH & Co. KG ./. Hauptzollamt Gronau, Urt. v. 11.07.1989, Slg. 1989, S. 2237 ff. (2268 / Rn. 15); EuG, Verb. Rs. T-466/93, T-469/93 u.a., O'Dwyer u.a. ./. Rat, Urt. v. 13.07.1995, Slg. 1995, S. II-2071 ff. (2109 / Rn. 98).

800 Diese betreffen v.a. das Grundrecht der Unverletzlichkeit der Wohnung und das Recht auf Verweigerung der Zeugenaussage gegen sich selbst, siehe hierzu unten bei Fn. 821 f.

801 Beispielhaft EuGH, Rs. 11/70, Internationale Handelsgesellschaft mbH ./. Einfuhr- und Vorratsstelle für Getreide- und Futtermittel, Urt. v. 17.12.1970, Slg. 1970, S. 1125 ff. (1135 ff. / Rn. 4 ff.); Rs. 265/87, Schräder (Fn. 799), S. 2267-2269 / Rn. 13-19. Vgl. zum ganzen *Crones*, Grundrechtlicher Schutz von juristischen Personen im Gemeinschaftsrecht, S. 109; *Kingreen*, in: *Calliess* / *Ruffert* (Hrsg.), EUV/EGV, Art. 6 EUV, Rn. 53; *Pieper*, in: *Bleckmann*, Europarecht, § 2, Rn. 118.

802 Ausführlich hierzu *Crones*, Grundrechtlicher Schutz von juristischen Personen im Gemeinschaftsrecht, S. 109-143.

803 So bereits EuGH, Rs. 4/73, Nold (Fn. 799), S. 507 f. / Rn. 12-14; EuGH, Rs. 265/87, Schräder (Fn. 799), S. 2268 / Rn. 15; EuG, Rs. T-113/96, Dubois et Fils ./. Rat und Kommission, Urt. v. 29.01.1998, Slg. 1998, S. II-125 ff. (150 / Rn. 74). Siehe hierzu *Wunderlich*, Berufsfreiheit im Gemeinschaftsrecht, S. 120/121.

804 EuGH, Verb. Rs. C-143/88 u. C-92/89, Zuckerfabrik Süderdithmarschen AG u.a. ./. Hauptzollamt Itzehoe u.a., Urt. v. 21.02.1991, Slg. 1991, S. I-415 ff. (552 f. / Rn. 73, 76). Vgl. hierzu auch *Wunderlich*, Berufsfreiheit im Gemeinschaftsrecht, S. 106/107.

805 So bereits EuGH, Rs. 4/73, Nold (Fn. 799), S. 507 f. / Rn. 12-14; EuGH, Rs. 265/87, Schräder (Fn. 799), S. 2268 / Rn. 15; EuGH, Verb. Rs. C-143/88 u. C-92/89, Zuckerfabrik Süderdithmarschen (Fn. 804), S. 552 / Rn. 73; EuGH, Verb.

der Meinungsfreiheit (besonders in der Form der Presse-[806] und Rundfunkfreiheit[807]), der Versammlungs-[808] und Vereinigungsfreiheit,[809] und fallen gleichermaßen in den persönlichen Anwendungsbereich der allgemeinen Handlungsfreiheit.[810]

Desgleichen sind der allgemeine Gleichheitssatz[811] und zahlreiche (Verwaltungs-) Verfahrens und Prozessgrundrechte auf juristische Personen anwendbar. Dies gilt für die Garantie der Achtung der Verteidigungsrechte,[812]

Rs. 172 u. 226/83, Hoogovens Groep BU ./. Kommission, Urt. v. 19.09.1985, Slg. 1985, S. 2831 ff. (2850 / Rn. 29).

806 I.E. EuGH, Verb. Rs. 43 u. 63/82, Vereniging ter Bevordering van het Vlaamse Boekwezen, VBVB u.a. ./. Kommission, Urt. v. 17.01.1974, Slg. 1984, S. 19 ff. (62 / Rn. 34) („Veröffentlichungsfreiheit"); EuGH, Rs. C-368/95, Vereinigte Familiapress Zeitungsverlags- und vertriebs GmbH ./. Heinrich Bauer Verlag, Urt. v. 26.06.1997, Slg. 1997, S. I-3689 ff. (3715, 3717 / Rn. 18, 25 f.).

807 I.E. EuGH, Rs. C-260/89, Elliniki Radiophonia Tileorassi AE (ERT) ./. Dimotiki Etairia Pliroforisis u.a., Urt. v. 18.06.1991, Slg. 1991, S. I-2925 ff. (2964 / Rn. 44); EuGH, Rs. C-23/93, TV10 SA ./. Commissariaat voor de Media, Urt. v. 05.10.1994, Slg. 1994, S. I-4795 ff. (4833 / Rn. 25); EuGH, Rs. C-288/89, Stichting Collectieve Antennevoorziening Gouda u.a. ./. Commissariaat voor de Media, Urt. v. 25.07.1991, Slg. 1991, S. I-4007 ff. (4043 / Rn. 23).

808 EuGH, Rs. C-235/92 P, Montecatini SpA ./. Kommission, Urt. v. 08.07.1999, Slg. 1999, S. I-4539 ff. (4619 / Rn. 137).

809 EuGH, Rs. C-415/93, Union royale belge des sociétés de football association ASBL u.a. ./. Bosman u.a., Urt. v. 15.12.1995, Slg. 1995, S. I-4921 ff. (5065 / Rn. 79 f.); EuGH, Rs. C-235/92 P, Montecatini (Fn. 808), S. 4619 / Rn. 137.

810 Zu letzterer EuGH, Verb. Rs. 133-136/85, Rau Lebensmittelwerke u.a. ./. Bundesanstalt für landwirtschaftliche Marktordnung, Urt. v. 21.05.1987, Slg. 1987, S. 2289 ff. (2338 / Rn. 15); i.E. auch EuGH, Verb. Rs. 46/87 u. 227/88, Hoechst AG ./. Kommission, Urt. v. 21.09.1989, Slg. 1989, S. 2859 ff. (2924 / Rn. 19).

811 EuGH, Verb. Rs. 117/76 u. 16/77, Ruckdeschel & Co. u.a. ./. Hauptzollamt Hamburg-St. Annen u.a., Urt. v. 19.10.1977, Slg. 1977, S. 1753 ff. (1769 f. / Rn. 7); EuGH, Verb. Rs. 103 u. 145/77, Royal Scholten-Honig (Holdings) Limited ./. Intervention Board for Agricultural Produce u.a. ("Isoglukose"), Urt. v. 25.10.1978, Slg. 1978, S. 2037 ff. (2074 f. / Rn. 25/27); EuGH, Verb. Rs. 172 u. 226/83, Hoogovens Groep (Fn. 805), S. 2850 / Rn. 28.

812 EuGH, Rs. 155/79, AM & S Europe Limited ./. Kommission, Urt. v. 18.05.1982, Slg. 1982, S. 1575 ff. (1610-1613 / Rn. 18-28) (Schutz der Vertraulichkeit des Schriftverkehrs zwischen Anwalt und Mandanten); EuGH, Verb. Rs. 97-99/87, Dow Chemical Ibérica SA u.a. ./. Kommission, Urt. v. 17.10.1989, Slg. 1989, S. 3165 ff. (3185 / Rn. 13) (Recht auf Hinzuziehung eines juristischen Beistands und auf Vertraulichkeit des Schriftverkehrs zwischen Anwalt und Mandanten).

insbesondere den Anspruch auf rechtliches Gehör,[813] die Garantie effektiven Rechtsschutzes,[814] und die in sanktionsbewehrten Verfahren bedeutsame Unschuldsvermutung,[815] die Gewährleistung einer schuldangemessenen Strafe[816] und das Verbot der Doppelbestrafung.[817] Auch können sich juristische Personen des Privatrechts auf das Recht auf gute Verwaltung berufen.[818] Hierbei haben EuGH und EuG die Grundrechte gleichermaßen auf voll rechtsfähige Zusammenschlüsse wie auf lediglich teilrechtsfähige Gebilde[819] angewandt, insoweit also juristische Personen im oben definierten[820] weiteren Sinne als grundrechtsberechtigt anerkannt.

In Einzelfällen haben die Gemeinschaftsgerichte hingegen die Anwendbarkeit bestimmter Grundrechte auf juristische Personen des Privatrechts verneint. In diesen Fällen haben sie sich mit der Reichweite des persönlichen Schutzbereichs ausdrücklich auseinandergesetzt. Sie haben eine Einbeziehung juristischer Personen in diesen insbesondere mit dem Hinweis auf eine fehlende gemeinsame Verfassungstradition der Mitgliedstaaten, sowie auf einen fehlenden Schutz durch die EMRK abgelehnt. So schützt das für die Privatwohnung natürlicher Personen anerkannte Gemeinschaftsgrundrecht der Un-

---

813 EuGH, Rs. 85/76, Hoffmann-La Roche & Co. AG ./. Kommission, Urt. v. 13.02.1979, Slg. 1979, S. 461 ff. (511 f. / Rn. 9, 11) (im Verwaltungsverfahren); EuG, Verb. Rs. T-186/97 u.a., Kaufring AG u.a. ./. Kommission, Urt. v. 10.05.2001, Slg. 2001, S. II-1337 ff. (1398 f. / Rn. 151-153) (im Verwaltungsverfahren); EuGH, Rs. 136/79, National Panasonic (UK) Limited ./. Kommission, Urt. v. 26.06.1980, Slg. 1980, S. 2033 ff. (2058 / Rn. 21) (im Verwaltungs- und Gerichtsverfahren.

814 EuGH, Rs. C-185/95 P, Baustahlgewerbe GmbH ./. Kommission, Urt. v. 17.12.1998, Slg. 1998, S. I-8417 ff. (8496, 8499 / Rn. 20 f., 29) (Recht auf einen fairen Prozess in angemessener Verfahrensdauer); EuGH, Rs. C-97/91, Oleificio Borelli SpA ./. Kommission, Urt. v. 03.12.1992, Slg. 1992, S. I-6313 ff. (6334 / Rn. 14) (Recht auf wirksamen Rechtsbehelf bei Gericht).

815 EuGH, Rs. C-235/92 P, Montecatini SpA (Fn. 808), S. 4631 / Rn. 175 f.

816 *Nulla poena sine culpa*, vgl. z.B. EuGH, Rs. 326/88, Anklagemyndigheden ./. Hansen & Son I/S, Urt. v. 10.07.1990, Slg. 1990, S. I-2911 ff. (2935 f. / Rn. 17-20).

817 *Ne bis in idem*; vgl. dazu z.B. EuGH, Rs. 7/72, Boehringer Mannheim GmbH ./. Kommission, Urt. v. 14.12.1972, Slg. 1972, S. 1281 ff. (1290 / Rn. 2 f.).

818 Vgl. z.B. EuGH, Rs. 374/87, Orkem ./. Kommission, Urt. v. 18.10.1989, Slg. 1989, S. 3283 ff. (3345 ff. / Rn. 6 ff.), sowie EuG, Rs. T-231/97, New Europe Consulting Ltd u.a. ./. Kommission, Urt. v. 09.07.1999, Slg. 1999, S. II-2403 ff. (2417 f. / Rn. 38-42).

819 Vgl. z.B. EuGH, Rs. 4/73, Nold (Fn. 799) hinsichtlich einer deutschen KG.

820 Siehe oben bei Fn. 781.

verletzlichkeit der Wohnung nicht auch Unternehmen in Bezug auf deren Geschäftsräume.[821] Gleichermaßen gilt der *nemo-tenetur*-Grundsatz, der gemeinschaftsrechtlich natürlichen Personen im Rahmen eines Strafverfahrens zukommt, nicht auch für juristische Personen in Bezug auf Zuwiderhandlungen wirtschaftlicher Art.[822]

Dies hat jedoch nicht zur Folge, dass juristische Personen des Privatrechts in diesen Fällen schutzlos gestellt sind. EuGH und EuG stellen den Grundrechtsschutz in den fraglichen Lebensbereichen – wenn auch wohl auf einem niedrigeren Schutzniveau – durch die Anwendung anderer grundrechtlicher Gewährleistungen sicher. Den Schutz der Geschäftsräume juristischer Personen des Privatrechts garantieren die Gerichte im Rahmen eines der allgemeinen Handlungsfreiheit ähnlichen (allgemeinen) Grundsatzes des Gemeinschaftsrechts.[823] Vor der Verpflichtung zur Auskunftserteilung über eigene Rechtsverstöße gegenüber der grundsätzlich beweispflichtigen

---

[821] EuGH, Verb. Rs. 46/87 u. 227/88, Hoechst AG (Fn. 810), S. 2924 / Rn. 17 f.; EuGH, Verb. Rs. 97-99/87, Dow Chemical Ibérica SA (Fn. 812), S. 3185 f. / Rn. 14 f. Zur abweichenden Rechtsprechung des EGMR, der im Fall Niemietz ./. Deutschland (Beschw. Nr. 13710/88, Urt. v. 16.12.1992, Ser. A, Nr. 251-B, S. 33-35 / Ziff. 29-33) die Geschäftsräume einer Anwaltskanzlei in den Schutzbereich des Art. 8 EMRK einbezogen hat, siehe bereits oben 1. Kapitel.C.II.1, insb. bei Fn. 182.

[822] EuGH, Rs. 374/87, Orkem ./. Kommission, Urt. v. 18.10.1989, Slg. 1989, S. 3283 ff. (3350 / Rn. 29 f.); EuG, Rs. T-112/98, Mannesmannröhren-Werke AG ./. Kommission, Urt. v. 20.02.2001, Slg. 2001, S. II-729 ff. (755 f. / Rn. 63-67) = EuZW 2001, S. 345 ff. (349 / Rn. 63, 66) m. Anm. *Pache*, EuZW 2001, S. 351 f. Neben der Differenzierung im Rahmen des persönlichen Schutzbereichs grenzt der Gerichtshof hier auch den sachlichen Schutzbereich durch das Erfordernis eines Strafverfahrens ein, ebenso wie er dies im Urteil Hoechst (a.a.O., Fn. 821) durch das Erfordernis eines Wohnraums (im Gegensatz zu einem Geschäftsraum) tut. Zur abweichenden Rechtsprechung des EGMR in der Rs. Funke siehe bereits oben 1. Kapitel.C.II.1, insb. bei Fn. 187.

[823] Diesem Grundsatz zufolge bedürfen Eingriffe der öffentlichen Gewalt in die Sphäre der privaten Betätigung jeder – natürlichen oder juristischen – Person einer Rechtsgrundlage und müssen aus den gesetzlich vorgesehenen Gründen gerechtfertigt sein, wodurch Schutz gegen willkürliche oder unverhältnismäßige Eingriffe gewährt wird, vgl. EuGH, Verb. Rs. 46/87 u. 227/88, Hoechst (Fn. 810), S. 2924 / Rn. 19; EuGH, Verb. Rs. 97-99/87, Dow Chemical Ibérica SA (Fn. 812), S. 3186 / Rn. 16; EuG, Verb. Rs. T-305/94 u.a., Limburgse Vinyl Maatschappij NV u.a. ./. Kommission, Urt. v. 20.04.1999, Slg. 1999, S. II-931 ff. (1055 f. / Rn. 417 f.). Vgl. i.ü. hierzu *Crones*, Grundrechtlicher Schutz von juristischen Personen im Gemeinschaftsrecht, S. 129.

Kommission werden Unternehmen durch die Grundrechte auf Wahrung der Rechte der Verteidigung und auf einen fairen Prozess geschützt.[824]

Insgesamt sind damit nach der Rechtsprechung von EuGH und EuG juristische Personen des Privatrechts im weiteren Sinne durch die ganz überwiegende Zahl der ungeschriebenen Gemeinschaftsgrundrechte ebenso wie natürliche Personen berechtigt. Grenzen ihrer Grundrechtsträgerschaft haben die Gemeinschaftsgerichte bislang nur in Einzelfällen bestimmt.

In Anlehnung an die Regelung des deutschen Grundgesetzes (Art. 19 Abs. 3) verallgemeinert der überwiegende Teil der Lehre in plausibler Weise diese Grenze der persönlichen Anwendbarkeit der Grundrechte. Um auch juristische Personen (des Privatrechts) zu berechtigen, müssen die Grundrechte ihrer Natur bzw. ihrem Wesen nach auf diese anwendbar sein.[825] Dies ist insbesondere bei höchstpersönlichen Gewährleistungen wie dem Recht auf Leben und körperliche Unversehrtheit oder der Gewissensfreiheit, die an Charakteristika anknüpfen, die nur Menschen zukommen, nicht der Fall.[826]

b. Gemeinschaftszugehörige juristische Personen des öffentlichen Rechts

Der Begriff der juristischen Person des öffentlichen Rechts ist – ebenso wie der juristischer Personen des Privatrechts – zwar im gemeinschaftlichen Primärrecht erwähnt (Art. 48 Abs. 2 EG), aber nicht definiert. Maßgebliches Abgrenzungskriterium zwischen diesen juristischen Personen ist nicht die Art der ihnen übertragenen Aufgaben, sondern der Entstehungstatbestand: Juristische Personen des öffentlichen Rechts beruhen im Gegensatz zu solchen

---

824 EuGH, Rs. 374/87, Orkem (Fn. 822), S. 3284 / Leitsatz 3 und S. 3351 / Rn. 32-35; EuG, Rs. T-112/98, Mannesmannröhrenwerke AG (Fn. 822), EuZW 2001, S. 349 f. / Rn. 63-67, 77-78. Vgl. hierzu auch *Pache*, EuZW 2001, S. 351/352; *Crones*, Grundrechtlicher Schutz von juristischen Personen im Gemeinschaftsrecht, S. 136.

825 So statt vieler *Kingreen*, in: *Calliess / Ruffert* (Hrsg.), EUV/EGV, Art. 6 EUV, Rn. 53 m.w.N.; *Pieper*, in: *Bleckmann*, Europarecht, § 2, Rn. 118; *Stumpf*, in: *Schwarze* (Hrsg.), EU-Kommentar, Art. 6 EUV, Rn. 16; *Dreier*, in: *Dreier* (Hrsg.), GG, Bd. 1, Art. 19, Rn. 17. Für eine i.E. weitreichende Anwendung der Gemeinschaftsgrundrechte auf juristische Personen wegen deren starker objektiv-rechtlicher Prägung als allgemeine Rechtsgrundsätze plädiert *Crones*, Grundrechtlicher Schutz von juristischen Personen im Gemeinschaftsrecht, S. 165-170.

826 *Kingreen*, a.a.O. (Fn. 825), Rn. 53; *Pieper*, a.a.O. (Fn. 825), Rn. 118.

des Privatrechts in der Regel[827] auf einem Hoheitsakt, der ihre Organisation und Aufgaben festlegt. Hierunter fallen insbesondere die Mitgliedstaaten und deren Untergliederungen wie z.B. in Deutschland die Länder und Gemeinden, sowie sonstige Körperschaften, Anstalten und Stiftungen des öffentlichen Rechts.[828]

(1) Schutz durch grundrechtliche und grundrechtsähnliche Garantien im EG-Vertrag

Art. 194 EG (Petitionsrecht), Art. 195 EG (Recht auf Anrufung des Bürgerbeauftragten) sowie Art. 255 EG (Recht auf Zugang zu Dokumenten), denen zufolge juristische Personen ausdrücklich Rechtsträger sind, differenzieren nicht zwischen juristischen Personen des Privat- und solchen des öffentlichen Rechts. Der EuGH hat sich zur Problematik der Einbeziehung juristischer Personen des öffentlichen Rechts in den Schutzbereich o.g. Rechte bislang nicht geäußert.[829]

Jedoch gewähren diese Rechte gerade einen spezifischen Schutz Privater gegenüber der öffentlichen Gewalt. Für juristische Personen des öffentlichen Rechts besteht hingegen regelmäßig die Möglichkeit, beispielsweise Zugang zu Dokumenten im Wege der Amtshilfe zu erhalten oder sich durch eigene Interessenvertretungen wie den Ausschuss der Regionen (Art. 263 ff. EG) auf europäischer Ebene Gehör zu verschaffen. Demzufolge sind sie nach dem Regelungszweck der genannten Vorschriften nicht durch diese berechtigt.

Die ausschließlich Unionsbürgern gewährten Rechte des EG-Vertrages (Art. 18 Abs. 1, 19 Abs. 1 und 2 sowie 190 Abs. 1, 20, 21 Abs. 3) sind, wie

---

[827] Eine Ausnahme bilden in Deutschland z.B. diejenigen Religionsgemeinschaften, die Körperschaften des öffentlichen Rechts sind, vgl. Art. 140 GG i.V.m. Art. 137 Abs. 5 der Weimarer Reichsverfassung.

[828] So für das deutsche Recht *Heinrichs*, in: *Palandt*, BGB, Einf v § 21, Rn. 3.

[829] Zwar hat er – vor der Verankerung von Art. 255 EG im europäischen Primärrecht mit dem Amsterdamer Vertrag – beispielsweise Informationspflichten bzw. eine Pflicht zur Übermittlung von Unterlagen der Gemeinschaftsorgane an mitgliedstaatliche Einrichtungen aus der Pflicht auch der Gemeinschaftsorgane zur loyalen Zusammenarbeit nach Art. 10 EG abgeleitet, vgl. EuGH, Rs. C-2/88 Imm., J.J. Zwartveld u.a., Beschl. v. 13.07.1990, Slg. 1990, S. I-3365 ff. (3372 f. / Rn. 17 ff.). Hieraus lässt sich für eine Grundrechtsberechtigung juristischer Personen des öffentlichen Rechts jedoch nichts herleiten.

oben[830] gezeigt, weder direkt noch analog auf juristische Personen des (Privat- und) öffentlichen Rechts anwendbar.

Das allgemeine Diskriminierungsverbot des Art. 12 EG als Leitmotiv des EG-Vertrags gilt seiner Natur nach hingegen auch für juristische Personen des öffentlichen Rechts.[831]

Bei den Grundfreiheiten fasst Art. 48 Abs. 2 EG ausdrücklich neben den juristischen Personen des Privatrechts auch solche des öffentlichen Rechts unter den Gesellschaftsbegriff. Durch die Gleichstellung von Gesellschaften mit natürlichen Personen in Art. 48 Abs. 1 EG sind daher auch juristische Personen des öffentlichen Rechts durch die Niederlassungsfreiheit (Art. 43 EG) und die Dienstleistungsfreiheit (Art. 49 i.V.m. Art. 55 EG) berechtigt. Die Mitgliedstaaten und ihre Untergliederungen können sich allerdings bei ihrem Tätigwerden durch öffentliche Unternehmen nur dann auf die Niederlassungs- und Dienstleistungsfreiheit berufen, wenn sie bei der in Frage stehenden bestimmten Tätigkeit nicht unmittelbar und spezifisch an der Ausübung öffentlicher Gewalt teilnehmen, Art. 45 (i.V.m. Art. 55) EG.[832]

Auch auf die Warenverkehrsfreiheit (Art. 28 ff. EG), die grds. auf sämtliche Teilnehmer am Wirtschaftsverkehr Anwendung findet, können sich juristische Personen des öffentlichen Rechts berufen, wenn sie nicht hoheitlich handeln.[833] Sie sind schließlich in o.g. Maße[834] in den persönlichen Schutzbereich der Arbeitnehmerfreizügigkeit (Art. 39 ff. EG) sowie der Freiheiten des

---

830 3. Kapitel.B.II.1.a(1), insb. bei Fn. 783.

831 So auch die wohl h.L., vgl. *Zuleeg*, in: *von der Groeben / Schwarze* (Hrsg.), EU- / EGV, Bd. 1, Art. 12, Rn. 14, 10 m.w.N.; *Rossi*, EuR 2000, S. 200.

832 Zu dieser engen Auslegung des Begriffs der mit der Ausübung öffentlicher Gewalt verbundenen Tätigkeit bereits EuGH, Rs. 2/74, Reyners ./. Belgien, Urt. v. 21.06.1974, Slg. 1974, S. 631 ff. (653-655 / Rn. 33-47, insb. 44/45); EuGH, Rs. C-283/99, Kommission ./. Italienische Republik, Urt. v. 31.05.2001, Slg. 2001, S. 4363 ff. (4385 / Rn. 19 f.). Vgl. i.ü. zum ganzen *Crones*, Grundrechtlicher Schutz von juristischen Personen im Gemeinschaftsrecht, S. 27/28. Einschränkend hält *Kingreen* die Niederlassungs- und Dienstleistungsfreiheit für nur dann auf juristische Personen des öffentlichen Rechts anwendbar, wenn diese sich in einer grundrechtstypischen Gefährdungslage befinden, *ders.*, Die Struktur der Grundfreiheiten, S. 80/81.

833 *Crones*, Grundrechtlicher Schutz von juristischen Personen im Gemeinschaftsrecht, S. 53.

834 Siehe hierzu oben 3. Kapitel.B.II.1.a(1), insb. bei Fn. 798.

Kapital- und Zahlungsverkehrs (Art. 56 ff. EG)[835] einbezogen. Damit sind auch juristische Personen des öffentlichen Rechts Träger sämtlicher Grundfreiheiten.[836]

Insgesamt sind juristische Personen des öffentlichen Rechts damit lediglich in den persönlichen Schutzbereich der grundrechtsähnlichen Grundfreiheiten und des allgemeinen Diskriminierungsverbots im EG-Vertrag einbezogen.

(2) Grundrechtsberechtigung durch die ungeschriebenen Gemeinschaftsgrundrechte

EuGH und EuG haben bislang nur in wenigen Einzelfällen zur Berechtigung juristischer Personen des öffentlichen Rechts durch die ungeschriebenen Gemeinschaftsgrundrechte Stellung genommen. So haben sie einzelne Verfahrens- bzw. Prozessgrundrechte, wie die Verteidigungsrechte,[837] insbesondere den Anspruch auf Gewährung rechtlichen Gehörs,[838] und das Recht auf Zugang zu Gericht,[839] auf Mitgliedstaaten bzw. öffentliche Unternehmen angewandt. Auch lässt die Rechtsprechung des EuGH Ansätze für die Geltung des allgemeinen Gleichheitssatzes für juristische Personen des öffentlichen Rechts erkennen.[840]

---

835 Siehe hierzu oben 3. Kapitel.B.II.1.a(1), insb. bei Fn. 797.

836 Dies entspricht der ganz h.L., vgl. z.B. *Rengeling*, Grundrechtsschutz in der Europäischen Gemeinschaft, S. 201; *Pieper*, in: *Bleckmann*, Europarecht, § 2, Rn. 119; *Bleckmann*, in: *Bleckmann*, Europarecht, § 8, Rn. 756; *Schweitzer / Hummer*, Europarecht, § 8 B.II, Rn. 806 a.E.; *Badura*, ZGR 1997, S. 299.

837 EuGH, Verb. Rs. C-48/90 u. C-66/90, Niederlande u.a. ./. Kommission, Urt. v. 12.02.1992, Slg. 1992, S. I-565 ff. (638 f. / Rn. 44-46 und 640 / Rn. 50 f.) (zugunsten eines Mitgliedstaates und eines öffentlichen Unternehmens); EuGH, Rs. C-35/96, Kommission ./. Italienische Republik, Urt. v. 18.06.1998, Slg. 1998, S. I-3851 ff. (3893 f. / Rn. 26-29) (zugunsten eines Mitgliedstaates).

838 EuGH, Rs. 234/84, Belgien ./. Kommission, Urt. v. 10.07.1986, Slg. 1986, S. 2263 ff. (2289 / Rn. 27-30); EuGH, Rs. 259/85, Französische Republik ./. Kommission, Urt. v. 11.11.1987, Slg. 1987, S. 4393 ff. (4415 f. / Rn. 12, 13) (jeweils zugunsten eines Mitgliedstaates).

839 EuG, Rs. T-111/96, ITT Promedia NV ./. Kommission, Urt. v. 17.07.1998, Slg. 1998, S. II-2937 ff. (2961 f. / Rn. 60 f.) (zugunsten eines öffentlichen Unternehmens).

840 EuGH, Rs. 192/83, Griechenland ./. Kommission, Urt. v. 19.09.1985, Slg. 1985, S. 2791 ff. (2812 / Rn. 34) (zugunsten eines Mitgliedstaates bzw. zwischen den Mit-

Teile der Lehre sprechen sich darüber hinaus für eine Einbeziehung juristischer Personen des öffentlichen Rechts in den Schutzbereich auch anderer Gemeinschaftsgrundrechte aus. Dies soll im Einzelfall von dem spezifischen Schutz des Grundrechts, der öffentlich-rechtlichen Organisationsform und der Stellung der jeweiligen juristischen Person gegenüber der Gemeinschaft bzw. dem Mitgliedstaat abhängen.[841] Ähnlich der zu Art. 19 Abs. 3 GG entwickelten Lehre und Rechtsprechung des BVerfG[842] sollen hiernach z.B. öffentlich-rechtliche Rundfunkanstalten in Bezug auf die Rundfunkfreiheit,[843] Universitäten bezüglich der Freiheit von Wissenschaft und Forschung[844] sowie Kirchen und Religionsgemeinschaften hinsichtlich der Religionsfreiheit[845]

---

gliedstaaten); vgl. zum Ganzen *Crones*, Grundrechtlicher Schutz von juristischen Personen im Gemeinschaftsrecht, S. 144-147.

841 So *Pieper*, in: *Bleckmann*, Europarecht, § 2, Rn. 119; i.E. wohl noch weitergehender *Crones*, der zufolge die juristischen Personen mangels einer rechtlichen Verbindung zur grundrechtsverpflichteten Gemeinschaftsgewalt lediglich ihrer Funktion nach einer grundrechtstypischen Gefährdungslage ausgesetzt sein müssen, hingegen ein Bezug zur Freiheitsentfaltung natürlicher Personen nicht vorliegen muss (*dies.*, Grundrechtlicher Schutz von juristischen Personen im Gemeinschaftsrecht, S. 173 f., 162); für eine weitgehende Erstreckung der gemeinschaftlichen Wirtschaftsgrundrechte auf juristische Personen des öffentlichen Rechts auch *Wunderlich*, Berufsfreiheit im Gemeinschaftsrecht, S. 122 f.; zurückhaltend gegenüber einer über die verfahrensrechtlichen Grundrechte hinausgehenden Berechtigung hingegen *Rengeling*, Grundrechtsschutz in der Europäischen Gemeinschaft, S. 201; *Schweitzer / Hummer*, Europarecht, § 8 B.II, Rn. 806 a.E.

842 Vgl. hierzu eingehend *Rüfner*, in: HStR V, § 116, Rn. 63 ff. (insb. Rn. 73-75) m.w.N.

843 *Pieper*, in: *Bleckmann*, Europarecht, § 2, Rn. 119; *Crones*, Grundrechtlicher Schutz von juristischen Personen im Gemeinschaftsrecht, S. 184 f. Zur Geltung von Art. 5 Abs. 1 S. 2 GG für öffentlich-rechtliche Rundfunkanstalten in der Rspr. des BVerfG vgl. z.B. BVerfG, 2 BvF 1/68 u.a., Urt. v. 27.07.1971, BVerfGE 31, 314 (322); *Rüfner*, in: HStR V, § 116, Rn. 74 m.w.N.

844 So *Crones*, Grundrechtlicher Schutz von juristischen Personen im Gemeinschaftsrecht, S. 183 f., wobei zu diesem Grundrecht allerdings insgesamt noch keine Rechtsprechung der Gemeinschaftsgerichte vorliegt. Zur Geltung von Art. 5 Abs. 3 S. 1 GG für staatliche Universitäten und deren Untergliederungen in der Rspr. des BVerfG vgl. z.B. BVerfG, 1 BvR 316/60, BVerfGE 15, 256 (261 f.); BVerfG, 1 BvR 454 u.a. / 91, Urt. v. 10.03.1992, BVerfGE 85, 360 (384).

845 So *Crones*, Grundrechtlicher Schutz von juristischen Personen im Gemeinschaftsrecht, S. 185. Zur Geltung von Art. 3, 4 GG für Kirchen und sonstige religiöse Körperschaften mit dem Status einer juristischen Person des öffentlichen Rechts nach Rspr. des BVerfG siehe z.B. BVerfG, 1 BvR 671, 672/65, Beschl. v. 13.01.1971, BVerfGE 30, 112 (119/120).

Träger von Grundrechten sein. Selbst die Mitgliedstaaten und ihre Untergliederungen, deren Verhältnis zur Gemeinschaft sich nach der Kompetenzverteilung zwischen ihnen bestimmt, sollen hiernach, wenn sie nicht hoheitlich handeln, über die o.g. Garantien hinaus grundrechtsberechtigt sein.[846] Im Detail bleibt in diesem Bereich vieles ungeklärt und umstritten.

c. Juristische Personen, die nicht der Gemeinschaft zugehörig sind

Der EG-Vertrag legt für die Feststellung, ob eine juristische Person (des öffentlichen oder privaten Rechts) der Gemeinschaft zugehörig ist, keine allgemeingültigen Kriterien fest. Gemäß Art. 194, 195 Abs. 1 und 255 Abs. 1 EG setzt eine Gemeinschaftszugehörigkeit einen (satzungsmäßigen) Sitz in einem Mitgliedstaat voraus. Art. 48 Abs. 1 EG hingegen verlangt, dass die Gesellschaft nach den Rechtsvorschriften eines Mitgliedstaates gegründet und zusätzlich ihren satzungsmäßigen Sitz, ihre Hauptverwaltung oder ihre Hauptniederlassung innerhalb der Gemeinschaft hat.[847]

Dies hat zur Folge, dass die Zugehörigkeit einer juristischen Person zu einem Drittstaat nicht für sämtliche Grundrechte und grundrechtsähnlichen Rechte einheitlich bestimmt werden kann. Für die o.g. Rechte, bei denen der Vertrag selbst die Kriterien zur Abgrenzung von Gemeinschafts- und Drittstaatszugehörigkeit vorgibt, sind juristische Personen drittstaatszugehörig, wenn sie die jeweiligen Voraussetzungen der Gemeinschaftszugehörigkeit nicht erfüllen. In den übrigen Fällen, insbesondere bei den ungeschriebenen Gemeinschaftsgrundrechten, ist eine juristische Person jedenfalls dann drittstaatszugehörig, wenn sie weder die in Art. 194, 195, 255 EG noch die in Art. 48 EG normierten, sich überschneidenden Voraussetzungen der Zugehörigkeit zur Gemeinschaft erfüllt.

---

[846] So *Crones*, Grundrechtlicher Schutz von juristischen Personen im Gemeinschaftsrecht, S. 181-183.

[847] Art. 48 Abs. 1 EG bestimmt die Zugehörigkeit einer Gesellschaft zur Gemeinschaft mittels einer Verknüpfung der im anglo-amerikanischen Rechtssystem vorherrschenden sog. Gründungstheorie, die darauf abstellt, nach dem Recht welchen Staates eine Gesellschaft gegründet wurde, mit der im kontinental-europäischen Rechtssystem vorrangig vertretenen sog. Sitztheorie, nach der es auf den tatsächlichen Gesellschaftssitz ankommt; eingehend hierzu *Müller-Huschke*, in: *Schwarze* (Hrsg.), EU-Kommentar, Art. 48 EGV, Rn. 7-10 m.w.N.

(1) Schutz durch grundrechtliche und grundrechtsähnliche Garantien im EG-Vertrag

Die grundrechtlichen Garantien der Art. 194 und 195 Abs. 1 EG berechtigen ausdrücklich nur juristische Personen mit satzungsmäßigem Sitz in einem Mitgliedstaat, und damit nicht juristische Personen aus Drittstaaten. Dasselbe gilt für das Recht des Art. 255 Abs. 1 EG, das nur juristischen Personen mit Sitz in einem Mitgliedstaat zukommt. Die reinen Unionsbürgerrechte (Art. 18 Abs. 1, 19 Abs. 1 und 2 i.V.m. 190 Abs. 1, 20, 21 Abs. 3 EG) sind auf juristische Personen insgesamt nicht anwendbar.[848]

Auch das allgemeine Diskriminierungsverbot des Art. 12 EG ist – ebenso wie auf natürliche drittstaatsangehörige Personen[849] – auf drittstaatszugehörige juristische Personen nicht anwendbar.[850]

Bei den Grundfreiheiten sind die Niederlassungs- und die Dienstleistungsfreiheit, wie die soeben dargestellte Regelung des Art. 48 EG (i.V.m. Art. 55 EG) ausdrücklich ergibt, nur auf die der Gemeinschaft zugehörigen juristischen Personen anwendbar. Hingegen finden die Warenverkehrsfreiheit (Art. 28 ff. EG) und die Freiheiten des Kapital- und Zahlungsverkehrs (Art. 56 ff. EG), die jeweils nur an grenzüberschreitende Waren- und Kapitalbewegungen bzw. Zahlungsverkehr anknüpfen, auf alle Wirtschaftsteilnehmer und damit auch auf juristische Personen aus Drittstaaten Anwendung.[851] In den Fällen, in denen sich juristische Personen zugunsten und im Interesse der bei ihnen beschäftigten (Unions-)Bürger auf die Arbeitnehmer-

---

848 Siehe hierzu schon oben 3. Kapitel.B.II.1.a(1).

849 Siehe dazu oben 3. Kapitel.B.I.1.b, insb. bei Fn. 677.

850 So z.B. EuGH, Rs. C-122/96, Saldanha und MTS Securities Corporation ./. Hiross Holding AG, Urt. v. 02.10.1997, Slg. 1997, S. I-5325 ff. (5342 / Rn. 15); *Holoubek*, in: *Schwarze* (Hrsg.), EU-Kommentar, Art. 12 EGV, Rn. 17; *Epiney*, in: *Calliess / Ruffert* (Hrsg.), EUV/EGV, Art. 12 EGV, Rn. 43; *Crones*, Grundrechtlicher Schutz von juristischen Personen im Gemeinschaftsrecht, S. 193/194.

851 Siehe hierzu schon oben 3. Kapitel.B.II.1.a(1) und 3. Kapitel.B.II.1.b(1); wie hier *Crones*, Grundrechtlicher Schutz von juristischen Personen im Gemeinschaftsrecht, S. 56, 192; *Becker*, in: *Schwarze* (Hrsg.), EU-Kommentar, Art. 28 EGV, Rn. 8; *Glaesner*, in: *Schwarze* (Hrsg.), EU-Kommentar, Art. 56 EGV, Rn. 18. A.A. hinsichtlich der Warenverkehrsfreiheit *Kingreen*, Struktur der Grundfreiheiten, S. 81, der wegen des Bedürfnisses für eine Konvergenz der Grundfreiheiten auch die Warenverkehrsfreiheit nur auf Gesellschaften i.S.d. Art. 48 Abs. 2 EG für anwendbar hält.

freizügigkeit (Art. 39 ff. EG) berufen können,[852] steht diese Freiheit auch den nicht der Gemeinschaft zugehörigen juristischen Personen zu.[853]

Drittstaatszugehörige juristische Personen sind folglich in den persönlichen Schutzbereich der grundrechtlichen und grundrechtsähnlichen Garantien des EG-Vertrages nur im Bereich der Grundfreiheiten teilweise (Art. 28 ff., 39 ff., 56 ff. EG) einbezogen.

(2) Grundrechtsberechtigung durch die ungeschriebenen Gemeinschaftsgrundrechte

Die Gemeinschaftsgerichte haben die Reichweite der Grundrechtsträgerschaft von nicht gemeinschaftszugehörigen juristischen Personen bislang nicht ausdrücklich beurteilt. Sie haben jedoch in einzelnen Entscheidungen drittstaatszugehörige juristische Personen ohne weitere Begründung nicht nur als Träger von Verfahrens- bzw. Prozessgrundrechten wie den Verteidigungsrechten,[854] sondern auch als Berechtigte z.B. des Grundrechts auf freie wirtschaftliche Betätigung und der Eigentumsgarantie[855] angesehen. Hieraus kann geschlossen werden, dass EuGH und EuG diese grundsätzlich ebenso weitgehend wie gemeinschaftszugehörige juristische Personen in den persönlichen Schutzbereich der ungeschriebenen Gemeinschaftsgrundrechte einbeziehen.

Soweit die Lehre überhaupt zu dieser Problematik Stellung nimmt, löst sie sie überwiegend parallel zur Frage der Grundrechtsberechtigung von natürlichen Personen aus Drittstaaten. Drittstaatszugehörigen juristischen Personen ist demnach ein dem Grundrechtsschutz der gemeinschaftszugehörigen juristischen Personen entsprechender Schutz zu gewähren, wenn sie in

---

852 Siehe hierzu oben 3. Kapitel.B.II.1.a(1), bei Fn. 798.

853 So mit überzeugender Argumentation auch *Crones*, Grundrechtlicher Schutz von juristischen Personen im Gemeinschaftsrecht, S. 192/193.

854 EuGH, Rs. C-49/88, Al-Jubail Fertilizer Company u.a. ./. Rat, Urt. v. 27.06.1991, Slg. 1991, S. I-3187 ff. (3238, 3241 / Rn. 1, 15-17) (siehe hierzu schon oben Fn. 659); EuG, Verb. Rs. T-159/94 u. T-160/94, Ajinomoto Co., Inc. u. The NutraSweet Company ./. Rat, Urt. v. 18.12.1997, Slg. 1997, S. II-2461 ff. (2491 ff. / Rn. 81 ff.); EuG, Rs. T-102/96, Gencor Ltd ./. Kommission, Urt. v. 25.03.1999, Slg. 1999, S. II-753 ff. (799 / Rn. 145 f.).

855 EuGH, Rs. C-84/95, Bosphorus Hava Yollari Turizm ve Ticaret AS ./. Minister for Transport, Energy and Communications u.a., Urt. v. 30.07.1996, Slg. 1996, S. I-3953 ff. (3985 f. / Rn. 19, 21-23).

gleicher Weise durch gemeinschaftliche Maßnahmen betroffen sind.[856] Der Sache nach sind Drittstaatszugehörige hiernach grundsätzlich Träger sämtlicher ungeschriebener Gemeinschaftsgrundrechte, was den universellen Geltungsanspruch der Grundrechte respektiert und demzufolge zu befürworten ist.[857]

Grenzen der Grundrechtsberechtigung drittstaatszugehöriger juristischer Personen ergeben sich zum einen wie bei den gemeinschaftszugehörigen juristischen Personen daraus, dass das jeweilige Grundrecht seiner Natur bzw. seinem Wesen nach überhaupt auf juristische Personen anwendbar sein muss. Dies ist insbesondere bei höchstpersönlichen Gewährleistungen nicht der Fall.[858]

Zum anderen sind Grenzen, die sich aus den Rechtserkenntnisquellen der Gemeinschaftsgrundrechte ergeben, zu erwägen. Die EMRK differenziert im Rahmen der Grundrechtsberechtigung jedoch insgesamt grundsätzlich nicht zwischen Staatsan- bzw. –zugehörigen der Vertragsstaaten und Drittstaatsan- bzw. –zugehörigen.[859] In den mitgliedstaatlichen Verfassungen gelten die Grundrechte zwar teilweise nur für inländische juristische Personen (vgl. z.B. Art. 19 Abs. 3 GG). Allerdings bestehen hier erhebliche Unterschiede in den einzelnen Verfassungsordnungen.[860] Angesichts dessen dürfte sich eine gemeinsame Verfassungstradition der Mitgliedstaaten, welche die Grundrechtsberechtigung drittstaatszugehöriger juristischer Personen weitergehend beschränkt als diejenige natürlicher Personen aus Drittstaaten, nicht ermitteln lassen.

Demnach sind juristische Personen des privaten bzw. öffentlichen Rechts aus Drittstaaten im Ergebnis in gleichem Maße in den persönlichen Schutzbereich der ungeschriebenen Gemeinschaftsgrundrechte einbezogen wie gemeinschaftszugehörige juristische Personen.

---

856 Siehe hierzu oben 3. Kapitel.B.I.1.a, insb. die Nachweise in Fn. 660; *Borchardt*, in: Der Europäische Gerichtshof, aktualisierter Auszug aus *Lenz* (Hrsg.), EGV, Art. 220, Rn. 34; *Beutler*, in: *Beutler / Bieber u.a.*, EU, Kap. 10.1.4.3., Rn. 662; hinsichtlich juristischer Personen des Privatrechts auch *Schweitzer / Hummer*, Europarecht, § 8 B.II, Rn. 806 a.E.

857 Siehe hierzu oben 3. Kapitel.B.I.1.a, insb. bei Fn. 662 f.

858 Siehe hierzu oben 3. Kapitel.B.II.1.a(2), insb. bei Fn. 825 f.

859 Siehe hierzu oben 3. Kapitel.B.I.4.

860 Vgl. hierzu *Crones*, Grundrechtlicher Schutz von juristischen Personen im Gemeinschaftsrecht, S. 197 m.w.N.

2. Grundrechtsträgerschaft in der Grundrechtecharta

Die Grundrechtecharta enthält keine Bestimmung, die – etwa wie Art. 19 Abs. 3 des deutschen Grundgesetzes, Art. 2 der Verfassung Italiens oder Art. 12 Abs. 2 der portugiesischen Verfassung[861] – allgemein die Grundrechtsberechtigung juristischer Personen durch die in der Charta niedergelegten Rechte regelt. Nur einzelne grundrechtliche Gewährleistungen der Charta beziehen juristische Personen ausdrücklich in ihren persönlichen Anwendungsbereich ein. Bei den übrigen Grundrechten in der Charta muss im Einzelnen untersucht werden, ob diese auch juristische Personen berechtigen.

a. Gemeinschaftszugehörige juristische Personen des Privatrechts

(1) Ausdrückliche Grundrechtsberechtigung

Von den Grundrechten der Charta kommen zunächst die Gewährleistungen der Art. 42, 43 und 44 ihrem Wortlaut nach neben natürlichen auch gemeinschaftszugehörigen juristischen Personen, und damit jedenfalls solchen des Privatrechts zu. Bei diesen Garantien handelt es sich sämtlich um Rechte, die bereits im EG-Vertrag kodifiziert waren. Das Recht auf Dokumentenzugang des Art. 42 EGRC berechtigt gemeinschaftszugehörige juristische Personen ebenso wie das entsprechende,[862] in Art. 255 Abs. 1 EG niedergelegte Recht. Art. 43 EGRC, der das Recht auf Befassung des Bürgerbeauftragten der Union regelt, bezieht gemeinschaftszugehörige juristische Personen ebenso weitgehend in seinen persönlichen Schutzbereich ein wie der entsprechende[863] Art. 195 Abs. 1 EG. Das Petitionsrecht des Art. 44 EGRC schließlich gewährt gemeinschaftszugehörigen juristischen Personen die Petitionsberechtigung genauso wie der entsprechende[864] Art. 194 EG.

---

[861] Vgl. hierzu *Dreier*, in: *Dreier* (Hrsg.), GG, Bd. 1, Art. 19 III, Rn. 23; *Crones*, Grundrechtlicher Schutz von juristischen Personen im Gemeinschaftsrecht, S. 161 f. Die italienische Verfassung in englischer Übersetzung findet sich in *Flanz* (Hrsg.), Constitutions of the Countries of the World, Bd. IX, die portugiesische Verfassung in englischer Übersetzung a.a.O., Bd. XV.

[862] Zu dieser Entsprechung vgl. bereits oben 3. Kapitel.B.I.2.c, insb. die Nachweise in Fn. 712.

[863] Siehe dazu bereits oben 3. Kapitel.B.I.2.c, insb. die Nachweise in Fn. 717; *Hölscheidt*, EuR 2002, S. 447.

[864] Vgl. oben 3. Kapitel.B.I.2.c, insb. die Nachweise in Fn. 719; sowie *Hölscheidt*, EuR 2002, S. 440.

Darüber hinaus schreibt Art. 27 der Charta das Recht auf Unterrichtung und Anhörung im Unternehmen alternativ Arbeitnehmern oder ihren Vertretern zu. Letztere sind typischerweise teilrechtsfähige Gruppierungen wie Betriebsräte[865] und damit juristische Personen des Privatrechts im o.g. weiteren Sinne. Auch sind die in Art. 28 EGRC als Träger der Rechte auf Kollektivverhandlungen und -maßnahmen genannten Organisationen der Arbeitnehmer bzw. Arbeitgeber juristische Personen des Privatrechts im weiteren Sinne, und als solche ausdrücklich grundrechtsberechtigt.[866]

(2) Berechtigung durch die übrigen Rechte der Charta

(a) Allgemeines zur Ermittlung der Reichweite der Grundrechtsträgerschaft

Die übrigen Artikel der Charta weisen juristische Personen nicht ausdrücklich als Grundrechtsträger aus.

Zur Ermittlung, ob und inwieweit diese in den Schutzbereich dieser Charta-Grundrechte fallen, erweist sich ein Vergleich der Regelungen der Grundrechtsträgerschaft in sämtlichen Grundrechtsgewährleistungen der Charta (systematische Interpretation)[867] als wenig ergiebig. Insbesondere kann aus der Tatsache, dass nur Art. 42-44 und 27, 28 EGRC juristische Personen ausdrücklich schützen, während in den übrigen Artikeln ein derartiger Hinweis fehlt, nicht geschlossen werden, dass juristische Personen insgesamt vom Anwendungsbereich letzterer Artikel ausgenommen sind.[868] Hiergegen spricht maßgeblich der mit der Abfassung der Charta vom Europäischen Rat verfolg-

---

865 Zum Begriff „Vertreter" näher *Riedel*, in: *Meyer* (Hrsg.), Charta-Kommentar, Art. 27 EGRC, Rn. 21.

866 So auch *Crones*, Grundrechtlicher Schutz von juristischen Personen im Gemeinschaftsrecht, S. 155; zur Definition der genannten Arbeitnehmer- bzw. Arbeitgeberorganisationen *Riedel*, in: *Meyer* (Hrsg.), Charta-Kommentar, Art. 28 EGRC, Rn. 21.

867 Zu den Methoden der Auslegung der Charta siehe bereits oben 2. Kapitel.B.III.3.b., bei Fn. 633 ff.

868 So auch *Crones*, Grundrechtlicher Schutz von juristischen Personen im Gemeinschaftsrecht, S. 154; *Schwarze*, in: *Schwarze* (Hrsg.), Wirtschaftsverfassungsrechtliche Garantien im Binnenmarkt, S. 103; *ders.*, EuZW 2001, S. 518; *Lais*, ZEuS 2002, S. 460; i.E. auch *Mahlmann*, ZEuS 2000, S. 437; *Curtin / van Ooik*, 8 MJ 1 (2001), S. 103/104.

te und vom Konvent beachtete Zweck.[869] Dieser besteht darin, „den Schutz der Grundrechte zu stärken, indem sie in einer Charta sichtbarer gemacht werden".[870] Die im EG-Vertrag normierten Grundrechtsgarantien und die von den Gemeinschaftsgerichten anerkannten ungeschriebenen Grundrechte sollten damit lediglich in einem Katalog zusammengefasst, nicht aber in ihrem Schutzumfang beschränkt werden. Wie oben[871] gezeigt, schützen vertragliche und ungeschriebene Gemeinschaftsgrundrechte jedoch in weitem Umfang neben natürlichen auch juristische Personen des Privatrechts.

Überdies erklärt sich die Tatsache, dass in einigen Charta-Artikeln juristische Personen ausdrücklich aufgeführt sind, während sie in den meisten anderen nicht erwähnt werden, aus der Entstehungsgeschichte der jeweiligen Rechte. Die sprachliche Fassung insbesondere der Art. 42-44 EGRC, die im EG-Vertrag niedergelegte Rechte in vereinfachter Form wiederholen,[872] beruht maßgeblich auf derjenigen des Vertrages, der in seinen neueren Bestimmungen[873] zwischen natürlichen und juristischen Personen unterscheidet. Die meisten der übrigen Charta-Rechte kodifizieren hingegen die Rechtsprechung der Gemeinschaftsgerichte, die eine dogmatische Trennung von natürlichen und juristischen Personen nur selten vornehmen.[874]

Auch eine systematische Auslegung der Charta nach der Zuordnung ihrer Artikel zu bestimmten Kapiteln erlaubt allenfalls in Ansätzen Schlüsse auf die Berechtigung auch juristischer Personen durch die dort aufgeführten Grundrechte. Angesichts der wie gezeigt nicht immer schlüssigen Kapitelein-

---

869 So i.E. auch *Crones*, Grundrechtlicher Schutz von juristischen Personen im Gemeinschaftsrecht, S. 154; *Schwarze*, in: *Schwarze* (Hrsg.), Wirtschaftsverfassungsrechtliche Garantien im Binnenmarkt, S. 103; *ders.*, EuZW 2001, S. 518; *Lais*, ZEuS 2002, S. 460; *Rengeling / Szczekalla*, Grundrechte in der EU, § 5 B, Rn. 389. Zum Primat der teleologischen Auslegung gerade bei der Interpretation des Gemeinschaftsrechts siehe bereits oben 2. Kapitel.B.III.3.b, bei Fn. 639.

870 So der vierte Absatz der Präambel der Charta; ähnlich Europäischer Rat (Köln), Anhang IV zu den Schlussfolgerungen des Vorsitzes, Bull. EU 6-1999, S. 39 = EuGRZ 1999, S. 364.

871 Siehe 3. Kapitel.B.II.1.a.

872 Siehe hierzu bereits oben 3. Kapitel.B.I.2.c, bei Fn. 710.

873 Art. 21 i.V.m. 194, 195 EG wurden durch den Vertrag von Maastricht (in Kraft seit 01.11.1993), Art. 255 EG durch den Vertrag von Amsterdam (in Kraft seit 01.05.1999) in den EG-Vertrag aufgenommen, siehe hierzu oben 3. Kapitel.B.I.2.c.

874 Vgl. hierzu oben 3. Kapitel.B.II.1.a(2), bei Fn. 799 f.

teilung[875] kann die Einordnung eines Artikels in ein bestimmtes Kapitel der Charta für die Einbeziehung auch juristischer Personen in den Schutzbereich des jeweiligen Grundrechts nicht allein entscheidend sein.

Aufschluss über die Reichweite des persönlichen Schutzbereichs der auslegungsbedürftigen Charta-Rechte muss demnach – neben einer grammatikalischen Interpretation – insbesondere eine teleologische Interpretation geben. Für die Rechte muss jeweils gesondert festgestellt werden, ob sie ihrem Sinn und Zweck nach auch juristische Personen schützen. Dies ist zunächst bei den Rechten der Charta, die ihrer Natur bzw. ihrem Wesen nach nur auf natürliche Personen anwendbar sind, insbesondere weil sie höchstpersönliche Rechte gewährleisten,[876] nicht der Fall.

Überdies ist, wie bereits dargestellt, die *ratio legis* bei den meisten Charta-Artikeln durch den Willen einer Kodifizierung des auf Gemeinschaftsebene erreichten Grundrechtsstandards geprägt.[877] Neben dem EG-Vertrag und weiteren Rechtstexten, die dem Konvent als Erkenntnisquelle für den gemeinschaftsrechtlichen Grundrechtsschutz gedient haben, spielt die Grundrechtsrechtsprechung von EuGH und EuG als Vergleichsmaßstab bei der Ermittlung des Schutzumfangs der Charta-Artikel folglich eine maßgebliche Rolle.[878]

(b) Reichweite der Grundrechtsträgerschaft im Einzelnen

Die grammatikalische Interpretation der jeweiligen, die Grundrechtsträger bezeichnenden Begriffe in den einzelnen Artikeln der Charta ergibt in einigen Fällen, dass juristische Personen durch diese nicht berechtigt werden. So stellen einige Charta-Rechte schon begrifflich auf eine menschliche Person ab, und sind deshalb nicht auf juristische Personen (des Privatrechts) anwendbar. Dies betrifft die Rechte, die dem „Menschen" (Art. 1 EGRC), „Männern und Frauen" (Art. 23 EGRC), „Kindern" (Art. 24, 32 S. 1 EGRC), „älteren Menschen" (Art. 25 EGRC), „Menschen mit Behinderung" (Art. 26 EGRC), „Arbeitnehmerinnen und Arbeitnehmern" (Art. 30,

875 Siehe hierzu bereits oben 2. Kapitel.B.III.2.a, insb. bei Fn. 563 ff.

876 Vgl. hierzu bereits oben 3. Kapitel.B.II.1.a(2) a.E.

877 Siehe hierzu schon oben 2. Kapitel.A.III.1, bei Fn. 315 f.

878 Letzteres betonen auch *Crones*, Grundrechtlicher Schutz von juristischen Personen im Gemeinschaftsrecht, S. 154; *Schwarze*, in: *Schwarze* (Hrsg.), Wirtschaftsverfassungsrechtliche Garantien im Binnenmarkt, S. 103; *ders.*, EuZW 2001, S. 518; *Lais*, ZEuS 2002, S. 460.

31 EGRC), „Jugendlichen“ (Art. 32 S. 2, 3 EGRC) und der „Familie“ (Art. 33 Abs. 1 EGRC) zugeschrieben werden. Dasselbe gilt – entsprechend dem Begriffsverständnis im EG-Vertrag[879] – auch für die „Unionsbürgerinnen und Unionsbürgern“ gewährleisteten Rechte (Art. 15 Abs. 2,[880] 39, 40, 45 Abs. 1, 46[881] EGRC). Hingegen kann insbesondere die überwiegend verwendete Bezeichnung „jede Person“[882] sowie „niemand“[883] seiner Wortbedeutung nach sowohl natürliche als auch juristische Personen umfassen.[884]

Ferner schließt eine teleologische Auslegung, die darauf abstellt, ob die jeweiligen Rechte der Charta ihrer Natur bzw. ihrem Wesen nach auf juristische Personen anwendbar sind, diese vom Geltungsbereich weiterer Grundrechte aus. Im Einzelnen berechtigen die im ersten Kapitel der Charta (Würde des Menschen) niedergelegten Grundrechte hiernach juristische Personen (des Privatrechts) ganz überwiegend nicht. Der Schutz der Menschenwürde (Art. 1 EGRC) und die Rechte auf Leben (Art. 2 EGRC) sowie körperliche und geistige Unversehrtheit (Art. 3 EGRC) betreffen angesichts der Höchstpersönlichkeit ihrer Gewährleistungen juristische Personen nicht. Dasselbe gilt für die Verbote von Folter und unmenschlicher oder erniedrigender Strafe oder Behandlung (Art. 4 EGRC) und die Verbote von Sklaverei, Leibeigenschaft und Menschenhandel (Art. 5 Abs. 1, 3 EGRC).

Aus dem zweiten Kapitel (Freiheiten) finden jedenfalls Art. 7 EGRC, soweit er die Achtung des Privat- und Familienlebens betrifft, Art. 8 EGRC (Recht auf Schutz personenbezogener Daten),[885] und Art. 9 EGRC (Recht, eine Ehe einzugehen und eine Familie zu gründen), nicht auf juristische Personen Anwendung, da sie ihrem Wesen nach auf menschliche Personen abstellen. Dasselbe gilt für Art. 10 Abs. 1 EGRC, soweit er die Gedanken- und

---

879 Siehe hierzu oben 3. Kapitel.B.II.1.a(1), bei Fn. 783 ff.

880 Zur Einbeziehung auch juristischer Personen in den Schutzbereich der Personenverkehrsfreiheiten durch Anwendung des Art. 52 Abs. 2 EGRC siehe unten 3. Kapitel.B.II.3, insb. bei Fn. 973.

881 Kritisch zur fehlenden Einbeziehung juristischer Personen in den Schutzbereich des Art. 46 EGRC *Szczekalla*, DVBl. 2001, S. 352.

882 Vgl. z.B. Art. 2 Abs. 1, 6, 7, 8 Abs. 1, 2, 12 Abs. 1, 15 Abs. 1, 17 Abs. 1 S. 1, 20, 29, 35 S. 1, 41, 47 f. EGRC.

883 Vgl. z.B. Art. 2 Abs. 2, 4 f., 17 Abs. 1 S. 2, 50 EGRC.

884 So auch *Curtin / van Ooik*, 8 MJ 1 (2001), S. 103/104.

885 So auch *Crones*, Grundrechtlicher Schutz von juristischen Personen im Gemeinschaftsrecht, S. 156.

Gewissensfreiheit betrifft,[886] Art. 10 Abs. 2 EGRC (Wehrdienstverweigerungsrecht), Art. 14 Abs. 1, 2, 3 HS 2 EGRC (Rechte auf Bildung, unentgeltlichen Pflichtschulunterricht und elterliches Erziehungsrecht), Art. 18 EGRC (Asylrecht) und Art. 19 EGRC (Schutz bei Abschiebung, Ausweisung und Auslieferung). Auch Art. 15 Abs. 3 EGRC, der Staatsangehörigen[887] dritter Länder Anspruch auf gleiche Arbeitsbedingungen garantiert, schließt angesichts seines Bezugs auf Arbeitnehmer und der Gleichstellung mit Unionsbürgern, d.h. natürlichen Personen, wesensmäßig seine Geltung für juristische Personen aus.

Im dritten Kapitel (Gleichheit) kommt das in Art. 21 Abs. 1 EGRC niedergelegte spezielle Diskriminierungsverbot, das an vielfältige, nur Menschen zukommende Eigenschaften anknüpft, nur natürlichen Personen zu. Dasselbe gilt für die – nach obiger Feststellung schon bei einer grammatikalischen Auslegung nicht auf juristische Personen anwendbaren – Rechte der Art. 23-26 EGRC (Gleichheit von Männern und Frauen, Rechte des Kindes, älterer Menschen und Menschen mit Behinderung).

Die überwiegend Arbeitnehmer- und soziale Rechte gewährenden Garantien des vierten Kapitels (Solidarität) sind naturgemäß gleichfalls nur auf natürliche Personen anwendbar. Im Einzelnen betrifft dies die Art. 29-34, 35 S. 1 und 36 der Charta.[888] Dasselbe gilt für die im fünften Kapitel (Bürgerrechte) enthaltenen Regelungen zum Wahlrecht (Art. 39 f. EGRC) sowie – auch wegen des Regelungszusammenhangs mit dem Unionsbürger berechtigenden Art. 45 Abs. 1 EGRC – für die Gewährleistung von Freizügigkeit und Aufenthaltsfreiheit für Drittstaatsangehörige nach Art. 45 Abs. 2 EGRC. Hingegen können die justiziellen Rechte des sechsten Kapitels ihrem Wesen nach sämtlich auch auf juristische Personen Anwendung finden.[889]

---

886 Ebenso zu Letzterem *Bernsdorff*, in: *Meyer* (Hrsg.), Charta-Kommentar, Art. 10 EGRC, Rn. 15; a.A. offenbar *Crones*, Grundrechtlicher Schutz von juristischen Personen im Gemeinschaftsrecht, S. 155.

887 Zur fehlenden Begrenzung dieses Begriffs auf natürliche Personen im Gemeinschaftsrecht siehe bereits oben 3. Kapitel.B.II.1.a(1), bei Fn. 791 f.

888 Zu Art. 27, 28 EGRC siehe oben 3. Kapitel.B.II.2.a(1); Art. 35 S. 2, 37 und 38 EGRC enthalten keine subjektiven Rechte, siehe oben Fn. 688.

889 Dies gilt insbesondere dann, wenn man die dort normierten, den Strafprozess betreffenden Rechte mit einem weiten Verständnis der Begriffe „Strafe", „Straftat" etc. nicht auf natürliche Personen beschränkt ansieht.

Die übrigen, nach dieser Untersuchung nicht vom Schutzbereich der Charta-Rechte ausgeschlossenen Gewährleistungen stehen ihrem Wesen nach grundsätzlich einer Anwendung auf juristische Personen offen. Ob dies im Sinne der durch das Ziel der Zusammenfassung bestehender Grundrechte auf Gemeinschaftsebene geprägten *ratio legis* der jeweiligen Charta-Artikel liegt, soll in Folgendem durch eine Gegenüberstellung Letzterer mit den entsprechenden vertraglichen und ungeschriebenen Gemeinschaftsgrundrechten ermittelt werden.

Die Gegenüberstellung der Fassungen der Charta-Rechte mit ihren Quellen im geschriebenen Gemeinschaftsrecht lässt bei der Regelung der Grundrechtsträgerschaft allerdings vereinzelt Unterschiede erkennen. Teilweise ist der persönliche Schutzbereich der Charta-Rechte weiter als derjenige ihrer Quellen im EG-Vertrag. So kommt das in Art. 41 Abs. 4 EGRC niedergelegte Recht auf Verständigung mit den Organen der Union ausdrücklich jeder Person zu. Diese Regelung erfasst angesichts der Zuordnung zum Recht auf gute Verwaltung, dessen verschiedene Garantien nach der Rechtsprechung der Gemeinschaftsgerichte auch juristischen Personen zukommen,[890] nach bislang praktisch einhelliger Ansicht in der Lehre auch juristische Personen.[891] Hingegen ist das Verständigungsrecht in Art. 21 Abs. 3 EG als Quelle[892] des Art. 41 Abs. 4 EGRC ausdrücklich auf Unionsbürger, natürliche Personen, beschränkt.

Demgegenüber bestimmt Art. 15 Abs. 2 EGRC ausdrücklich nur Unionsbürgerinnen und -bürger, d.h. natürliche Personen, zu Trägern der Personenverkehrsfreiheiten und der Dienstleistungsfreiheit. Die vertraglichen Quellen, Art. 39 ff., 43 ff., 49 ff. EG, enthalten eine derartige Einschränkung hingegen nicht und berechtigen wie dargestellt unstreitig auch juristische Personen.[893] Der persönliche Schutzbereich der Charta-Rechte ist damit hier enger als derjenige der grundrechtsähnlichen Freiheiten des EG-Vertrages. Derartige Widersprüche zwischen der Reichweite der Rechte der Charta und der

---

890 Siehe dazu bereits oben 3. Kapitel.B.II.1.a(2), insb. die Nachweise in Fn. 818.

891 So *Crones*, Grundrechtlicher Schutz von juristischen Personen im Gemeinschaftsrecht, S. 157; *Schwarze*, in: *Schwarze* (Hrsg.), Wirtschaftsverfassungsrechtliche Garantien im Binnenmarkt, S. 106; *ders.*, EuZW 2001, S. 519; *Lais*, ZEuS 2002, S. 460 f.

892 So auch die Erläuterungen des Konventspräsidiums zu Art. 41 EGRC, Dok. CHARTE 4473/00 CONVENT 49 v. 11.10.2000, S. 36 f. = EuGRZ 2000, S. 566.

893 Siehe hierzu eingehend oben 3. Kapitel.B.II.1.a(1), insb. bei Fn. 793 f.

des EG-Vertrags sind beim Verbindlichwerden der Charta über die sog. Konformitätsklausel des Art. 52 Abs. 2 EGRC aufzulösen.[894]

Meist zeigt der Vergleich der Charta-Rechte mit ihren vertraglichen Quellen hingegen, dass ihr jeweiliger persönlicher Anwendungsbereich praktisch (wort-)gleich festgelegt ist. In diesen Fällen kann wegen des Kodifizierungszwecks der Charta davon ausgegangen werden, dass der Schutzbereich der Charta-Rechte dem der vertraglich niedergelegten Rechte entspricht. Dies gilt z.B. für das Diskriminierungsverbot aus Gründen der Staatsangehörigkeit des Art. 21 Abs. 2 EGRC, dessen Quelle,[895] Art. 12 Abs. 1 EG, wie dargelegt[896] auch juristische Personen schützt.[897]

Eine Gegenüberstellung derjenigen Charta-Rechte, die im Wesentlichen von den Gemeinschaftsgerichten entwickelte ungeschriebene Grundrechte kodifizieren, mit diesen, gebietet wegen des Kodifizierungszwecks der Charta eine weitgehende Einbeziehung juristischer Personen in den Schutzbereich der betreffenden Charta-Gewährleistungen. So gilt nach der Rechtsprechung der Gemeinschaftsgerichte[898] sowohl die in Art. 11 Abs. 1 EGRC kodifizierte Meinungsäußerungsfreiheit als auch die in Art. 11 Abs. 2 EGRC niedergelegte Freiheit der Medien für natürliche und juristische Personen.[899] Da die in Art. 13 EGRC kodifizierte Freiheit von Kunst und Wissenschaft sich aus der Meinungsäußerungsfreiheit ableitet,[900] schützt auch sie juristische Personen.[901] Ebenso können sich juristische Personen nach ständiger Rechtsprechung die-

---

[894] Siehe hierzu noch unten 3. Kapitel.B.II.3.

[895] Siehe dazu oben 3. Kapitel.B.I.2.b, insb. die Nachweise in Fn. 707.

[896] Eingehend hierzu 3. Kapitel.B.II.1.a(1), bei Fn. 789 ff.

[897] So i.E. auch *Crones*, Grundrechtlicher Schutz von juristischen Personen im Gemeinschaftsrecht, S. 156.

[898] Vgl. die Nachweise im 3. Kapitel.B.II.1.a(2), Fn. 806, 807.

[899] Zustimmend zur Einbeziehung juristischer Personen in den Schutzbereich der Meinungs- und Informationsfreiheit *Sporn*, ZUM 2000, S. 539; *Engel*, ZUM 2000, S. 991; *Crones*, Grundrechtlicher Schutz von juristischen Personen im Gemeinschaftsrecht, S. 155; *Schwarze*, in: *Schwarze* (Hrsg.), Wirtschaftsverfassungsrechtliche Garantien im Binnenmarkt, S. 106; *ders.*, EuZW 2001, S. 519.

[900] So auch die Erläuterungen des Konventspräsidiums zu Art. 13 EGRC, Dok. CHARTE 4473/00 CONVENT 49 v. 11.10.2000, S. 15 = EuGRZ 2000, S. 562.

[901] So i.E. auch *Crones*, Grundrechtlicher Schutz von juristischen Personen im Gemeinschaftsrecht, S. 155.

ser Gerichte[902] auf die in Art. 12 Abs. 1 EGRC kodifizierte Versammlungs- und Vereinigungsfreiheit berufen.[903] Dasselbe gilt für die zentralen wirtschaftsverfassungsrechtlichen Garantien der Charta, die in Art. 15 Abs. 1 EGRC niedergelegte Berufsfreiheit, auch in ihrer Ausprägung als unternehmerische Freiheit (Art. 16 EGRC), und das Eigentumsrecht (Art. 17 EGRC).[904] Da die Charta die Freiheit zur Gründung von Lehranstalten (Art. 14 Abs. 3 S. 1 HS 1 EGRC) als Unterfall der unternehmerischen Freiheit gewährt,[905] erfasst ersteres Recht ebenso wie letzteres juristische Personen. Dasselbe gilt für den allgemeinen Gleichheitssatz,[906] der in Art. 20 EGRC kodifiziert ist.[907] Ferner sind die in Art. 41 Abs. 1, 2 EGRC als Ausprägungen eines Rechts auf gute Verwaltung kodifizierten Rechte in zahlreichen Entscheidungen[908] auch auf juristische Personen angewandt worden.[909] Diese sind schließlich von den im sechsten Kapitel der Charta aufgeführten justiziellen Rechten, die EuGH und EuG als ungeschriebene Gemeinschaftsgrundrechte in der Regel auch auf juristische Personen anwen-

---

902 Siehe oben 3. Kapitel.B.II.1.a(2), Fn. 808 zur Versammlungsfreiheit, Fn. 809 zur Vereinigungsfreiheit.

903 So i.E. auch *Crones*, Grundrechtlicher Schutz von juristischen Personen im Gemeinschaftsrecht, S. 155; *Schwarze*, in: *Schwarze* (Hrsg.), Wirtschaftsverfassungsrechtliche Garantien im Binnenmarkt, S. 106; *ders.*, EuZW 2001, S. 519.

904 Zustimmend zur Einbeziehung juristischer Personen in den Schutzbereich dieser Charta-Rechte auch *Crones*, Grundrechtlicher Schutz von juristischen Personen im Gemeinschaftsrecht, S. 154 f.; *Schwarze*, in: *Schwarze* (Hrsg.), Wirtschaftsverfassungsrechtliche Garantien im Binnenmarkt, S. 104 f.; *ders.*, EuZW 2001, S. 518 f. Zur entsprechenden Rechtsprechung der Gemeinschaftsgerichte siehe oben 3. Kapitel.B.II.1.a(2), Fn. 803 (Berufsfreiheit), Fn. 804 (unternehmerische Freiheit) und Fn. 805 (Eigentumsrecht).

905 So zutreffend die Erläuterungen des Konventspräsidiums zu Art. 14 EGRC, Dok. CHARTE 4473/00 CONVENT 49 v. 11.10.2000, S. 16 f. = EuGRZ 2000, S. 562.

906 Für Rechtsprechungsnachweise vgl. oben 3. Kapitel.B.II.1.a(2), Fn. 811.

907 Ebenso *Crones*, Grundrechtlicher Schutz von juristischen Personen im Gemeinschaftsrecht, S. 155/156; *Schwarze*, in: *Schwarze* (Hrsg.), Wirtschaftsverfassungsrechtliche Garantien im Binnenmarkt, S. 106; *ders.*, EuZW 2001, S. 519.

908 Siehe oben 3. Kapitel.B.II.1.a(2), insb. die Nachweise in Fn. 818.

909 Für eine Einbeziehung juristischer Personen in den Schutzbereich des Art. 41 EGRC auch *Crones*, Grundrechtlicher Schutz von juristischen Personen im Gemeinschaftsrecht, S. 157; *Schwarze*, in: *Schwarze* (Hrsg.), Wirtschaftsverfassungsrechtliche Garantien im Binnenmarkt, S. 106; *ders.*, EuZW 2001, S. 519; *Lais*, ZEuS 2002, S. 460 f.

den,[910] grundsätzlich erfasst.[911] Im Einzelnen sind dies grundsätzlich die Rechte auf einen wirksamen Rechtsbehelf und ein unparteiisches Gericht[912] (Art. 47 EGRC), Unschuldsvermutung[913] und grundsätzlich auch die Verteidigungsrechte[914] (Art. 48 EGRC), das Gesetzlichkeitsprinzip bzw. Rückwirkungsverbot bei der Ausübung hoheitlicher Strafgewalt[915] und der Grundsatz der Verhältnismäßigkeit einer Strafe[916] (Art. 49 EGRC), sowie das Verbot der Doppelbestrafung[917] (Art. 50 EGRC).

Hingegen zeigt eine Gegenüberstellung der Gewährleistung der Unverletzlichkeit der Wohnung in Art. 7 EGRC mit seiner Quelle im ungeschriebenen Gemeinschaftsrecht, dass dieses Recht in der Gemeinschaftsrechtsordnung als auf die Privatwohnungen natürlicher Personen beschränkt verstanden wird. Die Geschäftsräume juristischer Personen fallen hingegen nicht in den Schutzbereich dieses Grundrechts,[918] weswegen juristische Personen insoweit faktisch vom Schutzbereich des Art. 7 EGRC ausgeschlossen sind.[919] Ein mögliches Unterschreiten des durch Art. 8 EMRK garantierten Schutzstandards wird durch die Konformitätsklausel Art. 52 Abs. 3 EGRC verhindert.[920]

Entsprechendes gilt für den in Art. 47 Abs. 2, 48 Abs. 2 EGRC verankerten *nemo-tenetur*-Grundsatz. Entsprechend der Rechtsprechung der Gemeinschaftsgerichte[921] sind juristische Personen insoweit von den Charta-

---

910 Zur Ausnahme hinsichtlich des *nemo-tenetur*-Grundsatzes siehe oben 3. Kapitel.B.II.1.a(2), insb. die Nachweise in Fn. 822.

911 Zustimmend *Crones*, Grundrechtlicher Schutz von juristischen Personen im Gemeinschaftsrecht, S. 157; *Schwarze*, in: *Schwarze* (Hrsg.), Wirtschaftsverfassungsrechtliche Garantien im Binnenmarkt, S. 106; *ders.*, EuZW 2001, S. 519.

912 Siehe zur Rechtsprechung der Gemeinschaftsgerichte oben 3. Kapitel.B.II.1.a(2), Fn. 813, 814.

913 Vgl. oben 3. Kapitel.B.II.1.a(2), Fn. 815.

914 Siehe oben 3. Kapitel.B.II.1.a(2), Fn. 812.

915 *Nulla poena sine lege scripta*, vgl. oben 3. Kapitel.B.II.1.a(2), Fn. 816.

916 Siehe oben 3. Kapitel.B.II.1.a(2), Fn. 816.

917 Siehe oben 3. Kapitel.B.II.1.a(2), Fn. 817.

918 Siehe hierzu eingehend oben 3. Kapitel.B.II.1.a(2), Fn. 821.

919 Offengelassen bei *Crones*, Grundrechtlicher Schutz von juristischen Personen im Gemeinschaftsrecht, S. 156.

920 Siehe hierzu unten 3. Kapitel.B.II.4.

921 Vgl. die Verweise in Fn. 910.

Rechten nicht geschützt. Ein mögliches Absinken unter das durch Art. 6 EMRK gewährleistete Schutzniveau ist jedoch durch die Konformitätsklausel des Art. 52 Abs. 3 EGRC ausgeschlossen.[922]

Schließlich enthält die Charta einige Rechte, die EuGH und EuG, soweit ersichtlich, noch nicht ausdrücklich als allgemeine Grundsätze des Gemeinschaftsrechts anerkannt haben. Diese Rechte hat der Konvent wie die allgemeinen Rechtsgrundsätze aus den gemeinsamen Verfassungsüberlieferungen der Mitgliedstaaten und insbesondere der EMRK abgeleitet. Demgemäß lassen sich Aussagen zur Anwendbarkeit dieser Charta-Rechte auf juristische Personen durch eine Gegenüberstellung dieser Rechte mit den genannten Rechtserkenntnisquellen treffen.

Das Verbot der Zwangs- oder Pflichtarbeit des Art. 5 Abs. 2 der Charta entspringt beispielsweise dem gleichlautenden Art. 4 Abs. 2 EMRK.[923] Letzterer ist zwar fast ausschließlich beim Schutz natürlicher Personen zum Tragen gekommen,[924] was die im Wesentlichen auf natürliche Personen abzielenden, in Art. 4 Abs. 3 EMRK normierten Ausnahmen nahe legen. Jedoch stehen einer Ausdehnung des Schutzbereichs des Zwangs- oder Pflichtarbeitsverbots auf juristische Personen, die gleichermaßen von der Verpflichtung zu einer Arbeit unter Androhung einer Strafe[925] betroffen sein können, keine durchgreifenden Bedenken entgegen.

Als Quelle des Art. 6 EGRC, der das Recht auf Freiheit und Sicherheit niederlegt, ist nicht die von den Gemeinschaftsgerichten als Auffanggrundrecht anerkannte, auch juristische Personen schützende allgemeine Handlungsfreiheit[926] anzusehen. Vielmehr kodifiziert der Charta-Artikel den prak-

---

922 Siehe hierzu unten 3. Kapitel.B.II.4.

923 So auch die Erläuterungen des Konventspräsidiums zu Art. 5 EGRC, Dok. CHARTE 4473/00 CONVENT 49 v. 11.10.2000, S. 7 f. = EuGRZ 2000, S. 560.

924 Vgl. die zahlreichen Nachweise bei *Frowein*, in: *Frowein / Peukert*, EMRK, Art. 4, Rn. 6-11; die Europäische Kommission für Menschenrechte (EKMR) hat allerdings Pflichten des Arbeitgebers zur Abführung von Steuern und Sozialabgaben als durch Art. 4 Abs. 3 lit. d EMRK gerechtfertigt angesehen, was für eine grundsätzliche Anwendbarkeit von Art. 4 Abs. 2 EMRK auf juristische Personen spricht, vgl. Beschw. Nr. 7427/76, Entsch. v. 27.09.1976, DR 7, S. 148 ff. (149 f.). Hingegen wendet das deutsche BVerfG zumindest das in Art. 12 Abs. 2 GG normierte Verbot des Arbeitszwangs lediglich auf natürliche Personen an, vgl. BVerfG, 1 BvR 175/66, Beschl. v. 29.11.1967, BVerfGE 22, 380 (383).

925 Vgl. zur Definition eingehend *Frowein*, in: *Frowein / Peukert*, EMRK, Art. 4, Rn. 4.

926 Siehe hierzu bereits oben 3. Kapitel.B.II.1.a(2), Fn. 810.

tisch gleichlautenden Art. 5 Abs. 1 S. 1 EMRK auf Gemeinschaftsebene.[927] Letzterer umfasst trotz seines durch die Begriffe „Freiheit“ und „Sicherheit“ weit gefassten Wortlauts inhaltlich nur eine Garantie der Freiheit von Festnahme und Haft, d.h. körperlicher Bewegungsfreiheit. Dies lässt sich aus den in Art. 5 Abs. 2-5 EMRK normierten Schrankenregelungen und weiteren Rechten schließen.[928] Bei einem derart eng verstandenen sachlichen Schutzbereich kommt das Charta-Recht wie seine Quelle naturgemäß nur natürlichen Personen zu.

Die in Art. 10 Abs. 1 EGRC niedergelegte Religionsfreiheit schließlich, welche die Gemeinschaftsgerichte für juristische Personen soweit ersichtlich noch nicht ausdrücklich anerkannt haben,[929] beruht auf dem praktisch wortgleichen Art. 9 Abs. 1 EMRK.[930] Letzterer findet auch auf juristische Personen, insbesondere Kirchen und Religionsgemeinschaften, Anwendung, die Überzeugungen ihrer Mitglieder verbreiten, Religions- und Weltanschauungsgemeinschaften unterstützen oder deren organisatorischer Träger sind.[931] In diesem Sinne schützt auch Art. 10 Abs. 1 EGRC juristische Personen.[932]

b. Gemeinschaftszugehörige juristische Personen des öffentlichen Rechts

(1) Prinzipielle Grundrechtsfähigkeit

Der Charta ist, im Gegensatz zum EG-Vertrag (Art. 48 Abs. 2), eine Differenzierung zwischen juristischen Personen des Privatrechts und solchen

---

927 So auch die Erläuterungen des Konventspräsidiums zu Art. 6 EGRC, Dok. CHARTE 4473/00 CONVENT 49 v. 11.10.2000, S. 8 f. = EuGRZ 2000, S. 560.

928 Vgl. *Peukert*, in: *Frowein / Peukert*, EMRK, Art. 5, Rn. 4 m.w.N.

929 Der EuGH hat lediglich in Ansätzen das Grundrecht der Religionsfreiheit für natürliche Personen anerkannt, vgl. Rs. 130/75, Vivien Prais ./. Rat, Urt. v. 27.10.1976, Slg. 1976, S. 1589 ff. (1598 f. / Rn. 12/19).

930 So auch die Erläuterungen des Konventspräsidiums zu Art. 10 EGRC, Dok. CHARTE 4473/00 CONVENT 49 v. 11.10.2000, S. 12/13 = EuGRZ 2000, S. 561.

931 So die Spruchpraxis und Lehre zu Art. 9 EMRK, vgl. EKMR, Beschw. Nr. 7865/77, X. und Church of Scientology ./. Schweden, DR 16, S. 68 ff. (70); EKMR, Beschw. Nr. 7865/77, Firma X. / Schweiz, DR 16, S. 85 ff. (86 f.); *Frowein*, in: *Frowein / Peukert*, EMRK, Art. 9, Rn. 9 m.w.N. Ähnlich i.ü. *Rüfner*, in: HStR V, § 116, Rn. 40 f. zu Art. 4 GG.

932 So i.E. auch *Crones*, Grundrechtlicher Schutz von juristischen Personen im Gemeinschaftsrecht, S. 155.

des öffentlichen Rechts fremd. Hieraus kann jedoch nicht geschlossen werden, dass Letztere ebenso weitgehend wie Erstere durch die Grundrechte der Charta berechtigt sind. Grundrechte sind als Abwehrrechte gegen den Staat bzw. eine sonstige hoheitliche Gewalt konzipiert.[933] Juristische Personen des öffentlichen Rechts sind demnach als Staat bzw. als Träger mittelbarer Staatsverwaltung in erster Linie Verpflichtete oder Adressaten der Grundrechte. Inwieweit sie daneben auch Berechtigte der Grundrechte sein können, lässt die Charta offen. Aufschluss über die generelle Grundrechtsfähigkeit juristischer Personen des öffentlichen Rechts können demnach nur die Quellen der Charta-Grundrechte geben.

Die Gemeinschaftsgerichte haben über die Berechtigung juristischer Personen des öffentlichen Rechts durch die vertraglichen und ungeschriebenen Gemeinschaftsgrundrechte, wie gezeigt, bislang nicht in grundsätzlicher Weise entschieden. Lediglich in wenigen Einzelfällen sind sie konkludent von deren Grundrechtsfähigkeit ausgegangen.[934] Die Lehre hierzu ist uneinheitlich.[935]

Auch die Rechtserkenntnisquellen der Gemeinschaftsgrundrechte beurteilen die Berechtigung juristischer Personen des öffentlichen Rechts durch ihre jeweiligen Grundrechte unterschiedlich. Die EMRK, der zufolge nur nichtstaatliche Organisationen oder Personengruppen eine Verletzung eigener Rechte geltend machen können (Art. 34 EMRK),[936] steht einer Grundrechtsträgerschaft juristischer Personen des öffentlichen Rechts grundsätzlich ablehnend gegenüber.[937] Nur in einzelnen Fällen erkennen EGMR bzw. die Lehre diesen Grundrechte zu.[938] In den mitgliedstaatlichen Rechtsordnungen

---

933 Vgl. nur den Wortlaut des Art. 1 EMRK oder des Art. 1 Abs. 3 GG.

934 Siehe oben 3. Kapitel.B.II.1.b.

935 Siehe hierzu oben 3. Kapitel.B.II.1.b(2), bei Fn. 841 ff.

936 Mit der Staatenbeschwerde (Art. 33 EMRK) machen die Staaten nicht die Verletzung eigener Rechte geltend, sondern setzen die Beachtung der Verpflichtungen der EMRK hinsichtlich der durch sie berechtigten natürlichen Personen und nichtstaatlichen Organisationen durch, vgl. *Frowein*, in: *Frowein / Peukert*, EMRK, Art. 24 (a.F.), Rn. 1.

937 Vgl. z.B. EKMR, Beschw. Nr. 15090/89, Stadtverwaltung Madrid ./. Spanien, Entsch. v. 07.01.1991; EKMR, Beschw. Nr. 13252/87, Gemeinde Rothenthurm ./. Schweiz, DR 59, 251 ff. (253); hierzu im Einzelnen *Peukert*, in: *Frowein / Peukert*, EMRK, Art. 25 (a.F.), Rn. 16; *Crones*, Grundrechtlicher Schutz von juristischen Personen im Gemeinschaftsrecht, S. 100-104.

938 So die Geltung des Art. 9 EMRK für Kirchen und Religionsgemeinschaften (EGMR, Beschw. Nr. 13092/87 u.a., Heilige Klöster ./. Griechenland, Urt. v. 09.12.1994,

ist die Reichweite der Grundrechtsberechtigung juristischer Personen des öffentlichen Rechts, so sie überhaupt erörtert wird, umstritten.[939] Insbesondere für die Grundrechte des deutschen Grundgesetzes lehnen Rechtsprechung[940] und herrschende Lehre[941] eine Geltung für diese Personen im Regelfall[942] ab.

Auch bezüglich der Grundrechte der Charta entspricht es dem Sinn und Zweck und damit dem Wesen der Grundrechte als Abwehrrechte gegen den Staat bzw. eine sonstige hoheitliche Gewalt grundsätzlich nicht, juristische Personen des öffentlichen Rechts zu schützen. Die Gewährleistung deren Rechte ist vielmehr Aufgabe der Kompetenzordnung eines Gemeinwesens, die den verschiedenen juristischen Personen des öffentlichen Rechts Zuständigkeiten zuteilt und Mechanismen zu deren Schutz enthält.[943]

Dementsprechend enthält die Charta auch keine sog. föderalen oder strukturellen Grundrechte für die Mitgliedstaaten oder deren Untergliederungen. Zwar haben Teile der Lehre im Rahmen der Abfassung der Charta die Schaffung derartiger Grundrechte der Mitgliedstaaten angeregt.[944] Für einen „abwehrrechtlichen Status" der Mitgliedstaaten wurden Art. 6 Abs. 3 EU i.V.m. Art. 10 EG, das Subsidiaritätsprinzip des Art. 5 EG und zahlreiche, die Handlungsbefugnisse der Union bzw. Gemeinschaft negativ abgrenzende Re-

---

Ser. A Nr. 301-A, S. 28 / Ziff. 49; dazu *Peukert*, in: *Frowein / Peukert*, EMRK, Art. 25 (a.F.), Rn. 16) und die Geltung des Art. 10 EMRK für öffentlich-rechtliche Universitäten und Rundfunkanstalten (*Kühling*, Kommunikationsfreiheit als Gemeinschaftsgrundrecht, S. 159 m.w.N.). Die Verfahrensgarantien des Art. 6 EMRK sind hingegen grds. nicht auf juristische Personen des öffentlichen Rechts anwendbar, vgl. *Peukert*, in: *Frowein / Peukert*, EMRK, Art. 6, Rn. 4 m.w.N.

939 Vgl. hierzu die rechtsvergleichenden Hinweise bei *Dreier*, in: *Dreier* (Hrsg.), GG, Bd. 1, Art. 19 III, Rn. 23; insbesondere zur Rechtslage in Frankreich *Crones*, Grundrechtlicher Schutz von juristischen Personen im Gemeinschaftsrecht, S. 90-93.

940 Vgl. z.B. BVerfG, 1 BvR 578/63, Beschl. v. 02.05.1967, BVerfGE 21, 362 (368 ff.); BVerfG, 1 BvR 108, 424/73 u.a., Beschl. v. 07.06.1977, BVerfGE 45, 63 (78); BVerfG, 2 BvR 1187/80, Beschl. v. 08.07.1982, BVerfGE 61, 82 (101 f.).

941 So z.B. *Rüfner*, in: HStR V, § 116, Rn. 64-71 m.w.N.; *Bethge*, Grundrechtsberechtigung juristischer Personen, S. 63 f., 67 f.,72 ff.

942 Zu den Ausnahmen siehe bereits oben 3. Kapitel.B.II.1.b(2), insb. die Nachweise in Fn. 842-845.

943 Vgl. hierzu eingehend *Rüfner*, in: HStR V, § 116, Rn. 68 f. m.w.N.; i.E. ebenso *Rengeling / Szczekalla*, Grundrechte in der EU, § 5 B, Rn. 392.

944 So z.B. *Pernice*, DVBl. 2000, S. 857 m.w.N.

gelungen angeführt.[945] Diese Vorschriften der Verträge betreffen jedoch ausschließlich die Abgrenzung der Zuständigkeiten im Mehrebenensystem der Union. Der Schutz der Kompetenzen insbesondere der Mitgliedstaaten gegenüber der Gemeinschaft ist, wie dargestellt, aber durch Mechanismen innerhalb der Zuständigkeitsordnung (z.B. durch Anwendung des Subsidiaritätsprinzips), nicht durch abwehrrechtliche Grundrechte sicherzustellen.[946]

Lediglich in wenigen Ausnahmefällen kann von einer Berechtigung auch juristischer Personen des öffentlichen Rechts durch bestimmte Charta-Artikel ausgegangen werden. Den Rechtserkenntnisquellen der Charta entsprechend setzt dies zum einen – wie bei den juristischen Personen des Privatrechts – die wesensmäßige Anwendbarkeit des jeweiligen Grundrechts auf das in Frage stehende Verhalten der juristischen Person des öffentlichen Rechts voraus.[947] Zum anderen muss sich diese in ihrer Stellung gegenüber der hoheitlichen Gewalt in einer Lage befinden, die derjenigen einer natürlichen Person bzw. juristischen Person des Privatrechts vergleichbar ist.[948]

(2) Grundrechtsfähigkeit im Einzelnen

Wegen der im Vergleich zu juristischen Personen des Privatrechts engeren Voraussetzungen der Grundrechtsberechtigung scheidet eine Grundrechtsträgerschaft juristischer Personen des öffentlichen Rechts jedenfalls hinsichtlich derjenigen Charta-Rechte aus, die schon juristische Personen des Privatrechts nicht schützen.[949] Im übrigen gibt zunächst eine Gegenüberstellung der verbleibenden, auf juristische Personen des Privatrechts anwendbaren Charta-Artikel mit ihren Rechtsquellen im Gemeinschaftsrecht Aufschluss über deren Geltung auch für juristische Personen des öffentlichen

---

945 Vgl. *Pernice*, DVBl. 2000, S. 857.

946 So i.E. auch *Mahlmann*, ZEuS 2000, S. 437.

947 Zur Maßgeblichkeit der „Natur" bzw. des „Wesens" der jeweiligen Grundrechte für die Grundrechtsberechtigung juristischer Personen in den Rechtsordnungen der meisten Mitgliedstaaten vgl. *Dreier*, in: *Dreier* (Hrsg.), GG, Bd. 1, Art. 19 III, Rn. 23; siehe zu diesem Kriterium i.ü. bereits oben 3. Kapitel.B.II.2.a(2).

948 Dahingehend hinsichtlich der Rechte der EMRK *Peukert*, in: *Frowein / Peukert*, EMRK, Art. 25 (a.F.), Rn. 16; in Deutschland wird dies häufig als Erfordernis einer „grundrechtstypischen Gefährdungslage" bezeichnet, vgl. etwa *v. Mutius*, in: *Dolzer / Vogel / Graßhof* (Hrsg.), GG, Art. 19 Abs. 3, Rn. 114; BVerfG, 1 BvR 108, 424/73 u.a., Beschl. v. 07.06.1977, BVerfGE 45, 63 (79); BVerfG, 2 BvR 1187/80, Beschl. v. 08.07.1982, BVerfGE 61, 82 (103 f., 105).

949 Siehe oben 3. Kapitel.B.II.2.a.

Rechts. Ferner lassen die dargelegten allgemeinen Kriterien für eine Grundrechtsträgerschaft Letzterer Rückschlüsse auf mögliche weitere Fälle einer Anwendbarkeit der Charta-Rechte zu.

Die Gewährleistungen der Art. 42-44 EGRC beziehen juristische Personen ihrem Wortlaut nach ausdrücklich und ebenso weitgehend in ihren persönlichen Schutzbereich ein wie ihre Quellen im EG-Vertrag, Art. 255 Abs. 1, 195 Abs. 1 und 194.[950] Zwar differenzieren die genannten Vorschriften sämtlich nicht zwischen juristischen Personen des Privat- und des öffentlichen Rechts. Dennoch ist angesichts des dargestellten Regelungszwecks davon auszugehen, dass die Charta-Artikel ebenso wie ihr jeweiliges Pendant im EG-Vertrag juristische Personen des öffentlichen Rechts nicht berechtigen.[951]

Eine Gegenüberstellung der Regelung des allgemeinen Diskriminierungsverbotes in Art. 21 Abs. 2 EGRC mit seiner Quelle, Art. 12 Abs. 1 EG, lässt hingegen angesichts derselben Reichweite des persönlichen Anwendungsbereichs[952] auf einen Schutz juristischer Personen des öffentlichen Rechts durch den Charta-Artikel – ebenso wie durch die vertragliche Gewährleistung[953] – schließen.[954]

Ein Vergleich der Charta-Artikel, die im Wesentlichen von den Gemeinschaftsgerichten entwickelte ungeschriebene Grundrechte kodifizieren, mit Letzteren legt eine Anwendung der im sechsten Kapitel der Charta niedergelegten justiziellen Rechte (Art. 47-50 EGRC) auf juristische Personen des öffentlichen Rechts nahe. EuGH und EuG haben einzelne Prozessgrundrechte, insbesondere das Recht auf Zugang zu Gericht, den Anspruch auf rechtliches

---

950 Siehe oben 3. Kapitel.B.II.2.a(1).

951 Siehe hierzu oben 3. Kapitel.B.II.1.b(1), bei Fn. 829; für eine unbeschränkte Geltung des Petitionsrechts aus Art. 44 EGRC hingegen offenbar *Hölscheidt*, EuR 2002, S. 440/441.

952 Siehe hierzu oben 3. Kapitel.B.II.2.a(2)(b), bei Fn. 895.

953 Vgl. hierzu schon oben 3. Kapitel.B.II.1.b(1), bei Fn. 831.

954 Für die Berechtigung juristischer Personen des öffentlichen Rechts durch die in Art. 15 Abs. 2 der Charta geregelten Personenverkehrsfreiheiten gilt hingegen das zu dessen Geltung für juristische Personen des Privatrechts Gesagte sinngemäß (siehe oben 3. Kapitel.B.II.2.a(2)(b)). Der Charta-Artikel berechtigt mit Unionsbürgern nur natürliche Personen, während seine Quellen Art. 39 ff., 43 ff., 49 ff. EG auch auf juristische Personen des öffentlichen Rechts Anwendung finden (vgl. 3. Kapitel.B.II.1.b(1)). Dieser Widerspruch ist über die sog. Konformitätsklausel des Art.52 Abs. 2 EGRC aufzulösen (siehe hierzu unten 3. Kapitel.B.II.3).

Gehör und die Achtung der Verteidigungsrechte, bereits auf verschiedene juristische Personen des öffentlichen Rechts angewandt.[955] Im gerichtlichen Verfahren befinden sich juristische Personen des öffentlichen Rechts überdies in einer natürlichen bzw. juristischen Personen des Privatrechts vergleichbaren Lage. Aus diesem Grund gelten auch die übrigen in Art. 47-50 EGRC kodifizierten Rechte aus Gründen der prozessualen „Waffengleichheit" für juristische Personen des öffentlichen Rechts.[956]

Gleichermaßen kommt eine Anwendung des in Art. 20 EGRC kodifizierten allgemeinen Gleichheitssatzes auf juristische Personen des öffentlichen Rechts in Betracht. Die Rechtsprechung des EuGH erkennt nur in Ansätzen die Geltung des Gleichheitssatzes für das Verhältnis juristischer Personen des öffentlichen Rechts untereinander an.[957] Der Sinn und Zweck der Grundrechte spricht jedoch dafür, dass der Gleichheitsgrundsatz in diesem Verhältnis lediglich als objektiv-rechtlicher Grundsatz, nicht hingegen als subjektives (Grund-) Recht Anwendung findet.[958] Die Gleichbehandlung von Trägern öffentlicher Gewalt untereinander betrifft die (Zuständigkeits-) Ordnung eines Gemeinwesens, deren Absicherung die Grundrechte ihrem Wesen nach nicht dienen.

Schließlich kann in einzelnen Fällen, in denen EuGH und EuG ungeschriebene Gemeinschaftsgrundrechte noch nicht auf juristische Personen des öffentlichen Rechts erstreckt haben, wegen ihrer besonderen Stellung gegenüber der hoheitlichen Gewalt eine Grundrechtsgeltung angenommen werden. Dies gilt beispielsweise für öffentlich-rechtliche Rundfunkunternehmen oder ggf. Verlage in Bezug auf die in Art. 11 Abs. 2 EGRC niedergelegte Medienfreiheit.[959] Diese Unternehmen sind zwar von einer hoheitlichen Ge-

---

955 Vgl. im Einzelnen oben 3. Kapitel.B.II.1.b(2), bei Fn. 837-839.

956 I.E. ebenso *Rengeling / Szczekalla*, Grundrechte in der EU, § 5 B, Rn. 393; a.A. offenbar *Mahlmann*, ZEuS 2000, S. 437.

957 Siehe oben 3. Kapitel.B.II.1.b(2), bei Fn. 840.

958 Dies entspricht der Ansicht von Rechtsprechung (BVerfG, 1 BvR 578/63, Beschl. v. 02.05.1967, BVerfGE 21, 362 (372); BVerfG, 1 BvR 775/84, Beschl. v. 14.04.1987, BVerfGE 75, 192 (200 f.)) und herrschender Lehre (vgl. statt vieler *Rüfner*, in: HStR V, § 116, Rn. 68 m.w.N.) zum Gleichheitssatz des Art. 3 Abs. 1 GG im deutschen Verfassungsrecht; offengelassen bei *Crones*, Grundrechtlicher Schutz von juristischen Personen im Gemeinschaftsrecht, S. 146.

959 Zustimmend *Sporn*, ZUM 2000, S. 539 mit Hinweisen u.a. auf die gleiche Rechtslage im portugiesischen Verfassungsrecht; *Rengeling / Szczekalla*, Grundrechte in der EU, § 5 B, Rn. 394; dies entspricht i.ü. der Lehre (vgl. *Frowein*, in: *Frowein / Peukert*,

walt eingerichtet. Soweit sie der Information und damit dem Freiheitsschutz des Einzelnen dienen, haben sie dieser gegenüber aber eine eigenständige und distanzierte Stellung inne.[960] In dieser Funktion ist ihre Stellung gegenüber der hoheitlichen Gewalt derjenigen einer in diesem Bereich tätigen natürlichen oder juristischen Person des Privatrechts vergleichbar. Dasselbe gilt für die öffentlich-rechtlichen Hochschulen und ihre Untergliederungen im Hinblick auf die in Art. 13 EGRC nun ausdrücklich anerkannte Forschungs- und akademische Freiheit.[961] Schließlich können öffentlich-rechtliche Kirchen und Religionsgemeinschaften, die vom Staat unabhängig agieren und ihm bei den mit dem Bekenntnis einer Religion verbundenen Tätigkeiten einer juristischen Person des Privatrechts vergleichbar gegenübertreten, sich auf das in Art. 10 Abs. 1 EGRC kodifizierte Grundrecht der Religionsfreiheit berufen.[962]

Im übrigen kann die Geltung der Charta-Grundrechte für juristische Personen des öffentlichen Rechts mangels einer ausdrücklichen Regelung bzw. hinreichender Entscheidung durch die Rechtsprechung im Bereich ihrer Rechtserkenntnisquellen noch nicht abschließend geklärt werden. Zumindest die restriktive Konzeption der EMRK hinsichtlich einer Erstreckung von Grundrechten auch auf juristische Personen[963] spricht hier eher gegen eine weitergehende Anwendbarkeit der Charta-Rechte.

c. Juristische Personen, die nicht der Gemeinschaft zugehörig sind

Inwieweit nicht gemeinschaftszugehörige juristische Personen des Privatrechts bzw. des öffentlichen Rechts in den persönlichen Schutzbereich der Charta-Rechte einbezogen sind, lässt diese weitgehend offen. Zwar sind sie vom Anwendungsbereich der Art. 42 EGRC, Art. 43 EGRC sowie Art. 44 EGRC mangels eines satzungsmäßigen Sitzes in einem Mitgliedstaat ausdrücklich ausgeschlossen. Hieraus kann jedoch – ebenso wie bei der Frage

---

EMRK, Art. 10, Rn. 19) zu Art. 10 EMRK sowie der Rechtslage im deutschen Verfassungsrecht (siehe bereits oben Fn. 942).

960 Vgl. zu dieser Argumentation die Rspr. des deutschen BVerfG, 1 BvR 35, u.a. / 82, Beschl. v. 31.10.1984, BVerfGE 68, 193 (207), sowie *Rüfner*, in: HStR V, § 116, Rn. 71 m.w.N.

961 Dies entspricht der h.M. zur Quelle Art. 10 EMRK, siehe oben Fn. 938; ebenso *Rengeling / Szczekalla*, Grundrechte in der EU, § 5 B, Rn. 394.

962 So auch die Rechtslage hinsichtlich der Rechtserkenntnisquelle Art. 9 EMRK, siehe oben Fn. 938; ebenso *Rengeling / Szczekalla*, Grundrechte in der EU, § 5 B, Rn. 394.

963 Siehe hierzu bereits oben Fn. 937, 938.

der prinzipiellen Berechtigung juristischer Personen durch die Charta[964] – systematisch nicht geschlossen werden, dass die übrigen Rechte der Charta für sie gelten oder gerade nicht gelten. Vielmehr ist die Reichweite des Schutzes der Charta für sie angesichts deren Kodifizierungszwecks aus einer Gegenüberstellung der zumindest auf gemeinschaftszugehörige juristische Personen anwendbaren Charta-Rechte mit ihren Quellen im Gemeinschaftsrecht zu bestimmen.

Im Gemeinschaftsrecht ist das Ausmaß der Geltung der vertraglichen und ungeschriebenen Grundrechte für nicht gemeinschaftszugehörige juristische Personen, wie dargelegt,[965] nur in Ansätzen geklärt. Eine Gegenüberstellung des Verbots der Diskriminierung aus Gründen der Staatsangehörigkeit in Art. 21 Abs. 2 EGRC mit Art. 12 EG legt einen Ausschluss drittstaatszugehöriger juristischer Personen von dessen Anwendungsbereich nahe.[966] Hingegen spricht die Anwendung einzelner Verfahrens- und Prozessgrundrechte auf nicht gemeinschaftszugehörige juristische Personen durch die Gemeinschaftsgerichte[967] für eine auf diese erstreckte Geltung der in Art. 47-50 sowie 41 EGRC kodifizierten Rechte. Aus dem Schutz derselben durch die ungeschriebenen Grundrechte der freien wirtschaftlichen Betätigung und der Eigentumsgarantie[968] lässt sich schließen, dass die entsprechenden Art. 15 Abs. 1, 16 und 17 EGRC gleichermaßen für sie gelten.

Im übrigen kann unter Rückgriff auf die vorzugswürdige herrschende Lehre, die drittstaatszugehörige juristische Personen grundsätzlich als Träger sämtlicher ungeschriebener Gemeinschaftsgrundrechte ansieht,[969] davon ausgegangen werden, dass diese Personen prinzipiell in gleicher Weise wie gemeinschaftszugehörige juristische Personen durch die Gewährleistungen der Charta geschützt sind.[970] Hierfür spricht insbesondere, dass Quelle der Char-

---

964 Siehe hierzu oben 3. Kapitel.B.II.2.a(2)(a).

965 Siehe oben 3. Kapitel.B.II.1.c.

966 Vgl. zur (Nicht-) Geltung des Art. 12 EG bereits oben 3. Kapitel.B.II.1.c(1), bei Fn. 849 f. Die in Art. 15 Abs. 2 EGRC kodifizierten Personenverkehrsfreiheiten gelten hingegen ihrem Wortlaut nach schon nicht für juristische Personen, siehe oben 3. Kapitel.B.II.2.a(2)(b).

967 Siehe oben 3. Kapitel.B.II.1.c(2), insb. die Nachweise in Fn. 854.

968 Siehe oben 3. Kapitel.B.II.1.c(2), insb. die Nachweise in Fn. 855.

969 Siehe hierzu oben 3. Kapitel.B.II.1.c(2), bei Fn. 856 ff.

970 Dahingehend auch *Crones*, Grundrechtlicher Schutz von juristischen Personen im Gemeinschaftsrecht, S. 195.

ta-Grundrechte häufig auch Grundrechte der EMRK sind, die eine Differenzierung zwischen in- und ausländischen juristischen Personen nicht kennt.[971]

3. Vergleich der Regelung der Grundrechtsberechtigung in der Charta mit den zuvor bestehenden Regelungen im Gemeinschaftsrecht (unter Berücksichtigung von Art. 52 Abs. 2 EGRC)

Auch bei der Bestimmung der Grundrechtsträgerschaft juristischer Personen hat die Charta die bisherige einzelfallbezogene Regelungstechnik fortgeführt.

Eine Gesamtbetrachtung der Reichweite des persönlichen Schutzbereichs der Charta-Rechte zeigt, dass gemeinschaftszugehörige juristische Personen des Privatrechts nur knapp von der Hälfte der in der Charta kodifizierten Rechte geschützt sind. Hieraus lässt sich jedoch nicht auf ein Zurückfallen des Schutzniveaus der Charta im Vergleich zum vorherigen Standard im Gemeinschaftsrecht schließen. Juristische Personen sind im Wesentlichen nur von der Trägerschaft derjenigen Grundrechte ausgeschlossen, für die ihrem Regelungsinhalt nach ohnehin keine Anwendung auf sie denkbar ist. Sie sind vielmehr ganz überwiegend ebenso weitgehend Berechtigte der Charta-Rechte wie sie von den geschriebenen und ungeschriebenen Gemeinschaftsgrundrechten geschützt sind.

Vereinzelt geht die Charta bei der Anwendbarkeit ihrer Grundrechte auf juristische Personen über den – wie dargelegt bereits verhältnismäßig weitgehenden – bestehenden Schutz im Gemeinschaftsrecht hinaus. Dies gilt insbesondere für die Regelung des Art. 41 Abs. 4 EGRC, die im Gegensatz zu ihrem Pendant, Art. 21 Abs. 3 EG, auch juristische Personen berechtigt. Jedoch kommt hier, wie oben gezeigt, die Konformitätsklausel des Art. 52 Abs. 2 EGRC zur Anwendung. Dies hat zur Folge, dass die Erweiterung des Kreises der Grundrechtsberechtigten in Art. 41 Abs. 4 EGRC nicht zum Tragen kommt.[972]

Hingegen fasst die Charta ihren Schutzbereich bei den Personenverkehrsfreiheiten und der Dienstleistungsfreiheit (Art. 15 Abs. 2 EGRC) enger als die entsprechenden Rechte im EG-Vertrag, die im Gegensatz zur Charta-

---

[971] Siehe oben 3. Kapitel.B.II.1.c(2), bei Fn. 859.

[972] Siehe hierzu bereits oben 3. Kapitel.B.I.3, insb. die Nachweise in Fn. 759; vgl. dazu auch *Davis*, E.L.Rev. 27 (2002), S. 133.

Regelung juristische Personen berechtigen. In diesem Fall bewirkt die Anwendung der Konformitätsklausel des Art. 52 Abs. 2 EGRC, dass juristische Personen des Privatrechts ebenso wie durch Art. 39, 43 und 49 EG durch Art. 15 Abs. 2 EGRC geschützt sind.[973]

Teils behält die Charta aber auch, wie beim Schutz der Unverletzlichkeit der Wohnung (Art. 7 EGRC)[974] oder bei der Gewährleistung diplomatischen und konsularischen Schutzes (Art. 46 EGRC),[975] einen unnötigen Ausschluss juristischer Personen aus dem Schutzbereich dieser Rechte bei.

Eine Verbesserung des Grundrechtsschutzes auch für juristische Personen des Privatrechts bringt die Charta vor allem durch die Aufnahme einiger, in der Rechtsprechung von EuGH und EuG noch nicht ausdrücklich anerkannter Rechte. So kommen sie insbesondere in den Genuss der Religionsfreiheit (Art. 10 Abs. 1 EGRC), der Freiheit von Kunst und Wissenschaft (Art. 13 EGRC) und der Freiheit zur Gründung von Lehranstalten (Art. 14 Abs. 3 S. 1 HS 1 EGRC). Dasselbe gilt für die Rechte auf Anhörung im Unternehmen (Art. 27 EGRC) und auf arbeitsrechtliche Kollektivverhandlungen und -maßnahmen (Art. 28 EGRC). Lediglich eine Gewährleistung der allgemeinen Handlungsfreiheit als Auffanggrundrecht (auch) für juristische Personen enthält die Charta bedauerlicherweise nicht.

Für juristische Personen des öffentlichen Rechts behält die Charta insgesamt einen engen persönlichen Anwendungsbereich der Gemeinschaftsgrundrechte bei, was dem Wesen der Grundrechte als Abwehrrechte gegen hoheitliche Gewalt entspricht. Wie bei den juristischen Personen des Privatrechts führt die Charta jedoch auch hier durch die ausdrückliche Anerkennung einzelner Grundrechte, so der Religions-, Medien- und Wissenschaftsfreiheit sowie weitergehender Prozessgrundrechte, zu einer Anhebung des grundrechtlichen Schutzstandards. Letzteres gilt entsprechend auch für drittstaatszugehörige juristische Personen.

Was die Transparenz des Grundrechtsschutzes für juristische Personen insgesamt betrifft, ist zu konstatieren, dass die Charta diese lediglich in Art. 42-44 ausdrücklich als Grundrechtsträger nennt. Sie können sich jedoch auf eine erhebliche Anzahl weiterer Charta-Rechte berufen. Deshalb wäre es der mit der Charta bezweckten größeren Sichtbarkeit des Grundrechtsschut-

---

973 Siehe dazu eingehend unten 4. Kapitel.C.IV.2.c, insb. bei Fn. 1744.

974 Dazu oben 3. Kapitel.B.II.1.a(2), insb. bei Fn. 821.

975 Siehe hierzu eingehend oben 3. Kapitel.B.II.1.a(1), bei Fn. 787 f.

zes auf Gemeinschaftsebene dienlich gewesen, die Grundrechtsträgerschaft juristischer Personen in allgemeiner Weise in den horizontalen Bestimmungen des siebten Kapitels – etwa nach dem Vorbild des Art. 19 Abs. 3 GG – zu regeln.[976]

4. Vergleich der Grundrechtsberechtigung in der Charta mit der Regelung der Grundrechtsträgerschaft in der EMRK (unter Berücksichtigung von Art. 52 Abs. 3 EGRC)

Ebenso wie die Charta enthält die EMRK keine allgemeine Bestimmung zur Grundrechtsträgerschaft juristischer Personen. Lediglich Art. 1 des (ersten) Zusatzprotokolls zur EMRK erstreckt seine Geltung ausdrücklich auch auf diese. Weiterhin wird aus dem Wortlaut einzelner Artikel indirekt deutlich, dass auch juristische Personen sich auf die dort kodifizierten Rechte berufen können. So verweist Art. 10 Abs. 1 S. 3 EMRK beispielsweise auf die Möglichkeit eines Genehmigungserfordernisses für verschiedene Unternehmen. Zudem verdeutlicht Art. 34 EMRK, der die Aktivlegitimation auch nichtstaatlichen Organisationen und Personengruppen zuschreibt, dass die Konventionsrechte grundsätzlich *ratione personae* auch auf juristische Personen im weiteren Sinne Anwendung finden können.[977]

Aus Art. 1 i.V.m. 34 EMRK ergibt sich, dass die Konventionsrechte als Abwehrrechte gegen die verpflichteten Konventionsstaaten konzipiert sind und deshalb nicht auf Staaten und grundsätzlich auch nicht auf andere juristische Personen des öffentlichen Rechts Anwendung finden.[978] Eine Ausnahme kann sich allenfalls dann ergeben, wenn diese – ähnlich wie in den oben dargelegten Beispielen – dem verpflichteten Träger von Hoheitsgewalt ähnlich wie eine Privatperson in einer grundrechtstypischen Gefährdungslage gegen-

---

976 Dahingehend auch *Magiera*, DÖV 2000, S. 1025; *Simon*, RUDH 2000, S. 27; *Weber*, NJW 2000, S. 541; *Crones*, Grundrechtlicher Schutz von juristischen Personen im Gemeinschaftsrecht, S. 158-161, 190, 213; *Schwarze*, EuZW 2001, S. 521. Zu einem früheren Vorschlag für einen derartigen Artikel vgl. Art. 34 der im Auftrag von Mitgliedern der „Grünen" im Europäischen Parlament zur Vorlage bei der Amsterdamer Regierungskonferenz 1997 entworfenen „Erklärung der Grundrechte in der Europäischen Union", abgedruckt bei: *Preuß*, KJ 31 (1998), S. 28.

977 So auch *Frowein*, in: *Frowein / Peukert*, EMRK, Art. 1, Rn. 3; *Crones*, Grundrechtlicher Schutz von juristischen Personen im Gemeinschaftsrecht, S. 93 f.

978 Ebenso *Peukert*, in: *Frowein / Peukert*, EMRK, Art. 25 (a.F.), Rn. 16 m.w.N.; siehe dazu bereits oben 3. Kapitel. B.II.2.b(1), insb. die Nachweise in Fn. 937.

überstehen.[979] Eine Differenzierung zwischen staatszugehörigen und anderen juristischen Personen nimmt die Konvention erkennbar nicht vor.[980]

Im Ergebnis muss in der Konvention wie in der Charta durch Auslegung des betreffenden Rechts ermittelt werden, ob dieses seinem Wesen nach auch auf juristische Personen Anwendung findet.[981] Schon aufgrund der Tatsache, dass sich die Interpretation der Charta-Rechte wie gezeigt an der Reichweite ihrer Pendants in der Konvention orientiert, lassen sich im Regelfall keine Unterschiede zwischen der Grundrechtsberechtigung juristischer Personen in den beiden Grundrechtskatalogen feststellen.

In zwei Fällen jedoch umfassen Charta-Rechte, entsprechend der Auslegung ihres Pendants im Gemeinschaftsrecht durch die Rechtsprechung der Gemeinschaftsgerichte, anders als die entsprechenden Konventionsrechte juristische Personen nicht. Dies betrifft zum einen das in den Grundrechten auf Wahrung der Rechte der Verteidigung (Art. 48 Abs. 2 EGRC) und auf einen fairen Prozess (Art. 47 Abs. 2 EGRC) verankerte Recht, sich nicht selbst belasten zu müssen (*nemo-tenetur*-Grundsatz).[982] Zum anderen erfasst das in Art. 7 EGRC niedergelegte Recht auf Achtung der Wohnung, wie gezeigt, nicht auch die Geschäftsräume juristischer Personen.[983]

Jedoch entsprechen Art. 48 Abs. 2, 47 Abs. 2 EGRC dem Art. 6 Abs. 1-3 EMRK,[984] während Art. 7 EGRC auf Art. 8 Abs. 1 EMRK beruht.[985] Infolgedessen kommt die Konformitätsklausel des Art. 52 Abs. 3 EGRC zur Anwendung.[986] Dies hat zur Folge, dass der Schutzbereich der genannten Charta-Rechte als ebenso weitgehend anzusehen ist wie derjenige der entsprechenden Konventionsrechte in ihrer Auslegung durch den EGMR. Folglich schützen beide Charta-Artikel im Ergebnis auch juristische Personen.

---

979 Siehe dazu bereits oben 3. Kapitel. B.II.2.b(1), insb. die Nachweise in Fn. 938.

980 *Frowein*, in: *Frowein / Peukert*, EMRK, Art. 1, Rn. 3; zu Art. 6 EMRK *Peukert*, in: *Frowein / Peukert*, EMRK, Art. 6, Rn. 4 m.w.N.

981 So i.E. auch *Frowein*, in: *Frowein / Peukert*, EMRK, Art. 1, Rn. 3; *Crones*, Grundrechtlicher Schutz von juristischen Personen im Gemeinschaftsrecht, S. 95.

982 Siehe dazu bereits oben 3. Kapitel. B.II.2.a(2)(b), insb. die Nachweise in Fn. 921.

983 Siehe dazu bereits oben 3. Kapitel. B.II.2.a(2)(b), insb. die Nachweise in Fn. 918 f.

984 Dazu eingehend unten 4. Kapitel. C.V.2.c(2), insb. die Nachweise in Fn. 1885-1888.

985 Dazu eingehend unten 4. Kapitel. C.V.2.c(2), insb. die Nachweise in Fn. 1871 f.

986 Zu Anwendungsbereich und Wirkungsweise des Art. 52 Abs. 3 EGRC eingehend unten 4. Kapitel. C.V.

Insgesamt ergeben sich allerdings keine gravierenden Abweichungen zwischen der Grundrechtsträgerschaft juristischer Personen in der Charta und der EMRK.

5. Vergleich der Grundrechtsberechtigung in der Charta mit der Regelung der Grundrechtsträgerschaft im deutschen Grundgesetz

Das deutsche Grundgesetz enthält im Gegensatz zur Charta eine horizontale Bestimmung der Grundrechtsberechtigung juristischer Personen. Nach Art. 19 Abs. 3 GG gelten die Grundrechte des Grundgesetzes auch für inländische juristische Personen, soweit sie ihrem Wesen nach auf diese anwendbar sind.

Eine Gegenüberstellung der im Grundgesetz garantierten Rechte mit den Gewährleistungen der Charta lässt einen teils weitergehenden persönlichen Schutzbereich ersterer für juristische Personen des Privatrechts erkennen. So erkennt Art. 11 Abs. 1 GG diesen die Freizügigkeit zu,[987] während Art. 45 Abs. 1 EGRC sie auf natürliche Personen beschränkt. Gleichermaßen bezieht sich der Schutz der Wohnung in Art. 13 Abs. 1 GG nach der Rechtsprechung des Bundesverfassungsgerichts auch auf Geschäftsräume aller Art, und erfasst damit juristische Personen,[988] während dies nach Art. 7 EGRC nicht der Fall ist. Auch ist das Petitionsrecht des Art. 17 GG, anders als Art. 44 EGRC, nicht auf natürliche Personen beschränkt.[989]

Juristische Personen des öffentlichen Rechts sind, ebenso wie in der Charta, grundsätzlich nicht Berechtigte der Grundrechte des Grundgesetzes.[990]

Auch ausländische juristische Personen sind nach ganz überwiegender Meinung nach Art. 19 Abs. 3 GG *e contrario* grundsätzlich nicht Grundrechts-

---

987 *Rüfner*, in: HStR V, § 116, Rn. 47 m.w.N.

988 So z.B. BVerfG, 2 BvR 294/76, Beschl. v. 26.05.1976, BVerfGE 42, 212 (219) m.w.N.; BVerfG, 2 BvR 988/75, Beschl. v. 24.05.1977, BVerfGE 44, 353 (371) m.w.N.; ebenso *Rüfner*, in: HStR V, § 116, Rn. 51 m.w.N.

989 So überzeugend *Rüfner*, in: HStR V, § 116, Rn. 37.

990 Siehe dazu bereits oben 3. Kapitel.B.II.2.b(1), insb. die Nachweise in Fn. 940-942.

träger.[991] Insoweit ist das deutsche Grundgesetz, das der Staatsgewalt diesbezüglich einen wirtschaftspolitischen und fremdenrechtlichen Aktionsspielraum belassen wollte,[992] deutlich restriktiver als die Grundrechtecharta.[993] Immerhin werden die Verfahrensrechte der Art. 19 Abs. 4, 101 Abs. 1 und 103 Abs. 1 GG ausländischen juristischen Personen aber nicht vorenthalten.[994]

Insgesamt erweist sich die Charta wegen ihrer weitergehenden Öffnung der Grundrechtsträgerschaft für nicht gemeinschaftszugehörige juristische Personen insoweit als der modernere Grundrechtskatalog. Jedoch wäre die Aufnahme einer allgemeinen Bestimmung über die Grundrechtsberechtigung juristischer Personen in diese nach dem Vorbild des Art. 19 Abs. 3 GG, wie gezeigt, der Sichtbarkeit des Grundrechtsschutzes und der Entwicklung einer einheitlicheren Grundrechtsdogmatik in diesem Bereich dienlich gewesen.[995]

6. Ergebnis

Zusammenfassend kann der Charta ein guter Schutz auch juristischer Personen bescheinigt werden. Ihre Rechte berechtigen wie die geschriebenen und ungeschriebenen Gemeinschaftsgrundrechte verhältnismäßig weitgehend juristische Personen des Privatrechts, wenn ihr Schutzniveau in diesem Bereich auch hinter demjenigen der EMRK und des deutschen Grundgesetzes zurückbleibt.

Für juristische Personen des öffentlichen Rechts behält sie entsprechend der EMRK und dem Grundgesetz – im Einklang mit der obersten Funktion der Grundrechte als Abwehrrechte gegen hoheitliche Gewalt – einen angemessen engen Anwendungsbereich ihrer Rechte bei.

---

991 BVerfG, 1 BvR 46/66, Beschl. v. 01.03.1967, BVerfGE 21, 207 (208 f.); BVerfG, 1 BvR 554/65, Beschl. v. 19.03.1968, BVerfGE 23, 229 (236); *Rüfner*, in: HStR V, § 116, Rn. 57 mit zahlreichen Nachweisen.

992 *Rüfner*, in: HStR V, § 116, Rn. 57 f.

993 Kritisch zur Vereinbarkeit dieser Einschränkungen deutschen Grundrechtsschutzes mit den gemeinschaftsrechtlichen Diskriminierungsverboten *Scheuing*, EuR 1997, Beiheft 1, S. 14.

994 So BVerfG, 2 BvR 177/60, Beschl. v. 08.11.1960, BVerfGE 12, 6 (8) (hinsichtlich Art. 103 Abs. 1 GG); BVerfG, 1 BvR 578/63, Beschl. v. 02.05.1967, BVerfGE 21, 362 (373) (hinsichtlich Art. 101 Abs. 1, 103 Abs. 1 GG); *Rüfner*, in: HStR V, § 116, Rn. 58 f. m.w.N.

995 Siehe dazu bereits soeben 3. Kapitel.B.II.3, insb. die Nachweise in Fn. 976.

Sie schreibt ihre Rechte verhältnismäßig weitgehend auch drittstaatszugehörigen juristischen Personen zu und erweist sich hierbei als ein – z.B. über den Schutz des Grundgesetzes hinausgehender – moderner Grundrechtskatalog.

Insgesamt birgt die Charta im Bereich der Grundrechtsträgerschaft juristischer Personen im Verhältnis zum bisherigen Grundrechtsschutz im Gemeinschaftsrecht jedoch wenige Neuerungen. Ein im Verhältnis zu Letzterem höheres Schutzniveau erreicht sie im Wesentlichen lediglich durch eine Erweiterung des Kreises der auf Gemeinschaftsebene ausdrücklich anerkannten Grundrechte.

Die fehlende Aufnahme einer allgemeinen Bestimmung, welche die Anwendung ihrer Rechte auf juristische Personen regelt, in den horizontalen Bestimmungen des siebten Kapitels führt zwar nicht notwendig zu einem niedrigeren grundrechtlichen Schutzstandard. Hierdurch wurde aber die Gelegenheit versäumt, die Grundrechtsträgerschaft juristischer Personen transparenter zu regeln und diesbezüglich die Entwicklung einer einheitlichen Grundrechtsdogmatik zu ermöglichen.

Auch im Bereich der juristischen Personen verbleiben durch deren Einbeziehung in den Schutzbereich zahlreicher Charta-Garantien ebenso wie in denjenigen der Garantien in anderen Grundrechtskatalogen auf europäischer Ebene große Schnittmengen der Anwendungsbereiche dieser Grundrechtskataloge.

C. Grundrechtsverpflichtete / -adressaten

Während die Charta, wie gezeigt, ihren Anwendungsbereich *ratione personae* hinsichtlich der Grundrechtsberechtigten jeweils einzeln in den materiellrechtlichen Bestimmungen der Charta absteckt, legt sie die Grundrechtsverpflichteten bzw. –adressaten für alle Charta-Rechte einheitlich in der horizontalen Bestimmung des Art. 51 EGRC fest.[996]

Anders als die Grundfreiheiten dienten die vom EuGH entwickelten Gemeinschaftsgrundrechte ursprünglich dazu, den Grundrechtsträgern Schutz vor Grundrechtseingriffen durch die Gemeinschaftsorgane zu gewähren. Die Staatsgewalt der Mitgliedstaaten hingegen war an die Grundrechte

[996] Zu dieser Regelungstechnik der Charta auch *Vitorino*, RTDE 2001, S. 41; *Curtin / van Ooik*, 8 MJ 1 (2001), S. 104/105.

der mitgliedstaatlichen Verfassungen sowie die Rechte der Europäischen Menschenrechtskonvention gebunden.[997] Wie gezeigt haben die mitgliedstaatlichen Höchstgerichte bzw. der EGMR in der Fortentwicklung ihrer Spruchpraxis die Bindung an die mitgliedstaatlichen bzw. an die Konventionsgrundrechte in bestimmten Fallkonstellationen indirekt auch auf gemeinschaftsrechtlich determinierte Maßnahmen erstreckt.[998] Ebenso sind die EU-Mitgliedstaaten nach der nunmehr ständigen Rechtsprechung des EuGH bzw. nach der Grundrechtecharta in bestimmten Bereichen auch an die Gemeinschaftsgrundrechte gebunden. Diese Mehrdimensionalität des Grundrechtsschutzes in Europa liegt in der Kompetenzverteilung zwischen EG / EU und den Mitgliedstaaten begründet.[999]

Im Folgenden soll zunächst die Reichweite der Grundrechtsbindung der Union (I.), sodann diejenige der Mitgliedstaaten (II.) und diejenige privater Rechtssubjekte (sog. Drittwirkung der Grundrechte, vgl. III.) im Rahmen des herkömmlichen gemeinschaftsrechtlichen Grundrechtsschutzes und in der Charta untersucht werden. Schließlich soll analysiert werden, ob die Festlegung der Grundrechtsverpflichteten in der Charta Auswirkungen auf die Kompetenzverteilung zwischen der EG / EU und ihren Mitgliedstaaten hat (IV.).

I. Die Grundrechtsbindung der Union

1. Bindung im Rahmen des herkömmlichen gemeinschaftsrechtlichen Grundrechtsschutzes

Die wenigen *geschriebenen* Grundrechte[1000] und grundrechtsähnlichen Freiheiten[1001] des EG-Vertrages verpflichten in erster Linie die EU-Mitgliedstaa-

---

997 Dazu *Rengeling*, Grundrechtsschutz in der Europäischen Gemeinschaft, S. 14/15, 186 f.; *Walter*, in: *Ehlers* (Hrsg.), Europäische Grundrechte und Grundfreiheiten, § 1 I, Rn. 2 f., § 1 III 5, Rn. 33; *Kühling*, in: *v. Bogdandy* (Hrsg.), Europäisches Verfassungsrecht, S. 606.

998 Siehe dazu bereits oben 1. Kapitel.C.I.2, II.2.

999 Dazu näher *Lindner*, DÖV 2000, S. 546 ff.; *Schmitz*, JZ 2001, S. 835; sowie unten 3. Kapitel.C.II.1, insb. bei Fn. 1058.

1000 Z.B. Art. 12, 18, 19 Abs. 1, 2, 20, 141 EG; vgl. dazu *Ehlers*, in: *Ehlers* (Hrsg.), Europäische Grundrechte und Grundfreiheiten, § 13 IV 2, Rn. 29; zur ggf. eintretenden Bindung auch der Gemeinschaften an diese *Kingreen / Störmer*, EuR 1998, S. 278; *Ehlers*, a.a.O., § 13 IV 1, Rn. 28.

1001 Vgl. zu diesen bereits oben 1. Kapitel.B.II.3, insb. bei Fn. 119.

ten. Nur einzelne Rechte richten sich an die *Gemeinschaft* bzw. bestimmte ihrer Organe und Einrichtungen. So bindet z.B. das Petitionsrecht (Art. 21 Abs. 1 i.V.m. 194 EG) lediglich das Europäische Parlament, während das Recht auf Anrufung des Bürgerbeauftragten (Art. 21 Abs. 2 i.V.m. 195 EG) nur Letzteren unmittelbar verpflichtet. Das Recht auf Verständigung[1002] des Art. 21 Abs. 3 EG bindet ausdrücklich neben sämtlichen Organen der Gemeinschaft (vgl. Art. 7 Abs. 1 EG) den Europäischen Bürgerbeauftragten (vgl. Art. 21 Abs. 2 EG), den Wirtschafts- und Sozialausschuss und den Ausschuss der Regionen (Art. 7 Abs. 2 EG). Das Recht auf Dokumentenzugang (Art. 255 EG) bindet Europäisches Parlament, Rat und Kommission.

Anderes gilt für die *Europäische Union*, die nach Art. 1 Abs. 3 S. 1 EU als „Dach" auf der ersten „Säule" der Europäischen Gemeinschaften[1003] beruht, die durch die zweite „Säule" der Gemeinsamen Außen- und Sicherheitspolitik (GASP) und die dritte „Säule" der polizeilichen und justiziellen Zusammenarbeit in Strafsachen (PJZS) ergänzt werden.[1004] Sie ist nach Wortlaut und systematischer Stellung o.g. geschriebener Grundrechte nicht durch diese verpflichtet. Dasselbe gilt für die im Rahmen der Europäischen Union handelnden Organe (Art. 4 f. EU).

Die vom EuGH entwickelten *ungeschriebenen* Gemeinschaftsgrundrechte binden demgegenüber ihrer Entstehungsgeschichte und Konzeption nach in erster Linie die Organe der *Gemeinschaft* bei ihrem hoheitlichen Handeln,[1005] d.h. das Europäische Parlament, den (Minister-) Rat, die Kommission, den Gerichtshof selbst (einschließlich des Gerichts erster Instanz) sowie den

---

1002 So zu Art. 21 Abs. 3 EG *Kluth*, in: *Calliess / Ruffert* (Hrsg.), EUV/EGV, Art. 21 EGV, Rn. 2.

1003 Dies sind seit dem Außerkrafttreten des EGKSV am 23.07.2002 die EG und die EAG.

1004 Zu dieser sog. Tempelkonstruktion näher *Borchardt*, Die rechtlichen Grundlagen der EU, § 17 I, Rn. 929; *Calliess*, in: *Calliess / Ruffert* (Hrsg.), EUV/EGV, Art. 1 EUV, Rn. 4 m.w.N.; hierzu und zu anderen Modellen der Architektur der Union *Wichard*, in: *Calliess / Ruffert* (Hrsg.), EUV/EGV, Art. 1 EGV, Rn. 16-25.

1005 Vgl. z.B. EuGH, Rs. 4/73, Nold, Kohlen- und Baustoffgroßhandlung ./. Kommission, Urt. v. 14.05.1974, Slg. 1974, S. 491 ff. (507 / Rn. 13); EuGH, Rs. 44/79, Hauer ./. Land Rheinland-Pfalz, Urt. v. 13.12.1979, Slg. 1979, S. 3727 ff. (3744 / Rn. 14); ebenso z.B. *Ruffert*, EuGRZ 1995, S. 519; *Rengeling*, Grundrechtsschutz in der Europäischen Gemeinschaft, S. 14/15, 186, 199; *Lindner*, DÖV 2000, S. 547; *Walter*, in: *Ehlers* (Hrsg.), Europäische Grundrechte und Grundfreiheiten, § 1 I, Rn. 3.

Rechnungshof (Art. 7 Abs. 1 EG). Dies bedeutet, dass die Gültigkeit der Rechtsakte der Gemeinschaftsorgane an den Grundrechten zu messen ist, und dass diese Rechte bei der Auslegung des gemeinschaftlichen Primär- und Sekundärrechts zu beachten sind.[1006]

Daneben sind die rechtsfähigen Einrichtungen der Gemeinschaft, d.h. durch den EG-Vertrag oder auf dessen Grundlage (insbesondere Art. 308 EG) geschaffene Instanzen, Adressaten der ungeschriebenen Gemeinschaftsgrundrechte.[1007] Somit verpflichten diese z.B. auch die Europäische Zentralbank (Art. 8, 105 ff. EG)[1008], den Wirtschafts- und Sozialausschuss (Art. 7 Abs. 2, 257 ff. EG)[1009] und den Ausschuss der Regionen (Art. 263 ff. EG)[1010] als durch den EG-Vertrag errichtete Einrichtungen. Dasselbe gilt z.B. für das auf der Grundlage des Art. 308 EG errichtete Europäische Zentrum für die Förderung der Berufsbildung oder das Markenamt.[1011]

Art. 6 Abs. 2 EU, dem zufolge die „*Union*" die vom EuGH als allgemeine Grundsätze des Gemeinschaftsrechts entwickelten Grundrechte achtet, verdeutlicht darüber hinaus, dass neben den Maßnahmen der Gemeinschaften auch die Handlungen der Union im Rahmen der GASP und der PJZS der Bindung an die Gemeinschaftsgrundrechte unterliegen. Die auf europäischer Ebene konstituierte Hoheitsgewalt ist danach materiell-rechtlich insgesamt und uneingeschränkt diesen Grundrechten verpflichtet.[1012]

1006 Dazu näher *Rengeling*, Grundrechtsschutz in der Europäischen Gemeinschaft, S. 199 m.w.N.

1007 I.E. ebenso *Ehlers*, in: *Ehlers* (Hrsg.), Europäische Grundrechte und Grundfreiheiten, § 13 IV 1, Rn. 28.

1008 Zum Status der EZB als Einrichtung der Gemeinschaft *Häde*, in: *Calliess / Ruffert* (Hrsg.), EUV/EGV, Art. 8 EGV, Rn. 4.

1009 Zum Status des WSA als gemeinschaftliche Einrichtung *Suhr*, in: *Calliess / Ruffert* (Hrsg.), EUV/EGV, Art. 257 EGV, Rn. 5.

1010 Zum Status des AdR als gemeinschaftliche Einrichtung *Suhr*, in: *Calliess / Ruffert* (Hrsg.), EUV/EGV, Art. 263 EGV, Rn. 11.

1011 Zu den auf der Grundlage von Art. 308 EG geschaffenen Einrichtungen näher *Rossi*, in: *Calliess / Ruffert* (Hrsg.), EUV/EGV, Art. 308 EGV, Rn. 60; weitere Beispiele finden sich bei *Curtin / van Ooik*, 8 MJ 1 (2001), S. 107.

1012 So statt vieler auch *Weber*, NJW 2000, S. 542; *Beutler*, in: *Beutler / Bieber u.a.*, EU, Kap. 10.1.3.3., Rn. 657; *Pernice / Mayer*, in: *Grabitz / Hilf* (Hrsg.), EUV/EGV, Bd. I, nach Art. 6 EUV, Rn. 31; *Kühling*, in: *v. Bogdandy* (Hrsg.), Europäisches Verfassungsrecht, S. 606.

Dieser umfassenden Grundrechtsbindung steht jedoch derzeit kein entsprechender gerichtlicher Kontrollmechanismus gegenüber. Der EuGH kann die Grundrechtskonformität von EU-Maßnahmen vielmehr nur beschränkt überprüfen. Voraussetzung der Kontrolle einer solchen Maßnahme vor dem EuGH ist gemäß Art. 46 lit. d EU, dass diesem in den Gemeinschaftsverträgen bzw. dem EU-Vertrag hierfür ausdrücklich die Zuständigkeit übertragen wurde. Für Maßnahmen der Gemeinschaftsorgane und –einrichtungen ergibt sich eine entsprechende Kompetenz des Gerichtshofs aus der Pflicht zur Sicherung der Wahrung des Rechts bei der Auslegung und Anwendung des EG-Vertrages (Art. 220 EG).[1013] Für Handlungen von Organen im Rahmen des Unionsvertrages ist der EuGH hingegen lediglich in den in Art. 46 lit. a-c EU abgesteckten Bereichen insbesondere der PJZS zur Prüfung ihrer Vereinbarkeit mit den Gemeinschaftsgrundrechten befugt.[1014]

Insgesamt erweist sich die materiell-rechtliche Bindung von Maßnahmen der Union an die primärrechtlich ausdrücklich verankerten und die durch die EuGH-Rechtsprechung entwickelten Grundrechte auf Gemeinschaftsebene, sowie die gerichtliche Kontrollierbarkeit der Grundrechtskonformität dieser Maßnahmen als uneinheitlich.

2. Bindung in der Grundrechtecharta (Art. 51 Abs. 1 EGRC)

a. Organe und Einrichtungen „*der Union*"

Nach Art. 51 Abs. 1 S. 1 EGRC gilt die Charta für die Organe und Einrichtungen „*der Union*". Die Reichweite der hierdurch geregelten Bindungswirkung der Charta ist nicht eindeutig,[1015] da der Begriff „Union" im System des Unionsrechts nicht einheitlich verwendet wird. Im engeren Sinne be-

---

1013 So auch *Kingreen*, in: *Calliess / Ruffert* (Hrsg.), EUV/EGV, Art. 6 EUV, Rn. 32.

1014 Vgl. dazu *Beutler*, in: *Beutler / Bieber u.a.*, EU, Kap. 10.1.3.3., Rn. 657; *Kingreen*, in: *Calliess / Ruffert* (Hrsg.), EUV/EGV, Art. 6 EUV, Rn. 32.

1015 Kritisch dazu z.B. *Calliess*, EuZW 2001, S. 266; *Calliess*, in: *Ehlers* (Hrsg.), Europäische Grundrechte und Grundfreiheiten, § 19 III, Rn. 24 f.; *Griller*, in: *Duschanek / Griller* (Hrsg.), Grundrechte für Europa, S. 136; *Stein*, in: *Cremer / Giegerich u.a.* (Hrsg.), Tradition und Weltoffenheit des Rechts, FS f. *Steinberger*, S. 1433; *Große Wentrup*, Europäische Grundrechtecharta im Spannungsfeld der Kompetenzverteilung, S. 48. Demgegenüber sieht *Borowsky* in der Verwendung des Begriffes „Union" in der Charta – mit Blick auf den Verfassungskonvent nicht zu Unrecht – einen „*souveränen Vorgriff auf zu erwartende künftige Rechtsentwicklungen*", vgl. *ders.*, in: *Meyer* (Hrsg.), Charta-Kommentar, Art. 51 EGRC, Rn. 17.

zeichnet er lediglich das nach Titel V oder VI des EU-Vertrages, d.h. im Rahmen der intergouvernemental geprägten GASP und der PJZS jeweils handelnde Subjekt, unter Ausschluss der supranationalen Gemeinschaften EG und EAG.[1016] Demgegenüber steht der Begriff in einem weiteren Sinne für die die Gemeinschaften (EG, EAG), die GASP und die PJZS umfassende Organisation, unabhängig von deren – umstrittenen[1017] – eigenen Rechtspersönlichkeit (vgl. Art. 1 Abs. 3 S. 1 EU).[1018]

Mehrere Gesichtspunkte sprechen dafür, dass Art. 51 Abs. 1 S. 1 EGRC die Bezeichnung „*Union*" in letztgenanntem weiteren Sinn verwendet. Wie die Erläuterungen des Konventspräsidiums bestätigen,[1019] knüpft Art. 51 EGRC bei der Regelung der Grundrechtsadressaten an das Mandat des Europäischen Rates von Köln zur Erarbeitung einer Charta der Grundrechte der „Europäischen Union" an. Dieses gebraucht den Begriff „Union" z.B. bei der Feststellung, dass der EuGH die Verpflichtung „der Union" zur Achtung der Grundrechte in seiner Rechtsprechung ausgeformt habe, erkennbar in einem umfassenden Sinn.[1020] Überdies hält sich Art. 51 Abs. 1 EGRC, wie sich auch aus den Erläuterungen des Präsidiums ergibt,[1021] bei der Bestimmung der Grundrechtsverpflichteten an die Regelung des Art. 6 Abs. 2 EU, welche ebenfalls die Union als Verpflichtete der Gemeinschaftsgrundrechte nennt. Aufgrund des Hauptziels des Art. 6 Abs. 2 EU, die EuGH-Rechtsprechung zu den ungeschriebenen Gemeinschaftsgrundrechten zu bestätigen, die in erster Linie von der EG zu achten sind, ist der Unionsbegriff in Art. 6 EU und

---

1016 Vgl. *Wichard*, in: *Calliess / Ruffert* (Hrsg.), EUV/EGV, Art. 1 EGV, Rn. 28.

1017 Die bislang herrschende Meinung lehnt eine eigenständige Rechtspersönlichkeit der EU ab, vgl. eingehend zum Diskussionsstand *Wichard*, in: *Calliess / Ruffert* (Hrsg.), EUV/EGV, Art. 1 EGV, Rn. 5-14; *Große Wentrup*, Europäische Grundrechtecharta im Spannungsfeld der Kompetenzverteilung, S. 32-40.

1018 Vgl. *Wichard*, in: *Calliess / Ruffert* (Hrsg.), EUV/EGV, Art. 1 EGV, Rn. 27.

1019 Siehe die Erläuterungen des Konventspräsidiums zu Art. 51 EGRC, Dok. CHARTE 4473/00 CONVENT 49 v. 11.10.2000, S. 46 = EuGRZ 2000, S. 568.

1020 Vgl. Europäischer Rat (Köln), Anhang IV zu den Schlussfolgerungen des Vorsitzes, Bull. EU 6-1999, S. 39 = EuGRZ 1999, S. 364; i.E. ebenso *Borowsky*, in: *Meyer* (Hrsg.), Charta-Kommentar, Art. 51 EGRC, Rn. 17.

1021 Erläuterungen des Konventspräsidiums zu Art. 51 EGRC, Dok. CHARTE 4473/00 CONVENT 49 v. 11.10.2000, S. 46 = EuGRZ 2000, S. 568.

damit der des Art. 51 Abs. 1 EGRC als u.a. die Gemeinschaften umfassender Oberbegriff zu verstehen.[1022]

Insbesondere aber lässt das Ziel der Charta einschließlich ihrer Regelung in Art. 51 Abs. 1 EGRC, die auf Gemeinschaftsebene existierenden, meist ungeschriebenen Grundrechte in einem Katalog sichtbar zu verankern, darauf schließen, dass sich auch die Charta-Rechte wie ihre jeweiligen Pendants in der EuGH-Rechtsprechung in erster Linie gegen Maßnahmen der EG richten. Gerade letztere Maßnahmen müssen wegen des grundsätzlichen Anwendungsvorrangs des Gemeinschaftsrechts vor mitgliedstaatlichem (Verfassungs-) Recht für einen effektiven Schutz des Einzelnen an die Grundrechte auf Gemeinschaftsebene gebunden sein.[1023]

Unabhängig vom Verständnis des Begriffs „Union" ist außerdem das Handeln im Rahmen der sog. zweiten (GASP) und dritten (PJZS) Säule der EU ausdrücklich an den Grundrechten der Charta zu messen.[1024] Die Konventsmehrheit konnte dies – im Einklang mit der Bestimmung des Art. 6 Abs. 2 EU – gegenüber einzelnen Stimmen durchsetzen, die u.a. die grundrechtssensiblen Bereiche der dritten Säule von einer materiellen Grundrechtsbindung ausnehmen wollten.[1025]

Demzufolge haben sowohl die Maßnahmen der Gemeinschaften (EG und EAG) als auch die Handlungen der Union i.e.S. im Rahmen der GASP und der PJZS die Charta-Rechte zu beachten.[1026] Ebenso wie im Rahmen des

---

[1022] So i.E. auch *Dutheil de la Rochère*, RMC 2000, S. 678; *dies.*, Regards sur l'actualité 2001, S. 9; *Griller*, in: *Duschanek / Griller* (Hrsg.), Grundrechte für Europa, S. 136; *Borowsky*, in: *Meyer* (Hrsg.), Charta-Kommentar, Art. 51 EGRC, Rn. 17.

[1023] In diese Richtung auch *Griller*, in: *Duschanek / Griller* (Hrsg.), Grundrechte für Europa, S. 136; ebenso i.E. *Große Wentrup*, Europäische Grundrechtecharta im Spannungsfeld der Kompetenzverteilung, S. 48.

[1024] So statt vieler *Vitorino*, RTDE 2001, S. 41; ebenso *Editorial comments*, CML Rev. 38 (2001), S. 4; *Beutler*, in: *Beutler / Bieber u.a.*, EU, Kap. 10.1.3.3., Rn. 657; *Große Wentrup*, Europäische Grundrechtecharta im Spannungsfeld der Kompetenzverteilung, S. 48; *Zimmermann*, EU-Grundrechtecharta, S. 21; zweifelnd hingegen *Calliess*, EuZW 2001, S. 266; *Calliess*, in: *Ehlers* (Hrsg.), Europäische Grundrechte und Grundfreiheiten, § 19 III, Rn. 25; *Stein*, in: *Cremer / Giegerich u.a.* (Hrsg.), Tradition und Weltoffenheit des Rechts, FS f. *Steinberger*, S. 1433.

[1025] Näher *Vitorino*, RTDE 2001, S. 41; *Borowsky*, in: *Meyer* (Hrsg.), Charta-Kommentar, Art. 51 EGRC, Rn. 16; vgl. demgegenüber noch *Tappert*, DRiZ 2000, S. 206.

[1026] So i.E. auch die ganz überwiegende Meinung, vgl. z.B. *Magiera*, DÖV 2000, S. 1024/1025; *Dutheil de la Rochère*, RMC 2000, S. 678; *dies.*, Regards sur

herkömmlichen Grundrechtsschutzes durch ungeschriebene allgemeine Rechtsgrundsätze und grundsätzlich weitergehend als die im EG-Vertrag niedergelegten geschriebenen Rechte ist die auf europäischer Ebene konstituierte Hoheitsgewalt nach der allgemeinen Bestimmung des Art. 51 Abs. 1 S. 1 EGRC materiell-rechtlich insgesamt und uneingeschränkt diesen Rechten verpflichtet.

Allerdings modifizieren einzelne Charta-Rechte diesen weiten Kreis der Grundrechtsverpflichteten. So richtet sich beispielsweise der Anspruch auf außervertragliche Amtshaftung des Art. 41 Abs. 3 EGRC wie seine Inspirationsquelle Art. 288 Abs. 2 EG[1027] ausdrücklich nur gegen die EG. Daneben verpflichten andere Charta-Bestimmungen nur bestimmte in der Unionsrechtsordnung handelnde Organe oder Einrichtungen. So bindet z.B. Art. 42 EGRC seinem ausdrücklich Wortlaut nach lediglich das Europäische Parlament, den Rat und die Kommission, und Art. 43 EGRC unmittelbar nur den Europäischen Bürgerbeauftragten. Art. 44 EGRC richtet sich ausschließlich gegen das Europäische Parlament. Die wenigen materiell-rechtlichen Charta-Normen, die derartige Beschränkungen ihres Adressatenkreises vorsehen, gehen als *leges speciales* der allgemeinen Bestimmung der Grundrechtsverpflichteten in Art. 51 Abs. 1 S. 1 EGRC vor.[1028]

Zudem kann die Konformitätsklausel des Art. 52 Abs. 2 EGRC für Charta-Rechte, die auf gemeinschafts- oder unionsvertraglich garantierten Rechten beruhen, als spezielle Regelung ebenfalls zu einer dem Verpflichtetenkreis der vertraglichen Rechte entsprechenden Einschränkung des Adressatenkreises des Art. 51 Abs. 1 EGRC führen.[1029] Im Ergebnis geht die mate-

---

l'actualité 2001, S. 9; *Vitorino*, RTDE 2001, S. 41; *Curtin / van Ooik*, 8 MJ 1 (2001), S. 105 f.; *Goldsmith*, CML Rev. 38 (2001), S. 1204/1205; *Griller*, in: *Duschanek / Griller* (Hrsg.), Grundrechte für Europa, S. 136; *Borowsky*, in: *Meyer* (Hrsg.), Charta-Kommentar, Art. 51 EGRC, Rn. 16 f.

1027 Dies bestätigen die Erläuterungen des Konventspräsidiums zu Art. 41 EGRC, Dok. CHARTE 4473/00 CONVENT 49 v. 11.10.2000, S. 37 = EuGRZ 2000, S. 566.

1028 So auch *Curtin / van Ooik*, 8 MJ 1 (2001), S. 106; *Borowsky*, in: *Meyer* (Hrsg.), Charta-Kommentar, Art. 51 EGRC, Rn. 20; a.A. (hinsichtlich Art. 41 EGRC) *Lais*, ZEuS 2002, S. 457.

1029 Zur Funktionsweise des Art. 52 Abs. 2 EGRC eingehend unten 4. Kapitel.C.IV. Die praktischen Auswirkungen des Art. 52 Abs. 2 EGRC sind in diesem Bereich allerdings gering, da die den Verträgen entstammenden Charta-Rechte (z.B. Art. 42 EGRC bzw. Art. 255 EG, Art. 43 EGRC bzw. Art. 195 EG, Art. 44 EGRC bzw. Art. 194 EG) ihren Adressatenkreis ersichtlich bereits in ihrem eigenen Wortlaut

riell-rechtliche Grundrechtsverpflichtung der Union im weiteren Sinne durch die Charta damit ebenso weit wie deren Bindung an die herkömmlichen geschriebenen und ungeschriebenen Gemeinschaftsgrundrechte.

Auch an der beschränkten Kontrollierbarkeit von EU-Maßnahmen i.e.S. durch den EuGH gemäß Art. 46 lit. d EU ändert die Charta, die dem Mandat an den Konvent zufolge nur Bestimmungen auf materiell-rechtlicher Ebene niederlegen sollte, nichts.[1030]

b. Organe und Einrichtungen

Grundrechtsverpflichtet sind nach Art. 51 Abs. 1 S. 1 EGRC die „*Organe und Einrichtungen*" der Union. Ausweislich der Erläuterungen des Konventspräsidiums umfassen die „*Organe*" die in Art. 7 (Abs. 1) EG aufgelisteten Gemeinschaftsorgane Europäisches Parlament, Rat, Kommission, Gerichtshof und Rechnungshof.[1031] Sind diese auch, wie gezeigt,[1032] die ursprünglichen und wichtigsten Adressaten der Grundrechte auf Gemeinschaftsebene, geht der Kreis der als Organe der Union Verpflichteten doch darüber hinaus. Unionsorgane im hier maßgeblichen weiteren Sinne sind die genannten Institutionen nicht nur als Organe der EG (Art. 7 Abs. 1 EG) und der EAG (Art. 3 Abs. 1 EAGV), sondern auch, wenn sie im Rahmen der zweiten und dritten Säule der EU als Organe der EU bzw. als dieser im Wege der Organleihe von den Gemeinschaften zur Verfügung gestellte Gemeinschaftsorgane[1033]

---

dem beschränkten Adressatenkreis der entsprechenden vertraglichen Bestimmungen angepasst haben.

1030 Kritisch zur fehlenden gerichtlichen Kontrolle *Tappert*, DRiZ 2000, S. 206; *Borowsky*, in: *Meyer* (Hrsg.), Charta-Kommentar, Art. 51 EGRC, Rn. 16, 21. Vgl. zur weiterhin beschränkten Zuständigkeit des EuGH in diesen Bereichen nach dem vom Verfassungskonvent vorgelegten Verfassungsentwurf insbesondere dessen Artikel III-282 und III-283, siehe *Amt für amtliche Veröffentlichungen der Europäischen Gemeinschaften* (Hrsg.), Entwurf – Vertrag über eine Verfassung für Europa, S. 242.

1031 Vgl. die Erläuterungen des Konventspräsidiums zu Art. 51 EGRC, Dok. CHARTE 4473/00 CONVENT 49 v. 11.10.2000, S. 46 = EuGRZ 2000, S. 568.

1032 Siehe oben 3. Kapitel.C.I.1, insb. bei Fn. 1005.

1033 Ob die in Art. 5 EU genannten Organe auch Organe der EU sind, oder eine Organleihe anzunehmen ist, hängt von der Beantwortung der umstritten Frage der Rechtspersönlichkeit der EU ab (EU-eigene Organe setzen deren Rechtspersönlichkeit voraus), vgl. zum Streitstand *Wichard*, in: *Calliess* / *Ruffert* (Hrsg.), EUV/EGV, Art. 5 EUV, Rn. 7 f.

(Art. 5 EU) tätig werden.[1034] Zudem unterfällt der Europäische Rat (Art. 4 EU) als Unionsorgan[1035] dem Art. 51 EGRC.[1036]

Unter „*Einrichtungen*" der Union sind alle durch die (Gemeinschafts- und Unions-) Verträge oder auf deren Grundlage geschaffenen Instanzen zu verstehen.[1037] Solche sind die o.g. Einrichtungen der EG[1038] und die auf der Grundlage des Art. 308 EG geschaffenen Institutionen[1039] ebenso wie z.B. das im Rahmen der dritten Säule der EU geschaffene Europäische Polizeiamt (Europol).[1040]

Einzelne Charta-Rechte verpflichten ihrem ausdrücklichen Wortlaut zufolge allerdings nicht sämtliche Organe und Einrichtungen der Union, sondern nur bestimmte unter ihnen. So bindet z.B. das Recht auf Verständigung in einer beliebigen Vertragssprache nach Art. 41 Abs. 4 EGRC lediglich die

---

1034 I.E. ebenso *Curtin / van Ooik*, 8 MJ 1 (2001), S. 105 f.; *Borowsky*, in: *Meyer* (Hrsg.), Charta-Kommentar, Art. 51 EGRC, Rn. 18.

1035 Zur Rechtsnatur des ER *Wichard*, in: *Calliess / Ruffert* (Hrsg.), EUV/EGV, Art. 4 EUV, Rn. 9 f.

1036 So auch *Borowsky*, in: *Meyer* (Hrsg.), Charta-Kommentar, Art. 51 EGRC, Rn. 18; a.A. *Curtin / van Ooik*, 8 MJ 1 (2001), S. 105, 107, die den ER als Einrichtung der Union i.S.v. Art. 51 Abs. 1 EGRC ansehen.

1037 So (mit Hinweis auf Art. 286 Abs. 1 EG) auch die Erläuterungen des Konventspräsidiums zu Art. 51 EGRC, Dok. CHARTE 4473/00 CONVENT 49 v. 11.10.2000, S. 46 = EuGRZ 2000, S. 568, sowie *Vitorino*, RTDE 2001, S. 42; *Curtin / van Ooik*, 8 MJ 1 (2001), S. 107; *Borowsky*, in: *Meyer* (Hrsg.), Charta-Kommentar, Art. 51 EGRC, Rn. 19; enger, beschränkt auf gemeinschaftsrechtlich geschaffene Instanzen, offenbar *Grabenwarter*, DVBl. 2001, S. 2.

Der Verfassungskonvent hat klarstellend eine Ergänzung des Begriffs der „Einrichtungen" durch „Ämter und Agenturen" vorgeschlagen, vgl. *Amt für amtliche Veröffentlichungen der Europäischen Gemeinschaften* (Hrsg.), Entwurf – Vertrag über eine Verfassung für Europa, S. 81.

1038 Siehe oben 3. Kapitel.C.I.1, insb. bei Fn. 1008-1010.

1039 Siehe oben 3. Kapitel.C.I.1, insb. bei Fn. 1011.

1040 So auch *Vitorino*, RTDE 2001, S. 42 (insb. dort Fn. 33); *Curtin / van Ooik*, 8 MJ 1 (2001), S. 106/107; *Borowsky*, in: *Meyer* (Hrsg.), Charta-Kommentar, Art. 51 EGRC, Rn. 19.

Zu den Rechtsgrundlagen von Europol (vgl. Art. 29 f. EU sowie das Europol-Übereinkommen) näher *Brechmann*, in: *Calliess / Ruffert* (Hrsg.), EUV/EGV, Art. 30 EUV, Rn. 11-13.

Organe, nicht auch die zahlreichen Einrichtungen der Union.[1041] Das Recht auf Dokumentenzugang (Art. 42 EGRC) oder das Petitionsrecht (Art. 44 EGRC) binden nur die jeweils aufgeführten Unionsorgane. Wie gezeigt,[1042] gehen solche beschränkenden Regelungen des Adressatenkreises der Charta der horizontalen Bestimmung des Art. 51 Abs. 1 EGRC als *leges speciales* vor.[1043]

Darüber hinaus kann sich durch die Anwendung der Konformitätsklausel des Art. 52 Abs. 2 EGRC ggf. eine Beschränkung des Verpflichtetenkreises auf einzelne Unionsorgane oder -einrichtungen entsprechend der korrespondierenden Regelung in den Verträgen ergeben.[1044]

Insgesamt erweist sich der Adressatenkreis der Charta-Rechte im Ergebnis als ebenso weitgehend wie der durch die herkömmlichen geschriebenen und ungeschriebenen Gemeinschaftsgrundrechte erfasste.[1045]

c. Die Einhaltung des Subsidiaritätsprinzips

Ausweislich des Art. 51 Abs. 1 S. 1 EGRC gilt die Charta für die Organe und Einrichtungen der Union „*unter Einhaltung des Subsidiaritätsprinzips*". Der Hinweis auf das Subsidiaritätsprinzip im Zusammenhang mit der Bestimmung des Kreises der Grundrechtsverpflichteten der Charta-Rechte überrascht. Das Prinzip regelt die Art und Weise der Ausübung bestehender konkurrierender Kompetenzen von Union und Mitgliedstaaten (vgl. insbesondere Art. 5 Abs. 2 EG, Art. 2 UAbs. 2 EU).[1046]

Art. 51 Abs. 1 S. 1 EGRC bezweckt mit der Bestimmung, dass die Charta-Grundrechte als negative Kompetenznormen für die Unionsorgane und -einrichtungen unter Achtung des Subsidiaritätsprinzips gelten, jedoch nicht etwa eine nur subsidiäre Anwendbarkeit der Charta-Grundrechte gegenüber

---

1041 So auch *Curtin / van Ooik*, 8 MJ 1 (2001), S. 107/108; *Borowsky*, in: *Meyer* (Hrsg.), Charta-Kommentar, Art. 51 EGRC, Rn. 20.

1042 Siehe oben 3. Kapitel.C.I.2.a, insb. bei Fn. 1028.

1043 Ebenso *Curtin / van Ooik*, 8 MJ 1 (2001), S. 108; *Borowsky*, in: *Meyer* (Hrsg.), Charta-Kommentar, Art. 51 EGRC, Rn. 20.

1044 Zur Problematik bereits oben 3. Kapitel.C.I.2.a, insb. bei Fn. 1029.

1045 Siehe dazu bereits soeben 3. Kapitel.C.I.2.a.

1046 *Calliess*, in: *Calliess / Ruffert* (Hrsg.), EUV/EGV, Art. 5 EGV, Rn. 2, 4.

mitgliedstaatlichen Grundrechten.[1047] Dies liefe dem von der Charta nicht berührten[1048] Anwendungsvorrang des Gemeinschaftsrechts vor mitgliedstaatlichem Recht und dessen einheitlicher Geltung in den Mitgliedstaaten zuwider.

Vielmehr ist der Verweis auf das Subsidiaritätsprinzip in Art. 51 Abs. 1 S. 1 EGRC im systematischen Zusammenhang mit Art. 51 Abs. 1 S. 2, Abs. 2 EGRC zu sehen, der zu den Auswirkungen der Charta auf die bestehende Zuständigkeitsverteilung zwischen Union und Mitgliedstaaten Stellung nimmt. Er bekräftigt die Kompetenzschutzklausel des Art. 51 Abs. 2 der Charta.[1049]

3. Ergebnis

Die Bindung der Organe und Einrichtungen der Union durch die Charta unterscheidet sich im Ergebnis nicht von der Grundrechtsbindung im herkömmlichen Gemeinschafts- bzw. Unionsrecht. Die Institutionen der Union sind in gleichem Maße an die Charta-Rechte wie an die ungeschriebenen Gemeinschaftsgrundrechte gebunden. Wegen der Modifikation der Reichweite des Art. 51 Abs. 1 S. 1 der Charta durch einzelne spezielle Charta-Rechte sowie durch Art. 52 Abs. 2 EGRC gilt dasselbe für die geschriebenen Gemeinschaftsgrundrechte. Die beschränkte Kontrollierbarkeit von EU-Maßnahmen i.e.S. durch den EuGH nach Art. 46 lit. d EU bleibt mit der Charta unverändert. Das Subsidiaritätsprinzip, auf das Art. 51 Abs. 1 S. 1 EGRC Bezug nimmt, ändert die Reichweite der Grundrechtsverpflichtung der Unionsinstitutionen nicht.

1047 So i.E. auch *Griller*, in: *Duschanek / Griller* (Hrsg.), Grundrechte für Europa, S. 178-180.

1048 Dazu außerdem unten 4. Kapitel.B.IV.

1049 So auch *Zimmermann*, EU-Grundrechtecharta, S. 22; *Calliess*, in: *Ehlers* (Hrsg.), Europäische Grundrechte und Grundfreiheiten, § 19 III, Rn. 25; *Borowsky*, in: *Meyer* (Hrsg.), Charta-Kommentar, Art. 51 EGRC, Rn. 22. Hierzu noch näher unten 3. Kapitel.C.IV.2.a.

II. Die Grundrechtsbindung der Mitgliedstaaten

1. Bindung im Rahmen des herkömmlichen gemeinschaftsrechtlichen Grundrechtsschutzes

Wie dargelegt richten sich zwar die vertraglich kodifizierten Grundrechte und die Grundfreiheiten primär an die Mitgliedstaaten,[1050] die vom Gerichtshof entwickelten ungeschriebenen Gemeinschaftsgrundrechte banden sie hingegen zunächst nicht. Mitgliedstaatliche Maßnahmen waren vielmehr ursprünglich allein an den nationalen Grundrechten und der EMRK zu messen. Mit der grundsätzlichen Anerkennung des zu einer einheitlichen Geltung des Gemeinschaftsrechts - einschließlich des gemeinschaftsrechtlich determinierten mitgliedstaatlichen Rechts - erforderlichen Anwendungsvorrangs des Gemeinschaftsrechts auch vor mitgliedstaatlichen Grundrechten taten sich allerdings bald Lücken im Grundrechtsschutz auf. Diese konnten nur durch die Anwendung der ungeschriebenen Gemeinschaftsgrundrechte auch auf bestimmte mitgliedstaatliche Maßnahmen geschlossen werden.[1051] Die Frage der Bindung der Mitgliedstaaten an die Gemeinschaftsgrundrechte ist so untrennbar mit dem Verhältnis des Gemeinschaftsrechts und der Gemeinschaftsgrundrechte zum nationalen Recht und den mitgliedstaatlichen Grundrechten verbunden.[1052]

Dementsprechend sind nach der nunmehr ständigen Rechtsprechung des EuGH mitgliedstaatliche Maßnahmen, die in den Anwendungsbereich des Gemeinschaftsrechts fallen, an den ungeschriebenen Gemeinschaftsgrundrechten (einschließlich der rechtsstaatlichen Grundsätze des Gemeinschaftsrechts)[1053] zu messen.[1054] Die Zuständigkeit des Gerichtshofs zur Kon-

---

[1050] Siehe dazu bereits oben 3. Kapitel.C.I.1, insb. bei Fn. 1000, 1001.

[1051] Zu dieser Entwicklung einschließlich der Vorbehalte einiger mitgliedstaatlicher Verfassungsgerichte bereits eingehend oben 1. Kapitel.B.I, C.I.

[1052] Diesen Zusammenhang betonen auch *Lindner*, DÖV 2000, S. 546-548; *Kingreen*, in: *Calliess / Ruffert* (Hrsg.), EUV/EGV, Art. 6 EUV, Rn. 56.

[1053] Zu dieser Bindung an das Verhältnismäßigkeitsprinzip etc. *Cirkel*, Die Bindungen der Mitgliedstaaten an die Gemeinschaftsgrundrechte, S. 51-55 m.w.N.

[1054] Grundlegend EuGH, Verb. Rs. 60 u. 61/84, Cinéthèque SA u.a. ./. Fédération nationale des cinémas français, Urt. v. 11.07.1985, Slg. 1985, S. 2605 ff. (2627 / Rn. 26) (*argumentum e contrario*); EuGH, Verb. Rs. 201 u. 202/85, Marthe Klensch u.a. ./. Staatssekretär für Landwirtschaft und Weinbau, Urt. v. 25.11.1986, Slg. 1986, S. 3477 ff. (3507 / Rn. 8 f.); EuGH, Rs. 12/86, Meryem Demirel ./. Stadt Schwäbisch Gmünd, Urt. v. 30.09.1987, Slg. 1987, S. 3719 ff. (3754 / Rn. 28); bestätigend z.B.

trolle der Grundrechtskonformität solcher nationalen Maßnahmen ergibt sich bis heute aus Art. 220 EG. Zwar hat der EuGH nach Art. 46 lit. d EU in der Fassung des Vertrags von Amsterdam ausdrücklich nur für die Handlungen der (Unions-) Organe ggf. nach den Gemeinschaftsverträgen oder dem Unionsvertrag die Kompetenz, die Achtung der Gemeinschaftsgrundrechte zu untersuchen. Die Regelung des Art. 46 EU bezweckte aber nicht, die existierende Rechtsprechung des Gerichtshofs zur Bindung mitgliedstaatlicher Maßnahmen an die Gemeinschaftsgrundrechte rückgängig zu machen.[1055] Dies belegt u.a. ein Umkehrschluss zu den Bestimmungen der Art. 35 Abs. 5 EU, Art. 68 Abs. 2 EG, die sonst leerliefen.[1056] Die ausdrückliche Verleihung der Zuständigkeit zur Grundrechtskontrolle ggf. auch mitgliedstaatlicher Akte dürfte lediglich übersehen worden sein.[1057]

Die Beschränkung der Kontrolle mitgliedstaatlicher Maßnahmen am Maßstab der Gemeinschaftsgrundrechte auf nationale Maßnahmen, die in den Anwendungsbereich des Gemeinschaftsrechts fallen, begründet sich aus der Kompetenzverteilung zwischen Union und Mitgliedstaaten. Der mitgliedstaatliche Grundrechtsschutz ist angesichts der grundsätzlichen Allzuständig-

---

EuGH, Rs. C-299/95, Kremzow ./. Österreich, Urt. v. 29.05.1997; Slg. 1997, S. I-2629 ff. (2645 / Rn. 15); EuGH, Rs. C-309/96, Annibaldi ./. Sindaco del Comune di Guidonia u.a., Urt. v. 18.12.1997, Slg. 1997, S. I-7493 ff. (7509 f. / Rn. 12 f.). Eingehend zu dieser Rechtsprechungsentwicklung bis zur Anerkennung einer Grundrechtsverpflichtung der Mitgliedstaaten *Cirkel*, Die Bindungen der Mitgliedstaaten an die Gemeinschaftsgrundrechte, S. 56-60 und *Schaller*, EU-Mitgliedstaaten als Verpflichtungsadressaten der Gemeinschaftsgrundrechte, S. 24-30; zur Problematik außerdem z.B. *Kokott*, AöR 121 (1996), S. 604 f.; *Rengeling*, Grundrechtsschutz in der Europäischen Gemeinschaft, S. 187 f.; *Rengeling*, in: *Ipsen / Schmidt-Jortzig* (Hrsg.), Recht – Staat – Gemeinwohl, FS f. *Rauschning*, S. 237; *Kingreen*, in: *Calliess / Ruffert* (Hrsg.), EUV/EGV, Art. 6 EUV, Rn. 56; *Pernice / Mayer*, in: *Grabitz / Hilf* (Hrsg.), EUV/EGV, Bd. I, nach Art. 6 EUV, Rn. 32; *Kühling*, in: *v. Bogdandy* (Hrsg.), Europäisches Verfassungsrecht, S. 606 f.

1055 So i.E. auch der EuGH, Rs. C-292/97, Karlsson u.a., Urt. v. 13.04.2000, Slg. 2000, S. I-2737 ff. (2774, 2781 f. / Rn. 37, 58 ff.), der Art. 46 EU bei der Prüfung der Gemeinschaftsgrundrechtskonformität einer Gemeinschaftsrecht durchführenden mitgliedstaatlichen Maßnahme nicht thematisiert; ebenso die ganz überwiegende Meinung, vgl. z.B. *Lenaerts*, E.L.Rev. 25 (2000), S. 588-590, 591; *Griller*, in: *Duschanek / Griller* (Hrsg.), Grundrechte für Europa, S. 140; *Cremer*, in: *Calliess / Ruffert* (Hrsg.), EUV/EGV, Art. 46 EUV, Rn. 7; *Schaller*, EU-Mitgliedstaaten als Verpflichtungsadressaten der Gemeinschaftsgrundrechte, S. 33 f.

1056 Vgl. *Lenaerts*, E.L.Rev. 25 (2000), S. 589 f.

1057 So z.B. auch *Griller*, in: *Duschanek / Griller* (Hrsg.), Grundrechte für Europa, S. 140.

keit der Mitgliedstaaten potentiell umfassend. Er wird lediglich im Hinblick auf gemeinschaftsrechtliche und auf mitgliedstaatliche Maßnahmen, die von der Gemeinschaft im Rahmen der auf sie übertragenen Zuständigkeiten determiniert sind, nicht ausgeübt. Der gemeinschaftsrechtliche Grundrechtsschutz ist demgegenüber entsprechend der nach dem Prinzip der begrenzten Einzelermächtigung beschränkten Kompetenzen der Gemeinschaft eingeschränkt. Die Gemeinschaftsgrundrechte können Kontrollmaßstab lediglich für solche gemeinschaftsrechtlichen oder mitgliedstaatlichen Maßnahmen sein, die durch das Gemeinschaftsrecht bestimmt sind.[1058]

Mitgliedstaatliche Maßnahmen fallen nach ständiger Rechtsprechung des EuGH insbesondere in zwei Konstellationen in den Anwendungsbereich des Gemeinschaftsrechts und damit der Gemeinschaftsgrundrechte. Zum einen liegen mitgliedstaatliche Maßnahmen, die Gemeinschaftsrecht innerstaatlich durchführen, im gemeinschaftsrechtlichen Geltungsbereich (a.). Zum anderen sind mitgliedstaatliche Beschränkungen der Grundfreiheiten am Maßstab der Gemeinschaftsgrundrechte zu messen (b.). Die Einbeziehung weiterer Fallgruppen in den Anwendungsbereich der Gemeinschaftsgrundrechte bleibt offen (c.).

a. Mitgliedstaatliche Maßnahmen zur Durchführung von Gemeinschaftsrecht

Da die Europäischen Gemeinschaften im Bereich des Gemeinschaftsrechtsvollzugs nur über begrenzte Befugnisse verfügen, obliegt die Durchführung des Gemeinschaftsrechts im Regelfall den Mitgliedstaaten.[1059] Die Durchführung erfolgt durch die *Umsetzung* von Gemeinschaftsrecht mittels normativer nationaler Akte, wenn das auszuführende Gemeinschaftsrecht nicht unmittelbar anwendbar ist, was regelmäßig bei Richtlinien der Fall ist. Die nationalen Verwaltungsinstanzen und ggf. Gerichte *vollziehen* außerdem das unmittelbar anwendbare Gemeinschaftsrecht (insbesondere Verordnun-

---

[1058] Zur Problematik *Lindner*, DÖV 2000, S. 546-549; *Lenaerts*, E.L.Rev. 25 (2000), S. 591; *Cirkel*, Die Bindungen der Mitgliedstaaten an die Gemeinschaftsgrundrechte, S. 136; *Griller*, in: *Duschanek / Griller* (Hrsg.), Grundrechte für Europa, S. 138, wobei letztere drei auf den diesbezüglichen Unterschied zur Verfassungsentwicklung der USA hinsichtlich der Grundrechtsgewährungen der *Bill of Rights* hinweisen.

[1059] Dazu näher *Cirkel*, Die Bindungen der Mitgliedstaaten an die Gemeinschaftsgrundrechte, S. 79/80; *Schaller*, EU-Mitgliedstaaten als Verpflichtungsadressaten der Gemeinschaftsgrundrechte, S. 41.

gen) oder das zu dessen Ausführung ergangene nationale Recht, indem sie es innerstaatlich im Einzelfall anwenden.[1060]

Bei der Durchführung von Gemeinschaftsrecht durch die Mitgliedstaaten handeln die Staaten quasi als verlängerter Arm der Gemeinschaft (sog. *agency situation*).[1061] Hierbei müssen diese, wie der Gerichtshof seit seiner grundlegenden Entscheidung in der Rechtssache *Wachauf* (1989)[1062] in ständiger Rechtsprechung[1063] judiziert, die Gemeinschaftsgrundrechte beachten.[1064] Dabei sind die Mitgliedstaaten nach der – nicht unumstrittenen – Auffassung des Gerichtshofs bei der Umsetzung von Gemeinschaftsrecht, d.h. insbesondere von Richtlinien, nicht nur insoweit an die Gemeinschaftsgrundrechte gebunden als der Gemeinschaftsrechtsakt zwingende Vorgaben für seine Umsetzung in nationales Recht macht.[1065] Die Bindung der Mitgliedstaaten besteht auch insoweit als der Gemeinschaftsrechtsakt den Mitgliedstaaten bei

---

1060 Zu Umsetzung und Vollzug des Gemeinschaftsrechts als Unterfällen der Durchführung von Gemeinschaftsrecht vgl. z.B. *Rengeling*, Grundrechtsschutz in der Europäischen Gemeinschaft, S. 189; *Borchardt*, in: Der Europäische Gerichtshof, aktualisierter Auszug aus *Lenz* (Hrsg.), EGV, Art. 220, Rn. 35. Zur Problematik insgesamt *Cirkel*, Die Bindungen der Mitgliedstaaten an die Gemeinschaftsgrundrechte, S. 79-82; *Schaller*, EU-Mitgliedstaaten als Verpflichtungsadressaten der Gemeinschaftsgrundrechte, S. 36-48.

1061 So *Weiler / Lockhart*, CML Rev. 32 (1995), S. 73 f.; *Peters*, Elemente einer Theorie der Verfassung Europas, S. 404/405; *Kingreen*, in: *Calliess / Ruffert* (Hrsg.), EUV/EGV, Art. 6 EUV, Rn. 57; *Kühling*, in: *v. Bogdandy* (Hrsg.), Europäisches Verfassungsrecht, S. 607.

1062 EuGH, Rs. 5/88, H. Wachauf ./. Bundesamt für Ernährung und Forstwirtschaft, Urt. v. 13.07.1989, Slg. 1989, S. 2609 ff. (2639 f. / Rn. 19); in diese Richtung bereits EuGH, Rs. 12/86, Demirel (Fn. 1054), S. 3754 / Rn. 28.

1063 Vgl. z.B. EuGH, Rs. C-2/92, The Queen gegen Ministry of Agriculture, Fisheries and Food, ex parte: D. C. Bostock, Urt. v. 24.03.1994, Slg. 1994, S. I-955 ff. (983 / Rn. 16); EuGH, Rs. C-351/92, M. Graff ./. Hauptzollamt Köln-Rheinau, Urt. v. 14.07.1994, Slg. 1994, S. I-3361 ff. (3379 / Rn. 17).

1064 Zu dieser Rechtsprechungsentwicklung eingehend *Ruffert*, EuGRZ 1995, S. 520 f.; *Cirkel*, Die Bindungen der Mitgliedstaaten an die Gemeinschaftsgrundrechte, S. 59 ff., 78 ff., 82 ff.

1065 Arg. e EuGH, Verb. Rs. C-74 u. 129/95, Strafverfahren gegen X, Urt. v. 12.12.1996, Slg. 1996, S. I-6609 ff. (6637 / Rn. 25); zustimmend insoweit auch *Rengeling*, Grundrechtsschutz in der Europäischen Gemeinschaft, S. 190; *ders.*, in: *Ipsen / Schmidt-Jortzig* (Hrsg.), Recht – Staat – Gemeinwohl, FS f. *Rauschning*, S. 239; *Weber*, NJW 2000, S. 542; *Lindner*, DÖV 2000, S. 546; anders *Kingreen*, in: *Calliess / Ruffert* (Hrsg.), EUV/EGV, Art. 6 EUV, Rn. 59.

der Umsetzung Gestaltungsspielräume belässt.[1066] Ebenso müssen die Mitgliedstaaten beim Vollzug von unmittelbar anwendbarem Gemeinschaftsrecht (insbesondere Verordnungen, ggf. Richtlinien und Entscheidungen) bzw. von zu dessen Ausführung ergangenem nationalen Recht bei der Ausübung eines ihnen gemeinschaftsrechtlich eingeräumten Ermessens die Gemeinschaftsgrundrechte beachten.[1067]

Abgesehen von den genannten Uneinigkeiten hinsichtlich der Reichweite der Bindungswirkung im Detail ist die Verpflichtung der Mitgliedstaaten, bei der Durchführung von Gemeinschaftsrecht die Gemeinschaftsgrundrechte zu beachten, im Grundsatz weitestgehend anerkannt. Da im Rahmen der Umsetzung und des Vollzugs von Gemeinschaftsrecht nationale Grundrechte

---

1066 Vgl. hierzu EuGH, Verb. Rs. C-74 u. 129/95, X (Fn. 1065), S. I-6637 / Rn. 25, sowie die Rechtsprechungsnachweise zur insoweit vergleichbaren Grundrechtsbindung der Mitgliedstaaten bei der Ausfüllung der durch unmittelbar anwendbare Gemeinschaftsrechtsakte eingeräumten Ermessensspielräume (Fn. 1067); zustimmend *Cirkel*, Die Bindungen der Mitgliedstaaten an die Gemeinschaftsgrundrechte, S. 84/85; *Ehlers*, in: *Ehlers* (Hrsg.), Europäische Grundrechte und Grundfreiheiten, § 13 IV 2, Rn. 30; *Kühling*, in: *v. Bogdandy* (Hrsg.), Europäisches Verfassungsrecht, S. 608-609; differenzierend *Schaller*, EU-Mitgliedstaaten als Verpflichtungsadressaten der Gemeinschaftsgrundrechte, S. 38/39. Gegen eine Geltung der Gemeinschaftsgrundrechte im Rahmen des den Mitgliedstaaten bei der Richtlinienumsetzung belassenen Gestaltungsspielraums hingegen *Rengeling*, Grundrechtsschutz in der Europäischen Gemeinschaft, S. 190; *ders.*, in: *Ipsen / Schmidt-Jortzig* (Hrsg.), Recht – Staat – Gemeinwohl, FS f. *Rauschning*, S. 238/239; *Weber*, NJW 2000, S. 542; *Lindner*, DÖV 2000, S. 546; *Peters*, Elemente einer Theorie der Verfassung Europas, S. 405 m.w.N.; *Kingreen*, in: *Calliess / Ruffert* (Hrsg.), EUV/EGV, Art. 6 EUV, Rn. 59. Das BVerfG nimmt in diesem Fall die Überprüfbarkeit der Umsetzungsmaßnahmen (zumindest auch) am Maßstab der mitgliedstaatlichen Grundrechte an, vgl. BVerfG, 2 BvQ 3/89, Beschl. v. 12.05.1989, EuR 1989, S. 270 ff. (273).

1067 So hinsichtlich des Grundsatzes der Verhältnismäßigkeit bereits EuGH, Verb. Rs. 41, 121 u. 796/79, V. Testa u.a. ./. Bundesanstalt für Arbeit, Urt. v. 19.06.1980, Slg. 1980, S. 1979 ff. (1997 / Rn. 21); siehe i.ü. z.B. EuGH, Rs. 5/88, H. Wachauf (Fn. 1062), S. 2639 f. / Rn. 19; EuGH, Rs. C-2/92, Bostock (Fn. 1063), S. 983 / Rn. 16; EuGH, Rs. C-63/93, Duff u.a. ./. Minister for Agriculture and Food, Ireland, u.a., Urt. v. 15.02.1996, Slg. 1996, S. I-569 ff. (610 f. / Rn. 27-32); ebenso *Rengeling*, Grundrechtsschutz in der Europäischen Gemeinschaft, S. 190/191; *Kingreen / Störmer*, EuR 1998, S. 279/280; *Rengeling*, in: *Ipsen / Schmidt-Jortzig* (Hrsg.), Recht – Staat – Gemeinwohl, FS f. *Rauschning*, S. 238; *Cirkel*, Die Bindungen der Mitgliedstaaten an die Gemeinschaftsgrundrechte, S. 89-98; *Kingreen*, in: *Calliess / Ruffert* (Hrsg.), EUV/EGV, Art. 6 EUV, Rn. 58; *Ehlers*, in: *Ehlers* (Hrsg.), Europäische Grundrechte und Grundfreiheiten, § 13 IV 2, Rn. 30.

wegen des Vorrangs des Gemeinschaftsrechts nicht zur Anwendung kommen, ist der Schutz der Grundrechtsträger durch die Gemeinschaftsgrundrechte auch gegenüber mitgliedstaatlichem Handeln geboten.[1068] Aufgrund der Tatsache, dass die dezentralisierte Durchführung des Gemeinschaftsrechts durch die Mitgliedstaaten gegenüber dem gemeinschaftsunmittelbaren Vollzug der Regelfall ist, kommt der Grundrechtsbindung der Mitgliedstaaten in diesem Bereich eine nicht unerhebliche praktische Bedeutung zu.

Demgegenüber ergibt sich aus der Rechtsprechung des EuGH keine Bindung der Mitgliedstaaten auch bei der Durchführung von *Unions*recht im engeren Sinne, d.h. von Unionsmaßnahmen im Bereich der GASP und der PJZS. Eine Zuständigkeit des EuGH in diesem Bereich wurde auch durch Art. 46 lit. d EU i.V.m. Art. 6 Abs. 2 EU, die sich lediglich auf Handlungen der Unionsorgane beziehen, nicht begründet.[1069]

b. Mitgliedstaatliche Beschränkungen der Grundfreiheiten

Daneben fallen nach nunmehr gefestigter Rechtsprechung des EuGH solche mitgliedstaatlichen Maßnahmen in den Anwendungsbereich des Gemeinschaftsrechts, welche die Grundfreiheiten des EG-Vertrages beschränken. So sind die Mitgliedstaaten zunächst seit der grundlegenden Entscheidung des Gerichtshofs in der Rechtssache *ERT* (1991)[1070] an die ungeschriebenen Gemeinschaftsgrundrechte gebunden, wenn sie in Ausfüllung der in Art. 30, 39 Abs. 3, 46 Abs. 1 (i.V.m. 55), 58 Abs. 1 EG genannten Rechtfertigungsgründe[1071] die Grundfreiheiten einschränken.[1072] Die im Ge-

---

1068 So i.E. statt vieler *Rengeling*, Grundrechtsschutz in der Europäischen Gemeinschaft, S. 191; *Kingreen / Störmer*, EuR 1998, S. 280; *Weber*, NJW 2000, S. 542; *Streinz*, Europarecht, § 5 I 2, Rn. 368; *Jacobs*, E.L.Rev. 26 (2001), S. 333; *Peters*, Elemente einer Theorie der Verfassung Europas, S. 404/405; *Kingreen*, in: *Calliess / Ruffert* (Hrsg.), EUV/EGV, Art. 6 EUV, Rn. 57 f.; differenzierend *Ruffert*, EuGRZ 1995, S. 527 f.

1069 So auch *Schaller*, EU-Mitgliedstaaten als Verpflichtungsadressaten der Gemeinschaftsgrundrechte, S. 34 m.w.N.; a.A. offenbar *Cirkel*, Die Bindungen der Mitgliedstaaten an die Gemeinschaftsgrundrechte, S. 135/136, 140.

1070 EuGH, Rs. C-260/89, Elliniki Radiophonia Tileorassi AE ./. Dimotiki Etairia Pliroforisis u.a. (ERT), Urt. v. 18.06.1991, Slg. 1991, S. I-2925 ff. (2964 / Rn. 42 f.).

1071 Anderes gilt für die Bereichsausnahmen der Art. 39 Abs. 4, 45 (i.V.m. 55) EG, in deren Rahmen die Mitgliedstaaten nicht im Anwendungsbereich des Gemeinschaftsrechts handeln, vgl. *Schaller*, EU-Mitgliedstaaten als Verpflichtungsadressaten der Gemeinschaftsgrundrechte, S. 49, 51.

1072 Bestätigend z.B. EuGH, Rs. C-159/90, Society for the Protection of Unborn Children Ireland Ltd (SPUC) ./. S. Grogan u.a., Urt. v. 04.10.1991, Slg. 1991, S. Imeinschaftsrecht vorgesehenen Rechtfertigungsnormen sind im Lichte der Gemeinschaftsgrundrechte auszulegen. Die auf der Grundlage einer solchen vertraglichen Ausnahme bzw. Schutzklausel getroffene mitgliedstaatliche Regelung ist deshalb nur zulässig, wenn sie mit den Gemeinschaftsgrundrechten vereinbar ist.[1073] Die Gemeinschaftsgrundrechte fungieren so als Schranken-Schranken der Grundfreiheiten.[1074]

Darüber hinaus müssen nach der jüngeren EuGH-Rechtsprechung auch nichtdiskriminierende mitgliedstaatliche Maßnahmen, die unter Berufung auf zwingende Erfordernisse des Allgemeinwohls im Sinne der *Cassis*-Rechtsprechung[1075] (sog. immanente Schranken der Grundfreiheiten) die Grundfreiheiten beschränken, im Einklang mit den Gemeinschaftsgrundrechten stehen.[1076]

4685 ff. (4741 / Rn. 31); EuGH, Rs. C-62/90, Kommission ./. Bundesrepublik Deutschland („Deutsches Arzneimittelrecht"), Urt. v. 08.04.1992, Slg. 1992, S. I-2575 ff. (2609 / Rn. 23 f.).

1073 Vgl. EuGH, Rs. C-260/89, ERT (Fn. 1070), S. I- 2964 / Rn. 43; EuGH, Rs. C-62/90, Deutsches Arzneimittelrecht (Fn. 1072), S. I-2609 / Rn. 23 f. Näher zu dieser Rechtsprechung insgesamt *Coppel / O'Neill*, CML Rev. (29) 1992, S. 676-679; *Rengeling*, Grundrechtsschutz in der Europäischen Gemeinschaft, S. 191 f.; *Ruffert*, EuGRZ 1995, S. 520-522; *Cirkel*, Die Bindungen der Mitgliedstaaten an die Gemeinschaftsgrundrechte, S. 61 ff., 102-104.

1074 So z.B. *Peters*, Elemente einer Theorie der Verfassung Europas, S. 405; kritisch zu dieser Einordnung *Kingreen / Störmer*, EuR 1998, S. 282, 283; siehe dazu bereits oben 1. Kapitel.B.II.3, insb. bei Fn. 123, 124.

1075 Grundlegend EuGH, Rs. 120/78, Rewe-Zentral-AG ./. Bundesmonopolverwaltung für Branntwein, Urt. v. 20.02.1979, Slg. 1979, S. 649 ff. (662 / Rn. 8) („*Cassis de Dijon*"). Siehe für alle Grundfreiheiten EuGH, Rs. C-55/94, R. Gebhard ./. Consiglio dell'ordine degli avvocati e procuratori di Milano, Urt. v. 30.11.1995, Slg. 1995, S. I-4165 ff. (4197 f. / Rn. 37) („zwingende Gründe des Allgemeininteresses").

1076 In diese Richtung bereits EuGH, Rs. C-288/89, Stichting Collectieve Antennevoorziening Gouda u.a. ./. Commissariaat voor de Media, Urt. v. 25.07.1991, Slg. 1991, S. I-4007 ff. (4043 / Rn. 23); EuGH, Rs. C-23/93, TV 10 SA ./. Commissariaat voor de Media, Urt. v. 05.10.1994, Slg. 1994, S. I-4795 ff. (4832 f. / Rn. 18 ff.); Rs. C-368/95, Vereinigte Familiapress Zeitungsverlags- und vertriebs GmbH ./. Heinrich Bauer Verlag, Urt. v. 26.06.1997, Slg. 1997, S. I-3689 ff., (3715, 3717 / Rn. 18, 24 f.). Anders wohl noch EuGH, Verb. Rs. 60 u. 61/84, Cinéthèque SA u.a. ./. Fédération nationale des cinémas français, Urt. v. 11.07.1985, Slg. 1985, S. 2605 ff. (2627 / Rn. 26). Näher hierzu *Rengeling*, Grundrechtsschutz in der Europäischen Gemeinschaft, S. 191 f., 200/201; *Cirkel*, Die Bindungen der Mitgliedstaaten an die Gemeinschaftsgrundrechte, S. 59, 62 f., 66, 98-102; *Kühling*, in: *v. Bogdandy*

Die Bindung der Mitgliedstaaten an die Gemeinschaftsgrundrechte auch in den dargestellten Fällen, in denen sie die vertraglichen Grundfreiheiten beschränken, ist in der Lehre teilweise angezweifelt worden. Nicht wenige sehen mitgliedstaatliches Handeln auf diesem Gebiet im Ergebnis als außerhalb des Anwendungsbereichs des Gemeinschaftsrechts und im Bereich mitgliedstaatlicher Regelungskompetenzen liegend an, weswegen eine Verpflichtung der Mitgliedstaaten durch die Gemeinschaftsgrundrechte abzulehnen sei.[1077]

Jedoch erscheint die Einbeziehung mitgliedstaatlicher, die Grundfreiheiten beschränkender Handlungen in den Anwendungsbereich des Gemeinschaftsrechts bei näherer Betrachtung durchaus plausibel und geboten. Dogmatisch lassen sich die vertraglichen Schutzklauseln, was auch ihr Wortlaut („gerechtfertigt")[1078] nahe legt, ohne weiteres als Rechtfertigungsgründe verstehen, mittels derer ein Eingriff in den Schutzbereich der Grundfreiheiten legitimiert werden kann. Als solche liegen sie jedoch - anders als gemeinschaftsrechtlich nicht determinierte, den Mitgliedstaaten verbleibende Regelungsbereiche - im eröffneten Geltungsbereich der Grundfreiheiten und damit des Gemeinschaftsrechts.[1079]

Nichts anderes kann für mitgliedstaatliche Maßnahmen gelten, die sich für eine nichtdiskriminierende Beschränkung der Grundfreiheiten auf „zwingende Erfordernisse des Allgemeinwohls" berufen. Zwar stellen diese Maßnahmen, so sie zwingenden Erfordernissen entsprechen, schon tatbestandlich keinen Eingriff in den Schutzbereich der jeweiligen Grundfreiheit dar.[1080] Jedoch müssen auch sie nach gemeinschaftsrechtlich festgelegten Voraussetzungen

---

(Hrsg.), Europäisches Verfassungsrecht, S. 608; *Schaller*, EU-Mitgliedstaaten als Verpflichtungsadressaten der Gemeinschaftsgrundrechte, S. 49 f.

1077 So z.B. sehr kritisch *Coppel / O'Neill*, CML Rev. (29) 1992, S. 669, 681 ff. (insb. 692); *Kingreen / Störmer*, EuR 1998, S. 282/283; *Kingreen*, in: *Calliess / Ruffert* (Hrsg.), EUV/EGV, Art. 6 EUV, Rn. 61 f.; differenzierend *Ruffert*, EuGRZ 1995, S. 528 f.; *Jacobs*, E.L.Rev. 26 (2001), S. 336-338; *Besselink*, 8 MJ 1 (2001), S. 77-79.

1078 Vgl. Art. 30, 39 Abs. 3, 46 Abs. 1, 58 Abs. 1 EG.

1079 So i.E. auch *Cirkel*, Die Bindungen der Mitgliedstaaten an die Gemeinschaftsgrundrechte, S. 103; *Rengeling*, in: *Ipsen / Schmidt-Jortzig* (Hrsg.), Recht – Staat – Gemeinwohl, FS f. *Rauschning*, S. 240; *Besselink*, 8 MJ 1 (2001), S. 77; *Epiney*, in: *Calliess / Ruffert* (Hrsg.), EUV/EGV, Art. 30 EGV, Rn. 29; *Kühling*, in: *v. Bogdandy* (Hrsg.), Europäisches Verfassungsrecht, S. 609; *Schaller*, EU-Mitgliedstaaten als Verpflichtungsadressaten der Gemeinschaftsgrundrechte, S. 50 f.

1080 So die ganz h.M., vgl. *Cirkel*, Die Bindungen der Mitgliedstaaten an die Gemeinschaftsgrundrechte, S. 99 (insb. dort Fn. 192), 101 m.w.N.

zungen und damit unter Anwendung des - (gemeinschafts-) grundrechtskonform auszulegenden - Gemeinschaftsrechts zulässig sein.[1081]

c. Weitere Fallkonstellationen

Grundsätzlich sind weitere Fallkonstellationen denkbar, in denen mitgliedstaatliche Maßnahmen in den Anwendungsbereich des Gemeinschaftsrechts fallen und damit mit den Gemeinschaftsgrundrechten im Einklang stehen müssen. In seiner jüngeren Judikatur hat der Gerichtshof die Grenzen des vertraglichen Anwendungsbereichs insbesondere im Zusammenhang mit dem Aufenthalts- und Bewegungsrecht des Art. 18 EG in Verbindung mit dem Diskriminierungsverbot des Art. 12 EG verhältnismäßig weit gezogen.[1082] Soweit eine mitgliedstaatliche Regelung Rechte enthält, welche die Ausübung der Aufenthalts- und Bewegungsfreiheit erleichtern können, ergibt sich danach aus Art. 18 i.V.m. 12 EG ein Recht auf gleiche Inanspruchnahme dieser den Staatsangehörigen des Gaststaates eingeräumten Rechte durch die Bürger anderer Mitgliedstaaten.[1083] Ein besonderer Bezug der mitgliedstaatlichen Maßnahmen zu den Grundfreiheiten bzw. zu einem - nur physisch verstandenen - Aufenthalts- und Bewegungsrecht ist für die Eröffnung des Anwendungsbereichs des Gemeinschaftsrechts jedoch auch hiernach

[1081] Ebenso i.E. *Cirkel*, Die Bindungen der Mitgliedstaaten an die Gemeinschaftsgrundrechte, S. 100 f.; *Lenaerts*, E.L.Rev. 25 (2000), S. 590; *Rengeling*, in: *Ipsen / Schmidt-Jortzig* (Hrsg.), Recht – Staat – Gemeinwohl, FS f. *Rauschning*, S. 240; *Epiney*, in: *Calliess / Ruffert* (Hrsg.), EUV/EGV, Art. 30 EGV, Rn. 29; a.A. *Besselink*, 8 MJ 1 (2001), S. 78 f.

[1082] Vgl. insbesondere EuGH, Rs. C-274/96, Strafverfahren gegen Bickel u.a., Urt. v. 24.11.1998, Slg. 1998, S. I-7637 ff. (7655 f. / Rn. 14-18), dazu näher *Griller*, in: *Duschanek / Griller* (Hrsg.), Grundrechte für Europa, S. 140-142; siehe auch EuGH, Rs. C-85/96, M. Martínez Sala ./. Freistaat Bayern, Urt. v. 12.05.1998, Slg. 1998, S. I-2691 ff. (2726 / Rn. 62-64). Enger noch EuGH, Rs. C-168/91, C. Konstantinidis, Urt. v. 30.03.1993, Slg. 1993, S. I-1191 ff. (1217 ff. / Rn. 11-17) entgegen den - auch über die soeben genannte EuGH-Rechtsprechung hinausgehenden - Schlussanträgen des Generalanwalts *Jacobs* v. 09.12.1992, a.a.O., S. I-1211 ff. / Rn. 46-51, der einen hinreichenden Bezug zum Gemeinschaftsrecht und damit die Anwendbarkeit der Gemeinschaftsgrundrechte schon dann annahm, wenn sich ein Gemeinschaftsangehöriger (*civis europeus*) zu Erwerbszwecken in einem fremden Mitgliedstaat aufhält, ohne dass ein weiterer spezifischer Bezug zu einer wahrgenommenen Grundfreiheit gegeben sein muss. Zur Problematik mit zahlreichen Beispielen aus der EuGH-Rechtsprechung näher *Scheuing*, EuR 2003, S. 780-786.

[1083] EuGH, Rs. C-274/96, Bickel (Fn. 1082), S. I-7655 f. / Rn. 14-18; dazu *Scheuing*, EuR 2003, S. 781.

erforderlich.[1084] Besteht ein solcher Kontext, sind die Mitgliedstaaten bei ihren Maßnahmen entsprechend obigen Ausführungen aber z.B. bei der Einschränkung der betroffenen Grundfreiheiten bzw. des Aufenthaltsrechts an die Gemeinschaftsgrundrechte gebunden.

2. Bindung in der Grundrechtecharta (Art. 51 Abs. 1 EGRC)

Die Verpflichtung der Mitgliedstaaten durch die Grundrechte der Charta gehört zu den im Konvent von Beginn an kontrovers diskutierten Themenkomplexen.[1085] Anders als Art. 6 Abs. 2, 46 lit. d EU benennt die Charta die Mitgliedstaaten ausdrücklich als Adressaten der Gemeinschaftsgrundrechte. Entsprechend der EuGH-Rechtsprechung zu den ungeschriebenen Gemeinschaftsgrundrechten normiert die Charta mit Rücksicht auf die nach dem Prinzip der begrenzten Einzelermächtigung beschränkten Kompetenzen der EG bzw. EU keine umfassende Bindung der Mitgliedstaaten an die Charta-Rechte.[1086] Nach Art. 51 Abs. 1 S. 1 EGRC gilt sie *„für die Mitgliedstaaten ausschließlich bei der Durchführung des Rechts der Union“*.

Schon ein grober Vergleich dieser Formulierung mit der vom EuGH in ständiger Rechtsprechung verwendeten Formel von der Bindung der Mit-

---

1084 Dies betonen auch *Lenaerts*, E.L.Rev. 25 (2000), S. 593; *Cirkel*, Die Bindungen der Mitgliedstaaten an die Gemeinschaftsgrundrechte, S. 112 f.; *Schaller*, EU-Mitgliedstaaten als Verpflichtungsadressaten der Gemeinschaftsgrundrechte, S. 53. Zu weiteren möglichen Fallkonstellationen mitgliedstaatlicher Handlungen im Anwendungsbereich des Gemeinschaftsrechts vgl. *Lenaerts*, E.L.Rev. 25 (2000), S. 592-594; *Cirkel*, Die Bindungen der Mitgliedstaaten an die Gemeinschaftsgrundrechte, S. 115-135; *Rengeling*, in: *Ipsen / Schmidt-Jortzig* (Hrsg.), Recht – Staat – Gemeinwohl, FS f. *Rauschning*, S. 240 f.; *Schaller*, EU-Mitgliedstaaten als Verpflichtungsadressaten der Gemeinschaftsgrundrechte, S. 51-56.

1085 Dazu *Carrasco Macia*, Eipascope 2000, S. 22; *Vitorino*, RTDE 2001, S. 41; *Jacqué*, in: *Bieber / Boillat u.a.*, Grundrechtsschutz in Europa, S. 84; *Borowsky*, in: *Meyer* (Hrsg.), Charta-Kommentar, Art. 51 EGRC, Rn. 2 ff.

1086 Zu diesem Hintergrund bereits oben 3. Kapitel.C.II.1, insb. bei Fn. 1058, sowie *Goldsmith*, CML Rev. 38 (2001), S. 1205; *Schmitz*, JZ 2001, S. 835. Eine derartige beschränkte Bindung befürwortend *Rengeling*, in: *Ipsen / Schmidt-Jortzig* (Hrsg.), Recht – Staat – Gemeinwohl, FS f. *Rauschning*, S. 241-243; kritisch zur Beschränkung des Anwendungsbereichs der Charta für die Mitgliedstaaten *Lalumière*, RQDI 13 (2000), S. 183/184; *Wathelet*, CDE 2000, S. 589; *Curtin / van Ooik*, 8 MJ 1 (2001), S. 108-109. Gegen eine Geltung der Charta auch für die Mitgliedstaaten insgesamt *Stein*, in: *Cremer / Giegerich u.a.* (Hrsg.), Tradition und Weltoffenheit des Rechts, FS f. *Steinberger*, S. 1432-1435.

gliedstaaten an die Gemeinschaftsgrundrechte *„im Anwendungsbereich des Gemeinschaftsrechts“*[1087] ergibt, dass die Charta die EuGH-Rechtsprechung nicht wörtlich aufgreift.[1088] Inwieweit die Charta im Verhältnis zur Rechtsprechung des Gerichtshofs Änderungen festschreibt, soll im Folgenden in Anlehnung an die oben[1089] dargestellten Konstellationen einer mitgliedstaatlichen Verpflichtung durch die ungeschriebenen Gemeinschaftsgrundrechte ermittelt werden.

a. Mitgliedstaatliche Maßnahmen zur Durchführung von *Unions*recht

Dem ausdrücklichen Wortlaut des Art. 51 Abs. 1 S. 1 EGRC zufolge müssen die Mitgliedstaaten „*bei der Durchführung des Rechts der Union*“ die Charta-Rechte beachten. Der nicht eindeutige Begriff „*Union*“ ist im Rahmen des Art. 51 Abs. 1 S. 1 EGRC einheitlich zu interpretieren. Wie dargelegt[1090] ist er in einem weiteren Sinne dahingehend zu verstehen, dass er nicht nur das im Rahmen der GASP und der PJZS handelnde Subjekt, sondern auch die Gemeinschaften, insbesondere die EG, umfasst.

Demzufolge sind die Mitgliedstaaten entsprechend der durch die grundlegende Entscheidung in der Rechtssache *Wachauf* begründeten ständigen Rechtsprechung des Gerichtshofs[1091] jedenfalls in den Fällen, in denen sie *Gemeinschafts*recht durchführen, d.h. normativ umsetzen oder im Einzelfall vollziehen, an die Grundrechte der Charta gebunden.[1092]

Doch geht die Bindungswirkung des Art. 51 Abs. 1 S. 1 der Charta über diesen *acquis communautaire* hinaus. Die Charta verpflichtet die Mitgliedstaaten

---

[1087] Dazu oben 3. Kapitel.C.II.1, insb. bei Fn. 1054.

[1088] Ebenso *Besselink*, 8 MJ 1 (2001), S. 79; *Schaller*, EU-Mitgliedstaaten als Verpflichtungsadressaten der Gemeinschaftsgrundrechte, S. 212.

[1089] 3. Kapitel.C.II.1.a-c.

[1090] Siehe oben 3. Kapitel.C.I.2.a, insb. bei Fn. 1016, 1018, 1022.

[1091] Dazu soeben 3. Kapitel.C.II.1.a.

[1092] Dies ist soweit ersichtlich unstreitig, vgl. *Calliess*, EuZW 2001, S. 266; *Griller*, in: *Duschanek / Griller* (Hrsg.), Grundrechte für Europa, S. 139; *Schaller*, EU-Mitgliedstaaten als Verpflichtungsadressaten der Gemeinschaftsgrundrechte, S. 215; *Große Wentrup*, Europäische Grundrechtecharta im Spannungsfeld der Kompetenzverteilung, S. 66 f. Siehe i.ü. die Erläuterungen des Präsidiums des Grundrechtskonvents zu Art. 51 EGRC, Dok. CHARTE 4473/00 CONVENT 49 v. 11.10.2000, S. 46 = EuGRZ 2000, S. 568, die sich u.a. auf die Rs. Wachauf beziehen.

bei der Durchführung des gesamten Unionsrechts im weiteren Sinne auf die Gemeinschaftsgrundrechte. Jene müssen diese Grundrechte folglich auch bei der nationalen Durchführung von Unionsmaßnahmen im Bereich der GASP und der PJZS achten.[1093] Besonders auf dem Gebiet der polizeilichen und justiziellen Zusammenarbeit in Strafsachen, die besonders grundrechtssensible Bereiche betrifft, ist eine Bindung der Mitgliedstaaten (auch)[1094] an die Grundrechte auf Gemeinschaftsebene von Bedeutung.[1095] So sind die Mitgliedstaaten danach beispielsweise verpflichtet, die Weiterleitung von Informationen an Europol sowie die Sammlung von Daten entsprechend dem Europol-Übereinkommen[1096] im Einklang mit den Charta-Grundrechten durchzuführen.[1097] Mit dieser – wohl bewussten,[1098] oftmals geforderten[1099] – Erweiterung der Bindungswirkung der Mitgliedstaaten an die Gemeinschaftsgrundrechte verfolgt die Regelung des Art. 51 Abs. 1 S. 1 EGRC erkennbar den Zweck, einen lückenlosen Grundrechtsschutz im Anwendungsbereich des Unionsrechts insgesamt sicherzustellen.[1100]

1093 So auch *Magiera*, DÖV 2000, S. 1024/1025; *Dutheil de la Rochère*, RMC 2000, S. 678; *dies.*, Regards sur l'actualité 2001, S. 9; *Vitorino*, RTDE 2001, S. 41; *Calliess*, EuZW 2001, S. 266; wohl auch *Jacqué*, in: *Bieber / Boillat u.a.*, Grundrechtsschutz in Europa, S. 84. Zweifelnd *Schaller*, EU-Mitgliedstaaten als Verpflichtungsadressaten der Gemeinschaftsgrundrechte, S. 216. A.A. wohl *Curtin / van Ooik*, 8 MJ 1 (2001), S. 108; *Bernsdorff*, NdsVBl. 2001, S. 182; *Beutler*, in: *Beutler / Bieber u.a.*, EU, Kap. 10.1.3.3., Rn. 658, die davon ausgehen, dass Art. 51 Abs. 1 S. 1 EGRC nur die existierende EuGH-Rechtsprechung kodifiziert.

1094 Ob neben den Charta-Rechten mitgliedstaatliche Grundrechte zur Anwendung kommen, richtet sich nach dem Anwendungsvorrang auch des Unionsrechts im engeren Sinne vor mitgliedstaatlichem Recht; zur Entwicklung in die Richtung eines Anwendungsvorrangs auch des Unionsrechts vgl. Art. 10 Abs. 1 des vom Verfassungskonvent am 18.07.2003 vorgelegten Entwurfs eines Vertrages über eine Europäische Verfassung, abgedruckt in: *Amt für amtliche Veröffentlichungen der Europäischen Gemeinschaften* (Hrsg.), Entwurf – Vertrag über eine Verfassung für Europa, S. 15.

1095 Dies betonen *Pernice*, DVBl. 2000, S. 855; *Vitorino*, RTDE 2001, S. 41; *Schaller*, EU-Mitgliedstaaten als Verpflichtungsadressaten der Gemeinschaftsgrundrechte, S. 216 f.

1096 ABl. EG 1995, Nr. C 316, S. 2 ff.

1097 Dazu *Schaller*, EU-Mitgliedstaaten als Verpflichtungsadressaten der Gemeinschaftsgrundrechte, S. 217.

1098 Vgl. die Ausführungen des Konventsmitglieds *Vitorino*, RTDE 2001, S. 41; zweifelnd demgegenüber *Schaller*, EU-Mitgliedstaaten als Verpflichtungsadressaten der Gemeinschaftsgrundrechte, S. 216.

1099 Vgl. z.B. *Pernice*, DVBl. 2000, S. 855; *Magiera*, DÖV 2000, S. 1021.

1100 *Vitorino*, RTDE 2001, S. 41.

De lege lata steht der Grundrechtsbindung der Mitgliedstaaten nach Art. 46 lit. d EU, Art. 220 EG allerdings nur bei der Durchführung von Gemeinschaftsrecht, nicht hingegen auch bei der Durchführung von Unionsrecht der zweiten und dritten Säule eine entsprechende Zuständigkeit des EuGH zur Prüfung der Charta-Konformität der nationalen Maßnahmen gegenüber. Art. 46 lit. d EU begründet eine Zuständigkeit des Gerichtshofs nur für bestimmte Handlungen der Unionsorgane, nicht hingegen für Handlungen der Mitgliedstaaten im Anwendungsbereich des Unionsrechts.[1101]

b. Mitgliedstaatliche Beschränkungen der Grundfreiheiten

Wie dargestellt lassen sich die in der ständigen EuGH-Rechtsprechung anerkannten Fälle eines gemeinschaftsgrundrechtsgebundenen mitgliedstaatlichen Handelns im Anwendungsbereich des Gemeinschaftsrechts in die Kategorien der Durchführung von Gemeinschaftsrecht und der Beschränkung von Grundfreiheiten des EG-Vertrages einordnen.[1102] Vergleicht man diese Fallgruppen mit der Festschreibung der mitgliedstaatlichen Bindung an die Charta-Rechte „*ausschließlich bei der Durchführung des Rechts der Union*“ in Art. 51 Abs. 1 S. 1 EGRC, scheint die Charta nur die erstgenannte Konstellation anzuerkennen. Ob die Mitgliedstaaten die Charta-Rechte auch dann zu achten haben, wenn sie unter Berufung auf die Schutzklauseln des EG-Vertrages bzw. zwingende Erfordernisse des Allgemeinwohls im Sinne der *Cassis*-Rechtsprechung die Grundfreiheiten beschränken, ist durch Auslegung des Art. 51 Abs. 1 S. 1 EGRC zu ermitteln.

(1) Grammatikalische Interpretation

Die Rechtslehre gebraucht den von ihr geprägten Begriff der Durchführung von Gemeinschafts- bzw. Unionsrecht, der weitgehend, jedoch durchaus nicht immer mit dem Begriffsverständnis des Gerichtshofs übereinstimmt,[1103] regelmäßig nicht für die Fälle der mitgliedstaatlichen Beschränkungen von

---

1101 So auch *Schaller*, EU-Mitgliedstaaten als Verpflichtungsadressaten der Gemeinschaftsgrundrechte, S. 217-218. Siehe zur Problematik bereits oben 3. Kapitel.C.II.1, insb. bei Fn. 1055.

1102 Siehe oben 3. Kapitel.C.II.1.a, b.

1103 Vgl. z.B. EuGH, Rs. C-2/92, Bostock (Fn. 1063), S. I-983 / Rn. 16, wo der Gerichtshof als Beispiel für die Bindung der Mitgliedstaaten bei der „Durchführung“ von Gemeinschaftsrecht die - mitgliedstaatliche Beschränkungen von Grundfreiheiten betreffende - Rs. ERT zitiert; zur Problematik *Cirkel*, Die Bindungen der Mitgliedstaaten an die Gemeinschaftsgrundrechte, S. 81 m.w.N.

Grundfreiheiten.[1104] Einzelne fassen hingegen auch solches mitgliedstaatliches Handeln als Durchführung von Gemeinschaftsrecht auf.[1105]

Wenn auch das überwiegende Verständnis der Terminologie ein anderes ist, schließt es der Wortlaut der „*Durchführung*" von Unionsrecht nicht aus, darunter auch die Beschränkung vertraglicher Freiheiten seitens der Mitgliedstaaten zu fassen. Zwar ist diese - anders als die Umsetzung oder der Vollzug von Gemeinschafts- bzw. Unionsrecht - nicht vertraglich geboten; die Mitgliedstaaten handeln in diesem Bereich nicht als „verlängerter Arm" der EG bzw. EU.[1106] Als Durchführung von Unionsrecht lässt sich weitergehend aber auch die Beachtung primärrechtlicher Vorgaben des Unionsrechts z.B. bei der Einschränkung der Grundfreiheiten verstehen.[1107]

Der Wortlaut spricht demnach zwar eher gegen die Einbeziehung der Mitgliedstaaten in den Kreis der Adressaten der Grundrechtecharta, wenn diese unter Berufung auf die Schutzklauseln bzw. zwingende Erfordernisse die Freiheiten des EG-Vertrages beschränken. Er ist allerdings wegen der nicht durchweg einheitlichen Verwendung des Begriffs der „Durchführung" von Gemeinschafts- bzw. Unionsrecht und dessen verschiedener Interpretationsmöglichkeiten nicht eindeutig.[1108]

1104 Siehe oben 3. Kapitel.C.II.1.a, insb. die Nachweise in Fn. 1060.

1105 So z.B. *Streinz*, Europarecht, § 5 I 2, Rn. 358a.

1106 *Griller*, in: *Duschanek / Griller* (Hrsg.), Grundrechte für Europa, S. 139; ähnlich *Schaller*, EU-Mitgliedstaaten als Verpflichtungsadressaten der Gemeinschaftsgrundrechte, S. 213.

1107 So auch *Streinz*, Europarecht, § 5 I 2, Rn. 358a; zweifelnd *Griller*, in: *Duschanek / Griller* (Hrsg.), Grundrechte für Europa, S. 139; *Calliess*, in: *Ehlers* (Hrsg.), Europäische Grundrechte und Grundfreiheiten, § 19 III, Rn. 26; a.A. *Große Wentrup*, Europäische Grundrechtecharta im Spannungsfeld der Kompetenzverteilung, S. 66 f; *Kingreen*, in: *Calliess / Ruffert* (Hrsg.), EUV/EGV, Art. 6 EUV, Rn. 61; *Schaller*, EU-Mitgliedstaaten als Verpflichtungsadressaten der Gemeinschaftsgrundrechte, S. 213.

1108 A.A. *Zimmermann*, EU-Grundrechtecharta, S. 22-23; *Kingreen*, in: *Calliess / Ruffert* (Hrsg.), EUV/EGV, Art. 6 EUV, Rn. 61 (insb. dort Fn. 165); *Schaller*, EU-Mitgliedstaaten als Verpflichtungsadressaten der Gemeinschaftsgrundrechte, S. 213, denen zufolge der Wortlaut des Art. 51 Abs. 1 EGRC die mitgliedstaatliche Beschränkung von Grundfreiheiten nicht erfasst. Zweifelnd *Besselink*, 8 MJ 1 (2001), S. 76, 79.

(2) Historische Interpretation

Zwar spielen die subjektiven, den historischen Willen des Normgebers bei Vertragsschluss erforschenden Auslegungsmethoden im Unionssrecht regelmäßig eine insbesondere im Verhältnis zur teleologischen Interpretation geringe Rolle.[1109] Unter Berücksichtigung dieses Umstandes können der Entstehungsgeschichte des Art. 51 Abs. 1 S. 1 EGRC dennoch Hinweise auf die Reichweite der Bindung der Mitgliedstaaten an die Charta entnommen werden.

Der Konvent hat die genaue Formulierung der Fallkonstellationen, in denen die Charta auch die Mitgliedstaaten verpflichtet, im Verlauf seiner Debatten sehr häufig modifiziert.[1110] Das Konventssekretariat schlug in einem Informationspapier zu den Querschnittsfragen zu Beginn der Konventsberatungen ausdrücklich im Einklang mit der Rechtsprechung des Gerichtshofs eine Bindung der Mitgliedstaaten an die Charta vor, soweit diese „*im Rahmen des Anwendungsbereichs der Verträge*" tätig werden.[1111] Die ersten Artikelentwürfe des Konvents sahen zunächst eine Bindung der Mitgliedstaaten „*nur bei der Umsetzung oder Anwendung des Unionsrechts*"[1112], sodann „*bei der Anwendung des Gemeinschaftsrechts*"[1113] vor. Dies erscheint im Verhältnis zur Rechtsprechung des Gerichtshofs zur Verpflichtung der Mitgliedstaaten durch die Gemeinschaftsgrundrechte im Anwendungsbereich des Gemeinschaftsrechts[1114] restriktiver.[1115]

In einem darauffolgenden Entwurf lehnte sich der Konvent mit der Formulierung, dass die Charta auf die Mitgliedstaaten „*ausschließlich im Gel-*

1109 Siehe dazu oben 2. Kapitel.B.III.3.b, insb. bei Fn. 640, 644.

1110 Einen umfassenden Überblick zur Entwicklung des Wortlautes des Art. 51 EGRC im Konvent bietet *Borowsky*, in: *Meyer* (Hrsg.), Charta-Kommentar, Art. 51 EGRC, Rn. 2-15; siehe außerdem *de Búrca*, E.L.Rev. 26 (2001), S. 136 f.; *Schaller*, EU-Mitgliedstaaten als Verpflichtungsadressaten der Gemeinschaftsgrundrechte, S. 213 f.

1111 Dok. CHARTE 4111/00 BODY 3 v. 20.01.2000, S. 2 (Pkt. 4).

1112 Dok. CHARTE 4123/1/00 REV 1 CONVENT 5 v. 15.02.2000, S. 9 (Präambel oder Art. 1).

1113 Dok. CHARTE 4149/00 CONVENT 13 v. 08.03.2000, S. 2 (Art. 1); ebenso Dok. CHARTE 4235/00 CONVENT 27 v. 18.04.2000, S. 1 (Art. H.1).

1114 Siehe oben 3. Kapitel.C.II.1, insb. die Nachweise in Fn. 1054.

1115 So auch *de Búrca*, E.L.Rev. 26 (2001), S. 136; *Borowsky*, in: *Meyer* (Hrsg.), Charta-Kommentar, Art. 51 EGRC, Rn. 2, 4.

tungsbereich des Rechts der Union“[1116] Anwendung finde, stärker an die diesbezügliche Rechtsprechung des Gerichtshofs an.[1117] In zwei Folgeentwürfen legte der Konvent – wohl wiederum enger – eine Bindung der Mitgliedstaaten an die Charta „*ausschließlich bei der Umsetzung des Rechts der Union*“[1118] fest. Er griff im Verlauf der Debatte nochmals die weitere Formel von der Bindung der Mitgliedstaaten „*ausschließlich im Geltungsbereich des Rechts der Union*“[1119] auf, um diese wiederum in eine Anwendbarkeit der Charta „*ausschließlich bei der Umsetzung des Rechts der Union*“[1120] zu ändern.

Im ersten vollständigen Entwurf des Charta-Textes legte sich der Konvent auf die – wohl gegenüber der Umsetzung weitere – Verpflichtung der Mitgliedstaaten, die Charta-Rechte „*ausschließlich bei der Durchführung des Rechts der Union*“[1121] zu achten, fest. Diese Fassung erfuhr bis zur feierlichen Proklamation der Charta im Dezember 2000 in Nizza keine Änderungen mehr.[1122]

Über die Hintergründe dieser zahlreichen Änderungen geben die zu den jeweiligen Artikelentwürfen gegebenen Erläuterungen des Präsidiums Aufschluss.[1123] Danach war - unabhängig von der Formulierung einer Bindung der Mitgliedstaaten an die Charta ausschließlich bei der Umsetzung und /

1116 Dok. CHARTE 4316/00 CONVENT 34 v. 16.05.2000, S. 9 (Art. 46).

1117 So i.E. auch *de Búrca*, E.L.Rev. 26 (2001), S. 136/137; *Borowsky*, in: *Meyer* (Hrsg.), Charta-Kommentar, Art. 51 EGRC, Rn. 5.

1118 Dok. CHARTE 4373/00 CONVENT 40 v. 23.06.2000, S. 5 (Art. 46); Dok. CHARTE SN/3340/00 v. 29.06.2000, S. 1 (Art. 44).

1119 Dok. CHARTE 4383/00 CONVENT 41 v. 03.07.2000, S. 23 (Art. 46).

1120 Dok. CHARTE 4383/00 CONVENT 41 v. 03.07.2000, S. 24 (Art. 46).

1121 Dok. CHARTE 4422/00 CONVENT 45 v. 28.07.2000, S. 15 (Art. 49).

1122 Vgl. Dok. CHARTE 4470/1/00 REV 1 CONVENT 47 v. 21.09.2000, S. 21 (Art. 50); Dok. CHARTE 4487/00 CONVENT 50 v. 28.09.2000, EuGRZ 2000, S. 558 (Art. 51).

1123 Aus den Niederschriften über die Konventsdebatten lässt sich kaum mehr als die Uneinigkeit der Konventsmitglieder hinsichtlich der jeweiligen Artikelentwürfe ablesen, vgl. beispielhaft *Braibant*, *Tarschys*, *Lalumière*, in: *Bernsdorff* / *Borowsky* (Hrsg.), Charta der Grundrechte der EU, S. 295 (Sitzung vom 28.-30.06.2000). So sieht z.B. *Borowsky* die Änderung der Formulierung „im Geltungsbereich“ des Unionsrechts in „bei der Umsetzung“ des Unionsrechts (vgl. oben Fn. 1116, 1118) als gezielte Verengung des Anwendungsbereichs der Charta (*Borowsky*, in: *Meyer* (Hrsg.), Charta-Kommentar, Art. 51 EGRC, Rn. 5-7), während *Braibant* dies für einen „Tippfehler“ hält, vgl. *ders.*, in: *Bernsdorff* / *Borowsky* (Hrsg.), Charta der Grundrechte der EU, S. 295 (Sitzung vom 28.-30.06.2000).

oder Anwendung,[1124] im Geltungsbereich[1125] oder bei der Durchführung[1126] des Rechts der Union - stets beabsichtigt, den jeweiligen Artikelwortlaut im Einklang mit der bisherigen ständigen Rechtsprechung des Gerichtshofs zu belassen. Die Umformulierungen dienten vielmehr dem Ziel klarzustellen, dass die Bindung der Mitgliedstaaten der in der EuGH-Rechtsprechung niedergelegten Bindung entsprechen, nicht hingegen über diese hinausgehen soll.

Akzeptiert man diese durchgehend geäußerte Intention in den vom Präsidium in eigener Verantwortung erstellten Erläuterungen als Wille des Konvents insgesamt,[1127] lässt sich der Entstehungsgeschichte des Art. 51 Abs. 1 S. 1 EGRC somit entnehmen, dass der Konvent den Anwendungsbereich der Charta insoweit übereinstimmend mit der ständigen Rechtsprechung des Gerichtshofs festlegen wollte. Dies bestätigt nicht zuletzt der ausdrückliche Verweis der (endgültigen) Erläuterungen zu Art. 51 EGRC[1128] auf das Urteil des EuGH in der Rechtssache *ERT*, das gerade die Bindung der Mitgliedstaaten an die Gemeinschaftsgrundrechte bei der Beschränkung von Grundfreiheiten begründete.[1129] Schließlich verdeutlicht der Hinweis der Erläuterungen auf die Bindung der Mitgliedstaaten, wenn sie *„im Rahmen des Gemeinschaftsrechts"*[1130] handeln, dass die Mitgliedstaaten auch in dieser Fallkonstellation die Rechte der Charta achten müssen.[1131]

1124 Vgl. z.B. den Kommentar zur Präambel oder Art. 1 in Dok. CHARTE 4123/1/00 REV 1 CONVENT 5 v. 15.02.2000, S. 9; sowie die Begründung zu Art. H.1 in Dok. CHARTE 4235/00 CONVENT 27 v. 18.04.2000, S. 2.

1125 Vgl. die Begründung zu Art. 46 in Dok. CHARTE 4316/00 CONVENT 34 v. 16.05.2000, S. 10.

1126 Vgl. die Erläuterungen des Präsidiums zu Art. 51 EGRC, Dok. CHARTE 4473/00 CONVENT 49 v. 11.10.2000, S. 46 = EuGRZ 2000, S. 568.

1127 Zur rechtlichen Bedeutung der Erläuterungen des Präsidiums siehe eingehend oben 2. Kapitel.B.III.3.b.

1128 Siehe Fn. 1126. Der dort ebenfalls enthaltene bestätigende Verweis auf das Urteil in der Rs. Karlsson betrifft hingegen wiederum die mitgliedstaatliche Durchführung (i.e.S.) einer Gemeinschaftsverordnung, vgl. EuGH, Rs. C-292/97, K. Karlsson u.a. ./. Jordbruksverk, Urt. v. 13.04.2000, EuGRZ 2000, S. 524 ff. (527 / Rn. 37); kritisch dazu auch *de Búrca*, E.L.Rev. 26 (2001), S. 137.

1129 Siehe dazu oben 3. Kapitel.C.II.1.b, insb. bei Fn. 1070.

1130 *Besselink*, 8 MJ 1 (2001), S. 76, *de Búrca*, E.L.Rev. 26 (2001), S. 137, und *Griller*, in: *Duschanek / Griller* (Hrsg.), Grundrechte für Europa, S. 139/140 betonen allerdings zu Recht, dass diese Formulierung die von der EuGH-Rechtsprechung meist verwendete Formel „im Anwendungsbereich des Gemeinschaftsrechts" nur ungenau wiedergibt. Vgl. aber auch EuGH, Rs. 12/86, Meryem Demirel ./. Stadt Schwäbisch

(3) Systematische und teleologische Interpretation

Bedenken gegen die Einbeziehung mitgliedstaatlicher Beschränkungen von Grundfreiheiten in den Anwendungsbereich der Charta lassen sich auch durch eine systematische Auslegung des Art. 51 Abs. 1 S. 1 EGRC in Verbindung mit Art. 51 Abs. 1 S. 2, Abs. 2 EGRC ausräumen. Zwar will Art. 51 Abs. 1 S. 1 EGRC die Mitgliedstaaten gerade nur „*ausschließlich*" bei der Durchführung des Unionsrechts an die Charta-Rechte binden. Im systematischen Zusammenhang mit Art. 51 Abs. 1 S. 2, Abs. 2 der Charta betont diese Formulierung jedoch lediglich nochmals, dass die Mitgliedstaaten nicht insgesamt, sondern allein im Anwendungsbereich des Unionsrechts verpflichtet sind, die Rechte der Charta zu achten.[1132] Der Begriff „*ausschließlich*" richtet sich demnach nicht gegen eine Geltung der Charta in der von der EuGH-Rechtsprechung anerkannten Konstellation mitgliedstaatlicher Einschränkungen der Freiheiten des EG-Vertrages.

Entscheidend für eine Geltung der Charta-Rechte auch für die Mitgliedstaaten, wenn sie die gemeinschaftsrechtlichen Grundfreiheiten beschränken, spricht schließlich eine teleologische Interpretation des Art. 51 Abs. 1 S. 1 EGRC. Dieser verfolgt, wie die Bestimmungen der Charta insgesamt, entsprechend dem Mandat des Konvents[1133] den Zweck, die Tragweite der existierenden Grundrechte auf Gemeinschaftsebene sichtbar zu verankern. Dieses Ziel einer Kodifikation des *acquis communautaire* konnte er jedoch nur durch die Einbeziehung auch der in ständiger Rechtsprechung des Gerichts-

---

Gmünd, Urt. v. 30.09.1987, Slg. 1987, S. 3719 ff. (3754 / Rn. 28) („im Rahmen des Gemeinschaftsrechts").

1131 So i.E. auch *Griller*, in: *Duschanek / Griller* (Hrsg.), Grundrechte für Europa, S. 139 f.; *Philippi*, Charta der Grundrechte, S. 37; *Schaller*, EU-Mitgliedstaaten als Verpflichtungsadressaten der Gemeinschaftsgrundrechte, S. 214 f.; *Große Wentrup*, Europäische Grundrechtecharta im Spannungsfeld der Kompetenzverteilung, S. 68/69; *Rengeling / Szczekalla*, Grundrechte in der EU, § 4 A, Rn. 264; a.A. wegen des Hinweises der Erläuterungen auch auf die Rs. Karlsson *Weber*, in: *Weber* (Hrsg.), Charta der Grundrechte, S. 12; a.A. wegen der Unverbindlichkeit der Erläuterungen *Besselink*, 8 MJ 1 (2001), S. 76, 79; a.A. wegen eines entgegenstehenden Willens des Konvents *Borowsky*, in: *Meyer* (Hrsg.), Charta-Kommentar, Art. 51 EGRC, Rn. 24, 29.

1132 Zur begrenzten Bindung der Mitgliedstaaten an die Grundrechte auf Gemeinschaftsebene siehe bereits oben 3. Kapitel.C.II.2, insb. bei Fn. 1086.

1133 Vgl. Europäischer Rat (Köln), Anhang IV zu den Schlussfolgerungen des Vorsitzes, Bull. EU 6-1999, S. 39 = EuGRZ 1999, S. 364.

hofs anerkannten Konstellationen mitgliedstaatlicher Beschränkungen von Grundfreiheiten in den Anwendungsbereich der Charta erreichen.[1134]

(4) Ergebnis

Auf die Frage, ob die Mitgliedstaaten die Charta-Rechte auch dann zu achten haben, wenn sie unter Berufung auf die Schutzklauseln des EG-Vertrages bzw. zwingende Erfordernisse des Allgemeinwohls i.S. der *Cassis*-Rechtsprechung die Grundfreiheiten beschränken, gibt der Wortlaut des Art. 51 Abs. 1 S. 1 EGRC keine eindeutige Antwort. Eine historische, insbesondere aber eine teleologische Interpretation der Vorschrift zeigen jedoch, dass mitgliedstaatliches Handeln auch in diesem Bereich an die Grundrechte der Charta gebunden ist.

c. Weitere Fallkonstellationen

Wie gezeigt, ist im Rahmen der Rechtsprechung des EuGH die Entwicklung weiterer Fallkonstellationen denkbar, in denen mitgliedstaatliche Maßnahmen als in den Anwendungsbereich des Gemeinschaftsrechts fallend mit den Gemeinschaftsgrundrechten im Einklang stehen müssen.[1135]

Mit Blick auf den restriktiven Wortlaut des Art. 51 Abs. 1 S. 1 EGRC ebenso wie auf dessen Entstehungsgeschichte und Regelungszweck sind einer weitergehenden Bindung der Mitgliedstaaten durch die Charta jedoch enge Grenzen gesetzt. Die Mitgliedstaaten sollten durch Art. 51 Abs. 1 S. 1 EGRC

[1134] Eine identische Reichweite des Art. 51 Abs. 1 S. 1 EGRC und der ständigen EuGH-Rechtsprechung nehmen u.a. an *Mahlmann*, ZEuS 2000, S. 437, insb. dort Fn. 93; *Lenaerts*, E.L.Rev. 25 (2000), S. 600; *Carrasco Macía*, Eipascope 2000, S. 22; *Dutheil de la Rochère*, RMC 2000, S. 678; *dies.*, Regards sur l'actualité 2001, S. 9; wohl auch *Grabenwarter*, DVBl. 2001, S. 2; *Bernsdorff*, NdsVBl. 2001, S. 182; *Jacqué*, in: *Bieber / Boillat u.a.*, Grundrechtsschutz in Europa, S. 84; *Beutler*, in: *Beutler / Bieber u.a.*, EU, Kap. 10.1.3.3., Rn. 658 (enger allerdings Rn. 665); *Philippi*, Charta der Grundrechte, S. 37; *Griller*, in: *Duschanek / Griller* (Hrsg.), Grundrechte für Europa, S. 139/140; *Schaller*, EU-Mitgliedstaaten als Verpflichtungsadressaten der Gemeinschaftsgrundrechte, S. 214/215; *Pernice / Mayer*, in: *Grabitz / Hilf* (Hrsg.), EUV/EGV, Bd. I, nach Art. 6 EUV, Rn. 32; *Große Wentrup*, Europäische Grundrechtecharta im Spannungsfeld der Kompetenzverteilung, S. 68. Dies bezweifeln *Jacobs*, E.L.Rev. 26 (2001), S. 338/339, *Calliess*, EuZW 2001, S. 266 sowie *Calliess*, in: *Ehlers* (Hrsg.), Europäische Grundrechte und Grundfreiheiten, § 19 III, Rn. 26. A.A. *Borowsky*, in: *Meyer* (Hrsg.), Charta-Kommentar, Art. 51 EGRC, Rn. 24, 29.

[1135] Siehe dazu oben 3. Kapitel.C.II.1.c.

zwar ebenso weitgehend, wie es die bisherige ständige Rechtsprechung des Gerichtshofs vorsieht, nicht hingegen darüber hinaus auf die Charta-Rechte verpflichtet werden.[1136] Die Verbindlichkeit der Charta für die Staaten nur bei der Durchführung von Unionsrecht verdeutlicht, dass ihre Bindung einen verhältnismäßig engen Bezug ihres Handelns zum Gemeinschafts- bzw. Unionsrecht voraussetzt.[1137] Tendenzen in der Rechtsprechung des Gerichtshofs, den Anwendungsbereich des Gemeinschaftsrechts insbesondere im Zusammenhang mit dem Aufenthalts- und Bewegungsrecht des Art. 18 EG und dem Diskriminierungsverbot des Art. 12 EG verhältnismäßig weit zu ziehen,[1138] greift Art. 51 der Charta bewusst nicht auf.[1139]

d. Modifikationen der Regelung des Art. 51 EGRC

Ebenso wie bei der Grundrechtsbindung der Union[1140] modifizieren einzelne Charta-Rechte den Kreis der durch sie Verpflichteten in Bezug auf die Mitgliedstaaten. Mehrere ihrer Grundrechte richten sich ausdrücklich nur an die Union, die Gemeinschaft oder einzelne ihrer Organe. Beispielsweise nennen Art. 22, 25, 26, 34 Abs. 1 und 3 sowie 36 EGRC ausschließlich die Union als Adressaten. Auch die Rechte auf eine gute Verwaltung (Art. 41 EGRC), sowie – vor dem Hintergrund ihrer jeweiligen Rechtsquelle im EG-Vertrag – die Rechte auf Zugang zu Dokumenten (Art. 42 EGRC), auf Befassung des Bürgerbeauftragten (Art. 43 EGRC) sowie auf Petition zum Parlament (Art. 44 EGRC) verpflichten ihrem ausdrücklichen Wortlaut nach jeweils bestimmte Unions- bzw. Gemeinschaftsinstitutionen, nicht aber die Mitgliedstaaten.

Die Charta-Normen, die solche Beschränkungen ihres Adressatenkreises vorsehen, gehen als *leges speciales* der allgemeinen Bestimmung der Grund-

---

1136 Siehe hierzu oben 3. Kapitel.C.II.2.b(2), (3).

1137 So auch *de Búrca*, E.L.Rev. 26 (2001), S. 137.

1138 Dazu oben 3. Kapitel.C.II.1.c, insb. bei Fn. 1082 f.

1139 Hierüber herrscht, soweit ersichtlich, Einigkeit, vgl. *de Búrca*, E.L.Rev. 26 (2001), S. 137; *Calliess*, EuZW 2001, S. 266; *ders.*, in: *Ehlers* (Hrsg.), Europäische Grundrechte und Grundfreiheiten, § 19 III, Rn. 26; *Borowsky*, in: *Meyer* (Hrsg.), Charta-Kommentar, Art. 51 EGRC, Rn. 24, 29; *Kübling*, in: *v. Bogdandy* (Hrsg.), Europäisches Verfassungsrecht, S. 609-611.

1140 Siehe dazu oben 3. Kapitel.C.I.2.a, insb. bei Fn. 1028.

rechtsverpflichteten in Art. 51 Abs. 1 S. 1 EGRC vor,[1141] binden die Mitgliedstaaten also nicht.[1142]

3. Ergebnis

Hinsichtlich der Grundrechtsbindung der Mitgliedstaaten erweist sich die Charta im Verhältnis zur Rechtsprechung des Gerichtshofs als teils erweiternd, teils begrenzend. Art. 51 Abs. 1 S. 1 EGRC erstreckt die Verpflichtung der Mitgliedstaaten über das Gemeinschaftsrecht hinaus insgesamt auf die Durchführung von *Unions*recht. Bei der Durchführung von Unionsrecht der zweiten und dritten Säule fehlt dem Gerichtshof derzeit jedoch nach Art. 46 lit. d EU die Zuständigkeit, entsprechende mitgliedstaatliche Maßnahmen auf die Einhaltung der Charta-Grundrechte hin zu untersuchen.

Die Auslegung des Art. 51 Abs. 1 S. 1 der Charta ergibt, dass die Mitgliedstaaten der ständigen Rechtsprechung des EuGH entsprechend außerdem dann an die Charta gebunden sind, wenn sie unter Berufung auf die Schutzklauseln des EG-Vertrags oder zwingende Erfordernisse des Allgemeinwohls die Grundfreiheiten beschränken. Die Charta fordert insgesamt für eine Verpflichtung der Mitgliedstaaten allerdings einen engen Bezug des nationalen Handelns zum Gemeinschafts- bzw. Unionsrecht. In der Spruchpraxis des Gerichtshofs angelegten Tendenzen, den Anwendungsbereich des Gemeinschaftsrechts und damit seiner Grundrechte darüber hinausgehend in weiteren Fallkonstellationen anzunehmen, erteilt sie eine Absage.

Die wenigen Charta-Rechte, die sich ausdrücklich nur an Unions- oder Gemeinschaftsinstitutionen richten, gehen der Bestimmung der Grundrechtsverpflichtung der Mitgliedstaaten in Art. 51 Abs. 1 S. 1 EGRC als speziell vor und binden die Staaten nicht.

III. Die Grundrechtsbindung privater Rechtssubjekte (unmittelbare Drittwirkung)

Neben der Bindung der Gemeinschaft bzw. der Union und der Mitgliedstaaten an die Grundrechte auf Gemeinschaftsebene ist grundsätzlich auch

---

[1141] So auch *Vitorino*, RTDE 2001, S. 42/43; *Borowsky*, in: *Meyer* (Hrsg.), Charta-Kommentar, Art. 51 EGRC, Rn. 24; a.A. (hinsichtlich Art. 41 EGRC) *Lais*, ZEuS 2002, S. 457.

[1142] Zu den vom Verfassungskonvent an der Regelung des Art. 51 EGRC vorgeschlagenen Modifikationen siehe näher unten 5. Kapitel.D.III.1, insb. bei Fn. 2319-2323.

eine Verpflichtung privater Rechtssubjekte auf diese Gewährleistungen denkbar. Die deutsche Grundrechtsdogmatik bezeichnet die Geltung der Grundrechte über das klassische Zweierverhältnis zwischen dem Einzelnen und den Trägern von Hoheitsgewalt hinaus auch im Verhältnis zwischen zwei privaten Rechtssubjekten als unmittelbare Drittwirkung der Grundrechte.[1143]

1. Bindung im Rahmen des herkömmlichen gemeinschaftsrechtlichen Grundrechtsschutzes

Die Frage einer Drittwirkung der auf Gemeinschaftsebene garantierten Grundrechte hat in der Rechtsprechung des EuGH bislang praktisch keine wesentliche Bedeutung erlangt. Im Bereich der geschriebenen Gemeinschaftsgrundrechte hat der Gerichtshof die Verpflichtung auch privater Rechtssubjekte durch das Grundrecht der Lohngleichheit (Art. 141 EG) anerkannt.[1144] Daneben hat er dem Verbot der Diskriminierung wegen der Staatsangehörigkeit (Art.12 EG) im Falle von Maßnahmen privatrechtlicher Vereinigungen oder Einrichtungen, die kraft ihrer rechtlichen Autonomie kollektive Regelungen im Arbeits- oder Dienstleistungsbereich aufgestellt hatten, eine unmittelbare Drittwirkung zugeschrieben.[1145]

1143 *Pieroth / Schlink*, Grundrechte, § 5 II 3, Rn. 173 f.; *Stern*, in: *Stern*, Staatsrecht, Bd. III/1, § 76 I 4, S. 1531 f.; *Rüfner*, in: HStR V, § 117, Rn. 54 ff.

Unter *mittelbarer* Drittwirkung versteht man demgegenüber die Geltung der Grundrechte als objektive Wertentscheidungen für die Interpretation von Generalklauseln, auch des Zivilrechts, vgl. BVerfG, 1 BvR 400/51, Urt. v. 15.01.1958, BVerfGE 7, 198 (205 ff.) (Lüth); BVerfG, 2 BvR 487/80, Beschl. v. 23.04.1986, BVerfGE 73, 261 (269); *Pieroth / Schlink*, Grundrechte, § 5 II 3, Rn. 181-183; *Stern*, in: *Stern*, Staatsrecht, Bd. III/1, § 76 I 4, S. 1531 f.

1144 EuGH, Rs. 43/75, G. Defrenne ./. Société anonyme belge de navigation aérienne Sabena („Defrenne II"), Urt. v. 08.04.1976, Slg. 1976, S. 455 ff. (474, 476 / Rn. 21/24, 38/39); EuGH, Rs. 149/77, G. Defrenne ./. Société anonyme belge de navigation aérienne Sabena („Defrenne III"), Urt. v. 15.06.1978, Slg. 1978, S. 1365 ff. (1379 / Rn. 26/29). Dazu z.B. *Rengeling*, Grundrechtsschutz in der Europäischen Gemeinschaft, S. 200; *Weber*, NJW 2000, S. 543; *Magiera*, DÖV 2000, S. 1021; *Streinz*, Europarecht, § 16 II 6, Rn. 916.

1145 EuGH, Rs. 36/74, B.N.O. Walrave und L.J.N. Koch ./. Association Union Cycliste Internationale u.a., Urt. v. 12.12.1974, Slg. 1974, S. 1405 ff. (1419 / Rn. 14/15, 16/19); vgl. dazu *Falke*, in: *Bremische Bürgerschaft* (Hrsg.), Charta der Grundrechte, S. 53; *Mahlmann*, ZEuS 2000, S. 438; *Epiney*, in: *Calliess / Ruffert* (Hrsg.), EUV/EGV, Art. 12 EGV, Rn. 43, 23.

Eine horizontale Drittwirkung können dem Gerichtshof zufolge außerdem die (grundrechtsähnlichen) Grundfreiheiten des EG-Vertrags entfalten. So hat der EuGH eine Bindung Privater insbesondere an die Arbeitnehmerfreizügigkeit (Art. 39 EG)[1146] und die Dienstleistungsfreiheit (Art. 49 EG)[1147] zumeist[1148] in Konstellationen angenommen, in denen dem Einzelnen starke privatrechtlich organisierte Vereinigungen, d.h. „*Träger faktischer Macht in der Öffentlichkeit*“[1149] gegenüberstanden.[1150]

Demgegenüber hat der EuGH eine - unmittelbare oder auch nur mittelbare - Drittwirkung der auf Gemeinschaftsebene als allgemeine Rechtsgrundsätze garantierten ungeschriebenen Grundrechte bislang nicht thematisiert. Er hat private Rechtssubjekte noch in keinem Fall als Verpflichtete dieser Grundrechte betrachtet.[1151] In der Lehre halten einige eine unmittelbare Geltung der Gemeinschaftsgrundrechte auch im Privatrechtsverkehr in den Fäl-

---

[1146] EuGH, Rs. 36/74, Walrave und Koch (Fn. 1145), S. 1419 / Rn. 14/15, 16/19; EuGH, Rs. 149/77, G. Defrenne ./. Société anonyme belge de navigation aérienne Sabena („Defrenne III“), Urt. v. 15.06.1978, Slg. 1978, S. 1365 ff. (1379 / Rn. 26/29); EuGH, Rs. C-415/93, Union Royale Belge des Sociétés de Football Association ./. Bosman, Urt. v. 15.12.1995, Slg. 1995, S. I-4921 ff. (5062-5067 / Rn. 69 ff., 82-87) (jeweils bzgl. privater Sportverbände); EuGH, Rs. C-281/98, Angonese ./. Cassa di Risparmio di Bolzano SpA, Urt. v. 06.06.2000, Slg. 2000, S. I-4139 ff. (4171-4173 / Rn. 30-36).

[1147] EuGH, Rs. 36/74, Walrave und Koch (Fn. 1145), S. 1419 / Rn. 14/15, 16/19; EuGH, Rs. 13/76, G. Donà ./. M. Mantero, Urt. v. 14.07.1976, Slg. 1976, S. 1333 ff. (1340 f. / Rn. 17/18).

[1148] Eine Ausnahme bildet das EuGH-Urteil in der Rs. C-281/98, Angonese (Fn. 1146).

[1149] *Pernice*, DVBl. 2000, S. 855.

[1150] Vgl. dazu *Rengeling*, Grundrechtsschutz in der Europäischen Gemeinschaft, S. 200; *Bleckmann*, in: *Bleckmann*, Europarecht, § 8 XI, Rn. 757; *Pernice*, DVBl. 2000, S. 855/856; *Mahlmann*, ZEuS 2000, S. 438; zu Art. 39 EG *Brechmann*, in: *Calliess / Ruffert* (Hrsg.), EUV/EGV, Art. 39 EGV, Rn. 51; *Ehlers*, in: *Ehlers* (Hrsg.), Europäische Grundrechte und Grundfreiheiten, § 13 IV 3, Rn. 32. Zur wohl fehlenden Drittwirkung des Art. 28 EG sowie zu Art. 43 EG, über dessen Drittwirkung der EuGH noch nicht entschieden hat, näher *Epiney*, in: *Calliess / Ruffert* (Hrsg.), EUV/EGV, Art. 28 EGV, Rn. 46, 57 m.w.N.

[1151] *Rengeling*, Grundrechtsschutz in der Europäischen Gemeinschaft, S. 199; *Mahlmann*, ZEuS 2000, S. 438; *Cirkel*, Die Bindungen der Mitgliedstaaten an die Gemeinschaftsgrundrechte, S. 45/46; *Kingreen*, in: *Calliess / Ruffert* (Hrsg.), EUV/EGV, Art. 6 EUV, Rn. 63; *Ehlers*, in: *Ehlers* (Hrsg.), Europäische Grundrechte und Grundfreiheiten, § 13 IV 3, Rn. 32; differenzierend *Beutler*, in: *von der Groeben / Schwarze* (Hrsg.), EU- / EGV, Bd. 1, Art. 6 EU, Rn. 66.

len für denkbar, in denen sich das Rechtsverhältnis zwischen den privaten Parteien nach Gemeinschaftsrecht richtet.[1152]

2. Bindung in der Grundrechtecharta

Der Konvent befasste sich im Verlauf seiner Debatten nicht explizit mit der Frage einer Drittwirkung der Charta-Grundrechte.[1153] Artikel 51 Abs. 1 S. 1 der Charta, der den Kreis der Grundrechtsverpflichteten allgemein, d.h. grundsätzlich für sämtliche Charta-Rechte regelt, nennt nur die Unionsinstitutionen und die Mitgliedstaaten, nicht hingegen auch private Rechtssubjekte als Adressaten der Charta. Dementsprechend bindet die Charta natürliche und juristische Personen des Privatrechts grundsätzlich nicht.[1154] In dieser prinzipiellen Entscheidung gegen eine unmittelbare Drittwirkung der Grundrechte der Charta ähnelt Art. 51 Abs. 1 S. 1 EGRC der Regelung des Art. 1 Abs. 3 des deutschen Grundgesetzes. Dessen Aussage, nur die öffentliche gesetzgebende, vollziehende und rechtsprechende Gewalt an die Grundrechte zu binden, wird gleichermaßen als Absage an eine Grundrechtsverpflichtung Privater verstanden.[1155]

Einige der in der Charta gewährleisteten Rechte scheinen jedoch ihrem Inhalt und Regelungszweck zufolge zumindest auch auf eine Bindung privater Rechtssubjekte abzuzielen. Dies gilt in erster Linie für einzelne in der Charta niedergelegte allgemeine Verbote, die auf aktuelle, insbesondere von Privaten

---

1152 So *Borchardt*, in: Der Europäische Gerichtshof, aktualisierter Auszug aus *Lenz* (Hrsg.), EGV, Art. 220, Rn. 35; *Pernice / Mayer*, in: *Grabitz / Hilf* (Hrsg.), EUV/EGV, Bd. I, nach Art. 6 EUV, Rn. 33; demgegenüber kritisch statt vieler *Rengeling*, Grundrechtsschutz in der Europäischen Gemeinschaft, S. 200; *Kingreen*, in: *Calliess / Ruffert* (Hrsg.), EUV/EGV, Art. 6 EUV, Rn. 63; *Ehlers*, in: *Ehlers* (Hrsg.), Europäische Grundrechte und Grundfreiheiten, § 13 IV 3, Rn. 32. Siehe dazu noch sogleich 3. Kapitel.C.III.2, insb. bei Fn. 1166.

1153 Dies bestätigt *Borowsky*, in: *Meyer* (Hrsg.), Charta-Kommentar, Art. 51 EGRC, Rn. 31.

1154 So auch *Falke*, in: *Bremische Bürgerschaft* (Hrsg.), Charta der Grundrechte, S. 53; *Magiera*, DÖV 2000, S. 1025; *Schmitz*, JZ 2001, S. 840; *Tettinger*, NJW 2001, S. 1011; in diese Richtung auch *Schwarze*, EuZW 2001, S. 522; *Kingreen*, in: *Calliess / Ruffert* (Hrsg.), EUV/EGV, Art. 6 EUV, Rn. 63; offengelassen z.B. bei *Scholz*, in: *Geis / Lorenz* (Hrsg.), Staat · Kirche · Verwaltung, FS f. *Maurer*, S. 1003, *v. Danwitz*, Internationale Politik 2/2001, S. 41, sowie *Bossi*, in: *Weidenfeld* (Hrsg.), Nizza in der Analyse, S. 230; a.A. offenbar *Mahlmann*, ZEuS 2000, S. 438.

1155 Zu diesem Verständnis des Art. 1 Abs. 3 GG *Pieroth / Schlink*, Grundrechte, § 5 II 3, Rn. 175.

ausgehende Grundrechtsgefährdungen reagieren.[1156] So will beispielsweise Art. 5 Abs. 3 EGRC durch das Verbot des Menschenhandels ausweislich der Erläuterungen des Konventspräsidiums neueren Entwicklungen auf dem Gebiet der organisierten Kriminalität Rechnung tragen.[1157] Artikel 3 Abs. 2 der Charta verbietet u.a. eugenische Praktiken und das reproduktive Klonen von Menschen, Art. 32 UAbs. 1 S. 1 der Charta die Kinderarbeit.[1158]

Daneben legen zahlreiche im vierten Kapitel der Charta (Solidarität) kodifizierte Rechte bei unbefangener Lektüre eine Verpflichtung auch natürlicher und juristischer Personen des Privatrechts nahe.[1159] Die Grundrechtsträger müssen z.B. die Arbeitnehmerrechte der Art. 27, 28, 30, 31, 32 und 33 EGRC, sollen diese einen wirksamen Schutz bieten, im Ergebnis nicht nur gegenüber öffentlich-rechtlich organisierten, sondern ebenso gegenüber privaten Arbeitgebern geltend machen können.[1160]

Wie bereits im Rahmen der Grundrechtsbindung der Union und der Mitgliedstaaten festgestellt,[1161] ist es durchaus möglich, dass einzelne Charta-Rechte den Kreis der durch sie Verpflichteten abweichend von der allgemeinen Regel des Art. 51 Abs. 1 S. 1 EGRC bestimmen. Die Regelungen in den jeweiligen Rechten der Charta gehen in diesem Fall dem Art. 51 Abs. 1 S. 1 EGRC als *leges speciales* vor.[1162] Hier zeigt sich wiederum eine Parallele zum deutschen Grundgesetz, dessen grundsätzlicher Ausschluss der unmit-

---

1156 So auch *Magiera*, DÖV 2000, S. 1025; *Mahlmann*, ZEuS 2000, S. 438; *Schwarze*, EuZW 2001, S. 522; *Schmitz*, JZ 2001, S. 840; *Borowsky*, in: *Meyer* (Hrsg.), Charta-Kommentar, Art. 51 EGRC, Rn. 31.

1157 Erläuterungen des Konventspräsidiums zu Art. 5 EGRC, Dok. CHARTE 4473/00 CONVENT 49 v. 11.10.2000, S. 7 = EuGRZ 2000, S. 560.

1158 Weitere derartige Verbote sind das Folterverbot (Art. 4 EGRC), das Verbot der Sklaverei oder Leibeigenschaft, Zwangs- oder Pflichtarbeit (Art. 5 Abs. 1, 2 EGRC) oder die übrigen Verbote des Art. 3 Abs. 2 EGRC.

1159 So auch *v. Danwitz*, Internationale Politik 2/2001, S. 41; *Schwarze*, EuZW 2001, S. 522; *Tettinger*, NJW 2001, S. 1011; offengelassen bei *Magiera*, DÖV 2000, S. 1025.

1160 Weitere Rechte, die einen Schutz ihrer Träger auch gegenüber Privaten nahe legen, sind z.B. Art. 15 Abs. 3, 24, 25, 26, 35 S. 1 EGRC.

1161 Siehe dazu oben 3. Kapitel.C.I.2.a, insb. bei Fn. 1028, sowie 3. Kapitel.C.II.2.d, insb. bei Fn. 1141.

1162 So auch *Kingreen*, in: *Calliess / Ruffert* (Hrsg.), EUV/EGV, Art. 6 EUV, Rn. 63.

telbaren Drittwirkung in wenigen Einzelgrundrechten (Art. 9 Abs. 3 S. 2, 20 Abs. 4, 38 Abs. 1 S. 1 i.V.m. 48 Abs. 2 GG) durchbrochen wird.[1163]

Allerdings ist bei der Annahme einer unmittelbaren Drittwirkung von Grundrechten äußerste Vorsicht geboten. Eine solche läuft dem Entstehungsgrund der Grundrechte als Abwehrrechte gegen hoheitliche Gewalt bzw. weitergehend als Regelung des Verhältnisses des Einzelnen zu den Trägern von Hoheitsgewalt zuwider. Bei einer Grundrechtsbindung aller gegenüber allen privaten Rechtssubjekten würde dieser Sinn der Grundrechte ins Gegenteil verkehrt: Ursprüngliche Rechte des Einzelnen gegenüber den Trägern von Hoheitsgewalt würden zu Pflichten gegenüber allen Bürgern, wodurch die Freiheit und Privatautonomie des Einzelnen durch die Grundrechte im Ergebnis weitergehend eingeschränkt würden.[1164]

Diese grundsätzliche Ablehnung einer Drittwirkung von Grundrechten hat nicht zur Folge, dass allgemeine Verbote wie das Verbot der Folter, des Menschenhandels oder der Kinderarbeit nicht auch gegenüber Privaten durchsetzbar wären. Die Träger von Hoheitsgewalt trifft in diesen Fällen die Pflicht, diese Grundrechte - im Rahmen ihrer Zuständigkeit zur Erfüllung der Handlungspflicht[1165] - auch vor Eingriffen Privater zu schützen.

Aus diesen Schutzpflichten ergeben sich einklagbare Schutzgewährrechte der Grundrechtsträger gegenüber der öffentlichen Gewalt.[1166] Diese muss daher beispielsweise das Verbot der Folter, des Menschenhandels oder der Kinderarbeit auch gegen Verstöße von Privatpersonen durch wirksame gesetzli-

---

1163 Dazu *Pieroth / Schlink*, Grundrechte, § 5 II 3, Rn. 175.

1164 So *Ehlers*, in: *Ehlers* (Hrsg.), Europäische Grundrechte und Grundfreiheiten, § 13 IV 3, Rn. 32; ähnlich *Rengeling*, Grundrechtsschutz in der Europäischen Gemeinschaft, S. 200; gegen eine Drittwirkung insbesondere der Charta-Rechte auch *Magiera*, DÖV 2000, S. 1021; *Schwarze*, EuZW 2001, S. 522; zurückhaltend *Weber*, NJW 2000, S. 543. Für eine Grundrechtsbindung der Träger faktischer Macht in der Öffentlichkeit hingegen *Pernice*, DVBl. 2000, S. 855/856; dazu *Tappert*, DRiZ 2000, S. 206. Allgemein zur Drittwirkungsproblematik z.B. *Pieroth / Schlink*, Grundrechte, § 5 II 3, Rn. 173 ff.

1165 Dazu noch näher unten 3. Kapitel.C.IV.1.a.

1166 So zu den Gemeinschaftsgrundrechten insgesamt auch *Kingreen*, in: *Calliess / Ruffert* (Hrsg.), EUV/EGV, Art. 6 EUV, Rn. 63; *Ehlers*, in: *Ehlers* (Hrsg.), Europäische Grundrechte und Grundfreiheiten, § 13 IV 3, Rn. 32. Allgemein zu Schutzpflichten und Schutzgewährrechten z.B. *Kingreen*, in: *Calliess / Ruffert* (Hrsg.), EUV/EGV, Art. 6 EUV, Rn. 47; *Kühling*, in: *v. Bogdandy* (Hrsg.), Europäisches Verfassungsrecht, S. 602.

che Verbote und effektive Sanktionen durchsetzen.[1167] Dasselbe muss für die o.g. Arbeitnehmerrechte gelten. Diese sind, wie sich häufig schon aus ihrem Verweis auf das Gemeinschaftsrecht und einzelstaatliche Rechtsvorschriften ergibt, von den Trägern von Hoheitsgewalt durch Rechtsvorschriften auszuformen und zu konkretisieren. Hierdurch muss der Einzelne auch vor Grundrechtsbeeinträchtigungen durch private „Träger faktischer Macht" bewahrt werden.[1168]

Trotz der Verpflichtung allein der Träger öffentlicher Gewalt durch die Grundrechte können die Grundrechtsberechtigten aufgrund der aus einzelnen Grundrechten abzuleitenden hoheitlichen Schutzpflichten wirksam auch vor Grundrechtsbeeinträchtigungen, die von privater Seite ausgehen, Schutz erlangen. Der grundrechtsfremden Annahme einer unmittelbaren Drittwirkung der Grundrechte zwischen Privaten bedarf es hierzu nicht.[1169] Das Ausmaß und die Reichweite der sich aus den einzelnen Charta-Rechten ergebenden Schutzpflichten ist durch eine teleologische Interpretation des jeweiligen Rechts zu ermitteln. Hierbei muss Legislative und Exekutive ein weiter Beurteilungs- und Ermessensspielraum verbleiben. Dabei sind insbesondere die Bedeutung des betroffenen Schutzgutes und die Schutzbedürftigkeit des jeweiligen Grundrechtsträgers unter Berücksichtigung des zwischen ihm und dem Grundrechte beeinträchtigenden privaten Rechtssubjekt bestehenden „Machtgefälles" zu berücksichtigen.[1170]

1167 Von einer unmittelbaren Drittwirkung dieser Verbote gehen demgegenüber z.B. *Tomuschat*, in: F.A.Z. Nr. 181 v. 07.08.2000, S. 13, *Mahlmann*, ZEuS 2000, S. 438, *Borowsky*, in: *Meyer* (Hrsg.), Charta-Kommentar, Art. 51 EGRC, Rn. 31 sowie *Schmitz*, JZ 2001, S. 840, 841 aus.

1168 So i.E. auch *Schmitz*, JZ 2001, S. 841; offengelassen bei *Tomuschat*, in: F.A.Z. Nr. 181 v. 07.08.2000, S. 13.

1169 So i.E. auch *Kingreen*, in: *Calliess / Ruffert* (Hrsg.), EUV/EGV, Art. 6 EUV, Rn. 63; *Kühling*, in: *v. Bogdandy* (Hrsg.), Europäisches Verfassungsrecht, S. 602/603. Einer - für zahlreiche mitgliedstaatliche Verfassungen anerkannten - mittelbaren Drittwirkung (zum Begriff siehe Fn. 1143) der Charta-Grundrechte steht dies nicht entgegen, vgl. dazu z.B. *Weber*, NJW 2000, S. 543 m.w.N; *Schmitz*, JZ 2001, S. 839, 840.

1170 Dazu näher *Kühling*, in: *v. Bogdandy* (Hrsg.), Europäisches Verfassungsrecht, S. 603. Grundlegend zur Problematik aus Sicht des deutschen Verfassungsrechts BVerfG, 2 BvL 8/77, Beschl. v. 08.08.1978, BVerfGE 49, 89 (142).

Diese grundsätzliche Lösung über die - in der Rechtsprechung des EuGH noch wenig bedeutsame[1171] - Aktivierung hoheitlicher Schutzpflichten findet insbesondere in der Rechtsprechung des Europäischen Gerichtshofs für Menschenrechte eine Stütze. Auch dieser erkennt den Rechten der EMRK, und insbesondere den dort niedergelegten allgemeinen Verboten (Art. 3, 4 EMRK) keine unmittelbare Drittwirkung zwischen Privaten zu.[1172] Er hat jedoch in nicht unerheblichem Umfang bereits Schutzpflichten aus den Konventionsrechten abgeleitet.[1173] Die Spruchpraxis des EGMR zu den Schutzpflichten spielt für die Charta eine wichtige Rolle, da sie bei der Interpretation der zahlreichen Charta-Rechte, die Konventionsrechten entsprechen, nach Art. 52 Abs. 3 EGRC zu beachten ist.[1174]

Lediglich in den Fällen, in denen Charta-Rechte im EG-Vertrag begründet sind und der EuGH ihnen dort ausnahmsweise eine unmittelbare Drittwirkung zuerkannt hat, können sich die Grundrechtsträger nach Art. 52 Abs. 2 EGRC auch gegenüber privaten Rechtssubjekten auf diese Charta-Rechte berufen.[1175] Dies betrifft Art. 15 Abs. 2 EGRC, soweit er die Arbeitnehmerfreizügigkeit und die Dienstleistungsfreiheit betrifft. Dasselbe gilt für den das Diskriminierungsverbot des Art. 12 EG aufgreifenden Art. 21

1171 Der EuGH hat bislang aus den ungeschriebenen Gemeinschaftsgrundrechten keine Schutzpflichten hergeleitet (vgl. *Kingreen*, in: *Calliess / Ruffert* (Hrsg.), EUV/EGV, Art. 6 EUV, Rn. 47 a, 48; *Schmitz*, JZ 2001, S. 840, insb. dort Fn. 65). In Bezug auf die Warenverkehrsfreiheit hat er aber eine Pflicht der Mitgliedstaaten zur aktiven Durchsetzung derselben auch gegenüber Beeinträchtigungen durch Private und damit eine schutzrechtliche Dimension anerkannt, vgl. EuGH, Rs. C-265/95, Kommission ./. Französische Republik (Agrarblockaden), Urt. v. 09.12.1997, Slg. 1997, S. I-6959 ff. (6998-7005 / Rn. 30-66); dazu *Lindner*, DÖV 2000, S. 548; *Schmitz*, JZ 2001, S. 839/840; *Kühling*, in: *v. Bogdandy* (Hrsg.), Europäisches Verfassungsrecht, S. 602.

1172 *Frowein*, in: *Frowein / Peukert*, EMRK, Art. 1, Rn. 12; *Kingreen*, in: *Calliess / Ruffert* (Hrsg.), EUV/EGV, Art. 6 EUV, Rn. 63 m.w.N.

1173 Vgl. z.B. EGMR, Beschw. Nr. 6833/74, Marckx ./. Belgien, Urt. v. 13.06.1979, Ser. A, Bd. 31, S. 15/ Ziff. 31 (zu Art. 8 EMRK); EGMR, Beschw. Nr. 7601/76 u.a., Young, James und Webster ./. Vereinigtes Königreich, Urt. v. 13.08.1981, Ser. A, Bd. 44, S. 20 / Ziff. 49; EGMR, Beschw. Nr. 16969/90, Keegan ./. Irland, Urt. v. 26.05.1994, Ser. A, Bd. 290, S. 19 / Ziff. 49 (zu Art. 8 EMRK).

1174 So auch *Schmitz*, JZ 2001, S. 840; *Borowsky*, in: *Meyer* (Hrsg.), Charta-Kommentar, Art. 51 EGRC, Rn. 31; zu Inhalt und Wirkungsweise des Art. 52 Abs. 3 EGRC noch eingehend unten 4. Kapitel.C.V, insb. 3.a, bei Fn. 1922.

1175 I.E. ebenso *Falke*, in: *Bremische Bürgerschaft* (Hrsg.), Charta der Grundrechte, S. 53; zur Wirkungsweise des Art. 52 Abs. 2 EGRC noch eingehend unten 4. Kapitel.C.IV, insb. 3.a, bei Fn. 1747.

Abs. 2 EGRC sowie Art. 23 EGRC, soweit er sich auf Art. 141 EG stützt. Im Interesse einer einheitlichen, dem Wesen der Grundrechte eher entsprechenden Dogmatik der Charta-Rechte wäre eine künftige Anpassung der EuGH-Rechtsprechung auch hinsichtlich dieser Rechte an die dargestellte Schutzpflichten-Lösung wünschenswert.

3. Ergebnis

Ebenso wie die ungeschriebenen Gemeinschaftsgrundrechte entfalten die Grundrechte der Charta nach Art. 51 Abs. 1 S. 1 EGRC grundsätzlich keine horizontalen Wirkungen zwischen Privaten in dem Sinne, dass sie private Rechtssubjekte nicht nur berechtigen, sondern auch unmittelbar verpflichten. Einige Charta-Rechte erfordern jedoch ihrem Sinn und Zweck zufolge den Schutz ihrer Träger auch vor Grundrechtsbeeinträchtigungen, die von privater Seite ausgehen. Diese Rechte legen der grundrechtsverpflichteten Union und den Mitgliedstaaten im Rahmen ihrer jeweiligen Handlungszuständigkeiten die Pflicht auf, das betroffene Grundrecht auch gegen Eingriffe Privater wirksam zu schützen.

In wenigen Fällen kommt den Charta-Rechten im Einklang mit der EuGH-Rechtsprechung zu entsprechenden Rechten des EG-Vertrags ausnahmsweise eine unmittelbare Drittwirkung zu. Diesbezüglich ist im Interesse einer einheitlichen Grundrechtsdogmatik eine Anpassung an die dargestellte, der Natur der Grundrechte eher gerecht werdende Schutzpflichten-Konstruktion erstrebenswert.

IV. Auswirkungen der Bestimmung der Grundrechtsverpflichteten in der Charta auf die Kompetenzverteilung zwischen der EG / EU und den Mitgliedstaaten?

Schon der Beschluss des Europäischen Rates von Köln, eine EU-Charta der Grundrechte erarbeiten zu lassen, ließ vielerorts die Befürchtung aufkommen, dass die Charta eine Ausweitung der Zuständigkeiten der Gemeinschaften bzw. der Union zulasten der Mitgliedstaaten mit sich bringen werde.[1176] Zwar liegt die Gefahr einer Erweiterung der Kompetenzen der Union bei der Schaffung eines - in erster Linie gerade der Begrenzung ihrer Zustän-

---

[1176] Dazu z.B. *Fredman / McCrudden / Freedland*, P.L. 2000, S. 181; *Koenig*, EuZW 2000, S. 417; *Engel*, ZUM 2000, S. 984; *Busse*, EuGRZ 2002, S. 575; *Borowsky*, in: *Meyer* (Hrsg.), Charta-Kommentar, Art. 51 EGRC, Rn. 14.

digkeiten dienenden - Grundrechtskatalogs nicht unbedingt nahe. Dennoch haben sich die Konventsmitglieder frühzeitig entschlossen, dieser Besorgnis entgegenzutreten.

Die Bestimmung des Art. 51 Abs. 2 der Charta dient ebenso wie Art. 51 Abs. 1 S. 2 sowie S. 1 der Charta (Subsidiaritätsprinzip) dem Zweck, Auswirkungen der Charta auf die Kompetenzverteilung in der Union auszuschließen. Die Regelungen sollen insbesondere Kompetenzverschiebungen, die sich infolge der Regelung des Kreises der Grundrechtsverpflichteten der Charta und der Reichweite ihrer Bindung an die Charta-Rechte (Art. 51 Abs. 1 S. 1 EGRC) ergeben könnten, verhindern.[1177]

1. Ansatzpunkte für eine Auswirkung auf die Zuständigkeitsverteilung in der Union

a. Leistungsrechte in einem umfassenden Grundrechtskatalog

Grundrechte, auf staatlicher wie auf Gemeinschaftsebene, schützen ihre Träger in verschiedenen rechtlich relevanten Zuständen bzw. Statusverhältnissen gegenüber hoheitlicher Gewalt.[1178] Im sog. *status negativus*, in welchem dem Einzelnen Freiheit vom Staat bzw. sonstigen Trägern öffentlicher Gewalt zukommt, wirken die Grundrechte als Abwehrrechte gegen hoheitliche Eingriffe. In dieser nach der Geschichte und Struktur der Grundrechte ursprünglichen und wohl wichtigsten abwehrrechtlichen Funktion, die insbesondere den Freiheitsrechten zukommt, sind die Grundrechte negative Kompetenznormen[1179]. Als solche wirken sie nicht kompetenzbegründend, sondern begrenzen gerade die Zuständigkeiten der Träger öffentlicher Gewalt

1177 Siehe schon den vom Sekretariat auf Ersuchen des Präsidiums angefertigten Problemaufriß zu den „Querschnittsfragen", Dok. CHARTE 4111/00 BODY 3 v. 20.01.2000, S. 2 (Pkt. II 6), sowie die vom Präsidium vorgelegten Lösungsbeispiele für einige Querschnittsfragen, Dok. CHARTE 4123/1/00 REV 1 CONVENT 5 v. 15.02.2000, S. 9 f. (Präambel oder Art. 1).

1178 Die folgende Klassifikation der verschiedenen Grundrechtsfunktionen geht zurück auf *Jellinek*, System der subjektiven öffentlichen Rechte, S. 86 f., 94 ff. Zur Übertragbarkeit dieser der deutschen Grundrechtsdogmatik entnommenen Kategorien auf das Gemeinschaftsrecht vgl. z.B. *Rengeling*, Grundrechtsschutz in der Europäischen Gemeinschaft, S. 203; *Bleckmann*, in: *Bleckmann*, Europarecht, § 8 XI, Rn. 762 f.; *Kühling*, in: *v. Bogdandy* (Hrsg.), Europäisches Verfassungsrecht, S. 600.

1179 Zu Letzterem grundlegend schon *Ehmke*, VVDStRL 20 (1963), S. 89 ff.

gegenüber den Bürgern.[1180] Bezogen auf die Grundrechtecharta der EU können die in dieser normierten Rechte in ihrer Funktion als Abwehrrechte damit nicht zu einer Kompetenzerweiterung der durch sie verpflichteten Union führen.[1181]

Den Grundrechten kommen neben ihrer abwehrrechtlichen aber weitere Schutzdimensionen zu. Der sog. *status activus* des Einzelnen, in dem dieser seine Freiheit im und für den Staat (bzw. einen sonstigen Träger von Hoheitsgewalt) betätigt, wird durch die Bürgerrechte ausgeformt und gesichert,[1182] der sog. *status activus processualis* durch die Verfahrensrechte.[1183] Auch in diesen Funktionen bergen die jeweiligen, hier zumeist nur die Union verpflichtenden Charta-Rechte keine Gefahr eines Kompetenzzuwachses der Union.

In ihrer Funktion als Leistungsrechte gestalten und sichern die Grundrechte schließlich den sog. *status positivus* des Einzelnen, in dem dieser seine Freiheit nicht ohne den Staat (bzw. einen sonstigen Träger von Hoheitsgewalt) oder die Inanspruchnahme von Leistungen desselben verwirklichen kann.[1184] Dabei kommt nicht notwendig nur sozialen Grundrechten eine leistungsrechtliche Dimension zu. Vielmehr können auch die klassischen Freiheitsrechte eine solche Funktion aufweisen – ebenso wie soziale Rechte abwehrrechtliche Komponenten beinhalten können.[1185] Die Leistungsrechte

---

[1180] Dazu grundlegend *Pieroth / Schlink*, Grundrechte, § 4 II 1, Rn. 73, sowie bezogen auf den Grundrechtsschutz in Europa *Kingreen*, in: *Calliess / Ruffert* (Hrsg.), EUV/EGV, Art. 6 EUV, Rn. 45; *Kühling*, in: *v. Bogdandy* (Hrsg.), Europäisches Verfassungsrecht, S. 600-602; *Große Wentrup*, Europäische Grundrechtecharta im Spannungsfeld der Kompetenzverteilung, S. 171.

[1181] Speziell zum Zusammenspiel von Charta und Kompetenzordnung der EU auch *Pernice*, DVBl. 2000, S. 852; *ders.*, EuZW 2001, S. 673.

[1182] Dazu allgemein *Pieroth / Schlink*, Grundrechte, § 4 I 3, Rn. 65-69, sowie bezogen auf die Gemeinschaftsgrundrechte *Kühling*, in: *v. Bogdandy* (Hrsg.), Europäisches Verfassungsrecht, S. 600. Bürgerrechte finden sich insbesondere im fünften Kapitel der Grundrechtecharta.

[1183] *Kühling*, in: *v. Bogdandy* (Hrsg.), Europäisches Verfassungsrecht, S. 600. Verfahrensrechte kodifiziert die Grundrechtecharta insbesondere in ihrem sechsten Kapitel.

[1184] Dazu allgemein (etwas weiter) *Pieroth / Schlink*, Grundrechte, § 4 I 2, Rn. 60-64, sowie bezogen auf die Gemeinschaftsgrundrechte *Kühling*, in: *v. Bogdandy* (Hrsg.), Europäisches Verfassungsrecht, S. 600, 602-605.

[1185] Zur Problematik z.B. *Falke*, in: *Bremische Bürgerschaft* (Hrsg.), Charta der Grundrechte, S. 53/54; *Kühling*, in: *v. Bogdandy* (Hrsg.), Europäisches Verfassungsrecht, S. 602, 604.

lassen sich in Schutzgewährrechte, derivative Teilhaberechte und originäre Leistungsrechte unterteilen.[1186]

In der Grundrechtecharta finden sich nur vereinzelt originäre Leistungsrechte, die Ansprüche auf die Schaffung bestimmter, noch nicht existierender Vorkehrungen enthalten[1187] und die der EuGH in seiner Rechtsprechung zu den Gemeinschaftsgrundrechten bislang nicht anerkannt hat.[1188] Als derartiges Leistungsrecht im engeren Sinne kann z.B. der Anspruch auf Bewilligung von Prozesskostenhilfe (Art. 47 UAbs. 3 EGRC) angesehen werden.[1189]

Auch derivative Teilhaberechte, die als Gleichheitsrechte auf eine gleichberechtigte Beteiligung an bestehenden hoheitlichen Leistungssystemen gerichtet sind,[1190] stellen in der Charta eher die Ausnahme dar. Einige soziale Rechte, wie z.B. das Recht auf Zugang zur beruflichen Aus- und Weiterbildung (Art. 14 Abs. 1 EGRC), auf Zugang zu einem unentgeltlichen Arbeitsvermittlungsdienst (Art. 29 EGRC) oder zu Gesundheitsvorsorge und ärztlicher Versorgung (Art. 35 S. 1 EGRC), sind als solche Teilhaberechte ausgestaltet.[1191]

Demgegenüber enthalten nicht wenige Charta-Rechte als Schutzgewährrechte eine Pflicht der Grundrechtsadressaten, aktiv für den Bestand des betroffenen Rechtsguts einzutreten, und damit einen korrespondierenden Anspruch der Grundrechtsträger auf Schutz.[1192] Die Anerkennung der in der

---

1186 Vgl. z.B. *Kingreen*, in: *Calliess / Ruffert* (Hrsg.), EUV/EGV, Art. 6 EUV, Rn. 46; *Kühling*, in: *v. Bogdandy* (Hrsg.), Europäisches Verfassungsrecht, S. 600.

1187 So z.B. *Kingreen*, in: *Calliess / Ruffert* (Hrsg.), EUV/EGV, Art. 6 EUV, Rn. 50; *Kühling*, in: *v. Bogdandy* (Hrsg.), Europäisches Verfassungsrecht, S. 605.

1188 *Kingreen*, in: *Calliess / Ruffert* (Hrsg.), EUV/EGV, Art. 6 EUV, Rn. 50.

1189 Dazu auch *Kingreen*, in: *Calliess / Ruffert* (Hrsg.), EUV/EGV, Art. 6 EUV, Rn. 188; *Kühling*, in: *v. Bogdandy* (Hrsg.), Europäisches Verfassungsrecht, S. 605 mit weiteren Beispielen. Siehe auch die - mit dem Verweis auf mitgliedstaatliches und Gemeinschaftsrecht sehr vorsichtig formulierten - Rechte auf Leistungen der sozialen Sicherheit und auf soziale Unterstützung (Art. 34 Abs. 2, 3 EGRC).

1190 *Kingreen*, in: *Calliess / Ruffert* (Hrsg.), EUV/EGV, Art. 6 EUV, Rn. 49.

1191 Vgl. außerdem z.B. Art. 34 Abs. 1, 36 Abs. 1 EGRC. Zu Ansätzen einer Anerkennung von Teilhaberechten durch den EuGH *Rengeling*, Grundrechtsschutz in der Europäischen Gemeinschaft, S. 203-205; *Kühling*, in: *v. Bogdandy* (Hrsg.), Europäisches Verfassungsrecht, S. 604 m.w.N.

1192 Allgemein zu Schutzgewährrechten auf Gemeinschaftsebene *Kingreen*, in: *Calliess / Ruffert* (Hrsg.), EUV/EGV, Art. 6 EUV, Rn. 47-48.

EuGH-Rechtsprechung[1193] zu den Gemeinschaftsgrundrechten bislang wenig entwickelten Schutzpflichtendimension einzelner Charta-Rechte ergibt sich, wie gezeigt,[1194] bereits aus der Anwendung des Art. 52 Abs. 3 EGRC. Hiernach sind die den Rechten der EMRK entsprechenden Charta-Rechte - der Rechtsprechung des EGMR gemäß - als Schutzgewährrechte zu interpretieren.

Auch die Charta selbst erkennt insbesondere in ihrem Art. 1 S. 2 EGRC, dem zufolge die allen Charta-Rechten zugrunde liegende Menschenwürde „zu achten und zu schützen" ist, neben einer abwehrrechtlichen Funktion („achten") auch eine leistungsrechtliche Funktion („schützen") der Grundrechte an.[1195] Dasselbe kann man der Regelung des Art. 51 Abs. 1 S. 2 EGRC entnehmen, der zufolge die durch die Charta Verpflichteten die Rechte der Charta achten und ihre Anwendung fördern.[1196] Derartige Schutzpflichten enthalten z.B. die in der Charta niedergelegten allgemeinen Verbote (Art. 3 Abs. 2, 4, 5, 32 UAbs. 1 EGRC)[1197] sowie einzelne Freiheitsrechte, insbesondere die Rechte auf Leben (Art. 2 EGRC) und auf körperliche und geistige Unversehrtheit (Art. 3 Abs. 1 EGRC).[1198] Dasselbe gilt für zahlreiche soziale Rechte des vierten Kapitels der Charta.[1199]

Im Unterschied zur abwehrrechtlichen Dimension der Grundrechte, die von dem verpflichteten Hoheitsträger ein Unterlassen von Eingriffen verlangt, erfordert die leistungsrechtliche Dimension der Grundrechte, in deren Rahmen der Hoheitsträger als Garant der Grundrechte tätig wird, ein aktives Handeln desselben.[1200] Die sich aus der jeweiligen leistungsrechtlichen Komponente der Grundrechte ergebende Handlungspflicht der umfassend an alle

---

[1193] Zu dieser bereits oben 3. Kapitel.C.III.2, insb. bei Fn. 1171.

[1194] Hierzu bereits oben 3. Kapitel.C.III.2, insb. bei Fn. 1173, 1174.

[1195] I.E. ebenso *Schmitz*, JZ 2001, S. 840; *Schmidt*, ZEuS 2002, S. 642.

[1196] So i.E. auch *Falke*, in: *Bremische Bürgerschaft* (Hrsg.), Charta der Grundrechte, S. 53/54. M.E. bezieht sich der letzte Halbsatz des Art. 51 Abs. 1 S. 2 EGRC damit auch auf die „Rechte" des ersten Halbsatzes, nicht nur auf die „Grundsätze" im zweiten Halbsatz des genannten Artikels.

[1197] Siehe dazu bereits oben 3. Kapitel.C.III.2, insb. bei Fn. 1166 f.

[1198] Zu Letzterem ebenso z.B. *Schmidt*, ZEuS 2002, S. 647, 651 m.w.N.; zur entsprechenden Rechtslage bei Art. 2 Abs. 2 S. 1 GG *Lindner*, DÖV 2000, S. 545.

[1199] Siehe dazu bereits oben 3. Kapitel.C.III.2, insb. bei Fn. 1168, 1160. Weitere Beispiele für Schutzpflichten enthaltende Charta-Rechte gibt z.B. *v. Bogdandy*, JZ 2001, S. 158.

[1200] *Kingreen*, in: *Calliess / Ruffert* (Hrsg.), EUV/EGV, Art. 6 EUV, Rn. 46.

Charta-Rechte gebundenen Union kommt dementsprechend als Anknüpfungspunkt für eine mögliche Kompetenzerweiterung der Union durch die Grundrechtecharta in Frage.[1201]

Dies gilt umso mehr als die Charta, wie gezeigt,[1202] nicht lediglich Rechte kodifiziert, in deren Regelungsbereich der Union bzw. Gemeinschaft Kompetenzen zukommen. Sie ist vielmehr ein umfassender, bürgerliche und politische wie wirtschaftliche und soziale Grundrechte enthaltender Grundrechtskatalog. Eine fehlende Parallelität von Charta-Rechten und vertraglichen Regelungszuständigkeiten der Union besteht dabei besonders häufig gerade bei denjenigen Rechten, die, zumeist als Schutzgewährrechte, eine leistungsrechtliche Dimension aufweisen. So fehlt der Union derzeit u.a. die für eine effektive Durchsetzung der in der Charta normierten allgemeinen Verbote erforderliche Zuständigkeit auf dem Gebiet des Strafrechts. Ebensowenig sind ihr die für den Schutz der sozialen Rechte des vierten Kapitels nötigen Kompetenzen im Bereich des Arbeitsrechts durch den EG-Vertrag übertragen.[1203]

Tatsächlich ist aber die Sorge, dass die nicht wenigen Charta-Bestimmungen zu entnehmenden Handlungs- bzw. Schutzpflichten zu einer Ausweitung der Unions- bzw. Gemeinschaftskompetenzen führen werden, unbegründet.[1204] Die Charta-Rechte begründen als solche keine Kompetenz zum legislativen oder exekutiven Tätigwerden. Die in ihnen teils enthaltenen Handlungspflichten setzen eine Zuständigkeit im fraglichen Regelungsbereich vielmehr voraus.[1205] Die Grundrechte der Charta ändern den die Unionskom-

---

1201 Zur Problematik *Magiera*, DÖV 2000, S. 1020; *Koenig*, EuZW 2000, S. 417; *Rengeling*, in: *Ipsen / Schmidt-Jortzig* (Hrsg.), Recht – Staat – Gemeinwohl, FS f. *Rauschning*, S. 243; *Borowsky*, in: *Meyer* (Hrsg.), Charta-Kommentar, Art. 51 EGRC, Rn. 37.

1202 Siehe oben 2. Kapitel.B.III.2.c.

1203 Dazu auch *Magiera*, DÖV 2000, S. 1025.

1204 So i.E. auch *Lindner*, DÖV 2000, S. 549; *Dutheil de la Rochère*, RMC 2000, S. 678; *dies.*, Regards sur l'actualité 2001, S. 9; *Rengeling*, in: *Ipsen / Schmidt-Jortzig* (Hrsg.), Recht – Staat – Gemeinwohl, FS f. *Rauschning*, S. 245 f.; *Jacqué*, in: *Bieber / Boillat u.a.*, Grundrechtsschutz in Europa, S. 84 f.; *Kingreen*, in: *Calliess / Ruffert* (Hrsg.), EUV/EGV, Art. 6 EUV, Rn. 46; zweifelnd *Borowsky*, in: *Meyer* (Hrsg.), Charta-Kommentar, Art. 51 EGRC, Rn. 37; a.A. *Koenig*, EuZW 2000, S. 417; *Hummer*, Status der EU-Grundrechtecharta, S. 87 f.

1205 Dazu *Limbach*, Grundrechtsschutz in der Europäischen Union, S. 16; *dies.*, in: *Gustav-Heinemann-Initiative* (Hrsg.), Wo bleiben die Grundrechte in Europa?, S. 80; *Kingreen*, in: *Calliess / Ruffert* (Hrsg.), EUV/EGV, Art. 6 EUV, Rn. 46; *Barriga*, Entstehung der

petenzen begrenzenden Grundsatz der begrenzten Einzelermächtigung nicht.[1206] Dies wäre vom Mandat des Grundrechtskonvents auch offensichtlich nicht erfasst.[1207] Für die Handlungs- bzw. Schutzpflichten, die sich aus einzelnen Rechten der Charta ergeben, hat dies zur Folge, dass die Union bzw. Gemeinschaft diese nur dann erfüllen kann, wenn ihr der EU- bzw. EG-Vertrag in dem Regelungsbereich, in dem sie schützend tätig werden will, eine Zuständigkeit verleiht.[1208] Die Gewährleistung der leistungsrechtlichen Dimension der Charta-Rechte steht damit unter einem Kompetenzvorbehalt.[1209]

Auch der EuGH hat diese - eigentlich selbstverständliche - Trennung zwischen der Verpflichtung der EG zum aktiven Schutz der Grundrechte und ihrer Kompetenz zur Vornahme grundrechtsschützender Handlungen in seinem Gutachten 2/94 zur Frage eines Beitritts der EG zur EMRK[1210] klar vollzogen.[1211] Ein rechtsvergleichender Blick in das deutsche Grundgesetz belegt außerdem, dass ein umfassender Grundrechtskatalog auf der höheren (Bundes-) Ebene als solcher nicht die Kompetenzverteilung zwischen dem

---

Charta der Grundrechte, S. 51/52; *Große Wentrup*, Europäische Grundrechtecharta im Spannungsfeld der Kompetenzverteilung, S. 172; a.A. offenbar *Busse*, ThürVBl. 2001, S. 80.

1206 Dies betonen *Lindner*, DÖV 2000, S. 549; *Dutheil de la Rochère*, RMC 2000, S. 678; *dies.*, Regards sur l'actualité 2001, S. 9; *Goldsmith*, CML Rev. 38 (2001), S. 1206/1207; *Rengeling*, in: *Ipsen / Schmidt-Jortzig* (Hrsg.), Recht – Staat – Gemeinwohl, FS f. *Rauschning*, S. 246; zweifelnd *Koenig*, EuZW 2000, S. 417; *Hummer*, Status der EU-Grundrechtecharta, S. 87-88.

1207 Dies betont auch *Borowsky*, in: *Meyer* (Hrsg.), Charta-Kommentar, Art. 51 EGRC, Rn. 37.

1208 Dazu *Lindner*, DÖV 2000, S. 545; *Rengeling*, in: *Ipsen / Schmidt-Jortzig* (Hrsg.), Recht – Staat – Gemeinwohl, FS f. *Rauschning*, S. 246; *Kingreen*, in: *Calliess / Ruffert* (Hrsg.), EUV/EGV, Art. 6 EUV, Rn. 46; *Borowsky*, in: *Meyer* (Hrsg.), Charta-Kommentar, Art. 51 EGRC, Rn. 32; *Kühling*, in: *v. Bogdandy* (Hrsg.), Europäisches Verfassungsrecht, S. 603/604.

1209 *Lindner*, DÖV 2000, S. 548/549.

1210 EuGH, Gutachten 2/94 v. 28.03.1996, Slg. 1996, S. I-1759 ff. = EuGRZ 1996, S. 197 ff.

1211 Näher dazu *Jacqué*, in: *Bieber / Boillat u.a.*, Grundrechtsschutz in Europa, S. 85; differenzierend *de Búrca*, E.L.Rev. 26 (2001), S. 134; *Borowsky*, in: *Meyer* (Hrsg.), Charta-Kommentar, Art. 51 EGRC, Rn. 40.

Bund als höherer Ebene und den Ländern als seinen Untergliederungen berührt.[1212]

Die oftmals fehlende Zuständigkeit der EG / EU zur Umsetzung der sich aus der Charta ergebenden hoheitlichen Schutzpflichten bedeutet nicht zwangsläufig, dass diese von den Mitgliedstaaten zu erfüllen sind.[1213] Diese sind nach Art. 51 Abs. 1 S. 2 EGRC ausschließlich bei der Durchführung des Rechts der Union an die Grundrechte der Charta gebunden. Nur in diesem Rahmen sind sie gehalten, den sich aus der leistungsrechtlichen Dimension der Charta-Rechte ergebenden Handlungspflichten gerecht zu werden. Im übrigen sind die Grundrechtsträger auf den Schutz durch die mitgliedstaatlichen Grundrechte und die diesen ggf. zukommenden leistungsrechtlichen Komponenten verwiesen.[1214] Nicht wenige Charta-Rechte laufen in ihrer Funktion als Leistungsrechte deshalb leer.[1215]

b. Erweiterung der Grundrechtsbindung der Mitgliedstaaten

Auswirkungen auf die Kompetenzverteilung zwischen der EG / EU und den Mitgliedstaaten sind durch die Bestimmung der Grundrechtsverpflichteten der Charta unter einem weiteren Aspekt denkbar. Wie gezeigt[1216] sind die Grundrechte in ihrer abwehrrechtlichen Dimension negative Kompetenznormen, welche die Zuständigkeiten der Träger öffentlicher Gewalt begrenzen. Die Reichweite der Bindung auch der Mitgliedstaaten an die Gewährleistungen der Charta hat deshalb Einfluss auf die Reichweite mitgliedstaatlicher Zuständigkeiten: Je weitergehend die Mitgliedstaaten zur Achtung der (Abwehr-) Rechte der Charta in ihrer Auslegung durch den EuGH verpflichtet

---

1212 Vgl. dazu bereits oben 2. Kapitel.B.III.2.c, insb. bei Fn. 590, sowie *Busse*, EuGRZ 2002, S. 575.

1213 So auch *Lenaerts / de Smijter*, CML Rev. 38 (2001), S. 288/289; *Schmitz*, JZ 2001, S. 840.

1214 So i.E. auch *Rengeling*, in: *Ipsen / Schmidt-Jortzig* (Hrsg.), Recht – Staat – Gemeinwohl, FS f. *Rauschning*, S. 246.

1215 Zur Problematik *Lindner*, DÖV 2000, S. 549; *Kingreen*, in: *Calliess / Ruffert* (Hrsg.), EUV/EGV, Art. 6 EUV, Rn. 46; *Kühling*, in: *v. Bogdandy* (Hrsg.), Europäisches Verfassungsrecht, S. 604. I.E. ebenso *Lenaerts / de Smijter*, CML Rev. 38 (2001), S. 289.

1216 Siehe dazu oben 3. Kapitel.C.IV.1.a, bei insb. Fn. 1179.

sind, desto mehr werden ihre Kompetenzen durch das Gemeinschaftsrecht beschränkt.[1217]

Die vom EuGH teils verhältnismäßig weitgehend angenommene Bindung der Mitgliedstaaten an die geschriebenen und ungeschriebenen Gemeinschaftsgrundrechte hat in der Vergangenheit nicht selten zu erheblichen Rückwirkungen auf die verfassungsrechtliche Ordnung der Mitgliedstaaten geführt.[1218]

c. Unitarisierende Wirkungen einer Grundrechtskodifikation

Im Rahmen der Ausarbeitung der Charta befürchteten einige schließlich, dass die unitarisierende (im Sinne von rechtsvereinheitlichende) Wirkung dieser Grundrechtskodifikation im Ergebnis eine Kompetenzverschiebung zugunsten der Union mit sich bringen werde. Diese Bedenken wurden durch die Verpflichtung der Union auf einen umfassenden Grundrechtskatalog und durch die Bindung auch der Mitgliedstaaten an diesen noch verstärkt. Sie richteten sich jedoch schon gegen die Schaffung eines EU-eigenen geschriebenen Grundrechtskatalogs als solchen.[1219]

Als Beleg für die rechtsvereinheitlichenden Effekte von Grundrechtskodifikationen auf höchster Ebene und deren Auswirkungen auf die Kompetenzverteilung sollen regelmäßig die Erfahrungen mit der Annahme von Grundrechtskatalogen in bundesstaatlichen oder staatenbündischen Gebilden

---

1217 Kritisch im allgemeinen zur Kompetenzerweiterung der Gemeinschaft(-srechtsprechung) zulasten der mitgliedstaatlichen Kompetenzen *Coppel / O'Neill*, CML Rev. (29) 1992, S. 669 ff.; *Hitzel-Cassagnes*, APuZ, B 52-53/2000, S. 29.

1218 Vgl. insbesondere EuGH, Rs. C-285/98, Tanja Kreil ./. Bundesrepublik Deutschland, Urt. v. 11.01.2000, Slg. 2000, S. I-69 ff. (103 ff. / Rn. 15 ff.) (zum Ausschluss von Frauen aus bewaffneten Verbänden der Bundeswehr). Zu weiteren Beispielen siehe oben 3. Kapitel.C.II.1. Siehe rechtsvergleichend hierzu auch die Grundrechtsentwicklung in den USA, wo der *Supreme Court* die Geltung der zunächst nur die Staatsgewalt des Bundes bindende *Bill of Rights* auf die Einzelstaaten ausdehnte und auf diese Weise seine grundrechtlichen Kontrollbefugnisse auf die in den Kompetenzen der Einzelstaaten liegenden Bereiche erstreckte (dazu näher *Rengeling*, in: *Ipsen / Schmidt-Jortzig* (Hrsg.), Recht – Staat – Gemeinwohl, FS f. *Rauschning*, S. 244 f. mit zahlreichen Nachweisen). Zu parallelen Erfahrungen mit dem deutschen Grundgesetz z.B. *Engel*, ZUM 2000, S. 985.

1219 Vgl. zur Problematik *Engels*, Eurokolleg 45 (2001), S. 13; *Grabenwarter*, DVBl. 2001, S. 2; *Weber*, in: *Weber* (Hrsg.), Charta der Grundrechte, S. 13.

dienen. Hierbei wird auf die Verfassungsgeschichte Deutschlands, und häufig auf die Grundrechtsentwicklung in den USA zurückgegriffen.[1220]

Nach den Erfahrungen mit staatenbündischen oder bundesstaatlichen Grundrechtskodifikationen ist davon auszugehen, dass die Charta als unionseigener Grundrechtskatalog in mehrfacher Hinsicht unitarisierende Wirkungen entfalten wird.[1221] Sie wird, wie die Interpretation der EMRK durch den Europäischen Gerichtshof für Menschenrechte auch, auf die Auslegung entsprechender nationaler Grundrechte Einfluss nehmen.[1222] Insoweit als in der Charta garantierte Rechte auf mitgliedstaatlicher Ebene nicht anerkannt sind, wird sie Anstöße geben, das jeweilige Recht auch im nationalen Verfassungsrecht zu schützen. Dies gilt gerade auch in den Fällen, in denen der Union keine Kompetenzen zukommen, Charta-Rechten durch die Gewährung von hoheitlichem Schutz bzw. von Leistungen zur effektiven Durchsetzung zu verhelfen.

Zudem wird die Rechtsvereinheitlichung des Grundrechtsschutzes in den Mitgliedstaaten durch deren partielle Bindung an die Charta-Rechte zusätzlich befördert werden. Dies deshalb, weil sich die Anwendung unterschiedlicher Grundrechtsstandards je nachdem, ob das mitgliedstaatliche Handeln in den Anwendungsbereich der Charta fällt oder nicht, kaum vermitteln und damit schwer aufrecht erhalten lassen wird.[1223] Folge dieser Unitarisierungswirkungen wird insgesamt eine Vereinheitlichung des grundrechtlichen Schutzniveaus und der Grundrechtsinterpretation in den Mitgliedstaaten sein.

Diese rechtsvereinheitlichenden Wirkungen ergeben sich allerdings nicht lediglich für die auf mitgliedstaatlicher Ebene geschützten Grundrechte. Ebenso wie die Interpretation und die Reichweite der Charta Einfluss auf die

---

1220 Dazu näher *Rengeling*, in: *Ipsen / Schmidt-Jortzig* (Hrsg.), Recht – Staat – Gemeinwohl, FS f. *Rauschning*, S. 244 f. m.w.N.; *Tettinger*, NJW 2001, S. 1014; *Weber*, in: *Weber* (Hrsg.), Charta der Grundrechte, S. 13, sowie oben 3. Kapitel.C.IV.1.b, bei Fn. 1218. Einen historischen Überblick zur Wechselwirkung von Grundrechten und Kompetenzordnung in der deutschen Verfassungsgeschichte bietet *Große Wentrup*, Europäische Grundrechtecharta im Spannungsfeld der Kompetenzverteilung, S. 19-29.

1221 So i.E. auch *Weber*, NJW 2000, S. 542; *Grabenwarter*, DVBl. 2001, S. 2; *Bernsdorff*, NdsVBl. 2001, S. 182; *Tettinger*, NJW 2001, S. 1014 f.; *Ress*, in: *Duschanek / Griller* (Hrsg.), Grundrechte für Europa, S. 184.

1222 Dazu *Bernsdorff*, NdsVBl. 2001, S. 182 m.w.N.; *Tettinger*, NJW 2001, S. 1015.

1223 Zur Problematik *Busse*, EuGRZ 2002, S. 575.

Auslegung nationaler Grundrechte nehmen wird, werden diese Auslegung und Reichweite der Charta-Rechte inspirieren. Dem Grundrechtsschutz in Europa ist dies bei einem hohen grundrechtlichen Schutzniveau sowohl in der Charta als auch in den Mitgliedstaaten zuträglich.

Im übrigen bringt die Charta als Grundrechtskodifikation trotz dieser unitarisierenden Auswirkungen keine ernsthafte Gefahr von Kompetenzerweiterungen zugunsten der Union mit sich.[1224] Die Ausweitung der Unionszuständigkeiten steht - ebenso wie in o.g. historischen Beispielen[1225] - mit den rechtsvereinheitlichenden Wirkungen der Charta in keinem direkten Zusammenhang. Vielmehr ist, wie oben aufgezeigt,[1226] streng zwischen der Kodifikation von Grundrechten, die als solche keinerlei Handlungszuständigkeiten begründen, und den Kompetenzen zum grundrechtsschützenden Tätigwerden zu trennen. Eine Kompetenzverschiebung zugunsten der Union kann deshalb (parallel zu den genannten Beispielen)[1227] nur bei einer weiten Auslegung der andernorts, vertraglich festgeschriebenen Unionskompetenzen erfolgen.[1228]

2. Die Regelungen in der Charta

a. Trennung von grundrechtlichen Schutz- bzw. Leistungspflichten und Kompetenzen

Wie dargestellt,[1229] sind Befürchtungen, dass insbesondere die zahlreichen Charta-Rechten zu entnehmenden Schutz- bzw. Leistungspflichten eine Erweiterung der Unionskompetenzen mit sich bringen, im Ergebnis nicht begründet. Die Charta-Rechte als solche weisen der Union keine Zuständigkei-

---

1224 Ebenso *Lindner*, DÖV 2000, S. 549. Näher *Rengeling*, in: *Ipsen / Schmidt-Jortzig* (Hrsg.), Recht – Staat – Gemeinwohl, FS f. *Rauschning*, S. 245.

1225 Näher *Rengeling*, in: *Ipsen / Schmidt-Jortzig* (Hrsg.), Recht – Staat – Gemeinwohl, FS f. *Rauschning*, S. 245.

1226 3. Kapitel.C.IV.1.a.

1227 Insbesondere zur Verschiebung der Gesetzgebungszuständigkeiten zugunsten der Staatsgewalt des Bundes in den USA nicht infolge der Grundrechte der *Bill of Rights*, sondern durch die großzügige Interpretation der sog. *commerce clause* *Rengeling*, in: *Ipsen / Schmidt-Jortzig* (Hrsg.), Recht – Staat – Gemeinwohl, FS f. *Rauschning*, S. 245 m.w.N.

1228 So i.E. auch *Lindner*, DÖV 2000, S. 549 (insb. dort Fn. 43); *Rengeling*, in: *Ipsen / Schmidt-Jortzig* (Hrsg.), Recht – Staat – Gemeinwohl, FS f. *Rauschning*, S. 245 f.

1229 Siehe eingehend oben 3. Kapitel.C.IV.1.a.

ten zu. Die Union kann und muss diesen Pflichten nur dann entsprechen, wenn ihr der EU- bzw. EG-Vertrag in dem Regelungsbereich, in dem sie schützend tätig werden will, eine Kompetenz zuweist (Prinzip der begrenzten Einzelermächtigung). Die Grundrechte der Charta laufen in ihrer Funktion als Leistungsrechte deshalb ggf. leer.

Dennoch stellt Artikel 51 Absatz 2 der Charta nochmals ausdrücklich fest: „*Diese Charta begründet weder neue Zuständigkeiten noch neue Aufgaben für die Gemeinschaft und für die Union, noch ändert sie die in den Verträgen festgelegten Zuständigkeiten und Aufgaben.*" Diese nach obigen Feststellungen rein deklaratorische sog. (Kompetenz-) Schutzklausel, deren Aussage schon aus dem Grundsatz der begrenzten Einzelermächtigung (Art. 5 EG) folgt,[1230] hat aus politischen Erwägungen Aufnahme in die Charta gefunden. Sie trägt die Handschrift *Roman Herzogs*[1231] und ist von einem frühen und breiten Konsens im Konvent getragen.[1232] Sie sollte nicht nur Missverständnisse innerhalb des Konvents über die Wirkungen der Grundrechtecharta ausräumen und dort die Einigung auf die Erarbeitung eines umfassenden Grundrechtskatalogs ermöglichen.[1233] Indem sie herausstellt, dass die Charta nicht Unionszuständigkeiten schafft, sondern diese im Gegenteil gerade begrenzt,[1234] sollte sie außerdem eine künftige Einigung über die Rechtsverbindlichkeit der Charta im Verfahren des Art. 48 EU erleichtern.

1230 Hierüber besteht soweit ersichtlich Einigkeit, vgl. schon die Erläuterungen des Präsidiums des Grundrechtskonvents zu Art. 51 EGRC, Dok. CHARTE 4473/00 CONVENT 49 v. 11.10.2000, S. 47 = EuGRZ 2000, S. 568, sowie *Limbach*, Grundrechtsschutz in der Europäischen Union, S. 16; *Engel*, ZUM 2000, S. 984/985; *Magiera*, DÖV 2000, S. 1025; *Dutheil de la Rochère*, RMC 2000, S. 678; *dies.*, Regards sur l'actualité 2001, S. 9; *Schmitz*, JZ 2001, S. 840; *Jacqué*, in: *Bieber / Boillat u.a.*, Grundrechtsschutz in Europa, S. 85; *Kingreen*, in: *Calliess / Ruffert* (Hrsg.), EUV/EGV, Art. 6 EUV, Rn. 46; *Borowsky*, in: *Meyer* (Hrsg.), Charta-Kommentar, Art. 51 EGRC, Rn. 37.

1231 *Borowsky*, in: *Meyer* (Hrsg.), Charta-Kommentar, Art. 51 EGRC, Rn. 14. Kritisch zum Einfluss des Konventssekretariats auf diese Bestimmung hingegen *de Búrca*, E.L.Rev. 26 (2001), S. 134-135.

1232 Siehe dazu schon oben 3. Kapitel.C.IV, bei Fn. 1177, sowie *Borowsky*, in: *Meyer* (Hrsg.), Charta-Kommentar, Art. 51 EGRC, Rn. 14 f.

1233 Zu Letzterem *Jacqué*, in: *Bieber / Boillat u.a.*, Grundrechtsschutz in Europa, S. 85; *Borowsky*, in: *Meyer* (Hrsg.), Charta-Kommentar, Art. 51 EGRC, Rn. 40.

1234 Dazu *Pernice*, EuZW 2001, S. 673; *Goldsmith*, CML Rev. 38 (2001), S. 1206/1207; *Borowsky*, in: *Meyer* (Hrsg.), Charta-Kommentar, Art. 51 EGRC, Rn. 37.

Die Begriffe „*Zuständigkeiten*" und „*Aufgaben*" in Art. 51 Abs. 2 EGRC sind, um jeden Zweifel an der fehlenden kompetenzbegründenden Wirkung der Charta auszuschließen, weit auszulegen. Die „*Zuständigkeiten*" erfassen sämtliche den Gemeinschaften und der Union in den Verträgen übertragene ausschließliche und konkurrierende Zuständigkeiten.[1235] Unter „*Aufgaben*" sind alle Vertragsziele, die sich aus den Vertragspräambeln und verstreut innerhalb der Verträge finden (vgl. z.B. Art. 2, 3 EG), zu verstehen.[1236]

Die Aussage des Art. 51 Abs. 2 EGRC wird in Art. 51 Abs. 1 S. 2 EGRC[1237], dem zufolge Union und Mitgliedstaaten „*gemäß ihren jeweiligen Zuständigkeiten*" die Rechte der Charta achten und deren Anwendung fördern, nochmals unterstrichen.[1238]

Ebenso bestärkt der Verweis auf das Subsidiaritätsprinzip in Art. 51 Abs. 1 S. 1 EGRC[1239] die Kompetenzschutzklausel des Art. 51 Abs. 2 EGRC.[1240] Das Subsidiaritätsprinzip, das im Bereich der konkurrierenden Kompetenzen die Art und Weise der Kompetenzausübung regelt (Art. 5 Abs. 2 EG, Art. 2 UAbs. 2 EU), begrenzt die Zuständigkeiten der Union auch hinsichtlich ihres Handels zur Erfüllung der den Charta-Rechten zu entnehmenden Schutz- bzw. Leistungspflichten.[1241] Die Union darf hiernach in Ausübung ihrer Kompetenzen nur tätig werden, wenn die Mitgliedstaaten den jeweiligen Schutz bzw. die Leistung nicht ausreichend gewähren können und das Ziel der Maßnahme deshalb auf Unionsebene besser erreicht werden kann.[1242] Während die Schutz- bzw. Leistungspflichten aus den Charta-Rechten somit zum Gebrauch der Gemeinschafts- bzw. Unionskompetenzen

---

1235 *Borowsky*, in: *Meyer* (Hrsg.), Charta-Kommentar, Art. 51 EGRC, Rn. 38.

1236 *Borowsky*, in: *Meyer* (Hrsg.), Charta-Kommentar, Art. 51 EGRC, Rn. 38.

1237 Weiterführend zu der in diesem Artikel enthaltenen Differenzierung zwischen Rechten und Grundsätzen *Borowsky*, in: *Meyer* (Hrsg.), Charta-Kommentar, Art. 51 EGRC, Rn. 10-13, 33-34.

1238 Ähnlich *Borowsky*, in: *Meyer* (Hrsg.), Charta-Kommentar, Art. 51 EGRC, Rn. 37.

1239 Siehe dazu auch oben 3. Kapitel.C.I.2.c.

1240 So i.E. auch die Erläuterungen des Präsidiums des Grundrechtskonvents zu Art. 51 EGRC, Dok. CHARTE 4473/00 CONVENT 49 v. 11.10.2000, S. 47 = EuGRZ 2000, S. 568; *Calliess*, EuZW 2001, S. 266; *Borowsky*, in: *Meyer* (Hrsg.), Charta-Kommentar, Art. 51 EGRC, Rn. 22.

1241 *Schmitz*, JZ 2001, S. 840; *Borowsky*, in: *Meyer* (Hrsg.), Charta-Kommentar, Art. 51 EGRC, Rn. 22.

1242 *Schmitz*, JZ 2001, S. 840; *Borowsky*, in: *Meyer* (Hrsg.), Charta-Kommentar, Art. 51 EGRC, Rn. 22.

zu ihrer Umsetzung drängen, schränkt das Subsidiaritätsprinzip diesen Kompetenzgebrauch gerade ein.[1243]

Die Betonung der fehlenden Auswirkungen der Charta auf die Kompetenzverteilung zwischen Union und Mitgliedstaaten in Art. 51 EGRC wird schließlich abgerundet durch eine nochmalige Bestätigung im fünften Absatz der Charta-Präambel. Diesem zufolge bekräftigt die Charta die auf Unionsebene bestehenden Grundrechte *„unter Achtung der Zuständigkeiten und Aufgaben der Gemeinschaft und der Union und des Subsidiaritätsprinzips"*.[1244]

b. Die Reichweite der Grundrechtsbindung der Mitgliedstaaten

Wie gezeigt[1245] werden die mitgliedstaatlichen Kompetenzen durch die Charta-Grundrechte in ihrer Funktion als Abwehrrechte desto mehr beschränkt, je weitergehend die Mitgliedstaaten an die Charta-Rechte gebunden sind.

Art. 51 Abs. 1 S. 1 der Charta, der die Reichweite der Grundrechtsbindung der Mitgliedstaaten absteckt, bewirkt nach obiger Analyse[1246] im Vergleich zur bisherigen EuGH-Rechtsprechung aber eher eine Beschränkung denn eine Erweiterung der mitgliedstaatlichen Verpflichtung auf die Charta. Zwar müssen die Staaten die Charta-Grundrechte nach Art. 51 Abs. 1 S. 1 EGRC über das Gemeinschaftsrecht hinaus insgesamt bei der Durchführung von *Unions*recht beachten.[1247] Auch bindet die Charta die Mitgliedstaaten entsprechend der bisherigen ständigen EuGH-Rechtsprechung in den Fällen, in denen sie unter Berufung auf die Schutzklauseln des EG-Vertrags oder zwingende Erfordernisse des Allgemeinwohls die Grundfreiheiten beschränken.[1248] Einer darüber hinausgehenden Verpflichtung der Mitgliedstaaten auf die Rechte der Charta, die sich hinsichtlich der ungeschriebenen Gemeinschaftsgrundrechte nach Ansicht vieler in der Rechtsprechung des Gerichts-

1243 *Schmitz*, JZ 2001, S. 840; *Borowsky*, in: *Meyer* (Hrsg.), Charta-Kommentar, Art. 51 EGRC, Rn. 32.

1244 Dazu näher *Busse*, EuGRZ 2002, S. 575; *Borowsky*, in: *Meyer* (Hrsg.), Charta-Kommentar, Art. 51 EGRC, Rn. 22 f.

1245 Siehe dazu oben 3. Kapitel.C.IV.1.b.

1246 Vgl. 3. Kapitel.C.II.2.

1247 Dazu eingehend 3. Kapitel.C.II.2.a.

1248 Dazu 3. Kapitel.C.II.2.b.

hofs abzeichnete, dürfte der enge Wortlaut des Art. 51 Abs. 1 S. 1 EGRC jedoch entgegenstehen.[1249]

Auch unter diesem Aspekt geht von einer (verbindlichen) Grundrechtecharta somit keine im Verhältnis zur bisherigen Rechtslage größere Gefahr einer Kompetenzverschiebung zulasten der Mitgliedstaaten aus.

c. Unitarisierungswirkungen und Kompetenzabgrenzung

Nach obiger Analyse bringen die rechtsvereinheitlichenden Wirkungen, die von der Charta ausgehen werden, als solche keine Kompetenzerweiterungen zugunsten der Union mit sich.[1250] Eine derartige Zuständigkeitsverschiebung kann ihre Ursache vielmehr nur in einer weiten Auslegung der den Gemeinschaften und der Union in den Verträgen übertragenen Zuständigkeiten auch zum grundrechtsschützenden Tätigwerden haben.[1251]

Die Charta betont im fünften Erwägungsgrund ihrer Präambel sowie in Art. 51 EGRC, dass sie den Status quo der vertraglichen Kompetenzverteilung zwischen Union und Mitgliedstaaten unberührt lässt und insbesondere keinen Kompetenzzuwachs der Union begründet. Hierdurch will sie einer weiten Auslegung der Unionszuständigkeiten beim Ergreifen grundrechtsschützender Maßnahmen entgegenwirken.[1252]

Klarheit über die Reichweite der Kompetenzen der Union wird man jedoch letztlich nur durch eine deutlichere, bereichsspezifische Abgrenzung zwischen den der Union übertragenen und den Mitgliedstaaten verbliebenen Zuständigkeiten in den Verträgen erreichen können.[1253] In diesem Sinne bemüht sich nunmehr der am 29. Oktober 2004 unterzeichnete Vertrag über eine Verfassung für Europa mittels einer im Teil I der Verfassung vor die

---

[1249] Vgl. oben 3. Kapitel.C.II.2.c.

[1250] Siehe oben 3. Kapitel.C.IV.1.c, insb. bei Fn. 1224.

[1251] Dazu oben 3. Kapitel.C.IV.1.c, insb. bei Fn. 1228.

[1252] In diese Richtung *Grabenwarter*, DVBl. 2001, S. 2; *Tettinger*, NJW 2001, S. 1014.

[1253] Ähnlich *Bernsdorff*, NdsVBl. 2001, S. 182, *Große Wentrup*, Europäische Grundrechtecharta im Spannungsfeld der Kompetenzverteilung, S. 175/176, sowie *Tettinger*, NJW 2001, S. 1014, der einen präzisen Kompetenzkatalog fordert; dagegen *Rengeling*, in: *Ipsen / Schmidt-Jortzig* (Hrsg.), Recht – Staat – Gemeinwohl, FS f. *Rauschning*, S. 245, der gerade bei der Aufnahme eines Kompetenzkatalogs in die Verträge eine Kompetenzverstärkung zugunsten der Union befürchtet.

Klammer gezogenen Abgrenzung der verschiedenen Arten der Unionszuständigkeiten für mehr Klarheit zu sorgen.[1254]

3. Ergebnis

Die EU-Grundrechtecharta erhöht als solche nicht die Gefahr von Kompetenzverschiebungen zugunsten der Union. Die Regelungen im fünften Absatz der Charta-Präambel sowie in Art. 51 EGRC, dass die Zuständigkeitsverteilung zwischen Union und Mitgliedstaaten trotz der Schaffung der Charta unverändert bleibt und diese der Union insbesondere keine neuen Zuständigkeiten und Aufgaben überträgt, sind von rein deklaratorischem Charakter. Weder die nicht wenigen Charta-Bestimmungen zu entnehmenden Handlungs- bzw. Schutzpflichten noch die rechtsvereinheitlichenden Wirkungen der Charta als Grundrechtskodifikation begründen weitere Unions- bzw. Gemeinschaftskompetenzen. Auch die in Art. 51 Abs. 1 S. 1 EGRC im Verhältnis zur bisherigen EuGH-Rechtsprechung eher enger gefasste Bindung der Mitgliedstaaten an die Charta-Grundrechte führt nicht zu einer weitergehenden Beschränkung mitgliedstaatlicher Zuständigkeiten durch die Grundrechte auf Unionsebene.

Ansatzpunkte für einen Kompetenzzuwachs der Union können sich nur aus einer weiten Auslegung der in den Verträgen niedergelegten Unionszuständigkeiten im Zusammenhang mit grundrechtsschützenden Maßnahmen ergeben. Auch wenn Art. 51 EGRC eine solche Interpretation zu verhindern sucht, kann einer Aushöhlung mitgliedstaatlicher Zuständigkeiten auf diesem Wege schlussendlich nur durch eine klarere Abgrenzung der Kompetenzen von Union und Mitgliedstaaten entgegengewirkt werden. Eine solche will der am 29. Oktober 2004 unterzeichnete Vertrag über eine Verfassung für Europa bieten.

1254 Vgl. Teil I, Art. I-11-18 VerfV, Dok. CIG 87/2/04 REV 2 v. 29.10.2004, S. 16-22.

4. Kapitel. Die Tragweite der Grundrechtecharta *ratione materiae*

A. Einführung

Der Standort der Grundrechtecharta der Europäischen Union innerhalb der Grundrechtsarchitektur Europas wird neben dem persönlichen Anwendungsbereich der Charta maßgeblich von ihrem sachlichen Geltungsbereich bestimmt, der die Charta in das bestehende grundrechtliche Schutzsystem einordnet. Die Tragweite der Charta *ratione materiae* wirft zwangsläufig die Frage nach ihrem Verhältnis zu den anderen Menschenrechtskatalogen in Europa auf, d.h. zu den mitgliedstaatlichen Verfassungen und den geltenden multilateralen Grundrechtskatalogen, insbesondere der EMRK.[1255] Aber auch das Verhältnis zu den existierenden geschriebenen und ungeschriebenen Gemeinschaftsgrundrechten ist klärungsbedürftig.

Wie jeder Grundrechtskatalog steckt die Charta ihre Tragweite *ratione materiae* durch die Festlegung des Schutzbereichs, d.h. des grundrechtlich geschützten Lebensbereichs[1256] der Charta-Garantien ab. Auch in ihr bestimmt sich die tatsächliche Reichweite der einzelnen Rechte aber maßgeblich durch den Umfang der zulässigen Grundrechtseinschränkungen.[1257] Diese Schrankenbestimmungen regeln, unter welchen Voraussetzungen der Normgeber dem Grundrechtsgebrauch Schranken ziehen darf, d.h. inwieweit er dem Einzelnen ein Verhalten, das vom Schutzbereich eines Grundrechts umfasst ist, verwehren kann.[1258] Bei dieser Schrankenziehung durch Normen unterliegt der Normgeber wiederum Beschränkungen, den sog. Schranken-Schranken, insbesondere der Pflicht zur Achtung des Grundsatzes der Verhältnismäßigkeit und der Wesensgehaltsgarantie.[1259]

1255 So auch *Lenaerts / de Smijter*, CML Rev. 38 (2001), S. 274.

1256 Vgl. zu dieser Schutzbereichsdefinition *Pieroth / Schlink*, Grundrechte, § 6 I, Rn. 197; ebenso speziell für die Grundrechte der EU *Rengeling*, Grundrechtsschutz in der Europäischen Gemeinschaft, S. 209; *Quasdorf*, Dogmatik der Grundrechte der EU, S. 179.

1257 So z.B. auch *Rengeling*, Grundrechtsschutz in der Europäischen Gemeinschaft, S. 212; *Kenntner*, ZRP 2000, S. 424; *Schmitz*, JZ 2001, S. 838.

1258 Vgl. zum Begriff der Schranke z.B. *Pieroth / Schlink*, Grundrechte, § 6 II, Rn. 207 f.

1259 Vgl. zu diesem Begriffsverständnis der Schranken-Schranken z.B. *Pieroth / Schlink*, Grundrechte, § 6 IV 4, Rn. 274, 278; *Quasdorf*, Dogmatik der Grundrechte der EU,

Die Charta legt ihre Tragweite *ratione materiae* insbesondere in den Allgemeinen Bestimmungen (Kapitel VII) in den Artikeln 52 bis 54 fest. In diesem Regelungskomplex bestimmt sie nicht nur die zulässigen Grundrechtsbeschränkungen, sie löst hier überdies Fragen des Schutzbereichs einzelner Charta-Garantien. Insgesamt versucht sie mit diesen Bestimmungen in höchst komplexer Weise das Verhältnis der Charta zu den existierenden Gemeinschaftsgrundrechten, den mitgliedstaatlichen Grundrechten sowie den Garantien in internationalen Übereinkommen, insbesondere der EMRK, zu klären.[1260]

Besonders in den Artikeln 52 bis 54 der Charta manifestiert sich der sog. „als-ob"-Ansatz ihrer Verfasser, d.h. die Abfassung der Charta in einer Weise, dass sie im Volltext in die Gemeinschaftsverträge bzw. die künftige Europäische Verfassung aufgenommen und dadurch rechtsverbindlich werden kann.[1261] Die wohl wichtigsten Bestimmungen der Charta in ihrem siebten Kapitel, deren Formulierung dem Konvent die größten Schwierigkeiten bereitet hat,[1262] sollen die reibungslose Eingliederung der Charta in das bestehende europäische Grundrechtsschutzsystem sicherstellen. Sie sind für ihre Verbindlichkeit deshalb von zentraler Bedeutung.

Die folgende Analyse befasst sich deshalb mit den spezifischen Tragweiteregelungen der Charta. Dabei sollen zunächst die allgemeinen Bestimmungen zur Tragweite in der Charta, die ihre Reichweite grundsätzlich (d.h. wenn sie nicht durch spezielle Regelungen verdrängt werden) für alle Charta-Rechte bestimmen, untersucht werden (B.). Sodann werden die speziellen Bestimmungen zur Tragweite der Charta, die nur auf bestimmte Charta-Garantien oder Gruppen von Garantien Anwendung finden, analysiert und in ihrer Wirkungsweise ebenso wie die allgemeinen Bestimmungen grundrechtsdogmatisch eingeordnet[1263] (C.). Schließlich wird das Verhältnis der verschiedenen

---

S. 200, 209; *Weber*, in: *Weber* (Hrsg.), Charta der Grundrechte, S. 13; *Mahlmann*, ZEuS 2000, S. 439.

1260 Dies betont auch *Calliess*, in: *Ehlers* (Hrsg.), Europäische Grundrechte und Grundfreiheiten, § 19 II 2, Rn. 14.

1261 Siehe dazu bereits oben 2. Kapitel.B.III.2.e; ebenso *Schmitz*, JZ 2001, S. 836.

1262 Siehe dazu *Schmitz*, JZ 2001, S. 836 m.w.N.

1263 Soweit die Dogmatik der Grundrechte der EU thematisiert wird, wird die Ähnlichkeit zur deutschen Grundrechtsdogmatik deutlich. Auch trägt ein Blick auf die Charta mit der deutschen Grundrechtsdogmatik im Hintergrund stark zur Sensibilisierung für mögliche Problembereiche bei. Man darf dabei allerdings neben den unterschiedlichen Verfassungstraditionen der übrigen Mitgliedstaaten insbesondere nicht aus den

Regelungen der Charta zu ihrer Tragweite *ratione materiae* zueinander geklärt (D.), und der Regelungskomplex insgesamt bewertet (E.).

B. Allgemeine Bestimmungen: Schranken und Schranken-Schranken

I. Einschränkung von Grundrechten im Gemeinschaftsrecht vor Proklamation der Charta

Die Voraussetzungen einer zulässigen Grundrechtsbeschränkung variieren je nach Art des betroffenen Grundrechts.

Bei den geschriebenen ebenso wie bei den ungeschriebenen Gleichheitsrechten verlangt der Gerichtshof für die Zulässigkeit einer Ungleichbehandlung vergleichbarer Sachverhalte – ähnlich der deutschen Rechtsprechung und Lehre zum allgemeinen Gleichheitssatz[1264] –, dass die Ungleichbehandlung objektiv gerechtfertigt ist.[1265]

Für die ungeschriebenen,[1266] als allgemeine Rechtsgrundsätze anerkannten Freiheitsrechte hat der EuGH bereits frühzeitig einheitliche Kriterien für deren Beschränkung festgelegt. Regelmäßig ohne einen Hinweis auf bestimmte Rechtserkenntnisquellen[1267] erklärt er im Wesentlichen gleichbleibend:

Augen verlieren, dass die Interpretation der Begriffe der Charta und ihre Anwendung im Einzelfall nach gemeinschaftsrechtlichen Maßstäben zu erfolgen hat. Vgl. zu dieser Problematik auch *Streinz*, Europarecht, § 5 I 2, Rn. 364; *Borchardt*, in: Der Europäische Gerichtshof, aktualisierter Auszug aus *Lenz* (Hrsg.), EG-Kommentar, Art. 220, Rn. 37; *Pauly*, EuR 1998, S. 261-262.

1264 Vgl. z.B. *Pieroth / Schlink*, Grundrechte, § 11 III 1, Rn. 438 ff.m.w.N.

1265 Vgl. bereits EuGH, Verb. Rs. 17 u. 20/61, Klöckner-Werke AG und Hoesch AG ./. Hohe Behörde der Europäischen Gemeinschaft für Kohle und Stahl, Urt. v. 13.07.1962, Slg. 1962, S. 653 ff. (658 / LS 6); EuGH, Rs. C-309/89, Codorniu SA ./. Rat, Urt. v. 18.05.1994, Slg. 1994, S. I-1853 ff. (1887 / Rn. 26) (zu Art. 40, 7 EGV a.F.); EuGH, Rs. C-280/93, Bundesrepublik Deutschland ./. Rat („Bananenmarktordnung"), Urt. v. 05.10.1994, Slg. 1994, S. I-4973 ff. (5062 / Rn. 66 f.) (zu Art. 40 EGV a.F., allgemeiner Gleichheitsgrundsatz).

1266 Zur Einschränkbarkeit des geschriebenen Freizügigkeitsrechts (Art. 18 EG) vgl. statt vieler *Kingreen*, in: *Calliess / Ruffert* (Hrsg.), EUV/EGV, Art. 18 EGV, Rn. 11 ff. m.w.N.

1267 Dies betont auch *Kingreen*, in: *Calliess / Ruffert* (Hrsg.), EUV/EGV, Art. 6 EUV, Rn. 69.

„Die vom Gerichtshof anerkannten Grundrechte können jedoch keine uneingeschränkte Geltung beanspruchen, sondern sind im Zusammenhang mit ihrer gesellschaftlichen Funktion zu sehen. Daher kann die Ausübung dieser Rechte (...) Beschränkungen unterworfen werden, sofern diese tatsächlich dem Gemeinwohl dienenden Zielen der Gemeinschaft entsprechen und nicht einen im Hinblick auf den verfolgten Zweck unverhältnismäßigen, nicht tragbaren Eingriff darstellen, der diese Rechte in ihrem Wesensgehalt antastet."[1268]

Überdies fordern die Gemeinschaftsgerichte für Eingriffe der öffentlichen Gewalt in die Freiheitssphäre des Einzelnen eine Rechtsgrundlage.[1269]

Für die Grundrechtsentwicklung in der Gemeinschaft sind die als allgemeine Rechtsgrundsätze entwickelten Freiheitsrechte von zentraler Bedeutung. Deshalb werden in Folgendem die materiell-rechtlichen Voraussetzungen einer Beschränkung dieser Rechte (1. und 2.) und die Anwendung der hierbei maßgeblichen Kriterien durch EuGH und EuG in der Praxis (3.) einer näheren Analyse unterzogen.[1270]

1268 So EuGH, Rs. 5/88, Wachauf ./. Bundesamt für Ernährung und Forstwirtschaft, Urt. v. 13.07.1989, Slg. 1989, S. 2609 ff. (2639 / Rn. 18); ähnlich, jedoch noch ohne das Postulat eines verhältnismäßigen Eingriffs, bereits EuGH, Rs. 4/73, Nold, Kohlen- und Baustoffgroßhandlung ./. Kommission, Urt. v. 14.05.1974, Slg. 1974, S. 491 ff. (507 f. / Rn. 14) (zu Eigentumsgarantie und Berufsfreiheit); vgl. i.ü. EuGH, Rs. 44/79, Hauer ./. Land Rheinland-Pfalz, Urt. v. 13.12.1979, Slg. 1979, S. 3727 ff. (3747 / Rn. 23) (zur Eigentumsgarantie); EuGH, Rs. C-62/90, Kommission ./. Bundesrepublik Deutschland („Deutsches Arzneimittelrecht"), Urt. v. 08.04.1992, Slg. 1992, S. I-2575 ff. (2609 / Rn. 23) (zum Recht auf Achtung des Privatlebens und auf Schutz des Arztgeheimnisses); EuGH, Rs. C-280/93, Bundesrepublik Deutschland ./. Rat („Bananenmarktordnung") (Fn. 1265), S. 5065 / Rn. 78 (zu Eigentumsrecht und freier Berufsausübung).

1269 Vgl. EuGH, Verb. Rs. 46/87 u. 227/88, Hoechst AG ./. Kommission, Urt. v. 21.09.1989, Slg. 1989, S. 2859 ff. (2924 / Rn. 19); EuGH, Verb. Rs. 97-99/87, Dow Chemical Ibérica SA u.a. ./. Kommission, Urt. v. 17.10.1989, Slg. 1989, S. 3165 ff. (3186 / Rn. 16).

1270 Bei den geschriebenen Gemeinschaftsgrundrechten (zu einer Übersicht über diese siehe bereits oben 1. Kapitel.B.II.2) muss deren Beschränkbarkeit aus einer Interpretation des jeweiligen Artikelwortlautes ermittelt werden und ist insoweit nicht einheitlich. Teils sind Grundrechtsschranken im jeweiligen Artikel selbst angelegt (so z.B. in Art. 255 Abs. 1 a.E., 2, 3 EG). Bei anderen Rechten, so z.B. Art. 21 i.V.m. 194 f., 190 Abs. 1 EG, die eine Beschränkbarkeit nicht ausdrücklich vorsehen, kann das Zurückbleiben hinter den im jeweiligen Artikel gestellten Anforderungen ggf. nur mit kollidierenden anderen Grundrechten bzw. Verfassungsrecht gerechtfertigt werden.

1. Schranken der Freiheitsrechte

a. Gesetzesvorbehalt

Erst verhältnismäßig spät hat der Gerichtshof unter Berufung auf eine gemeinsame Verfassungstradition der Mitgliedstaaten ausdrücklich das Erfordernis einer Rechtsgrundlage als Voraussetzung einer Einschränkung von Grundrechten aufgestellt.[1271] Ihm zufolge „*bedürfen in allen Rechtsordnungen der Mitgliedstaaten Eingriffe der öffentlichen Gewalt in die Sphäre der privaten Betätigung jeder (...) Person einer Rechtsgrundlage und müssen aus den gesetzlich vorgesehenen Gründen gerechtfertigt sein; (...) Das Erfordernis eines solchen Schutzes ist folglich als allgemeiner Grundsatz des Gemeinschaftsrechts anzuerkennen.*“[1272]

Soweit ersichtlich, prüfen die Gemeinschaftsgerichte das Vorhandensein einer Rechtsvorschrift, die den fraglichen Grundrechtseingriff rechtfertigt, bislang ausdrücklich nur im Rahmen des Gemeinschaftsgrundrechts der allgemeinen Handlungsfreiheit.[1273] Bei der Einschränkung der übrigen spezielleren Freiheitsrechte erfolgt eine derartige Prüfung hingegen nicht.[1274] Mit dem Hinweis darauf, dass eine Rechtsgrundlage für den Eingriff in den grundrechtsrelevanten Fällen regelmäßig vorhanden war, geht die Lehre dennoch überwiegend davon aus, dass für die Einschränkung aller gemeinschaftlichen Freiheitsgrundrechte nach der Rechtsprechung von EuGH und EuG eine Rechtsgrundlage erforderlich ist.[1275]

Ob die Rechtsgrundlage eines Grundrechtseingriffs besonderen Anforderungen genügen muss, d.h. insbesondere ein formelles (Parlaments-) Gesetz nötig ist bzw. der Eingriff von einer inhaltlich hinreichend gebundenen parlamentsgesetzlichen Ermächtigung getragen werden muss, lassen EuGH

Letzteres muss auch für die ungeschriebenen Verfahrensgrundrechte im Gemeinschaftsrecht gelten, vgl. zur parallelen Problematik im deutschen Recht z.B. *Pieroth / Schlink*, Grundrechte, § 31 III, IV, Rn. 1081 f. (zum Anspruch auf rechtliches Gehör).

1271 Vgl. die Nachweise in Fn. 1269.

1272 EuGH, Verb. Rs. 46/87 u. 227/88, Hoechst AG ./. Kommission, Urt. v. 21.09.1989, Slg. 1989, S. 2859 ff. (2924 / Rn. 19).

1273 Siehe hierzu bereits oben 3. Kapitel.B.II.1.a(2), S. 198.

1274 Vgl. die Nachweise in Fn. 1269.

1275 So z.B. *Triantafyllou*, Vom Vertrags- zum Gesetzesvorbehalt, S. 165/166, 168 f. m.w.N.; *Ritgen*, ZRP 2000, S. 374; *Quasdorf*, Dogmatik der Grundrechte der EU, S. 194.

und EuG offen.[1276] Vieles spricht dafür, dass die Gerichte auch die praktisch ausschließlich durch den aus Vertretern der mitgliedstaatlichen Exekutive zusammengesetzten Rat als „„„Hauptgesetzgeber" der EG"[1277] legitimierten Rechtsvorschriften als ausreichende Rechtsgrundlage für Grundrechtseingriffe ansehen.[1278]

b. Gemeinschaftsspezifische Schranke

Mit der Zulassung von Grundrechtsbeschränkungen, die „*tatsächlich dem Gemeinwohl dienenden Zielen der Gemeinschaft entsprechen*"[1279], stellt der Gerichtshof eine so nicht den Rechtserkenntnisquellen der Gemeinschaftsgrundrechte zu entnehmende, gemeinschaftsspezifische Schranke auf.[1280] Als derartige, Grundrechtseingriffe rechtfertigende Gemeinwohlziele hat er u.a. die Durchsetzung der vom Vertrag gewollten Wettbewerbsordnung,[1281] des Binnenmarktprinzips[1282] und der agrarmarktpolitischen Zielsetzungen der Gemeinschaft,[1283] den Umweltschutz[1284] und Verbraucherschutz[1285] sowie den Schutz

---

1276 Vgl. hierzu *Triantafyllou*, Vom Vertrags- zum Gesetzesvorbehalt, S. 170; *Pauly*, EuR 1998, S. 255; *Ritgen*, ZRP 2000, S. 374; *Kingreen*, in: *Calliess* / *Ruffert* (Hrsg.), EUV/EGV, Art. 6 EUV, Rn. 72. Zur Fortentwicklung des Gesetzesvorbehalts zum sog. Parlamentsvorbehalt durch das deutsche BVerfG (z.B. 1 BvR 1470/80, Beschl. v. 20.10.1982, BVerfGE 61, 260 (275 f.) m.w.N.), dem zufolge der Gesetzgeber im Bereich der Grundrechtsausübung alle wesentlichen Entscheidungen über Grundrechtseingriffe selbst treffen muss und nicht an die Verwaltung delegieren darf (sog. Wesentlichkeitslehre), vgl. z.B. *Pieroth* / *Schlink*, Grundrechte, § 6 IV 2, Rn. 264 ff. m.w.N.

1277 *Streinz*, Europarecht, § 6 II 1, vor Rn. 438.

1278 Vgl. *Triantafyllou*, Vom Vertrags- zum Gesetzesvorbehalt, S. 170; *Pauly*, EuR 1998, S. 255/256; *Peters*, Elemente einer Theorie der Verfassung Europas, S. 406 (dort Fn. 202).

1279 Siehe die Nachweise in Fn. 1268.

1280 So *Rengeling*, Grundrechtsschutz in der Europäischen Gemeinschaft, S. 212, 215 f. Vgl. i.ü. EuGH, Rs. 11/70, Internationale Handelsgesellschaft mbH ./. Einfuhr- und Vorratsstelle für Getreide und Futtermittel, Urt. v. 17.12.1970, Slg. 1970, S. 1125 ff. (1135 / Rn. 4), wonach die Gewährleistung der Gemeinschaftsgrundrechte „*zwar von den gemeinsamen Verfassungsüberlieferungen der Mitgliedstaaten getragen sein [muß], sie muß sich aber auch in die Struktur und Ziele der Gemeinschaft einfügen.*".

1281 EuGH, Verb. Rs. 46/87 u. 227/88, Hoechst (Fn. 1269), S. 2926 / Rn. 25.

1282 EuGH, Rs. 234/85, Keller, Urt. v. 08.10.1986, Slg. 1986, S. 2897 ff. (2913 / Rn. 13).

1283 EuGH, Rs. 113/88, Leukhardt ./. Hauptzollamt Reutlingen, Urt. v. 27.06.1989, Slg. 1989, S. 1991 ff. (2015 / Rn. 20); EuGH, Rs. C-177/90, Kühn ./. Landwirtschaftskammer Weser-Ems, Urt. v. 10.01.1992, Slg. 1992, S. I-35 ff. (64 / Rn. 17);

von (Menschen-) Leben und öffentlicher Gesundheit[1286] anerkannt.[1287] Die genannten Ziele der Gemeinschaft können mit - verhältnismäßig weit gefassten - (verfassungs-) immanenten Grundrechtsschranken verglichen werden.[1288] Hierfür spricht, dass mangels eines geschriebenen Grundrechtskatalogs die Voraussetzungen eines Grundrechtseingriffs - wie bei vorbehaltlos gewährten, nur durch immanente Schranken begrenzbaren Grundrechten -[1289] im Gemeinschaftsrecht nicht ausdrücklich festgelegt sind. Allerdings ist der soeben dargestellte (einfache) Gesetzesvorbehalt für eine Grundrechtsbeschränkung, der nach dem Verständnis der deutschen Grundrechtsdogmatik im Gegensatz zu Grundrechten ohne Gesetzesvorbehalt ausdrücklich anzuordnen ist,[1290] im Gemeinschaftsrecht gleichermaßen nicht kodifiziert.

Ein Teil der Lehre schreibt den gemeinschaftsrechtlichen Gemeinwohlzielen, die die allein zulässigen Zwecke eines Grundrechtseingriffs festlegen, daher die Wirkung eines qualifizierten Gesetzesvorbehaltes zu.[1291] Dem kann das Fehlen einer ausdrücklichen Normierung dieser Ziele als Grundrechtsschranke im Rahmen eines Grundrechtsschutzes durch (ungeschriebene) allgemeine Rechtsgrundsätze nicht entgegengehalten werden.[1292] Gegen die Einordnung als qualifizierte Gesetzesvorbehalte spricht jedoch, dass der Gerichtshof ersichtlich keine Beziehung zwischen o.g. Erfordernis einer

---

EuGH, Rs. C-306/93, SMW Winzersekt GmbH ./. Land Rheinland-Pfalz, Urt. v. 13.12.1994, Slg. 1994,S. I-5555 ff. (5581 / Rn. 21).

1284 EuGH, Rs. 240/83, Procureur de la République ./. Association de défense des brûleurs d'huiles usagées, Urt. v. 07.02.1985, Slg. 1985, S. 531 ff. (549 / Rn. 13, 15).

1285 EuGH, Rs. 234/85, Keller (Fn. 1282), S. 2913 / Rn. 14; EuGH, Rs. C-306/93, SMW Winzersekt (Fn. 1283), S. 5582 / Rn. 25.

1286 EuGH, Rs. C-62/90, „Deutsches Arzneimittelrecht" (Fn. 1268), S. 2609 / Rn. 23.

1287 Vgl. hierzu *Kingreen*, in: *Calliess* / *Ruffert* (Hrsg.), EUV/EGV, Art. 6 EUV, Rn. 71 m.w.N.; *Cirkel*, Die Bindungen der Mitgliedstaaten an die Gemeinschaftsgrundrechte, S. 43.

1288 So auch *Rengeling*, Grundrechtsschutz in der Europäischen Gemeinschaft, S. 216; *Mahlmann*, ZEuS 2000, S. 439.

1289 Zu Grundrechten ohne Gesetzesvorbehalt und immanenten Schranken im deutschen Verfassungsrecht vgl. *Pieroth* / *Schlink*, Grundrechte, § 6 IV 1 c, Rn. 257-260 m.w.N.

1290 Vgl. zum einfachen Gesetzesvorbehalt im deutschen Verfassungsrecht *Pieroth* / *Schlink*, Grundrechte, § 6 IV 1 a, Rn. 253 f.

1291 So *Pauly*, EuR 1998, S. 258.

1292 So aber offenbar *Rengeling*, Grundrechtsschutz in der Europäischen Gemeinschaft, S. 216.

Rechtsgrundlage und den an diese im Sinne eines qualifizierten Gesetzesvorbehalts zu stellenden besonderen Anforderungen[1293] - dem Dienen o.g. Gemeinwohlziele - herstellt.

Die vom Gerichtshof entwickelte gemeinschaftsspezifische Schranke lässt sich nicht nahtlos in die zu einem geschriebenen Grundrechtskatalog entwickelte Schrankendogmatik einordnen. Ungeachtet dessen erlaubt die Ähnlichkeit dieser Schranke mit einer immanenten Grundrechtsschranke bzw. einem qualifizierten Gesetzesvorbehalt Rückschlüsse auf die zumindest aus diesen Einordnungen folgenden Anforderungen an die bei der Grundrechtseinschränkung verfolgten Gemeinwohlziele. Ein Vergleich dieser Anforderungen mit der Rechtslage im Gemeinschaftsrecht gibt Aufschluss über das Schutzniveau der Gemeinschaftsgrundrechte insgesamt.

Hier haben sowohl die Qualifizierung der gemeinschaftsspezifischen Schranke als immanente Grundrechtsschranke als auch ihre Einordnung als qualifizierter Gesetzesvorbehalt zur Folge, dass den dem Gemeinwohl dienenden Zielen der Gemeinschaft „Verfassungsrang" zukommen muss. Im Gemeinschaftsrecht, als dessen „Verfassung" bislang das Primärrecht, d.h. die Gemeinschaftsverträge und die allgemeinen Rechtsgrundsätze, anzusehen ist,[1294] entspricht dies einer Zugehörigkeit der Ziele zum Primärrecht.

Diese Anforderung ergibt sich bei einem Verständnis der gemeinschaftsspezifischen Schranke als immanente Grundrechtsschranke daraus, dass Letztere eine Beschränkung von Grundrechten nur im Hinblick auf andere, kollidierende Verfassungsgüter gestattet. Dagegen kann die Verfolgung sonstiger Allgemeinwohlinteressen ohne verfassungsrechtliche Verankerung eine Grundrechtseinschränkung nicht rechtfertigen.[1295]

Bei einem Verständnis der gemeinschaftsspezifischen Schranke als qualifizierter Gesetzesvorbehalt muss das mit der Grundrechtsbeschränkung verfolgte Gemeinwohlziel zu den Zielen gehören, die die Gemeinschaft aufgrund einer entsprechenden primärrechtlichen Ermächtigung verfolgen darf.[1296] Dies liegt in der Kompetenzverteilung zwischen Union bzw. Gemeinschaft und Mitgliedstaaten begründet, der zufolge Erstere dem Prinzip der begrenzten

---

1293 Vgl. zum qualifizierten Gesetzesvorbehalt nach deutschem Verfassungsrecht *Pieroth / Schlink*, Grundrechte, § 6 IV 1 b, Rn. 255 f.

1294 *Streinz*, Europarecht, § 5, Rn. 346.

1295 So *Rengeling*, Grundrechtsschutz in der Europäischen Gemeinschaft, S. 212, 216.

1296 So *Pauly*, EuR 1998, S. 256, 261/262.

Einzelermächtigung gemäß das Gemeinwohl nur im Rahmen der Zielbestimmungen der Verträge verfolgen dürfen.[1297]

Die notwendige Zugehörigkeit der einen Grundrechtseingriff rechtfertigenden Gemeinwohlziele zum Primärrecht bedeutet i.ü. regelmäßig eine verstärkte demokratische Legitimation dieser Rechtsgrundlage der Grundrechtseingriffe. Die meist in den Verträgen niedergelegten Gemeinwohlziele sind angesichts der notwendigen Zustimmung der mitgliedstaatlichen Parlamente zu diesen weitergehend parlamentarisch legitimiert als die o.g.[1298] einfachen gemeinschaftsrechtlichen Rechtsgrundlagen für eine Grundrechtsbeschränkung.[1299]

Den von den Gerichten der Gemeinschaft für eine Grundrechtsbeschränkung anerkannten Gemeinwohlzielen kann „Verfassungsrang" in o.g. Sinne zugeschrieben werden. Sie sind ganz überwiegend im EG-Vertrag verankert, so die Durchsetzung der vom Vertrag gewollten Wettbewerbsordnung (z.B. Abs. 4 der Präambel, Art. 3 Abs. 1 lit. g, 81 f. EG), des Binnenmarktprinzips (insbesondere Art. 3 Abs. 1 lit. c, 14 EG und die Bestimmungen zu den Grundfreiheiten), und der agrarmarktpolitischen Zielsetzungen der Gemeinschaft (Art. 3 Abs. 1 lit. e, 33 EG). Dasselbe gilt für die Gemeinwohlziele des Umweltschutzes (Art. 2, 3 Abs. 1 lit. l, 6, 174 EG) und des Verbraucherschutzes (Art. 3 Abs. 1 lit. t, 153 EG). Der Schutz von (Menschen-) Leben und Gesundheit ist teils im EG-Vertrag (vgl. Art. 3 Abs. 1 lit. p, 30, 152 EG) festgelegt, teils im Rahmen des gemeinschaftsgrundrechtlichen Schutzes der Menschenwürde primärrechtlich gesichert.[1300] Zwar entnimmt der Gerichtshof die Gemeinwohlziele der grundrechtsbeschränkenden Rechtsakte, die regelmäßig dem Sekundärrecht zugehören, meist deren Begründungserwägungen (Art. 253 EG).[1301] Die dort genannten Ziele der Rechtsakte sind jedoch ersichtlich auf die dem Primärrecht zugehörigen genannten Gemeinwohlziele rückführbar bzw. werden vom Gerichtshof dar-

---

1297 Vgl. *Pauly*, EuR 1998, S. 256.

1298 Siehe soeben 4. Kapitel.B.I.1.a.

1299 Dies betont *Pauly*, EuR 1998, S. 255-256.

1300 Vgl. hierzu *Kingreen*, in: *Calliess / Ruffert* (Hrsg.), EUV/EGV, Art. 6 EUV, Rn. 95 m.w.N.

1301 Vgl. z.B. EuGH, Rs. C-306/93, SMW Winzersekt GmbH ./. Land Rheinland-Pfalz, Urt. v. 13.12.1994, Slg. 1994, S. I-5555 ff. (5582 / Rn. 25); *Kischel*, EuR 2000, S. 389 m.w.N.

aufhin überprüft.[1302] In dieser Hinsicht entspricht die gemeinschaftsspezifische Schranke folglich den Anforderungen, die an eine vergleichbare Schranke in einer mitgliedstaatlichen Verfassungsordnung gestellt werden.

Problematisch erscheint allerdings die sehr weite Fassung der vertraglich bestimmten Ziele der Gemeinschaft. Zusammen mit der eher weiten Auslegung dieser Zielbestimmungen führt dies zu einer bedenklich weiten und wenig bestimmten Einschränkbarkeit der Gemeinschaftsgrundrechte durch eine Art „allgemeinen Gemeinschaftsvorbehalt".[1303]

2. Schranken-Schranken

a. Der Grundsatz der Verhältnismäßigkeit

Der Grundsatz der Verhältnismäßigkeit dient im Gemeinschaftsrecht mehreren Zwecken. Als objektiver allgemeiner Grundsatz des Gemeinschaftsrechts mit Verfassungsrang[1304] ist er – unabhängig von der Betroffenheit grundrechtlicher Positionen – eine eigenständige Rechtmäßigkeitsvoraussetzung allen Gemeinschaftshandelns.[1305] Er ist überdies als Auslegungsgrundsatz bei der Interpretation des Gemeinschaftsrechts[1306] und des mitgliedstaat-

---

1302 Vgl. hierzu *Kischel*, EuR 2000, S. 389, 392/393 m.w.N.; *Mahlmann*, ZEuS 2000, S. 439.

1303 Dahingehend auch *Rengeling*, Grundrechtsschutz in der Europäischen Gemeinschaft, S. 216/217; *Peters*, Elemente einer Theorie der Verfassung Europas, S. 405/406; *Pauly*, EuR 1998, S. 256; *Mahlmann*, ZEuS 2000, S. 439. Zum Begriff „allgemeiner Gemeinschaftsvorbehalt" *Rengeling*, a.a.O., S. 215/216 m.w.N.; *Peters*, a.a.O., S. 405.

1304 Siehe zum Geltungsrang bereits oben 1. Kapitel.B.I, insb. bei Fn. 47, sowie *Pache*, NVwZ 1999, S. 1035.

1305 In diesem Sinne etwa EuGH, Rs. C-319/90, Pressler Weingut-Weingroßkellerei GmbH & Co. KG ./. Bundesamt für Ernährung und Forstwirtschaft, Urt. v. 21.01.1992, Slg. 1992, S. I-203 ff. (217 f. / Rn. 10); EuGH, Rs. C-426/93, Bundesrepublik Deutschland ./. Rat („Unternehmensregister"), Urt. v. 09.11.1995, Slg. 1995, S. I-3723 ff. (3755 f. / Rn. 42); *Pache*, NVwZ 1999, S. 1036 f. m.w.N. Als derartiger allgemeiner Rechtsgrundsatz kommt dem Verhältnismäßigkeitsprinzip trotz seiner Eigenständigkeit mangels einer primär individualschützenden Funktion kein grundrechtlicher oder grundrechtsähnlicher Charakter zu (so überzeugend *Pache*, NVwZ 1999, S. 1036 f.; a.A. *Schwarze*, Europäisches Verwaltungsrecht, Bd. II, S. 740 m.w.N.).

1306 Vgl. z.B. EuGH, Rs. C-62/90, Kommission ./. Bundesrepublik Deutschland („Deutsches Arzneimittelrecht"), Urt. v. 08.04.1992, Slg. 1992, S. I-2575 ff. (2609 / Rn. 23).

lichen Rechts im Anwendungsbereich des Gemeinschaftsrechts[1307] zu beachten.[1308] Besondere Bedeutung kommt dem Verhältnismäßigkeitsgrundsatz jedoch in seiner hier interessierenden Funktion einer Schranken-Schranke der gemeinschaftsrechtlichen Freiheitsrechte zu. Als Grenze der dargelegten weitgehenden Beschränkungsmöglichkeiten dieser Gemeinschaftsgrundrechte[1309] muss der Grundsatz Gemeinwohl- mit Individualinteressen zum Ausgleich bringen und dadurch sicherstellen, dass die Grundrechte ihrer individualschützenden Aufgabe gerecht werden können.[1310]

Der Gerichtshof hat den Grundsatz der Verhältnismäßigkeit bereits vor der Entwicklung von Gemeinschaftsgrundrechten[1311] als allgemeinen Rechtsgrundsatz anerkannt.[1312] Als Rechtserkenntnisquellen dienten ihm insbesondere einzelne Bestimmungen des EG-Vertrages und die Rechtsordnungen der Mitgliedstaaten.[1313] Der Grundatz kann als Ausfluss des gemeinschaftsrechtlichen Rechtsstaatsprinzips angesehen werden.[1314] Für den Anwendungs-

---

1307 Zur Reichweite der Bindung der Mitgliedstaaten an gemeinschaftsrechtliche allgemeine Rechtsgrundsätze siehe eingehend oben 3. Kapitel.C.II.1. Vgl. z.B. EuGH, Rs. 382/87, Buet und SARL Educational Business Services (EBS) ./. Ministère public, Urt. v. 16.05.1989, Slg. 1989, S. 1235 ff. (1251 / Rn. 11) (bei mitgliedstaatlichen Einschränkungen von Grundfreiheiten).

1308 Vgl. hierzu *Pache*, NVwZ 1999, S. 1036, 1037 m.w.N.; *Kokott*, AöR 121 (1996), S. 604/605.

1309 Siehe soeben 4. Kapitel.B.I.1.a, b.

1310 Vgl. zur Problematik *Kischel*, EuR 2000, S. 381; *Pache*, NVwZ 1999, S. 1037.

1311 Siehe hierzu, insbesondere zur in der Entscheidung im Fall Stauder (Fn. 44) im Jahre 1969 erstmals erfolgten Anerkennung von Grundrechten im Gemeinschaftsrecht durch den EuGH, bereits oben 1. Kapitel.B.I.

1312 Siehe bereits EuGH, Rs. 8/55, Fédération Charbonnière de Belgique ./. Hohe Behörde („Fédéchar"), Urt. v. 29.11.1956, Slg. 1955/1956, S. 297 ff. (311); EuGH, Verb. Rs. C-296/93 u. C-307/93, Französische Republik und Irland ./. Kommission, Urt. v. 29.02.1996, Slg. 1996, S. I-795 ff. (842 / Rn. 30 f.); vgl. hierzu *Pache*, NVwZ 1999, S. 1034; *Kischel*, EuR 2000, S. 382 mit zahlreichen Nachweisen zur Judikatur.

1313 Eingehend hierzu *Pache*, NVwZ 1999, S. 1034/1035 m.w.N.; die Herkunft nur aus den Verfassungsüberlieferungen der Mitgliedstaaten nimmt *Rengeling*, Grundrechtsschutz in der Europäischen Gemeinschaft, S. 212, 213, an; die Bedeutung des deutschen Rechts als Inspirationsquelle betont *Kischel*, EuR 2000, S. 382 m.w.N.

1314 *Pache*, NVwZ 1999, S. 1035 m.w.N.

bereich des Art. 5 Abs. 3 EG (n.F.) ist das Verhältnismäßigkeitsprinzip durch den Vertrag von Maastricht kodifiziert worden.[1315]

Die Anforderungen an einen verhältnismäßigen Grundrechtseingriff hat der Gerichtshof in seiner Judikatur wie folgt konkretisiert: Die betreffenden hoheitlichen Maßnahmen sind grundrechtskonform, „*wenn sie zur Erreichung der zulässigerweise mit der fraglichen Regelung verfolgten Ziele geeignet und erforderlich sind. Dabei ist, wenn mehrere geeignete Maßnahmen zur Auswahl stehen, die am wenigsten belastende zu wählen; ferner müssen die auferlegten Belastungen in angemessenem Verhältnis zu den angestrebten Zielen stehen*".[1316]

Der EuGH knüpft einen verhältnismäßigen Grundrechtseingriff damit an drei Voraussetzungen:[1317] Erstens muss der Eingriff als Mittel zur Verfolgung seines nach Maßgabe des Primärrechts legitimen Zwecks[1318] *geeignet* sein, d.h. mit der Maßnahme muss das verfolgte Ziel überhaupt erreicht werden können.[1319] Zweitens muss die Maßnahme *erforderlich* sein, d.h. sie darf nicht über das hinausgehen, was zur Erreichung des verfolgten Zwecks nötig ist. In diesem Rahmen prüft der Gerichtshof, ob das Eingriffsziel durch den Einsatz eines weniger in Grundrechte eingreifenden Mittels ebenso effektiv erreicht werden kann.[1320] Drittens muss die Grundrechtsbeeinträchtigung *angemessen* sein, was bedeutet, dass zwischen dem Nutzen der Maßnahme für die Allge-

---

1315 So die h.L., die sämtliche Teilelemente des Verhältnismäßigkeitsgrundsatzes in Art. 5 Abs. 3 EGV verankert sieht, vgl. *Calliess*, in: *Calliess / Ruffert* (Hrsg.), EUV/EGV, Art. 5 EGV, Rn. 45 f. m.w.N.; *Pache*, NVwZ 1999, S. 1035, 1038 m.w.N.

1316 So EuGH, Rs. 265/87, Schräder HS Kraftfutter GmbH & Co. KG ./. Hauptzollamt Gronau, Urt. v. 11.07.1989, Slg. 1989, S. 2237 ff. (2269 / Rn. 21); vgl. hierzu *Kingreen*, in: *Calliess / Ruffert* (Hrsg.), EUV/EGV, Art. 6 EUV, Rn. 73.

1317 Vgl. hierzu im Einzelnen *Kischel*, EuR 2000, S. 383/384; *Pache*, NVwZ 1999, S. 1036.

1318 Siehe zum Erfordernis der Zugehörigkeit der dem Gemeinwohl dienenden Ziele zum Primärrecht bereits oben 4. Kapitel.B.I.1.b.; vgl. i.ü. *Pauly*, EuR 1998, S. 259.

1319 Beispielhaft EuGH, Rs. C-331/88, The Queen ./. The Minister of Agriculture, Fisheries and Food u.a., ex parte Fedesa u.a., Urt. v. 13.11.1990, Slg. 1990, S. I-4023 ff. (4063 / Rn. 13-15); EuGH, Rs. 265/87, Schräder (Fn. 1316), S. 2269 / Rn. 21.

1320 Vgl. z.B. EuGH, Rs. C-331/88, Fedesa (Fn. 1319), S. 4063 f. / Rn. 13, 16; EuGH, Rs. C-183/95, Affish BV ./. Rijksdienst voor de keuring van Vee en Vlees, Urt. v. 17.07.1997, EuZW 1997, S. 730 ff. (732 f. / Rn. 30, 36, 38 ff.).

meinheit und der Einschränkung individueller Rechtspositionen durch diese abzuwägen und ein Ausgleich zu finden ist.[1321]

Das vom Gerichtshof entwickelte Verhältnismäßigkeitsprinzip entspricht sowohl in seinen drei Teilelementen als auch in deren inhaltlicher Ausgestaltung im Wesentlichen den im deutschen Recht mit diesem Prinzip verbundenen Anforderungen.[1322] Dies wird u.a. darauf zurückgeführt, dass der EuGH bei der Entwicklung des Grundsatzes der Verhältnismäßigkeit durch zahlreiche Vorlagen deutscher Gerichte mit dessen Ausformung im deutschen Recht vertraut war.[1323] Über die Eigenständigkeit des gemeinschaftsrechtlichen Grundsatzes darf dies jedoch nicht hinwegtäuschen. So ordnen die Gemeinschaftsgerichte z.B. die Einhaltung des Verhältnismäßigkeitsprinzips bei Grundrechtseingriffen zwar in der Regel der Untersuchung der jeweiligen Grundrechtsverletzung zu.[1324] Teils überprüfen sie dies hingegen als eigenständige Voraussetzung außerhalb der eigentlichen Untersuchung der Grundrechtsverletzung.[1325] Im Unterschied zur deutschen Dogmatik[1326] integrieren EuGH und EuG überdies den Grundsatz des Vertrau-

---

[1321] Siehe nur EuGH, Rs. 44/79, Hauer ./. Land Rheinland-Pfalz, Urt. v. 13.12.1979, Slg. 1979, S. 3727 ff. (3747 ff. / Rn. 23-30); EuGH, Rs. C-331/88, Fedesa (Fn. 1319), S. 4063 f. / Rn. 13, 17.

[1322] So auch *Kischel*, EuR 2000, S. 383/384; *Pache*, NVwZ 1999, S. 1035, 1036 m.w.N.; *Mahlmann*, ZEuS 2000, S. 439.

[1323] *Kischel*, EuR 2000, S. 382 m.w.N.

[1324] Siehe bereits die Schrankendefinition durch den EuGH oben 4. Kapitel.B.I m.w.N.; vgl. i.ü. z.B. EuGH, Rs. C-280/93, Bundesrepublik Deutschland ./. Rat, Urt. v. 05.10.1994, Slg. 1994, S. I-4973 ff. (5065 / Rn. 78); EuGH, Rs. C-306/93, SMW Winzersekt GmbH ./. Land Rheinland-Pfalz, Urt. v. 13.12.1994, Slg. 1994, S. I-5555 ff. (5581 / Rn. 22; 5582 f. / Rn. 24-27).

[1325] So z.B. EuGH, Rs. 265/87, Schräder HS Kraftfutter GmbH & Co. KG ./. Hauptzollamt Gronau, Urt. v. 11.07.1989, Slg. 1989, S. 2237 ff. (2269 / Rn. 21); EuGH, Rs. C-280/93, Bundesrepublik Deutschland ./. Rat („Bananenmarktordnung"), S. 5068 / Rn. 87 f., S. 5070 / Rn. 98; EuGH, Verb. Rs. C-248/95 u. C-249/95, SAM Schiffahrt GmbH und H. Stapf ./. Bundesrepublik Deutschland, Urt. v. 17.07.1997, Slg. 1997, S. I-4475 ff. (4509 ff. / Rn. 50 ff.; 4512 f. / Rn. 66 ff; 4513 f. / Rn. 71 ff.); EuGH, Rs. C-22/94, Irish Farmer Association u.a. ./. Minister for Agriculture, Food and Forestry u.a., Urt. v. 15.04.1997, EuZW 1997, S. 693 ff. (695 / Rn. 30 f.). Vgl. zur Problematik *Kingreen*, in: *Calliess / Ruffert* (Hrsg.), EUV/EGV, Art. 6 EUV, Rn. 73; *Kischel*, EuR 2000, S. 384 f., 391.

[1326] Vgl. nur BVerfG, Beschl. v. 01.07.1981, BVerfGE 58, 81 (120 f.); anders hingegen BVerfG, 1 BvR 820/79, Beschl. v. 10.05.1983, BVerfGE 64, 87 (103 f.); *Pieroth / Schlink*, Grundrechte, § 6 IV 4, Rn. 295a.

ensschutzes nicht in die Untersuchung der Verhältnismäßigkeit eines Grundrechtseingriffs. Sie würdigen ihn separat als eigenständigen allgemeinen Grundsatz des Gemeinschaftsrechts.[1327] Auffällige Unterschiede zeigen sich allerdings weniger bei den materiell-rechtlichen Anforderungen an das Verhältnismäßigkeitsprinzip, die insbesondere der deutschen Rechtslage im Wesentlichen entsprechen,[1328] als vielmehr bei der konkreten Anwendung des Prinzips durch die Gerichte der Gemeinschaft bzw. einzelner Mitgliedstaaten.[1329]

b. Die Wesensgehaltsgarantie

Nach den dargestellten einheitlichen Kriterien des EuGH für eine zulässige Beschränkung von Freiheitsrechten darf ein Grundrechtseingriff diese Rechte nicht in ihrem Wesensgehalt antasten.[1330] Neben dem Grundsatz der Verhältnismäßigkeit stellt der Gerichtshof hiernach eine weitere Schranken-Schranke für die Freiheitsrechte auf.[1331] Die Garantie der Achtung des Wesensgehalts der Grundrechte, der bei Grundrechtseingriffen stets unberührt bleiben muss, hat der Gerichtshof aus den Verfassungsüberlieferungen der Mitgliedstaaten entwickelt.[1332] Sie hat dort – ebenso wie die oben dargestellte Angemessenheitsprüfung im Rahmen des Verhältnismäßigkeitsprinzips – ins-

---

1327 Vgl. z.B. EuGH, Rs. C-177/90, Kühn ./. Landwirtschaftskammer Weser-Ems, Urt. v. 10.01.1992, Slg. 1992, S. I-35 ff. (62 / Rn. 13 bzw. 63 / Rn. 16); EuGH, Rs. 170/86, von Deetzen ./. Hauptzollamt Hamburg-Jonas, Urt. v. 28.04.1988, Slg. 1988, S. 2355 ff. (2372 f. / Rn. 10-16); kritisch hierzu *Kingreen*, in: *Calliess / Ruffert* (Hrsg.), EUV/EGV, Art. 6 EUV, Rn. 73, 10; vgl. i.ü. *Kischel*, EuR 2000, S. 384; *Huber*, EuZW 1997, S. 520.

1328 So auch *Kischel*, EuR 2000, S. 390; *Pache*, NVwZ 1999, S. 1036, 1038.

1329 Siehe hierzu noch unten 4. Kapitel.B.I.3.

1330 Siehe hierzu die Definition im 4. Kapitel.B.I, S. 294 einschließlich der Nachweise in Fn. 1268.

1331 So auch *Kingreen*, in: *Calliess / Ruffert* (Hrsg.), EUV/EGV, Art. 6 EUV, Rn. 76; *Mahlmann*, ZEuS 2000, S. 439.

1332 Vgl. hierzu *Rengeling*, Grundrechtsschutz in der Europäischen Gemeinschaft, S. 212, 214 f.; vom deutschen Recht (Art. 19 Abs. 2 GG) als Erkenntnisquelle geht *Huber*, EuZW 1997, S. 521, aus. Zur Wesensgehaltsgarantie in den alten und neuen Mitgliedstaaten vgl. die Nachweise bei *Weber*, NJW 2000, S. 543 (dort Fn. 85).

besondere in Ausnahmefällen als Garant für die Bereitstellung von Härteklauseln und Übergangsregelungen Bedeutung erlangt.[1333]

Bislang haben die Gemeinschaftsgerichte nicht näher präzisiert, was sie unter dem „Wesensgehalt" der Grundrechte verstehen.[1334] In Betracht kommt zum einen ein Verständnis des Wesensgehalts eines Grundrechts als ein vom Einzelfall unabhängiger, absolut geschützter Kernbereich jedes Grundrechts.[1335] Zum anderen kann der Wesensgehalt jedes Grundrechts im konkreten Fall jeweils durch eine Abwägung der betroffenen öffentlichen und privaten Interessen und damit relativ zu bestimmen sein. Der Wesensgehalt ist hiernach angetastet, wenn dem Grundrecht das größere Gewicht für die zu entscheidende Frage zukommt. Das relative Verständnis der Wesensgehaltsgarantie, nach dem im Ergebnis nur unverhältnismäßige Grundrechtseingriffe deren Wesensgehalt antasten, geht über das oben dargestellte Erfordernis der Angemessenheit einer Grundrechtsbeeinträchtigung im Rahmen des Verhältnismäßigkeitsgrundsatzes nicht hinaus.[1336]

Nach der überwiegend in der Literatur vertretenen Auffassung[1337] neigen EuGH und EuG dem relativen Verständnis der Wesensgehaltsgarantie zu, was seine knappen Ausführungen hierzu angesichts ihrer steten Bezugnahme auf den Einzelfall auch nahe legen.[1338] Die Wesensgehaltsgarantie hat damit

---

1333 Vgl. hierzu *Pauly*, EuR 1998, S. 260/261; vgl. auch EuGH, Rs. C-68/95, T. Port GmbH & Co. KG ./. Bundesanstalt für Landwirtschaft und Ernährung, Urt. v. 26.11.1996, Slg. 1996, S. I-6065 ff. (6097 ff. / Rn. 26 ff.).

1334 Darüber besteht in der Literatur ersichtlich Einigkeit, vgl. nur *Kingreen*, in: *Calliess / Ruffert* (Hrsg.), EUV/EGV, Art. 6 EUV, Rn. 76; *Rengeling*, Grundrechtsschutz in der Europäischen Gemeinschaft, S. 214; *Pieper*, in: *Bleckmann*, Europarecht, § 2, Rn. 122.

1335 Vgl. hierzu *Rengeling*, Grundrechtsschutz in der Europäischen Gemeinschaft, S. 214. In der deutschen Grundrechtslehre wird dieses Verständnis als „*Theorie vom absoluten Wesensgehalt*" bezeichnet, vgl. hierzu statt vieler *Pieroth / Schlink*, Grundrechte, § 6 IV 4 c, Rn. 300 m.w.N.

1336 Vgl. hierzu *Rengeling*, Grundrechtsschutz in der Europäischen Gemeinschaft, S. 214; *Pache*, NVwZ 1999, S. 1037. In der deutschen Grundrechtslehre wird dieser Ansatz „*Theorie vom relativen Wesensgehalt*" genannt, vgl. statt vieler *Pieroth / Schlink*, Grundrechte, § 6 IV 4 c, Rn. 299 m.w.N.

1337 *Rengeling*, Grundrechtsschutz in der Europäischen Gemeinschaft, S. 214; *Pieper*, in: *Bleckmann*, Europarecht, § 2, Rn. 122; *Pauly*, EuR 1998, S. 260; *Huber*, EuZW 1997, S. 521; vgl. i.ü. die Nachweise bei *Kingreen*, in: *Calliess / Ruffert* (Hrsg.), EUV/EGV, Art. 6 EUV, Rn. 76.

1338 Vgl. z.B. EuGH, Rs. 44/79, Hauer ./. Land Rheinland-Pfalz, Urt. v. 13.12.1979, Slg. 1979, S. 3727 ff. (3747 / Rn. 23; 3749 / Rn. 30); EuGH, Rs. 234/85, Keller,

trotz ihrer grundsätzlichen Unterscheidung vom Verhältnismäßigkeitsprinzip[1339] neben diesem bislang keine eigenständige Bedeutung als Schranken-Schranke der Gemeinschaftsgrundrechte erlangt.[1340]

c. Weitere Schranken-Schranken?

Nach den vom Gerichtshof entwickelten einheitlichen Kriterien für die Beschränkung von Freiheitsrechten der Gemeinschaft dürfen diese Beschränkungen keinen *„unverhältnismäßigen,* ***nicht tragbaren*** *Eingriff darstellen"* [Hervorhebung d. Verf.].[1341] Weder die Rechtsprechung der Gemeinschaftsgerichte noch die Literatur schreiben dem Erfordernis eines tragbaren Eingriffs neben dem Grundsatz der Verhältnismäßigkeit eine eigenständige Bedeutung als zusätzliche Schranken-Schranke der Gemeinschaftsgrundrechte zu. Vielmehr muss das Kriterium „nicht tragbar" hier als Synonym für „unverhältnismäßig" bzw. als Bezeichnung der Rechtsfolge eines unverhältnismäßigen Eingriffs (im Sinne von dessen Unzulässigkeit) verstanden werden.

Das zumindest im Rahmen des deutschen Verfassungsrechts als weitere Schranken-Schranke geltende Erfordernis der Klarheit und Bestimmtheit der grundrechtsbeschränkenden Rechtsakte (sog. Bestimmtheitsgrundsatz)[1342] er-

---

Urt. v. 08.10.1986, Slg. 1986, S. 2897 ff. (2912 / Rn. 9); EuGH, Rs. 265/87, Schräder (Fn. 1325), S. 2269 / Rn. 18; EuGH, Rs. C-177/90, Kühn (Fn. 1327), S. 64 / Rn. 17; EuGH, Rs. C-306/93, SMW Winzersekt (Fn. 1324), S. 5582 / Rn. 24.

1339 Vgl. nur die getrennte Prüfung der beiden Prinzipien z.B. in EuGH, Rs. 265/87, Schräder (Fn. 1325), S. 2269 / Rn. 18 bzw. 20; EuGH, Rs. C-306/93, SMW Winzersekt (Fn. 1324), S. 5582 / Rn. 24; teils werden die Prinzipien allerdings miteinander vermengt, vgl. hierzu *Rengeling*, Grundrechtsschutz in der Europäischen Gemeinschaft, S. 214/215.

1340 So auch *Kingreen*, in: *Calliess / Ruffert* (Hrsg.), EUV/EGV, Art. 6 EUV, Rn. 76; *Pauly*, EuR 1998, S. 261. Soweit ersichtlich, haben die Gerichte der Gemeinschaften bislang in keinem Fall eine unzulässige Beeinträchtigung des Wesensgehalts eines Grundrechts festgestellt, vgl. hierzu *Rengeling*, Grundrechtsschutz in der Europäischen Gemeinschaft, S. 214.

1341 Zur vollständigen Definition des Gerichtshofs siehe oben 4. Kapitel.B.I, S. 294 einschließlich der Nachweise in Fn. 1268.

1342 Vgl. zur Rechtslage im deutschen Verfassungsrecht *Pieroth / Schlink*, Grundrechte, § 6 IV 4 f, Rn. 278, 312 f. m.w.N.

kennen die Gemeinschaftsgerichte als eigenständigen allgemeinen Grundsatz des Gemeinschaftsrechts an.[1343]

3. Effektivität des Grundrechtsschutzes?

a. Kritik

Hinsichtlich der von EuGH und EuG an eine zulässige Beschränkung von Grundrechten gestellten materiell-rechtlichen Anforderungen ist man sich weitgehend einig, dass diese in ihrem dogmatischen Inhalt im Wesentlichen dem Schutzniveau ihrer Rechtserkenntnisquellen gleichkommen.[1344] Die Gemeinschaftsgerichte haben hingegen für die Art und Weise der Anwendung der von ihnen aufgestellten Anforderungen an eine Grundrechtseinschränkung auf den konkreten Fall nicht selten Kritik erfahren. Neben dem Vorwurf, die einzelnen Voraussetzungen einer zulässigen Grundrechtsbeeinträchtigung nicht vollständig zu untersuchen, sehen sich die Gerichte häufig mit dem Vorwurf einer insgesamt zu geringen Prüfungsdichte im Rahmen ihrer Entscheidungen über Grundrechtsverletzungen konfrontiert. Infolgedessen bezweifeln Teile der Lehre in unterschiedlicher Intensität die Gewährleistung eines effektiven Schutzes des Einzelnen vor Grundrechtsbeeinträchtigungen durch Gemeinschaftsrechtsakte.[1345] Sie sehen eine Lücke zwischen der grundsätzlichen Anerkennung einzelner Grundrechte durch EuGH und EuG und deren Durchsetzung in der Praxis.[1346]

Im Einzelnen erstreckt sich diese Kritik auf sämtliche Ebenen der Anwendung der Schranken und Schranken-Schranken der Freiheitsrechte. Im

---

1343 Vgl. z.B. EuGH, Rs. 169/80, Zollverwaltung ./. Société anonyme Gondrand Frères u.a., Urt. v. 09.07.1981, Slg. 1981, S. 1931 ff. (1942 / Rn. 17) („Grundsatz der Rechtssicherheit").

1344 Vgl. nur *Nettesheim*, EuZW 1995, S. 107 f.; *Beutler*, in: *von der Groeben / Schwarze* (Hrsg.), EU- / EGV, Bd. 1, Art. 6 EU, Rn. 72; *Pache*, EuR 2001, S. 488; sowie die Nachweise in Fn. 1328.

1345 Vgl. z.B. *Nettesheim*, EuZW 1995, S. 107; *Kenntner*, ZRP 2000, S. 424; hinsichtlich der Freiheitsrechte auch *Huber*, EuZW 1997, S. 520 f. m.w.N. Zahlreiche weitere Nachweise hierzu finden sich bei *Kischel*, EuR 2000, S. 380 (dort Fn. 2); *Winkler*, Beitritt der Europäischen Gemeinschaften zur EMRK, S. 27-29.

1346 So insbesondere *Huber*, EuZW 1997, S. 520; *Cirkel*, Die Bindungen der Mitgliedstaaten an die Gemeinschaftsgrundrechte, S. 44; in diese Richtung auch *Limbach*, in: *Gustav-Heinemann-Initiative* (Hrsg.), Wo bleiben die Grundrechte in Europa?, S. 80; sehr kritisch *Coppel / O'Neill*, CML Rev. (29) 1992, S. 682 f.

Bereich der Schranken unterschieden die Gerichte die Frage der zulässigen Grundrechtsbeschränkungen oftmals nicht ausdrücklich von der vorgelagerten Bestimmung des Schutzbereichs der Grundrechte. Dadurch könne die Reichweite der Grundrechte insgesamt verkannt werden.[1347]

Nach der gemeinschaftsspezifischen Schranke der Freiheitsrechte sei es zudem erforderlich, dass die vorgenommenen Grundrechtsbeschränkungen tatsächlich dem Gemeinwohl dienenden Zielen der Gemeinschaft entsprechen.[1348] Die danach überhaupt zulässigen Eingriffszwecke, die im Primärrecht verankert sein müssen,[1349] seien von EuGH und EuG jedoch zum Teil gar nicht ermittelt worden.[1350] Demzufolge nähmen sie auch keine eigenständige Interpretation der vertraglichen, dem Gemeinwohl dienenden Zielbestimmungen vor.[1351] Vielmehr legten die Gerichte die vom jeweiligen Gemeinschaftsorgan für den Eingriff geltend gemachten Gründe oft ohne Prüfung, ob diese bestimmten, vertraglich verankerten Gemeinwohlzielen tatsächlich entsprechen, zugrunde.[1352]

Im Bereich der Schranken-Schranken entzündet sich die Kritik von Teilen der Lehre insbesondere an der praktischen Handhabung des Grundsatzes der Verhältnismäßigkeit. Besonders bei den für die unternehmerische Betätigung zentralen wirtschaftsverfassungsrechtlichen Gewährleistungen sei eine sehr weitgehende Zurücknahme der gerichtlichen Kontrolldichte bei der Be-

---

1347 So *Rengeling*, Grundrechtsschutz in der Europäischen Gemeinschaft, S. 212/213 mit Hinweis auf EuGH, Verb. Rs. 63 u. 147/84, Finsider ./. Kommission, Urt. v. 19.09.1985, Slg. 1985, S. 2857 ff. (2882 / Rn. 24); *Pieper*, in: *Bleckmann*, Europarecht, § 2, Rn. 121; *Pache*, EuR 2001, S. 488; *v. Bogdandy*, JZ 2001, S. 167.

1348 Siehe hierzu oben 4. Kapitel.B.I.1.b.

1349 Siehe hierzu eingehend 4. Kapitel.B.I.1.b.

1350 So *Nettesheim*, EuZW 1995, S. 107; *Pauly*, EuR 1998, S. 258.

1351 So *Pauly*, EuR 1998, S. 256/257; dahingehend auch *Kenntner*, ZRP 2000, S. 424.

1352 *Nettesheim*, EuZW 1995, S. 107 (zu EuGH, Rs. C-280/93, Bundesrepublik Deutschland ./. Rat („Bananenmarktordnung“), Urt. v. 05.10.1994, Slg. 1994, S. I-4973 ff. sowie EuGH, Rs. C-306/93, SMW Winzersekt GmbH ./. Land Rheinland-Pfalz, Urt. v. 13.12.1994, Slg. 1994, S. I-5555 ff.); *Pauly*, EuR 1998, S. 257 f.; *Ritgen*, ZRP 2000, S. 372; *Streinz*, Europarecht, § 5 I 2, Rn. 366a mit Hinweis z.B. auf die soeben genannte Entscheidung im Fall „SMW Winzersekt“, der hier einen Widerspruch zur intensiven Prüfdichte bei grundfreiheitenbeschränkenden Maßnahmen der Mitgliedstaaten sieht.

urteilung einer möglichen Grundrechtsverletzung zu verzeichnen.[1353] Die Gemeinschaftsgerichte räumten den übrigen Gemeinschaftsorganen bei der Bewertung aller drei Teilvoraussetzungen einer verhältnismäßigen Maßnahme sehr weitgehende Beurteilungsspielräume – bzw. nach der Terminologie der Gerichte ein weites „Ermessen“[1354] – ein. Sie wiesen dabei auf die funktionell-rechtlichen Grenzen der Rechtsprechung im Verhältnis zu den anderen Gemeinschaftsorganen hin.[1355]

So beschränkten sie sich nicht selten auf die Kontrolle der Geeignetheit der grundrechtsbeeinträchtigenden Maßnahme zur Zielerreichung und hielten es in diesem Rahmen bereits für ausreichend, wenn die Maßnahme dafür nicht „offensichtlich ungeeignet“ war. Eine eigenständige Erforderlichkeits- und Angemessenheitsprüfung erfolgte daneben zumindest nach dem Wortlaut der Entscheidungen oft nicht.[1356] Werde eine Angemessenheitsprüfung vorgenommen, so ein weiterer Kritikpunkt, leide diese häufig an einem Abwägungsdefizit. Dieses ergebe sich daraus, dass die Gerichte den nicht ausreichend bestimmten und gewichteten (beeinträchtigten) Schutzgütern bzw. Interessen des Einzelnen unbesehen die vom jeweiligen Gemeinschaftsorgan für eine grundrechtsbeeinträchtigende Maßnahme angegebenen Gemeinwohlziele gegenüberstellten.[1357]

1353 Hierüber herrscht weitgehend Einigkeit, vgl. statt vieler *Kingreen*, in: *Calliess / Ruffert* (Hrsg.), EUV/EGV, Art. 6 EUV, Rn. 74; *Pache*, NVwZ 1999, S. 1039; *Calliess*, EuZW 2001, S. 262; *Calliess*, in: *Ehlers* (Hrsg.), Europäische Grundrechte und Grundfreiheiten, § 19 I, Rn. 1.

1354 Die Gemeinschaftsgerichte differenzieren im Gegensatz zum deutschen Recht nicht zwischen Beurteilungsspielräumen hinsichtlich des Vorliegens der tatbestandlichen Voraussetzungen einer Rechtsnorm und Ermessen hinsichtlich des konkreten Handelns bei der Ausgestaltung der Rechtsfolge, vgl. hierzu *Pache*, NVwZ 1999, S. 1039 (dort Fn. 101) m.w.N.

1355 Dies ist weitgehend unstreitig, siehe selbst EuGH, Rs. C-280/93, Bundesrepublik Deutschland ./. Rat („Bananenmarktordnung“) (Fn. 1352), S. 5068 ff. / Rn. 88-97. Vgl. i.ü. *Kingreen*, in: *Calliess / Ruffert* (Hrsg.), EUV/EGV, Art. 6 EUV, Rn. 74; *Nettesheim*, EuZW 1995, S. 107; *Pauly*, EuR 1998, S. 259; *Pache*, NVwZ 1999, S. 1039; *Kenntner*, ZRP 2000, S. 424; *Kischel*, EuR 2000, S. 386 f.

1356 Vgl. hierzu *Kingreen*, in: *Calliess / Ruffert* (Hrsg.), EUV/EGV, Art. 6 EUV, Rn. 74; *Calliess*, EuZW 2001, S. 262, jeweils mit Hinweis auf EuGH, Rs. C-280/93, Bundesrepublik Deutschland ./. Rat („Bananenmarktordnung“) (Fn. 1352); *Calliess*, in: *Ehlers* (Hrsg.), Europäische Grundrechte und Grundfreiheiten, § 19 I, Rn. 1.

1357 So z.B. *Nettesheim*, EuZW 1995, S. 106/107; *Huber*, EuZW 1997, S. 521; *Ritgen*, ZRP 2000, S. 372, 374, jeweils mit Hinweis u.a. auf EuGH, Rs. C-280/93, Bundesre-

Hinsichtlich der weiteren von EuGH und EuG aufgestellten Schranken-Schranke, der Wesensgehaltsgarantie, wird schließlich vorgetragen, dass es dieser insgesamt an einer inhaltlichen Ausgestaltung bzw. Präzisierung fehle und ihre Bedeutung für den gemeinschaftsrechtlichen Grundrechtsschutz daher unklar bleibe.[1358]

b. Stellungnahme

Der Vorwurf, EuGH und EuG untersuchten die Anforderungen an eine zulässige Grundrechtseinschränkung teils unvollständig, teils oberflächlich, muss zunächst mit Blick auf den allgemeinen Stil dieser Gerichte bei der Abfassung ihrer Entscheidungen in Frage gestellt werden. In diesen beschränken sich die Gemeinschaftsgerichte regelmäßig auf die Darstellung der aus ihrer Sicht fallentscheidenden oder von den Parteien besonders betonten Gesichtspunkte. Hieraus kann jedenfalls nicht automatisch geschlossen werden, dass sie andere Aspekte nicht bedacht und bei der Entscheidungsfindung berücksichtigt haben.[1359]

Auch kann ein fehlender effektiver Grundrechtsschutz der Gemeinschaftsgerichte keinesfalls durchgängig nachgewiesen werden. Gerade im Bereich des Schutzes von Gleichheitsrechten attestieren viele dem EuGH wie auch dem EuG ein hohes Schutzniveau.[1360] Im Bereich der Freiheitsrechte konzentriert sich die Kritik im Wesentlichen auf einzelne Entscheidungen zu den Garantien von Eigentum und Berufsfreiheit.[1361]

---

publik Deutschland ./. Rat („Bananenmarktordnung") (Fn. 1352); *Pieper*, in: *Bleckmann*, Europarecht, § 2, Rn. 121; i.E. auch *Rengeling*, Grundrechtsschutz in der Europäischen Gemeinschaft, S. 215; *Pache*, NVwZ 1999, S. 1040; *ders.*, EuR 2001, S. 488.

1358 So z.B. *Huber*, EuZW 1997, S. 521; siehe zur Problematik der Definition der Wesensgehaltsgarantie im Gemeinschaftsrecht bereits oben 4. Kapitel.B.I.2.b.

1359 Eingehend hierzu *Kischel*, EuR 2000, S. 396 f. m.w.N.; *Beutler*, in: *von der Groeben / Schwarze* (Hrsg.), EU- / EGV, Bd. 1, Art. 6 EU, Rn. 72; *Pernice*, in: *Dreier* (Hrsg.), GG, Bd. 2, Art. 23, Rn. 79 m.w.N.

1360 So auch *Huber*, EuZW 1997, S. 520 m.w.N.; *Zuleeg*, EuGRZ 2000, S. 512; *v. Bogdandy*, JZ 2001, S. 163/164.

1361 So auch *Kingreen*, in: *Calliess / Ruffert* (Hrsg.), EUV/EGV, Art. 6 EUV, Rn. 75; *Pernice*, in: *Dreier* (Hrsg.), GG, Bd. 2, Art. 23, Rn. 79; *Kischel*, EuR 2000, S. 395/396; *v. Bogdandy*, JZ 2001, S. 164. Zu den regelmäßig kritisierten Entscheidungen des EuGH gehören neben denjenigen in Rs. C-280/93, Bundesrepublik Deutschland ./. Rat („Bananenmarktordnung") (Fn. 1352) und in Rs. C-306/93, SMW Winzersekt (siehe Fn. 1352) auch das Urteil in der Rs. 265/87, Schräder (Fn. 1316).

Tatsächlich räumen die Gemeinschaftsgerichte den anderen Gemeinschaftsorganen bei der Beurteilung der Verhältnismäßigkeit von Grundrechtsbeeinträchtigungen der beiden wirtschaftsverfassungsrechtlichen Garantien Eigentums- und Berufsfreiheit einen sehr weiten Spielraum ein.[1362] So haben sie ersichtlich bislang keine Maßnahme der Gemeinschaft wegen Verstoßes gegen eines dieser Grundrechte für nichtig erklärt.[1363] Dies lässt sich auf die generelle Anerkennung weiter Beurteilungs- und Ermessensspielräume im Gemeinschaftsrecht insgesamt, und im Wirtschaftsverwaltungsrecht im Besonderen zurückführen.[1364] Hieraus kann nicht allgemein auf eine fehlende Respektierung speziell grundrechtlicher Gewährleistungen geschlossen werden. Auch das deutsche Bundesverfassungsgericht beispielsweise räumt besonders der Legislative, der die Gemeinschaftsorgane bei ihrem auf Grundrechtskonformität überprüften Verhalten meist zuzuordnen waren, auf dem Gebiet der Wirtschaftsordnung eine weitgehende Einschätzungs- und Prognoseprärogative ein.[1365]

In der deutschen Rechtslehre wird schließlich die Rechtsprechung von EuGH und EuG meist ausdrücklich oder implizit mit dem deutschen Verfassungsrecht in seiner Ausprägung durch die Rechtsprechung des Bundesverfassungsgerichts verglichen.[1366] Dies darf jedoch nicht den Blick auf die Eigenständigkeit des unter anderem aus den gemeinsamen Verfassungsüberlieferungen *aller* Mitgliedstaaten entwickelten gemeinschaftsrechtlichen Grundrechtsschutzes und dessen spezifisch gemeinschaftsrechtlichen Kontrollmechanismen verstellen.[1367] Zwar liegt genannter Vergleich aus deutscher Sicht nicht nur im Hinblick auf Art. 23 Abs. 1 S. 1 GG nahe, der einen dem Grundgesetz im Wesentlichen vergleichbaren Grundrechtsschutz

1362 Hierüber herrscht i.w. Einigkeit, siehe die Nachweise in Fn. 1355.

1363 Dies bestätigen *Kingreen*, in: *Calliess / Ruffert* (Hrsg.), EUV/EGV, Art. 6 EUV, Rn. 74, *Ritgen*, ZRP 2000, S. 372, sowie *Zuleeg*, EuGRZ 2000, S. 512, der auf die fehlende Aussagekraft dieser Feststellung für den Nachweis eines mangelhaften Grundrechtsschutzes verweist.

1364 *Pache*, NVwZ 1999, S. 1040; *Kischel*, EuR 2000, S. 388.

1365 Vgl. hierzu *Pache*, NVwZ 1999, S. 1040; *Kischel*, EuR 2000, S. 391 f.; *Zuleeg*, EuGRZ 2000, S. 512 mit zahlreichen Nachweisen; *v. Bogdandy*, JZ 2001, S. 164.

1366 Siehe hierzu *Kischel*, EuR 2000, S. 380.

1367 Dahingehend auch *Borchardt*, in: Der Europäische Gerichtshof, aktualisierter Auszug aus *Lenz* (Hrsg.), EG-Kommentar, Art. 220, Rn. 37; *Streinz*, Europarecht, § 5 I 2, Rn. 364.

in der Europäischen Union gerade fordert.[1368] Er drängt sich angesichts der großen Übereinstimmung der im Gemeinschaftsrecht verwendeten Begriffe und deren Definition bzw. Verständnis mit der deutschen Grundrechtsdogmatik im Bereich der Einschänkung von Grundrechten geradezu auf.[1369]

Die Anwendung der Grundrechte durch die Gemeinschaftsgerichte in der Praxis zeigt jedoch, dass sie die funktionell-rechtlichen Grenzen ihrer Rechtsprechungsgewalt im Verhältnis zur gemeinschaftlichen Legislative und Exekutive enger ziehen als dies die Judikative im Mitgliedstaat Deutschland tut.[1370] Das gemeinschaftsrechtliche Verständnis der Gewaltenteilung wird in dieser Hinsicht teils mit demjenigen des französischen Rechtssystems, das eine ähnlich weitgehende richterliche Zurückhaltung bei der Kontrolle von Akten der Legislative und Exekutive kenne, verglichen.[1371] Eine traditionell besonders starke Beschränkung der Zuständigkeit der Gerichte bei der Feststellung von Grundrechtsverletzungen durch andere Organe ist überdies dem englischen Rechtssystem eigen.[1372]

Die Zurückhaltung der Gemeinschaftsgerichte bei der Kontrolle der Achtung der Grundrechte hat in Bereichen, in denen vielfach auf der Grundlage komplexer, im Einzelnen ungewisser Sachverhalte Wertungen und Prognosen zu treffen sind, zu denen Kommission und Rat funktionell besser qualifiziert sind, durchaus positive Aspekte.[1373] Eine zu hohe grundrechtliche Kontrolldichte kann gerade hier zu einem Umfang an inhaltlichen Vorgaben der Judikative für den politischen Prozess führen, durch den dieser eine übermäßig bestimmende Position bei der Steuerung dieses Prozesses er-

---

1368 Dies betont auch *Kischel*, EuR 2000, S. 382.

1369 Vgl. hierzu auch *Zuleeg*, EuGRZ 2000, S. 512; *Borchardt*, in: Der Europäische Gerichtshof, aktualisierter Auszug aus *Lenz* (Hrsg.), EG-Kommentar, Art. 220, Rn. 37.

1370 So auch *Pache*, NVwZ 1999, S. 1040; *v. Bogdandy*, JZ 2001, S. 165; a.A. *Kingreen*, in: *Calliess / Ruffert* (Hrsg.), EUV/EGV, Art. 6 EUV, Rn. 75. Kritisch zu einer begrenzt verstandenen gewaltenteilend-grundrechtswahrenden Funktion des EuGH *Nettesheim*, EuZW 1995, S. 107.

1371 Vgl. hierzu *Pache*, NVwZ 1999, S. 1040.

1372 Dazu *Baum*, EuGRZ 2000, S. 286-302.

1373 Dahingehend auch *Pache*, NVwZ 1999, S. 1040; *Pauly*, EuR 1998, S. 259 mit Hinweis auf Art. 33 Abs. 1 S. 2 EGKS; *v. Bogdandy*, JZ 2001, S. 165; *Kingreen*, in: *Calliess / Ruffert* (Hrsg.), EUV/EGV, Art. 6 EUV, Rn. 75. Positiv zur Zurückhaltung des Gerichtshofs bei der Schaffung richterrechtlicher Anspüche im Fällen von durch Grundrechtseingriffe verursachten besonderen Härten im Einzelfall *Nettesheim*, EuZW 1995, S. 107.

wächst.[1374] Nichtsdestotrotz kommt EuGH und EuG beim Schutz von Grundrechten funktionell die zentrale Rolle zu,[1375] zumal da die in mitgliedstaatlichen Rechtsordnungen entgegnete Hinweise auf die höhere demokratische Legitimation von Legislative (und Exekutive) im Gemeinschaftsrecht nicht in gleichem Maße greifen.[1376] Die Gemeinschaftsgerichte gewährleisten unter Berücksichtigung dieser Erwägungen insgesamt einen wirksamen Grundrechtsschutz.[1377] Dies bedeutet freilich nicht, dass nicht in einzelnen Fällen eine stärkere Durchsetzung der Grundrechte gegenüber dem Gemeinschaftsinteresse sowie insgesamt eine eingehendere Begründung der Entscheidungen in diesem Bereich wünschenswert wäre.[1378] Teils erhofft man sich jedoch gerade von der Schaffung eines geschriebenen Grundrechtskatalogs und insbesondere von der Formulierung präziser Grundrechtsschranken eine Anhebung des grundrechtlichen Schutzniveaus in der Union.[1379]

1374 Eingehend hierzu *v. Bogdandy*, JZ 2001, S. 165 ff.

1375 Dahingehend auch *Nettesheim*, EuZW 1995, S. 107.

1376 Zur Qualität demokratischer Legitimation im Gemeinschaftsrecht siehe noch unten 4. Kapitel.B.II.2.a(3)(a), insb. bei Fn. 1448-1450; vgl. dazu auch *Pauly*, EuR 1998, S. 246-248, 261/262.

1377 Dies erkennt auch das BVerfG an, vgl. nur 2 BvR 197/83, Beschl. v. 22.10.1986, BVerfGE 73, 339 (376 f., 378 ff.) („Solange II") in Abkehr von BVerfG, 2 BvL 52/71, Beschl. v. 29.05.1974, BVerfGE 37, 271 (285) („Solange I"); BVerfG, 2 BvL 1/97, Beschl. v. 07.06.2000, EuGRZ 2000, S. 328 (332 f.) („Bananenmarktordnung") im Gegensatz zu BVerfG, 2 BvR 2134, 2159/92, Urt. v. 12.10.1993, BVerfGE 89, 155 (174 f.) („Maastricht"). Gleichermaßen hat der EGMR dem EuGH jüngst bescheinigt, einen dem Schutz durch die EMRK äquivalenten Grundrechtsschutz zu gewährleisten, vgl. Beschw. Nr. 45036/98, Bosphorus Hava Yollari Turizm ve Ticaret AS ./. Irland, Urt. v. 30.06.2005, Ziff. 159-165. So außerdem *Pernice*, in: *Dreier* (Hrsg.), GG, Bd. 2, Art. 23, Rn. 79; *Zuleeg*, EuGRZ 2000, S. 512; *Beutler*, in: *von der Groeben / Schwarze* (Hrsg.), EU- / EGV, Bd. 1, Art. 6 EU, Rn. 72; *v. Bogdandy*, JZ 2001, S. 164.

1378 In diese Richtung auch *Beutler*, in: *von der Groeben / Schwarze* (Hrsg.), EU- / EGV, Bd. 1, Art. 6 EU, Rn. 72; zu letzterem Aspekt siehe auch *Kischel*, EuR 2000, S. 401.

1379 Vgl. z.B. *Ritgen*, ZRP 2000, S. 372/373; *Pache*, EuR 2001, S. 488; *v. Bogdandy*, JZ 2001, S. 167; für die Effektivität des Grundrechtsschutzes nicht für erforderlich hält dies hingegen *Pernice*, in: *Dreier* (Hrsg.), GG, Bd. 2, Art. 23, Rn. 79.

II. Die allgemeine (horizontale) Schrankenregelung (Art. 52 Abs. 1 EGRC)

1. Hintergründe der Schaffung einer horizontalen Schrankenbestimmung

Die Regelung der zulässigen Einschränkungen der Charta-Grundrechte gehört zu den im Konvent lange kontrovers diskutierten Themenbereichen. Ein Teil der Konventsmitglieder befürwortete spezielle (vertikale) Schrankenbestimmungen, die für jedes Grundrecht gesondert zugeschnittene Beschränkungsvoraussetzungen niederlegen. Sie versprachen sich von derartigen grundrechtsspezifischen und damit präziseren Schrankenregelungen nach dem Vorbild der EMRK einen intensiveren Grundrechtsschutz.[1380]

Die Mehrzahl der Konventsmitglieder sprach sich hingegen für die Aufnahme einer allgemeinen (horizontalen) Schrankenregelung aus, die für alle Charta-Rechte gleichermaßen die Bedingungen für ihre Einschränkung festlegt. Im Hinblick auf das Ziel des Konvents, einen konzisen, leicht lesbaren Grundrechtskatalog zu entwerfen, sollten keine langen Schrankenbestimmungen wie diejenigen der EMRK in den Charta-Text integriert werden.[1381] Auch hätte die Heterogenität der speziellen Schrankenregelungen in zahlreichen mitgliedstaatlichen Verfassungen[1382] und der EMRK als Rechtserkenntnisquellen der Gemeinschaftsgrundrechte die Entwicklung grundrechtsspezifischer Schranken für die Charta-Rechte nicht unwesentlich erschwert.[1383] Nicht zuletzt hat der EuGH für die Freiheitsrechte der Gemeinschaft ebenfalls lediglich allgemeine Einschränkungsvoraussetzungen entwickelt.[1384] Ein

---

[1380] Vgl. zur Diskussion im Konvent *Bernsdorff / Borowsky* (Hrsg.), Charta der Grundrechte der EU, S. 137 ff. (Sitzung vom 24./25.02.2000), sowie *Vitorino*, RTDE 2001, S. 47.

[1381] Vgl. hierzu auch *Kenntner*, ZRP 2000, S. 424; *Vitorino*, RTDE 2001, S. 47; *Pache*, EuR 2001, S. 488/489; *Philippi*, Charta der Grundrechte, S. 40/41; *Calliess*, in: *Ehlers* (Hrsg.), Europäische Grundrechte und Grundfreiheiten, § 19 II 2, Rn. 14.

[1382] Vgl. hierzu bereits *Starck*, EuGRZ 1981, S. 549, 550.

[1383] So *Weber*, GYIL 43 (2000), S. 113/114.

[1384] Dies betont auch *Schwarze*, EuZW 2001, S. 521; *Schwarze*, in: *Schwarze* (Hrsg.), Wirtschaftsverfassungsrechtliche Garantien im Binnenmarkt, S. 111/112. Siehe hierzu eingehend oben 4. Kapitel.B.I.1.

wie auch immer geartetes Unterschreiten des Schutzniveaus der EMRK sollte mit einer allgemeinen Schrankenbestimmung nicht verbunden sein.[1385]

Der Konvent einigte sich schließlich auf die von der Mehrzahl der Konventsmitglieder favorisierte, in Art. 52 Abs. 1 EGRC niedergelegte horizontale Schrankenregelung.[1386] Nur für einzelne Grundrechte hat er die Geltung spezieller Schrankenbestimmungen angeordnet.[1387] Auffällig ist, dass der Konvent die Frage der Einschränkung der Charta-Rechte von Anfang an als sog. Querschnittsfrage, die alle Grundrechte in gleicher Weise betrifft, behandelt, und nicht im Rahmen der einzelnen Gewährleistungen thematisiert hat.[1388] Die vom Präsidium den Konventsmitgliedern als Diskussionsgrundlage vorgelegten Dokumente enthielten von Anfang an den Vorschlag einer allgemeinen Schrankenbestimmung, von der sie bei steter Fortentwicklung ihres Wortlauts soweit ersichtlich zu keinem Zeitpunkt abkamen.[1389] Dies

---

1385 Zur Diskussion im Konvent *Bernsdorff / Borowsky* (Hrsg.), Charta der Grundrechte der EU, S. 137 ff. (Sitzung vom 24./25.02.2000). Vgl. i.ü. *Vitorino*, RTDE 2001, S. 47; *Lemmens*, 8 MJ 1 (2001), S. 50/51, der allerdings fälschlicherweise davon ausgeht, auch das deutsche Grundgesetz enthalte lediglich eine allgemeine Schrankenbestimmung.

1386 Vgl. auch *Grabenwarter*, DVBl. 2001, S. 2; *Calliess*, EuZW 2001, S. 264.

1387 Siehe hierzu *Vitorino*, RTDE 2001, S. 47, sowie unten 4. Kapitel.C.

1388 Vgl. bereits den vom Sekretariat auf Ersuchen des Präsidiums angefertigten Problemaufriß zu den „Querschnittsfragen", Dok. CHARTE 4111/00 BODY 3 v. 20.01.2000, S. 1, 5, sowie die vom Präsidium vorgelegten "Lösungsbeispiele für einige Querschnittsfragen", Dok. CHARTE 4123/1/00 REV 1 CONVENT 5 v. 15.02.2000, S. 1, 10/11.

1389 Siehe bereits den Hinweis auf eine mögliche Anlehnung der Schrankenregelung der Charta an die – allgemeine – Einschränkungsbestimmung in Teil V, Artikel G der (revidierten) Europäischen Sozialcharta in Dok. CHARTE 4111/00 BODY 3 v. 20.01.2000, S. 5; vgl. i.ü. die Fortentwicklung der Formulierungvorschläge für eine allgemeine Schrankenbestimmung in Dok. CHARTE 4123/1/00 REV 1 CONVENT 5 v. 15.02.2000, S. 10/11; Dok. CHARTE 4149/00 CONVENT 13 v. 08.03.2000, S. 18; Dok. CHARTE 4235/00 CONVENT 27 v. 18.04.2000, S. 2/3; Dok. CHARTE 4316/00 CONVENT 34 v. 16.05.2000, S. 10-11; Dok. CHARTE SN/3340/00 v. 29.06.2000, S. 2; Dok. CHARTE 4383/00 CONVENT 41 v. 03.07.2000, S. 25-26; Dok. CHARTE 4422/00 CONVENT 45 v. 28.07.2000, S. 16; Dok. CHARTE 4423/00 CONVENT 46 v. 31.07.2000, S. 35-36; Dok. CHARTE 4470/00 CONVENT 47 v. 14.09.2000, S. 17; Dok. CHARTE 4470/1/00 REV 1 CONVENT 47 v. 21.09.2000, S. 21-22; sowie in der Endfassung Dok. CHARTE 4487/00 CONVENT 50 v. 28.09.2000, EuGRZ 2000, S. 558. Vgl. zur Problematik *Groppi*, in: *Bilfulco / Cartabia / Celotto* (Hrsg.), Commento alla Carta dei diritti fondamentali dell'Unione Europea, Art. 52, S. 352; zur Entwicklung der

dürfte gerade auch wegen des großen Zeitdrucks, unter dem der Konvent die Charta verfasst hat,[1390] die Aufnahme einer horizontalen Schrankenbestimmung befördert haben.

Der Konvent entschied sich, die horizontale Schrankenbestimmung im Rahmen des Kapitels VII (Allgemeine Bestimmungen) an das Ende des Charta-Textes zu stellen. Eine Verortung der Schrankenbestimmung am Anfang des Textes hätte nach Ansicht einiger Konventsmitglieder zwar den Vorteil gehabt, die Grundrechtsträger von Beginn an über die zulässigen Einschränkungen der folgenden Rechte in Kenntnis zu setzen.[1391] Allerdings wäre von der Stellung der Bestimmungen über die Einschränkbarkeit der garantierten Rechte am Textanfang ein allzu negatives Signal hinsichtlich des Bekenntnisses zum Grundrechtsschutz ausgegangen.[1392]

Besonders in der deutschen Rechtslehre gehört Art. 52 Abs. 1 der Grundrechtecharta zu deren am häufigsten kritisierten Bestimmungen.[1393]

2. Die Schrankenbestimmungen des Art. 52 Abs. 1 EGRC im Einzelnen

Artikel 52 Abs. 1 der Charta stellt für eine zulässige Einschränkung der in dieser garantierten Rechte folgende Voraussetzungen auf: Die Einschränkung muss gesetzlich vorgesehen sein und den Wesensgehalt der Charta-Rechte achten (Art. 52 Abs. 1 S. 1 EGRC). Sie muss notwendig sein und den von der Union anerkannten, dem Gemeinwohl dienenden Zielsetzungen oder den Erfordernissen des Schutzes der Rechte anderer tatsächlich entsprechen (Art. 52 Abs. 1 S. 2 EGRC). Bei Grundrechtsbeschränkungen muss schließlich der Grundsatz der Verhältnismäßigkeit gewahrt werden (Art. 52 Abs. 1 S. 2 EGRC).

Schrankenbestimmung des Art. 52 EGRC eingehend *Lemmens*, 8 MJ 1 (2001), S. 50-55.

1390 Siehe hierzu bereits oben 2. Kapitel.A.IV.3.a, insb. bei Fn. 400, und 2. Kapitel.A.IV.3.c, insb. bei Fn. 443.

1391 So z.B. *Tarschys*, *Griffiths*, in: *Bernsdorff* / *Borowsky* (Hrsg.), Charta der Grundrechte der EU, S. 303 (Sitzung vom 28.-30.06.2000).

1392 Dahingehend etwa *Braibant*, *Leinen*, *Lalumière*, in: *Bernsdorff* / *Borowsky* (Hrsg.) (Fn. 1391), S. 303. Vgl. zu Ganzen *Vitorino*, RTDE 2001, S. 48/49.

1393 Vgl. z.B. *Mahrenholz*, JöR 49 (2001), S. 27-28; *Pache*, EuR 2001, S. 489 m.w.N.; siehe hierzu noch eingehend unten 4. Kapitel.E.II.

Im Folgenden sollen, parallel zur Darstellung der in der Rechtsprechung der Gemeinschaftsgerichte entwickelten Voraussetzungen von Grundrechtseinschränkungen, zunächst die einzelnen Schrankenregelungen des Art. 52 Abs. 1 EGRC analysiert werden. Hierbei bedürfen neben Inhalt und Reichweite des Gesetzesvorbehalts (a.) und der gemeinschaftsspezifischen Schranke (b.) insbesondere die Fragen der Klärung, ob Art. 52 Abs. 1 EGRC weitere allgemeine Schrankenbestimmungen trifft (c.). Sodann sollen die Schranken-Schranken, d.h. die Verhältnismäßigkeit (III.1.), die Notwendigkeit (III.2.) und die Wesensgehaltsgarantie (III.3.) thematisiert werden.

a. Der Gesetzesvorbehalt

Mit der Bestimmung, dass jede Einschränkung der Charta-Rechte „gesetzlich vorgesehen" sein muss, ordnet Art. 52 Abs. 1 S. 1 EGRC einen einfachen Gesetzesvorbehalt[1394] an. Der Gesetzesvorbehalt entstammt den gemeinsamen Verfassungsüberlieferungen der Mitgliedstaaten und der EMRK als maßgeblichen Rechtserkenntnisquellen der Gemeinschaftsgrundrechte, die ihn in unterschiedlicher Ausprägung als Schranke der Freiheitsrechte anerkennen. Er hatte als Schranke des Gemeinschaftsgrundrechts der allgemeinen Handlungsfreiheit bereits Eingang in die Rechtsprechung von EuGH und EuG gefunden.[1395]

Entgegen einem früheren Artikelentwurf, der Einschränkungen „aufgrund einer Rechtsvorschrift (...), die keine Durchführungsvorschrift darstellt",[1396] zulassen wollte, bleibt in Art. 52 Abs. 1 S. 1 EGRC offen, welche gemeinschaftlichen Rechtsakte der Anforderung einer „gesetzlich vorgesehenen" Grundrechtsbeschränkung gerecht werden. Im Gegensatz zum mitgliedstaatlichen Recht, das unter dem Begriff „Gesetz" eine Rechtsnorm, die bestimmten formellen und / oder materiellen Anforderungen genügt, versteht, kennen die Gemeinschaftsverträge bislang ein „Gesetz" als Rechtsnorm und

---

1394 Zum Begriff des einfachen Gesetzesvorbehaltes, der für Grundrechtseingriffe lediglich verlangt, dass sie durch oder aufgrund eines Gesetzes erfolgen, ohne an das eingreifende Gesetz besondere Anforderungen zu stellen, vgl. *Pieroth / Schlink*, Grundrechte, § 6 IV 1 a, Rn. 253 f.; *Quasdorf*, Dogmatik der Grundrechte der EU, S. 194.

1395 Siehe hierzu bereits oben 4. Kapitel.B.I.1.a.

1396 So Artikel Y in Dok. CHARTE 4123/1/00 REV 1 CONVENT 5 v. 15.02.2000, S. 10. Die in Fn. 1389 aufgelisteten nachfolgenden Dokumente sehen hingegen sämtlich mit unterschiedlichen Formulierungen einen einfachen Gesetzesvorbehalt vor.

Handlungsform des Gemeinschaftsgesetzgebers nicht.[1397] Insbesondere sieht Artikel 249 EG als Rechtsakte, die von den Gemeinschaftsorganen erlassen werden können, nur Verordnungen, Richtlinien, Entscheidungen, Empfehlungen und Stellungnahmen vor. Auch EuGH und EuG haben das von ihnen teils aufgestellte Erfordernis einer „Rechtsgrundlage" für Grundrechtseingriffe bzw. ihre Rechtfertigung „aus den gesetzlich vorgesehenen Gründen"[1398] inhaltlich nicht präzisiert.[1399]

Eine – bei der Interpretation der Charta insgesamt gering zu gewichtende[1400] – historische Auslegung des Begriffes „gesetzlich vorgesehen" in Art. 52 Abs. 1 S. 1 EGRC führt zu keinem eindeutigen Ergebnis. In den Konventsdebatten blieb neben den an ein „Gesetz" zu stellenden Anforderungen insbesondere unklar, ob die zur Gesetzgebung zuständige Instanz nur Organe der Gemeinschaft oder auch der Mitgliedstaaten umfasst.[1401] Auch die Erläuterungen des Präsidiums zu Art. 52 Abs. 1 EGRC[1402] als sachverständige Kommentierung der Charta geben hierüber keine Auskunft.

Folglich müssen die an den in Art. 52 Abs. 1 EGRC niedergelegten Gesetzesvorbehalt zu stellenden Anforderungen im Hinblick auf dessen Sinn und Zweck ermittelt werden. Wichtigste Aufgabe der Gesetzesvorbehalte in den (mitglied-)staatlichen Grundrechtskatalogen[1403] und der EMRK[1404] als

---

1397 Vgl. hierzu *Triantafyllou*, Vom Vertrags- zum Gesetzesvorbehalt, S. 100; *Calliess*, EuZW 2001, S. 264. Zu den in Artikel 32 der Europäischen Verfassung vorgesehenen Rechtsakten der Union siehe noch unten 4. Kapitel.B.II.2.a(4).

1398 EuGH, Verb. Rs. 46/87 u. 227/88, Hoechst AG ./. Kommission, Urt. v. 21.09.1989, Slg. 1989, S. 2859 ff. (2924 / Rn. 19).

1399 Siehe hierzu bereits oben 4. Kapitel.B.I.1.a.

1400 Siehe zu den Methoden der Interpretation der Charta bereits oben 2. Kapitel.B.III.3.b.

1401 Vgl. die von *Bernsdorff* und *Borowsky* gefertigten Protokolle zu den Konventssitzungen in: *Bernsdorff / Borowsky* (Hrsg.), Charta der Grundrechte der EU, S. 234-235 (Sitzung vom 03./04.05.2000), S. 300 (Sitzung vom 28.-30.06.2000), S. 359, 360 (Sitzung vom 11.-13.09.2000).

1402 Dok. CHARTE 4473/00 CONVENT 49 v. 11.10.2000, S. 48 = EuGRZ 2000, S. 569.

1403 Vgl. zur diesbezüglichen Verfassungstradition in parlamentarischen Systemen *Triantafyllou*, Vom Vertrags- zum Gesetzesvorbehalt, S. 307, 312; *v. Danwitz*, Internationale Politik 2/2001, S. 41; *Sachs*, in: *Stern*, Staatsrecht, Bd. III/2, § 80 I 2, S. 380 f.; zur rechtsstaatlich-demokratischen Funktion des Gesetzesvorbehalts im deutschen Grundgesetz *Sachs*, in: *Stern*, Staatsrecht, Bd. III/2, § 80 I 3, S. 384 f.

Rechtserkenntnisquellen der Gemeinschaftsgrundrechte ist es, die Rechtsstaatlichkeit und demokratische Legitimation von Grundrechtseingriffen zu gewährleisten. Dies muss – bei Berücksichtigung der Besonderheiten der gemeinschaftlichen Rechtsetzung im Gegensatz zu der durch die nationalen Grundrechtskataloge und die EMRK betroffenen staatlichen Gesetzgebung – grundsätzlich auch für den gemeinschaftsrechtlichen Gesetzesvorbehalt gelten.

(1) Die zuständigen „Ebenen" für den Gesetzeserlass

Die Grundrechte der Charta verpflichten in erster Linie die Organe der Gemeinschaft.[1405] In der Regel wird daher der Gemeinschaftsgesetzgeber zum Erlaß der Rechtsgrundlage für einen Eingriff in die Charta-Grundrechte zuständig sein. Soweit jedoch mitgliedstaatliche Maßnahmen ausnahmsweise an den Charta-Rechten zu messen sind, kann der nationale Gesetzgeber nach der Verteilung der Gesetzgebungskompetenzen zwischen Gemeinschaft und Mitgliedstaaten zum Erlass der nach Art. 52 Abs. 1 EGRC erforderlichen Rechtsgrundlage des Grundrechtseingriffs berufen sein.[1406]

Die an eine gesetzliche Grundlage i.S.d. Art. 52 Abs. 1 EGRC zu stellenden Voraussetzungen können variieren, je nachdem, ob der jeweils zuständige Gemeinschaftsgesetzgeber oder ein nationaler Gesetzgeber den grundrechtsbeschränkenden Rechtsakt erlässt. Handelt der Gemeinschaftsgesetzgeber, sind an die gesetzliche Grundlage spezifisch auf das Gemeinschaftsrecht zugeschnittene Anforderungen zu stellen. Sind mitgliedstaatliche Gesetze Rechtsgrundlagen i.S.d. Art. 52 Abs. 1 EGRC, müssen bei den von ihnen zu erfüllenden Anforderungen strukturelle Unterschiede im Verhältnis untereinander und zum Gemeinschaftsrecht bei der Entstehung von Recht(sgrundlagen) berücksichtigt werden.[1407] Eine vollständige Gleichför-

---

1404 Vgl. *Villiger*, EMRK-Handbuch, § 23 C I, Rn. 545 m.w.N.

1405 Siehe zu den Verpflichteten der Charta-Rechte eingehend oben 3. Kapitel.C.

1406 Dies war im Konvent umstritten, vgl. die Nachweise in Fn. 1401; wie hier z.B. der Vertreter der Kommission im Konvent, *A. Vitorino*, zitiert nach den (inoffiziellen) Sitzungsprotokollen in: *Bernsdorff / Borowsky* (Hrsg.), Charta der Grundrechte der EU, S. 234/235 (Sitzung vom 03./04.05.2000); ebenso hinsichtlich des Gesetzesvorbehalts in der EuGH-Rspr. *Kingreen*, in: *Calliess / Ruffert* (Hrsg.), EUV/EGV, Art. 6 EUV, Rn. 72, sowie *Triantafyllou*, Vom Vertrags- zum Gesetzesvorbehalt, S. 170.

1407 In diesem Sinne auch *Kingreen*, in: *Calliess / Ruffert* (Hrsg.), EUV/EGV, Art. 6 EUV, Rn. 72.

migkeit der zulässigen grundrechtsbeschränkenden Gesetze lässt sich im Rahmen des Art. 52 Abs. 1 EGRC – ebenso wie im Rahmen der nationalen Verfassungen[1408] oder der EMRK[1409] – nicht erreichen.

(2) Materiell-rechtliche Mindestanforderungen an das „Gesetz"

Für die Entwicklung der an ein „Gesetz" i.S. des Art. 52 Abs. 1 EGRC zu stellenden Anforderungen erscheint zunächst eine Anlehnung an die EMRK und die Rechtsprechung des EGMR zu den in mehreren ihrer Artikel enthaltenen Gesetzesvorbehalten[1410] sinnvoll.[1411] Die EMRK hat die Formulierung der Freiheitsrechte der Charta, ebenso wie den zu ihrer Einschränkung vorgesehenen Gesetzesvorbehalt, maßgeblich beeinflusst.[1412] Sie ist überdies in der Charta als Mindeststandard des Grundrechtsschutzes anerkannt.[1413]

(a) Gesetz im materiellen Sinne

Der EGMR versteht den Begriff des Gesetzes in der EMRK im materiellen Sinne, verlangt mithin eine generell-abstrakte, verbindliche Rechtsnorm.[1414] Bei grundrechtsbeschränkender Rechtsetzung der Mitgliedstaaten bereitet diese Anforderung unabhängig davon, ob ihr Rechtssystem ein kontinentaleuropäisches („*Civil Law*") oder ein angloamerikanisches („*Common Law*") ist, regelmäßig keine Schwierigkeiten. Demgegenüber ist ein generell-abstrakter Regelungsgehalt der verschiedenen

---

[1408] Vgl. z.B. zur Anerkennung allgemeiner Regeln des Völkerrechts i.S.d. Art. 25 GG sowie ggf. von der Gemeinschaft erlassener Rechtsnormen als Gesetze i.S.d. Gesetzesvorbehalte des deutschen Grundgesetzes *Sachs*, in: *Stern*, Staatsrecht, Bd. III/2, § 80 IV 3, S. 439 f.

[1409] Siehe hierzu noch unten 4. Kapitel.B.II.2.a(3).

[1410] Vgl. insbesondere die jeweiligen Absätze 2 der Art. 8-11 EMRK, aber auch Art. 2 Abs. 1, 5 Abs. 1 EMRK.

[1411] So auch *Engel*, ZUM 2000, S. 992; in Bezug auf die ungeschriebenen Gemeinschaftsgrundrechte *Triantafyllou*, Vom Vertrags- zum Gesetzesvorbehalt, S. 161 f.

[1412] Siehe bereits oben 2. Kapitel.B.I, III.1.

[1413] Siehe hierzu noch eingehend unten 4. Kapitel.C.V.

[1414] Vgl. z.B. EGMR, Beschw. Nr. 5947/72 u.a., Silver u.a. ./. Vereinigtes Königreich, Urt. v. 25.03.1983, Ser. A, Bd. 61, S. 33 / Ziff. 86; EGMR, Beschw. Nr. 11801/85, Kruslin ./. Frankreich, Urt. v. 24.04.1990, Ser. A, Bd. 176-A, S. 20 ff. / Ziff. 27, 29; *Villiger*, EMRK-Handbuch, § 23 C I, Rn. 545 m.w.N. Zur Definition des materiellen Gesetzes vgl. *Triantafyllou*, Vom Vertrags- zum Gesetzesvorbehalt, S. 77, 80 m.w.N.

vielfältigeren Formen der Rechtsetzung auf Gemeinschaftsebene nicht stets ohne weiteres erkennbar.

Die allgemein geltenden EG-Verordnungen (vgl. Art. 249 Abs. 1, 2 S. 1 EG) sind als abstrakt-generelle Rechtssätze des sekundären Gemeinschaftsrechts Gesetze im materiellen Sinne.[1415] Dies gilt inzwischen infolge vielfältiger richterlicher Rechtsfortbildung teils auch für die Richtlinien (Art. 249 Abs. 1, 3 EG).[1416] Diese sind zwar an die Mitgliedstaaten gerichtet und gelten insoweit individuell; sie verpflichten die Staaten zum Erlass genereller Akte. Die Gemeinschaftsgerichte erkennen der Richtlinie in ständiger Rechtsprechung jedoch unter bestimmten, nicht selten gegebenen Voraussetzungen[1417] auch ohne ihre Umsetzung in innerstaatliches Recht eine vertikale[1418] unmittelbare Wirkung im innerstaatlichen Bereich, und damit eine geset-

---

1415 So – mit Ausnahme der Durchführungsverordnungen der Kommission – *Triantafyllou*, Vom Vertrags- zum Gesetzesvorbehalt, S. 78-81; *Ruffert*, in: *Calliess / Ruffert* (Hrsg.), EUV/EGV, Art. 249 EGV, Rn. 13, 38 m.w.N.; *Engel*, ZUM 2000, S. 993.

1416 So auch *Triantafyllou*, Vom Vertrags- zum Gesetzesvorbehalt, S. 86 ff.; *Ruffert*, in: *Calliess / Ruffert* (Hrsg.), EUV/EGV, Art. 249 EGV, Rn. 13; *Falke*, in: *Bremische Bürgerschaft* (Hrsg.), Charta der Grundrechte, S. 57; *Engel*, ZUM 2000, S. 993.

1417 Diese sind, dass die Richtlinienbestimmung erstens innerhalb der Umsetzungsfrist nicht oder nicht richtig umgesetzt wurde, dass sie zweitens inhaltlich unbedingt ist, d.h. von keiner weiteren Maßnahme der EG-Organe oder der Mitgliedstaaten abhängt, und dass sie drittens rechtlich vollkommen ist, d.h. hinsichtlich ihres sachlichen Inhalts und des betroffenen Personenkreises hinreichend bestimmt ist; vgl. EuGH, Rs. 41/74, van Duyn ./. Home Office, Urt. v. 04.12.1974, Slg. 1974, S. 1337 ff. (1348 f. / Rn. 12-14); EuGH, Rs. 8/81, U. Becker ./. Finanzamt Münster-Innenstadt, Urt. v. 19.01.1982, Slg. 1982, S. 53 ff. (70 f. / Rn. 17 ff., insb. 24 f.). Siehe i.ü. *Triantafyllou*, Vom Vertrags- zum Gesetzesvorbehalt, S. 87 f. m.w.N.; *Ruffert*, in: *Calliess / Ruffert* (Hrsg.), EUV/EGV, Art. 249 EGV, Rn. 73-77a.

1418 Hierunter wird die Verpflichtung des Staates gegenüber dem Bürger durch die Richtlinie verstanden; eine umgekehrte vertikale Direktwirkung der Richtlinie, d.h. eine Verpflichtung des Einzelnen gegenüber dem Staat (vgl. hierzu EuGH, Rs. 80/86, Strafverfahren gegen Kolpinghuis Nijmegen BV, Urt. v. 08.10.1987, Slg. 1987, S. 3969 ff. (3985 f. / Rn. 9 f.)), sowie eine horizontale Direktwirkung von Richtlinien zwischen Privatpersonen (vgl. hierzu grundlegend EuGH, Rs. 152/84, M.H. Marshall ./. Southampton and South-West Hampshire Area Health Authority („Marshall I"), Urt. v. 26.02.1986, Slg. 1986, S. 723 ff. (749 f. / Rn. 52-56); EuGH, Rs. C-91/92, P. Faccini Dori ./. Recreb Srl, Urt. v. 14.07.1994, Slg. 1994, S. I-3325 ff. (3355 ff. / Rn. 19 ff.)) lehnt der EuGH jedoch in st.Rspr. ab; vgl. hierzu *Triantafyllou*, Vom Vertrags- zum Gesetzesvorbehalt, S. 90; *Ruffert*, in: *Calliess / Ruffert* (Hrsg.), EUV/EGV, Art. 249 EGV, Rn. 78 m.w.N.

zesähnliche Wirkung, zu.[1419] Allerdings erkennt zumindest der EuGH in ständiger Rechtsprechung eine unmittelbare Verpflichtung des Einzelnen gegenüber den Hoheitsträgern (sog. umgekehrte vertikale Direktwirkung) durch Richtlinien nicht an.[1420] Inwieweit Richtlinien unter diesen Umständen als einen hoheitlichen Grundrechtseingriff rechtfertigende „Gesetze" i.S.d. Art. 52 Abs. 1 EGRC in Betracht kommen, wird noch im Einzelnen zu klären sein.

Den Entscheidungen von Gemeinschaftsorganen (Art. 249 Abs. 1, 4 EG) kommt, soweit sie an Einzelpersonen gerichtet sind, wegen ihrer individuellen Geltung kein genereller (und abstrakter) Regelungsgehalt zu.[1421] Dies gilt auch dann, wenn die Entscheidungen an die Mitgliedstaaten gerichtet sind.[1422] Zwar können staatengerichtete Entscheidungen, unter praktisch identischen Voraussetzungen wie Richtlinien, nach ständiger Rechtsprechung des Gerichtshofs unmittelbare Wirkungen zugunsten von Einzelnen gegenüber den Mitgliedstaaten erzeugen.[1423] Jedoch betreffen diese Entscheidungen, die typisch exekutivisches Handeln darstellen,[1424] selbst im Falle ihrer unmittelbaren Anwendbarkeit regelmäßig bestimmte Individuen (und Sachverhalte).[1425] Die individuelle Geltung der Entscheidungen grenzt diese jedoch gerade von den generell anwendbaren Verordnungen ab.[1426] Die von den Gemeinschaftsorganen getroffenen Entscheidungen bedürfen demnach, wenn sie in Freiheitsrechte eingreifen, ihrerseits einer gesetzlichen Grundlage i.S. des Art. 52 Abs. 1 EGRC.

1419 Vgl. *Triantafyllou*, Vom Vertrags- zum Gesetzesvorbehalt, S. 86 f.

1420 Siehe bereits die Nachweise in Fn. 1418; im Einzelnen ist im Bereich der unmittelbaren Wirkung von Richtlinien noch vieles umstritten, vgl. *Ruffert*, in: *Calliess / Ruffert* (Hrsg.), EUV/EGV, Art. 249 EGV, Rn. 69 ff. m.w.N.

1421 Dies ist, soweit ersichtlich, unstreitig, vgl. z.B. *Triantafyllou*, Vom Vertrags- zum Gesetzesvorbehalt, S. 80, 81; *Streinz*, Europarecht, § 5 II 4, Rn. 413; *Philippi*, Charta der Grundrechte, S. 41.

1422 So i.E. auch *Calliess*, EuZW 2001, S. 264; *Falke*, in: *Bremische Bürgerschaft* (Hrsg.), Charta der Grundrechte, S. 57; *Philippi*, Charta der Grundrechte, S. 41; a.A. *Engel*, ZUM 2000, S. 993; *Triantafyllou*, Vom Vertrags- zum Gesetzesvorbehalt, S. 81, 93 f.

1423 EuGH, Rs. 9/70, F. Grad ./. Finanzamt Traunstein ("Leberpfennig"), Urt. v. 06.10.1970, Slg. 1970, S. 825 ff. (838-840 / Rn. 5-10); weitere Nachweise bei *Ruffert*, in: *Calliess / Ruffert* (Hrsg.), EUV/EGV, Art. 249 EGV, Rn. 118.

1424 So auch *Streinz*, Europarecht, § 5 II 4, Rn. 415.

1425 Vgl. z.B. den klassischen Fall der Entscheidung der Kommission im Verfahren der Beihilfenaufsicht (Art. 88 Abs. 2 EGV).

1426 *Streinz*, Europarecht, § 5 II 4, Rn. 414; *Triantafyllou*, Vom Vertrags- zum Gesetzesvorbehalt, S. 80.

Die übrigen beiden Handlungsformen der Gemeinschaftsorgane nach Art. 249 Abs. 1, 5 EG, Empfehlungen und Stellungnahmen, sind angesichts ihrer ausdrücklichen Unverbindlichkeit schon keine „Rechtsnormen“ und damit keine Gesetze im materiellen Sinne.[1427]

(b) Weitere materiell-rechtliche Anforderungen

Der Europäische Gerichtshof für Menschenrechte stellt an ein Grundrechte beschränkendes Gesetz i.S. der EMRK im Hinblick auf das Rechtsstaatsprinzip[1428] weitere inhaltliche Anforderungen. So muss das „Gesetz“ hinreichend bestimmt sein, so dass der Bürger, ggf. nach rechtlicher Beratung, in angemessenem Maße die möglichen behördlichen Reaktionen auf sein Verhalten vorhersehen kann.[1429] Insbesondere muss er bei Ermessensnormen die Grenzen des behördlichen Ermessens erkennen können.[1430] Das Gesetz muss überdies ausreichende Schutzmechanismen gegen willkürliche behördliche Eingriffe enthalten.[1431] Auch diesen Anforderungen als wesentlichen Bedingungen einer Gewährleistung von Rechtsstaatlichkeit muss ein Gesetz im Sinne des Art. 52 Abs. 1 EGRC gerecht werden.[1432]

1427 Dies ist, soweit ersichtlich, unstreitig, vgl. *Engel*, ZUM 2000, S. 993; *Philippi*, Charta der Grundrechte, S. 41.

1428 Vgl. hierzu insbesondere EGMR, Beschw. Nr. 8691/79, Malone ./. Vereinigtes Königreich, Urt. v. 02.08.1984, Ser. A, Bd. 82, S. 32 / Ziff. 67; EGMR, Beschw. Nr. 11801/85, Kruslin ./. Frankreich, Urt. v. 24.04.1990, Ser. A, Bd. 176-A, S. 22 f. / Ziff. 30. Zum rechtsstaatlichen Gesetzesvorbehalt der EMRK auch *Triantafyllou*, Vom Vertrags- zum Gesetzesvorbehalt, S. 162.

1429 "*Foreseeability of the law*", vgl. EGMR, Beschw. Nr. 6538/74, Sunday Times ./. Vereinigtes Königreich, Urt. v. 26.04.1979, Ser. A, Bd. 30, S. 31 / Ziff. 49; EGMR, Beschw. Nr. 10461/83, Chappell ./. Vereinigtes Königreich, Urt. v. 30.03.1989, Ser. A, Bd. 152-A, S. 24 / Ziff. 56; EGMR, Kruslin (Fn. 1428), S. 20 ff. / Ziff. 27, 30 ff.; vgl. hierzu *Frowein*, in: *Frowein / Peukert*, EMRK, Vorbem. Art. 8-11, Rn. 3; *Villiger*, EMRK-Handbuch, § 23 C II, Rn. 547 m.w.N.

1430 EGMR, Beschw. Nr. 5947/72 u.a., Silver u.a. ./. Vereinigtes Königreich, Urt. v. 25.03.1983, Ser. A, Bd. 61, S. 33 / Ziff. 88; EGMR, Malone, (Fn. 1428), S. 33 / Ziff. 68; EGMR, Kruslin (Fn. 1428), S. 23 / Ziff. 30. Vgl. hierzu *Frowein*, in: *Frowein / Peukert*, EMRK, Vorbem. Art. 8-11, Rn. 4; *Villiger*, EMRK-Handbuch, § 23 C II, Rn. 547 m.w.N.

1431 EGMR, Malone (Fn. 1428), S. 32 f. / Ziff. 67 f.; EGMR, Kruslin (Fn. 1428), S. 22 ff. / Ziff. 30, 34 ff.; vgl. zu diesem „Schutz durch Verfahren“ *Frowein*, in: *Frowein / Peukert*, EMRK, Vorbem. Art. 8-11, Rn. 5 f.

1432 So auch *Engel*, ZUM 2000, S. 992/993; *Weber*, NJW 2000, S. 543.

Schließlich bedeutet das Erfordernis „gesetzlich vorgesehen" nach der Rechtsprechung des EGMR, dass die nationalen Organe die Rechtsgrundlage nicht offensichtlich falsch angewendet haben dürfen.[1433] Der Gerichtshof für Menschenrechte sieht die Auslegung und Anwendung des innerstaatlichen Rechts vorrangig als Aufgabe der staatlichen Organe, insbesondere ihrer Gerichte, an und überprüft die Beachtung dieses Rechts dementsprechend zurückhaltend.[1434]

Das Erfordernis der richtigen Anwendung der jeweiligen Rechtsgrundlage muss nach Sinn und Zweck eines wirksamen Gesetzesvorbehaltes auch im Rahmen des Art. 52 Abs. 1 EGRC gelten.[1435] Hinsichtlich der Gemeinschaftsorgane ist jedoch eine nur auf evidentes Überschreiten der Rechtsgrundlage beschränkte Prüfung durch die Gemeinschaftsgerichte angesichts der Tatsache, dass keine Prüfungszuständigkeit anderer (insbesondere nationaler) Gerichte besteht, nicht erforderlich. Bei Verbindlichkeit der Charta könnte der Gesetzesvorbehalt des Art. 52 Abs. 1 EGRC – ähnlich wie im Rahmen der Rechtsprechung des deutschen BVerfG zu Art. 2 Abs. 1 GG – den Bürgern überdies die Möglichkeit verschaffen, die Übereinstimmung der gemeinschaftlichen Rechtsgrundlage mit dem EG-Vertrag und damit ihre Verfassungsmäßigkeit überprüfen zu lassen.[1436] Bezüglich der mitgliedstaatlichen Rechtsgrundlagen zur Beschränkung von Gemeinschaftsgrundrechten sollten sich die Gemeinschaftsgerichte hingegen, ähnlich wie der EGMR, wegen der primären Zuständigkeit der nationalen Organe auf die Überprüfung eines offensichtlichen Überschreitens der Grenzen der nationalen Rechtsgrundlage beschränken.

(3) Formelle Anforderungen an das „Gesetz"

(a) Gesetz im formellen Sinne

Neben den dargestellten materiell-rechtlichen Anforderungen an ein Gesetz im Sinne des Art. 52 Abs. 1 EGRC sind formelle Anforderungen, insbesondere die Notwendigkeit eines Gesetzes im formellen Sinn, zu erwägen. Gesetze im formellen Sinn sind Rechtsnormen, die nach dem in der Verfas-

1433 EGMR, Chappell (Fn. 1429), S. 23 / Ziff. 54; vgl. hierzu *Frowein*, in: *Frowein / Peukert*, EMRK, Vorbem. Art. 8-11, Rn. 8 f.; *Villiger*, EMRK-Handbuch, § 23 C III, Rn. 548.

1434 EGMR, Chappell (Fn. 1429), S. 23 / Ziff. 54.

1435 So auch *Engel*, ZUM 2000, S. 993.

1436 Vgl. hierzu *Engel*, ZUM 2000, S. 993.

sung vorgeschriebenen Legislativverfahren zustandegekommen sind.[1437] Nach den Verfassungen der Mitgliedstaaten sind dies nur solche Regelungen, die das demokratisch gewählte Parlament verabschiedet hat oder die – etwa in bikameralen Systemen – unter seiner entscheidenden Mitwirkung entstanden sind.[1438]

Die EMRK verlangt nach ständiger Rechtsprechung des EGMR[1439] und herrschender Lehre[1440] als Rechtsgrundlage einer Grundrechtsbeschränkung kein formelles (Parlaments-) Gesetz. Hintergrund dieses Verzichts auf ein Parlamentsgesetz ist es, eine Diskreditierung des aus richterlichen Entscheidungen entwickelten *common law* zu vermeiden.[1441] Dieses macht trotz der steigenden Bedeutung des vom Parlament verabschiedeten *statute law* in Staaten mit anglo-amerikanischem Rechtssystem (England, Irland) einen maßgeblichen Teil des geltenden Rechts aus.

Hingegen ist nach den mitgliedstaatlichen Rechtsordnungen mit Ausnahme der *common-law*-Staaten regelmäßig ein formelles (Parlaments-) Gesetz als Rechtsgrundlage einer Grundrechtsbeschränkung erforderlich.[1442] Der Gesetzesvorbehalt hat nach diesem Verständnis neben der oben diskutierten

---

[1437] *Triantafyllou*, Vom Vertrags- zum Gesetzesvorbehalt, S. 77 m.w.N.; *Sachs*, in: *Stern*, Staatsrecht, Bd. III/2, § 80 IV 3, S. 428.

[1438] *Triantafyllou*, Vom Vertrags- zum Gesetzesvorbehalt, S. 78, 95, 113 ff. m.w.N.; *Sachs*, in: *Stern*, Staatsrecht, Bd. III/2, § 80 IV 3, S. 431 f. m.w.N.

[1439] EGMR, Beschw. Nr. 6538/74, Sunday Times ./. Vereinigtes Königreich, Urt. v. 26.04.1979, Ser. A, Bd. 30, S. 30 / Ziff. 47; EGMR, Beschw. Nr. 10461/83, Chappell ./. Vereinigtes Königreich, Urt. v. 30.03.1989, Ser. A, Bd. 152-A, S. 22 / Ziff. 52.

[1440] *Villiger*, EMRK-Handbuch, § 23 C I, Rn. 545; *Peters*, EMRK, § 3 II 2, S. 23; a.A. *Sachs*, in: *Stern*, Staatsrecht, Bd. III/2, § 80 I 2, S. 382 f.; einschränkend *Weiß*, Das Gesetz im Sinne der EMRK, S. 92 f., 95; offengelassen bei *Triantafyllou*, Vom Vertrags- zum Gesetzesvorbehalt, S. 164.

[1441] EGMR, Sunday Times (Fn. 1439), S. 30 / Ziff. 47; vgl. hierzu *Weiß*, Das Gesetz im Sinne der EMRK, S. 85-88; *Pauly*, EuR 1998, S. 249 m.w.N. Der Verzicht auf ein Parlamentsgesetz gilt allerdings auch hinsichtlich kontinentaleuropäischer Rechtsordnungen, vgl. EGMR, Beschw. Nr. 11801/85, Kruslin ./. Frankreich, Urt. v. 24.04.1990, Ser. A, Bd. 176-A, S. 21/22 / Ziff. 29.

[1442] Vgl. *Weber*, NJW 2000, S. 543 m.w.N.; *Triantafyllou*, Vom Vertrags- zum Gesetzesvorbehalt, S. 78, 113 ff. m.w.N.; *Sachs*, in: *Stern*, Staatsrecht, Bd. III/2, § 80 I 2, S. 380/381, 382 f.; *Weiß*, Das Gesetz im Sinne der EMRK, S. 71 ff., 75 f.; *Pauly*, EuR 1998, S. 244/245. Zur Rechtslage in England nach Inkrafttreten des *Human Rights Act 1998* am 02.10.2000 vgl. *Baum*, EuGRZ 2000, S. 294 ff.

rechtsstaatlichen die demokratische Funktion, Einschränkungen von Grundrechten durch ihre Rückführbarkeit auf den (auch über Repräsentanten gebildeten) Willen des Volkes (demokratisch) zu legitimieren.[1443]

In den verschiedenen Rechtsetzungsverfahren der *EG* (insbesondere Art. 251 f. EG)[1444] ist schon nicht ohne weiteres ersichtlich, welche Rechtsetzungsakte als formelle Gesetze in o.g. Sinne anzusehen sind. Die Rechtsetzung ist hauptsächlich dem Rat, teils auch der Kommission überantwortet (vgl. Art. 249 Abs. 1 EG), die zumindest in ihrer Zusammensetzung der Exekutive zuzuordnen sind.[1445] Dem Europäischen Parlament kommen in den gemeinschaftlichen Gesetzgebungsverfahren in unterschiedlichem, im Laufe der Zeit bedeutend ausgeweiteten,[1446] Maße Mitwirkungsrechte zu. Das direkt gewählte Europäische Parlament kann allerdings allein in den Verfahren der Mitentscheidung (Art. 251 EG) und der Zustimmung (z.B. Art. 161, 300 Abs. 3 UAbs. 2 EG) den Erlass eines Rechtsaktes durch den Rat endgültig verhindern (vgl. insbesondere Art. 251 Abs. 6 EG). Deshalb kommen nur die nach dem EG-Vertrag in diesen Verfahren zu erlassenden Rechtsakte unter der für ein formelles Gesetz erforderlichen entscheidenden Mitwirkung eines demokratisch gewählten Parlaments zustande.[1447]

Eine Kategorisierung der Rechtsetzungsakte in der Gemeinschaft als formelle bzw. nicht formelle Gesetze muss allerdings stets auch an der Funktion des Vorbehalts des formellen Gesetzes, Grundrechtseingriffe demokratisch zu legitimieren, ausgerichtet sein. Im komplexen System der Gewaltenteilung in der Gemeinschaft können insbesondere die Organe Rat und Kommission in Bezug auf ihre Aufgaben bislang nicht ausschließlich der exekutiven oder legislativen Gewalt zugeordnet werden.[1448] Gleichermaßen kann das Niveau demokratischer Legitimation der einzelnen Organe nicht schematisch anhand ihrer jeweiligen Zusammensetzung bestimmt werden. Der Rat,

---

1443 Vgl. hierzu *Sachs*, in: *Stern*, Staatsrecht, Bd. III/2, § 80 IV 3, S. 431 f.; *Pauly*, EuR 1998, S. 244; *v. Danwitz*, Internationale Politik 2/2001, S. 41.

1444 Vgl. zu den Rechtsetzungsverfahren in der EG statt vieler *Streinz*, Europarecht, § 6 II-IV, Rn. 438 ff.

1445 Vgl. hierzu *Triantafyllou*, Vom Vertrags- zum Gesetzesvorbehalt, S. 95/96.

1446 Vgl. zu dieser Entwicklung eingehend *Triantafyllou*, Vom Vertrags- zum Gesetzesvorbehalt, S. 96-100.

1447 So hinsichtlich des Mitentscheidungsverfahrens auch *Triantafyllou*, Vom Vertrags- zum Gesetzesvorbehalt, S. 100; *Weber*, NJW 2000, S. 543; *Philippi*, Charta der Grundrechte, S. 41.

1448 Vgl. hierzu *Triantafyllou*, Vom Vertrags- zum Gesetzesvorbehalt, S. 95-96.

der sich aus Mitgliedern der nationalen Regierungen und damit exekutivisch zusammensetzt (Art. 203 Abs. 1 EG), ist durch die nationalen Parlamente indirekt demokratisch legitimiert und unterliegt sowohl deren Kontrolle als auch derjenigen der Öffentlichkeit.[1449] Hingegen existiert eine für die demokratische Legitimation grundlegende Kontrolle des direkt gewählten Europäischen Parlaments durch die öffentliche Meinung bislang nur in Ansätzen.[1450] Folglich kann z.B. auch den im vom Rat dominierten Verfahren der Zusammenarbeit (Art. 252 EG) erlassenen gemeinschaftlichen Rechtsnormen die demokratische Legitimierung nicht weitgehend abgesprochen werden. Insgesamt können die Rechtsetzungsakte der Gemeinschaft sämtlich nicht das Legitimationsniveau mitgliedstaatlicher formeller Gesetze erreichen.[1451]

Der Gesetzesvorbehalt des Art. 52 Abs. 1 EGRC erfordert vor diesem Hintergrund – entgegen einzelnen Stimmen in der Lehre[1452] – kein Gesetz im formellen Sinne.[1453] Wie dargestellt, kann allenfalls ein Teil der gemeinschaftlichen Gesetze im materiellen Sinne den Anforderungen eines formellen (Parlaments-) Gesetzes gerecht werden. Unter diesen Umständen führte die An-

---

1449 Dazu näher *Streinz*, Europarecht, § 4 II 8, Rn. 280-283a; *Pauly*, EuR 1998, S. 248.

1450 Vgl. zur Problematik *Limbach*, Grundrechtsschutz in der Europäischen Union, S. 20; zur Bedeutung der öffentlichen Meinung für die Demokratie vgl. BVerfG, 2 BvR 2134, 2159/92, Urt. v. 12.10.1993, BVerfGE 89, 155 (185) („Maastricht").

1451 *Pauly*, EuR 1998, S. 248, 249; kritisch auch *Calliess*, EuZW 2001, S. 264; positiver *Weber*, NJW 2000, S. 543. Zur (noch) beschränkten Umsetzung des Demokratieprinzips auf Gemeinschaftsebene vgl. EuGH, Rs. 138/79, SA Roquette Frères ./. Rat, Urt. v. 29.10.1980, Slg. 1980, S. 3333 ff. (3334 / LS 4); EuGH, Rs. C-300/89, Kommission ./. Rat („Titandioxid"), Urt. v. 11.06.1991, Slg. 1991, S. I-2867 ff. (2900 / Rn. 20).

1452 So *Calliess*, EuZW 2001, S. 264; einschränkend *ders.*, in: *Ehlers* (Hrsg.), Europäische Grundrechte und Grundfreiheiten, § 19 II 2, Rn. 15; *Grabenwarter*, DVBl. 2001, S. 2.

1453 So i.E. auch *Falke*, in: *Bremische Bürgerschaft* (Hrsg.), Charta der Grundrechte, S. 57; *v. Danwitz*, Internationale Politik 2/2001, S. 41/42; *Schmitz*, JZ 2001, S. 838; *Philippi*, Charta der Grundrechte, S. 41; *Zimmermann*, EU-Grundrechtecharta, S. 34/35; *Knecht*, Charta der Grundrechte, S. 206. Damit erübrigen sich – bislang – Überlegungen zu einer gemeinschaftsrechtlichen Wesentlichkeitstheorie (siehe hierzu oben Fn. 1276); zu diesbezüglichen Ansätzen vgl. *Triantafyllou*, Vom Vertrags- zum Gesetzesvorbehalt, S. 313. Vgl. auch die von *Preuß* im Auftrag von Mitgliedern der „Grünen" im Europäischen Parlament zur Vorlage bei der Amsterdamer Regierungskonferenz 1997 entworfene „Erklärung der Grundrechte in der Europäischen Union", die im Gegensatz zu Art. 52 Abs. 1 EGRC ausdrücklich vorsah, dass bei Grundrechtsbeschränkungen durch Sekundärrecht die Zustimmung des Europäischen Parlamentes erforderlich ist (Art. 36 Abs. 1 des Entwurfs), vgl. dazu eingehend *Preuß*, KJ 31 (1998), S. 10, 29.

nahme, Art. 52 Abs. 1 EGRC lege einen formellen Gesetzesvorbehalt nieder, dazu, dass die Gemeinschaft in den Bereichen, in denen der EG-Vertrag für den Erlass eines Rechtsaktes lediglich das Verfahren der Anhörung oder der Zusammenarbeit vorschreibt, keine gerechtfertigten grundrechtsbeschränkenden Regelungen mehr treffen könnte.[1454] Ein derartiges Leerlaufen vertraglich niedergelegter Rechtsetzungskompetenzen, das von den Verfassern der Charta ersichtlich nicht vorgesehen war, stellte das gemeinschaftliche Rechtsetzungssystem grundlegend in Frage.[1455]

Zwar wäre eine Reduzierung des Demokratiedefizits auf Gemeinschaftsebene, die mit dem Erfordernis eines formellen Gesetzes zur Grundrechtseinschränkung durch eine dann erforderliche entscheidende Mitwirkung des Europäischen Parlaments an der Rechtsetzung erreichbar wäre, wünschenswert.[1456] Dies gilt besonders in den Bereichen, in denen die Kommission eigenständig Gemeinschaftsgesetze im materiellen Sinne erlassen kann (vgl. z.B. Art. 86 Abs. 3 EG).[1457] Die damit verbundene grundlegende Veränderung im System der Gewaltenteilung auf Gemeinschaftsebene muss allerdings den Mitgliedstaaten als Herren der Verträge überlassen bleiben und sollte (bei Verbindlichkeit der Charta) nicht allein vom Gerichtshof bewirkt werden.[1458] Es bleibt allerdings festzuhalten, dass der Gesetzesvorbehalt des Art. 52 Abs. 1 EGRC durchaus langfristig auf einen formellen Gesetzesvor-

---

1454 Dies hätte entgegen *Philippi* (Charta der Grundrechte, S. 41) jedoch nicht notwendig die erneute Verabschiedung aller nicht im Zustimmungs- oder Mitentscheidungsverfahren erlassenen grundrechtsbeschränkenden Sekundärrechtsakte, die bei Verbindlichwerden der Charta bereits in Kraft waren, erfordert. Vielmehr wäre – vergleichbar etwa der Rechtslage bei Inkrafttreten des deutschen Grundgesetzes, arg e Art. 123, 125a GG – von einer *ex-nunc*-Wirkung des Erfordernisses eines formellen Gesetzes auszugehen.

1455 Vgl. die parallele Argumentation des EGMR in: Beschw. Nr. 6538/74, Sunday Times ./. Vereinigtes Königreich, Urt. v. 26.04.1979, Ser. A, Bd. 30, S. 30 / Ziff. 47.

1456 Dies betont *v. Danwitz*, Internationale Politik 2/2001, S. 41-42, der daher einen zumindest im Mitentscheidungsverfahren erlassenen Rechtsetzungsakt für erforderlich hält; dahingehend auch *Ritgen*, ZRP 2000, S. 374; *Philippi*, Charta der Grundrechte, S. 41. Siehe i.ü. bereits *Preuß*, KJ 31 (1998), S. 10.

1457 So zutreffend *v. Danwitz*, Internationale Politik 2/2001, S. 42.

1458 In diese Richtung auch *Philippi*, Charta der Grundrechte, S. 41.

behalt – mit dem damit für die Mitgliedstaaten verbundenen Regelungsauftrag – zielt.[1459]

Hinsichtlich der *Mitgliedstaaten* erscheint es angesichts der Tatsache, dass der Gemeinschaftsgesetzgeber selbst die Grundrechte der Charta auch durch Gesetze im nur materiellen Sinne einschränken kann, fraglich, ob sie die Charta-Rechte ihrerseits nur durch ein Gesetz im formellen Sinne beschränken dürfen. Die mitgliedstaatlichen Rechtsordnungen verlangen mit Ausnahme der *common-law*-Staaten bei der Einschränkung ihrer Grundrechte allerdings ein formelles (Parlaments-) Gesetz als Rechtsgrundlage.[1460] Dies sollte aus Gründen der den Gemeinschaftsgrundrechten zu gewährleistenden gleich effektiven Durchsetzung insoweit auch für die Einschränkung der Charta-Grundrechte gelten. Zwar führt dies zu einer Inkohärenz der Anforderungen an gemeinschaftliche und verschiedene mitgliedstaatliche grundrechtsbeschränkende Rechtsakte.[1461] Dies muss bei den unterschiedlichen Systemen des Grundrechtsschutzes in der Gemeinschaft und den verschiedenen Mitgliedstaaten jedoch hingenommen werden.[1462]

(b) Weitere formelle Anforderungen

Eng verknüpft mit der Frage, ob ein formelles Gesetz zur Grundrechtsbeschränkung nach Art. 52 Abs. 1 EGRC erforderlich ist, ist diejenige, ob das grundrechtsbeschränkende Gesetz bestimmten Formerfordernissen, insbesondere der Schriftform, genügen muss. Der Wortlaut des Art. 52 Abs. 1 EGRC gibt hierüber keinen Aufschluss.

Nach der Rechtsprechung des EGMR kann auch ungeschriebenes, durch richterliche Entscheidungen entwickeltes Recht – bei Wahrung der o.g. materiell-rechtlichen Anforderungen – dem Gesetzesvorbehalt im Sinne der EMRK genügen.[1463] Grund hierfür ist, ebenso wie beim Verzicht auf ein for-

---

1459 Dahingehend auch *Weber*, NJW 2000, S. 543; *Weber*, in: *Weber* (Hrsg.), Charta der Grundrechte, S. 14; hinsichtlich der ungeschriebenen Gemeinschaftsgrundrechte bereits *Triantafyllou*, Vom Vertrags- zum Gesetzesvorbehalt, S. 172.

1460 Siehe hierzu bereits oben S. 325.

1461 Aus diesem Grund hält *Triantafyllou* (Vom Vertrags- zum Gesetzesvorbehalt, S. 170) ein formelles mitgliedstaatliches Gesetz für nicht erforderlich.

1462 Für eine prinzipiell erforderliche Differenzierung auch *Kingreen*, in: *Calliess / Ruffert* (Hrsg.), EUV/EGV, Art. 6 EUV, Rn. 72.

1463 EGMR, Beschw. Nr. 6538/74, Sunday Times ./. Vereinigtes Königreich, Urt. v. 26.04.1979, Ser. A, Bd. 30, S. 30 / Ziff. 47; EGMR, Beschw. Nr. 10461/83,

melles (Parlaments-) Gesetz, dass die EMRK nach Ansicht des EGMR dem *common law* die Tauglichkeit zur Rechtfertigung von Grundrechtsbeschränkungen nicht grundsätzlich absprechen, und die durch dieses geprägten Rechtsordnungen damit grundlegend in Frage stellen wollte.[1464]

Die Rechtsordnungen der Mitgliedstaaten, die mit Ausnahme der *common-law*-Staaten durchweg ein formelles (Parlaments-) Gesetz als Grundlage einer Grundrechtsbeschränkung fordern, verlangen damit hingegen einen schriftlich niedergelegten Rechtsakt.[1465]

Im Hinblick auf den *Gemeinschaftsgesetzgeber* besteht kein Anlass, für ein grundrechtsbeschränkendes Gesetz im Sinne des Art. 52 Abs. 1 EGRC nicht einen von den zuständigen Legislativorganen schriftlich niedergelegten Rechtsakt zu fordern.[1466] Seine Gesetze im materiellen Sinne, d.h. Verordnungen und ggf. Richtlinien, sind nach dem EG-Vertrag ohnehin schriftlich zu fixieren.

Hinsichtlich der *Mitgliedstaaten* muss differenziert werden: Die Mitgliedstaaten mit kontinental-europäischem Rechtssystem verstehen unter grundrechtsbeschränkenden „Gesetzen" ihrerseits vom Parlament erlassene und damit vom Gesetzgeber schriftlich kodifizierte Rechtsnormen. Von ihnen muss auch bei der Einschränkung von Charta-Grundrechten ein derart schriftlich fixierter Rechtsakt verlangt werden. Dagegen muss in Mitgliedstaaten mit anglo-amerikanischer Rechtsordnung ggf. auch das durch Urteile gebildete und in diesem Sinne nicht kodifizierte *case law* zur Rechtfertigung einer Beschränkung von Rechten der Charta ausreichen.[1467] Entsprechend den obigen Feststellungen wird auf diese Weise zwar keine absolute Kohärenz zwischen gemeinschaftlicher und nationalstaatlichen Rechtsordnungen hergestellt. Wenn im Ergebnis aber ein annähernd gleich hohes grundrechtliches Schutzniveau erreicht wird, ist eine völlige Angleichung der verschiedenen, in ihrer Identität zu achtenden Rechtsordnungen nicht unabdingbar. Überdies

---

Chappell ./. Vereinigtes Königreich, Urt. v. 30.03.1989, Ser. A, Bd. 152-A, S. 22 / Ziff. 52. Vgl. hierzu *Villiger*, EMRK-Handbuch, § 23 C I, Rn. 545.

1464 EGMR, Sunday Times (Fn. 1463), S. 30 / Ziff. 47; vgl. hierzu *Frowein*, in: *Frowein / Peukert*, EMRK, Vorbem. Art. 8-11, Rn. 3.

1465 Siehe hierzu bereits die Nachweise in Fn. 1442.

1466 So auch *Engel*, ZUM 2000, S. 993.

1467 A.A. *Triantafyllou*, Vom Vertrags- zum Gesetzesvorbehalt, S. 171, der einheitlich eine geschriebene Rechtsgrundlage fordert; für eine prinzipiell erforderliche Differenzierung auch *Kingreen*, in: *Calliess / Ruffert* (Hrsg.), EUV/EGV, Art. 6 EUV, Rn. 72.

würde durch das Erfordernis „geschriebenen“ Rechts letztendlich doch in jedem Fall ein formelles Gesetz verlangt. Allerdings muss die durch „geschriebenes“ Recht besonders erreichbare Bestimmtheit, wie dargelegt,[1468] bei „ungeschriebenem“ Recht in gleichem Maße gewährleistet sein.

Schließlich muss ein grundrechtsbeschränkendes Gesetz nach ständiger Rechtsprechung des EGMR für den Bürger hinreichend zugänglich sein.[1469] Dies muss aus Gründen der Rechtsklarheit auch für die Rechtsetzung durch die Gemeinschaftsorgane gelten.[1470] Durch die weitgehenden Pflichten zur Veröffentlichung insbesondere von Verordnungen und Richtlinien im Amtsblatt der EG (Art. 254 Abs. 1, 2 EG) und die i.ü. großzügige Veröffentlichungspraxis der Gemeinschaft[1471] dürfte die Möglichkeit für den Bürger, sich über das anwendbare Recht zu informieren, regelmäßig gewährleistet sein. Dasselbe gilt für die mitgliedstaatliche Gesetzgebung. Dabei kommt der Einhaltung des Publizitätserfordernisses bei nicht kodifiziertem *case law* unter rechtsstaatlichen Gesichtspunkten besondere Bedeutung zu.

Der Gesetzesvorbehalt des Art. 52 Abs. 1 EGRC erfüllt damit hauptsächlich rechtsstaatliche Funktionen.[1472] Besonders durch eine Ausweitung der Mitwirkungsrechte des Europäischen Parlaments an der Gemeinschaftsgesetzgebung sollte er sich in die Richtung eines zunehmend auch demokratische Legitimation vermittelnden Gesetzesvorbehalts entwickeln.[1473]

1468 Siehe oben 4. Kapitel.B.II.2.a(2).

1469 „*Accessibility of the law*“, vgl. EGMR, Beschw. Nr. 6538/74, Sunday Times ./. Vereinigtes Königreich, Urt. v. 26.04.1979, Ser. A, Bd. 30, S. 31 / Ziff. 49; EGMR, Beschw. Nr. 10461/83, Chappell ./. Vereinigtes Königreich, Urt. v. 30.03.1989, Ser. A, Bd. 152-A, S. 24 / Ziff. 56. Vgl. hierzu *Frowein*, in: *Frowein / Peukert*, EMRK, Vorbem. Art. 8-11, Rn. 3; *Villiger*, EMRK-Handbuch, § 23 C II, Rn. 546 m.w.N.

1470 So auch *Engel*, ZUM 2000, S. 992; *Weber*, NJW 2000, S. 543; in Bezug auf die ungeschriebenen Gemeinschaftsgrundrechte schon *Triantafyllou*, Vom Vertrags- zum Gesetzesvorbehalt, S. 162, 163. Keine weiteren materiell-rechtlichen Anforderungen sieht hingegen *v. Danwitz*, Internationale Politik 2/2001, S. 41 f.

1471 Vgl. hierzu *Engel*, ZUM 2000, S. 992.

1472 So schon zum Gesetzesvorbehalt der ungeschriebenen Gemeinschaftsgrundrechte *Triantafyllou*, Vom Vertrags- zum Gesetzesvorbehalt, S. 307 f.

1473 Zum Gesetzesvorbehalt der ungeschriebenen Gemeinschaftsgrundrechte ebenso *Triantafyllou*, Vom Vertrags- zum Gesetzesvorbehalt, S. 312.

(4) Ausblick: Neuordnung der Rechtsetzungsakte im Unionsrecht

In dem am 29. Oktober 2004 unterzeichneten Vertrag über eine Verfassung für Europa (VerfV)[1474] sind die für die Ausübung der Unionszuständigkeiten vorgesehenen Rechtsakte umgestaltet worden. Artikel I-33 des Verfassungsvertrags differenziert nunmehr ausdrücklich zwischen Gesetzgebungsakten und Rechtsakten ohne Gesetzescharakter, den exekutivischen Durchführungsmaßnahmen.

Zu den Gesetzgebungsakten gehört zum einen das Europäische Gesetz, ein Gesetzgebungsakt mit allgemeiner Geltung, der in allen seinen Teilen verbindlich ist und unmittelbar in jedem Mitgliedstaat gilt (Art. I-33 Abs. 1 UAbs. 2 VerfV). Es entspricht der Verordnung des EG-Vertrags (Art. 249 Abs. 2 EG).

Zum anderen ist das Europäische Rahmengesetz ein Gesetzgebungsakt. Es ist für jeden Mitgliedstaat, an den es gerichtet ist, hinsichtlich des zu erreichenden Ziels verbindlich, überlässt den innerstaatlichen Stellen jedoch die Wahl der Form und der Mittel (Art. I-33 Abs. 1 UAbs. 3 VerfV). Sein Pendant im EG-Vertrag ist die Richtlinie (Art. 249 Abs. 3 EG).

Demgegenüber kommen der Europäischen Verordnung und dem Europäischen Beschluss ausdrücklich kein Gesetzescharakter zu (Art. I-33 Abs. 1 UAbs. 4, 5 VerfV). Die Europäische Verordnung, ein Rechtsakt mit allgemeiner Geltung, dient der Durchführung der Gesetzgebungsakte und einzelner Bestimmungen der Verfassung (Art. I-33 Abs. 1 UAbs. 4 VerfV). Sie ist als Handlungsform der Unionsorgane neu in den Verfassungsvertrag aufgenommen worden. Der Europäische Beschluss ist in allen seinen Teilen für seine Adressaten verbindlich (Art. I-33 Abs. 1 UAbs. 5 VerfV), und entspricht damit der Entscheidung nach Art. 249 Abs. 4 EG. Empfehlungen und Stellungnahmen schließlich sind, wie im EG-Vertrag, nicht verbindlich (Art. I-33 Abs. 1 UAbs. 6 VerfV bzw. Art. 249 Abs. 5 EG).[1475]

1474 Dok. CIG 87/2/04 REV 2 v. 29.10.2004, S. 1 ff. Zu den zugrundeliegenden Vorschlägen des Verfassungskonvent vgl. insbesondere den Schlussbericht der Arbeitsgruppe „Vereinfachung der Rechtsetzungsverfahren und Rechtsakte", Dok. CONV 424/02 WG IX 13 v. 29.11.2002, S. 1 ff.; zu den Konventsberatungen näher Maurer, INTEGRATION 4/2003, S. 442-445.

1475 Zum Vorschlag einer ähnlichen wie der nunmehr im Verfassungsvertrag vorgenommenen Hierarchisierung der Rechtsakte vgl. bereits *Triantafyllou*, Vom Vertrags- zum Gesetzesvorbehalt, S. 100, 101.

Die Neuordnung der Rechtsakte der Union hat die Bestimmung derjenigen Unionsakte, welche künftig zur Rechtfertigung eines Grundrechtseingriffs herangezogen werden dürfen, klargestellt und erleichtert. Nach dem Wortlaut der Schrankenregelung des Art. 52 Abs. 1 EGRC muss eine Einschränkung der Charta-Rechte „gesetzlich vorgesehen" sein. Folglich dürfen sie lediglich durch die beiden Rechtsakte mit Gesetzescharakter, Europäisches Gesetz und Europäisches Rahmengesetz, beschränkt werden.

Die Neuregelung zu den Rechtsakten der Union wird zudem in weiteren Aspekten dem Ziel der Entwicklung eines demokratische Legitimation vermittelnden Gesetzesvorbehalts gerecht.[1476] So werden die Gesetzgebungsakte im ordentlichen Gesetzgebungsverfahren nach Art. III-396 VerfV grundsätzlich[1477] auf Vorschlag der Kommission vom Europäischen Parlament und vom Rat gemeinsam erlassen.[1478] Gelangen die beiden Organe nicht zu einer Einigung, kommt der betreffende Gesetzgebungsakt nicht zustande (Art. I-34 Abs. 1 VerfV). Auf diese Weise wird insbesondere die für die Qualifizierung als Gesetz im formellen Sinne erforderliche entscheidende Mitwirkung des Europäischen Parlaments an der Gesetzgebung garantiert.[1479]

Weiterhin müssen Europäische Gesetze und Rahmengesetze, die der Kommission die Befugnis übertragen, delegierte Europäische Verordnungen zu erlassen, Ziele, Inhalt, Geltungsbereich und Dauer der Befugnisübertragung ausdrücklich festlegen (Art. I-36 Abs. 2, 1 VerfV). Die wesentlichen Aspekte eines Bereichs sind dem Gesetz bzw. Rahmengesetz selbst vorbehalten (Art. I-36 Abs. 2 S. 2 VerfV). Hierin ähnelt die Bestimmung des Art. I-36 VerfV der Regelung zur Ermächtigung zum Erlass von Rechtsverordnungen nach Art. 80 Abs. 1 S. 2 des deutschen Grundgesetzes und der vom BVerfG entwickelten sog. Wesentlichkeitslehre.[1480] Sie dient gleichermaßen einer Stärkung des Vorbehalts eines formellen Gesetzes.

1476 Zur Bedeutung der Gewährleistung demokratischer Legitimation der getroffenen Entscheidungen für die Förderung der europäischen Identität insgesamt *Pache*, DVBl. 2002, S. 1165.

1477 Zur Ausnahme des Erlasses von (Rahmen-) Gesetzen nach besonderen Gesetzgebungsverfahren durch das EP mit Beteiligung des Rates und umgekehrt vgl. Art. I-34 Abs. 2 VerfV.

1478 Dazu Maurer, INTEGRATION 4/2003, S. 444.

1479 Siehe dazu oben 4. Kapitel.B.II.2.a(3)(a), insb. bei Fn. 1437 f.

1480 So auch *Schwarze*, EuR 2003, S. 554, insb. dort Fn. 90 f. m.w.N.

Zudem dienen die weitgehenden Bestimmungen zur Veröffentlichung der Europäischen Rechtsakte im Amtsblatt der EU (Art. I-39 VerfV) der Zugänglichkeit dieser Akte. Schließlich dürfen das Europäische Parlament und der Rat nach Abs. 2 des Art. I-33 VerfV keine anderen als die in der jeweiligen Bestimmung selbst vorgesehenen Akte annehmen, was den rechtsstaatlich begrenzenden Charakter der Vorschrift herausstellt.[1481]

Auf diese Weise bewirken die neuen Bestimmungen über die Rechtsakte der Union eine deutlichere Gewaltenteilung, eine Verbesserung der rechtsstaatlichen Struktur der Union und eine Stärkung des Demokratieprinzips.[1482] Der Verfassungsvertrag wird somit auch in dieser Hinsicht der Forderung gerecht, die demokratischen Grundlagen der Union schritthaltend mit der Integration auszubauen.[1483]

b. Die gemeinschaftsspezifische Schranke

Nach Art. 52 Abs. 1 S. 2 EGRC dürfen Einschränkungen der Charta-Rechte nur vorgenommen werden, wenn sie „*den von der Union anerkannten dem Gemeinwohl dienenden Zielsetzungen (...) tatsächlich entsprechen*". Mit dieser Bestimmung lehnt sich die Charta an die vom Gerichtshof zu den ungeschriebenen gemeinschaftlichen Freiheitsrechten entwickelte gemeinschaftsspezifische Schranke an.[1484] Die Gemeinwohlziele bestimmen die allein zulässigen Zwecke, denen ein grundrechtsbeschränkendes Gesetz dienen muss. Die in der Charta kodifizierte gemeinschaftsspezifische Schranke kann deshalb als qualifizierter Gesetzesvorbehalt eingeordnet werden.[1485]

Die Charta-Regelung geht über die vom Gerichtshof niedergelegte Schrankenbestimmung inhaltlich insoweit hinaus, als Letzterer zufolge eine Einschränkung von Grundrechten dem Gemeinwohl dienenden Zielen der *Gemeinschaft* tatsächlich entsprechen muss.[1486] Art. 52 Abs. 1 S. 2 EGRC nimmt ausdrücklich auf die Ziele der „Union", die nach Sinn und Zweck der

---

[1481] Dazu *Schwarze*, EuR 2003, S. 554.

[1482] So auch *Schwarze*, EuR 2003, S. 554.

[1483] Zu dieser Forderung insbesondere BVerfG, 2 BvR 2134, 2159/92, Urt. v. 12.10.1993, BVerfGE 89, 155 (185) („Maastricht").

[1484] So auch die Erläuterungen des Konventspräsidiums zu Art. 52 EGRC, Dok. CHARTE 4473/00 CONVENT 49 v. 11.10.2000, S. 48 = EuGRZ 2000, S. 569; *Weber*, in: *Weber* (Hrsg.), Charta der Grundrechte, S. 14; *Schmitz*, JZ 2001, S. 838.

[1485] Vgl. hierzu bereits oben 4. Kapitel.B.I.1.b.

[1486] Siehe hierzu eingehend oben 4. Kapitel.B.I.1.b.

Regelung neben der EU insbesondere die in der Regel auf Gemeinschaftsebene grundrechtsbeschränkend tätige EG umfasst, Bezug.[1487]

Als im Sinne des Art. 52 Abs. 1 S. 2 EGRC Grundrechtseingriffe rechtfertigende Gemeinwohlziele können folglich sämtliche bereits in der Rechtsprechung der Gemeinschaftsgerichte anerkannte, notwendig im Primärrecht verankerte[1488] Zielsetzungen der Gemeinschaft herangezogen werden. Diese umfassen neben dem Schutz von Leben und Gesundheit und dem Umwelt- und Verbraucherschutz so weitgefasste Aspekte wie die Durchsetzung der gemeinschaftsrechtlichen Wettbewerbsordnung, des Binnenmarktprinzips oder agrarmarktpolitischer Ziele.[1489] Darüber hinaus kommen neben den in Art. 2 EG aufgezählten primärrechtlichen Zielen der Gemeinschaft[1490] auch die in Art. 2 EU niedergelegten weitreichenden Ziele der Union zur Rechtfertigung von Grundrechtseingriffen in Betracht.

Das Grundrechte einschränkende Organ muss allerdings nach den Verträgen für die Erreichung der mit der Beschränkung verfolgten Ziele zuständig sein.[1491] Infolgedessen kann beispielsweise auf die in Art. 30 oder 39 Abs. 3 EG genannten Gründe für eine Einschränkung von Grundfreiheiten nicht generell als von der Union anerkannte Gemeinwohlzielsetzungen zurückgegriffen werden.[1492] Die dort normierten Beschränkungsvoraussetzungen gelten vielmehr ausschließlich im Anwendungsbereich der – von den Grundrechten zu unterscheidenden, in erster Linie an die Mitgliedstaaten adressierten[1493] – Grundfreiheiten. Vielfach sind die dort niedergelegten zulässigen Einschränkungsgründe, so z.B. der Schutz von (Menschen-) Leben und Ge-

[1487] Die Einbeziehung der Ziele der Union korrespondiert mit der ausdrücklichen Erweiterung des Kreises der Grundrechtsverpflichteten auf die Union, siehe dazu oben 3. Kapitel.C.I.1, 2.a.

[1488] Siehe dazu oben 4. Kapitel.B.I.1.b.

[1489] Vgl. hierzu die Nachweise in Fn. 1281-1286.

[1490] So auch die Erläuterungen des Konventspräsidiums zu Art. 52 EGRC, Dok. CHARTE 4473/00 CONVENT 49 v. 11.10.2000, S. 48 = EuGRZ 2000, S. 569.

[1491] Siehe hierzu ausführlich oben 4. Kapitel.B.I.1.b.

[1492] So aber die Erläuterungen des Konventspräsidiums zu Art. 52 EGRC, Dok. CHARTE 4473/00 CONVENT 49 v. 11.10.2000, S. 48 = EuGRZ 2000, S. 569; *Picker*, Charta der Grundrechte, S. 150.

[1493] Siehe hierzu oben 1. Kapitel.B.II.3, insb. bei Fn. 119.

sundheit, allerdings als von der Gemeinschaft zu verfolgende Ziele andernorts ausdrücklich vertraglich verankert.[1494]

Die in Art. 52 Abs. 1 S. 2 EGRC normierte gemeinschaftsspezifische Schranke ist – ebenso wie ihr richterrechtlich entwickeltes Vorbild[1495] – verhältnismäßig weit und unbestimmt gefasst.[1496] Den weiteren Schranken und Schranken-Schranken von Grundrechtseingriffen kommt infolgedessen für das grundrechtliche Schutzniveau der Charta besondere Bedeutung zu.

c. Weitere allgemeine Schrankenbestimmungen

(1) Erfordernisse des Schutzes der Rechte und Freiheiten anderer

Artikel 52 Abs. 1 S. 2 EGRC lässt – neben der soeben diskutierten Möglichkeit der Grundrechtsbeschränkung zur Verfolgung der von der Union anerkannten Gemeinwohlziele – Einschränkungen der Charta-Rechte zu, wenn sie „*den Erfordernissen des Schutzes der Rechte und Freiheiten anderer tatsächlich entsprechen*". Die Formulierung dieser Schrankenbestimmung orientiert sich an speziellen Schrankenregelungen der EMRK. Diese lässt in Art. 8 Abs. 2, 9 Abs. 2 und 11 Abs. 2 Einschränkungen der Konventionsrechte „*zum Schutz der Rechte und Freiheiten anderer*", und in Art. 10 Abs. 2 Einschränkungen „*zum Schutz der Rechte anderer*" zu.[1497]

EuGH und EuG haben im Rahmen ihrer Grundrechtsrechtsprechung den Schutz der Rechte und Freiheiten anderer zwar nicht ausdrücklich als Bestandteil der einheitlichen Schranke der Freiheitsrechte festgeschrieben.[1498] Zahlreiche der von ihnen anerkannten, Grundrechtseingriffe rechtfertigenden Gemeinwohlziele, wie z.B. der Schutz von (Menschen-) Leben und Gesundheit sowie der Verbraucherschutz,[1499] implizieren aber, dass auch sie die indi-

---

1494 Vgl. oben 4. Kapitel.B.I.1.b.

1495 Siehe bereits oben 4. Kapitel.B.I.1.b.

1496 So zu einer Vorfassung von Art. 52 EGRC auch *Kenntner*, ZRP 2000, S. 424-425. Zur Bewertung der Schrankenbestimmung des Art. 52 EGRC siehe ausführlich unten 4. Kapitel.E.II.

1497 So auch *Weber*, GYIL 43 (2000), S. 114; *Calliess*, EuZW 2001, S. 264; *Grabenwarter*, DVBl. 2001, S. 2; eine Anlehnung an die EuGH-Rechtsprechung sehen hingegen *Schmitz*, JZ 2001, S. 838, sowie *Weber*, in: *Weber* (Hrsg.), Charta der Grundrechte, S. 14.

1498 Siehe hierzu oben 4. Kapitel.B.I.

1499 Siehe im Einzelnen oben 4. Kapitel.B.I.1.b.

viduellen Rechte anderer Grundrechtsträger als taugliche Schranke der Gemeinschaftsgrundrechte ansehen.

Ebenso wie die Gemeinwohlziele benennen die Erfordernisse des Schutzes der Rechte und Freiheiten anderer in Art. 52 Abs. 1 S. 2 EGRC die allein zulässigen Zwecke, denen ein grundrechtsbeschränkendes Gesetz dienen muss. Diese Schrankenbestimmung ist daher gleichermaßen als qualifizierter Gesetzesvorbehalt einzustufen.[1500]

Inhaltlich muss den durch eine Grundrechtsbeschränkung zu schützenden Rechten und Freiheiten anderer, wie oben[1501] dargestellt, „Verfassungsrang" zukommen, d.h. sie müssen auf der Ebene des Primärrechts bzw. in der künftigen Europäischen Verfassung verankert sein. Als derartige kollidierende Rechte kommen vor allem die auf Gemeinschaftsebene garantierten Grundrechte, die bei Verbindlichkeit der Charta dieser zu entnehmen sind, in Betracht. Auch der Schutz der primärrechtlich normierten Grundfreiheiten kann hiernach eine Grundrechtsbeschränkung rechtfertigen. Zwar sind von dem Begriff der (Rechte und) Freiheiten wegen der Übernahme dieser Schrankenbestimmung aus der EMRK nicht schon ausdrücklich die – der Konvention unbekannten – Grundfreiheiten des EG-Vertrages erfasst. Vielmehr belegen sowohl der Titel der EMRK als auch die unter der Überschrift des Abschnittes I der Konvention, „Rechte und Freiheiten", zusammengefassten Bestimmungen, dass die EMRK die Begriffe „Rechte" und „Freiheiten" synonym im Sinne von Grundrechten versteht. Jedoch sind die Grundfreiheiten als primärrechtlich verankerte subjektiv-öffentliche Rechte mit grundrechtsähnlichem Charakter[1502] als Rechte in diesem Sinne anzusehen.

(2) Notwendigkeit der Grundrechtsbeschränkung?

Einschränkungen von Rechten der Charta dürfen nach Art. 52 Abs. 1 S. 2 EGRC weiterhin nur dann vorgenommen werden, wenn sie *„notwendig"* sind. Das Erfordernis der Notwendigkeit einer grundrechtsbeschränkenden Maßnahme lehnt sich an die in den jeweiligen Absätzen 2 der Art. 8-11 EMRK enthaltene Voraussetzung einer Grundrechtsbeschränkung an, die u.a. *„in einer demokratischen Gesellschaft notwendig"* sein muss.[1503] Der EuGH hat

[1500] So auch *Grabenwarter*, DVBl. 2001, S. 2.

[1501] 4. Kapitel.B.I.1.b.

[1502] Vgl. hierzu 1. Kapitel.B.II.3, insb. bei Fn. 111 f.

[1503] So auch *Weber*, in: *Weber* (Hrsg.), Charta der Grundrechte, S. 14; *Calliess*, EuZW 2001, S. 264; *Grabenwarter*, DVBl. 2001, S. 2.

das Kriterium der Notwendigkeit hoheitlichen Handelns teils als Synonym für die Erforderlichkeit dieses Handelns im Rahmen der Verhältnismäßigkeitsprüfung verlangt.[1504]

Anders als o.g. Gemeinwohlziele und die Erfordernisse des Schutzes der Rechte anderer kann das Kriterium der Notwendigkeit des grundrechtsbeschränkenden Gesetzes nicht als qualifizierter Gesetzesvorbehalt den Grundrechtsschranken zugeordnet werden. Das Erfordernis notwendiger Grundrechtsbeschränkungen verlangt nicht im Sinne eines qualifizierten Gesetzesvorbehaltes, dass das grundrechtseinschränkende Gesetz an bestimmte Situationen anknüpft, bestimmten Zwecken dient oder bestimmte Mittel benutzt.[1505] Es bezeichnet vielmehr die Schranken, welche die diesen Anforderungen genügenden, grundrechtsbeschränkenden Gesetze generell zu beachten haben, und ist damit als allgemeine Schranken-Schranke[1506] zu qualifizieren.

(3) Verantwortlichkeit und Pflichten gegenüber den Mitmenschen?

Der Hinweis im sechsten Absatz der Präambel der Grundrechtecharta, dass die Ausübung der Charta-Rechte mit *„Verantwortlichkeiten und Pflichten (...) gegenüber den Mitmenschen (...) verbunden“* ist, stellt schon wegen seiner Verortung in der Präambel keine eigenständige Grundrechtsschranke dar.[1507] Wie die übrigen Regelungen in der Präambel kann die Bestimmung zur Auslegung der einzelnen Charta-Artikel herangezogen werden.[1508] Sie dürfte in Bezug auf die Einschränkbarkeit von Grundrechten über die grundsätzliche Möglichkeit einer Beschränkung hinaus allerdings keine Erkenntnisse liefern.

1504 Vgl. hierzu noch unten 4. Kapitel.B.III.2, insb. bei Fn. 1515.

1505 Zum qualifizierten Gesetzesvorbehalt siehe oben 4. Kapitel.B.I.1.b.

1506 Zur Definition siehe oben 4. Kapitel.A, bei Fn. 1259.

1507 So auch *Tomuschat*, in: F.A.Z. Nr. 181 v. 07.08.2000, S. 13; vgl. zu Abs. 6 der Charta-Präambel i.ü. *Busse*, EuGRZ 2002, S. 571.

1508 Eingehend hierzu *Busse*, EuGRZ 2002, S. 563 f.

III. Die Schranken-Schranken

1. Der Grundsatz der Verhältnismäßigkeit (Art. 52 Abs. 1 S. 2 EGRC)

Einschränkungen der Charta-Rechte dürfen nach dem Wortlaut des Art. 52 Abs. 1 S. 2 EGRC nur bei *„Wahrung des Grundsatzes der Verhältnismäßigkeit"* vorgenommen werden. Das Verhältnismäßigkeitsprinzip lässt sich auf verschiedene Rechtserkenntnisquellen der Charta-Bestimmungen zurückführen. Insbesondere ist es nach der Rechtsprechung von EuGH und EuG, die das Prinzip ihrerseits u.a. aus den Rechtsordnungen der Mitgliedstaaten abgeleitet haben, seit jeher als Schranken-Schranke bei Grundrechtseingriffen zu achten.[1509] Auch der EGMR hat im Rahmen einzelner Schrankenregelungen der EMRK das in der Konvention nicht ausdrücklich aufgeführte Erfordernis verhältnismäßiger grundrechtsbeschränkender Maßnahmen entwickelt.[1510]

Zur Bestimmung der konkreten inhaltlichen Anforderungen, die der Verhältnismäßigkeitsgrundsatz des Art. 52 Abs. 1 S. 2 EGRC als Schranken-Schranke[1511] an hoheitliche Maßnahmen stellt, ist folglich in erster Linie auf die Rechtsprechung des EuGH zurückzugreifen. Der Gerichtshof hat, wie dargestellt, mit den Voraussetzungen der Geeignetheit, Erforderlichkeit und Angemessenheit der grundrechtsbeschränkenden Maßnahme als Mittel zur Erreichung eines legitimen Zwecks das Verhältnismäßigkeitsprinzip materiellrechtlich präzise ausgeformt.[1512] Als legitime Zwecke in diesem Sinne sind in Art. 52 Abs. 1 S. 2 EGRC im Rahmen qualifizierter Gesetzesvorbehalte sehr weitgehend die von der Union anerkannten, dem Gemeinwohl dienenden Zielsetzungen sowie die Erfordernisse des Schutzes der Rechte und Freiheiten anderer bestimmt. Immerhin ist der Gemeinschaftsgesetzgeber nach Art. 253 EG verpflichtet, die von ihm erlassenen Rechtsakte mit Gründen zu

---

1509 Siehe hierzu oben 4. Kapitel.B.I.2.a.; für eine Rückführung des Prinzips auf die gemeinschaftsgerichtliche Rechtsprechung vgl. insb. die Erläuterungen des Konventspräsidiums zu Art. 52 EGRC, Dok. CHARTE 4473/00 CONVENT 49 v. 11.10.2000, S. 48 = EuGRZ 2000, S. 569; *Mahlmann*, ZEuS 2000, S. 439.

1510 Siehe dazu sogleich unten 4. Kapitel.B.III.2, insb. bei Fn. 1518, 1522-1524.

1511 So z.B. auch *Weber*, in: *Weber* (Hrsg.), Charta der Grundrechte, S. 14; *Mahlmann*, ZEuS 2000, S. 439.

1512 Eingehend hierzu oben 4. Kapitel.B.I.2.a.

versehen. Im Rahmen der Prüfung von Grundrechtsverletzungen muss er sich an den dabei aufgeführten Zielen seiner Maßnahme festhalten lassen.[1513]

2. Notwendigkeit der Grundrechtsbeschränkung

Überraschend ist, dass Art. 52 Abs. 1 S. 2 EGRC neben der Verhältnismäßigkeit der Grundrechtsbeschränkung deren Notwendigkeit verlangt: „*Unter Wahrung des Grundsatzes der Verhältnismäßigkeit dürfen Einschränkungen nur vorgenommen werden, wenn sie notwendig sind (...)*". Das Notwendigkeitserfordernis entstammt den jeweiligen Absätzen 2 der Art. 8-11 EMRK.[1514] Der EuGH hat den Begriff der Notwendigkeit nur gelegentlich als Synonym für die Voraussetzung der Erforderlichkeit im Rahmen der Verhältnismäßigkeitsprüfung, nicht hingegen eigenständig verwendet.[1515] In der Rechtsprechung des EGMR hat sich jedoch gerade die Verhältnismäßigkeit der grundrechtsbeschränkenden Maßnahme zum entscheidenden Kriterium ihrer Notwendigkeit entwickelt.[1516]

Der Straßburger Gerichtshof legt den Begriff „*in einer demokratischen Gesellschaft notwendig*" wie alle Bestimmungen der EMRK, die eine Beschränkung des betreffenden Konventionsrechts zulassen, eng aus.[1517] Ein Grundrechtseingriff ist nach seiner ständigen Rechtsprechung nur dann in diesem Sinne notwendig, wenn er insbesondere einem dringenden gesellschaftlichen Bedürfnis entspricht und verhältnismäßig ist:[1518] „Notwendig" sei nicht gleichbedeutend mit „unbedingt erforderlich"[1519], sei aber auch nicht mit fle-

---

1513 *Engel*, ZUM 2000, S. 994.

1514 Siehe bereits oben 4. Kapitel.B.II.2.c(2). Für eine Übernahme des Notwendigkeitserfordernisses aus der EMRK in die Charta plädierte vor Proklamation der Charta z.B. *Weber*, NJW 2000, S. 543/544.

1515 Siehe die Nachweise oben 4. Kapitel.B.II.2.c(2), Fn. 1504.

1516 So auch statt vieler *Frowein*, in: *Frowein / Peukert*, EMRK, Vorbem. Art. 8-11, Rn. 16 m.w.N.; *Weiß*, Das Gesetz im Sinne der EMRK, S. 37, 126 f. m.w.N.; *Weber*, in: *Weber* (Hrsg.), Charta der Grundrechte, S. 14; zur Rspr. des EGMR im Einzelnen vgl. insb. die Nachweise in Fn. 1522 f.

1517 EGMR, Beschw. Nr. 5029/71, Klass u.a. ./. Deutschland, Urt. v. 06.09.1978, Ser. A, Bd. 28, S. 21 / Ziff. 42; EGMR, Beschw. Nr. 5947/72 u.a., Silver u.a. ./. Vereinigtes Königreich, Urt. v. 25.03.1983, Ser. A, Bd. 61, S. 38 / Ziff. 97.

1518 Siehe bereits EGMR, Beschw. Nr. 5493/72, Handyside ./. Vereingtes Königreich, Urt. v. 07.12.1976, Ser. A, Bd. 24, S. 22 f. / Ziff. 48 f.; instruktiv EGMR, Silver (Fn. 1517), S. 37 f. / Ziff. 97.

1519 Vgl. z.B. Art. 2 Abs. 2, 6 Abs. 1 EMRK.

xiblen Begriffen wie „angemessen“[1520] oder „wünschenswert“ gleichzusetzen, sondern meine in diesem Zusammenhang ein dringendes gesellschaftliches Bedürfnis.[1521] Ein „notwendiger“ Grundrechtseingriff müsse darüber hinaus in Bezug auf das mit ihm verfolgte legitime Ziel verhältnismäßig sein.[1522] Der EGMR überprüft in diesem Rahmen, ob die Notwendigkeit des eingesetzten Mittels zum Schutz des betreffenden Rechtsgutes in überzeugender Weise nachgewiesen worden ist. Weiterhin kontrolliert er, ob eine Abwägung zwischen dem Freiheitsrecht und dem Schutzgut stattgefunden und zu einem angemessenen Verhältnis zwischen den betroffenen Interessen geführt hat.[1523] Dies entspricht im Wesentlichen den inhaltlichen Anforderungen, die der EuGH und zahlreiche mitgliedstaatliche Rechtsordnungen an die Verhältnismäßigkeit einer grundrechtsbeschränkenden Maßnahme stellen.[1524] Der – in der Endfassung[1525] des Art. 52 Abs. 1 S. 2 EGRC nicht enthaltene – Zusatz *„in einer demokratischen Gesellschaft“* hat in der einschlägigen Rechtsprechung des EGMR keine nennenswerte eigenständige Bedeutung erlangt.[1526]

1520 Vgl. z.B. Art. 5 Abs. 3, 6 Abs. 1 EMRK.

1521 EGMR, Handyside (Fn. 1518), S. 22 / Ziff. 48; EGMR, Beschw. Nr. 6538/74, Sunday Times ./. Vereinigtes Königreich, Urt. v. 26.04.1979, Ser. A, Bd. 30, S. 35 f. / Ziff. 59; EGMR, Beschw. Nr. 8734/79, Barthold ./. Bundesrepublik Deutschland, Urt. v. 25.03.1985, Ser. A, Bd. 90, S. 24 f. / Ziff. 55.

1522 EGMR, Handyside (Fn. 1518), S. 23 / Ziff. 49; EGMR, Barthold (Fn. 1521), S. 25 / Ziff. 55.

1523 Siehe z.B. EGMR, Sunday Times (Fn. 1521), S. 38 ff. / Ziff. 62-67; EGMR, Barthold (Fn. 1521), S. 25 f. / Ziff. 56-59; EGMR, Beschw. Nr. 12313/86, Moustaquim ./. Belgien, Urt. v. 18.02.1991, Ser. A, Bd. 193, S. 20 / Ziff. 46. Vgl. hierzu auch *Frowein*, in: *Frowein / Peukert*, EMRK, Vorbem. Art. 8-11, Rn. 16; *Villiger*, EMRK-Handbuch, § 23 E, Rn. 552.

1524 Geeignetheit, Erforderlichkeit und Angemesenheit der beschränkenden Maßnahme, siehe hierzu oben 4. Kapitel.B.I.2.a.; siehe hierzu i.ü. *Frowein*, in: *Frowein / Peukert*, EMRK, Vorbem. Art. 8-11, Rn. 17.

1525 Die Vorfassungen der allgemeinen Schrankenregelung enthielten teils noch die Formulierung, dass jede Einschränkung der Charta-Rechte „für den Schutz legitimer Interessen in einer demokratischen Gesellschaft erforderlich“ sein müsse, vgl. nur Dok. CHARTE 4149/00 CONVENT 13 v. 08.03.2000, S. 18; Dok. CHARTE 4235/00 CONVENT 27 v. 18.04.2000, S. 2; Dok. CHARTE 4316/00 CONVENT 34 v. 16.05.2000, S. 10; Dok. CHARTE 4383/00 CONVENT 41 v. 03.07.2000, S. 25.

1526 Vgl. nur EGMR, Beschw. Nr. 7525/76, Dudgeon ./. Vereinigtes Königreich, Urt. v. 22.10.1981, Ser. A, Bd. 45, S. 21 f. / Ziff. 53 (hiernach hat der Einzelne bei der Ausübung seiner Freiheitsrechte Anspruch auf eine gewisse Toleranz); *Villiger*,

Bei der konkreten Kontrolle von Maßnahmen der EMRK-Vertragsstaaten auf ihre Notwendigkeit hin erkennt der EGMR diesen einen gewissen, begrenzten Beurteilungsspielraum zu. Ihm selbst komme aber die Letztentscheidungsbefugnis über die Notwendigkeit der jeweiligen Maßnahme bei Berücksichtigung der Gesamtumstände des Falles zu.[1527]

Vor dem Hintergrund dieser Interpretation des Merkmals „notwendig" im Rahmen der EMRK ist dessen mögliche Bedeutung in Art. 52 Abs. 1 S. 2 der Grundrechtecharta zu bestimmen. Die Verhältnismäßigkeit einer grundrechtsbeschränkenden Maßnahme ist in diesem Artikel bereits ausdrücklich festgeschrieben. Angesichts dessen könnte das Erfordernis der Notwendigkeit, das im Wesentlichen ebenfalls die Verhältnismäßigkeit von Grundrechtseingriffen fordert, als überflüssige Wiederholung anzusehen sein. Gleichermaßen käme ein Verständnis des Kriteriums „notwendig" im Sinne von „erforderlich" und damit als Bezeichnung der Teilvoraussetzung der Erforderlichkeit im Rahmen der dreistufigen Verhältnismäßigkeitsprüfung in Betracht.[1528] Dies schriebe ihm ebenfalls keine eigenständige Bedeutung in Art. 52 Abs. 1 S. 2 EGRC zu. Diese Interpretation entspräche zwar der Bedeutung, die der EuGH teils dem Begriff „notwendig" beigemessen hat. Der entsprechende Begriff in der Charta entstammt aber, wie gezeigt, gerade nicht seiner Rechtsprechung.[1529]

Derartige Auslegungen widersprächen jedoch insbesondere einer teleologischen Interpretation des Begriffes der Notwendigkeit. Dieser Auslegungsmethode zufolge laufen die in einer Rechtsnorm niedergelegten tatbestandlichen Voraussetzungen in ihrem Regelungszusammenhang grundsätzlich nicht leer, sondern sind auf eine Weise zu interpretieren, in der ihnen ein Sinn zukommt.[1530] Dies wird überdies durch die Entstehungsgeschichte der allgemeinen Schrankenregelung untermauert. Diese belegt, dass

---

EMRK-Handbuch, § 23 E, Rn. 551 m.w.N.; eingehend hierzu *Weiß*, Das Gesetz im Sinne der EMRK, S. 37 f., 128-133.

1527 EGMR, Handyside (Fn. 1518), S. 22 f. / Ziff. 48 f.; EGMR, Sunday Times (Fn. 1521), S. 36 / Ziff. 59; EGMR, Silver (Fn. 1517), S. 37 f. / Ziff. 97; EGMR, Barthold (Fn. 1521), S. 25 / Ziff. 55; vgl. hierzu auch *Villiger*, EMRK-Handbuch, § 23 E, Rn. 553.

1528 Dahingehend *Mahlmann*, ZEuS 2000, S. 439 (dort Fn. 102); *Schmitz*, JZ 2001, S. 838; *Philippi*, Charta der Grundrechte, S. 42.

1529 Siehe hierzu bereits oben 4. Kapitel.B.II.2.c(2), insb. die Nachweise in Fn. 1503, 1504.

1530 Vgl. *Heinrichs*, in: *Palandt*, BGB, Einl, Rn. 56.

die Verfasser der Charta ganz bewusst für Grundrechtsbeschränkungen neben ihrer Verhältnismäßigkeit in gezielter Anlehnung an o.g. Schrankenregelungen in der EMRK[1531] die Anforderung ihrer Notwendigkeit festgeschrieben haben. In früheren Entwürfen trat neben das Prinzip der Verhältnismäßigkeit stets die ebenfalls an die Absätze 2 der Art. 8-11 EMRK angelehnte Regelung, dass eine Grundrechtsbeschränkung „*innerhalb der Grenzen bleibt, die für den Schutz legitimer Interessen in einer demokratischen Gesellschaft erforderlich sind*".[1532] Spätere Entwürfe ersetzten diese Passage – bei gleichzeitiger Präzisierung der zulässigen Eingriffszwecke – durch die Bestimmung, dass die Beschränkung „*notwendig*" sein muss.[1533]

Infolgedessen muss dem Merkmal „*notwendig*" in Anlehnung an seine Interpretation in der EMRK im Rahmen des Art. 52 Abs. 1 S. 2 EGRC eine eigenständige Bedeutung zuerkannt werden. Eine solche ergibt sich zum einen daraus, dass es von einer Einschränkung (neben ihrer Verhältnismäßigkeit) verlangt, dass sie einem *dringenden* gesellschaftlichen Bedürfnis entspricht. Dieses Erfordernis könnte insbesondere zu einer restriktiven Auslegung der relativ weit und unbestimmt gefassten, eine Grundrechtsbeschränkung rechtfertigenden Gemeinwohlziele im Rahmen der gemeinschaftsspezifischen Schrankenregelung führen. Zum anderen unterstreicht das Kriterium der Notwendigkeit einer Einschränkung die an eine solche im Rahmen der Verhältnismäßigkeitsprüfung im Einklang mit der Rechtsprechung des EGMR zu stellenden hohen Anforderungen. Es betont den Ausnahmecharakter einer Grundrechtsbeschränkung. Überdies kann es entsprechend seinem Verständnis in der EMRK als Hinweis auf einen nur begrenzten Beurteilungsspielraum der in Grundrechte eingreifenden Hoheitsträger interpretiert werden.

So verstanden entgegnet die Charta mit ihrer Forderung der Notwendigkeit neben der Verhältnismäßigkeit einer Grundrechtsbeschränkung der nicht selten an der praktischen Handhabung der Grundrechtsprüfung, und besonders der Verhältnismäßigkeitskontrolle durch den EuGH geäußerten Kri-

---

[1531] Vgl. hierzu nur Dok. CHARTE 4111/00 BODY 3 v. 20.01.2000, S. 5.

[1532] So Dok. CHARTE 4123/1/00 REV 1 CONVENT 5 v. 15.02.2000, S. 10; für i.w. wortgleiche Artikelentwürfe vgl. die Nachweise in Fn. 1525.

[1533] So z.B. Dok. CHARTE SN/3340/00 v. 29.06.2000, S. 2; Dok. CHARTE 4422/00 CONVENT 45 v. 28.07.2000, S. 16; Dok. CHARTE 4423/00 CONVENT 46 v. 31.07.2000, S. 35-36; Dok. CHARTE 4470/00 CONVENT 47 v. 14.09.2000, S. 17; Dok. CHARTE 4470/1/00 REV 1 CONVENT 47 v. 21.09.2000, S. 21.

tik.[1534] Das Merkmal „*notwendig*" führt hiernach zu einer Anhebung der an die Einschränkung von Grundrechten zu stellenden Anforderungen.

3. Die Wesensgehaltsgarantie (Art. 52 Abs. 1 S. 1 EGRC)

Neben der Verhältnismäßigkeit muss „*jede Einschränkung der Ausübung der in dieser Charta anerkannten Rechte und Freiheiten (...) den Wesensgehalt dieser Rechte und Freiheiten achten*" (Art. 52 Abs. 1 S. 1 EGRC). Die Wesensgehaltsgarantie der Charta orientiert sich in erster Linie an der Grundrechtsrechtsprechung des EuGH,[1535] der diese Garantie seinerseits aus den gemeinsamen Verfassungsüberlieferungen der Mitgliedstaaten entwickelt hat.[1536] Wie das Verhältnismäßigkeitsprinzip ist das Erfordernis der Achtung des Wesensgehalts des eingeschränkten Grundrechts als Schranken-Schranke der Charta-Rechte zu qualifizieren.[1537]

Welche inhaltlichen Anforderungen die Wesensgehaltsgarantie über das Angemessenheitserfordernis bzw. Übermaßverbot im Rahmen des Grundsatzes der Verhältnismäßigkeit hinaus an eine Beschränkung der Charta-Rechte stellt, lässt sich aus der betreffenden EuGH-Rechtsprechung nicht herleiten. Der Gerichtshof neigt einem relativen Verständnis der Wesensgehaltsgarantie zu, weswegen diese in seiner Rechtsprechung neben dem Verhältnismäßigkeitsprinzip bislang keine eigenständige Bedeutung als Schranken-Schranke der Gemeinschaftsgrundrechte erlangt hat.[1538] Ähnliches gilt beispielsweise im deutschen Verfassungsrecht als einer der Rechtserkenntnisquellen der gemeinschaftsrechtlichen Wesensgehaltsgarantie.[1539]

Gleichermaßen lässt sich ein über das Angemessenheitserfordernis im Rahmen des Verhältnismäßigkeitsprinzips hinausgehender Regelungszweck

---

1534 Zu dieser Kritik eingehend oben 4. Kapitel.B.I.3.a. Für die Normierung strengerer Maßstäbe besonders für die Verhältnismäßigkeit von Grundrechtsbeschränkungen in der Charta plädierte vor deren Proklamation z.B. *Ritgen*, ZRP 2000, S. 374.

1535 So auch die Erläuterungen des Konventspräsidiums zu Art. 52 EGRC, Dok. CHARTE 4473/00 CONVENT 49 v. 11.10.2000, S. 48 = EuGRZ 2000, S. 569; *Mahlmann*, ZEuS 2000, S. 439; *Schmitz*, JZ 2001, S. 838; *Grabenwarter*, in: *Cremer / Giegerich u.a.* (Hrsg.), Tradition und Weltoffenheit des Rechts, FS f. *Steinberger*, S. 1138.

1536 Siehe hierzu oben 4. Kapitel.B.I.2.b.

1537 So auch *Mahlmann*, ZEuS 2000, S. 439; *Weber*, in: *Weber* (Hrsg.), Charta der Grundrechte, S. 14.

1538 Vgl. hierzu bereits oben 4. Kapitel.B.I.2.b.

1539 Vgl. *Pieroth / Schlink*, Grundrechte, § 6 IV 4, Rn. 298-306 m.w.N.

der Garantie des Wesensgehalts in der Charta nicht aus ihrer subsidiär heranziehbaren Entstehungsgeschichte[1540] ermitteln. Die Verfasser der Charta erkannten, dass der Inhalt der Wesensgehaltsgarantie, die ganz unterschiedliche Auslegungen zulasse, schwer zu bestimmen sei.[1541] Nach Ansicht des Konventsvorsitzenden, *Roman Herzog*, nütze diese Garantie deshalb zwar nicht viel, sei aber auch nicht schädlich.[1542] Die Aufnahme der Wesensgehaltsgarantie als gemeineuropäisches Erbe[1543] in die Grundrechtecharta unterstreicht daher lediglich die Bedeutung des Übermaßverbotes bei der Kontrolle der Verhältnismäßigkeit grundrechtsbeschränkender Maßnahmen, insbesondere als Garant für Härtefall- und Übergangsregelungen.

IV. Die Regelung des Schutzniveaus (Art. 53 EGRC) – weitere Maßstäbe für Schutzbereich, Schranken und Schranken-Schranken aller Charta-Rechte?

Der mit „Schutzniveau“ überschriebene Artikel 53 EGRC hat seit der Proklamation der Charta eine Vielzahl höchst unterschiedlicher Auslegungen erfahren. Einige schreiben ihm weitreichende Auswirkungen auf Schutzbereich und Schranken der Charta-Rechte, und darüber hinaus auf das gemeinschaftliche Rechtssystem insgesamt zu. Sie verstehen ihn als Transformator des jeweils höchsten grundrechtlichen Schutzniveaus der dort genannten Gewährleistungen, insbesondere auch der mitgliedstaatlichen Grundrechte, in die Charta.[1544] Als Gegenpol dazu hat Art. 53 EGRC nach Ansicht anderer keine unabhängige rechtliche, sondern lediglich eine politische Bedeutung.[1545]

Zwischen diesen beiden gegensätzlichen Ansichten finden sich so unterschiedliche Deutungen des Art. 53 EGRC wie diejenige, dass der Artikel die Methode der Erweiterung bestehender und die Entwicklung neuer Charta-

---

1540 Zu den auf die Charta anzuwendenen Auslegungsregeln siehe bereits oben 2. Kapitel.B.III.3.b.

1541 Zur diesbezüglichen Diskussion im Konvent vgl. die von *Bernsdorff* und *Borowsky* gefertigten Protokolle zu den Konventssitzungen in: *Bernsdorff / Borowsky* (Hrsg.), Charta der Grundrechte der EU, S. 235 (Sitzung vom 03./04.05.2000).

1542 *Herzog*, zitiert nach den von *Bernsdorff* und *Borowsky* gefertigten Protokollen zu den Konventssitzungen, in: *Bernsdorff / Borowsky* (Hrsg.), Charta der Grundrechte der EU, S. 235 (Sitzung vom 03./04.05.2000).

1543 *Weber*, NJW 2000, S. 543.

1544 Siehe hierzu unten 4. Kapitel.B.IV.1.

1545 Siehe hierzu unten 4. Kapitel.B.IV.2.a, 4. Kapitel.B.IV.3.c, 4. Kapitel.B.IV.4.

Rechte regele,[1546] bzw. das grundrechtliche Schutzniveau der Charta-Rechte gerade „einfriere".[1547] Andere interpretieren ihn als Kollisionsregel, die Grundrechte aus verschiedenen Grundrechtskatalogen zum Ausgleich bringen soll.[1548] Einige halten schließlich die Übertragung der Schrankenregime der in Art. 53 EGRC aufgelisteten Grundrechtskataloge auf die Charta-Rechte für erforderlich.[1549]

Die Bezeichnung des Art. 53 EGRC als „Meistbegünstigungsklausel" oder die Aussage, dass die in den dort aufgezählten Grundrechtskatalogen gewährleisteten Rechte als „Mindeststandards" anzusehen seien, erweist sich in diesem Zusammenhang als nicht aussagekräftig. Beide Begriffe werden von den Vertretern einer sehr weiten ebenso wie von den Befürwortern einer sehr engen Auslegung des Art. 53 EGRC gleichermaßen zur Qualifizierung der Regelung verwendet.[1550] Dies liegt darin begründet, dass die Ausdrücke zwischen einer Transformation der außerhalb der Charta garantierten, ein höheres Schutzniveau bietenden Rechte in die Charta und der Anwendung dieser Rechte außerhalb und unabhängig von der Charta nicht differenzieren.

Im Folgenden soll die Bedeutung des Artikels 53 EGRC für die Charta-Grundrechte und das Gemeinschaftsrecht insgesamt, ausgehend von seinem erhebliche Sprengkraft bergenden weitestmöglichen Verständnis (1.), ermittelt werden. Dies soll durch eine Analyse seines Wortlauts (2.), anhand eines Vergleichs der Bestimmung mit ähnlichen Regelungen in anderen Menschenrechtsdokumenten (3.), und unter Berücksichtigung des mit der Regelung auch nach ihrer Entstehungsgeschichte verfolgten Ziels (4.) erfolgen.

1546 Siehe hierzu unten 4. Kapitel.B.IV.2.c.

1547 Siehe hierzu unten 4. Kapitel.B.IV.2.b.

1548 Siehe hierzu unten 4. Kapitel.B.IV.3.c.

1549 Siehe hierzu unten 4. Kapitel.B.IV.4.

1550 Vgl. z.B. *Calliess*, in: *Ehlers* (Hrsg.), Europäische Grundrechte und Grundfreiheiten, § 19 II 2, Rn. 16 („Mindeststandard"); *Griller*, in: *Duschanek / Griller* (Hrsg.), Grundrechte für Europa, S. 165 („Mindestgarantieregel"); *Lenaerts / de Smijter*, CML Rev. 38 (2001), S. 288 („minimum to be guaranteed") als Vertreter einer weiten Auslegung des Art. 53 EGRC; hingegen *Bering Liisberg*, CML Rev. 38 (2001), S. 1171 („minimum standards") als Vertreter eines engen Verständnisses des Art. 53 EGRC; *Grabenwarter*, DVBl. 2001, S. 11 („Günstigkeitsprinzip") als Vertreter einer vermittelnden Ansicht. Für weitere Beispiele siehe unten 4. Kapitel.B.IV.4 (Fn. 1646, 1647).

1. Art. 53 EGRC – Ende des Anwendungsvorrangs des Gemeinschaftsrechts?

„Keine Bestimmung dieser Charta ist als eine Einschränkung oder Verletzung der Menschenrechte und Grundfreiheiten auszulegen, die in dem jeweiligen Anwendungsbereich (...) durch die Verfassungen der Mitgliedstaaten anerkannt werden“ (Art. 53 EGRC).

Gerade aus dem Blickwinkel des deutschen Verfassungsrechts muss diese Passage des Art. 53 der Charta bei erster Lektüre verwundern. Wie erörtert, hatte das deutsche Bundesverfassungsgericht neben anderen mitgliedstaatlichen Höchstgerichten[1551] eine Überprüfung von sekundärem Gemeinschaftsrecht an den nationalen Grundrechten zunächst für zulässig erachtet.[1552] Diese Rechtsprechung entgegen der Spruchpraxis des EuGH[1553] hatte es zu einem Zeitpunkt entwickelt, zu dem ein umfassender Grundrechtsschutz gegen Maßnahmen der Gemeinschaft durch Gemeinschaftsgrundrechte noch nicht existierte.[1554] Die damit verbundene fehlende Anerkennung des vom EuGH angenommenen unbeschränkten Vorrangs des Gemeinschaftsrechts auch vor den in den mitgliedstaatlichen Verfassungen garantierten Rechtsnormen hat es allerdings infolge der Entwicklung eines Grundrechtsschutzes auf Gemeinschaftsebene durch den EuGH wesentlich relativiert. Eine Prüfung von Regelungen des sekundären Gemeinschaftsrechts an den Grundrechten des Grundgesetzes kommt nach nunmehr ständiger Rechtsprechung des BVerfG nur noch dann in Betracht, wenn die Rechtsprechung des EuGH den vom Grundgesetz jeweils als unabdingbar gebotenen Grundrechtsschutz gegenüber der Hoheitsgewalt der Gemeinschaften generell nicht mehr gewährleistet.[1555] Der Wortlaut des Art. 23 Abs. 1 S. 1 GG[1556] hat diese Rechtsprechung

---

1551 Siehe z.B. die italienische *Corte costituzionale* in der Rechtssache Frontini Franco u.a. ./. Finanzminister u.a., Urt. v. 18.12.1973, abgedruckt in dt. Übersetzung in: EuR 1974, S. 255 ff. (261 f.).

1552 BVerfG, 2 BvL 52/71, Beschl. v. 29.05.1974, BVerfGE 37, 271 (285) („Solange I“).

1553 EuGH, Rs. 6/64, Costa ./. E.N.E.L., Urt. v. 15.07.1964, Slg. 1964, S. 1251 ff. (1270); EuGH, Rs. 11/70, Internationale Handelsgesellschaft mbH ./. Einfuhr- und Vorratsstelle für Getreide und Futtermittel, Urt. v. 17.12.1970, Slg. 1970, S. 1125 ff. (1135 / Rn. 3 f.). Vgl. hierzu auch *Griller*, in: *Duschanek* / *Griller* (Hrsg.), Grundrechte für Europa, S. 166 f.

1554 Siehe hierzu eingehend oben 1. Kapitel.C.I.2, insb. bei Fn. 149.

1555 Siehe bereits BVerfG, 2 BvR 197/83, Beschl. v. 22.10.1986, BVerfGE 73, 339 (378 ff., 387) („Solange II“); bestätigt durch BVerfG, 2 BvL 1/97, Beschl. v. 07.06.2000, EuGRZ 2000, S. 328 (332 f.) („Bananenmarktordnung“). Vgl.

bekräftigt.[1557] Das BVerfG stellt an den Nachweis des Fehlens dieses grundrechtlichen Schutzniveaus im Gemeinschaftsrecht hohe Anforderungen.[1558] Angesichts dessen schien der Streit um den Anwendungsvorrang des Gemeinschaftsrechts auch vor mitgliedstaatlichem Verfassungsrecht zumindest aus deutscher Sicht in der Praxis im Wesentlichen zugunsten einer Anerkennung dieses Vorrangs beigelegt.

Vor diesem Hintergrund ist es erstaunlich, dass Art. 53 EGRC unter anderem die in den mitgliedstaatlichen Verfassungen gewährleisteten Grundrechte als Mindeststandard des gemeinschaftlichen Grundrechtsschutzes festzuschreiben scheint. Nicht wenige sehen in Art. 53 EGRC tatsächlich eine „Materialisierung mitgliedstaatlicher Vorbehalte gegen den schrankenlosen Vorrang des Gemeinschaftsrechts".[1559] Sie interpretieren den Artikel als „Einladung zu „*Solange III*""[1560], verstanden als Aufforderung zur Erneuerung einer uneingeschränkten Grundrechtskontrolle gegenüber sekundärem Gemeinschaftsrecht durch das BVerfG bzw. andere mitgliedstaatliche Höchstgerichte.[1561] In Fällen, in denen Grundrechtsverbürgungen in mitgliedstaatlichen Verfassungen einen weiterreichenden Schutz als die Charta gewähren, räume Art. 53 EGRC hiernach den mitgliedstaatlichen Grundrechten den Vorrang ein.[1562]

---

zu dieser Entwicklung auch *Griller*, in: *Duschanek / Griller* (Hrsg.), Grundrechte für Europa, S. 167-169.

1556 Art. 23 GG in der fraglichen Fassung wurde durch Gesetz vom 21.12.1992 in das Grundgesetz eingefügt, vgl. BGBl. 1992 I, S. 2086.

1557 So auch BVerfG, 2 BvL 1/97, Beschl. v. 07.06.2000, EuGRZ 2000, S. 328 (333) („Bananenmarktordnung"). Dass das GG damit keinen deckungsgleichen Schutz der Grundrechtsbereiche des GG durch das Gemeinschaftsrecht und die Rechtsprechung des EuGH fordert, verkennt *Besselink*, 8 MJ 1 (2001), S. 80.

1558 Vgl. nur BVerfG, 2 BvL 1/97, Beschl. v. 07.06.2000, EuGRZ 2000, S. 328 (332 f.) („Bananenmarktordnung").

1559 *Griller*, zitiert bei: *Szczekalla*, DVBl. 2001, S. 349; ähnlich *Griller*, in: *Duschanek / Griller* (Hrsg.), Grundrechte für Europa, S. 170.

1560 *Griller*, in: *Duschanek / Griller* (Hrsg.), Grundrechte für Europa, S. 171.

1561 Vgl. hierzu *Griller*, in: *Duschanek / Griller* (Hrsg.), Grundrechte für Europa, S. 171 f. m.w.N.; einen Bezug zwischen Art. 53 EGRC und den Forderungen des BVerfG in „Solange I" (Fn. 1552) sieht auch *Dutheil de la Rochère*, Regards sur l'actualité 2001, S. 10.

1562 So z.B. *Griller*, in: *Duschanek / Griller* (Hrsg.), Grundrechte für Europa, S. 169 ff. (insb. 175); *Calliess*, in: *Ehlers* (Hrsg.), Europäische Grundrechte und Grundfreiheiten,

Diese Lesart des Art. 53 EGRC hätte gravierende Umwälzungen im Verhältnis zwischen nationalem Recht und Gemeinschaftsrecht zur Folge.[1563] Nicht nur könnte eine Maßnahme des Gemeinschaftsrechts von mitgliedstaatlichen Gerichten in dem betreffenden Staat für unanwendbar erklärt werden, wenn sie zwar – was der EuGH zu klären hätte –[1564] nicht gegen ein in der Charta garantiertes Grundrecht, aber gegen ein in der mitgliedstaatlichen Verfassung niedergelegtes Grundrecht verstößt.[1565] Dabei sieht Art. 53 EGRC eine Überprüfung von Gemeinschaftsmaßnahmen an einzelstaatlichen Grundrechten nicht nur, wie vom deutschen BVerfG postuliert, sehr eingeschränkt vor. Letzteres will, wie dargestellt,[1566] nur noch dann auf mitgliedstaatliche Grundrechte zurückgreifen, wenn der gemeinschaftliche Grundrechtsschutz generell einen Schutz, der dem nach der mitgliedstaatlichen Verfassung als unabdingbar gebotenen Grundrechtsschutz im Wesentlichen gleich zu achten ist, nicht mehr gewährleistet.[1567]

Vielmehr würde sich ein höheres Schutzniveau der mitgliedstaatlichen Grundrechte nach dem Wortlaut des Art. 53 EGRC in jedem Einzelfall durchsetzen, unabhängig davon, ob die jeweilige mitgliedstaatliche Verfassung einen Vorrang der in ihr garantierten Grundrechte vor Rechtsakten der Gemeinschaft überhaupt verlangt.[1568] Dies wird teils als eine dem Subsidiaritäts-

---

§ 19 III, Rn. 26; dahingehend auch *Braibant*, RUDH 2000, S. 68/69; *Besselink*, 8 MJ 1 (2001), S. 73, 80; *Lenaerts / de Smijter*, CML Rev. 38 (2001), S. 287/288. Vorsichtiger hinsichtlich des Schutzniveaus der Europäischen Sozialcharta auch *Falke*, in: *Bremische Bürgerschaft* (Hrsg.), Charta der Grundrechte, S. 76.

1563 Diese Einschätzung teilt *Griller*, in: *Duschanek / Griller* (Hrsg.), Grundrechte für Europa, S. 165, 172. Zur Bedeutung des Art. 53 EGRC für die Entwicklung des Verhältnisses zwischen nationalem Recht und Gemeinschaftsrecht auch *Dutheil de la Rochère*, RMC 2000, S. 678/679; *dies.*, Regards sur l'actualité 2001, S. 10.

1564 Die alleinige Zuständigkeit des EuGH zur Ungültigerklärung von Gemeinschaftsrechtsrechtsakten wegen Verstoßes gegen *Gemeinschaftsrecht* (vgl. grundlegend EuGH, Rs. 314/85, Foto-Frost ./. Hauptzollamt Lübeck-Ost, Urt. v. 22.10.1987, Slg. 1987, S. 4199 ff. (4230-4232 / Rn. 14-20)) bliebe auch beim dargestellten weiten Verständnis des Art. 53 EGRC unberührt.

1565 Zu diesen Folgen instruktiv *Bering Liisberg*, CML Rev. 38 (2001), S. 1190 f.; *Calliess*, in: *Ehlers* (Hrsg.), Europäische Grundrechte und Grundfreiheiten, § 19 III, Rn. 26.

1566 Siehe die Nachweise in Fn. 1555.

1567 Dies betont auch *Griller*, in: *Duschanek / Griller* (Hrsg.), Grundrechte für Europa, S. 171.

1568 So *Griller*, in: *Duschanek / Griller* (Hrsg.), Grundrechte für Europa, S. 171 f. Ein derartiger Grundrechtsvorbehalt existiert nach überwiegender Auffassung z.B. nicht in Ösprinzip entsprechende Ausgestaltung des europäischen Grundrechtsschutzes betrachtet.[1569] Das dargelegte Verständnis des Art. 53 EGRC hätte länderweit divergierende Grundrechtsschutzstandards und eine Renationalisierung des Grundrechtsschutzes zur Konsequenz.[1570] Der – vom EuGH in jahrzehntelanger Rechtsprechung postulierte und inzwischen zumindest generell von den mitgliedstaatlichen Höchstgerichten anerkannte[1571] – Vorrang des Gemeinschaftsrechts und die einheitliche Anwendung desselben wären damit in diesem Bereich aufgehoben.[1572]

Auch dürfte bzw. sogar müsste der EuGH hiernach eine Gemeinschaftsmaßnahme auf der Grundlage des Art. 53 EGRC für nichtig erklären, wenn sie zwar nach der Charta nicht grundrechtswidrig ist, jedoch einem mitgliedstaatlich gewährleisteten Grundrecht zuwiderläuft.[1573] Art. 53 EGRC könnte darüber hinaus als Transformator des jeweils höchsten in den Mitgliedstaaten geltenden Schutzniveaus auf die Gemeinschaftsebene angesehen

---

terreich und den Niederlanden, während er beispielsweise in Dänemark oder Schweden sehr weitgehend postuliert wird, vgl. hierzu *Griller*, a.a.O., S. 169/170 mit zahlreichen Nachweisen.

1569 So z.B. *Calliess*, in: *Ehlers* (Hrsg.), Europäische Grundrechte und Grundfreiheiten, § 19 III, Rn. 26; dahingehend auch *Besselink*, 8 MJ 1 (2001), S. 80; dagegen überzeugend *Griller*, in: *Duschanek / Griller* (Hrsg.), Grundrechte für Europa, S. 178-180, der zutreffend darauf hinweist, dass es wegen Art. 220 EGV nicht vertretbar erscheint, den Regelfall der Grundrechtskontrolle des sekundären Gemeinschaftsrechts den mitgliedstaatlichen Gerichten zuzuweisen; vielmehr ist diese als ausschließliche Zuständigkeit der Gemeinschaft zu qualifizieren, mit der Folge, dass das Subsidiaritätsprinzip – trotz seiner Erwähnung in Art. 51 Abs. 1 EGRC – nach Art. 5 Abs. 2 EGV nicht anwendbar ist.

1570 So auch *Griller*, in: *Duschanek / Griller* (Hrsg.), Grundrechte für Europa, S. 175, 177, 179; *Griller*, zitiert bei: *Szczekalla*, DVBl. 2001, S. 349; *Calliess*, in: *Ehlers* (Hrsg.), Europäische Grundrechte und Grundfreiheiten, § 19 III, Rn. 26; *Besselink*, 8 MJ 1 (2001), S. 80.

1571 Letzteres bezweifelt zu Unrecht hinsichtlich des deutschen BVerfG *Besselink*, 8 MJ 1 (2001), S. 80, siehe insb. die vorangegangenen Ausführungen in 4. Kapitel.B.IV.1, sowie die Nachweise in Fn. 1555, 1557.

1572 So *Griller*, in: *Duschanek / Griller* (Hrsg.), Grundrechte für Europa, S. 171, 179; *Griller*, zitiert bei: *Szczekalla*, DVBl. 2001, S. 349; *Calliess*, in: *Ehlers* (Hrsg.), Europäische Grundrechte und Grundfreiheiten, § 19 III, Rn. 26, dem zufolge sich die Schutzverstärkung durch mitgliedstaatliche Grundrechte aber zumindest an Art. 10 EGV zu orientieren hätte; *Besselink*, 8 MJ 1 (2001), S. 80; zur Problematik umfassend *Bering Liisberg*, CML Rev. 38 (2001), S. 1171 ff. (insb. 1189-1196).

1573 Instruktiv hierzu *Bering Liisberg*, CML Rev. 38 (2001), S. 1190 f.

werden.[1574] Eine derartige „Maximallösung" würde die Rechtsetzung auf Gemeinschaftsebene einseitig von der Grundrechtsgesetzgebung in den Mitgliedstaaten abhängig machen.[1575] Der EuGH hatte diese deshalb bei der Entwicklung der Gemeinschaftsgrundrechte aus den gemeinsamen Verfassungstraditionen der Mitgliedstaaten – ebenso wie eine „Minimallösung" auf der Grundlage des kleinsten gemeinsamen Nenners im Schutz – bislang stets abgelehnt.[1576] Vielmehr ermittelt er die Gemeinschaftsgrundrechte im Wege einer wertenden Rechtsvergleichung.[1577]

Dies illustriert die Sprengkraft, die Art. 53 EGRC für das inzwischen praktisch nicht mehr spannungsgeladene[1578] Verhältnis zwischen Gemeinschaftsrecht und nationalem Recht birgt. Das dargestellte weite Verständnis des Art. 53 EGRC fügt sich in das bisherige „Zusammenspiel" zwischen dem Prinzip des Vorrangs des Gemeinschaftsrechts und der Entwicklung eines Grundrechtsschutzes auf Gemeinschaftsebene nicht ein: Nicht nur wurden die Gemeinschaftsgrundrechte durch den EuGH unter anderem deswegen entwickelt, um den Anwendungsvorrang des Gemeinschaftsrechts zu sichern.[1579] Der Vorrang des Gemeinschaftsrechts wurde gerade auch als

---

1574 I.E. ablehnend zu dieser möglichen Lesart *Griller*, in: *Duschanek / Griller* (Hrsg.), Grundrechte für Europa, S. 175-178.

1575 So auch *Griller*, in: *Duschanek / Griller* (Hrsg.), Grundrechte für Europa, S. 177 f.; ähnlich bereits *Weiler*, in: *Bieber / de Gucht u.a.* (Hrsg.), Au nom des peuples européens, S. 354 f.

1576 Vgl. nur EuGH, Rs. 11/70, Internationale Handelsgesellschaft (Fn. 1553), S. 1135/ Rn. 4; instruktiv EuGH, Rs. 44/79, Hauer ./. Land Rheinland-Pfalz, Urt. v. 13.12.1979, Slg. 1979, S. 3727 ff. (3746 f. / Rn. 20-23). Zustimmend z.B. *Weiler*, in: *Bieber / de Gucht u.a.* (Hrsg.), Au nom des peuples européens, S. 352-359; *Pauly*, EuR 1998, S. 254. Für eine solche Maximallösung hingegen z.B. die Schlussanträge des Generalanwalts Warner vom 22.06.1976 in EuGH, Rs. 7/76, Firma IRCA (Industria Romana Carni e Affini S.p.A.) gegen Staatliche Finanzverwaltung, Urt. v. 07.07.1976, Slg. 1976, S. 1213 ff. (1236); *Rengeling*, Grundrechtsschutz in der Europäischen Gemeinschaft, S. 224; aus der jüngeren Literatur *Besselink*, CML Rev. 35 (1998), S. 670 ff.

1577 Vgl. hierzu *Rengeling*, Grundrechtsschutz in der Europäischen Gemeinschaft, S. 224 f. m.w.N.

1578 Diese Einschätzung teilt *Bering Liisberg*, CML Rev. 38 (2001), S. 1195 m.w.N.

1579 Siehe hierzu eingehend oben 1. Kapitel.B.I, insb. bei Fn. 43.

Grund für eine erforderliche Verstärkung des Grundrechtsschutzes auf europäischer Ebene durch eine Grundrechtecharta in Feld geführt.[1580]

Vor diesem Hintergrund muss ein zu dieser Entwicklung gegenläufiges Ergebnis einer Beschränkung des Vorrangprinzips durch Art. 53 der Charta der im Folgenden vorzunehmenden Auslegung dieses Artikels ggf. klar zu entnehmen sein.[1581]

2. Analyse des Wortlauts des Art. 53 EGRC (grammatikalische Interpretation)

a. „Keine Bestimmung dieser Charta"

Der Wortlaut des Art. 53 EGRC bestimmt zunächst, dass „[k]eine Bestimmung *dieser Charta*" [Hervorhebung d. Verf.] als Einschränkung der in den Verfassungen der Mitgliedstaaten anerkannten Grundrechte ausgelegt werden darf. Art. 53 EGRC bezieht sich damit lediglich auf die Wirkung von Grundrechten der Charta auf solche der mitgliedstaatlichen Verfassungen. Er betrifft seinem Wortlaut nach nicht Einschränkungen mitgliedstaatlicher Grundrechte durch Normen *außerhalb* der Charta, namentlich Normen des primären oder sekundären Gemeinschaftsrechts, die nach dem Grundsatz des Anwendungsvorrangs des Gemeinschaftsrechts in den Mitgliedstaaten verfassungsrechtlich garantierte Grundrechte ggf. verletzen.[1582] Einer derartigen wörtlichen Interpretation zufolge käme Art. 53 EGRC im Gegensatz zum dargelegten sehr weiten Verständnis der Norm eine nur sehr begrenzte rechtliche Bedeutung zu. Ein echter Normenkonflikt eines in der Charta garantierten Grundrechts mit einem gleichartigen, in einem anderen Menschenrechtskatalog geschützten Grundrecht ist nämlich kaum vorstellbar.[1583] Dem kann nicht entgegengehalten werden, dass auf diese Weise die Schutzniveaugarantie des Art. 53 EGRC in eine Beschränkungsermächtigung an den Gemeinschaftsgesetzgeber gegenüber den nationalen Verfassungsgesetzgebern umgedeutet werde.[1584] Vielmehr ändert Art. 53 der Charta in dieser am Wortlaut

---

[1580] Vgl. z.B. die Entschließung des Europäischen Parlamentes zur Erarbeitung einer Charta der Grundrechte vom 16.03.2000, Präambelerwägung F, Dok. A5-0064/2000, abgedruckt in: Dok. CHARTE 4199/00 CONTRIB 80 v. 05.04.2000, S. 3.

[1581] Dies fordert auch *Bering Liisberg*, CML Rev. 38 (2001), S. 1193.

[1582] So auch *Bering Liisberg*, CML Rev. 38 (2001), S. 1191.

[1583] Vgl. hierzu *Bering Liisberg*, CML Rev. 38 (2001), S. 1191.

[1584] So aber *Griller*, in: *Duschanek* / *Griller* (Hrsg.), Grundrechte für Europa, S. 174.

orientierten engen Lesart am Status quo der Zuständigkeiten des Gemeinschaftsgesetzgebers nichts, er regelt diese – im Einklang mit Art. 51 Abs. 2 EGRC – schlicht nicht.

b. „In dem jeweiligen Anwendungsbereich"

Die Charta-Grundrechte dürfen nach ihrem Artikel 53 keine Grundrechte verletzen, *„die in dem jeweiligen Anwendungsbereich durch das Recht der Union und das Völkerrecht sowie durch die internationalen Übereinkommen (...), sowie durch die Verfassungen der Mitgliedstaaten anerkannt werden"*.

Angesichts der Tatsache, dass jeder der genannten Normkomplexe selbstredend in seinem – durch ihn selbst bestimmten – Anwendungsbereich zur Geltung kommt, suggeriert Art. 53 EGRC die Existenz separater, trennbarer Anwendungsbereiche der jeweiligen Grundrechtskataloge.[1585] Aus gemeinschaftsrechtlicher, durch die Rechtsprechung des EuGH geprägter Sicht dürfte dies wegen des danach uneingeschränkten Vorrangs des Gemeinschaftsrechts[1586] der Fall sein. Insbesondere ist die Anwendbarkeit der mitgliedstaatlichen Grundrechte demzufolge auf den Bereich, in dem die Mitgliedstaaten im Rahmen ihrer ausschließlichen Kompetenzen tätig werden, beschränkt.[1587] Tatsächlich finden sich in der Entstehungsgeschichte des Art. 53 EGRC Anhaltspunkte dafür, dass die Formulierung *„in dem jeweiligen Anwendungsbereich"* gerade klarstellen sollte, dass die mitgliedstaatlichen Verfassungen nur im Bereich ausschließlicher mitgliedstaatlicher Kompetenzen zur Anwendung kommen.[1588] Die Passage, die mutmaßlich auf Anraten der Kommission und ersichtlich ohne Diskussion im Konvent in den Textentwurf des Artikels aufgenommen wurde, sollte so sicherstellen, dass der Vorrang des Gemeinschaftsrechts unberührt bleibt.[1589]

1585 *Besselink*, 8 MJ 1 (2001), S. 75.

1586 Siehe hierzu bereits oben 4. Kapitel.B.IV.1, sowie eingehend oben 1. Kapitel.C.I.1.

1587 Eingehend oben 1. Kapitel.C.I.1, insb. bei Fn. 136; vgl. hierzu mit dem Hinweis, dass die Charta in diesem Bereich bereits nach Art. 51 Abs. 1 EGRC die mitgliedstaatlichen Grundrechte nicht berühren kann, *Bering Liisberg*, CML Rev. 38 (2001), S. 1192; eine doppelte „Absicherung" der Abgrenzung der Anwendungsbereiche der verschiedenen Grundrechtskataloge erscheint allerdings nicht von vornherein ausgeschlossen.

1588 Vgl. hierzu *Bering Liisberg*, CML Rev. 38 (2001), S. 1191/1192.

1589 Die Formulierung „in *ihrem* jeweiligen Anwendungsbereich" taucht erstmals in Dok. CHARTE 4316/00 CONVENT 34 v. 16.05.2000, S. 11 auf, und wird in allen späte-

Allerdings kann die Formulierung „*in dem jeweiligen Anwendungsbereich*" aus mitgliedstaatlicher Sicht gerade zu einer dem entgegengesetzten Interpretation führen. Der Anwendungsbereich der nationalen Verfassungen, den diese autonom festlegen, kann sich diesen zufolge durchaus auf den aus gemeinschaftsrechtlicher Sicht allein reklamierten Anwendungsbereich des Gemeinschaftsrechts erstrecken.[1590] Der Vorrang des Gemeinschaftsrechts setzt eine korrespondierende Öffnung der mitgliedstaatlichen Verfassungen voraus, die unter anderem von der Einhaltung unabdingbarer mitgliedstaatlicher Grundrechtsschutzstandards abhängen kann.[1591] Die Bestimmung, dass die in den mitgliedstaatlichen Verfassungen garantierten Grundrechte in ihrem Anwendungsbereich nicht von den Charta-Grundrechten verdrängt werden, käme aus dieser Perspektive damit eher einer Bestärkung des Vorrangs der mitgliedstaatlichen Grundrechte vor dem Gemeinschaftsrecht denn einer Bestätigung des Anwendungsvorrangs des Gemeinschaftsrechts gleich.

Trotz der – wohl zumindest vom Konventssekretariat, wenn auch nicht nachweislich vom Konvent selbst getragenen – Intention, durch die Aufnahme der Passage „*in dem jeweiligen Anwendungsbereich*" den Vorrang des Gemeinschaftsrechts festzuschreiben, ist dem Wortlaut des Art. 53 EGRC damit keine eindeutige Auslegung in diese oder die entgegengesetzte Richtung zu entnehmen.[1592] Dies liegt wesentlich in der Möglichkeit sich überlappender Anwendungsbereiche von Gemeinschaftsrecht und insbesondere nationalem Recht, aber auch anderen grundrechtsschützenden Übereinkommen begründet.[1593]

Ebensowenig stützt die fragliche Passage eine mögliche Interpretation des Art. 53 EGRC dahingehend, dass er das grundrechtliche Schutzniveau auf

---

ren Fassungen beibehalten; die Fassung „in *dem* jeweiligen Anwendungsbereich" der proklamierten Version des Art. 53 EGRC dürfte inhaltlich keinen Unterschied ergeben. Zum Weg der Einbeziehung der Passage in die Charta siehe *Bering Liisberg*, CML Rev. 38 (2001), S. 1175/1176.

1590 Siehe hierzu bereits oben 4. Kapitel.B.IV.1, sowie eingehend oben 1. Kapitel.C.I.2, insb. bei Fn. 161; vgl. hierzu auch *Besselink*, 8 MJ 1 (2001), S. 75.

1591 *Griller*, in: *Duschanek / Griller* (Hrsg.), Grundrechte für Europa, S. 167/168; vgl. i.ü. bereits oben 1. Kapitel.C.I.2, insb. bei Fn. 146 f.

1592 So im Ergebnis auch *Bering Liisberg*, CML Rev. 38 (2001), S. 1191/1192; *Griller*, in: *Duschanek / Griller* (Hrsg.), Grundrechte für Europa, S. 165.

1593 So auch *Griller*, in: *Duschanek / Griller* (Hrsg.), Grundrechte für Europa, S. 165; *Bering Liisberg*, CML Rev. 38 (2001), S. 1192; *Besselink*, 8 MJ 1 (2001), S. 75.

seinem bestehenden Level „einfriert".[1594] Insbesondere kann eine derart einschränkende Interpretation nicht auf die Auslegungsregel *in dubio mitius* gegründet werden, da diese jedenfalls im Gemeinschaftsrecht nicht anwendbar ist.[1595]

c. „Durch die Verfassungen der Mitgliedstaaten"

Eine weitere denkbare Auslegung des Art. 53 der Charta bestünde darin, ihn als Rechtsgrundlage für die Erweiterung bestehender Rechte bzw. die Entwicklung neuer Rechte in der Charta zu betrachten.[1596] Der Artikel zählt Menschenrechtskataloge auf, die – ähnlich der Regelung in Art. 6 EU – als Basis für die Fortentwicklung der Grundrechtsrechtsprechung durch den EuGH dienen könnten. Er könnte deshalb als eine Art Rekapitulation des Art. 6 Abs. 2 EU[1597] bzw. dessen Ausweitung in Richtung eines zu wahrenden Höchststandards beim Grundrechtsschutz[1598] verstanden werden. Die Frage des Fortbestandes des Anwendungsvorrangs des Gemeinschaftsrechts vor mitgliedstaatlichem Recht wäre bei dieser Lesart nicht aufgeworfen.

Der Wortlaut des Art. 53 EGRC steht einer solchen Auslegung jedoch entgegen. Dies macht besonders die Formulierung „*durch die Verfassungen der Mitgliedstaaten*" deutlich. Diese unterscheidet sich inhaltlich von den in Art. 6 Abs. 2 EU in Bezug genommenen „*gemeinsamen Verfassungsüberlieferungen der Mitgliedstaaten*".[1599] Tatsächlich hatte der Konvent erwogen, mit der Aufnahme

---

1594 So auch *Bering Liisberg*, CML Rev. 38 (2001), S. 1197.

1595 *Bering Liisberg*, CML Rev. 38 (2001), S. 1197. Zur – auch im Völkerrecht nach h.M. nicht mehr anwendbaren – Auslegungsregel *in dubio mitius*, der zufolge unklare Bestimmungen in völkerrechtlichen Verträgen einschränkend, zugunsten einer nicht beschränkten Handlungsfreiheit der Vertragsstaaten auszulegen sind, *Bernhardt*, in: *Bernhardt* (Hrsg.), EPIL, Bd. II, S. 1419. Vgl. zur Nichtgeltung dieser Regel bei der Auslegung der EMRK EGMR, Beschw. Nr. 2122/64, Wemhoff / Bundesrepublik Deutschland, Urt. v. 27.06.1968, Ser. A, Bd. 7, S. 23 / Ziff. 8.

1596 Vgl. hierzu – im Ergebnis ablehnend – *Bering Liisberg*, CML Rev. 38 (2001), S. 1196/1197.

1597 Siehe hierzu *Griller*, in: *Duschanek / Griller* (Hrsg.), Grundrechte für Europa, S. 172; in diese Richtung *Schmidt*, ZEuS 2002, S. 634.

1598 Hierzu *Bering Liisberg*, CML Rev. 38 (2001), S. 1197.

1599 So auch *Griller*, in: *Duschanek / Griller* (Hrsg.), Grundrechte für Europa, S. 172; *Bering Liisberg*, CML Rev. 38 (2001), S. 1193.

letzterer Formulierung an Art. 6 Abs. 2 EU anzuknüpfen, hat sich aber letztlich bewusst dagegen entschieden.[1600]

Aus diesem Grund folgt aus der Formulierung „*durch die Verfassungen der Mitgliedstaaten*“ auch nicht, dass – ähnlich wie bei den internationalen Übereinkommen, bei denen nach Art. 53 EGRC alle Mitgliedstaaten Vertragsparteien sein müssen – nur Rechte, die in *allen* mitgliedstaatlichen Verfassungen geschützt sind, von Art. 53 EGRC erfasst sind.[1601]

d. Gesamtbetrachtung

Eine Gesamtbetrachtung des Wortlautes des Art. 53 EGRC gibt schließlich keinerlei Anhaltspunkte dafür, dass sein Anwendungsbereich nur auf bestimmte Rechtsgebiete wie z.B. den sozialrechtlichen Bereich, in denen das Gemeinschaftsrecht nur Mindeststandards aufstellt, beschränkt ist.[1602]

Damit ergibt sich bei einer grammatikalischen Interpretation des Art. 53 EGRC zwar aus der Formulierung „*[k]eine Bestimmung dieser Charta*“ ein Anhaltspunkt dafür, dass er das eingangs dargelegte weite Verständnis mit seinen weitreichenden Folgen für das Gemeinschaftsrechtssystem nicht trägt. Hingegen bleibt dies bei weiteren Passagen des Artikels offen. Sein Regelungsinhalt muss daher im Folgenden im Wege einer rechtsvergleichenden und teleologischen Interpretation ermittelt werden.

1600 Ein früher Entwurf des späteren Art. 53 EGRC enthielt noch einen Verweis auf Art. 6 EUV (Dok. CHARTE 4123/1/00 REV 1 CONVENT 5 v. 15.02.2000, S. 11 (dort Art. Z)). Ein frühes Dokument des Konventssekretariats (Dok. CHARTE 4111/00 BODY 3 v. 20.01.2000, S. 5, Nr. 16-18) enthielt ebenso wie ein Änderungsantrag von Konventsmitgliedern (vgl. Dok. CHARTE 4383/00 CONVENT 41 v. 03.07.2000, S. 28) den Vorschlag, zur Harmonisierung von Art. 53 EGRC und Art. 6 Abs. 2 EUV in ersteren Artikel einen Verweis auf die gemeinsamen Verfassungstraditionen der Mitgliedstaaten statt auf die Verfassungen der Mitgliedstaaten aufzunehmen. Letztlich wurde die Bezugnahme auf die Verfassungen der Mitgliedstaaten wohl als Kompromiss zwischen den Konventsmitgliedern, die einen Verweis auf mitgliedstaatliches Recht insgesamt wünschten, und solchen, die gar keinen oder nur einen Verweis auf die gemeinsamen Verfassungsüberlieferungen der Mitgliedstaaten befürworteten, beibehalten. Siehe hierzu eingehend *Bering Liisberg*, CML Rev. 38 (2001), S. 1172/1173, 1177, 1193; *Griller*, in: *Duschanek / Griller* (Hrsg.), Grundrechte für Europa, S. 172. Siehe i.ü. unten 4. Kapitel.B.IV.4 (Fn. 1650).

1601 So auch *Besselink*, 8 MJ 1 (2001), S. 74/75.

1602 So auch *Griller*, in: *Duschanek / Griller* (Hrsg.), Grundrechte für Europa, S. 172.

3. Vergleich mit ähnlichen Regelungen in anderen Menschenrechtsdokumenten (rechtsvergleichende Interpretation)

Entsprechend dem Auftrag des Europäischen Rates von Köln[1603] orientieren sich die Bestimmungen der Charta auch an internationalen Menschenrechtskatalogen wie der Europäischen Sozialcharta und insbesondere der EMRK. Zahlreiche dieser Kataloge enthalten vor dem Hintergrund der Existenz mehrerer Grundrechtskataloge auf nationaler und internationaler Ebene, die teils verschiedene Grundrechte enthalten und diese unterschiedlich weit fassen,[1604] eine dem Art. 53 EGRC ähnelnde Bestimmung. Ein Vergleich dieser Parallelbestimmungen mit Art. 53 der Charta soll im Folgenden Rückschlüsse auf die Bedeutung des Charta-Artikels ermöglichen.

a. Art. 53 EMRK

Der die „*Wahrung anerkannter Menschenrechte*" regelnde Art. 53 EMRK[1605] kommt in seinem Regelungsgehalt dem Art. 53 EGRC sehr nahe. Beide Artikel bestimmen, dass die in ihrem jeweiligen Grundrechtskatalog niedergelegten Rechte nicht so ausgelegt werden dürfen, als beschränkten oder beeinträchtigten (bzw. verletzten) sie Menschenrechte und Grundfreiheiten, welche ihre Grundrechtsverpflichteten jeweils in anderen Grundrechtskatalogen anerkennen. Art. 53 EGRC erscheint dabei im Wesentlichen als verlängerte Version des Art. 53 EMRK, die der Tatsache Rechnung trägt, dass die Charta neben den Staaten auch die EG und EU verpflichtet.[1606] Unterschiede zwischen den Artikeln bestehen darin, dass der EMRK-Artikel sich auf nationale Gesetze allgemein, nicht nur nationale Verfassungen bezieht. Außerdem erfasst er auch Übereinkommen, bei denen nur ein durch die EMRK verpflichteter Staat, nicht notwendig alle Staaten, Vertragspartei ist.[1607] Er ist im Ergebnis also etwas weiter gefasst als Art. 53 der Charta.

1603 Vgl. Europäischer Rat (Köln), Anhang IV zu den Schlussfolgerungen des Vorsitzes, Bull. EU 6-1999, S. 39 = EuGRZ 1999, S. 364.

1604 *De Meyer*, in: *Matscher / Petzold* (Hrsg.), Protecting Human Rights: The European Dimension, FS f. *Wiarda*, S. 125.

1605 Art. 53 EMRK entspricht i.w. Art. 60 der Fassung der EMRK vor Inkrafttreten des 11. ZP zur EMRK am 01.11.1998.

1606 Vgl. zu den Grundrechtsverpflichteten der Charta (Art. 51 Abs. 1 EGRC) bereits oben 3. Kapitel.C.

1607 Vgl. hierzu *Bering Liisberg*, CML Rev. 38 (2001), S. 1184, demzufolge ein weiterer Unterschied darin besteht, dass Art. 53 EGRC entgegen Art. 53 EMRK nicht zeitlich

Art. 53 EMRK hat im Grundrechtsschutzsystem der Konvention keine nennenswerte Bedeutung erlangt. In den wenigen Fällen, in denen der EGMR sich ausdrücklich auf den Artikel bezogen hat, diente er lediglich dazu, die bereits einer anderen Norm entnommene Regel zu bestätigen, dass die in den Protokollen zur EMRK niedergelegten Rechte die Grundrechte der EMRK ergänzen, aber nicht ersetzen oder beschränken.[1608] Ferner belege Art. 53 EMRK, dass die Vertragsstaaten nicht verpflichtet sind, die in der Konvention garantierten Rechte in dem ihnen zufolge zulässigen Maße zu beschränken.[1609] Der EGMR hat Art. 53 EMRK bislang damit nur hilfsweise herangezogen, um die Tragweite von Normen *innerhalb* des EMRK-Rechtsschutzsystems und ihr Verhältnis zueinander zu klären.

Dagegen ist die Berufung von beklagten Staaten auf Art. 53 EMRK in Fällen, in denen sie die Beschränkung eines Konventionsrechts mit dem Schutz eines anderen, in der nationalen Verfassung oder einem völkerrechtlichen Übereinkommen garantierten Rechts zu rechtfertigen suchten, stets erfolglos geblieben.[1610] Der EGMR versteht Art. 53 EMRK nicht als Bestimmung zur Lösung von Kollisionen zwischen unterschiedlichen Grundrechten aus verschiedenen Grundrechtskatalogen.

Gleichermaßen sind die rechtlichen Wirkungen dieses Artikels in den Fällen, in denen dasselbe Grundrecht in einer nationalen Verfassung oder ei-

---

neutral abgefasst ist. Jedoch lässt sich Art. 53 EGRC nicht entnehmen, dass er nur den zum Zeitpunkt des Verbindlichwerdens der Charta existierenden Schutzstandard in den dort aufgelisteten anderen Grundrechtskatalogen respektiert.

1608 So EGMR, Beschw. Nr. 10563/83, Ekbatani ./. Schweden, Urt. v. 26.05.1988, Ser. A, Bd. 134, S. 12 f. / Ziff. 26; EGMR, Beschw. Nr. 16213/90, Burghartz ./. Schweiz, Urt. v. 22.02.1994, Ser. A, Bd. 280-B, S. 27 f. / Ziff. 22 f.; die Regel ergab sich jeweils bereits aus Art. 7 des 7. ZP zur EMRK.

1609 EGMR, Beschw. Nr. 5493/72, Handyside ./. Vereinigtes Königreich, Urt. v. 07.12.1976, Ser. A, Bd. 24, S. 26 / Ziff. 54. Siehe hierzu und zu weiteren Fällen, in denen sich eine Minderheit von Richtern zur Urteilsbegründung auf Art. 53 EMRK bezogen hat, *Bering Liisberg*, CML Rev. 38 (2001), S. 1185 (dort insb. Fn. 46).

1610 Vgl. z.B. EGMR, Beschw. Nr. 14234/88 u.a., Open Door u.a. ./. Irland, Urt. v. 29.10.1992, Ser. A, Bd. 246-A, S. 31 / Ziff. 78 f. (Verhältnis zwischen Art. 10 EMRK und dem nach irischem Recht geschützten Recht auf Leben); EGMR, Beschw. Nr. 15890/89, Jersild ./. Dänemark, Urt. v. 23.09.1994, Ser. A, Bd. 298, S. 18 ff. / Ziff. 21, 27, 30 (Verhältnis zwischen Art. 10 EMRK und dem Internationalen Übereinkommen zur Beseitigung jeder Form von Rassendiskriminierung von 1965). Hierzu mit weiteren Beispielen *Bering Liisberg*, CML Rev. 38 (2001), S. 1184 f.

nem völkerrechtlichen Übereinkommen weitergehend als in der EMRK geschützt ist, begrenzt. Dass Beschwerdeführer vor dem EGMR nicht unter Berufung auf Art. 53 EMRK geltend machen können, dass ihre ggf. günstigeren Rechte aus einer anderen Rechtsquelle als der EMRK verletzt sind, ergibt sich bereits aus Art. 35 Abs. 3 EMRK. Hiernach sind solche Klagen *ratione materiae* unzulässig.[1611] Ebensowenig führt Art. 53 EMRK dazu, dass diese günstigeren Rechte automatisch in das Rechtsschutzsystem der EMRK inkorporiert werden.[1612]

Vielmehr hat Artikel 53 EMRK nach überzeugender Ansicht der wenigen Vertreter der Lehre, die zu dieser Frage Stellung bezogen haben, einen sehr begrenzten Regelungsgehalt. Er legt lediglich den Grundsatz nieder, dass die Rechte der EMRK Mindeststandards in dem Sinne darstellen, dass im Falle eines Zusammentreffens von einem Recht der EMRK und einer innerstaatlich oder völkerrechtlich garantierten Rechtsnorm, die dasselbe Recht betrifft, der Einzelne den Schutz der ihm günstigsten *anwendbaren* Bestimmung genießt.[1613] Insbesondere dürfen die Schranken der Rechte, die in der EMRK vorgesehen sind, nicht herangezogen werden, um gleichartige Rechte in anderen Grundrechtskatalogen einzuschränken.[1614]

b. Weitere internationale Menschenrechtskataloge

Zahlreiche internationale Grundrechtskataloge enthalten ebenfalls eine den Artikeln 53 EMRK und 53 EGRC ähnliche Bestimmung. Zu nennen ist

---

1611 Vgl. hierzu *Eissen*, ZaöRV 30 (1970), S. 258; *de Meyer*, in: *Matscher / Petzold* (Hrsg.), Protecting Human Rights: The European Dimension, FS f. *Wiarda*, S. 126 m.w.N.; *Bering Liisberg*, CML Rev. 38 (2001), S. 1184 m.w.N.

1612 So auch *Eissen*, ZaöRV 30 (1970), S. 258; *de Meyer*, in: *Matscher / Petzold* (Hrsg.), Protecting Human Rights: The European Dimension, FS f. *Wiarda*, S. 126, 128.

1613 So *de Meyer*, in: *Matscher / Petzold* (Hrsg.), Protecting Human Rights: The European Dimension, FS f. *Wiarda*, S. 125 f., der nachweist, dass dieses Ergebnis mit demjenigen eines von 1967-1969 eingesetzten Expertenkomitees des Europarates zu den Menschenrechten übereinstimmt. *De Meyer* hält allerdings das nationale Recht und die völkerrechtlichen Übereinkünfte weitergehend auch für denkbare Inspirationsquellen bei der Ermittlung der Reichweite der in der EMRK explizit gewährleisteten Rechte, vgl. *ders.*, a.a.O., S. 128 f. Wie hier i.ü. *Lemmens*, 8 MJ 1 (2001), S. 54/55; *Bering Liisberg*, CML Rev. 38 (2001), S. 1185/1186 m.w.N.; dahingehend auch *Frowein / Peukert*, in: *Frowein / Peukert*, EMRK, Art. 60 EMRK.

1614 *De Meyer*, in: *Matscher / Petzold* (Hrsg.), Protecting Human Rights: The European Dimension, FS f. *Wiarda*, S. 126 m.w.N.; *Frowein / Peukert*, in: *Frowein / Peukert*, EMRK, Art. 60 EMRK.

insbesondere die nach dem Auftrag des Europäischen Rates von Köln[1615] bei der Erarbeitung der Charta ausdrücklich zu berücksichtigende Europäische Sozialcharta (ESC) vom 18.10.1961. Diese regelt in ihrem Artikel 32 ihr Verhältnis zu innerstaatlichem Recht und internationalen Übereinkünften ebenso wie die EMRK, aber im Wortlaut noch deutlicher im Sinne des soeben dargestellten beschränkten Regelungsgehalts.[1616]

Daneben enthalten die jeweiligen Art. 5 Abs. 2 des IPBPR und des IPWSKR Günstigkeitsklauseln, die trotz ihrer wiederum unterschiedlichen Formulierung im Regelungsgehalt denjenigen in Art. 53 EMRK und Art. 32 ESC entsprechen.[1617] Insbesondere sind die Grundrechtsadressaten auch nach Art. 5 Abs. 2 IPBPR verpflichtet, bei Unterschieden zwischen den aufgrund innerstaatlich geltender völkerrechtlicher Normen garantierten Rechten und den entsprechenden Rechten im Pakt die für die Rechtsunterworfenen jeweils günstigere Norm anzuwenden.[1618] Sie dürfen gleichermaßen die in anderen Menschenrechtskatalogen gewährleisteten Rechte nicht unter dem Vorwand beschränken, dass diese Rechte im Pakt nicht oder nur in einem geringeren Ausmaß garantiert sind.[1619] Dies bedeutet jedoch – ebenso wenig wie bei Art. 53 EMRK – nicht, dass die günstigeren Bestimmungen eines der Vertragswerke automatisch Bestandteil des Schutzsystems des Paktes werden.[1620]

Ein Blick in weitere multilaterale individualschützende Verträge zeigt, dass eine den Art. 53 EMRK bzw. 53 EGRC ähnelnde Bestimmung zum „Standardrepertoire" derartiger Übereinkommen gehört. Beispielhaft seien hier Art. 23 des (UN-) Übereinkommens zur Beseitigung jeder Form von Diskriminierung der Frau vom 18.12.1979[1621], Art. 8 Abs. 1 des Europäischen

---

1615 Siehe hierzu bereits den Nachweis in Fn. 1603.

1616 *De Meyer*, in: *Matscher / Petzold* (Hrsg.), Protecting Human Rights: The European Dimension, FS f. *Wiarda*, S. 125; *Bering Liisberg*, CML Rev. 38 (2001), S. 1184. Die Revidierte Europäische Sozialcharta vom 03.05.1996 (CETS Nr. 163) enthält in Teil V, Art. H eine gleichlautende Bestimmung.

1617 So auch *de Meyer*, in: *Matscher / Petzold* (Hrsg.), Protecting Human Rights: The European Dimension, FS f. *Wiarda*, S. 125; *Nowak*, CCPR-Kommentar, Art. 5 IPBPR, Rn. 2, 12; *Bering Liisberg*, CML Rev. 38 (2001), S. 1186 f. m.w.N.

1618 *Nowak*, CCPR-Kommentar, Art. 5 IPBPR, Rn. 2, 12, 14 m.w.N.

1619 *Nowak*, CCPR-Kommentar, Art. 5 IPBPR, Rn. 12.

1620 *Eissen*, ZaöRV 30 (1970), S. 258; *Nowak*, CCPR-Kommentar, Art. 5 IPBPR, Rn. 14.

1621 BGBl. 1985 II, S. 648 ff. (660) (= Sart. II, Nr. 23).

Übereinkommens über den Übergang der Verantwortung für Flüchtlinge vom 16.10.1980[1622] für die Mitgliedstaaten des Europarates, sowie Art. 41 des (UN-) Übereinkommens über die Rechte des Kindes vom 20.11.1989[1623] genannt.[1624]

Schließlich enthält Art. 27 der – nicht rechtsverbindlichen – Erklärung der Grundrechte und Grundfreiheiten des Europäischen Parlamentes vom 12.04.1989[1625], der wie Art. 53 EGRC mit „Schutzniveau" überschrieben ist, eine diesem ähnliche Regelung. Wie Art. 53 EMRK bezieht sich Art. 27 der genannten Erklärung weitergehend als Art. 53 EGRC auf das Recht der Mitgliedstaaten allgemein, nicht nur auf ihre Verfassungen, und ist nicht auf internationale Übereinkommen, bei denen alle Mitgliedstaaten Vertragsparteien sind, beschränkt.[1626] Bezeichnend ist, dass bereits Art. 27 dieser Erklärung trotz seiner missverständlichen Abfassung Kommentatoren zufolge insbesondere nicht das grundlegende Prinzip des Anwendungsvorrangs des Gemeinschaftsrechts vor mitgliedstaatlichem Recht in Frage stellen sollte.[1627] Der Verfassungsentwurf des Europäischen Parlamentes vom 10.02.1994[1628] enthält in seinem Grundrechtsteil in Titel VII, Punkt 24 ebenfalls eine – leicht veränderte – Version des Art. 27 der Erklärung der Grundrechte und Grundfreiheiten aus dem Jahr 1989.[1629]

c. Schlussfolgerungen

Der Vergleich von Art. 53 EGRC mit Parallelbestimmungen in anderen multilateralen Menschenrechtsübereinkommen zeigt eine große Übereinstimmung zwischen sämtlichen dieser Regelungen auf. Für die rechtsvergleichende Interpretation der Grundrechtecharta ist besonders die korrespondierende Norm der EMRK, die eine der wichtigsten Rechtsquellen bei der Abfassung der Charta-Artikel darstellt, von Bedeutung. Angesichts der dargestellten wesentlichen Übereinstimmungen der Textfassungen des – etwas wei-

---

1622 BGBl. 1994 II, S. 2646 ff. (2648) (= Sart. II, Nr. 28 b).

1623 BGBl. 1992 II, S. 122 ff. (139) (= Sart. II, Nr. 29).

1624 Siehe hierzu auch *Bering Liisberg*, CML Rev. 38 (2001), S. 1187/1188 m.w.N.

1625 ABl. EG 1989, Nr. C 120, S. 51-57; abgedruckt z.B. bei *Rengeling*, Grundrechtsschutz in der Europäischen Gemeinschaft, S. 259 ff., sowie in EuGRZ 1989, S. 204-207.

1626 Vgl. hierzu *Bering Liisberg*, CML Rev. 38 (2001), S. 1182/1183.

1627 *Weiler*, in: *Bieber / de Gucht u.a.* (Hrsg.), Au nom des peuples européens, S. 350, 359.

1628 ABl. EG 1994, Nr. C 61, S. 155 ff. (insb. S. 168).

1629 Siehe hierzu *Bering Liisberg*, CML Rev. 38 (2001), S. 1183.

teren – Art. 53 EMRK mit der des – etwas längeren, auf die Besonderheiten von EU bzw. EG abgestimmten – Art. 53 EGRC ist Art. 53 EMRK als Vorbild und Inspirationsquelle für Art. 53 EGRC anzusehen.[1630] Die Ermittlung der inhaltlichen Tragweite des Art. 53 EGRC hat sich demzufolge insbesondere an der des Art. 53 EMRK zu orientieren.

Hiergegen könnte eingewandt werden, dass Art. 53 EGRC gerade nur auf die mitgliedstaatlichen *Verfassungen*, die auf eine Stufe u.a. mit dem Recht der Union und anderen internationalen Übereinkommen gestellt werden, sowie nur auf internationale Übereinkommen, bei denen *alle* Mitgliedstaaten Vertragsparteien[1631] sind, verweise. Dies könnte als Beleg dafür herangezogen werden, dass die in Art. 53 EGRC aufgeführten Menschenrechtsquellen als Grundlage und Mindeststandard für die Interpretation der Charta-Artikel selbst dienen sollen.[1632] Jedoch würde dies implizieren, dass Art. 53 EGRC generell die Art und Weise der Fortentwicklung der Charta-Rechte durch den EuGH festschreiben soll. Dies ist aber, wie bereits dargestellt, schon angesichts des Wortlautes des Art. 53 EGRC sowie der Entstehungsgeschichte, der zufolge die Charta-Verfasser derartige Vorschläge gerade nicht weiterverfolgten, nicht der Fall.[1633]

Die im Verhältnis zu Art. 53 EMRK engere Fassung des Art. 53 EGRC spricht vielmehr dafür, dass Letzterer erst recht im Sinne des – inhaltlich engen – Verständnisses des EMRK-Artikels aufzufassen ist. Dies wird durch die gleiche, enge Auslegung der jeweils unterschiedlich formulierten Parallelbestimmungen zu Art. 53 EMRK bzw. EGRC in anderen internationalen Grundrechtskatalogen untermauert. Zweifellos weist die Textfassung des Art. 53 EGRC Unstimmigkeiten auf. Hierzu zählt insbesondere die Beschränkung nur auf bestimmte internationale Übereinkommen, die durch den Verweis auf das Völkerrecht insgesamt, dem diese Abkommen zugehören, wiederum aufgehoben zu sein scheint. Diese Unklarheiten, die oftmals auf eine Kompromissfindung im Konvent zurückzuführen sind,[1634] können je-

---

1630 So i.E. auch *Lalumière*, RQDI 13 (2000), S. 173; *Lemmens*, 8 MJ 1 (2001), S. 54/55; *Bering Liisberg*, CML Rev. 38 (2001), S. 1183, 1193; *Rengeling / Szczekalla*, Grundrechte in der EU, § 7 A, Rn. 493; a.A. *Griller*, in: *Duschanek / Griller* (Hrsg.), Grundrechte für Europa, S. 172-173.

1631 Zahlreiche Beispiele für derartige Übereinkommen nennt *Falke*, in: *Bremische Bürgerschaft* (Hrsg.), Charta der Grundrechte, S. 52 f.

1632 Zu dieser möglichen Argumentation *Bering Liisberg*, CML Rev. 38 (2001), S. 1192.

1633 Siehe hierzu oben 4. Kapitel.B.IV.2.c.

1634 Siehe hierzu bereits oben 4. Kapitel.B.IV.2.c.

doch an der Vergleichbarkeit von Art. 53 EMRK und Art. 53 EGRC nichts ändern.[1635]

Dieser Vergleichbarkeit kann darüber hinaus nicht entgegengehalten werden, dass die EMRK einzig die Absicherung des Menschenrechtsschutzes bezwecke, während die Charta Teil eines umfassenden Rechtssystems sei, das notwendig auch Grundrechtseinschränkungen enthalte.[1636] Die Grundrechtskataloge gehörten danach jeweils Regelungsregimen an, die sich wesentlich unterschieden. Zwar ist richtig, dass die EMRK, ebenso wie andere völkerrechtliche Menschenrechtsübereinkommen, die Grundrechte gegenüber staatlicher Gewalt sichert. Die Charta soll hingegen die Grundrechtsträger in erster Linie vor Eingriffen der Unions- bzw. Gemeinschaftsgewalt schützen. Dies bedeutet jedoch nicht, dass Art. 53 EGRC als eine im Wesentlichen parallel zu Art. 53 EMRK abgefasste Bestimmung in ihrem systematischen Zusammenhang inhaltlich grundlegend anders als der EMRK-Artikel als Ermächtigung zur weitergehenden Beschränkung der Gemeinschaftsgewalt durch den nationalen Grundrechtsgesetzgeber zu verstehen ist.[1637]

Zum einen begründen oder verändern Grundrechtskataloge regelmäßig keine Zuständigkeiten (vgl. klarstellend nur Art. 51 Abs. 2 EGRC für die Gemeinschaft bzw. Union), auch nicht für grundrechtsbeschränkende hoheitliche Regelungen. Daher scheint es erst recht fernliegend, Regelungen in ihnen als Zuständigkeitszuweisung für weitere Beschränkungen der durch die Charta grundrechtsverpflichteten Gemeinschaftsgewalt z.B. durch die mitgliedstaatlichen Verfassungsgesetzgeber zu sehen. Die Charta lässt die Normenhierarchie zwischen Gemeinschaftsrecht und nationalem Recht, und die damit verbundene Zuständigkeit bzw. Nicht-Zuständigkeit nationaler Stellen, Gemeinschaftsmaßnahmen nationale Grundrechte entgegenzuhalten, unberührt.

Zum anderen orientiert sich die Charta – unabhängig von der Unterschiedlichkeit der Hoheitsgewalt, die sie beschränkt – in zahlreichen ihrer Artikel unbestritten an den Bestimmungen der EMRK. Daher legt eine rechtsvergleichende Interpretation der Charta auch ein entsprechendes Verständnis von Art. 53 EMRK und Art. 53 EGRC, der überdies eine Standardklausel in überstaatlichen Grundrechtskatalogen aufgreift, nahe. Schließlich kann sich –

1635 Vgl. hierzu *Bering Liisberg*, CML Rev. 38 (2001), S. 1193.

1636 So aber *Griller*, in: *Duschanek / Griller* (Hrsg.), Grundrechte für Europa, S. 173.

1637 So jedoch *Griller*, in: *Duschanek / Griller* (Hrsg.), Grundrechte für Europa, S. 173.

wie z.B. das Neunte Amendment zur US-amerikanischen Bundesverfassung als Teil der *Bill of Rights* zeigt – eine u.a. Art. 53 EMRK ähnliche, im Wesentlichen nur politisch bedeutsame Regelung selbst in einem föderalen Rechtssystem finden.[1638] Die Supranationalität des gemeinschaftlichen Rechtssystems kann der genannten Auslegung deshalb nicht überzeugend entgegentreten.

Zusammenfassend kommt eine rechtsvergleichende Interpretation des Art. 53 EGRC in seinem Gesamtzusammenhang mit anderen multilateralen Menschenrechtskatalogen zu dem Ergebnis, dass sich aufgrund der wesentlich übereinstimmenden Abfassung des Charta-Artikels mit Art. 53 EMRK auch sein Regelungsgehalt am Vorbild in der Konvention orientieren muss. Art. 53 EGRC ist danach keine Regel zur Lösung von Kollisionen zwischen unterschiedlichen Grundrechten aus verschiedenen Grundrechtskatalogen.[1639] Er betrifft Fälle, in denen ein und dasselbe Grundrecht in einer nationalen Verfassung, im Recht der Union, oder einem völkerrechtlichen Übereinkommen weitergehend als in der Charta geschützt ist.

Seine rechtlichen Wirkungen sind auch hier begrenzt: Art. 53 EGRC bewirkt keine Transformation des jeweils für ein Grundrecht in einem der genannten Kataloge gewährleisteten höchsten Schutzniveaus in die Charta, was sowohl die Schutzbereiche als auch die Schrankenbestimmungen der Charta-Artikel jeweils modifizieren würde.[1640] Vielmehr legt die Charta-Regelung nur eine Günstigkeitsklausel bzw. einen Mindeststandard in dem Sinne nieder, dass im Falle eines Zusammentreffens von einem Recht der Charta und einer im Recht der Union, völkerrechtlich oder innerstaatlich garantierten Rechtsnorm, die dasselbe Recht betrifft, der Einzelne den Schutz der ihm günstigsten *anwendbaren* Bestimmung genießt. Insbesondere dürfen die Schranken der Charta-Rechte nicht herangezogen werden, um gleichartige Rechte in den genannten anderen Grundrechtskatalogen einzuschränken.

Art. 53 EGRC trifft damit eine Regelung nur für den Fall, *dass* tatsächlich gleichartige Grundrechte aus verschiedenen Grundrechtskatalogen auf einen bestimmten Sachverhalt anwendbar sind. Er regelt nicht, *ob* insbesondere die in mitgliedstaatlichen Verfassungen niedergelegten Grundrechte zur Anwen-

---

1638 Eingehend hierzu *Bering Liisberg*, CML Rev. 38 (2001), S. 1188-1189, 1194/1195.

1639 So aber wohl *Grabenwarter*, DVBl. 2001, S. 11. Zu einem möglichen Verständnis des Art. 53 EGRC als „materielle Kollisionsnorm" vgl. *Bering Liisberg*, CML Rev. 38 (2001), S. 1177, 1197/1198 m.w.N.

1640 In diese Richtung aber *Lenaerts / de Smijter*, CML Rev. 38 (2001), S. 294; differenzierend *Eisner*, Die Schrankenregelung der Grundrechtecharta, S. 156.

dung kommen, was sich unverändert nach den Verfassungen selbst und der Normenhierarchie zwischen ihnen und dem Gemeinschaftsrecht bestimmt. Die Charta stellt folglich in ihrem Artikel 53 den Vorrang und die Eigenständigkeit des Gemeinschaftsrechts nicht in Frage.[1641]

4. Regelungsziel des Art. 53 EGRC (teleologische Interpretation)

Ob die bei der Auslegung des Gemeinschaftsrechts regelmäßig wichtigste Methode der Interpretation einer Norm nach ihrem Regelungsziel[1642] das durch die rechtsvergleichende Interpretation gewonnene Ergebnis untermauert, kann angesichts der eingangs[1643] dargestellten völlig verschiedenen Auffassungen über den mit Art. 53 EGRC verfolgten Zweck objektiv nicht ohne weiteres ermittelt werden. Einen wichtigen Anhaltspunkt für die teleologische Interpretation kann regelmäßig der von den Normgebern selbst der jeweiligen Regelung zugeschriebene Sinn geben.

Eine Analyse der (nicht offiziellen) Protokolle der Sitzungen, in denen der Konvent die Vorfassungen des Art. 53 EGRC diskutiert hat, lassen allerdings ein ähnlich breites Meinungsbild zu dem mit seiner Regelung über das „Schutzniveau" verfolgten Zweck erkennen wie die heutigen Stellungnahmen im Schrifttum. Teils sahen die Konventsmitglieder in einzelnen Vorfassungen von Art. 53 EGRC eine Wiederholung bzw. Erweiterung des Art. 6 EU und befürworteten deshalb einen Verweis auf letzteren Artikel.[1644] Teils hielten sie diese Artikelentwürfe für eine dem Art. 53 EMRK ähnliche Regelung.[1645] Vielfach bezeichneten sie den Schutzniveauartikel als „Meistbegünstigungsklausel",[1646] wobei die fehlende Klarheit dieses Begriffs bereits im Konvent bemängelt worden war.[1647] Nur wenige Konventsmitglieder sahen durch die

---

1641 So im Ergebnis auch *Bering Liisberg*, CML Rev. 38 (2001), S. 1198/1199.

1642 Siehe hierzu oben 2. Kapitel.B.III.3.b.

1643 Siehe oben 4. Kapitel.B.IV.

1644 So zu Art. H.4 (Dok. CHARTE 4235/00 CONVENT 27 v. 18.04.2000, S. 3) z.B. *Berès* und *Rodriguez Bereijo*, in: *Bernsdorff / Borowsky* (Hrsg.), Charta der Grundrechte der EU, S. 236 (Sitzung vom 03./04.05.2000).

1645 So z.B. *Eaton* und *Van den Burg*, in: *Bernsdorff / Borowsky* (Hrsg.), a.a.O. (Fn. 1644), S. 236. Weitere Beispiele gibt *Bering Liisberg*, CML Rev. 38 (2001), S. 1177.

1646 So z.B. *Herzog*, in: *Bernsdorff / Borowsky* (Hrsg.), a.a.O. (Fn. 1644), S. 238, 239; zum Vorentwurf Art. 46 (Dok. CHARTE 4316/00 CONVENT 34 v. 16.05.2000, S. 11, geändert durch Dok. CHARTE SN 3340/00 v. 29.06.2000, S. 3) *Braibant*, in: *Bernsdorff / Borowsky* (Hrsg.), a.a.O. (Fn. 1644), S. 303 (Sitzung vom 28.-30.06.2000).

1647 Vgl. *Gnauck*, in: *Bernsdorff / Borowsky* (Hrsg.) (Fn. 1644), S. 239.

Bestimmung die Frage des Anwendungsvorrangs des Gemeinschaftsrechts vor mitgliedstaatlichem Recht aufgeworfen. Sie hielten die Formulierung des Schutzniveauartikels wegen des Verweises auf das nationale Recht für missverständlich, da Akte der Gemeinschaftsorgane nicht am Maßstab des nationalen Rechts gemessen werden dürften.[1648]

Aus diesen verschiedenartigen Auffassungen im Konvent zum Zweck der Regelung über das „Schutzniveau" lässt sich in Verbindung mit der Fortentwicklung der Textfassung der Bestimmung[1649] nur Folgendes ableiten: Zum einen waren ein Anknüpfen an bzw. eine Erweiterung des Art. 6 EU im Konvent nicht mehrheitsfähig, denn dieser hat sich weder auf die Aufnahme eines Verweises auf letzteren Artikel noch auf eine Bezugnahme auf die „gemeinsamen Verfassungsüberlieferungen der Mitgliedstaaten" entsprechend Art. 6 EU verständigt.[1650] Zum anderen bezweckte der Konvent trotz der Beibehaltung des Verweises auf nationales Recht bzw. in der Endfassung die Verfassungen der Mitgliedstaaten mit der Regelung über das „Schutzniveau" keinesfalls eine Aufhebung oder Einschränkung des Anwendungsvorrangs des Gemeinschaftsrechts vor mitgliedstaatlichem Recht. Die große Mehrheit des Konvents, der die Vorrangproblematik ersichtlich nicht eingehend diskutiert hat,[1651] ging offenbar ebenso wie die Konventsmitglieder, die die Schutzniveauregelung lediglich für „missverständlich" hielten, davon aus, dass der Anwendungsvorrang von dieser Regelung nicht berührt wird.[1652] Dies legt nicht zuletzt das dem Konvent vom Europäischen Rat von Köln erteilte Mandat[1653] nahe. Diesem zufolge sollte er lediglich existierende Grundrechte auf Gemeinschaftsebene in einer Charta zusammenstellen – was er ersichtlich

---

1648 So *Altmaier* und *Korthals Altes*, in: *Bernsdorff / Borowsky* (Hrsg.) (Fn. 1644), S. 236, 237/238. Vgl. hierzu auch *Braibant*, RUDH 2000, S. 68/69; *Bering Liisberg*, CML Rev. 38 (2001), S. 1174.

1649 Eine ausführliche Übersicht hierzu bietet *Bering Liisberg*, CML Rev. 38 (2001), S. 1172-1182.

1650 So auch *Bering Liisberg*, CML Rev. 38 (2001), S. 1193. Siehe hierzu auch oben 4. Kapitel.B.IV.2.c, (Fn. 1600).

1651 Kritisch hierzu *Bering Liisberg*, CML Rev. 38 (2001), S. 1181/1182, 1190, und *Griller*, in: *Duschanek / Griller* (Hrsg.), Grundrechte für Europa, S. 172, 182; *Griller*, zitiert bei: *Szczekalla*, DVBl. 2001, S. 349.

1652 So auch *Bering Liisberg*, CML Rev. 38 (2001), S. 1190.

1653 Europäischer Rat (Köln), Anhang IV zu den Schlussfolgerungen des Vorsitzes, Bull. EU 6-1999, S. 39 f. = EuGRZ 1999, S. 364 f.

auch wollte – , nicht hingegen die Hierarchie zwischen Normen außerhalb der Charta neu regeln.[1654]

Aufschluss über den von den Verfassern der Charta mit der Regelung ihres Art. 53 verfolgten Zweck können ferner die vom Präsidium zu diesem Artikel verfassten Erläuterungen geben. Diesen zufolge ist *„Zweck dieser Bestimmung (...) die Aufrechterhaltung des durch das Recht der Union, das Recht der Mitgliedstaaten und das Völkerrecht in seinem jeweiligen Anwendungsbereich gegenwärtig gewährleisteten Schutzniveaus“*.[1655] Allerdings ist offen, inwieweit diese Erklärung in den Erläuterungen als auch vom Konvent als Ganzem getragen angesehen werden kann.[1656] Unabhängig davon ergeben sich aus dieser weitgehenden Umschreibung des Wortlautes des Art. 53 EGRC keine Erkenntnisse, die über die aus den Sitzungsprotokollen gewonnenen hinausgehen.

Überraschend ist allerdings die weitere Erklärung im Rahmen der Erläuterungen zu Art. 53 EGRC, dass der durch die Charta gewährleistete Schutz nicht geringer als der durch die EMRK garantierte sein darf, *„was bedeutet, dass die in der Charta vorgesehene Einschränkungsregelung nicht unter dem in der EMRK vorgesehenen Niveau liegen darf“*. Dies suggeriert einen Abgleich, ggf. sogar eine Übertragung der Schrankenregelungen der EMRK in die Charta. Gerade der Bezug nur auf die EMRK, nicht hingegen auf die anderen in Art. 53 EGRC auf gleicher Ebene genannten Grundrechtskataloge, und die Zusammenfassung der Schrankenregelungen in Art. 52 EGRC zeigt aber die systematische Zugehörigkeit dieses Teils der Erläuterungen zu Art. 52 Abs. 3 EGRC. Die irrtümliche Zuordnung zu Art. 53 EGRC erklärt sich aus der Entstehungsgeschichte. Ursprünglich befasste sich nur ein Artikel, derjenige zum „Schutzniveau“, mit dem Verhältnis der Charta zur EMRK.[1657] Im Verlauf der Weiterentwicklung der horizontalen Bestimmungen verlagerte sich die Diskussion zum Verhältnis der Charta zur EMRK im Konvent zunehmend auf die Regelung im Rahmen des Artikels über die Einschränkungen bzw. Tragweite der Charta-Rechte, Art. 52 der Endfassung der Charta.[1658] Der genannte Teil der

---

[1654] So auch *Bering Liisberg*, CML Rev. 38 (2001), S. 1193; a.A. *Griller*, in: *Duschanek / Griller* (Hrsg.), Grundrechte für Europa, S. 170/171.

[1655] Erläuterungen des Konventspräsidiums zu Art. 53 EGRC, Dok. CHARTE 4473/00 CONVENT 49 v. 11.10.2000, S. 50 = EuGRZ 2000, S. 569.

[1656] Siehe hierzu eingehend oben 2. Kapitel.B.III.3.b.

[1657] Vgl. Dok. CHARTE 4123/1/00 REV 1 CONVENT 5 v. 15.02.2000, S. 11 (Art. Z).

[1658] Siehe bereits Dok. CHARTE 4149/00 CONVENT 13 v. 08.03.2000, S. 18 (Art. X, Y); Dok. CHARTE 4235/00 CONVENT 27 v. 18.04.2000, S. 2-4 (Art. H.2, H.4); Dok. CHARTE 4316/00 CONVENT 34 v. 16.05.2000, S. 10-12 (Art. 47, 49) und die

Erläuterungen wurde vor diesem Hintergrund wohl versehentlich dem Artikel über das Schutzniveau zugeordnet.[1659] Aus diesem Grund kann sich auch die Ansicht, Art. 53 EGRC verlange die Übertragung sämtlicher Schrankenregime der in diesem Artikel genannten Grundrechtskataloge auf die Charta-Rechte bzw. die Herstellung eines Ausgleichs zwischen diesen Regimen,[1660] nicht auf die Erläuterungen stützen. Tatsächlich wird der Status der EMRK, aber eben nur dieser, als Mindeststandard für Schutzbereich und Schranken der Charta-Rechte in Art. 52 Abs. 3 EGRC gewährleistet.[1661] Deshalb stellt eine enge Auslegung des Art. 53 EGRC die Mindestgarantiefunktion der EMRK nicht in Frage.[1662]

Ein völlig klarer, mit der Regelung des Art. 53 EGRC von den Charta-Verfassern übereinstimmend verfolgter Zweck kann demnach nicht ermittelt werden. Eine weite, den Anwendungsvorrang des Gemeinschaftsrechts beschränkende Interpretation lag allerdings eindeutig nicht in ihrem Sinne. Vielmehr stand die Rücksichtnahme auf andere existierende Grundrechtskataloge im Vordergrund. Die Charta sollte nicht dazu dienen, andere Grundrechtsbestimmungen, und insbesondere nicht diejenigen der mitgliedstaatlichen Verfassungen, zu schwächen oder zu ersetzen.[1663]

Berücksichtigt man dies, entspricht der mit der Charta verfolgte Zweck aber demjenigen, der durch entsprechende Bestimmungen in anderen multilateralen Menschenrechtskatalogen, insbesondere Art. 53 EMRK, verfolgt wird.

Folgedokumente (siehe Fn. 1389). Eingehend hierzu *Bering Liisberg*, CML Rev. 38 (2001), S. 1179, 1181.

1659 So auch *Bering Liisberg*, CML Rev. 38 (2001), S. 1179/1180, 1192/1193.

1660 So aber *Mahlmann*, ZEuS 2000, S. 440.

1661 Siehe hierzu eingehend unten 4. Kapitel.C.V.

1662 Dies befürchtet *Griller*, in: *Duschanek / Griller* (Hrsg.), Grundrechte für Europa, S. 174.

1663 Dies betont u.a. die Entschließung des Europäischen Parlamentes zur Erarbeitung einer Charta der Grundrechte vom 16.03.2000, Präambelerwägung R, Nr. 12, Dok. A5-0064/2000, abgedruckt in: Dok. CHARTE 4199/00 CONTRIB 80 v. 05.04.2000, S. 4, 6. Ähnlich auch eine Mitteilung der Kommission, Dok. KOM (2000) 559 final, abgedruckt in Dok. CHARTE 4477/00 CONTRIB 328 v. 30.09.2000, S. 1 ff. Siehe hierzu auch *Bering Liisberg*, CML Rev. 38 (2001), S. 1179, 1180-1182, 1193, 1198; *Lalumière*, RQDI 13 (2000), S. 174; *Dutheil de la Rochère*, RMC 2000, S. 678; *dies.*, Regards sur l'actualité 2001, S. 10; *Griller*, in: *Duschanek / Griller* (Hrsg.), Grundrechte für Europa, S. 174.

Eine teleologische Auslegung stützt damit das durch die rechtsvergleichende Interpretation ermittelte Ergebnis.

5. Ergebnis

Artikel 53 der Charta führt nicht zu einer Beschränkung des Anwendungsvorrangs des Gemeinschaftsrechts. Er lässt die Hierarchie von Normen außerhalb seines Anwendungsbereichs unberührt. Die teleologische, insbesondere aber die rechtsvergleichende Interpretation des Artikels zeigt, dass er die beschränkte rechtliche Bedeutung zahlreicher Parallelbestimmungen in anderen Grundrechtskatalogen, insbesondere des Art. 53 EMRK, teilt.

Art. 53 der Charta hat demzufolge keine Auswirkungen auf die inhaltliche Reichweite, d.h. auf Schutzbereich und Schranken der in der Charta niedergelegten Rechte. Er bestätigt lediglich, was sich bereits aus der Hierarchie der Rechtsnormen ergibt, nämlich, dass verschiedene Grundrechtskataloge grundsätzlich beziehungslos nebeneinander stehen, und ihre Anforderungen demzufolge kumulativ zu erfüllen sind.[1664] Er stellt damit entsprechend der bisherigen Rechtslage klar, dass – vorausgesetzt, *dass* auf einen bestimmten Sachverhalt gleichartige Grundrechte aus verschiedenen Grundrechtskatalogen zur Anwendung kommen, was sich aus den Katalogen selbst bzw. der Normenhierarchie ergibt – der Einzelne sich auf die ihm günstigste der anwendbaren Bestimmungen berufen darf.[1665] Nur in diesem Sinne beinhaltet Art. 53 EGRC eine Meistbegünstigungsklausel bzw. legt einen Mindeststandard nieder.

Der Norm kommt demzufolge weniger eine rechtliche, sondern eher eine politische Bedeutung zu. Sie soll, ähnlich wie Parallelbestimmungen in anderen Grundrechtskatalogen, sichtbar bestätigen, dass die Charta sich als Teil des in Europa existierenden Menschenrechtsregimes versteht.[1666] Als solche berührt sie die in anderen Grundrechtskatalogen garantierten Rechte nicht.

1664 Instruktiv hierzu *Schmitz*, JZ 2001, S. 836 f.

1665 Siehe weitergehend zur Problematik internationaler Übereinkommen i.S. des Art. 53 EGRC *Besselink*, 8 MJ 1 (2001), S. 73 f., 80.

1666 Art. 53 EGRC infolgedessen weitergehend als Kodifizierung des Grundsatzes der völkerrechtsfreundlichen Auslegung zu begreifen (so *Falke*, in: *Bremische Bürgerschaft* (Hrsg.), Charta der Grundrechte, S. 47; *Zimmermann*, EU-Grundrechtecharta, S. 36), wird allerdings der Bedeutung des Artikels nicht gerecht. Dieser verlangt trotz seines Wortlautes („auszulegen“) wie dargestellt keine Interpretation der Charta-Artikel im Lichte der dort genannten Grundrechtskataloge.

Es wäre allerdings begrüßenswert gewesen, diesen Regelungsgehalt trotz der nötigen Kompromissfindung im Konvent im Wortlaut der Charta – etwa durch eine deutlichere Anlehnung an den Wortlaut seines Vorbilds, Art. 53 EMRK – klarer zum Ausdruck zu bringen.[1667]

V. Das Verbot des Rechtsmissbrauchs (Art. 54 EGRC)

1. Entstehungsgeschichte und Regelungsziel

Im Gegensatz zu der ihm vorangestellten Regelung des Art. 53 EGRC hat Art. 54 der Charta im Schrifttum bislang praktisch keine Beachtung erfahren. Dem entspricht die nur knappe Behandlung des Schlussartikels der Charta im Konvent.[1668] Der Grund hierfür lässt sich leicht ausmachen: Es besteht – anders als bei Art. 53 EGRC – Einigkeit darüber, dass Art. 54 EGRC eine in der EMRK niedergelegte Regelung aufgreifen soll, das „Verbot des Mißbrauchs der Rechte" des Art. 17 EMRK.[1669] Die Verfasser der Charta haben sich demzufolge, trotz der Kritik einzelner Konventsmitglieder an der Formulierung des Art. 54 EGRC,[1670] bewusst sehr stark an den Wortlaut des

---

1667 Kritisch zur Tauglichkeit des Art. 53 EGRC für die Klärung des Verhältnisses der Charta zu anderen Grundrechtskatalogen *Dutheil de la Rochère*, RMC 2000, S. 678; *dies.*, Regards sur l'actualité 2001, S. 10; *Pache*, EuZW 2001, S. 351.

1668 Soweit ersichtlich hat der Konvent das Verbot des Rechtsmissbrauchs in seinen Sitzungen nur einmal diskutiert, vgl. die von *Bernsdorff* und *Borowsky* gefertigten Protokolle zu den Konventssitzungen in: *Bernsdorff / Borowsky* (Hrsg.), Charta der Grundrechte der EU, S. 239/240 (Sitzung vom 03./04.05.2000, zu Art. H.5, vgl. Dok. CHARTE 4235/00 CONVENT 27 v. 18.04.2000, S. 4).

1669 Siehe die einhellig hierzu im Konvent vertretenen Auffassungen von *Herzog*, *Korthals Altes*, *Eaton* und *Rodriguez Bereijo*, in: *Bernsdorff / Borowsky* (Hrsg.), Charta der Grundrechte der EU, S. 239/240. Auch die sich in diesem Punkt mit der Ansicht des Konvents deckenden Erläuterungen des Konventspräsidiums zu Art. 54 EGRC (Dok. CHARTE 4473/00 CONVENT 49 v. 11.10.2000, S. 51 = EuGRZ 2000, S. 570) weisen darauf hin, dass Art. 54 EGRC dem Art. 17 EMRK entspricht. Aus dem Schrifttum ebenso *Mahlmann*, ZEuS 2000, S. 440; *Lalumière*, RQDI 13 (2000), S. 173; *Borowsky*, in: *Meyer* (Hrsg.), Charta-Kommentar, Art. 54 EGRC, Rn. 2; *Rengeling / Szczekalla*, Grundrechte in der EU, § 7 A, Rn. 500.

1670 Vgl. *Manzella* und *Herzog*, in: *Bernsdorff / Borowsky* (Hrsg.), Charta der Grundrechte der EU, S. 239. Insbesondere erscheint die in Charta-Artikel und EMRK gleichermaßen enthaltene Passage „eine Tätigkeit auszuüben oder eine Handlung vorzunehmen" als überflüssige Verdoppelung ein und derselben Tatbestandsvoraussetzung.

Art. 17 EMRK angelehnt.[1671] Sie haben das Verbot des Rechtsmissbrauchs lediglich präziser auf die Bestimmungen der Charta (anstatt auf die Konvention als solche) hin formuliert und die Regelung durch die Streichung der verschiedenen Adressaten des Verbots vereinfacht.

Das Verbot des Missbrauchs der Rechte zielt darauf ab zu verhindern, dass die Träger von Hoheitsgewalt, insbesondere aber Privatpersonen die in der Charta garantierten Rechte bzw. deren Schranken zur Einschränkung oder Abschaffung der Rechte anderer missbrauchen.[1672] Diesen Regelungszweck teilt Art. 54 der Charta nicht nur mit Art. 17 EMRK. Er spiegelt sich in zahlreichen, wörtlich weitgehend übereinstimmenden Parallelbestimmungen in anderen multilateralen Menschenrechtsinstrumenten, so z.B. Art. 30 AEMR, Art. 5 Abs. 1 IPBPR und Art. 5 Abs. 1 IPWSKR, wider.[1673]

2. Träger öffentlicher Gewalt als Adressaten des Missbrauchsverbots

Adressaten des Verbots des Rechtsmissbrauchs sind zunächst die durch die Charta grundrechtsverpflichteten Träger öffentlicher Gewalt (vgl. Art. 51 Abs. 1 EGRC).[1674] Art. 54 EGRC nennt im Gegensatz zu Art. 17 EMRK, wie auch zu den anderen o.g. Parallelbestimmungen, die durch ihn Verpflichteten zwar nicht ausdrücklich. Dies dient jedoch nur der Vereinfachung gegenüber der Vorbildregelung des Art. 17 EMRK, der den „Staat" als alleinigen Grundrechtsverpflichteten aller Konventionsrechte (Art. 1 EMRK) ausdrücklich als Adressaten der Regelung aufführt.

1671 Vgl. die Nachweise in Fn. 1669. Zur Entwicklung der Regelung über das Verbot des Rechtsmissbrauchs siehe insbesondere Dok. CHARTE 4235/00 CONVENT 27 v. 18.04.2000, S. 4 (Art. H.5); Dok. CHARTE 4316/00 CONVENT 34 v. 16.05.2000, S. 12 (Art. 50); Dok. CHARTE 4423/00 CONVENT 46 v. 31.07.2000, S. 37 (Art. 52); Dok. CHARTE 4470/1/00 REV 1 CONVENT 47 v. 21.09.2000, S. 22 (Art. 53). Zur Entstehungsgeschichte auch *Borowsky*, in: *Meyer* (Hrsg.), Charta-Kommentar, Art. 54 EGRC, Rn. 4-7.

1672 *Mahlmann*, ZEuS 2000, S. 440; zur Parallelbestimmung Art. 17 EMRK *Frowein*, in: *Frowein / Peukert*, EMRK, Art. 17, Rn. 1; zu Art. 5 Abs. 1 IPBPR *Nowak*, CCPR-Kommentar, Art. 5 IPBPR, Rn. 1.

1673 Vgl. zu diesen Parallelbestimmungen *Nowak*, CCPR-Kommentar, Art. 5 IPBPR, Rn. 1, 3; *Frowein*, in: *Frowein / Peukert*, EMRK, Art. 17, Rn. 1.

1674 Im Ergebnis ebenso *Borowsky*, in: *Meyer* (Hrsg.), Charta-Kommentar, Art. 54 EGRC, Rn. 13. Siehe zu den Grundrechtsverpflichteten eingehend oben 3. Kapitel.C.

Das Verbot des Missbrauchs von Bestimmungen der Charta durch die grundrechtsverpflichteten Träger öffentlicher Gewalt gilt seinem Sinn und Zweck nach für alle in der Charta niedergelegten Rechte, einschließlich der für diese im Wesentlichen im siebten Kapitel (Allgemeine Bestimmungen) geregelten Schrankenbestimmungen. Es untersagt den Trägern von Hoheitsgewalt, die Charta-Rechte stärker einzuschränken, als diese (i.V. mit den Schrankenbestimmungen im Kapitel VII) es zulassen oder die Charta-Rechte gar abzuschaffen. Art. 54 EGRC bewirkt hier eine Verstärkung der Grenzen zulässiger Grundrechtsbeschränkungen, wie sie nach den Schrankenbestimmungen der Grundrechtecharta möglich sind, indem er insbesondere eine Einschränkung aus anderen als den dort zugelassenen Zwecken oder als Selbstzweck verbietet.[1675] Mit Blick auf das in ihm niedergelegte Verbot der Abschaffung der Charta-Rechte untersagt er den Trägern von Hoheitsgewalt überdies, sich der den geschützten Rechten beigegebenen Schrankenbestimmungen in einem Ausmaß zu bedienen, dass der Wesensgehalt dieser Rechte zunichte gemacht wird.[1676]

Sowohl in seiner Eigenschaft als Verstärker der Grenzen zulässiger Grundrechtsbeschränkungen, als auch als Garant des Wesensgehalts der Charta-Rechte legt Art. 54 EGRC Beschränkungen nieder, die für die Träger von Hoheitsgewalt gelten, wenn sie dem Grundrechtsgebrauch Schranken ziehen. Er ist damit als Schranken-Schranke zu qualifizieren. Das Missbrauchsverbot ist dementsprechend nicht autonom, sondern nur im Rahmen der Kontrolle der Rechtfertigung hoheitlicher Eingriffe in Charta-Rechte anwendbar.[1677] Ist ein derartiger Eingriff nach den Schranken- und Schranken-Schranken-Regelungen der Charta gerechtfertigt, ist auch eine Verletzung von Art. 54 EGRC ausgeschlossen.[1678]

1675 So zu Art. 17 EMRK *Frowein*, in: *Frowein / Peukert*, EMRK, Art. 17, Rn. 5, sowie *Villiger*, EMRK-Handbuch, § 32 D, Rn. 702; zu Art. 5 Abs. 1 IPBPR *Nowak*, CCPR-Kommentar, Art. 5 IPBPR, Rn. 1, 5.

1676 So zu Art. 5 Abs. 1 IPBPR *Tomuschat*, Sondervotum zur Entscheidung des UN-Ausschusses für Menschenrechte v. 29.07.1981 betreffend Mitteilung Nr. R 13/56, abgedruckt in: EuGRZ 1981, S. 520 ff. (521/522); zustimmend *Nowak*, CCPR-Kommentar, Art. 5 IPBPR, Rn. 6.

1677 So zu Art. 17 EMRK *Villiger*, EMRK-Handbuch, § 32 D, Rn. 702.

1678 Dies entspricht der stRspr. des EGMR zu Art. 17 EMRK, vgl. z.B. EGMR, Beschw. Nr. 5100/71 u.a., Engel u.a. ./. Niederlande, Urt. v. 08.06.1976, Ser. A, Bd. 22, S. 42 f. / Ziff. 104. Zustimmend zu dieser Praxis *Frowein*, in: *Frowein / Peukert*, EMRK, Art. 17, Rn. 5 m.w.N.; *Villiger*, EMRK-Handbuch, § 32 D, Rn. 702 m.w.N.

Beruft sich der Einzelne gegenüber den Trägern öffentlicher Gewalt auf Art. 54 EGRC, enthält dieser inhaltlich gegenüber den in der Charta niedergelegten Schrankenbestimmungen[1679] und der in Art. 52 Abs. 1 S. 1 EGRC ausdrücklich normierten Wesensgehaltsgarantie keine neuen Schranken-Schranken. Bedeutung kommt Art. 54 EGRC daher in erster Linie in seiner Funktion als an den einzelnen Grundrechtsträger gerichtetes Verbot des Rechtsmissbrauchs zu.[1680]

3. Privatpersonen als Adressaten des Missbrauchsverbots

Adressaten des Verbots des Rechtsmissbrauchs nach Art. 54 EGRC sind neben den grundrechtsverpflichteten Trägern von Hoheitsgewalt insbesondere Privatpersonen, d.h. einzelne Grundrechtsträger und Personengruppen. Dies ergibt sich im Gegensatz zu Art. 17 EMRK zwar wiederum nicht aus dem Wortlaut des Charta-Artikels, aber aus seinem Regelungszweck. Er soll verhindern, dass sich Grundrechtsträger für Tätigkeiten, die auf die Abschaffung oder unzulässige Einschränkung der in der Charta garantierten Rechte anderer abzielen, ihrerseits auf einzelne, in der Charta gewährten Rechte berufen können. Darin gleicht er seinem Vorbild Art. 17 EMRK, aber auch anderen Parallelbestimmungen wie Art. 30 AEMR oder Art. 5 Abs. 2 IPBPR bzw. IPWSKR.[1681] Als Instrument einer „streitbaren Demokratie" bzw. eines „streitbaren Menschenrechtskonzepts"[1682] ist Art. 54 EGRC insbesondere darauf gerichtet, einen Missbrauch der Charta-Rechte durch Grundrechtsträger für die Verfolgung totalitärer Ziele auszuschließen.[1683] Ein ähnlicher

---

1679 So zu Art. 17 EMRK auch *Frowein*, in: *Frowein / Peukert*, EMRK, Art. 17, Rn. 1.

1680 Vgl. auch zur Entstehungsgeschichte des Art. 17 EMRK, der in erster Linie den Missbrauch von Konventionsrechten durch Einzelne ausschließen sollte, *Frowein*, in: *Frowein / Peukert*, EMRK, Art. 17, Rn. 1; sowie zur Entstehungsgeschichte des Art. 5 Abs. 1 IPBPR, der zunächst gar keinen Hinweis auf den Missbrauch durch Staaten enthalten sollte, *Nowak*, CCPR-Kommentar, Art. 5 IPBPR, Rn. 3.

1681 Vgl. zu Art. 17 EMRK grundlegend EGMR, Beschw. Nr. 332/57, Lawless ./. Irland, Urt. v. 01.07.1961, Ser. A, Bd. 3, S. 45 / Ziff. 6 f.; *Frowein*, in: *Frowein / Peukert*, EMRK, Art. 17, Rn. 1, *Villiger*, EMRK-Handbuch, § 32 D, Rn. 703, und *Ovey / White*, European Convention, S. 363; zu Art. 5 Abs. 1 IPBPR und anderen Parallelbestimmungen *Nowak*, CCPR-Kommentar, Art. 5 IPBPR, Rn. 7, 1.

1682 So jeweils zu Art. 5 Abs. 1 IPBPR *Nowak*, CCPR-Kommentar, Art. 5 IPBPR, Rn. 7; i.E. ebenso *Borowsky*, in: *Meyer* (Hrsg.), Charta-Kommentar, Art. 54 EGRC, Rn. 8.

1683 So auch *Mahlmann*, ZEuS 2000, S. 440; ebenso zum Regelungszweck des Art. 17 EMRK EKMR, Beschw. Nr. 250/57, Kommunistische Partei Deutschlands ./. Bundesrepublik Deutschland, Entsch. v. 20.07.1957, (1955-1957) Yearbook

Rechtsgedanke liegt beispielsweise auch den Regelungen der Art. 18, 21 Abs. 2 des deutschen Grundgesetzes zugrunde.[1684]

Die durch Art. 54 EGRC eröffnete Möglichkeit, gegenüber Privatpersonen das Verbot des Rechtsmissbrauchs geltend zu machen mit der Folge, dass diese ein ihnen in der Charta grundsätzlich gewährtes Recht nicht ausüben können, ist allerdings selbst missbrauchsanfällig. Art. 54 der Charta bedarf deshalb, wie dies der EGMR in ständiger Rechtsprechung bei der Vorbildregelung des Art. 17 EMRK praktiziert,[1685] einer sehr restriktiven Auslegung.[1686]

Eine derart einschränkende Auslegung muss zum einen die Rechte der Charta eingrenzen, deren Inanspruchnahme wegen Rechtsmissbrauchs versagt werden kann. Missbrauchsfähig sind nur solche Rechte, mittels deren Ausübung Aktivitäten, die eine Abschaffung oder unzulässige Beschränkung der in der Charta geschützten Rechte anderer bezwecken, überhaupt möglich sind.[1687] Dies sind in erster Linie politische Rechte, wie die Meinungsfreiheit einschließlich der Informations- und Medienfreiheit (Art. 11 EGRC), die Versammlungs- und Vereinigungsfreiheit (Art. 12 Abs. 1 EGRC) und das Wahlrecht (Art. 39, 40 EGRC). In Betracht kommen aber auch die Religionsfreiheit (Art. 10 Abs. 1 EGRC) oder die Freiheit zur Gründung von Lehranstalten (Art. 14 Abs. 3 EGRC). Hingegen sind insbesondere die im Kapitel I (Würde des Menschen) niedergelegten Rechte nicht für o.g. Aktivitäten missbrauchsfähig und infolgedessen nicht nach Art. 54 EGRC ausschließbar. Dasselbe gilt u.a. für die im sechsten Kapitel kodifizierten

---

of the European Commission of Human Rights, S. 222 ff. (224) mit Hinweis auf die *travaux préparatoires* zu Art. 17 EMRK; *Ovey / White*, European Convention, S. 361; zum Regelungszweck des Art. 5 Abs. 1 IPBPR *Nowak*, CCPR-Kommentar, Art. 5 IPBPR, Rn. 1, 7. In jüngerer Zeit ist das Missbrauchsverbot meist im Zusammenhang mit rassistischen Meinungsäußerungen diskutiert worden, vgl. die Nachweise bei *Frowein*, in: *Frowein / Peukert*, EMRK, Art. 17, Rn. 4.

1684 *Frowein*, in: *Frowein / Peukert*, EMRK, Art. 17, Rn. 1; *Mahlmann*, ZEuS 2000, S. 440.

1685 Vgl. grundlegend EGMR, Beschw. Nr. 332/57, Lawless ./. Irland, Urt. v. 01.07.1961, Ser. A, Bd. 3, S. 45 / Ziff. 7; EGMR, Beschw. Nr. 24662/94, Lehideux u. Isorni ./. Frankreich, Urt. v. 23.09.1998, Reports of Judgments and Decisions 1998-VII, S. 2864 ff. (2880, 2887 / Ziff. 38, 58); zustimmend *Ovey / White*, European Convention, S. 361, 363-365 m.w.N.

1686 Dies betont *Mahlmann*, ZEuS 2000, S. 440; *Borowsky*, in: *Meyer* (Hrsg.), Charta-Kommentar, Art. 54 EGRC, Rn. 10.

1687 Ähnlich zu Art. 17 EMRK *Ovey / White*, European Convention, S. 362 f. m.w.N.; zu Art. 5 Abs. 1 IPBPR *Nowak*, CCPR-Kommentar, Art. 5 IPBPR, Rn. 8.

justiziellen Rechte, aber auch etwa für das Recht auf Freiheit und Sicherheit (Art. 6 EGRC).[1688]

Zum anderen muss eine einschränkende Auslegung des Art. 54 EGRC die Rechtsfolge des Missbrauchs eines der o.g. verwirkbaren Rechte durch einen Grundrechtsträger umfassen. Dies bedeutet, wiederum entsprechend der ständigen Rechtsprechung des EGMR,[1689] dass der betreffende Grundrechtsträger sich lediglich im konkreten Fall und lediglich auf das bestimmte missbrauchte Recht nicht berufen kann. Weder erfolgt eine Verwirkung aller Charta-Rechte im konkreten Fall, noch die eines einmal missbrauchten Charta-Rechts für alle Zeiten.

Das Verbot des Rechtsmissbrauchs wirkt, wenn sich Träger öffentlicher Gewalt gegenüber einzelnen Grundrechtsträgern darauf berufen, wie eine zusätzliche Grundrechtsschranke. Es kommt damit auch hier nicht autonom, sondern nur im Rahmen der Rechtfertigung eines Eingriffs in ein Charta-Recht zur Anwendung.[1690] Als Grundrechtsschranke ist das Verbot des Rechtsmissbrauchs insbesondere bedeutsam, wenn ein Charta-Recht im übrigen schrankenlos gewährt ist.[1691] Bei den nach der Charta beschränkbaren missbrauchsfähigen Rechten verstärkt Art. 54 EGRC die Eingriffsmöglichkei-

---

1688 Vgl. zu den nach Art. 17 EMRK ausschließbaren Rechten EGMR, Beschw. Nr. 332/57, Lawless ./. Irland, Urt. v. 01.07.1961, Ser. A, Bd. 3, S. 45 / Ziff. 7 (Art. 5, 6 EMRK nicht verwirkbar); weitergehend noch EKMR, Beschw. Nr. 250/57, Kommunistische Partei Deutschlands ./. Bundesrepublik Deutschland, Entsch. v. 20.07.1957, (1955-1957) Yearbook of the European Commission of Human Rights, S. 222 ff. (224) (alle Konventionsrechte, insb. Art. 9-11 EMRK verwirkbar), eng wie EGMR bereits EKMR, in EGMR, Lawless (s. soeben), S. 45 / Ziff. 6. Zustimmend *Frowein*, in: *Frowein / Peukert*, EMRK, Art. 17, Rn. 2 f.; *Ovey / White*, European Convention, S. 362 f. (insb. Art. 9-11 EMRK verwirkbar, nicht z.B. Art. 6 EMRK); *Villiger*, EMRK-Handbuch, § 32 D, Rn. 703 (insb. Art. 9-11 EMRK, Art. 2, 3 1. ZP EMRK verwirkbar). Ähnlich hinsichtlich Art. 5 Abs. 1 IPBPR *Nowak*, CCPR-Kommentar, Art. 5 IPBPR, Rn. 8. Zur Problematik *Rengeling / Szczekalla*, Grundrechte in der EU, § 7 A, Rn. 504.

1689 Vgl. nur EGMR, Lawless (Fn. 1688), S. 45 / Ziff. 7; weitere Nachweise bei *Ovey / White*, European Convention, S. 363-365; *Mahlmann*, ZEuS 2000, S. 440 (dort Fn. 105) m.w.N. Ebenso für die Auslegung des Art. 5 Abs. 1 IPBPR *Nowak*, CCPR-Kommentar, Art. 5 IPBPR, Rn. 9; für Art. 54 EGRC selbst *Borowsky*, in: *Meyer* (Hrsg.), Charta-Kommentar, Art. 54 EGRC, Rn. 10.

1690 So zu Art. 17 EMRK *Villiger*, EMRK-Handbuch, § 32 D, Rn. 702.

1691 So zu Art. 17 EMRK *Ovey / White*, European Convention, S. 361. Siehe zu den schrankenlos gewährten Charta-Rechten noch unten 4. Kapitel.D.IV.

ten, die den Grundrechtsverpflichteten in den Schrankenbestimmungen bereits eingeräumt sind.[1692] Dies bedeutet, dass diese Grundrechtsschranken im Lichte des Missbrauchsverbotes der Charta auszulegen sind.[1693] Zur Verhinderung eines Missbrauchs dieses Verbotes durch die Grundrechtsverpflichteten sollte die Anwendung des Art. 54 EGRC dabei auf die Extremfälle einer Bedrohung der freiheitlich-demokratischen Grundordnung, für die der Artikel geschaffen ist, beschränkt bleiben. Im übrigen sollte eine Lösung in erster Linie über die sonstigen Grundrechtsschranken gesucht werden.[1694]

4. Ergebnis

Dem Schlussartikel der Grundrechtecharta, Artikel 54, kommt in der täglichen Praxis der Grundrechtsausübung und ihrer Beschränkung keine wesentliche Bedeutung zu. Für die Träger von Hoheitsgewalt wirkt das Verbot des Rechtsmissbrauchs grundsätzlich wie eine Schranken-Schranke, welche die Grenzen zulässiger Grundrechtseinschränkungen verstärkt und den Wesensgehalt der Grundrechte garantiert. Es trifft damit aber keine über die übrigen Schranken-Schranken der Charta hinausgehende Regelung. Das Verbot ist in erster Linie an die Träger der Charta-Rechte gerichtet, denen gegenüber es eine zusätzliche Grundrechtsschranke niederlegt.

Das in seiner Anwendung gegenüber dem Einzelnen selbst missbrauchsanfällige Verbot des Rechtsmissbrauchs bedarf einer sehr restriktiven Auslegung. Als – in dieser Funktion wichtiges – Instrument einer streitbaren Demokratie sollte es zur Verteidigung der gemeinschaftlichen Menschenrechtsordnung nur in den Ausnahmefällen zur Anwendung kommen, in denen Einzelne oder Personengruppen diese Ordnung unter Berufung auf einzelne Charta-Rechte grundlegend in Frage stellen.

1692 Dahingehend bzgl. Art. 17 EMRK *Villiger*, EMRK-Handbuch, § 32 D, Rn. 697; zu Art. 5 Abs. 1 IPBPR ähnlich *Nowak*, CCPR-Kommentar, Art. 5 IPBPR, Rn. 10.

1693 So zu Art. 17 EMRK EGMR, Beschw. Nr. 24662/94, Lehideux u. Isorni ./. Frankreich, Urt. v. 23.09.1998, Reports of Judgments and Decisions 1998-VII, S. 2864 ff. (2880 / Ziff. 38) m.w.N.; ebenso *Villiger*, EMRK-Handbuch, § 32 D, Rn. 704; anders noch EKMR, Beschw. Nr. 250/57, Kommunistische Partei Deutschlands (Fn. 1688), S. 224.

1694 Ähnlich hinsichtlich der Anwendung des Art. 17 EMRK EGMR, Lehideux u. Isorni (Fn. 1693), S. 2887 / Ziff. 58; zustimmend hierzu *Ovey / White*, European Convention, S. 364 f. m.w.N.; ähnlich *Frowein*, in: *Frowein / Peukert*, EMRK, Art. 17, Rn. 4; zu Art. 54 EGRC selbst *Borowsky*, in: *Meyer* (Hrsg.), Charta-Kommentar, Art. 54 EGRC, Rn. 12.

C. Spezielle Bestimmungen

I. Einführung

Neben den dargestellten allgemeinen Bestimmungen enthält die Charta verschiedene spezielle Bestimmungen, welche ihre Tragweite in Bezug auf einzelne Rechte bzw. Gruppen von Rechten abstecken.

Ausgangs- und Vergleichspunkt der Darstellung dieser speziellen Bestimmungen soll wiederum die Rechtslage bei den Gemeinschaftsgrundrechten vor Proklamation der Charta sein (II.).

Die Charta selbst weist auf der einen Seite spezielle Schranken- sowie spezielle Schutzbereichsbestimmungen in einzelnen Grundrechten auf (III.). Auf der anderen Seite enthält sie mit Artikel 52 Abs. 2 und 3 EGRC zwei Regelungen, welche die Tragweite jeweils für eine bestimmte Gruppe von Charta-Rechten festlegen (IV. und V.).

Das Verhältnis dieser speziellen Tragweiteregelungen untereinander sowie zu den dargestellten allgemeinen Bestimmungen wird anschließend im Abschnitt D. thematisiert.

II. Spezielle Tragweiteregelungen für einzelne Grundrechte vor Proklamation der Charta?

Die Verfassungen einzelner Mitgliedstaaten sowie die EMRK, die der Gerichtshof als Rechtserkenntnisquellen für die Entwicklung der Gemeinschaftsgrundrechte heranzieht, normieren insbesondere für die in ihnen niedergelegten Freiheitsrechte jeweils spezielle Schranken. Infolgedessen wäre eine Entwicklung auch spezieller Schranken für die Grundrechte auf Gemeinschaftsebene durch den Gerichtshof naheliegend.

Dieser stellt jedoch ersichtlich bei keinem Recht über die oben dargestellten allgemeinen Schranken (Gesetzesvorbehalt sowie die gemeinschaftsspezifische Schranke)[1695] hinausgehende besondere Voraussetzungen für seine Beschränkung auf.[1696] Nimmt er vereinzelt auf spezielle Schrankenbestim-

---

[1695] Siehe dazu oben 4. Kapitel.B.I.1.a, b.

[1696] So auch *Kingreen*, in: *Calliess / Ruffert* (Hrsg.), EUV/EGV, Art. 6 EUV, Rn. 69, 71; a.A. *Pauly*, EuR 1998, S. 258.

mungen der EMRK[1697] oder der Verfassungen einzelner Mitgliedstaaten[1698] Bezug, dient dies allein dem Zweck, die Einschränkbarkeit des Grundrechts überhaupt zu begründen. Die Voraussetzungen einer zulässigen Beschränkung im Einzelnen entnimmt er hingegen ausschließlich den von ihm entwickelten, für alle (Freiheits-) Rechte gleichermaßen geltenden beiden allgemeinen Schranken.[1699] Auch hat der Gerichtshof keine speziellen Tragweitebestimmungen für einzelne Gruppen von Gemeinschaftsgrundrechten entwickelt.

Demnach existieren im System der durch die Rechtsprechung der Gemeinschaftsgerichte entwickelten Grundrechte keine speziellen Tragweiteregelungen.

III. Spezielle, vertikale Regelungen der Tragweite in einzelnen Charta-Rechten

1. Vertikale Schrankenregelungen

Die Grundrechte der Charta stehen nicht lediglich unter dem allgemeinen horizontalen Schrankenvorbehalt des Art. 52 Abs. 1 EGRC. Einzelne Grundrechte enthalten eine speziell auf sie zugeschnittene, vertikale Schrankenbestimmung. So legt beispielsweise Art. 8 Abs. 2 S. 1 EGRC besondere Voraussetzungen für einen gerechtfertigten Eingriff in das Recht auf Datenschutz fest, während Art. 17 Abs. 1 S. 2 und 3 EGRC besondere Bedingungen für zulässige Eingriffe in das Eigentumsrecht aufstellen.[1700]

Daneben stehen diejenigen Grundrechte, die lediglich nach den einzelstaatlichen Gesetzen oder Gepflogenheiten, nach dem Gemeinschaftsrecht

---

1697 So z.B. in EuGH, Rs. 44/79, Hauer ./. Land Rheinland-Pfalz, Urt. v. 13.12.1979, Slg. 1979, S. 3727 ff. (3746 / Rn. 19) (hinsichtlich Art. 1 Abs. 2 (1.) ZP zur EMRK); EuGH, Rs. C-219/91, Ter Voort, Urt. v. 28.10.1992, Slg. 1992, S. I-5485 ff. (5513 f. / Rn. 38) (hinsichtlich Art. 10 Abs. 2 EMRK).

1698 So z.B. in EuGH, Rs. 44/79, Hauer (Fn. 1697), S. 3746 f. / Rn. 20.

1699 Vgl. EuGH, Rs. 44/79, Hauer (Fn. 1697), S. 3746 f. / Rn. 19-22 bzw. 23; EuGH, Rs. C-219/91, Ter Voort (Fn. 1697), S. 5513 f. / Rn. 38 f.

1700 Vgl. hierzu *Schmitz*, JZ 2001, S. 838; weiter *Magiera*, DÖV 2000, S. 1026, und *Philippi*, Charta der Grundrechte, S. 42, die zusätzlich Art. 14 Abs. 3, 23 EGRC als spezielle Schranken ansehen. Vgl. zur Diskussion der – zumindest beim Datenschutz als solche erkannten – speziellen Schranken im Konvent *Bernsdorff* / *Borowsky* (Hrsg.), Charta der Grundrechte der EU, S. 293 f. (Sitzung vom 28.-30.06.2000).

oder nach Maßgabe bestimmter völkerrechtlicher Verträge gewährleistet sind, auch unter den in diesen Regelungskomplexen jeweils enthaltenen Schranken.[1701] Dies gilt z.B. für die Art. 9, 10 Abs. 2, 14 Abs. 3 und 35 S. 1 EGRC, die nach den einzelstaatlichen Gesetzen und teils auch Gepflogenheiten anerkannt sind. Die Art. 16, 27, 28, 30, 34 und 36 der Charta stehen neben den Vorbehalten aus einzelstaatlichen Rechtsvorschriften und teils Gepflogenheiten zusätzlich unter den Schranken aus dem Gemeinschaftsrecht.[1702] Beschränkungen des Asylrechts ergeben sich aus den in Art. 18 EGRC genannten völkerrechtlichen Verträgen und dem EG-Vertrag.

Der Verweis auf Rechtsvorschriften außerhalb der Charta nimmt, wie bereits erläutert,[1703] auf fehlende Zuständigkeiten der Gemeinschaft in den Regelungsbereichen der oben aufgezählten Grundrechte Rücksicht. Die wegen ihrer Weite als grundrechtsfremd zu kritisierenden Verweise auf niederrangige Rechtsvorschriften u.a. zur Bestimmung der Schranken der Charta-Gewährleistungen relativieren allerdings nicht nur die einheitliche horizontale Schranke des Art. 52 Abs. 1 EGRC.[1704] Sie laufen außerdem einem einheitlichen Grundrechtsschutz auf Gemeinschaftsebene insgesamt zuwider.[1705]

2. Vertikale Schutzbereichsbestimmungen

Die soeben dargestellten Charta-Grundrechte, die nur nach Maßgabe einzelstaatlicher Gesetze bzw. Gepflogenheiten, nach Maßgabe des Gemein-

---

1701 So auch *Falke*, in: *Bremische Bürgerschaft* (Hrsg.), Charta der Grundrechte, S. 54/55; *Schwarze*, EuZW 2001, S. 519; *Schwarze*, in: *Schwarze* (Hrsg.), Wirtschaftsverfassungsrechtliche Garantien im Binnenmarkt, S. 107; zur Schranke des Vorbehalts einzelstaatlicher Gesetze und Gepflogenheiten auch *Grabenwarter*, DVBl. 2001, S. 3; *Calliess*, EuZW 2001, S. 264; *ders.*, in: *Ehlers* (Hrsg.), Europäische Grundrechte und Grundfreiheiten, § 19 II 2, Rn. 17; *Philippi*, Charta der Grundrechte, S. 42; *Zimmermann*, EU-Grundrechtecharta, S. 36 f.

1702 Zum Verhältnis der Gewährleistung einzelner Charta-Rechte „nach dem Gemeinschaftsrecht" zur Konformitätsklausel des Art. 52 Abs. 2 EGRC siehe noch unten 4. Kapitel.D.II.2.b.

1703 Siehe hierzu bereits oben 3. Kapitel.B.I.2.e.

1704 Kritisch hierzu auch *Grabenwarter*, DVBl. 2001, S. 3; *Philippi*, Charta der Grundrechte, S. 42; *Calliess*, in: *Ehlers* (Hrsg.), Europäische Grundrechte und Grundfreiheiten, § 19 II 2, Rn. 17.

1705 So zu Letzterem auch *Magiera*, DÖV 2000, S. 1026; *Philippi*, Charta der Grundrechte, S. 42; *Calliess*, in: *Ehlers* (Hrsg.), Europäische Grundrechte und Grundfreiheiten, § 19 II 2, Rn. 17.

schaftsrechts oder bestimmter völkerrechtlicher Übereinkommen gewährleistet sind, erhalten aus diesen Rechtsvorschriften jedoch nicht nur zusätzliche, in der Charta nicht präzisierte Schranken. Die Tragweite dieser Charta-Rechte kann angesichts der umfassenden Verweisung auf diese Vorschriften vielmehr bereits auf Schutzbereichsebene von diesen Normenkomplexen außerhalb der Charta bestimmt werden.

Die Bedeutung dieser Normen für die Definition des Schutzbereichs der Charta-Rechte ist dabei umso größer, je weniger das jeweilige Recht in der Charta selbst ausgestaltet ist. Dies manifestiert einmal mehr die Rücksichtnahme der Charta auf mitgliedstaatliche Regelungskompetenzen, auch hier auf Kosten eines einheitlichen Grundrechtsschutzes auf Gemeinschaftsebene.

IV. Die Regelung des Verhältnisses zu existierenden Rechten in den Gemeinschaftsverträgen: Art. 52 Abs. 2 EGRC

1. Entstehungsgeschichte und Regelungsziel

Die horizontale Schrankenbestimmung des Art. 52 Abs. 1 EGRC wird nicht nur durch die soeben dargestellten vertikalen Schranken in einzelnen Grundrechten, sondern u.a. auch durch die Regelung des Art. 52 Abs. 2 EGRC relativiert.[1706] Dieser Artikel trifft zwar eine Regelung zur Tragweite der Charta-Rechte im Rahmen der allgemeinen Bestimmungen der Charta. Da er jedoch nur für mehrere bestimmte, in ihm präzisierte Charta-Rechte gilt, ist er den speziellen, nicht für alle Charta-Rechte geltenden Bestimmungen zuzuordnen.

Art. 52 Abs. 2 EGRC spiegelt das Bestreben wider, eine Kohärenz der Charta mit dem bestehenden System des Grundrechtsschutzes in der Gemeinschaft herzustellen.[1707] Er verfolgt das Ziel, Divergenzen zwischen den im EG-Vertrag[1708] begründeten Rechten und diesen entsprechenden Rechten in der Charta zu verhindern, auch wenn diese nicht wörtlich übereinstim-

---

[1706] Zum Verhältnis zwischen Art. 52 Abs. 1 EGRC und Art. 52 Abs. 2 EGRC siehe noch unten 4. Kapitel.D.II.1.a.

[1707] *Lenaerts / de Smijter*, CML Rev. 38 (2001), S. 282; *Grabenwarter*, in: *Cremer / Giegerich u.a.* (Hrsg.), Tradition und Weltoffenheit des Rechts, FS f. *Steinberger*, S. 1139.

[1708] Rechte aus dem Euratom-Vertrag oder dem EU-Vertrag dürften hier tatsächlich keine Rolle spielen, vgl. auch *Griller*, in: *Duschanek / Griller* (Hrsg.), Grundrechte für Europa, S. 146 (dort Fn. 48); *Lenaerts / de Smijter*, CML Rev. 38 (2001), S. 282.

men.[1709] Hierin gleicht er Art. 52 Abs. 3 EGRC, der hinsichtlich der in der EMRK garantierten Rechte demselben Zweck dient.[1710] Wegen seines Regelungsziels ist Art. 52 Abs. 2 EGRC als Konformitätsklausel zu qualifizieren.[1711]

Im Konvent nahm die Diskussion zur Konformitätsklausel des Artikels 52 Abs. 2 EGRC, über dessen Zweck ersichtlich Einigkeit bestand, keinen breiten Raum ein. Während der Großteil der Konventsmitglieder den Artikel für erforderlich hielt, traten nicht wenige hingegen für seine Streichung ein.[1712]

2. Die von Art. 52 Abs. 2 EGRC erfassten Charta-Rechte

Die Konformitätsklausel des Art. 52 Abs. 2 EGRC gilt für die Ausübung „*der durch diese Charta anerkannten Rechte, die in den Gemeinschaftsverträgen oder im Vertrag über die Europäische Union begründet sind*". Diese nur auf den ersten Blick klare Regelung hat im Schrifttum bereits sehr unterschiedliche Interpretationen hinsichtlich der von ihr erfassten Charta-Rechte erfahren. Einigkeit be-

---

1709 Siehe hierzu *Herzog*, in: *Bernsdorff / Borowsky* (Hrsg.), Charta der Grundrechte der EU, S. 233/234 (Sitzung vom 03./04.05.2000; zu Art. H.3, vgl. Dok. CHARTE 4235/00 CONVENT 27 v. 18.04.2000, S. 3); *Jacqué*, in: *Bieber / Boillat u.a.*, Grundrechtsschutz in Europa, S. 82; *Falke*, in: *Bremische Bürgerschaft* (Hrsg.), Charta der Grundrechte, S. 51.

1710 So auch *Herzog*, in: *Bernsdorff / Borowsky* (Hrsg.), a.a.O. (Fn. 1709), S. 233/234; *Grabenwarter*, DVBl. 2001, S. 2; *Vitorino*, RTDE 2001, S. 48. Siehe zu Art. 52 Abs. 3 EGRC noch näher unten 4. Kapitel.C.V.1.b, insb. bei Fn. 1793.

1711 So treffend *Griller*, in: *Duschanek / Griller* (Hrsg.), Grundrechte für Europa, S. 145; ähnlich *Rengeling / Szczekalla*, Grundrechte in der EU, § 7 A, Rn. 462 („Kompatibilitäts- bzw. Kongruenzsicherungsklausel"); a.A. *Calliess*, der Art. 52 Abs. 2 EGRC wegen eines anderen Verständnisses des Art. 53 EGRC (siehe hierzu oben 4. Kapitel.B.IV, insb. Fn. 1562) als Meistbegünstigungsklausel versteht, vgl. *Calliess*, EuZW 2001, S. 264; *ders.*, in: *Ehlers* (Hrsg.), Europäische Grundrechte und Grundfreiheiten, § 19 II 2, Rn. 16.

1712 Vgl. zur Diskussion der Vorentwürfe des Art. 52 Abs. 2 EGRC im Konvent *Bernsdorff / Borowsky* (Hrsg.), Charta der Grundrechte der EU, S. 233/234, 236 (Sitzung vom 03./04.05.2000; zu Art. H.3, vgl. Dok. CHARTE 4235/00 CONVENT 27 v. 18.04.2000, S. 3), S. 303 (Sitzung vom 28.-30.06.2000, zu Art. 45 Abs. 3 EGRC, vgl. Dok. CHARTE SN/3340/00 v. 29.06.2000, S. 2); sowie Dok. CHARTE 4383/00 CONVENT 41 v. 03.07.2000, S. 27 mit Hinweis auf unterbreitete Änderungsvorschläge. Zum Vorschlag einer Streichung der Konformitätsklausel siehe noch unten 4. Kapitel.C.IV.4, insb. bei Fn. 1758.

steht nur insoweit, als Art. 52 Abs. 2 EGRC jedenfalls auf alle Charta-Rechte, die im – praktisch hier allein bedeutsamen – EG-Vertrag[1713] kodifizierten subjektiven Rechten entsprechen, Anwendung findet.[1714]

Die Erläuterungen des Konventspräsidiums geben hierzu – anders als für die von Art. 52 Abs. 3 EGRC umfassten Rechte, die in einer Liste zusammengestellt sind – nur teilweise bei den einzelnen Charta-Rechten eine Auslegungshilfe.[1715]

a. Charta-Rechte, die sich auf ungeschriebene Gemeinschaftsgrundrechte stützen?

Denkbar wäre es, unter den von Art. 52 Abs. 2 EGRC erfassten Charta-Rechten auch diejenigen Rechte zu verstehen, die einem vom Gerichtshof als ungeschriebener allgemeiner Rechtsgrundsatz des Gemeinschaftsrechts anerkanntem Recht entsprechen.[1716] Hierfür ließe sich immerhin ins Feld führen, dass die Gemeinschaftsgrundrechte als allgemeine Rechtsgrundsätze zwar nicht geschriebene, aber doch mit vereinbarte Vertragsbestandteile darstellen, und damit ebenfalls im EG-Vertrag begründet i.S. von Art. 52 Abs. 2 EGRC sind.[1717] Überdies enthält Art. 6 Abs. 2 EU-Vertrag einen ausdrücklichen Hinweis auf die von EuGH und EuG entwickelten ungeschriebenen Gemeinschaftsgrundrechte.

Eine derart weite Interpretation des Art. 52 Abs. 2 EGRC widerspricht jedoch nicht nur seinem Wortlaut, der ausschließlich auf die Gemeinschaftsverträge bzw. den EU-Vertrag Bezug nimmt. Sie steht dem mit der Charta insgesamt und mit Art. 52 Abs. 2 EGRC im Besonderen verfolgten zentralen Ziel, die auf Gemeinschaftsebene geltenden Grundrechte bei Vermeidung von Divergenzen zu bereits kodifizierten Rechten sichtbar zu verankern, entgegen.[1718] Wären die zahlreichen, in der Charta niedergelegten Rechte, die sich

---

[1713] Vgl. zum Euratom-Vertrag bzw. dem EU-Vertrag bereits Fn. 1708.

[1714] Vgl. statt aller *Falke*, in: *Bremische Bürgerschaft* (Hrsg.), Charta der Grundrechte, S. 51; *Lenaerts / de Smijter*, CML Rev. 38 (2001), S. 282/283.

[1715] Vgl. Dok. CHARTE 4473/00 CONVENT 49 v. 11.10.2000, S. 48 = EuGRZ 2000, S. 559 ff.

[1716] So offenbar *Lais*, ZEuS 2002, S. 461.

[1717] Vgl. hierzu – im Ergebnis ablehnend – *Griller*, in: *Duschanek / Griller* (Hrsg.), Grundrechte für Europa, S. 145.

[1718] Siehe bereits oben 4. Kapitel.C.IV.1, den Beschluss des Europäischen Rates (Köln) zur Erarbeitung einer Grundrechtecharta, Anhang IV zu den Schlussfolgerungen des

auf vom Gerichtshof anerkannte ungeschriebene Gemeinschaftsgrundrechte stützen, von Art. 52 Abs. 2 EGRC erfasst, müssten zur Bestimmung ihres Schutzbereichs und ihrer Schranken[1719] wie zuvor die hierzu ergangenen Entscheidungen der Gemeinschaftsgerichte konsultiert werden. Gerade die Tragweite der bislang nur durch die Rechtsprechung ausgeformten Grundrechte sollte der Bürger nach dem Willen des Europäischen Rates von Köln[1720] und der Charta-Verfasser[1721] künftig aber der Grundrechtecharta selbst entnehmen können.

Schließlich fielen mit der dargestellten weiten Interpretation des Art. 52 Abs. 2 EGRC zahlreiche Charta-Rechte in den Anwendungsbereich sowohl der Konformitätsklausel des Art. 52 Abs. 2 EGRC als auch der des Art. 52 Abs. 3 EGRC. Der Gerichtshof hat nämlich die ungeschriebenen Gemeinschaftsgrundrechte nicht selten gerade aus entsprechenden in der EMRK niedergelegten Rechten entwickelt. Die Eröffnung des Anwendungsbereichs beider Konformitätsbestimmungen führte, je nachdem, welcher von ihnen man letztendlich den Vorrang einräumte, zum Fehlen der mit diesen Regelungen jeweils angestrebten Kohärenz entweder mit den existierenden Gemeinschaftsgrundrechten oder den in der EMRK garantierten Rechten.[1722]

Demzufolge ist die Konformitätsklausel einschränkend dahingehend auszulegen, dass sie lediglich Charta-Rechte erfasst, die ausdrücklich im EG-Vertrag niedergelegte Rechte aufgreifen. Sie ist hingegen nicht auf die Charta-

---

Vorsitzes, Bull. EU 6-1999, S. 39 = EuGRZ 1999, S. 364, sowie Abs. 4 der Präambel der Charta. Ebenso *Griller*, in: *Duschanek / Griller* (Hrsg.), Grundrechte für Europa, S. 145.

1719 Siehe hierzu im Einzelnen noch unten 4. Kapitel.C.IV.3.a.

1720 Vgl. den Nachweis in Fn. 1718.

1721 Die große Bedeutung einer sichtbaren Verankerung der Charta-Rechte für den Konvent trat in den Sitzungen häufig zutage, vgl. nur *Bernsdorff / Borowsky* (Hrsg.), Charta der Grundrechte der EU, S. 303 (Sitzung vom 28.-30.06.2000).

1722 Wegen der Möglichkeit der Lösung des Konfliktes zwischen Art. 52 Abs. 2 EGRC und Art. 52 Abs. 3 EGRC zugunsten des letzteren Artikels würde dieser durch die dargestellte weite Interpretation des Art. 52 Abs. 2 EGRC nicht notwendig bedeutungslos (so aber *Lenaerts / de Smijter*, CML Rev. 38 (2001), S. 283 (dort Fn. 60)), vgl. hierzu *Griller*, in: *Duschanek / Griller* (Hrsg.), Grundrechte für Europa, S. 145 (insb. dort Fn. 46).

Rechte, die den von EuGH und EuG anerkannten ungeschriebenen Gemeinschaftsgrundrechten entsprechen, anwendbar.[1723]

b. Charta-Rechte, die sich auf primärrechtliche Zuständigkeitsnormen oder sekundäres Gemeinschaftsrecht stützen?

Bei der Abfassung zahlreicher Charta-Rechte hat sich der Konvent, wie die Erläuterungen des Präsidiums belegen, nicht auf im EG-Vertrag niedergelegte subjektive Rechte, sondern auf gemeinschaftliche Zuständigkeits- und Aufgabennormen,[1724] aber auch auf die in Art. 2 ff. EG-Vertrag enthaltenen Grundsätze[1725] gestützt. Nach dem diesbezüglich eindeutigen Wortlaut des Art. 52 Abs. 2 EGRC erfordern lediglich „*Rechte*", die u.a. im EG-Vertrag begründet sind, die konforme Auslegung entsprechender Charta-Bestimmungen.[1726] Art. 52 Abs. 2 EGRC ist daher – teils entgegen den Erläu-

---

1723 So i.E. auch *Lenaerts / de Smijter*, CML Rev. 38 (2001), S. 283 (insb. dort Fn. 60); *Griller*, in: *Duschanek / Griller* (Hrsg.), Grundrechte für Europa, S. 145-146; wohl ebenso *Falke*, in: *Bremische Bürgerschaft* (Hrsg.), Charta der Grundrechte, S. 51.

1724 So stützt sich z.B. Art. 15 Abs. 3 EGRC u.a. auf Art. 137 Abs. 3 4. Spiegelstrich EG, Art. 18 EGRC auf Art. 63 EG, Art. 22 EGRC u.a. auf Art. 151 Abs. 1, 4 EG, Art. 27 EGRC u.a. auf Art. 138, 139 EG, Art. 34 Abs. 1 EGRC u.a. auf Art. 137, 140 EG, Art. 35 S. 1 EGRC u.a. auf Art. 152 EG, Art. 36 EGRC auf Art. 16 EG, vgl. auch die Erläuterungen des Präsidiums zu den jeweiligen Charta-Artikeln, Dok. CHARTE 4473/00 CONVENT 49 v. 11.10.2000, S. 18, 20, 23, 27, 31-33 = EuGRZ 2000, S. 562-565.

1725 So stützt sich z.B. Art. 16 EGRC u.a. auf Art. 4 Abs. 1, 2 EG, Art. 23 Abs. 1 EGRC u.a. auf Art. 2, 3 Abs. 2 EG, oder Art. 37 EGRC u.a. auf Art. 2, 6 EG, vgl. auch die Erläuterungen des Präsidiums zu den jeweiligen Charta-Artikeln, Dok. CHARTE 4473/00 CONVENT 49 v. 11.10.2000, S. 19, 24, 33 = EuGRZ 2000, S. 563-566.

1726 Hieraus ergibt sich, dass einzelne Bestimmungen der Charta, die wie z.B. Art. 35 S. 2, 37, 38, 45 Abs. 2 und wohl auch 12 EGRC selbst keine Rechte enthalten, dem Anwendungsbereich des Art. 52 Abs. 2 EGRC schon deshalb nicht unterfallen; ebenso *Rengeling / Szczekalla*, Grundrechte in der EU, § 7 A, Rn. 463; a.A. offenbar *Falke*, in: *Bremische Bürgerschaft* (Hrsg.), Charta der Grundrechte, S. 51. Der Wortlaut des Art. 52 Abs. 2 EGRC steht hingegen der Anwendung der *Schranken* der primärrechtlich garantierten Rechte, die diesen Rechten zufolge häufig erst sekundärrechtlich festzuschreiben sind (vgl. z.B. Art. 19 Abs. 1 S. 2, Abs. 2 S. 2, 255 Abs. 1, 2-3 EG), auf die entsprechenden Charta-Rechte nicht entgegen.

terungen des Präsidiums[1727] – auf die lediglich auf Zuständigkeitsnormen oder Grundsätze im EG-Vertrag gestützten Charta-Rechte nicht anwendbar.

Dasselbe muss für diejenigen Charta-Rechte gelten, die sich nur auf ein im gemeinschaftlichen Sekundärrecht niedergelegtes Recht[1728] stützen.[1729] Dies gebietet insbesondere der mit Art. 52 Abs. 2 EGRC verfolgte Zweck, eine Konvergenz der Charta-Rechte mit entsprechenden, auf Gemeinschaftsebene bereits verfassungsmäßig, d.h. primärrechtlich verankerten Grundrechten herzustellen. Eine weite Auslegung des Art. 52 Abs. 2 EGRC widerspräche überdies wiederum dem mit der Charta verfolgten Ziel einer sichtbaren Verankerung der Grundrechte auf Gemeinschaftsebene. Den Charta-Rechten entsprechendes Sekundärrecht ist ungleich schwerer auszumachen als entsprechende Rechte im EG-Vertrag.

Konsequenterweise sind damit auch solche Charta-Rechte von der Anwendung des Art. 52 Abs. 2 EGRC ausgenommen, bei denen, wie z.B. im Fall des Art. 21 Abs. 1 EGRC, der EG-Vertrag (z.B. in Art. 13 EG) nicht selbst ein entsprechendes Recht, sondern lediglich eine Zuständigkeitsnorm für die Gemeinschaft[1730] zur Schaffung eines entsprechenden, sekundärrechtlich verankerten Rechtes niederlegt.[1731]

1727 Diese gehen z.B. bei Art. 15 Abs. 3 EGRC von der Anwendbarkeit des Art. 52 Abs. 2 EGRC aus, vgl. Dok. CHARTE 4473/00 CONVENT 49 v. 11.10.2000, S. 18 = EuGRZ 2000, S. 562.

1728 So stützen sich ausweislich der Erläuterungen des Präsidiums z.B. Art. 8, 27, 30, 31, 32, 33 Abs. 2, 34 Abs. 2 EGRC ganz oder teilweise auf gemeinschaftliche Richtlinien oder Verordnungen, vgl. Dok. CHARTE 4473/00 CONVENT 49 v. 11.10.2000, S. 11, 27-32 = EuGRZ 2000, S. 561-565.

1729 So wohl auch *Mahlmann*, ZEuS 2000, S. 439/440; *Weber*, in: *Weber* (Hrsg.), Charta der Grundrechte, S. 14; *Rengeling / Szczekalla*, Grundrechte in der EU, § 7 A, Rn. 463, 465. Zur Anwendbarkeit des Art. 52 Abs. 2 EGRC auf die sekundärrechtlich festzulegenden Schranken eines primärrechtlich garantierten Rechts siehe bereits oben Fn. 1726.

1730 Nach ganz h.M. schafft Art. 13 EG kein unmittelbar anwendbares Recht, sondern räumt dem Rat lediglich die Kompetenz ein, gegen die dort aufgeführten Diskriminierungen vorzugehen, vgl. *Epiney*, in: *Calliess / Ruffert* (Hrsg.), EUV/EGV, Art. 13 EGV, Rn. 1 f. m.w.N.

1731 A.A. i.E. *Lenaerts / de Smijter*, CML Rev. 38 (2001), S. 283-285; *Griller*, in: *Duschanek / Griller* (Hrsg.), Grundrechte für Europa, S. 147-150. Anders könnte man dies evtl. im Fall des Art. 8 EGRC sehen, dessen Pendant in Art. 286 Abs. 1 EG durch die Erwei-

c. Konkret erfasste Charta-Rechte

Bei einer wie dargestellt engen, am Ziel des Art. 52 Abs. 2 EGRC und der Charta insgesamt orientierten Auslegung fällt eine noch überschaubare Anzahl an Charta-Rechten in den Anwendungsbereich dieser Konformitätsklausel.[1732] Konkret gehören insbesondere die meisten im fünften Kapitel der Charta kodifizierten Bürgerrechte zu den im EG-Vertrag begründeten, in der Charta anerkannten subjektiven Rechten i.S. des Art. 52 Abs. 2 EGRC. Dies gilt für das in Art. 39 Abs. 1 EGRC[1733] kodifizierte Recht auf Gleichbehandlung der Unionsbürger bei Wahlen zum Europäischen Parlament, das in Art. 39 Abs. 2 EGRC[1734] anerkannte aktive und passive Wahlrecht zum Europaparlament, sowie das Recht auf Inländergleichbehandlung bei Kommunalwahlen des Art. 40 EGRC.[1735] Des Weiteren fallen der in Art. 41 Abs. 3 EGRC[1736] grundrechtlich abgestütze Schadensersatzanspruch gegen die Union und das Recht auf Verständigung des Art. 41 Abs. 4 EGRC[1737] in den Anwendungsbereich der Konformitätsklausel. Die Charta-Rechte auf Zugang zu Dokumenten aus Art. 42 EGRC,[1738] auf Befassung des Bürgerbeauftragten aus Art. 43 EGRC,[1739] und das Petitionsrecht aus Art. 44 EGRC[1740] entsprechen ebenfalls im EG-Vertrag begründeten subjektiven Rechten. Das-

---

terung des Anwendungsbereichs einer bestehenden, Rechte begründenden Richtlinie auf die Gemeinschaftsorgane selbst ein Recht begründet.

1732 Die im Folgenden dem Anwendungsbereich des Art. 52 Abs. 2 EGRC zugeordneten Charta-Rechte fallen jeweils auch nach den diesbezüglich etwas weitergehenden Erläuterungen des Präsidiums (vgl. Dok. CHARTE 4473/00 CONVENT 49 v. 11.10.2000, S. 1 ff. = EuGRZ 2000, S. 559 ff.) zu den jeweiligen Artikeln wegen der Wiederholung der sogleich aufgeführten Rechte im EG-Vertrag unter die Konformitätsklausel. Sie erfassen sämtliche in Dok. CHARTE 4235/00 CONVENT 27 v. 18.04.2000, S. 3 sowie Dok. CHARTE 4316/00 CONVENT 34 v. 16.05.2000, S. 11 beispielhaft als unter die Konformitätsklausel fallend aufgeführten Charta-Rechte. Wesentlich weitergehend zu den konkret von Art. 52 Abs. 2 EGRC erfassten Charta-Bestimmungen z.B. *Falke*, in: *Bremische Bürgerschaft* (Hrsg.), Charta der Grundrechte, S. 51.

1733 Entspricht Art. 19 Abs. 2 EG bzw. Art. I-10 Abs. 2 lit. b VerfV.

1734 Entspricht Art. 190 Abs. 1 EG bzw. Art. I-20 Abs. 4 VerfV.

1735 Entspricht Art. 19 Abs. 1 EG bzw. Art. I-10 Abs. 2 lit. b VerfV.

1736 Entspricht Art. 288 EG bzw. Art. III-431 VerfV.

1737 Entspricht Art. 21 Abs. 3 EG bzw. Art. I-10 Abs. 2 lit. d VerfV.

1738 Entspricht Art. 255 EG bzw. Art. I-50 Abs. 3 VerfV.

1739 Entspricht Art. 21 Abs. 2 i.V.m. 195 EG bzw. Art. I-10 Abs. 2 lit. d VerfV.

1740 Entpricht Art. 21 Abs. 1 i.V.m. 194 EG bzw. Art. I-10 Abs. 2 lit. d VerfV.

selbe gilt für das in Art. 45 Abs. 1 EGRC[1741] niedergelegte Freizügigkeitsrecht und das Recht auf diplomatischen und konsularischen Schutz des Art. 46 EGRC.[1742]

Jenseits der Bürgerrechte fallen insbesondere noch das allgemeine Diskriminierungsverbot des Art. 21 Abs. 2 EGRC[1743] und Art. 15 Abs. 2 EGRC,[1744] der Grundfreiheiten aufgreift, in den Anwendungsbereich des Art. 52 Abs. 2 EGRC. Schließlich ist der spezielle Gleichheitssatz des Art. 23 EGRC teilweise[1745] von der Konformitätsklausel erfasst.

3. Wirkungsweise des Art. 52 Abs. 2 EGRC

a. Grundsatz

Ist ein Charta-Recht im dargestellten Sinne bereits im EG-Vertrag begründet, erfolgt seine Ausübung nach Art. 52 Abs. 2 EGRC „*im Rahmen der darin* [d.h. insbesondere im EG-Vertrag, die Verf.] *festgelegten Bedingungen und Grenzen*". Dies bedeutet, dass sich die Tragweite der von der Konformitätsklausel erfassten Charta-Rechte bei Verbindlichkeit der Charta im Verhältnis zu den entsprechenden Rechten im EG-Vertrag nicht ändert, auch wenn der Wortlaut der meist knapper gefassten Charta-Rechte von dem der entsprechenden EG-vertraglich garantierten Rechte abweicht.[1746] Die Auslegung der im EG-Vertrag normierten Rechte durch EuGH und EuG ist bei der Be-

---

1741 Entspricht Art. 18 EG bzw. Art. I-10 Abs. 2 lit. a VerfV; vgl. hierzu auch *Lenaerts / de Smijter*, CML Rev. 38 (2001), S. 282/283.

1742 Entspricht Art. 20 EG bzw. Art. I-10 Abs. 2 lit. c VerfV.

1743 Entspricht Art. 12 EG bzw. Art. I-4 Abs. 2 VerfV; vgl. hierzu auch *Lenaerts / de Smijter*, CML Rev. 38 (2001), S. 285.

1744 Entspricht Art. 39 ff., 43 ff., 49 ff. EG bzw. Art. I-4 Abs. 1 VerfV.

1745 Dies insoweit, als er den bereits in Art. 141 EG begründeten Rechten entspricht.

1746 Hierüber besteht soweit ersichtlich Einigkeit, vgl. schon die Erläuterungen des Präsidiums zu Art. 52 EGRC, Dok. CHARTE 4473/00 CONVENT 49 v. 11.10.2000, S. 48 = EuGRZ 2000, S. 569; *Falke*, in: *Bremische Bürgerschaft* (Hrsg.), Charta der Grundrechte, S. 51; *Lenaerts / de Smijter*, CML Rev. 38 (2001), S. 282; *Grabenwarter*, DVBl. 2001, S. 2; *Weber*, in: *Weber* (Hrsg.), Charta der Grundrechte, S. 14; *Hölscheidt*, EuR 2002, S. 446, 448; *Callewaert*, EuGRZ 2003, S. 199.

stimmung der Reichweite der entsprechenden Charta-Rechte zu berücksichtigen.[1747]

Im Einzelnen führt die Ausübung der betroffenen Charta-Rechte im Rahmen der in den entsprechenden EG-Vertrags-Rechten festgelegten „*Bedingungen*" dazu, dass der Schutzbereich der Charta-Rechte – trotz seiner nicht selten gegenüber dem EG-Vertrag weitergehenden Fassung – auf den Schutzbereich der entsprechenden EG-vertraglich niedergelegten Rechte „zurückgeschnitten" wird. Entsprechendes gilt für die in den vertraglich gewährleisteten Rechten niedergelegten „*Grenzen*", d.h. Schranken.[1748] Auch diese sind auf die parallelen Charta-Rechte, die regelmäßig selbst keine Beschränkungsmöglichkeit vorsehen, zu übertragen.

Für die von Art. 52 Abs. 2 EGRC erfassten Rechte ergeben sich folglich bei Verbindlichkeit der Charta keine Änderungen zur bestehenden Rechtslage.

b. Beispiele

Die Wirkungsweise des Art. 52 Abs. 2 EGRC lässt sich anhand einiger konkreter Anwendungsfälle veranschaulichen. So geht beispielsweise der Schutzbereich des in der Charta in Art. 41 Abs. 4 anerkannten Rechts auf Verständigung[1749] in einigen Punkten weiter als derjenige des entsprechenden Art. 21 Abs. 3 EG. Der Charta-Artikel berechtigt im Gegensatz zu Art. 21 Abs. 3 EG jede Person, nicht nur Unionsbürger. Er ist außerdem nicht auf schriftliche Eingaben beschränkt und gilt auch für Organe der Europäischen Union, nicht nur der Gemeinschaft. Hingegen erfasst er – insoweit enger als Art. 21 Abs. 3 EG – zumindest nicht ausdrücklich auch Einrichtungen wie den Europäischen Bürgerbeauftragten. Die Anwendung des Art. 52 Abs. 2 EGRC hat zur Folge, dass die Erweiterungen in Art. 41 Abs. 4 EGRC, ebenso wie eventuelle Einschränkungen im Verhältnis zu Art. 21 Abs. 3 EG, nicht zum Tragen kommen. Vielmehr ist der Schutzbereich des Art. 41 Abs. 4 EGRC ebenso wie der des Art. 21 Abs. 3 EG zu lesen.

1747 So z.B. *Falke*, in: *Bremische Bürgerschaft* (Hrsg.), Charta der Grundrechte, S. 51; dies scheint – im Gegensatz zur Berücksichtigung der Rspr. des EGMR im Rahmen des Art. 52 Abs. 3 EGRC (siehe hierzu unten 4. Kapitel.C.V.2.a(2)) – unstreitig zu sein.

1748 Den Charakter des Art. 52 Abs. 2 EGRC als Schrankenregelung betonen *Vitorino*, RTDE 2001, S. 48, und *Mahlmann*, ZEuS 2000, S. 439.

1749 So zu Art. 21 Abs. 3 EG *Kluth*, in: *Calliess / Ruffert* (Hrsg.), EUV/EGV, Art. 21 EGV, Rn. 3.

Ähnliches gilt für das Petitionsrecht des Art. 44 EGRC. Dieser umfasst weitergehend als Art. 194 EG nicht nur Angelegenheiten im Tätigkeitsbereich der Gemeinschaft, sondern zusätzlich solche im Bereich der Union, und verlangt keine unmittelbare Betroffenheit des Petenten.[1750] Sein Schutzbereich wird durch die Anwendung des Art. 52 Abs. 2 EGRC auf den engeren Schutzbereich des Art. 194 EG beschränkt.[1751]

Zur Übertragung von Schranken auf ein selbst ohne spezielle Schranken konzipiertes Charta-Recht führt die Anwendung des Art. 52 Abs. 2 EGRC beispielsweise im Falle der Freizügigkeit des Art. 45 Abs. 1 EGRC. Diese ist den Unionsbürgern auch bei Verbindlichkeit der Charta wie in Art. 18 Abs. 1 EG lediglich unter dem (Schranken-) Vorbehalt der im EG-Vertrag und in den Durchführungsvorschriften vorgesehenen Beschränkungen garantiert.[1752]

Das in Art. 42 EGRC unbeschränkt kodifizierte Recht auf Dokumentenzugang ist schließlich durch die Anwendung des Art. 52 Abs. 2 EGRC lediglich vorbehaltlich der nach Art. 255 Abs. 2, 3 EG festzulegenden Grundsätze und Bedingungen gewährt, vgl. Art. 255 Abs. 1 EG. Das Charta-Recht unterliegt demzufolge sowohl den dort niedergelegten Schutzbereichsbegrenzungen als auch den dortigen Schranken.[1753]

4. Ergebnis und Ausblick

Grundsätzlich ist es begrüßenswert, dass die Charta mit der Konformitätsklausel des Art. 52 Abs. 2 EGRC ihre nahtlose Einordnung in das auf Gemeinschaftsebene bereits kodifizierte Grundrechtsschutzsystem, und insbesondere ihre Übereinstimmung mit den im EG-Vertrag garantierten subjektiven Rechten, erstrebt.[1754] Allerdings läuft der Verweis des Art. 52

[1750] So auch *Hölscheidt*, EuR 2002, S. 441 f.

[1751] Anschaulich zu diesen Auswirkungen für das Petitionsrecht *Hölscheidt*, EuR 2002, S. 440 ff. (insb. 446, 448).

[1752] Vgl. hierzu auch *Lenaerts / de Smijter*, CML Rev. 38 (2001), S. 282/283.

[1753] Ein ausführliches Fallbeispiel zu den Auswirkungen der Anwendung der Konformitätsklausel auf das Diskriminierungsverbot des Art. 21 Abs. 1 EGRC bieten jeweils *Lenaerts / de Smijter*, CML Rev. 38 (2001), S. 283-287, und *Griller*, in: *Duschanek / Griller* (Hrsg.), Grundrechte für Europa, S. 147-152, die allerdings beide, anders als hier vertreten (siehe oben 4. Kapitel.C.IV.2.b), von der grundsätzlichen Anwendbarkeit des Art. 52 Abs. 2 EGRC auf Art. 21 Abs. 1 EGRC ausgehen.

[1754] Ähnlich *Lenaerts / de Smijter*, CML Rev. 38 (2001), S. 283.

Abs. 2 EGRC auf Schutzbereich und Schranken von außerhalb der Charta kodifizierten Rechten der mit der Schaffung der Charta bezweckten Sichtbarmachung des Grundrechtsschutzes auf Gemeinschaftsebene zuwider.[1755] Die Anwendung der Konformitätsklausel muss daher, wie ausgeführt, in restriktiver Interpretation auf diejenigen Charta-Rechte beschränkt bleiben, die im EG-Vertrag selbst kodifizierten subjektiven Rechten entsprechen.

Die im Verhältnis zu Art. 52 Abs. 3 EGRC strengere Konformitätsklausel gestattet im Gegensatz zu Art. 52 Abs. 3 S. 2 EGRC keinen über die Rechte des EG-Vertrages hinausgehenden Schutz. Sie schreibt das grundrechtliche Schutzniveau in ihrem Anwendungsbereich auf das im EG-Vertrag garantierte fest.[1756] Hierdurch werden die Verfasser der Charta ihrem in Köln erteilten Mandat, lediglich die auf Gemeinschaftsebene anerkannten Grundrechte zu verankern, gerecht. Dennoch können die teils im Verhältnis zum Vertrag weiteren Schutzbereiche der von Art. 52 Abs. 2 EGRC erfassten Charta-Rechte als Anregung für die Schaffung ebenfalls weitergehender Gewährleistungen im EG-Vertrag bzw. der künftigen Verfassung verstanden werden.[1757]

Bei einer Einbeziehung der Charta in die Verträge bzw. eine Europäische Verfassung wäre es aus Gründen der Rechtsklarheit und Rechtsvereinfachung wünschenswert, die doppelte Gewährleistung von Rechten in der Charta und im EG-Vertrag bzw. der Verfassung zu vermeiden. Vorzugswürdig erscheint eine Streichung der doppelt garantierten Rechte im EG-Vertrag bzw. deren Nichtübernahme in eine Verfassung zugunsten einer ausschließlichen Gewährleistung derselben im systematischen Zusammenhang mit den übrigen Grundrechten in der Charta. Erforderlichenfalls müssten die auch von den Verfassern der Charta vorgesehenen Einschränkungsmöglichkeiten dabei ausdrücklich in die Charta-Rechte übernommen werden. Dieses Vorgehen

---

[1755] Kritisch auch *Mahlmann*, ZEuS 2000, S. 439/440.

[1756] Diese „starre Oberdecke" kritisierten einige Konventsmitglieder, die demzufolge für eine Änderung oder Streichung der Konformitätsklausel aus den Charta-Entwürfen plädierten, vgl. hierzu *Bernsdorff / Borowsky* (Hrsg.), Charta der Grundrechte der EU, S. 303 (Sitzung vom 28.-30.06.2000).

[1757] Vgl. auch *Hölscheidt*, EuR 2002, S. 446, 448, der klarstellt, dass die weitere Fassung eines Charta-Rechts nur dann zum Tragen kommt, wenn das entsprechende EG-vertraglich garantierte Recht zu seinen Gunsten entfiele.

würde letztendlich auch die Regelung des Art. 52 Abs. 2 EGRC überflüssig machen.[1758]

V. Die Regelung des Verhältnisses zur EMRK: Art. 52 Abs. 3 EGRC

1. Entstehungsgeschichte und Regelungsziel

Schon mehrfach ist deutlich geworden, welch große Bedeutung es für das Funktionieren des Systems des Grundrechtsschutzes in Europa hat, dass die Charta ihren Platz in diesem System findet, und dass ihre Interaktion mit den bestehenden Schutzmechanismen harmonisch verläuft.[1759] Die Bestimmung des Verhältnisses einer verbindlichen Grundrechtecharta der EU zur EMRK gehörte dabei zu den zentralen und schwierigsten Aufgabenstellungen des Konvents.[1760] Dieser hatte sich, wie dargestellt,[1761] frühzeitig auf die Abfassung der Charta so „als ob" sie künftig rechtsverbindlich wird, verständigt. Dementsprechend nahm die Debatte um die Regelung der Beziehung der Charta zur EMRK im Konvent von Beginn des Erarbeitungsprozesses der Charta an einen breiten Raum ein.[1762]

1758 Zur Problematik nun auch das Diskussionspapier an die Arbeitsgruppe „Charta", Dok. CONV 116/02 WG II 1 v. 18.06.2002, S. 11 f.; anders als hier der Schlussbericht der Arbeitsgruppe „Charta" des Verfassungskonvents, Dok. CONV 354/02 WG II 16 v. 22.10.2002, S. 6. Der Verfassungsentwurf des Verfassungskonvents behält die Bestimmung des Art. 52 Abs. 2 EGRC in seinem Artikel II-52 bei, vgl. *Amt für amtliche Veröffentlichungen der Europäischen Gemeinschaften* (Hrsg.), Entwurf – Vertrag über eine Verfassung für Europa, S. 33; zu den Änderungen an Art. 52 Abs. 2 EGRC in der Verfassung siehe noch näher unten 5. Kapitel.D.III.2, insb. bei Fn. 2362-2366.

1759 Zu einer Verpflichtung der Mitgliedstaaten der EMRK aus Art. 1 EMRK, bei der Gründung internationaler Organisationen die Aufrechterhaltung der in der Konvention niedergelegten Garantien im Rahmen der internationalen Organisation ausdrücklich zu regeln, *Ress*, in: *Walter Hallstein-Institut für Europäisches Verfassungsrecht* (Hrsg.), Europäische Verfassung im globalen Kontext, S. 13.

1760 Dies unterstreichen statt vieler *De Schutter*, in: *De Kerchove / De Schutter / Tulkens*, Annales D'Études Européennes de l'Université catholique de Louvain 2000, S. 37/38; *Mahlmann*, ZEuS 2000, S. 442.

1761 Siehe hierzu oben 2. Kapitel.B.III.2.e.

1762 Vgl. zu den Debatten *Bernsdorff / Borowsky* (Hrsg.), Charta der Grundrechte der EU, S. 137-141 (Sitzung vom 24./25.02.2000), S. 233-234 (Sitzung vom 03./04.05.2000), S. 299-303 (Sitzung vom 28.-30.06.2000), S. 358-360 (Sitzung vom 11.-13.09.2000), S. 394, 405 (Sitzung vom 25./26.09.2000). Dies bestätigen als Beteiligte z.B. *Goldsmith*, CML Rev. 38 (2001), S. 1210; *Vitorino*, RTDE 2001, S. 40; *Jacqué*, in: *Bieber / Boillat*

a. Die Position des Europarates

Insbesondere beim Europarat hatte der Beschluss des Europäischen Rates von Köln, einen eigenen Grundrechtskatalog für die EU erarbeiten zu lassen, Befürchtungen aufkommen lassen, dass die Charta negative Auswirkungen auf das von der EMRK gewährleistete Grundrechtsschutzsystem haben könnte. Die Schaffung zweier paralleler Menschenrechtsschutzsysteme mit einem mutmaßlich höheren Schutzniveau in den EU-Mitgliedstaaten und einem niedrigeren in den übrigen europäischen Staaten könnte nicht nur zu zwei Kategorien von Staaten und Bürgern in Europa führen, und das Ansehen und die Autorität des EGMR beeinträchtigen.[1763] Ebenso könnte einem ökonomisch-funktionellen Denken durch die Schaffung einer Charta für die wirtschaftlich orientierte Union Vorschub geleistet werden.[1764] Sie barg überdies die Gefahr in sich, durch eine inkohärente Auslegung entsprechender Rechte in der EMRK bzw. der Charta oder gar durch die Festschreibung eines niedrigeren Schutzniveaus den Grundrechtsschutz insgesamt zu schwächen, und die Rechtssicherheit in diesem Bereich zu untergraben.[1765]

Erklärtes Hauptanliegen des Europarates und seiner in den Konvent entsandten Beobachter war es deshalb, zwei miteinander wetteifernde, poten-

---

u.a., Grundrechtsschutz in Europa, S. 79; vgl. auch *Lemmens*, 8 MJ 1 (2001), S. 50-55 mit zahlreichen Nachweisen; *Dutheil de la Rochère*, RMC 2000, S. 679. Siehe i.ü. *Busse*, ThürVBl. 2001, S. 78, der hervorhebt, dass diese Problematik im Beschluss des Europäischen Rates von Köln zur Erarbeitung der Charta (Bull.EU 6-1999, S. 39 = EuGRZ 1999, S. 364 f.) ersichtlich keine Rolle spielt.

1763 So z.B. der Präsident des EGMR, *Luzius Wildhaber*, in: *Bieber / Boillat u.a.*, Grundrechtsschutz in Europa, S. 95; ähnlich der damalige Präsident der Parlamentarischen Versammlung des Europarates, *Lord Russell-Johnston*, in: *Feus* (Hrsg.), EU Charter, S. 53-55; zustimmend *Goldsmith*, CML Rev. 38 (2001), S. 1210. Vgl. hierzu *De Schutter*, in: *De Kerchove / De Schutter / Tulkens*, Annales D'Études Européennes de l'Université catholique de Louvain 2000, S. 39; *Carrasco Macía*, Eipascope 2000, S. 24. Siehe zu dieser Problematik bei Schaffung eines eigenen Grundrechtskatalogs für die EG bereits *Starck*, EuGRZ 1981, S. 549.

1764 Vgl. zu diesen Befürchtungen *Limbach*, Grundrechtsschutz in der Europäischen Union, S. 18, der zufolge diese aber gerade für eine auch soziale Rechte formulierende Charta sprechen.

1765 *Wildhaber*, in: *Bieber / Boillat u.a.*, Grundrechtsschutz in Europa, S. 95; vgl. dazu auch *Krüger / Polakiewicz*, EuGRZ 2001, S. 104; *Russell-Johnston*, in: *Feus* (Hrsg.), EU Charter, S. 55 f. Vgl. zur Problematik weiterhin *Tulkens*, in: *De Kerchove / De Schutter / Tulkens*, Annales D'Études Européennes de l'Université catholique de Louvain 2000, S. 40/41; *Lalumière*, RQDI 13 (2000), S. 168/169; *Callewaert*, EuGRZ 2003, S. 198.

tiell widersprüchliche Menschenrechtsschutzsysteme in Europa zu vermeiden.[1766] Im Lichte der Universalität der Menschenrechte[1767] galt es insbesondere sicherzustellen, dass Rechte, die sowohl in der EMRK als auch in der zu schaffenden Charta garantiert sind, nicht in unterschiedlicher Weise interpretiert werden.[1768]

Zur Erreichung dieses Zwecks forderte die Parlamentarische Versammlung des Europarates die Union in ihrer Resolution 1210 (2000) vom 25. Januar 2000 zur Grundrechtecharta der EU unter anderem auf, sämtliche in der EMRK und ihren Zusatzprotollen enthaltenen Rechte in die Charta zu inkorporieren. Ferner sollten alle erdenklichen Vorkehrungen getroffen werden, um eine kohärente Auslegung der sowohl in der Charta als auch in der EMRK garantierten Rechte zu bewirken.[1769]

b. Die Problembewältigung im Konvent

Der Konvent erkannte die eindringlich seitens des Europarates beschriebenen Gefahren einer Abweichung der Charta von der EMRK für die Universalität und Harmonie des Grundrechtsschutzes in Europa von Anfang an. Einige Konventsmitglieder[1770] wiesen zwar ebenso wie zahlreiche Stimmen im Schrifttum[1771] treffend darauf hin, dass sich durch die Erarbeitung

---

1766 So z.B. *Wildhaber*, in: *Bieber / Boillat u.a.*, Grundrechtsschutz in Europa, S. 95; vgl. dazu auch *Krüger / Polakiewicz*, EuGRZ 2001, S. 104 m.w.N.; *Lemmens*, 8 MJ 1 (2001), S. 49 m.w.N.

1767 Einen rechtshistorischen Überblick zur Entwicklung universeller Menschenrechte bietet *Blumenwitz*, Kirche und Gesellschaft Nr. 307 (2004), S. 1-16.

1768 So *Fischbach / Krüger*, Dok. CHARTE 4136/00 CONTRIB 29 v. 21.02.2000, S. 2; *Fischbach*, in: *Bernsdorff / Borowsky* (Hrsg.), Charta der Grundrechte der EU, S. 137 f. (Sitzung vom 24./25.02.2000), S. 300 f. (Sitzung vom 28.-30.06.2000); *Fischbach*, in *Heusel* (Hrsg.), Grundrechtecharta und Verfassungsentwicklung in der EU, S. 125/126; vgl. auch das Pressekommuniqué des Ministerkomitees des Europarates vom 10-11.05.2000, abgedruckt in: DOK. CHARTE 4313/00 CONTRIB 180 v. 24.05.2000, S. 2 ; *Fischbach*, Dok. CHARTE 4411/00 CONTRIB 268 v. 13.07.2000, S. 2; vgl. dazu *Busse*, ThürVBl. 2001, S. 78/79.

1769 Abgedruckt in Dok. CHARTE 4115/00 CONTRIB 11 v. 28.01.2000, S. 3 ff. (insb. S. 5); vgl. Auszüge hieraus im Anhang zu *Russell-Johnston*, in: *Feus* (Hrsg.), EU Charter, S. 57 f.; *Lemmens*, 8 MJ 1 (2001), S. 49.

1770 Vgl. z.B. *Rodotà* und *Paciotti*, in: *Bernsdorff / Borowsky* (Hrsg.), Charta der Grundrechte der EU, S. 302 (Sitzung vom 28.-30.06.2000).

1771 So z.B. *Limbach*, Grundrechtsschutz in der Europäischen Union, S. 18 f.; *Jacqué*, in: *Bieber / Boillat u.a.*, Grundrechtsschutz in Europa, S. 79-80; vgl. hierzu auch

einer Grundrechtecharta der EU am bestehenden Verhältnis zwischen den auf Gemeinschaftsebene garantierten Grundrechten und denen der EMRK prinzipiell nichts ändert. Schließlich sollte die Charta lediglich die seit Jahrzehnten in der Rechtsprechung des EuGH anerkannten, ungeschriebenen Gemeinschaftsgrundrechte schriftlich fixieren.

Auch musste der EuGH bereits bei der Entwicklung der Gemeinschaftsgrundrechte als allgemeine Rechtsgrundsätze u.a. aus der EMRK als Rechtserkenntnisquelle die Konvention (unter Berücksichtigung der Rechtsprechung des EGMR) autonom auslegen, um die Reichweite des entsprechenden allgemeinen Grundsatzes im Gemeinschaftsrecht zu bestimmen.[1772] Es existierten damit bereits vor Schaffung der Charta zwei parallele Systeme des Menschenrechtsschutzes in Europa.[1773] Die – bleibende – Gefahr unterschiedlicher Interpretationen desselben Rechts durch den EuGH bzw. den EGMR wird durch die Annahme der Grundrechtecharta nicht vergrößert, und sollte deshalb auch im Konvent nicht dramatisiert werden.[1774]

Vor diesem Hintergrund ergab sich im Konvent frühzeitig ein breiter Grundkonsens dahingehend, dass eine Anlehnung der Charta an die EMRK als Mindeststandard des künftigen gemeinschaftlichen Grundrechtsschutzes,[1775] gleichzeitig aber die Wahrung der Autonomie der Charta wünschenswert ist. Nicht unerhebliche Meinungsunterschiede gab es allerdings hinsichtlich der Gewichtung dieser beiden teils gegenläufigen Ziele.[1776]

Dementsprechend orientierte sich der Konvent bei der Abfassung der in die Charta aufzunehmenden bürgerlichen und politischen Rechte, denen er

---

De Schutter, in: *De Kerchove / De Schutter / Tulkens*, Annales D'Études Européennes de l'Université catholique de Louvain 2000, S. 38; *Dutheil de la Rochère*, RMC 2000, S. 679; *dies.*, Regards sur l'actualité 2001, S. 10.

1772 Dies betont *Jacqué*, a.a.O. (Fn. 1771), S. 79/80; vgl. dazu *De Schutter*, a.a.O. (Fn. 1771), S. 38; *Lenaerts / de Smijter*, CML Rev. 38 (2001), S. 295/296.

1773 *Jacqué*, a.a.O. (Fn. 1771), S. 80; vgl. auch *De Schutter*, a.a.O. (Fn. 1771), S. 38.

1774 So *Jacqué*, a.a.O. (Fn. 1771), S. 79, 80; *Limbach*, Grundrechtsschutz in der Europäischen Union, S. 18/19; vgl. hierzu auch *De Schutter*, a.a.O. (Fn. 1771), S. 38; *Dutheil de la Rochère*, RMC 2000, S. 679; *dies.*, Regards sur l'actualité 2001, S. 10.

1775 So bereits das vom Konventssekretariat zu den Querschnittsfragen verfasste Dok. CHARTE 4111/00 BODY 3 v. 20.01.2000, S. 5 (Nr. 16).

1776 Vgl. hierzu *Lalumière*, RQDI 13 (2000), S. 170, 175; *Braibant*, RUDH 2000, S. 69; *Goldsmith*, CML Rev. 38 (2001), S. 1210-1211; *Weber*, in: *Weber* (Hrsg.), Charta der Grundrechte, S. 15.

sich als übereinstimmend anerkannte Grundrechte zuerst widmete,[1777] als Ausgangspunkt stets an der Formulierung der entsprechenden Rechte der EMRK.[1778] Er griff fast alle in der Konvention und ihren Zusatzprotokollen niedergelegten Rechte auf.[1779] Jedoch übernahm er diese, entgegen der dahingehenden Vorschläge besonders seitens des Europarates,[1780] nur selten wörtlich. Vielmehr vereinfachte und modernisierte er oftmals die Beschreibung des Schutzbereichs dieser Rechte, und ging inhaltlich teils über das Schutzniveau der Konventionsrechte hinaus.[1781]

Auch übertrug der Konvent die in der EMRK niedergelegten, teils sehr langen speziellen Grundrechtsschranken nicht direkt in die entsprechenden Rechte der Charta.[1782] Wie dargestellt, setzte sich eine Mehrheit der Konventsmitglieder mit der Forderung durch, zur besseren Lesbarkeit und Verständlichkeit der Charta-Rechte in erster Linie eine allgemeine, horizontale

---

1777 Vgl. hierzu *Jacqué*, in: *Bieber / Boillat u.a.*, Grundrechtsschutz in Europa, S. 79.

1778 Vgl. bereits Dok. CHARTE 4112/2/00 REV 2 BODY 4 v. 27.01.2000, S. 3-5; und z.B. Dok. CHARTE 4137/00 CONVENT 8 v. 24.02.2000, S. 1 ff.; Dok. CHARTE 4140/00 CONVENT 9 v. 28.02.2000, S. 1-7, sowie *Herzog*, in: *Bernsdorff / Borowsky* (Hrsg.), Charta der Grundrechte der EU, S. 140/141 (Sitzung vom 24./25.02.2000).

1779 Die Rechte aus der EMRK sind sämtlich in der Charta enthalten, ebenso die Garantien aus dem Protokoll Nr. 6 zur EMRK und wohl – einschließlich des Rechts auf freie Wahlen (Art. 3) – auch die Rechte aus dem (ersten) Protokoll zur EMRK. Hingegen haben aus dem Protokoll Nr. 4 zur EMRK wohl nur das Recht in dessen Art. 4, und aus dem Protokoll Nr. 7 zur EMRK wohl nur die Garantie aus dessen Art. 4 Eingang in die Charta gefunden.

1780 Siehe soeben 4. Kapitel.C.V.1.a, sowie *Fischbach* und *Krüger*, Anlage VI zu Dok. CHARTE 4105/00 BODY 1 v. 13.01.2000, S. 25; *Fischbach*, in: *Bernsdorff / Borowsky* (Hrsg.), Charta der Grundrechte der EU, S. 119 (Sitzung vom 17.12.1999). Vgl. i.ü. *Dutheil de la Rochère*, Regards sur l'actualité 2001, S. 4.

1781 Vgl. z.B. Art. 3 Abs. 2 EGRC für eine Modernisierung, Art. 47 Abs. 2, 3 EGRC im Verhältnis zu Art. 6 Abs. 1 EMRK für eine Erweiterung des Schutzbereichs, sowie näher unten 4. Kapitel.C.V.3.b, insb. bei Fn. 1936. Vgl. hierzu i.ü. *Braibant*, RUDH 2000, S. 69; *Lemmens*, 8 MJ 1 (2001), S. 50; *Lenaerts / de Smijter*, CML Rev. 38 (2001), S. 292/293; *Grabenwarter*, in: *Cremer / Giegerich u.a.* (Hrsg.), Tradition und Weltoffenheit des Rechts, FS f. *Steinberger*, S. 1135.

1782 Vgl. z.B. Art. 2 EGRC und Art. 2 EMRK, Art. 5 Abs. 2 EGRC und Art. 4 Abs. 2, 3 EMRK; vgl. hierzu *Lenaerts / de Smijter*, CML Rev. 38 (2001), S. 292/293; kritisch *Krüger / Polakiewicz*, EuGRZ 2001, S. 98.

Schrankenbestimmung (Art. 52 Abs. 1 EGRC) anstelle von speziellen Schranken niederzulegen.[1783]

Hierdurch ergaben sich zahlreiche Abweichungen vom Wortlaut der EMRK-Rechte auf Schutzbereichs- und Schrankenebene in den parallelen Garantien der Charta[1784] Im Hinblick darauf sah man es im Konvent bald als erforderlich an, eine Anlehnung dieser Garantien an die Konvention im Rahmen der horizontalen Bestimmungen sicherzustellen, und ein Unterschreiten des Schutzniveaus der Konvention dort auszuschließen.[1785]

Erste Entwürfe der horizontalen Bestimmungen behandelten das Verhältnis der Charta zur EMRK zunächst ausschließlich im Rahmen des Artikels zum Schutzniveau der Charta, des späteren Art. 53 EGRC.[1786] Schon bald setzten sich im Konvent jedoch die Stimmen durch, die ein demgegenüber stärkeres Anknüpfen an die EMRK forderten, um deren Schutzstandard nicht zu unterschreiten.[1787]

In die folgenden Entwürfe zu den allgemeinen Bestimmungen wurde dementsprechend in den Artikel zu den allgemeinen Schranken eine Passage aufgenommen, die eine direkte Verbindung zu den Schrankenbestimmungen der EMRK herstellte. Hiernach durften „*Einschränkungen (...) nicht über die im Rahmen der Europäischen Konvention zum Schutze der Menschenrechte und Grundfreiheiten zulässigen Einschränkungen hinausgehen*".[1788] Diese Bezugnahme auf die speziellen Schranken der EMRK sollte auch der nicht seltenen Kritik an einer

---

1783 Siehe hierzu oben 4. Kapitel.B.II.1.

1784 Warnend hierzu *Goldsmith*, CML Rev. 38 (2001), S. 1210/1211; vgl. auch *De Schutter*, in: *De Kerchove / De Schutter / Tulkens*, Annales D'Études Européennes de l'Université catholique de Louvain 2000, S. 39.

1785 Vgl. hierzu *Lalumière*, RQDI 13 (2000), S. 173; *De Kerchove*, in: *De Kerchove / De Schutter / Tulkens*, Annales D'Études Européennes de l'Université catholique de Louvain 2000, S. 40.

1786 Vgl. zu einem diesbezüglichen Vorschlag bereits Dok. CHARTE 4111/00 BODY 3 v. 20.01.2000, S. 5 (Nr. 16, 18); sowie die Artikelentwürfe in Dok. CHARTE 4123/1/00 REV 1 CONVENT 5 v. 15.02.2000, S. 11 (Art. Z); Dok. CHARTE 4149/00 CONVENT 13 v. 08.03.2000, S. 18 (Art. Y).

1787 Vgl. hierzu *Jacqué*, in: *Bieber / Boillat u.a.*, Grundrechtsschutz in Europa, S. 80/81; *Bering Liisberg*, CML Rev. 38 (2001), S. 1179.

1788 So Dok. CHARTE 4316/00 CONVENT 34 v. 16.05.2000, S. 10 (Art. 47 S. 4); ebenso Dok. CHARTE 4383/00 CONVENT 41 v. 03.07.2000, S. 25 (Art. 47 S. 4); deutlicher im Sinne einer Schrankenübertragung noch Dok. CHARTE 4235/00 CONVENT 27 v. 18.04.2000, S. 2 (Art. H.2 Abs. 2 S. 3).

horizontalen Schrankenbestimmung begegnen.[1789] Daneben behielt der Konvent die Nennung auch der Konvention im Rahmen des Art. 53 EGRC bis zu dessen Endfassung bei.

Schließlich konnte sich in der Konventsdebatte infolge von Änderungsanträgen[1790] eine noch darüber hinausgehende Anlehnung an die EMRK im Rahmen der horizontalen Schrankenbestimmung durchsetzen.[1791] Entsprechend der endgültigen Fassung in Art. 52 Abs. 3 EGRC nehmen die letzten Entwürfe dieser Bestimmung nicht nur auf die Schranken, sondern auf die Bedeutung und Tragweite der EMRK-Rechte insgesamt Bezug.[1792]

Durch die Bestimmung des Art. 52 Abs. 3 EGRC wollte der Konvent bestmöglich sicherstellen, dass trotz der gegenüber den EMRK-Rechten knapperen und modernisierten Formulierung der Charta-Rechte eine kohärente Auslegung der sich entsprechenden Rechte erfolgt. Zudem sollte das Schutzniveau der EMRK durch die Charta zwar überschritten, keinesfalls aber unterschritten werden können.[1793] In ersterer Zielsetzung entspricht Art. 52 Abs. 3 EGRC der – strengeren, da keinen weitergehenden Schutz gestattenden – Konformitätsklausel des Art. 52 Abs. 2 EGRC.[1794]

1789 Siehe zu dieser Kritik bereits oben 4. Kapitel.B.II.1; sowie *Fischbach*, in: *Bernsdorff / Borowsky* (Hrsg.), Charta der Grundrechte der EU, S. 138 (Sitzung vom 24./25.02.2000); *Krüger / Polakiewicz*, EuGRZ 2001, S. 98/99. Vgl. zum Ganzen *Vitorino*, RTDE 2001, S. 47, 48; *Lemmens*, 8 MJ 1 (2001), S. 50/51.

1790 Insbesondere Dok. CHARTE CONTRIB 262 v. 28.06.2000, S. 2 (*Korthals Altes*).

1791 Vgl. zu dieser Entwicklung *Lemmens*, 8 MJ 1 (2001), S. 52 f.; *Goldsmith*, CML Rev. 38 (2001), S. 1210 f., der konstant für eine sehr enge Anlehnung der EMRK an die Charta plädiert hatte.

1792 Vgl. Dok. CHARTE 4422/00 CONVENT 45 v. 28.07.2000, S. 16 (Art. 50 Abs. 3); Dok. CHARTE 4423/00 CONVENT 46 v. 31.07.2000, S. 35-36 (Art. 50 Abs. 3); Dok. CHARTE 4470/00 CONVENT 47 v. 14.09.2000, S. 17 (Art. 51 Abs. 3); Dok. CHARTE 4470/1/00 REV 1 CONVENT 47 v. 21.09.2000, S. 21/22 (Art. 51 Abs. 3).

1793 Vgl. hierzu bereits die Erläuterungen zu einem Vorentwurf des Art. 53 EGRC, Dok. CHARTE 4123/1/00 REV 1 CONVENT 5 v. 15.02.2000, S. 11 (Art. Z); *Goldsmith*, CML Rev. 38 (2001), S. 1210 f.; *Vitorino*, RTDE 2001, S. 40; ebenso *Mahrenholz*, JöR 49 (2001), S. 27; *Lenaerts / de Smijter*, CML Rev. 38 (2001), S. 292/293; *Bering Liisberg*, CML Rev. 38 (2001), S. 1179, 1180, 1181; *Dutheil de la Rochère*, Regards sur l'actualité 2001, S. 10; *Callewaert*, EuGRZ 2003, S. 198. Zur Bedeutung der Verhinderung eines Konventionsverstoßes siehe schon *Pernice*, DVBl. 2000, S. 854.

1794 Vgl. dazu bereits oben 4. Kapitel.C.IV.1, 4.

2. Die von Art. 52 Abs. 3 EGRC erfassten Charta-Rechte

Art. 52 Abs. 3 EGRC ist anwendbar, „*[s]oweit diese Charta Rechte enthält, die den durch die Europäische Konvention zum Schutze der Menschenrechte und Grundfreiheiten garantierten Rechten entsprechen*" (Art. 52 Abs. 3 S. 1 EGRC). Die Bestimmung der Charta-Rechte, für die eine Entsprechung mit Konventionsrechten anzunehmen ist, wirft im Einzelfall eine Vielzahl von Auslegungsfragen auf.

a. Die durch die EMRK garantierten Rechte

Der Anwendungsbereich des Art. 52 Abs. 3 S. 1 EGRC ist nur eröffnet, wenn Charta-Rechte jeweils Rechten entsprechen, die durch die EMRK garantiert sind. Als Rechte in diesem Sinn sind auch die in der Charta und der EMRK normierten Verbote z.B. der Folter,[1795] Sklaverei und Zwangsarbeit[1796] anzusehen. Zwar könnte man in ihnen eher absolute Grenzen für Eingriffe in die körperliche Unversehrtheit oder persönliche Freiheit denn subjektive Rechte sehen. Wegen ihrer praktisch identischen und eigenständigen Normierung in den beiden Grundrechtstexten sind sie nach dem Regelungszweck des Art. 52 Abs. 3 EGRC aber kohärent auszulegen.[1797]

Der Wortlaut des Art. 52 Abs. 3 S. 1 EGRC gibt jedoch nicht eindeutig Aufschluss darüber, wo ein als in der EMRK garantiert anzusehendes Recht verortet sein muss. Zweifellos erfasst er die in der EMRK selbst in Art. 2-14 niedergelegten Rechte. Hingegen lässt er offen, ob darüber hinaus auch die in den Zusatzprotokollen zur EMRK normierten und die durch die Rechtsprechung des EGMR entwickelten Rechte im Sinne des Art. 52 Abs. 3 S. 1 EGRC von der Konvention garantiert sind.

(1) Die Rechte in den Zusatzprotokollen zur EMRK

Die Erläuterungen des Präsidiums zu Art. 52 EGRC gehen ohne weitere Begründung davon aus, dass sich die Bezugnahme auf die EMRK in Art. 52 Abs. 3 EGRC trotz ihrer fehlenden ausdrücklichen Erwähnung[1798] auch auf

---

1795 Art. 4 EGRC bzw. Art. 3 EMRK.

1796 Art. 5 Abs. 1, 2 EGRC bzw. Art. 4 EMRK.

1797 So auch *Schmitz*, JZ 2001, S. 839.

1798 Für einen ausdrücklichen Verweis auf die Protokolle plädierte insbesondere *Fischbach*, Dok. CHARTE 4411/00 CONTRIB 268 v. 13.07.2000, S. 2.

ihre Protokolle erstreckt.[1799] Dabei differenzieren sie zwischen den verschiedenen Protokollen ersichtlich nicht unter dem Gesichtspunkt ihrer Geltungskraft innerhalb der Gemeinschaft.[1800] Ob dies einem Konsens im Konvent selbst entspricht, lässt sich angesichts weniger unterschiedlicher Stellungnahmen hierzu im Verlauf der Konventsdebatten nicht feststellen.[1801]

Von den bislang in Kraft getretenen Zusatzprotokollen zur EMRK enthalten allein das erste, vierte, sechste, siebte, zwölfte und dreizehnte Zusatzprotokoll materiell-rechtliche, die Art. 2-18 EMRK ergänzende Garantien.[1802] Den Ansatzpunkt für die Betrachtung der in diesen Zusatzprotokollen normierten Rechte als durch die EMRK selbst garantierte Rechte geben die Artikel in den Protokollen, die jeweils das Verhältnis der in ihnen niedergelegten Rechte zur EMRK regeln. Art. 5 (1.) ZP, Art. 6 4. ZP, Art. 6 6. ZP, Art. 7 7. ZP, Art. 3 12. ZP sowie Art. 5 13. ZP zur EMRK ordnen übereinstimmend an, dass die in dem jeweiligen Protokoll niedergelegten Rechte als Zusatzartikel zur Konvention anzusehen sind. Sie sind mithin im Geltungsbereich der Zusatzprotokolle wie die EMRK-Rechte zu behandeln.[1803]

Die Rechte im ersten und sechsten Zusatzprotokoll zur EMRK, die wie die Konvention selbst von allen Mitgliedstaaten der EU ratifiziert wurden, gelten im gesamten Gebiet der Union.[1804] Sie sind deshalb als Teil der Kon-

---

1799 Vgl. die Erläuterungen des Konventspräsidiums zu Abs. 3 des Art. 52 EGRC, Dok. CHARTE 4473/00 CONVENT 49 v. 11.10.2000, S. 48 = EuGRZ 2000, S. 569.

1800 So gibt die Liste im Anhang zu den Erläuterungen zu Art. 52 EGRC (Dok. CHARTE 4473/00 CONVENT 49 v. 11.10.2000, S. 49 f. = EuGRZ 2000, S. 569) als den Charta-Rechten entsprechende Rechte sowohl solche aus dem (ersten) Zusatzprotokoll (Art. 1, 2), als auch solche aus dem vierten (Art. 4) und siebten (Art. 4) Zusatzprotokoll zur EMRK an.

1801 Vgl. z.B. die Stellungnahmen von *Fischbach*, *Hisch Ballin* und *Rodriguez Bereijo*, in: *Bernsdorff / Borowsky* (Hrsg.), Charta der Grundrechte der EU, S. 300 f. (Sitzung vom 28.-30.06.2000).

1802 Die übrigen der bislang zwölf in Kraft getretenen Zusatzprotokolle enthalten verfahrensrechtliche Bestimmungen. Vgl. hierzu *Frowein*, in: *Frowein / Peukert*, EMRK, Einführung, Rn. 2; *Villiger*, EMRK-Handbuch, § 31 A, Rn. 668.

1803 Vgl. hierzu *Villiger*, EMRK-Handbuch, § 31 A, Rn. 668; *Schmitz*, JZ 2001, S. 839.

1804 Vgl. zum jeweiligen Inkrafttreten der beiden Protokolle für die 25 EU-Mitgliedstaaten die Übersicht auf der Website des EGMR, http://www.echr.coe.int/Eng/E-Docs/DatesOfRatifications.html (Stand: 20.02.2006).

vention in der EMRK garantierte Rechte im Sinne des Art. 52 Abs. 3 S. 1 EGRC.[1805]

Anderes muss hingegen für die im vierten, siebten, zwölften und dreizehnten Zusatzprotokoll zur EMRK niedergelegten Rechte gelten.[1806] Da (noch) nicht alle EU-Mitgliedstaaten diese Protokolle ratifiziert haben,[1807] kommt ihnen, anders als der EMRK, keine Geltungskraft in der Gemeinschaft insgesamt zu. Mehrere systematische Erwägungen sprechen jedoch dafür, dass gerade die Akzeptanz der Verpflichtungen in der Konvention durch alle Mitgliedstaaten ausschlaggebend für die sehr starke Anlehnung der Charta an diese in Art. 52 Abs. 3 EGRC war. So betont die als Auslegungshilfe heranzuziehende[1808] Präambel der Charta in ihrem fünften Erwägungsgrund, dass die Charta die Rechte bekräftigt, die sich neben der EMRK u.a. aus den *„gemeinsamen internationalen Verpflichtungen der Mitgliedstaaten"* ergeben.[1809] Vor allem belegt dies aber die Regelung zum Schutzniveau der Charta

---

1805 Dies ist, soweit ersichtlich, unstreitig, vgl. z.B. *Grabenwarter*, DVBl. 2001, S. 2; *Schmitz*, JZ 2001, S. 839; *Besselink*, 8 MJ 1 (2001), S. 74; *Philippi*, Charta der Grundrechte, S. 44. Wegen der beschränkten Wirkung von Vorbehalten zu einzelnen Bestimmungen der EMRK oder ihres (ersten) Zusatzprotokolls nach Art. 57 EMRK (ggf. i.V.m. Art. 5 (1.) ZP EMRK) müssen die dort niedergelegten Rechte auch dann als von der EMRK garantiert i.S. des Art. 52 Abs. 3 EGRC angesehen werden, wenn einzelne Mitgliedstaaten hierzu einen Vorbehalt erklärt haben. Dieses Problem stellt sich für die Rechte im sechsten Zusatzprotokoll zur EMRK nicht, da dieses nach seinem Art. 7 Vorbehalte nach Art. 57 EMRK zu Bestimmungen des Protokolls für unzulässig erklärt.

1806 So auch die wohl herrschende Meinung, vgl. z.B. *Grabenwarter*, DVBl. 2001, S. 2; *Schmitz*, JZ 2001, S. 839; *Besselink*, 8 MJ 1 (2001), S. 74; zweifelnd auch *Weber*, GYIL 43 (2000), S. 114/115; differenzierend *Molthagen*, Verhältnis der EU-Grundrechte zur EMRK, S. 79-82, 93-101; a.A. *Philippi*, Charta der Grundrechte, S. 44; *Rengeling* / *Szczekalla*, Grundrechte in der EU, § 7 A, Rn. 468.

1807 So haben Griechenland, Spanien und Großbritannien nicht das 4. Zusatzprotokoll ratifiziert, während Belgien, Deutschland, die Niederlande, Portugal, Spanien und Großbritannien nicht Mitglieder des 7. Zusatzprotokolls sind. Das 12. Zusatzprotokoll haben bislang nur Zypern, Finnland und die Niederlande ratifiziert. Das 13. Zusatzprotokoll ist bislang für Finnland, Frankreich, Deutschland, Griechenland, Italien, Lettland, Litauen, Luxemburg, die Niederlande, Polen, die Slovakei und Spanien noch nicht in Kraft getreten; siehe im Einzelnen die Website des EGMR (Fn. 1804).

1808 Vgl. hierzu eingehend *Busse*, EuGRZ 2002, S. 563 f., 571; *ders.*, ThürVBl. 2001, S. 79.

1809 Ähnlich *Grabenwarter*, DVBl. 2001, S. 2; *Schmitz*, JZ 2001, S. 839.

(Art. 53 EGRC),[1810] die sich vor der Entwicklung des Art. 52 Abs. 3 EGRC als Einzige mit dem Verhältnis der Charta zur EMRK befasste. Sie bestimmt, dass die Charta keine Menschenrechte einschränkt, die „*durch die internationalen Übereinkommen, bei denen die Union, die Gemeinschaft oder alle Mitgliedstaaten Vertragsparteien sind, darunter insbesondere die Europäische Konvention zum Schutze der Menschenrechte und Grundfreiheiten (...) anerkannt werden*".

Die Relevanz der allseitigen Verpflichtung der EU-Mitgliedstaaten durch die EMRK für ihre hervorgehobene Stellung bei der Entwicklung von Grundrechten auf Gemeinschaftsebene gründet sich nicht zuletzt auf die ständige Rechtsprechung des EuGH. Obgleich dieser sich auch auf nicht von allen Mitgliedstaaten ratifizierte Zusatzprotokolle bezieht, schreibt er doch der Konvention seit jeher eine besondere Bedeutung bei der Entwicklung der Gemeinschaftsgrundrechte als allgemeine Rechtsgrundsätze zu, weil alle Mitgliedstaaten an ihrem Abschluss beteiligt waren bzw. ihr beigetreten sind.[1811]

Diesem Ergebnis kann nicht entgegengehalten werden, dass auch die in den nicht von allen Mitgliedstaaten ratifizierten Zusatzprotokollen kodifizierten Rechte zu den gemeinsamen Verfassungsüberlieferungen dieser Staaten gehören.[1812] Zwar mag dies in der Regel zutreffen, denn eine gemeinsame Verfassungstradition setzt weder die gleiche Anerkennung eines Rechts in allen Mitgliedstaaten voraus, noch impliziert die Nicht-Ratifizierung eines Zusatzprotokolls stets die Ablehnung aller in diesem normierten Rechte durch den betreffenden Mitgliedstaat.[1813] Den Rechten, die den gemeinsamen Verfassungstraditionen der Mitgliedstaaten angehören, ist in Art. 52 Abs. 3 EGRC jedoch keine Sonderstellung wie den EMRK-Rechten eingeräumt, die sich bei Letzteren gerade auf ihre ausdrückliche, übereinstimmende Anerkennung in der gesamten Union stützt.

1810 So auch *Schmitz*, JZ 2001, S. 836 (dort Fn. 36), S. 839; *Besselink*, 8 MJ 1 (2001), S. 74.

1811 Beispielhaft EuGH, Rs. 36/75, Rutili ./. Minister des Innern, Urt. v. 28.10.1975, Slg. 1975, S. 1219 ff. (1232 / Rn. 32) nach der Ratifizierung der Konvention durch Frankreich; EuGH, Verb. Rs. 46/87 u. 227/88, Hoechst AG ./. Kommission, Urt. v. 21.09.1989, Slg. 1989, S. 2859 ff. (2923 / Rn. 13). Vgl. hierzu auch *Pauly*, EuR 1998, S. 253 (insb. dort Fn. 54) m.w.N.

1812 So aber *Philippi*, Charta der Grundrechte, S. 44; kritisch *Grabenwarter*, DVBl. 2001, S. 2, S. 10 (dort Fn. 85) mit zahlreichen Nachweisen, der eine gemeinsame Verfassungstradition zwar für das Verbot der Kollektivausweisung (Art. 4 4. ZP zur EMRK), nicht hingegen z.B. für das Verbot der Doppelbestrafung (Art. 4 7. ZP zur EMRK) sieht.

1813 So auch *Philippi*, Charta der Grundrechte, S. 44.

Auf die Rechte der Charta, die sich auf in den Protokollen Nr. 4, 7, 12 und 13 zur EMRK enthaltene Rechte stützen, ist Art. 52 Abs. 3 EGRC demzufolge nicht anwendbar. Konkret betrifft dies Art. 19 Abs. 1 der Charta, der sich auf Art. 4 des 4. Zusatzprotokolls zur EMRK gründet, Art. 45 EGRC, der sein Pendant in Art. 2 des 4. Zusatzprotokolls zur EMRK findet, sowie Art. 50 der Charta, der Art. 4 des 7. Zusatzprotokolls entspricht.[1814]

Ebenfalls nicht eindeutig ist der Wortlaut des Art. 52 Abs. 3 EGRC bezüglich der Frage, ob der Verweis auf die in der EMRK garantierten Rechte statisch, d.h. nur auf den derzeitigen Rechtsstand gerichtet, oder dynamisch im Sinne einer Einbeziehung auch künftig in die EMRK inkorporierte Rechte bzw. Rechte in neuen Zusatzprotokollen ist. Auch die Erläuterungen des Präsidiums zu Art. 52 EGRC lassen dieses Problem, das der Konvent durchaus erkannt hat,[1815] offen.[1816]

Sinn und Zweck der Anlehnung der Charta an die EMRK sprechen für einen dynamischen Verweis auf die EMRK bzw. ihre künftigen, aus den dargestellten systematischen Gründen von allen Mitgliedstaaten der Gemeinschaft ratifizierten Zusatzprotokolle.[1817] Die mit Art. 52 Abs. 3 EGRC angestrebte Kohärenz der Auslegung der Charta-Rechte und entsprechender EMRK-Rechte lässt sich auf Dauer nur sicherstellen, wenn die Ausweitung der durch die EMRK anerkannten Rechte – ebenso wie ggf. die künftige Anerkennung weiterer Grundrechte in der Charta – berücksichtigt wird.[1818] Die

---

[1814] Ebenso zu den Rechtsquellen dieser Charta-Rechte die Erläuterungen des Konventspräsidiums zu Art. 52 EGRC, Dok. CHARTE 4473/00 CONVENT 49 v. 11.10.2000, S. 49 f. = EuGRZ 2000, S. 569. In diesen Fällen scheint eine – allerdings nicht nach Art. 52 Abs. 3 EGRC verpflichtende – Anlehnung an die EMRK in ihrer Ausgestaltung durch den EGMR dennoch wünschenswert.

[1815] Vgl. nur *Herzog*, in: *Bernsdorff / Borowsky* (Hrsg.), Charta der Grundrechte der EU, S. 140 (Sitzung vom 24./25.02.2000).

[1816] Vgl. den Nachweis in Fn. 1814.

[1817] Dasselbe gilt aus den dargestellten Erwägungen für die existierenden, noch nicht von allen Mitgliedstaaten ratifizierten Zusatzprotokolle, wenn diese künftig von allen EU-Mitgliedsländern ratifiziert werden. Bei den künftigen Zusatzprotokollen ist insbesondere das – am 04.11.2000 unterzeichnete, am 01.04.2005 für drei EU-Mitgliedstaaten in Kraft getretene – 12. Zusatzprotokoll interessant, dessen Art. 1 ein über den Schutzbereich des bisherigen Art. 14 EMRK deutlich hinausgehendes Diskriminierungsverbot enthält, vgl. hierzu *Lemmens*, 8 MJ 1 (2001), S. 62; *Jacqué*, in: *Bieber / Boillat u.a.*, Grundrechtsschutz in Europa, S. 81.

[1818] Ähnlich *Philippi*, Charta der Grundrechte, S. 44; *Molthagen*, Verhältnis der EU-Grundrechte zur EMRK, S. 89-92.

Tatsache, dass die dynamische Verweisung nur Rechte erfasst, die in von allen Mitgliedstaaten ratifizierten Zusatzprotokollen enthalten sind, schließt es dabei aus, dass sich die Charta Entwicklungen aussetzt, die von den Mitgliedstaaten nicht mitgetragen werden.[1819]

(2) Die durch die Rechtsprechung des EGMR entwickelten Rechte

Die inzwischen 50 Jahre alte EMRK hat Modernisierungen nicht nur durch die Gewährleistung weiterer Rechte in Zusatzprotokollen erfahren. Darüber hinaus hat der EGMR auch die existierenden EMRK-Rechte im Hinblick auf neue Gefährdungslagen fortentwickelt. Dementsprechend entnimmt der Gerichtshof für Menschenrechte den EMRK-Artikeln teils Rechte, die in der Konvention, anders als in der Charta, nicht ausdrücklich und gesondert niedergelegt sind.

Dies betrifft beispielsweise das vom EGMR aus dem Recht auf Achtung des Privatlebens (Art. 8 EMRK) entwickelte Recht auf Datenschutz,[1820] das in Art. 8 der Charta ausdrücklich neben der Achtung des Privat- und Familienlebens (Art. 7 EGRC) anerkannt ist. Ebenso sind die Rechte auf Kunst- und Wissenschaftsfreiheit, die der EGMR aus der Meinungsfreiheit (Art. 10 EMRK) entwickelt hat,[1821] in Art. 13 EGRC zusätzlich zur Meinungs-

---

1819 Vgl. zu diesbzgl. Befürchtungen bei einem dynamischen Verweis *Herzog*, in: *Bernsdorff / Borowsky* (Hrsg.), Charta der Grundrechte der EU, S. 140 (Sitzung vom 24./25.02.2000).

1820 Vgl. z.B. EGMR, Beschw. Nr. 9248/81, Leander ./. Schweden, Urt. v. 26.03.1987, Ser. A, Bd. 116, S. 22, 27 / Ziff. 48, 66; EGMR, Beschw. Nr. 10454/83, Gaskin ./. Vereinigtes Königreich, Urt. v. 07.07.1989, Ser. A, Bd. 160, S. 15-20 / Ziff. 34-49; EGMR, Beschw. Nr. 28341/95, Rotaru ./. Rumänien, Urt. v. 04.05.2000, Reports of Judgments and Decisions 2000-V, S. 128 f. / Ziff. 42-44. Vgl. zum Datenschutz im Rahmen des Art. 8 EMRK eingehend *Villiger*, EMRK-Handbuch, § 24 B III, Rn. 567-569 m.w.N.; *Frowein*, in: *Frowein / Peukert*, EMRK, Art. 8, Rn. 11; *Ovey / White*, European Convention, S. 258-260. Vgl. zu dieser Entwicklung auch *Krüger / Polakiewicz*, EuGRZ 2001, S. 99 m.w.N.

1821 Vgl. zur Kunstfreiheit grundlegend EGMR, Beschw. Nr. 10737/84, Müller u.a. ./. Schweiz, Urt. v. 24.05.1988, Ser. A, Bd. 133, S. 19, 22 / Ziff. 27, 33, dem zufolge Art. 10 EMRK nicht zwischen verschiedenen Formen der Meinungs(äußerungs)freiheit differenziert und deswegen die künstlerische Meinungsäußerung einbezieht; EGMR, Beschw. Nr. 13470/87, Otto-Preminger-Institut ./. Österreich, Urt. v. 20.09.1994, Ser. A, Bd. 295-A, S. 20/21 / Ziff. 56; sowie *Villiger*, EMRK-Handbuch, § 26 C, Rn. 609 m.w.N.; *Frowein*, in: *Frowein / Peukert*, EMRK, Art. 10, Rn. 2, 5 m.w.N.; zur Wissenschaftsfreiheit z.B. EGMR, Beschw.

freiheit in Art. 11 Abs. 1 EGRC gewährleistet. Auch die Freiheit und Pluralität der Medien (Art. 11 Abs. 2 EGRC) oder das geistige Eigentum (Art. 17 Abs. 2 EGRC) sind in der Charta ausdrücklich und gesondert niedergelegt. Hingegen sind sie im Rahmen der EMRK nach der Rechtsprechung des EGMR als Bestandteil der Meinungsfreiheit (Art. 10 EMRK)[1822] bzw. des Eigentumsrechts (Art. 1 (1.) ZP EMRK)[1823] geschützt.

Der Wortlaut des Art. 52 Abs. 3 EGRC enthält keinen Hinweis darauf, ob solche vom EGMR aus den Konventionsrechten entwickelte „neue" Rechte als von der EMRK garantiert zu verstehen sind.

Tatsächlich sah der Konvent zunächst in einem Entwurf des späteren Art. 53 EGRC, in dessen Rahmen er anfangs die Regelung des Verhältnisses der Charta zur EMRK diskutierte, einen Verweis auf die EMRK in ihrer Auslegung durch die Rechtsprechung des EGMR vor.[1824] Im Verlauf kontroverser Diskussionen im Konvent konnten sich jedoch die Stimmen durchsetzen, die einen ausdrücklichen Verweis auf den EGMR in einem Charta-Artikel ablehnten.[1825] Ein derartiger Verweis insbesondere auch auf die künftige Recht-

---

Nr. 25181/94, Hertel ./. Schweiz, Urt. v. 25.08.1998, Reports of Judgments and Decisions 1998-VI, Bd. N. 87, S. 2324 f., 2330 / Ziff. 31, 47. Siehe hierzu auch *Krüger / Polakiewicz*, EuGRZ 2001, S. 99.

1822 Vgl. schon Art. 10 Abs. 1 S. 3 EMRK. Grundlegend zur Pressefreiheit EGMR, Beschw. Nr. 6538/74, Sunday Times ./. Vereinigtes Königreich, Urt. v. 26.04.1979, Ser. A, Bd. 30, S. 40 f. / Ziff. 65 f.; zur Freiheit von Rundfunk und Fernsehen EGMR, Beschw. Nr. 12726/87, Autronic AG ./. Schweiz, Urt. v. 22.05.1990, Ser. A, Bd. 178, S. 24 / Ziff. 52; zur Garantie von Pluralismus im Medienbereich EGMR, Beschw. Nr. 13914/88 u.a., Informationsverein Lentia u.a. ./. Österreich, Urt. v. 24.11.1993, Ser. A, Bd. 276, S. 16 / Ziff. 38. Vgl. hierzu *Frowein*, in: *Frowein / Peukert*, EMRK, Art. 10, Rn. 4, 15-21, und *Villiger*, EMRK-Handbuch, § 26 F, G, Rn. 620-632 mit zahlreichen Nachweisen.

1823 EGMR, Beschw. Nr. 12633/87, Smith Kline and French Laboratories Ltd. ./. Niederlande, Entsch. v. 04.10.1990, DR 66, S. 70 (79); in diese Richtung auch EGMR, Beschw. Nr. 15375/89, Gasus Dosier- und Fördertechnik GmbH ./. Niederlande, Urt. v. 23.02.1995, Ser. A, Bd. 306-B, S. 46 / Ziff. 53. Vgl. i.ü. *Ovey / White*, European Convention, S. 303 f. m.w.N.

1824 Dok. CHARTE 4235/00 CONVENT 27 v. 18.04.2000, S. 3 (Art. H.4); dazu *Ress*, in: *Walter Hallstein-Institut für Europäisches Verfassungsrecht* (Hrsg.), Europäische Verfassung im globalen Kontext, S. 14.

1825 Der Verweis auf die Rspr. des EGMR war schon in den Folgeentwürfen des Artikels zum Schutzniveau – ebenso wenig wie in den Entwürfen des Artikels zur Tragweite der Charta-Rechte – nicht mehr enthalten, vgl. nur Dok. CHARTE 4316/00

sprechung hätte ihnen zufolge die Autonomie der Charta gefährdet. Überdies würde er dadurch, dass er dem EGMR freie Hand bei der Entwicklung von Rechten ließe, die Grenzen zwischen Legislative und Judikative verwischen.[1826] Zudem sahen sie einen Verweis auf die einzelfallbezogene Rechtsprechung als einen zu unpräzisen Auslegungsstandard für die Charta an.[1827]

Eine starke Minderheit im Konvent plädierte hingegen nachdrücklich für einen ausdrücklichen dynamischen Verweis auf die Rechtsprechung des EGMR in den horizontalen Artikeln der Charta.[1828] Hierdurch sollten die vom EGMR entwickelten „neuen" Rechte eindeutig in deren Anwendungsbereich einbezogen werden, um das Schutzniveau der Charta nicht einzufrieren.[1829] Auf ihren Druck hin erklärt die Präambel der Charta in ihrem fünften Erwägungsgrund, dass die Charta die Rechte bekräftigt, die sich unter anderem aus der Rechtsprechung des Europäischen Gerichtshofs für Menschenrechte ergeben. Darüber hinaus wurde in die Erläuterungen eine Passage eingefügt, der zufolge der Verweis auf die EMRK als Verweis auf diese in ihrer Auslegung durch den EGMR zu verstehen ist.[1830]

CONVENT 34 v. 16.05.2000, S. 11 (Art. 49); Dok. CHARTE 4383/00 CONVENT 41 v. 03.07.2000, S. 28 (Art. 49).

1826 So insbesondere *Braibant*, RUDH 2000, S. 68; *ders.* und *Papadimitriou*, in: *Bernsdorff / Borowsky* (Hrsg.), Charta der Grundrechte der EU, S. 237 f. (Sitzung vom 03./04.05.2000); *Rodriguez Bereijo*, in: *Bernsdorff / Borowsky* (Hrsg.), Charta der Grundrechte der EU, S. 302 (Sitzung vom 28.-30.06.2000). Kritisch zu einem Verweis auf die künftige Rspr. auch *Korthals Altes*, *Altmaier* und *Neisser*, in: *Bernsdorff / Borowsky* (Hrsg.), Charta der Grundrechte der EU, S. 237-238. Vgl. zu diesen Hintergründen auch *Dutheil de la Rochère*, RMC 2000, S. 679; *dies.*, Regards sur l'actualité 2001, S. 10; *Bering Liisberg*, CML Rev. 38 (2001), S. 1175.

1827 So z.B. *Braibant*, in: *Bernsdorff / Borowsky* (Hrsg.), Charta der Grundrechte der EU, S. 237; vgl. dazu *Lalumière*, RQDI 13 (2000), S. 174; *Lemmens*, 8 MJ 1 (2001), S. 52.

1828 So insbesondere *Fischbach*, Dok. CHARTE 4411/00 CONTRIB 268 v. 13.07.2000, S. 3; *Brax*, *Griffiths*, *Leinen*, *Einem* und *Eaton*, in: *Bernsdorff / Borowsky* (Hrsg.), Charta der Grundrechte der EU, S. 237 f. (Sitzung vom 03./04.05.2000); *Fischbach*, *Rotkirch*, *Hirsch Ballin*, *Lalumière* und *Goldsmith*, in: *Bernsdorff / Borowsky* (Hrsg.), a.a.O., S. 300-302 (Sitzung vom 28.-30.06.2000); vgl. zur Diskussion auch *Busse*, ThürVBl. 2001, S. 79; *Lemmens*, 8 MJ 1 (2001), S. 51/52; *Bering Liisberg*, CML Rev. 38 (2001), S. 1175, 1178 m.w.N.

1829 Siehe die Nachweise in Fn. 1828.

1830 Deutlich Dok. CHARTE 4316/00 CONVENT 34 v. 16.05.2000, S. 12 (zu Art. 53 der Endfassung der Charta); ähnlich die Erläuterungen zu Art. 52 EGRC (Dok. CHARTE 4473/00 CONVENT 49 v. 11.10.2000, S. 48 = EuGRZ 2000, S. 569).

Vor diesem Hintergrund ist man sich heute im Wesentlichen einig, dass die Rechtsprechung des EGMR trotz des bewusst nicht aufgenommenen ausdrücklichen Verweises auf diese bei der Auslegung der i.S. des Art. 52 Abs. 3 S. 1 EGRC in der EMRK garantierten Rechte zu berücksichtigen ist.[1831]

Schon die Erläuterungen des Präsidiums zu Art. 52 EGRC spiegeln nach der dargestellten Entstehungsgeschichte den Wunsch des Konvents wider, dass der EuGH bei der Auslegung der in der EMRK garantierten Rechte wie in seiner bisherigen Praxis die Rechtsprechung des EGMR heranzieht,[1832] ohne ihn dem EGMR textlich quasi „unterzuordnen".[1833] Interessant ist in diesem Zusammenhang auch die Feststellung, dass sich der Konvent selbst bei der Abfassung einiger Charta-Rechte unter anderem an der Rechtsprechung des EGMR orientiert hat.[1834]

Vgl. zu diesen „Kompensationen" für die Minderheit im Konvent *Lalumière*, RQDI 13 (2000), S. 174; *Dutheil de la Rochère*, RMC 2000, S. 679; *dies.*, Regards sur l'actualité 2001, S. 10; *Bering Liisberg*, CML Rev. 38 (2001), S. 1176.

1831 So z.B. *Lalumière*, RQDI 13 (2000), S. 174; *Dutheil de la Rochère*, RMC 2000, S. 679; *dies.*, Regards sur l'actualité 2001, S. 10; *Beutler*, in: *Beutler / Bieber u.a.*, EU, Kap. 10.1.4.4., Rn. 663; *Griller*, in: *Duschanek / Griller* (Hrsg.), Grundrechte für Europa, S. 152; *Philippi*, Charta der Grundrechte, S. 45; *Rodríguez Iglesias*, EuGRZ 2002, S. 207; *Callewaert*, EuGRZ 2003, S. 199; *Ress*, in: *Walter Hallstein-Institut für Europäisches Verfassungsrecht* (Hrsg.), Europäische Verfassung im globalen Kontext, S. 14 f.; *Rengeling / Szczekalla*, Grundrechte in der EU, § 3 C, Rn. 226, § 7A, Rn. 468.

1832 *Carrasco Macía*, Eipascope 2000, S. 24; vgl. aber *Dutheil de la Rochère*, RMC 2000, S. 679; *dies.*, Regards sur l'actualité 2001, S. 10; *Lenaerts / de Smijter*, CML Rev. 38 (2001), S. 295/296 mit dem Hinweis auf mögliche Abweichungen von der EGMR-Rechtsprechung.

1833 Die Erläuterungen zu Art. 52 EGRC (Dok. CHARTE 4473/00 CONVENT 49 v. 11.10.2000, S. 48-50 = EuGRZ 2000, S. 569) enthalten neben dem Verweis auf die Rechtsprechung des EGMR zwar in ihrer Aufstellung sich entsprechender Charta- und EMRK-Rechte keinen Hinweis auf einige durch die Rspr. des EGMR entwickelte Rechte, z.B. das Recht auf Datenschutz oder die Kunst- und Wissenschaftsfreiheit (vgl. auch *Lemmens*, 8 MJ 1 (2001), S. 54). Entsprechende Verweise finden sich allerdings – wie auch bei den übrigen, sich entsprechenden Rechten – bei den Erläuterungen zu den betroffenen Charta-Artikeln selbst, hier z.B. Art. 8 EGRC (Datenschutz) und Art. 13 EGRC (Kunst- und Wissenschaftsfreiheit), vgl. Dok. CHARTE 4473/00 CONVENT 49 v. 11.10.2000, S. 11, 15 = EuGRZ 2000, S. 561, 562.

1834 So ausdrücklich die Erläuterungen des Präsidiums zu Art. 19 (Abs. 2), 28, 47 (Abs. 3) EGRC, Dok. CHARTE 4473/00 CONVENT 49 v. 11.10.2000, S. 21, 27,

Für die Einbeziehung auch der „neuen“ Rechte, die sich nach der Rechtsprechung des EGMR aus den Artikeln der EMRK ergeben, in den Anwendungsbereich des Art. 52 Abs. 3 EGRC spricht systematisch zudem der fünfte Erwägungsgrund der Charta-Präambel. Diesem zufolge bekräftigt die Charta neben den Rechten aus der EMRK gerade auch die sich aus dieser Rechtsprechung ergebenden Rechte.[1835] Der Präambel kommt in diesem Zusammenhang die Rolle einer Auslegungshilfe für Art. 52 Abs. 3 EGRC zu.[1836]

Entscheidend spricht für die Beachtung der EMRK-Rechte in ihrer Auslegung durch den EGMR schließlich, dass der nach der EMRK eingerichtete Gerichtshof für Menschenrechte die Reichweite der in der Konvention gewährleisteten Rechte autoritativ und *ex tunc* feststellt (Art. 19, 32 EMRK).[1837] Die Auslegung der Konventionsrechte durch den EGMR ist damit integrierender Bestandteil dieser Rechte.[1838] Eines ausdrücklichen Hinweises auf die Beachtlichkeit seiner Rechtsprechung bedarf es demzufolge nicht. Vielmehr ist ein solcher Hinweis in Rechtstexten selbst unüblich (und überflüssig). Allein ein solches Verständnis der in der EMRK garantierten Rechte im Sinne des Art. 52 Abs. 3 EGRC entspricht dem Zweck dieser Regelung, eine Kohärenz der Charta und der EMRK weitestmöglich sicherzustellen.[1839]

Aus der Tatsache, dass die vom Gerichtshof für Menschenrechte vorgenommene Auslegung der EMRK-Rechte Bestandteil der Konvention ist, ergibt sich denklogisch, dass dies für die derzeitige ebenso wie für die künftige Rechtsprechung des EGMR gilt. Dabei kann es keine Rolle spielen, ob und inwieweit ein bestimmtes, vom EGMR „neu“ entwickeltes Recht im Text der

---

41 = EuGRZ 2000, S. 563, 564, 567. Vgl. hierzu auch *Dutheil de la Rochère*, RMC 2000, S. 679; *dies.*, Regards sur l'actualité 2001, S. 10.

1835 So auch *Busse*, ThürVBl. 2001, S. 79, der dasselbe Ergebnis systematisch zusätzlich aus der Betonung der völkerrechtlichen Verpflichtungen der Mitgliedstaaten in Art. 53 EGRC herleitet; *ders.*, EuGRZ 2002, S. 571, 575; dahingehend *Griller*, in: *Duschanek / Griller* (Hrsg.), Grundrechte für Europa, S. 152.

1836 Eingehend hierzu *Busse*, EuGRZ 2002, S. 563 f., 571, 575.

1837 Vgl. hierzu *Lenaerts / de Smijter*, CML Rev. 38 (2001), S. 296; *Busse*, ThürVBl. 2001, S. 79.

1838 So selbst die Erläuterungen zum Entwurf des Art. 53 EGRC, Dok. CHARTE 4316/00 CONVENT 34 v. 16.05.2000, S. 12; *Lenaerts / de Smijter*, CML Rev. 38 (2001), S. 296.

1839 Ähnlich *Lalumière*, RQDI 13 (2000), S. 175; *Lenaerts / de Smijter*, CML Rev. 38 (2001), S. 296.

EMRK deutlich zum Ausdruck kommt.[1840] Auch die „neuen" Rechte finden ihre Grundlage nämlich stets in einem der Konventionsrechte. Die ausdrückliche und gesonderte Gewährleistung einiger Rechte in der Charta, die der EGMR im Rahmen anderer, in der Charta zusätzlich niedergelegter Grundrechte entwickelt hat, dient lediglich der von der Charta vorrangig angestrebten Sichtbarmachung dieser modernen Rechte. Eine inhaltliche Abweichung von den Garantien der EMRK in ihrer Auslegung durch den EGMR sollte damit nach Sinn und Zweck des Art. 52 Abs. 3 EGRC, eine kohärente Auslegung von Charta und EMRK zu erreichen, nicht verbunden sein.

Damit ist beispielsweise das vom EGMR aus dem Recht auf Achtung des Privatlebens (Art. 8 EMRK) entwickelte Recht auf Datenschutz,[1841] das die Charta gesondert in Art. 8 EGRC neben der Achtung des Privat- und Familienlebens (Art. 7 EGRC) anerkennt, ein im Sinne von Art. 52 Abs. 3 EGRC in der EMRK (Art. 8) garantiertes Recht.[1842] Dasselbe gilt für die Kunst- und Wissenschaftsfreiheit, die der EGMR als Komponente der Meinungsfreiheit (Art. 10 EMRK) garantiert.[1843] Dem steht nicht entgegen, dass die Charta diese Rechte in Art. 13 EGRC separat neben der Meinungsfreiheit (Art. 11 Abs. 1 EGRC) niederlegt.[1844] Ebenso sind z.B. die in der Rechtsprechung des EGMR gewährleistete Freiheit und Pluralität der Medien (Art. 10 EMRK) und das geistige Eigentum (Art. 1 (1.) ZP EMRK) als von der EMRK garantiert i.S.d. Art. 52 Abs. 3 EGRC anzusehen. Dies gilt, ob-

---

1840 In diese Richtung aber *Grabenwarter*, in: *Cremer / Giegerich u.a.* (Hrsg.), Tradition und Weltoffenheit des Rechts, FS f. *Steinberger*, S. 1136 f., der zwischen von der Rechtsprechung des EGMR entwickelten Rechten, bei denen der Wortlaut der zugrundeliegenden EMRK-Garantie nur deutlich hinter dem der entsprechenden Charta-Garantie zurückbleibt, und solchen, deren Inhalte überhaupt nicht im Text des angewandten EMRK-Artikels enthalten sind, differenziert. Die Erläuterungen geben hierüber keinen Aufschluss. Zwar nennen sie in ihrer dem Art. 52 angehängten Liste sich entsprechender Rechte in Charta und EMRK nur solche Rechte, die eine im Text sichtbare Ähnlichkeit aufweisen. In den jeweiligen Erläuterungen zu einzelnen Charta-Rechten führen sie aber weitere EMRK-Rechte auf, die wegen ihrer Entwicklung durch den EGMR bei der Auslegung des betreffenden Charta-Rechts zu berücksichtigen sind, vgl. hierzu oben Fn. 1833 m.w.N. und Beispielen.

1841 Vgl. hierzu die Nachweise in Fn. 1820.

1842 A.A. *Grabenwarter*, in: *Cremer / Giegerich u.a.* (Hrsg.), Tradition und Weltoffenheit des Rechts, FS f. *Steinberger*, S. 1136 f.

1843 Siehe hierzu die Nachweise in Fn. 1821.

1844 A.A. *Grabenwarter*, in: *Cremer / Giegerich u.a.* (Hrsg.), Tradition und Weltoffenheit des Rechts, FS f. *Steinberger*, S. 1136 f.

wohl die Charta diese Rechte im Rahmen der Meinungsfreiheit (Art. 11 EGRC) bzw. des Eigentumsrechts (Art. 17 EGRC) ausdrücklich gesondert aufführt.[1845]

b. Die Entsprechung von Charta-Rechten und EMRK-Rechten

Art. 52 Abs. 3 EGRC ist auf diejenigen in der Charta gewährleisteten Rechte anwendbar, die den durch die EMRK garantierten Rechten „*entsprechen*". Klar ist, dass ein „Entsprechen" von Charta-Rechten und EMRK-Rechten keine Identität in dem Sinne verlangt, dass die Rechte jeweils wortgleich niedergelegt sein müssen.[1846] Art. 52 Abs. 3 EGRC sollte ja gerade ermöglichen, dass die Rechte in der Charta knapper und zeitgemäßer formuliert werden können, ohne dass dies zu divergierenden Auslegungen mit ähnlichen EMRK-Rechten führt. Die Frage, unter welchen Gesichtspunkten und in welchem Maße aber eine Übereinstimmung zwischen Charta-Rechten und Konventionsrechten feststehen muss, damit sie sich im Sinne von Art. 52 Abs. 3 EGRC entsprechen, wirft eine Vielzahl von Abgrenzungsfragen auf.

Auf Anregungen aus der Mitte des Konvents hin,[1847] der künftige Interpretationsschwierigkeiten vorhersah, versuchte das Präsidium, im Rahmen der Erläuterungen zu Art. 52 EGRC durch eine konkrete Auflistung derjenigen Charta-Rechte, die Konventionsrechten entsprechen, den Anwendungsbereich des Art. 52 Abs. 3 EGRC abzustecken.[1848] Aus dieser Liste, insbesondere aber aus dem Sinn und Zweck des Art. 52 Abs. 3 EGRC lässt sich schließen, dass ein Charta-Recht einem Konventionsrecht „entspricht", wenn es den gleichen Regelungsbereich, verstanden als denjenigen Lebensbereich, dem das Grundrecht gilt und in dem es seinen (engeren) Schutzbereich bestimmt,[1849] erfasst.[1850]

1845 So hinsichtlich des geistigen Eigentums auch *Grabenwarter*, in: *Cremer / Giegerich u.a.* (Hrsg.), Tradition und Weltoffenheit des Rechts, FS f. *Steinberger*, S. 1136.

1846 Vgl. zu einer solchen Wortgleichheit z.B. das Folterverbot in Art. 4 EGRC und Art. 3 EMRK oder das Verbot der Sklaverei und der Zwangsarbeit in Art. 5 Abs. 1, 2 EGRC und Art. 4 Abs. 1, 2 EMRK.

1847 Vgl. z.B. *Hirsch Ballin*, in: *Bernsdorff / Borowsky* (Hrsg.), Charta der Grundrechte der EU, S. 359 (Sitzung vom 11.-13.09.2000).

1848 Dok. CHARTE 4473/00 CONVENT 49 v. 11.10.2000, S. 48 f. = EuGRZ 2000, S. 569. Vgl. dazu z.B. *Lenaerts / de Smijter*, CML Rev. 38 (2001), S. 293.

1849 Vgl. zu dieser Definition des Regelungsbereichs in Abgrenzung zum engeren Schutzbereich des Grundrechts oder Grundrechtstatbestand *Pieroth / Schlink*, Grundrechte,

Einen derart gleichen Regelungsbereich haben beispielsweise Art. 17 der Charta und Art. 1 des (ersten) Zusatzprotokolls zur EMRK, die – wenn auch in unterschiedlichen Formulierungen – den Schutz des Eigentums betreffen.[1851]

Bei der Bestimmung, ob ein Charta-Recht und ein Konventionsrecht den gleichen Regelungsbereich haben, dürfen nicht nur die Charta- und die EMRK-Artikel als Ganze gegenübergestellt werden. Nach dem Regelungszweck des Art. 52 Abs. 3 EGRC, eine divergierende Auslegung von Charta- und Konventionsrechten weitestmöglich zu vermeiden, sind vielmehr die einzelnen selbständigen grundrechtlichen Garantien, von denen die Grundrechtsartikel meist mehrere enthalten, miteinander zu vergleichen.[1852] Dabei ist, wenn der Regelungsbereich eines Charta-Rechts weiter ist als derjenige eines korrespondierenden Konventionsrechts, eine Entsprechung dieser Rechte im Bereich ihrer „Schnittmenge" gegeben.[1853] Dies lässt sich der Formulierung des Art. 52 Abs. 3 S. 1 EGRC entnehmen, der zufolge der Artikel nur Anwendung findet, „*[s]oweit*" die Charta Rechte enthält, die Konventionsrechten entsprechen.[1854]

Beim Vergleich der Regelungsbereiche der Charta-Rechte mit korrespondierenden Konventionsrechten stellt sich außerdem die Frage, ob sich der auch durch die Rechtsprechung fortentwickelte Regelungsbereich insbeson-

---

§ 6 I, Rn. 197 f. Auf den weiteren Regelungsbereich anstelle des Schutzbereichs soll hier abgestellt werden, um ein „Entsprechen" problemlos auch in Fällen von Präzisierungen und Abweichungen im Wortlaut bzw. einzelnen Tatbestandselementen im Rahmen der Charta-Rechte annehmen zu können.

1850 Ebenso *Grabenwarter*, DVBl. 2001, S. 3; *ders.*, in: *Cremer / Giegerich u.a.* (Hrsg.), Tradition und Weltoffenheit des Rechts, FS f. *Steinberger*, S. 1135/1136; i.E. ähnlich *Schmitz*, JZ 2001, S. 839; *Calliess*, in: *Ehlers* (Hrsg.), Europäische Grundrechte und Grundfreiheiten, § 19 II 2, Rn. 16; enger *Griller*, in: *Duschanek / Griller* (Hrsg.), Grundrechte für Europa, S. 154.

1851 So z.B. auch *Grabenwarter*, in: *Cremer / Giegerich u.a.* (Hrsg.), Tradition und Weltoffenheit des Rechts, FS f. *Steinberger*, S. 1136.

1852 Dies betont *Grabenwarter*, DVBl. 2001, S. 3; anders allerdings *ders.*, in: *Cremer / Giegerich u.a.* (Hrsg.), Tradition und Weltoffenheit des Rechts, FS f. *Steinberger*, S. 1136/1137; *Krüger / Polakiewicz*, EuGRZ 2001, S. 99.

1853 Vgl. hierzu *Grabenwarter*, DVBl. 2001, S. 3.

1854 Klarstellend wirkt hier auch Art. 52 Abs. 3 S. 2 EGRC, der aber auf die Regelung der „Rechtsfolgenseite" des Art. 52 Abs. 3 EGRC abzielt, siehe hierzu unten 4. Kapitel.C.V.3.b.

dere der EMRK-Rechte in einem gewissen Maße im Wortlaut des betreffenden Artikels niederschlagen muss. Die Erläuterungen des Präsidiums geben hierüber keine klare Auskunft.[1855] Man ist sich jedoch weitgehend einig, dass von einer Entsprechung von Charta- und Konventionsrechten nicht nur dann auszugehen ist, wenn der Wortlaut des Charta-Rechts geringfügig von dem des korrespondierenden Konventionsrechts abweicht. Eine Identität besteht auch noch in den Fällen, in denen der Wortlaut des Konventionsrechts deutlich hinter dem des Charta-Rechts zurückbleibt, weil die Charta Entwicklungen aus der Rechtsprechung des EGMR in ihren Wortlaut aufgenommen hat.[1856]

Demgegenüber soll nach Auffassung nicht weniger die Annahme eines „Entsprechens" von Charta- bzw. Konventionsrechten nicht mehr zu rechtfertigen sein, wenn der Regelungsbereich eines Charta-Rechts zwar nach der Rechtsprechung des EGMR inhaltlich auch von einer bestimmten Gewährleistung der Konvention umfasst ist, dies im Wortlaut des EMRK-Artikels jedoch nicht zum Ausdruck kommt.[1857] Ein „Entsprechen" von Charta- und Konventionsrechten scheidet dieser Ansicht zufolge z.B. in den Bereichen der Kunst- und Wissenschaftsfreiheit oder beim Recht auf Datenschutz aus.[1858]

Als Konsequenz obiger Untersuchungen[1859] ergibt sich hingegen, dass bei der Bestimmung des Regelungsbereichs insbesondere der Konventions-

---

[1855] Siehe hierzu bereits eingehend oben 4. Kapitel.C.V.2.a(2), Fn. 1833, 1840. Vgl. zur Problematik auch *Philippi*, Charta der Grundrechte, S. 44/45.

[1856] So z.B. *Grabenwarter*, in: *Cremer / Giegerich u.a.* (Hrsg.), Tradition und Weltoffenheit des Rechts, FS f. *Steinberger*, S. 1135/1136, der als Beispiele für eine geringfügige Abweichung im Wortlaut Art. 7 EGRC („Kommunikation") bzw. Art. 8 EMRK („Korrespondenz"), für ein deutliches Zurückbleiben des Konventionsrechts im Wortlaut Art. 17 EGRC, der entgegen Art. 1 (1.) ZP EMRK das Erbrecht, die Entschädigungspflicht bei Enteignungen und das geistige Eigentum explizit verankert, nennt. Ähnlich *Schmitz*, JZ 2001, S. 839; *Calliess*, in: *Ehlers* (Hrsg.), Europäische Grundrechte und Grundfreiheiten, § 19 II 2, Rn. 16; zweifelnd *Griller*, in: *Duschanek / Griller* (Hrsg.), Grundrechte für Europa, S. 154.

[1857] So z.B. *Grabenwarter*, in: *Cremer / Giegerich u.a.* (Hrsg.), Tradition und Weltoffenheit des Rechts, FS f. *Steinberger*, S. 1136/1137; *Schmitz*, JZ 2001, S. 839; *Griller*, in: *Duschanek / Griller* (Hrsg.), Grundrechte für Europa, S. 154; *Calliess*, in: *Ehlers* (Hrsg.), Europäische Grundrechte und Grundfreiheiten, § 19 II 2, Rn. 16.

[1858] Vgl. z.B. *Grabenwarter*, in: *Cremer / Giegerich u.a.* (Hrsg.), Tradition und Weltoffenheit des Rechts, FS f. *Steinberger*, S. 1136.

[1859] Vgl. 4. Kapitel.C.V.2.a(2).

rechte allein auf ihren – auch durch die Auslegung des EGMR als integrierender Bestandteil mitbestimmten – Inhalt, unabhängig vom Wortlaut des jeweiligen Artikels, abzustellen ist. Schon dürfte eine Abgrenzung, ob der Wortlaut eines Konventionsrechts einen Regelungsbereich noch ansatzweise oder gerade nicht mehr erfasst, schwer durchführbar sein. Wie dargestellt ist zudem die Einbeziehung auch der vom EGMR aus einzelnen Konventionsartikeln entwickelten „neuen" Rechte in die durch die EMRK garantierten Rechte im Sinne des Art. 52 Abs. 3 EGRC erforderlich. Dies hat denklogisch zur Folge, dass diese Rechte auch bei der Bestimmung der Reichweite des Regelungsbereichs der entsprechenden Konventionsrechte mit zu berücksichtigen sind.

Die Ermittlung der Rechte, die sich im Sinne von Art. 52 Abs.3 EGRC entsprechen, wird vor diesem Hintergrund nicht immer einfach sein. Hinzu kommt, dass sich Veränderungen im Bestand der sich entsprechenden Rechte sowohl durch Entwicklungen im Bereich der Charta als auch im Bereich der EMRK, insbesondere durch die Fortentwicklung der jeweiligen Judikatur zu den Grundrechtskatalogen, ergeben können.[1860] Angesichts der Tatsache, dass insbesondere der EuGH sich bereits bei seiner bisherigen Grundrechtsrechtsprechung stets auch an der aktuellen Rechtsprechung des EGMR orientiert hat,[1861] scheinen die dargestellten Auslegungsprobleme im Rahmen des Art. 52 Abs. 3 EGRC in der Praxis aber lösbar.

c. Konkret erfasste Charta-Rechte

Eine Vielzahl von Charta-Rechten vornehmlich aus dem ersten Kapitel (Würde des Menschen), dem zweiten Kapitel (Freiheiten) sowie dem sechsten Kapitel (Justizielle Rechte) entspricht im Sinne des Art. 52 Abs. 3 EGRC ganz oder zumindest teilweise in der EMRK garantierten Rechten.[1862]

(1) Wortgleiche Rechte

Den gleichen Regelungsbereich wie ihr korrespondierendes Konventionsrecht haben zunächst unproblematisch diejenigen wenigen Charta-Rechte,

---

1860 Dies betont *Vitorino*, RTDE 2001, S. 40.

1861 Siehe hierzu bereits oben 1. Kapitel.C.II.1, insb. bei Fn. 172.

1862 Einen umfassenden, chronologisch geordneten Überblick hierzu gibt neben den Erläuterungen des Präsidiums (Dok. CHARTE 4473/00 CONVENT 49 v. 11.10.2000, S. 1 ff. = EuGRZ 2000, S. 559 ff.) *Lemmens*, 8 MJ 1 (2001), S. 55-67.

die ein Konventionsrecht wortgleich wiederholen.[1863] So übernimmt die Charta das Folterverbot (Art. 4 EGRC),[1864] die Verbote von Sklaverei und Zwangsarbeit (Art. 5 Abs. 1, 2 EGRC)[1865] sowie die Freiheit der Meinungsäußerung (Art. 11 Abs. 1 EGRC)[1866] wörtlich aus der EMRK. Auch das Recht auf Freiheit und Sicherheit (Art. 6 EGRC) findet sich wortgleich in der EMRK (Art. 5 Abs. 1 S. 1 EMRK), die allerdings in den Absätzen 2-5 dieses Artikels detailliert weitere Rechte im Zusammenhang mit einer Freiheitsentziehung kodifiziert. Da diese Rechte nur Aspekte des vom Recht auf Freiheit bezweckten Schutzes vor willkürlicher Freiheitsentziehung sind,[1867] hat Art. 5 EMRK insgesamt den gleichen Regelungsbereich – eben den Schutz vor willkürlicher Freiheitsentziehung – wie Art. 6 EGRC.[1868]

(2) Weitgehend wortgleiche Rechte

Gleichermaßen lässt sich der gleiche Regelungsbereich von Charta- und Konventionsrechten und damit ein „Entsprechen" dieser Rechte im Sinne von Art. 52 Abs. 3 EGRC verhältnismäßig leicht für diejenigen Charta-Rechte feststellen, die sich trotz einzelner Klarstellungen, Kürzungen oder Modernisierungen im Wortlaut stark an ein Konventionsrecht anlehnen.

Dies gilt z.B. für das Recht auf Leben (Art. 2 Abs. 1 EGRC)[1869] und das Verbot der Todesstrafe (Art. 2 Abs. 2 EGRC),[1870] das Recht auf Achtung des Privat- und Familienlebens (Art. 7 EGRC)[1871] oder die Rechte, eine Ehe ein-

---

1863 Dies ist unstreitig, vgl. z.B. die Erläuterungen zu Art. 52 EGRC, Dok. CHARTE 4473/00 CONVENT 49 v. 11.10.2000, S. 49 f. = EuGRZ 2000, S. 569, die alle diese Rechte in ihrer Liste als sich entsprechend aufführen; *Lemmens*, 8 MJ 1 (2001), S. 56 f., 59; *Grabenwarter*, in: *Cremer / Giegerich u.a.* (Hrsg.), Tradition und Weltoffenheit des Rechts, FS f. *Steinberger*, S. 1136.

1864 Vgl. Art. 3 EMRK.

1865 Vgl. Art. 4 Abs. 1, 2 EMRK.

1866 Vgl. Art. 10 Abs. 1 S. 1, 2 EMRK.

1867 Vgl. *Villiger*, EMRK-Handbuch, § 17 A, Rn. 313 m.w.N.

1868 So i.E. auch *Lalumière*, RQDI 13 (2000), S. 172; *Lemmens*, 8 MJ 1 (2001), S. 57; *Curtin / van Ooik*, 8 MJ 1 (2001), S. 103; zweifelnd *Grabenwarter*, in: *Cremer / Giegerich u.a.* (Hrsg.), Tradition und Weltoffenheit des Rechts, FS f. *Steinberger*, S. 1137/1138.

1869 Vgl. Art. 2 Abs. 1 S. 1 EMRK.

1870 Vgl. Art. 1 6. ZP zur EMRK.

1871 Vgl. Art. 8 Abs. 1 EMRK.

zugehen und eine Familie zu gründen (Art. 9 EGRC).[1872] Ebenso entsprechen in diesem Sinne die in der Charta niedergelegte Gedanken-, Gewissens- und Religionsfreiheit (Art. 10 Abs. 1 EGRC),[1873] sowie die Versammlungs- und Vereinigungsfreiheit (Art. 12 Abs. 1 EGRC)[1874] in der EMRK garantierten Rechten.[1875]

Weiterhin entspricht das Recht auf Bildung, das in der Charta ausdrücklich auch den Zugang zur beruflichen Aus- und Weiterbildung und das Recht auf unentgeltliche Teilnahme am Pflichtschulunterricht als Aspekte des Regelungsbereichs „Recht auf Bildung" erfasst (vgl. Art. 14 Abs. 1, 2 EGRC),[1876] einem in der Konvention niedergelegten Recht.[1877] Auch sind die Rechte der Eltern bei der Unterrichtung ihrer Kinder (Art. 14 Abs. 3 HS 2 EGRC),[1878] und das Eigentumsrecht (Art. 17 Abs. 1 EGRC)[1879] in ähnlicher Formulierung in der EMRK enthalten.[1880]

Im Bereich der Gleichheitsrechte lehnen sich insbesondere Art. 21 Abs. 1 EGRC, aber auch Art. 20 und 23 EGRC als Diskriminierungsverbote

---

[1872] Vgl. zu Letzterem Art. 12 EMRK. Von einer Entsprechung der hier genannten Rechte gehen auch die Erläuterungen zu Art. 52 EGRC sowie ergänzend diejenigen zu den jeweiligen Artikeln aus, vgl. Dok. CHARTE 4473/00 CONVENT 49 v. 11.10.2000, S. 1 ff. = EuGRZ 2000, S. 559 ff.; ebenso z.B. *Lemmens*, 8 MJ 1 (2001), S. 55/56, 57, 58.

[1873] Vgl. Art. 9 Abs. 1 EMRK.

[1874] Vgl. Art. 11 Abs. 1 EMRK.

[1875] Hinsichtlich der genannten Rechte ebenso die Erläuterungen zu Art. 52 bzw. 10, 12 EGRC, Dok. CHARTE 4473/00 CONVENT 49 v. 11.10.2000, S. 49, 12, 14/15 = EuGRZ 2000, S. 561 f., 569; ebenso z.B. *Lemmens*, 8 MJ 1 (2001), S. 58 f.

[1876] Vgl. Art. 2 S. 1 (1.) ZP zur EMRK.

[1877] So hinsichtlich Art. 14 Abs. 1 EGRC auch die Erläuterungen zu Art. 52 bzw. 14 EGRC, Dok. CHARTE 4473/00 CONVENT 49 v. 11.10.2000, S. 49, 16 = EuGRZ 2000, S. 562, 569, sowie *Lemmens*, 8 MJ 1 (2001), S. 60.

[1878] Vgl. Art. 2 S. 2 (1.) ZP zur EMRK.

[1879] Vgl. Art. 1 (1.) ZP zur EMRK.

[1880] Ebenso die Erläuterungen zu Art. 52 bzw. 14, 17 EGRC, Dok. CHARTE 4473/00 CONVENT 49 v. 11.10.2000, S. 49, 16, 19 f. = EuGRZ 2000, S. 562 f., 569; weitergehend hinsichtlich Art. 14 Abs. 3 HS 1 EGRC *Lemmens*, 8 MJ 1 (2001), S. 60/61, der auch die – eher der Berufs- bzw. unternehmerischen Freiheit verwandte – Freiheit zur Gründung von Lehranstalten als Element des Rechts auf Bildung ansieht und dementsprechend auch diesbezüglich einen mit Art. 2 (1.) ZP zur EMRK gleichen Regelungsbereich annimmt.

stark an den Wortlaut des Art. 14 EMRK an und haben deshalb den gleichen Regelungsbereich wie dieser.[1881] Der Regelungsbereich des im Rahmen des Kapitels zu den Bürgerrechten eingeordneten Art. 39 Abs. 2 der Charta, der das aktive und passive Wahlrecht niederlegt, gleicht demjenigen des Art. 3 des (ersten) Zusatzprotokolls zur EMRK.[1882]

Bei den justiziellen Rechten entsprechen z.B. die Rechte auf einen wirksamen Rechtsbehelf (Art. 47 Abs. 1 EGRC)[1883] und auf ein faires Verfahren (Art. 47 Abs. 2 S. 1 und 2 EGRC)[1884] in der Konvention niedergelegten Rechten.[1885] Dasselbe gilt für die Unschuldsvermutung (Art. 48 Abs. 1 EGRC),[1886] die – in der Charta erheblich verkürzte – Garantie der Achtung der Verteidigungsrechte (Art. 48 Abs. 2 EGRC),[1887] und die Regelungen zum Erfordernis der Gesetzmäßigkeit der Strafe (Art. 49 Abs. 1 S. 1, 2 sowie Art. 49 Abs. 2 EGRC).[1888]

1881 In diese Richtung hinsichtlich Art. 21 Abs. 1 EGRC die Erläuterungen zu diesem Artikel, Dok. CHARTE 4473/00 CONVENT 49 v. 11.10.2000, S. 23 = EuGRZ 2000, S. 563. Insgesamt wie hier *Lemmens*, 8 MJ 1 (2001), S. 62 f. Siehe zu einem über den Schutzbereich des Art. 14 EMRK hinausgehenden künftigen Diskriminierungsverbot Art. 1 des am 04.11.2000 unterzeichneten, am 01.04.2005 für drei EU-Mitgliedstaaten in Kraft getretenen 12. Zusatzprotokolls zur EMRK, vgl. dazu *Lemmens*, 8 MJ 1 (2001), S. 62; *Jacqué*, in: *Bieber / Boillat u.a.*, Grundrechtsschutz in Europa, S. 81.

1882 So auch *Lemmens*, 8 MJ 1 (2001), S. 64. Vgl. hierzu auch EGMR, Beschw. Nr. 24833/94, Matthews ./. Vereinigtes Königreich, Urt. v. 18.02.1999, EuGRZ 1999, S. 200 (203 f. / Ziff. 44, 54), dem zufolge Art. 3 des (1.) ZP zur EMRK auch die Wahlen zum Europäischen Parlament erfasst.

1883 Vgl. Art. 13 EMRK.

1884 Vgl. Art. 6 Abs. 1 S. 1 EMRK.

1885 So die Erläuterungen zu Art. 52 bzw. 47 EGRC, Dok. CHARTE 4473/00 CONVENT 49 v. 11.10.2000, S. 50, 40 f. = EuGRZ 2000, S. 567, 569. Ebenso z.B. *Lemmens*, 8 MJ 1 (2001), S. 65.

1886 Vgl. Art. 6 Abs. 2 EMRK.

1887 Vgl. Art. 6 Abs. 3 EMRK.

1888 Vgl. zu Art. 49 Abs. 1 S. 1 und 2 EGRC den Art. 7 Abs. 1 S. 1 und 2 EMRK, zu Art. 49 Abs. 2 EGRC den Art. 7 Abs. 2 EMRK. Zu den genannten Rechten insgesamt ebenso die Erläuterungen zu Art. 52 bzw. 48, 49 EGRC, Dok. CHARTE 4473/00 CONVENT 49 v. 11.10.2000, S. 42, 43 f., 49 = EuGRZ 2000, S. 567 f., 569; sowie *Lemmens*, 8 MJ 1 (2001), S. 65 f.; hinsichtlich Art. 48 EGRC auch *Grabenwarter*, in: *Cremer / Giegerich u.a.* (Hrsg.), Tradition und Weltoffenheit des Rechts, FS f. *Steinberger*, S. 1136.

(3) Rechten aus der Rechtsprechung des EGMR gleichkommende Charta-Rechte

Schwieriger gestaltet sich die Feststellung übereinstimmender Regelungsbereiche von Charta-Rechten und solchen Konventionsrechten, bei denen die Lebensbereiche, denen sie gelten, maßgeblich durch die Rechtsprechung der Straßburger Organe, insbesondere des EGMR, geprägt worden sind.

So schützt nach der Rechtsprechung des EGMR beispielsweise das Recht auf Achtung des Privatlebens in Art. 8 EMRK auch vor Eingriffen in die körperliche Integrität.[1889] Damit hat dieser Artikel zumindest hinsichtlich des Rechts auf körperliche Unversehrtheit den gleichen Regelungsbereich wie Art. 3 EGRC.[1890] Wie gezeigt,[1891] umfasst Art. 8 EMRK dem EGMR zufolge überdies ein Recht auf Datenschutz als Ausfluss des Rechtes auf Achtung des Privatlebens. Insoweit entspricht er Art. 8 der Charta, in dem das Recht auf Schutz personenbezogener Daten ausdrücklich niedergelegt ist.[1892]

Das in Art. 5 Abs. 3 EGRC niedergelegte Verbot des Menschenhandels findet zwar ebenfalls kein ihm im Wortlaut ähnliches Recht in der EMRK. Nach der Begriffsbestimmung der in Art. 4 Abs. 1 EMRK verbotenen Sklaverei im Rahmen der EMRK[1893] erscheint der Menschenhandel jedoch als As-

---

[1889] Vgl. z.B. EGMR, Beschw. Nr. 8978/80, X. und Y. ./. Niederlande, Urt. v. 26.03.1985, Ser. A, Bd. 91, S. 11 / Ziff. 22; EKMR, Beschw. Nr. 22398/93, J.R. u.a. ./. Schweiz, Entsch. v. 05.04.1995, DR 81-A, S. 61 (65); EGMR, Beschw. Nr. 22083/93, Stubbings u.a. ./. Vereinigtes Königreich, Urt. v. 22.10.1996, Reports of Judgments and Decisions 1996-IV, S. 1505 / Ziff. 61; vgl. hierzu *Frowein*, in: *Frowein / Peukert*, EMRK, Art. 8, Rn. 7, *Villiger*, EMRK-Handbuch, § 24 B I, Rn. 556-558 und *Ovey / White*, European Convention, S. 239 f. mit zahlreichen Nachweisen.

[1890] In diese Richtung auch *Lemmens*, 8 MJ 1 (2001), S. 56.

[1891] Siehe hierzu oben 4. Kapitel.C.V.2.a(2), insb. Fn. 1820.

[1892] So wohl auch die Erläuterungen zu Art. 8 EGRC, Dok. CHARTE 4473/00 CONVENT 49 v. 11.10.2000, S. 11 = EuGRZ 2000, S. 561; in der Liste sich entsprechender Rechte in den Erläuterungen zu Art. 52 EGRC ist Art. 8 EGRC hingegen nicht aufgeführt, vgl. Dok. CHARTE 4473/00 CONVENT 49 v. 11.10.2000, S. 49 f. = EuGRZ 2000, S. 569. In diese Richtung *Lemmens*, 8 MJ 1 (2001), S. 57/58 m.w.N.; a.A. wohl *Dutheil de la Rochère*, Regards sur l'actualité 2001, S. 5; *Grabenwarter*, in: *Cremer / Giegerich u.a.* (Hrsg.), Tradition und Weltoffenheit des Rechts, FS f. *Steinberger*, S. 1136/1137.

[1893] Sklaverei wird hier als Zustand oder Stellung einer Person verstanden, an der die mit dem Eigentumsrecht verbundenen Befugnisse oder einzelne davon ausgeübt werden,

pekt derselben. Deshalb entsprechen die genannten Charta- bzw. Konventionsartikel sich insoweit im Sinne von Art. 52 Abs. 3 EGRC.[1894]

Weiterhin ist, wie dargestellt,[1895] von einer Entsprechung des Art. 11 Abs. 2 EGRC, der die Gewährleistung von Freiheit und Pluralität der Medien zum Gegenstand hat, mit Art. 10 Abs. 1 EMRK auszugehen, der ausdrücklich nur die in der Charta (Art. 11 Abs. 1 EGRC) gesondert normierte Meinungsfreiheit betrifft.[1896] Die Medienfreiheit und die Achtung der Pluralität der Medien sind nur Aspekte des gemeinsamen Regelungsbereichs der Meinungsfreiheit.[1897] Der EGMR schützt diese Aspekte, die in der Charta wegen ihrer grundlegenden Bedeutung für eine demokratische Gesellschaftsordnung nur besonders hervorgehoben und sichtbar gemacht werden sollten, im Rahmen des Art. 10 EMRK.[1898]

Denselben Regelungsbereich wie Art. 10 Abs. 1 EMRK hat überdies Art. 13 EGRC, der die Kunst- und Wissenschaftsfreiheit, vom EGMR als Teilaspekte der Meinungsfreiheit geschützt,[1899] gesondert neben Art. 11 Abs. 1 EGRC garantiert.[1900]

Weiterhin ist Art. 17 Abs. 2 EGRC als dem Art. 1 des (ersten) Zusatzprotokolls zur EMRK entsprechend anzusehen.[1901] Der in dem genannten

---

vgl. hierzu *Frowein*, in: *Frowein / Peukert*, EMRK, Art. 4, Rn. 2 m.w.N.; *Ovey / White*, European Convention, S. 91.

1894 In diese Richtung auch *Lemmens*, 8 MJ 1 (2001), S. 56.

1895 Siehe hierzu oben 4. Kapitel.C.V.2.a(2).

1896 So auch die Erläuterungen zu Art. 52 bzw. 11 EGRC, Dok. CHARTE 4473/00 CONVENT 49 v. 11.10.2000, S. 49, 14 = EuGRZ 2000, S. 561/562, 569. Vgl. hierzu auch *Stock*, EuR 2002, S. 579; *Lemmens*, 8 MJ 1 (2001), S. 59.

1897 So auch *Lemmens*, 8 MJ 1 (2001), S. 59; ähnlich *Engel*, ZUM 2000, S. 993/994.

1898 Siehe hierzu die Nachweise in Fn. 1822.

1899 Siehe zur diesbezüglichen Rechtsprechung des EGMR bereits die Nachweise in Fn. 1821.

1900 Siehe hierzu bereits oben 4. Kapitel.C.V.2.a(2). Ebenso die Erläuterungen zu Art. 13 EGRC, Dok. CHARTE 4473/00 CONVENT 49 v. 11.10.2000, S. 15 = EuGRZ 2000, S. 562, während Art. 13 EGRC in der Liste sich entsprechender Rechte in den Erläuterungen zu Art. 52 EGRC hingegen nicht aufgeführt ist, vgl. Dok. CHARTE 4473/00 CONVENT 49 v. 11.10.2000, S. 49 f. = EuGRZ 2000, S. 569. Wie hier *Lemmens*, 8 MJ 1 (2001), S. 60 m.w.N.; a.A. *Grabenwarter*, in: *Cremer / Giegerich u.a.* (Hrsg.), Tradition und Weltoffenheit des Rechts, FS f. *Steinberger*, S. 1136/1137.

1901 So auch die Erläuterungen zu Art. 52 bzw. 17 EGRC, Dok. CHARTE 4473/00 CONVENT 49 v. 11.10.2000, S. 49, 19 f. = EuGRZ 2000, S. 563, 569; *Lemmens*,

Charta-Artikel gesondert erwähnte Schutz des geistigen Eigentums ist lediglich eine – auch von den Straßburger Organen im Rahmen des ersten Artikels des Zusatzprotokolls geschützte[1902] – Facette des gemeinsamen Regelungsbereichs „Eigentumsrecht".[1903]

Der Ausweisungsschutz des Art. 19 Abs. 2 EGRC kodifiziert die Rechtsprechung des EGMR zu Art. 3 EMRK[1904] und entspricht diesem demgemäß im Regelungsbereich dieses Schutzes.[1905] Ebenso scheint eine Entsprechung von Art. 22 EGRC mit Art. 8 EMRK insoweit denkbar, als die Straßburger Organe unter dem Aspekt der Achtung des Privatlebens insbesondere bestimmte Lebensstile von Minderheiten schützen.[1906]

Weiterhin entspricht der Regelungsbereich des Art. 28 EGRC, der die Rechte auf Kollektivverhandlungen und –maßnahmen niederlegt, insoweit als der Gerichtshof für Menschenrechte diese Rechte im Rahmen der Koalitionsfreiheit schützt,[1907] demjenigen des Art. 11 EMRK.[1908]

---

8 MJ 1 (2001), S. 61; *Grabenwarter*, in: *Cremer / Giegerich u.a.* (Hrsg.), Tradition und Weltoffenheit des Rechts, FS f. *Steinberger*, S. 1136.

1902 Siehe hierzu die Nachweise in Fn. 1823.

1903 Siehe hierzu bereits oben 4. Kapitel.C.V.2.a(2).

1904 Grundlegend EGMR, Beschw. Nr. 14038/88, Soering ./. Vereinigtes Königreich, Urt. v. 07.07.1989, Ser. A, Bd. 161, S. 34 f. / Ziff. 88; EGMR, Beschw. Nr. 22414/93, Chahal ./. Vereinigtes Königreich, Urt. v. 15.11.1996, Reports of Judgments and Decisions 1996-V, S. 1831 ff. (1853 / Ziff. 74); vgl. hierzu auch *Villiger*, EMRK-Handbuch, § 15 D I, Rn. 297 f. m.w.N., dem zufolge der Ausweisungsschutz ggf. zusätzlich nach Art. 2 EMRK zu gewähren ist, vgl. *ders.*, a.a.O., § 14 A, Rn. 264 m.w.N.; *Ovey / White*, European Convention, S. 82-85.

1905 So ausdrücklich auch die Erläuterungen zu Art. 52 bzw. 19 EGRC, Dok. CHARTE 4473/00 CONVENT 49 v. 11.10.2000, S. 49, 21 = EuGRZ 2000, S. 569, 563; *Lemmens*, 8 MJ 1 (2001), S. 62.

1906 Vgl. insb. EGMR, Beschw. Nr. 1474/62 u.a., („Belgischer Sprachenfall"), Urt. v. 23.07.1968, EuGRZ 1975, 298 ff. (300); vgl. hierzu *Frowein*, in: *Frowein / Peukert*, EMRK, Art. 8, Rn. 8 m.w.N.

1907 Vgl. z.B. EGMR, Beschw. Nr. 5614/72, Swedish Engine Drivers' Union ./. Schweden, Urt. v. 06.02.1976, Ser. A, Bd. 20, S. 15 f. / Ziff. 40; EGMR, Beschw. Nr. 5589/72, Schmidt u. Dahlström ./. Schweden, Urt. v. 06.02.1976, Ser. A, Bd. 21, S. 16 / Ziff. 36 (Streikrecht); vgl. hierzu *Frowein*, in: *Frowein / Peukert*, EMRK, Art. 11, Rn. 11-15.

1908 In diese Richtung auch die Erläuterungen zu Art. 28 EGRC, Dok. CHARTE 4473/00 CONVENT 49 v. 11.10.2000, S. 27 = EuGRZ 2000, S. 564; in

Schließlich greift Art. 47 Abs. 3 EGRC die Gewährleistung des Zugangs zu Gericht durch die Bewilligung von Prozesskostenhilfe aus der Rechtsprechung des EGMR zu Art. 6 Abs. 1 EMRK auf,[1909] dessen Regelungsbereich er insoweit gleicht.[1910]

(4) Zwischenergebnis

Die vorangegangene Zusammenstellung zeigt, dass von der Konformitätsklausel des Art. 52 Abs. 3 EGRC fast alle Rechte aus dem ersten, zweiten und sechsten Kapitel der Charta erfasst sind.[1911] Sie kann dabei nur eine – keinen Anspruch auf absolute Vollständigkeit erhebende – Momentaufnahme geben. Die Anzahl sich entsprechender Rechte in Charta und EMRK kann sich durch die Fortentwicklung der Rechtsprechung des EGMR, und ggf. des EuGH zu einer rechtsverbindlichen Charta, künftig verändern.

3. Die Wirkungsweise des Art. 52 Abs. 3 EGRC

a. Grundsatz (Art. 52 Abs. 3 S. 1 EGRC)

Als Rechtsfolge einer Entsprechung von Charta-Rechten mit Rechten, die in der Europäischen Menschenrechtskonvention garantiert sind, ordnet

---

der Liste sich entsprechender Rechte in den Erläuterungen zu Art. 52 EGRC ist Art. 28 EGRC hingegen nicht aufgeführt, vgl. Dok. CHARTE 4473/00 CONVENT 49 v. 11.10.2000, S. 49 f. = EuGRZ 2000, S. 569; ebenso *Lemmens*, 8 MJ 1 (2001), S. 64.

1909 Vgl. z.B. EGMR, Beschw. Nr. 6289/73, Airey ./. Irland, Urt. v. 09.10.1979, Ser. A, Bd. 32, S. 11 ff. / Ziff. 20 ff.; vgl. hierzu auch *Peukert*, in: *Frowein / Peukert*, EMRK, Art. 6, Rn. 54, 63 m.w.N.; *Ovey / White*, European Convention, S. 152.

1910 So auch die Erläuterungen zu Art. 52 bzw. 47 EGRC, Dok. CHARTE 4473/00 CONVENT 49 v. 11.10.2000, S. 50, 41 = EuGRZ 2000, S. 569, 567; *Lemmens*, 8 MJ 1 (2001), S. 65.

1911 Nach der vorgelegten Zusammenstellung finden nur die folgenden Charta-Rechte keine Entsprechung in der EMRK: Aus dem ersten Kapitel Art. 1 EGRC, aus dem zweiten Kapitel Art. 10 Abs. 2, 12 Abs. 2, 14 Abs. 3 HS 1, 15, 16, 18, 19 Abs. 1 EGRC und aus dem sechsten Kapitel Art. 49 Abs. 1 S. 3, Abs. 3, 50 EGRC. A.A. hinsichtlich Art. 19 Abs. 1, 50 EGRC die Erläuterungen zu Art. 52 EGRC, vgl. Dok. CHARTE 4473/00 CONVENT 49 v. 11.10.2000, S. 49 f. = EuGRZ 2000, S. 569, sowie *Lemmens*, 8 MJ 1 (2001), S. 62, 66, siehe dazu aber bereits oben 4. Kapitel.C.V.2.a(1). Im übrigen mit Ausnahme von Art. 12 Abs. 2, 14 Abs. 3 HS 1 EGRC ebenso *Lemmens*, 8 MJ 1 (2001), S. 55-66.

Art. 52 Abs. 3 S. 1 EGRC an, dass die Charta-Rechte „*die gleiche Bedeutung und Tragweite [haben], wie sie ihnen in der genannten Konvention verliehen wird*".

Die Regelungstechnik des Art. 52 Abs. 3 S. 1 EGRC gleicht – trotz der leicht abweichenden Formulierung – ersichtlich derjenigen des Art. 52 Abs. 2 EGRC. Letzterem zufolge sind die Charta-Rechte, die Rechten im EG-Vertrag entsprechen, im Rahmen der im Vertrag festgelegten „*Bedingungen und Grenzen*" auszuüben.[1912] Dementsprechend sollen die Charta-Rechte nach Art. 52 Abs. 3 EGRC trotz ihres unterschiedlichen Wortlauts und ihrer meist knapperen Fassung genau denselben[1913] Schutzstandard wie die korrespondierenden Rechte in der EMRK gewähren. Hierfür wird zur Präzisierung des Regelungsinhalts der Charta-Rechte auf den der entsprechenden Konventionsrechte verwiesen.[1914] Ebenso wie Art. 52 Abs. 2 EGRC kann Art. 52 Abs. 3 S. 1 EGRC deshalb als Harmonisierungsklausel qualifiziert werden.[1915]

Die gleiche Bedeutung und Tragweite wie die entsprechenden Konventionsrechte erhalten die Charta-Rechte dabei nicht allein dadurch, dass die Schrankenbestimmungen dieser Konventionsrechte auch für sie gelten und damit quasi in die Charta inkorporiert werden.[1916] Die Charta-Rechte sollen

---

1912 So auch *Grabenwarter*, DVBl. 2001, S. 2; a.A. *Philippi*, Charta der Grundrechte, S. 44, der zufolge die unterschiedliche Formulierung auf einen engeren Anwendungsbereich des Art. 52 Abs. 3 S. 1 EGRC hindeutet (siehe dazu unten Fn. 1916).

1913 Zur Möglichkeit eines weiter gehenden Schutzes durch die Rechte der Charta (vgl. Art. 52 Abs. 3 S. 2 EGRC) siehe sogleich unten 4. Kapitel.C.V.3.b.

1914 Vgl. dazu *Lalumière*, RQDI 13 (2000), S. 174; *Lenaerts / de Smijter*, CML Rev. 38 (2001), S. 293.

1915 So z.B. *Schmitz*, JZ 2001, S. 843; ähnlich *Krüger / Polakiewicz*, EuGRZ 2001, S. 99; in diese Richtung auch *Griller*, in: *Duschanek / Griller* (Hrsg.), Grundrechte für Europa, S. 157, der Art. 52 Abs. 3 EGRC als „Transformationsregel" begreift; enger *Busse*, ThürVBl. 2001, S. 79, der von einer *safeguard*-Klausel zugunsten der EMRK ausgeht.

1916 Dass die ausführlichen Einschränkungsregelungen der Konventionsrechte auch für die entsprechenden Charta-Rechte gelten, ist weitgehend unstreitig, vgl. bereits die Erläuterungen des Präsidiums zu Art. 52 EGRC bzw. den betreffenden Charta-Rechten, Dok. CHARTE 4473/00 CONVENT 49 v. 11.10.2000, S. 1 ff. = EuGRZ 2000, S. 559 ff.; ebenso die – inhaltlich insoweit Art. 52 EGRC zugehörigen (vgl. hierzu bereits oben 4. Kapitel.B.IV.4, insb. Fn. 1659) – Erläuterungen zu Art. 53 EGRC, Dok. CHARTE 4473/00 CONVENT 49 v. 11.10.2000, S. 50 = EuGRZ 2000, S. 569. Siehe weiterhin *Vitorino*, RTDE 2001, S. 40, 47 f.; *Lemmens*, 8 MJ 1 (2001), S. 52/53; *Curtin / van Ooik*, 8 MJ 1 (2001), S. 102/103; *Lenaerts / de Smijter*, CML Rev. 38 (2001), S. 293; *Pache*, EuR 2001, S. 489; *Schmitz*, JZ 2001, S. 839; *Krüger / Polakiewicz*, EuGRZ 2001, S. 99; *Calliess*, EuZW 2001, S. 264; *Calliess*, in: *Eh-*

vielmehr insgesamt den gleichen Inhalt und die gleiche Reichweite haben wie die korrespondierenden Rechte in der EMRK.[1917] Dabei scheint der Begriff „Bedeutung“ auf den Schutzbereich der Grundrechte, der Begriff „Tragweite“ auf die Schranken derselben hinzuweisen.[1918] Ein derart technisches Begriffsverständnis auf der Basis allgemeiner Grundrechtslehren wird jedoch dem Regelungsumfang des Art. 52 Abs. 3 S. 1 EGRC nicht gerecht, da es lediglich auf Freiheitsrechte, nicht hingegen z.B. auf die ebenfalls von dem Artikel erfassten justiziellen Rechte zugeschnitten ist.[1919] Letztere enthalten in der EMRK wie in der Charta unmittelbar anwendbare oder durch Gesetz zu gewährende Rechtspositionen, hingegen keine Schranken für Grundrechtseingriffe.[1920]

Letztlich ist die von Art. 52 Abs. 3 S. 1 EGRC angeordnete identische Auslegung der Charta-Rechte und der entsprechenden Konventionsrechte

---

lers (Hrsg.), Europäische Grundrechte und Grundfreiheiten, § 19 II 2, Rn. 16; ebenso nun auch der Schlussbericht der Arbeitsgruppe „Charta“ des Verfassungskonvents, Dok. CONV 354/02 WG II 16 v. 22.10.2002, S. 7; in diese Richtung auch *Mahlmann*, ZEuS 2000, S. 440, 442, der Art. 52 Abs. 3 EGRC als Schranken-Schranke qualifiziert. A.A. *Philippi*, Charta der Grundrechte, S. 43 f., der zufolge nur der Schutzbereich der Konventionsrechte auf die Charta-Rechte zu übertragen ist.

1917 Dies betonen *Goldsmith*, CML Rev. 38 (2001), S. 1211; *Lemmens*, 8 MJ 1 (2001), S. 52/53; ähnlich *Dutheil de la Rochère*, Regards sur l’actualité 2001, S. 4, 10; *Grabenwarter*, DVBl. 2001, S. 2; *Schmitz*, JZ 2001, S. 838/839 mit Hinweis auf die diesbzgl. deutlichere englische und französische Fassung der Charta. Bestätigt wird diese weite Auslegung auch durch die Entstehungsgeschichte des Art. 52 Abs. 3 EGRC, vgl. dazu oben 4. Kapitel.C.V.1.b, insb. Fn. 1791 f. Ebenso die Erläuterungen des Präsidiums zu Art. 52 EGRC (Dok. CHARTE 4473/00 CONVENT 49 v. 11.10.2000, S. 48 = EuGRZ 2000, S. 569), denen zufolge die in der Charta enthaltenen Rechte, die den durch die EMRK garantierten Rechten entsprechen, „die gleiche Bedeutung und Tragweite, *einschließlich* der zugelassenen Einschränkungen“ [Hervorhebung d. Verf.] besitzen.

1918 In diese Richtung noch *Grabenwarter*, DVBl. 2001, S. 2; *Schmitz*, JZ 2001, S. 838.

1919 *Grabenwarter*, in: *Cremer / Giegerich u.a.* (Hrsg.), Tradition und Weltoffenheit des Rechts, FS f. *Steinberger*, S. 1137; i.E. auch *Weber*, in: *Weber* (Hrsg.), Charta der Grundrechte, S. 14. Auch die Erläuterungen des Präsidiums zu Art. 52 EGRC (Dok. CHARTE 4473/00 CONVENT 49 v. 11.10.2000, S. 49 = EuGRZ 2000, S. 569) legen, wie die beiden Überschriften der Listen zu den sich entsprechenden Charta- bzw. Konventionsrechten zeigen, kein derart technisches Begriffsverständnis zugrunde.

1920 *Grabenwarter*, in: *Cremer / Giegerich u.a.* (Hrsg.), Tradition und Weltoffenheit des Rechts, FS f. *Steinberger*, S. 1137.

daher je nach den Erfordernissen des betroffenen Grundrechts sicherzustellen. Bei Freiheitsrechten hat eine Übertragung von Schutzbereich und Schranken des Konventionsrechts auf das entsprechende Charta-Recht zu erfolgen. Bei absoluten Verboten ist die inhaltliche Reichweite und die schrankenlose Gewährleistung der jeweiligen Garantien im selben Sinne auszulegen. Bei Verfahrensgarantien ist der Schutzumfang der jeweiligen Rechtspositionen übereinstimmend zu interpretieren. Das Ergebnis einer solchen Interpretation der Charta-Rechte ist genau so, als wären die betreffenden EMRK-Artikel einfach unverändert in die Charta übernommen worden.[1921]

Bei der Bestimmung des konkreten Schutzumfangs der Konventionsrechte ist – ebenso wie bei der Ermittlung ihres (weiteren) Regelungsbereichs – aus den dargelegten Gründen die bisherige und künftige Rechtsprechung des Europäischen Gerichtshofs für Menschenrechte als integrierender Bestandteil dieser Rechte maßgeblich zu berücksichtigen.[1922]

Die Harmonisierungsklausel des Art. 52 Abs. 3 S. 1 EGRC schließt folglich ein Unterschreiten des Schutzniveaus der EMRK im Gemeinschafts- bzw. Unionsrecht – zumindest theoretisch – aus.[1923] Im Geltungsbereich des Art. 52 Abs. 3 S. 1 EGRC wird die EMRK in ihrer Auslegung durch den EGMR materiell-rechtlich praktisch direkt, und nicht mehr nur mittelbar als Rechtserkenntnisquelle der Gemeinschaftsgrundrechte, auf EG und EU als Grundrechtsverpflichtete anwendbar.[1924] Dies gilt trotz des (noch) nicht erfolgten Beitritts der EG / EU zur EMRK. Institutionell ändert Art. 52 Abs. 3

1921 Vgl. *Lemmens*, 8 MJ 1 (2001), S. 53; i.E. ebenso *Callewaert*, EuGRZ 2003, S. 199.

1922 Siehe hierzu ausführlich oben 4. Kapitel.C.V.2.a(2). Zustimmend statt vieler *Lenaerts / de Smijter*, CML Rev. 38 (2001), S. 296; *Griller*, in: *Duschanek / Griller* (Hrsg.), Grundrechte für Europa, S. 158; *Weber*, in: *Weber* (Hrsg.), Charta der Grundrechte, S. 14/15; *Busse*, EuGRZ 2002, S. 571, 575.

1923 Dies betonen *Lemmens*, 8 MJ 1 (2001), S. 54/55; *Busse*, ThürVBl. 2001, S. 79.

1924 Dem Erfordernis einer ausdrücklichen vertraglichen Ermächtigung gemäß dem Gutachten 2/94 des EuGH (siehe dazu eingehend oben 1. Kapitel.C.II.3, insb. bei Fn. 259 ff.) steht dies schon deshalb nicht entgegen, weil für die Verbindlichkeit der Charta eine Vertragsänderung erforderlich ist, welche die notwendige Ermächtigung ggf. zumindest konkludent enthält. Überdies wird der dargestellte inhaltliche Beitritt zur EMRK nicht durch eine institutionelle Einordnung in das Konventionssystem ergänzt. Der EuGH hatte in genanntem Gutachten jedoch gerade die Kombination aus inhaltlichen und institutionellen Veränderungen durch einen Beitritt der EG / EU zur EMRK als vertragsändernd bewertet. Vgl. dazu *Griller*, in: *Duschanek / Griller* (Hrsg.), Grundrechte für Europa, S. 157 (dort Fn. 78).

S. 1 EGRC hingegen nichts an den jeweiligen Zuständigkeiten von EuGH bzw. EGMR. Ersterer bleibt für die letztgültige Auslegung der den Konventionsrechten gleichen Charta-Rechte allein zuständig, weswegen die Möglichkeit von Rechtsprechungsdivergenzen der beiden Gerichte unverändert bestehen bleibt.[1925]

b. Ausnahme (Art. 52 Abs. 3 S. 2 EGRC)

Nach Art. 52 Abs. 3 S. 2 EGRC steht die Bestimmung des Art. 52 Abs. 3 S. 1 EGRC „*dem nicht entgegen, dass das Recht der Union einen weiter gehenden Schutz gewährt*".

Dass die bisherige und künftige Rechtsetzung durch die Organe der Gemeinschaft als „*Recht der Union*" einen über den nach der EMRK zwingend einzuhaltenden Standard hinausgehenden Grundrechtsschutz gewähren kann, ergibt sich bereits aus Art. 52 Abs. 3 S. 1 EGRC. Derartige Rechtsakte verletzen die den Konventionsrechten entsprechenden Charta-Rechte nämlich erst recht nicht.

Bedeutung erlangt Art. 52 Abs. 3 S. 2 EGRC hingegen insoweit, als er – wie die Erläuterungen des Präsidiums zu Art. 52 EGRC bestätigen[1926] – auch einzelne Garantien der Charta selbst als (künftigen) Teil des Rechts der Union erfasst.[1927] Dabei ist auch bei den Charta-Rechten die (künftige) Rechtsprechung des EuGH als integrierender Bestandteil dieser Rechte mit zu berücksichtigen.[1928] Hierfür sind dieselben Erwägungen maßgeblich wie bei der Beachtlichkeit der Rechtsprechung des EGMR im Rahmen der in der EMRK garantierten Rechte im Sinne von Art. 52 Abs. 3 S. 1 EGRC.[1929] Bestätigt wird

---

1925 Siehe hierzu noch ausführlich unten 4., insb. bei Fn. 1968 ff.

1926 Vgl. Dok. CHARTE 4473/00 CONVENT 49 v. 11.10.2000, S. 48-50 = EuGRZ 2000, S. 569; die Erläuterungen führen in ihrer Liste sich entsprechender Rechte aus Charta und EMRK in einem zweiten Teil explizit auch die Charta-Artikel auf, die sich zwar „entsprechen", „deren Tragweite aber umfassender ist", und die demgemäß Art. 52 Abs. 3 S. 2 EGRC unterfallen.

1927 Für eine solche weite Auslegung, die soweit ersichtlich unstreitig ist, auch *Vitorino*, RTDE 2001, S. 39/40; *Schmitz*, JZ 2001, S. 839; sowie der Schlussbericht der Arbeitsgruppe „Charta" des Verfassungskonvents, Dok. CONV 354/02 WG II 16 v. 22.10.2002, S. 7.

1928 So i.E. auch die Erläuterungen zu Art. 52 EGRC, Dok. CHARTE 4473/00 CONVENT 49 v. 11.10.2000, S. 48 = EuGRZ 2000, S. 569.

1929 Siehe hierzu bereits oben 4. Kapitel.C.V.2.a(2).

dies insbesondere durch den fünften Erwägungsgrund der Charta-Präambel als Auslegungshilfe für die Charta-Bestimmungen.[1930] Dieser verweist unter anderem ausdrücklich auf die Rechtsprechung des Gerichtshofs der Europäischen Gemeinschaften.

Art. 52 Abs. 3 S. 2 EGRC ist damit als Ausnahmebestimmung zu Art. 52 Abs. 3 S. 1 EGRC zu verstehen:[1931] Grundsätzlich sind die Charta-Rechte genau so wie die ihnen entsprechenden Konventionsrechte zu interpretieren (S. 1). Dies gilt nur dann nicht, wenn der durch das betreffende Charta-Recht garantierte Schutz über den des korrespondierenden EMRK-Rechts hinausgeht (S. 2). Im Gegensatz zur strengen Konformitätsklausel des Art. 52 Abs. 2 EGRC ist diejenige des Art. 52 Abs. 3 EGRC damit nach oben, d.h. für ein höheres Schutzniveau der Charta, offen.

Die Bestimmung derjenigen Charta-Rechte, die zwar einem Konventionsrecht im Sinne von Art. 52 Abs. 3 S. 1 EGRC „entsprechen", d.h. die den gleichen Regelungs- bzw. Lebensbereich betreffen, die aber einen *„weiter gehenden Schutz"* als das Konventionsrecht gewähren, hat bereits der Konvent als nicht einfach erkannt.[1932] Das Präsidium hat deshalb in den Erläuterungen zu Art. 52 EGRC konkret diejenigen Charta-Rechte zusammengestellt, die es dem Anwendungsbereich des Art. 52 Abs. 3 S. 2 EGRC zurechnet.[1933]

Einen weiter gehenden Schutz können Charta-Rechte mit dem gleichen Regelungsbereich wie Konventionsrechte zum einen dann garantieren, wenn ihr Schutzbereich, verstanden als der grundrechtlich geschützte Lebensbereich,[1934] weiter ist als der des korrespondierenden Konventionsrechts.[1935]

[1930] Siehe hierzu oben 4. Kapitel.C.V.2.a(2), insb. Fn. 1836.

[1931] So auch *Grabenwarter*, in: *Cremer / Giegerich u.a.* (Hrsg.), Tradition und Weltoffenheit des Rechts, FS f. *Steinberger*, S. 1140; *Calliess*, in: *Ehlers* (Hrsg.), Europäische Grundrechte und Grundfreiheiten, § 19 II 2, Rn. 16.

[1932] Vgl. insbesondere *Fischbach / Krüger*, Dok. CHARTE 4475/00 CONTRIB 326 v. 19.09.2000, S. 2; *Lemmens*, 8 MJ 1 (2001), S. 53/54 m.w.N. Siehe zur Problematik auch *Mahrenholz*, JöR 49 (2001), S. 26/27; sowie oben 4. Kapitel.C.V.2.b, insb. Fn. 1847.

[1933] Siehe bereits den Nachweis in Fn. 1926.

[1934] Vgl. zu dieser Definition *Pieroth / Schlink*, Grundrechte, § 6 I, Rn. 197.

[1935] Ist schon der – weitere – Regelungsbereich eines Charta-Rechts weiter gehend als der eines Konventionsrechts, fehlt es bereits am „Tatbestand" des Art. 52 Abs. 3 S. 1 EGRC, sich entsprechender Charta- und Konventionsrechte (siehe hierzu oben 4. Kapitel.C.V.2.b). Beispiele für Charta-Rechte mit einem weiteren Regelungsbereich

Dies betrifft beispielsweise Art. 47 Abs. 2 EGRC, der ebenso wie Art. 6 Abs. 1 EMRK das Recht auf ein faires Gerichtsverfahren regelt. Der Charta-Artikel beschränkt dieses Recht, anders als der Konventionsartikel, nicht auf Streitigkeiten über zivilrechtliche Ansprüche und Verpflichtungen und strafrechtliche Anklagen, sondern gewährt es allgemein, für alle Rechtsgebiete.[1936] Er ist insoweit gemäß Art. 52 Abs. 3 S. 2 EGRC ausnahmsweise nicht identisch wie der Konventionsartikel auszulegen.

Zum anderen können Charta-Rechte einen weiter gehenden Schutz als die entsprechenden Konventionsrechte dann gewähren, wenn die speziell[1937] für sie niedergelegten Schrankenbestimmungen enger sind. Dies ist der Fall, wenn sie weiter gehende Voraussetzungen für eine zulässige Grundrechtsbeschränkung aufstellen als die Schranken der Konventionsrechte. Solche vertikalen Schrankenbestimmungen finden sich in der Charta, wie gezeigt,[1938] jedoch nur vereinzelt. Als Beispiel kann aber die in Art. 8 Abs. 2 S. 1 EGRC speziell für das Recht auf Datenschutz kodifizierte Schranke dienen. Diese dürfte höhere Anforderungen an eine zulässige Beschränkung dieses Rechts stellen als Art. 8 Abs. 2 EMRK, der Schranke des durch die Rechtsprechung des EGMR aus Art. 8 Abs. 1 EMRK entwickelten Rechts auf Datenschutz.[1939]

Die Regelung des Art. 52 Abs. 3 EGRC belässt demzufolge dem Gemeinschaftsrecht, insbesondere aber der Charta selbst die Möglichkeit, das

---

als ähnliche Konventionsrechte sind Art. 49 Abs. 1 S. 3, Abs. 3 EGRC, die Fragen des Strafmaßes regeln, und damit über den Regelungsbereich der bloßen Gesetzmäßigkeit der Strafe nach Art. 7 EMRK hinausgehen; vgl. dazu auch die Erläuterungen zu Art. 52 EGRC (Dok. CHARTE 4473/00 CONVENT 49 v. 11.10.2000, S. 49 = EuGRZ 2000, S. 569), die diese Rechte aus der Liste sich entsprechender Charta- und Konventionsrechte ausnehmen.

1936 So schon die Erläuterungen zu Art. 47 und 52 EGRC, Dok. CHARTE 4473/00 CONVENT 49 v. 11.10.2000, S. 41, 50 = EuGRZ 2000, S. 567, 569; vgl. auch *Grabenwarter*, DVBl. 2001, S. 10; *Lemmens*, 8 MJ 1 (2001), S. 65; *Goldsmith*, CML Rev. 38 (2001), S. 1211.

1937 Dazu, dass die allgemeine Schranke des Art. 52 Abs. 1 EGRC keinen weiter gehenden Schutz (im Sinne höherer Anforderungen an eine Grundrechtsbeschränkung) als die speziellen Schrankenbestimmungen der Konventionsrechte gewährt, siehe noch eingehend unten 4. Kapitel.D.II.1.b.

1938 Siehe oben 4. Kapitel.C.III.1.

1939 Siehe auch *Lemmens*, 8 MJ 1 (2001), S. 61, der die Beschränkungsmöglichkeiten in Art. 17 Abs. 1 S. 2 EGRC hinsichtlich des Erfordernisses einer rechtzeitigen angemessenen Entschädigung für enger als im korrespondierenden Art. 1 S. 2 (1.) ZP zur EMRK hält.

Schutzniveau der Konvention, die in der dargestellten Weise nur Mindeststandards zwingend festlegt, zu übertreffen.[1940] Sie respektiert auf diese Weise die Autonomie des Gemeinschaftsrechts und der Charta gegenüber der EMRK,[1941] was für eine Vielzahl der Konventsmitglieder für die Akzeptanz der Charta von großer Bedeutung war.[1942] Konsequenz dieser Abweichungsmöglichkeit ist allerdings, dass es in den – allerdings eher wenigen – Fällen, in denen Art. 52 Abs. 3 S. 2 EGRC zur Anwendung kommt, an einer kohärenten Interpretation von Konventions- und Charta-Rechten fehlt.

c. Beispiele

Um die Rolle des Art. 52 Abs. 3 EGRC für das Zusammenspiel der Menschenrechtsschutzsysteme nach der EMRK und der Grundrechtecharta zu verdeutlichen, soll die Wirkungsweise dieses Artikels im Folgenden anhand einiger Beipiele veranschaulicht werden. Herausgegriffen werden insbesondere solche Charta-Rechte, bei denen das Schrifttum die Anwendbarkeit des Art. 52 Abs. 3 EGRC und ihre Rechtsfolgen unterschiedlich bewertet.

Die Intention der Charta-Verfasser, trotz einer knappen Formulierung der Charta eine kohärente Auslegung dieser mit der EMRK sicherzustellen, zeigt sich gut an der Regelung des Verbots der Zwangs- oder Pflichtarbeit. Dieses Verbot ist als solches in Art. 5 Abs. 2 EGRC wortgleich wie in Art. 4 Abs. 2 EMRK niedergelegt. Angesichts ihres demnach gleichen Regelungsbereichs entsprechen sich diese Rechte im Sinne von Art. 52 Abs. 3 S. 1 EGRC.[1943] Einen weiter gehenden Schutz nach Art. 52 Abs. 3 S. 2 EGRC im Sinne eines weiteren Schutzbereichs oder engerer spezieller Schranken gewährt der wörtlich das Konventionsrecht wiederholende Charta-Artikel nicht.

Rechtsfolge dessen ist nach Art. 52 Abs. 3 S. 1 EGRC, dass das Charta-Recht insgesamt wie das entsprechende Konventionsrecht zu verstehen ist, Letzteres also quasi in den Charta-Artikel „hineingelesen" wird. Die in Art. 4 Abs. 3 EMRK niedergelegten Ausnahmen bzw. „Negativdefinitionen" zum

---

1940 Dies befürwortete für einen möglichen künftigen Grundrechtskatalog für die EG bereits *Starck*, EuGRZ 1981, S. 549. Vgl. auch *Lenaerts*, E.L.Rev. 25 (2000), S. 600; *Tettinger*, NJW 2001, S. 1012.

1941 Dies betont *Vitorino*, RTDE 2001, S. 39; vgl. auch *Lemmens*, 8 MJ 1 (2001), S. 51/52 m.w.N.

1942 Siehe hierzu bereits oben 4. Kapitel.C.V.1.b, insb. Fn. 1776.

1943 Siehe hierzu bereits oben 4. Kapitel.C.V.2.c(1), insb. Fn. 1865.

Verbot der Zwangs- oder Pflichtarbeit gelten demnach auch im Rahmen der Charta, ohne dass sie im Einzelnen dort aufgeführt werden mussten.[1944]

Die auf das Schutzniveau der Charta zumeist beschränkend wirkende Anwendung des Art. 52 Abs. 3 EGRC zeigt sich deutlich am Beispiel des Verbots der Todesstrafe. Dieses ist in Art. 2 Abs. 2 EGRC in ähnlichen Worten wie in der entsprechenden Regelung des Art. 1 des Protokolls Nr. 6 zur EMRK[1945] niedergelegt. Einen weiteren Schutzbereich oder engere spezielle Schranken normiert die Charta nicht. Insbesondere kann angesichts der allgemeinen Schrankenregelung der Charta in Art. 52 Abs. 1 EGRC nicht ohne weiteres von einer schrankenlosen Gewährleistung eines Charta-Rechts, das selbst keine Schranken enthält, ausgegangen werden.

Daraus folgt, dass nach Art. 52 Abs. 3 S. 1 EGRC die in Art. 2 des sechsten Zusatzprotokolls zur EMRK vorgesehene Möglichkeit, die Todesstrafe ausnahmsweise doch in Kriegszeiten vorzusehen, auch im Rahmen der Charta besteht.[1946] Die Charta kann damit infolge der Regelungen der Art. 52 Abs. 1, 3 EGRC kein Recht im Sinne eines weiter gehenden Schutzes schrankenlos gewähren, wenn das entsprechende Konventionsrecht Beschränkungen zulässt.

Eindringlich lässt sich die Wirkungsweise des Art. 52 Abs. 3 EGRC auch am Beispiel des Rechts auf Freiheit und Sicherheit illustrieren. Dieses ist in Art. 6 EGRC in einem Satz als solches niedergelegt, während die korrespondierende Bestimmung in der EMRK, Art. 5, fünf Absätze umfasst. Da auch diese sämtlich Aspekte des Regelungsbereichs des Rechts auf Freiheit betreffen, entsprechen sich Charta- und Konventionsrecht.[1947] Ersteres gewährt ersichtlich keinen weitergehenden Schutz.

[1944] So auch die Erläuterungen zu Art. 5 EGRC, Dok. CHARTE 4473/00 CONVENT 49 v. 11.10.2000, S. 7 = EuGRZ 2000, S. 560; a.A. *Philippi*, Charta der Grundrechte, S. 43/44.

[1945] Art. 1, 2 des 6. ZP zur EMRK machen Art. 2 Abs. 1 S. 2 EMRK hinfällig, vgl. dazu *Frowein*, in: *Frowein / Peukert*, EMRK, Art. 2, Rn. 8. Siehe hierzu i.ü. bereits oben 4. Kapitel.C.V.2.c(2), insb. Fn. 1870.

[1946] So auch die Erläuterungen zu Art. 2 EGRC, Dok. CHARTE 4473/00 CONVENT 49 v. 11.10.2000, S. 4 = EuGRZ 2000, S. 559; ebenso *Grabenwarter*, DVBl. 2001, S. 3; offengelassen bei *Schmitz*, JZ 2001, S. 842; a.A. *Philippi*, Charta der Grundrechte, S. 43/44.

[1947] Siehe hierzu bereits oben 4. Kapitel.C.V.2.c(1), insb. Fn. 1867, 1868.

Infolgedessen sind gemäß Art. 52 Abs. 3 S. 1 EGRC neben der speziellen Schrankenbestimmung des Art. 5 Abs. 1 S. 2 EMRK sämtliche Präzisierungen des Rechts auf Freiheit im Falle einer Freiheitsentziehung des Art. 5 Abs. 2-5 EMRK in Art. 6 EGRC zu übertragen.[1948]

Einem weiter gehenden Verständnis des Art. 6 EGRC im Sinne einer Garantie der allgemeinen Handlungsfreiheit als Auffanggrundrecht steht die identische Interpretation des Charta-Artikels mit Art. 5 EMRK, der ein solches Recht nicht enthält, zunächst entgegen. Eine über den Schutz des Konventionsrechts hinausgehende Fortentwicklung des Charta-Artikels in diese Richtung durch die Rechtsprechung des EuGH, der die allgemeine Handlungsfreiheit im Rahmen der ungeschriebenen Gemeinschaftsgrundrechte anerkannt hatte,[1949] ist allerdings nach Art. 52 Abs. 3 S. 2 EGRC nicht ausgeschlossen.[1950]

Von einer Entsprechung eines Charta-Rechts mit einem Konventionsrecht, ohne dass Ersteres einen weiter gehenden Schutz gewährt, ist schließlich auch im Falle des Art. 13 EGRC und des Art. 10 EMRK insoweit, als dieser die Kunst- und Wissenschaftsfreiheit schützt, auszugehen.[1951] Demzufolge unterliegen diese Freiheiten nach Art. 52 Abs. 3 S. 1 EGRC auch im Rahmen der Charta den nach Art. 10 Abs. 2 EMRK zulässigen Einschränkungen.[1952]

1948 So auch die Erläuterungen zu Art. 6 EGRC, Dok. CHARTE 4473/00 CONVENT 49 v. 11.10.2000, S. 8 f. = EuGRZ 2000, S. 560; *Lalumière*, RQDI 13 (2000), S. 172; *Curtin / van Ooik*, 8 MJ 1 (2001), S. 102/103; zweifelnd *Grabenwarter*, in: *Cremer / Giegerich u.a.* (Hrsg.), Tradition und Weltoffenheit des Rechts, FS f. *Steinberger*, S. 1137/1138.

1949 Vgl. insbesondere EuGH, Verb. Rs. 133-136/85, Rau Lebensmittelwerke u.a. ./. Bundesanstalt für landwirtschaftliche Marktordnung, Urt. v. 21.05.1987, Slg. 1987, S. 2289 ff. (2338 / Rn. 15); siehe hierzu auch oben 3. Kapitel.B.II.1.a(2), insb. Fn. 810.

1950 A.A. *Schmitz*, JZ 2001, S. 837, der diese Entwicklung durch Art. 52 Abs. 3 EGRC abgeschnitten sieht; vgl. zur Maßgeblichkeit der (künftigen) ggf. weiter gehenden EuGH-Rechtsprechung im Rahmen des Art. 52 Abs. 3 S. 2 EGRC aber bereits oben 4. Kapitel.C.V.3.b.

1951 Siehe hierzu bereits oben 4. Kapitel.C.V.2.c(3), insb. Fn. 1899, 1900; ebenso *Lemmens*, 8 MJ 1 (2001), S. 60; a.A. *Lalumière*, RQDI 13 (2000), S. 173.

1952 So auch die Erläuterungen zu Art. 13 EGRC, Dok. CHARTE 4473/00 CONVENT 49 v. 11.10.2000, S. 15 = EuGRZ 2000, S. 562; *Lemmens*, 8 MJ 1 (2001), S. 60; a.A. *Schmitz*, JZ 2001, S. 842. Im übrigen dürften den Charta-Rechten, die ei-

Klassisches Beispiel für ein einem Konventionsrecht entsprechendes Charta-Recht, das einen weiter gehenden Schutz als jenes gewährt, ist Art. 9 EGRC. Dieser regelt ebenso wie Art. 12 EMRK die Rechte, eine Ehe einzugehen und eine Familie zu gründen, und entspricht diesem damit im Sinne des Art. 52 Abs. 3 S. 1 EGRC.[1953]

Sein potentieller persönlicher Anwendungsbereich, und damit sein Schutzbereich ist jedoch im Sinne von Art. 52 Abs. 3 S. 2 EGRC weiter. Er behält das Recht, eine Familie zu gründen, anders als der Konventionsartikel nicht Männern und Frauen vor, sondern ermöglicht es einzelstaatlichen Gesetzen, beispielsweise auch Verbindungen von Personen gleichen Geschlechts zur Gründung einer Familie anzuerkennen.[1954] Der Schutzbereich des Charta-Artikels wird nach Art. 52 Abs. 3 S. 2 EGRC – anders als im Rahmen des Art. 52 Abs. 2 EGRC – nicht auf die Reichweite des Konventionsartikels „zurückgeschnitten".

Dasselbe gilt für die Art. 20, 21 Abs. 1 und 23 EGRC, deren Regelungsbereich dem des Art. 14 EMRK entspricht. Der allgemeine Gleichheitssatz des Art. 20 EGRC sowie die speziellen Gleichheitssätze der Art. 21 Abs. 1 und 23 EGRC gewähren jedoch einen weiter gehenden Schutz als der Konventionsartikel.[1955] Dieser sieht ein Diskriminierungsverbot lediglich hinsichtlich der Gewährung der in der Konvention selbst niedergelegten Rechte vor.[1956] Insoweit ist der Schutzbereich der Charta-Rechte nach Art. 52 Abs. 3 S. 2 EGRC nicht identisch mit demjenigen des entsprechenden Konventionsrechts zu interpretieren.

---

nem Konventionsrecht entsprechen und keinen weiter gehenden Schutz gewähren, die Rechte aus Art. 2 Abs. 1, 4, 5 Abs. 1, 7, 10 Abs. 1, 11 Abs. 1 und 2, 14 Abs. 3 HS. 2, 17, 19 Abs. 2, 22, 39 Abs. 2, 48 Abs. 1 und 2, 49 Abs. 1 S. 1, 2, Abs. 2 EGRC zugehören, so – mit Ausnahme der Art. 14 Abs. 3 HS 2, 22, 39 Abs. 2 EGRC – auch die Erläuterungen zu Art. 52 EGRC, Dok. CHARTE 4473/00 CONVENT 49 v. 11.10.2000, S. 49 = EuGRZ 2000, S. 569.

[1953] Siehe bereits oben 4. Kapitel.C.V.2.c(2), insb. bei Fn. 1872.

[1954] So auch die Erläuterungen zu Art. 9 und 52 EGRC, Dok. CHARTE 4473/00 CONVENT 49 v. 11.10.2000, S. 12, 49 = EuGRZ 2000, S. 561, 569; *Goldsmith*, CML Rev. 38 (2001), S. 1211/1212; *Vitorino*, RTDE 2001, S. 40 (dort Fn. 26); *Lemmens*, 8 MJ 1 (2001), S. 58.

[1955] So auch *Lemmens*, 8 MJ 1 (2001), S. 62-63.

[1956] Vgl. dazu z.B. *Peukert*, in: *Frowein / Peukert*, EMRK, Art. 14, Rn. 3 m.w.N.

Schließlich garantieren nicht selten diejenigen Charta-Rechte einen weiter gehenden Schutz, welche Rechte kodifizieren, die im Rahmen anders lautender EMRK-Rechte durch die Rechtsprechung des EGMR mit geschützt sind. So entspricht beispielsweise das Recht auf Datenschutz des Art. 8 EGRC insoweit dem Recht auf Achtung des Privatlebens aus Art. 8 EMRK, als der EGMR hieraus eine Garantie auch des Datenschutzes entwickelt hat.[1957] Jedoch ist dieses Recht durch die Rechtsprechung des EGMR nur einzelfallbezogen und damit in seinem Schutzbereich tendenziell enger gewährleistet. Darüber hinaus stellt die spezielle Schranke des Art. 8 Abs. 2 EGRC[1958] höhere Anforderungen an eine Einschränkung. Daher garantiert der Charta-Artikel einen weiter gehenden, nach Art. 52 Abs. 3 S. 2 EGRC aufrecht zu erhaltenden Schutz als das entsprechende Konventionsrecht.[1959]

4. Ergebnis und Ausblick

Den erklärten, teils gegenläufigen Zielen, eine kohärente Auslegung der Charta mit der EMRK sicherzustellen, dabei aber die Autonomie der Charta zu wahren, ist der Konvent durch die Bestimmung des Art. 52 Abs. 3 EGRC bestmöglich gerecht geworden. Diese durchaus kreative Regelung findet soweit ersichtlich keine Vorbilder in anderen Menschenrechtskatalogen. Sie gewährleistet durch die grundsätzliche Anordnung einer identischen Interpretation der Konventionsrechte (in ihrer Auslegung durch den EGMR) und der diesen entsprechenden Charta-Rechte (vgl. Art. 52 Abs. 3 S. 1 EGRC) einen einheitlichen Grundrechtsschutz in Europa.[1960] Sie – und wie gezeigt nicht Art. 53 EGRC – garantiert, dass das Schutzniveau der EMRK im Anwendungsbereich der Gemeinschaftsgrundrechte nicht unterschritten wird.[1961]

1957 Siehe hierzu bereits oben 4. Kapitel.C.V.2.c(3), insb. Fn. 1892.

1958 Siehe hierzu oben 4. Kapitel.C.V.3.b.

1959 So i.E. auch *Lalumière*, RQDI 13 (2000), S. 173; *Lemmens*, 8 MJ 1 (2001), S. 57/58. Einen weiter gehenden Schutz im Sinne des Art. 52 Abs. 3 S. 2 EGRC dürften unter diesem Aspekt auch die Rechte aus Art. 3, 5 Abs. 3, 28 und 47 Abs. 3 EGRC gewähren; zustimmend hinsichtlich Art. 3 EGRC *Lalumière*, RQDI 13 (2000), S. 173; *Lemmens*, 8 MJ 1 (2001), S. 56. Außerdem unterfallen dem Anwendungsbereich des Art. 52 Abs. 3 S. 2 EGRC Art. 12 Abs. 1, 14 Abs. 1 und 2 sowie 47 Abs. 1, 2 EGRC, vgl. hierzu im Einzelnen die Erläuterungen zu Art. 52 EGRC, Dok. CHARTE 4473/00 CONVENT 49 v. 11.10.2000, S. 49 f. = EuGRZ 2000, S. 569.

1960 So auch *Lemmens*, 8 MJ 1 (2001), S. 67.

1961 Siehe bereits oben 4. Kapitel.B.IV.4, insb. Fn. 1657-1662, sowie *Bering Liisberg*, CML Rev. 38 (2001), S. 1179, 1180, 1181; *Beutler*, in: *Beutler / Bieber u.a.*, EU, Kap. 10.1.4.4., Rn. 663; a.A. *Griller*, in: *Duschanek / Griller* (Hrsg.), Grundrechte für Europa, S. 152.

Der Artikel ist deshalb die zentrale Norm zur Standortbestimmung der Charta im System des existierenden internationalen Grundrechtsschutzes.[1962]

Die Regelungstechnik des Art. 52 Abs. 3 EGRC hat nicht nur eine im Verhältnis zu ihren Rechtsquellen in der Konvention knappere und modernere Fassung von Rechten in der Charta ermöglicht. Sie hat der Charta in ihrer Auslegung durch den EuGH auch die Festschreibung eines über den Standard der EMRK hinausgehenden Schutzes erlaubt (Art. 52 Abs. 3 S. 2). So wahrt sie trotz der sehr starken Anlehnung an die EMRK die Autonomie der Charta und des Gemeinschaftsrechts insgesamt.[1963] Zwar fehlt es in diesem wohl eher kleinen Bereich an einem identischen Menschenrechtsschutz in Europa. Dies ist der Alternative der Normierung eines niedrigeren Schutzniveaus jedoch vorzuziehen, zumal da eine Angleichung an diesen Standard durch eine Fortentwicklung der Rechtsprechung des traditionell einem eher hohen Schutzniveau verschriebenen EGMR nicht unwahrscheinlich erscheint.

Der Europarat, insbesondere die von ihm in den Konvent entsandten Beobachter, haben demgemäß die Regelung des Verhältnisses der EMRK zur Charta in Art. 52 Abs. 3 EGRC als zufriedenstellend bezeichnet.[1964] Durch diese bestätigt die Charta nicht nur den bisherigen Status der EMRK im Gemeinschaftsrecht als wichtige Rechtserkenntnisquelle der Gemeinschaftsgrundrechte.[1965] Sie dokumentiert, dass sie sich als Teil des internationalen Menschenrechtsregimes versteht.[1966]

1962 Dies betonen auch *Grabenwarter*, DVBl. 2001, S. 2; *Mahrenholz*, JöR 49 (2001), S. 26/27; *Callewaert*, EuGRZ 2003, S. 200.

1963 So auch *Lalumière*, RQDI 13 (2000), S. 175; *Braibant*, RUDH 2000, S. 69; *Dutheil de la Rochère*, RMC 2000, S. 679; *dies.*, Regards sur l'actualité 2001, S. 10; *Vitorino*, RTDE 2001, S. 39; *Jacqué*, in: *Bieber / Boillat u.a.*, Grundrechtsschutz in Europa, S. 80; kritisch *Pache*, EuR 2001, S. 489.

1964 *Fischbach* und *Krüger*, Dok. CHARTE 4961/00 CONTRIB 356 v. 13.11.2000, S. 2-4; sowie Resolution 1228 (2000) der Parlamentarischen Versammlung des Europarates v. 29.09.2000 zur Charta der Grundrechte der Europäischen Union, S. 1 ff.; *Krüger / Polakiewicz*, EuGRZ 2001, S. 99; *Fischbach*, in *Heusel* (Hrsg.), Grundrechtecharta und Verfassungsentwicklung in der EU, S. 126; *Callewaert*, in *Heusel* (Hrsg.), Grundrechtecharta und Verfassungsentwicklung in der EU, S. 129 f.; *ders.*, EuGRZ 2003, S. 198/199, 201; vgl. dazu auch *Lemmens*, 8 MJ 1 (2001), S. 51, 53, 67; zustimmend *Vitorino*, RTDE 2001, S. 40; *Busse*, ThürVBl. 2001, S. 78/79.

1965 So *Dutheil de la Rochère*, RMC 2000, S. 679; *dies.*, Regards sur l'actualité 2001, S. 10; *Jacqué*, in: *Bieber / Boillat u.a.*, Grundrechtsschutz in Europa, S. 79-81; *Lenaerts / de*

Sie führt darüber hinaus zu einer signifikanten Steigerung der Bedeutung der EMRK für die Grundrechte auf Gemeinschaftsebene, indem sie die Konvention einschließlich der dazu ergangenen Rechtsprechung des EGMR grundsätzlich in die entsprechenden Charta-Rechte „hineinliest". Sie macht die Konvention so zu *dem* zwingend zu beachtenden Auslegungsstandard der Charta. Dies kann insbesondere in den Fällen zu einem höheren als dem bisher vom EuGH im Rahmen seiner Rechtsprechung zu den ungeschriebenen Gemeinschaftsgrundrechten angenommenen Schutzniveau führen, in denen der EuGH von der (meist späteren) Rechtsprechung des EGMR zuungunsten der Grundrechtsträger abgewichen ist.[1967]

Trotz dieser materiell-rechtlichen Quasi-Inkorporation der EMRK ins Gemeinschaftsrecht bleibt die Möglichkeit von Rechtsprechungsdivergenzen zwischen EuGH und EGMR jedoch bestehen.[1968] Zwar muss sich der EuGH künftig zwingend, nicht lediglich als eine von mehreren Rechtserkenntnisquellen, an der Rechtsprechung des Gerichtshofs für Menschenrechte ausrichten. Dennoch bleibt er für die Auslegung der Konventionsrechten entsprechenden Artikel der Charta, die als eigenes Dokument naturgemäß ihre eigene Dynamik entfalten wird, allein zuständig. Einen Mechanismus zur Überprüfung, ob der EuGH bei der Anwendung der Charta die EMRK im dargelegten Sinne berücksichtigt, gibt es nicht.[1969]

Insbesondere in den Bereichen, in denen noch keine Rechtsprechung des EGMR existiert, ist die Gefahr einer von der späteren Bewertung dieses

---

Smijter, CML Rev. 38 (2001), S. 296/297; *Lemmens*, 8 MJ 1 (2001), S. 67; *Griller*, in: *Duschanek / Griller* (Hrsg.), Grundrechte für Europa, S. 157; *Schaller*, EU-Mitgliedstaaten als Verpflichtungsadressaten der Gemeinschaftsgrundrechte, S. 209.

1966 Vgl. zu Letzterem auch *Falke*, in: *Bremische Bürgerschaft* (Hrsg.), Charta der Grundrechte, S. 46/47.

1967 Siehe hierzu bereits oben 1. Kapitel.C.II.1, insb. bei Fn. 179 ff.; ähnlich *Beutler*, in: *Beutler / Bieber u.a.*, EU, Kap. 10.1.4.4., Rn. 663; *Callewaert*, EuGRZ 2003, S. 200; *Rengeling / Szczekalla*, Grundrechte in der EU, § 3 C, Rn. 226-228; *Wildhaber / Callewaert*, in: *Colneric u.a.* (Hrsg.), Une communauté de droit, FS f. Rodríguez Iglesias, S. 72-74.

1968 Hierüber besteht Einigkeit, vgl. nur *Limbach*, Grundrechtsschutz in der Europäischen Union, S. 18/19; *Wathelet*, CDE 2000, S. 590; *Lalumière*, RQDI 13 (2000), S. 184; *Engel*, ZUM 2000, S. 993; *Mahlmann*, ZEuS 2000, S. 442; *Dutheil de la Rochère*, RMC 2000, S. 679; *dies.*, Regards sur l'actualité 2001, S. 10; *Krüger / Polakiewicz*, EuGRZ 2001, S. 99; *Jacqué*, in: *Bieber / Boillat u.a.*, Grundrechtsschutz in Europa, S. 80; *Pache*, EuZW 2001, S. 351.

1969 Dies betont auch *Lemmens*, 8 MJ 1 (2001), S. 67.

Gerichts abweichenden Beurteilung des Schutzumfangs gleicher Rechte durch Art. 52 Abs. 3 EGRC nicht ausgeräumt.[1970] Erfordernis und Möglichkeiten der Neuregelung des institutionellen Verhältnisses von EuGH und EGMR, die vom Mandat des Grundrechtskonvents nicht erfasst waren,[1971] sollen deshalb im folgenden fünften Kapitel noch erörtert werden.

Nicht zuletzt wegen seines Kompromisscharakters weist Art. 52 Abs. 3 EGRC allerdings zwei unübersehbare Schwächen auf. Zum einen stößt speziell die Übernahme der vertikalen Schranken aus der EMRK in die Charta auf Bedenken. Dies führt zum Fehlen einer einheitlichen Schrankensystematik, da wie gezeigt nur ein Teil der Charta-Rechte ein Pendant in der Konvention findet, die Charta-Garantien folglich nur teilweise vertikale Schranken erhalten.[1972] Zudem trifft die Charta, ebenso wie schon durch die Normierung einer allgemeinen Schrankenbestimmung, keine eigenen, gemeinschaftsspezifischen Entscheidungen über die Beschränkbarkeit der Grundrechte auf Gemeinschaftsebene. Vielmehr übernimmt sie diesbezügliche, fünfzig Jahre alte verfassungspolitische Entscheidungen einer anderen Institution *en bloc*.[1973] Schließlich ist zweifelhaft, ob die im Rahmen der EMRK als Auffang-Grundrechtsordnung konzipierten Schranken der Struktur und den Zielen der Gemeinschaft gerecht werden.[1974]

Zum anderen läuft die Bestimmung des Art. 52 Abs. 3 EGRC der im Mandat von Köln[1975] betonten, im Konvent immer wieder bekräftigten Sichtbarkeit des Schutzumfangs der Grundrechte zuwider.[1976] Zwar besteht im juristischen Schrifttum im Wesentlichen Einigkeit darüber, dass Art. 52 Abs. 3 EGRC zumindest die Übertragung der Schranken der EMRK-Rechte in die korrespondierenden Charta-Bestimmungen bewirkt.[1977] Einem unbe-

---

[1970] Vgl. dazu *Weber*, GYIL 43 (2000), S. 115; *Lemmens*, 8 MJ 1 (2001), S. 67.

[1971] So *Jacqué*, in: *Bieber / Boillat u.a.*, Grundrechtsschutz in Europa, S. 81; i.E. auch *Krüger / Polakiewicz*, EuGRZ 2001, S. 93.

[1972] Ebenso *Magiera*, DÖV 2000, S. 1026; *Schmitz*, JZ 2001, S. 839.

[1973] *Schmitz*, JZ 2001, S. 839; ähnlich *Pache*, EuR 2001, S. 489.

[1974] *Sporn*, ZUM 2000, S. 544; *Schmitz*, JZ 2001, S. 839; vgl. hierzu auch *Rengeling*, in: *Ipsen / Schmidt-Jortzig* (Hrsg.), Recht – Staat – Gemeinwohl, FS f. *Rauschning*, S. 230; siehe zur Problematik bereits *Preuß*, KJ 31 (1998), S. 8; *Triantafyllou*, Vom Vertrags- zum Gesetzesvorbehalt, S. 172/173.

[1975] Europäischer Rat (Köln), Anhang IV zu den Schlussfolgerungen des Vorsitzes, Bull. EU 6-1999, S. 39 = EuGRZ 1999, S. 364.

[1976] Kritisch auch *Schmitz*, JZ 2001, S. 839; *Pache*, EuR 2001, S. 489/490.

[1977] Siehe hierzu oben 4. Kapitel.C.V.3.a, insb. die Nachweise in Fn. 1916.

fangenen Leser dürfte dies hingegen, insbesondere wenn er die unverbindlichen Erläuterungen des Präsidiums zum Charta-Text nicht heranzieht, kaum erkenntlich sein. Das für das Schutzniveau eines Grundrechtskataloges entscheidende Ausmaß der Beschränkungsmöglichkeiten der Grundrechte bleibt dem Bürger als Adressaten der Charta damit verborgen.[1978]

D. Das Verhältnis der Regelungen zur Tragweite in der Grundrechtecharta zueinander

I. Überblick

Die vorstehende Analyse der Normen der Grundrechtecharta zu ihrer Tragweite *ratione materiae* illustriert, dass sich die Charta einer Vielzahl verschiedener Bestimmungen bedient, um die Reichweite ihrer materiellrechtlichen Garantien im Einzelnen abzustecken. Diese Normen sind teils allgemeiner, teils spezieller Natur, und legen teils nur Grundrechtsschranken, teils hingegen den Inhalt des Grundrechts insgesamt fest.

Abhängig von ihren Rechtsquellen und ihrer konkreten Ausgestaltung können bei einzelnen Charta-Grundrechten deshalb mehrere unterschiedliche, potentiell anwendbare Regelungen zu ihrer Tragweite zusammentreffen. In Betracht kommen zunächst die allgemeine Schrankenbestimmung des Art. 52 Abs. 1 EGRC und die speziellen Schrankenbestimmungen in einzelnen Charta-Rechten. Zudem kommen die beiden Konformitätsklauseln in Art. 52 Abs. 2 und 3 EGRC sowie sonstige vertikale Regelungen zur Tragweite bestimmter Charta-Garantien, die wie die Konformitätsklauseln die Reichweite der jeweiligen Grundrechte insgesamt betreffen, in Frage. Schließlich kann nach Ansicht nicht weniger die Regelung der Charta zum Schutzniveau in Art. 53 EGRC Auswirkungen auf die gesamte Tragweite eines Charta-Rechts haben.[1979]

Die folgenden Ausführungen widmen sich zum einen den Konkurrenzen zwischen den genannten Bestimmungen zur Tragweite der Charta-Garantien. Sie gehen der Frage nach, inwieweit diese Bestimmungen nebeneinander zur Anwendung kommen bzw. in einem Spezialitätsverhältnis zueinander stehen, so dass die Anwendung der jeweils allgemeineren Norm ausge-

---

1978 So auch *Sporn*, ZUM 2000, S. 544; *Curtin / van Ooik*, 8 MJ 1 (2001), S. 102/103; *Schmitz*, JZ 2001, S. 839; *Pache*, EuR 2001, S. 489/490; grundsätzlich zur Problematik bereits *Triantafyllou*, Vom Vertrags- zum Gesetzesvorbehalt, S. 173.

1979 Siehe dazu eingehend oben 4. Kapitel.B.IV.

schlossen ist. Hierdurch soll das Verhältnis der verschiedenen Bestimmungen zueinander für die sog. zweipoligen Grundrechtsverhältnisse, in denen es um die Reichweite des Grundrechtsschutzes für einen Berechtigten gegenüber dem grundrechtsverpflichteten Träger von Hoheitsgewalt geht, geklärt werden (II.). Sodann sollen die Auswirkungen der Regelungen zur Tragweite für sog. mehrpolige Grundrechtsverhältnisse, in denen grundrechtliche Ansprüche verschiedener Grundrechtsträger gegenüber dem Grundrechtsadressaten kollidieren, dargestellt werden (III.).

II. Anwendbare Bestimmungen in zweipoligen Grundrechtsverhältnissen

In den sog. zweipoligen Grundrechtsverhältnissen, in denen lediglich ein einzelner Grundrechtsträger dem Grundrechtsverpflichteten gegenübertritt,[1980] steht der Umfang des jenem durch ein bestimmtes Grundrecht gewährten Schutzes in Frage. Im Rahmen dieses Grundrechts können dabei mehrere der o.g. verschiedenen Regelungen zur Tragweite der einzelnen Charta-Garantien zusammentreffen. Das Verhältnis der so konkurrierenden Regelungen zueinander ist nach ihrem jeweiligen Wesen und Zweck, wie im Folgenden ausgeführt, zu bestimmen.

1. Die allgemeine Schrankenbestimmung (Art. 52 Abs. 1 EGRC)

a. Das Verhältnis zu Art. 52 Abs. 2 EGRC

Wie bereits im Konvent kritisiert, legen der Wortlaut und die systematische Stellung innerhalb des Art. 52 EGRC das Verhältnis der Regelungen im ersten und zweiten Absatz dieses Artikels zueinander nicht eindeutig fest.[1981] Prinzipiell ist eine kumulative Geltung verschiedener Schrankenbestimmungen denkbar.[1982] Artikel 52 Abs. 2 der Charta enthält jedoch, im Gegensatz zu dem grundsätzlich für alle Charta-Garantien geltenden Art. 52 Abs. 1 EGRC,

1980 Vgl. zur Begriffsdefinition z.B. *Krüger / Polakiewicz*, EuGRZ 2001, S. 99; *Grabenwarter*, in: *Cremer / Giegerich u.a.* (Hrsg.), Tradition und Weltoffenheit des Rechts, FS f. *Steinberger*, S. 1140.

1981 Siehe z.B. zur Vorfassung in Art. 45 EGRC (Dok. CHARTE SN/3340/00 v. 29.06.2000, S. 2) *Korthals Altes*, in: *Bernsdorff / Borowsky* (Hrsg.), Charta der Grundrechte der EU, S. 300 (Sitzung vom 28.-30.06.2000); kritisch zur Reihenfolge der Absätze in Art. 52 EGRC auch *Grabenwarter*, in: *Cremer / Giegerich u.a.* (Hrsg.), Tradition und Weltoffenheit des Rechts, FS f. *Steinberger*, S. 1138 (dort Fn. 36).

1982 Für eine solche plädiert hier *Philippi*, Charta der Grundrechte, S. 42.

eine nur auf die im EG-Vertrag begründeten Charta-Rechte anwendbare (u.a. Schranken-) Bestimmung. Sinn und Zweck dieser Sonderregelung ist, wie ausgeführt,[1983] Divergenzen zwischen den im EG-Vertrag begündeten Rechten und entsprechenden Rechten in der Charta durch ein identisches Verständnis der jeweiligen Rechte zu verhindern. Dies wäre bei der Anwendung weiterer Schrankenbestimmungen ausgeschlossen. Art. 52 Abs. 2 EGRC geht der Regelung des Art. 52 Abs. 1 EGRC daher nach dem Grundsatz *lex specialis derogat legi generali* als speziell vor.[1984]

Der Vorrang des Art. 52 Abs. 2 EGRC vor Art. 52 Abs. 1 EGRC greift naturgemäß nur insoweit ein, als die erstgenannte Vorschrift anwendbar ist. Wie dargelegt, muss ihre Geltung in restriktiver Interpretation auf Charta-Rechte, die im EG-Vertrag selbst kodifizierten Rechten entsprechen, beschränkt bleiben. Sie ist auf lediglich sekundärrechtlich begründete *Rechte* nicht anwendbar. [1985] Anderes gilt hingegen, wenn die korrespondierenden Rechte im EG-Vertrag sekundärrechtliche *Beschränkungen* des betreffenden Rechts zulassen. In diesem Fall folgt aus der Anordnung des Art. 52 Abs. 2 EGRC, die Charta-Rechte im Rahmen der im EG-Vertrag festgelegten Bedingungen und Grenzen auszuüben, dass diese Beschränkungen ebenfalls nur die im EG-Vertrag vorgesehenen Voraussetzungen erfüllen müssen.[1986] In diesem Rahmen kann die Spezialität des Art. 52 Abs. 2 EGRC gegenüber Art. 52 Abs. 1 EGRC folglich bewirken, dass erstgenannte Vorschrift sich auch auf Sekundärrecht bezieht, das dadurch insbesondere von den Schranken-Schranken des Art. 52 Abs. 1 EGRC ausgenommen ist.[1987] Dies dürfte im Ergebnis jedoch nicht zu einer Verringerung des Schutzniveaus der in Charta und EG-Vertrag niedergelegten Rechte führen. Anstelle der allgemeinen Schrankenbestimmung des Art. 52 Abs. 1 EGRC kommen nämlich die je-

---

1983 Siehe oben 4. Kapitel.C.IV.1, 4. Kapitel.C.IV.3.a.

1984 So auch ganz überwiegend die Lehre, vgl. *Grabenwarter*, DVBl. 2001, S. 2; *ders.*, in: *Cremer / Giegerich u.a.* (Hrsg.), Tradition und Weltoffenheit des Rechts, FS f. *Steinberger*, S. 1139; *Calliess*, EuZW 2001, S. 264; *ders.*, in: *Ehlers* (Hrsg.), Europäische Grundrechte und Grundfreiheiten, § 19 II 2, Rn. 16; *Schmitz*, JZ 2001, S. 838; *Griller*, in: *Duschanek / Griller* (Hrsg.), Grundrechte für Europa, S. 146; *Callewaert*, in *Heusel* (Hrsg.), Grundrechtecharta und Verfassungsentwicklung in der EU, S. 130; *Rengeling / Szczekalla*, Grundrechte in der EU, § 7 A, Rn. 439; wohl ebenso *Vitorino*, RTDE 2001, S. 47/48.

1985 Siehe hierzu oben 4. Kapitel.C.IV.2, 4.

1986 So i.E. auch *Lenaerts / de Smijter*, CML Rev. 38 (2001), S. 285 (dort Fn. 68); *Griller*, in: *Duschanek / Griller* (Hrsg.), Grundrechte für Europa, S. 146.

1987 Siehe die Nachweise in Fn. 1986.

weils in der Rechtsprechung des EuGH zu den vertraglich möglichen Beschränkungen entwickelten Schranken-Schranken zum Tragen.[1988]

Diese Auswirkungen des Vorrangs des Art. 52 Abs. 2 EGRC vor Art. 52 Abs. 1 lassen sich am Beispiel des in Art. 18 EG begründeten, in Art. 45 Abs. 1 EGRC anerkannten Freizügigkeitsrechts illustrieren.[1989] Das Charta-Recht ist gemäß Art. 52 Abs. 2 EGRC im Rahmen der im EG-Vertrag festgelegten Bedingungen und Grenzen auszuüben. Demzufolge gilt es wie Art. 18 Abs. 1 EG[1990] nur vorbehaltlich der (im EG-Vertrag und) in den Durchführungsbestimmungen vorgesehenen Beschränkungen und Bedingungen. Die danach grundsätzlich zulässigen Einschränkungen der Freizügigkeit durch sekundärrechtliche Maßnahmen müssen entsprechend der in der Rechtsprechung des EuGH zu den Grundfreiheiten entwickelten Voraussetzungen insbesondere den Grundsatz der Verhältnismäßigkeit wahren.[1991]

b. Das Verhältnis zu Art. 52 Abs. 3 EGRC

Parallel zu ihrem Verhältnis zur Konformitätsklausel des Art. 52 Abs. 2 EGRC ist auch die Beziehung der allgemeinen Schrankenbestimmung des Art. 52 Abs. 1 EGRC zur weiteren Konformitätsklausel in Art. 52 Abs. 3 EGRC zu bestimmen. Der Wortlaut und die systematische Stellung innerhalb des Art. 52 EGRC geben hier ebenso wenig wie dort[1992] Aufschluss darüber, ob die in den Artikeln jeweils (mit) enthaltenen Schrankenbestimmungen nebeneinander anwendbar sind oder in einem Spezialitätsverhältnis zueinander stehen.

Ebenso wie Art. 52 Abs. 2 der Charta stellt Absatz 3 dieses Artikels die von ihm erfassten Charta-Rechte unter spezielle, zwischen den verschiedenen Grundrechten differenzierende Schranken. Auch er dient dem Zweck, eine identische Auslegung der Charta-Rechte mit diesen entsprechenden Rechten,

---

1988 Vgl. die Nachweise in Fn. 1986.

1989 Siehe zur Geltung des Art. 52 Abs. 2 EGRC für Art. 45 Abs. 1 EGRC bereits oben 4. Kapitel.C.IV.2.c.

1990 Die Ausübungserleichterungsvorschriften nach Art. 18 Abs. 2 HS 1 EG ermöglichen hingegen keine Beschränkungen der Freizügigkeit (vgl. *Kluth*, in: *Calliess / Ruffert* (Hrsg.), EUV/EGV, Art. 18 EGV, Rn. 15) und können deshalb nicht in ein Konkurrenzverhältnis zu den Schranken des Art. 52 Abs. 1 EGRC treten.

1991 So auch *Scheuing*, EuR 2003, S. 787/788; vgl. zu Art. 18 EG *Kluth*, in: *Calliess / Ruffert* (Hrsg.), EUV/EGV, Art. 18 EGV, Rn. 13 f. m.w.N.

1992 Siehe soeben 4. Kapitel.D.II.1.a.

hier aus der EMRK, sicherzustellen.[1993] Dies kann nur durch die alleinige Anwendung der in den Konventionsrechten normierten speziellen Schranken, nicht hingegen durch die zusätzliche Anwendung der in Art. 52 Abs. 1 EGRC niedergelegten allgemeinen Schranke erfolgen. Folglich ist Art. 52 Abs. 3 wie Abs. 2 der Charta als spezielle, die Anwendung des Art. 52 Abs. 1 EGRC ausschließende Regelung zu betrachten.[1994]

Dem kann nicht entgegengehalten werden, dass es Art. 52 Abs. 3 S. 2 EGRC ausdrücklich zulässt, dass die Charta, und damit auch ihre allgemeine Schrankenbestimmung in Art. 52 Abs. 1, einen weiter gehenden Schutz als den durch die Konventionsrechte garantierten gewähren kann. Entsprechend den Einschätzungen aus der Mitte des Konvents muss nämlich davon ausgegangen werden, dass die aus der EMRK zu entnehmenden speziellen Schranken ein mindestens ebenso hohes grundrechtliches Schutzniveau durch mindestens ebenso strenge Anforderungen an eine Grundrechtsbeschränkung festschreiben wie Art. 52 Abs. 1 EGRC.[1995]

Zwar bestimmt Art. 52 Abs. 1 EGRC – der zahlreiche Elemente insbesondere aus den in den jeweiligen Absätzen 2 der Artikel 8-11 EMRK normierten Schrankenregelungen übernimmt[1996] – entgegen Letzteren ausdrücklich, dass eine Einschränkung der Ausübung der Charta-Rechte den Wesensgehalt dieser Rechte achten muss. Dieser der Rechtsprechung des EuGH zu den ungeschriebenen Gemeinschaftsgrundrechten entnommenen Schranken-Schranke kommt jedoch keine über die auch im Rahmen der

---

1993 Siehe hierzu eingehend oben 4. Kapitel.C.V.1.b, 3.a, 4.

1994 So auch die überwiegend vertretene Ansicht im Schrifttum, vgl. z.B. *Holoubek*, zitiert bei *Szczekalla*, DVBl. 2001, S. 346; *Grabenwarter*, DVBl. 2001, S. 2; *ders.*, in: *Cremer / Giegerich u.a.* (Hrsg.), Tradition und Weltoffenheit des Rechts, FS f. *Steinberger*, S. 1138/1139; *Calliess*, EuZW 2001, S. 264; *ders.*, in: *Ehlers* (Hrsg.), Europäische Grundrechte und Grundfreiheiten, § 19 II 2, Rn. 16; *Schmitz*, JZ 2001, S. 838, 839, 842; *Callewaert*, in *Heusel* (Hrsg.), Grundrechtecharta und Verfassungsentwicklung in der EU, S. 130; *Rengeling / Szczekalla*, Grundrechte in der EU, § 7 A, Rn. 439; wohl ebenso *Vitorino*, RTDE 2001, S. 47/48; a.A. *Lenaerts / de Smijter*, CML Rev. 38 (2001), S. 293, der von einer kumulativen Anwendbarkeit der Schrankenbestimmungen aus Art. 52 Abs. 1 und 3 EGRC ausgeht.

1995 Eingehend hierzu *Vitorino*, RTDE 2001, S. 48; ebenso *Grabenwarter*, in: *Cremer / Giegerich u.a.* (Hrsg.), Tradition und Weltoffenheit des Rechts, FS f. *Steinberger*, S. 1138.

1996 Konkret gilt dies für den Gesetzesvorbehalt (vgl. 4. Kapitel.B.II.2.a), sowie die Anforderungen, dass Einschränkungen den Erfordernissen des Schutzes der Rechte und Freiheiten anderer entsprechen müssen (vgl. 4. Kapitel.B.II.2.c(1)), und dass eine Einschränkung notwendig, d.h. u.a. verhältnismäßig sein muss (vgl. 4. Kapitel.B.III.2).

Konvention zu erfüllende Voraussetzung der Verhältnismäßigkeit hinausgehende eigenständige Bedeutung zu.[1997]

Darüber hinaus ist die Anforderung, dass Grundrechtsbeschränkungen den von der Union anerkannten, dem Gemeinwohl dienenden Zielsetzungen entsprechen müssen (sog. gemeinschaftsspezifische Schranke),[1998] allein in Art. 52 Abs. 1 EGRC enthalten. Diese Schranke dürfte in ihrer Allgemeinheit jedoch eher weiter sein als die in den Schrankenbestimmungen der Konventionsrechte enumerativ aufgeführten zulässigen Eingriffszwecke.

c. Das Verhältnis zu speziellen Regelungen der Tragweite in einzelnen Charta-Rechten

Wie gezeigt, enthalten einzelne Grundrechte der Charta spezielle Regelungen zu ihrer Tragweite. Dies können zum einen auf das jeweilige Grundrecht zugeschnittene vertikale Schrankenbestimmungen sein.[1999] Zum anderen gelten bei der Gewährung eines Charta-Grundrechts nach den einzelstaatlichen Gesetzen oder Gepflogenheiten, nach dem Gemeinschaftsrecht oder nach Maßgabe bestimmter völkerrechtlicher Verträge die in diesen Normkomklexen normierten Schutzbereichs- und Schrankenregelungen auch für die betreffende Garantie in der Charta.[2000] Soweit diese die Tragweite des jeweiligen Charta-Rechts bestimmenden Regelungen Voraussetzungen für eine zulässige Beschränkung des betreffenden Grundrechts aufstellen, konkurrieren sie mit der allgemeinen Schrankenbestimmung des Art. 52 Abs. 1 EGRC.

Zunächst zu den speziellen Grundrechtsschranken, die ausdrücklich in einzelnen Rechten der Charta niedergelegt sind und besondere Anforderungen an eine Beschränkung dieses Rechts stellen. Bei diesen ist nach Sinn und Zweck einer solchen Regelung davon auszugehen, dass sie der allgemeinen horizontalen Schranke des Art. 52 Abs. 1 EGRC vorgehen, soweit sie die in dieser genannten Voraussetzungen präzisieren oder modifizieren.[2001]

1997 Siehe eingehend hierzu oben 4. Kapitel.B.III.3.; ebenso *Grabenwarter*, in: *Cremer / Giegerich u.a.* (Hrsg.), Tradition und Weltoffenheit des Rechts, FS f. *Steinberger*, S. 1138.

1998 Siehe dazu oben 4. Kapitel.B.II.2.b.

1999 Siehe oben 4. Kapitel.C.III.1.

2000 Siehe hierzu mit zahlreichen Beispielen oben 4. Kapitel.C.III.

2001 Wie hier *Grabenwarter*, in: *Cremer / Giegerich u.a.* (Hrsg.), Tradition und Weltoffenheit des Rechts, FS f. *Steinberger*, S. 1139. Anders wohl noch *Grabenwarter*, DVBl. 2001, S. 3, der hier stets von „*'doppelten Schranken'*" ausgeht; ebenso *Calliess*, EuZW 2001,

So sind beispielsweise in Art. 17 Abs. 1 S. 2 EGRC die Bedingungen, die ein zum Eigentumsentzug ermächtigendes Gesetz zu erfüllen hat, um den Gemeinwohlzielen der Union zu entsprechen und verhältnismäßig zu sein, insgesamt enger als in Art. 52 Abs. 1 EGRC ausgestaltet. Deshalb kommt allein die vertikale Grundrechtsschranke zur Anwendung. Hingegen modifiziert die vertikale Schrankenbestimmung in Art. 8 Abs. 2 S. 1 EGRC wohl lediglich die Schrankenebene des Art. 52 Abs. 1 EGRC. Daher sind die Schranken-Schranken der Verhältnismäßigkeit und der Achtung des Wesensgehalts nach Art. 52 Abs. 1 EGRC nicht durch eine vorrangige spezielle Regelung ausgeschlossen. Inhaltlich ergibt sich durch die Annahme eines Spezialitätsverhältnisses im Gegensatz zu einer Idealkonkurrenz der betroffenen Schrankenbestimmungen keine Veränderung im Schutzniveau der Charta-Rechte.

Ähnliches gilt bei den Charta-Rechten, die mit Rücksicht auf fehlende Rechtsetzungszuständigkeiten der Gemeinschaft lediglich nach den einzelstaatlichen Gesetzen oder Gepflogenheiten oder nach Maßgabe bestimmter völkerrechtlicher Verträge gewährleistet sind. Auf diese dürfen zur Wahrung der Kompetenzen der Mitgliedstaaten gleichermaßen lediglich die in diesen Normen speziell geregelten Beschränkungsvoraussetzungen, nicht hingegen die allgemeine gemeinschaftsrechtliche Schranke des Art. 52 Abs. 1 EGRC anwendbar sein.[2002]

Für die Grundrechte der Charta, die „nach dem Gemeinschaftsrecht" gewährleistet sind,[2003] ist bereits hier das Verhältnis dieser Bestimmung ihrer Tragweite zur Konformitätsklausel des Art. 52 Abs. 2 EGRC zu klären. Wird Artikel 52 Abs. 2 EGRC nämlich, wie teils angenommen, nur in diesen Rechten wiederholt,[2004] bestimmt sich das Verhältnis der nach dem Gemeinschaftsrecht zulässigen Schranken zur Schrankenregelung des Art. 52 Abs. 1 EGRC ebenso wie das bereits dargestellte[2005] Verhältnis des Art. 52 Abs. 2 EGRC zur allgemeinen Schrankenbestimmung der Charta.

S. 264; *ders.*, in: *Ehlers* (Hrsg.), Europäische Grundrechte und Grundfreiheiten, § 19 II 2, Rn. 17; *Philippi*, Charta der Grundrechte, S. 42.

2002 So auch *Grabenwarter*, in: *Cremer / Giegerich u.a.* (Hrsg.), Tradition und Weltoffenheit des Rechts, FS f. *Steinberger*, S. 1139. A.A. wohl noch *Grabenwarter*, DVBl. 2001, S. 3; *Calliess*, EuZW 2001, S. 264; *ders.*, in: *Ehlers* (Hrsg.), Europäische Grundrechte und Grundfreiheiten, § 19 II 2, Rn. 17; *Philippi*, Charta der Grundrechte, S. 42.

2003 Vgl. hierzu im Einzelnen oben 4. Kapitel.C.III.1.

2004 So *Griller*, in: *Duschanek / Griller* (Hrsg.), Grundrechte für Europa, S. 145.

2005 Siehe soeben 4. Kapitel.D.II.1.a.

Ein Vergleich der ausdrücklich nach dem Gemeinschaftsrecht garantierten Charta-Rechte (konkret sind dies die Art. 16, 27, 28, 30, 34 und 36 EGRC)[2006] mit den Rechten, die von der Konformitätsklausel des Art. 52 Abs. 2 EGRC erfasst sind (dies sind die Art. 15 Abs. 2, 21 Abs. 2, teilweise 23, 39 Abs. 1 und 2, 40, 41 Abs. 3 und 4, 42, 43, 44, 45 Abs. 1 und 46 EGRC)[2007] zeigt jedoch, dass sich zwischen diesen beiden Gruppen von Rechten keinerlei Überschneidungen ergeben. Der Bestimmung, dass einzelne Charta-Rechte nach dem Gemeinschaftsrecht garantiert sind, kommt deshalb eine gegenüber Art. 52 Abs. 2 EGRC andere, eigenständige Bedeutung zu.

Soweit dieses Gemeinschaftsrecht, dessen Nennung insbesondere die Ausgestaltungsbedürftigkeit der betreffenden Charta-Rechte anerkennt, die Beschränkung dieser Grundrechte durch sekundärrechtliche Maßnahmen zulässt, bleibt auf diese, wie grundsätzlich auf gemeinschaftsrechtliches Sekundärrecht insgesamt, die allgemeine Schrankenbestimmung des Art. 52 Abs. 1 EGRC anwendbar.[2008] Anders als im Rahmen der umfassenden Konformitätsklausel des Art. 52 Abs. 2 EGRC kann der Garantie eines Charta-Rechts „nach dem Gemeinschaftsrecht" ein Ausschluss der Schrankenbestimmung des Art. 52 Abs. 1 EGRC für (künftiges) sekundäres Gemeinschaftsrecht nicht entnommen werden.

d. Das Verhältnis zu Art. 53 EGRC

Nach hier vertretener Auffassung stellt Art. 53 EGRC lediglich deklaratorisch klar, dass sich ein Grundrechtsträger in Fällen, in denen gleichartige Grundrechte aus verschiedenen Grundrechtskatalogen nebeneinander anwendbar sind, auf die ihm günstigste dieser Bestimmungen berufen kann. Der Artikel hat demzufolge keinerlei Auswirkungen auf den Schutzbereich und die Schranken einzelner Charta-Rechte.[2009] Demgemäß steht er zur horizontalen Schrankenregel des Art. 52 Abs. 1 EGRC nicht in einem Konkurrenzverhältnis.

[2006] Siehe hierzu oben 4. Kapitel.C.III.1.

[2007] Siehe dazu oben 4. Kapitel.C.IV.2.c.

[2008] I.E. ebenso *Grabenwarter*, DVBl. 2001, S. 3; *Calliess*, EuZW 2001, S. 264; *ders.*, in: *Ehlers* (Hrsg.), Europäische Grundrechte und Grundfreiheiten, § 19 II 2, Rn. 17; *Philippi*, Charta der Grundrechte, S. 42.

[2009] Dies ist höchst umstritten, siehe dazu eingehend oben 4. Kapitel.B.IV.

2. Die Konformitätsklausel des Art. 52 Abs. 2 EGRC

a. Das Verhältnis zu Art. 52 Abs. 3 EGRC

Die Möglichkeit des Zusammentreffens der beiden Konformitätsklauseln des Art. 52 Abs. 2 und 3 EGRC im Rahmen eines Charta-Rechts hat der Konvent, soweit ersichtlich, nicht erwogen.[2010] Tatsächlich erfassen diese Klauseln fast durchweg jeweils unterschiedliche Grundrechte der Charta.[2011] Die Bestimmung zum aktiven und passiven Wahlrecht (Art. 39 Abs. 2 EGRC) sowie der Grundsatz der Gleichheit von Männern und Frauen (Art. 23 EGRC) fallen jedoch zumindest teilweise in den Anwendungsbereich beider Bestimmungen.[2012] Insbesondere durch die Fortentwicklung der Rechtsprechung des EGMR zu den Konventionsrechten sowie durch das Inkrafttreten weiterer Zusatzprotokolle zur EMRK sind künftig weitere Überschneidungen der Anwendungsbereiche der Konformitätsklauseln möglich.

Ein Vorrang einer der – als sich gegenseitig ausschließend konzipierten – Konformitätsklauseln vor der anderen kann ihrer Stellung im Normgefüge oder ihrem Regelungsziel nicht entnommen werden. Die Klauseln sind demzufolge kumulativ anzuwenden.[2013] Eine dabei ggf. auftretende Anordnung widersprüchlicher Rechtsfolgen ist aus dem Normtext und dessen Zweck heraus aufzulösen.

In sog. zweipoligen Grundrechtsverhältnissen, in denen nur die Anwendung der beiden Konformitätsklauseln auf ein und dasselbe Charta-Recht in Frage steht, ist ein Zusammentreffen beider Klauseln grundsätzlich in drei Konstellationen denkbar. Ein Charta-Recht kann erstens jeweils ein korres-

---

[2010] Vgl. nur die Erläuterungen zu Art. 52 EGRC (Dok. CHARTE 4473/00 CONVENT 49 v. 11.10.2000, S. 48-50 = EuGRZ 2000, S. 569), die im Rahmen der Liste sich im Sinne von Art. 52 Abs. 3 EGRC entsprechender Rechte keine Rechte enthält, die auch von Art. 52 Abs. 2 EGRC erfasst sind (siehe dazu auch die Nachweise in Fn. 2011).

[2011] Konkret erfasst Art. 52 Abs. 2 EGRC die Art. 15 Abs. 2, 21 Abs. 2, 23 (teilweise), 39 Abs. 1 und 2, 40, 41 Abs. 3 und 4, 42, 43, 44, 45 Abs. 1 und 46 der Charta (siehe dazu oben 4. Kapitel.C.IV.2.c). Art. 52 Abs. 3 EGRC erfasst seinerseits die Art. 2, 3 (teilweise), 4, 5, 6, 7, 8, 9, 10 Abs. 1, 11, 12 Abs. 1, 13, 14 Abs. 1, 2, 3 HS 2, 17, 19 Abs. 2, 20 (teilweise), 21 Abs. 1 (teilweise), 22, 23 (teilweise), 28 (teilweise), 39 Abs. 2, 47, 48, 49 Abs. 1 S. 1 und 2, Abs. 2 der Charta (siehe dazu oben 4. Kapitel.C.V.2.c).

[2012] Eingehender hierzu *Lenaerts / de Smijter*, CML Rev. 38 (2001), S. 287/288, 295.

[2013] So i.E. auch *Lenaerts / de Smijter*, CML Rev. 38 (2001), S. 294; *Calliess*, in: *Ehlers* (Hrsg.), Europäische Grundrechte und Grundfreiheiten, § 19 II 2, Rn. 16.

pondierendes Recht im EG-Vertrag wie in der EMRK haben, die dort mit dem gleichen Schutzniveau verankert sind. Die kumulative Anwendung von Art. 52 Abs. 2 und 3 S. 1 EGRC wirft hier keine Probleme auf, da ihnen zufolge das Charta-Recht jeweils genau dieselbe Tragweite erhält.

Gewährleistet zweitens ein im EG-Vertrag begründetes, in der Charta anerkanntes Recht ein insgesamt höheres Schutzniveau als das demselben Charta-Recht entsprechende Konventionsrecht, ordnet Art. 52 Abs. 2 EGRC die Geltung des höheren Schutzstandards des vertraglich verankerten Rechts auch im Rahmen der Charta an. Die zusätzliche Anwendung des Art. 52 Abs. 3 EGRC führt nach dessen Satz 1 zwar grundsätzlich zur identischen Interpretation des Charta-Rechts mit dem – einen niedrigeren Schutzstandard garantierenden – Konventionsrecht. Nach Satz 2 des Art. 52 Abs. 3 EGRC ist eine mit dem Konventionsrecht konforme Auslegung hier aber ausnahmsweise nicht vorzunehmen, da die Charta, d.h. das entsprechende Charta-Recht in Verbindung mit Art. 52 Abs. 2 EGRC, einen weiter gehenden Schutz gewährt.[2014] In diese Kategorie dürfte z.B. Art. 23 der Charta fallen, der teils in Art. 141 EG begründet ist, und gleichzeitig den Regelungsbereich des Art. 14 EMRK mit einschließt. Im Überschneidungsbereich des EG-vertraglich begründeten Rechts und des Konventionsrechts gewährt Ersteres einen höheren Schutzstandard.[2015]

2014 So im Ergebnis auch *Lenaerts / de Smijter*, CML Rev. 38 (2001), S. 294, der dieses Art. 52 Abs. 3, 53 EGRC entnimmt; ebenso i.E. *Calliess*, in: *Ehlers* (Hrsg.), Europäische Grundrechte und Grundfreiheiten, § 19 II 2, Rn. 16; *Grabenwarter*, in: *Cremer / Giegerich u.a.* (Hrsg.), Tradition und Weltoffenheit des Rechts, FS f. *Steinberger*, S. 1139 f.

2015 Siehe zur begrenzten Reichweite des Art. 14 EMRK bereits oben 4. Kapitel.C.V.2.c(2), insb. bei Fn. 1881. Siehe hierzu i.ü. *Lenaerts / de Smijter*, CML Rev. 38 (2001), S. 287/288. Hingegen kann das Wahlrecht des Art. 39 Abs. 2 EGRC wohl nicht insgesamt als in Art. 190 Abs. 1 EG oder Art. 3 des (1.) ZP zur EMRK weiter gehend verankert angesehen werden, da sich die Textfassungen des EG-Vertragsrechts und des Konventionsrechts gegenseitig ergänzen, und die Artikel nach der zu berücksichtigenden Rechtsprechung der zuständigen Organe zudem über ihren Wortlaut hinaus jeweils weitere Wahlrechtsgrundsätze enthalten, vgl. dazu *Kluth*, in: *Calliess / Ruffert* (Hrsg.), EUV/EGV, Art. 19 EGV, Rn. 9 m.w.N. bzw. *Frowein*, in: *Frowein / Peukert*, EMRK, Art. 3 des 1. ZP, Rn. 4 ff. m.w.N. Welche der Regelungen einen höheren Schutzstandard bietet, muss folglich für den konkreten Fall jeweils gesondert unter Berücksichtigung der maßgeblichen Spruchpraxis bestimmt werden. Vgl. zu diesem Beispiel auch *Lenaerts / de Smijter*, CML Rev. 38 (2001), S. 295.

Ist drittens umgekehrt der von dem einem Charta-Recht entsprechenden Konventionsrecht garantierte Schutzstandard insgesamt höher als der Standard, den das korrespondierende EG-vertraglich begründete Recht gewährt, bestimmt Art. 52 Abs. 2 EGRC zunächst die Geltung des niedrigeren EG-vertraglichen Schutzniveaus auch für das Charta-Recht. Dies steht im Widerspruch zu der nach Art. 52 Abs. 3 S. 1 EGRC angeordneten Konformität der Tragweite des Charta-Rechts mit der des weiteren Konventionsrechts.[2016] Satz 2 des Art. 52 Abs. 3 EGRC kommt mangels eines weiter gehenden Schutzes im Gemeinschaftsrecht bzw. in der Charta nicht direkt zur Anwendung. Aus der Bestimmung des Art. 52 Abs. 3 S. 2 EGRC ist jedoch im Wege eines Umkehrschlusses zu folgern, dass die Charta zwar einen weiter gehenden, nicht aber einen niedrigeren Schutz als die entsprechenden Konventionsrechte gewähren kann.[2017] Demzufolge setzt sich auch in dieser Konstellation letztlich die das höhere Schutzniveau der Charta-Rechte bewirkende Konformitätsklausel, d.h. hier Art. 52 Abs. 3 EGRC, durch.[2018]

Im Ergebnis führt die kumulative Anwendung der beiden Konformitätsklauseln stets dazu, dass der jeweils höhere der von ihnen in Bezug genommenen Schutzstandards im Rahmen des betreffenden Charta-Rechts zur Geltung kommt.[2019] Insbesondere kann das Schutzniveau der EMRK deshalb in der Charta in keinem Fall unterschritten werden.[2020]

2016 Vgl. *Lenaerts / de Smijter*, CML Rev. 38 (2001), S. 294.

2017 So auch *Lenaerts / de Smijter*, CML Rev. 38 (2001), S. 293.

2018 Ebenso im Ergebnis *Lenaerts / de Smijter*, CML Rev. 38 (2001), S. 287/288, 289, 294, sowie *Calliess*, in: *Ehlers* (Hrsg.), Europäische Grundrechte und Grundfreiheiten, § 19 II 2, Rn. 16 und *Grabenwarter*, in: *Cremer / Giegerich u.a.* (Hrsg.), Tradition und Weltoffenheit des Rechts, FS f. *Steinberger*, S. 1139 f., denen zufolge die Geltung des konventionsrechtlich garantierten höheren Schutzniveaus allerdings durch Art. 53 EGRC sichergestellt wird.

2019 Im Ergebnis ebenso – mittels einer Anwendung des Art. 53 EGRC – *Lenaerts / de Smijter*, CML Rev. 38 (2001), S. 294, *Calliess*, in: *Ehlers* (Hrsg.), Europäische Grundrechte und Grundfreiheiten, § 19 II 2, Rn. 16, sowie *Grabenwarter*, in: *Cremer / Giegerich u.a.* (Hrsg.), Tradition und Weltoffenheit des Rechts, FS f. *Steinberger*, S. 1140.

2020 So auch *Lemmens*, 8 MJ 1 (2001), S. 54/55, der demzufolge den Verweis in Art. 53 EGRC auf die EMRK für überflüssig hält.

b. Das Verhältnis zu speziellen Regelungen der Tragweite in einzelnen Charta-Rechten

Das Verhältnis zwischen der Konformitätsklausel des Art. 52 Abs. 2 EGRC und den verschiedenen speziellen Regelungen zur Tragweite in einzelnen Charta-Rechten (durch die Anordnung spezifischer Schranken bzw. die Gewährung des Charta-Rechts nur nach den einzelstaatlichen Gesetzen, dem Gemeinschaftsrecht oder völkerrechtlichen Verträgen) ist zumindest bislang nicht klärungsbedürftig. Es ist derzeit kein Recht in der Charta ersichtlich, das in den Anwendungsbereich beider Regelungssysteme fiele.[2021]

Sollte es künftig – etwa durch eine Ausweitung der im EG-Vertrag kodifizierten Rechte – zu einem Zusammentreffen der beiden Regelungskomplexe im Rahmen eines Charta-Rechts kommen, dürften diese als jeweils spezielle Voraussetzungen für die Reichweite des Rechts anordnende Bestimmungen kumulativ anzuwenden sein.[2022]

c. Das Verhältnis zu Art. 53 EGRC

Wie dargelegt, hat die Regelung zum Schutzniveau des Art. 53 EGRC keinerlei Auswirkungen auf die Tragweite der Charta-Rechte selbst.[2023] Art. 53 EGRC kann demnach nicht in ein Konkurrenzverhältnis zu Art. 52 Abs. 2 EGRC treten.

Dies hat zur Folge, dass im Rahmen der Charta zwar – durch die Regelung des Art. 52 Abs. 3 EGRC – ein Unterschreiten des Schutzniveaus der (auch in Art. 53 EGRC aufgeführten) EMRK durch Charta-Rechte, die im Sinne von Art. 52 Abs. 2 EGRC im EG-Vertrag begründet sind, ausgeschlos-

---

2021 Art. 52 Abs. 2 EGRC erfasst konkret die Artikel 15 Abs. 2, 21 Abs. 2, 23 (teilweise), 39 Abs. 1 und 2, 40, 41 Abs. 3 und 4, 42, 43, 44, 45 Abs. 1 und 46 der Charta (siehe hierzu oben 4. Kapitel.C.IV.2.c); spezielle Regelungen zur Tragweite enthalten hingegen Art. 8 Abs. 2, 17 Abs. 1 S. 2 und 3 EGRC (spezielle Schranken); Art. 9, 10 Abs. 2, 14 Abs. 3, 35 S. 1 EGRC (Gewährleistung nach den einzelstaatlichen Gesetzen), Art. 16, 27, 28, 30, 34, 36 EGRC (Gewährleistung zusätzlich nach dem Gemeinschaftsrecht) und Art. 18 EGRC (Gewährleistung nach Maßgabe völkerrechtlicher Verträge und dem EG-Vertrag) (siehe hierzu oben 4. Kapitel.C.III.1). Zum Unterschied zwischen den von der Konformitätsklausel des Art. 52 Abs. 2 EGRC erfassten Rechten und den nach dem Gemeinschaftsrecht gewährten Rechten siehe bereits oben 4. Kapitel.D.II.1.c, insb. bei Fn. 2006 f.

2022 So auch *Grabenwarter*, DVBl. 2001, S. 3; *Calliess*, EuZW 2001, S. 264.

2023 Siehe eingehend oben 4. Kapitel.B.IV, sowie soeben 4. Kapitel.D.II.1.d.

sen ist.[2024] Anders als vielfach vertreten[2025] hindert die Charta durch die Regelung des Art. 53 EGRC hingegen nicht ein Unterschreiten des Schutzniveaus einzelner Grundrechtsgarantien aus mitgliedstaatlichen Verfassungen oder anderen völkerrechtlichen Verträgen wie z.B. der Europäischen Sozialcharta durch einzelne ihrer Garantien.[2026] Entsprechend der Rechtslage bei den ungeschriebenen Gemeinschaftsgrundrechten kann insbesondere der Schutzstandard der Charta-Rechte, die nach Art. 52 Abs. 2 EGRC dieselbe Tragweite haben wie Rechte aus dem EG-Vertrag, hinter diesen Garantien zurückbleiben.

3. Die Konformitätsklausel des Art. 52 Abs. 3 EGRC

a. Das Verhältnis zu speziellen Regelungen der Tragweite in einzelnen Charta-Rechten

Die Konformitätsklausel des Art. 52 Abs. 3 EGRC kann nach dem derzeitigen Stand der Rechtsentwicklung im Rahmen einiger weniger Charta-Rechte mit in diesen niedergelegten speziellen Regelungen zur Tragweite zusammentreffen.[2027] Ebenso wie im Verhältnis zu Art. 52 Abs. 2 EGRC[2028] sind diese grundrechtsspezifischen Regelungen auch im Verhältnis zu Art. 52 Abs. 3 EGRC als gleichermaßen spezielle Voraussetzungen für die Reichweite des jeweiligen Charta-Rechts kumulativ neben der Konformitätsklausel anzuwenden.[2029] Das betreffende Charta-Recht muss demnach den Anforderungen

---

2024 Siehe dazu soeben 4. Kapitel.D.II.2.a.

2025 Vgl. z.B. *Lenaerts / de Smijter*, CML Rev. 38 (2001), S. 287/288, 289; *Grabenwarter*, in: *Cremer / Giegerich u.a.* (Hrsg.), Tradition und Weltoffenheit des Rechts, FS f. *Steinberger*, S. 1139 f.; *Calliess*, in: *Ehlers* (Hrsg.), Europäische Grundrechte und Grundfreiheiten, § 19 II 2, Rn. 16.

2026 I.E. ebenso *Schmitz*, JZ 2001, S. 836 f.

2027 Derzeit erfasst Art. 52 Abs. 3 EGRC die Art. 2, 3 (teilweise), 4, 5, 6, 7, 8, 9, 10 Abs. 1, 11, 12 Abs. 1, 13, 14 Abs. 1, 2, 3 HS 2, 17, 19 Abs. 2, 20 (teilweise), 21 Abs. 1 (teilweise), 22, 23 (teilweise), 28 (teilweise), 39 Abs. 2, 47, 48, 49 Abs. 1 S. 1 und 2, Abs. 2 der Charta (siehe oben 4. Kapitel.C.V.2.c). Spezielle Regelungen zur Tragweite enthalten hingegen Art. 8 Abs. 2, 17 Abs. 1 S. 2 und 3 EGRC (spezielle Schranken); Art. 9, 10 Abs. 2, 14 Abs. 3, 35 S. 1 EGRC (Gewährleistung nach den einzelstaatlichen Gesetzen), Art. 16, 27, 28, 30, 34, 36 EGRC (Gewährleistung zusätzlich nach dem Gemeinschaftsrecht) und Art. 18 EGRC (Gewährleistung nach Maßgabe völkerrechtlicher Verträge und dem EG-Vertrag) (siehe oben 4. Kapitel.C.III.1).

2028 Siehe dazu soeben 4. Kapitel.D.II.2.b.

2029 So auch *Grabenwarter*, DVBl. 2001, S. 3; *Calliess*, EuZW 2001, S. 264.

beider Regelungskomplexe zur Tragweite gerecht werden. Dies führt durch die Annahme des jeweils weiteren Schutzbereichs bzw. der jeweils strengeren Schranken zu einem größtmöglichen Schutzstandard der Charta-Garantien.

Dies bedeutet beispielsweise für die speziellen Schrankenbestimmungen der auch von Art. 52 Abs. 3 EGRC erfassten Rechte auf Datenschutz in Art. 8 Abs. 2 S. 1 EGRC oder auf Eigentum in Art. 17 Abs. 1 S. 2 und 3 EGRC, dass diese neben den nach Art. 52 Abs. 3 EGRC für die Charta-Rechte geltenden Schranken aus den entsprechenden Konventionsrechten zur Anwendung kommen. Die Konformitätsklausel des Art. 52 Abs. 3 EGRC steht dem nicht entgegen, da sie nach ihrem Satz 2 ggf. einen weiter gehenden Schutz der Charta-Garantien, hier z.B. durch höhere Anforderungen stellende eigene Schrankenbestimmungen, zulässt.[2030]

b. Das Verhältnis zu Art. 53 EGRC

Wie ausgeführt, kann Art. 53 EGRC angesichts der Tatsache, dass er keinerlei Auswirkungen auf die Tragweite der Charta-Rechte selbst hat, zu Art. 52 Abs. 3 EGRC nicht in ein Konkurrenzverhältnis treten.[2031]

4. Die speziellen Regelungen zur Tragweite in einzelnen Charta-Rechten

Aus den soeben genannten Erwägungen ist auch ein Konkurrenzverhältnis zwischen den speziellen Regelungen zur Tragweite in einzelnen Charta-Rechten und Art. 53 EGRC nicht denkbar.[2032]

III. Anwendbare Bestimmungen in mehrpoligen Grundrechtsverhältnissen

In den sog. mehrpoligen Grundrechtsverhältnissen,[2033] in denen mehrere Grundrechtsträger gleiche oder verschiedene Grundrechte in Anspruch nehmen, kann bei einer Überschneidung der Freiheitsbereiche dieser Grundrechte eine gegenseitige Freiheitsbeeinträchtigung, d.h. eine Grundrechtskollision

---

2030 Siehe hierzu auch oben 4. Kapitel.C.V.3.b.

2031 Siehe dazu oben 4. Kapitel.B.IV, sowie soeben 4. Kapitel.D.II.1.d, 2.c m.w.N.

2032 Vgl. die Nachweise in Fn. 2031.

2033 Vgl. zur Begriffsdefinition z.B. *Grabenwarter*, in: *Cremer / Giegerich u.a.* (Hrsg.), Tradition und Weltoffenheit des Rechts, FS f. *Steinberger*, S. 1140.

auftreten.[2034] Problematisch sind dabei besonders die Fälle, in denen sich Grundrechte gegenüberstehen, die nicht gleichermaßen durch die EMRK gewährleistet sind. So schützt beispielsweise ein Verbot der Organentnahme die Rechte auf Leben (Art. 2 Abs. 1 EGRC) und auf körperliche Unversehrtheit (Art. 3 EGRC) anderer, d.h. Grundrechte, die Konventionsrechten entsprechen (Art. 2 bzw. 8 EMRK). Demgegenüber könnten sich auf Organtransplantationen spezialisierte Ärzte auf die Berufsfreiheit (Art. 15 EGRC) berufen, die in der EMRK nicht verankert ist.[2035]

Ähnliche Fragen werden in Fällen aufgeworfen, in denen auch konventionsrechtlich geschützte Grundrechte der Charta mit (grundrechtsähnlichen) Grundfreiheiten anderer kollidieren.[2036] Denkbar wäre z.B., dass eine Gruppe von Grundrechtsträgern im Rahmen einer Versammlung eine Transitstraße zwischen zwei Mitgliedstaaten blockiert. Sie könnten sich hierbei auf die in Art. 12 Abs. 1 EGRC garantierte, dem Recht aus Art. 11 EMRK entsprechende Versammlungsfreiheit berufen. Diese kollidiert mit der in Art. 15 Abs. 2 EGRC gewährten, in Art. 49 EG begründeten Dienstleistungsfreiheit von Gewerbetreibenden aus dem benachbarten Mitgliedstaat, die zur Erbringung ihrer Dienstleistungen die Grenze überqueren und auf die blockierte Straße angewiesen sind. Eine Auflösung der Versammlung durch den Grundrechtsverpflichteten in Erfüllung seiner Schutzpflicht hinsichtlich der Dienstleistungsfreiheit könnte einen unverhältnismäßigen Eingriff in die Versammlungsfreiheit bilden. Ein Unterlassen der Auflösung könnte hingegen die Dienstleistungsfreiheit verletzen.[2037]

Zur Lösung derartiger Grundrechtskollisionen sind nach Ansicht einiger ebenfalls die verschiedenen Regelungen zur Tragweite der Charta-

---

2034 Vgl. zum Begriff der Grundrechtskollision z.B. *Pieper*, in: *Bleckmann*, Europarecht, § 2 IV 2, Rn. 124; *Quasdorf*, Dogmatik der Grundrechte der EU, S. 227; *v. Münch*, in: *v. Münch / Kunig*, GG, Bd. 1, Vorb. Art. 1-19, Rn. 44 m.w.N.

2035 Vgl. zu diesem Beispiel auch *Griller*, in: *Duschanek / Griller* (Hrsg.), Grundrechte für Europa, S. 153/154.

2036 Vgl. grundsätzlich zur Kollision von Grundfreiheiten mit (ungeschriebenen) Gemeinschaftsgrundrechten *Kingreen*, in: *Calliess / Ruffert* (Hrsg.), EUV/EGV, Art. 6 EUV, Rn. 80 m.w.N.

2037 Vgl. hierzu auch *Grabenwarter*, in: *Cremer / Giegerich u.a.* (Hrsg.), Tradition und Weltoffenheit des Rechts, FS f. *Steinberger*, S. 1140-1144; *Griller*, in: *Duschanek / Griller* (Hrsg.), Grundrechte für Europa, S. 154.

Grundrechte, insbesondere Art. 53 EGRC, heranzuziehen.[2038] Danach sei im grundrechtlichen Dreiecksverhältnis (zwischen dem Grundrechtsverpflichteten und zwei verschiedenen Grundrechtsträgern) stets dem Charta-Grundrecht, das einem Konventionsrecht entspricht, gegenüber einem Charta-Recht, das einem EG-vertraglich begründeten Recht, aber keinem Konventionsrecht entspricht, uneingeschränkt der Vorrang einzuräumen.[2039]

Einer Anwendung der Bestimmungen zur Tragweite der Charta-Rechte auch zur Lösung von Konflikten zwischen mehreren Grundrechten stehen jedoch gewichtige Einwände entgegen. Die Regelungen sind schon nach ihrem Wortlaut ersichtlich auf die jeweilige Ermittlung der Tragweite einer einzelnen Charta-Garantie, nicht auf deren Verhältnis zu anderen *Charta*-Grundrechten gerichtet.[2040] Art. 53 EGRC hat dabei, wie gezeigt, noch nicht einmal Auswirkungen auf diese Tragweite.[2041]

Überdies führte die obige Anwendung insbesondere des Art. 53 EGRC zur Lösung von Grundrechtskollisionen zu einer Rangordnung zwischen den Charta-Rechten. Innerhalb dieser wäre Rechten, die Garantien der EMRK entsprechen, stets Vorrang vor anderen Charta-Rechten einzuräumen.

Eine abstrakte, vom konkreten Fall losgelöste Wertrangordnung der Grundrechte erscheint jedoch für eine sachgemäße Kollisionslösung schon grundsätzlich als untauglich.[2042] Sie hätte hier beispielsweise zur Folge, dass das keinem Konventionsrecht entsprechende Grundrecht auf Achtung der Menschenwürde (Art. 1 EGRC) hinter den – Rechten aus der EMRK entsprechenden – Garantien wie der Meinungs- oder der Versammlungsfreiheit (Art. 11 Abs. 1, 12 Abs. 1 EGRC) stets zurücktreten müsste. Überdies gäbe sie keine Anhaltspunkte bei einer Kollision jeweils gleicher Grundrechte[2043]

2038 So i.E. *Grabenwarter*, DVBl. 2001, S. 11; *Krüger / Polakiewicz*, EuGRZ 2001, S. 99; *Grabenwarter*, in: *Cremer / Giegerich u.a.* (Hrsg.), Tradition und Weltoffenheit des Rechts, FS f. *Steinberger*, S. 1139-1144; *Philippi*, Charta der Grundrechte, S. 45/46.

2039 So z.B. *Grabenwarter*, DVBl. 2001, S. 11; *Krüger / Polakiewicz*, EuGRZ 2001, S. 99; *Grabenwarter*, in: *Cremer / Giegerich u.a.* (Hrsg.), Tradition und Weltoffenheit des Rechts, FS f. *Steinberger*, S. 1144; *Philippi*, Charta der Grundrechte, S. 45/46.

2040 Dies betont *Calliess*, in: *Ehlers* (Hrsg.), Europäische Grundrechte und Grundfreiheiten, § 19 II 2, Rn. 16 (dort Fn. 65).

2041 Siehe dazu eingehend oben 4. Kapitel.B.IV, insb. 4. Kapitel.B.IV.3.c, 5.

2042 So für die Grundrechte des deutschen GG *v. Münch*, in: *v. Münch / Kunig*, GG, Bd. 1, Vorb. Art. 1-19, Rn. 46 m.w.N.

2043 Siehe den Nachweis in Fn. 2042.

oder solcher, die entweder beide einem Konventionsrecht entsprechen oder dies beide nicht tun. Die obige Kollisionslösung, welche ersichtlich das Ziel verfolgt, die Geltung der Konventionsrechte stets als Mindeststandard festzuschreiben,[2044] übersieht, dass dies schon innerhalb der EMRK bei dort auftretenden Kollisionen zweier Konventionsrechte nicht möglich ist. Demgemäß verlangt die Wahrung der Konvention als Mindeststandard der Charta dies auch nicht.

Zur Lösung von Kollisionen gleicher oder verschiedener Charta-Rechte mehrerer Grundrechtsträger finden sich demzufolge keine Ansätze innerhalb der Charta.[2045] Ein Rückgriff auf die Rechtsprechung des EuGH scheidet ebenfalls aus, da der Gerichtshof für Fälle von Kollisionen zwischen Grundfreiheiten, geschriebenen oder ungeschriebenen Gemeinschaftsgrundrechten bislang kein einheitliches Konzept entwickelt hat.[2046]

In Anlehnung an die im deutschen Verfassungsrecht erprobten Mechanismen[2047] erscheint es jedoch auch im Rahmen der Charta als sachgemäß, eine Kollisionslösung mittels einer Güterabwägung unter Berücksichtigung der besonderen Umstände des Einzelfalls herbeizuführen.[2048] Dabei ist zu-

---

2044 Deutlich *Grabenwarter*, in: *Cremer / Giegerich u.a.* (Hrsg.), Tradition und Weltoffenheit des Rechts, FS f. *Steinberger*, S. 1142-1144.

2045 So i.E. auch *Busse*, ThürVBl. 2001, S. 79; wohl ebenso *Griller*, in: *Duschanek / Griller* (Hrsg.), Grundrechte für Europa, S. 153/154; in diese Richtung *v. Bogdandy*, JZ 2001, S. 164/165.

2046 In den wenigen Fällen, in denen eine solche Kollision in Frage stand, hat der Gerichtshof diese ohne nähere Begründung aufgelöst, vgl. nur EuGH, Rs. C-415/93, Union Royale Belge des Sociétés de Football Association ./. Bosman, Urt. v. 15.12.1995, Slg. 1995, S. I-4921 ff. (5065 / Rn. 79 f.) (zur Kollision des Gemeinschaftsgrundrechts der Vereinigungsfreiheit mit der Arbeitnehmerfreizügigkeit); vgl. zur Problematik auch *Pieper*, in: *Bleckmann*, Europarecht, § 2 IV 2, Rn. 124; *Quasdorf*, Dogmatik der Grundrechte der EU, S. 227 f.; *Cirkel*, Die Bindungen der Mitgliedstaaten an die Gemeinschaftsgrundrechte, S. 45.

2047 Für eine solche Anlehnung plädieren z.B. *Rengeling*, Grundrechtsschutz in der Europäischen Gemeinschaft, S. 231; *Pieper*, in: *Bleckmann*, Europarecht, § 2 IV 2, Rn. 124; *Cirkel*, Die Bindungen der Mitgliedstaaten an die Gemeinschaftsgrundrechte, S. 45.

2048 So auch *Quasdorf*, Dogmatik der Grundrechte der EU, S. 227; i.E. ebenso *Busse*, ThürVBl. 2001, S. 79; *Griller*, in: *Duschanek / Griller* (Hrsg.), Grundrechte für Europa, S. 153/154. Vgl. zur Güterabwägung durch das BVerfG bei Kollisionen von Grundrechten des GG z.B. BVerfG, 1 BvR 435/68, Beschl. v. 24.02.1971, BVerfGE 30, 173 (195) (Mephisto); *v. Münch*, in: *v. Münch / Kunig*, GG, Bd. 1, Vorb. Art. 1-19, Rn. 47 m.w.N.

nächst die Reichweite der *einzelnen* Grundrechte selbst wie oben,[2049] d.h. unter Berücksichtigung der auf sie anwendbaren Regelungen zur Tragweite, zu bestimmen. Überschneiden sich danach im konkreten Fall ihre Schutzbereiche, wird im Rahmen einer Abwägung im Sinne der Herstellung praktischer Konkordanz[2050] grundsätzlich nicht eines der kollidierenden Grundrechte völlig verdrängt. Vielmehr wird versucht, beide zum Ausgleich zu bringen. Nur soweit dies nicht möglich ist, muss das im konkreten Fall weniger schützenswerte Interesse zurücktreten.[2051]

Schwierig ist bei einer solchen chartainternen Einschränkung von Grundrechten allerdings eine Berücksichtigung der Rechtsprechung des EGMR zur Reichweite der entsprechenden Konventionsrechte im Falle einer konventionsinternen Grundrechtsbeschränkung.[2052] Der Schutzumfang von Grundrechten lässt sich in diesen Fällen – losgelöst vom Einzelfall – schwer festlegen.[2053] Einschlägige Rechtsprechung fehlt schließlich gänzlich für Kollisionen, bei denen einzelne beteiligte Charta-Rechte das Schutzniveau der entsprechenden Konventionsrechte übersteigen oder in der EMRK gar nicht enthalten sind.[2054]

IV. Einschränkbarkeit aller Charta-Grundrechte?

Die Klärung des Verhältnisses der verschiedenen Charta-Regelungen zur Tragweite zueinander ermöglicht schließlich auch die Beantwortung der Frage, ob es in der Charta schrankenlos garantierte Grundrechte gibt.

Zwar ist Art. 52 Abs. 1 EGRC infolge seiner Stellung im siebten Kapitel der Grundrechtecharta (Allgemeine Bestimmungen) grundsätzlich auf sämtliche in der Charta anerkannten Rechte anwendbar. Eine Erstreckung der allgemeinen Schrankenregelung auf alle Charta-Rechte hätte allerdings zur Folge, dass dieser nicht nur so grundlegende Rechte wie das Recht auf Leben

---

2049 Vgl. soeben 4. Kapitel.D.II.

2050 Grundlegend *Hesse*, Verfassungsrecht, § 2 III 2, Rn. 72.

2051 Siehe zur vergleichbaren Problematik der Kollisionen von Grundrechten des deutschen GG *v. Münch*, in: *v. Münch / Kunig*, GG, Bd. 1, Vorb. Art. 1-19, Rn. 47 m.w.N.

2052 Die Rechtsprechung des EGMR ist bei der Bestimmung der Tragweite der *einzelnen*, Konventionsrechten entsprechenden Charta-Rechte nach Art. 52 Abs. 3 EGRC zu beachten, vgl. dazu eingehend oben 4. Kapitel.C.V.2.a(2), 3.a.

2053 Dies betont *Busse*, ThürVBl. 2001, S. 79.

2054 Vgl. zur Problematik auch *Busse*, ThürVBl. 2001, S. 79; *Griller*, in: *Duschanek / Griller* (Hrsg.), Grundrechte für Europa, S. 154.

(Art. 2 EGRC), die Verbote von Folter, unmenschlicher oder erniedrigender Strafe bzw. Behandlung (Art. 4 EGRC), oder die Verbote von Sklaverei und Menschenhandel (Art. 5 EGRC) unterfielen. Sogar die Menschenwürde nach Art. 1 EGRC stünde unter dem Vorbehalt der Einschränkung durch ein verhältnismäßiges Gesetz. Dies brächte im Verhältnis zur EMRK und vielen mitgliedstaatlichen Verfassungen, die diese Rechte größtenteils schrankenlos garantieren, einen schwerwiegenden, nicht hinnehmbaren Rückschritt im grundrechtlichen Schutzniveau auf Gemeinschaftsebene mit sich.

Die Verfasser der Charta erwogen deshalb kurzzeitig, die Einschränkung grundlegender Rechte durch einen der allgemeinen Schrankenregelung vorangestellten Absatz, der bestimmte Charta-Artikel für unbeschränkbar erklären sollte, ausdrücklich auszuschließen.[2055] Eine abschließende Auflistung der schrankenlos gewährten Grundrechte erwies sich in den Augen des Konvents jedoch als unpraktikabel.[2056]

Infolgedessen muss die schrankenlose Gewährleistung einzelner grundlegender Charta-Rechte, die im Ergebnis im Konvent[2057] unstreitig war und dies auch im Schrifttum[2058] ist, durch die Anwendung der speziellen Schrankenbestimmung des Art. 52 Abs. 3 EGRC bzw. durch eine Auslegung der schrankenlos garantierten Grundrechte selbst sichergestellt werden.[2059]

Für die Rechte der Charta, die einem schrankenlos in der EMRK gewährten Recht entsprechen, ergibt sich ihre Unbeschränkbarkeit aus Art. 52

2055 Absatz 1 des Vorentwurfs des Artikels zur allgemeinen Schranke, Artikel H.2, lautete dementsprechend, ohne eine Aufzählung bestimmter Rechte: „*Die in den Artikeln ... dieser Charta festgelegten Rechte und Freiheiten dürfen in keiner Weise eingeschränkt werden.*“, vgl. Dok. CHARTE 4235/00 CONVENT 27 v. 18.04.2000, S. 2.

2056 Vgl. hierzu *Vitorino*, RTDE 2001, S. 48 (dort Fn. 44). Dementsprechend enthielt bereits das Folgedokument, Dok. CHARTE 4316/00 CONVENT 34 v. 16.05.2000, S. 10, eine derartige Ausschlussregelung nicht mehr.

2057 Vgl. zur Diskussion im Konvent, der insb. die Unverletzlichkeit der Menschenwürde, das Verbot der Folter und das Verbot der Sklaverei als nicht einschränkbar ansah, *Bernsdorff / Borowsky* (Hrsg.), Charta der Grundrechte der EU, S. 234 f. (Sitzung vom 03./04.05.2000); bestätigend *Vitorino*, RTDE 2001, S. 48.

2058 Siehe z.B. *Schmitz*, JZ 2001, S. 842; *v. Bogdandy*, JZ 2001, S. 168; *Grabenwarter*, in: *Cremer / Giegerich u.a.* (Hrsg.), Tradition und Weltoffenheit des Rechts, FS f. *Steinberger*, S. 1138.

2059 Ähnlich *Vitorino*, RTDE 2001, S. 48 (dort Fn. 44) mit Hinweis auf einen entsprechenden Willen im Konvent.

Abs. 3 EGRC.[2060] Die Charta-Rechte können danach nicht weitergehend als ihr jeweiliges Pendant in der EMRK eingeschränkt werden.

Demzufolge ist das Verbot der Folter oder unmenschlicher oder erniedrigender Strafe bzw. Behandlung des Art. 4 der Charta, das wortgleich und ohne spezielle Schrankenbestimmungen in Art. 3 EMRK niedergelegt ist, über Art. 52 Abs. 3 EGRC schrankenlos gewährleistet.[2061] Gleiches gilt für das in Art. 5 Abs. 1 EGRC niedergelegte Verbot der Sklaverei oder Leibeigenschaft, das wörtlich dem nicht einschränkbaren Art. 4 Abs. 1 EMRK entspricht. Schließlich sind auch die Gedanken- und Gewissensfreiheit des Art. 10 Abs. 1 S. 1 EGRC, die den insoweit nicht beschränkbaren Freiheiten des Art. 9 Abs. 1 S. 1 EMRK entsprechen, vorbehaltslos garantiert.

Hingegen ist das Recht auf Leben des Art. 2 EGRC, das dem in Art. 2 EMRK garantierten Recht entspricht, in der Konvention selbst nicht unbeschränkbar, so dass Art. 52 Abs. 3 EGRC hier kein Argument für die Schrankenlosigkeit bereitstellt. Zwar bietet Art. 2 der Charta zumindest gegenüber Art. 2 Abs. 1 EMRK, Art. 1 f. des 6. ZP zur EMRK insoweit einen weitergehenden Schutz, als eine Einschränkung des Rechts auf Leben weder durch die Verhängung noch durch die Vollstreckung eines Todesurteils erfolgen darf (Art. 2 Abs. 2 EGRC).[2062] Gemäß Art. 1 des am 1. Juni 2003 in Kraft getretenen, allerdings noch nicht von allen EU-Mitgliedstaaten ratifizierten 13. Zusatzprotokolls ist die Todesstrafe unter allen Umständen verboten.[2063] Die Möglichkeiten einer Beschränkung des Rechts auf Leben in den in Art. 2 Abs. 2 EMRK aufgelisteten Notwehr- bzw. Notstandssituationen gelten hin-

---

2060 So i.E. auch *v. Bogdandy*, JZ 2001, S. 168; *Grabenwarter*, in: *Cremer / Giegerich u.a.* (Hrsg.), Tradition und Weltoffenheit des Rechts, FS f. *Steinberger*, S. 1138. Zu Anwendungsbereich und Wirkungsweise des Art. 52 Abs. 3 EGRC siehe eingehend oben 4. Kapitel.C.V.

2061 So auch *v. Bogdandy*, JZ 2001, S. 168; *Grabenwarter*, in: *Cremer / Giegerich u.a.* (Hrsg.), Tradition und Weltoffenheit des Rechts, FS f. *Steinberger*, S. 1138; *Griller*, in: *Duschanek / Griller* (Hrsg.), Grundrechte für Europa, S. 154/155.

2062 Anders *v. Bogdandy*, JZ 2001, S. 168, der dieses Ergebnis aus Art. 52 Abs. 3 EGRC ableitet; a.A. *Schmidt*, ZEuS 2002, S. 646, der zufolge Art. 2 6. ZP EMRK auch für Art. 2 EGRC gilt; Letzteres offengelassen bei *Schmitz*, JZ 2001, S. 842.

2063 Vgl. zum Ratifikationsstand des 13. ZP zur EMRK http://www.echr.coe.int/Eng/EDocs/DatesOfRatifications.html (Stand: 20.02.2006).

gegen – im Ergebnis wohl erforderlicherweise – über Art. 52 Abs. 3 EGRC auch in der Charta.[2064]

Insbesondere für den Schutz der Menschenwürde (Art. 1 EGRC), der in der EMRK keine ausdrückliche Entsprechung findet,[2065] ergibt sich die fehlende Beschränkbarkeit allerdings nicht aus Art. 52 Abs. 3 EGRC. Die Frage der Einschränkbarkeit der Menschenwürde nach Art. 52 Abs. 1 EGRC würde sich nur dann nicht stellen, wenn man, wie dies von einzelnen Konventsmitgliedern vorgebracht wurde,[2066] Art. 1 EGRC den Charakter als justiziables (Grund-) Recht abspräche. Dem widersprechen jedoch nicht nur mitgliedstaatliche Verfassungstraditionen wie z.B. die deutsche. In dieser ist die in Art. 1 Abs. 1 GG – an dessen Konzeption sich Art. 1 EGRC anlehnt[2067] – normierte Menschenwürde als oberstes Konstitutionsprinzip und durchsetzbares Recht anerkannt.[2068] Die systematische Stellung des Art. 1 EGRC neben weiteren Grundrechten im Kapitel I der Charta, nicht hingegen in der Präambel, die in ihrer letzten Erwägung die Anerkennung der „*nachstehend aufgeführten Rechte*" durch die Union erklärt, zeigt seine Einordnung als „Muttergrundrecht" in der Charta.[2069]

2064 So i.E. auch *Schmidt*, ZEuS 2002, S. 645-647. Vgl. zur Beschränkbarkeit des Rechts auf körperliche Unversehrtheit bzw. des Art. 3 Abs. 2 EGRC *dies.*, ZEuS 2002, S. 650/651 bzw. 659.

2065 Vgl. hierzu *Rau / Schorkopf*, NJW 2002, S. 2448/2449 m.w.N.; *Schmidt*, ZEuS 2002, S. 640 m.w.N., die jedoch auf den Menschenwürdegehalt des Art. 3 EMRK hinweisen.

2066 Vgl. zu den diesbzgl. Diskussionen im Konvent *Bernsdorff / Borowsky* (Hrsg.), Charta der Grundrechte der EU, S. 142 f. (Sitzung vom 24./25.02.2000), S. 260 f. (Sitzung vom 05./06.06.2000).

2067 So auch *Rau / Schorkopf*, NJW 2002, S. 2449 m.w.N.; *Schmidt*, ZEuS 2002, S. 636; vgl. zu den Hinweisen auf Art. 1 GG und die Rspr. des BVerfG in der Konventsdiskussion *Bernsdorff / Borowsky* (Hrsg.), Charta der Grundrechte der EU, S. 143.

2068 Vgl. BVerfG, 1 BvR 85/62, Beschl. v. 09.01.1963, BVerfGE 15, 249 (255); BVerfG, 1 BvR 34, 55/80, Beschl. v. 19.10.1982, BVerfGE 61, 126 (137).

2069 Dies bestätigen Beiträge der Minderheit der Konventsmitglieder, die auf den Schutz der Menschenwürde gerade wegen der behaupteten fehlenden Justitiabilität nur in der Präambel hinweisen wollten, vgl. *Bernsdorff / Borowsky* (Hrsg.), Charta der Grundrechte der EU, S. 170 (Sitzung vom 20./21.03.2000), sowie die Nachweise in Fn. 2066. Auch die Erläuterungen des Konventspräsidiums zu Art. 1 EGRC (Dok. CHARTE 4473/00 CONVENT 49 v. 11.10.2000, S. 3 = EuGRZ 2000, S. 559) bezeichnen die Würde des Menschen als „Grundrecht". Vgl. auch EuGH, Rs. C-377/98, Niederlande ./. Parlament und Rat, Urt. v. 09.10.2001, EuZW 2001,

Der Beschränkbarkeit der Menschenwürde als Charta-Recht nach Art. 52 Abs. 1 EGRC kann jedoch schon der Wortlaut des Art. 1 S. 1 EGRC entgegengehalten werden. Ein Recht, das „*unantastbar*" ist, erlaubt keine Einschränkungen. Art. 52 Abs. 1 EGRC bedarf dementsprechend einer teleologischen Reduktion. Zum selben Ergebnis kommt eine Interpretation des Art. 1 EGRC nach seinem Regelungszweck im Gesamtsystem der Grundrechte. Die Würde des Menschen, die sich in den übrigen Grundrechten konkretisiert und in ihnen als Kern stets enthalten ist, gehört dem Wesensgehalt aller Charta-Rechte an, in den – und damit in Art. 1 EGRC insgesamt – nach Art. 52 Abs. 1 S. 1 EGRC nicht eingegriffen werden darf.[2070]

Ähnliche Auslegungsansätze müssen auch zu einer schrankenlosen Gewährleistung des Verbots des Menschenhandels (Art. 5 Abs. 3 EGRC) führen, das ebenso wie der Schutz der Menschenwürde in der EMRK kein ausdrückliches Pendant hat.[2071] Hierfür kann zum einen der Wortlaut „*verboten*" angeführt werden, der eine Relativierung ausschließt. Zum anderen legen systematische Erwägungen eine ähnliche Gewichtigkeit des Verbots des Menschenhandels und dessen inhaltliche Nähe zu den – wie eben gezeigt schrankenlos garantierten – Verboten von Sklaverei oder Leibeigenschaft in Art. 5 Abs. 1 EGRC offen.

Dasselbe muss für das Verbot der Kollektivausweisungen (Art. 19 Abs. 1 EGRC) gelten, das ebenfalls nicht Art. 52 Abs. 3 EGRC unterfällt.[2072] Aus dem Wortlaut des Artikels, demzufolge derartige Ausweisungen „*nicht zulässig*" sind, ergibt sich, das dieses Recht keinen Beschränkungen unterliegt.

S. 691 ff. (695 / Rn. 70), wo der Gerichtshof die Beachtung der Menschenwürde als allgemeinen Grundsatz des Gemeinschaftsrechts bzw. „*fundamental right to human dignity*" anerkennt, mit Anmerkungen von *Rau* / *Schorkopf*, NJW 2002, S. 2448 f., sowie *Schmidt*, ZEuS 2002, S. 633 f., 660 f.

2070 Dahingehend auch die Erläuterungen des Konventspräsidiums zu Art. 1 EGRC, Dok. CHARTE 4473/00 CONVENT 49 v. 11.10.2000, S. 3 = EuGRZ 2000, S. 559. Ebenso *Schmidt*, ZEuS 2002, S. 642; *Zimmermann*, EU-Grundrechtecharta, S. 34. Siehe zur Korrektur der systematischen Unzulänglichkeit der Charta mit rechtsvergleichenden Erwägungen, insb. mit Blick auf Art. 1 Abs. 1 GG, *Schmitz*, JZ 2001, S. 842; *Schmidt*, ZEuS 2002, S. 642.

2071 Zur Entsprechung der Rechte in Art. 5 Abs. 3 EGRC und Art. 4 Abs. 1 EMRK siehe aber unten 4. Kapitel.C.V.2.c(3).

2072 Siehe dazu oben 4. Kapitel.C.V.2.a(1), insb. bei Fn. 1814.

V. Ergebnis

Das Zusammenwirken der drei Absätze des Artikels 52, ergänzt um spezielle Regelungen in einzelnen Charta-Rechten, führt zu einem höchst komplexen System zur Bestimmung der Tragweite der verschiedenen Garantien der Charta.[2073] Die allgemeine horizontale Schrankenbestimmung des Art. 52 Abs. 1 EGRC kommt dabei als „Auffangnetz“[2074] nur für diejenigen Charta-Rechte zur Anwendung, für die weder Art. 52 Abs. 2 oder 3 EGRC, noch vertikale Bestimmungen zur Tragweite in einzelnen Charta-Rechten eine spezielle, vorrangige Regelung treffen. Entgegen dem ersten Anschein, den ein Blick in Art. 52 Abs. 1 EGRC erweckt, enthält damit auch die Charta – ebenso wie die meisten anderen Grundrechtskataloge in Europa – im Ergebnis keine einheitliche, für alle ihre Rechte geltende Schrankenbestimmung.[2075]

Die verschiedenen, zu Art. 52 Abs. 1 EGRC speziellen Normen zur Tragweite der Charta-Rechte kommen bei einem Zusammentreffen im Rahmen einer einzelnen Garantie kumulativ zur Anwendung. Hingegen trifft keine der Bestimmungen der Charta zur Tragweite ihrer Rechte eine Regelung für Grundrechtskollisionen im Rahmen mehrpoliger Grundrechtsverhältnisse. In diesen Fällen muss der Schutzumfang der betroffenen Charta-Rechte durch eine Güterabwägung unter Berücksichtigung der besonderen Umstände des Einzelfalls ermittelt werden.

E. Bewertung der Regelungen der Charta zu ihrer Tragweite *ratione materiae*

I. Einführung

Das von der Charta garantierte Niveau des Grundrechtsschutzes ist für die Akzeptanz des neuen Grundrechtskatalogs der Europäischen Union von zentraler Bedeutung. Der Schutzstandard eines solchen Katalogs ist besonders an einer präzisen Festlegung der Reichweite der gewährten Grundrechte, d.h. insbesondere ihrer Schranken und Schranken-Schranken, zu messen.[2076]

2073 Vgl. *Grabenwarter*, in: *Cremer / Giegerich u.a.* (Hrsg.), Tradition und Weltoffenheit des Rechts, FS f. *Steinberger*, S. 1139.

2074 Siehe den Nachweis in Fn. 2073.

2075 Im Ergebnis ebenso *Grabenwarter*, in: *Cremer / Giegerich u.a.* (Hrsg.), Tradition und Weltoffenheit des Rechts, FS f. *Steinberger*, S. 1138 f.

2076 Siehe schon *Preuß*, KJ 31 (1998), S. 8 f.; *Triantafyllou*, Vom Vertrags- zum Gesetzesvorbehalt, S. 173; *Kenntner*, ZRP 2000, S. 424; *Schwarze*, NJW 2002, S. 996.

Erst diese bestimmen das tatsächliche Maß des Schutzes der *prima facie* in einer Grundrechtsordnung gewährten, also vom Schutzbereich eines Grundrechts erfassten Freiheit.[2077]

Die Charta gestaltet die Tragweite *ratione materiae* der in ihr enthaltenen Rechte durch ein komplexes System an Regelungen aus, das ersichtlich bemüht ist, Rücksicht nach allen Seiten zu nehmen. Dieser Regelungskomplex, bestehend aus den in den Allgemeinen Bestimmungen des Kapitels VII enthaltenen Artikeln 52-54 sowie einzelnen speziellen Regelungen zur Tragweite in einigen Grundrechten der Charta, spiegelt in besonderem Maße den Kompromisscharakter des Charta-Textes insgesamt wider.

Seine folgende Bewertung muss vor dem Hintergrund der mit der Grundrechtecharta als Ganzes verknüpften Ziele und Erwartungen erfolgen. Im Mittelpunkt steht hier das dem Konvent vom Europäischen Rat in Köln erteilte Mandat, die bestehenden Grundrechte auf Gemeinschaftsebene in einer Charta sichtbar zu verankern.[2078] Mit der lange geforderten Kodifizierung der Grundrechte ist überdies vielfach der Wunsch der Gewährleistung eines intensiveren Grundrechtsschutzes durch die Gemeinschaftsgerichte EuGH und EuG verbunden.[2079] Deren Kontrolldichte war bei der Überprüfung möglicher Verletzungen der ungeschriebenen Gemeinschaftsgrundrechte teils auf erhebliche – wenn auch im Wesentlichen unbegründete[2080] – Kritik gestoßen.[2081]

Schließlich muss sich die Charta möglichst reibungslos in das bestehende System des Grundrechtsschutzes auf europäischer Ebene einordnen.

2077 Vgl. *Nettesheim*, INTEGRATION 2002, S. 40; *Schmitz*, JZ 2001, S. 838.

2078 Vgl. Europäischer Rat (Köln), Anhang IV zu den Schlussfolgerungen des Vorsitzes, Bull. EU 6-1999, S. 39 = EuGRZ 1999, S. 364.

2079 Siehe dazu bereits oben 4. Kapitel.B.I.3.b, insb. die Nachweise in Fn. 1379.

2080 Dementsprechend halten nicht wenige einen Grundrechtskatalog allein für die – vorhandene – Effektivität des Grundrechtsschutzes in der EU nicht für unabdingbar, vgl. z.B. *Pernice*, in: *Dreier* (Hrsg.), GG, Bd. 2, Art. 23, Rn. 79; *Schwarze*, NJW 2002, S. 996.

2081 Siehe zum Ganzen eingehend oben 4. Kapitel.B.I.3.; *Schwarze*, NJW 2002, S. 996.

II. Die allgemeine horizontale Schrankenbestimmung

1. Unzeitgemäße Einheitsschranke?

Von sämtlichen Vorschriften der Charta ist die horizontale Schrankenbestimmung in Art. 52 Abs. 1 EGRC wohl diejenige, die im Schrifttum am häufigsten Widerspruch erfahren hat.[2082] Mit einer Einheitsschranke bleibe die Charta den Kritikern zufolge in einem bedeutenden Gesichtspunkt hinter dem Stand der Grundrechtsentwicklung in Europa zurück.[2083] Dort statten moderne Grundrechtskataloge wie die EMRK und zahlreiche mitgliedstaatliche Verfassungen wie beispielsweise das deutsche Grundgesetz[2084] regelmäßig jedes Grundrecht mit einem spezifischen, auf es zugeschnittenen Einschränkungsvorbehalt aus.[2085] Ein allgemeiner, für alle Grundrechte geltender Einschränkungsvorbehalt, wie ihn bespielsweise noch die Allgemeine Erklärung der Menschenrechte der Vereinten Nationen vom 10.12.1948[2086] in Artikel 29 Abs. 2 enthält, sei demgegenüber nicht mehr zeitgemäß.[2087]

2082 Vgl. beispielhaft *Hohmann*, APuZ B 52-53/2000, S. 11-12; *Magiera*, DÖV 2000, S. 1026; *Schmitz*, JZ 2001, S. 838, 843; *Nettesheim*, INTEGRATION 2002, S. 40; *Eisner*, Die Schrankenregelung der Grundrechtecharta, S. 259 f.; zu einer Vorfassung des Art. 52 Abs. 1 EGRC auch *Kenntner*, ZRP 2000, S. 424 f.

2083 So *Schmitz*, JZ 2001, S. 838; ähnlich *Magiera*, DÖV 2000, S. 1022, 1026; *Mahrenholz*, JöR 49 (2001), S. 27.

2084 Vgl. – neben den generellen Voraussetzungen in Art. 19 Abs. 1 und 2 GG – die speziellen Eingriffsvoraussetzugen in Art. 1-18 GG. Grundrechtsspezifische Schranken finden sich außerdem z.B. in der Griechischen Verfassung von 1975 (Zweiter Teil, Art. 4 ff.), der Spanischen Verfassung von 1978 (Titel I, Art. 10 ff.) und der Polnischen Verfassung von 1997 (Kap. II, Art. 30 ff.), vgl. dazu *Schmitz*, JZ 2001, S. 838 (dort Fn. 50). Die griechische Verfassung (einschließlich einer englischen Übersetzung) findet sich in *Flanz* (Hrsg.), Constitutions of the Countries of the World, Bd. VII, die spanische Verfassung a.a.O., Bd. XVII, und die polnische Verfassung a.a.O., Bd. XV.

2085 Dies betonen z.B. *Kenntner*, ZRP 2000, S. 424/425; *Hohmann*, APuZ B 52-53/2000, S. 11/12; *Magiera*, DÖV 2000, S. 1022; *Schmitz*, JZ 2001, S. 838; *Mahrenholz*, JöR 49 (2001), S. 27; zur Problematik näher *Groppi*, in: *Bifulco / Cartabia / Celotto* (Hrsg.), Commento alla Carta dei diritti fondamentali dell'Unione Europea, Art. 52, S. 353-354.

2086 Abgedruckt in: Sartorius II, Nr. 19.

2087 Vgl. *Hohmann*, APuZ B 52-53/2000, S. 12; *Schmitz*, JZ 2001, S. 838, 843, der außerdem bemängelt, dass die zentrale Schrankenregelung nicht auf Vertrauensschutz und

Dem ist jedoch entgegenzuhalten, dass es in Europa durchaus Verfassungen teils neuesten Datums gibt, welche die in ihr enthaltenen Grundrechte unter eine einheitliche allgemeine Schranke stellen. Ein Beispiel hierfür ist die am 1. Januar 2000 in Kraft getretene neue Bundesverfassung der Schweizerischen Eidgenossenschaft.[2088] Diese knüpft in ihrem Artikel 36 einen zulässigen Eingriff in die in den Artikeln 7-34 niedergelegten Grundrechte an das Vorliegen einer gesetzlichen Grundlage, die Verfolgung eines legitimen Ziels, die Verhältnismäßigkeit der Maßnahme sowie die Gewährleistung des Kerngehalts des jeweiligen Grundrechts.[2089] Diese Voraussetzungen sind den in Art. 52 Abs. 1 EGRC normierten ersichtlich ähnlich,[2090] und sogar noch weiter gefasst. Ebenso enthält Artikel 15 Abs. 3 der Verfassung der Republik Slowenien vom 23. Dezember 1991 auch eine allgemeine Schrankenbestimmung.[2091]

Die horizontale Schrankenbestimmung orientiert sich überdies erkennbar an den in der Rechtsprechung des EuGH entwickelten Schranken der ungeschriebenen Gemeinschaftsgrundrechte.[2092] In Bezug auf die an eine

---

Rückwirkungsverbot eingeht (a.a.O., S. 838, dort Fn. 53); in diese Richtung auch *Tomuschat*, F.A.Z. Nr. 181 v. 07.08.2000, S. 13.

2088 Der Verfassungstext findet sich kommentiert z.B. in: *Ehrenzeller u.a.* (Hrsg.), Kommentar zur schweizerischen Bundesverfassung, S. 3 ff.; einen Überblick zu den Neuerungen in der schweizerischen Bundesverfassung bieten *Koller / Biaggini*, EuGRZ 2000, S. 337-345; *Schweizer*, JöR 48 (2000), S. 263-280.

2089 Zur Entstehungsgeschichte und Wirkungsweise der allgemeinen Schrankenregelung näher *Schweizer*, in: *Ehrenzeller u.a.* (Hrsg.), Kommentar zur schweizerischen Bundesverfassung, Art. 36, Rn. 1-9; *Koller / Biaggini*, EuGRZ 2000, S. 343, 344; *Schweizer*, JöR 48 (2000), S. 271 f. Dazu auch *Weber*, NJW 2000, S. 543; *v. Bogdandy*, JZ 2001, S. 168. Dies sieht auch *Schmitz*, JZ 2001, S. 838 (dort Fn. 50, 53).

2090 So z.B. *Weber*, in: *Bremische Bürgerschaft* (Hrsg.), Charta der Grundrechte, S. 15; *v. Bogdandy*, JZ 2001, S. 168; *Schmitz*, JZ 2001, S. 838 (dort Fn. 53).

2091 Artikel 15 Abs. 3 der slowenischen Verfassung lautet: „*Die Menschenrechte und Grundfreiheiten werden nur durch die Rechte anderer und in den durch die Verfassung bestimmten Fällen eingeschränkt.*" Der Text der Verfassung in deutscher Übersetzung findet sich bei *Roggemann*, Die Verfassungen Mittel- und Osteuropas, S. 899 ff. (insb. S. 903). Vgl. dazu auch *Weber*, NJW 2000, S. 543 (dort insb. Fn. 81 f.) m.w.N. Siehe zu weiteren außereuropäischen Beispielen, wie der kanadischen oder südafrikanischen Verfassung, auch *Weber*, in: *Bremische Bürgerschaft* (Hrsg.), Charta der Grundrechte, S. 15.

2092 Siehe dazu im Einzelnen oben 4. Kapitel.B.II.2.a, b, und 4. Kapitel.B.III.1, 3; ebenso *Mahlmann*, ZEuS 2000, S. 439; *Vitorino*, RTDE 2001, S. 47/48; *Schwarze*, EuZW 2001, S. 519, 521; *Schwarze*, in: *Schwarze* (Hrsg.), Wirtschaftsverfassungsrechtliche Garantien im Binnenmarkt, S. 106/107, 111/112; *Schmitz*, JZ 2001, S. 838.

Grundrechtsbeschränkung vom Gerichtshof gestellten materiell-rechtlichen Anforderungen bestand bisher aber weitgehend Einigkeit, dass diese durchaus dem Schutzniveau ihrer – meist spezielle Schrankenbestimmungen enthaltenden[2093] – Rechtserkenntisquellen gleichkommen.[2094] Die Kritik an der EuGH-Rechtsprechung entzündete sich vielmehr an der Anwendung der Beschränkungsvoraussetzungen, speziell der Intensität der Überprüfung an ihren Maßstäben im konkreten Fall.[2095]

Erfahrungen in der Spruchpraxis europäischer Gerichte zeigen außerdem, dass sich auch dort, wo spezifische Schrankenbestimmungen für die einzelnen Grundrechte existieren, die allgemeinen Beschränkungsvoraussetzungen einer hinreichenden gesetzlichen Grundlage und besonders der Verhältnismäßigkeit des Grundrechtseingriffs zu den entscheidenden Maßstäben bei der Prüfung der Rechtmäßigkeit eines Grundrechtseingriffs entwickelt haben.[2096] So haben die Straßburger Organe in ihrer Rechtsprechung die grundrechtsspezifischen Schranken der EMRK trotz ihres unterschiedlichen Wortlautes inhaltlich immer stärker aneinander angenähert.[2097] Auch in der deutschen Verfassungspraxis und -lehre zeichnet sich eine Tendenz zur Aufgabe der jeweils unterschiedlichen Ausformung der speziellen Schrankenbestimmungen der Grundrechte des Grundgesetzes zugunsten einer einheitlichen Überprüfung grundrechtsbeschränkender Maßnahmen am Maßstab des Grundsatzes der Verhältnismäßigkeit ab.[2098] Vor diesem Hintergrund muss

---

2093 Vgl. dazu *Weber*, NJW 2000, S. 543 m.w.N.

2094 Siehe dazu bereits eingehend oben 4. Kapitel.B.I.3.a, insb. die Nachweise in Fn. 1344.

2095 Siehe dazu ausführlich oben 4. Kapitel.B.I.3.a.

2096 Vgl. dazu *v. Bogdandy*, JZ 2001, S. 168; *Pache*, EuR 2001, S. 489; *Schwarze*, EuZW 2001, S. 521; *Schwarze*, in: *Schwarze* (Hrsg.), Wirtschaftsverfassungsrechtliche Garantien im Binnenmarkt, S. 112; *Grabenwarter*, in: *Cremer / Giegerich u.a.* (Hrsg.), Tradition und Weltoffenheit des Rechts, FS f. *Steinberger*, S. 1139.

2097 Vgl. dazu *Engel*, ZUM 2000, S. 993 m.w.N.

2098 Vgl. dazu *v. Bogdandy*, JZ 2001, S. 168 m.w.N.; *Schwarze*, EuZW 2001, S. 521 m.w.N.; *Schwarze*, in: *Schwarze* (Hrsg.), Wirtschaftsverfassungsrechtliche Garantien im Binnenmarkt, S. 112 m.w.N., der als Beispiel die Garantie der Berufsfreiheit in Art. 12 GG anführt, bei welcher der in Form der sog. Dreistufentheorie (vgl. grundlegend BVerfG, 1 BvR 596/56, Urt. v. 11.06.1958, BVerfGE 7, 377 (405 ff.) (Apotheken)) besonders ausgeformte Schrankenvorbehalt zunehmend zu Gunsten einer Verhältnismäßigkeitsprüfung aufgegeben worden ist. Differenzierend *Nettesheim*, INTEGRATION 2002, S. 40, 47 (dort Anm. 16). Vgl. zum Ganzen auch *Hesse*, Verfassungsrecht, § 12 I 9, Rn. 422 a.E.

der Vorwurf, die in Art. 52 Abs. 1 der Charta kodifizierte horizontale Schrankenbestimmung sei nicht mehr zeitgemäß, zurückgewiesen werden.

Insbesondere aber darf nicht übersehen werden, dass die allgemeine Schrankenbestimmung des Art. 52 Abs. 1 EGRC wie gezeigt[2099] nur dann zur Anwendung kommt, wenn sie nicht von einer der zahlreichen speziellen Bestimmungen der Charta zur Tragweite *ratione materiae* verdrängt wird.[2100] Angesichts der Tatsache, dass etwa die Hälfte der in der Charta garantierten Rechte einer dieser speziellen Schrankenregelungen unterfällt,[2101] kann von einheitlichen Beschränkungsvoraussetzungen für alle Garantien der Charta tatsächlich keine Rede sein.

Hinzu kommt, dass der tatsächlich verbleibende Anwendungsbereich der allgemeinen Schrankenbestimmung auf die übrigen, keiner speziellen Schrankenregelung unterfallenden Grundrechtsgewährleistungen konkretisierungsbedürftig verbleibt. So bereitet die Anwendung des Art. 52 Abs. 1 EGRC auf die wenigen Freiheitsrechte, die nicht der speziellen Schrankenregelung des Art. 52 Abs. 3 EGRC unterfallen (dies sind die Rechte auf Berufsfreiheit des Art. 15 Abs. 1 EGRC sowie teilweise das Recht auf körperliche Unversehrtheit des Art. 3 EGRC),[2102] zwar keine Probleme.

Demgegenüber ist das Ob, und gegebenenfalls das Wie der Anwendbarkeit der ersichtlich auf Freiheitsgrundrechte in ihrer abwehrrechtlichen Dimension zugeschnittenen allgemeinen Schrankenbestimmung auf Gleichheitsrechte und vor allem die sozialen Grundrechte der Charta unklar. So steht bei den Gleichheitsrechten, von denen Art. 20 und 21 EGRC insoweit, als sie über Art. 14 EMRK hinausgehen, grundsätzlich Art. 52 Abs. 1 EGRC unterfallen, nicht das Maß ihrer Einschränkbarkeit, sondern das Vorhandensein eines sachlichen Grundes für eine Ungleichbehandlung im Vordergrund.[2103] Allerdings läuft auch die Kontrolle der Vereinbarkeit einer Maßnahme mit Gleichheitsgrundrechten im Ergebnis auf eine – in Art. 52 Abs. 1 EGRC ver-

---

2099 Siehe dazu oben 4. Kapitel.D.II.1.

2100 Dies sieht auch *Schmitz*, JZ 2001, S. 838.

2101 Siehe dazu die Nachweise zu den einzelnen Charta-Rechten in Fn. 2011, 2021, 2027.

2102 Siehe dazu die soeben in Fn. 2101 genannten Nachweise.

2103 Vergleichbar für die Rechtsgleichheit in der neuen schweizerischen Bundesverfassung *Schweizer*, in: *Ehrenzeller u.a.* (Hrsg.), Kommentar zur schweizerischen Bundesverfassung, Art. 8, Rn. 17 bzw. für das Willkürverbot in genannter Verfassung *Rohner*, in: *Ehrenzeller u.a.* (Hrsg.), Kommentar zur schweizerischen Bundesverfassung, Art. 9, Rn. 14.

ankerte – Verhältnismäßigkeitsprüfung hinaus. Eine Ungleichbehandlung vergleichbarer Personengruppen muss danach einen legitimen Zweck verfolgen, und hierfür geeignet, notwendig und angemessen sein.[2104]

Die in den Art. 24-26 EGRC niedergelegten Rechte von Kindern, älteren Menschen und Menschen mit Behinderung, für die keine spezielle Schrankenbestimmung gilt, zielen in erster Linie auf hoheitliche Schutz- und Förderungsmaßnahmen ab. Dasselbe gilt für die sozialen Rechte wie Art. 29, 31-33 EGRC, die den Zugang zum Arbeitsmarkt und Arbeitsbedingungen betreffen. Für die Kontrolle, ob der jeweils Grundrechtsverpflichtete diesen Rechten entsprochen hat, eignet sich der Prüfungsmaßstab der allgemeinen Schrankenbestimmung jedoch nicht.[2105]

Auf die in der Charta niedergelegten Grundsätze (Art. 35 S. 2, 37, 38 EGRC), die als solche keine subjektiven Rechte niederlegen, ist die allgemeine Bestimmung zur Einschränkung der Charta-*Rechte* ebenfalls nicht anwendbar.[2106]

Infolgedessen verbleibt der allgemeinen Schrankenregelung insgesamt jedenfalls nur ein beschränkter Anwendungsbereich.

2. Fehlende Differenzierung zwischen den Grundrechten nach ihrer Bedeutung und Gewichtigkeit?

Die allgemeine Schrankenbestimmung in Artikel 52 Abs. 1 der Charta hat neben dem Vorwurf ihrer Rückschrittlichkeit im Rahmen der europäischen Verfassungstradition gewichtigen inhaltlichen Widerspruch erfahren. So ist sie vielen ihrer Kritiker zu weit gefasst und zu unbestimmt, und kann

---

2104 So z.B. EuGH, Rs. C-309/89, Codorniu SA ./. Rat, Urt. v. 18.05.1994, Slg. 1994, S. I-1853 ff. (1887 / 26); siehe auch EuGH, Rs. C-292/97, Kjell Karlsson u.a. ./. Jordbruksverk, Urt. v. 13.04.2000, EuGRZ 2000, S. 524 ff. (528 / Rn. 45), wo der Gerichtshof die in seiner Rechtsprechung entwickelte allgemeine Schranke unverändert auch bei der Prüfung des allgemeinen Gleichheitssatzes heranzieht.

2105 Vergleichbar im Hinblick auf den Anwendungsbereich der allgemeinen Schrankenbestimmung in Art. 36 der neuen schweizerischen Bundesverfassung auf soziale Leistungsansprüche *Schweizer*, in: *Ehrenzeller u.a.* (Hrsg.), Kommentar zur schweizerischen Bundesverfassung, Art. 36, Rn. 7. A.A. *Borowsky*, in: *Meyer* (Hrsg.), Charta-Kommentar, Art. 52 EGRC, Rn. 15.

2106 Ebenso *Borowsky*, in: *Meyer* (Hrsg.), Charta-Kommentar, Art. 52 EGRC, Rn. 17.

deshalb die erforderliche Rechtssicherheit und -klarheit nicht gewährleisten.[2107]

Vor allem aber bedauern nicht wenige, dass der Charta durch die horizontale Schrankenklausel ein System der Schrankenziehung, das zwischen dem spezifischen Charakter und der Gewichtigkeit der einzelnen Grundrechte angemessen differenziert, fehlt.[2108] Der Respekt des Grundrechtsgebers vor der jeweiligen Grundrechtsverbürgung, auf den die Bürger einen Anspruch haben, gebiete eine Festlegung spezieller, auf die einzelne Gewährleistung zugeschnittener Beschränkungsvoraussetzungen.[2109] Diese gäben der Freiheit im verfassten Gemeinwesen als grundrechtspolitische Vorentscheidungen, die sich in ihnen manifestierten, ein Gesicht, und bildeten so einen wichtigen Teil der Identität dieses Gemeinwesens.[2110] Auch die Europäische Union benötige als Integrationsverband eine Grundrechtsordnung mit speziellen Schrankenregelungen, in der sich ein Stück eigener, die Mitgliedstaaten verbindender Identität entfalte.[2111]

Der EuGH habe in seiner Rechtsprechung zu den ungeschriebenen Gemeinschaftsgrundrechten wegen der funktionalrechtlichen Grenzen der rechtsprechenden Gewalt keine grundrechtsspezifische Differenzierung der Einschränkungsvoraussetzungen, die verfassungspolitische Entscheidungen erfordert, entwickeln können.[2112] Gerade vor dem Hintergrund der häufig bemängelten Schwächen seiner Rechtsprechung bei der konkreten Prüfung der Rechtfertigung von Eingriffen in Gemeinschaftsgrundrechte erscheine der Verzicht auf eine genauere Ausgestaltung der Schranken in der Charta, und die Verweigerung der dazu erforderlichen grundrechtspolitischen Vorentscheidungen bedenklich.[2113] Die Verfasser der Charta hätten die Gelegen-

---

2107 So z.B. *Magiera*, DÖV 2000, S. 1026; *Nettesheim*, INTEGRATION 2002, S. 40; ähnlich *Tomuschat*, F.A.Z. Nr. 181 v. 07.08.2000, S. 13; zu einer – noch weiteren – Vorfassung des Art. 52 Abs. 1 EGRC auch *Kenntner*, ZRP 2000, S. 425.

2108 So z.B. *Sporn*, ZUM 2000, S. 544; *Magiera*, DÖV 2000, S. 1026; *Schmitz*, JZ 2001, S. 838; *Nettesheim*, INTEGRATION 2002, S. 40. Vgl. zur Notwendigkeit spezieller Schrankenbestimmungen in einem Grundrechtskatalog der EU bereits *Preuß*, KJ 31 (1998), S. 8-10.

2109 So *Mahrenholz*, JöR 49 (2001), S. 27.

2110 So *Schmitz*, JZ 2001, S. 838.

2111 So prinzipiell schon *Preuß*, KJ 31 (1998), S. 8; *Schmitz*, JZ 2001, S. 838.

2112 So *Schmitz*, JZ 2001, S. 838.

2113 So z.B. *Hohmann*, APuZ B 52-53/2000, S. 12; *Pache*, EuR 2001, S. 487-489; *Schmitz*, JZ 2001, S. 838; *Nettesheim*, INTEGRATION 2002, S. 40.

heit verpasst, dem Gerichtshof auf diese Weise eine normative Grundlage an die Hand zu geben, die erforderlichen strengeren Anforderungen an die konkrete Grundrechtsbeschränkung zu stellen.[2114]

Diese inhaltliche Kritik an der allgemeinen Schrankenbestimmung der Charta ist ernstzunehmen. Den Grundrechten als den jeder Hoheitsgewalt vorausliegenden Rechten des Individuums gebührt bei ihrer Beschränkung durch diese Hoheitsgewalt eine angemessene, ihren spezifischen Charakter und ihre Bedeutung berücksichtigende Rechtfertigung.[2115]

Bei Betrachtung der konkreten Ausgestaltung der allgemeinen Schrankenbestimmung, der Bestimmungen zur Tragweite der Charta-Rechte insgesamt, der Rechtsquellen und Hintergründe der Schaffung der allgemeinen Schrankenbestimmung, und bei Berücksichtigung der Entwicklung der Spruchpraxis europäischer Gerichte muss diese Kritik jedoch weitgehend relativiert werden.

Schon eine Analyse der in der horizontalen Schrankenbestimmung des Art. 52 Abs. 1 EGRC an eine Grundrechtsbeschränkung gestellten Anforderungen zeigt, dass die Charta neben den dafür in der Rechtsprechung des EuGH entwickelten Voraussetzungen bewusst an die in den speziellen Schranken der EMRK[2116] niedergelegten Bedingungen anknüpft.[2117] Die allgemeine Schrankenregel der Charta erreicht so ein gegenüber der vom EuGH entwickelten Schranke höheres Maß an Präzision. Dies gilt z.B. für die der Konvention entstammende Bestimmung, dass Grundrechtseinschränkungen nur vorgenommen werden dürfen, wenn sie „*den Erfordernissen des Schutzes der Rechte und Freiheiten anderer tatsächlich entsprechen*" (Art. 52 Abs. 1 S. 2 EGRC).[2118]

Insbesondere nimmt der Charta-Artikel zusätzlich zu dem der EuGH-Rechtsprechung entstammenden Kriterium der Verhältnismäßigkeit das Erfordernis der Notwendigkeit der Grundrechtsbeschränkung aus den Schran-

2114 So *Pache*, EuR 2001, S. 490.

2115 Vgl. zu diesem Grundrechtsbegriff *Pieroth / Schlink*, Grundrechte, § 2 VI, Rn. 43-45.

2116 Vgl. insbesondere die jeweiligen Absätze 2 der Art. 8-11 EMRK.

2117 Siehe dazu eingehend oben 4. Kapitel.B.II.2; ebenso *Grabenwarter*, DVBl. 2001, S. 2; *Calliess*, EuZW 2001, S. 264; *Weber*, in: *Weber* (Hrsg.), Charta der Grundrechte, S. 14; *Calliess*, in: *Ehlers* (Hrsg.), Europäische Grundrechte und Grundfreiheiten, § 19 II 2, Rn. 15; *Grabenwarter*, in: *Cremer / Giegerich u.a.* (Hrsg.), Tradition und Weltoffenheit des Rechts, FS f. *Steinberger*, S. 1138.

2118 Siehe dazu bereits oben 4. Kapitel.B.II.2.c(1).

ken- (Schranken-) Bestimmungen der EMRK in Art. 52 Abs. 1 S. 2 EGRC auf.[2119] Durch die gezielte Anknüpfung an das Notwendigkeitserfordernis der Konvention, das der EGMR in seiner Rechtsprechung im Wesentlichen als einen strengen Anforderungen unterliegenden Grundsatz der Verhältnismäßigkeit interpretiert, unterstreicht Art. 52 Abs. 1 EGRC den Ausnahmecharakter einer Grundrechtsbeschränkung.[2120] Er hebt die Anforderungen an eine Grundrechtsbeschränkung dadurch gerade für die das Niveau des Grundrechtsschutzes entscheidend bestimmende Komponente der Verhältnismäßigkeit.[2121] Inhaltlich unterscheidet sich damit schon das Schutzniveau der allgemeinen Schrankenbestimmung der Charta, entsprechend dem Willen des Konvents,[2122] nicht von dem in den speziellen Schrankenregeln der EMRK garantierten Standard.[2123]

Eine Gesamtbetrachtung der Bestimmungen der Charta zur Tragweite ihrer Rechte offenbart außerdem, dass etwa die Hälfte der Charta-Garantien durchaus speziellen Schranken unterliegt.[2124] In diesen manifestiert sich allerdings nicht die teils geforderte neue, gemeinschaftseigene Zuordnung der Wertigkeit des jeweiligen Grundrechts im Verhältnis zu dem Gemeinschaftsgut, zu dessen Schutz das Grundrecht eingeschränkt werden kann. Die Charta verweist nämlich lediglich auf bestehende Schranken in anderen Grundrechtskatalogen bzw. im gemeinschaftlichen Primärrecht.[2125]

Dies ist allerdings maßgeblich auf die Rechtserkenntnisquellen der Charta-Garantien zurückzuführen, welche die Verfasser der Charta nach dem ih-

---

2119 Siehe hierzu oben 4. Kapitel.B.III.2.

2120 Vgl. dazu eingehend oben 4. Kapitel.B.III.2.

2121 Zu Letzterem bereits soeben 4. Kapitel.E.II.1, insb. die Nachweise in Fn. 2096.

2122 Vgl. dazu bereits oben 4. Kapitel.B.II.1; sowie *Vitorino*, RTDE 2001, S. 47-48.

2123 So z.B. *Vitorino*, RTDE 2001, S. 48; *Grabenwarter*, in: *Cremer / Giegerich u.a.* (Hrsg.), Tradition und Weltoffenheit des Rechts, FS f. *Steinberger*, S. 1138; in diese Richtung auch *Schwarze*, EuZW 2001, S. 521; *Schwarze*, in: *Schwarze* (Hrsg.), Wirtschaftsverfassungsrechtliche Garantien im Binnenmarkt, S. 111/112; zweifelnd *Mahlmann*, ZEuS 2000, S. 439. Vgl. allgemein zu Gesetzesvorbehalten in internationalen Menschenrechtskatalogen, die auch im Falle der Zuordnung zu Einzelgewährleistungen vielfach nach dem Grundmuster eines allgemeinen Gesetzesvorbehaltes gestaltet sind, *Sachs*, in: *Stern*, Staatsrecht, Bd. III/2, § 80 I 2, S. 381 f.

2124 Siehe dazu bereits soeben 4. Kapitel.E.II.1., insb. die Nachweise in Fn. 2101.

2125 Siehe zu Letzteren eingehend oben 4. Kapitel.C.

nen erteilten Mandat[2126] zu berücksichtigen hatten.[2127] Die danach maßgebliche EMRK und die gemeinsamen Verfassungsüberlieferungen der Mitgliedstaaten enthalten höchst unterschiedliche Maßstäbe für die an eine Grundrechtsbeschränkung zu stellenden Voraussetzungen.[2128] Bestätigt wird die daraus resultierende Schwierigkeit, gemeinschaftseigene grundrechtsspezifische Beschränkungsvoraussetzungen festzuschreiben, durch die ebenfalls einzubeziehende bisherige Grundrechtsrechtsprechung des EuGH. Dieser hat schon aus diesem Grund wie die Charta einheitliche Voraussetzungen für eine Grundrechtsbeschränkung entwickelt.[2129] Unter diesen Umständen scheint der vom Konvent eingeschlagene Weg, eine allgemeine Schrankenbestimmung festzuschreiben und daneben insbesondere auf die Schranken der EMRK in ihrer engen Auslegung durch die Rechtsprechung des EGMR zurückzugreifen, als naheliegende und gut vertretbare Bewältigung der Schrankenproblematik.[2130] Dies gilt nicht nur wegen des großen Zeitdrucks, unter dem sich der Konvent auf einen Grundrechtskatalog einigen musste.

Die allgemeine Schrankenbestimmung entspricht nicht zuletzt der bereits gezeigten Tendenz in der Rechtsprechung des EGMR und der mitgliedstaatlichen Verfassungsgerichte, die Voraussetzungen existierender grundrechtsspezifischer Schrankenbestimmungen aneinander anzugleichen und die Verhält-

---

2126 Vgl. Europäischer Rat (Köln), Anhang IV zu den Schlussfolgerungen des Vorsitzes, Bull. EU 6-1999, S. 39 = EuGRZ 1999, S. 364.

2127 So auch *Weber*, GYIL 43 (2000), S. 113/114; *ders.*, in: *Bremische Bürgerschaft* (Hrsg.), Charta der Grundrechte, S. 15.

2128 Auf die unterschiedlichen Schrankenbestimmungen der Grundrechte in den Verfassungen der Mitgliedstaaten machte bereits *Starck*, EuGRZ 1981, S. 549, 550, aufmerksam. Dies betont ebenso *Weber*, GYIL 43 (2000), S. 113/114, der ausführt, dass die Funktionen mitgliedstaatlicher Gesetzesvorbehalte z.B. zwischen Beschränkungen des Anwendungsbereichs und der Ausübung der jeweiligen Rechte und ihrer vorübergehenden Suspendierung variieren können. Ähnlich *ders.*, in: *Bremische Bürgerschaft* (Hrsg.), Charta der Grundrechte, S. 15.

2129 Vgl. auch *Weber*, NJW 2000, S. 543, der das Fehlen einer differenzierten Schrankensystematik in der Gemeinschaftsrechtsordnung zusätzlich darauf zurückführt, dass die Gemeinschaftsgesetzgebung den strikten, der innerstaatlichen Gewaltenteilung verpflichteten Gesetzesvorbehalt nicht kennt (vgl. dazu auch oben 4. Kapitel.B.I.1.a, 4. Kapitel.B.II.2.a); ihm zufolge ist es deshalb nicht sinnvoll, die Gemeinwohlvorbehalte bei jedem Grundrecht einzeln zu spezifizieren.

2130 Im Ergebnis ebenso *Weber*, NJW 2000, S. 543; *ders.*, GYIL 43 (2000), S. 114; *ders.*, in: *Bremische Bürgerschaft* (Hrsg.), Charta der Grundrechte, S. 15; *Schwarze*, EuZW 2001, S. 521; *ders.*, in: *Schwarze* (Hrsg.), Wirtschaftsverfassungsrechtliche Garantien im Binnenmarkt, S. 112.

nismäßigkeit des Grundrechtseingriffs zum entscheidenden Maßstab seiner Rechtmäßigkeit zu erheben.[2131] Sie greift diese Entwicklung, ähnlich wie andere neuere Grundrechtskataloge, auf.[2132]

3. Ergebnis

Bei Berücksichtigung der dargestellten Gegebenheiten, einschließlich der Entwicklungen in der Kodifizierung und der Spruchpraxis zu den Grundrechtsschranken in Europa, erscheint die vom Konvent festgeschriebene allgemeine Schrankenbestimmung des Art. 52 Abs. 1 EGRC als gut vertretbare Lösung der Schrankenproblematik.[2133] Durch ihre im Verhältnis zu der in der EuGH-Rechtsprechung entwickelten allgemeinen Schrankenregelung höhere Präzision und ihre teils strengeren Anforderungen, sowie durch ihre Ergänzung durch spezielle Schrankenbestimmungen in der Charta wird eine gewisse Anhebung des Schutzniveaus der Grundrechte auf Gemeinschaftsebene durchaus ermöglicht.[2134] Längerfristig sollten die Mitgliedstaaten allerdings im Wege der dazu nötigen Vertragsänderungen den Ausbau des Gesetzesvorbehalts in Art. 52 Abs. 1 EGRC zu einem formellen Gesetzesvorbehalt ermöglichen.[2135]

III. Die Regelung des Schutzniveaus und das Verbot des Rechtsmissbrauchs

Das in Artikel 54 der Charta niedergelegte Verbot des Missbrauchs der Charta-Rechte knüpft in begrüßenswert klarer Weise an die ihm als Vorbild dienende Bestimmung des Art. 17 EMRK an. Als Instrument einer streitbaren Demokratie ergänzt es die Regelungen zur Tragweite der Charta-Rechte

---

[2131] Siehe dazu soeben 4. Kapitel.E.II.1.

[2132] Dazu bereits soeben 4. Kapitel.E.II.1.

[2133] So i.E. auch *Weber*, in: *Bremische Bürgerschaft* (Hrsg.), Charta der Grundrechte, S. 15; *v. Bogdandy*, JZ 2001, S. 168; *Lenaerts / de Smijter*, CML Rev. 38 (2001), S. 284; *Schwarze*, EuZW 2001, S. 521; *Schwarze*, in: *Schwarze* (Hrsg.), Wirtschaftsverfassungsrechtliche Garantien im Binnenmarkt, S. 112; *Grabenwarter*, in: *Cremer / Giegerich u.a.* (Hrsg.), Tradition und Weltoffenheit des Rechts, FS f. *Steinberger*, S. 1139.

[2134] So i.E. auch *Beutler*, in: *Beutler / Bieber u.a.*, EU, Kap. 10.1.2.3, Rn. 653, Kap. 10.1.4.5, Rn. 664; *Grabenwarter*, in: *Cremer / Giegerich u.a.* (Hrsg.), Tradition und Weltoffenheit des Rechts, FS f. *Steinberger*, S. 1139. Vgl. auch *Mahrenholz*, JöR 49 (2001), S. 27/28, der betont, dass die allgemeine Schrankenbestimmung eine grundrechtsgerechte Handhabung nicht ausschließt. A.A. *Pache*, EuR 2001, S. 489.

[2135] Siehe dazu bereits oben 4. Kapitel.B.II.2.a(3).

in sinnvoller Weise. Bei einer restriktiven Auslegung entsprechend der Praxis zu den Parallelbestimmungen in der EMRK und anderen multilateralen Menschenrechtskatalogen wird der Artikel in der praktischen Handhabung keine Probleme aufwerfen.[2136]

Entsprechendes gilt für die Regelung zum Schutzniveau der Charta in ihrem Artikel 53 nur mit Einschränkungen. Ihre Reichweite und Bedeutung blieb schon im Konvent offen, und ihre mangelnde Klarheit manifestiert sich eindrücklich in ihrer höchst unterschiedlichen Interpretation im bisherigen Schrifttum.[2137] Zwar fügt sich auch die Schutzniveauregelung nach der ihr hier zugeschriebenen beschränkten rechtlichen Bedeutung harmonisch in das bestehende und durch die Charta ergänzte System des Grundrechtsschutzes in Europa ein.

Angesichts zahlreicher Stimmen in der Lehre, denen zufolge Art. 53 EGRC weitreichende Auswirkungen auf die Interpretation des Schutzbereichs und der Schranken der Charta-Rechte hat, und im Ergebnis den Anwendungsvorrang des Gemeinschaftsrechts vor dem mitgliedstaatlichen Verfassungsrecht aufhebt, fehlt es bislang aber an Rechtssicherheit in diesem Bereich. Eine weite Auslegung des Artikels 53 der Charta bringt eine enorme Sprengkraft für das gesamte Verhältnis von Gemeinschaftsrecht und mitgliedstaatlichem Recht mit sich. Deshalb wäre eine Klärung seiner beschränkten Bedeutung trotz der nötigen Kompromissfindung im Konvent durch eine eindeutigere Anlehnung an den Wortlaut seiner Parallelbestimmung in Art. 53 EMRK höchst wünschenswert gewesen.[2138]

IV. Die speziellen Regelungen in der Charta zu ihrer Tragweite

1. Die Bestimmungen in einzelnen Charta-Rechten

Die nur in einzelnen Charta-Grundrechten enthaltenen, grundsätzlich begrüßenswerten speziellen Schrankenbestimmungen laufen einer übersichtlichen Schrankensystematik der Charta ebenso zuwider wie die Verweise auf Vorschriften außerhalb der Charta zur Bestimmung ihrer Reichweite.[2139] Letztere machen dem Bürger außerdem, ebenso wie die Konformitätsklauseln in

---

2136 Vgl. im Einzelnen zu Artikel 54 der Charta oben 4. Kapitel.B.V.

2137 Siehe dazu eingehend oben 4. Kapitel.B.IV, insb. 4. Kapitel.B.IV.1, 4. Kapitel.B.IV.4.

2138 Siehe zu Artikel 53 der Charta ausführlich oben 4. Kapitel.B.IV.

2139 So z.B. auch *Magiera*, DÖV 2000, S. 1026.

Art. 52 Abs. 2 und 3 EGRC, die Tragweite der betroffenen Charta-Rechte nicht aus der Charta selbst heraus ersichtlich.[2140] Durch diese grundrechtsuntypischen weitgehenden Verweise auf größtenteils niederrangige Rechtsvorschriften nimmt die Charta auf mitgliedstaatliche Zuständigkeiten in den fraglichen Bereichen Rücksicht.[2141] Die dadurch entstehenden Nachteile sind der Alternative der Nicht-Aufnahme dieser Rechte in die Charta jedoch vorzuziehen.[2142]

2. Die Konformitätsklauseln

Durch die beiden Konformitätsklauseln in den Artikeln 52 Abs. 2 und 3 EGRC gewährleistet die Charta das harmonische Zusammenspiel der in ihr garantierten Rechte mit den im EG-Vertrag bzw. in der EMRK niedergelegten Rechten. Diese durchaus kreativen Bestimmungen ermöglichen es, die in der Charta kodifizierten Rechte zeitgemäß zu formulieren, gleichzeitig aber eine identische – bzw. im Falle des Art. 52 Abs. 3 EGRC ggf. eine weiter gehenden Grundrechtsschutz gewährende – Auslegung mit den im EG-Vertrag bzw. der Konvention garantierten Rechten sicherzustellen.[2143] Sie ordnen die Charta dadurch in begrüßenswerter Weise in die bestehenden Grundrechtsschutzsysteme auf Gemeinschafts- bzw. Europaratsebene ein, und werten dabei den Status der EMRK, deren materiell-rechtliche Bestimmungen *de facto* in das Gemeinschaftsrecht inkorporiert werden,[2144] nicht unerheblich auf.

Über die Wirkungsweise der Konformitätsklauseln und die von ihnen erfassten Rechte besteht große, wenn auch keine völlige Einigkeit. Praktische Probleme kann insbesondere Art. 52 Abs. 3 EGRC aufwerfen, der eine – in der Praxis allerdings teils bereits jetzt vorgenommene – genaue Analyse der von der EMRK garantierten Rechte einschließlich der dazu ergangenen Rechtsprechung des EGMR erfordert.

Insgesamt bewirken Art. 52 Abs. 2 und 3 EGRC, dass trotz der grundsätzlichen Festlegung auf eine einheitliche Schrankenbestimmung (Art. 52 Abs. 1 EGRC) doch für die Hälfte der Charta-Rechte spezielle Schranken zur

---

2140 Ebenso z.B. *Magiera*, DÖV 2000, S. 1026.

2141 Siehe dazu bereits oben 3. Kapitel.B.I.2.e, 4. Kapitel.C.III.

2142 Siehe zu den speziellen Bestimmungen der Charta zu ihrer Tragweite in einzelnen Charta-Bestimmungen eingehend oben 4. Kapitel.C.III.

2143 Siehe dazu eingehend oben 4. Kapitel.C.IV.3.a, 4. Kapitel.C.V.3.a.

2144 Siehe oben 4. Kapitel.C.V.4.

Anwendung kommen. Dies ist grundsätzlich gutzuheißen, auch wenn die Charta durch die Übernahme der Schranken aus der EMRK auf die – wie gezeigt schwierige[2145] – Festlegung gemeinschaftsspezifischer Einschränkungsvoraussetzungen verzichtet.[2146] Durch die Anknüpfung an die Charta-Rechten entsprechenden Konventionsrechte in ihrer Auslegung durch den EGMR ist dennoch sichergestellt, dass die in ihrem Wortlaut weit gefassten Schranken der EMRK[2147] auch im Rahmen der Charta die vom EGMR entwickelte enge Interpretation erfahren.

Artikel 52 Abs. 2 und 3 der Charta führen als zur allgemeinen Schrankenbestimmung spezielle Regelungen dazu, dass diese nicht einheitlich zur Anwendung kommt, und es insgesamt an einer übersichtlichen Schrankensystematik fehlt.[2148] Dieser Verzicht ist aber im Interesse einer kohärenten Auslegung mit den andernorts entsprechend kodifizierten Rechten hinzunehmen.

Nicht von der Hand zu weisen bleibt schließlich, dass die Charta die im Mandat für den Konvent geforderte für die Unionsbürger sichtbare Verankerung auch der Tragweite der auf Gemeinschaftsebene garantierten Grundrechte für die Vielzahl der Charta-Rechte, die von den beiden Konformitätsklauseln erfasst sind, nicht erreicht.[2149] Abhilfe kann hier nur durch eine Veröffentlichung der nicht verbindlichen Erläuterungen des Präsidiums zum Charta-Text, die sich in wesentlichen Teilen gerade dieser Problematik widmen, zusammen mit der Charta geschaffen werden.

V. Ergebnis

Der Komplex der Regelungen der Charta zu ihrer Tragweite *ratione materiae* erfordert eine differenzierte Bewertung. Das von ihm kreierte System aus allgemeinen und speziellen Schrankenbestimmungen, zusätzlichen Schutzbereichsbestimmungen und zahlreichen Verweisen auf Rechtsvorschriften au-

---

2145 Siehe dazu soeben 4. Kapitel.E.II.2, insb. die Nachweise in Fn. 2128, 2129.

2146 Dies kritisieren besonders *Magiera*, DÖV 2000, S. 1026; *Schmitz*, JZ 2001, S. 838 f., 843.

2147 Vgl. dazu z.B. *Preuß*, KJ 31 (1998), S. 8; *Frowein*, in: *Frowein / Peukert*, EMRK, Vorbem. Art. 8-11, Rn. 11; *Villiger*, EMRK-Handbuch, § 23 D, Rn. 550; *Schmitz*, JZ 2001, S. 839.

2148 Kritisch hierzu *Sporn*, ZUM 2000, S. 544 (in Bezug auf einen Vorentwurf); *Magiera*, DÖV 2000, S. 1026; *Schmitz*, JZ 2001, S. 838 f., 843.

2149 So auch *Sporn*, ZUM 2000, S. 544 (zu einem Vorentwurf); *Magiera*, DÖV 2000, S. 1026; *Schmitz*, JZ 2001, S. 839.

ßerhalb der Charta zur Bestimmung der Tragweite der einzelnen Charta-Rechte ist an Kompliziertheit in einem Grundrechtskatalog bislang wohl unüberboten. Es wirft zahlreiche, teils höchst umstrittene Auslegungsfragen auf, von deren Beantwortung das reibungslose Funktionieren dieses Systems und die harmonische Einordnung der Charta in die bestehende Grundrechtsordnung insgesamt abhängt.

Folgt man der hier vertretenen Interpretation der einzelnen Bestimmungen zur Tragweite der Charta, gelingt es ihr, durch das Zusammenwirken dieser Regelungen ein hohes grundrechtliches Schutzniveau, das über das bisher in der Rechtsprechung des EuGH und in der EMRK gewährleistete hinausgehen kann, festzuschreiben.[2150] Wenn auch das tatsächliche Niveau des in einer Grundrechtsordnung gewährten Schutzes maßgeblich von der Entfaltung der kodifizierten Rechte durch die Gerichte abhängt,[2151] hält die Charta den Gerichtshof doch zur Garantie eines hohen Schutzstandards an.[2152] Vor allem meistert die Charta mittels dieser Bestimmungen, die eine Rücksichtnahme nach allen Seiten eindrucksvoll demonstrieren, aber die schwierige Herausforderung, sich in die bestehenden Grundrechtsschutzsysteme reibungslos einzugliedern.

Dies geschieht indes auf Kosten einer übersichtlichen Schrankensystematik und der angestrebten Sichtbarkeit der Tragweite zahlreicher Charta-Rechte für den Bürger. Zumindest der fehlenden Sichtbarkeit kann – z.B. durch die Mitveröffentlichung der Erläuterungen des Präsidiums neben dem Charta-Text – teilweise begegnet werden. Zudem ist realistischerweise einzugestehen, dass die tatsächliche Tragweite von Grundrechten für den Bürger ebenso wie für den Rechtskundigen durch die bloße Lektüre eines Grundrechtskatalogs ohne die Kenntnis der einschlägigen Rechtsprechung stets ohnehin nur beschränkt erkennbar werden kann.

Die Bestimmungen zur Tragweite tragen demnach unverkennbar eine typisch gemeinschaftsrechtliche Handschrift: Die des Kompromisses. Mit diesem im Konvent schwer erkämpften Kompromiss,[2153] der die wichtigsten

---

2150 So i.E. auch *Grabenwarter*, in: *Cremer / Giegerich u.a.* (Hrsg.), Tradition und Weltoffenheit des Rechts, FS f. *Steinberger*, S. 1139; zweifelnd *Magiera*, DÖV 2000, S. 1026.

2151 Dies betonen z.B. *Ritgen*, ZRP 2000, S. 372; *Grabenwarter*, in: *Cremer / Giegerich u.a.* (Hrsg.), Tradition und Weltoffenheit des Rechts, FS f. *Steinberger*, S. 1139; *Schwarze*, NJW 2002, S. 996.

2152 A.A. *Pache*, EuR 2001, S. 489, 490.

2153 Dies sieht auch *Magiera*, DÖV 2000, S. 1026.

mit den Bestimmungen zur Tragweite der Charta-Regelungen verfolgten Ziele erreicht, wird die Gemeinschaft „gut leben" können. Es kann deshalb nur davor gewarnt werden, das im Charta-Text insgesamt zusammengefasste Bündel verschiedenster Kompromisse, die naturgemäß den Vorstellungen Vieler nicht voll gerecht werden, zur inhaltlichen Veränderung einzelner Charta-Bestimmungen wieder „aufschnüren" zu wollen.[2154] Dies würde den Bestand der als solche lange erstrebten Charta insgesamt gefährden.[2155]

2154 Hierfür plädiert jedoch *Schmitz*, JZ 2001, S. 843; in diese Richtung auch *Magiera*, DÖV 2000, S. 1026. Einen umfassenden Vorschlag zu gemeinschaftseigenen, grundrechtsspezifischen Schrankenbestimmungen enthielt z.B. bereits die von *Preuß* im Auftrag von Mitgliedern der „Grünen" im Europäischen Parlament zur Vorlage bei der Amsterdamer Regierungskonferenz 1997 entworfene „Erklärung der Grundrechte in der Europäischen Union", vgl. dazu eingehend *Preuß*, KJ 31 (1998), S. 1 ff. (insb. S. 8-10). Andere Vorschläge gehen in die Richtung einer präziseren Fassung der generellen Schrankenbestimmung in Anlehnung an die Rechtsprechung des EuGH zu den immanenten Schranken der Grundfreiheiten, vgl. z.B. *Kenntner*, ZRP 2000, S. 425.

2155 Vgl. auch *Nettesheim*, INTEGRATION 2002, S. 40, der bei aller Kritik anschaulich betont, dass die Einigung auf den Charta-Text entscheidend ist und im Vordergrund stehen muss.

5. Kapitel. Die Durchsetzbarkeit der in der Charta gewährleisteten Rechte

A. Einführung

Die Bedeutung der Charta für den Grundrechtsschutz in Europa hängt nicht nur vom materiell-rechtlichen Inhalt und der Reichweite der in ihr niedergelegten Gewährleistungen ab. Ihre Stellung bestimmt sich maßgeblich durch den Grad der Durchsetzbarkeit der in ihr garantierten Rechte. Wie die Erfahrungen mit den zahlreichen Versuchen in der Vergangenheit, der Gemeinschaft bzw. Union einen geschriebenen Grundrechtskatalog zu schaffen,[2156] belegen, vermag eine bloß unverbindliche Kodifikation von Rechten, die gerichtlich nicht einklagbar sind, das gemeinschaftliche Rechtssystem nicht nachhaltig zu prägen.[2157]

Die Durchsetzbarkeit der Charta-Gewährleistungen hängt in erster Linie vom rechtlichen Status der Grundrechtecharta ab. Wie bereits dargelegt, ist die auf der Regierungskonferenz in Nizza (2000) proklamierte Charta (noch) nicht rechtsverbindlich.[2158] Sie kann infolge ihres Erarbeitungs- und Annahmeverfahrens und wegen ihres Inhalts dennoch bereits Wirkungen auf rechtlicher Ebene entfalten (B.).

Daneben bemisst sich die Effektivität des Grundrechtsschutzes durch die Charta nach den Möglichkeiten der Grundrechtsträger, bei einer Verletzung von Charta-Rechten in einem gerichtlichen Verfahren Rechtsschutz zu erlangen (C.).

Die noch unvollkommene Verbindlichkeit der Charta wirft – auch im Lichte der am 29. Oktober 2004 in Rom erfolgten Unterzeichnung des Vertrags über eine Verfassung für Europa, welcher die Grundrechtecharta enthält – die Frage nach ihrem künftigen rechtlichen Status auf (D.). Schließlich verbleiben im Zusammenhang mit einer materiellen Verbindlichkeit der Charta offene prozessuale Probleme. Insbesondere die Neuregelung des Verhältnisses der Gemeinschaftsgerichte zum Europäischen Gerichtshof für Men-

---

2156 Dazu eingehend oben 2. Kapitel.A.I.

2157 Auf die Bedeutung der Durchsetzbarkeit von Grundrechten weisen u.a. auch *Schmitz*, JZ 2001, S. 835, *Calliess*, EuZW 2001, S. 268, und *Broß*, JZ 2003, S. 431 hin.

2158 Siehe dazu oben 2. Kapitel.A.II.4.

schenrechte und die Erweiterung des Zugangs der Grundrechtsträger zu den Gemeinschaftsgerichten stehen hier zur Diskussion (E.).

B. Der rechtliche Status der Grundrechtecharta nach ihrer feierlichen Proklamation

I. Die Rechtswirkungen der feierlichen Proklamation als solcher und deren Hintergründe

Die EU-Charta der Grundrechte wurde zu Beginn der Tagung des Europäischen Rates in Nizza am 7. Dezember 2000 lediglich vom amtierenden Ratspräsidenten *Jacques Chirac*, der Präsidentin des Europäischen Parlaments *Nicole Fontaine*, und dem Präsidenten der Kommission *Romano Prodi* im Namen ihrer jeweiligen Organe unterzeichnet und feierlich proklamiert.[2159] Sie wurde nicht in den Vertrag von Nizza aufgenommen und im Wege der Vertragsänderung (Art. 48 EU) in die Verträge inkorporiert. Demzufolge ist die Charta als bloße feierliche Erklärung (primär-) rechtlich unverbindlich.[2160] An diesem Status hat sich bislang auch durch die Unterzeichnung des Vertrags über eine Verfassung für Europa[2161] – der die Charta enthält, jedoch seinerseits ebenfalls noch nicht rechtsverbindlich ist – durch die Staats- und Regierungschefs auf dem Gipfel in Rom am 29. Oktober 2004 nichts geändert.

Die Verabschiedung der Charta allein in dieser Form in Nizza erfolgte nicht unvorhergesehen. Tatsächlich hatte der Europäische Rat bereits in seinem Beschluss zur Erarbeitung der Charta auf seiner Tagung in Köln im Juni 1999 festgelegt, dass die Charta zunächst von den drei genannten Gemeinschaftsorganen feierlich proklamiert werden und erst anschließend geprüft werden sollte, „*ob und gegebenenfalls auf welche Weise die Charta in die Verträge auf-*

2159 Vgl. ABl. EG 2000, Nr. C 364, S. 3-7.

2160 Dies ist ersichtlich unstreitig, vgl. nur *Pache*, EuZW 2001, S. 351; *Schwarze*, EuZW 2001, S. 517; *Calliess*, in: *Ehlers* (Hrsg.), Europäische Grundrechte und Grundfreiheiten, § 19 IV, Rn. 28; *Hummer*, Status der EU-Grundrechtecharta, S. 56; *Zimmermann*, EU-Grundrechtecharta, S. 17. Bestätigt wird dies durch die Veröffentlichung des Charta-Textes im Teil C des Amtsblattes der EG (siehe Fn. 2159). Die nie geplante, fehlende sekundärrechtliche Verbindlichkeit ergibt sich neben der fehlenden Rechtssetzungskompetenz der unterzeichnenden Organe schon aus der Nichteinhaltung der Verfahren zum Erlass von Sekundärrecht (Art. 250 ff. EG).

2161 Dok. CIG 87/2/04 REV 2 v. 29.10.2004, S. 1 ff.

genommen werden sollte".[2162] Obgleich der Europäische Rat den künftigen Rechtscharakter der Charta auf diese Weise zunächst offengelassen hat, um ihre Erarbeitung zu ermöglichen und zu erleichtern, entschloss sich der Konvent von Anfang an, die Charta so zu formulieren, als ob er einen rechtsverbindlichen Katalog vorzulegen hätte (sog. „als-ob"-Ansatz).[2163] Im Laufe der Ausarbeitung der Charta forderten deshalb neben dem Europäischen Parlament[2164] zunehmend auch zahlreiche Vertreter von Nichtregierungsorganisationen, bereits auf der Regierungskonferenz in Nizza die Einbeziehung der Charta in die Verträge zu beschließen.[2165]

Die Mitgliedstaaten konnten sich wegen des Widerstandes insbesondere von Grossbritannien und Irland[2166] jedoch im Vorfeld der Tagung des Europäischen Rates in Nizza weder hierauf noch auf den Kompromissvorschlag, die Grundrechtserkenntnisquellen des Art. 6 Abs. 2 EU um einen Hinweis auf die Charta zu ergänzen,[2167] einigen. Nach dem Willen des Europäischen Rates sollte der Status der Grundrechtecharta im Einklang mit dem Beschluss von Köln im Rahmen des sog. Post-Nizza-Prozesses geklärt werden.[2168] Letz-

---

2162 Europäischer Rat (Köln), Anhang IV zu den Schlussfolgerungen des Vorsitzes, Bull. EU 6-1999, S. 40 = EuGRZ 1999, S. 365.

2163 Siehe dazu bereits oben 2. Kapitel.B.III.2.e, insb. Fn. 600.

2164 Entschließung des Europäischen Parlamentes zur Erarbeitung einer Charta der Grundrechte der EU v. 16.03.2000, abgedruckt in: Dok. CHARTE 4199/00 CONTRIB 80 v. 05.04.2000, S. 5, siehe auch Bull. EU 3-2000, S. 23, Bull. EU 10-2000, S. 8; vgl. zu dieser Forderung des EP *Fischer*, Vertrag von Nizza, S. 37, 43, 54/55, 67.

2165 Dazu näher *Dutheil de la Rochère*, RMC 2000, S. 680; *Bossi*, in: *Weidenfeld* (Hrsg.), Nizza in der Analyse, S. 234-236.

2166 Dazu z.B. *Goldsmith*, CML Rev. 38 (2001), S. 1214. Dem Widerstand hatten sich außerdem Dänemark, die Niederlande, Finnland und Schweden angeschlossen, vgl. *Fischer*, Vertrag von Nizza, S. 256; *Bossi*, in: *Weidenfeld* (Hrsg.), Nizza in der Analyse, S. 236 f. m.w.N. Zum Hintergrund britischer Widerstände, die sich auf ihre ungeschriebene Verfassungstradition gründen, *Oppermann*, DVBl. 2003, S. 9.

2167 Hierzu näher *Dutheil de la Rochère*, RMC 2000, S. 680; *Wathelet*, CDE 2000, S. 590; *Schwarze*, EuZW 2001, S. 517; *Alber*, EuGRZ 2001, S. 349.

2168 Schlussfolgerungen des Vorsitzes des Europäischen Rates in Nizza, I.2., abgedruckt in: *Fischer*, Vertrag von Nizza, S. 62 sowie Bull. EU 12-2000, S. 8, sowie die dem Vertrag von Nizza beigefügte Erklärung zur Zukunft der Union (Nr. 23), ABl. EG 2001, Nr. C 80, S. 85 f., abgedruckt in: *Fischer*, Vertrag von Nizza, S. 254 f. Vgl. zu den Hintergründen insgesamt *Fischer*, Vertrag von Nizza, S. 37, 61 f., 77, 263, 269; *Bossi*, in: *Weidenfeld* (Hrsg.), Nizza in der Analyse, S. 233-238; *Pache*, EuR 2001, S. 485 f.;

terer wurde nunmehr durch eine Regierungskonferenz im Jahre 2004 mit der Einigung auf einen Vertrag über eine Verfassung für Europa abgeschlossen.[2169]

II. Die Rechtswirkungen infolge des Erarbeitungs- und Annahmeverfahrens und des Inhalts der Charta

Trotz ihrer fehlenden rechtlichen Verbindlichkeit ist man sich weitgehend einig, dass die Charta schon nach ihrer feierlichen Proklamation rechtliche Wirkungen entfaltet. Diese begründen sich in erster Linie mit dem konkreten Inhalt der Charta. Wie der vierte und fünfte Erwägungsgrund ihrer Präambel bestätigen, schafft die Charta gerade keine neuen Rechte, sondern will lediglich die auf Gemeinschaftsebene geltenden Grundrechte bekräftigen und sichtbar machen.[2170] Daneben spricht das spezielle Erarbeitungsverfahren der Charta dafür, ihr neben einer politischen bereits eine eingeschränkte rechtliche Bedeutung zuzumessen.[2171] Die Charta wurde im Auftrag der Staats- und Regierungschefs der EU-Mitgliedstaaten von einem durch die mehrheitliche Mitwirkung von Parlamentsmitgliedern sowie die Beteiligung der Öffentlichkeit besonders legitimierten Gremium verfasst. Dasselbe gilt wegen der Bewertung der Charta bei ihrer Annahme durch die einzelnen Gemeinschaftsorgane.

1. Bindungswirkung als interinstitutionelle Vereinbarung oder wegen einer Selbstverpflichtung der Gemeinschaftsorgane?

Nicht selten wird die Proklamation der Grundrechtecharta – vorzugsweise im französischen Schrifttum – als interinstitutionelle Vereinbarung qua-

---

Schwarze, EuZW 2001, S. 517 f.; *Alber*, EuGRZ 2001, S. 349; *Hummer*, Status der EU-Grundrechtecharta, S. 54 f.; *Iber*, ZEuS 2002, S. 485-487.

2169 Zu den Ergebnissen des Gipfels von Brüssel am 17./18. Juni 2004 und der Unterzeichnung des Verfassungsvertrags am 29.10.2004 in Rom siehe noch näher unten 5. Kapitel.D.I.2, insb. bei Fn. 2279.

2170 Diesen Aspekt betonen auch *Dutheil de la Rochère*, RMC 2000, S. 680; *dies.*, Regards sur l'actualité 2001, S. 11; *Alber*, EuGRZ 2001, S. 351; *Busse*, EuGRZ 2002, S. 563; ähnlich die Schlussanträge des Generalanwalts *Léger* v. 10.07.2001 in der Rs. C-353/99 P, Rat ./. Hautala, Urt. v. 06.12.2001, Slg. 2001, S. I-9565 ff. (9578 f. / Rn. 50-52).

2171 Ähnlich *Dutheil de la Rochère*, RMC 2000, S. 680; *dies.*, Regards sur l'actualité 2001, S. 11; *Busse*, EuGRZ 2002, S. 562.

lifiziert.[2172] Als solche werden Absprachen zwischen den Gemeinschaftsorganen bezeichnet, die typischerweise in den Bereichen des Haushalts- und Verfahrensrechts ihr Zusammenwirken bei der Ausübung der ihnen vertraglich zugewiesenen Befugnisse näher regeln.[2173] Angesichts der Umstände bei der feierlichen Proklamation der Charta, die den Vertretern der unterzeichnenden Organe keine Gelegenheit boten, in einer Ansprache aufeinander bezogene Erklärungen abzugeben,[2174] ist jedoch schon zweifelhaft, ob überhaupt von einer Vereinbarung gesprochen werden kann.[2175] Auch ist nicht ersichtlich, dass die jeweiligen Organe die Unterzeichnenden mit der Abgabe einer Einigungserklärung beauftragt haben.[2176]

Selbst wenn man eine interinstitutionelle Vereinbarung annähme, führte dies nicht dazu, dass der einzelne Grundrechtsträger sich auf die in der Charta niedergelegten Rechte direkt berufen könnte. Nach der Rechtsprechung des EuGH fehlt es derartigen Inter-Organvereinbarungen schon an einem normativen Charakter.[2177] Ebenso kommt ihnen keine Außenwirkung im Verhältnis zu Dritten zu, so dass diesen aus der Vereinbarung keine subjektiven Rechte erwachsen.[2178]

Allerdings hat das Europäische Parlament anlässlich der Proklamation der Charta gegenüber der Presse eine Erklärung abgegeben, dass es die Charta

---

2172 So z.B. *Jacqué*, in: *Bieber / Boillat u.a.*, Grundrechtsschutz in Europa, S. 86; in diese Richtung auch *Wathelet*, CDE 2000, S. 591; ebenso *Iber*, ZEuS 2002, S. 487.

2173 *Haag*, in: *Beutler / Bieber u.a.*, EU, Kap. 6.2.5.6, Rn. 402; *Calliess*, in: *Calliess / Ruffert* (Hrsg.), EUV/EGV, Art. 7 EGV, Rn. 20; *Pernice / Mayer*, in: *Grabitz / Hilf* (Hrsg.), EUV/EGV, Bd. I, nach Art. 6 EUV, Rn. 24.

2174 Dazu näher *Alber*, EuGRZ 2001, S. 350; *Hummer*, Status der EU-Grundrechtecharta, S. 57 f.

2175 I.E. ebenso *Hummer*, Status der EU-Grundrechtecharta, S. 56/57.

2176 Die jeweiligen Organbeschlüsse ermächtigten ihre jeweiligen Präsidenten ersichtlich nur zur Proklamation der Charta, siehe näher *Alber*, EuGRZ 2001, S. 350 m.w.N.; *Hummer*, Status der EU-Grundrechtecharta, S. 54 f.; das vom Europäischen Parlament an seine Präsidentin erteilte Mandat vom 14.11.2000 ist abgedruckt in Bull. EU 11-2000, S. 9.

2177 EuGH, Rs. C-58/94, Niederlande ./. Rat, Urt. v. 30.04.1996, Slg. 1996, S. I-2169 ff. (2195 f. / Rn. 24-27).

2178 I.E. ebenso *Pernice / Mayer*, in: *Grabitz / Hilf* (Hrsg.), EUV/EGV, Bd. I, nach Art. 6 EUV, Rn. 24; *Streinz*, in: *Streinz* (Hrsg.), EUV / EGV, Vorbem GR-Charta, Rn. 6; anders offenbar *Wathelet*, CDE 2000, S. 591.

ab sofort als Gesetz ansehen werde.[2179] Ähnlich hat die Kommission eine Mitteilung in Umlauf gebracht, dass sich durch die feierliche Verkündung der Charta alle Organe verpflichteten, die Charta zu beachten.[2180] Diese Verlautbarungen können aber jeweils als Selbstverpflichtungserklärungen dieser beiden Organe ausgelegt werden,[2181] die sie in der Folgezeit mehrfach bestätigt haben.[2182] Der Rat schrieb der proklamierten Charta zunächst lediglich einen großen politischen Wert zu.[2183] Inzwischen verweist er aber in mehreren Beschlüssen und Entschließungen ebenso wie in gemeinsam mit dem Europäischen Parlament angenommen Rechtsakten auf die Charta,[2184] was gleichermaßen als Selbstverpflichtung auf diese interpretiert werden kann.[2185]

Die aus diesen Selbstverpflichtungen jeweils resultierende Selbstbindung der einzelnen Organe hat praktisch allerdings – auch unter dem Gesichtspunkt des Vertrauensschutzes – nur geringe rechtliche Auswirkungen.[2186] Zwar kann der EuGH die Charta beispielsweise bei der Auslegung künftiger

---

2179 Vgl. die Erklärung *Nicole Fontaines* vom 07.12.2000, auszugsweise abgedruckt bei *Alber*, EuGRZ 2001, S. 350, und *Busse*, EuGRZ 2002, S. 562.

2180 Vgl. die Erklärung *Romano Prodis* vom 07.12.2000, Dok. Nr. IP/00/1423 (Kommission); auszugsweise abgedruckt bei: *Alber*, EuGRZ 2001, S. 350, und *Busse*, EuGRZ 2002, S. 562.

2181 I.E. ebenso *Pache*, EuZW 2001, S. 351; *ders.*, EuR 2001, S. 486; *Schwarze*, EuZW 2001, S. 517; *Alber*, EuGRZ 2001, S. 350; *Busse*, EuGRZ 2002, S. 562/563; *Hummer*, Status der EU-Grundrechtecharta, S. 57 f. Zu den Umständen der feierlichen Proklamation der Charta näher *Alber*, EuGRZ 2001, S. 350.

2182 Vgl. z.B. die Bezugnahmen auf die Charta in Art. 58 GeschO EP (Prüfung von Legislativvorschlägen u.a. daraufhin, ob sie die Rechte aus der Charta wahren), in der Mitteilung der Kommission SEK (2001) 380/3 v. 13.03.2001 oder in der VO 1049/2001; weitere Beispiele geben *Busse*, EuGRZ 2002, S. 562/563; *Pernice / Mayer*, in: *Grabitz / Hilf* (Hrsg.), EUV/EGV, Bd. I, nach Art. 6 EUV, Rn. 24. Diese Bezugnahmen belegen, dass die Selbstverpflichtungserklärungen der jeweiligen Präsidenten vom Willen der von ihnen vertretenen Organe gedeckt sind.

2183 Vgl. die Rede des amtierenden Ratspräsidenten *Jacques Chirac* vor dem Europäischen Parlament am 12.12.2000, auszugsweise abgedruckt bei: *Alber*, EuGRZ 2001, S. 350, und *Busse*, EuGRZ 2002, S. 562.

2184 Vgl. z.B. Beschl. 2002/187/JI (Eurojurist); Entschl. 2002/C 50/01 (Sprachen), sowie die VO 1049/2001 oder die RL Nr. 2002/47/EG.

2185 I.E. ebenso *Pache*, EuZW 2001, S. 351; *ders.*, EuR 2001, S. 486; *Schwarze*, EuZW 2001, S. 517.

2186 Zur umstrittenen Frage der rechtlichen Qualität der Selbstbindungen näher *Alber*, EuGRZ 2001, S. 351 m.w.N.

Sekundärrechtsakte als Interpretationshilfe heranziehen, da davon auszugehen ist, dass die Organe ihre Selbstbindung beim Erlass derselben respektieren wollten.[2187] Die Selbstbindung der Organe darf jedoch nicht gegen höherrangiges Primärrecht, einschließlich der als allgemeine Rechtsgrundsätze geschützten Grundrechte, und Sekundärrecht verstoßen.[2188] Infolgedessen führt die Selbstbindung der drei Gemeinschaftsorgane[2189] nicht zu einer Quasi-Verbindlichkeit der Charta,[2190] sondern entfaltet allenfalls eine „grundrechtsschützende Vorwirkung"[2191].

2. Bindungswirkung als eigenständige Rechts- oder Rechtserkenntnisquelle?

Im Schrifttum wird nicht selten die Ansicht vertreten, dass die Charta trotz ihrer bloßen Proklamation als Teil oder Ausdruck der allgemeinen Grundsätze des Gemeinschaftsrechts i.S.v. Art. 6 Abs. 2 EU[2192] und damit als eigenständige Rechtsquelle bereits gegenwärtig zu beachten ist. Begründen lässt sich dies damit, dass die Charta nach ihrer fünften Präambelerwägung erklärtermaßen lediglich die auf Gemeinschaftsebene i.d.R. als allgemeine Rechtsgrundsätze anerkannten Grundrechte bekräftigen will.

Jedoch spricht der erklärte Wille der Mitgliedstaaten gegen ein solches Verständnis der Charta als eigenständige Rechtsquelle der Gemeinschafts-

---

2187 Siehe dazu *Schmitz*, JZ 2001, S. 836.

2188 Vgl. z.B. EuGH, Rs. 310/85, Deufil GmbH & Co. KG ./. Kommission, Urt. v. 24.02.1987, Slg. 1987, S. I-901 ff. (927 / Rn. 22); ebenso *Alber*, EuGRZ 2001, S. 351; *Hummer*, Status der EU-Grundrechtecharta, S. 58.

2189 Dazu, dass eine Selbstbindung des EuGH in seiner Funktion als Rechtsprechungsorgan nicht möglich ist, da die Wirkung seiner Urteile zumindest faktisch auf eine Bindung Dritter (u.a. der Mitgliedstaaten) an die Charta hinausliefe, *Alber*, EuGRZ 2001, S. 351.

2190 So i.E. auch *Rengeling*, in: *Ipsen / Schmidt-Jortzig* (Hrsg.), Recht – Staat – Gemeinwohl, FS f. *Rauschning*, S. 228; *Pache*, EuZW 2001, S. 351; *Schwarze*, EuZW 2001, S. 517.

2191 *Pernice / Mayer*, in: *Grabitz / Hilf* (Hrsg.), EUV/EGV, Bd. I, nach Art. 6 EUV, Rn. 24; *Streinz*, in: *Streinz* (Hrsg.), EUV / EGV, Vorbem GR-Charta, Rn. 5.

2192 So z.B. *Bossi*, in: *Weidenfeld* (Hrsg.), Nizza in der Analyse, S. 239; *Besselink*, 8 MJ 1 (2001), S. 73/74; *Busse*, EuGRZ 2002, S. 562. In diese Richtung auch *Lenaerts / de Smijter*, CML Rev. 38 (2001), S. 298/299, sowie die Schlussanträge des GA Léger v. 10.07.2001 in der Rs. C-353/99 P, Rat ./. Hautala, Urt. v. 06.12.2001, Slg. 2001, S. I-9565 ff. (9585-9587 / Rn. 78-89), dem zufolge die Charta „privilegierter Rechtstext für die Identifikation von Grundrechten" sein soll (a.a.O., S. 9586 / Rn. 83).

grundrechte neben den oder als Ausdruck der allgemeinen Rechtsgrundsätze i.S.v. Art. 6 Abs. 2 EU. Die Staats- und Regierungschefs haben sich auf der Regierungskonferenz in Nizza schon nicht auf einen Verweis auf die Charta neben den anderen in Art. 6 Abs. 2 EU genannten Rechts*erkenntnis*quellen einigen können.[2193] Die Behandlung der Charta als eigenständige Rechtsquelle der Gemeinschaftsgrundrechte käme erst recht einer Umgehung des Vertragsänderungsverfahrens nach Art. 48 EU gleich.[2194]

Dasselbe muss im übrigen für einen Ansatz gelten, dem zufolge die EMRK schon unabhängig von der Verbindlichkeit der Charta wegen des aufgrund seines rechtspolitischen Gewichts nicht mehr umgehbaren Art. 52 Abs. 3 EGRC zu einer indirekten Rechtsquelle des Gemeinschaftsrechts erwachsen ist.[2195] Da dies nicht den Status quo bekräftigte, sondern eine erhebliche Veränderung des Status der EMRK im Gemeinschaftsrecht mit sich brächte,[2196] kann die horizontale Bestimmung des Art. 52 Abs. 3 EGRC erst recht nicht vor dem Verbindlichwerden der Charta anwendbar sein.

Aus denselben Erwägungen kann die Charta auch nicht als eigenständige Rechtserkenntnisquelle der Gemeinschaftsgrundrechte i.S.v. Art. 6 Abs. 2 EU herangezogen werden.[2197] Ebensowenig lässt die Tatsache, dass der EuGH auch internationale Menschenrechtsverträge, die von den Mitgliedstaaten lediglich unterzeichnet, nicht aber ratifiziert wurden, als Rechtserkenntnisquelle i.S.v. Art. 6 Abs. 2 EU anerkennt, [2198] den Schluss zu, dass die Charta unter diesem Aspekt als eigene Rechtserkenntnisquelle anzusehen wäre.[2199] Die nur von den Gemeinschaftsorganen unterzeichnete Charta sollte, anders als die

---

2193 Dies betonen auch *Schmitz*, JZ 2001, S. 835; *Calliess*, in: *Ehlers* (Hrsg.), Europäische Grundrechte und Grundfreiheiten, § 19 IV, Rn. 28.

2194 So i.E. auch *Schmitz*, JZ 2001, S. 835; *Calliess*, in: *Ehlers* (Hrsg.), Europäische Grundrechte und Grundfreiheiten, § 19 IV, Rn. 28; *Alber*, EuGRZ 2001, S. 349, 351; *Zimmermann*, EU-Grundrechtecharta, S. 19 f.

2195 So *Callewaert*, EuGRZ 2003, S. 200.

2196 Siehe dazu eingehend oben 4. Kapitel.C.V.3, 4.

2197 So i.E. aber *Zuleeg*, EuGRZ 2000, S. 514; ebenso offenbar *Goldsmith*, CML Rev. 38 (2001), S. 1215; in diese Richtung *Schaller*, EU-Mitgliedstaaten als Verpflichtungsadressaten der Gemeinschaftsgrundrechte, S. 210; offengelassen bei *Wathelet*, CDE 2000, S. 591; wie hier *Schmitz*, JZ 2001, S. 835; *Hummer*, Status der EU-Grundrechtecharta, S. 60 f.

2198 EuGH, Rs. 4/73, Nold, Kohlen- und Baustoffgroßhandlung ./. Kommission, Urt. v. 14.05.1974, Slg. 1974, S. 491 ff. (507 / Rn. 13).

2199 So aber *Zuleeg*, EuGRZ 2000, S. 514.

fraglichen Menschenrechtsverträge, ausdrücklich zunächst unverbindlich bleiben.[2200]

Schließlich trägt ein Vergleich der Charta mit der ebenfalls unverbindlichen Gemeinsamen Erklärung des Europäischen Parlamentes, des Rates und der Kommission vom 5. April 1977[2201], auf die der EuGH in der Rechtssache *Hauer*[2202] im Rahmen der Herleitung der allgemeinen Rechtsgrundsätze verweist, nicht.[2203] Die Gemeinsame Erklärung, die anders als die Charta schon keine materiellen Grundrechte enthält, dient ihrem Inhalt entsprechend lediglich als Bestätigung der Methode des Gerichtshofs zur Gewinnung der allgemeinen Rechtsgrundsätze, nicht als eigene Rechtserkenntnisquelle der Gemeinschaftsgrundrechte.[2204]

Demnach ist eine Berufung auf die Charta als eigenständige Rechts- oder Rechtserkenntnisquelle der Gemeinschaftsgrundrechte bislang nicht möglich.

3. Rechtliche Wirkung als Bestätigung eines nach Art. 6 Abs. 2 EU gewonnenen Ergebnisses

Wenn der Charta auch nicht der Charakter einer selbständigen Rechtserkenntisquelle zukommt, ist sie aufgrund ihres Inhalts dennoch geeignet, bei der Feststellung und Konkretisierung der auf Gemeinschaftsebene als allgemeine Rechtsgrundsätze geschützten Grundrechte eine rechtserhebliche Rolle zu spielen. Wie gezeigt, kodifiziert die Charta ganz überwiegend Gewährleistungen, die bereits gegenwärtig als den Verfassungsüberlieferungen der Mitgliedstaaten gemeinsame oder in der EMRK garantierte Rechte im Gemeinschaftsrecht gelten. Demnach kann der Gerichtshof die Charta-Rechte trotz der noch fehlenden Rechtsverbindlichkeit der Charta selbst zur Bestätigung und Bekräftigung von Grundrechten, die er zuvor als den allgemeinen Grundsätzen des Gemeinschaftsrechts nach Art. 6 Abs. 2 EU zugehörig erkannt hat, heranziehen.[2205]

[2200] So i.E. auch *Iber*, ZEuS 2002, S. 493.

[2201] Siehe dazu bereits oben 1. Kapitel.B.II.1.

[2202] EuGH, Rs. 44/79, Hauer ./. Land Rheinland-Pfalz, Urt. v. 13.12.1979, Slg. 1979, S. 3727 ff. (3744 f. / Rn. 15).

[2203] Siehe dazu *Zuleeg*, EuGRZ 2000, S. 514.

[2204] I.E. ebenso *Schwarze*, EuZW 2001, S. 517/518; *Iber*, ZEuS 2002, S. 493.

[2205] So auch die überwiegende Meinung im Schrifttum, vgl. z.B. *Grabenwarter*, DVBl. 2001, S. 11; *Pache*, EuZW 2001, S. 351; *Alber*, EuGRZ 2001, S. 351; *Schwarze*, EuZW 2001,

Ein solcher Umgang mit der Charta macht die in ihr zusammengefassten Erkenntnisse über Inhalt und Reichweite der Grundrechte in der Gemeinschaft fruchtbar, ohne den eindeutigen Willen der Mitgliedstaaten, über ihre Verbindlichkeit erst künftig zu entscheiden, zu ignorieren. In den Schlussanträgen zahlreicher Generalanwälte, die der Charta von Anfang an auch rechtliche Wirkungen zuerkannten, zeichnet sich denn auch zunehmend ein begrüßenswerter Konsens dahingehend ab, die Rechte der Charta in dargelegter Weise zur Untermauerung des Ergebnisses, dass ein Recht als Teil der allgemeinen Grundsätze des Gemeinschaftsrechts geschützt ist, ausdrücklich zu zitieren.[2206]

Während das EuG sich dieser Herangehensweise der Generalanwälte alsbald anschloss,[2207] hat der EuGH die Bezugnahmen der Generalanwälte auf

---

S. 517 f.; *Schmitz*, JZ 2001, S. 835; *Iber*, ZEuS 2002, S. 493; *Calliess*, in: *Ehlers* (Hrsg.), Europäische Grundrechte und Grundfreiheiten, § 19 IV, Rn. 28; *Pernice / Mayer*, in: *Grabitz / Hilf* (Hrsg.), EUV/EGV, Bd. I, nach Art. 6 EUV, Rn. 27; *Menéndez*, in: *Eriksen / Fossum / Menéndez* (Hrsg.), The Chartering of Europe, S. 41; *Große Wentrup*, Europäische Grundrechtecharta im Spannungsfeld der Kompetenzverteilung, S. 15.

2206 So z.B. eingehend die Schlussanträge des GA *Tizzano* v. 18.02.2001 in der Rs. C-173/99, The Queen ./. Secretary of State for Trade and Industry, ex parte Broadcasting, Entertainment, Cinematographic and Theatre Union (BECTU), Slg. 2001, S. I-4881 ff. (4890 f. / Rn. 26-28); der GA *Stix-Hackl* v. 31.05.2001 in der Rs. C-49/00, Kommission ./. Italien, Slg. 2001, S. I-8575 ff. (8593 f. / Rn. 57, dort Fn. 11); oder des GA *Jacobs* v. 14.06.2001 in der Rs. C-377/98, Niederlande ./. Parlament und Rat, Slg. 2001, S. I-7079 ff. (7140 / Rn. 197). In diese Richtung bereits die Schlussanträge des GA *Alber* v. 01.02.2001 in der Rs. C-340/99, TNT Traco SpA ./. Poste Italiane SpA u.a., Slg. 2001, S. I-4109 ff. (4133 / Rn. 94), denen zufolge die Charta grundlegende Wertentscheidungen des Gemeinschaftsrechts unterstreicht. Eine Zusammenstellung einschlägiger Schlussanträge findet sich bei *Alber*, EuGRZ 2001, S. 351-353; *Iber*, ZEuS 2002, S. 489-491; *Menéndez*, in: *Eriksen / Fossum / Menéndez* (Hrsg.), The Chartering of Europe, S. 42-45.

2207 Vgl. z.B. EuG, Rs. T-54/99, max.mobil Telekommunikation Service GmbH ./. Kommission, Urt. v. 30.01.2002, EuZW 2002, S. 186 ff. (186, 187, 189 / LS 1, 2, Rn. 48, 57), wonach Art. 41 EGRC das Bestehen eines Rechts auf eine geordnete Verwaltung „bekräftigt" und Art. 47 EGRC „bestätigt", dass eine gerichtliche Kontrolle zu den allgemeinen Rechtsgrundsätzen gehört. Vgl. auch EuG, Rs. T-177/01, Jégo-Quéré und Cie SA ./. Kommission, Urt. v. 03.05.2002, NJW 2002, S. 2088 ff. (2089, 2090 / Rn. 41 f., 47). In der Rs. T-112/98, Mannesmannröhrenwerke AG ./. Kommission, Urt. v. 20.02.2001, EuZW 2001, S. 345 ff. (350 / Rn. 76) hatte das EuG eine Bedeutung der Charta für die Beurteilung des Falles noch abgelehnt, da die angefochtene Maßnahme vor ihrer Proklamation ergangen war. Zur Problematik auch *Ress*, in: *Duschanek / Griller* (Hrsg.), Grundrechte für Europa, S. 183/184; *Menén-*

die Charta zunächst nicht aufgegriffen.[2208] Zumindest in einem Beschluss des Präsidenten zog der Gerichtshof die Charta inzwischen aber zur Bekräftigung der Zugehörigkeit eines Rechts zu den allgemeinen Grundsätzen des Gemeinschaftsrechts ausdrücklich heran.[2209]

Auf diese Weise kommt der Charta gegenwärtig eine „weiche" Verbindlichkeit zu,[2210] zumal da die Ermittlung allgemeiner Rechtsgrundsätze und ihre anschließende Bestätigung durch entsprechende Charta-Garantien in der Praxis nicht leicht voneinander zu trennen sein werden.

4. Rechtliche Bedeutung der Charta als Interpretations- und Argumentationshilfe

Neben der dargestellten Bekräftigungswirkung im Rahmen der Grundrechtsrechtsprechung durch EuGH und EuG kommt der Charta schließlich als Interpretations- und Auslegungshilfe anderer Institutionen rechtliche Bedeutung zu.

Dies gilt zum einen für andere Gerichte auf mitgliedstaatlicher und überstaatlicher Ebene. So hat beispielsweise der spanische Verfassungsgerichtshof die Grundrechtecharta bereits vor ihrer feierlichen Proklamation in einem seiner Urteile herangezogen, um die Existenz und Reichweite eines Grundrechts auf Datenschutz zu belegen.[2211] Ähnlich hat das Verwaltungsgericht

---

dez, in: *Eriksen / Fossum / Menéndez* (Hrsg.), The Chartering of Europe, S. 41/42 m.w.N.

2208 Vgl. nur EuGH, Rs. C-173/99, BECTU (vgl. Fn. 2206), Urt. v. 26.06.2001, Slg. 2001, S. I-4881 ff., 4900 ff.; EuGH, Rs. C-340/99, TNT Traco SpA (vgl. Fn. 2206), Urt. v. 17.05.2001, Slg. 2001, S. I-4109 ff., 4142 ff. Zu Anhaltspunkten dafür, dass der Gerichtshof die ungeschriebenen Gemeinschaftsgrundrechte in seiner Rechtsprechung ggf. um in der Charta anerkannte Rechte erweitert, vgl. aber *Rau / Schorkopf*, NJW 2002, S. 2449.

2209 EuGH, Rs. C-232/02 P(R), Kommission ./. Technische Glaswerke Ilmenau GmbH, Beschl. v. 18.10.2002, Slg. 2002, S. I-8977 ff. (8985-8993 / Rn. 18 f.) (bzgl. Art. 41, 47 EGRC).

2210 So auch *Calliess*, in: *Ehlers* (Hrsg.), Europäische Grundrechte und Grundfreiheiten, § 19 IV, Rn. 29.

2211 Tribunal Constitucional, STC 292/2000, Beschl. v. 30.11.2000, Ziff. II.8, abrufbar unter: http://www.tribunalconstitucional.es/STC2000/STC2000-292.htm. (Stand: 17.05.2003); eine auszugsweise nichtamtliche Übersetzung findet sich bei *Alber*, EuGRZ 2001, S. 353. Weitere Nachweise finden sich bei *Menéndez*, in: *Eriksen / Fossum / Menéndez* (Hrsg.), The Chartering of Europe, S. 45.

Frankfurt am Main zur Garantie der Menschenwürde angeführt, dass diese jetzt in Art. 1 EGRC Anerkennung gefunden habe.[2212] Das Bundesverfassungsgericht schließlich hat sich zur Bestätigung der Tatsache, dass eine allgemeine Bindung der Mitgliedstaaten an die konstitutionellen Vorschriften des Unions- und Gemeinschaftsrechts nicht besteht, unter anderem auf Art. 51 EGRC gestützt.[2213]

Der EGMR hat sich in seinen Urteilen in den Fällen *I.* und *Goodwin* auf den Wortlaut eines Charta-Rechts (Art. 9 EGRC) berufen, um eine im Verhältnis zu seiner bisherigen Spruchpraxis weitere Auslegung des diesem zugrundeliegenden Konventionsrechts (Art. 12 EMRK) zu untermauern.[2214]

Zum anderen dient die Charta verschiedenen anderen Institutionen als Argumentationshilfe im Bereich grundrechtsrelevanter Verhaltensweisen von Gemeinschaftsorganen ebenso wie von Mitgliedstaaten. So hat sich z.B. der Europäische Bürgerbeauftragte schon in mehreren Entscheidungen auf die Charta bezogen, oder angekündigt, in ihrem Lichte Ermittlungen gegen Institutionen der Gemeinschaft einzuleiten.[2215] Der Österreich-Bericht der „drei

---

2212 VG Frankfurt a.M., Az. 1 G 429/01 (V), Beschl. v. 01.03.2001, NJW 2001, S. 1295 f. (1296). Dass die Verfassungsgerichte der Mitgliedstaaten darüber hinaus die Charta heranziehen werden, um zu begründen, dass auf Gemeinschaftsebene ein ausreichender Grundrechtsschutz besteht, erscheint wegen ihrer fehlenden Rechtsverbindlichkeit hingegen zweifelhaft, so aber *Grabenwarter*, DVBl. 2001, S. 11.

2213 BVerfG, 2 BvB 1/01, Beschl. v. 22.11.2001, EuR 2002, S. 236 ff. (238) (NPD-Verbot).

2214 EGMR, Beschw. Nr. 25680/94, I. ./. Vereinigtes Königreich, Urt. v. 11.07.2002, Ziff. 80, sowie EGMR, Beschw. Nr. 28957/95, Goodwin ./. Vereinigtes Königreich, Urt. v. 11.07.2002, Ziff. 100, abrufbar jeweils unter: http://hudoc.echr.coe.int. Vgl. auch das Sondervotum von *Costa*, in EGMR, Beschw. Nr. 36022/97, Hatton u.a. ./. Vereinigtes Königreich, Urt. v. 02.10.2001 (hins. Art. 37 EGRC); siehe auch das abweichende Votum von *Ress*, in EGMR, Beschw. Nr. 53924/00, Vo ./. Frankreich, Urt. v. 08.07.2004, Ziff. 5, 9, der Art. 3 Abs. 2 EGRC als Auslegungshilfe dafür heranzieht, dass auch das ungeborene Leben in den Schutzbereich des Art. 2 EMRK fällt. Zu neueren Rechtsprechungsentwicklungen des EGMR im Bereich des Schutzes von Ehe und Familie *Caflisch*, in: *Drnas de Clément* (Hrsg.), Estudios de derecho internacional, S. 925 ff. (insb. 934-937).

2215 Vgl. z.B. Europäischer Bürgerbeauftragter, Beschw. Nr. 529/98/BB gegen die Kommission, Entsch. v. 12.12.2000, abrufbar unter: http://www.euro-ombudsman.eu.int/decision/en/980529.htm (Stand: 17.05.2003); ders., Beschw. Nr. 995/98/OV gegen die Kommission, Entsch. v. 30.01.2001, abrufbar unter http://www.euro-ombudsman.eu.int/ decision/en/980995.htm (Stand: 17.05.2003).

Weisen" für 14 EU-Mitgliedstaaten nahm zur Beurteilung des Eintretens der österreichischen Regierung für die gemeinsamen europäischen Werte noch vor Verkündung der Charta auf Art. 11, 19 Abs. 2 und 21 EGRC Bezug.[2216]

III. Ergebnis

Die Grundrechtecharta entfaltet nach alledem bereits nach ihrer feierlichen Verkündung zunehmend Wirkungen nicht nur auf politischer, sondern auch auf rechtlicher Ebene. Ihr kommt vornehmlich als Instrument der Bekräftigung der Existenz und Reichweite einzelner ungeschriebener Gemeinschaftsgrundrechte sowie als Argumentations- und Auslegungshilfe für andere Gerichte und Institutionen rechtliche Bedeutung zu. Dies darf jedoch nicht darüber hinwegtäuschen, dass die Charta bislang mangels Inkrafttretens des Vertrags über eine Verfassung für Europa, deren Teil sie ist, nicht rechtsverbindlich ist. Sie alleine kann dem Bürger deswegen keinen Grundrechtsschutz gewähren. Auch kann sie als bloßes Mittel der Bestätigung vorhandener Grundrechtsgarantien keinen über den existierenden Menschenrechtsschutz in der Gemeinschaft hinausgehenden, an moderne Grundrechtsgefährdungen angepassten Schutz gewährleisten.

C. Die prozessuale Durchsetzung der Grundrechte durch ihre Träger

Für den Grad der Durchsetzbarkeit der in der Charta garantierten Rechte ist neben dem materiell-rechtlichen Status der Charta ausschlaggebend, inwieweit die Grundrechtsträger verfahrensrechtlich bei einer behaupteten Verletzung von Charta-Rechten gerichtlichen Schutz erlangen können. Dabei gebietet nicht zuletzt das Gemeinschaftsgrundrecht auf einen wirksamen Rechtsbehelf bei einem Gericht,[2217] das die Charta selbst in Art. 47 Abs. 1 bekräftigt, dass das Gesamtsystem des europäischen Individualrechtsschutzes den Grundrechtsadressaten insbesondere durch einen ausreichenden Zugang zu einem Gericht effektiven Schutz gewährt.

Der Grundrechtskonvent hat keine Vorschläge zur Erweiterung der bestehenden prozeduralen Möglichkeiten, die Gemeinschaftsgrundrechte (und

---

[2216] Österreich-Bericht für 14 Mitgliedstaaten der EU von *Martti Ahtisaari*, *Jochen Frowein* und *Marcelino Oreja* v. 08.09.2000, abgedruckt in: EuGRZ 2000, 404 ff. (406 / Ziff. 9, 16, 8).

[2217] Vgl. z.B. EuGH, Rs. 222/84, Johnston ./. Chief Constable of the Royal Ulster Constabulary, Urt. v. 15.05.1986, Slg. 1986, S. 1651 ff. (1682 / Rn. 17 f.).

damit in soeben dargelegtem Maße die Charta-Rechte) durchzusetzen, vorgelegt.[2218] Dies steht im Einklang mit seinem auf die Zusammenfassung der materiell-rechtlich auf Gemeinschaftsebene anerkannten Grundrechte beschränkten Mandat.[2219] Anders als zahlreiche Mitgliedstaaten kennt das von den Verträgen etablierte System des Rechtsschutzes vor den Gemeinschaftsgerichten insbesondere kein eigenes Grundrechtsschutzverfahren durch eine Verfassungs- oder Grundrechtsbeschwerde. Im Rahmen des existierenden europäischen Individualrechtsschutzsystems wird Grundrechtsschutz vornehmlich zentral durch EuGH und EuG, aber auch dezentral von den nationalen Gerichten sichergestellt.[2220] Der Einzelne kann dementsprechend eine Verletzung von Gemeinschaftsgrundrechten in verschiedenen Verfahren gerichtlich[2221] geltend machen.

Gegenüber grundrechtsverletzenden Handlungen der Gemeinschaftsorgane haben natürliche und juristische Personen in erster Linie die Möglichkeit, unter den Voraussetzungen des Art. 230 Abs. 4 EG eine Nichtigkeitsklage unmittelbar beim EuG zu erheben, über die im Rechtsmittelverfahren der EuGH entscheiden kann (Art. 225 Abs. 1 EG). Anders als die sog. privilegierten Kläger (vgl. Art. 230 Abs. 2 EG) können sie eine zulässige Klage nach dem Wortlaut des Art. 230 Abs. 4 EG jedoch nur gegen Rechtsakte erheben, die sie – als Entscheidung und ggf. als Verordnung oder Richtlinie[2222] – unmittelbar und individuell betreffen. Der EuGH legt das Merkmal der individuellen Betroffenheit in ständiger Rechtsprechung sehr eng aus.[2223] Nach seiner sog. *Plaumann*-Formel kann, wer nicht Adressat einer Entscheidung ist, *„nur dann geltend machen, von ihr individuell betroffen zu sein, wenn die Entscheidung ihn wegen bestimmter persönlicher Eigenschaften oder besonderer, ihn aus dem Kreis aller übri-*

2218 Kritisch hierzu *Wathelet*, CDE 2000, S. 590.

2219 Europäischer Rat (Köln), Anhang IV zu den Schlussfolgerungen des Vorsitzes, Bull. EU 6-1999, S. 39 f. = EuGRZ 1999, S. 364 f., siehe dazu bereits eingehend oben 2. Kapitel.A.III.; ebenso *de Schutter*, in: *Eriksen / Fossum / Menéndez* (Hrsg.), The Chartering of Europe, S. 151.

2220 Zu dieser Terminologie vgl. *Calliess*, NJW 2002, S. 3578 m.w.N.

2221 Im Rahmen außergerichtlicher Verfahren können natürliche und juristische Personen Grundrechtsverletzungen im Rahmen einer Petition an das Europäische Parlament (Art. 21 Abs. 1 i.V.m. 194 EG) oder in einer an den Bürgerbeauftragten gericheteten Beschwerde (Art. 21 Abs. 2 i.V.m. 195 EG) geltend machen.

2222 Siehe hierzu ausführlich *Cremer*, in: *Calliess / Ruffert* (Hrsg.), EUV/EGV, Art. 230 EGV, Rn. 27-43.

2223 Siehe zu dieser – nicht immer einheitlichen und transparenten – Rechtsprechung *Reich*, ZRP 2000, S. 376, sowie eingehend *Calliess*, NJW 2002, S. 3579 f.

gen Personen heraushebender Umstände berührt und ihn daher in ähnlicher Weise individualisiert wie den Adressaten".[2224]

Besonders in Fällen von unmittelbar geltenden allgemeinen Verordnungen entstehen für den Einzelnen, der ohne einen ihm nicht zumutbaren Verstoß gegen diese auch vor den nationalen Gerichten keinen Rechtsschutz erlangen kann,[2225] Lücken im europäischen Grundrechtsschutzsystem. Das EuG ist in seinem jüngeren Urteil im Fall *Jégo-Quéré* denn auch von der engen Auslegung des Kriteriums der individuellen Betroffenheit ausdrücklich mit der Begründung abgegangen, dass dem Einzelnen sonst das Gemeinschaftsgrundrecht auf Zugang zu einem Gericht genommen werde.[2226] Der Gerichtshof hat hingegen trotz der eine entsprechende Rechtsprechungsänderung befürwortenden Schlussanträge[2227] in seinem nachfolgenden Urteil im Fall *UPA* an seiner restriktiven Rechtsprechung zur Klagebefugnis festgehalten,[2228] und dementsprechend auch das EuG-Urteil im Fall *Jégo-Quéré* aufgehoben.[2229]

Neben der Nichtigkeitsklage steht dem Einzelnen die Untätigkeitsklage zum EuG nach Art. 232 EG offen, wenn er ein gemeinschaftsgrundrechtswidriges Untätigbleiben der Gemeinschaftsorgane (z.B. die Missachtung einer grundrechtlichen Schutzpflicht) rügt. Schließlich kann er bei Schäden, die durch grundrechtsverletzende Maßnahmen der Gemeinschaftsorgane verur-

[2224] EuGH, Rs. 25/62, Firma Plaumann & Co. ./. Kommission, Urt. v. 15.07.1963, Slg. 1963, S. 211 ff. (238).

[2225] Nach einem Verstoß gegen die Verordnung könnte der Einzelne gegen die von den nationalen Behörden verhängten Sanktionen vor den nationalen Gerichten vorgehen; kritisch zu dieser Rechtslage *Wathelet*, CDE 2000, S. 590.

[2226] EuG, Rs. T-177/01, Jégo-Quéré et Cie SA ./. Kommission, Urt. v. 03.05.2002, NJW 2002, S. 2088 ff. (2090 / Rn. 47, 50 f.), wonach der Einzelne bereits dann als von einer allgemein geltenden Gemeinschaftsbestimmung individuell betroffen anzusehen sein soll, wenn diese seine Rechtsposition unzweifelhaft und gegenwärtig beeinträchtigt, indem sie seine Rechte einschränkt oder ihm Pflichten auferlegt.

[2227] Generalanwalt *Jacobs*, Schlussanträge v. 21.03.2002 in der Rs. C-50/00 P, Unión de Pequeños Agricultores (UPA) / Rat, Slg. 2002, S. I-6677 ff. (6694 f., 6705 ff. / Rn. 43, 49, 82 ff).

[2228] EuGH, Rs. C-50/00 P, Unión de Pequeños Agricultores (UPA) ./. Rat, Urt. v. 25.07.2002, NJW 2002, S. 2935 ff. (2936/2937 / Rn. 44 f.). Zu diesen Rechtsprechungsentwicklungen eingehend *Schneider*, NJW 2002, S. 2927 f.; *Calliess*, NJW 2002, S. 3580-3582; *de Schutter*, in: *Eriksen / Fossum / Menéndez* (Hrsg.), The Chartering of Europe, S. 151 (insb. dort Fn. 38).

[2229] EuGH, Rs. C-263/02 P, Kommission ./. Jégo-Quéré et Cie SA, Urt. v. 01.04.2004, EuGRZ 2004, S. 284 ff. (292 / Rn. 36-38).

sacht wurden, eine Schadensersatzklage nach Art. 235 i.V.m. Art. 288 Abs. 2 EG zum EuG erheben, was allerdings nicht zur Aufhebung der Maßnahme als solcher führt.[2230]

Gegenüber Maßnahmen der Mitgliedstaaten, die Gemeinschaftsrecht umsetzen oder vollziehen, muss der Einzelne die Verletzung von Gemeinschaftsgrundrechten zunächst vor den nationalen Gerichten geltend machen. Hält das nationale Gericht den zugrundeliegenden Rechtsakt der Gemeinschaftsorgane für (gemeinschafts-) grundrechtswidrig und damit ungültig, ist es im Hinblick auf das Normverwerfungsmonopol des EuGH verpflichtet, ein Vorabentscheidungsverfahren nach Art. 234 EG anzustrengen.[2231] Wegen dieser Möglichkeit einer inzidenten Kontrolle der Gültigkeit von Gemeinschaftsrechtsakten kommt dem Vorlageverfahren eine große Bedeutung für den Individualrechtsschutz zu.

Es stößt jedoch an seine Grenzen, wenn ein nationales Gericht eine Vorlage zum EuGH zur Entscheidung des bei ihm anhängigen Rechtsstreits nicht für erforderlich hält.[2232] Der Einzelne kann einen Vorlagebeschluss des nationalen Gerichts lediglich in wenigen Mitgliedstaaten erzwingen.[2233] Nach deutschem Recht ist dies beispielsweise nur möglich, wenn ihm der gesetzliche (hier also der EuGH-) Richter objektiv willkürlich entzogen wurde (Art. 101 Abs. 1 S. 2 GG).[2234] Die Verletzung der Vorlagepflicht könnte grundsätzlich außerdem in einem von der Kommission eingeleiteten Vertragsverletzungs-

---

2230 Anschaulich zur Problematik EuG, Rs. T-177/01, Jégo-Quéré (Fn. 2226), S. 2089 f. / Rn. 46.

2231 St.Rspr. des EuGH, vgl. grundlegend Rs. 314/85, Foto-Frost ./. Hauptzollamt Lübeck-Ost, Urt. v. 22.10.1987, Slg. 1987, S. 4199 ff. (4230-4232 / Rn. 14-20).

2232 Zu den – nicht seltenen – Nichtvorlagen mitgliedstaatlicher oberster Gerichte *Mayer*, in: *v. Bogdandy* (Hrsg.), Europäisches Verfassungsrecht, S. 234-237 mit zahlreichen Nachweisen. Zu einem eindrücklichen Beispiel für die Verweigerung einer Vorlage an den EuGH durch den französischen *Conseil d'Etat Breuer*, JZ 2003, S. 434 f. (Rs. *S.A. Jacques Dangeville*).

2233 Konkret können Einzelne nur in Deutschland, Österreich und Spanien wegen der Nichtvorlage an den EuGH durch letztinstanzliche Gerichte einen Entzug des gesetzlichen Richters geltend machen, vgl. dazu *Breuer*, JZ 2003, S. 439 mit zahlreichen Nachweisen.

2234 StRspr., vgl. BVerfG, 2 BvR 197/83, Beschl. v. 22.10.1986, BVerfGE 73, 339 (366-371) („Solange II"); BVerfG, 2 BvR 687/85, Beschl. v. 08.04.1987, BVerfGE 75, 223 (233-244) (Kloppenburg); BVerfG, 2 BvL 12, 13/88 u.a., Beschl. v. 31.05.1990, BVerfGE 82, 159 (195 f.); BVerfG, 1 BvR 1036/99, Beschl. v. 09.01.2001, JZ 2001, S. 923 (924).

verfahren (Art. 226 EG) gerügt werden. Die Kommission hat aus Opportunitätsgründen bislang jedoch von der Initiierung derartiger Verfahren abgesehen.[2235]

Das im übrigen bei Verletzung von Gemeinschaftsgrundrechten durch mitgliedstaatliches Handeln mögliche Vertragsverletzungsverfahren (Art. 226 EG) der Kommission gegen einzelne Mitgliedstaaten wird zwar nicht selten aufgrund von Beschwerden von Grundrechtsträgern eingeleitet. Letztere haben jedoch keine Möglichkeit, ein solches Verfahren zu erzwingen und sich an diesem zu beteiligen.[2236]

Die Gesamtschau der Verfahren, in denen der Einzelne gegen eine behauptete Verletzung von Gemeinschafts- bzw. Charta-Rechten gerichtlichen Schutz erlangen kann, legt offen, dass das System des Individualrechtsschutzes durch EuGH und EuG auf der einen sowie die mitgliedstaatlichen Gerichte auf der anderen Seite nicht unerhebliche Rechtsschutzlücken aufweist. Insbesondere gegen grundrechtsverletzende unmittelbar anwendbare abstrakt-generelle Gemeinschaftsrechtsakte kann der Einzelne unter Umständen zu keinem Gericht eine zulässige Klage erheben.

Daneben existieren nach wie vor Bereiche, in denen dem EuGH (und erst recht den mitgliedstaatlichen Gerichten) keine Kompetenz zur Überprüfung von Maßnahmen auf Grundrechtsverletzungen hin zukommt. So fehlt dem Gerichtshof, wie bereits diskutiert,[2237] trotz der prinzipiellen Grundrechtsbindung auch der Organe der Union die Zuständigkeit, Handlungen dieser im Rahmen der Zweiten (Art. 46 EU) und weitgehend auch der Dritten Säule (vgl. Art. 46 lit. d, b i.V.m. 35 EU) auf die Achtung der Gemeinschaftsgrundrechte hin zu kontrollieren.[2238]

2235 Dazu *Wegener*, in: *Calliess / Ruffert* (Hrsg.), EUV/EGV, Art. 234 EGV, Rn. 26 m.w.N.; *Mayer*, in: *v. Bogdandy* (Hrsg.), Europäisches Verfassungsrecht, S. 233/234; *Breuer*, JZ 2003, S. 439.

2236 Eine Übersicht über die Rechtsschutzmöglichkeiten des Einzelnen bei der Verletzung von Gemeinschaftsgrundrechten geben z.B. *Reich*, ZRP 2000, S. 375 f.; *Beutler*, in: *Beutler / Bieber u.a.*, EU, Kap. 10.1.5, Rn. 666; *Curtin / van Ooik*, 8 MJ 1 (2001), S. 110-112; *Ehlers*, in: *Ehlers* (Hrsg.), Europäische Grundrechte und Grundfreiheiten, § 13 VII 1, Rn. 48 f.; *Calliess*, in: *Ehlers* (Hrsg.), Europäische Grundrechte und Grundfreiheiten, § 19 IV, Rn. 30.

2237 Siehe bereits oben 3. Kapitel.C.I.1, insb. bei Fn. 1013 f.

2238 Vgl. dazu im Einzelnen *Cremer*, in: *Calliess / Ruffert* (Hrsg.), EUV/EGV, Art. 46 EUV, Rn. 8; *Curtin / van Ooik*, 8 MJ 1 (2001), S. 111.

Im Lichte des Grundrechts auf effektiven Rechtsschutz kann die Durchsetzbarkeit der in der Charta garantierten Grundrechte auch in prozessualer Hinsicht damit noch nicht überzeugen. Dem Einzelnen muss im Rahmen der Kooperation der Gemeinschaftsgerichte mit den mitgliedstaatlichen Gerichten ein kohärenter, lückenloser Rechtsschutz gewährt werden. Dies kann im Wesentlichen nur durch einen erweiterten Zugang des Einzelnen zum EuGH, dem die Überwachung der Gemeinschaftsgrundrechte letztlich anvertraut ist, bewerkstelligt werden.[2239]

D. Der künftige rechtliche Status der Charta

I. Die Notwendigkeit einer rechtsverbindlichen Charta

1. Die Notwendigkeit nach den Zielen, dem Inhalt und den Wirkungen der Charta

Schon die mit der Schaffung der Grundrechtecharta verfolgten Ziele[2240] erweisen sich mit einer nicht rechtsverbindlichen Charta als unerreichbar. Das Aufstellen sichtbarer Handlungsmaßstäbe insbesondere für die Gemeinschaftsorgane in einem Grundrechtskatalog kann nicht zu einer wesentlichen Stärkung der Rechtssicherheit und –klarheit führen, wenn die Grundrechtsträger sich auf die dort niedergelegten Rechte direkt nicht berufen können. Eine weitergehende rechtliche Einbindung und demokratische Legitimation der Gemeinschafts- und Unionsgewalt mittels einer Kodifikation von Grundrechten wird bei deren Unverbindlichkeit gerade verweigert. Eine nicht bindende Charta kann dem Bürger schließlich kaum ernsthaft verdeutlichen, dass sich die Union nicht nur als Wirtschafts-, sondern zugleich als Wertegemeinschaft versteht. Anstatt die Herausbildung einer europäischen Identität zu fördern, würde eine dauerhaft nicht verbindliche Charta vielmehr die Vorbehalte gegenüber der Europäischen Union bestärken.[2241] Es ist nicht vermittel-

---

[2239] So i.E. auch *Hohmann*, APuZ, B 52-53/2000, S. 12; *Beutler*, in: *Beutler / Bieber u.a.*, EU, Kap. 10.1.5, Rn. 666; *Hummer*, Status der EU-Grundrechtecharta, S. 101 f.; *Ehlers*, in: *Ehlers* (Hrsg.), Europäische Grundrechte und Grundfreiheiten, § 13 VII 1, Rn. 48; a.A. *Tomuschat*, F.A.Z. Nr. 181 v. 07.08.00, S. 13. Zu Konstellationen, in denen der EGMR eine durch die Nichtvorlage nationaler Gerichte entstehende Rechtsschutzlücke teilweise schließen kann, *Breuer*, JZ 2003, S. 439. Siehe dazu noch näher unten 5. Kapitel.E.III.

[2240] Siehe zu diesen eingehend oben 2. Kapitel.A.III.

[2241] Ähnlich *Carrasco Macía*, Eipascope 2000, S. 26; *Pernice*, DVBl. 2000, S. 858; *Schmitz*, JZ 2001, S. 835; *Alber*, EuGRZ 2001, S. 353; *Pache*, EuR 2001, S. 486.

bar und zeugt von einer fehlenden Ernstnahme der der Union zugrundeliegenden Rechte und der hinter diesen stehenden Menschen, zunächst durch einen auf breiter Basis parlamentarisch legitimierten Konvent unter gezielter Einbeziehung der Öffentlichkeit einen Grundrechtskatalog erarbeiten zu lassen, der dann aber nicht gelten soll.[2242]

Daneben ist die Charta, die der Konvent so formuliert hat, als ob er einen rechtlich bindenden Katalog vorzulegen hätte,[2243] inhaltlich nicht nur geeignet, Rechtsverbindlichkeit zu erlangen. Eine nähere Betrachtung der in der Charta niedergelegten Rechte sowie der Allgemeinen Bestimmungen zeigt, dass die Charta trotz einzelner Schwächen und Ungereimtheiten insgesamt durchaus gelungen ist. Einzelne Unstimmigkeiten wird die Rechtsprechung, wie bei anderen, typischerweise nicht bis ins letzte Detail ausgereiften neuen Rechtstexten auch, angemessen auszuräumen wissen. Nicht zuletzt liegt die Herbeiführung der Rechtsverbindlichkeit der Charta schon deshalb nahe, weil diese im Wesentlichen lediglich die ohnehin bindenden ungeschriebenen Gemeinschaftsgrundrechte unter Berücksichtigung moderner Grundrechtsgefährdungen zusammenfasst. Vor diesem Hintergrund erscheint ein nicht verbindlicher Grundrechtskatalog als rückschrittlich, da er die geltenden Grundrechte zur Disposition zu stellen scheint. Der Gemeinschaft fehlt es nicht an unverbindlichen Grundrechtskatalogen und –erklärungen,[2244] weswegen eine dauerhaft nicht bindende Charta in der Entwicklung der Integration kaum mehr als ein *„symbol of European impotence and refusal to take rights seriously"*[2245] darstellen würde.[2246]

Die einzelnen, gegen eine Rechtsverbindlichkeit der Charta wegen ihrer Wirkungen vorgebrachten Argumente greifen nicht. Ein wesentlicher Verlust an Flexibilität für die Gemeinschaftsgerichte bei der Fortentwicklung des Grundrechtsschutzes ist durch einen geschriebenen Grundrechtskatalog nicht zu befürchten.[2247] Wie die Praxis der mitgliedstaatlichen Verfassungsgerichte und des EGMR zeigt, die ihrerseits kodifizierte Grundrechte auslegen und

---

2242 Deutlich in diese Richtung auch *Broß*, JZ 2003, S. 430, 432.

2243 Vgl. zu diesem „als-ob-Ansatz" eingehend oben 2. Kapitel.B.III.2.e; zweifelnd, dass dieser ausreichend umgesetzt wurde, *Goldsmith*, CML Rev. 38 (2001), S. 1215.

2244 Dazu eingehend oben 1. Kapitel.B.II.1, 2. Kapitel.A.I.

2245 *Weiler*, ELJ 6 (2000), S. 96.

2246 Ähnlich i.E. z.B. *Magiera*, DÖV 2000, S. 1019; *Pache*, EuR 2001, S. 486 f.; *Broß*, JZ 2003, S. 430 f.; vorsichtig *Fredman / McCrudden / Freedland*, P.L. 2000, S. 185.

2247 So aber *Iber*, ZEuS 2002, S. 504.

anwenden, verbleiben den Gerichten ausreichende Möglichkeiten, geschriebene Grundrechte anhand ihrer textlichen Grundlage an neue Gefährdungslagen anzupassen.[2248]

Ein Machtzuwachs von EuGH und EuG durch eine verbindliche Charta ist gleichermaßen nicht zu befürchten.[2249] Vielmehr ist ein geschriebener Grundrechtskatalog geeignet, ihren zuvor rein richterrechtlich entwickelten Grundrechtsschutz stärker rechtlich einzubinden, und damit zu einer Begrenzung ihrer Rechtsprechungsgewalt zu führen. Dies zeigt sich unter anderem daran, dass die Gemeinschaftsgerichte durch die Regelung des Art. 52 Abs. 3 EGRC nunmehr gehalten sind, die Reichweite der Konventionsrechte in ihrer Auslegung durch den EGMR als Mindeststandard der Gemeinschaftsgrundrechte zwingend zu beachten.[2250]

Wie Art. 53 EGRC verdeutlicht, ist mit einer rechtsverbindlichen Charta als solcher auch keine Absenkung oder Relativierung ggf. höherer mitgliedstaatlicher Grundrechtsstandards in deren Anwendungsbereich verbunden.[2251] Demgegenüber kann die Charta eine unitarisierende Wirkung in dem Sinne haben, dass bei einem sichtbar höheren grundrechtlichen Schutzniveau in einzelnen Bereichen ein faktischer Druck für die Mitgliedstaaten entsteht, ihre jeweiligen nationalen Standards auf das Niveau der Charta anzuheben.

Eine Ausweitung der Gemeinschafts- bzw. Unionskompetenzen ist mit einer verbindlichen Charta ebenfalls nicht verbunden.[2252] Wie Art. 51 Abs. 2 EGRC klarstellt, ändert die Aufnahme eines Grundrechtskatalogs in die Verträge nichts an der Kompetenzverteilung zwischen der Gemeinschaft bzw. Union und den Mitgliedstaaten. Sie berüht insbesondere nicht den den Verträgen immanenten Grundsatz der begrenzten Einzelermächtigung.

2248 Vgl. beispielhaft die Rechtsprechung des EGMR zu Art. 8 EMRK, wonach das Recht auf Achtung des Privatlebens auch vor Eingriffen in die körperliche Integrität schützt und ein Grundrecht auf Datenschutz umfasst (zahlreiche Nachweise hierzu oben Fn. 1820, 1889).

2249 A.A. *Nettesheim*, INTEGRATION 2002, S. 41; *Iber*, ZEuS 2002, S. 504.

2250 Dazu eingehend oben 4. Kapitel.C.V.

2251 Vgl. zu dieser Befürchtung *Schmitz*, JZ 2001, S. 835; *Alber*, EuGRZ 2001, S. 349.

2252 Zweifelnd *Engel*, ZUM 2000, S. 985; *Hummer*, Status der EU-Grundrechtecharta, S. 87 f.

Die Schaffung einer verbindlichen Grundrechtecharta macht die Union schließlich nicht zu einem Staat.[2253] Aufgrund des fortgeltenden Prinzips der begrenzten Einzelermächtigung fehlt dieser unter anderem die einem Staat eigene Kompetenz-Kompetenz im Sinne einer Allgemeinzuständigkeit in den einzelnen Politikbereichen.[2254] Die Charta, welche selbst nach derzeitigem Rechtsstand nur im Wege der Vertragsänderung (Art. 48 EU) in das Unionsrecht integriert werden kann, bewirkt keine Loslösung der Union von ihren sich in diesem Verfahren manifestierenden völkerrechtlichen Grundlagen. Sie ist aber ein weiterer Schritt in die Richtung einer zunehmenden Verfasstheit der Europäischen Union.[2255]

Eine überwältigende Mehrheit von Vertretern aus Politik, Wissenschaft und Zivilgesellschaft fordert dementsprechend zu Recht das alsbaldige Verbindlichmachen der Charta, die durch ihre Integration in die Verträge bzw. den künftigen Verfassungsvertrag Verfassungsrang erhalten soll. So verlangt aus dem Kreis der europäischen Institutionen insbesondere das Europäische Parlament weiterhin nachdrücklich, dass die Charta rasch rechtsverbindlich wird.[2256] Die Kommission[2257] teilt ebenso wie der Wirtschafts- und Sozialausschuss[2258] und der Ausschuss der Regionen[2259] diese Auffassung. Neben unzähligen Stimmen im Schrifttum[2260] halten viele Nichtregierungsorganisatio-

---

[2253] Deutlich *Herzog*, Anlage I zu Dok. CHARTE 4105/00 BODY 1 v. 13.01.2000, S. 8; ebenso *Nettesheim*, INTEGRATION 2002, S. 45. Vgl. zu den Ängsten einzelner Mitgliedstaaten, die Charta könne sich als „trojanisches Pferd" erweisen, das den Weg zur Staatswerdung Europas ebnen soll, *Bossi*, in: *Weidenfeld* (Hrsg.), Nizza in der Analyse, S. 236/237.

[2254] Siehe zur Problematik *Calliess*, in: *Calliess / Ruffert* (Hrsg.), EUV/EGV, Art. 1 EUV, Rn. 19.

[2255] Ebenso z.B. *Nettesheim*, INTEGRATION 2002, S. 45.

[2256] Vgl. z.B. Entschließung des Europäischen Parlaments zu dem Vertrag von Nizza und der Zukunft der Europäischen Union v. 31.05.2001, Bull. EU 5-2001, S. 8.

[2257] Siehe schon Mitteilung der Kommission v. 11.10.2000, Bull. EU 10-2000, S. 8.

[2258] Siehe schon die Stellungnahme des Wirtschafts- und Sozialausschusses v. 20.09.2000, Bull. EU 9-2000, S. 9.

[2259] Entschließung des Ausschusses der Regionen zum Ergebnis der Regierungskonferenz 2000 und zur Diskussion über die Zukunft der Europäischen Union v. 04.04.2001, Bull. EU 4-2001, S. 7.

[2260] So z.B. *Magiera*, DÖV 2000, S. 1019; *Carrasco Macía*, Eipascope 2000, S. 26; *Pernice*, DVBl. 2000, S. 858; *Eicke*, EHRLR 3 (2000), S. 294; *Vitorino*, RTDE 2001, S. 63; *Calliess*, EuZW 2001, S. 268; *Alber*, EuGRZ 2001, S. 353; *Pache*, EuR 2001, S. 486 f., 493 f.; *Curtin / van Ooik*, 8 MJ 1 (2001), S. 113; *Bossi*, in: *Weidenfeld* (Hrsg.), Nizza in

nen[2261] eine dauerhafte Unverbindlichkeit der Charta für nicht tragbar. Nicht zuletzt verfolgten einige mitgliedstaatliche Regierungen, insbesondere Deutschland und Frankreich,[2262] das Ziel, eine Einigung über die Inkorporation der Charta, deren Erarbeitung die Staats- und Regierungschefs aller Mitgliedstaaten auf der Tagung des Europäischen Rates in Köln beschlossen hatten, in die Verträge bzw. die künftige Europäische Verfassung zu erzielen.

2. Die bisherigen Schritte auf dem Weg zur Verbindlichkeit

Der Europäische Rat in Nizza, in dessen Rahmen die Grundrechtecharta feierlich proklamiert wurde, kam entsprechend den Schlussfolgerungen auf seiner Tagung in Köln[2263] überein, eine spätere Aufnahme der Charta in die Verträge künftig zumindest zu prüfen. In seiner *„Erklärung zur Zukunft der Union“*, die als 23. Erklärung der Konferenz dem Vertrag von Nizza angehängt ist, spricht er sich für eine umfassende Diskussion über die Zukunft der EU aus, in deren Rahmen unter anderem der Status der Grundrechtecharta zu behandeln ist.[2264] Nach diesen Vorarbeiten soll eine Regierungskonferenz im Jahr 2004 unter anderem die Frage der Verbindlichkeit der Charta im Hinblick auf eine entsprechende Vertragsänderung behandeln.[2265]

Entsprechend dieser Erklärung[2266] berief der Europäische Rat auf seiner Tagung in Laeken am 14./15.12.2001 mit der *„Erklärung von Laeken zur Zu-*

---

der Analyse, S. 239; *Schwarze*, EuZW 2001, S. 522; *ders.*, NJW 2002, S. 996; *Hilf*, in: *Duschanek / Griller* (Hrsg.), Grundrechte für Europa, S. 24; *Iber*, ZEuS 2002, S. 504; *Friedrich*, Politische Studien, Sonderheft 1/2003, S. 24/25; *Schaller*, EU-Mitgliedstaaten als Verpflichtungsadressaten der Gemeinschaftsgrundrechte, S. 211; *Broß*, JZ 2003, S. 432; *Große Wentrup*, Europäische Grundrechtecharta im Spannungsfeld der Kompetenzverteilung, S. 178; zweifelnd *v. Danwitz*, Internationale Politik 2/2001, S. 42; a.A. z.B. *Goldsmith*, CML Rev. 38 (2001), S. 1215, 1216.

2261 Vgl. dazu *Vitorino*, RTDE 2001, S. 60.

2262 Vgl. z.B. den Beitrag *Schröders* und *Chiracs* für den Verfassungskonvent, F.A.Z. Nr. 14 v. 17.01.2003, S. 6; vgl. auch *Bossi*, in: *Weidenfeld* (Hrsg.), Nizza in der Analyse, S. 237.

2263 Europäischer Rat (Köln), Anhang IV zu den Schlussfolgerungen des Vorsitzes, Bull. EU 6-1999, S. 40 = EuGRZ 1999, S. 365.

2264 Vgl. die von der Konferenz angenommenen Erklärung im Anhang zum Vertrag von Nizza, ABl. EG 2001, Nr. C 80, S. 85 (Pkt. 5); die weiteren drei zu behandelnden Themenkomplexe sind die Abgrenzung der Zuständigkeiten zwischen der EU und den Mitgliedstaaten, die Vereinfachung der Verträge und die Rolle der nationalen Parlamente in der Architektur Europas, vgl. a.a.O., S. 85/86.

2265 ABl. EG 2001, Nr. C 80, S. 86 (Pkt. 7); dazu *Stüer / von Arnim*, DVBl. 2003, S. 245.

2266 ABl. EG 2001, Nr. C 80, S. 85 (Pkt. 4).

kunft der Europäischen Union" einen Konvent zur Zukunft Europas (sog. Verfassungskonvent) ein.[2267] Dieser sollte neben vielen anderen[2268] die Frage prüfen, ob die Grundrechtecharta in die Verträge bzw. einen künftigen Verfassungsvertrag aufgenommen werden soll.[2269]

Der Verfassungskonvent,[2270] der am 28.02.2002 in Brüssel unter dem Vorsitz von *Valéry Giscard d'Estaing* seine Arbeit aufnahm, setzte zur Vorbereitung von Lösungsvorschlägen für einzelne vom Verfassungskonvent zu behandelnder Problemkreise mehrere Arbeitsgruppen ein. Die Arbeitsgruppe II („Charta") unter der Leitung von EU-Kommissar *António Vitorino* erhielt das Mandat, die Modalitäten und Auswirkungen einer etwaigen Einbeziehung der EU-Charta der Grundrechte in die Verträge, sowie die Auswirkungen eines etwaigen Beitritts der Gemeinschaft oder Union zur EMRK zu untersuchen.[2271] Die politische Entscheidung, ob die Charta überhaupt in das maßgebliche Vertragswerk einbezogen werden soll, blieb diesem Mandat gemäß dem Plenum des Konventes vorbehalten.[2272] Unbeschadet dessen unterstützten alle Mitglieder dieser Gruppe ausweislich ihres Schlussberichts vom 22.10.2002 nachdrücklich die Einbeziehung der Charta in die Verträge in einer Form, die ihr rechtsverbindlichen Charakter und Verfassungsrang verleiht, oder würden eine wohlwollende Prüfung einer solchen Einbeziehung nicht ausschließen.[2273]

[2267] Europäischer Rat (Laeken), Anlage I zu den Schlussfolgerungen des Vorsitzes, Dok. SN 300/1/01 REV 1, S. 19 ff. (24-26 / Pkt. III).

[2268] Das – weite – Mandat des Verfassungskonvents umfasst eine bessere Aufteilung und Festlegung der Zuständigkeiten in der EU, die Vereinfachung der Instrumente der Union, mehr Demokratie, Transparenz und Effizienz in der EU, sowie den Weg zu einer Verfassung für die europäischen Bürger, vgl. Europäischer Rat (Laeken), Anlage I zu den Schlussfolgerungen des Vorsitzes, Dok. SN 300/1/01 REV 1, S. 21-24 (Pkt. II).

[2269] Europäischer Rat (Laeken), Anlage I zu den Schlussfolgerungen des Vorsitzes, Dok. SN 300/1/01 REV 1, S. 24 (Pkt. II a.E.). Zu dieser Entwicklung z.B. *Schwarze*, NJW 2002, S. 993 f.; *Pietsch*, ZRP 2003, S. 1 f.

[2270] Zu dessen Hintergründen, Zusammensetzung und Aufgaben näher z.B. *Riedel*, ZRP 2002, S. 241-247; *Blumenwitz*, Politische Studien, Sonderheft 1/2003, S. 44-47; *Oppermann*, DVBl. 2003, S. 3-10.

[2271] Dok. CONV 72/02 v. 31.05.2002, S. 1 f. Näher dazu *Pietsch*, ZRP 2003, S. 2.

[2272] Dok. CONV 72/02 v. 31.05.2002, S. 2; Dok. CONV 354/02 WG II 16 v. 22.10.2002, S. 2.

[2273] Dok. CONV 354/02 WG II 16 v. 22.10.2002, S. 2.

Auch im Plenum des Verfassungskonvents zeichnete sich – trotz der nicht eindeutigen britischen Haltung[2274] – bereits frühzeitig ein breiter Konsens für eine Inkorporation der Charta in das künftige Vertragswerk ab.[2275] Entsprechend diesem Meinungsstand war die Grundrechtecharta wie schon in den Vorentwürfen[2276] in dem vom Präsidium am 12.06.2003 vorgelegten Verfassungsvertragsentwurf enthalten.[2277]

Die am 4. Oktober 2003 in Rom begonnenen Verhandlungen der Staats- und Regierungschefs über den Verfassungsentwurf waren auf dem EU-Gipfel am 12./13. Dezember 2003 in Brüssel zunächst – insbesondere am spanischen und polnischen Widerstand gegen eine neue Stimmengewichtung im Ministerrat – gescheitert.[2278]

Nach Regierungswechseln in Spanien und Polen konnten die Verhandlungen am 17./18. Mai 2004 wieder aufgenommen werden. Auf ihrer Tagung am 17./18. Juni 2004 in Brüssel erzielten die Staats- und Regierungschefs eine Einigung auf den Text des Vertrags über eine Verfassung für Europa, der im Wesentlichen den vom Verfassungskonvent ausgearbeiteten Entwurf aufgreift. Dieser Verfassungsvertrag inkorporiert die Grundrechtecharta ebenfalls in ihrer Gesamtheit.[2279] Seine förmliche Unterzeichnung erfolgte am 29. Oktober 2004 in Rom.[2280]

2274 Der britische Regierungsvertreter im Verfasungskonvent, *Peter Hain*, hatte zunächst erklärt, dass er sich eine rechtsverbindliche Charta in einem Anhang zum Verfassungsvertrag vorstellen könne (vgl. *Bolesch*, SZ Nr. 251 v. 30.10.2002, S. 9; vgl. auch *Gutschker*, F.A.Z. Nr. 201 v. 30.08.2002, S. 10). Im Zuge der Uneinigkeit der EU-Mitgliedstaaten in der Irak-Krise stellte er die Einbeziehung der Charta in die künftige Verfassung jedoch wieder in Frage (*Bolesch*, SZ Nr. 48 v. 27.02.2003, S. 9; F.A.Z. Nr. 50 v. 28.02.2003, S. 6).

2275 Vgl. nur *Bolesch*, SZ Nr. 251 v. 30.10.2002, S. 9; *Hänsch*, INTEGRATION 3/2002, S. 228.

2276 Vgl. die Verfassungsentwürfe vom 06.02.2003, Dok. CONV 528/03 v. 06.02.2003, S. 3 (Art. 5 Abs. 1 sowie dort Fn. 1), sowie vom 26./27.05.2003, Dok. CONV 725/03 BAND II v. 27.05.2003, S. 1, 7-22; vgl. auch den Verweis-Artikel I-7 in der Anlage I zu Dok. CONV 724/03 BAND I v. 24.05.2003, S. 5.

2277 Dok. CONV 797/1/03 REV 1 BAND I v. 12.06.2003, Teil II, S. 48-62.

2278 Dazu *Blumenwitz*, ZfP 2004, S. 123-126.

2279 Vgl. Dok. CIG 87/2/04 REV 2 v. 29.10.2004, Teil II.

2280 Vgl. zur unterzeichneten Fassung Dok. CIG 87/2/04 REV 2 v. 29.10.2004, S. 1 ff.

Anschließend hat die Charta weitere Schritte auf dem Weg zu ihrer Rechtsverbindlichkeit im Rahmen des Vertrags über eine Verfassung für Europa zurückzulegen. Nach Art. 48 Abs. 3 EU tritt der Verfassungsvertrag erst in Kraft, nachdem alle nunmehr 25 Mitgliedstaaten diesen gemäß ihrer verfassungsrechtlichen Vorschriften ratifiziert haben. Ursprünglich war als Datum des Inkrafttretens der 1. November 2006 angestrebt, wenn bis dahin die Ratifikation des Vertrags in allen Mitgliedstaaten erfolgt ist.[2281] In einigen Mitgliedstaaten (insbesondere in Großbritannien, Irland, Dänemark, den Niederlanden und Frankreich) waren Referenden über die Annahme des Verfassungsvertrags vorgesehen.[2282] Nach den ablehnenden Referenden in Frankreich (29. Mai 2005) und in den Niederlanden (1. Juni 2005) ist die Zukunft des Vertrags, der andererseits von der Mehrheit der EU-Mitgliedstaaten bereits ratifiziert wurde, jedoch offen.

II. Die Wege zur Rechtsverbindlichkeit der Charta

Die Bedeutung der Charta im Rechtsgefüge der Union bestimmt sich primär nach dem „Ob" ihrer Rechtsverbindlichkeit. Auch das „Wie", d.h. die Art und Weise der Herbeiführung der Rechtsverbindlichkeit, bestimmt jedoch ihren Status und damit die Rolle, welche die Union den Grundrechten zuschreibt, nicht unerheblich mit. Dasselbe gilt für das „Wo" der Herbeiführung der Verbindlichkeit, d.h. die genaue Verortung der Charta in den Verträgen bzw. in einem künftigen Verfassungsvertrag.

Im Wesentlichen kommen folgende Möglichkeiten einer Einbeziehung der Charta in die Verträge bzw. den Verfassungsvertrag in Betracht: Die Präambel eines der Verträge bzw. des neuen Verfassungsvertrags könnte direkt oder indirekt auf die Charta Bezug nehmen. In Art. 6 Abs. 2 EU bzw. in einen gleichartigen Artikel im Verfassungsvertrag könnte ein Verweis auf die Charta neben oder an Stelle der gegenwärtigen Rechtserkenntnisquellen der Gemeinschaftsgrundrechte eingefügt werden. Die Charta könnte schließlich im Volltext in einen Titel oder ein Kapitel des EU-Vertrags bzw. des künftigen Verfassungsvertrags aufgenommen oder diesen als Protokoll angehängt werden. Diese Optionen sind untereinander kombinierbar.[2283]

[2281] Vgl. Art. IV-447 Abs. 2 des Verfassungsvertrags, Dok. CIG 87/2/04 REV 2 v. 29.10.2004.

[2282] Dazu *Blumenwitz*, ZfP 2004, S. 130; *Leparmentier*, Le Monde v. 23.06.2004, S. 7.

[2283] Vgl. zu diesen und weiteren möglichen Verfahren Dok. CONV 116/02 WG II 1 v. 18.06.2002, S. 7 f.; Dok. CONV 354/02 WG II 16 v. 22.10.2002, S. 3; *Hummer*,

Die bloße Bezugnahme auf die Charta in einer Vertragspräambel positionierte diese zwar an herausgehobener Stelle, schriebe ihr aber eine nur sehr schwache rechtliche Wirkung zu. Die Charta könnte auf diese Weise lediglich als Auslegungshilfe für die Artikel des betreffenden Vertrages herangezogen werden.[2284] Sie könnte hingegen nicht z.B. zum direkten Kontrollmaßstab für die Gültigkeit von Sekundärrecht werden, wodurch sie in ihrer Bindungswirkung noch hinter die geltenden ungeschriebenen Gemeinschaftsgrundrechte zurückfiele.

Ein Verweis auf die Charta in Art. 6 Abs. 2 EU oder einem gleichartigen Artikel stellte diese auf eine Stufe mit der EMRK und den gemeinsamen Verfassungsüberlieferungen der Mitgliedstaaten bzw. träte bei einer Streichung dieser Inspirationsquellen an ihre Stelle.[2285] Dies führte zwar zu einer gewissen Aufwertung gegenüber dem derzeitigen Status der Charta. Deren Gewährleistungen können die Gemeinschaftsgerichte bislang lediglich zur Bestätigung und Bekräftigung von Grundrechten, welche sie zuvor als den allgemeinen Grundsätzen des Gemeinschaftsrechts zugehörig erkannt haben, heranziehen.[2286] Die Charta würde auf diese Weise jedoch nicht selbst Rechtsquelle der Gemeinschaftsgrundrechte, sondern verbliebe bloße Erkenntnisquelle für die Ermittlung dieser – weiterhin ungeschriebenen – Rechte. Im Verhältnis zum derzeitigen Rechtsstand brächte sie im Hinblick auf die mit ihr verfolgten Ziele, die Grundrechte auf Gemeinschaftsebene sichtbarer festzuschreiben und dadurch eine Identifikation der Bürger mit der Union zu befördern, so keine Fortschritte.[2287]

Ihre Ziele kann die Charta vielmehr nur erreichen, wenn sie die ungeschriebenen Gemeinschaftsgrundrechte ablöst, indem sie mit ihrer Aufnahme im Volltext in die Verträge bzw. den künftigen Verfassungsvertrag an deren

---

Status der EU-Grundrechtecharta, S. 81-83; *Iber*, ZEuS 2002, S. 501-503; *Leutheusser-Schnarrenberger*, ZRP 2002, S. 332.

2284 So auch *Schmitz*, JZ 2001, S. 836 m.w.N.; *Hummer*, Status der EU-Grundrechtecharta, S. 81/82; zur rechtlichen Bedeutung von Präambelerwägungen eingehend *Busse*, EuGRZ 2002, S. 563 f.

2285 Für diese Variante der Einbeziehung der Charta plädiert z.B. *Pernice*, DVBl. 2000, S. 858; in diese Richtung auch *Alber*, EuGRZ 2001, S. 349.

2286 Siehe dazu oben 5. Kapitel.B.II.3.

2287 So i.E. auch *Schmitz*, JZ 2001, S. 836.

Stelle tritt.[2288] Für eine solche Inkorporation in das Primär- bzw. Verfassungsrecht der Union hat der Konvent die Charta konzipiert.[2289] Dabei hätte eine Verortung der Charta in einem Protokoll im Anhang zum jeweiligen Vertrag, ggf. in Verbindung mit einem Verweis auf dieses in einem Vertragsartikel,[2290] zwar den Vorteil, dass der eigentliche Vertragstext kürzer wäre und Charta- und Vertragstext z.B. in Bezug auf die Charta-Präambel weniger aneinander angepasst werden müssten.[2291] Allein eine Stellung der Charta am Anfang des jeweiligen Vertrages in seinem ersten Titel bzw. Kapitel kann jedoch das Selbstverständnis der EU auch als Werteunion deutlich sichtbar hervorheben, und so am besten der Legitimations- und Integrationsfunktion der Charta gerecht werden.[2292] Nicht zuletzt verdeutlichte die Positionierung der Grundrechte am Anfang des künftigen Verfassungsvertrages der Union ihre fortschreitende Konstitutionalisierung, da auch zahlreiche mitgliedstaatliche Verfassungen[2293] die Grundrechte zu Beginn niederlegen.

Eine große Mehrheit der Mitglieder der Arbeitsgruppe „Charta" des Verfassungskonvents hat sich dementsprechend in ihrem Schlussbericht[2294] ebenso wie zahlreiche Verfassungskonventsmitglieder[2295] sowie mehrere Vertreter

---

2288 So i.E. auch *Schmitz*, JZ 2001, S. 836; *Calliess*, EuZW 2001, S. 268; *ders.*, in: *Ehlers* (Hrsg.), Europäische Grundrechte und Grundfreiheiten, § 19 IV, Rn. 32; *Hummer*, Status der EU-Grundrechtecharta, S. 82; *Leutheusser-Schnarrenberger*, ZRP 2002, S. 332.

2289 Dazu oben 2. Kapitel.B.III.2.e.

2290 Für diese Lösung z.B. *Calliess*, EuZW 2001, S. 268; *ders.*, in: *Ehlers* (Hrsg.), Europäische Grundrechte und Grundfreiheiten, § 19 IV, Rn. 32; dagegen *Hilf*, NJW 49/2002, S. III.

2291 Dazu *Hilf*, in: *Duschanek / Griller* (Hrsg.), Grundrechte für Europa, S. 24; *Pietsch*, ZRP 2003, S. 2/3.

2292 So auch *Hilf*, NJW 49/2002, S. III; ähnlich *Friedrich*, Politische Studien, Sonderheft 1/2003, S. 24; *Pietsch*, ZRP 2003, S. 2/3.

2293 So z.B. die deutsche, italienische oder niederländische Verfassung; anders die französische Verfassung, vgl. dazu *Hilf*, NJW 49/2002, S. III. Die italienische Verfassung (in englischer Übersetzung) ist abgedruckt bei *Flanz* (Hrsg.), Constitutions of the Countries of the World, Bd. IX, die niederländische a.a.O., Bd. XIII, die französische a.a.O., Bd. VII.

2294 Dok. CONV 354/02 WG II 16 v. 22.10.2002, S. 3.

2295 Vgl. insbesondere den vom deutschen Bundesaußenminister und Vertreter des Bundeskanzlers im Verfassungskonvent, *Joschka Fischer*, initiierten, von ca. 90 Verfassungskonventsmitgliedern unterzeichneten Aufruf, die Grundrechtecharta an herausgehobener Stelle in eine künftige europäische Verfassung aufzunehmen, dazu F.A.Z. Nr. 56 v. 07.03.2003, S. 5; SZ Nr. 55 v. 07.03.2003, S. 2.

der Lehre[2296] für die Aufnahme des Textes der Charta am Anfang des Verfassungsvertrages ausgesprochen. Der vom Präsidium am 12.06.2003 vorgelegte Verfassungsentwurf weist zumindest in diese Richtung, indem er im ersten Teil des Entwurfs in Art. I-7 Abs. 1 bereits auf die Charta verweist,[2297] die im zweiten Teil des Entwurfs im Volltext, einschließlich ihrer Präambel, wiedergegeben ist.[2298] Im Vertrag über eine Verfassung für Europa in der Fassung, welche die Staats- und Regierungschefs auf ihrer Tagung in Rom am 29. Oktober 2004 unterzeichnet haben, verweist Art. I-9 Abs. 1 in genannter Weise auf die Charta.[2299] Diese bleibt – allerdings mit nunmehr insgesamt fortlaufender Nummerierung – im Teil II des Verfassungsentwurfs im Volltext inkorporiert.[2300]

Die Grundrechtecharta, und erst recht die künftige Europäische Verfassung, deren Teil sie sein soll, bedürfen schließlich als wesentliche Schritte hin zu einer immer engeren Integration der besonderen Zustimmung der Menschen, deren Gemeinwesen sie im Verbund mit den mitgliedstaatlichen Verfassungen konstitutionalisieren. Es wäre deshalb wünschenswert, die Annahme der Charta bzw. der Verfassung insgesamt zur „«Vergewisserung» über die Grundlagen des europäischen Gesellschaftsvertrages“[2301] einem europaweiten Referendum zu unterwerfen.[2302] Dieses sollte zwischen der Unterzeichnung der Charta bzw. der Verfassung und deren Ratifikation durch die mitgliedstaatlichen Parlamente im Vertragsänderungsverfahren (Art. 48 EU) erfolgen.

2296 So z.B. *Friedrich*, Politische Studien, Sonderheft 1/2003, S. 24; *Hilf*, in: *Duschanek / Griller* (Hrsg.), Grundrechte für Europa, S. 24; *ders.*, NJW 49/2002, S. III.

2297 Dok. CONV 797/1/03 REV 1 BAND I v. 12.06.2003, S. 9.

2298 Dok. CONV 797/1/03 REV 1 BAND I v. 12.06.2003, S. 48-62. Ähnlich schon der Verfassungsentwurf vom 26./27.05.2003, Anlage I zu Dok. CONV 724/03 BAND I v. 24.05.2003, S. 5 (Verweis-Artikel I-7 Abs. 1) sowie Dok. CONV 725/03 BAND II v. 27.05.2003, S. 1, 7-22 (Charta-Text). Der Präsidiumsentwurf der Art. 1-16 des Verfassungsvertrages v. 06.02.2003 ließ in seinem Art. 5 Abs. 1 noch offen, ob die Charta als integraler Bestandteil der Verfassung in deren zweiten Teil oder in einem der Verfassung beigefügten Protokoll wiedergegeben wird (Dok. CONV 528/03 v. 06.02.2003, S. 3).

2299 Dok. CIG 87/2/04 REV 2 v. 29.10.2004.

2300 Dok. CIG 87/2/04 REV 2 v. 29.10.2004.

2301 *Pernice*, DVBl. 2000, S. 859.

2302 So auch *Pernice*, DVBl. 2000, S. 859; *Pache*, DVBl. 2002, S. 1166. Kritisch wegen der fehlenden Kenntnisse der Bürger über den Verfassungsvertrag *Blumenwitz*, ZfP 2004, S. 132. Die Vorschrift des Art. 48 EU wäre dementsprechend zu ändern.

III. Änderungsbedarf an der Charta vor ihrer Verbindlichkeit?

Die bevorstehende Verbindlichkeit der Charta im Rahmen des Vertrags über eine Verfassung für Europa hat eine Diskussion darüber entfacht, ob an der Charta Änderungen vorgenommen werden müssen, um einen klaren, verständlichen und zeitgemäßen Grundrechtsschutz im harmonischen Zusammenspiel mit den übrigen Verfassungsbestimmungen zu gewährleisten. Hierbei ist zwischen echten inhaltlichen Änderungen an einzelnen Artikeln der Charta, die deren Gewährleistungsgehalt modifizieren, und sog. technischen Anpassungen an den Chartabestimmungen, die für ein konfliktfreies Einfügen der Charta in den Verfassungsvertrag notwendig sind, zu differenzieren.

1. Inhaltliche Änderungen?

Nicht wenige Vertreter des Schrifttums hielten eine inhaltliche „Nachbesserung" der feierlich proklamierten Charta vor ihrer – gewollten – Verbindlichkeit für wünschenswert und erforderlich.[2303] Häufig bemängelten sie die Integration solcher grundrechtlicher Bestimmungen in die Charta, in deren Regelungsbereich die Gemeinschaft bzw. Union keine Kompetenzen hat. Auch kritisierten sie die Aufnahme von Zielbestimmungen neben subjektiven Rechten in die Charta und traten für die Streichung der in diesem Sinne überflüssigen Artikel ein.[2304] Daneben forderten viele eine Präzisierung der wirtschaftlichen und sozialen Grundrechte des vierten Kapitels der Charta sowie der Schrankenbestimmungen im siebten Kapitel.[2305]

Unter den gegebenen Umständen erschien und erscheint es jedoch nicht empfehlenswert, materielle Änderungen an der Charta vorzunehmen und dadurch die Beratungen über ihren Inhalt insgesamt erneut zu eröffnen.[2306] Für

---

[2303] So z.B. *Magiera*, DÖV 2000, S. 1026; *Schmitz*, JZ 2001, S. 843; *Pache*, EuR 2001, S. 494; *Curtin / van Ooik*, 8 MJ 1 (2001), S. 113; *Calliess*, EuZW 2001, S. 268; *ders.*, in: *Ehlers* (Hrsg.), Europäische Grundrechte und Grundfreiheiten, § 19 IV, Rn. 34; *Schwarze*, NJW 2002, S. 996; speziell zu Art. 11 EGRC differenzierend *Stock*, EuR 2002, S. 580, 582 f., 587-589.

[2304] So z.B. *Calliess*, EuZW 2001, S. 268; *ders.*, in: *Ehlers* (Hrsg.), Europäische Grundrechte und Grundfreiheiten, § 19 IV, Rn. 34.

[2305] So z.B. *Magiera*, DÖV 2000, S. 1026; *Schmitz*, JZ 2001, S. 843; *Pache*, EuR 2001, S. 494; *Schwarze*, NJW 2002, S. 996.

[2306] So auch *Hilf*, in: *Duschanek / Griller* (Hrsg.), Grundrechte für Europa, S. 24; *Riedel*, ZRP 2002, S. 246; eindringlich *Hänsch*, INTEGRATION 3/2002, S. 228; *Vitorino*, Dok. CONV 72/02 v. 31.05.2002, S. 3; i.E. auch *Leutheusser-Schnarrenberger*, ZRP 2002,

den Verfassungskonvent ist schon zweifelhaft, ob derartige Modifikationen an der Charta von seinem Mandat, wonach er die Aufnahme der Charta in die Verträge bzw. den künftigen Verfassungsvertrag prüfen sollte, umfasst waren. Der Europäische Rat hat auf seiner Tagung in Biarritz im Oktober 2000 die vom Grundrechtskonvent entsprechend seinem Auftrag ausgearbeitete Charta ohne Änderungen gebilligt.[2307] Er hat den Verfassungskonvent dementsprechend ersichtlich nur angehalten, darüber nachzudenken, „*ob* die Charta der Grundrechte in den Basisvertrag aufgenommen werden soll"[2308] [*Hervorhebung d. Verf.*].

Vor allem aber beruht der Inhalt der Charta in seiner Gesamtheit auf einem Kompromiss im Grundrechtskonvent, dessen Zustandekommen bis zuletzt offen war und der nur mühevoll mittels verschiedener Zugeständnisse in vielen Artikeln der Charta überhaupt erzielt werden konnte.[2309] Schnürte man dieses „Paket" der Charta-Artikel auch nur an einzelnen Stellen auf, stellte man zwangsläufig die gesamte Charta wieder zur Disposition. Dies brächte erneut die Gefahr des Scheiterns einer Einigung mit sich, zumal da eine Verbesserung des Inhalts der Charta in eine der – durchaus unterschiedlichen – gewünschten Richtungen keineswegs sicher wäre.[2310] Insbesondere eine Streichung von Charta-Rechten riefe beim Bürger außerdem statt der gewünschten verstärkten Akzeptanz der Union nur Vorbehalte hervor.[2311] Nicht zuletzt zeigt gerade eine eingehende Analyse der oft kritisierten zentralen Allgemeinen Bestimmungen der Charta, dass diese in ihrem Zusammenspiel durchaus geeignet sind, ein hohes Schutzniveau der Gemeinschaftsgrundrechte sicherzustellen.[2312] Verbleibende Unstimmigkeiten, die gerade in einem auf sehr heterogenen mitgliedstaatlichen Verfassungstraditionen beruhenden Grund-

---

S. 332; *Friedrich*, Politische Studien, Sonderheft 1/2003, S. 22; wohl ebenso *Griller*, in: *Duschanek / Griller* (Hrsg.), Grundrechte für Europa, S. 182.

2307 Vgl. Bull. EU 10-2000, S. 8.

2308 Europäischer Rat (Laeken), Anlage I zu den Schlussfolgerungen des Vorsitzes, Dok. SN 300/1/01 REV 1, S. 24 (Pkt. II a.E.).

2309 Anschaulich *Braibant*, in: *Bernsdorff / Borowsky* (Hrsg.), Charta der Grundrechte der EU, S. 399/400 (Sitzung v. 25./26.09.2000).

2310 So i.E. auch *Riedel*, ZRP 2002, S. 246; *Hänsch*, INTEGRATION 3/2002, S. 228.

2311 Dies sieht auch *Calliess*, EuZW 2001, S. 268.

2312 Dazu eingehend oben 4. Kapitel.E.V. Für die Beibehaltung der horizontalen Bestimmungen der Charta plädierten angesichts ihrer wesentlichen Bedeutung u.a. die drei von der Arbeitsgruppe „Charta" angehörten Experten *Schoo*, *Piris* und *Petite*, vgl. Dok. CONV 223/02 WG II 8 v. 31.07.2002, S. 6.

rechtstext kaum ausbleiben können, wird die Rechtsprechung von EuGH und EuG angemessen auszuräumen wissen.[2313]

Die Arbeitsgruppe „Charta" des Verfassungskonvents teilte im Grundsatz diese Ansicht, indem sie in ihrem Schlussbericht betonte, dass der Inhalt der Charta auf einem Konsens des vorherigen Konvents beruhe. Der jetzige Konvent solle deshalb die gesamte Charta, einschließlich der Präambel und, als wichtigstes Element, der Allgemeinen Bestimmungen, beachten.[2314] Sie schlug allerdings einige redaktionelle Anpassungen der Allgemeinen Bestimmungen vor, die den Inhalt der Charta im Ergebnis nicht verändern. Sie sollten lediglich bestimmte Schlüsselelemente des Konsenses über die Charta im Grundrechtskonvent bekräftigen und rechtlich verdeutlichen.[2315]

Die vom Präsidium vorgelegten Verfassungsentwürfe haben sämtliche dieser von der Arbeitsgruppe vorgeschlagenen Änderungen, deren Ausarbeitung ausweislich des Berichts der Gruppe ihre Einigung auf die verbindliche Einbeziehung der Charta in das jeweilige Vertragswerk erleichtert hat,[2316] praktisch wortwörtlich übernommen.[2317] Gleichermaßen sind sie im Text des Vertrags über eine Verfassung für Europa in der auf der Regierungskonferenz von Rom am 29. Oktober 2004 vereinbarten Fassung[2318] beibehalten worden.

Im Einzelnen haben der Verfassungskonvent und ihm folgend der nunmehr unterzeichnete Verfassungsvertrag die folgenden von der Arbeitsgruppe angeregten Erweiterungen von Art. 51 EGRC (Anwendungsbereich) und Art. 52 EGRC (Tragweite der garantierten Rechte) übernommen: Art. 51 Abs. 1 S. 2 EGRC wird um einen Verweis darauf ergänzt, dass die Organe der Union die Anwendung der Charta-Rechte nur unter Achtung der Grenzen der Zuständigkeiten, die der Union in den anderen Teilen des Verfassungsvertrages übertragen werden, fördern.[2319] Art. 51 Abs. 2 EGRC legt zu-

---

2313 So i.E. auch *Hilf*, in: *Duschanek / Griller* (Hrsg.), Grundrechte für Europa, S. 24.

2314 Dok. CONV 354/02 WG II 16 v. 22.10.2002, S. 4, 5; vgl. bereits Dok. CONV 164/02 WG II 4 v. 28.06.2002, S. 3; dazu auch *Pietsch*, ZRP 2003, S. 3.

2315 Dok. CONV 354/02 WG II 16 v. 22.10.2002, S. 4-8, 17.

2316 Dok. CONV 354/02 WG II 16 v. 22.10.2002, S. 2.

2317 Dok. CONV 528/03 v. 06.02.2003, S. 3 (dort Fn. 1); Dok. CONV 725/03 BAND II v. 27.05.2003, S. 21; Dok. CONV 797/1/03 REV 1 BAND I v. 12.06.2003, S. 61.

2318 Abgedruckt in Dok. CIG 87/2/04 REV 2 v. 29.10.2004, S. 1 ff.

2319 Der vom Verfassungskonvent vorgeschlagene Wortlaut des Art. 51 Abs. 1 S. 2 EGRC lautet wie folgt: „Dementsprechend achten sie die Rechte, halten sie sich an die Grundsätze und fördern sie deren Anwendung gemäß ihren jeweiligen Zusätzlich zu seinem bisherigen Wortlaut fest, dass die Charta den Geltungsbereich des Rechts der Union nicht über deren Zuständigkeiten hinaus ausdehnt.[2320]

Beide Anpassungen reagieren erkennbar auf die Befürchtungen, die Charta könne als geschriebener Grundrechtskatalog zu einer Kompetenzerweiterung der Union führen.[2321] Dass die Charta aber als solche am Grundsatz der begrenzten Einzelermächtigung und damit an der Kompetenzverteilung zwischen Union und Mitgliedstaaten nichts ändert, wurde bereits dargelegt.[2322] Zudem enthielt schon die Ursprungsfassung des Art. 51 Abs. 2 EGRC einen – in einem Grundrechtskatalog systemwidrigen – Hinweis auf diesen Umstand. Der ursprüngliche Wortlaut des Art. 51 Abs. 1 S. 2 EGRC stellte außerdem die Förderung der Anwendung der Charta-Rechte unter einen Kompetenzvorbehalt. Die von der Arbeitsgruppe vorgeschlagenen und in den Verfassungsvertragstext vom 29.10. Juni 2004 übernommenen Ergänzungen fügen dem inhaltlich nichts hinzu, und verlängern unnötig den Wortlaut des Art. 51 der Charta.[2323]

Hinsichtlich der zentralen Bestimmung des Art. 52 EGRC zur Tragweite der Charta-Rechte schlug der Verfassungskonvent keine Änderung seiner Ab-

---

ständigkeiten *und unter Achtung der Grenzen der Zuständigkeiten, die der Union in anderen Teilen der Verfassung übertragen werden.*“ (Ergänzungen gegenüber der ursprünglichen Fassung im Kursivdruck), vgl. Dok. CONV 797/1/03 REV 1 BAND I v. 12.06.2003, S. 61. Die Ergänzung ist im entsprechenden Art. II-111 Abs. 1 S. 2 des Verfassungsvertrags vom 29.10.2004 wortgleich formuliert, vgl. Dok. CIG 87/2/04 REV 2 v. 29.10.2004.

2320 Der vom Verfassungskonvent vorgeschlagene Wortlaut des Art. 51 Abs. 2 EGRC lautet wie folgt: „Diese Charta *dehnt den Geltungsbereich des Unionsrechts nicht über die Zuständigkeiten der Union hinaus aus und* begründet weder neue Zuständigkeiten noch neue Aufgaben für [die Gemeinschaft und für] die Union, noch ändert sie die *in den anderen Teilen der Verfassung* festgelegten Zuständigkeiten und Aufgaben.“ (Ergänzungen gegenüber der ursprünglichen Fassung im Kursivdruck), vgl. Dok. CONV 797/1/03 REV 1 BAND I v. 12.06.2003, S. 61. Dem entspricht Art. II-111 Abs. 2 des Verfassungsvertrags vom 29.10.2004, vgl. Dok. CIG 87/2/04 REV 2 v. 29.10.2004.

2321 Vgl. die Erläuterungen zu den Anpassungen des Art. 51 EGRC in Dok. CONV 354/02 WG II 16 v. 22.10.2002, S. 5; ebenso *Schwarze*, EuR 2003, S. 561.

2322 Siehe oben 3. Kapitel.C.IV.3. Ebenso die Erläuterungen des Präsidiums des Grundrechtskonvents zu Art. 51 EGRC, Dok. CHARTE 4473/00 CONVENT 49 v. 11.10.2000, S. 46 = EuGRZ 2000, S. 568.

2323 I.E. ebenso *Pietsch*, ZRP 2003, S. 3; differenzierend *Borowsky*, in: *Meyer* (Hrsg.), Charta-Kommentar, Art. 51 EGRC, Rn. 45.

sätze 1-3 vor.[2324] Er wollte den Artikel aber durch drei weitere Absätze 4-6 ergänzt wissen.

An die dargestellten Befürchtungen weiterer Kompetenzverschiebungen zugunsten der Union anknüpfend sollte ein neuer Art. 52 Abs. 6 EGRC nochmals das auch bei Verbindlichkeit der Charta fortgeltende Subsidiaritätsprinzip unterstreichen.[2325] Dem Artikel zufolge ist den einzelstaatlichen Rechtsvorschriften und Gepflogenheiten, wie in der Charta bestimmt, in vollem Umfang Rechnung zu tragen.[2326] Diese schon ihrem Wortlaut nach erkennbar deklaratorische Erweiterung nimmt auf mehrere Charta-Artikel Bezug, welche die in ihnen niedergelegten Rechte wegen der nationalen Regelungszuständigkeit nur nach den einzelstaatlichen Rechtsvorschriften und Gepflogenheiten gewährleisten.[2327] Allerdings stand die Fortgeltung des Subsidiaritätsprinzips, das außerdem schon in Art. 51 Abs. 1 S. 1 EGRC ausdrücklich (und in einem Grundrechtskatalog systemwidrig) seinen Niederschlag gefunden hat, nie in Frage. Dasselbe gilt für die Geltung und Bedeutung der Verweise auf das mitgliedstaatliche Recht in den materiellen Chartabestimmungen. Deshalb ist die Ergänzung der Charta durch eine Bestimmung wie im vorgeschlagenen Art. 52 Abs. 6 EGRC überflüssig.[2328] Der Verfassungsvertrag in der Fassung vom 29. Oktober 2004 integriert dennoch diese Änderungen.[2329]

2324 In Art. 52 Abs. 2 EGRC wird lediglich der Verweis auf die Gemeinschaftsverträge und den EU-Vertrag durch den (inhaltlich gleichen) Verweis auf andere Teile der Verfassung ersetzt, vgl. Dok. CONV 797/1/03 REV 1 BAND I v. 12.06.2003, S. 61 (Art. II-52 Abs. 2) bzw. Dok. CIG 87/2/04 REV 2 v. 29.10.2004 (Art. II-112 Abs. 2).

2325 Zu diesem Hintergrund Dok. CONV 354/02 WG II 16 v. 22.10.2002, S. 5.

2326 Der genaue vom Verfassungskonvent vorgeschlagene Wortlaut des insgesamt neuen Art. 52 Abs. 6 EGRC lautet wie folgt: „*Den einzelstaatlichen Rechtsvorschriften und Gepflogenheiten ist, wie es in dieser Charta bestimmt ist, in vollem Umfang Rechnung zu tragen.*“, vgl. Dok. CONV 797/1/03 REV 1 BAND I v. 12.06.2003, S. 61. Der Artikel ist wortgleich in Art. II-112 Abs. 6 des Verfassungsentwurfs vom 29.10.2004 übernommen worden, vgl. Dok. CIG 87/2/04 REV 2 v. 29.10.2004.

2327 Siehe zu diesen bereits oben 3. Kapitel.B.I.2.e; sowie Dok. CONV 354/02 WG II 16 v. 22.10.2002, S. 5.

2328 I.E. ebenso *Pietsch*, ZRP 2003, S. 4.

2329 Vgl. Art. II-112 Abs. 6 des Verfassungsvertrags, Dok. CIG 87/2/04 REV 2 v. 29.10.2004.

Um die Bedeutung der gemeinsamen Verfassungsüberlieferungen der Mitgliedstaaten als Wurzel der Charta hervorzuheben,[2330] plädierte der Verfassungskonvent des Weiteren für die Aufnahme der folgenden Auslegungsregel in einen neuen Art. 52 Abs. 4 der Charta: *„Soweit in dieser Charta Grundrechte anerkannt werden, wie sie sich aus den gemeinsamen Verfassungsüberlieferungen der Mitgliedstaaten ergeben, werden sie im Einklang mit diesen Überlieferungen ausgelegt.“*[2331]

Im systematischen Zusammenhang mit den Regelungen der Absätze 2 und 3 des Art. 52 EGRC muss es auf den ersten Blick zweifelhaft erscheinen, ob die neue Bestimmung in Absatz 4 tatsächlich nur redaktioneller Art ist. Wie gezeigt, haben Art. 52 Abs. 2 und 3 EGRC durchgreifende Auswirkungen auf den Gewährleistungsgehalt der materiellen Charta-Rechte, indem sie diese in ihrer Reichweite für grundsätzlich identisch mit entsprechenden Garantien im EG-Vertrag bzw. im Verfassungsvertrag oder in der EMRK erklären.[2332] Interpretierte man Art. 52 Abs. 4 EGRC parallel dazu in dem Sinne, dass alle Charta-Rechte, die auf die gemeinsamen Verfassungsüberlieferungen der Mitgliedstaaten zurückgehen, inhaltlich zwingend als deckungsgleich mit diesen zu behandeln wären, hätte dieser Artikel ebensolche inhaltlichen Wirkungen auf die Rechte der Charta. Zudem begründen sich zahlreiche Charta-Garantien sowohl auf die gemeinsamen Verfassungstraditionen der Mitgliedstaaten als auch auf den EG-Vertrag oder die EMRK.[2333] Dadurch käme es in vielen Fällen zur kumulativen Anwendbarkeit von Art. 52 Abs. 4 und Abs. 2 oder 3 der Charta,[2334] was schwer aufzulösende Rechtsfolgenwidersprüche mit sich brächte und so das ohnehin hochkomplexe Schrankensystem des Art. 52 EGRC an die Grenzen seiner Handhabbarkeit triebe.

Der Wortlaut des vorgeschlagenen Art. 52 Abs. 4 EGRC, zusammen mit der Beteuerung der Arbeitsgruppe „Charta“, nur redaktionelle Anpassungen vornehmen zu wollen,[2335] deuten jedoch relativ klar darauf hin, dass dieser Be-

---

2330 Vgl. Dok. CONV 354/02 WG II 16 v. 22.10.2002, S. 7.

2331 Dok. CONV 797/1/03 REV 1 BAND I v. 12.06.2003, S. 61.

2332 Dazu eingehend oben 4. Kapitel.C.IV und 4. Kapitel.C.V.

2333 Vgl. im Einzelnen die Erläuterungen des Präsidiums des Grundrechtskonvents zu Art. 1-50 EGRC, Dok. CHARTE 4473/00 CONVENT 49 v. 11.10.2000, S. 3-45 = EuGRZ 2000, S. 559-568.

2334 Vgl. zur parallelen kumulativen Anwendbarkeit von Art. 52 Abs. 2 und 3 EGRC oben 4. Kapitel.D.II.2.a.

2335 Vgl. Dok. CONV 354/02 WG II 16 v. 22.10.2002, S. 4 f.

stimmung keine ähnlich weitgehende Wirkung wie Art. 52 Abs. 2 und 3 der Charta zukommt. Der Artikel ordnet lediglich eine Auslegung der betreffenden Charta-Rechte im Einklang mit den – nicht kodifizierten und damit weniger klar bestimmbaren – gemeinsamen Verfassungsüberlieferungen der Mitgliedstaaten an, nicht hingegen eine vollständige Deckungsgleichheit zwischen diesen und den Garantien der Charta. So verstanden bewirkt Art. 52 Abs. 4 EGRC nicht mehr als das, was bei einer Interpretation der Charta durch die Gemeinschaftsgerichte ohnehin zu erwarten ist: Bei einer künftigen Auslegung von Garantien der Charta, die auf die Verfassungsüberlieferungen der Mitgliedstaaten zurückgehende ungeschriebene Gemeinschaftsgrundrechte kodifizieren, werden die Gerichte – zunächst – nicht ohne jede Berücksichtigung ihrer früheren Rechtsprechung zu diesen Rechten vorgehen.

Allerdings könnte die Regelung, die erkennbar auf Art. 6 Abs. 2 EU zurückgeht,[2336] die Gerichte aber dazu verleiten, insgesamt ausschließlich auf ihre (weniger rechtlich eingebundene) Rechtsprechung zu den ungeschriebenen Gemeinschaftsgrundrechten zurückzugreifen.[2337] Dadurch liefe sie dem von den Initiatoren des Vorschlags mit Art. 52 Abs. 4 EGRC verfolgten Ziel, den Handlungsspielraum von EuGH und EuG bei der Auslegung der Charta weitergehend zu begrenzen, entgegen. Ein solcher Rückgriff umginge die mit der Charta als geschriebenem Grundrechtskatalog verfolgten Zwecke einer größeren Transparenz und Rechtssicherheit. Er könnte auch die Hoffnung enttäuschen, dass die Gerichte durch die Auslegung eines eigenständigen Grundrechtstexts zu einer umfassenderen und klareren Grundrechtsdogmatik finden.[2338]

In der dargelegten engen Auslegung ist die Neuregelung in Art. 52 Abs. 4 EGRC im Ergebnis nicht erforderlich. Sie verwischt die Eigenständigkeit der Charta als Anknüpfungspunkt für die Interpretation der Gemeinschaftsgrundrechte.[2339] Sie ist jedoch ebenfalls in den Text des Verfassungsvertrags vom 29. Oktober 2004 übernommen worden.[2340]

[2336] Vgl. Dok. CONV 354/02 WG II 16 v. 22.10.2002, S. 7.

[2337] So auch *Pietsch*, ZRP 2003, S. 3.

[2338] Ähnlich *Pietsch*, ZRP 2003, S. 3.

[2339] I.E. ebenso *Pietsch*, ZRP 2003, S. 3.

[2340] Vgl. Art. II-112 Abs. 4 des Verfassungsvertrags, Dok. CIG 87/2/04 REV 2 v. 29.10.2004.

Ein letzter vom Verfassungskonvent und im Verfassungsvertrag vom 29. Oktober 2004[2341] aufgegriffener Vorschlag der Arbeitsgruppe „Charta" ging dahin, zur Betonung des Unterschiedes zwischen subjektiven Rechten und bloßen Grundsätzen in der Charta einen dies klarstellenden Absatz 5 in Art. 52 EGRC zu ergänzen.[2342] Dieser legt fest, dass Charta-Bestimmungen, die Grundsätze enthalten, je nach Zuständigkeit von der Union oder den Mitgliedstaaten umgesetzt werden, gerichtlich aber nur bei der Auslegung dieser Umsetzungsakte bzw. bei der Entscheidung über deren Rechtmäßigkeit herangezogen werden können.[2343] Im Gegensatz zu den übrigen von der Arbeitsgruppe angeregten Änderungen ergibt sich die in Art. 52 Abs. 5 EGRC vorgesehene Klarstellung weniger deutlich aus dem Charta-Text, wenngleich sie im achten Absatz der Präambel und in Art. 51 Abs. 1 S. 2 EGRC anklingt. Die – in einem Grundrechtskatalog untypische – Erklärung des Konzepts der Grundsätze, die sich mit dem Verständnis des Grundrechtskonvents ersichtlich deckt,[2344] löst das zentrale Problem im Bereich der Rechte und Grundsätze in der Charta, nämlich die Zuordnung ihrer materiell-rechtlichen Normen zu den beiden Kategorien, allerdings nicht.[2345]

Der Verfassungsvertrag in der Fassung vom 29. Oktober 2004 schreibt darüber hinaus in einem neuen Absatz 7 der Bestimmung zur Tragweite in der Charta fest, dass die Erläuterungen, die als Anleitung für die Auslegung der Charta der Grundrechte verfasst wurden, von den Gerichten der Union

---

2341 Vgl. Art. II-112 Abs. 5 des Verfassungsvertrags, Dok. CIG 87/2/04 REV 2 v. 29.10.2004.

2342 Vgl. die Erläuterungen hierzu in Dok. CONV 354/02 WG II 16 v. 22.10.2002, S. 8.

2343 Der genaue vom Verfassungskonvent vorgeschlagene Wortlaut des insgesamt neuen Art. 52 Abs. 5 EGRC lautet wie folgt: *„Die Bestimmungen dieser Charta, in denen Grundsätze festgelegt sind, können durch Akte der Gesetzgebung und der Ausführung der Organe und Einrichtungen der Union sowie durch Akte der Mitgliedstaaten zur Durchführung des Rechts der Union in Ausübung ihrer jeweiligen Zuständigkeiten umgesetzt werden. Sie können vor Gericht nur bei der Auslegung dieser Akte und bei Entscheidungen über deren Rechtmäßigkeit herangezogen werden."*, vgl. Dok. CONV 797/1/03 REV 1 BAND I v. 12.06.2003, S. 61. Art. II-112 Abs. 5 des Verfassungsvertrags vom 29.10.2004 bezieht in den Gewährleistungsbereich des im übrigen wortgleich übernommenen Artikels noch die *„sonstigen Stellen der Union"* ein, vgl. Dok. CIG 87/2/04 REV 2 v. 29.10.2004.

2344 So zutreffend Dok. CONV 354/02 WG II 16 v. 22.10.2002, S. 8.

2345 Ebenso *Pietsch*, ZRP 2003, S. 4. Die Zuordnung wird ausdrücklich der künftigen Rechtsprechung überlassen, vgl. Dok. CONV 354/02 WG II 16 v. 22.10.2002, S. 8.

und der Mitgliedstaaten gebührend zu berücksichtigen sind.[2346] Hierdurch wird die bestehende Rolle der Erläuterungen als Auslegungshilfe der Charta-Bestimmungen mit besonderer Autorität[2347] ausdrücklich festgeschrieben.

Insgesamt erweisen sich die vom Verfassungskonvent angeregten und in den Verfassungstext vom Oktober 2004 aufgenommenen Ergänzungen der Allgemeinen Bestimmungen der Charta sämtlich als aus rechtlicher Sicht überflüssig.[2348] Eine über den urspünglichen Wortlaut der Charta hinausgehende Klarstellung ihres Inhalts bringen sie nicht. In den Bereichen, in denen die horizontalen Artikel tatsächlich Auslegungsprobleme aufwerfen – so insbesondere bei der Bestimmung des Gewährleistungsgehalts des Art. 53 EGRC[2349] – führen die vorgeschlagenen Änderungen keine Klärung herbei. Sie laufen außerdem dem Ziel zuwider, die Charta möglichst kurz und konzis zu fassen, weswegen deren Artikel (mit Ausnahme ihres Art. 41) maximal drei Absätze enthielten.

Die Ergänzungen, welche die Furcht vor dem Verlust nationaler Zuständigkeiten sowie ein nicht geringes Misstrauen gegenüber der Rechtsprechung der Gemeinschaftsgerichte widerspiegeln,[2350] lassen immerhin, wie intendiert, inhaltlich den vom Grundrechtskonvent gefundenen Konsens unangetastet. Aus politischer Sicht sind sie deshalb für die durch sie erreichte, Monate zuvor noch als fernliegend erscheinende Einigung auf die rechtsverbindliche Einbeziehung der Charta in einen künftigen Verfassungsvertrag[2351] sicher kein zu hoher Preis.

2. Technische Anpassungen

Die reibungslose Einbeziehung der Charta in den künftigen Verfassungsvertrag machte zudem einzelne technische Anpassungen an den Chartabestimmungen erforderlich.

So musste insbesondere die Verwendung der Präambel der Charta geklärt werden. Da diese nicht nur ein entscheidendes Element bei der Kon-

---

2346 Vgl. Art. II-112 Abs. 7 des Verfassungsvertrags, Dok. CIG 87/2/04 REV 2 v. 29.10.2004; dazu *Schwarze*, EuR 2003, S. 562 f.

2347 Siehe dazu oben 2. Kapitel.B.III.3.b, insb. bei Fn. 648.

2348 I.E. ebenso *Pietsch*, ZRP 2003, S. 4.

2349 Dazu eingehend oben 4. Kapitel.B.IV.

2350 Zur Problematik auch *Schwarze*, EuR 2003, S. 563.

2351 Vgl. Dok. CONV 354/02 WG II 16 v. 22.10.2002, S. 2.

sensfindung im Grundrechtskonvent war,[2352] sondern auch wichtige Hilfen für die Auslegung einzelner Charta-Bestimmungen gibt,[2353] war ihre Übernahme bei der Integration der Charta in ein anderes Vertragswerk unbedingt erforderlich.[2354] Bei der wünschenswerten Stellung der Charta am Anfang des künftigen Verfassungsvertrags wäre auch die Verwendung der Charta-Präambel, die Aussagen über die Grundlagen der Union insgesamt beinhaltet, eventuell ergänzt um einzelne Aspekte, als Präambel des gesamten Vertragswerks, denkbar gewesen.[2355]

Der vom Präsidium des Verfassungskonvents vorgelegte Entwurf eines Verfassungsvertrags vom 12.06.2003 hat die Grundrechtecharta entsprechend den Empfehlungen der Arbeitsgruppe „Charta"[2356] einschließlich ihrer Präambel in den Teil II des Entwurfs aufgenommen.[2357] Dies wurde im Vertrag über eine Verfassung für Europa vom 29. Oktober 2004 beibehalten.[2358]

Des Weiteren mussten diejenigen Bestimmungen der Charta, die auf den Unionsvertrag oder die Gemeinschaftsverträge verweisen,[2359] entsprechend dem künftigen Aufbau und der künftigen Bezeichnung des Verfassungsvertrags modifiziert werden.[2360] Die hierdurch nötigen technischen Anpassungen sind in dem vom Präsidium des Verfassungskonvents vorgelegten Entwurf vom 12.06.2003 sowie im Text des Verfassungsvertrags vom 29.10.2004 ersichtlich berücksichtigt.[2361]

2352 Dies bestätigt der Schlussbericht der Arbeitsgruppe „Charta", Dok. CONV 354/02 WG II 16 v. 22.10.2002, S. 9.

2353 Ein Beispiel findet sich z.B. oben 4. Kapitel.C.V.2.a(2), insb. Fn. 1830.

2354 So auch der Schlussbericht der Arbeitsgruppe „Charta", Dok. CONV 354/02 WG II 16 v. 22.10.2002, S. 9.

2355 I.E. ebenso der Schlussbericht der Arbeitsgruppe „Charta" (Fn. 2354), S. 9.

2356 Siehe Fn. 2354.

2357 Dok. CONV 797/1/03 REV 1 BAND I v. 12.06.2003, S. 48-62.

2358 Vgl. Dok. CIG 87/2/04 REV 2 v. 29.10.2004.

2359 Vgl. z.B. Abs. 5 der Präambel, Art. 36, 45 Abs. 2, 51 Abs. 2, 52 Abs. 2 EGRC.

2360 Siehe dazu das Diskussionspapier an die Arbeitsgruppe „Charta", Dok. CONV 116/02 WG II 1 v. 18.06.2002, S. 7.

2361 Vgl. insbesondere die Anpassungen des fünften Absatzes der Präambel und der Art. 51 Abs. 2 und 52 Abs. 2 EGRC (bzw. Art. II-111 Abs. 2 und II-112 Abs. 2), Dok. CONV 797/1/03 REV 1 BAND I v. 12.06.2003, S. 48, 61 bzw. Dok. CIG 87/2/04 REV 2 v. 29.10.2004.

Aus Gründen der Rechtsklarheit und Rechtsvereinfachung wäre es außerdem wünschenswert gewesen, die teils doppelte Gewährleistung von Rechten in der Charta und im EG-Vertrag (sog. Duplizierung von Rechten, vgl. Art. 52 Abs. 2 EGRC) in einem künftigen Verfassungsvertrag zu vermeiden.[2362] Wie dargelegt, erscheint eine Nichtübernahme der doppelt garantierten Rechte aus dem EG-Vertrag und deren ausschließliche Gewährleistung im systematischen Zusammenhang mit den übrigen Grundrechten in der Charta vorzugswürdig.[2363] Die von den Verfassern der Charta vorgesehenen Einschränkungsmöglichkeiten müssten dann allerdings, um ihren Gewährleistungsgehalt gleich zu belassen, aus den vertraglich niedergelegten Rechten ausdrücklich in die Charta-Rechte übernommen werden.[2364] Die Arbeitsgruppe „Charta“ hat sich in ihrem Schlussbericht allerdings für eine Beibehaltung der Duplizierung von Rechten in der Charta und in Teilen des künftigen Vertragsrechts ausgesprochen.[2365] Dem ist der Verfassungskonvent mit seinem Entwurf vom 12.06.2003 sowie der Verfassungsvertragstext vom 29.10.2004 gefolgt.[2366]

Bei Herstellung der Rechtsverbindlichkeit der Charta musste zudem über die Zukunft des Art. 6 Abs. 2 EU, der die EMRK und die gemeinsamen Verfassungsüberlieferungen der Mitgliedstaaten als Erkenntnisquelle der ungeschriebenen Gemeinschaftsgrundrechte festschreibt, entschieden werden. Einige plädierten für eine Aufrechterhaltung des Art. 6 Abs. 2 EU bzw. einer entsprechenden Bestimmung im künftigen Verfassungsvertrag.[2367] EuGH und EuG sollten sich auch nach der Einbeziehung der Charta in die Verträge auf die beiden Quellen der Gemeinschaftsgrundrechte berufen können, um über die Charta hinaus Grundrechte anzuerkennen, die sich insbesondere aus einer

---

2362 Zur Problematik umfassend oben 4. Kapitel.C.IV., sowie das Diskussionspapier an die Arbeitsgruppe „Charta“, Dok. CONV 116/02 WG II 1 v. 18.06.2002, S. 11 f.

2363 Siehe dazu näher oben 4. Kapitel.C.IV.4.

2364 Dazu ebenfalls oben 4. Kapitel.C.IV.4.

2365 Dok. CONV 354/02 WG II 16 v. 22.10.2002, S. 6.

2366 Vgl. z.B. die erneute Auflistung der Unionsbürgerrechte in Art. I-8 des Entwurfs, Dok. CONV 797/1/03 REV 1 BAND I v. 12.06.2003, S. 9 f. bzw. in Art. I-10 des Verfassungsvertrags vom 29.10.2004, Dok. CIG 87/2/04 REV 2 v. 29.10.2004, oder die erneute Niederlegung des Rechts auf Datenschutz in Art. I-51 des Entwurfs, a.a.O.

2367 So einige Mitglieder der Arbeitsgruppe „Charta“, vgl. Dok. CONV 354/02 WG II 16 v. 22.10.2002, S. 9; dazu *Hummer*, Status der EU-Grundrechtecharta, S. 83.

Weiterentwicklung der EMRK und der gemeinsamen Verfassungsüberlieferungen ergeben.[2368]

Demgegenüber traten viele überzeugend für eine Streichung des Art. 6 Abs. 2 EU bei Verbindlichkeit der Charta ein.[2369] Die Schaffung dieses geschriebenen Grundrechtskatalogs dient dem Zweck, die in der Gemeinschaft geltenden Grundrechte insgesamt festzuschreiben und dadurch mehr Transparenz und Rechtssicherheit im Bereich des Grundrechtsschutzes zu erreichen.[2370] Eröffnete man den Gemeinschaftsgerichten durch die Beibehaltung der Regelung des Art. 6 Abs. 2 EU die Möglichkeit, beliebig oder auch nur außerhalb der Charta weiterhin ungeschriebene Gemeinschaftsgrundrechte zu entwickeln, schüfe man diesem Zweck zuwider nur eine größere Rechtsunsicherheit.[2371]

Die Charta gibt nicht nur den bisherigen Bestand der ungeschriebenen Gemeinschaftsgrundrechte praktisch vollständig wieder.[2372] Sie ist, wie jeder geschriebene Grundrechtskatalog, nicht dauerhaft als erschöpfend anzusehen, sondern kann und muss von der Rechtsprechung stetig fortentwickelt werden, um auf neu auftretende Grundrechtsgefährdungen reagieren zu können.[2373] Schon der Mechanismus des Art. 52 Abs. 3 EGRC stellt dabei sicher,

---

2368 So einige Mitglieder der Arbeitsgruppe „Charta", vgl. Dok. CONV 354/02 WG II 16 v. 22.10.2002, S. 9; siehe außerdem bereits das Diskussionspapier an die Arbeitsgruppe „Charta", Dok. CONV 116/02 WG II 1 v. 18.06.2002, S. 9; sowie die Erläuterungen des Präsidiums des Verfassungskonvents zu Art. 5 Abs. 3 des Verfassungsentwurfs vom 06.02.2003, Dok. CONV 528/03 v. 06.02.2003, S. 13.

2369 So z.B. *Engel*, ZUM 2000, S. 1002; *Calliess*, in: *Ehlers* (Hrsg.), Europäische Grundrechte und Grundfreiheiten, § 19 IV, Rn. 32; ebenso einige Mitglieder der Arbeitsgruppe „Charta", vgl. Dok. CONV 354/02 WG II 16 v. 22.10.2002, S. 9; *Pietsch*, ZRP 2003, S. 4; kritisch auch *Callewaert*, EuGRZ 2003, S. 200; zum Ganzen *Hummer*, Status der EU-Grundrechtecharta, S. 82.

2370 Siehe schon das Mandat des Grundrechtskonvents, Europäischer Rat (Köln), Anhang IV zu den Schlussfolgerungen des Vorsitzes, Bull. EU 6-1999, S. 39 = EuGRZ 1999, S. 364.

2371 I.E. ebenso einige Mitglieder der Arbeitsgruppe „Charta", vgl. Dok. CONV 354/02 WG II 16 v. 22.10.2002, S. 9; *Pietsch*, ZRP 2003, S. 4.

2372 Siehe dazu oben 2. Kapitel.B.III.2.f; zur Problematik der allgemeinen Handlungsfreiheit oben 4. Kapitel.C.V.3.c, insb. Fn. 1949, 1950. In diese Richtung auch das Diskussionspapier an die Arbeitsgruppe „Charta", Dok. CONV 116/02 WG II 1 v. 18.06.2002, S. 9/10.

2373 Ebenso das Diskussionspapier an die Arbeitsgruppe „Charta", Dok. CONV 116/02 WG II 1 v. 18.06.2002, S. 10.

dass das Schutzniveau der Charta mindestens dem jeweils aktuellen Standard der EMRK, ggf. einschließlich neuer Rechte in Zusatzprotokollen und Weiterentwicklungen durch die Rechtsprechung des EGMR, entspricht.[2374] Den Gemeinschaftsgerichten bleibt es zudem unbenommen, ihre Rechtsprechung parallel zu künftigen Tendenzen im Grundrechtsschutz der Mitgliedstaaten anhand des Charta-Textes selbst fortzuschreiben. Dem Sinn und der Funktionsweise eines geschriebenen Grundrechtskatalogs kann die Charta folglich nur vollständig gerecht werden, wenn sie als einzige Quelle der Gemeinschaftsgrundrechte die ungeschriebenen allgemeinen Rechtsgrundsätze ablöst.

Demgegenüber schreibt der vom Präsidium am 12.06.2003 vorgelegte Verfassungsentwurf, nachdem die Arbeitsgruppe „Charta" in diesem Punkt keine eindeutige Empfehlung abgegeben hatte,[2375] im dritten Absatz des Artikels I-7 des Entwurfs eine den Art. 6 Abs. 2 EU aufgreifende Regelung fest.[2376] Diese wird in Art. I-9 Abs. 3 des Verfassungsvertrags in der am 29. Oktober 2004 unterzeichneten Fassung beibehalten.[2377]

E. Offene prozessuale Fragen, die sich im Zusammenhang mit der Verbindlichkeit der Charta stellen

I. Einführung

Wie dargelegt, haben sich die Verfasser der Charta ihrem Mandat entsprechend darauf beschränkt, das Verhältnis der in dieser kodifizierten Gemeinschaftsgrundrechte zu den mitgliedstaatlichen Grundrechten und den in den völkerrechtlichen Menschenrechtsschutzverträgen, insbesondere der EMRK, niedergelegten Rechten in den Art. 52 Abs. 3 und 53 EGRC auf materiell-rechtlicher Ebene zu regeln. Offen geblieben ist demgegenüber, ob die Schaffung einer rechtsverbindlichen Charta auf prozessualer Ebene Verände-

---

2374 Eingehend dazu oben 4. Kapitel.C.V.

2375 Schlussbericht der Arbeitsgruppe „Charta", Dok. CONV 354/02 WG II 16 v. 22.10.2002, S. 10.

2376 Dok. CONV 797/1/03 REV 1 BAND I v. 12.06.2003, S. 9 („*Die Grundrechte, wie sie in der Europäischen Konvention zum Schutze der Menschenrechte und Grundfreiheiten gewährleistet sind und wie sie sich aus den gemeinsamen Verfassungsüberlieferungen der Mitgliedstaaten ergeben, gehören zu den allgemeinen Grundsätzen des Unionsrechts.*"); vgl. auch Art. 5 Abs. 3 des Verfassungsentwurfs vom 06.02.2003 (Dok. CONV 528/03 v. 06.02.2003, S. 4), der eine ebensolche Regelung enthielt.

2377 Vgl. Dok. CIG 87/2/04 REV 2 v. 29.10.2004.

rungen erfordert, um ihre volle Wirksamkeit und ihr harmonisches Zusammenspiel mit den übrigen in Europa geltenden Grundrechtsregimen zu gewährleisten.

Zumindest aus jetziger Perspektive wirft das inzwischen als im Wesentlichen geklärt anzusehende Verhältnis zwischen den Gemeinschaftsgerichten und den nationalen Höchstgerichten auch bei einer Verbindlichkeit der Charta, die in den in ihr enthaltenen Rechten unter anderem die gemeinsamen Verfassungsüberlieferungen der Mitgliedstaaten festschreibt, kein nennenswertes Konfliktpotential auf.[2378]

Demgegenüber hat die Diskussion um eine Neuregelung des Verhältnisses zwischen den Gemeinschaftsgerichten und dem EGMR in Straßburg mit der Ausarbeitung und Proklamation eines gemeinschaftseigenen Grundrechtskatalogs vor dem Hintergrund der jüngsten Entwicklungen in der Rechtsprechung des EGMR neuen Auftrieb erhalten (dazu unten II.).

Daneben erfordert ein effektiver, lückenloser Schutz der Bürger durch die Gemeinschaftsgrundrechte eine Erweiterung ihrer Möglichkeiten, behauptete Grundrechtsverletzungen vor den Gemeinschaftsgerichten geltend zu machen (dazu unten III.).

2378 Einen Anhaltspunkt für mögliche künftige Konflikte könnte man allenfalls in der im Verhältnis zur EMRK geringeren materiell-rechtlichen „Rückkoppelung" der Charta an die gemeinsamen Verfassungstraditionen der Mitgliedstaaten erblicken. Für diese existiert aus Gründen der praktischen Handhabbarkeit und Rechtssicherheit keine dem Art. 52 Abs. 3 EGRC entsprechende Regelung. Insbesondere stellt der vom Verfassungskonvent vorgeschlagene neue Abs. 4 des Art. 52 nicht eine solche dar (siehe dazu oben 5. Kapitel.D.III.1, bei Fn. 2335). Ein Absinken des Grundrechtsschutzstandards der Charta unter denjenigen der gemeinsamen Verfassungsüberlieferungen der Mitgliedstaaten ist nicht zuletzt wegen des in der hier vertretenen Wirkungsweise (siehe dazu eingehend oben 4. Kapitel) ein hohes Schutzniveau garantierenden Schrankensystems der Charta jedoch äußerst unwahrscheinlich.

Hingegen hat der Beschluss des BVerfG vom 14.10.2004 (2 BvR 1481/04), der im Anschluss an das stattgebende Urteil des EGMR im selben Fall (Beschw. Nr. 74969/01, Görgülü ./. Deutschland, Urt. v. 26.02.2004) erging, jüngst eine Diskussion um das Verhältnis zwischen dem Grundgesetz und der EMRK sowie dem BVerfG und dem EGMR entfacht; siehe aber auch die Folgebeschlüsse des BVerfG (Beschluss v. 28.12.2004, EuGRZ 2004, S. 809-812; Beschluss v. 01.02.2005, EuGRZ 2005, S. 186, Beschluss v. 10.06.2005, EuGRZ 2005, S. 426-430, jeweils zu 1 BvR 2790/04). Zur Problematik z.B. *Benda*, AnwBl 2005, S. 602-608; *Meyer-Ladewig / Petzold*, NJW 2005, S. 15-20.

II. Neuregelung des Verhältnisses der Gemeinschaftsgerichte zum EGMR

1. Beitritt der EG / EU zur EMRK oder andere Mechanismen der institutionellen Zusammenarbeit?

Forderungen danach, das Verhältnis zwischen EuG(H) und EGMR über den bestehenden informellen Dialog zwischen den Gerichtshöfen hinaus auf eine klarere institutionelle Grundlage zu stellen, sehen teils verschiedene Modelle für eine Kooperation der beiden europäischen Gerichte vor. Zumeist sind sie aber eng mit dem Ziel eines Beitritts der EG / EU zur EMRK verknüpft.

Die Rufe nach einem solchen Beitritt waren nach der Weigerung der EU-Mitgliedstaaten auf der Regierungskonferenz von Amsterdam (1997), der Gemeinschaft durch eine Vertragsänderung die – nach dem wenige Monate zuvor vorgelegten Gutachten 2/94 des EuGH erforderliche[2379] – Zuständigkeit hierfür zu übertragen, zunächst abgeebbt.[2380] Mit dem Beschluss des Europäischen Rates von Köln (1999), eine Grundrechtecharta als gemeinschaftseigenen Grundrechtskatalog ausarbeiten zu lassen, schienen sich die Beitrittsforderungen zunächst erledigt zu haben.[2381] Die Regierungskonferenz von Nizza (2000), in deren Rahmen die Charta proklamiert wurde, griff den finnischen Vorschlag, Art. 303 EG in einem Absatz 2 dahingehend zu ergänzen, dass der Gemeinschaft die Kompetenz für einen Beitritt zur EMRK verliehen wird, nicht auf.[2382]

2379 Dazu oben 1. Kapitel.C.II.3, insb. Fn. 259.

2380 Siehe dazu bereits oben 1. Kapitel.C.II.3; sowie *Vitorino*, Anlage IV zu Dok. CHARTE 4105/00 BODY 1 v. 13.01.2000, S. 18; *Walter*, DVBl. 2000, S. 3/4.

2381 Dies nahmen z.B. *Ritgen*, ZRP 2000, S. 374, *Lalumière*, RQDI 13 (2000), S. 185, *Reich*, ZRP 2000, S. 376, *Albers*, in: *Albers u.a.* (Hrsg.), Beobachten – Entscheiden – Gestalten, S. 135, *Bieber*, in: *Bieber / Boillat u.a.*, Grundrechtsschutz in Europa, S. 13, *Walter*, in: *Ehlers* (Hrsg.), Europäische Grundrechte und Grundfreiheiten, § 1 III 3, Rn. 29, sowie *Schaller*, EU-Mitgliedstaaten als Verpflichtungsadressaten der Gemeinschaftsgrundrechte, S. 209 an.

2382 Dazu *Calliess*, EuZW 2001, S. 268; *ders.*, in: *Ehlers* (Hrsg.), Europäische Grundrechte und Grundfreiheiten, § 19 IV, Rn. 33; *Lenaerts / de Smijter*, CML Rev. 38 (2001), S. 277; *Kingreen*, in: *Calliess / Ruffert* (Hrsg.), EUV/EGV, Art. 6 EUV, Rn. 207; vgl. auch Dok. CONV 116/02 WG II 1 v. 18.06.2002, S. 5. Zur Problematik außerdem oben 1. Kapitel.C.II.3, insb. Fn. 267.

Schon während der Erarbeitung der Charta flammte die Diskussion um die Notwendigkeit eines Beitritts der EG / EU zur EMRK jedoch erneut auf.[2383] Sie wurde maßgeblich von den Beobachtern des Europarates im Konvent, denen die Beitrittsforderung zu ihrem „*ceterum censeo*" erwuchs, angestoßen.[2384] Angesichts der Schaffung der Charta ging es nicht mehr darum, ob die Konvention die vorzugswürdige Alternative zu einem gemeinschaftseigenen Grundrechtskatalog darstellte. Tatsächlich schließt die Schaffung der Charta einen Beitritt zur EMRK, wie das Nebeneinander der mitgliedstaatlichen Grundrechtskataloge und der Konvention zeigt, nicht aus; sie sind unabhängig voneinander und können sich ergänzen.[2385] Mit dem Auftrag, eine Grundrechtecharta zu entwerfen, verfolgte der Europäische Rat, wie dargelegt, auch nicht den Zweck, einen Beitritt zur Konvention auszuschließen.[2386] Vielmehr stand und steht nun im Vordergrund, ob besonders bei einer künftigen Rechtsverbindlichkeit der Charta die Kooperation zwischen den beiden europäischen Gerichtsbarkeiten, EuG(H) und EGMR, im Sinne eines ergänzenden Beitritts der EG / EU zur EMRK oder auf andere Weise regelungsbedürftig ist. Der Grundrechtskonvent hat sich entsprechend seinem auf die Erarbeitung einer Charta der Grundrechte beschränkten Mandat[2387] zur Beitrittsfrage jedoch nicht geäußert.

2383 Dazu z.B. *Engels*, Eurokolleg 45 (2001), S. 5.

2384 Vgl. nur *Fischbach / Krüger*, Anlage VI zu Dok. CHARTE 4105/00 BODY 1 v. 13.01.2000, S. 27; *dies.*, Dok. CHARTE 4136/00 CONTRIB 29 v. 21.02.2000, S. 3-5; *Fischbach*, Dok. CHARTE 4411/00 CONTRIB 268 v. 13.07.2000, S. 3 f.; *Fischbach / Krüger*, Dok. CHARTE 4475/00 CONTRIB 326 v. 19.09.2000, S. 3; *Fischbach*, in *Heusel* (Hrsg.), Grundrechtecharta und Verfassungsentwicklung in der EU, S. 127.

2385 Hierüber herrscht ersichtlich Einigkeit, vgl. nur *Vitorino*, Anlage IV zu Dok. CHARTE 4105/00 BODY 1 v. 13.01.2000, S. 18; *Fischbach / Krüger*, Dok. CHARTE 4136/00 CONTRIB 29 v. 21.02.2000, S. 3; *Tulkens*, in: *De Kerchove / De Schutter / Tulkens*, Annales D'Études Européennes de l'Université catholique de Louvain 2000, S. 43; *Bieber*, in: *Bieber / Boillat u.a.*, Grundrechtsschutz in Europa, S. 10/11 m.w.N.; *Jacqué*, in: *Bieber / Boillat u.a.*, Grundrechtsschutz in Europa, S. 81; *Lenaerts / de Smijter*, CML Rev. 38 (2001), S. 292; *Tettinger*, NJW 2001, S. 1012; *Callewaert*, EuGRZ 2003, S. 201; *Wildhaber / Callewaert*, in: *Colneric u.a.* (Hrsg.), Une communauté de droit, FS f. Rodríguez Iglesias, S. 82.

2386 Siehe dazu oben 2. Kapitel.A.III, insb. Fn. 341.

2387 Eine derartige Mandatsbegrenzung nehmen *Jacqué*, in: *Bieber / Boillat u.a.*, Grundrechtsschutz in Europa, S. 81, *Kingreen*, in: *Calliess / Ruffert* (Hrsg.), EUV/EGV, Art. 6 EUV, Rn. 207, und i.E. auch *Vitorino*, Anlage IV zu Dok. CHARTE 4105/00 BODY 1 v. 13.01.2000, S. 18 an; a.A. *Tulkens*, in: *De Kerchove / De Schutter / Tulkens*, Annales D'Études Européennes de l'Université catholique de Louvain 2000, S. 41.

Eine eingehende Betrachtung sämtlicher für und gegen einen Beitritt sprechenden Aspekte erweist, dass dieser aus heutiger Perspektive kumulativ zu einer verbindlichen Grundrechtecharta wünschenswert ist.

Ausschlaggebend hierfür ist jedoch nicht eine nötige Sicherung der Universalität und Unteilbarkeit der Grundrechte, die nur durch eine Letztentscheidungsbefugnis des EGMR hinsichtlich der inhaltlich auch in der Konvention garantierten Rechte erreicht werden könne.[2388] Gravierende Rechtsprechungsdivergenzen zwischen EuG(H) und EGMR ließen sich schon vor Schaffung der Charta nicht ausmachen.[2389] Nunmehr liest die Charta mittels ihrer zentralen Konformitätsklausel in Art. 52 Abs. 3 die Konvention einschließlich der dazu ergangenen Rechtsprechung des EGMR zwingend als Mindeststandard in die entsprechenden Charta-Rechte hinein. Sie garantiert dadurch im Falle ihrer Rechtsverbindlichkeit ein noch höheres Maß an Kohärenz zwischen Gemeinschaftsgrundrechten und Konventionsrechten als zuvor.[2390] Das verbleibende Risiko einer zunächst unterschiedlichen Grundrechtsinterpretation von EuGH und (nachfolgend) dem EGMR in Fällen, in denen Ersterer noch nicht auf eine bestehende Rechtsprechung des Letzteren zurückgreifen konnte,[2391] erforderte den Beitritt der EG / EU zur EMRK nicht.

2388 So i.E. auch *Limbach*, Grundrechtsschutz in der Europäischen Union, S. 19; *Wildhaber*, in: *Bieber / Boillat u.a.*, Grundrechtsschutz in Europa, S. 95/96; *Dutheil de la Rochère*, Regards sur l'actualité 2001, S. 10/11; *Kingreen*, in: *Calliess / Ruffert* (Hrsg.), EUV/EGV, Art. 6 EUV, Rn. 92 a; i.E. schon *Busse*, ThürVBl. 2001, S. 78. Den Aspekt der Kohärenz betonen hingegen z.B. *Fischbach / Krüger*, Anlage VI zu Dok. CHARTE 4105/00 BODY 1 v. 13.01.2000, S. 27; *dies.*, Dok. CHARTE 4136/00 CONTRIB 29 v. 21.02.2000, S. 3/4; *Tulkens*, in: *De Kerchove / De Schutter / Tulkens*, Annales D'Études Européennes de l'Université catholique de Louvain 2000, S. 41/42; *Krüger / Polakiewicz*, EuGRZ 2001, S. 94/95, 97-99; *Lenaerts / de Smijter*, CML Rev. 38 (2001), S. 297/298; *Callewaert*, EuGRZ 2003, S. 201/202; *ders.*, ERA-Forum 4/2004, S. 498; *Rengeling / Szczekalla*, Grundrechte in der EU, § 3 D, Rn. 247.

2389 Dazu eingehend oben 1. Kapitel.C.II.1, 2.

2390 Umfassend dazu oben 4. Kapitel.C.V. Ebenso *Bieber*, in: *Bieber / Boillat u.a.*, Grundrechtsschutz in Europa, S. 12; *Rodríguez Iglesias*, EuGRZ 2002, S. 207; zweifelnd *Wathelet*, CDE 2000, S. 590; *Pache*, EuZW 2001, S. 351; *Bernsdorff*, NdsVBl. 2001, S. 183; *Grabenwarter*, in: *Cremer / Giegerich u.a.* (Hrsg.), Tradition und Weltoffenheit des Rechts, FS f. *Steinberger*, S. 1145; *Hummer*, Status der EU-Grundrechtecharta, S. 94-97.

2391 *Griller* hält in einem solchen Fall erwägenswert eine Verletzung des EG-Vertrags wegen Art. 52 Abs. 3 EGRC für ausgeschlossen, wenn der von den Entscheidungen be-

Gewichtiger für einen Beitritt spricht schon der Umstand, dass dieser es den Gemeinschaftsorganen ermöglichte, sich in den Fällen, die im Ergebnis die Konventionskonformität von Gemeinschaftsrechtsakten betreffen, direkt am Kontrollmechanismus des EGMR zu beteiligen.[2392] Der EGMR zieht in seiner jüngeren Rechtsprechung zunehmend die EU-Mitgliedstaaten als Vertragsparteien der EMRK für Konventionsverletzungen durch gemeinschaftsrechtlich determiniertes mitgliedstaatliches Recht und durch Gemeinschaftsrecht selbst zur Verantwortung.[2393] Er kontrolliert auf diese Weise indirekt die Vereinbarkeit des Handelns der Gemeinschaftsorgane einschließlich des EuGH mit der EMRK.[2394] Ein Beitritt der EG / EU zur EMRK eröffnet den Gemeinschaftsinstitutionen die Möglichkeit, sich selbst an den ihre Maßnahmen betreffenden Verfahren zu beteiligen und ihr Rechtssystem durch einen eigenen Richter am EGMR und einen Repräsentanten im Ministerkomitee des Europarates vertreten zu lassen.[2395]

Wichtig ist für die Union aber besonders, dass sie die Bedeutung, die sie der Achtung der Menschenrechte innerhalb und außerhalb der Union zuschreibt, nur glaubhaft untermauern kann, wenn sie ihre Akte ebenso wie die Mitgliedstaaten einer externen Grundrechtskontrolle durch den EGMR unterwirft. Die Handlungen der Mitgliedstaaten sind sämtlich auf ihre Vereinbarkeit mit der EMRK hin überprüfbar. Der Beitritt zur EMRK wird außerdem zur Bedingung der Aufnahme neuer Staaten in die Union gemacht. Es erscheint unter diesen Umständen nicht plausibel, dass die Union selbst, an welche die Mitgliedstaaten zahlreiche Kompetenzen abgetreten haben, den Bürgern hingegen nicht die Möglichkeit eröffnet, ihre Handlungen vom

---

troffene Mitgliedstaat dem vom EuGH-Urteil abweichenden Urteil des EGMR folgt, vgl. *ders.*, in: *Duschanek / Griller* (Hrsg.), Grundrechte für Europa, S. 164.

2392 Diesen Aspekt betonen auch *Fischbach / Krüger*, Dok. CHARTE 4136/00 CONTRIB 29 v. 21.02.2000, S. 4; *Tulkens*, in: *De Kerchove / De Schutter / Tulkens*, Annales D'Études Européennes de l'Université catholique de Louvain 2000, S. 42; *Krüger / Polakiewicz*, EuGRZ 2001, S. 97.

2393 Dazu eingehend oben 1. Kapitel.C.II.2.

2394 Dazu *Bieber*, in: *Bieber / Boillat u.a.*, Grundrechtsschutz in Europa, S. 12; *Krüger / Polakiewicz*, EuGRZ 2001, S. 97.

2395 Näher hierzu *Krüger / Polakiewicz*, EuGRZ 2001, S. 97, 102-104, sowie das Diskussionspapier der Arbeitsgruppe „Charta" des Verfassungskonvents, Dok. CONV 116/02 WG II 1 v. 18.06.2002, S. 21.

EGMR direkt auf ihre Konventionskonformität hin kontrollieren zu lassen.[2396]

Die entscheidenden Gründe für einen Beitritt ergeben sich jedoch, wenn man die Schaffung der Charta in ihrem rechtlichen und politischen Gesamtkontext betrachtet. Wie die nachfolgenden Arbeiten des Verfassungskonvents an einem Entwurf für eine Europäische Verfassung eindrucksvoll belegen, ist die Erarbeitung der Charta Teil der Konstitutionalisierung des gesamten gemeinschaftlichen Rechtssystems. Wenn dieser Prozess auch in absehbarer Zeit nicht mit einer Staatswerdung der Union verbunden sein wird, wird die Union in seinem Rahmen dennoch zunehmend zu einem staatsähnlichen Gebilde.[2397] Schon bislang übt die Union in ihren Mitgliedstaaten in wachsendem Maße wie ein Staat unmittelbar Hoheitsgewalt aus. Durch die fortschreitende Konstitutionalisierung entspricht der Grundrechtsschutz des EuGH als gemeinschaftsintern höchster Rechtsprechungsinstanz gegenüber Gemeinschaftsrechtsakten mehr und mehr demjenigen eines innerstaatlichen Höchstgerichtes. Dieser Entwicklung folgend ist es nur konsequent, die Handlungen der Gemeinschaftsorgane genauso wie die Handlungen mitgliedstaatlicher Organe im Bereich des Grundrechtsschutzes neben einer internen auch der externen Kontrolle durch den EGMR zu unterstellen.[2398]

Die regelmäßig gegen einen Beitritt der EG / EU zur EMRK vorgebrachten Bedenken sind im Ergebnis nicht stichhaltig. Der Beitritt zur EMRK gefährdet nicht die Autonomie der Gemeinschaftsrechtsordnung.

[2396] So i.E. z.B. auch *Tulkens*, in: *De Kerchove / De Schutter / Tulkens*, Annales D'Études Européennes de l'Université catholique de Louvain 2000, S. 42; *Krüger / Polakiewicz*, EuGRZ 2001, S. 95; *Pache*, EuR 2001, S. 493; *ders.*, EuZW 2001, S. 352; *Zimmermann*, EU-Grundrechtecharta, S. 46 f.; *Callewaert*, EuGRZ 2003, S. 201 f.; *Wildhaber / Callewaert*, in: *Colneric u.a.* (Hrsg.), Une communauté de droit, FS f. Rodríguez Iglesias, S. 79, 83.

[2397] So auch *De Schutter*, in: *De Kerchove / De Schutter / Tulkens*, Annales D'Études Européennes de l'Université catholique de Louvain 2000, S. 38/39; *Eriksen / Fossum / Menéndez*, in: *dies.* (Hrsg.), The Chartering of Europe, S. 17 f.; *Habermas*, a.a.O, S. 264 f.

[2398] Vgl. hierzu auch *Kingreen*, in: *Calliess / Ruffert* (Hrsg.), EUV/EGV, Art. 6 EUV, Rn. 207-210, der aus der zunehmenden Konstitutionalisierung gerade die umgekehrte Forderung, neben der Schaffung einer verbindlichen Charta nicht der EMRK beizutreten, ableitet; i.E. ähnlich *Eicke*, EHRLR 3 (2000), S. 294; *Pernice / Mayer*, in: *Grabitz / Hilf* (Hrsg.), EUV/EGV, Bd. I, nach Art. 6 EUV, Rn. 51; *Ress*, in: *Walter Hallstein-Institut für Europäisches Verfassungsrecht* (Hrsg.), Europäische Verfassung im globalen Kontext, S. 18.

Zum einen verbleibt die Letztzuständigkeit für die Auslegung des Gemeinschaftsrechts allein beim EuGH (Art. 220 EG). Der EGMR überprüft die fraglichen Akte der Gemeinschaftsorgane nämlich nur auf die Einhaltung der Mindestgarantien der EMRK hin. Er erkennt den handelnden Institutionen zudem insbesondere bei der Beurteilung der Verhältnismäßigkeit dieser Akte regelmäßig einen relativ weiten Ermessensspielraum zu.[2399] Auch verliert der EuGH durch einen Beitritt der Gemeinschaft bzw. Union zur EMRK sein Monopol, über die Wirksamkeit von Gemeinschaftsrechtsakten letztgültig zu entscheiden (vgl. Art. 220 EG), nicht. Der EGMR kann lediglich Verstöße des Handelns der Gemeinschaftsorgane gegen die EMRK feststellen, nicht aber selbst die fraglichen Rechtsakte oder Urteile aufheben bzw. für ungültig erklären (*arg. e* Art. 41, 46 EMRK).[2400]

Diese fehlende Gestaltungswirkung der Urteile des EGMR relativiert auch wesentlich die durch einen Beitritt der EG / EU eintretende Subordination des EuGH unter den EGMR.[2401] Eine Hierarchie zwischen den Gemeinschaftsgerichten und dem EGMR entsteht bei einem Beitritt ohnehin nur beschränkt auf die (wenigen) Urteile von EuGH und EuG, die einen Grundrechtsbezug aufweisen und infolgedessen vom EGMR auf ihre Ver-

---

2399 So i.E. auch *Fischbach / Krüger*, Dok. CHARTE 4136/00 CONTRIB 29 v. 21.02.2000, S. 4; *Tulkens*, in: *De Kerchove / De Schutter / Tulkens*, Annales D'Études Européennes de l'Université catholique de Louvain 2000, S. 42.

2400 I.E. ebenso *Krüger / Polakiewicz*, EuGRZ 2001, S. 100; zusammenfassend zur Problematik das Diskussionspapier der Arbeitsgruppe „Charta" des Verfassungskonvents, Dok. CONV 116/02 WG II 1 v. 18.06.2002, S. 19 f. Zur fehlenden innerstaatlichen unmittelbaren Wirkung der Urteile des EGMR vgl. z.B. *Peukert*, in: *Frowein / Peukert*, EMRK, Art. 50 (a.F.), Rn. 1 m.w.N.; *Villiger*, EMRK-Handbuch, § 13 B, Rn. 231-233.

2401 Nicht überzeugen können die Versuche, eine Unterordnung der Gemeinschaftsgerichte unter den EGMR gänzlich zu bestreiten, in diese Richtung aber *Fischbach / Krüger*, Dok. CHARTE 4136/00 CONTRIB 29 v. 21.02.2000, S. 4; *Tulkens*, in: *De Kerchove / De Schutter / Tulkens*, Annales D'Études Européennes de l'Université catholique de Louvain 2000, S. 42; *Alber / Widmaier*, EuGRZ 2000, S. 506; *Krüger / Polakiewicz*, EuGRZ 2001, S. 100; *Grabenwarter*, in: *Cremer / Giegerich u.a.* (Hrsg.), Tradition und Weltoffenheit des Rechts, FS f. *Steinberger*, S. 1151. Eine Unterordnung sehen hingegen auch *Dutheil de la Rochère*, RMC 2000, S. 679; *dies.*, Regards sur l'actualité 2001, S. 10; *Jacqué*, in: *Bieber / Boillat u.a.*, Grundrechtsschutz in Europa, S. 81; *Wildhaber*, in: *Bieber / Boillat u.a.*, Grundrechtsschutz in Europa, S. 96; *Kingreen*, in: *Calliess / Ruffert* (Hrsg.), EUV/EGV, Art. 6 EUV, Rn. 207.

einbarkeit mit der EMRK hin überprüft werden könnten.[2402] Mangels eines vollen Instanzenzuges käme dem Straßburger Gerichtshof damit – ebenso wie in seinem Verhältnis zu den mitgliedstaatlichen Verfassungsgerichten – auch nach einem Beitritt nicht die Rolle des obersten Gerichtshofs der Union, sondern lediglich diejenige eines spezialisierten, mit den Gemeinschaftsgerichten kooperierenden Gerichtshofs zu.[2403]

Schließlich können bloße prozessökonomische Gesichtspunkte, wie die Verlängerung der Verfahren durch Eröffnung einer weiteren Beschwerdemöglichkeit beim EGMR[2404] und dessen bereits vor einem Beitritt der EG / EU zur EMRK erkennbare Überlastung,[2405] nicht überzeugend gegen einen Beitritt ins Feld geführt werden.[2406] Schon heute kann nach der jüngsten Rechtsprechung des EGMR nicht ausgeschlossen werden, dass dieser eine bereits vom EuGH entschiedene, grundrechtsrelevante Rechtssache unter dem Aspekt der Verantwortlichkeit der Mitgliedstaaten für gemeinschaftliches Handeln inhaltlich nochmals behandelt.[2407] Die Verfahrensverlängerung dient außerdem dem Grundrechtsschutz der Bürger, dessen Entscheidung es überlassen bleibt, ob er die Verlängerung durch seine Beschwerde zum EGMR, die keinen Suspensiveffekt entfaltet,[2408] in Kauf nehmen will. Einer Beeinträchtigung der Funktionsfähigkeit des EGMR durch die Übertragung der Zuständigkeit auch für direkt gegen Gemeinschafts- bzw. Unionsakte gerichtete Beschwerden hätten die Vertragsparteien der Konvention durch eine angemessene Mittelausstattung und nötigenfalls durch eine (nochmalige) Re-

---

2402 Diesen Aspekt betonen auch *Alber / Widmaier*, EuGRZ 2000, S. 506; *Krüger / Polakiewicz*, EuGRZ 2001, S. 100; *Grabenwarter*, in: *Cremer / Giegerich u.a.* (Hrsg.), Tradition und Weltoffenheit des Rechts, FS f. *Steinberger*, S. 1151.

2403 Ähnlich *Alber / Widmaier*, EuGRZ 2000, S. 506; *Callewaert*, EuGRZ 2003, S. 203.

2404 Dies führt insbesondere *Wildhaber*, in: *Bieber / Boillat u.a.*, Grundrechtsschutz in Europa, S. 95 gegen einen Beitritt (i.V.m. einer hintereinander geschalteten Kontrolle durch EuGH und EGMR) an; kritisch auch *Ress*, in: *Haller u.a.* (Hrsg.), Staat und Recht, FS f. *Winkler*, S. 924.

2405 Siehe dazu *Peukert*, NJW 2000, S. 49; vor Inkrafttreten des 11. Zusatzprotokolls auch *Ress*, in: *Haller u.a.* (Hrsg.), Staat und Recht, FS f. *Winkler*, S. 924.

2406 I.E. ebenso *Alber / Widmaier*, EuGRZ 2000, S. 507; *Callewaert*, EuGRZ 2003, S. 204.

2407 Dazu eingehend oben 1. Kapitel.C.II.2.

2408 Dazu *Krüger / Polakiewicz*, EuGRZ 2001, S. 101.

form von Organisation und Verfahren vor dem EGMR[2409] entgegenzuwirken.[2410]

Ein Beitritt der EG / EU zur EMRK erscheint auch gegenüber anderen Mechanismen einer institutionalisierten Kooperation zwischen EuG(H) und EGMR[2411] vorzugswürdig. So haben einige beispielsweise vorgeschlagen, dem EuGH in Anlehnung an das Vorabentscheidungsverfahren des Art. 234 EG[2412] die Möglichkeit einzuräumen und ggf. die Pflicht aufzuerlegen, Fragen zur Auslegung der EMRK bezogen auf das konkrete Verfahren dem EGMR vorzulegen.[2413] Zwar könnte dieses Verfahren insbesondere in Fallkonstellationen, in denen noch keine Rechtsprechung des EGMR existiert, bestmöglich das Auftreten divergierender Entscheidungen des EuGH und des EGMR verhindern.[2414] Eine bindende Wirkung der EGMR-Entscheidungen in einem solchen Verfahren wäre aber ohne einen Beitritt

---

2409 Dazu *Callewaert*, EuGRZ 2003, S. 205; *Krüger / Polakiewicz*, EuGRZ 2001, S. 101; *Grabenwarter*, in: *Cremer / Giegerich u.a.* (Hrsg.), Tradition und Weltoffenheit des Rechts, FS f. *Steinberger*, S. 1151.

2410 I.E. ähnlich *Winkler*, Beitritt der Europäischen Gemeinschaften zur EMRK, S. 67-69.

2411 Zu diesen umfassend *Alber / Widmaier*, EuGRZ 2000, S. 507-510; *Hummer*, Status der EU-Grundrechtecharta, S. 100 f. Der Vorschlag, der Charta ein Protokoll beizufügen oder eine Bestimmung in die Verträge aufzunehmen, welche(s) die Beachtung der Rechtsprechung des EGMR bei der Auslegung der Grundrechte durch den EuGH vorsieht (vgl. dazu *Alber / Widmaier*, EuGRZ 2000, S. 507 f.), bringt angesichts der Verpflichtung zur Beachtung dieser Rechtsprechung nach Art. 52 Abs. 3 EGRC i.V.m. der Präambel (siehe dazu oben 4. Kapitel.C.V.3.a) gegenüber der durch die Charta selbst geschaffenen Rechtslage keine Veränderungen.

2412 Vorbild für ein derartiges Vorlageverfahren wäre auch das Protokoll Nr. 34 zum EWR-Abkommen, dem zufolge Gerichte der EFTA-Staaten den EuGH um eine Auslegung von EWR-Bestimmungen, die EG-Regelungen entsprechen, ersuchen können, vgl. dazu *Alber / Widmaier*, EuGRZ 2000, S. 508.

2413 So z.B. *Ruffert*, JZ 1996, S. 626; *Ress*, in: *Haller u.a.* (Hrsg.), Staat und Recht, FS f. *Winkler*, S. 924; noch weitergehend *Hohmann*, APuZ, B 52-53/2000, S. 12; zustimmend *Rengeling*, in: *Ipsen / Schmidt-Jortzig* (Hrsg.), Recht – Staat – Gemeinwohl, FS f. *Rauschning*, S. 236/237; *Carrasco Macia*, Eipascope 2000, S. 25; *Bieber*, in: *Bieber / Boillat u.a.*, Grundrechtsschutz in Europa, S. 13/14. Zusammenfassend das Diskussionspapier des Sekretariats des Verfassungskonvents an die Arbeitsgruppe „Charta", Dok. CONV 116/02 WG II 1 v. 18.06.2002, S. 23 f.

2414 So i.E. auch *Klein*, in: *Mosler / Bernhardt / Hilf* (Hrsg.), Grundrechtsschutz in Europa, S. 171; *Rengeling*, in: *Ipsen / Schmidt-Jortzig* (Hrsg.), Recht – Staat – Gemeinwohl, FS f. *Rauschning*, S. 236/237; *Grabenwarter*, in: *Cremer / Giegerich u.a.* (Hrsg.), Tradition und Weltoffenheit des Rechts, FS f. *Steinberger*, S. 1147.

der EG / EU zur EMRK systemwidrig.[2415] Zudem hätte es der Bürger nicht selbst in der Hand, ob der EGMR um eine Vorabentscheidung ersucht wird.[2416] Er könnte am Verfahren nicht teilnehmen, was in einem Grundrechte schützenden Verfahren fragwürdig erscheint.[2417] Auch könnte er eine teils erhebliche Verzögerung des Ausgangsrechtsstreits[2418] (vor allem dann, wenn das Vorabentscheidungsersuchen des EuGH dem eines mitgliedstaatlichen Gerichts an den EuGH folgte) nicht verhindern. In den Fällen, in denen der EuGH keine Zuständigkeit zur Entscheidung über die Vereinbarkeit des Handelns der Gemeinschaftsinstitutionen mit den Grundrechten hat, bliebe eine direkte Überprüfung des Handelns an den Garantien der EMRK weiterhin ausgeschlossen.[2419] Nicht zuletzt beeinträchtigte ein Vorlageverfahren zum EGMR die Autonomie der Gemeinschaftsrechtsordnung und die Stellung des EuGH in ihr weitergehend als ein Beitritt, verbunden mit der Zuständigkeit des EGMR nach Erschöpfung des Rechtswegs zum EuGH. Der EGMR wäre nicht mehr auf eine nachträgliche Prüfung der Entscheidungen der Gemeinschaftsgerichte auf ihre EMRK-Konformität beschränkt, sondern würde sich bereits in anhängige Verfahren einschalten.[2420]

Dieselben Bedenken begegnen dem Vorschlag, im Wege einer Erweiterung und Beschleunigung des Gutachtenverfahrens der Art. 47-49 EMRK

2415 So auch *Klein*, in: *Mosler / Bernhardt / Hilf* (Hrsg.), Grundrechtsschutz in Europa, S. 169; *Alber / Widmaier*, EuGRZ 2000, S. 508; *Grabenwarter*, in: *Cremer / Giegerich u.a.* (Hrsg.), Tradition und Weltoffenheit des Rechts, FS f. *Steinberger*, S. 1148. Vgl. zu den Vorschlägen eines Vorlageverfahrens neben dem Beitritt noch sogleich, insbesondere die Nachweise in Fn. 2430.

2416 Dies betonen auch *Winkler*, Beitritt der Europäischen Gemeinschaften zur EMRK, S. 111; *Grabenwarter*, in: *Cremer / Giegerich u.a.* (Hrsg.), Tradition und Weltoffenheit des Rechts, FS f. *Steinberger*, S. 1148.

2417 Kritisch hierzu auch *Alber / Widmaier*, EuGRZ 2000, S. 508.

2418 Kritisch deswegen auch *Ruffert*, JZ 1996, S. 626/627; *Rengeling*, in: *Ipsen / Schmidt-Jortzig* (Hrsg.), Recht – Staat – Gemeinwohl, FS f. *Rauschning*, S. 236.

2419 Siehe dazu die Konstellation in der *Matthews*-Entscheidung des EGMR, oben 1. Kapitel.C.II.2; sowie *Grabenwarter*, in: *Cremer / Giegerich u.a.* (Hrsg.), Tradition und Weltoffenheit des Rechts, FS f. *Steinberger*, S. 1148.

2420 Dazu eingehend das Diskussionspapier des Sekretariats des Verfassungskonvents an die Arbeitsgruppe „Charta“, Dok. CONV 116/02 WG II 1 v. 18.06.2002, S. 24. Vgl. zur Systemwidrigkeit eines Vorlageverfahrens aus der Perspektive des subsidiären Rechtsschutzsystems der EMRK eingehend *Winkler*, Beitritt der Europäischen Gemeinschaften zur EMRK, S. 112 f. I.E. ablehnend zu einem Vorlageverfahren ebenfalls *Klein*, in: *Mosler / Bernhardt / Hilf* (Hrsg.), Grundrechtsschutz in Europa, S. 171 f.

dem EuGH die Möglichkeit zu eröffnen, vor Erlaß einer inhaltlich auch Konventionsrechte berührenden Entscheidung den EGMR um ein bindendes Gutachten zu Fragen der Auslegung der EMRK zu ersuchen.[2421]

Weiterhin wird eine institutionalisierte Zusammenarbeit zwischen EuGH und EGMR durch die Eröffnung der Möglichkeit für Vertreter des EGMR, grundrechtsrelevanten Verfahren vor den Gemeinschaftsgerichten beizutreten – wie Art. 37 der Satzung des EuGH es unter anderem für die Mitgliedstaaten vorsieht – diskutiert. Auch dies ist wegen der prinzipiell auf die eigenen anhängigen Fälle begrenzten Zuständigkeit eines Gerichts jedoch nicht zu befürworten.[2422]

Erwägenswerter ist demgegenüber der Gedanke, eine kohärente Auslegung der Grundrechte durch EuG(H) und EGMR institutionell durch eine gemeinsame Institution der beiden Gerichtshöfe, wie eine Gemeinsame Kammer, sicherzustellen.[2423] Als Vorbild könnte beispielsweise der Gemeinsame Senat der obersten Gerichtshöfe des Bundes in der Bundesrepublik Deutschlands dienen.[2424] Auf den ersten Blick wird eine solche Institution der Autonomie der Gemeinschaftsrechtsordnung und der Stellung des EuGH in ihr am besten gerecht. EuG(H) und EGMR kooperierten in einer Gemeinsa-

---

2421 Ein solches Verfahren befürworten z.B. *De Kerchove*, in: *De Kerchove / De Schutter / Tulkens*, Annales D'Études Européennes de l'Université catholique de Louvain 2000, S. 40; *Wildhaber*, in: *Bieber / Boillat u.a.*, Grundrechtsschutz in Europa, S. 96; zustimmend auch *Rengeling*, in: *Ipsen / Schmidt-Jortzig* (Hrsg.), Recht – Staat – Gemeinwohl, FS f. *Rauschning*, S. 236/237; *Bieber*, in: *Bieber / Boillat u.a.*, Grundrechtsschutz in Europa, S. 13/14. Kritisch hingegen auch *Alber / Widmaier*, EuGRZ 2000, S. 508. Zusammenfassend das Diskussionspapier des Verfassungskonventssekretariats an die Arbeitsgruppe „Charta", Dok. CONV 116/02 WG II 1 v. 18.06.2002, S. 23 f.

2422 So i.E. auch *Alber / Widmaier*, EuGRZ 2000, S. 508/509; *Hummer*, Status der EU-Grundrechtecharta, S. 101.

2423 Dazu *Alber / Widmaier*, EuGRZ 2000, S. 509 f.; ähnlich *Mahrenholz*, JöR 49 (2001), S. 30; zusammenfassend das Diskussionspapier des Sekretariats des Verfassungskonvents an die Arbeitsgruppe „Charta", Dok. CONV 116/02 WG II 1 v. 18.06.2002, S. 25. Zu einem in die gleiche Richtung weisenden Vorschlag, die Einheitlichkeit der Grundrechtsrechtsprechung durch einen Gemeinsamen Ausschuss nach dem Modell der Art. 92 ff. EWR-Abkommen überwachen zu lassen, vgl. ablehnend *Alber / Widmaier*, EuGRZ 2000, S. 509.

2424 Vgl. §§ 1 ff. des Gesetzes zur Wahrung der Einheitlichkeit der Rechtsprechung der obersten Gerichtshöfe des Bundes v. 19.06.1968 (BGBl. 1968 I, S. 661 ff., abgedruckt in: Schönfelder, Deutsche Gesetze, Nr. 95 b), ebenso *Alber / Widmaier*, EuGRZ 2000, S. 509.

men Kammer, die von jedem der beiden Gerichte angerufen werden könnte, wenn es von einer Entscheidung des jeweils anderen Gerichtshofs oder der Gemeinsamen Kammer abweichen möchte, auf gleicher Ebene miteinander.[2425] Jedoch ist ein Zusammenwirken des Straßburger und des Luxemburger Gerichtshofs sowohl im Hinblick auf die Letztentscheidungsbefugnis des EGMR in Fragen der Auslegung der EMRK als auch im Hinblick auf die Letztentscheidungsbefugnis des EuGH für die Interpretation des Gemeinschaftsrechts einschließlich der Gemeinschaftsgrundrechte rechtlich bedenklich.[2426]

Demnach vermag allein ein Beitritt der EG / EU zur EMRK das Verhältnis zwischen den Gemeinschaftsgerichten und dem EGMR unter Wahrung der jeweiligen Zuständigkeiten beider Gerichtshöfe und unter Achtung der Autonomie der Gemeinschaftsrechtsordnung auf die erforderliche klare institutionelle Grundlage zu stellen.[2427] Interessant ist in diesem Zusammenhang die Feststellung, dass heute – anders als häufiger gemutmaßt – die seitens des EuGH und des EGMR hierzu geäußerten Positionen keineswegs stets auf die Erlangung bzw. Wahrung der eigenen Letztentscheidungsbefugnis abzielen. Während sich der Präsident des EuGH jüngst für einen Beitritt der Gemeinschaft zur EMRK ausgesprochen hat,[2428] hält der Präsident des EGMR einen Beitritt nicht für zwingend erforderlich, um Divergenzen in der Auslegung der Konvention zu vermeiden.[2429]

2425 Dies betont auch *Alber / Widmaier*, EuGRZ 2000, S. 509.

2426 Ähnlich *Alber / Widmaier*, EuGRZ 2000, S. 510.

2427 Dementsprechend fordern zahlreiche Vertreter im Schrifttum neben einer verbindlichen Charta einen Beitritt zur EMRK, vgl. nur *Vitorino*, Anlage IV zu Dok. CHARTE 4105/00 BODY 1 v. 13.01.2000, S. 18; *Fischbach / Krüger*, Dok. CHARTE 4136/00 CONTRIB 29 v. 21.02.2000, S. 3, 4; *Pernice*, DVBl. 2000, S. 854/855; *Russell-Johnston*, in: *Feus* (Hrsg.), EU Charter, S. 53-56; *Jacobs*, E.L.Rev. 26 (2001), S. 339, 340; *Calliess*, EuZW 2001, S. 268; *ders.*, in: *Ehlers* (Hrsg.), Europäische Grundrechte und Grundfreiheiten, § 19 IV, Rn. 32 f.; *Bieber*, in: *Bieber / Boillat u.a.*, Grundrechtsschutz in Europa, S. 14; *Schmitz*, JZ 2001, S. 836, 837; *Krüger / Polakiewicz*, EuGRZ 2001, S. 94 f.; *Rodríguez Iglesias*, EuGRZ 2002, S. 206 f.; *Pietsch*, ZRP 2003, S. 4; *Schaller*, EU-Mitgliedstaaten als Verpflichtungsadressaten der Gemeinschaftsgrundrechte, S. 209. Dagegen *Kingreen*, in: *Calliess / Ruffert* (Hrsg.), EUV/EGV, Art. 6 EUV, Rn. 207 f.

2428 *Rodríguez Iglesias*, EuGRZ 2002, S. 206. Eine Abnahme der „Berührungsängste" des EuGH gegenüber dem EGMR in jüngster Zeit sieht auch *Breuer*, JZ 2003, S. 438.

2429 *Wildhaber*, in: *Bieber / Boillat u.a.*, Grundrechtsschutz in Europa, S. 95/96.

Wegen der dargelegten Nachteile eines Vorlage- oder Gutachtenverfahrens zum EGMR – insbesondere berührten diese die Autonomie der Gemeinschaftsrechtsordnung einschneidender als ein Beitritt – sind diese im übrigen nicht, wie teilweise vorgeschlagen,[2430] neben einem Beitritt der EG / EU zur EMRK wünschenswert. Vielmehr ist eine Entscheidung des EGMR über die Grundrechtskonformität von Maßnahmen der Gemeinschaftsinstitutionen – parallel zur Situation bei mitgliedstaatlichen Maßnahmen (vgl. Art. 35 Abs. 1 EMRK) – nach Erschöpfung des Rechtswegs zum EuGH und dessen abschließenden Urteil herbeizuführen.[2431]

Der Beitritt der EG / EU zur EMRK erfordert, wie bereits gezeigt, verschiedene Anpassungen der Gemeinschafts- bzw. Unionsverträge sowie der EMRK und der Satzung des Europarates. Der EU muss für ihren wünschenswerten Beitritt zunächst Rechtspersönlichkeit verliehen werden. Die Verträge müssen ihr oder zumindest den Gemeinschaften außerdem die Zuständigkeit für einen Beitritt zur EMRK einräumen. Die Menschenrechtskonvention und die Satzung des Europarates sind für die Mitgliedschaft supranationaler Organisationen zu öffnen.[2432]

Des Weiteren stellen sich mit dem Beitritt zahlreiche – lösbare – technische Probleme. So ist die Stellung des für die EU zu benennenden Richters beim EGMR zu bestimmen.[2433] Um dem Einwand entgegenzutreten, Richter aus Nicht-EU-Mitgliedstaaten würden mittelbar über EU-Recht befinden,[2434] könnte vorgesehen werden, dass eine mehrheitlich mit Richtern aus EU-Mitgliedstaaten einschließlich des EU-Richters besetzte Kammer über die Beschwerden entscheidet, die sich unmittelbar gegen die Gemeinschaft bzw.

2430 So z.B. *Krüger / Polakiewicz*, EuGRZ 2001, S. 101; hinsichtlich des Vorlageverfahrens *Ruffert*, JZ 1996, S. 626; *Philippi*, ZEuS 2000, S. 125/126; hinsichtlich des Gutachtenverfahrens *Fischbach / Krüger*, Dok. CHARTE 4136/00 CONTRIB 29 v. 21.02.2000, S. 5 sowie *Tulkens*, in: *De Kerchove / De Schutter / Tulkens*, Annales D'Études Européennes de l'Université catholique de Louvain 2000, S. 42/43.

2431 Zur Problematik näher *Winkler*, Beitritt der Europäischen Gemeinschaften zur EMRK, S. 63-66.

2432 Siehe dazu eingehend oben 1. Kapitel.C.II.3.

2433 Dazu eingehend *Krüger / Polakiewicz*, EuGRZ 2001, S. 102 f.; *Grabenwarter*, in: *Cremer / Giegerich u.a.* (Hrsg.), Tradition und Weltoffenheit des Rechts, FS f. *Steinberger*, S. 1149; *Hummer*, Status der EU-Grundrechtecharta, S. 98. Für einen Verzicht der Gemeinschaften auf einen zusätzlichen Richter plädiert hingegen *Winkler*, Beitritt der Europäischen Gemeinschaften zur EMRK, S. 61 f.

2434 Dazu *Alber / Widmaier*, EuGRZ 2000, S. 506.

Union richten.[2435] Eine Vertretung und Stimmberechtigung der Union im Ministerkomitee des Europarates müsste zumindest in den Fällen, in denen dieses über den Vollzug von Urteilen des EGMR wacht (vgl. Art. 46 Abs. 2 EMRK), an denen der EU-Richter mitgewirkt hat, ermöglicht werden.[2436] Die nach Art. 33 EMRK möglichen Staatenbeschwerden könnten im Anwendungsbereich des EU-Rechts, das für Streitigkeiten im Verhältnis der EU-Mitgliedstaaten untereinander sowie zwischen diesen und der Gemeinschaft bzw. Union abschließende Beilegungsmechanismen vorsieht (vgl. Art. 226 ff. i.V.m. 292, 10 EG, Art. 7 EU), ausgeschlossen werden.[2437]

2. Die Beitrittsfrage im Rahmen der Diskussion über die künftige Europäische Verfassung

In Nizza (2000) hatte die Regierungskonferenz noch den Vorschlag, eine Kompetenz der Gemeinschaft für den Beitritt zur EMRK in die Verträge aufzunehmen, verworfen.[2438] Sie hatte die Beitrittsfrage in ihrer „*Erklärung zur Zukunft der Union*"[2439] auch nicht ausdrücklich als im Rahmen der Debatte

---

2435 So *Krüger / Polakiewicz*, EuGRZ 2001, S. 102.

2436 Zur Problematik ausführlich *Krüger / Polakiewicz*, EuGRZ 2001, S. 103 f.; etwas weiter der Schlussbericht der Arbeitsgruppe „Charta" des Verfassungskonvents, Dok. CONV 354/02 WG II 16 v. 22.10.2002, S. 14; a.A. *Winkler*, Beitritt der Europäischen Gemeinschaften zur EMRK, S. 57 f.

2437 Wegen des zentralen Grundsatzes der „kollektiven Garantie" in Art. 33 EMRK i.E. ablehnend *Krüger / Polakiewicz*, EuGRZ 2001, S. 104. Zur Problematik auch *Winkler*, Beitritt der Europäischen Gemeinschaften zur EMRK, S. 84-88 sowie das Diskussionspapier des Sekretariats des Verfassungskonvents an die Arbeitsgruppe „Charta", Dok. CONV 116/02 WG II 1 v. 18.06.2002, S. 20/21, mit dem Vorschlag einer Erklärung der EG / EU und ihrer Mitgliedstaaten, auf ihr Recht, gegeneinander Rechtsmittel vor dem EGMR einzulegen, zu verzichten. Für eine Lösung der rechtlichen bzw. technischen Probleme durch den Beitritt vgl. nun auch die dazu vom Europarat ausgearbeitete, der Arbeitsgruppe „Charta" des Verfassungskonvents vorliegende Studie der *Working Group II*, Working Document 08 v. 12.07.2002, S. 1 ff.

2438 Zum finnischen Vorschlag einer entsprechenden Änderung des Art. 303 EG siehe bereits oben 5. Kapitel.E.II.1, insb. Fn. 2382. Vor der Regierungskonferenz in Nizza hatte u.a. das Europäische Parlament bereits gefordert, einen Beitritt der Union zur EMRK zu ermöglichen, vgl. Entschließung vom 16.03.2000 zur Erarbeitung einer Charta der Grundrechte der EU, Pkt. 15 b, abgedruckt in: *Stock*, Medienfreiheit in der EU-Grundrechtscharta, S. 108 ff. (112).

2439 Von der Regierungskonferenz angenommene Erklärung (Nr. 23) zur Zukunft der Union, vgl. Anhang zum Vertrag von Nizza, ABl. EG 2001, Nr. C 80, S. 85 f.; dazu schon oben 5. Kapitel.D.I.2, insb. Fn. 2264.

über die Zukunft der EU klärungsbedürftig befunden. Der Europäische Rat von Laeken (2001) erkannte jedoch, dass die Union auf dem Weg zu einer Europäischen Verfassung gleichzeitig über die Aufnahme der Grundrechtecharta in die Verträge und den Beitritt der Gemeinschaft zur EMRK nachdenken muss.[2440]

Der mit der „*Erklärung von Laeken*"[2441] einberufene Verfassungskonvent beauftragte seine zur Erarbeitung von Lösungsvorschlägen eingesetzte Arbeitsgruppe II („Charta") dementsprechend nicht nur damit, die Modalitäten und Auswirkungen der Einbeziehung der Charta in die Verträge zu prüfen. Die Arbeitsgruppe sollte ergänzend dazu die Auswirkungen eines Beitritts der Gemeinschaft / Union zur EMRK untersuchen.[2442] Die politische Entscheidung darüber, ob der Union ein Beitritt zur EMRK empfohlen werden sollte, blieb dem Plenum des Konvents vorbehalten.[2443] Unbeschadet dessen unterstützten fast alle Mitglieder der Arbeitsgruppe in ihrem Schlussbericht vom 22.10.2002 auf der Grundlage ihrer Schlussfolgerungen nachdrücklich die Einführung einer verfassungsmäßigen Bestimmung, nach der die – mit eigener Rechtspersönlichkeit versehene – Union der EMRK beitreten kann. Die übrigen Mitglieder der Arbeitsgruppe wollten eine solche Bestimmung zumindest wohlwollend prüfen.[2444] Sie begründeten ihre Beitrittsforderung, die sie ausdrücklich als komplementär zur Verbindlichkeit der Charta bezeichneten, im Wesentlichen mit dem dargelegten Argument einer Kohärenz zwischen der Union und dem „größeren Europa", das im Europarat zum Ausdruck kommt. Zudem unterstrichen sie die bei einem Beitritt größere Glaubwürdigkeit des Grundrechtsschutzes durch die Union und die zu erwartende harmonischere Rechtsprechungsentwicklung der beiden europäischen

---

2440 Europäischer Rat (Laeken), Anlage I zu den Schlussfolgerungen des Vorsitzes, Dok. SN 300/1/01 REV 1, S. 24 (Pkt. II a.E.); siehe zur Erklärung von Laeken auch oben 5. Kapitel.D.I.2, insb. Fn. 2267-2269.

2441 Siehe Fn. 2440.

2442 Vgl. das Mandat der Arbeitsgruppe „Charta", Dok. CONV 72/02 v. 31.05.2002, S. 2.

2443 So das Mandat der Arbeitsgruppe „Charta", Dok. CONV 72/02 v. 31.05.2002, S. 2; vgl. auch den Schlussbericht der Arbeitsgruppe „Charta", Dok. CONV 354/02 WG II 16 v. 22.10.2002, S. 11.

2444 Schlussbericht der Arbeitsgruppe „Charta", Dok. CONV 354/02 WG II 16 v. 22.10.2002, S. 11, 13, nach dem die Rechtsgrundlage für den Beitritt in Anbetracht dessen verfassungsrechtlicher Bedeutung außerdem festlegen sollte, dass für die Unterzeichnung und den Abschluss des Beitrittsvertrags ein einstimmiger Beschluss des Rates und die Zustimmung des Europäischen Parlaments erforderlich ist. Zustimmend zur Beitrittsempfehlung *Pietsch*, ZRP 2003, S. 4.

Gerichtshöfe in Menschenrechtsfragen.[2445] Der Grundsatz der Eigenständigkeit des Gemeinschafts- bzw. Unionsrechts und die Zuständigkeiten des EuG(H) waren nach den Erkenntnissen der Arbeitsgruppe einschließlich der von ihr angehörten Experten[2446] durch einen Beitritt zur EMRK nicht in Frage gestellt.[2447]

Die verschiedenen alternativen Mechanismen, um die Zusammenarbeit zwischen den Gemeinschaftsgerichten und dem EGMR auf eine institutionelle Grundlage zu stellen, hielt die Arbeitsgruppe gegenüber einem Beitritt angesichts der Ausführungen der von ihr angehörten Experten nicht für empfehlenswert.[2448] Um klarzustellen, dass die Verteilung der Zuständigkeiten zwischen der Union und den Mitgliedstaaten durch den Beitritt der Union zur EMRK nicht berührt würde, regte die Arbeitsgruppe einen diesbezüglichen Hinweis in der vertraglichen Rechtsgrundlage für den Beitritt oder in einer Bestimmung des Beitrittsvertrages an.[2449]

Das Plenum des Verfassungskonvents schloss sich den Ergebnissen im Schlussbericht seiner Arbeitsgruppe „Charta" an. Der am 12.06.2003 vorgelegte Verfassungsentwurf des Konvents enthielt dementsprechend in seinem Teil I, Titel II, Art. I-7 Absatz 2 – der verbindlichen Anerkennung der in der Grundrechtecharta niedergelegten Rechte in Absatz 1 folgend – die Bestimmung, dass die Union den Beitritt zur EMRK anstrebt.[2450] Der Union wurde

---

2445 Dok. CONV 354/02 WG II 16 v. 22.10.2002, S. 11/12. Zu den Argumenten für den Beitritt näher oben 5. Kapitel.E.II.1.

2446 Anhörung der Experten *Schoo*, *Piris* und *Petite* von der Arbeitsgruppe „Charta", Dok. CONV 223/02 WG II 8 v. 31.07.2002, S. 6.

2447 Dok. CONV 354/02 WG II 16 v. 22.10.2002, S. 12; zur Problematik näher oben 5. Kapitel.E.II.1, insb. Fn. 2399-2403.

2448 Dok. CONV 354/02 WG II 16 v. 22.10.2002, S. 15; vgl. zur Expertenanhörung Dok. CONV 223/02 WG II 8 v. 31.07.2002, S. 6.

2449 Dok. CONV 354/02 WG II 16 v. 22.10.2002, S. 13 f.; zur Problematik schon das Diskussionspapier des Sekretariats des Verfassungskonvents an die Arbeitsgruppe „Charta", Dok. CONV 116/02 WG II 1 v. 18.06.2002, S. 22 f., dort auch zu Vorschlägen, der Union zu erlauben, sich in Verfahren vor dem EGMR einem Mitgliedstaat als gesamtschuldnerisch haftende Mitbeklagte anzuschließen und umgekehrt, um zu verhindern, dass der EGMR über das System der Verteilung der Zuständigkeiten zwischen Union und Mitgliedstaaten befindet; siehe zur Problematik der Bestimmung des Beschwerdegegners vor dem EGMR schon *Winkler*, Beitritt der Europäischen Gemeinschaften zur EMRK, S. 50-56.

2450 Dok. CONV 797/1/03 REV 1 BAND I v. 12.06.2003, S. 9. Die Beitrittsforderung wurde in diesem Verfassungsentwurf wie auch schon in dem am 26./27.05.2003 vordie für ihren Beitritt erforderliche Rechtspersönlichkeit[2451] im vorstehenden Art. I-6 ausdrücklich verliehen. Außerdem stellte Art. I-7 Abs. 2 des Entwurfs klar, dass der Beitritt zur EMRK nicht die in der Verfassung festgelegten Zuständigkeiten der Union berührt.[2452]

Im Text des Vertrages über eine Verfassung für Europa in der Fassung, auf die sich die Staats- und Regierungschefs auf ihrer Tagung in Rom am 29. Oktober 2004 geeinigt haben, kommt der nunmehrige Wille der EU, der EMRK beizutreten, noch stärker zum Ausdruck. Art. I-9 Abs. 2 S. 1 des Verfassungsvertrags lautet: „*Die Union tritt der Europäischen Konvention zum Schutze der Menschenrechte und Grundfreiheiten bei.*“[2453]

Korrespondierend dazu haben die Vertragsstaaten des Europarates in dem am 13. Mai 2004 unterzeichneten, noch nicht in Kraft getretenen 14. Zusatzprotokoll zur EMRK eine entsprechende Öffnung der EMRK für eine Mitgliedschaft der EU vorgesehen.[2454] Nach Artikel 17 des 14. Zusatzprotokolls soll in Art. 59 EMRK ein neuer Absatz 2 eingefügt werden, demzufolge die EU der EMRK beitreten darf.[2455] Die weiteren, bei einem Beitritt notwendigen rechtlichen und technischen Änderungen sollen in einem neuen Zusatzprotokoll bzw. in einem Beitrittsvertrag festgelegt werden, sobald die Union mit Inkrafttreten des Verfassungsvertrags die Kompetenz für einen Beitritt zur EMRK besitzt.[2456]

---

gelegten (Anlage I zu Dok. CONV 724/03 BAND I v. 24.05.2003, S. 5; Art. I-7 Abs. 2) gegenüber dem Entwurf vom 06.02.2003 (Dok. CONV 528/03 v. 06.02.2003, S. 3; Art. 5 Abs. 2) verstärkt, indem die Union nicht nur der EMRK beitreten „kann“, sondern dies auch anstrebt.

2451 Siehe dazu oben 1. Kapitel.C.II.3, insb. bei Fn. 257 f.

2452 Dok. CONV 797/1/03 REV 1 BAND I v. 12.06.2003, S. 9. Der volle Wortlaut des Art. I-7 Abs. 2 des Verfassungsentwurfs vom 12.06.2003 lautet: „*Die Union strebt den Beitritt zur Europäischen Konvention zum Schutze der Menschenrechte und Grundfreiheiten an. Der Beitritt zu dieser Konvention ändert nicht die in dieser Verfassung festgelegten Zuständigkeiten der Union.*“

2453 Dok. CIG 87/2/04 REV 2 v. 29.10.2004.

2454 Vgl. CETS Nr. 194, S. 1-8.

2455 CETS Nr. 194, S. 7.

2456 Vgl. die Erläuterungen des Ministerkomitees des Europarates vom 12.05.2004 zu Art. 17 des 14. Zusatzprotokolls zur EMRK (abrufbar unter: http://conventions.coe.int /Treaty/EN/Reports/Html/194.htm).

III. Erweiterung des Zugangs der Grundrechtsträger zu den Gemeinschaftsgerichten

1. Wege zur Effektivierung der gerichtlichen Grundrechtsdurchsetzung

Wie dargelegt, können bestehende Rechtsschutzlücken bei der gerichtlichen Durchsetzbarkeit der Gemeinschafts- bzw. Charta-Grundrechte nur durch einen erweiterten Zugang des Einzelnen zu den Gemeinschaftsgerichten geschlossen werden.[2457] Der EuGH hält insbesondere im Rahmen des Art. 230 Abs. 4 EG eine Ausdehnung des Zugangs von Privatpersonen zum Gerichtshof innerhalb der Grenzen des Artikelwortlauts für ausgeschlossen.[2458] Deshalb kann eine Optimierung des vertraglichen Individualrechtsschutzsystems nicht der Rechtsprechung überlassen bleiben, sondern bedarf in jedem Fall einer Vertragsänderung (Art. 48 EU).

Für die Verbesserung der gerichtlichen Grundrechtsdurchsetzung im Lichte der Garantie eines effektiven Rechtsschutzes kommen im Wesentlichen zwei Wege in Betracht: Zum einen kann der Zugang des Einzelnen zu EuGH und EuG im Rahmen des bestehenden vertraglichen Rechtsschutzsystems, d.h. grundsätzlich unabhängig vom Geltendmachen einer Grundrechtsverletzung, erweitert werden.[2459]

Im Vordergrund steht bei diesem Ansatz eine Modifizierung der vom EuGH sehr beschränkend ausgelegten Voraussetzung der individuellen Betroffenheit für eine Nichtigkeitsklage natürlicher oder juristischer Personen nach Art. 230 Abs. 4 EG.[2460] Denkbar ist insoweit eine völlige Streichung dieses Merkmals,[2461] gerade weil das verbleibende weitere Erfordernis der unmittelbaren Betroffenheit des Klägers bereits den Ausschluss von Popularklagen

---

[2457] Siehe oben 5. Kapitel.C.

[2458] So ausdrücklich EuGH, Rs. C-50/00 P, Unión de Pequeños Agricultores (UPA) ./. Rat, Urt. v. 25.07.2002, NJW 2002, S. 2935 ff. (2936/2937 / Rn. 44 f.).

[2459] Hierfür plädieren z.B. *Carrasco Macía*, Eipascope 2000, S. 26; *Philippi*, Charta der Grundrechte, S. 53-55; *Bühler*, Einschränkung von Grundrechten nach der Grundrechtecharta, S. 449 f.

[2460] Siehe dazu bereits oben 5. Kapitel.C. Anders *Calliess*, NJW 2002, S. 3582, der das Bestehen eines Rechtsschutzbedürfnisses für den entscheidenden Gesichtspunkt einer zulässigen direkten Klage zum EuGH i.R.d. Art. 230 Abs. 4 EG hält.

[2461] So *Philippi*, Charta der Grundrechte, S. 54.

bewirkt.[2462] Zumindest wäre die Voraussetzung des individuellen Betroffenseins aber so umzugestalten, dass sie in den problematischen Fällen einer behaupteten Grundrechtsverletzung durch unmittelbar anwendbare abstrakt-generelle Gemeinschaftsrechtsakte eine Klage von Einzelpersonen nicht ausschließt. Hierfür käme eine Ersetzung des Merkmals „individuell" im Sinne des Verständnisses des EuG in der Rechtssache *Jégo-Quéré* in Frage. Danach ist eine natürliche oder juristische Person von einer allgemein geltenden Gemeinschaftsbestimmung dann individuell betroffen, wenn diese ihre Rechtsposition unzweifelhaft und gegenwärtig beeinträchtigt, indem sie ihre Rechte einschränkt oder ihr Pflichten auferlegt.[2463] Auch könnte in Art. 230 Abs. 4 EG für die Fälle unmittelbar anwendbarer Gemeinschaftsrechtsakte, die keine Durchführungsmaßnahmen erfordern, ausdrücklich auf die Voraussetzung der individuellen Betroffenheit verzichtet werden.[2464]

Innerhalb des existierenden vertraglichen Rechtsschutzsystems kommt eine Liberalisierung des Zugangs Einzelner zum EuGH des Weiteren im Rahmen des Vorabentscheidungsverfahrens nach Art. 234 EG in Betracht. Um den Bürgern zu ermöglichen, in Fällen, in denen das mitgliedstaatliche Gericht in Bezug auf die Auslegung von Gemeinschaftsrecht eine Vorlage zum EuGH unter Verletzung seiner Vorlagepflicht verweigert, eine solche zu erzwingen, schlagen einige die Schaffung einer Nichtvorlagebeschwerde zum EuGH vor.[2465] Verweigert das jeweilige nationale Gericht allerdings eine Vorlage, weil es für die vor ihm anhängige Rechtssache Gemeinschaftsrecht nicht für entscheidungserheblich hält, müsste der Gerichtshof im Rahmen einer Beschwerde auch Fragen des nationalen Rechts beurteilen, um die Entscheidungserheblichkeit feststellen zu können.[2466] Aus diesem Grund liegt die Entscheidung über die Erheblichkeit im existierenden Vorabentscheidungsverfahren heute zu Recht grundsätzlich in der Hand der mitgliedstaatlichen

---

2462 Zu Letzterem *Reich*, ZRP 2000, S. 378.

2463 EuG, Rs. T-177/01, Jégo-Quéré und Cie SA ./. Kommission, Urt. v. 03.05.2002, NJW 2002, S. 2088 ff. (2090 / Rn. 51).

2464 Siehe zu dieser Lösungsmöglichkeit noch unten 5. Kapitel.E.III.2, insb. Fn. 2489, 2490.

2465 So z.B. *Magiera*, DÖV 2000, S. 1024 (bezogen auf die unzureichende Beachtung der Charta-Rechte); *Philippi*, Charta der Grundrechte, S. 53/54.

2466 Dazu schon EuGH, Rs. 26/62, van Gend & Loos ./. Niederländische Finanzverwaltung, Urt. v. 05.02.1963, Slg. 1963, S. 1 ff. (24); EuGH, Rs. 6/64, Costa ./. E.N.E.L., Urt. v. 15.07.1964, Slg. 1964, S. 1251 ff. (1256).

Gerichte.[2467] Im Rahmen des gemeinschaftsrechtlichen Individualrechtsschutzsystems, das auf einer Arbeitsteilung zwischen einzelstaatlichen und Gemeinschaftsgerichten fußt, erscheint bei einer Verletzung der Vorlagepflicht eine Beschwerde zum jeweiligen mitgliedstaatlichen Verfassungsgericht bzw. die Effektivierung derselben sachgerechter.

Begrüßenswert ist in diesem Zusammenhang aber, dass der EGMR in Straßburg die durch eine Verweigerung der Vorlage an den EuGH durch nationale Gerichte entstehenden Rechtsschutzlücken in bestimmten Fällen, wenn auch nicht insgesamt, schließt. So kann eine willkürliche Nichtvorlage einen Verstoß gegen das Recht auf ein faires Verfahren (Art. 6 Abs. 1 EMRK) begründen.[2468] Zudem kann ein offenkundiger Gemeinschaftsrechtsverstoß mitgliedstaatlicher Gerichte, der bei gleichzeitiger Verweigerung einer Vorlage an den EuGH erfolgt, nach der jüngeren EGMR-Rechtsprechung auch mit materiell-rechtlichen Garantien der Konvention und ihrer Zusatzprotokolle unvereinbar sein.[2469]

Zum anderen kann die gerichtliche Grundrechtsdurchsetzung vor den Gemeinschaftsgerichten – ggf. neben der grundrechtsunspezifischen Erweiterung existierender Verfahren – durch eine spezielle Klage, mit welcher der Einzelne unmittelbar zumindest gegen das Handeln der Gemeinschafts- bzw. Unionsorgane[2470] wegen Verletzung seiner Grundrechte vorgehen könnte, effektiviert werden. Eine solche Grundrechts- bzw. Verfassungsbeschwerde nach dem Vorbild ähnlicher in den Mitgliedstaaten existierender Verfahren sollte, um den Kreis der Beschwerdeführer sinnvoll zu begrenzen, eine unmittelbare, nicht aber eine individuelle Betroffenheit (jeweils im Sinne des Art. 230 Abs. 4 EG) erfordern.[2471] Sie sollte im Sinne einer sachgerechten Arbeitsteilung zwischen nationalen und den Gemeinschaftsgerichten nur subsidiär zu anderen zulässigen Verfahren, in denen der Einzelne die Verletzung

---

2467 Zur Problematik näher *Bleckmann*, in: *Bleckmann*, Europarecht, § 9 V, Rn. 931 f.

2468 Dazu *Ress*, in: *Walter Hallstein-Institut für Europäisches Verfassungsrecht* (Hrsg.), Europäische Verfassung im globalen Kontext, S. 23 f. m.w.N.

2469 EGMR, Beschw. Nr. 36677/97, S.A. Jacques Dangeville ./. Frankreich, Urt. v. 16.04.2002, Reports of Judgments and Decisions 2002-III, S. 91 f. / Ziff. 46 ff.; zu dieser „Reservefunktion" des EGMR eingehend *Breuer*, JZ 2003, S. 433 ff. (insb. 437-439).

2470 Für eine weitergehende Erstreckung auf gemeinschaftsrechtlich determinierte mitgliedstaatliche Vollzugsakte *Pernice*, DVBl. 2000, S. 858; *Tappert*, DRiZ 2000, S. 207.

2471 So auch *Reich*, ZRP 2000, S. 378; *Hohmann*, APuZ, B 52-53/2000, S. 12; *Hummer*, Status der EU-Grundrechtecharta, S. 102.

von Gemeinschaftsgrundrechten geltend machen kann, zulässig sein.[2472] Um den Verfassungscharakter der Streitigkeit herauszustellen, sollte die Zuständigkeit zur Entscheidung über die Grundrechts- bzw. Verfassungsbeschwerde ausschließlich beim EuGH liegen.[2473]

Ein derart spezielles Grundrechtsschutzverfahren wäre zwar neuartig im Rechtsschutzsystem der Union. Anders als eine Erweiterung des Zugangs der Grundrechtsträger zu den Gemeinschaftsgerichten im Rahmen bestehender Verfahren unterstriche es aber nachdrücklich die gestiegende Bedeutung, welche die Union dem Grundrechtsschutz mit der Ausarbeitung der Charta zukommen lassen will.[2474] Die identitätsstiftende und integrationsfördernde Wirkung der Charta kann durch die sichtbare Möglichkeit der Bürger, sich gegen Grundrechtsverletzungen seitens der Gemeinschaft gerichtlich zur Wehr zu setzen, deutlich erhöht werden.[2475] Dies belegen beispielsweise die deutschen Erfahrungen mit der Verfassungsbeschwerde des Grundgesetzes, welche die Kenntnis der Bevölkerung von den Grundrechten des Grundgesetzes ebenso wie die hohe Wertschätzung der Verfassung und des BVerfG maßgeblich mitbegründet hat.[2476] Vor diesem Hintergrund erscheint die Einführung einer Grundrechts- / Verfassungsbeschwerde auch auf Gemeinschaftsebene wünschenswert.[2477]

2472 Ebenso *Tappert*, DRiZ 2000, S. 207; *Reich*, ZRP 2000, S. 378; *Hohmann*, APuZ, B 52-53/2000, S. 12; i.E. *Mahrenholz*, JöR 49 (2001), S. 30; *Hummer*, Status der EU-Grundrechtecharta, S. 102.

2473 *Reich*, ZRP 2000, S. 378.

2474 Vgl. zu Letzterem den Beschluss zur Ausarbeitung der Grundrechtecharta, Europäischer Rat (Köln), Anhang IV zu den Schlussfolgerungen des Vorsitzes, Bull. EU 6-1999, S. 39 = EuGRZ 1999, S. 364.

2475 *Hohmann*, APuZ, B 52-53/2000, S. 12; ähnlich *Reich*, ZRP 2000, S. 377/378.

2476 Diesen Aspekt betont auch *Engels*, Eurokolleg 45 (2001), S. 15; vgl. auch *Grimm*, SZ Nr. 118 v. 23.05.2003, S. 11.

2477 Für eine Grundrechts- / Verfassungsbeschwerde auf Gemeinschaftsebene plädieren u.a. auch *Pernice*, DVBl. 2000, S. 858; *Tappert*, DRiZ 2000, S. 207; *Reich*, ZRP 2000, S. 377 f.; *Mombaur*, DÖV 2001, S. 596; *Calliess*, EuZW 2001, S. 268; *Beutler*, in: *Beutler / Bieber u.a.*, EU, Kap. 10.1.7, Rn. 670; *Rengeling*, in: *Ipsen / Schmidt-Jortzig* (Hrsg.), Recht – Staat – Gemeinwohl, FS f. *Rauschning*, S. 237; i.E. *Wathelet*, CDE 2000, S. 590; i.E. *Mahrenholz*, JöR 49 (2001), S. 29 f.; *Hummer*, Status der EU-Grundrechtecharta, S. 102; *Calliess*, in: *Ehlers* (Hrsg.), Europäische Grundrechte und Grundfreiheiten, § 19 IV, Rn. 30; kritisch *Eser*, in: *Meyer* (Hrsg.), Charta-Kommentar, Art. 47 EGRC, Rn. 15; a.A. *Tomuschat*, F.A.Z. Nr. 181 v. 07.08.00, S. 13; *Philippi*, Charta der Grundrechte, S. 54/55. Zusammenfassend zum Meinungsstand das Diskussionspapier des

Die Zahl der zum EuGH erhobenen zulässigen Klagen wird sich durch die Einführung einer Grundrechts- bzw. Verfassungsbeschwerde wegen deren Subsidiarität nicht unübersehbar erhöhen.[2478] Um die dennoch zu erwartende ansteigende Zahl der Verfahren angemessen bewältigen zu können, ist außerdem die Einführung eines Erfordernisses der Annahme einer Grundrechts- / Verfassungsbeschwerde zur Entscheidung durch den EuGH (ähnlich dem Verfahren des § 93 a BVerfGG) denkbar. Auch könnte – was im Sinne des Individualrechtsschutzes vorzugswürdig wäre – eine zu begründende Möglichkeit der Ablehnung einer solchen Beschwerde zur Entscheidung erwogen werden.[2479] Langfristig wird man nicht umhinkommen, durch eine Reform der Gemeinschaftsgerichtsbarkeit, die schon bislang stark mit Klagen von Privatpersonen ausgelastet ist,[2480] ausreichende Kapazitäten auch für die Grundrechtsbeschwerde zu schaffen. Im Lichte der fortschreitenden Konstitutionalisierung und der immer staatsähnlicheren Ausgestaltung der Union ist eine stärkere Konzentration verfassungsrechtlicher Streitigkeiten einschließlich der Verfassungsbeschwerde beim EuGH erstrebenswert. Verwaltungsgerichtliche Streitigkeiten sollten demgegenüber beim EuG, bei Begrenzung der Rechtsmittel zum EuGH, gebündelt werden.[2481]

Schließlich müssten die derzeit beschränkten Zuständigkeiten des EuGH im Bereich der polizeilichen und justiziellen Zusammenarbeit in Strafsachen,[2482] der mit Maßnahmen von Polizei- und Strafverfolgungsbehörden be-

---

Sekretariats des Verfassungskonvents an die Arbeitsgruppe „Charta", Dok. CONV 116/02 WG II 1 v. 18.06.2002, S. 15 f. Zu weiteren Mechanismen der Grundrechtsdurchsetzung in Ergänzung individueller Klagemöglichkeiten *Fredman / McCrudden / Freedland*, P.L. 2000, S. 184 f. Vgl. zur Existenz und den zulässigen Prüfungsgegenständen einer Verfassungsbeschwerde in anderen europäischen Ländern *Mahrenholz*, JöR 49 (2001), S. 18 f.

2478 Diese Einschätzung teilen *Mahrenholz*, JöR 49 (2001), S. 30 und *Calliess*, NJW 2002, S. 3581; a.A. wohl *Pernice*, DVBl. 2000, S. 858; *Bühler*, Einschränkung von Grundrechten nach der Grundrechtecharta, S. 450.

2479 Dazu *Mahrenholz*, JöR 49 (2001), S. 30. Zur Einführung und Ausweitung des Vorprüfungsverfahrens nach Art. 93 a ff. BVerfGG auch *Bausback*, ZRP 1999, S. 7.

2480 Vgl. *Reich*, ZRP 2000, S. 377 m.w.N.

2481 Dazu näher *Reich*, ZRP 2000, S. 377; zur Problematik auch *Pernice*, DVBl. 2000, S. 858 m.w.N.

2482 Dazu näher oben 5. Kapitel.C, insb. Fn. 2238.

sonders grundrechtssensible Materien betrifft, im Lichte des Menschenrechtsschutzes angemessen erweitert werden.[2483]

2. Vorschläge im Rahmen der Diskussion über die künftige Europäische Verfassung

Die den Verfassungskonvent einberufende „*Erklärung von Laeken*" führte die Erweiterung des Zugangs der Grundrechtsträger zu den Gemeinschaftsgerichten nicht ausdrücklich als eine im Zusammenhang mit der Einbeziehung der Charta in die Verträge zu untersuchende Frage auf.[2484] Dennoch erkannte der neue Konvent diese frühzeitig als klärungsbedürftig.

Die Arbeitsgruppe „Charta" befasste sich dementsprechend neben den Modalitäten der Einbeziehung der Charta in die Verträge und den Auswirkungen eines Beitritts der EG / EU zur EMRK auch mit den Möglichkeiten Einzelner, die Verletzung von Gemeinschaftsgrundrechten bzw. Charta-Rechten vor EuGH und EuG gerichtlich geltend zu machen.[2485] In ihrem Schlussbericht sprach sie sich ohne nähere Begründung mehrheitlich gegen die Einführung eines speziellen Verfahrens zum Schutz der Grundrechte beim Gerichtshof, und damit gegen eine hier befürwortete Grundrechts- bzw. Verfassungsbeschwerde, aus.[2486] Hinsichtlich der nötigen Überarbeitung des Art. 230 Abs. 4 EG, dessen Auslegung erkanntermaßen zu Lücken im gemeinschaftlichen Rechtsschutzsystem führen kann, gab die Arbeitsgruppe angesichts der Tatsache, dass sich diese Problematik über die Frage des Grundrechtsschutzes hinaus für alle subjektiven Rechte stellt, selbst keine konkreten Empfehlungen ab.[2487]

Im anschließend vom Präsidium des Verfassungskonvents eingesetzten Arbeitskreis über die Arbeitsweise des Gerichtshofs sprachen sich gleichermaßen nur ein Teil der Mitglieder für die Einführung einer speziellen Klage

---

2483 Siehe zur Problematik das Diskussionspapier des Sekretariats des Verfassungskonvents an die Arbeitsgruppe „Charta", Dok. CONV 116/02 WG II 1 v. 18.06.2002, S. 14 f.

2484 Europäischer Rat (Laeken), Anlage I zu den Schlussfolgerungen des Vorsitzes, Dok. SN 300/1/01 REV 1, S. 21-24 (Pkt. II).

2485 Vgl. schon *Vitorino*, Vermerk zum Mandat der Arbeitsgruppe „Charta", Dok. CONV 72/02 v. 31.05.2002, S. 3 f.

2486 Dok. CONV 354/02 WG II 16 v. 22.10.2002, S. 15.

2487 Dok. CONV 354/02 WG II 16 v. 22.10.2002, S. 15 f.

zur Verteidigung der Grundrechte aus.[2488] In Bezug auf eine Ausweitung des Zugangs Einzelner zu den Gemeinschaftsgerichten im Rahmen der Nichtigkeitsklage befürwortete die Mehrheit der Mitglieder (neben einer Vereinfachung) eine Erweiterung des bisherigen Wortlautes des Art. 230 Abs. 4 EG. Dieser sollte um eine Passage ergänzt werden, welche die bislang regelmäßig unzulässigen Klagen Einzelner gegen unmittelbar anwendbare Rechtsakte mit allgemeiner Geltung ausdrücklich ermöglicht.[2489]

Das Plenum des Verfassungskonvents hat sich den Empfehlungen der Arbeitsgruppe „Charta" und denen des Arbeitskreises zum Gerichtshof im Wesentlichen angeschlossen. Der Verfassungsentwurf vom 12.06.2003 sah dementsprechend in seinem Artikel III-266 Absatz 4, der insgesamt auf Art. 230 EG zurückgeht, eine Erstreckung der Klagebefugnis natürlicher und juristischer Personen auf Rechtsakte mit Verordnungscharakter, die sie unmittelbar betreffen und keine Durchführungsmaßnahmen nach sich ziehen, vor.[2490] Neben dieser punktuellen, problembezogenen Änderung sah der Entwurf keine Ausweitung des Zugangs Einzelner zu den Gemeinschaftsgerichten in Grundrechtsfragen, insbesondere keine Grundrechts- oder Verfassungsbeschwerde, vor.[2491]

2488 Vgl. den Schlussbericht des Arbeitskreises über die Arbeitsweise des Gerichtshofs, Dok. CONV 636/03 CERCLE I 13 v. 25.03.2003, S. 7.

2489 Dok. CONV 636/03 CERCLE I 13 v. 25.03.2003, S. 7 f.; die dort vorgeschlagene Formulierung des Art. 230 Abs. 4 EG lautet: „*Jede natürliche oder juristische Person kann unter den gleichen Voraussetzungen gegen die an sie ergangenen Rechtsakte oder Rechtsakte, die sie unmittelbar und individuell betreffen, sowie gegen Rechtsakte [allgemeiner Geltung / ohne Gesetzgebungscharakter], die sie unmittelbar betreffen und keine Durchführungsbestimmungen enthalten, Klage erheben.*"

2490 Dok. CONV 802/03 BAND II v. 12.06.2003, S. 149; der dort angeregte Art. III-266 Abs. 4 lautet: „*Jede natürliche oder juristische Person kann unter den gleichen Voraussetzungen gegen die an sie ergangenen oder sie unmittelbar und individuell betreffenden Handlungen sowie gegen Rechtsakte mit Verordnungscharakter, die sie unmittelbar betreffen und keine Durchführungsmaßnahmen nach sich ziehen, Klage erheben.*"

2491 Vgl. dazu schon die Erläuterungen des Präsidiums zu Vorentwürfen zu den Artikeln über den Gerichtshof, Dok. CONV 734/03 v. 02.05.2003, S. 21. Siehe außerdem zur Forderung an die Mitgliedstaaten, beim arbeitsteiligen Zusammenwirken zwischen ihren und den Gemeinschaftsgerichten die erforderlichen Rechtsbehelfe zu schaffen, damit ein wirksamer Rechtsschutz auf dem Gebiet des Unionsrechts gewährleistet ist, Art. I-28 Abs. 1 S. 2 des Verfassungsentwurfs v. 12.06.2003, Dok. CONV 797/1/03 REV 1 BAND I v. 12.06.2003, Teil I, S. 24.

Dasselbe gilt für den am 29.10.2004 unterzeichneten Vertrag über eine Verfassung für Europa. Die genannte Erweiterung der Klagebefugnis natürlicher und juristischer Personen ist darin nunmehr in Art. III-365 Abs. 4 niedergelegt.[2492]

F. Ergebnis

Das Maß der Durchsetzbarkeit der in der Charta gewährleisteten Rechte nach ihrer feierlichen Proklamation kann nicht befriedigen. Die rechtlichen Wirkungen der Charta beschränken sich im Wesentlichen darauf, dass diese zur Bestätigung eines auf der Grundlage der ungeschriebenen Gemeinschaftsgrundrechte gefundenen Ergebnisses herangezogen werden kann. Auch bei der prozessualen Geltendmachung der Charta-Rechte im Rahmen der den Grundrechtsträgern „arbeitsteilig" vor den Gemeinschaftsgerichten und den mitgliedstaatlichen Gerichten offenstehenden Verfahren bestehen Rechtsschutzlücken.

Um die mit der Charta verfolgten Ziele, insbesondere eine sichtbare rechtliche Einbindung der Unionsgewalt und eine verstärkte Identifikation der Bürger mit der Union erreichen zu können, muss die Grundrechtecharta alsbald durch ihre vollumfängliche Aufnahme in die künftige europäische Verfassung, begleitet von einem europaweiten Referendum, rechtsverbindlich werden. Sie sollte an den Anfang der Verfassung positioniert werden, und dadurch das Selbstverständnis der Union auch als Wertegemeinschaft herausstreichen. Um die Charta als Kompromisswerk nicht in ihrer Gesamtheit erneut zur Disposition zu stellen, sollte sie, abgesehen von den erforderlichen technischen Anpassungen, inhaltlich nicht geändert werden.

Der vom Verfassungskonvent vorgelegte Entwurf der künftigen europäischen Verfassung, und ihm folgend der Vertrag über eine Verfassung für Europa in der Fassung, auf welche sich die Staats- und Regierungschefs auf ihrer Tagung in Rom am 29. Oktober 2004 geeinigt haben, schlagen weitgehend diesen Weg ein. Die Charta, auf die bereits in einem der ersten Artikel des Verfassungstexts verwiesen wird, wird selbst insgesamt in den zweiten Teil der Verfassung aufgenommen. Die – im Ergebnis überflüssigen – redaktionellen Änderungen der horizontalen Bestimmungen und die vorgenommenen technischen Anpassungen lassen die Charta, wie sie der Grundrechtskonvent entworfen hat, inhaltlich unberührt.

2492 Dok. CIG 87/2/04 REV 2 v. 29.10.2004.

Die Rechtsverbindlichkeit der Charta sollte der Beitritt der mit Rechtspersönlichkeit zu versehenden Union zur EMRK begleiten. Der Verfassungsvertrag vom 29. Oktober 2004 sieht dementsprechend auch, einem entsprechenden Vorschlag des Verfassungskonvents folgend, in seinem Art. I-9 Abs. 2 vor, dass die Union der EMRK beitritt. Zudem begegnet der Verfassungstext in Art. III-365 Abs. 4 problemorientiert den aufgetretenen Rechtsschutzlücken im Rahmen der Nichtigkeitsklage vor den Gemeinschaftsgerichten. Langfristig bleibt darüber hinaus jedoch die Erweiterung des Zugangs der Grundrechtsträger zu den Gemeinschaftsgerichten durch eine spezielle Grundrechts- bzw. Verfassungsbeschwerde sinnvoll.

Schlussbetrachtung

A. Gesamtergebnis

I. Die Ausgangsbasis der Grundrechtecharta: Ein neuer Grundrechtskatalog in der bereits vielschichtigen europäischen Grundrechtsarchitektur

Die Charta der Grundrechte der Europäischen Union findet in Europa ein komplexes System verschiedener Grundrechtsgewährleistungen auf nationaler, internationaler und supranationaler Ebene vor. Diese Garantien sind materiell-rechtlich ineinander „verzahnt", wobei insbesondere die mitgliedstaatlichen Grundrechte und die Grundrechte der EMRK Inhalt und Reichweite der ungeschriebenen Gemeinschaftsgrundrechte mitbestimmen.

Eine Gegenüberstellung der Rechtsprechung des deutschen Bundesverfassungsgerichts bzw. des Europäischen Gerichtshofs für Menschenrechte in Straßburg mit der Spruchpraxis des EuGH zeigt, dass sich die Anwendungsbereiche der mitgliedstaatlichen Grundrechte bzw. der Gewährleistungen der EMRK und der Geltungsbereich der Gemeinschaftsgrundrechte überschneiden. Dies kann zu formellen Rechtsprechungsdivergenzen zwischen den Gerichten in dem Sinne führen, dass diese die Frage einer Grundrechtsverletzung durch einen Rechtsakt im Anwendungsbereich des Gemeinschaftsrechts im selben Fall unterschiedlich beurteilen.

Ein gegenüber entsprechenden mitgliedstaatlichen bzw. EMRK-Grundrechten niedrigeres Schutzniveau der Gemeinschaftsgrundrechte birgt wegen des in seinem Geltungsgrund und seiner Reichweite bis heute nicht unumstrittenen Anwendungsvorrangs des Gemeinschaftsrechts vor mitgliedstaatlichem Recht ein nicht unerhebliches Konfliktpotential. Bis einschließlich der neunziger Jahre des 20. Jahrhunderts stand hier zumeist das Verhältnis zwischen der Gemeinschaftsrechtsordnung und den nationalen Grundrechten im Zentrum des wissenschaftlichen Diskurses. In Bezug auf das deutsche Verfassungsrecht ist dieses Verhältnis nunmehr mit dem Beschluss des BVerfG zur Bananenmarktordnung vom 07.06.2000 im Wesentlichen geklärt. Demgegenüber zeichnen sich seit dem Urteil des EGMR in der Rechtssache *Matthews* vom 18.02.1999 zunehmend mögliche Spannungen zwischen der Gemeinschaftsrechtsordnung und der EMRK, und damit zwischen dem EuGH und dem EGMR ab.

Divergenzen in der Grundrechtsrechtsprechung mitgliedstaatlicher Höchstgerichte bzw. des EGMR und der Judikatur des EuGH ließen sich durch die gegenseitige Rücksichtnahme und informelle Kooperation der Gerichte bislang weitgehend vermeiden. Einerseits berücksichtigt die Spruchpraxis der mitgliedstaatlichen Gerichte und des EGMR die Belange der Gemeinschaftsrechtsordnung. Andererseits nimmt der EuGH eine weitgehende inhaltliche Anlehnung der Gemeinschaftsgrundrechte an die nationalen und die Konventionsgrundrechte vor.

Ein Beitritt der EG / EU zur EMRK könnte eine uneinheitliche Grundrechtsinterpretation durch EuGH und EGMR insgesamt ausschließen. Die EU-Mitgliedstaaten konnten sich trotz jahrzehntelanger Forderungen mehrerer Gemeinschaftsorgane und des Europarats nach einem solchen Beitritt jedoch zunächst nicht zur Vornahme der dazu nötigen Änderungen des primären Gemeinschaftsrechts entschließen. Vielmehr einigten sie sich darauf, mit der Charta der Grundrechte einen unionseigenen Grundrechtskatalog ausarbeiten zu lassen, dessen Gewährleistungen an die Stelle der ungeschriebenen Gemeinschaftsgrundrechte treten sollen.

Vor diesem Hintergrund ist es für die Akzeptanz der Grundrechtecharta von großer Bedeutung, dass diese durch eine fortwährende Berücksichtigung der mitgliedstaatlichen Grundrechte und der Rechte der EMRK und die Gewährleistung eines hohen grundrechtlichen Schutzstandards Konflikte durch sich widersprechende Urteile des EuGH, des EGMR und der nationalen Verfassungsgerichte verhindert.

II. Die Ziele und das Verfahren der Schaffung der Grundrechtecharta und ihre inhaltliche Grundkonzeption: Wesentliche Indikatoren für die Stellung der Charta im europäischen Grundrechtsverbund

Seit den 1970er Jahren begleiten zahlreiche erfolglose Versuche, einen geschriebenen rechtsverbindlichen Grundrechtskatalog für die EG bzw. EU zu schaffen, den Fortgang der europäischen Integration. Der Europäische Rat, der auf Initiative der deutschen Ratspräsidentschaft im Juni 1999 die Ausarbeitung der Grundrechtecharta beschloss, beschritt erneut den Weg hin zu einer gemeinschaftseigenen Grundrechtskodifikation. Durch die Zusammenfassung der auf Gemeinschaftsebene existierenden Rechte in der Charta wollte er ein höheres Maß an Rechtssicherheit und –klarheit gewährleisten und die Gemeinschafts- bzw. Unionsgewalt weitergehend rechtlich einbinden und demokratisch legitimieren. In erster Linie lag der Grundrechtsinitiative des Europäischen Rates jedoch das – politische – *Ziel* zugrunde, den Bürgern die Entwicklung der Union von einer Wirtschaftsgemeinschaft auch zu einer Wertegemeinschaft zu verdeutlichen und die Herausbildung einer europäischen Identität nach innen zu fördern und nach außen zu dokumentieren.

Den von einem geschriebenen Grundrechtskatalog ausgehenden Impuls für die Konstitutionalisierung der EU, der sich nunmehr eindrücklich in der Aufnahme der Charta in den vom sog. Verfassungskonvent erarbeiteten Entwurf eines Vertrags über eine Verfassung für Europa manifestiert, spielten die Initiatoren der Charta bewusst herunter.

Obwohl die Charta im Wesentlichen lediglich die auf Gemeinschaftsebene bereits verbindlich geltenden, meist ungeschriebenen Grundrechte zusammenfassen soll, blieb die rechtsverbindliche Einbeziehung der Charta in die Verträge schon im Beschluss des Europäischen Rates von Köln ausdrücklich offen. Dies steht im Widerspruch zu den mit der Schaffung der Charta verfolgten o.g. Zielen, die durch einen unverbindlichen Grundrechtskatalog nicht erreichbar sind. Der Beschluss, die Charta zu erarbeiten, reiht sich so in die zahlreichen Beispiele für eine Kompromissfindung auf europäischer Ebene ein, bei der diametral entgegengesetzte Vorstellungen über die Finalität der europäischen Einigung miteinander vereinbart werden müssen. Er ist auf diese Weise Ausdruck des oft ambivalenten Charakters europäischer Verfassungsentwicklung.

Die in erster Linie politischen Ziele der Charta-Initiative, eine größere Akzeptanz und Identifikation der Bürger Europas mit der Europäischen Union zu erreichen, verdeutlicht insbesondere das für die Erarbeitung der Charta gewählte *Verfahren*. Der hierfür vom Europäischen Rat eingesetzte Konvent tritt in seiner Zusammensetzung ebenso wie in seinem Arbeitsverfahren der Kritik an dem zunehmend als ineffektiv, undemokratisch und zu wenig transparent empfundenen Vertragsrevisionsverfahren nach Art. 48 EU überzeugend entgegen.

Schon durch die Beauftragung eines breit auf der Ebene der Staaten ebenso wie auf der Ebene der Völker der Union legitimierten Gremiums mit der Schaffung eines Grundrechtskatalogs sicherte der Europäische Rat der Charta-Initiative – bewusst oder unbewusst – einen beträchtlichen Impuls. Die politische Entscheidung der im Konvent vertretenen Institutionen, zahlreiche angesehene, in Grundrechtsfragen profilierte Persönlichkeiten in diesen zu entsenden, verlieh der Initiative zusätzliches Gewicht. Allein die Zusammensetzung des Konvents garantiert dem durch diesen erarbeiteten Grundrechtskatalog eine Bedeutung, die dessen spätere Nichtbeachtung erschwert.

Das durch das Konsensprinzip geprägte Arbeitsverfahren des Konvents hat sich als unerwartet leistungsfähig erwiesen. Trotz anfänglich unüberbrückbar erscheinender Meinungsunterschiede ist es dem Konvent im Rahmen eines offenen Dialoges in weniger als zehn Monaten gelungen, sich nahezu einstimmig auf einen Charta-Entwurf zu einigen. Durch seine transparente, für Anregungen aus der Zivilgesellschaft offene Arbeitsweise hat der Konvent im Bereich Bürgernähe und –beteiligung neue Maßstäbe gesetzt. Den Erfolg des Konventsverfahrens belegt nicht zuletzt die Tatsache, dass der Europäische Rat mit der Erarbeitung des Entwurfs der Europäischen Verfassung einen weiteren Konvent beauftragt hat, in dem sich die Regierungen der Mitgliedstaaten allerdings weitergehend Einfluss sicherten.

Zwar konnten sich die Staats- und Regierungschefs auf ihrer Tagung in Nizza (2000) noch nicht darauf einigen, die Grundrechtecharta sogleich in die Verträge einzubeziehen. Die dargestellten Besonderheiten des Konventsverfahrens setzten die Regierungen und Parlamente der Mitgliedstaaten jedoch in einem von diesen bei Einsetzung des Konvents wohl nicht vorhergesehenem Maße in Zugzwang, der Charta in der vom Konvent vorgelegten Fassung rechtliche Verbindlichkeit zu verleihen.

Inhaltlich präsentiert sich die Grundrechtecharta als moderner Grundrechtskatalog, der über das Schutzniveau der bislang geltenden Gemeinschaftsgrundrechte und der EMRK teils hinausgeht. Unter dem Dach der Menschenwürde kodifiziert die Charta bürgerliche und politische zusammen mit wirtschaftlichen und sozialen Grundrechten und bietet Schutz auch gegen neuartige Grundrechtsgefährdungen. Die gemeinsame Wertebasis der Union kommt in der Charta dadurch zum Ausdruck, dass sie trotz beschränkter Gemeinschafts- bzw. Unionskompetenzen einen sämtliche Lebensbereiche umfassenden und damit über diese beschränkten Zuständigkeiten hinausgehenden Grundrechtskatalog niederlegt. Der durch die Charta gewährleistete umfassende Grundrechtsschutz ist für die identitätsstiftende Wirkung der Charta innerhalb der EU und die Signalwirkung des unionseigenen Grundrechtskatalogs gegenüber Drittstaaten von großer Bedeutung. Die Abfassung der Charta in einer Weise „als ob" der Konvent einen verbindlich zu machenden Katalog vorzulegen hätte, trug maßgeblich zu ihrer heute weitgehenden Akzeptanz bei. Die inhaltliche Konzeption der Charta beförderte insgesamt ihre vorbehaltlose Übernahme in die Verträge bzw. die künftige Europäische Verfassung.

III. Der Anwendungsbereich der Grundrechtecharta *ratione personae*: Determinante der Überschneidungsbereiche der Charta mit anderen Grundrechtskatalogen auf europäischer Ebene

Anders als bei der Regelung der Grundrechtsverpflichteten enthält die Charta in ihren horizontalen Artikeln des Kapitels VII keine für alle Charta-Rechte geltende Bestimmung der *Grundrechtsberechtigten*. Vielmehr führt sie die bisherige komplexe, einzelfallbezogene Regelung der Grundrechtsträgerschaft im bisherigen gemeinschaftsrechtlichen Grundrechtsschutz fort. Die Charta-Rechte legen jeweils separat fest, wer durch sie berechtigt wird.

Das Regelungssystem der Charta lässt hierbei die folgenden Grundlinien erkennen: Die Grundrechte der Charta sind weitgehend als Jedermann- oder Menschenrechte festgeschrieben worden. Dies bringt Rechtsklarheit besonders für solche vormals ungeschriebenen Rechte, bei denen der Charakter als Menschenrecht im Gemeinschaftsrecht aufgrund einer fehlenden gefestigten EuGH-Rechtsprechung und unterschiedlichen Ansichten in der Rechtslehre zuvor ungeklärt war. Die Charta tendiert dazu, die Unterscheidung zwischen Menschen- und Bürgerrechten ebenso wie die EMRK zu verwerfen. Eine Beschränkung von Rechten allein auf Unionsbürger bzw. diese und Personen mit Wohnsitz in einem EU-Mitgliedstaat findet sich in der Charta ausschließlich in Fällen, in denen dies im EG-Vertrag bereits ausdrücklich so normiert war. Auch die Anwendung der Konformitätsklausel des Art. 52 Abs. 2 EGRC würde in diesen Fällen zu einer den korrespondierenden Bestimmungen des EG-Vertrages entsprechenden Beschränkung der Grundrechtsberechtigung führen.

Bei einigen Rechten legt die Charta deren Träger nicht autonom fest, sondern verweist zur Bestimmung der Grundrechtsberechtigten auf Vorschriften außerhalb der Charta, insbesondere einzelstaatliche Gesetze, das Gemeinschaftsrecht oder völkerrechtliche Übereinkommen. Die Nichtbestimmung der Grundrechtsträger betrifft ausschließlich Rechte, denen als negative Kompetenznormen erkennbar keine oder keine ausschließliche Regelungskompetenz der EG bzw. EU gegenübersteht. Sie spiegelt den Respekt besonders mitgliedstaatlicher Zuständigkeiten in den betreffenden Regelungsbereichen wider. Jedoch ist der Verzicht auf die Festlegung einer wesentlichen Komponente des Schutzbereichs eines Grundrechts dem Wesen der

Grundrechte als einer verfassten Ordnung vorausliegende und diese verpflichtende subjektive Rechte fremd. Er führt zu einer fehlenden Einheitlichkeit des Grundrechtsschutzes auf Gemeinschaftsebene.

Juristische Personen sind lediglich in den Art. 42-44 der Charta ausdrücklich als Grundrechtsträger benannt. Diese Regelung ist nach der Gesamtsystematik und der Entstehungsgeschichte der Charta jedoch nicht abschließend. Die jeweilige Auslegung des Schutzbereichs der Charta-Rechte zeigt, dass juristische Personen nur knapp von der Hälfte der in der Charta kodifizierten Rechte geschützt sind. Hieraus lässt sich jedoch kein Zurückfallen des Schutzniveaus der Charta im Vergleich zum vorherigen Standard im Gemeinschaftsrecht schließen. Juristische Personen sind im Wesentlichen nur von der Trägerschaft derjenigen Grundrechte ausgeschlossen, für die ihrem Regelungsinhalt nach ohnehin keine Anwendung auf sie denkbar ist. Bei einzelnen Grundrechten geht die Charta im Anwendungsbereich auf juristische Personen über den bestehenden gemeinschaftsrechtlichen Grundrechtsschutz hinaus. Vereinzelt ergibt die Interpretation einer Charta-Bestimmung hingegen einen engeren Schutzbereich als den sich aus dem bestehenden Grundrechtsschutz ergebenden. Die Konformitätsklauseln der Art. 52 Abs. 2 und Abs. 3 EGRC stellen sicher, dass die Reichweite des Schutzbereichs der Charta-Rechte im Ergebnis nicht hinter diejenige der korrespondierenden Rechte des EG-Vertrages bzw. der EMRK zurückfällt.

Insgesamt kodifizieren die Regelungen der Charta zur Grundrechtsträgerschaft im Wesentlichen nur den Status quo der Berechtigung durch die Gemeinschaftsgrundrechte. Die Charta bezieht auch juristische Personen ebenso wie Drittstaatsangehörige relativ weitgehend in ihren Schutzbereich ein. Eine Regelung der Grundrechtsberechtigung juristischer Personen – etwa nach dem Vorbild des Art. 19 Abs. 3 GG – im Bereich der allgemeinen Bestimmungen der Charta wäre der Transparenz der Reichweite ihrer Rechte förderlich gewesen.

Die *Grundrechtsbindung* der Organe und Einrichtungen der Union durch die Charta unterscheidet sich im Ergebnis nicht von derjenigen nach dem herkömmlichen Grundrechtsschutz im Gemeinschafts- bzw. Unionsrecht.

Hinsichtlich der Grundrechtsbindung der Mitgliedstaaten erweist sich die Charta im Verhältnis zur Rechtsprechung des Gerichtshofs als teils erweiternd, teils begrenzend. Art. 51 Abs. 1 S. 1 EGRC erstreckt die Verpflichtung der Mitgliedstaaten über das Gemeinschaftsrecht hinaus insgesamt auf die Durchführung von *Unions*recht. Eine Auslegung des Art. 51 Abs. 1 S. 1 der

Charta ergibt, dass die Mitgliedstaaten der ständigen Rechtsprechung des EuGH entsprechend außerdem dann an die Charta gebunden sind, wenn sie unter Berufung auf die Schutzklauseln des EG-Vertrags oder zwingende Erfordernisse des Allgemeinwohls die Grundfreiheiten beschränken. In der Spruchpraxis des Gerichtshofs ggf. angelegten Tendenzen, den Anwendungsbereich des Gemeinschaftsrechts und damit seiner Grundrechte darüber hinausgehend in weiteren Fallkonstellationen anzunehmen, erteilt die Charta jedoch eine Absage. Sie fordert für eine Verpflichtung der Mitgliedstaaten nämlich einen engen Bezug des nationalen Handelns zum Gemeinschafts- bzw. Unionsrecht.

Ebenso wie die ungeschriebenen Gemeinschaftsgrundrechte entfalten die Grundrechte der Charta nach Art. 51 Abs. 1 S. 1 EGRC grundsätzlich keine horizontalen Wirkungen zwischen Privaten in dem Sinne, dass sie private Rechtssubjekte nicht nur berechtigen, sondern auch unmittelbar verpflichten (sog. Drittwirkung von Grundrechten). Soweit Charta-Rechte nach ihrem Sinn und Zweck den Schutz ihrer Träger auch vor Grundrechtsbeeinträchtigungen durch Private erfordern, legen sie vielmehr der grundrechtsverpflichteten Union bzw. den Mitgliedstaaten im Rahmen ihrer jeweiligen Handlungszuständigkeiten die Pflicht auf, das betroffene Grundrecht auch gegen Eingriffe Privater wirksam zu schützen.

Die EU-Grundrechtecharta erhöht als solche nicht die Gefahr von Kompetenzverschiebungen zugunsten der Union. Die Regelungen im fünften Absatz der Charta-Präambel sowie in Art. 51 EGRC, dass die Zuständigkeitsverteilung zwischen Union und Mitgliedstaaten trotz der Schaffung der Charta unverändert bleibt und diese der Union insbesondere keine neuen Zuständigkeiten und Aufgaben überträgt, sind von rein deklaratorischem Charakter. Weder die nicht wenigen Charta-Bestimmungen zu entnehmenden Handlungs- bzw. Schutzpflichten noch die rechtsvereinheitlichenden Wirkungen der Charta als Grundrechtskodifikation begründen weitere Unions- bzw. Gemeinschaftskompetenzen. Auch die in Art. 51 Abs. 1 S. 1 EGRC im Verhältnis zur bisherigen EuGH-Rechtsprechung eher enger gefasste Bindung der Mitgliedstaaten an die Charta-Grundrechte führt nicht zu einer weitergehenden Beschränkung mitgliedstaatlicher Zuständigkeiten durch die Grundrechte auf Unionsebene.

Ansatzpunkte für einen Kompetenzzuwachs der Union können sich nur aus einer weiten Auslegung der in den Verträgen niedergelegten Unionszuständigkeiten im Zusammenhang mit grundrechtsschützenden Maßnahmen ergeben. Art. 51 EGRC sucht eine solche Interpretation zwar zu verhindern. Schlussendlich kann einer Aushöhlung mitgliedstaatlicher Zuständigkeiten auf diesem Wege jedoch nur durch eine klarere Abgrenzung der Kompetenzen von Union und Mitgliedstaaten – wie sie der vom Verfassungskonvent erarbeitete Entwurf des Vertrags über eine Europäische Verfassung nunmehr bietet – ausgeschlossen werden.

Die verhältnismäßig große Reichweite *ratione personae* der in der Charta kodifizierten Rechte führt zu erheblichen Überschneidungen des Anwendungsbereichs der Charta mit demjenigen anderer Grundrechtskataloge auf europäischer Ebene. Die dadurch eröffnete Möglichkeit divergierender Entscheidungen insbesondere der mitgliedstaatlichen Höchstgerichte, des EGMR und des EuGH birgt ein nicht unerhebliches Konfliktpotential.

IV. Die Tragweite der Grundrechtecharta *ratione materiae*: Determinante des Schutzstandards der Charta und ihres harmonischen Zusammenspiels mit anderen Grundrechtskatalogen auf europäischer Ebene

Die Charta gestaltet die Tragweite *ratione materiae* der in ihr enthaltenen Rechte durch ein komplexes System an Regelungen aus, das ersichtlich bemüht ist, Rücksicht nach allen Seiten zu nehmen. Dieser Regelungskomplex, bestehend aus den in den Allgemeinen Bestimmungen des Kapitels VII enthaltenen Artikeln 52-54 sowie einzelnen speziellen Regelungen zur Tragweite in einigen Grundrechten der Charta, spiegelt in besonderem Maße den Kompromisscharakter des Charta-Textes insgesamt wider. Der tatsächliche Schutzstandard der in der Charta gewährleisteten Rechte hängt dabei entscheidend von einer präzisen Festlegung der Schranken und Schranken-Schranken der Charta-Rechte ab.

Von den *allgemeinen*, beim Fehlen spezieller Regelungen auf alle Charta-Rechte anwendbaren *Tragweitebestimmungen* hat insbesondere die horizontale, nicht auf die spezifischen Erfordernisse des jeweiligen Grundrechts zugeschnittene Schrankenregelung des Art. 52 Abs. 1 EGRC vielfach Kritik erfahren. Jedoch kommt diese allgemeine Schrankenbestimmung nur in den Fällen zur Anwendung, in denen sie nicht durch eine der speziellen Schrankenbestimmungen aus einzelnen Charta-Rechten, Art. 52 Abs. 2 oder Abs. 3 EGRC verdrängt wird. Im Rahmen des ihr so verbleibenden Anwendungsbereichs muss die Reichweite der ersichtlich auf Freiheitsrechte in ihrer abwehrrechtlichen Dimension zugeschnittene Bestimmung bei Gleichheits- und sozialen

Grundrechten zudem im Einzelfall durch Auslegung ermittelt werden. Die allgemeine Schrankenregelung entspricht nicht zuletzt einer Tendenz in der Rechtsprechung des EGMR und der mitgliedstaatlichen Verfassungsgerichte, die Voraussetzungen existierender grundrechtsspezifischer Schrankenbestimmungen einander anzugleichen und die Verhältnismäßigkeit des Grundrechtseingriffs zum entscheidenden Maßstab seiner Rechtmäßigkeit zu erheben.

Der allgemeinen Bestimmung zum Schutzniveau der Charta-Rechte, Art. 53 EGRC, schreiben nicht wenige weitreichende Auswirkungen auf die Interpretation des Schutzbereichs und der Schranken der Charta-Rechte zu. Im Ergebnis hebe Art. 53 EGRC hiernach den Anwendungsvorrang des Gemeinschaftsrechts vor mitgliedstaatlichem Verfassungsrecht auf.

Die Regelung des Art. 53 EGRC ist jedoch von Art. 53 EMRK inspiriert. Diesem entsprechend sind ihre rechtlichen Wirkungen begrenzt. Sie hat keine Auswirkungen auf die Normenhierarchie als solche oder die Reichweite des Schutzbereichs und der Schranken der Charta-Rechte. Sie formuliert lediglich eine Günstigkeitsklausel bzw. einen Mindeststandard in dem Sinne, dass im Falle eines Zusammentreffens von einem Recht der Charta und einer im Recht der Union, völkerrechtlich oder durch die mitgliedstaatlichen Verfassungen niedergelegten Garantie, die dasselbe Recht betrifft, der Einzelne den Schutz der ihm günstigsten *anwendbaren* Bestimmung genießt.

Das für alle Charta-Rechte geltende Verbot des Rechtsmissbrauchs (Art. 54 EGRC) wirkt gegenüber den Trägern von Hoheitsgewalt als Schranken-Schranke, gegenüber den Berechtigten der Charta-Rechte als zusätzliche Grundrechtsschranke. Als wichtiges Instrument einer streitbaren Demokratie bedarf das in seiner Anwendung gegenüber den Grundrechtsträgern selbst missbrauchsanfällige Verbot einer restriktiven Auslegung.

Neben allgemeinen enthält die Charta *spezielle Tragweitebestimmungen*, die lediglich auf bestimmte Charta-Rechte Anwendung finden. Neben speziellen Schrankenbestimmungen in einzelnen Charta-Rechten sind dies insbesondere die sog. Konformitätsklauseln des Art. 52 Abs. 2 und Abs. 3 EGRC.

Durch die beiden Konformitätsklauseln gewährleistet die Charta das harmonische Zusammenspiel der in ihr garantierten Rechte mit den im EG-Vertrag und in der EMRK niedergelegten Rechten. Diese durchaus kreativen Bestimmungen ermöglichen es, die in der Charta kodifizierten Rechte knapper und moderner zu formulieren, gleichzeitig aber eine grundsätzlich identische Auslegung mit den im EG-Vertrag bzw. der Konvention garantierten Rechten sicherzustellen. Im Verhältnis zu den Rechten der EMRK gewährleistet die Bestimmung des Art. 52 Abs. 3 S. 2 EGRC außerdem, dass die Charta-Rechte einen weiter gehenden (nicht hingegen einen geringeren) Schutz als die korrespondierenden Konventionsrechte gewähren können.

Die Regelungen der Charta zu ihrer Tragweite *ratione materiae* sind in ihrer Gesamtheit und ihrem Zusammenspiel damit in der Lage, ein hohes grundrechtliches Schutzniveau der Charta-Garantien, das über das bisher in der Rechtsprechung des EuGH und des EGMR entwickelte hinausgehen kann, zu gewährleisten. Artikel 52 Abs. 2 und 3 der Charta ordnen diese außerdem reibungslos in die bestehenden Grundrechtsschutzsysteme auf Gemeinschafts- bzw. Europaratsebene ein, und werten dabei den Status der EMRK, deren materiell-rechtliche Bestimmungen *de facto* in das Gemeinschaftsrecht inkorporiert werden, nicht unerheblich auf.

Das höchst komplexe System aus allgemeinen und speziellen Schrankenbestimmungen sowie zusätzlichen Schutzbereichsbestimmungen verhindert allerdings eine einfache Bestimmung der Tragweite der einzelnen Charta-Rechte und bringt insbesondere eine sehr unübersichtliche Schrankensystematik mit sich. Der Schutzumfang der Charta-Garantien ist auf diese Weise für den Bürger wenig transparent.

V. Die Durchsetzbarkeit der in der Charta gewährleisteten Rechte: Effektivität des Grundrechtsschutzes für die Bürger?

Die im Dezember 2000 feierlich proklamierte Grundrechtecharta ist mangels Aufnahme in die Verträge bislang nicht rechtsverbindlich. Ihr kommt lediglich als Instrument der Bekräftigung der Existenz und Reichweite einzelner ungeschriebener Gemeinschaftsgrundrechte sowie als Auslegungs- und Argumentationshilfe für andere Gerichte und Institutionen rechtliche Bedeutung zu.

Um die mit der Charta verfolgten Ziele, insbesondere eine sichtbare rechtliche Einbindung der Unionsgewalt und eine verstärkte Identifikation der Bürger mit der Union, erreichen zu können, muss diese alsbald durch ihre Aufnahme im Volltext in die Verträge bzw. die künftige europäische Verfassung, begleitet von einem europaweiten Referendum, rechtsverbindlich werden.

Auch bei der prozessualen Geltendmachung der Charta-Rechte im Rahmen der den Grundrechtsträgern „arbeitsteilig“ vor den Gemeinschaftsgerichten und den mitgliedstaatlichen Gerichten offenstehenden Verfahren bestehen *de lege lata* noch Rechtsschutzlücken. Insbesondere gegen grundrechtsverletzende unmittelbar anwendbare abstrakt-generelle Gemeinschaftsrechtsakte kann der Einzelne unter Umständen zu keinem Gericht eine zulässige Klage erheben.

Die Rechtsverbindlichkeit der Charta sollte der Beitritt der mit Rechtspersönlichkeit zu versehenden Union zur EMRK begleiten. Die Union kann die Bedeutung des Grundrechtsschutzes nur glaubhaft untermauern, wenn sie ihre Akte ebenso wie die Mitgliedstaaten einer externen Kontrolle durch den EGMR unterwirft. Vor dem Hintergrund der Konstitutionalisierung des gemeinschaftlichen Rechtssystems ist der Beitritt zur EMRK nur konsequent.

B. Ausblick

Die förmliche Unterzeichnung des Vertrags über eine Verfassung für Europa am 29. Oktober 2004 in Rom markiert derzeit den Zwischenstand des Konstitutionalisierungsprozesses der Europäischen Union. Der Verfassungsvertrag, der den vom Verfassungskonvent am 18. Juli 2003 vorgelegten Vertragsentwurf in weiten Teilen unverändert aufgreift, nimmt die Charta, auf die er bereits in einem seiner ersten Artikel verweist, volltextlich in seinen Teil II auf. Die – im Ergebnis überflüssigen – redaktionellen Änderungen der horizontalen Bestimmungen und die vorgenommenen technischen Anpassungen lassen die Charta, wie sie der Grundrechtskonvent entworfen hat, inhaltlich unberührt.

Weiterhin greift der Verfassungsvertrag die langjährigen Forderungen eines Beitritts der EU zur EMRK auf. Er erklärt in Artikel I-9 Absatz 2 nunmehr, dass die Union der Europäischen Menschenrechtskonvention beitritt. Auch schließt der Vertrag in seinem Art. III-365 Abs. 4 im Bereich der Nichtigkeitsklage gegen grundrechtsverletzende unmittelbar anwendbare Rechtsakte mit Verordnungscharakter vor den Gemeinschaftsgerichten aufgetretene Rechtsschutzlücken. Langfristig bleibt darüber hinaus die Erweiterung des Zugangs der Grundrechtsträger zu den Gemeinschaftsgerichten durch eine spezielle Grundrechts- bzw. Verfassungsbeschwerde sinnvoll.

Der Verfassungsvertrag hat nach seiner Unterzeichnung durch die Staats- und Regierungschefs mit der erforderlichen Ratifizierung in allen nunmehr 25 Mitgliedstaaten allerdings weitere Hürden zu nehmen. Trotz seiner bisherigen Ratifikation in mehr als der Hälfte der Mitgliedstaaten ist der Ratifikationsprozess nach den seine Annahme ablehnenden Referenden in Frankreich am 29. Mai 2005 und den Niederlanden am 1. Juni 2005 zunächst im Wesentlichen ausgesetzt worden. Die Zukunft des Verfassungsvertrages in seiner derzeitigen Form soll auf dem für Juni 2006 geplanten Gipfeltreffen der Staats- und Regierungschefs erneut zur Diskussion stehen.

So verbleibt die Finalität der europäischen Integration und die davon abhängige Gestaltung ihrer vertraglichen Grundlagen weiterhin im Ungewissen. Es bleibt zu wünschen, dass der Charta – nach Möglichkeit als Fundament eines künftigen Vertrags über eine Verfassung für Europa, ggf. aber auch als unabhängig davon bestehender Grundrechtskatalog – mit ihrer baldigen Rechtsverbindlichkeit eine glücklichere Zukunft beschieden sein wird als den zahlreichen früheren vergeblichen Versuchen einer verbindlichen Kodifikation der Gemeinschaftsgrundrechte.

English Summary

A. Conclusion

I. The starting point of the EU Charter of Fundamental Rights: A new catalogue of fundamental rights in Europe's existing multi-layered human rights architecture

The Charter of Fundamental Rights of the European Union joins a complex system of different human rights guarantees on the national, international and supranational level in Europe. These guarantees are interlocked. Notably the constitutional traditions common to the Member States and the rights enshrined in the European Convention on Human Rights (ECHR) determine the contents and scope of the unwritten fundamental rights of the Community.

A comparison of the case-law of the German Federal Constitutional Court or of the European Court of Human Rights (ECtHR) in Strasbourg with the case-law of the European Court of Justice (ECJ) shows that the scopes of applicability of national human rights or Convention rights and of human rights protected within Community law overlap. This may lead to so-called formal divergences in the case-law of the respective courts, that is, to a situation in which these courts reach different conclusions in the same case on the question whether there has been a violation of a fundamental right by an act falling within the ambit of Community law.

A level of protection of Community fundamental rights which is lower than the level guaranteed by either national human rights or the ECHR entails a considerable potential for conflicts due to the supremacy of Community law, the reason and scope of which remains contested. Until and including the 1990s legal writing focused mainly on the relationship between the Community legal order and national human rights. As regards German constitutional law, this relationship has been clarified in substance and harmonised by the Federal Constitutional Court's decision delivered on 7 June 2000 (banana market order – *Bananenmarktordnung*). However, the judgment of the ECtHR in the case of *Matthews* delivered on 18 February 1999 demonstrates potential tensions which might evolve between the Community legal order and the Convention, and thereby between the ECJ and the ECtHR.

Divergences between the human rights case-law of the courts of last instance in the Member States or the ECtHR and the case-law of the ECJ could until now largely be prevented by mutual consideration and informal cooperation of the courts concerned. On the one hand, the national courts and the ECtHR take into account the necessities of the Community legal order. On the other hand, the ECJ follows closely the scope and contents of national human rights and the Convention guarantees when interpreting Community fundamental rights.

An accession of the EC / EU to the Convention could prevent altogether a diverging interpretation of fundamental rights by the ECJ and the ECtHR. Although several Community organs and the Council of Europe have pleaded for decades for this accession, the EU Member States initially did not agree to make the necessary changes to the Treaties. Instead, they opted for the creation of the Charter of Fundamental Rights, a catalogue of fundamental rights designed for the EU itself, the guarantees of which should replace the unwritten EU fundamental rights.

Against this background it is of utmost importance for the acceptance of the Charter that it helps to prevent conflicts arising out of diverging judgments on the scope of a particular human right by the ECJ, the ECtHR and the national constitutional courts. This will only be achieved if the Charter continuously takes into consideration the national fundamental rights as well as the guarantees of the ECHR.

II. The aims of and the procedure to create the Charter of Fundamental Rights and its basic contents: Essential indicators of the Charter's position in the European system of human rights

Since the 1970s, numerous fruitless attempts to create a written binding catalogue of fundamental rights for the EC / EU have been made and accompany the process of European integration. The European Council, which decided in June 1999 under the German presidency to have the Charter elaborated, initiated once more a codification of fundamental rights of the Union. By writing down existing rights on EC level it intended to guarantee more legal clarity and foreseeability, to further the rule of law in the Union and to enhance democratic legitimacy of EC / EU power. At the root of the European Council's human rights initiative lay, however, an aim which was political. The European Council intended to demonstrate to the Union's citizens that the EU had developed from an economic community into a community also of values. Thereby, it wanted to further the development of a European identity within the Union and to demonstrate it to the outside world.

The impetus of a written catalogue of fundamental rights for the constitutionalisation of the EU, which has now become manifest with the inclusion of the Charter in the Treaty establishing a Constitution for Europe, elaborated by the so-called Constitutional Convention, was deliberately played down by the initiators of the Charter.

Even though the Charter was essentially designed to summarize the Communities' existing, mainly unwritten fundamental rights, the European Council in Cologne expressly left it open already in its decision to create the Charter whether the latter should be integrated into the Treaties. This contradicts the above-mentioned aims pursued by the creation of the Charter, which cannot be achieved by a catalogue of rights which is not legally binding. Therefore, the decision to create the Charter must be considered as one of the numerous examples in which a compromise had to be found on EU level by reconciling diametrically opposed concepts of the finality of European integration. It is therefore an expression of the often ambivalent character of European constitutionalisation.

The mainly political aims of the Charter initiative to enhance the acceptance and identification of the people in Europe with the European Union are illustrated notably in the procedure chosen to elaborate the Charter. Both by its composition and its working methods, the so-called Convention set up by the European Council to this end convincingly countered criticism of the Treaty revision procedure pursuant to Article 48 EU, which was considered to be inefficient, undemocratic and lacking transparency.

By giving the mandate to create a catalogue of fundamental rights to a body which was legitimated both on the level of the States and on the level of the people of the Union the European Council secured the Charter initiative – consciously or unconsciously – a considerable impulse. The political decision of the institutions represented in the Convention to delegate numerous highly respected personalities with expertise in human rights issues gave even more weight to that initiative. The composition of the Convention alone was guarantee enough to ensure that it would be difficult to ignore the catalogue at a later stage.

The working method of the Convention, which was governed by the principle of consensus, proved to be unexpectedly efficient. Even though the divergences of opinion initially appeared insurmountable, the Convention, in the course of an open dialogue, succeeded within less than ten months to agree almost unanimously on a draft Charter. By its transparent working method, which was open to suggestions from the civil society, the Convention set new standards as regards participation of the people. The success of the Convention procedure is not least illustrated by the fact that, in order to elaborate the Treaty establishing a Constitution for Europe, the European Council instructed a further Convention, in which the governments, however, secured themselves greater influence.

Certainly, the Heads of State or government could not agree on their meeting in Nice (2000) to integrate the Charter into the Treaties immediately. However, the special features of the Convention procedure put pressure – to an extent probably not foreseen at the time the Convention had been set up – on the governments and parliaments of the Member States to make the draft Charter, as presented by the Convention, legally binding.

As regards its contents, the Charter presents itself as a modern catalogue of fundamental rights which offers a level of protection partly higher than that of the existing fundamental rights in the Communities or the ECHR. Under the roof of human dignity, the Charter codifies civil and political fundamental rights together with social and economic rights and offers protection against new threats of human rights violations. The Charter expresses the common basis of values in the Union in that it contains rights concerning all areas of life and not only rights corresponding to the limited competences of the Communities or the Union. This complete human rights protection guaranteed by the Charter is of considerable importance both for the creation of a common identity within the EU and as a signal towards third countries showing how human rights are protected within the EU. The drafting of the Charter in a way „as if" the Convention had to elaborate a legally binding human rights catalogue largely contributed to the Charter's wide acceptance today. The Charter's content altogether furthers its integration either into the Treaties or into the new European Constitution.

III. The applicability of the Charter *ratione personae*: Decisive factor in order to determine the extent to which the scopes of applicability of the Charter and of other catalogues of fundamental rights in Europe overlap

In its general provisions in Chapter VII, the Charter, while determining who is bound by the Charter's rights (that is, who is the addressee of these rights), does not contain a provision regulating the question who is entitled by its rights. It does not depart from the previous complex system of regulating the beneficiaries of human rights in the Communities' system of fundamental rights protection on a case-by-case basis. The rights in the Charter determine who may rely on them independently of one another.

The following general principles regulating the beneficiaries of the Charter's rights may be identified: The majority of Charter rights entitles every person. This clarifies the scope of applicability especially of those formerly unwritten rights for which this had been unclear due to the lack of well-established case-law of the ECJ and the diverging opinions among legal writers. Just as the ECHR, the Charter tends to abolish the distinction between human rights entitling every person and civil rights entitling only the respective nationals. The Charter contains restrictions of the scope of applicability of Charter rights to EU nationals, or to the latter plus persons residing in a EU Member State, exclusively in cases in which the EC Treaty had expressly regulated it this manner. Furthermore, the application of the conformity clause laid down in Article 52 § 2 of the Charter would in any event lead to a restriction of the scope of applicability of those Charter rights which correspond to rights codified in the EC Treaty in these cases.

For some rights, the Charter does not autonomously lay down their beneficiaries, but refers to provisions outside the Charter, notably national law, Community law or public international law agreements, in order to determine who may rely on them. This omission merely concerns those Charter rights, which, in their capacity as negative competence provisions („*negative Kompetenznormen*"), do not correspond to any, or at least not any exclusive, legislative competence of the EC or EU. This manifests respect for legislative competences notably of the Member States to regulate the subject-matters concerned. However, the failure to determine an essential element of the scope of applicability of a fundamental right does not suit the nature of fundamental rights as being rights which precede the constitutional order and create obligations for it. This also entails a lack of uniformity in the level of protection of human rights on the Community level.

Legal persons are expressly mentioned as being beneficiaries of fundamental rights only in Articles 42-44 of the Charter. However, having regard to the whole system and the genesis of the Charter, this regulation is not conclusive. An interpretation of the respective wording concerning the scopes of application of the Charter rights shows that legal persons are protected by almost half of the Charter rights. It cannot be concluded that the Charter's level of protection is lower than the level of protection previously guaranteed in Community law. Legal persons are not protected only by those rights which, owing to their nature, could not concern legal entities. The Charter also extends the applicability of some rights to legal persons which in Community law protected only individuals. On the other hand, a few Charter rights must be interpreted to limit the previous scope of applicability under Community law. The conformity clauses of Article 52 §§ 2 and 3 of the Charter ensure, however, that the scope of beneficiaries of the Charter rights does not fall below the standard guaranteed by the corresponding rights in the EC Treaty or in the ECHR.

Consequently, as regards the determination of its beneficiaries, the Charter codifies in essence the *status quo* under Community law. The Charter extends the application of its rights rather widely also to legal persons and to non-EU nationals. However, in order to enhance transparency, a general provision on the scope of applicability of its rights to legal persons – for example as in Article 19 § 3 of the German Basic Law – would have been helpful.

The extent to which the organs and institutions of the Union are bound by the Charter does not diverge from the one under the existing fundamental rights recognised in Community law.

As regards the extent to which the Charter rights are also addressed to the Member States, the provisions of the Charter prove to be partly extending, partly restricting the scope of applicability when compared to the established case-law of the ECJ. Article 51 § 1, first sentence, of the Charter requires the Member States to respect its rights not only when they are implementing Community law, but when they are implementing *Union* law in general. Furthermore, a teleological interpretation of Article 51 § 1, first sentence, of the Charter shows that the Member States, in accordance with the well-established case-law of the ECJ, are also bound to observe the Charter rights if they derogate from the freedoms guaranteed by Community law while relying on protective clauses of the EC Treaty or mandatory requirements of public interest. However, the Charter renounces the (possible) tendencies in the case-law of the ECJ further to extend the scope of applicability of Community law, including its fundamental rights. The Charter prescribes that actions taken by national authorities must have a close link to Community or Union law for the Member States to be bound by its rights.

Pursuant to Article 51 § 1, first sentence, the Charter rights, just as the unwritten fundamental rights of the Community, do not have in principle any horizontal effect between private individuals, that is, they do not bind private individuals directly (so-called *Drittwirkung*). In so far as Charter rights, according to their purpose, warrant protection of their beneficiaries also against interferences by private persons, they rather oblige their addressees (that is, depending on their respective competences, the Union or the Member States) effectively to protect the individual concerned against interferences with his rights by private persons.

The EU Charter of Fundamental Rights as such does not aggravate the danger of a shift of competences to the benefit of the Union. The provisions of the fifth paragraph of the preamble and in Article 51 of the Charter, providing that the Charter does not modify the distribution of competences between the Union and the Member States and, in particular, does not establish any new powers or tasks for the Union, are of a purely declaratory nature. Neither the positive obligations inherent in many Charter rights nor the unifying effect of the Charter as a codification of fundamental rights create new competences for the Communities or the Union. Likewise, the fact that the Member States are bound to observe the Charter rights pursuant to Article 51 § 1, first sentence, in certain areas – which are more limited compared to the case-law of the ECJ – does not entail any restrictions of the Member States' competences.

A growth of competences of the Union could, if at all, result from a wider interpretation of the Union's competences as laid down in the Treaties in connection with measures aimed at protecting fundamental rights. Article 51 of the Charter seeks to prevent such an interpretation. However, an erosion of competences of the Member States in this way can only be excluded by a clearer separation of the competences of the Union and of the Member States. The Treaty establishing a Constitution for Europe, as elaborated by the Constitutional Convention, offers such a clearer delimitation of powers.

The rather broad scope of applicability *ratione personae* of the rights codified in the Charter leads to considerable areas in which the scope of applicability of the Charter overlaps with that of other catalogues of fundamental rights at European level. The resulting danger of diverging decisions delivered notably by the courts of highest instance in the Member States, by the ECtHR and by the ECJ involves a real potential for conflicts.

IV. The ambit of the Charter *ratione materiae*: Decisive factor to determine the standard of protection of the Charter and its harmonic interplay with other catalogues of fundamental rights at European level

The Charter regulates the ambit *ratione materiae* of its rights by a complex system of provisions whose apparent ambition is to take into consideration other systems of human rights protection. This complex of provisions, which notably comprises Articles 52-54 laid down in the General Provisions of the Charter (Chapter VII) as well as some special provisions on the ambit *ratione materiae* contained in some Charter rights, demonstrated particularly well that the Charter text as a whole is the result of a compromise. The real level of protection of the rights laid down in the Charter depends on a precise definition of the restrictions on the Charter's rights as well as the limits of possible restrictions (so-called „*Schranken-Schranken*").

Among the *general provisions* determining the Charter's ambit *ratione materiae*, which are applicable to all Charter rights provided that no specific provisions apply, the horizontal provision on limitations laid down in Article 52 § 1 of the Charter has often been criticized. However, this general provision is only applicable if it is not superseded by one of the special provisions laid down in some Charter rights or Article 52 § 2 or § 3 of the Charter. In its remaining scope of applicability, the ambit of Article 52 § 1, which is obviously designed for application to civil rights and liberties, must be determined by way of interpretation on a case-by-case basis if applied to equality rights and social rights. Last but not least, the general provision on limitations reflects a tendency, discernible in the case-law of the ECtHR and of the constitutional courts of the Member States, to approximate the requirements of different specific provisions on limitations and to make the proportionality test the decisive criterion in determining whether or not a measure taken by the national authorities complied with fundamental rights.

Some legal writers consider the general provision on the level of protection of the Charter rights, Article 53 of the Charter, to have far-reaching consequences for the interpretation of the scope of protection of and the limitations to the Charter rights. They argue that Article 53 of the Charter sets aside the supremacy of Community law over national constitutional law.

Article 53 of the Charter has, however, been inspired by Article 53 ECHR. Therefore, its legal effects are limited, just as the ones of the Convention article. It does not have any influence on the hierarchy of rules as such or on the scope of protection of or limitations to the Charter rights. It merely sets up a minimum standard: in a case in which both a Charter right and a human rights guarantee laid down in EU law, public international law or the Constitutions of the Member States concerning the same subject-matter are *applicable*, an individual is entitled to claim protection by the right granting him the higher level of protection.

The general provision on the prohibition of abuse of rights (Article 54 of the Charter) sets limits to the permissible restrictions on human rights set by public authorities, but also limits the scope of Charter rights for their beneficiaries. Being an important instrument of a democratic order defending itself („*streitbare Demokratie*"), the provision must be construed restrictively when applied to constrain the Charter's rights *vis-à-vis* their beneficiaries, as it is otherwise itself open to abuse.

In addition to these general provisions, the Charter contains *specific provisions regulating the ambit of its rights* which are only applicable to certain Charter rights. These comprise special rules on limitations in some Charter guarantees and, in particular, the so-called conformity clauses in Article 52 § 2 and § 3 of the Charter.

By means of these two conformity clauses, the Charter safeguards the harmonic interplay of its rights with the human rights laid down in the EC Treaty and the ECHR. These quite creative provisions made it possible to formulate the rights codified in the Charter in a shorter and more modern way while securing a generally identical interpretation of the Charter rights and the rights guaranteed by the EC Treaty and the ECHR at the same time. Furthermore, Article 52 § 3, second sentence, of the Charter provides that the Charter rights may grant a higher (but not a lower) level of protection than the corresponding rights guaranteed by the ECHR.

Consequently, the provisions of the Charter on its ambit *ratione materiae* are, as a whole and in their interplay, able to grant a high level of protection of the fundamental rights laid down in the Charter, which can exceed the level of protection guaranteed in the case-law of the ECJ and of the ECtHR. Moreover, Article 52 § 2 and § 3 of the Charter position the Charter *vis-à-vis* the existing systems of fundamental rights protection on the Community and Council of Europe levels in a way which minimises the potential for conflicts. They also considerably upgrade the status of the ECHR, the material provisions of which are *de facto* incorporated into Community law.

However, the very complex system of general and special provisions on limitations and of further provisions determining the scope of protection of some Charter rights renders it difficult to determine the ambit *ratione materiae* of individual Charter rights. It notably entails an extremely complicated system of limitations to the guarantees of the Charter. Because of this, the level of protection granted by the Charter rights is not very transparent for the citizens.

V. The enforceability of the rights laid down in the Charter: Efficient human rights protection for the citizens?

The EU Charter of Fundamental Rights, which has been proclaimed solemnly in December 2000, has not yet been integrated into the Treaties and is, therefore, not yet legally binding. It has legal implications only as an instrument to confirm the existence and scope of unwritten fundamental rights of the Community and as a means to facilitate interpretation or reasoning for other courts and institutions.

In order to reach its objectives, notably to create visible legal constraints to EU power and to further the identification of the citizens with the Union, the Charter has to be made legally binding by its integration as a whole either into the Treaties or into the future European Constitution, possibly after being approved by a Europe-wide referendum.

Furthermore, *de lege lata* there are loopholes in the system of judicial remedies open to the citizens before the national and Community courts in order to enforce their rights guaranteed by the Charter. In particular, there are cases in which neither the national nor the Community courts have jurisdiction to examine on the merits a complaint that a directly effective and generally applicable Community act has breached fundamental rights.

The legally binding effect of the Charter should be accompanied by the accession of the EU – which shall have legal personality – to the ECHR. The Union can assert convincingly that it gives a prominent place to the protection of human rights only if it subjects its acts, just as the Member States do, to an external control by the ECtHR. Against the background of the constitutionalisation of the European legal order, the accession to the ECHR can only be considered as a logical step.

B. Prospects

The process of constitutionalisation in the European Union has reached a new stage with the signature of the Treaty establishing a Constitution for Europe on 29 October 2004 in Rome. The Treaty establishing a Constitution adopted the draft treaty presented by the Constitutional Convention on 18 July 2003 without making significant changes. It refers to the Charter already in one of its first articles and integrates the Charter as a whole into its Part II. The – superfluous – editorial changes made to the General Provisions of the Charter and the technical adaptations left the Charter's contents unchanged.

Moreover, the Treaty establishing a Constitution addresses the longstanding requests for the EU's accession to the ECHR. It now declares in Article I-9 § 2 that the Union shall accede to the European Convention on Human Rights. Furthermore, in its Article III-365 § 4, the Treaty establishing a Constitution fills loopholes which occurred with respect to actions brought by individuals in the Community courts aimed at quashing directly applicable Community Regulations which allegedly violated fundamental rights. In the long run, it would be advisable to extend the individuals' access to the Community courts by introducing a specific fundamental rights or constitutional complaint.

After its signature by the Heads of State or government, the Treaty establishing a Constitution must, however, take further hurdles, as it must be ratified in all 25 EU Member States. Despite the fact that it had already been ratified by more than half of the Member States, the process of ratification has practically been suspended for the time being following the referenda refusing its adoption in France on 29 May 2005 and in the Netherlands on 1 June 2005. The future of the Treaty establishing a Constitution in its present form will again be on the agenda of the summit of the Heads of State or government scheduled for June 2006.

Consequently, the finality of European integration and the design of the Treaties on which it is based remain unclear. It is hoped that the Charter – if possible as the basis of the Treaty establishing a Constitution for Europe, otherwise as a separate catalogue of fundamental rights – will soon be made legally binding and thereby be destined to a more fortunate future than the previous futile attempts to create a binding catalogue of fundamental rights for the Community.

Dokumentenanhang

A. Europäischer Rat (Köln)

Anhang IV zu den Schlussfolgerungen des Vorsitzes[2493]

- Beschluss des Europäischen Rates zur Erarbeitung einer Charta der Grundrechte der Europäischen Union -

Die Wahrung der Grundrechte ist ein Gründungsprinzip der Europäischen Union und unerläßliche Voraussetzung für ihre Legimität. Die Verpflichtung der Union zur Achtung der Grundrechte hat der Europäische Gerichtshof in seiner Rechtsprechung bestätigt und ausgeformt. Im gegenwärtigen Entwicklungsstand der Union ist es erforderlich, eine Charta dieser Rechte zu erstellen, um die überragende Bedeutung der Grundrechte und ihre Tragweite für die Unionsbürger sichtbar zu verankern.

Nach Auffassung des Europäischen Rates soll diese Charta die Freiheits- und Gleichheitsrechte sowie die Verfahrensgrundrechte umfassen, wie sie in der Europäischen Konvention zum Schutz der Menschenrechte und Grundfreiheiten gewährleistet sind und wie sie sich aus den gemeinsamen Verfassungsüberlieferungen der Mitgliedstaaten als allgemeine Grundsätze des Gemeinschaftsrechts ergeben. Die Charta soll weiterhin die Grundrechte enthalten, die nur den Unionsbürgern zustehen. Bei der Ausarbeitung der Charta sind ferner wirtschaftliche und soziale Rechte zu berücksichtigen, wie sie in der Europäischen Sozialcharta und in der Gemeinschaftscharta der sozialen Grundrechte der Arbeitnehmer enthalten sind (Artikel 136 EGV), soweit sie nicht nur Ziele für das Handeln der Union begründen.

Der Europäische Rat ist der Auffassung, daß ein Entwurf einer solchen Charta der Grundrechte der Europäischen Union von einem Gremium ausgearbeitet werden sollte, das aus Beauftragten der Staats- und Regierungschefs und des Präsidenten der Europäischen Kommission sowie Mitgliedern des Europäischen Parlaments und der nationalen Parlamente besteht. Vertreter des Europäischen Gerichtshofs sollten als Beobachter teilnehmen. Vertreter des Wirtschafts- und Sozialausschusses, des Auschusses der Regionen und gesellschaftlicher Gruppen sowie Sachverständige sollten angehört werden. Das Sekretariat soll vom Generalsekretariat des Rates wahrgenommen werden.

2493 Bull. EU Nr. 6/1999, S. 39, Anhang.

Dieses Gremium soll rechtzeitig vor dem Europäischen Rat im Dezember 2000 einen Entwurf vorlegen. Der Europäische Rat wird dem Europäischen Parlament und der Kommission vorschlagen, gemeinsam mit dem Rat eine Charta der Grundrechte der Europäischen Union auf der Grundlage des Entwurfs feierlich zu proklamieren. Danach wird zu prüfen sein, ob und gegebenenfalls auf welche Weise die Charta in die Verträge aufgenommen werden sollte. Der Europäische Rat beauftragt den Allgemeinen Rat, bis zum Europäischen Rat in Tampere die erforderlichen Schritte einzuleiten.

B. Charta der Grundrechte der Europäischen Union[2494]

FEIERLICHE PROKLAMATION

Das Europäische Parlament, der Rat und die Kommission proklamieren feierlich den nachstehenden Text als Charta der Grundrechte der Europäischen Union.

Geschehen zu Nizza am siebten Dezember zweitausend.

PRÄAMBEL

Die Völker Europas sind entschlossen, auf der Grundlage gemeinsamer Werte eine friedliche Zukunft zu teilen, indem sie sich zu einer immer engeren Union verbinden.

In dem Bewusstsein ihres geistig-religiösen und sittlichen Erbes gründet sich die Union auf die unteilbaren und universellen Werte der Würde des Menschen, der Freiheit, der Gleichheit und der Solidarität. Sie beruht auf den Grundsätzen der Demokratie und der Rechtsstaatlichkeit. Sie stellt die Person in den Mittelpunkt ihres Handelns, indem sie die Unionsbürgerschaft und einen Raum der Freiheit, der Sicherheit und des Rechts begründet.

Die Union trägt zur Erhaltung und zur Entwicklung dieser gemeinsamen Werte unter Achtung der Vielfalt der Kulturen und Traditionen der Völker Europas sowie der nationalen Identität der Mitgliedstaaten und der Organisation ihrer staatlichen Gewalt auf nationaler, regionaler und lokaler Ebene bei. Sie ist bestrebt, eine ausgewogene und nachhaltige Entwicklung zu fördern und stellt den freien Personen-, Waren-, Dienstleistungs- und Kapitalverkehr sowie die Niederlassungsfreiheit sicher.

Zu diesem Zweck ist es notwendig, angesichts der Weiterentwicklung der Gesellschaft, des sozialen Fortschritts und der wissenschaftlichen und technologischen Entwicklungen den Schutz der Grundrechte zu stärken, indem sie in einer Charta sichtbarer gemacht werden.

2494 ABl. EG, Reihe C, Nr. 364 vom 18. Dezember 2000.

Diese Charta bekräftigt unter Achtung der Zuständigkeiten und Aufgaben der Gemeinschaft und der Union und des Subsidiaritätsprinzips die Rechte, die sich vor allem aus den gemeinsamen Verfassungstraditionen und den gemeinsamen internationalen Verpflichtungen der Mitgliedstaaten, aus dem Vertrag über die Europäische Union und den Gemeinschaftsverträgen, aus der Europäischen Konvention zum Schutze der Menschenrechte und Grundfreiheiten, aus den von der Gemeinschaft und dem Europarat beschlossenen Sozialchartas sowie aus der Rechtsprechung des Gerichtshofs der Europäischen Gemeinschaften und des Europäischen Gerichtshofs für Menschenrechte ergeben.

Die Ausübung dieser Rechte ist mit Verantwortlichkeiten und Pflichten sowohl gegenüber den Mitmenschen als auch gegenüber der menschlichen Gemeinschaft und den künftigen Generationen verbunden.

Daher erkennt die Union die nachstehend aufgeführten Rechte, Freiheiten und Grundsätze an.

KAPITEL I

WÜRDE DES MENSCHEN

Artikel 1

Würde des Menschen

Die Würde des Menschen ist unantastbar. Sie ist zu achten und zu schützen.

Artikel 2

Recht auf Leben

(1) Jede Person hat das Recht auf Leben.

(2) Niemand darf zur Todesstrafe verurteilt oder hingerichtet werden.

Artikel 3

Recht auf Unversehrtheit

(1) Jede Person hat das Recht auf körperliche und geistige Unversehrtheit.

(2) Im Rahmen der Medizin und der Biologie muss insbesondere Folgendes beachtet werden:

- die freie Einwilligung der betroffenen Person nach vorheriger Aufklärung entsprechend den gesetzlich festgelegten Modalitäten,
- das Verbot eugenischer Praktiken, insbesondere derjenigen, welche die Selektion von Personen zum Ziel haben,
- das Verbot, den menschlichen Körper und Teile davon als solche zur Erzielung von Gewinnen zu nutzen,
- das Verbot des reproduktiven Klonens von Menschen.

Artikel 4

Verbot der Folter und unmenschlicher oder erniedrigender Strafe oder Behandlung

Niemand darf der Folter oder unmenschlicher oder erniedrigender Strafe oder Behandlung unterworfen werden.

Artikel 5

Verbot der Sklaverei und der Zwangsarbeit

(1) Niemand darf in Sklaverei oder Leibeigenschaft gehalten werden.

(2) Niemand darf gezwungen werden, Zwangs- oder Pflichtarbeit zu verrichten.

(3) Menschenhandel ist verboten.

KAPITEL II

FREIHEITEN

Artikel 6

Recht auf Freiheit und Sicherheit

Jede Person hat das Recht auf Freiheit und Sicherheit.

Artikel 7

Achtung des Privat- und Familienlebens

Jede Person hat das Recht auf Achtung ihres Privat- und Familienlebens, ihrer Wohnung sowie ihrer Kommunikation.

Artikel 8

Schutz personenbezogener Daten

(1) Jede Person hat das Recht auf Schutz der sie betreffenden personenbezogenen Daten.

(2) Diese Daten dürfen nur nach Treu und Glauben für festgelegte Zwecke und mit Einwilligung der betroffenen Person oder auf einer sonstigen gesetzlich geregelten legitimen Grundlage verarbeitet werden. Jede Person hat das Recht, Auskunft über die sie betreffenden erhobenen Daten zu erhalten und die Berichtigung der Daten zu erwirken.

(3) Die Einhaltung dieser Vorschriften wird von einer unabhängigen Stelle überwacht.

Artikel 9

Recht, eine Ehe einzugehen und eine Familie zu gründen

Das Recht, eine Ehe einzugehen, und das Recht, eine Familie zu gründen, werden nach den einzelstaatlichen Gesetzen gewährleistet, welche die Ausübung dieser Rechte regeln.

Artikel 10

Gedanken-, Gewissens- und Religionsfreiheit

(1) Jede Person hat das Recht auf Gedanken-, Gewissens- und Religionsfreiheit. Dieses Recht umfasst die Freiheit, seine Religion oder Weltanschauung zu wechseln, und die Freiheit, seine Religion oder Weltanschauung einzeln oder gemeinsam mit anderen öffentlich oder privat durch Gottesdienst, Unterricht, Bräuche und Riten zu bekennen.

(2) Das Recht auf Wehrdienstverweigerung aus Gewissensgründen wird nach den einzelstaatlichen Gesetzen anerkannt, welche die Ausübung dieses Rechts regeln.

Artikel 11

Freiheit der Meinungsäußerung und Informationsfreiheit

(1) Jede Person hat das Recht auf freie Meinungsäußerung. Dieses Recht schließt die Meinungsfreiheit und die Freiheit ein, Informationen und Ideen ohne behördliche Eingriffe und ohne Rücksicht auf Staatsgrenzen zu empfangen und weiterzugeben.

(2) Die Freiheit der Medien und ihre Pluralität werden geachtet.

Artikel 12

Versammlungs- und Vereinigungsfreiheit

(1) Jede Person hat das Recht, sich insbesondere im politischen, gewerkschaftlichen und zivilgesellschaftlichen Bereich auf allen Ebenen frei und friedlich mit anderen zu versammeln und frei mit anderen zusammenzuschließen, was das Recht jeder Person umfasst, zum Schutz ihrer Interessen Gewerkschaften zu gründen und Gewerkschaften beizutreten.

(2) Politische Parteien auf der Ebene der Union tragen dazu bei, den politischen Willen der Unionsbürgerinnen und Unionsbürger zum Ausdruck zu bringen.

Artikel 13

Freiheit von Kunst und Wissenschaft

Kunst und Forschung sind frei. Die akademische Freiheit wird geachtet.

Artikel 14

Recht auf Bildung

(1) Jede Person hat das Recht auf Bildung sowie auf Zugang zur beruflichen Ausbildung und Weiterbildung.

(2) Dieses Recht umfasst die Möglichkeit, unentgeltlich am Pflichtschulunterricht teilzunehmen.

(3) Die Freiheit zur Gründung von Lehranstalten unter Achtung der demokratischen Grundsätze sowie das Recht der Eltern, die Erziehung und den Unterricht ihrer Kinder entsprechend ihren eigenen religiösen, weltanschaulichen und erzieherischen Überzeugungen sicherzustellen, werden nach den einzelstaatlichen Gesetzen geachtet, welche ihre Ausübung regeln.

Artikel 15

Berufsfreiheit und Recht zu arbeiten

(1) Jede Person hat das Recht, zu arbeiten und einen frei gewählten oder angenommenen Beruf auszuüben.

(2) Alle Unionsbürgerinnen und Unionsbürger haben die Freiheit, in jedem Mitgliedstaat Arbeit zu suchen, zu arbeiten, sich niederzulassen oder Dienstleistungen zu erbringen.

(3) Die Staatsangehörigen dritter Länder, die im Hoheitsgebiet der Mitgliedstaaten arbeiten dürfen, haben Anspruch auf Arbeitsbedingungen, die denen der Unionsbürgerinnen und Unionsbürger entsprechen.

Artikel 16

Unternehmerische Freiheit

Die unternehmerische Freiheit wird nach dem Gemeinschaftsrecht und den einzelstaatlichen Rechtsvorschriften und Gepflogenheiten anerkannt.

Artikel 17

Eigentumsrecht

(1) Jede Person hat das Recht, ihr rechtmäßig erworbenes Eigentum zu besitzen, zu nutzen, darüber zu verfügen und es zu vererben. Niemandem darf sein Eigentum entzogen werden, es sei denn aus Gründen des öffentlichen Interesses in den Fällen und unter den Bedingungen, die in einem Gesetz vorgesehen sind, sowie gegen eine rechtzeitige angemessene Entschädigung für den Verlust des Eigentums. Die Nutzung des Eigentums kann gesetzlich geregelt werden, soweit dies für das Wohl der Allgemeinheit erforderlich ist.

(2) Geistiges Eigentum wird geschützt.

Artikel 18

Asylrecht

Das Recht auf Asyl wird nach Maßgabe des Genfer Abkommens vom 28. Juli 1951 und des Protokolls vom 31. Januar 1967 über die Rechtsstellung der Flüchtlinge sowie gemäß dem Vertrag zur Gründung der Europäischen Gemeinschaft gewährleistet.

Artikel 19

Schutz bei Abschiebung, Ausweisung und Auslieferung

(1) Kollektivausweisungen sind nicht zulässig.

(2) Niemand darf in einen Staat abgeschoben oder ausgewiesen oder an einen Staat ausgeliefert werden, in dem für sie oder ihn das ernsthafte Risiko

der Todesstrafe, der Folter oder einer anderen unmenschlichen oder erniedrigenden Strafe oder Behandlung besteht.

KAPITEL III

GLEICHHEIT

Artikel 20

Gleichheit vor dem Gesetz

Alle Personen sind vor dem Gesetz gleich.

Artikel 21

Nichtdiskriminierung

(1) Diskriminierungen, insbesondere wegen des Geschlechts, der Rasse, der Hautfarbe, der ethnischen oder sozialen Herkunft, der genetischen Merkmale, der Sprache, der Religion oder der Weltanschauung, der politischen oder sonstigen Anschauung, der Zugehörigkeit zu einer nationalen Minderheit, des Vermögens, der Geburt, einer Behinderung, des Alters oder der sexuellen Ausrichtung, sind verboten.

(2) Im Anwendungsbereich des Vertrags zur Gründung der Europäischen Gemeinschaft und des Vertrags über die Europäische Union ist unbeschadet der besonderen Bestimmungen dieser Verträge jede Diskriminierung aus Gründen der Staatsangehörigkeit verboten.

Artikel 22

Vielfalt der Kulturen, Religionen und Sprachen

Die Union achtet die Vielfalt der Kulturen, Religionen und Sprachen.

Artikel 23

Gleichheit von Männern und Frauen

Die Gleichheit von Männern und Frauen ist in allen Bereichen, einschließlich der Beschäftigung, der Arbeit und des Arbeitsentgelts, sicherzustellen. Der Grundsatz der Gleichheit steht der Beibehaltung oder der Einführung spezifischer Vergünstigungen für das unterrepräsentierte Geschlecht nicht entgegen.

Artikel 24

Rechte des Kindes

(1) Kinder haben Anspruch auf den Schutz und die Fürsorge, die für ihr Wohlergehen notwendig sind. Sie können ihre Meinung frei äußern. Ihre Meinung wird in den Angelegenheiten, die sie betreffen, in einer ihrem Alter und ihrem Reifegrad entsprechenden Weise berücksichtigt.

(2) Bei allen Kinder betreffenden Maßnahmen öffentlicher oder privater Einrichtungen muss das Wohl des Kindes eine vorrangige Erwägung sein.

(3) Jedes Kind hat Anspruch auf regelmäßige persönliche Beziehungen und direkte Kontakte zu beiden Elternteilen, es sei denn, dies steht seinem Wohl entgegen.

Artikel 25

Rechte älterer Menschen

Die Union anerkennt und achtet das Recht älterer Menschen auf ein würdiges und unabhängiges Leben und auf Teilnahme am sozialen und kulturellen Leben.

Artikel 26

Integration von Menschen mit Behinderung

Die Union anerkennt und achtet den Anspruch von Menschen mit Behinderung auf Maßnahmen zur Gewährleistung ihrer Eigenständigkeit, ihrer sozialen und beruflichen Eingliederung und ihrer Teilnahme am Leben der Gemeinschaft.

KAPITEL IV

SOLIDARITÄT

Artikel 27

Recht auf Unterrichtung und Anhörung der Arbeitnehmerinnen und Arbeitnehmer im Unternehmen

Für die Arbeitnehmerinnen und Arbeitnehmer oder ihre Vertreter muss auf den geeigneten Ebenen eine rechtzeitige Unterrichtung und Anhörung in den Fällen und unter den Voraussetzungen gewährleistet sein, die nach dem Gemeinschaftsrecht und den einzelstaatlichen Rechtsvorschriften und Gepflogenheiten vorgesehen sind.

Artikel 28

Recht auf Kollektivverhandlungen und Kollektivmaßnahmen

Die Arbeitnehmerinnen und Arbeitnehmer sowie die Arbeitgeberinnen und Arbeitgeber oder ihre jeweiligen Organisationen haben nach dem Gemeinschaftsrecht und den einzelstaatlichen Rechtsvorschriften und Gepflogenheiten das Recht, Tarifverträge auf den geeigneten Ebenen auszuhandeln und zu schließen sowie bei Interessenkonflikten kollektive Maßnahmen zur Verteidigung ihrer Interessen, einschließlich Streiks, zu ergreifen.

Artikel 29

Recht auf Zugang zu einem Arbeitsvermittlungsdienst

Jede Person hat das Recht auf Zugang zu einem unentgeltlichen Arbeitsvermittlungsdienst.

Artikel 30

Schutz bei ungerechtfertigter Entlassung

Jede Arbeitnehmerin und jeder Arbeitnehmer hat nach dem Gemeinschaftsrecht und den einzelstaatlichen Rechtsvorschriften und Gepflogenheiten Anspruch auf Schutz vor ungerechtfertigter Entlassung.

Artikel 31

Gerechte und angemessene Arbeitsbedingungen

(1) Jede Arbeitnehmerin und jeder Arbeitnehmer hat das Recht auf gesunde, sichere und würdige Arbeitsbedingungen.

(2) Jede Arbeitnehmerin und jeder Arbeitnehmer hat das Recht auf eine Begrenzung der Höchstarbeitszeit, auf tägliche und wöchentliche Ruhezeiten sowie auf bezahlten Jahresurlaub.

Artikel 32

Verbot der Kinderarbeit und Schutz der Jugendlichen am Arbeitsplatz

Kinderarbeit ist verboten. Unbeschadet günstigerer Vorschriften für Jugendliche und abgesehen von begrenzten Ausnahmen darf das Mindestalter für den Eintritt in das Arbeitsleben das Alter, in dem die Schulpflicht endet, nicht unterschreiten. Zur Arbeit zugelassene Jugendliche müssen ihrem Alter angepasste Arbeitsbedingungen erhalten und vor wirtschaftlicher Ausbeutung und vor jeder Arbeit geschützt werden, die ihre Sicherheit, ihre Gesundheit, ihre körperliche, geistige, sittliche oder soziale Entwicklung beeinträchtigen oder ihre Erziehung gefährden könnte.

Artikel 33

Familien- und Berufsleben

(1) Der rechtliche, wirtschaftliche und soziale Schutz der Familie wird gewährleistet.

(2) Um Familien- und Berufsleben miteinander in Einklang bringen zu können, hat jede Person das Recht auf Schutz vor Entlassung aus einem mit der Mutterschaft zusammenhängenden Grund sowie den Anspruch auf einen bezahlten Mutterschaftsurlaub und auf einen Elternurlaub nach der Geburt oder Adoption eines Kindes.

Artikel 34

Soziale Sicherheit und soziale Unterstützung

(1) Die Union anerkennt und achtet das Recht auf Zugang zu den Leistungen der sozialen Sicherheit und zu den sozialen Diensten, die in Fällen wie Mutterschaft, Krankheit, Arbeitsunfall, Pflegebedürftigkeit oder im Alter sowie bei Verlust des Arbeitsplatzes Schutz gewährleisten, nach Maßgabe des Gemeinschaftsrechts und der einzelstaatlichen Rechtsvorschriften und Gepflogenheiten.

(2) Jede Person, die in der Union ihren rechtmäßigen Wohnsitz hat und ihren Aufenthalt rechtmäßig wechselt, hat Anspruch auf die Leistungen der sozialen Sicherheit und die sozialen Vergünstigungen nach dem Gemeinschaftsrecht und den einzelstaatlichen Rechtsvorschriften und Gepflogenheiten.

(3) Um die soziale Ausgrenzung und die Armut zu bekämpfen, anerkennt und achtet die Union das Recht auf eine soziale Unterstützung und eine Unterstützung für die Wohnung, die allen, die nicht über ausreichende Mittel verfügen, ein menschenwürdiges Dasein sicherstellen sollen, nach Maßgabe des Gemeinschaftsrechts und der einzelstaatlichen Rechtsvorschriften und Gepflogenheiten.

Artikel 35

Gesundheitsschutz

Jede Person hat das Recht auf Zugang zur Gesundheitsvorsorge und auf ärztliche Versorgung nach Maßgabe der einzelstaatlichen Rechtsvorschriften und Gepflogenheiten. Bei der Festlegung und Durchführung aller Politiken und Maßnahmen der Union wird ein hohes Gesundheitsschutzniveau sichergestellt.

Artikel 36

Zugang zu Dienstleistungen von allgemeinem wirtschaftlichen Interesse

Die Union anerkennt und achtet den Zugang zu Dienstleistungen von allgemeinem wirtschaftlichen Interesse, wie er durch die einzelstaatlichen Rechtsvorschriften und Gepflogenheiten im Einklang mit dem Vertrag zur Gründung der Europäischen Gemeinschaft geregelt ist, um den sozialen und territorialen Zusammenhalt der Union zu fördern.

Artikel 37

Umweltschutz

Ein hohes Umweltschutzniveau und die Verbesserung der Umweltqualität müssen in die Politiken der Union einbezogen und nach dem Grundsatz der nachhaltigen Entwicklung sichergestellt werden.

Artikel 38

Verbraucherschutz

Die Politiken der Union stellen ein hohes Verbraucherschutzniveau sicher.

KAPITEL V

BÜRGERRECHTE

Artikel 39

Aktives und passives Wahlrecht bei den Wahlen zum Europäischen Parlament

(1) Die Unionsbürgerinnen und Unionsbürger besitzen in dem Mitgliedstaat, in dem sie ihren Wohnsitz haben, das aktive und passive Wahlrecht bei den Wahlen zum Europäischen Parlament, wobei für sie dieselben Bedingungen gelten wie für die Angehörigen des betreffenden Mitgliedstaats.

(2) Die Mitglieder des Europäischen Parlaments werden in allgemeiner, unmittelbarer, freier und geheimer Wahl gewählt.

Artikel 40

Aktives und passives Wahlrecht bei den Kommunalwahlen

Die Unionsbürgerinnen und Unionsbürger besitzen in dem Mitgliedstaat, in dem sie ihren Wohnsitz haben, das aktive und passive Wahlrecht bei Kommunalwahlen, wobei für sie dieselben Bedingungen gelten wie für die Angehörigen des betreffenden Mitgliedstaats.

Artikel 41

Recht auf eine gute Verwaltung

(1) Jede Person hat ein Recht darauf, dass ihre Angelegenheiten von den Organen und Einrichtungen der Union unparteiisch, gerecht und innerhalb einer angemessenen Frist behandelt werden.

(2) Dieses Recht umfasst insbesondere

- das Recht einer jeden Person, gehört zu werden, bevor ihr gegenüber eine für sie nachteilige individuelle Maßnahme getroffen wird;
- das Recht einer jeden Person auf Zugang zu den sie betreffenden Akten unter Wahrung des legitimen Interesses der Vertraulichkeit sowie des Berufs- und Geschäftsgeheimnisses;
- die Verpflichtung der Verwaltung, ihre Entscheidungen zu begründen.

(3) Jede Person hat Anspruch darauf, dass die Gemeinschaft den durch ihre Organe oder Bediensteten in Ausübung ihrer Amtstätigkeit verursachten Schaden nach den allgemeinen Rechtsgrundsätzen ersetzt, die den Rechtsordnungen der Mitgliedstaaten gemeinsam sind.

(4) Jede Person kann sich in einer der Sprachen der Verträge an die Organe der Union wenden und muss eine Antwort in derselben Sprache erhalten.

Artikel 42

Recht auf Zugang zu Dokumenten

Die Unionsbürgerinnen und Unionsbürger sowie jede natürliche oder juristische Person mit Wohnsitz oder satzungsmäßigem Sitz in einem Mitgliedstaat haben das Recht auf Zugang zu den Dokumenten des Europäischen Parlaments, des Rates und der Kommission.

Artikel 43

Der Bürgerbeauftragte

Die Unionsbürgerinnen und Unionsbürger sowie jede natürliche oder juristische Person mit Wohnsitz oder satzungsmäßigem Sitz in einem Mitgliedstaat haben das Recht, den Bürgerbeauftragten der Union im Fall von Missständen bei der Tätigkeit der Organe und Einrichtungen der Gemeinschaft, mit Ausnahme des Gerichtshofs und des Gerichts erster Instanz in Ausübung ihrer Rechtsprechungsbefugnisse, zu befassen.

Artikel 44

Petitionsrecht

Die Unionsbürgerinnen und Unionsbürger sowie jede natürliche oder juristische Person mit Wohnsitz oder satzungsmäßigem Sitz in einem Mitgliedstaat haben das Recht, eine Petition an das Europäische Parlament zu richten.

Artikel 45

Freizügigkeit und Aufenthaltsfreiheit

(1) Die Unionsbürgerinnen und Unionsbürger haben das Recht, sich im Hoheitsgebiet der Mitgliedstaaten frei zu bewegen und aufzuhalten.

(2) Staatsangehörigen dritter Länder, die sich rechtmäßig im Hoheitsgebiet eines Mitgliedstaats aufhalten, kann gemäß dem Vertrag zur Gründung der Europäischen Gemeinschaft Freizügigkeit und Aufenthaltsfreiheit gewährt werden.

Artikel 46

Diplomatischer und konsularischer Schutz

Die Unionsbürgerinnen und Unionsbürger genießen im Hoheitsgebiet eines Drittlandes, in dem der Mitgliedstaat, dessen Staatsangehörigkeit sie besitzen, nicht vertreten ist, den Schutz der diplomatischen und konsularischen Stellen eines jeden Mitgliedstaats unter denselben Bedingungen wie Staatsangehörige dieses Staates.

KAPITEL VI

JUSTIZIELLE RECHTE

Artikel 47

Recht auf einen wirksamen Rechtsbehelf und ein unparteiisches Gericht

Jede Person, deren durch das Recht der Union garantierte Rechte oder Freiheiten verletzt worden sind, hat das Recht, nach Maßgabe der in diesem Artikel vorgesehenen Bedingungen bei einem Gericht einen wirksamen Rechtsbehelf einzulegen. Jede Person hat ein Recht darauf, dass ihre Sache von einem unabhängigen, unparteiischen und zuvor durch Gesetz errichteten Gericht in einem fairen Verfahren, öffentlich und innerhalb angemessener Frist verhandelt wird. Jede Person kann sich beraten, verteidigen und vertreten lassen. Personen, die nicht über ausreichende Mittel verfügen, wird Prozesskostenhilfe bewilligt, soweit diese Hilfe erforderlich ist, um den Zugang zu den Gerichten wirksam zu gewährleisten.

Artikel 48

Unschuldsvermutung und Verteidigungsrechte

(1) Jede angeklagte Person gilt bis zum rechtsförmlich erbrachten Beweis ihrer Schuld als unschuldig.

(2) Jeder angeklagten Person wird die Achtung der Verteidigungsrechte gewährleistet.

Artikel 49

Grundsätze der Gesetzmäßigkeit und der Verhältnismäßigkeit im Zusammenhang mit Straftaten und Strafen

(1) Niemand darf wegen einer Handlung oder Unterlassung verurteilt werden, die zur Zeit ihrer Begehung nach innerstaatlichem oder internationalem Recht nicht strafbar war. Es darf auch keine schwerere Strafe als die zur Zeit der Begehung angedrohte Strafe verhängt werden. Wird nach Begehung einer Straftat durch Gesetz eine mildere Strafe eingeführt, so ist diese zu verhängen.

(2) Dieser Artikel schließt nicht aus, dass eine Person wegen einer Handlung oder Unterlassung verurteilt oder bestraft wird, die zur Zeit ihrer Begehung nach den allgemeinen, von der Gesamtheit der Nationen anerkannten Grundsätzen strafbar war.

(3) Das Strafmaß darf gegenüber der Straftat nicht unverhältnismäßig sein.

Artikel 50

Recht, wegen derselben Straftat nicht zweimal strafrechtlich verfolgt oder bestraft zu werden

Niemand darf wegen einer Straftat, derentwegen er bereits in der Union nach dem Gesetz rechtskräftig verurteilt oder freigesprochen worden ist, in einem Strafverfahren erneut verfolgt oder bestraft werden.

KAPITEL VII

ALLGEMEINE BESTIMMUNGEN

Artikel 51

Anwendungsbereich

(1) Diese Charta gilt für die Organe und Einrichtungen der Union unter Einhaltung des Subsidiaritätsprinzips und für die Mitgliedstaaten ausschließlich bei der Durchführung des Rechts der Union. Dementsprechend achten

sie die Rechte, halten sie sich an die Grundsätze und fördern sie deren Anwendung gemäß ihren jeweiligen Zuständigkeiten.

(2) Diese Charta begründet weder neue Zuständigkeiten noch neue Aufgaben für die Gemeinschaft und für die Union, noch ändert sie die in den Verträgen festgelegten Zuständigkeiten und Aufgaben.

Artikel 52

Tragweite der garantierten Rechte

(1) Jede Einschränkung der Ausübung der in dieser Charta anerkannten Rechte und Freiheiten muss gesetzlich vorgesehen sein und den Wesensgehalt dieser Rechte und Freiheiten achten. Unter Wahrung des Grundsatzes der Verhältnismäßigkeit dürfen Einschränkungen nur vorgenommen werden, wenn sie notwendig sind und den von der Union anerkannten dem Gemeinwohl dienenden Zielsetzungen oder den Erfordernissen des Schutzes der Rechte und Freiheiten anderer tatsächlich entsprechen.

(2) Die Ausübung der durch diese Charta anerkannten Rechte, die in den Gemeinschaftsverträgen oder im Vertrag über die Europäische Union begründet sind, erfolgt im Rahmen der darin festgelegten Bedingungen und Grenzen.

(3) So weit diese Charta Rechte enthält, die den durch die Europäische Konvention zum Schutze der Menschenrechte und Grundfreiheiten garantierten Rechten entsprechen, haben sie die gleiche Bedeutung und Tragweite, wie sie ihnen in der genannten Konvention verliehen wird. Diese Bestimmung steht dem nicht entgegen, dass das Recht der Union einen weiter gehenden Schutz gewährt.

Artikel 53

Schutzniveau

Keine Bestimmung dieser Charta ist als eine Einschränkung oder Verletzung der Menschenrechte und Grundfreiheiten auszulegen, die in dem jeweiligen Anwendungsbereich durch das Recht der Union und das Völkerrecht sowie durch die internationalen Übereinkommen, bei denen die Union, die Gemeinschaft oder alle Mitgliedstaaten Vertragsparteien sind, darunter insbesondere die Europäische Konvention zum Schutze der Menschenrechte und Grundfreiheiten, sowie durch die Verfassungen der Mitgliedstaaten anerkannt werden.

Artikel 54

Verbot des Missbrauchs der Rechte

Keine Bestimmung dieser Charta ist so auszulegen, als begründe sie das Recht, eine Tätigkeit auszuüben oder eine Handlung vorzunehmen, die darauf abzielt, die in der Charta anerkannten Rechte und Freiheiten abzuschaffen oder sie stärker einzuschränken, als dies in der Charta vorgesehen ist.

C. Erläuterungen zum vollständigen Wortlaut der Charta[2495]

- Auszug -

PRÄAMBEL

Die vorliegenden Erläuterungen sind vom Präsidium in eigener Verantwortung formuliert worden. Sie haben keine Rechtswirkung, sondern dienen lediglich dazu, die Bestimmungen der Charta zu verdeutlichen.

...

KAPITEL VII

ALLGEMEINE BESTIMMUNGEN

Artikel 51

Anwendungsbereich

(1) Diese Charta gilt für die Organe und Einrichtungen der Union unter Einhaltung des Subsidiaritätsprinzips und für die Mitgliedstaaten ausschließlich bei der Durchführung des Rechts der Union. Dementsprechend achten sie die Rechte, halten sie sich an die Grundsätze und fördern sie deren Anwendung gemäß ihren jeweiligen Zuständigkeiten.

(2) Diese Charta begründet weder neue Zuständigkeiten noch neue Aufgaben für die Gemeinschaft und für die Union, noch ändert sie die in den Verträgen festgelegten Zuständigkeiten und Aufgaben.

Erläuterung

Mit Artikel 51 soll der Anwendungsbereich der Charta festgelegt werden. Es soll klar zum Ausdruck gebracht werden, dass die Charta zuerst auf die Organe und Einrichtungen der Union Anwendung findet, und zwar unter Beachtung des Grundsatzes der Subsidiarität. Bei dieser Bestimmung hat man sich getreu an Artikel 6 Absatz 2 des Vertrags über die Europäische Union gehalten, wonach die Union die Grundrechte zu achten

---

2495 Dok. CHARTE 4487/00 CONVENT 50 (11.Oktober 2000).

hat, wie auch an das Mandat des Europäischen Rates (Köln). Der Begriff „Organe" ist durch den EG–Vertrag festgelegt; die Organe sind dort in Artikel 7 aufgeführt. Der Begriff „Einrichtungen" wird üblicherweise als Bezeichnung für alle durch die Verträge oder durch sekundäre Rechtsakte geschaffenen Instanzen verwendet (siehe Artikel 286 Absatz 1 des Vertrags zur Gründung der Europäischen Gemeinschaft). Was die Mitgliedstaaten betrifft, so ist der Rechtsprechung des Gerichtshofs eindeutig zu entnehmen, dass die Verpflichtung zur Einhaltung der im Rahmen der Union definierten Grundrechte für die Mitgliedstaaten nur dann gilt, wenn sie im Rahmen des Gemeinschaftsrechts handeln (Urteil vom 13. Juli 1989, Wachauf, Rs 5/88, Slg. 1989, S. 2609, Urteil vom 18. Juni 1991, ERT, Slg. 1991, I-2925). Der Gerichtshof hat diese Rechtsprechung in allerjüngster Zeit nochmals wie folgt bestätigt: „Die Mitgliedstaaten müssen bei der Durchführung der gemeinschaftsrechtlichen Regelungen aber auch die Erfordernisse des Grundrechtschutzes in der Gemeinschaftsrechtsordnung beachten." (Urteil vom 13. April 2000, Rs. C-292/97, Randnr. 37, noch nicht veröffentlicht). Dieser in der Charta verankerte Grundsatz gilt natürlich sowohl für die zentralen Behörden als auch für die regionalen oder lokalen Stellen sowie für die öffentlichen Einrichtungen, wenn sie das Unionsrecht anwenden. Absatz 2 bestätigt, dass die Charta nicht eine Erweiterung der Zuständigkeiten und Aufgaben bewirken darf, die der Gemeinschaft und der Union durch die Verträge zugewiesen sind. Es geht darum, explizit darzulegen, was sich logischerweise aus dem Subsidiaritätsprinzip und dem Umstand ergibt, dass die Union nur über die ihr eigens zugewiesenen Befugnisse verfügt. Die Grundrechte, wie sie in der Union garantiert werden, werden nur im Rahmen dieser vom Vertrag bestimmten Zuständigkeiten wirksam.

Artikel 52

Tragweite der garantierten Rechte

(1) Jede Einschränkung der Ausübung der in dieser Charta anerkannten Rechte und Freiheiten muss gesetzlich vorgesehen sein und den wesentlichen Gehalt dieser Rechte und Freiheiten achten. Unter Wahrung des Grundsatzes der Verhältnismäßigkeit dürfen Einschränkungen nur vorgenommen werden, wenn sie notwendig sind und den von der Union anerkannten dem Gemeinwohl dienenden Zielsetzungen oder den Erfordernissen des Schutzes der Rechte und Freiheiten anderer tatsächlich entsprechen.

(2) Die Ausübung der durch diese Charta anerkannten Rechte, die in den Gemeinschaftsverträgen oder im Vertrag über die Europäische Union begründet sind, erfolgt im Rahmen der darin festgelegten Bedingungen und Grenzen.

(3) Soweit diese Charta Rechte enthält, die den durch die Europäische Konvention zum Schutze der Menschenrechte und Grundfreiheiten garantierten Rechten entsprechen, haben sie die gleiche Bedeutung und Tragweite, wie sie ihnen in der genannten Konvention verliehen wird. Diese Bestimmung steht dem nicht entgegen, dass das Recht der Union einen weiter gehenden Schutz gewährt.

Erläuterung

Mit Artikel 52 soll die Tragweite der garantierten Rechte festgelegt werden. Absatz 1 enthält die allgemeine Einschränkungsregelung. Die verwendete Formulierung lehnt sich an die Rechtsprechung des Gerichtshofes an, die wie folgt lautet: „Nach gefestigter Rechtsprechung kann jedoch die Ausübung dieser Rechte, insbesondere im Rahmen einer gemeinsamen Marktorganisation, Beschränkungen unterworfen werden, sofern diese tatsächlich dem Gemeinwohl dienenden Zielen der Gemeinschaft entsprechen und nicht einen im Hinblick auf den verfolgten Zweck unverhältnismäßigen, nicht tragbaren Eingriff darstellen, der diese Rechte in ihrem Wesensgehalt antastet" (Urteil vom 13. April 2000, Rs. C-292/97, Randnr. 45). Die Bezugnahme auf das von der Union anerkannte Gemeinwohl erstreckt sich nicht nur auf die in Artikel 2 aufgeführten Ziele, sondern auch auf andere Interessen, die durch spezielle Bestimmungen des Vertrags wie Artikel 30 und Artikel 39 Absatz 3 EGV geschützt werden. In Absatz 2 wird präzisiert, dass die Ausübung eines Rechts, das sich aus den Verträgen ergibt, den darin festgelegten Bedingungen und Grenzen unterworfen ist. Mit der Charta wird die Regelung hinsichtlich der durch die Verträge gewährten Rechte nicht geändert. Mit Absatz 3 soll die notwendige Kohärenz zwischen der Charta und der EMRK geschaffen werden, indem der Grundsatz aufgestellt wird, dass in dieser Charta enthaltene Rechte, die den durch die EMRK garantierten Rechten entsprechen, die gleiche Bedeutung und Tragweite, einschließlich der zugelassenen Einschränkungen, besitzen, wie sie ihnen in der EMRK verliehen werden. Daraus ergibt sich insbesondere, dass der Gesetzgeber bei der Festlegung von Einschränkungen dieser Rechte die gleichen Normen einhalten muss, die in der ausführlichen Regelung der Einschränkungen in der EMRK vorgesehen sind, ohne dass dadurch die Eigenständigkeit des Gemeinschaftsrechts und des Gerichtshofs der Europäischen Gemeinschaften berührt wird. Die Bezugnahme auf die EMRK erstreckt sich sowohl auf die Konvention als auch auf ihre Protokolle. Die Bedeutung und Tragweite der garantierten Rechte werden nicht nur durch den Wortlaut dieser Vertragswerke, sondern auch durch die Rechtsprechung des Europäischen Gerichtshofs für Menschenrechte und durch den Gerichtshof der Europäischen Gemeinschaften bestimmt. Mit dem letzten Satz soll der Union die Möglichkeit gegeben werden, für einen weiter gehenden Schutz zu sorgen. Die Rechte, bei denen derzeit - ohne die Weiterentwicklung des Rechts der Gesetzgebung und der Verträge auszuschließen - davon ausgegangen werden kann, dass sie Rechten aus der EMRK im Sinne dieses Absatzes entsprechen, sind nach-

stehend aufgelistet. Nicht aufgeführt sind die Rechte, die zu den Rechten aus der EMRK hinzukommen.

1. Artikel der Charta, die dieselbe Bedeutung und Tragweite wie die entsprechenden Artikel der Europäischen Menschenrechtskonvention haben:

- *Artikel 2 entspricht Artikel 2 EMRK*
- *Artikel 4 entspricht Artikel 3 EMRK*
- *Artikel 5 Absätze 1 und 2 entspricht Artikel 4 EMRK*
- *Artikel 6 entspricht Artikel 5 EMRK*
- *Artikel 7 entspricht Artikel 8 EMRK*
- *Artikel 10 Absatz 1 entspricht Artikel 9 EMRK*
- *Artikel 11 entspricht Artikel 10 EMRK unbeschadet der Einschränkungen, mit denen das Gemeinschaftsrecht das Recht der Mitgliedstaaten auf Einführung der in Artikel 10 Absatz 1 dritter Satz EMRK genannten Genehmigungsverfahren eingrenzen kann*
- *Artikel 17 entspricht Artikel 1 des Zusatzprotokolls zur EMRK*
- *Artikel 19 Absatz 1 entspricht Artikel 4 des Protokolls Nr. 4 zur EMRK*
- *Artikel 19 Absatz 2 entspricht Artikel 3 EMRK in der Auslegung durch den Europäischen Gerichtshof für Menschenrechte*
- *Artikel 48 entspricht Artikel 6 Absätze 2 und 3 EMRK*
- *Artikel 49 Absätze 1 (mit Ausnahme des letzten Satzes) und 2 entspricht Artikel 7 EMRK*

2. Artikel, die dieselbe Bedeutung haben wie die entsprechenden Artikel der EMRK, deren Tragweite aber umfassender ist:

- *Artikel 9 deckt Artikel 12 EMRK ab, aber sein Anwendungsbereich kann auf andere Formen der Eheschließung ausgedehnt werden, wenn die einzelstaatlichen Rechtsvorschriften diese vorsehen.*

- *Artikel 12 Absatz 1 entspricht Artikel 11 EMRK, aber sein Anwendungsbereich ist auf die Ebene der Union ausgedehnt worden*

- *Artikel 14 Absatz 1 entspricht Artikel 2 des Zusatzprotokolls zur EMRK, aber sein Anwendungsbereich ist auf den Zugang zu beruflicher Aus- und Weiterbildung ausgedehnt worden*

- *Artikel 14 Absatz 3 entspricht Artikel 2 des Zusatzprotokolls zur EMRK, was die Rechte der Eltern betrifft*

- *Artikel 47 Absätze 2 und 3 entspricht Artikel 6 Absatz 1 EMRK, aber die Beschränkung auf Streitigkeiten in Bezug auf zivilrechtliche Ansprüche und Verpflichtungen oder strafrechtliche Anklagen kommt nicht zum Tragen, wenn es um das Recht der Union und dessen Anwendung geht*

- *Artikel 50 entspricht Artikel 4 des Protokolls Nr. 7 zur EMRK, aber seine Tragweite ist auf die Ebene der Europäischen Union ausgedehnt worden und er gilt zwischen den Gerichten der Mitgliedstaaten*

- *Schließlich können die Unionsbürgerinnen und -bürger im Anwendungsbereich des Gemeinschaftsrechts wegen des Verbots jeglicher Diskriminierung aufgrund der Nationalität nicht als Ausländer angesehen werden. Die in Artikel 16 EMRK vorgesehenen Beschränkungen der Rechte ausländischer Personen finden daher in diesem Rahmen auf die Unionsbürgerinnen und -bürger keine Anwendung.*

Artikel 53

Schutzniveau

Keine Bestimmung dieser Charta ist als eine Einschränkung oder Verletzung der Menschenrechte und Grundfreiheiten auszulegen, die in dem jeweiligen Anwendungsbereich durch das Recht der Union und das Völkerrecht sowie durch die internationalen Übereinkommen, bei denen die Union, die Gemeinschaft oder alle Mitgliedstaaten Vertragsparteien sind, darunter insbesondere die Europäische Konvention zum Schutze der Menschenrechte und Grundfreiheiten, sowie durch die Verfassungen der Mitgliedstaaten anerkannt werden.

Erläuterung

Der Zweck dieser Bestimmung ist die Aufrechterhaltung des durch das Recht der Union, das Recht der Mitgliedstaaten und das Völkerrecht in seinem jeweiligen Anwendungsbereich gegenwärtig gewährleisteten Schutzniveaus. Aufgrund ihrer Bedeutung findet die EMRK Erwähnung. Der durch die Charta gewährleistete Schutz darf unter keinen Umständen geringer als der durch die EMRK gewährte Schutz sein, was bedeutet, dass die in der Charta vorgesehene Einschränkungsregelung nicht unter dem in der EMRK vorgesehenen Niveau liegen darf.

Artikel 54

Verbot des Missbrauchs der Rechte

Keine Bestimmung dieser Charta ist so auszulegen, als begründe sie das Recht, eine Tätigkeit auszuüben oder eine Handlung vorzunehmen, die darauf abzielt, die in der Charta anerkannten Rechte und Freiheiten abzuschaffen oder sie stärker einzuschränken, als dies in der Charta vorgesehen ist.

Erläuterung

Dieser Artikel entspricht Artikel 17 EMRK: „Diese Konvention ist nicht so auszulegen, als begründe sie für einen Staat, eine Gruppe oder eine Person das Recht, eine Tätigkeit auszuüben oder eine Handlung vorzunehmen, die darauf abzielt, die in der Konvention festgelegten Rechte und Freiheiten abzuschaffen oder sie stärker einzuschränken, als es in der Konvention vorgesehen ist."

D. Vertrag über eine Verfassung für Europa[2496]

- Auszug -

PRÄAMBEL

SEINE MAJESTÄT DER KÖNIG DER BELGIER, DER PRÄSIDENT DER TSCHECHISCHEN REPUBLIK, IHRE MAJESTÄT DIE KÖNIGIN VON DÄNEMARK, DER PRÄSIDENT DER BUNDESREPUBLIK DEUTSCHLAND, DER PRÄSIDENT DER REPUBLIK ESTLAND, DER PRÄSIDENT DER HELLENISCHEN REPUBLIK, SEINE MAJESTÄT DER KÖNIG VON SPANIEN, DER PRÄSIDENT DER FRANZÖSISCHEN REPUBLIK, DIE PRÄSIDENTIN IRLANDS, DER PRÄSIDENT DER ITALIENISCHEN REPUBLIK, DER PRÄSIDENT DER REPUBLIK ZYPERN, DIE PRÄSIDENTIN DER REPUBLIK LETTLAND, DER PRÄSIDENT DER REPUBLIK LITAUEN, SEINE KÖNIGLICHE HOHEIT DER GROSSHERZOG VON LUXEMBURG, DER PRÄSIDENT DER REPUBLIK UNGARN, DER PRÄSIDENT MALTAS, IHRE MAJESTÄT DIE KÖNIGIN DER NIEDERLANDE, DER BUNDESPRÄSIDENT DER REPUBLIK ÖSTERREICH, DER PRÄSIDENT DER REPUBLIK POLEN, DER PRÄSIDENT DER PORTUGIESISCHEN REPUBLIK, DER PRÄSIDENT DER REPUBLIK SLOWENIEN, DER PRÄSIDENT DER SLOWAKISCHEN REPUBLIK, DIE PRÄSIDENTIN DER REPUBLIK FINNLAND, DIE REGIERUNG DES KÖNIGREICHS SCHWEDEN, IHRE MAJESTÄT DIE KÖNIGIN DES VEREINIGTEN KÖNIGREICHS GROSSBRITANNIEN UND NORDIRLAND —

SCHÖPFEND aus dem kulturellen, religiösen und humanistischen Erbe Europas, aus dem sich die unverletzlichen und unveräußerlichen Rechte des Menschen sowie Freiheit, Demokratie, Gleichheit und Rechtsstaatlichkeit als universelle Werte entwickelt haben,

IN DER ÜBERZEUGUNG, dass ein nach schmerzlichen Erfahrungen nunmehr geeintes Europa auf dem Weg der Zivilisation, des Fortschritts und des Wohlstands zum Wohl aller seiner Bewohner, auch der Schwächsten und

---

2496 Amtsblatt der Europäischen Union, Reihe C, Nr. 310, vom 16. Dezember 2004.

der Ärmsten, weiter voranschreiten will, dass es ein Kontinent bleiben will, der offen ist für Kultur, Wissen und sozialen Fortschritt, dass es Demokratie und Transparenz als Grundlage seines öffentlichen Lebens stärken und auf Frieden, Gerechtigkeit und Solidarität in der Welt hinwirken will,

IN DER GEWISSHEIT, dass die Völker Europas, stolz auf ihre nationale Identität und Geschichte, entschlossen sind, die alten Gegensätze zu überwinden und immer enger vereint ihr Schicksal gemeinsam zu gestalten,

IN DER GEWISSHEIT, dass Europa, „in Vielfalt geeint", ihnen die besten Möglichkeiten bietet, unter Wahrung der Rechte des Einzelnen und im Bewusstsein ihrer Verantwortung gegenüber den künftigen Generationen und der Erde dieses große Unterfangen fortzusetzen, das einen Raum eröffnet, in dem sich die Hoffnung der Menschen entfalten kann,

ENTSCHLOSSEN, das Werk, das im Rahmen der Verträge zur Gründung der Europäischen Gemeinschaften und des Vertrags über die Europäische Union geschaffen wurde, unter Wahrung der Kontinuität des gemeinschaftlichen Besitzstands fortzuführen,

IN WÜRDIGUNG der Leistung der Mitglieder des Europäischen Konvents, die den Entwurf dieser Verfassung im Namen der Bürgerinnen und Bürger und der Staaten Europas erarbeitet haben,

HABEN ZU BEVOLLMÄCHTIGTEN ERNANNT:

...

TEIL I

...

TITEL II

GRUNDRECHTE UND UNIONSBÜRGERSCHAFT

Artikel I-9

Grundrechte

(1) Die Union erkennt die Rechte, Freiheiten und Grundsätze an, die in der Charta der Grundrechte, die den Teil II bildet, enthalten sind.

(2) Die Union tritt der Europäischen Konvention zum Schutz der Menschenrechte und Grundfreiheiten bei. Dieser Beitritt ändert nicht die in der Verfassung festgelegten Zuständigkeiten der Union.

(3) Die Grundrechte, wie sie in der Europäischen Konvention zum Schutz der Menschenrechte und Grundfreiheiten gewährleistet sind und wie sie sich aus den gemeinsamen Verfassungsüberlieferungen der Mitgliedstaaten ergeben, sind als allgemeine Grundsätze Teil des Unionsrechts.

...

TEIL II
DIE CHARTA DER GRUNDRECHTE DER UNION

PRÄAMBEL

Die Völker Europas sind entschlossen, auf der Grundlage gemeinsamer Werte eine friedliche Zukunft zu teilen, indem sie sich zu einer immer engeren Union verbinden.

In dem Bewusstsein ihres geistig-religiösen und sittlichen Erbes gründet sich die Union auf die unteilbaren und universellen Werte der Würde des Menschen, der Freiheit, der Gleichheit und der Solidarität. Sie beruht auf den Grundsätzen der Demokratie und der Rechtsstaatlichkeit. Sie stellt den Menschen in den Mittelpunkt ihres Handelns, indem sie die Unionsbürgerschaft und einen Raum der Freiheit, der Sicherheit und des Rechts begründet.

Die Union trägt zur Erhaltung und zur Entwicklung dieser gemeinsamen Werte unter Achtung der Vielfalt der Kulturen und Traditionen der Völker Europas sowie der nationalen Identität der Mitgliedstaaten und der Organisation ihrer staatlichen Gewalt auf nationaler, regionaler und lokaler Ebene bei. Sie ist bestrebt, eine ausgewogene und nachhaltige Entwicklung zu fördern und stellt den freien Personen-, Dienstleistungs-, Waren- und Kapitalverkehr sowie die Niederlassungsfreiheit sicher.

Zu diesem Zweck ist es notwendig, angesichts der Weiterentwicklung der Gesellschaft, des sozialen Fortschritts und der wissenschaftlichen und technologischen Entwicklungen den Schutz der Grundrechte zu stärken, indem sie in einer Charta sichtbarer gemacht werden.

Diese Charta bekräftigt unter Achtung der Zuständigkeiten und Aufgaben der Union und des Subsidiaritätsprinzips die Rechte, die sich vor allem aus den gemeinsamen Verfassungstraditionen und den gemeinsamen internationalen Verpflichtungen der Mitgliedstaaten, aus der Europäischen Konvention zum Schutz der Menschenrechte und Grundfreiheiten, aus den von der Union und dem Europarat beschlossenen Sozialchartas sowie aus der Rechtsprechung des Gerichtshofs der Europäischen Union und des Europäischen Gerichtshofs für Menschenrechte ergeben. In diesem Zusammenhang erfolgt die Auslegung der Charta durch die Gerichte der Union und der Mitgliedstaaten unter gebührender Berücksichtigung der Erläuterungen, die unter der Leitung des Präsidiums des Konvents zur Ausarbeitung der Charta formuliert und unter der Verantwortung des Präsidiums des Europäischen Konvents aktualisiert wurden.

Die Ausübung dieser Rechte ist mit Verantwortung und mit Pflichten sowohl gegenüber den Mitmenschen als auch gegenüber der menschlichen Gemeinschaft und den künftigen Generationen verbunden.

Daher erkennt die Union die nachstehend aufgeführten Rechte, Freiheiten und Grundsätze an.

TITEL I

WÜRDE DES MENSCHEN

Artikel II-61

Würde des Menschen

Die Würde des Menschen ist unantastbar. Sie ist zu achten und zu schützen.

Artikel II-62

Recht auf Leben

(1) Jeder Mensch hat das Recht auf Leben.

(2) Niemand darf zur Todesstrafe verurteilt oder hingerichtet werden.

Artikel II-63

Recht auf Unversehrtheit

(1) Jeder Mensch hat das Recht auf körperliche und geistige Unversehrtheit.

(2) Im Rahmen der Medizin und der Biologie muss insbesondere Folgendes beachtet werden:

a) die freie Einwilligung des Betroffenen nach vorheriger Aufklärung entsprechend den gesetzlich festgelegten Einzelheiten,

b) das Verbot eugenischer Praktiken, insbesondere derjenigen, welche die Selektion von Menschen zum Ziel haben,

c) das Verbot, den menschlichen Körper und Teile davon als solche zur Erzielung von Gewinnen zu nutzen,

d) das Verbot des reproduktiven Klonens von Menschen.

Artikel II-64

Verbot der Folter und unmenschlicher oder erniedrigender Strafe oder Behandlung

Niemand darf der Folter oder unmenschlicher oder erniedrigender Strafe oder Behandlung unterworfen werden.

Artikel II-65

Verbot der Sklaverei und der Zwangsarbeit

(1) Niemand darf in Sklaverei oder Leibeigenschaft gehalten werden.

(2) Niemand darf gezwungen werden, Zwangs oder Pflichtarbeit zu verrichten.

(3) Menschenhandel ist verboten.

TITEL II

FREIHEITEN

Artikel II-66

Recht auf Freiheit und Sicherheit

Jeder Mensch hat das Recht auf Freiheit und Sicherheit.

Artikel II-67

Achtung des Privat und Familienlebens

Jede Person hat das Recht auf Achtung ihres Privat und Familienlebens, ihrer Wohnung sowie ihrer Kommunikation.

Artikel II-68

Schutz personenbezogener Daten

(1) Jede Person hat das Recht auf Schutz der sie betreffenden personenbezogenen Daten.

(2) Diese Daten dürfen nur nach Treu und Glauben für festgelegte Zwecke und mit Einwilligung der betroffenen Person oder auf einer sonstigen gesetzlich geregelten legitimen Grundlage verarbeitet werden. Jede Person hat das Recht, Auskunft über die sie betreffenden erhobenen Daten zu erhalten und die Berichtigung der Daten zu erwirken.

(3) Die Einhaltung dieser Vorschriften wird von einer unabhängigen Stelle überwacht.

Artikel II-69

Recht, eine Ehe einzugehen und eine Familie zu gründen

Das Recht, eine Ehe einzugehen, und das Recht, eine Familie zu gründen, werden nach den einzelstaatlichen Gesetzen gewährleistet, welche die Ausübung dieser Rechte regeln.

Artikel II-70

Gedanken, Gewissens und Religionsfreiheit

(1) Jede Person hat das Recht auf Gedanken, Gewissens und Religionsfreiheit. Dieses Recht umfasst die Freiheit, die Religion oder Weltanschauung zu wechseln, und die Freiheit, seine Religion oder Weltanschauung einzeln oder gemeinsam mit anderen öffentlich oder privat durch Gottesdienst, Unterricht, Bräuche und Riten zu bekennen.

(2) Das Recht auf Wehrdienstverweigerung aus Gewissensgründen wird nach den einzelstaatlichen Gesetzen anerkannt, welche die Ausübung dieses Rechts regeln.

Artikel II-71

Freiheit der Meinungsäußerung und Informationsfreiheit

(1) Jede Person hat das Recht auf freie Meinungsäußerung. Dieses Recht schließt die Meinungsfreiheit und die Freiheit ein, Informationen und Ideen ohne behördliche Eingriffe und ohne Rücksicht auf Staatsgrenzen zu empfangen und weiterzugeben.

(2) Die Freiheit der Medien und ihre Pluralität werden geachtet.

Artikel II-72

Versammlungs- und Vereinigungsfreiheit

(1) Jede Person hat das Recht, sich insbesondere im politischen, gewerkschaftlichen und zivilgesellschaftlichen Bereich auf allen Ebenen frei und friedlich mit anderen zu versammeln und frei mit anderen zusammenzuschließen, was das Recht jeder Person umfasst, zum Schutz ihrer Interessen Gewerkschaften zu gründen und Gewerkschaften beizutreten.

(2) Politische Parteien auf der Ebene der Union tragen dazu bei, den politischen Willen der Unionsbürgerinnen und Unionsbürger zum Ausdruck zu bringen.

Artikel II-73

Freiheit der Kunst und der Wissenschaft

Kunst und Forschung sind frei. Die akademische Freiheit wird geachtet.

Artikel II-74

Recht auf Bildung

(1) Jede Person hat das Recht auf Bildung sowie auf Zugang zur beruflichen Ausbildung und Weiterbildung.

(2) Dieses Recht umfasst die Möglichkeit, unentgeltlich am Pflichtschulunterricht teilzunehmen.

(3) Die Freiheit zur Gründung von Lehranstalten unter Achtung der demokratischen Grundsätze sowie das Recht der Eltern, die Erziehung und den Unterricht ihrer Kinder entsprechend ihren eigenen religiösen, weltanschaulichen und erzieherischen Überzeugungen sicherzustellen, werden nach den einzelstaatlichen Gesetzen geachtet, welche ihre Ausübung regeln.

Artikel II-75

Berufsfreiheit und Recht zu arbeiten

(1) Jede Person hat das Recht, zu arbeiten und einen frei gewählten oder angenommenen Beruf auszuüben.

(2) Alle Unionsbürgerinnen und Unionsbürger haben die Freiheit, in jedem Mitgliedstaat Arbeit zu suchen, zu arbeiten, sich niederzulassen oder Dienstleistungen zu erbringen.

(3) Die Staatsangehörigen dritter Länder, die im Hoheitsgebiet der Mitgliedstaaten arbeiten dürfen, haben Anspruch auf Arbeitsbedingungen, die denen der Unionsbürgerinnen und Unionsbürger entsprechen.

Artikel II-76

Unternehmerische Freiheit

Die unternehmerische Freiheit wird nach dem Unionsrecht und den einzelstaatlichen Rechtsvorschriften und Gepflogenheiten anerkannt.

Artikel II-77

Eigentumsrecht

(1) Jede Person hat das Recht, ihr rechtmäßig erworbenes Eigentum zu besitzen, zu nutzen, darüber zu verfügen und es zu vererben. Niemandem darf sein Eigentum entzogen werden, es sei denn aus Gründen des öffentlichen Interesses in den Fällen und unter den Bedingungen, die in einem Gesetz vorgesehen sind, sowie gegen eine rechtzeitige angemessene Entschädigung für den Verlust des Eigentums. Die Nutzung des Eigentums kann gesetzlich geregelt werden, soweit dies für das Wohl der Allgemeinheit erforderlich ist.

(2) Geistiges Eigentum wird geschützt.

Artikel II-78

Asylrecht

Das Recht auf Asyl wird nach Maßgabe des Genfer Abkommens vom 28. Juli 1951 und des Protokolls vom 31. Januar 1967 über die Rechtsstellung der Flüchtlinge sowie nach Maßgabe der Verfassung gewährleistet.

Artikel II-79

Schutz bei Abschiebung, Ausweisung und Auslieferung

(1) Kollektivausweisungen sind nicht zulässig.

(2) Niemand darf in einen Staat abgeschoben oder ausgewiesen oder an einen Staat ausgeliefert werden, in dem für sie oder ihn das ernsthafte Risiko der Todesstrafe, der Folter oder einer anderen unmenschlichen oder erniedrigenden Strafe oder Behandlung besteht.

TITEL III

GLEICHHEIT

Artikel II-80

Gleichheit vor dem Gesetz

Alle Personen sind vor dem Gesetz gleich.

Artikel II-81

Nichtdiskriminierung

(1) Diskriminierungen insbesondere wegen des Geschlechts, der Rasse, der Hautfarbe, der ethnischen oder sozialen Herkunft, der genetischen Merkmale, der Sprache, der Religion oder der Weltanschauung, der politi-

schen oder sonstigen Anschauung, der Zugehörigkeit zu einer nationalen Minderheit, des Vermögens, der Geburt, einer Behinderung, des Alters oder der sexuellen Ausrichtung sind verboten.

(2) Unbeschadet besonderer Bestimmungen der Verfassung ist in ihrem Anwendungsbereich jede Diskriminierung aus Gründen der Staatsangehörigkeit verboten.

Artikel II-82

Vielfalt der Kulturen, Religionen und Sprachen

Die Union achtet die Vielfalt der Kulturen, Religionen und Sprachen.

Artikel II-83

Gleichheit von Frauen und Männern

Die Gleichheit von Frauen und Männern ist in allen Bereichen, einschließlich der Beschäftigung, der Arbeit und des Arbeitsentgelts, sicherzustellen. Der Grundsatz der Gleichheit steht der Beibehaltung oder der Einführung spezifischer Vergünstigungen für das unterrepräsentierte Geschlecht nicht entgegen.

Artikel II-84

Rechte des Kindes

(1) Kinder haben Anspruch auf den Schutz und die Fürsorge, die für ihr Wohlergehen notwendig sind. Sie können ihre Meinung frei äußern. Ihre Meinung wird in den Angelegenheiten, die sie betreffen, in einer ihrem Alter und ihrem Reifegrad entsprechenden Weise berücksichtigt.

(2) Bei allen Kinder betreffenden Maßnahmen öffentlicher Stellen oder privater Einrichtungen muss das Wohl des Kindes eine vorrangige Erwägung sein.

(3) Jedes Kind hat Anspruch auf regelmäßige persönliche Beziehungen und direkte Kontakte zu beiden Elternteilen, es sei denn, dies steht seinem Wohl entgegen.

Artikel II-85

Rechte älterer Menschen

Die Union anerkennt und achtet das Recht älterer Menschen auf ein würdiges und unabhängiges Leben und auf Teilnahme am sozialen und kulturellen Leben.

Artikel II-86

Integration von Menschen mit Behinderung

Die Union anerkennt und achtet den Anspruch von Menschen mit Behinderung auf Maßnahmen zur Gewährleistung ihrer Eigenständigkeit, ihrer sozialen und beruflichen Eingliederung und ihrer Teilnahme am Leben der Gemeinschaft.

TITEL IV

SOLIDARITÄT

Artikel II-87

Recht auf Unterrichtung und Anhörung der Arbeitnehmerinnen und Arbeitnehmer im Unternehmen

Für die Arbeitnehmerinnen und Arbeitnehmer oder ihre Vertreter muss auf den geeigneten Ebenen eine rechtzeitige Unterrichtung und Anhörung in den Fällen und unter den Voraussetzungen gewährleistet sein, die nach dem Unionsrecht und den einzelstaatlichen Rechtsvorschriften und Gepflogenheiten vorgesehen sind.

Artikel II-88

Recht auf Kollektivverhandlungen und Kollektivmaßnahmen

Die Arbeitnehmerinnen und Arbeitnehmer sowie die Arbeitgeberinnen und Arbeitgeber oder ihre jeweiligen Organisationen haben nach dem Unionsrecht und den einzelstaatlichen Rechtsvorschriften und Gepflogenheiten das Recht, Tarifverträge auf den geeigneten Ebenen auszuhandeln und zu schließen sowie bei Interessenkonflikten kollektive Maßnahmen zur Verteidigung ihrer Interessen, einschließlich Streiks, zu ergreifen.

Artikel II-89

Recht auf Zugang zu einem Arbeitsvermittlungsdienst

Jeder Mensch hat das Recht auf Zugang zu einem unentgeltlichen Arbeitsvermittlungsdienst.

Artikel II-90

Schutz bei ungerechtfertigter Entlassung

Jede Arbeitnehmerin und jeder Arbeitnehmer hat nach dem Unionsrecht und den einzelstaatlichen Rechtsvorschriften und Gepflogenheiten Anspruch auf Schutz vor ungerechtfertigter Entlassung.

Artikel II-91

Gerechte und angemessene Arbeitsbedingungen

(1) Jede Arbeitnehmerin und jeder Arbeitnehmer hat das Recht auf gesunde, sichere und würdige Arbeitsbedingungen.

(2) Jede Arbeitnehmerin und jeder Arbeitnehmer hat das Recht auf eine Begrenzung der Höchstarbeitszeit, auf tägliche und wöchentliche Ruhezeiten sowie auf bezahlten Jahresurlaub.

Artikel II-92

Verbot der Kinderarbeit und Schutz der Jugendlichen am Arbeitsplatz

Kinderarbeit ist verboten. Unbeschadet günstigerer Vorschriften für Jugendliche und abgesehen von begrenzten Ausnahmen darf das Mindestalter für den Eintritt in das Arbeitsleben das Alter, in dem die Schulpflicht endet, nicht unterschreiten. Zur Arbeit zugelassene Jugendliche müssen ihrem Alter angepasste Arbeitsbedingungen erhalten und vor wirtschaftlicher Ausbeutung und vor jeder Arbeit geschützt werden, die ihre Sicherheit, ihre Gesundheit, ihre körperliche, geistige, sittliche oder soziale Entwicklung beeinträchtigen oder ihre Erziehung gefährden könnte.

Artikel II-93

Familien und Berufsleben

(1) Der rechtliche, wirtschaftliche und soziale Schutz der Familie wird gewährleistet.

(2) Um Familien und Berufsleben miteinander in Einklang bringen zu können, hat jeder Mensch das Recht auf Schutz vor Entlassung aus einem mit der Mutterschaft zusammenhängenden Grund sowie den Anspruch auf einen bezahlten Mutterschaftsurlaub und auf einen Elternurlaub nach der Geburt oder Adoption eines Kindes.

Artikel II-94

Soziale Sicherheit und soziale Unterstützung

(1) Die Union anerkennt und achtet das Recht auf Zugang zu den Leistungen der sozialen Sicherheit und zu den sozialen Diensten, die in Fällen wie Mutterschaft, Krankheit, Arbeitsunfall, Pflegebedürftigkeit oder im Alter sowie bei Verlust des Arbeitsplatzes Schutz gewährleisten, nach Maßgabe des Unionsrechts und der einzelstaatlichen Rechtsvorschriften und Gepflogenheiten.

(2) Jeder Mensch, der in der Union seinen rechtmäßigen Wohnsitz hat und seinen Aufenthalt rechtmäßig wechselt, hat Anspruch auf die Leistungen der sozialen Sicherheit und die sozialen Vergünstigungen nach dem Unionsrecht und den einzelstaatlichen Rechtsvorschriften und Gepflogenheiten.

(3) Um die soziale Ausgrenzung und die Armut zu bekämpfen, anerkennt und achtet die Union das Recht auf eine soziale Unterstützung und eine Unterstützung für die Wohnung, die allen, die nicht über ausreichende Mittel verfügen, ein menschenwürdiges Dasein sicherstellen sollen, nach Maßgabe des Unionsrechts und der einzelstaatlichen Rechtsvorschriften und Gepflogenheiten.

Artikel II-95

Gesundheitsschutz

Jeder Mensch hat das Recht auf Zugang zur Gesundheitsvorsorge und auf ärztliche Versorgung nach Maßgabe der einzelstaatlichen Rechtsvorschriften und Gepflogenheiten. Bei der Festlegung und Durchführung der Politik und Maßnahmen der Union in allen Bereichen wird ein hohes Gesundheitsschutzniveau sichergestellt.

Artikel II-96

Zugang zu Dienstleistungen von allgemeinem wirtschaftlichen Interesse

Die Union anerkennt und achtet den Zugang zu Dienstleistungen von allgemeinem wirtschaftlichen Interesse, wie er durch die einzelstaatlichen Rechtsvorschriften und Gepflogenheiten im Einklang mit der Verfassung geregelt ist, um den sozialen und territorialen Zusammenhalt der Union zu fördern.

Artikel II-97

Umweltschutz

Ein hohes Umweltschutzniveau und die Verbesserung der Umweltqualität müssen in die Politik der Union einbezogen und nach dem Grundsatz der nachhaltigen Entwicklung sichergestellt werden.

Artikel II-98

Verbraucherschutz

Die Politik der Union stellt ein hohes Verbraucherschutzniveau sicher.

TITEL V

BÜRGERRECHTE

Artikel II-99

Aktives und passives Wahlrecht bei den Wahlen zum Europäischen Parlament

(1) Die Unionsbürgerinnen und Unionsbürger besitzen in dem Mitgliedstaat, in dem sie ihren Wohnsitz haben, das aktive und passive Wahlrecht bei den Wahlen zum Europäischen Parlament unter denselben Bedingungen wie die Angehörigen des betreffenden Mitgliedstaats.

(2) Die Mitglieder des Europäischen Parlaments werden in allgemeiner, unmittelbarer, freier und geheimer Wahl gewählt.

Artikel II-100

Aktives und passives Wahlrecht bei den Kommunalwahlen

Die Unionsbürgerinnen und Unionsbürger besitzen in dem Mitgliedstaat, in dem sie ihren Wohnsitz haben, das aktive und passive Wahlrecht bei Kommunalwahlen unter denselben Bedingungen wie die Angehörigen des betreffenden Mitgliedstaats.

Artikel II-101

Recht auf eine gute Verwaltung

(1) Jede Person hat ein Recht darauf, dass ihre Angelegenheiten von den Organen, Einrichtungen und sonstigen Stellen der Union unparteiisch, gerecht und innerhalb einer angemessenen Frist behandelt werden.

(2) Dieses Recht umfasst insbesondere

a) das Recht jeder Person, gehört zu werden, bevor ihr gegenüber eine für sie nachteilige individuelle Maßnahme getroffen wird,

b) das Recht jeder Person auf Zugang zu den sie betreffenden Akten unter Wahrung des berechtigten Interesses der Vertraulichkeit sowie des Berufs und Geschäftsgeheimnisses,

c) die Verpflichtung der Verwaltung, ihre Entscheidungen zu begründen.

(3) Jede Person hat Anspruch darauf, dass die Union den durch ihre Organe oder Bediensteten in Ausübung ihrer Amtstätigkeit verursachten Schaden nach den allgemeinen Rechtsgrundsätzen ersetzt, die den Rechtsordnungen der Mitgliedstaaten gemeinsam sind.

(4) Jede Person kann sich in einer der Sprachen der Verfassung an die Organe der Union wenden und muss eine Antwort in derselben Sprache erhalten.

Artikel II-102

Recht auf Zugang zu Dokumenten

Die Unionsbürgerinnen und Unionsbürger sowie jede natürliche oder juristische Person mit Wohnsitz oder satzungsmäßigem Sitz in einem Mitgliedstaat haben das Recht auf Zugang zu den Dokumenten der Organe, Einrichtungen und sonstigen Stellen der Union, unabhängig von der Form der für diese Dokumente verwendeten Träger.

Artikel II-103

Der Europäische Bürgerbeauftragte

Die Unionsbürgerinnen und Unionsbürger sowie jede natürliche oder juristische Person mit Wohnsitz oder satzungsmäßigem Sitz in einem Mitgliedstaat haben das Recht, den Europäischen Bürgerbeauftragten im Falle von Missständen bei der Tätigkeit der Organe, Einrichtungen und sonstigen Stellen der Union, mit Ausnahme des Gerichtshofs der Europäischen Union in Ausübung seiner Rechtsprechungsbefugnisse, zu befassen.

Artikel II-104

Petitionsrecht

Die Unionsbürgerinnen und Unionsbürger sowie jede natürliche oder juristische Person mit Wohnsitz oder satzungsmäßigem Sitz in einem Mitgliedstaat haben das Recht, eine Petition an das Europäische Parlament zu richten.

Artikel II-105

Freizügigkeit und Aufenthaltsfreiheit

(1) Die Unionsbürgerinnen und Unionsbürger haben das Recht, sich im Hoheitsgebiet der Mitgliedstaaten frei zu bewegen und aufzuhalten.

(2) Staatsangehörigen von Drittländern, die sich rechtmäßig im Hoheitsgebiet eines Mitgliedstaats aufhalten, kann nach Maßgabe der Verfassung Freizügigkeit und Aufenthaltsfreiheit gewährt werden.

Artikel II-106

Diplomatischer und konsularischer Schutz

Die Unionsbürgerinnen und Unionsbürger genießen im Hoheitsgebiet eines Drittlands, in dem der Mitgliedstaat, dessen Staatsangehörigkeit sie besitzen, nicht vertreten ist, den Schutz durch die diplomatischen und konsularischen Behörden eines jeden Mitgliedstaats unter denselben Bedingungen wie Staatsangehörige dieses Staates.

TITEL VI

JUSTIZIELLE RECHTE

Artikel II-107

Recht auf einen wirksamen Rechtsbehelf und ein unparteiisches Gericht

Jede Person, deren durch das Recht der Union garantierte Rechte oder Freiheiten verletzt worden sind, hat das Recht, nach Maßgabe der in diesem Artikel vorgesehenen Bedingungen bei einem Gericht einen wirksamen Rechtsbehelf einzulegen.

Jede Person hat ein Recht darauf, dass ihre Sache von einem unabhängigen, unparteiischen und zuvor durch Gesetz errichteten Gericht in einem fairen Verfahren, öffentlich und innerhalb angemessener Frist verhandelt wird. Jede Person kann sich beraten, verteidigen und vertreten lassen.

Personen, die nicht über ausreichende Mittel verfügen, wird Prozesskostenhilfe bewilligt, soweit diese Hilfe erforderlich ist, um den Zugang zu den Gerichten wirksam zu gewährleisten.

Artikel II-108

Unschuldsvermutung und Verteidigungsrechte

(1) Jeder Angeklagte gilt bis zum rechtsförmlich erbrachten Beweis seiner Schuld als unschuldig.

(2) Jedem Angeklagten wird die Achtung der Verteidigungsrechte gewährleistet.

Artikel II-109

Grundsätze der Gesetzmäßigkeit und der Verhältnismäßigkeit im Zusammenhang mit Straftaten und Strafen

(1) Niemand darf wegen einer Handlung oder Unterlassung verurteilt werden, die zur Zeit ihrer Begehung nach innerstaatlichem oder internationalem Recht nicht strafbar war. Es darf auch keine schwerere Strafe als die zur Zeit der Begehung angedrohte Strafe verhängt werden. Wird nach Begehung einer Straftat durch Gesetz eine mildere Strafe eingeführt, so ist diese zu verhängen.

(2) Dieser Artikel schließt nicht aus, dass eine Person wegen einer Handlung oder Unterlassung verurteilt oder bestraft wird, die zur Zeit ihrer Begehung nach den allgemeinen, von der Gesamtheit der Nationen anerkannten Grundsätzen strafbar war.

(3) Das Strafmaß darf zur Straftat nicht unverhältnismäßig sein.

Artikel II-110

Recht, wegen derselben Straftat nicht zweimal strafrechtlich verfolgt oder bestraft zu werden

Niemand darf wegen einer Straftat, derentwegen er bereits in der Union nach dem Gesetz rechtskräftig verurteilt oder freigesprochen worden ist, in einem Strafverfahren erneut verfolgt oder bestraft werden.

TITEL VII

ALLGEMEINE BESTIMMUNGEN ÜBER DIE AUSLEGUNG UND ANWENDUNG DER CHARTA

Artikel II-111

Anwendungsbereich

(1) Diese Charta gilt für die Organe, Einrichtungen und sonstigen Stellen der Union unter Wahrung des Subsidiaritätsprinzips und für die Mitgliedstaaten ausschließlich bei der Durchführung des Rechts der Union. Dementsprechend achten sie die Rechte, halten sie sich an die Grundsätze und fördern sie deren Anwendung entsprechend ihren jeweiligen Zuständigkeiten und unter Achtung der Grenzen der Zuständigkeiten, die der Union in anderen Teilen der Verfassung übertragen werden.

(2) Diese Charta dehnt den Geltungsbereich des Unionsrechts nicht über die Zuständigkeiten der Union hinaus aus und begründet weder neue Zuständigkeiten noch neue Aufgaben für die Union, noch ändert sie die in den anderen Teilen der Verfassung festgelegten Zuständigkeiten und Aufgaben.

Artikel II-112

Tragweite und Auslegung der Rechte und Grundsätze

(1) Jede Einschränkung der Ausübung der in dieser Charta anerkannten Rechte und Freiheiten muss gesetzlich vorgesehen sein und den Wesensgehalt dieser Rechte und Freiheiten achten. Unter Wahrung des Grundsatzes der Verhältnismäßigkeit dürfen Einschränkungen nur vorgenommen werden, wenn sie erforderlich sind und den von der Union anerkannten dem Gemeinwohl dienenden Zielsetzungen oder den Erfordernissen des Schutzes der Rechte und Freiheiten anderer tatsächlich entsprechen.

(2) Die Ausübung der durch diese Charta anerkannten Rechte, die in anderen Teilen der Verfassung geregelt sind, erfolgt im Rahmen der dort festgelegten Bedingungen und Grenzen.

(3) Soweit diese Charta Rechte enthält, die den durch die Europäische Konvention zum Schutz der Menschenrechte und Grundfreiheiten garantierten Rechten entsprechen, haben sie die gleiche Bedeutung und Tragweite, wie

sie ihnen in der genannten Konvention verliehen wird. Diese Bestimmung steht dem nicht entgegen, dass das Recht der Union einen weiter gehenden Schutz gewährt.

(4) Soweit in dieser Charta Grundrechte anerkannt werden, wie sie sich aus den gemeinsamen Verfassungsüberlieferungen der Mitgliedstaaten ergeben, werden sie im Einklang mit diesen Überlieferungen ausgelegt.

(5) Die Bestimmungen dieser Charta, in denen Grundsätze festgelegt sind, können durch Akte der Gesetzgebung und der Ausführung der Organe, Einrichtungen und sonstigen Stellen der Union sowie durch Akte der Mitgliedstaaten zur Durchführung des Rechts der Union in Ausübung ihrer jeweiligen Zuständigkeiten umgesetzt werden. Sie können vor Gericht nur bei der Auslegung dieser Akte und bei Entscheidungen über deren Rechtmäßigkeit herangezogen werden.

(6) Den einzelstaatlichen Rechtsvorschriften und Gepflogenheiten ist, wie es in dieser Charta bestimmt ist, in vollem Umfang Rechnung zu tragen.

(7) Die Erläuterungen, die als Anleitung für die Auslegung der Charta der Grundrechte verfasst wurden, sind von den Gerichten der Union und der Mitgliedstaaten gebührend zu berücksichtigen.

Artikel II-113

Schutzniveau

Keine Bestimmung dieser Charta ist als eine Einschränkung oder Verletzung der Menschenrechte und Grundfreiheiten auszulegen, die in dem jeweiligen Anwendungsbereich durch das Recht der Union und das Völkerrecht sowie durch die internationalen Übereinkünfte, bei denen die Union oder alle Mitgliedstaaten Vertragsparteien sind, darunter insbesondere die Europäische Konvention zum Schutz der Menschenrechte und Grundfreiheiten, sowie durch die Verfassungen der Mitgliedstaaten anerkannt werden.

Artikel II-114

Verbot des Missbrauchs der Rechte

Keine Bestimmung dieser Charta ist so auszulegen, als begründe sie das Recht, eine Tätigkeit auszuüben oder eine Handlung vorzunehmen, die darauf abzielt, die in der Charta anerkannten Rechte und Freiheiten abzuschaffen oder sie stärker einzuschränken, als dies in der Charta vorgesehen ist.

Teil III
DIE POLITIKBEREICHE UND DIE ARBEITSWEISE DER UNION

...

TITEL VI
ARBEITSWEISE DER UNION

KAPITEL I
INSTITUTIONELLE BESTIMMUNGEN

ABSCHNITT 1
DIE ORGANE

...

Unterabschnitt 5
Der Gerichtshof der Europäischen Union

...

Artikel III-365

(1) Der Gerichtshof der Europäischen Union überwacht die Rechtmäßigkeit der Europäischen Gesetze und Rahmengesetze sowie der Handlungen des Rates, der Kommission und der Europäischen Zentralbank, soweit es sich nicht um Empfehlungen oder Stellungnahmen handelt, und der Handlungen

des Europäischen Parlaments und des Europäischen Rates mit Rechtswirkung gegenüber Dritten. Er überwacht ebenfalls die Rechtmäßigkeit der Handlungen der Einrichtungen oder sonstigen Stellen der Union mit Rechtswirkung gegenüber Dritten.

(2) Für die Zwecke des Absatzes 1 ist der Gerichtshof der Europäischen Union für Klagen zuständig, die ein Mitgliedstaat, das Europäische Parlament, der Rat oder die Kommission wegen Unzuständigkeit, Verletzung wesentlicher Formvorschriften, Verletzung der Verfassung oder einer bei ihrer Durchführung anzuwendenden Rechtsnorm oder wegen Ermessensmissbrauchs erhebt.

(3) Der Gerichtshof der Europäischen Union ist unter den in den Absätzen 1 und 2 genannten Bedingungen zuständig für Klagen des Rechnungshofs, der Europäischen Zentralbank und des Ausschusses der Regionen, die auf die Wahrung ihrer Rechte abzielen.

(4) Jede natürliche oder juristische Person kann unter den in den Absätzen 1 und 2 genannten Bedingungen gegen die an sie gerichteten oder sie unmittelbar und individuell betreffenden Handlungen sowie gegen Rechtsakte mit Verordnungscharakter, die sie unmittelbar betreffen und keine Durchführungsmaßnahmen nach sich ziehen, Klage erheben.

(5) In den Rechtsakten zur Gründung von Einrichtungen und sonstigen Stellen der Union können besondere Bedingungen und Einzelheiten für die Erhebung von Klagen von natürlichen oder juristischen Personen gegen Handlungen dieser Einrichtungen und sonstigen Stellen vorgesehen werden, die eine Rechtswirkung gegenüber diesen Personen haben.

(6) Die in diesem Artikel vorgesehenen Klagen sind binnen zwei Monaten zu erheben; diese Frist läuft je nach Lage des Falles von der Veröffentlichung der betreffenden Handlung, ihrer Bekanntgabe an den Kläger oder in Ermangelung dessen von dem Zeitpunkt an, zu dem der Kläger von dieser Handlung Kenntnis erlangt hat.

...

TEIL IV.
ALLGEMEINE UND SCHLUSSBESTIMMUNGEN

...

Artikel IV-447

Ratifikation und Inkrafttreten

(1) Dieser Vertrag bedarf der Ratifikation durch die Hohen Vertragsparteien im Einklang mit ihren verfassungsrechtlichen Vorschriften. Die Ratifikationsurkunden werden bei der Regierung der Italienischen Republik hinterlegt.

(2) Dieser Vertrag tritt am 1. November 2006 in Kraft, sofern alle Ratifikationsurkunden hinterlegt worden sind, oder andernfalls am ersten Tag des zweiten auf die Hinterlegung der letzten Ratifikationsurkunde folgenden Monats.

...

Literaturverzeichnis

Alber, Siegbert Die Selbstbindung der europäischen Organe an die Europäische Charta der Grundrechte, EuGRZ 2001, S. 349-353

Alber, Siegbert / Widmaier, Ulrich Die EU-Charta der Grundrechte und ihre Auswirkungen auf die Rechtsprechung – Zu den Beziehungen zwischen EuGH und EGMR, EuGRZ 2000, S. 497-510

Alber, Siegbert Die Entwürfe des Europäischen Parlaments für eine europäische Verfassung, Vortrag vor dem Europa-Institut der Universität des Saarlandes, Saarbrücken, den 25. Juni 1991, in: *Ress, Georg / Stein, Torsten* (Hrsg.), Vorträge, Reden und Berichte aus dem Europa-Institut – Sektion Rechtswissenschaft, Nr. 248, Saarbrücken 1994, S. 1 ff.

Albers, Marion Die Kodifikation von Grundrechtsnormen im Recht der Europäischen Union, in: *Albers, Marion / Heine, Manfred / Seyfarth, Georg* (Hrsg.), Beobachten – Entscheiden – Gestalten, Symposion zum Ausscheiden von Dieter Grimm aus dem Bundesverfassungsgericht, 1. Auflage, Berlin 2000, S. 129-159

Badura, Peter Das öffentliche Unternehmen im europäischen Binnenmarkt, ZGR 1997, S. 291-305

Barriga, Stefan Die Entstehung der Charta der Grundrechte der Europäischen Union – Eine Analyse der Arbeiten im Konvent und kompetenzrechtlicher Fragen, 1. Auflage, Baden-Baden 2003

Bauer, Ralf Das Recht auf eine gute Verwaltung im Europäischen Gemeinschaftsrecht – Inhalt, Anwendungsbereich und Einschränkungsvoraussetzungen des Grundrechts auf eine gute Verwaltung in Artikel 41 der Charta der Grundrechte der Europäischen Union, Frankfurt am Main 2002, S. 1 ff.

Baum, Marius Rights Brought Home – Zur Inkorporierung der Europäischen Konvention zum Schutze der Menschenrechte und Grundfreiheiten in das nationale Recht des Vereinigten Königreichs von Großbritannien und Nordirland, EuGRZ 2000, S. 281-303

Bausback, Winfried „Auslagerung" des Grundrechtsschutzes auf die internationale Ebene?, ZRP 1999, S. 6-9

Benda, Ernst Die Bindungswirkung von Entscheidungen des Europäischen Gerichtshofs für Menschenrechte, AnwBl 2005, S. 602-608

Bères, Pervenche Die Charta – ein Kampf für die Werte der Union, in: *Kaufmann, Sylvia-Yvonne* (Hrsg.), Grundrechtecharta der Europäischen Union, Bonn 2001, S. 17-24

Bergdoll, Udo Die Nacht der langen Messer, SZ Nr. 282 v. 07.12.2000, S. 9

Bering Liisberg, Jonas Does the EU Charter of Fundamental Rights threaten the Supremacy of Community Law?, CML Rev. 38 (2001), S. 1171-1199

Bernhardt, Rudolf Human Rights in German Legal Tradition and Thinking, in: *Bieber, Roland / de Gucht, Karel / Lenaerts, Koen / Weiler, Joseph* (Hrsg.), Au nom des peuples européens – in the name of the peoples of Europe: Un catalogue des droits fondamentaux de l'Union européenne – A catalogue of fundamental rights in the European Union, 1. Auflage, Baden-Baden 1996, S. 127-136

Bernhardt, Rudolf Interpretation in International Law, in: *Bernhardt, Rudolf* (Hrsg.), Encyclopedia of Public International Law, Band II, Amsterdam u.a. 1995, S. 1416-1626

Bernsdorff, Norbert / Borowsky, Martin Die Charta der Grundrechte der Europäischen Union – Handreichungen und Sitzungsprotokolle, 1. Auflage, Baden-Baden 2002

Bernsdorff, Norbert Die Charta der Grundrechte der Europäischen Union – Notwendigkeit, Prozess und Auswirkungen, NdsVBl. 2001, S. 177-184

Besselink, Leonard F.M. The Member States, the National Constitutions and the Scope of the Charter, 8 MJ 1 (2001), S. 68-80

Besselink, Leonard F.M. Entrapped by the maximum standard: On fundamental rights, pluralism and subsidiarity in the European Union, CML Rev. 35 (1998), S. 629-680

Bethge, Herbert Die Grundrechtsberechtigung juristischer Personen nach Art. 19 Abs. 3 Grundgesetz, Passau 1985

Beutler, Bengt / Bieber, Roland / Pipkorn, Jörn / Streil, Jochen Die Europäische Union – Rechtsordnung und Politik, 5. Auflage, Baden-Baden 2001

Beutler, Bengt Die Erklärung des Europäischen Parlaments über Grundrechte und Grundfreiheiten vom 12. April 1989, EuGRZ 1989, S. 185-189

Bieber, Roland Auf dem Weg zum Beitritt zur EMRK oder ein Grundrechtskatalog für die Europäische Union?, in: *Bieber, Roland / Boillat, Philippe / Borghi, Marco / Furrer, Andreas / Jacqué, Jean Paul / Wildhaber, Luzius*, Grundrechtsschutz in Europa – Protection des droits fondamentaux en Europe, Bern 2001, S. 9-14

Bifulco, Raffaele / Cartabia, Marta / Celotto, Alfonso (Hrsg.) L'Europa dei diritti – Commento alla Carta dei diritti fondamentali dell'Unione Europea, Bologna 2001

Bleckmann, Albert Probleme der Unionsbürgerschaft sowie der Unionszugehörigkeit der Schiffe und Gesellschaften, in: *Cremer, Hans-Joachim / Giegerich, Thomas / Richter, Dagmar / Zimmermann, Andreas* (Hrsg.), Tradition und Weltoffenheit des Rechts, Festschrift für *Helmut Steinberger*, Berlin 2002, S. 1087-1101

Bleckmann, Albert Völkerrecht, 1. Auflage, Baden-Baden 2001

Bleckmann, Albert Europarecht – Das Recht der Europäischen Union und der Europäischen Gemeinschaften, 6. Auflage, Köln u.a. 1997

Bleckmann, Albert Zu den Auslegungsmethoden des Europäischen Gerichtshofs, NJW 1982, S. 1177-1182

Blumenwitz, Dieter Der Europäische Verfassungsvertrag – Die Chancen und Gefahren des Entwurfs für das Gelingen von Erweiterung und Vertiefung der Europäischen Union, ZfP 2004, 115-134

Blumenwitz, Dieter Die Universalität der Menschenrechte, Kirche und Gesellschaft Nr. 307 (2004), S. 1-16

Blumenwitz, Dieter Vorschlag einer Minderheitenschutzbestimmung in der Charta der Grundrechte der Europäischen Union, München 2001

von Bogdandy, Armin Grundrechtsgemeinschaft als Integrationsziel? – Grundrechte und das Wesen der Europäischen Union, JZ 2001, S. 157-171

Bolesch, Cornelia Nizza-Gipfel einigt sich auf Reform der EU, SZ Nr. 286 v. 12.12.2000, S. 1; „Das ist ein guter Start" – Der EU-Reformkonvent begrüßt mit großer Mehrheit den vom Präsidium vorgelegten Entwurf für eine europäische Verfassung, SZ Nr. 251 v. 30.10.2002, S. 9; Schwieriger Konvent der Europäischen Union – Streiten über Gott und Geist, SZ Nr. 48 v. 27.02.2003, S. 9

Borchardt, Klaus-Dieter Der Europäische Gerichtshof – Besetzung, Anrufung, Zuständigkeiten, Vorabentscheidung und einstweiliger Rechtsschutz, Kommentar zu den Art. 220-245 EGV mit Textanhang, aktualisierter Auszug aus *Lenz, Carl Otto* (Hrsg.), EG- Kommentar (2. Auflage), 1. Auflage, Köln 2000

Bossi, Tania Die Grundrechtecharta – Wertekanon für die Europäische Union, in: *Weidenfeld, Werner* (Hrsg.), Nizza in der Analyse, Gütersloh 2001, S. 203-242

Braibant, Guy La Charte des droits fondamentaux de l'Union européenne – Actes des Journées d'études sous la direction de *Florence Benoit-Rohmer* – Conclusions, RUDH 2000, S. 66-69

Breuer, Marten Zur Anordnung konkreter Abhilfemaßnahmen durch den EGMR – Der Gerichtshof betritt neue Wege im Fall Asanidse gegen Georgien, EuGRZ 2004, S. 257-263

Breuer, Marten Der Europäische Gerichtshof für Menschenrechte als Wächter des europäischen Gemeinschaftsrechts, JZ 2003, S. 433-443

Broß, Siegfried Grundrechte und Grundwerte in Europa, JZ 2003, S. 429-433

Bühler, Margit Einschränkung von Grundrechten nach der Europäischen Grundrechtecharta, Berlin 2005

de Búrca, Gráinne The drafting of the European Union Charter of fundamental rights, E.L.Rev. 26 (2001), S. 126-138

van den Burg, Ieke Die EU-Grundrechtecharta aus der Sicht eines sozialen Europas, in: *Kaufmann, Sylvia-Yvonne* (Hrsg.), Grundrechtecharta der Europäischen Union, Bonn 2001, S. 35-50

Busse, Christian Eine kritische Würdigung der Präambel der Europäischen Grundrechtecharta, EuGRZ 2002, S. 559-576

Busse, Christian Das Projekt der Europäischen Grundrechtscharta vor dem Hintergrund der EMRK, ThürVBl. 2001, S. 73-80

Busse, Christian Die Geltung der EMRK für Rechtsakte der EU, NJW 2000, S. 1074-1079

Caflisch, Lucius Marriage and family in the case-law of the European Court of Human Rights, in: *Drnas de Clément, Zlata* (Hrsg.), Estudios de derecho internacional – en homenaje al profesor Ernesto J. Rey Caro, Córdoba 2002, S. 925-940

Callewaert, Johan The Privilege against Self-Incrimination in European Law – An Illustration of the Impact of the Plurality of Courts and Legal Sources on the Protection of Fundamental Rights in Europe, ERA-Forum 4/2004, S. 488-498

Callewaert, Johan Die EMRK und die EU-Grundrechtecharta – Bestandsaufnahme einer Harmonisierung auf halbem Weg, EuGRZ 2003, S. 198-206

Callewaert, Johan Les rapports entre la Charte et la Convention européenne des droits de l'homme, in: *Heusel, Wolfgang* (Hrsg.), Grundrechtecharta und Verfassungsentwicklung in der EU – The Charter of Fundamental Rights and Constitutional Development in the EU – La Charte des droits fondamentaux et le développement constitutionnel de l'Union européenne, Köln 2002, S. 129-133

Calliess, Christian Die Europäische Grundrechts-Charta, in: *Ehlers, Dirk* (Hrsg.), Europäische Grundrechte und Grundfreiheiten, Berlin 2003, § 19, S. 447-466

Calliess, Christian / Ruffert, Matthias (Hrsg.) Kommentar des Vertrages über die Europäische Union und des Vertrages zur Gründung der Europäischen Gemeinschaft – EUV / EGV, 2. Auflage, Neuwied u.a. 2002

Calliess, Christian Kohärenz und Konvergenz beim europäischen Individualrechtsschutz – Der Zugang zum Gericht im Lichte des Grundrechts auf effektiven Rechtsschutz, NJW 2002, S. 3577-3582

Calliess, Christian Die Charta der Grundrechte der Europäischen Union – Fragen der Konzeption, Kompetenz und Verbindlichkeit, EuZW 2001, S. 261-268

Caracciolo di Torella / Reid The changing shape of the "European family" and fundamental rights, E.L.Rev. 27 (2002), S. 80-90

Carrasco Macía, Laura Le projet de Charte des droits fondamentaux de l'Union européenne, Eipascope 2000, S. 19-27

Carrillo Salcedo, Juan Human Rights, Universal Declaration (1948), in: *Bernhardt, Rudolf* (Hrsg.), Encyclopedia of Public International Law, Band II, Amsterdam u.a. 1995, S. 922-926

Cirkel, Johannes Die Bindungen der Mitgliedstaaten an die Gemeinschaftsgrundrechte, 1. Auflage, Baden-Baden 2000

Cohen Jonathan, Gérard Human Rights Covenants, in: *Bernhardt, Rudolf* (Hrsg.), Encyclopedia of Public International Law, Band II, Amsterdam u.a. 1995, S. 915-922

Cole, Mark D. Eine Europäische Grundrechtscharta? – Forum des Bundesjustizministeriums und der EU-Kommission, NJW 1999, S. 2798

Coppel, Jason / O'Neill, Aidan The European Court of Justice: Taking rights seriously?, CML Rev. (29) 1992, S. 669-692

Crones, Luisa Grundrechtlicher Schutz von juristischen Personen im europäischen Gemeinschaftsrecht – Eine rechtsvergleichende Untersuchung zum persönlichen Anwendungsbereich der Grundfreiheiten und der Gemeinschaftsgrundrechte, 1. Auflage, Baden-Baden 2002

Curtin, Deirdre / van Ooik, Ronald The Sting is Always in the Tail. The Personal Scope of Application of the EU Charter of Fundamental Rights, 8 MJ 1 (2001), S. 102-114

von Danwitz, Thomas Zwischen Symbolismus und Realismus – Die Grundrechtscharta der Europäischen Union, Internationale Politik 2/2001, S. 37-42

Däubler-Gmelin, Herta Warum brauchen die Europäer eine Charta der Grundrechte?, in: *Vertretung der Europäischen Kommission in der Bundesrepublik Deutschland* (Hrsg.), Eine europäische Charta der Grundrechte – Beitrag zur gemeinsamen Identität, Gemeinsames Forum des Bundesministeriums der Justiz und der Vertretung der Europäischen Kommission in der Bundesrepublik Deutschland am 27. April 1999 in Köln - Gürzenich, Europäische Gespräche 2/1999, S. 9-19

Däubler-Gmelin, Herta Schwerpunkte der Rechtspolitik in der neuen Legislaturperiode, ZRP 1999, S. 81-85

Davis, Roy W. Citizenship of the Union ... rights for all?, E.L.Rev. 27 (2002), S. 121-137

Deutscher Bundestag, Referat Öffentlichkeitsarbeit (Hrsg.) Die Charta der Grundrechte der Europäischen Union – Berichte und Dokumentation – mit einer Einleitung von *Jürgen Meyer* und *Markus Engels*, Berlin 2001

Deutscher Bundestag, Ausschuss für die Angelegenheiten der Europäischen Union (Hrsg.) Öffentliche Anhörung zu der Charta der Grundrechte der Europäischen Union – Gemeinsame Sitzung des Ausschusses für die Angelegenheiten der Europäischen Union des Deutschen Bundestages mit dem Ausschuss für Fragen der Europäischen Union des Bundesrates am 5. April 2000 – Texte und Materialien, Bd. 9, Berlin 2000

Deutscher Bundestag, Ausschuss für die Angelegenheiten der Europäischen Union (Hrsg.) Der Konvent der Europäischen Grundrechte-Charta – Texte und Materialien, Bd. 2, Berlin 2000

Dix, Wolfgang Grundrechtecharta und Konvent – auf neuen Wegen zur Reform der EU ?, INTEGRATION 1/2001, S. 34-41

Dolzer, Rudolf / Vogel, Klaus / Graßhof, Karin (Hrsg.) Bonner Kommentar zum Grundgesetz, Heidelberg, Stand: Juli 2004

Dreier, Horst (Hrsg.) Grundgesetz Kommentar, Band I, Artikel 1-19, 2. Auflage, Tübingen 2004; Band II, Artikel 20-82, 1. Auflage, Tübingen 1998

Dutheil de la Rochère, Jacqueline La Charte des droits fondamentaux de l'Union européenne, Regards sur l'actualité 2001, S. 3-11

Dutheil de la Rochère, Jacqueline La Charte des droits fondamentaux de l'Union européenne : Quelle valeur ajoutée, quel avenir ?, RMC 2000, S. 674-680

Dutheil de la Rochère, Jacqueline La Convention sur la charte des droits fondamentaux et le processus de construction européenne, RMC 2000, S. 223-227

Ehlers, Dirk Die Europäische Menschenrechtskonvention – Allgemeine Lehren, in: *Ehlers, Dirk* (Hrsg.), Europäische Grundrechte und Grundfreiheiten, Berlin 2003, § 2, S. 21-47

Ehlers, Dirk Die Grundrechte der Europäischen Gemeinschaften – Allgemeine Lehren, in: *Ehlers, Dirk* (Hrsg.), Europäische Grundrechte und Grundfreiheiten, Berlin 2003, § 13, S. 319-338

Ehmke, Horst Prinzipien der Verfassungsinterpretation, in: VVDStRL, Heft 20, Prinzipien der Verfassungsinterpretation – Gefährdungshaftung im öffentlichen Recht, Berichte von *Peter Schneider, Horst Ehmke, Günther Jaenicke* und *Walter Leisner*, 1. Auflage, Berlin 1963, S. 53-98

Ehrenzeller, Bernhard / Mastronardi, Philippe / Schweizer, Rainer J. / Vallender, Klaus A. (Hrsg.) Die schweizerische Bundesverfassung, Kommentar, Zürich u.a. 2002

Eicke, Tim The European Charter of Fundamental Rights – unique opportunity or unwelcome distraction, EHRLR 3 (2000), S. 280-296

Eickmeier, Sylvia Eine europäische Charta der Grundrechte – Bericht über das gemeinsame Forum des Bundesministeriums der Justiz und der Vertretung der Europäischen Kommission in Deutschland, DVBl. 1999, S. 1026-1029

Eisner, Carolin Die Schrankenregelung der Grundrechtecharta der Europäischen Union – Gefahr oder Fortschritt für den Grundrechtsschutz in Europa?, 1. Auflage, Baden-Baden 2005

Eissen, Marc-André Convention européenne des Droits de l'Homme et Pacte des Nations Unies relatif aux droits civils et politiques: problèmes de « coexistence », ZaöRV 30 (1970), S. 237-261

Engel, Christoph Die Europäische Grundrechtscharta und die Presse, ZUM 2000, S. 975-1006

Engels, Markus Die europäische Grundrechtecharta: Auf dem Weg zu einer europäischen Verfassung?, Eurokolleg 45 (2001), S. 1-24

Eriksen, Erik Oddvar / Fossum, John Erik / Menéndez, Agustín José The Charter of Fundamental Rights in Context, in: *Eriksen, Erik Oddvar / Fossum, John Erik / Menéndez, Agustín José* (Hrsg.), The Chartering of Europe – The European Charter of Fundamental Rights and its Constitutional Implications, 1. Auflage, Baden-Baden 2003, S. 17-29

Europäische Kommission (Hrsg.) Die Grundrechte in der Europäischen Union verbürgen – Zeit zum Handeln, Bericht der Expertengruppe „Grundrechte", Luxemburg 1999

Everling, Ulrich Niederlassungsrecht und Dienstleistungsfreiheit der Rechtsanwälte in der Europäischen Gemeinschaft, EuR 1989, S. 338-355

Falke, Josef Soziale Grundrechte als Bestandteil einer Charta der Grundrechte der Europäischen Union, in: *Bremische Bürgerschaft* (Hrsg.), Charta der Grundrechte der Europäischen Union, Fachtagung vom 26. September 2000, Bremen 2000, S. 27-71

Fischbach, Marc Grundrechte-Charta und Menschenrechtskonvention, in: *Heusel, Wolfgang* (Hrsg.), Grundrechtecharta und Verfassungsentwicklung in der EU – The Charter of Fundamental Rights and Constitutional Development in the EU – La Charte des droits fondamentaux et le développement constitutionnel de l'Union européenne, Köln 2002, S. 125-127

Fischer, Klemens H. Der Vertrag von Nizza – Text und Kommentar, einschließlich der konsolidierten Fassung des EUV und EGV sowie des Textes der EU-Charta der Grundrechte, 1. Auflage, Baden-Baden 2001

Fischer, Peter / Köck, Heribert Franz / Karollus, Margit Maria Europarecht – Recht der EU/EG, des Europarates und der wichtigsten anderen europäischen Organisationen, 4. Auflage, Wien 2002

Flanz, Gisbert H. (Hrsg.) Constitutions of the Countries of the World, Bd. VII, New York, Mai 2004; Bd. IX und XV, New York, Juni 2004; Bd. XIII und XVII, New York, Mai 2004

Fredman, Sandra / McCrudden, Christopher / Freedland, Mark An E.U. Charter of fundamental rights, P.L. 2000, S. 178-186

Friedrich, Ingo Die Grundrechtecharta – Herzstück des Verfassungsvertrags und Grundstein für ein Europa der Werte, Politische Studien, Sonderheft 1/2003, S. 17-25

Frowein, Jochen Abr. / Peukert, Wolfgang Europäische Menschenrechtskonvention – EMRK-Kommentar, 2. Auflage, Kehl u.a. 1996

Frowein, Jochen A. Die Verfassung der Europäischen Union aus der Sicht der Mitgliedstaaten, EuR 1995, S. 315-333

Geiger, Rudolf EUV / EGV, Vertrag über die Europäische Union und Vertrag zur Gründung der Europäischen Gemeinschaft, Kommentar, 4. Auflage, München 2004

Goldsmith, Lord A charter of rights, freedoms and principles, CML Rev. 38 (2001), S. 1201-1216

Grabenwarter, Christoph Europäische Menschenrechtskonvention, 2. Auflage, München 2005

Grabenwarter, Christoph Die Menschenrechtskonvention und Grundrechte-Charta in der europäischen Verfassungsentwicklung, in: *Cremer, Hans-Joachim / Giegerich, Thomas / Richter, Dagmar / Zimmermann, Andreas* (Hrsg.), Tradition und Weltoffenheit des Rechts, Festschrift für *Helmut Steinberger*, Berlin 2002, S. 1129-1152

Grabenwarter, Christoph Die Charta der Grundrechte für die Europäische Union, DVBl. 2001, S. 1-13

Grabitz, Eberhard / Hilf, Meinhard (Hrsg.) Das Recht der Europäischen Union, Band I, EUV / EGV, München, Stand: 23. Ergänzungslieferung, Januar 2004; Band II, Stand: 23. Ergänzungslieferung, Januar 2004

Gradin, Anita Die Frage der Grundrechte aus europäischer Sicht, in: *Vertretung der Europäischen Kommission in der Bundesrepublik Deutschland* (Hrsg.), Eine europäische Charta der Grundrechte – Beitrag zur gemeinsamen Identität, Gemeinsames Forum des Bundesministeriums der Justiz und der Vertretung der Europäischen Kommission in der Bundesrepublik Deutschland am 27. April 1999 in Köln - Gürzenich, Europäische Gespräche 2/1999, S. 21-24

Grewe, Constance Les droits sociaux constitutionnels: propos comparatifs à l'aube de la Charte des droits fondamentaux de l'Union européenne, RUDH 2000, S. 85-92

Grigolli, Stephan Die EU-Grundrechte-Charta in der aktuellen Diskussion – Ursprünge, Positionen, Ausblick, European Legal Forum 2000/01, S. 2-7

Griller, Stefan Der Anwendungsbereich der Grundrechtscharta und das Verhältnis zu sonstigen Gemeinschaftsrechten, Rechten aus der EMRK und zu verfassungsgesetzlich gewährleisteten Rechten, in: *Duschanek, Alfred / Griller, Stefan* (Hrsg.), Grundrechte für Europa – die Europäische Union nach Nizza, Wien 2002, S. 131-182

Griller, Stefan Der verbliebene Reformbedarf der Europäischen Union nach Amsterdam, in: *Hummer, Waldemar* (Hrsg.), Die Europäische Union nach dem Vertrag von Amsterdam, Wien 1998, S. 313-330

von der Groeben, Hans / Schwarze, Jürgen (Hrsg.) Kommentar zum Vertrag über die Europäische Union und Vertrag zur Gründung der Europäischen Gemeinschaft, Band 1, Art. 1-53 EUV, Artikel 1-80 EGV, 6. Auflage, Baden-Baden 2003; Band 4, Art. 189-314 EGV, 6. Auflage, Baden-Baden 2004

Große Wentrup, Anna Die Europäische Grundrechtecharta im Spannungsfeld der Kompetenzverteilung zwischen Europäischer Union und Mitgliedstaaten – Eine Untersuchung am Beispiel von Art. 14 und Art. 16 EuGRC, Berlin 2003

Gutschker, Thomas Ein Dokument namens Verfassung – Was der britische Positionswechsel für den europäischen Konvent bedeutet, F.A.Z. Nr. 201 v. 30.08.2002, S. 10

Habermas, Jürgen Why Europe Needs a Constitution, in: *Eriksen, Erik Oddvar / Fossum, John Erik / Menéndez, Agustín José* (Hrsg.), The Chartering of Europe – The European Charter of Fundamental Rights and its Constitutional Implications, 1. Auflage, Baden-Baden 2003, S. 256-274

Häberle, Peter Europäische Verfassungslehre, 3. Auflage, Baden-Baden 2005

Häberle, Peter Europa als werdende Verfassungsgemeinschaft, DVBl. 2000, S. 840-847

Häfner, Gerald / Strawe, Christoph / Zuegg, Robert In der Auseinandersetzung um eine Charta der Grundrechte der Europäischen Union, ZRP 2000, S. 365-368

Hänsch, Klaus Aus der aktuellen Arbeit des Konvents: Stand und Perspektiven, INTEGRATION 3/2002, S. 226-229

Hanimann, Joseph Gottesdetail – In Frankreich entbrennt eine Debatte um die EU-Verfassung, F.A.Z. Nr. 64 v. 17.03.2003, S. 37

Heer-Reißmann, Christine Straßburg oder Luxemburg? – Der EGMR zum Grundrechtsschutz bei Verordnungen der EG in der Rechtssache Bosphorus, NJW 2006, S. 192-194

Hesse, Konrad Grundzüge des Verfassungsrechts der Bundesrepublik Deutschland, 20. Auflage, Heidelberg 1999

Hilf, Meinhard Die Grundrechtscharta im Rechtsgefüge der Union – Nizza und die Zukunftsperspektive, in: *Duschanek, Alfred / Griller, Stefan* (Hrsg.), Grundrechte für Europa – die Europäische Union nach Nizza, Wien 2002, S. 15-24

Hilf, Meinhard Ist die Charta protokollfähig?, NJW 49/2002, S. III

Hilf, Meinhard Die Charta der Grundrechte der Europäischen Union, Sonderbeilage zu NJW, EuZW, NVwZ und JuS 2000, S. 5-6

Hilf, Meinhard Der Gerichtshof der Europäischen Gemeinschaften als Integrationsfaktor, dargestellt anhand der Rechtsprechung zu den Grundrechten, in: *Frowein, Jochen Abr. / Hilf, Meinhard / Meessen, Karl Matthias / Rupp, Hans Heinrich / Zuleeg, Manfred*, Die Grundrechte in der Europäischen Gemeinschaft, 1. Auflage, Baden-Baden 1978, S. 23-34

Hintersteininger, Margit Zur Interpretation des Gemeinschaftsrechts, ZÖR 53 (1998), S. 239-261

Hirsch, Günter Gemeinschaftsgrundrechte: Rechtsprechung des EuGH, Verhältnis zum Grundgesetz, EU-Charta, in: *Vertretung der Europäischen Kommission in der Bundesrepublik Deutschland* (Hrsg.), Eine europäische

Charta der Grundrechte – Beitrag zur gemeinsamen Identität, Gemeinsames Forum des Bundesministeriums der Justiz und der Vertretung der Europäischen Kommission in der Bundesrepublik Deutschland am 27. April 1999 in Köln - Gürzenich, Europäische Gespräche 2/1999, S. 43-52

Hitzel-Cassagnes, Tanja Der Europäische Gerichtshof: Ein europäisches „Verfassungsgericht"?, APuZ, B 52-53/2000, S. 22-30

Hölscheidt, Sven Die Ausgestaltung des Petitionsrechts in der EU-Grundrechtecharta, EuR 2002, S. 440-448

Hohmann, Harald Die Charta der Grundrechte der EU – Ein wichtiger Beitrag zur Legitimation der EU, APuZ, B 52-53/2000, S. 5-12

Huber, Ernst Rudolf (Hrsg.) Dokumente zur deutschen Verfassungsgeschichte, Band 1, Deutsche Verfassungsdokumente 1803-1850, 2. Auflage, Stuttgart 1961

Huber, Peter M. Das Kooperationsverhältnis zwischen BVerfG und EuGH in Grundrechtsfragen – Die Bananenmarktordnung und das Grundgesetz, EuZW 1997, S. 517-521

Hummer, Waldemar Der Status der „EU-Grundrechtecharta" – Politische Erklärung oder Kern einer europäischen Verfassung?, Bonn 2002

Hummer, Waldemar Der Schutz der Grund- und Menschenrechte in der Europäischen Union, in: *Hummer, Waldemar* (Hrsg.), Die Europäische Union nach dem Vertrag von Amsterdam, Wien 1998, S. 71-101

Iber, Andrea Der Status der Grundrechtscharta im Gemeinschaftsrecht: Derzeitige Verbindlichkeit und Zukunftsperspektiven der Charta – insbesondere im Verfassungskonvent, ZEuS 2002, S. 483-505

Ipsen, Hans Peter Europäisches Gemeinschaftsrecht, Tübingen 1972

Ipsen, Knut Völkerrecht, 5. Auflage, München 2004

Jacobs, Francis G. Human rights in the European Union: the role of the Court of Justice, E.L.Rev. 26 (2001), S. 331-341

Jacqué, Jean Paul Vers une charte des droits fondamentaux de l'Union, problèmes et progrès, in: *Bieber, Roland / Boillat, Philippe / Borghi, Marco / Furrer, Andreas / Jacqué, Jean Paul / Wildhaber, Luzius*, Grundrechtsschutz in Europa – Protection des droits fondamentaux en Europe, Bern 2001, S. 77-86

Jaeger, Renate / Broß, Siegfried Die Beziehungen zwischen dem Bundesverfassungsgericht und den übrigen einzelstaatlichen Rechtsprechungsorganen – einschließlich der diesbezüglichen Interferenz des Handelns der europäischen Rechtsprechungsorgane, EuGRZ 2004, S. 1-15

Jaeger, Renate Erfahrungen mit Entlastungsmaßnahmen zur Sicherung der Arbeitsfähigkeit des Bundesverfassungsgerichts, EuGRZ 2003, S. 149-154

Jellinek, Georg System der subjektiven öffentlichen Rechte, 2. Auflage, Tübingen 1919

Kaiser, Angela Minderheitenschutz in der Europäischen Union – Eine Untersuchung des „doppelten Standards" des EU-Minderheitenschutzes unter besonderer Berücksichtigung der Europäischen Grundrechtecharta, Frankfurt am Main 2005

Kaufmann, Sylvia-Yvonne Vorwort, *sowie* Grundrechtecharta sollte 2004 Gegenstand eines EU-weiten Referendums werden, in: *Kaufmann, Sylvia-Yvonne* (Hrsg.), Grundrechtecharta der Europäischen Union, Bonn 2001, S. 7-15 *sowie* 65-78

Kenntner, Markus Die Schrankenbestimmungen der EU-Grundrechtecharta – Grundrechte ohne Schutzwirkung?, ZRP 2000, S. 423-425

de Kerchove, Gilles / de Schutter, Olivier / Tulkens, Françoise La Charte des droits fondamentaux de l'Union européenne – Dialogue à trois voix, Annales D'Études Européennes de l'Université catholique de Louvain 2000, S. 11-43

Kingreen, Thorsten Die Struktur der Grundfreiheiten des Europäischen Gemeinschaftsrechts, Berlin 1999

Kingreen, Thorsten / Störmer, Rainer Die subjektiv-öffentlichen Rechte des primären Gemeinschaftsrechts, EuR 1998, S. 263-290

Kischel, Uwe Die Kontrolle der Verhältnismäßigkeit durch den Europäischen Gerichtshof, EuR 2000, S. 380-402

Klein, Eckart Europäische Verfassung im Werden, in: *Bremische Bürgerschaft* (Hrsg.), Charta der Grundrechte der Europäischen Union, Fachtagung vom 26. September 2000, Bremen 2000, S. 79-86

Klein, Eckart Überlegungen *de lege ferenda* (zu einem Nebeneinander oder einer Verklammerung der von der MRK und von den Europäischen Gemeinschaften zur Verfügung gestellten Rechtsschutzinstitutionen), in: *Mosler, Hermann / Bernhardt, Rudolf / Hilf, Meinhard* (Hrsg.), Grundrechtsschutz in Europa – Europäische Menschenrechts-Konvention und Europäische Gemeinschaften, Internationales Kolloquium veranstaltet vom Max-Planck-Institut für ausländisches öffentliches Recht und Völkerrecht, Heidelberg 1976, 1. Auflage, Berlin u.a. 1977, S. 160-180

Knecht, Matthias H. Die Charta der Grundrechte der Europäischen Union – Eine Würdigung der Entstehung und rechtsvergleichende grundrechtsdogmatische Analyse, Stuttgart 2005

Koenig, Christian EU-Grundrechtscharta – ein neuer supranationaler Kompetenztitel?, EuZW 2000, S. 417

Kokott, Juliane Der Grundrechtsschutz im europäischen Gemeinschaftsrecht, AöR 121 (1996), S. 599-638

Koller, Heinrich / Biaggini, Giovanni Die neue schweizerische Bundesverfassung / Neuerungen und Akzentsetzungen im Überblick, EuGRZ 2000, S. 337-345

Kotzur, Markus Der Begriff der inländischen juristischen Personen nach Art. 19 Abs. 3 GG im Kontext der EU, DÖV 2001, S. 192-199

Krüger, Hans Christian / Polakiewicz, Jörg Vorschläge für ein kohärentes System des Menschenrechtsschutzes in Europa – Europäische Menschenrechtskonvention und EU-Grundrechtecharta, EuGRZ 2001, S. 92-105

Kühling, Jürgen Grundrechte, in: *von Bogdandy, Armin* (Hrsg.), Europäisches Verfassungsrecht – Theoretische und dogmatische Grundzüge, Heidelberg 2003, S. 583-630

Kühling, Jürgen Die Kommunikationsfreiheit als europäisches Gemeinschaftsgrundrecht, Berlin 1999

Kugelmann, Dieter Grundrechte in Europa – Parallele Geltung aufgrund ihrer Rechtsquellen, Hamburg 1997

Lais, Martina Das Recht auf eine gute Verwaltung unter besonderer Berücksichtigung der Rechtsprechung des Europäischen Gerichtshofs, ZEuS 2002, S. 447-482

Lalumière, Catherine La Charte des Droits Fondamentaux et la Convention Européenne des Droits de l'Homme, RQDI 13 (2000), S. 167-186

Leinen, Jo / Schönlau, Justus Die Erarbeitung der EU-Grundrechtecharta im Konvent: nützliche Erfahrungen für die Zukunft Europas, INTEGRATION 1/2001, S. 26-33

Leinen, Jo / Schönlau, Justus Charta der europäischen Grundrechte – Visitenkarte für das europäische Gesellschaftsmodell, in: *Kaufmann, Sylvia-Yvonne* (Hrsg.), Grundrechtecharta der Europäischen Union, Bonn 2001, S. 79-89

Lemmens, Paul The Relation between the Charter of Fundamental Rights of the European Union and the European Convention on Human Right – Substantive Aspects, 8 MJ 1 (2001), S. 49-67

Lenaerts, Koen / de Smijter, Eddy A « Bill of Rights » for the European Union, CML Rev. 38 (2001), S. 273-300

Lenaerts, Koen Fundamental rights in the European Union, E.L.Rev. 25 (2000), S. 575-600

Lenz, Carl Otto / Borchardt, Klaus-Dieter (Hrsg.) EU- und EG-Vertrag – Kommentar zu dem Vertrag über die Europäische Union und zu dem Vertrag zur Gründung der Europäischen Gemeinschaft, jeweils in der durch den Vertrag von Nizza geänderten Fassung, 3. Auflage, Köln u.a. 2003

Lenz, Christofer Anmerkung (zur Matthews-Entscheidung des EGMR), EuZW 1999, S. 311-313

Leparmentier, Arnaud Référendum ou voie parlementaire: la ratification par les 25 membres est un exercise périlleux, Le Monde v. 23.06.2004, S. 7

Leutheusser-Schnarrenberger, Sabine Die Entwicklung des Schutzes der Grundrechte in der EU, ZRP 2002, S. 329-332

Leutheusser-Schnarrenberger, Sabine Eine europäische Charta der Grundrechte: Teil einer europpäischen Verfassung?, in: *Vertretung der Europäischen Kommission in der Bundesrepublik Deutschland* (Hrsg.), Eine europäische Charta der Grundrechte – Beitrag zur gemeinsamen Identität, Gemeinsames Forum des Bundesministeriums der Justiz und der Vertretung der Europäischen Kommission in der Bundesrepublik Deutschland am 27. April 1999 in Köln - Gürzenich, Europäische Gespräche 2/1999, S. 63-72

Limbach, Jutta Der Grundrechtsschutz in der Europäischen Union, in: *Gustav-Heinemann-Initiative* (Hrsg.), Wo bleiben die Grundrechte in Europa? – Erwartungen – Bedenken, Stuttgart 2001, S. 74-84

Limbach, Jutta Grundrechtsschutz in der Europäischen Union, Savigny-Vorlesung 2000, 1. Auflage, Baden-Baden 2001, S. 13-23

Limbach, Jutta Die Kooperation der Gerichte in der zukünftigen europäischen Grundrechtsarchitektur – Ein Beitrag zur Neubestimmung des Verhältnisses von Bundesverfassungsgericht, Gerichtshof der Europäischen Gemeinschaften und Europäischem Gerichtshof für Menschenrechte, EuGRZ 2000, S. 417-420

Lindner, Josef Franz EG-Grundrechtscharta und gemeinschaftsrechtlicher Kompetenzvorbehalt, DÖV 2000, S. 543-550

Losch, Bernhard / Radau, Wiltrud Christine Grundrechtskatalog für die Europäische Union, ZRP 2000, S. 84-87

Magiera, Siegfried Die Grundrechtecharta der Europäischen Union, DÖV 2000, S. 1017-1026

Mahlmann, Matthias Die Grundrechtscharta der Europäischen Union, ZEuS 2000, S. 419-444

Mahrenholz, Ernst Gottfried Europäische Verfassungsgerichte, JöR 49 (2001), S. 15-30

Manzini, Pietro La portata dei diritti garantiti dalla Carta dell'Unione Europea: Problemi interpretativi posti dall'Art. 52, in: *Rossi, Lucia Serena* (Hrsg.), Carta dei diritti fondamentali e Costituzione dell'Unione Europea, Mailand 2002

Maunz, Theodor / Dürig, Günter / Herzog, Roman Grundgesetz Kommentar, Band III, Art. 17-27, München, Stand: Februar 2005

Maurer, Andreas Orientierungen im Verfahrensdickicht? – Die neue Normenhierarchie der Europäischen Union, INTEGRATION 4/2003, S. 440-452

Mayer, Franz C. Kompetenzüberschreitung und Letztentscheidung – Das Maastricht-Urteil des Bundesverfassungsgerichts und die Letztentscheidung über Ultra vires-Akte in Mehrebenensystemen – Eine rechtsvergleichende Betrachtung von Konflikten zwischen Gerichten am Beispiel der EU und der USA, München 2000

McInerney, Siobhán The Charter of Fundamental Rights of the European Union and the case of race discrimination, E.L.Rev. 27 (2002), S. 483-491

Méndez de Vigo, Iñigo Nachdenken über die Grundrechtecharta – Die europäische Einigung ist ein Prozess, in: *Kaufmann, Sylvia-Yvonne* (Hrsg.), Grundrechtecharta der Europäischen Union, Bonn 2001, S. 91-105

Menéndez, Agustín José *Finalité* Through Rights, in: *Eriksen, Erik Oddvar / Fossum, John Erik / Menéndez, Agustín José* (Hrsg.), The Chartering of Europe – The European Charter of Fundamental Rights and its Constitutional Implications, 1. Auflage, Baden-Baden 2003, S. 30-47

de Meyer, Jan Brèves réflexions à propos de l'article 60 de la Convention européenne des Droits de l'Homme, in: *Matscher, Franz / Petzold, Herbert* (Hrsg.), Protecting Human Rights: The European Dimension – Protection des droits de l'homme : la dimension européenne, Studies in honour of / Mélanges en l'honneur de *Gérard J. Wiarda*, Köln u.a. 1988, S. 125-129

Meyer, Jürgen (Hrsg.) Kommentar zur Charta der Grundrechte der Europäischen Union, 1. Auflage, Baden-Baden 2003

Meyer, Jürgen / Engels, Markus Die Charta der Grundrechte der Europäischen Union – Eine Einführung, in: *Deutscher Bundestag, Referat Öffentlichkeits-*

arbeit (Hrsg.), Die Charta der Grundrechte der Europäischen Union – Berichte und Dokumentation, Berlin 2001, S. 7-38

Meyer, Jürgen / Engels, Markus Aufnahme von sozialen Grundrechten in die Europäische Grundrechtecharta?, ZRP 2000, S. 368-371

Meyer-Ladewig, Jens / Petzold, Herbert Die Bindung deutscher Gerichte an Urteile des EGMR – Neues aus Straßburg und Karlsruhe, NJW 2005, S. 15-20

Molthagen, Julia Das Verhältnis der EU-Grundrechte zur EMRK – Eine Untersuchung unter besonderer Berücksichtigung der Charta der Grundrechte der EU, Hamburg 2003

Mombaur, Peter M. Die Charta der Grundrechte der Europäischen Union – Ein Bericht in neun Punkten, DÖV 2001, S. 595-596

Mombaur, Peter M. Charta der Grundrechte der Europäischen Union – Kann der Konvent die Schwierigkeiten überwinden?, in: *Bremische Bürgerschaft* (Hrsg.), Charta der Grundrechte der Europäischen Union, Auftaktveranstaltung am 26. Juni 2000, Bremen 2000, S. 9-17

Müller, Edith Redaktion, Zustimmung und rechtliche Bindung einer europäischen Charta der Grundrechte, in: *Vertretung der Europäischen Kommission in der Bundesrepublik Deutschland* (Hrsg.), Eine europäische Charta der Grundrechte – Beitrag zur gemeinsamen Identität, Gemeinsames Forum des Bundesministeriums der Justiz und der Vertretung der Europäischen Kommission in der Bundesrepublik Deutschland am 27. April 1999 in Köln - Gürzenich, Europäische Gespräche 2/1999, S. 25-41

von Münch, Ingo / Kunig, Philip (Hrsg.) Grundgesetz-Kommentar, Band 1 (Präambel bis Art. 19), 5. Auflage, München 2000

Neisser, Heinrich Die Europäische Union auf dem Weg zur Grundrechtsgemeinschaft, JRP 2000, S. 264-272

Nettesheim, Martin Die Charta der Grundrechte der Europäischen Union: Eine verfassungstheoretische Kritik, INTEGRATION 2002, S. 35-48

Nettesheim, Martin Grundrechtliche Prüfdichte durch den EuGH, EuZW 1995, S. 106-108

Nowak, Carsten Welche Verfassung für Europa? – Bericht über das 1. interdisziplinäre „Schwarzkopf-Kolloquium“ zur Verfassungsdebatte in der Europäischen Union, DVBl. 2000, S. 326-330

Nowak, Manfred UNO-Pakt über bürgerliche und politische Rechte und Fakultativprotokoll – CCPR-Kommentar, Kehl u.a. 1989

Oppermann, Thomas Europarecht: Ein Studienbuch, 2. Auflage, München 1999

Ovey, Clare / White, Robin *Jacobs and White*, The European Convention on Human Rights, 3. Auflage, Oxford u.a. 2002

Pache, Eckhard Europäische und nationale Identität: Integration durch Verfassungsrecht?, DVBl. 2002, S. 1154-1167

Pache, Eckhard Die Europäische Grundrechtscharta – ein Rückschritt für den Grundrechtsschutz in Europa?, EuR 2001, S. 475-494

Pache, Eckhard Der Grundsatz der Verhältnismäßigkeit in der Rechtsprechung der Gerichte der Europäischen Gemeinschaften, NVwZ 1999, S. 1033-1040

Palandt Bürgerliches Gesetzbuch, 63. Auflage, München 2004

Pauly, Walter Strukturfragen des unionsrechtlichen Grundrechtsschutzes – Zur konstitutionellen Bedeutung von Art. F Abs. 2 EUV, EuR 1998, S. 242-262

Pernice, Ingolf Europäische Grundrechte-Charta und Abgrenzung der Kompetenzen, EuZW 2001, S. 673

Pernice, Ingolf Europäische Grundrechte-Charta und Konventsverfahren – Zehn Thesen zum Prozess der europäischen Verfassung nach Nizza, INTEGRATION 2/2001, S. 194-197

Pernice, Ingolf Eine Grundrechte-Charta für die Europäische Union, DVBl. 2000, S. 847-859

Pernice, Ingolf Carl Schmitt, Rudolf Smend und die europäische Integration, AöR 120 (1995), S. 100-120

Peters, Anne Einführung in die Europäische Menschenrechtskonvention, 1. Auflage, München 2003

Peters, Anne Elemente einer Theorie der Verfassung Europas, Berlin 2001

Peukert, Wolfgang The importance of the European Convention on Human Rights for the European Union, in: *Mahoney, Paul / Matscher, Franz / Petzold, Herbert / Wildhaber, Luzius* (Hrsg.), Protection des droits de l'homme: la perspective européenne – Protecting Human Rights: The European Perspective, Mélanges à la memoire de / Studies in memory of *Rolv Ryssdal*, Köln u.a. 2000, S. 1107-1122

Peukert, Wolfgang Zur Reform des Europäischen Systems des Menschenrechtsschutzes, NJW 2000, S. 49-51

Philippi, Nina Die Charta der Grundrechte der Europäischen Union – Entstehung, Inhalt und Konsequenzen für den Grundrechtsschutz in Europa, 1. Auflage, Baden-Baden 2002

Picker, Rolf Charta der Grundrechte der Europäischen Union – Kurzkommentar, Recht – Politik – Zeitgeschichte – Europa, Starnberg 2001

Pieroth, Bodo / Schlink, Bernhard Grundrechte Staatsrecht II, 19. Auflage, Heidelberg 2003

Preuß, Ulrich K. Grundrechte in der Europäischen Union, KJ 31 (1998), S. 1-29

Quasdorf, Peter Dogmatik der Grundrechte der Europäischen Union, Frankfurt am Main u.a. 2001

Rack, Reinhard Unionsbürgerschaft und Grundrechtscharta, in: *Duschanek, Alfred / Griller, Stefan* (Hrsg.), Grundrechte für Europa – die Europäische Union nach Nizza, Wien 2002, S. 209-223

Rau, Markus / Schorkopf, Frank Der EuGH und die Menschenwürde, NJW 2002, S. 2448-2449

Reich, Norbert Zur Notwendigkeit einer Europäischen Grundrechtsbeschwerde, ZRP 2000, S. 375-378

Rengeling, Hans-Werner / Szczekalla, Peter Grundrechte in der Europäischen Union – Charta der Grundrechte und Allgemeine Rechtsgrundsätze, Köln u.a. 2004

Rengeling, Hans-Werner Eine Europäische Charta der Grundrechte – Ausarbeitung, Inhalte, Bindung, in: *Ipsen, Jörn / Schmidt-Jortzig, Edzard* (Hrsg.), Recht – Staat – Gemeinwohl, Festschrift für *Dietrich Rauschning*, Köln u.a. 2001, S. 225-250

Rengeling, Hans-Werner Grundrechtsschutz in der Europäischen Gemeinschaft – Bestandsaufnahme und Analyse der Rechtsprechung des Europäischen Gerichtshofs zum Schutz der Grundrechte als allgemeine Rechtsgrundsätze, 1. Auflage, München 1993

Rengeling, Hans-Werner Der Grundrechtsschutz in der Europäischen Gemeinschaft und die Überprüfung der Gesetzgebung, DVBl. 1982, S. 140-144

Ress, Georg Das Europarecht vor dem Europäischen Gerichtshof für Menschenrechte in Strassburg, in: *Walter Hallstein-Institut für Europäisches Verfassungsrecht* (Hrsg.), Die europäische Verfassung im globalen Kontext, Forum Constitutionis Europae – Band 5, Baden-Baden 2004, S. 9-29

Ress, Georg Die Europäische Grundrechtscharta und das Verhältnis zwischen EGMR, EuGH und den nationalen Verfassungsgerichten, in: *Duschanek, Alfred / Griller, Stefan* (Hrsg.), Grundrechte für Europa – die Europäische Union nach Nizza, Wien 2002, S. 183-207

Ress, Georg Menschenrechte, europäisches Gemeinschaftsrecht und nationales Verfassungsrecht, in: *Haller, Herbert / Kopetzki, Christian / Novak, Richard / Paulson, Stanley L. / Raschauer, Bernhard / Ress, Georg / Wiederin, Ewald* (Hrsg.), Staat und Recht, Festschrift für Günther Winkler, Wien 1997, S. 897-932

Riedel, Norbert K. Der Konvent zur Zukunft Europas – Die Erklärung von Laeken zur Zukunft der Europäischen Union, ZRP 2002, S. 241-247

Ritgen, Klaus Grundrechtsschutz in der Europäischen Union, ZRP 2000, S. 371-375

Rodríguez Iglesias, Gil Carlos [Rede in der feierlichen Sitzung des Europäischen Gerichtshofs für Menschenrechte zu Beginn des Gerichtsjahres am

31. Januar 2002 in Straßburg] ausschnittsweise abgedruckt in: EuGRZ 2002, S. 206-207

Roggemann, Herwig (Hrsg.) Die Verfassungen Mittel- und Osteuropas – Einführung und Verfassungstexte mit Übersichten und Schaubildern, Berlin 1999

Ronge, Frank Die Charta der Grundrechte – Legitimierender Eckstein einer Europäischen Verfassung, in: *Ronge, Frank* (Hrsg.), In welcher Verfassung ist Europa – Welche Verfassung für Europa?, 1. Auflage, Baden-Baden 2001, S. 333-342

Röper, Erich Von den EU-Grundrechten zur Verfassung, Deutschland Archiv 2001, S. 122-127

Rossetto, Jean A propos des droits fondamentaux dans l'union européenne – La contribution du rapport Simitis (février 1999), in: *Epping, Volker / Fischer, Horst / Heintschel von Heinegg, Wolff* (Hrsg.), Brücken bauen und begehen, Festschrift für *Knut Ipsen* zum 65. Geburtstag, München 2000, S. 291-304

Rossi, Matthias Das Diskriminierungsverbot nach Art. 12 EGV, EuR 2000, S. 197-217

Rüfner, Wolfgang Grundrechtsträger, in: *Isensee, Josef / Kirchhof, Paul* (Hrsg.), Handbuch des Staatsrechts der Bundesrepublik Deutschland, Band V, Allgemeine Grundrechtslehren, Heidelberg 1992, § 116, S. 485-524

Rüfner, Wolfgang Grundrechtsadressaten, in: *Isensee, Josef / Kirchhof, Paul* (Hrsg.), Handbuch des Staatsrechts der Bundesrepublik Deutschland, Band V, Allgemeine Grundrechtslehren, Heidelberg 1992, § 117, S. 525-562

Ruffert, Matthias Anmerkung zum Gutachten 2/94 des EuGH vom 28.3.1996, JZ 1996, S. 624-627

Ruffert, Matthias Die Mitgliedstaaten der Europäischen Gemeinschaft als Verpflichtete der Gemeinschaftsgrundrechte, EuGRZ 1995, S. 518-530

Russell-Johnston, Lord The ECHR and the EU Charter: Competing Supranational Mechanisms for Human Rights Protection?, in: *Feus, Kim*

(Hrsg.), The EU Charter of Fundamental Rights – Text and commentaries, London 2000, S. 53-58

Schachtschneider, Karl Albrecht Eine Charta der Grundrechte für die Europäische Union, APuZ, B 52-53/2000, S. 13-21

Schachtschneider, Karl Albrecht Ein Oktroi, nicht die gemeinsame Erkenntnis freier Menschen von ihrem Recht – Wider diese Fassung der Charta der Grundrechte der Europäischen Union, F.A.Z. Nr. 206 v. 05.09.2000, S. 9

Schaller, Werner Die EU-Mitgliedstaaten als Verpflichtungsadressaten der Gemeinschaftsgrundrechte, 1. Auflage, Baden-Baden 2003

Scheuing, Dieter H. Freizügigkeit als Unionsbürgerrecht, EuR 2003, S. 744-792

Scheuing, Dieter H. Deutsches Verfassungsrecht und europäische Integration, EuR 1997, Beiheft 1, S. 7 ff.

Schmidt, Laura V. Der Schutz der Menschenwürde als „Fundament" der EU-Grundrechtscharta unter besonderer Berücksichtigung der Rechte auf Leben und Unversehrtheit, ZEuS 2002, S. 631-662

Schmitz, Thomas Die EU-Grundrechtecharta aus grundrechtsdogmatischer und grundrechtstheoretischer Sicht, JZ 2001, S. 833-843

Schmuck, Otto Die Ausarbeitung der Europäischen Grundrechtscharta als Element der Verfassungsentwicklung, INTEGRATION 1/2000, S. 48-56

Schneider, Hans-Peter Es gibt noch Richter in Luxemburg – Zum Individualrechtsschutz durch europäische Gerichte, NJW 2002, S. 2927-2928

Schönlau, Justus New Values for Europe? – Deliberation, Compromise, and Coercion in Drafting the Preamble to the EU Charter of Fundamental Rights, in: *Eriksen, Erik Oddvar / Fossum, John Erik / Menéndez, Agustín José* (Hrsg.), The Chartering of Europe – The European Charter of Fundamental Rights and its Constitutional Implications, 1. Auflage, Baden-Baden 2003, S. 112-132

Schohe, Gerrit Das Urteil Bosphorus: Zum Unbehagen gegenüber dem Grundrechtsschutz durch die Gemeinschaft, EuZW 2006, S. 33

Scholz, Rupert Zur Europäischen Grundrechtscharta, in: *Geis, Max-Emanuel / Lorenz, Dieter* (Hrsg.), Staat · Kirche · Verwaltung, Festschrift für *Hartmut Maurer* zum 70. Geburtstag, München 2001, S. 993-1004

Schorkopf, Frank The European Court of Human Rights' Judgment in the Case of *Bosphorus Hava Yollari Turizm v. Ireland*, GLJ 2005, S. 1255-1264

Schulze, Reiner / Hoeren, Thomas (Hrsg.) Dokumente zum Europäischen Recht, Band 1, Gründungsverträge, Berlin u.a. 1999

de Schutter, Olivier Civil Society in the Constitution for Europe, in: *Eriksen, Erik Oddvar / Fossum, John Erik / Menéndez, Agustín José* (Hrsg.), The Chartering of Europe – The European Charter of Fundamental Rights and its Constitutional Implications, 1. Auflage, Baden-Baden 2003, S. 133-160

Schwarze, Jürgen Ein pragmatischer Verfassungsentwurf – Analyse und Bewertung des vom Europäischen Verfassungskonvent vorgelegten Entwurfs eines Vertrags über eine Verfassung für Europa, EuR 2003, S. 535-573

Schwarze, Jürgen Europäische Verfassungsperspektiven nach Nizza, NJW 2002, S. 993-998

Schwarze, Jürgen Der Grundrechtsschutz für Unternehmen in der Europäischen Grundrechtscharta, in: *Schwarze, Jürgen* (Hrsg.), Wirtschaftsverfassungsrechtliche Garantien für Unternehmen im europäischen Binnenmarkt, 1. Auflage, Baden-Baden 2001, S. 99-120

Schwarze, Jürgen Der Grundrechtsschutz für Unternehmen in der Europäischen Grundrechtecharta, EuZW 2001, S. 517-524

Schwarze, Jürgen (Hrsg.) EU-Kommentar, 1. Auflage, Baden-Baden 2000

Schwarze, Jürgen Europäisches Verwaltungsrecht – Entstehung und Entwicklung im Rahmen der Europäischen Gemeinschaft, Band II, 1. Auflage, Baden-Baden 1988

Schwarze, Jürgen (Hrsg.) Eine Verfassung für Europa: von der Europäischen Gemeinschaft zur Europäischen Union, Referate und Diskussionsbeiträge der internationalen Tagung des Instituts für Integrationsforschung der Stiftung Europa-Kolleg, Hamburg vom 3. bis 5. November 1983, 1. Auflage, Baden-Baden 1984

Schwarze, Jürgen Das allgemeine Völkerrecht in den innergemeinschaftlichen Rechtsbeziehungen, EuR 1983, S. 1-39

Schweitzer, Michael / Hummer, Waldemar Europarecht – Das Recht der Europäischen Union – Das Recht der Europäischen Gemeinschaften (EGKS, EG, EAG) – mit Schwerpunkt EG, 5. Auflage, Neuwied u.a. 1996; Nachtrag – Der Vertrag von Amsterdam vom 2. Oktober 1997, Neuwied u.a. 1999

Schweizer, Rainer J. Die erneuerte schweizerische Bundesverfassung vom 18. April 1999, JöR 48 (2000), S. 263-309

Seidl-Hohenveldern, Ignaz / Stein, Torsten Völkerrecht, 10. Auflage, Köln u.a. 2000

Simitis, Spiros Auf dem Weg zu einer Grundrechtscharta für Europa?, in: *Walter Hallstein-Institut für Europäisches Verfassungsrecht* (Hrsg.), Verfassungsrechtliche Reformen zur Erweiterung der Europäischen Union, 1. Auflage, Baden-Baden 2000, S. 115-118

Simon, Denys Les droits du citoyen de l'Union, RUDH 2000, S. 22-27

Simon, Helmut Grundanforderungen und Wertigkeiten sozialer Grundrechte in Verfassungen – Probleme und Risiken umfassender Grundrechtskataloge, in: *Friedrich-Ebert-Stiftung* (Hrsg.), Soziale Grundrechte für eine Europäische Verfassung, Dresden 1999, S. 22-29

Sporn, Stefan Das Grundrecht der Meinungs- und Informationsfreiheit in einer Europäischen Grundrechtscharta, ZUM 2000, S. 537-544

Starck, Christian Ein Grundrechtskatalog für die Europäischen Gemeinschaften, EuGRZ 1981, S. 545-550

Stein, Torsten „Gut gemeint ..." – Bemerkungen zur Charta der Grundrechte der Europäischen Union, in: *Cremer, Hans-Joachim / Giegerich, Thomas / Richter, Dagmar / Zimmermann, Andreas* (Hrsg.), Tradition und Weltoffenheit des Rechts, Festschrift für *Helmut Steinberger*, Berlin 2002, S. 1425-1436

Steiner, Udo Richterliche Grundrechtsverantwortung in Europa, in: *Geis, Max-Emanuel / Lorenz, Dieter* (Hrsg.), Staat · Kirche · Verwaltung, Festschrift für *Hartmut Maurer*, München 2001, S. 1005-1017

Stern, Klaus Das Staatsrecht der Bundesrepublik Deutschland, Allgemeine Lehren der Grundrechte, Band III/1, 1. Auflage, München 1988; Band III/2, 1. Auflage, München 1994

Stock, Martin Medienfreiheit in der EU nur „geachtet" (Art. 11 Grundrechtscharta) – Ein Plädoyer für Nachbesserungen im Verfassungskonvent, EuR 2002, S. 566-589

Stock, Martin Medienfreiheit in der EU-Grundrechtscharta: Art. 10 EMRK ergänzen und modernisieren!, Frankfurt am Main 2000

Storr, Stefan Zwischen überkommener Daseinsvorsorge und Diensten von allgemeinem wirtschaftlichem Interesse – Mitgliedstaatliche und europäische Kompetenzen im Recht der öffentlichen Dienste, DÖV 2002, S. 357-368

Streinz, Rudolf EUV / EGV – Vertrag über die Europäische Union und Vertrag zur Gründung der Europäischen Gemeinschaft, 1. Auflage, München 2003

Streinz, Rudolf Europarecht, 6. Auflage, Heidelberg 2003

Stüer, Bernhard / von Arnim, Dorothee Quo vadis Europa? – Tagung der Internationalen Juristen-Kommission (Deutsche Sektion) in Straßburg, DVBl. 2003, S. 245-248

Szczekalla, Peter Vertrauensvorschuss aus Straßburg: Der Europäische Gerichtshof für Menschenrechte klärt sein Verhältnis zum Europäischen Gerichtshof – Anmerkungen zu EUGHMR (Große Kammer), Urteil vom 30. Juni 2005, 45036/98 – Bosphorus Hava Yollari Turizm ve Tikaret AS v. Ireland Case (Embargo gegen Ex-Jugoslawien), GPR 2005, S. 176-179

Szczekalla, Peter Grundrechte für Europa – Die Europäische Union nach Nizza – Zugleich Bericht über die Konferenz in Wien am 18. und 19. Dezember 2000, DVBl. 2001, S. 345-352

Tappert, Willi Eine Charta der Grundrechte für die Europäische Union – Öffentliche Anhörung der EU-Ausschüsse des Deutschen Bundestages und des Bundesrates, DRiZ 2000, S. 204-207

Tettinger, Peter J. Die Charta der Grundrechte der Europäischen Union, NJW 2001, S. 1010-1015

Tettinger, Peter J. Mehr als eine fleißige Sammlung zum Schutz vor Eurokraten? – Zum Entwurf einer Charta der Grundrechte der Europäischen Union, F.A.Z. Nr. 198 v. 26.08.2000, S. 6

Tillich, Stanislaw Nicht mehr und nicht weniger – Die Charta der Grundrechte soll die Rechte des Bürgers gegenüber der EU benennen, F.A.Z. Nr. 223 v. 25.09.2000, S. 9

Tomuschat, Christian Manche Rechte bedürfen der Konkretisierung – Stärken und Schwächen der Charta der Grundrechte der Europäischen Union, F.A.Z. Nr. 181 v. 07.08.2000, S. 13

Tomuschat, Christian The interaction between different systems for the protection of Human Rights, in: *Bieber, Roland / de Gucht, Karel / Lenaerts, Koen / Weiler, Joseph* (Hrsg.), Au nom des peuples européens – in the name of the peoples of Europe: Un catalogue des droits fondamentaux de l'Union européenne – A catalogue of fundamental rights in the European Union, 1. Auflage, Baden-Baden 1996, S. 29-43

Tomuschat, Christian Aller guten Dinge sind III? – Zur Diskussion um die Solange-Rechtsprechung des BVerfG, EuR 1990, S. 340-361

Tretter, Hannes Mit gutem Beispiel vorangehen: Eine Menschenrechtsagenda für die Europäische Union für das Jahr 2000, Jahrbuch Menschenrechte 2000, S. 269-276

Triantafyllou, Dimitris Vom Vertrags- zum Gesetzesvorbehalt – Beitrag zum positiven Rechtmäßigkeitsprinzip in der EG, 1. Auflage, Baden-Baden 1996

Tsatsos, Dimitrios / Schiffauer, Peter Das Europäische Parlament als Verfassungsgeber? – Legitimation und Grenzen der parlamentarischen Mitwirkung an der Entwicklung der Unionsgrundordnung, in: *Kloepfer, Michael / Pernice, Ingolf* (Hrsg.), Entwicklungsperspektiven der europäischen Verfassung im Lichte des Vertrags von Amsterdam, 1. Auflage, Baden-Baden 1999, S. 76-85

Ulrich, Stefan Eine Frage der Macht – Regierungen und EU-Abgeordnete streiten über den Einfluss des Konvents zur Reform der Union, SZ Nr. 233 v. 10.10.2001, S. 11

Villiger, Mark E. Handbuch der Europäischen Menschenrechtskonvention (EMRK) – unter besonderer Berücksichtigung der schweizerischen Rechtslage, 2. Auflage, Zürich 1999

Vitorino, António La Charte des droits fondamentaux de l'Union européenne, Revue du Droit de l'Union Européenne 2001, S. 27-64

Voggenhuber, Johannes Die Wahrheit ist bloß eine Behauptung, in: *Kaufmann, Sylvia-Yvonne* (Hrsg.), Grundrechtecharta der Europäischen Union, Bonn 2001, S. 107-114

Walter, Christian Geschichte und Entwicklung der Europäischen Grundrechte und Grundfreiheiten, in: *Ehlers, Dirk* (Hrsg.), Europäische Grundrechte und Grundfreiheiten, Berlin 2003, § 1, S. 1-19

Walter, Christian Die Folgen der Globalisierung für die europäische Verfassungsdiskussion, DVBl. 2000, S. 1-13

Wathelet, Melchior Editorial – La charte des droits fondamentaux : un bon pas dans une course qui reste longue, CDE 2000, S. 585-593

Weber, Albrecht Die Europäische Grundrechtscharta, in: *Weber, Albrecht* (Hrsg.), Charta der Grundrechte der Europäischen Union, München 2002

Weber, Albrecht The European Charter of Fundamental Rights, GYIL 43 (2000), S. 101-115

Weber, Albrecht Die Europäische Grundrechtscharta – auf dem Weg zu einer europäischen Verfassung, NJW 2000, S. 537-544

Weber, Albrecht Grundrechte in den EU-Mitgliedstaaten im Vergleich, in: *Bremische Bürgerschaft* (Hrsg.), Charta der Grundrechte der Europäischen Union, Fachtagung vom 26. September 2000, Bremen 2000, S. 11-18

Weiler, Joseph H.H. Editorial: Does the European Union Truly Need a Charter of Rights?, ELJ 6 (2000), S. 95-97

Weiler, Joseph H.H. Article 27 and Article 28, in: *Bieber, Roland / de Gucht, Karel / Lenaerts, Koen / Weiler, Joseph* (Hrsg.), Au nom des peuples européens – in the name of the peoples of Europe: Un catalogue des droits fondamentaux de l'Union européenne – A catalogue of fundamental rights in the European Union, 1. Auflage, Baden-Baden 1996, S. 350-364

Weiler, Joseph H.H. / Lockhart, Nicolas J.S. „Taking rights seriously" seriously: The European Court and ist fundamental rights jurisprudence – part I, CML Rev. 32 (1995), S. 51-94

Weiler, Joseph H.H. Thou Shalt Not Oppress a Stranger: On the Judicial Protection of the Human Rights of Non-EC Nationals – A Critique, EJIL 3 (1992), S. 65-91

Weiß, Regina Das Gesetz im Sinne der Europäischen Menschenrechtskonvention, Berlin 1996

Wildhaber, Luzius / Callewaert, Johan Espace constitutionnel européen et droits fondamentaux – Une vision globale pour une pluralité de droits et de juges, in: *Colneric, Ninon / Edward, David / Puissochet, Jean-Pierre / Ruiz-Jarabo Colomer, Dámaso* (Hrsg.), Une communauté de droit, Festschrift für Gil Carlos Rodríguez Iglesias, Berlin 2003, S. 61-85

Wildhaber, Luzius Der Europäische Gerichtshof für Menschenrechte und die Entwicklung eines europäischen Verfassungsrechts – La Cour européenne des Droits de l'Homme dans le nouveau paysage constitutionnel, in: *Bieber, Roland / Boillat, Philippe / Borghi, Marco / Furrer, Andreas / Jacqué, Jean Paul / Wildhaber, Luzius*, Grundrechtsschutz in Europa – Protection des droits fondamentaux en Europe, Bern 2001, S. 87-96

Winkler, Sebastian Der Europäische Gerichtshof für Menschenrechte, das Europäische Parlament und der Schutz der Konventionsgrundrechte im Europäischen Gemeinschaftsrecht – Anmerkung zum EGMR-Urteil im Fall Matthews./. Vereinigtes Königreich, EuGRZ 2001, S. 18-27

Winkler, Sebastian Der Beitritt der Europäischen Gemeinschaften zur Europäischen Menschenrechtskonvention, 1. Auflage, Baden-Baden 2000

Wissmann, Matthias Ganz ohne Gott geht es nicht, F.A.Z. Nr. 86 v. 11.04.2003, S. 12

Wunderlich, Nina Das Grundrecht der Berufsfreiheit im Europäischen Gemeinschaftsrecht – Der Schutz der Wirtschaftsteilnehmer gegenüber Eingriffen der Gemeinschaft in ihre berufliche Freiheit, 1. Auflage, Baden-Baden 2000

Zimmermann, Andreas Die Charta der Grundrechte der Europäischen Union zwischen Gemeinschaftsrecht, Grundgesetz und EMRK – Entstehung, normative Bedeutung und Wirkung der EU-Grundrechtecharta im gesamteuropäischen Verfassungsraum, 1. Auflage, Baden-Baden 2002

Zuleeg, Manfred Zum Verhältnis nationaler und europäischer Grundrechte – Funktionen einer EU-Charta der Grundrechte, EuGRZ 2000, S. 511-517

Zuleeg, Manfred Der Schutz der Menschenrechte im Gemeinschaftsrecht, DÖV 1992, S. 937-944

Zupančič, Boštjan M. The privilege against self-incrimination as a human right, paper delivered in Vancouver, 1999, S. 1-46

AUGSBURGER SCHRIFTEN ZUM STAATS- UND VÖLKERRECHT

Herausgegeben von Professor Dr. Dieter Blumenwitz

Band 1 Fritz-Harald Wenig: Rechtsprobleme des innerdeutschen Handels.

Band 2 Wilfried Niedermeier: Der Beitritt der Bundesrepublik Deutschland zum Statut des Internationalen Gerichtshofes unter besonderer Berücksichtigung der obligatorischen Gerichtsbarkeit.

Band 3 Johann G. Gleich: Die Anerkennung der DDR durch die Bundesrepublik.

Band 4 Matthias Weigand: Der Vertrag über die gegenseitigen Beziehungen zwischen der Bundesrepublik Deutschland und der Tschechoslowakischen Sozialistischen Republik vom 11. Dezember 1973 - Eine völkerrechtliche Analyse.

Band 5 Werner Trützschler von Falkenstein: Die sich ändernde Bedeutung der Feindstaatenartikel (Artikel 53 und 107 der Satzung der Vereinten Nationen) für Deutschland.

Band 6 Reiner Schenk: Die Viermächteverantwortung für Deutschland als Ganzes, insbesondere deren Entwicklung seit 1969.

Band 7 Wolfgang Wagner: Die Verwirklichung der Menschenrechte im Pakt der Vereinten Nationen über bürgerliche und politische Rechte vom 16. Dezember 1966, im Grundvertrag und den ihn begleitenden Nebeninstrumenten.

Band 8 Ulrich Wacker: Der Konflikt verschiedener Rechtssysteme vor, während und nach der Kolonialzeit in Kenia.

Band 9 Wolfgang Enders: Der mexikanische Bundesstaat. Die politische und sozioökonomische Problematik eines föderalen Verfassungssystems in einem Land der "Dritten Welt".

Band 10 Heiner Hasford: Die Jurisdiktion der Europäischen Gemeinschaften. Zur extraterritorialen Wirkung des Gemeinschaftsrechts.

SCHRIFTEN ZUM STAATS- UND VÖLKERRECHT

Band 11 Wolf Dieter Remmele: Die Selbstdarstellung der Bundesrepublik Deutschland im Ausland durch den Rundfunk als Problem des Staats- und Völkerrechts.

Band 12 Elisabeth Lichtenstern: Die Gesetzgebung im Spannungsverhältnis zwischen Bund und Ländern.

Band 13 Peter Gassner: Kollektivmacht und Individualschutz im amerikanischen Arbeitsrecht.

Band 14 Helga Walter: Das Selbstverständnis des modernen Algeriens. Die historisch-nationalen und islamischen Elemente.

Band 15 Dieter Schütz: Der internationale ordre public. Der Ausschluß völkerrechtswidrigen fremden Rechts im Internationalen Privatrecht der Bundesrepublik Deutschland.

Band 16 Klaus-Peter Kißler: Die Zulässigkeit von Wirtschaftssanktionen der Europäischen Gemeinschaft gegenüber Drittstaaten.

Band 17 Rainhardt Freiherr von Leoprechting: Die neue Rohrwaffen-Artillerie-Munition im Lichte des I. Genfer Zusatzprotokolles vom 12. Dezember 1977. Zur Frage der Völkerrechtskonformität der Verteidigung der Bundesrepublik Deutschland mit modernen konventionellen Artilleriesystemen.

Band 18 Roland Steinmeyer: Die Schiffsgläubigerrechte im südafrikanischen nationalen und internationalen Privatrecht. Eine rechtsvergleichende Darstellung unter Einbeziehung des englischen und deutschen internationalen Privatrechts und unter besonderer Berücksichtigung des ordre public.

Band 19 Martin C. Ney: Der Einsatz von Atomwaffen im Lichte des Völkerrechts. Summary: The Use of Nuclear Weapons and International Law.

Band 20 Teodoro Ribera Neumann: Das chilenische Verfassungsgericht und das deutsche Bundesverfassungsgericht - Ein Rechtsvergleich -. 1985.

Band 21 Theodora Antoniou: Europäische Integration und griechische Verfassung. 1985.

Band 22 Georg Teyssen: Deutschlandtheorien auf der Grundlage der Ostvertragspolitik. 1987.

Band 23 Karin Klüpfel: Selbstbestimmung durch Assoziation. Die Assoziation als Verwirklichung des Selbstbestimmungsrechts der Völker - dargestellt am Beispiel von Puerto Rico. 1987.

Band 24 Friedrich Dehner: Die Stellung Berlins im Bundesrat. 1987.

Band 25 Thilo Morhard: Die Rechtsnatur der Übereinkommen der Internationalen Arbeitsorganisation. Zugleich ein Beitrag zur Lehre vom "soft law". 1988.

Band 26 Ralf Jahn: Ansiedlung von Einzelhandelsgroßprojekten (§ 11 Abs. 3 BauNVO 1977). Zur Frage der Bestimmtheit grundrechtsbeschränkender Eingriffsnormen. 1988.

Band 27 Wolfgang Götzer: Der völkerrechtliche Status der Donau zwischen Regensburg und Kelheim. Eine völkerrechtliche Untersuchung des Donauabschnittes Regensburg - Kelheim unter Einbeziehung der gesamten deutschen Donau. 1988.

Band 28 Michael Hakenberg: Die Iran-Sanktionen der USA während der Teheraner Geiselaffäre aus völkerrechtlicher Sicht. 1988.

Band 29 Renate Oxenknecht: Der Schutz ethnischer, religiöser und sprachlicher Minderheiten in Art. 27 des Internationalen Paktes über bürgerliche und politische Rechte vom 16. Dezember 1966. 1988.

Band 30 Raphael Quarshie Avornyo: Deutschland und Togo. (1847-1987). 1988.

Band 31 Friedrich Frhr. Waitz von Eschen: Die völkerrechtliche Kompetenz der Vier Mächte zur Gestaltung der Rechtslage Deutschlands nach dem Abschluß der Ostvertragspolitik. 1988.

Band 32 Gisela Süß: Die Zulassung von Zahnärzten aus dem EG-Bereich zur deutschen Kassenarztpraxis. Ein Beitrag zu Standort und Bedeutung der Grundrechte im Europäischen Gemeinschaftsrecht. 1988.

Band 33 Meggy Steffens: Die deutsche Ostpolitik im Spiegel publizistischer Stellungnahmen in den USA 1969-1973. 1988.

Band 34 Norbert Karl Riedel: Der Einsatz deutscher Streitkräfte im Ausland - verfassungs- und völkerrechtliche Schranken -. 1989.

Band 35 Heidi Dünisch: Der Mundatwald - Zur Bereinigung letzter Kriegsfolgenprobleme zwischen Deutschland und Frankreich.1989.

Band 36 Sabine Niedermeyer-Krauß: Kommunalwahlrecht für Ausländer und Erleichterung der Einbürgerung. Integrationsmöglichkeiten für Ausländer aus verfassungs- und europarechtlicher Sicht. 1989.

Band 37 Dirk-Hermann Voß: Regionen und Regionalismus im Recht der Mitgliedstaaten der Europäischen Gemeinschaft: Strukturelemente einer Europäischen Verfassungsordnung. 1989.

Band 38 Tilo Klinner: Satellitenfernerkundung im Völkerrecht. Inwieweit existiert ein völkerrechtlicher Datenschutz? 1989.

Band 39 Barbara Schmidt: Die Erweiterung der seewärtigen Hoheitsrechte der Bundesrepublik Deutschland und der DDR unter besonderer Berücksichtigung deutschlandrechtlicher Probleme. 1989.

Band 40 Hans-Joachim Brauns: Wiedervereinigung und europäische Integration. 1990.

Band 41 Gilbert-Hanno Gornig: Der Hitler-Stalin-Pakt. Eine völkerrechtliche Studie. 1990.

Band 42 Gudrun Lehnberger: Kommunale Entwicklungshilfe. Eine Aufgabe der Gemeinden? - Bestandsaufnahme und rechtliche Würdigung unter besonderer Berücksichtigung der bayerischen Verwaltungspraxis. 1990.

Band 43 Heike Kaup: Der Schwangerschaftsabbruch aus verfassungsrechtlicher Sicht. Eine rechtsvergleichende Untersuchung anhand des deutschen und des amerikanischen Rechts. 1991.

Band 44 Bernadette Steinmeyer: Verfassungsrechtliche Ansätze zur Neuordnung der multirassischen Gesellschaft Südafrikas unter Berücksichtigung des Vorschlages des Verhandlungsforums der "KwaZulu/Natal Indaba". 1991.

Band 45 Burkhard Schöbener: Die amerikanische Besatzungspolitik und das Völkerrecht. 1991.

Band 46 Christian Raap: Die Souveränität der Bundesrepublik Deutschland unter besonderer Berücksichtigung des militärischen Bereichs und der deutschen Einheit. 1992.

Band 47 Andrea Wagner: Der argentinisch-chilenische Konflikt um den Beagle-Kanal. Ein Beitrag zu den Methoden friedlicher Streiterledigung. 1992.

Band 48 Ralf Wittkowski: Die Staatensukzession in völkerrechtliche Verträge unter besonderer Berücksichtigung der Herstellung der staatlichen Einheit Deutschlands. 1992.

Band 49 Michael Piazolo: Das Recht auf Abtreibung als Teilaspekt des Right of Privacy. 1992.

Band 50 Silke Wenk: Das konfiszierte deutsche Privatvermögen in Polen und der Tschechoslowakei. Die Rechtslage nach Abschluß des deutsch-polnischen und deutsch-tschechoslowakischen Nachbarschaftsvertrages. 1993.

Band 51 Antje Kießwetter: Die Verfassungsentwicklung in Namibia. 1993.

Band 52 Angelika Kleffner-Riedel: Regionalausschuß und Subsidiaritätsprinzip. Die Stellung der deutschen Bundesländer nach dem Vertrag über die Europäische Union. 1993.

Band 53 Jerzy Kranz: Entre l'influence et l'intervention. Certains aspects juridiques de l'assistance financière multilatérale. 1994.

Band 54 Knut Kettwig: Rechtsgrundlagen dezentraler grenzüberschreitender Zusammenarbeit im deutsch-polnischen und deutsch-tschechischen Grenzraum. 1994.

Band 55 Ulrich Seidenberger: Die diplomatischen und konsularischen Immunitäten und Privilegien. Ein Beitrag zur Diskussion über die Reformbedürftigkeit des Diplomaten- und Konsularrechts aus staats- und völkerrechtlicher Sicht. 1994.

Band 56 Christian Schede: Bundesrat und Europäische Union. Die Beteiligung des Bundesrates nach dem neuen Artikel 23 des Grundgesetzes. 1994.

Band 57 Florian Prugger: Die Nachfolge in das Vermögen der ehemaligen DDR. Ein Beitrag zu Art. 21 ff Einigungsvertrag unter besonderer Berücksichtigung der Firma F.C. Gerlach des Bereichs Kommerzielle Koordinierung. 1994.

Band 58 Mark Zimmer: Einsätze der Bundeswehr im Rahmen kollektiver Sicherheit. Staats- und völkerrechtliche Grundlagen unter Berücksichtigung des BVerfG-Urteils vom 12.07.1994. 1995.

Band 59 Gerd von Laffert: Die völkerrechtliche Lage des geteilten Zypern und Fragen seiner staatlichen Reorganisation. 1995.

Band 60 Wolfram Schneeweiß: Die rechtliche Stellung der Indianerstämme innerhalb der Vereinigten Staaten von Amerika. Ein Modell für den Schutz der *indigenous peoples*. 1995.

Band 61 Marianne Janik: Möglichkeiten und Grenzen einer gemeinsamen Exportkontrolle für sensitive Waren und Dienstleistungen im Lichte des europäischen Gemeinschaftsrechts. 1995.

Band 62 Michael Brems: Die politische Integration ethnischer Minderheiten aus staats- und völkerrechtlicher Sicht. 1995.

Band 63 Martin Vocke: Verfassungsinterpretation und Normbegründung - Grundlegung zu einer prozeduralen Theorie der Verfassungsgerichtsbarkeit. 1995.

Band 64 Stefan von der Beck: Die Konfiskationen in der Sowjetischen Besatzungszone von 1945 bis 1949. Ein Beitrag zu Geschichte und Rechtsproblemen der Enteignung auf besatzungsrechtlicher und besatzungshoheitlicher Grundlage. 1996.

Band 65 Stephanie Baer: Der Zerfall Jugoslawiens im Lichte des Völkerrechts. 1995.

Band 66 Christine Sauerwald: Die Unionsbürgerschaft und das Staatsangehörigkeitsrecht in den Mitgliedstaaten der Europäischen Union. 1996.

Band 67 Silke Buchner: Die Rechtswidrigkeit der Taten von "Mauerschützen" im Lichte von Art. 103 II GG unter besonderer Berücksichtigung des Völkerrechts. Ein Beitrag zum Problem der Verfolgung von staatlich legitimiertem Unrecht nach Beseitigung des Unrechtssystems. 1996.

Band 68 Bernd Weiß: Einführung und Umsetzung der Europäischen Charta der kommunalen Selbstverwaltung in Deutschland, insbesondere in Bayern und Nordrhein-Westfalen. 1996.

Band 69 Gesine Katharina Neumann: Boliviens Recht auf freien Zugang zum Pazifik. Zur völkerrechtlichen Problematik des Zugangs der Binnenstaaten zum Meer. 1997.

Band 70 Elvira Pfrang: Das Verhältnis zwischen Europäischem Gemeinschaftsrecht und deutschem Recht nach der Maastricht-Entscheidung des Bundesverfassungsgerichts. Eine Studie zu den Konflikten beider Rechtsordnungen auf dem Gebiet des Grundrechtsschutzes und der Kompetenzen. 1997.

Band 71 Dieter Blumenwitz / Burkhard Schöbener: Stabilitätspakt für Europa. Die Sicherstellung mitgliedstaatlicher Haushaltsdisziplin im Europa- und Völkerrecht. 1997.

Band 72 Matthias Weinberg: Schutz der deutschen Minderheit in Polen nach den Weltkriegen. Ein Vergleich unter Berücksichtigung der aktuellen Rechtslage. 1997.

Band 73 Reinhard Müller: Der "2+4-Vertrag und das Selbstbestimmungsrecht der Völker. 1997.

Band 74 Stefan Strobl: Das Nichtverbreitungsregime für Kernwaffen nach 1995 und der freie Zugang zu nuklearen Technologien und Materialien. 1997.

Band 75 Christine Weber: Das Gegenzeichnungsrecht unter besonderer Berücksichtigung der Verfassung des Fürstentums Liechtenstein. 1997.

Band 76 Stephan Semrau: Die Gemeinsame Außen- und Sicherheitspolitik der Europäischen Union. 1998.

Band 77 Marcus Schultz: Die Auslandsentsendung von Bundeswehr und Bundesgrenzschutz zum Zwecke der Friedenswahrung und Verteidigung. Völker- und verfassungsrechtliche Analyse unter besonderer Berücksichtigung der Entscheidung des Bundesverfassungsgerichtes zum Einsatz deutscher Streitkräfte vom 12. Juli 1994. 1998.

Band 78 Benedikt P. Kuttenkeuler: Die Verankerung des Subsidiaritätsprinzips im Grundgesetz. Ein Beitrag zur Bedeutung des Subsidiaritätsprinzips für die Kompetenzabgrenzung im Bundesstaat. 1998.

Band 79 Winfried Bausback: Verfassungsrechtliche Grenzen des Wahlrechts zum Deutschen Bundestag. 1998.

Band 80 Elvira Pfrang: Towards Liberalisation of the European Electricity Markets. The Directive concerning Common Rules for an Internal Market in Electricity in the Frame of the Competition and Internal Market Rules of the EC-Treaty. 1999.

Band 81 Alexander Wolf: Prozessuale Probleme des "Maastricht"-Urteils des Bundesverfassungsgerichts. 1999.

Band 82 Jürgen Bartl: Die humanitäre Intervention durch den Sicherheitsrat der Vereinten Nationen im "Failed State". Das Beispiel Somalia. 1999.

Band 83 Thomas Gnielinski: Die Reform des deutschen Staatsangehörigkeitsrechts. Eine Analyse und Bewertung der vorliegenden Gesetzesvorhaben. 1999.

Band 84 Margarita González: Der völkerrechtliche Status des Panamakanals nach Ablauf der Übergangszeit im Jahr 1999. 2000.

Band 85 Petra Johnen: Die Verfassungsentwicklung Südafrikas unter besonderer Berücksichtigung der verfassunggebenden Gewalt des Volkes. 2001.

Band 86 Markus Allstadt: Die offene Völkerrechtslage im deutsch-tschechischen Verhältnis und ihre Bedeutung für die Osterweiterung der Europäischen Union. Zugleich Überlegungen zu den Auswirkungen zwingenden Völkerrechts in der Vertriebenenfrage. 2000.

Band 87 Gerrit Aschmann: Europol aus Sicht der deutschen Länder. 2000.

Band 88 Mark Weber: Der Berlin-Status im intertemporalrechtlichen Konflikt. Dargestellt am Beispiel von Grundstücksenteignungen im Ostteil Groß-Berlins. 2001.

Band 89 Heidi Hellwig: Die Staatsangehörigkeit als Anknüpfung im deutschen IPR. Unter besonderer Berücksichtigung des Gesetzes zur Reform des Staatsangehörigkeitsrechts. 2001.

Band 90 Aline Bruer-Schäfer: Der Internationale Strafgerichtshof. Die Internationale Strafgerichtsbarkeit im Spannungsfeld von Recht und Politik. 2001.

Band 91 Andreas Rosenfeld: Die Verfassungsentwicklung von Mosambik. Ein Beitrag zur rechtsstaatlichen Transformation im südlichen Afrika. 2001.

Band 92 Markus Pallek: Der Minderheitenschutz im deutschen Verfassungsrecht. Eine analytische Untersuchung des Begriffs sowie der bundes- und landesverfassungsrechtlichen Stellung der ethnischen, nationalen, sprachlichen, kulturellen und religiösen Minderheiten in der Bundesrepublik Deutschland vor dem Hintergrund der völker- und europarechtlichen Rahmenbedingungen. 2001.

Band 93 Ansgar Firsching: Die Samen, ihre Rechtsstellung in Schweden und ihre Rechtsstellung im Lichte der Indigenous Peoples weltweit. 2002.

Band 94 Jörg Dunker: Regionale Integration im System des liberalisierten Welthandels. EG und NAFTA im Vergleich. 2002.

Band 95 Katharina Wodarz: Gewaltverbot, Menschenrechtsschutz und Selbstbestimmungsrecht im Kosovo-Konflikt. 2002.

Band 96 Grit Hokema: Immunität von Staatsoberhäuptern. 2002.

Band 97 Tido Oliver Hokema: Mehrfache Staatsangehörigkeit. Eine Betrachtung aus völkerrechtlicher und verfassungsrechtlicher Sicht. Unter Berücksichtigung des Staatsangehörigkeitsreformgesetzes vom 15. Juli 1999. 2002.

Band 98 Janet Kerstin Butler: Die Beteiligung von Privatpersonen am WTO-Streitbeilegungsverfahren. Bestandsaufnahme und Entwicklungsperspektiven. 2002

Band 99 Tobias H. Irmscher: Die Behandlung privater Beschwerden über systematische und grobe Menschenrechtsverletzungen in der UN-Menschenrechtskommission. Das 1503-Verfahren nach seiner Reform. 2002.

Band 100 Markus Voltz: Menschenrechte und ordre public im Internationalen Privatrecht. 2002.

Band 101 Sabine Schorer: Das Konsensprinzip in der internationalen Gerichtsbarkeit. 2003.

Band 102 Anja Weisgerber: Das Beweiserhebungsverfahren parlamentarischer Untersuchungsausschüsse des Deutschen Bundestages. 2003.

Band 103 Stephan Anstötz: Perspektiven zur staatlichen Neuordnung Zyperns. 2003.

Band 104 Eva Stumpf: Kulturgüterschutz im internationalen Recht unter besonderer Berücksichtigung der deutsch-russischen Beziehungen. 2003.

Band 105 Christian Malzahn: GATT-widrige *Treble Damages*-Klagen auf der Grundlage des US Antidumping Act 1916. Eine Untersuchung der Rechtsstellung beklagter deutscher Unternehmen im US-amerikanischen und deutschen Recht. 2003.

Band 106 Susanne Giannios: Ein Wasserregime im Nahen Osten. Rechtliche und politische Grundlagen und Perspektiven der internationalen Wasserverteilung im Jordanbecken. 2004.

Band 107 Jan Hübner: Das Verbrechen des Völkermordes im internationalen und nationalen Recht. 2004.

Band 108 Benjamin Krenberger: Deutschland im Spannungsfeld zwischen Europäischer Menschenrechtskonvention und nachzubefolgendem Besatzungsrecht. Reichweite der Verpflichtungen des souveränen Deutschlands nach der Liechtenstein-Entscheidung des Europäischen Gerichtshofes für Menschenrechte. 2004.

Band 109 Matthias Werner Schneider: Kommunaler Einfluß in Europa. Die Einflußnahme der Kommunen beim Europarat als Modell für die Europäische Union. KGRE, AdR und EKC als Säulen eines europäischen Kommunalschutzes. 2004.

Band 110 Bettina Gerber: Die Asylrechtsharmonisierung in der Europäischen Union. Unter besonderer Berücksichtigung der Richtlinie zur Festlegung von Mindestnormen für die Aufnahme von Asylbewerbern in den Mitgliedstaaten. 2004.

Band 111 Markus Lintner: Die verfassungsrechtlichen Grenzen des horizontalen Länderfinanzausgleichs nach Art. 107 Abs. 2 GG. 2004.

Band 112 Daniel Volk: Die Begrenzung kriegerischer Konflikte durch das moderne Völkerrecht. 2005.

Band 113 Eugenie Trützschler von Falkenstein: Mittelosteuropa – Nationen, Staaten, Regionen. Die Erweiterung der Europäischen Union aus der historischen Perspektive. 2005.

Band 114 Angela Kaiser: Minderheitenschutz in der Europäischen Union. Eine Untersuchung des „doppelten Standards" des EU-Minderheitenschutzes unter besonderer Berücksichtigung der Europäischen Grundrechtecharta. 2005.

Band 115 Kerstin Liesem: Die Reparationsverpflichtungen der Bundesrepublik Deutschland nach dem Zweiten Weltkrieg unter besonderer Berücksichtigung der Zwangsarbeiterentschädigung. 2005.

Band 116 Christoph Holthusen: Der Nordirlandkonflikt. Geschichte, zentrale Aspekte und Lösungsmodelle unter völkerrechtlicher Betrachtung. 2005.

Band 117 Christoph Junck: Die Gerichtsbarkeit des Internationalen Strafgerichtshofs. Vorbedingungen und Auslösemechanismen nach dem Römischen Statut vom 17. Juli 1998. 2006.

Band 118 Corinna Margit Hartmann: Staatliche Beteiligung an terroristischen Gewaltaktionen. Neue Herausforderungen für das Friedenssicherungssystem der Vereinten Nationen. 2006.

Band 119 Dagmar Wurst: Eigentums- und Investitionsgüterschutz im Völkerrecht. Das Beispiel der Landenteignung in Zimbabwe. 2006.

Band 120 Türkmen Tezcan: Der Zypernkonflikt vor dem Europäischen Menschenrechtsgerichtshof. Eine Analyse unter besonderer Berücksichtigung der Loizidou-Rechtsprechung und ihrer Auswirkung auf die zwischenstaatlichen Beziehungen. 2006.

Band 121 Dorothee von Arnim: Der Standort der EU-Grundrechtecharta in der Grundrechtsarchitektur Europas. 2006.

Band 122 Alexander Brexendorff: Rohstoffe im Kaspischen Becken. Völkerrechtliche Fragen der Förderung und des Transports von Erdöl und Erdgas. 2006.

www.peterlang.de

Teresa Winner

Die Europäische Grundrechtscharta und ihre soziale Dimension

Frankfurt am Main, Berlin, Bern, Bruxelles, New York, Oxford, Wien, 2005. 261 S.
Europäische Hochschulschriften: Reihe 2, Rechtswissenschaft. Bd. 4098
ISBN 3-631-53333-0 · br. € 45.50*

Die Europäische Grundrechtscharta, die mittlerweile als Bestandteil des Verfassungsvertrages der Europäischen Union durch die Staats- und Regierungschefs der Mitgliedstaaten verabschiedet wurde, stellt einen Meilenstein in der Grundrechtsgeschichte Europas dar. Ausgehend von der Entwicklung gemeinschaftseigener Grundrechte durch die Rechtsprechung des EuGH widmet sich die Arbeit zunächst Entstehung, Inhalt und Wirkung der Grundrechtscharta im Allgemeinen, bevor auf die zentrale Thematik der sozialen Grundrechte eingegangen wird. Vor dem Hintergrund der gegenwärtigen Kompetenzen der Union zur Sozialgestaltung wie auch der unterschiedlichen sozialen Verfassungstraditionen auf der Ebene der Mitgliedstaaten werden die einzelnen sozialgrundrechtlichen Verbürgungen einer detaillierten dogmatischen Untersuchung unterzogen und deren Wirkungen im Einzelnen aufgezeigt.

Aus dem Inhalt: Die europäischen Grundrechte in der Rechtsprechung des Europäischen Gerichtshofes · Entstehung, Inhalt und Wirkungsweise der Charta · Sozialpolitik und soziale Grundrechte in Europa · Die sozialen Rechte in der Europäischen Grundrechtscharta · Die Grundrechtscharta als Teil einer künftigen europäischen Verfassung

FSC
www.fsc.org
MIX
Papier | Fördert gute Waldnutzung
FSC® C083411

Kolibri 360 GmbH
Ferdinand-Jühlke-Straße 7
99095 Erfurt, Deutschland
produktsicherheit@kolibri360.de

Druck:
CPI Druckdienstleistungen GmbH
im Auftrag der
Kolibri 360 GmbH
Ferdinand-Jühlke-Str. 7
99095 Erfurt